해커스 JLPT 일본어능력시험 N2 한 권으로 합격

200% 활용법!

온라인 실전모의고사 1회분

무료 교재 MP3 (학습용/문제별 복습용/ 고사장 소음 버전)

JLPT N2 필수 단어·문형 암기장 (PDF+MP3)

무료 어휘 암기 퀴즈(PDF)

무료 청해 받아쓰기(PDF)

[이용 방법]

해커스일본어 사이트(japan.Hackers.com) 접속 후 로그인 ▶
페이지 상단 [교재/MP3 → MP3/자료] 클릭 후 이용하기

해커스일본어
사이트 바로 가기 ▶

해커스일본어 인강 **30%** 할인쿠폰

B35K-08EA-C7FD-2000 · 쿠폰 유효기간: 쿠폰 등록 후 30일

[이용 방법]

해커스일본어 사이트(japan.Hackers.com) 접속 후 로그인 ▶
메인 우측 하단 [쿠폰&수강권 등록]에서 쿠폰번호 등록 후 강의 결제 시 사용 가능

* 본 쿠폰은 1회에 한해 등록 가능합니다.
* 이 외 쿠폰과 관련된 문의는 해커스 고객센터(02-537-5000)로 연락 바랍니다.

JLPT N2 합격 목표를 적어보자!

- 나의 다짐

  한번에 합격하자!

- JLPT N2 합격 달성 _____년 _____월
- JLPT N2 목표 점수 _____점 / 180점

교재 p.20~21에 있는 **학습플랜을 활용하여**
매일매일 정해진 분량의 학습량으로 **JLPT N2를 준비**해보세요.

해커스
JLPT
일본어능력시험
N2
한 권으로 합격

해커스 어학연구소

JLPT 최신 출제 경향을 철저히 분석하여 반영한
「해커스 JLPT N2 한 권으로 합격」을 내면서

"'이 책만 계속 보면 합격할 것이다'하는 교재 추천 부탁드립니다."

"이것저것 할 수 있는 거 다하는데 왜 제자리인 느낌인 걸까요?"

"청해는 어떻게 공부를 해야 할지 감이 안 잡히네요."

대부분의 학습자들이 JLPT N2 학습으로 많은 어려움을 호소합니다. 이러한 학습자들의 어려움을 해결하고자 해커스 JLPT 연구소가 수 년간의 시험 분석을 통해 최신 출제 경향을 철저하게 반영한 **「해커스 JLPT N2 한 권으로 합격」**을 드디어 출간하게 되었습니다.

해커스 JLPT 연구소는 학습자들이 단 한 권으로 충분히 대비하고, 한 번에 합격하는데 도움을 드리고자 노력하였습니다. 또한, 지금까지 학습하셨던 기존 교재들의 불편함, 부족한 점을 보완하여 여러분들에게 단순한 시험 합격을 넘어 일본을 이해하고 소통하기 위한 튼튼한 발판이 되도록 정성을 다했습니다.

JLPT N2 최신 출제 경향을 반영한 교재!

JLPT N2에 합격하기 위해서는 최신 출제 경향을 확실하게 파악하고 철저히 대비하는 것이 매우 중요합니다. 이를 위해, 해커스의 JLPT 전문 연구원들은 최신 출제경향을 심도 있게 분석하여 교재 전반에 철저하게 반영하였습니다.

혼자서도 충분히 공부할 수 있는 상세한 해설이 있는 교재!

학습을 할 때 가장 중요한 것은 해설입니다. 정답이 왜 정답인지, 오답은 왜 오답인지 정확히 이해하면서 공부를 해야 실력이 사곡사곡 쌓입니다. 「**해커스 JLPT N2 한 권으로 합격**」은 모두 문제에 대한 해석, 해설, 어휘 정리를 수록하여 시험에 보다 철저히 대비할 수 있게 하였습니다.

듣기 실력을 극대화하는 입체적 MP3 구성!

본 교재는 청해 과목의 각 테스트를 한 번에 듣고 푸는 MP3와, 잘 들리지 않는 문제만을 골라서 듣고 학습할 수 있는 문제별 분할 MP3를 모두 제공하고 있습니다. 따라서 학습자들은 원하는 테스트와 문제를 손쉽게 찾아 듣고 학습할 수 있습니다. 뿐만 아니라, 1.2배속으로 들을 수 있는 MP3까지 제공하여 JLPT 초보 학습자부터 숙련된 학습자까지 모두 효과적으로 듣기 실력을 향상시킬 수 있도록 하였습니다.

「**해커스 JLPT N2 한 권으로 합격**」으로 꼭! 합격하시기를 기원하며, 일본어 실력 향상은 물론, 더 큰 목표와 꿈을 이뤄나가시기를 바랍니다.

CONTENTS

「해커스 JLPT N2 한 권으로 합격」이 제시하는 JLPT 합격 비법! 6 | JLPT 소개 10 | JLPT N2 소개 14 |
JLPT N2 과목별 문제 유형 및 학습 방법 16 | 학습 플랜 20

언어지식 **문자·어휘**

문제 1 한자 읽기 24

문제 2 표기 46

문제 3 단어형성 66

문제 4 문맥규정 84

문제 5 유의 표현 102

문제 6 용법 120

언어지식 **문법**

N2 필수 문법 140

01 조사

02 부사

03 접속사

04 추측·전언표현

05 수수표현

06 수동·사역·사역수동표현

07 경어표현

08 명사 뒤에 접속하는 문형

09 동사 뒤에 접속하는 문형

10 명사와 동사 모두에 접속하는 문형

11 여러 품사 뒤에 접속하는 문형

문제 7 문법형식 판단 210

문제 8 문장 만들기 224

문제 9 글의 문법 238

독해

문제 10 내용이해(단문)　　　　256

문제 11 내용이해(중문)　　　　278

문제 12 통합이해　　　　302

문제 13 주장이해(장문)　　　　316

문제 14 정보검색　　　　328

청해

문제 1 과제 이해　　　　342

문제 2 포인트 이해　　　　354

문제 3 개요 이해　　　　366

문제 4 즉시 응답　　　　372

문제 5 통합 이해　　　　376

실전모의고사 [별책]

실전모의고사 1　　　　2

실전모의고사 2　　　　56

실전모의고사 3　　　　108

정답 및 해설　　　　161

답안지 작성법　　　　3

 해설집 [별책]

 JLPT N2 필수 단어 • 문형 암기장 [별책] [PDF]

🎧 **교재 MP3/고사장 MP3
/단어 • 문형 암기장 MP3**

모든 MP3는 해커스 일본어 사이트(japan.Hackers.com)에서
무료로 다운받으실 수 있습니다.

JLPT 합격 비법!

01. JLPT N2 최신 출제 경향 및 문제 풀이 전략을 철저히 익힌다!

문제별 핵심 전략 파악하기!

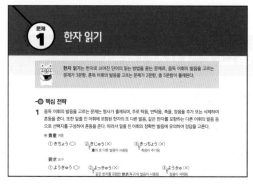

JLPT N2 최신 출제 경향을 문제별로 철저하게 분석하여 핵심 전략을 정리하였습니다.

문제 풀이 Step 익히기!

각 문제별로 가장 효과적인 문제 풀이 전략을 수록하였습니다. 실제 시험장에서 적용 가능한 스텝별 문제 풀이 전략을 익힘으로써 실전에 보다 효과적으로 대비할 수 있습니다.

문제 풀이 Step 적용으로 전략 습득하기!

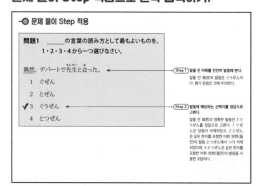

학습한 핵심 전략과 문제 풀이 Step을 문제별 대표 유형에 적용해 풀어봄으로써 더욱 철저히 체득할 수 있도록 하였습니다.

실력 다지기로 문제 풀이 실력 향상하기!

실력 다지기

한자로 쓰여진 단어의 알맞은 발음을 고르세요.

01 圧倒
　① あっとう　② あっどう　③ あつとう　④ あつどう

02 貴重
　① きじゅう　② きちょう　③ きっじゅう　④ きっちょう

03 倒れる
　① みだれる　② やぶれる　③ つぶれる　④ たおれる

04 撤退

앞서 학습한 핵심 전략과 문제 풀이 Step을 곧바로 적용할 수 있도록, 실전 문제보다 비교적 간단한 형태로 만들어진 다수의 문제를 제공함으로써, 문제 풀이 실력을 충분히 다지고 향상시키도록 하였습니다.

02. 기본기와 실전 감각을 동시에 쌓는다!

핵심 표현 및 필수 어휘 암기하기!

출제 경향과 핵심 전략을 바탕으로 철저하게 문제 풀이에 필요한 어휘만 암기 포인트 별로 정리하여 수록하였습니다. 또한 2010년부터 현재까지 기출된 어휘에는 연도를 표시하여 보다 집중적으로 암기할 수 있도록 하였습니다.

* 교재에 수록된 모든 단어의 한자 및 히라가나 표기는 JLPT N2 출제 경향에 따른 것입니다.

N2 필수 문법으로 일본어 실력 극대화하기!

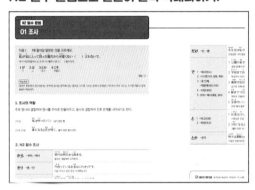

문법 문제를 푸는데 필요한 기능어 리스트는 물론, 해석에 꼭 필요한 기초 문법까지 수록하여 전반적인 일본어 실력 향상에 도움이 됩니다.

실전 테스트로 합격 실력 굳히기!

출제 경향을 바탕으로 실제 문제와 동일하게 구성된 여러 회차의 실전테스트를 풀어봄으로써, 앞서 학습한 내용을 적용하고 실력을 키우면서 각 문제의 학습을 마무리하도록 하였습니다.

실전모의고사 4회분으로 실전 감각 극대화 하기!

교재 수록 3회분 + 온라인 제공 1회분, 총 4회분의 실전모의고사를 통해 실전 감각을 극대화하면서, 자신의 실력도 확인해 볼 수 있습니다. 이로써 학습자들은 실제 시험장에서도 당황하지 않고 마음껏 실력을 발휘할 수 있습니다.

「해커스 JLPT N2 한 권으로 합격」이 제시하는
JLPT 합격 비법!

03. 상세한 해설로 문제 풀이 실력을 극대화한다!

실제 시험장에서 바로 적용 가능한 문제 풀이 해설

> 싸다고 해서 충동구매를 하지 말고, 제대로 사용 기한이 다 되기
> ★전에 다 쓸 수 있을지 어떨지 확인하고 나서 사는 편이 좋다.
>
> 1 다 되다　　　　　2 전에
> 3 사용 기한이　　　4 다 쓸 수 있다

> 해설 2 우치에는 1의 ない와 함께 쓰여 문형 ~ないうちに(~하기 전에)
> 가 되므로 먼저 1 切れない 2 うちに(다 되기 전에)로 연결할 수 있
> 다. 이것을 나머지 선택지와 함께 의미적으로 연결하면 3 使用期限
> が 1 切れない 2 うちに 4 使いきれる(사용 기한이 다 되기 전에
> 다 쓸 수 있을지)가 되면서 전체 문맥과도 어울린다. 따라서 2 うち
> に(전에)가 정답이다.

가장 효과적으로 문제를 풀 수 있는 문제 풀이 Step을
기반으로 하여 실제 시험장에서 바로 적용 가능한 문제
풀이 해설을 수록하였습니다.

정답뿐만 아니라 오답에 대한 설명까지 포함한 해설

> 2 그 미술관의 작품은 조사 결과, 진품이 아니라 걸작이라고 알게
> 　되었다.
> 3 내가 살고 있는 지역에서는, 사과가 걸작으로 팔리고 있다.
> 4 그는 이 작품의 제작 중에 죽었기 때문에, 결국 이것이 걸작이
> 　되었다.

> 해설 傑作(걸작)는 매우 훌륭한 작품을 말할 때 사용한다. 제시어가 명사
> 이므로 각 선택지에서 먼저 밑줄 앞부분과 함께 읽어본다. 1의 その
> 監督の作った作品には、傑作と呼ばれる(그 감독이 만든 작품에
> 는, 걸작이라고 불리는)에서 문맥상 올바르게 사용되었으므로 1이 정
> 답이다. 참고로, 2는 偽作(ぎさく, 위작), 4는 遺作(いさく, 유작)를
> 사용하는 것이 올바른 문장이다.

정답뿐만 아니라 오답에 대한 설명까지 상세하게
수록하여 학습자들이 왜 오답인지를 충분히 이해할 수
있도록 하였습니다.

일본어 문장 구조의 이해를 돕는 해석

> **55**
>
> 　개가 '성견'이 되는 것은 개가 태어나서 1년 반정도라고 합니다.
> 소형, 중형, 대형의 견종에 따라 다소 다르지만, 그 후, 개는 1년에
> 인간의 4살 만큼씩, 나이를 먹습니다. 개의 성장은 인간과는 달리,
> 눈 깜짝할 새에 어른이 되어버리는 것입니다.
> 　개가 아이인 시기는 짧습니다만, 그 사이에 확실히 '예의범절
> 교육'을 하는 것이 중요합니다. 그렇게 하지 않으면, 개는 사람에게
> 달려들어 물거나, 인간과의 주종 관계를 잘 쌓을 수 없게 되어버리거나
> 하는 것입니다.
> (주) 예의범절 교육: 예의나 규칙, 룰 등을 가르치는 것

자연스럽지만 직역에 가까운 해석을 수록하여 해석을
통해서도 일본어 문장의 구조를 이해할 수 있도록
하였습니다.

사전이 필요 없는 어휘 정리

> 어휘 成犬 せいけん 圏 성견
> 　~と言われる ~といわれる ~라고 한다, ~라고 말해진다
> 　小型 こがた 圏 소형　中型 ちゅうがた 圏 중형
> 　大型 おおがた 圏 대형　犬種 けんしゅ 圏 견종, 개의 종류
> 　~によって ~에 따라, ~에 의해　多少 たしょう 閉 다소
> 　変わる かわる 圏 다르다, 바뀌다　その後 そのあと 圏 그 후, 그 뒤
> 　人間 にんげん 圏 인간　歳を重ねる としをかさねる 나이를 먹다
> 　成長 せいちょう 圏 성장　あっという間 あっというま 눈 깜짝할 새
> 　~てしまう ~해 버리다, ~하고 말다　時期 じき 圏 시기
> 　その間 そのあいだ 그 사이, 그 동안　しっかり 閉 확실히, 단단히
> 　しつけ 圏 예의범절 교육
> 　かみ付く かみつく 圏 달려들어 물다, 물고 늘어지다
> 　主従関係 しゅじゅうかんけい 圏 주종 관계　うまく 閉 잘, 목적대로

지문, 스크립트에 사용된 거의 모든 어휘 및 문형을
상세히 정리하여 따로 사전을 찾을 필요 없이 바로바로
학습할 수 있습니다.

04. 해커스만의 노하우가 담긴 학습자료를 활용한다!

JLPT N2 필수 단어·문형 암기장 & MP3

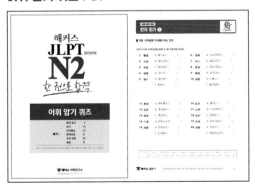

N2 합격을 위해 꼭 학습해야 하는 필수 어휘와 문형을 30일 동안 체계적으로 학습할 수 있도록 구성하였습니다. 해커스 일본어(japan.Hackers.com)에서 PDF로도 내려받을 수 있으며, 무료로 제공하는 MP3와 함께 학습하면 더욱 효과적으로 어휘와 문형을 암기할 수 있습니다.

학습용 MP3 & 복습용 MP3 & 고사장 MP3

청해 과목의 모든 문제 풀이를 위한 MP3뿐만 아니라, 실전모의고사는 실제 시험장의 감각을 익힐 수 있도록 고사장 버전 MP3까지 준비했습니다. 또한, 원하는 문제만 1배속 또는 1.2배속으로 반복하여 들을 수 있는 문제별 분할 MP3를 제공하여 청해 실력을 더욱 극대화할 수 있도록 하였습니다.

어휘 암기 퀴즈 PDF

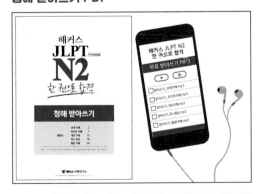

어휘 암기 퀴즈 PDF를 통해 어휘를 잘 암기했는지 스스로 확인해볼 수 있도록 하였습니다.

청해 받아쓰기 PDF

문제 풀이에 핵심이 되는 키워드를 집중적으로 듣고 받아쓰는 연습을 하면서 직청직해 실력을 키울 수 있도록 하였습니다.

JLPT 소개

■ JLPT 란?

Japanese-Language Proficiency Test의 앞 글자를 딴 것으로, 일본어를 모국어로 하지 않는 사람의 일본어 능력을 측정하여 인정하는 시험이며, 일본국제교류기금이 보증하고 일본 외무성이 후견인으로서 국제적으로 인정되며 평생 유효한 자격입니다. 아울러 JLPT는 일본 문부과학성 국비 유학생 선발 기준이 되며, 대학 입학, 각급 업체 및 기관의 채용 승진 등 다양한 곳에 활용할 수 있습니다.

■ JLPT 급수 구성

JLPT 등급		인정 수준
어려움 ↑	N1	폭넓은 화제에 대해 쓰인 신문의 논설, 평론 등 논리적으로 복잡한 글이나 추상적인 글을 읽고 구성이나 내용, 흐름을 이해할 수 있으며, 자연스러운 속도의 뉴스, 강의 등을 듣고 논리 구성을 이해하거나 요지를 파악할 수 있다.
	N2	폭넓은 화제에 대해 쓰인 신문이나 잡지의 기사, 해설, 평론 등 논지가 명쾌한 글을 읽고 이해할 수 있으며, 자연스러움에 가까운 속도의 뉴스, 강의 등을 듣고 흐름이나 내용, 요지를 파악할 수 있다.
	N3	일상적인 화제에 대해 쓰인 구체적인 내용의 글을 읽고 이해할 수 있으며, 조금 난이도가 있는 글도 다른 표현이 주어지면 요지를 이해할 수 있다. 제법 자연스러움에 가까운 속도의 회화를 듣고 구체적인 내용이나 등장인물의 관계를 거의 이해할 수 있다.
	N4	기본적인 어휘나 한자를 사용해 쓰인 일상생활 속 화제의 글을 읽고 이해할 수 있으며, 천천히 말하면 내용을 거의 이해할 수 있다.
쉬움 ↓	N5	히라가나나 가타카나, 일상생활에서 쓰이는 기본적인 한자로 쓰인 정형화된 어구나 글을 읽고 이해할 수 있으며, 교실이나 주변 등 일상생활에서 자주 마주치는 장면에서 천천히 말하면 필요한 정보를 듣고 이해할 수 있다.

■ 시험 과목과 시험 시간

급수	1교시		휴식	2교시
N1	언어지식(문자·어휘·문법)·독해 110분			청해 60분 *시험은 55분간 진행
N2	언어지식(문자·어휘·문법)·독해 105분			청해 55분 *시험은 50분간 진행
N3	언어지식(문자·어휘) 30분	언어지식(문법)·독해 70분	20분	청해 45분 *시험은 40분간 진행
N4	언어지식(문자·어휘) 25분	언어지식(문법)·독해 55분		청해 40분 *시험은 35분간 진행
N5	언어지식(문자·어휘) 20분	언어지식(문법)·독해 40분		청해 35분 *시험은 30분간 진행

■ 합격 기준

레벨	합격점 / 만점	과목별 과락 기준점 / 만점		
		언어지식(문자·어휘·문법)	독해	청해
N1	100점 / 180점	19점 / 60점	19점 / 60점	19점 / 60점
N2	90점 / 180점	19점 / 60점	19점 / 60점	19점 / 60점
N3	95점 / 180점	19점 / 60점	19점 / 60점	19점 / 60점
N4	90점 / 180점	38점 / 120점		19점 / 60점
N5	80점 / 180점	38점 / 120점		19점 / 60점

* JLPT는 합격점 이상 득점하면 합격하며, 한 과목이라도 과락 기준점 미만으로 득점하면 불합격됩니다.

■ JLPT 문제 구성

*문항 수는 시험마다 1~4문항 씩 달라질 수 있습니다.

과목		문제	문항 수				
		급수	N1	N2	N3	N4	N5
언어지식	문자·어휘	한자 읽기	6	5	8	7	7
		표기	–	5	6	5	5
		단어형성	–	5	–	–	–
		문맥규정	7	7	11	8	6
		유의 표현	6	5	5	4	3
		용법	6	5	5	4	–
		합계	25	32	35	28	21
	문법	문법형식 판단	10	12	13	13	9
		문장 만들기	5	5	5	4	4
		글의 문법	5	5	5	4	4
		합계	20	22	23	21	17
독해		내용이해(단문)	4	5	4	3	2
		내용이해(중문)	9	9	6	3	2
		내용이해(장문)	4	–	4	–	–
		통합이해	2	2	–	–	–
		주장이해(장문)	4	3	–	–	–
		정보검색	2	2	2	2	1
		합계	25	21	16	8	5
청해		과제 이해	5	5	6	8	7
		포인트 이해	6	6	6	7	6
		개요 이해	5	5	3	–	–
		발화 표현	–	–	4	5	5
		즉시 응답	11	12	9	8	6
		통합 이해	3	4	–	–	–
		합계	30	32	28	28	24
총 문항수			100	107	102	85	67

■ JLPT 시험 접수부터 성적 확인까지

1. JLPT 시험 접수, 시험일, 시험 결과 조회 일정

	시험 접수	시험	시험 결과 조회
해당연도 1회	4월 초	7월 첫 번째 일요일	8월 말
해당연도 2회	9월 초	12월 첫 번째 일요일	1월 말

* 일반 접수 기간이 끝난 뒤, 약 일주일 동안의 추가 접수 기간이 있습니다.

  정확한 시험 일정은 JLPT 한국 홈페이지 (http://jlpt.or.kr)에서 확인 가능합니다.

2. JLPT 시험 접수 방법

(1) 인터넷 접수

    JLPT 한국 홈페이지(http://jlpt.or.kr)에서 [인터넷 접수]로 접수합니다.

    접수 과정 : [인터넷 접수] > [로그인] > [사진 등록] > [개인정보 등록] > [급수 선택] > [시험장 선택] > [결제]

(2) 우편 접수 　*시험장 선택 불가

    구비 서류를 등기우편으로 발송하여 접수합니다.

    구비 서류 : 수험 원서(홈페이지 다운로드), 증명사진 1매(뒷면에 이름, 생년월일, 휴대 전화 번호 기재),

              수험료(우체국 통상환)

    보낼 곳 : [서울권역] (03060) 서울시 종로구 율곡로53, 해영빌딩 1007호 JLPT일본어능력시험

          [부산권역] (48792) 부산광역시 동구 중앙대로 319, 1501호(초량동, 부산YMCA) (사) 부산한일문화교류협회

          [제주권역] (63219) 제주특별자치도 제주시 청사로 1길 18-4 제주상공회의소 JLPT사무국

3. JLPT 시험 준비물

 수험표　 규정 신분증 (주민등록증, 운전면허증, 여권 등)　 필기구 (연필이나 샤프, 지우개)　 시계

4. JLPT 결과 확인

(1) 결과 조회

    1회 시험은 8월 말, 2회 시험은 1월 말에 JLPT 한국 홈페이지(http://jlpt.or.kr)에서 조회 가능합니다.

(2) 결과표 수령 방법

    JLPT 결과표는 1회 시험은 9월 말, 2회 시험은 2월 말에 접수 시 기재한 주소로 택배 발송됩니다.

    합격자 : 일본어능력인정서, 일본어능력시험 인정결과 및 성적에 관한 증명서 발송

    불합격자 : 일본어능력시험 인정결과 및 성적에 관한 증명서만 발송

(3) 자격 유효 기간

    유효기간이 없는 평생 자격이지만, 기관 등에서는 보통 2년 이내 성적을 요구하므로 주의하세요.

JLPT N2 소개

■ JLPT N2 시험 구성 및 시험 시간

입실		13:10 까지
1교시	언어지식(문자·어휘)	13:30~15:15 (105분)
	언어지식(문법)	
	독해	
휴식		15:15~15:35
2교시	청해	15:35~16:30 (55분) *시험은 50분간 진행

* 시험 입실시간은 13시 10분까지이며, 13시 30분 이후에는 휴식시간까지 퇴실할 수 없습니다.
* 답안지는 1교시 답안지와 2교시 답안지를 함께 나누어 주며, 2교시 답안지는 본인이 보관하다 2교시에 꺼내서 사용합니다.
* 언어지식과 독해는 함께 치러지며 문제지와 답안지가 함께 있으므로 자신 있는 과목을 먼저 해도 괜찮습니다.
* 청해는 별도의 마킹 시간이 없으므로, 한 개의 문항을 풀 때마다 바로바로 마킹해야 합니다.

■ 시험 결과

* JLPT 에 합격하면, 「일본어능력인정서」와 「일본어능력시험 인정결과 및 성적에 관한 증명서」를 받을 수 있으며, 불합격할 경우, 「일본어능력시험 인정결과 및 성적에 관한 증명서」만 수령하게 됩니다.
* 「일본어능력시험 인정결과 및 성적에 관한 증명서」에는 과목별 점수와 총점, 백분율, 문자어휘·문법 과목의 정답률을 알 수 있는 참고정보가 표기되어 있어, 자신의 실력이 어느 정도인지 알 수 있습니다.

<인정결과 및 성적에 관한 증명서>

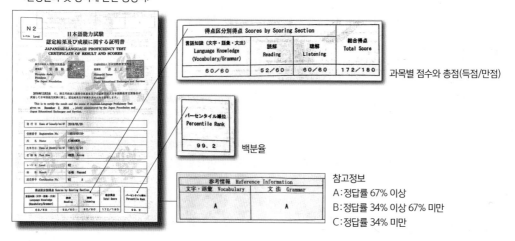

과목별 점수와 총점(득점/만점)

백분율

참고정보
A : 정답률 67% 이상
B : 정답률 34% 이상 67% 미만
C : 정답률 34% 미만

■ 학습자들이 궁금해 하는 JLPT N2 관련 질문 BEST 5

01. N2 독학으로 준비할 수 있나요?

독학으로도 충분히 합격할 수 있습니다.

JLPT N2를 혼자서 준비하고자 하는 많은 학습자를 위해 「해커스 JLPT N2 한 권으로 합격」에서는 각 문제별 출제 경향을 정확하게 분석하여 핵심 전략과 문제 풀이 Step을 수록하고, 문제 풀이 Step 적용, 실력 다지기, 실전 테스트, 실전모의고사로 이어지는 체계적인 학습 구성을 통해 확실하게 합격할 수 있는 능력을 익힐 수 있도록 하였습니다. 또한, 해석, 해설, 어휘 정리까지 상세한 해설을 수록하여 혼자서도 충분히 학습할 수 있습니다.

02. 한자별 음독, 훈독, 쓰는 법까지 다 외워야 하나요?

한자보다는 N2에 출제되는 단어를 암기해야 합니다.

시험에서는 한자 각각의 발음을 묻는 문제나 한자를 직접 손으로 써야 하는 문제는 출제되지 않기 때문에, 한자별로 음독, 훈독, 쓰는 법은 학습하지 않아도 괜찮습니다. 「해기스 JLPT N2 한 권으로 합격」에서는 어휘 암기에만 집중할 수 있도록 문자·어휘 각 문제별 전략에 맞는 어휘를 카테고리 별로 정리하여 수록하였습니다.

03. JLPT 문법을 다 외웠는데도 문제를 못 풀겠어요. 팁좀 알려주세요.

일본어 기본 문법과 문형을 확실하게 학습하고 문장의 문맥을 잘 파악해야 합니다.

JLPT 문법 문제는 문장이나 글의 문맥에 맞는 문법형식을 고르거나 문장을 올바르게 배열하는 문제가 출제됩니다. 따라서 문맥을 잘 파악하고, 문맥에 맞는 문형을 고를 수 있어야 합니다. 「해커스 JLPT N2 한 권으로 합격」에서는 「N2 필수 문법」코너를 수록하여 일본어 기본 문법을 다시 한 번 확실히 학습할 수 있도록 하였습니다. 또한, 문형은 접속 형태를 예문과 함께 수록하여 해당 문형이 어떠한 상황에서 어떻게 쓰이는지 학습할 수 있도록 하였습니다.

04. 독해 해석은 되는데 답을 모르겠어요. 어떡해요?

JLPT N2에서 출제되는 독해 지문/문제의 특성을 파악하면 충분히 풀 수 있습니다.

JLPT N2의 독해 지문은 심리, 예술, 인생, 경제 등 다양한 소재로 출제되며, 선택지는 지문에서 사용된 어휘나 표현 그대로 사용되지 않고 동의어나 비슷한 표현으로 바꾸어 제시됩니다. 「해커스 JLPT N2 한 권으로 합격」에서는 이러한 독해의 특성을 충분히 체득할 수 있도록 "실력 다지기"와 여러 회차의 "실전 테스트"를 수록하였습니다.

05. 애니메이션, 드라마 많이 보는데 청해 공부 안 해도 될까요?

JLPT N2 청해의 문제별 출제 유형과 문제 풀이 전략을 학습해야 합니다.

애니메이션 등을 많이 봐서 일본어 듣기에 익숙하더라도 JLPT는 출제되는 문제 유형이 특정되어 있기 때문에, 각 문제별 유형을 파악하면 더욱 확실하고 빠르게 문제를 풀 수 있습니다. 「해커스 JLPT N2 한 권으로 합격」은 출제 경향을 철저하게 분석하여 출제 경향과 핵심 전략 그리고 문제 풀이 Step을 제시해 두었습니다.

JLPT N2 과목별 문제 유형 및 학습 방법

■ 언어지식 문자·어휘

1. 문제 유형

	문제	문항 수	문항 번호	유형
문제 1	한자 읽기	5	1번~5번	한자로 쓰인 어휘의 올바른 발음을 고를 수 있는지 묻는 문제이다.
문제 2	표기	5	6번~10번	히라가나로 쓰인 어휘의 올바른 한자를 고를 수 있는지 묻는 문제이다.
문제 3	단어형성	5	11번~15번	알맞은 접두어, 접미어를 고를 수 있는지, 올바른 복합어를 완성할 수 있는지 묻는 문제이다.
문제 4	문맥규정	7	16번~22번	문맥에 맞는 알맞은 의미의 어휘를 고를 수 있는지 묻는 문제이다.
문제 5	유의 표현	5	23번~27번	밑줄친 어휘나 표현과 의미상 가까운 어휘 또는 표현을 고를 수 있는지 묻는 문제이다.
문제 6	용법	5	28번~32번	제시어의 용법이 올바르게 사용된 문장을 고를 수 있는지 묻는 문제이다.

* 실제 시험에서는 1~2개의 문항 수의 변동이 있을 수 있습니다.

2. 학습 방법

> 어휘의 정확한 '발음'과 '한자'에 주의하여 암기한다.
일본어는 탁음, 반탁음, 요음, 촉음, 장음 등 발음의 활용이 많고, 하나의 한자에 여러 개의 음독, 여러 개의 훈독이 있는 경우도 많기 때문에 어휘를 학습할 때 정확한 발음을 암기합니다. 또한, 일본어에 사용되는 수많은 한자들 중에는 모양이 비슷한 한자도 많이 있기 때문에 헷갈리기 쉬우므로, 부수, 획, 한자의 전체적인 모양에 주의하여 암기합니다.

> 비슷한 의미의 어휘는 용법에 주의하며 함께 암기한다.
'유쾌한 사람'과 '재미있는 사람'은 비슷한 의미이지만 표현은 다릅니다. 이런 동의어, 비슷한 표현은 함께 학습하여 효율적으로 어휘를 암기합니다. 또한, '연장'과 '증가'는 모두 '늘어남'을 의미하지만 '회의가 1시간 증가되었다'는 '증가'의 용법이 잘못된 문장입니다. 이렇게 비슷한 의미의 어휘는 용법에 주의하여 암기해야 합니다.

■ 언어지식 **문법**

1. 문제 유형

문제		문항 수	문항 번호	유형
문제 7	문법형식 판단	12	33번~44번	문맥에 맞는 문법형식을 고를 수 있는지 묻는 문제이다.
문제 8	문장 만들기	5	45번~49번	4개의 선택지를 의미가 통하도록 배열할 수 있는지 묻는 문제이다.
문제 9	글의 문법	5	50번~54번	지문의 빈칸에 들어갈 알맞은 기능어, 내용, 문말표현 등을 고를 수 있는지 묻는 문제이다.

* 실제 시험에서는 1~2개의 문항 수의 변동이 있을 수 있습니다.

2. 학습 방법

> **조사, 부사, 접속사와 같은 기능어의 의미와 용법을 확실하게 암기한다.**

문맥에 맞는 조사, 부사, 접속사를 고르는 문제가 출제되는 것은 물론, 문장을 해석하거나 문맥을 파악하는데 기능어는 매우 중요한 역할을 하므로, 각종 기능어의 의미와 용법을 예문을 보면서 확실하게 암기하도록 합니다.

> **N2에 필요한 문형의 의미와 접속 형태, 용법을 확실하게 암기한다.**

문법 과목의 문제들은 대부분 문형과 관련된 문제가 출제됩니다. 문형을 알아야 해석이 쉽고, 올바른 문장을 만들 수 있습니다. 또한 접속 형태를 보고 오답을 먼저 소거할 수도 있으므로, 문형의 의미와 용법, 접속 형태를 예문과 함께 확실하게 암기하도록 합니다.

JLPT N2 과목별 문제 유형 및 학습 방법

■ 독해

1. 문제 유형

문제		문항 수	문항 번호	유형
문제 10	내용이해 (단문)	5	55번~59번	다양한 주제의 에세이와 실용문을 읽고 필자의 주장, 글의 목적 등을 이해했는지 묻는 문제이다.
문제 11	내용이해 (중문)	9	60번~68번	다양한 주제의 지문을 읽고, 지문 전체 또는 부분에서 필자의 생각, 글의 세부 내용을 이해했는지 묻는 문제이다.
문제 12	통합이해	2	69번~70번	동일한 주제의 두 지문을 읽고 견해나 주장을 비교할 수 있는지 묻는 문제이다.
문제 13	주장이해 (장문)	3	71번~73번	다양한 주제의 글을 읽고, 지문 전체 또는 부분에 필자의 생각이나 주장, 글의 세부 내용을 이해했는지 묻는 문제이다.
문제 14	정보검색	2	74번~75번	광고, 팸플릿, 정보지 등을 보고 필요한 부분의 정보만 비교하거나, 조건에 맞는 정보를 찾을 수 있는지 묻는 문제이다.

* 실제 시험에서는 1~2개의 문항 수의 변동이 있을 수 있습니다.

2. 학습 방법

> 삶의 교훈, 환경, 미술, 심리, 경제 등 다양한 소재의 글을 읽고 어휘를 학습한다.

독해 지문은 삶의 교훈에 관련된 에세이 지문이 많이 나오지만, 삶의 교훈도 다양한 소재를 통해 서술하며, 환경, 미술, 심리, 경제 등의 칼럼이나 신문기사, 단행본에서 발췌한 지문이 출제되는 경우도 많습니다. 평소에 다양한 소재의 글을 많이 읽고, 별책 부록으로 제공되는 「JLPT N2 필수 단어·문형 암기장」을 활용하여 관련 어휘를 학습하는 것이 중요합니다.

> 접속사를 꾸준히 학습하고 문말표현에 유의하여 해석한다.

접속사 뒤에 필자가 진짜 말하고자 하는 내용이 이어지는 경우가 많으며, 문말표현을 제대로 해석해야 문맥을 정확하게 파악하고 정답을 고를 수 있습니다. 따라서 접속사에는 무엇이 있고 어떤 때 쓰이는지를 학습하고, 지문에서 접속사가 어디에 있는지 찾는 연습을 꾸준히 해야 합니다. 또한 지문을 읽을 때 항상 문말표현에 유의해서 해석합니다.

■ 청해

1. 문제 유형

문제		문항 수	문항 번호	유형
문제 1	과제 이해	5	1번~5번	대화를 듣고 대화가 끝난 뒤 해야 하는 과제가 무엇인지 묻는 문제이다.
문제 2	포인트 이해	6	1번~6번	두 사람의 대화 또는 한 사람의 말을 듣고 질문에서 제시한 포인트를 찾을 수 있는지 묻는 문제이다.
문제 3	개요 이해	5	1번~5번	두 사람의 대화 또는 한 사람의 말을 듣고 주제나 개요를 파악할 수 있는지 묻는 문제이다.
문제 4	즉시 응답	12	1번~12번	질문을 듣고 적절한 대답을 고를 수 있는지 묻는 문제이다.
문제 5	통합 이해	4	1번~4번	복수의 정보를 듣고 통합하여 하나의 결론을 고를 수 있는지 묻는 문제이다.

* 실제 시험에서는 1~2개의 문항 수의 변동이 있을 수 있습니다.

2. 학습 방법

> 메모하며 듣는 연습을 한다.
청해는 대화 마지막에 말을 바꾸거나 대화 중간에 정답에 대한 힌트가 있는 경우가 많고, 질문과 선택지가 문제지에 제시되어 있지 않은 문제 유형도 있어 대화의 내용을 잘 기억했다가 정답을 골라야 합니다. 때문에, 대화를 들으면서 핵심이 되는 키워드를 재빨리 적거나, 대화의 흐름을 들리는 대로 일본어 또는 한국어로 메모하는 연습을 꾸준히 해야 합니다.

> 일상생활에서 자주 접할 수 있는 장소별, 상황별 어휘를 학습한다.
청해 문제의 대화는 주로 회사, 학교, 집, 매표소 등에서 이루어지고, 상사와 부하, 선생님과 학생, 선배와 후배, 점원과 손님 관계에서의 대화가 출제됩니다. 또한, 업무지시, 부탁, 전화 통화, 텔레비전 인터뷰, 대학 강의 등 일상 속에서 흔히 접할 수 있는 장소, 관계, 상황이 출제되므로, 별책 부록으로 제공되는「JLPT N2 필수 단어·문형 암기장」을 활용하여 장소와 상황별 어휘를 학습하고 더 빠르고 정확하게 대화의 내용을 들을 수 있도록 준비합니다.

학습 플랜

시험 접수 끝! 합격을 향한 3개월 학습 플랜

* 4월~6월 또는 9월~11월, 3개월간 사용하여 7월과 12월 시험에 대비하는 학습 플랜입니다.
* 「JLPT N2 필수 단어·문형 암기장」으로 필수 단어 및 문형 암기 → 과목별 집중 학습 → 실전모의고사의 순서로 학습합니다.

	1일	2일	3일	4일	5일	6일
1주	□___월___일 [암기장] 단어 1~2일	□___월___일 [암기장] 단어 3~4일	□___월___일 [암기장] 단어 5~6일	□___월___일 [암기장] 단어 7~8일	□___월___일 [암기장] 단어 9~10일	□___월___일 [암기장] 단어 11~12일
2주	□___월___일 [암기장] 단어 13~14일	□___월___일 [암기장] 단어 15~16일	□___월___일 [암기장] 단어 17~18일	□___월___일 [암기장] 단어 19~20일	□___월___일 [암기장] 단어 21~22일	□___월___일 [암기장] 단어 23~24일
3주	□___월___일 [암기장] 단어 25일	□___월___일 [암기장] 문형 26~27일	□___월___일 [암기장] 문형 28~29일	□___월___일 [암기장] 문형 30일	□___월___일 [문자·어휘] 문제1	□___월___일 [문자·어휘] 문제1-암기 위주
4주	□___월___일 [문자·어휘] 문제2	□___월___일 [문자·어휘] 문제2-암기 위주	□___월___일 [문자·어휘] 문제3	□___월___일 [문자·어휘] 문제3-암기 위주	□___월___일 [문자·어휘] 문제4	□___월___일 [문자·어휘] 문제4-암기 위주
5주	□___월___일 [문자·어휘] 문제5	□___월___일 [문자·어휘] 문제5-암기 위주	□___월___일 [문자·어휘] 문제6	□___월___일 [문자·어휘] 문제6-암기 위주	□___월___일 [N2 필수 문법] 01~03	□___월___일 [N2 필수 문법] 04~07
6주	□___월___일 [N2 필수 문법] 08	□___월___일 [N2 필수 문법] 09	□___월___일 [N2 필수 문법] 10	□___월___일 [N2 필수 문법] 11	□___월___일 [문자·어휘] 핵심 표현 복습	□___월___일 [N2 필수 문법] 전체 복습
7주	□___월___일 [문법] 문제7	□___월___일 [문법] 문제7	□___월___일 [문법] 문제8	□___월___일 [문법] 문제8	□___월___일 [문법] 문제9	□___월___일 [문법] 문제9
	[청해 문제1] 실력 다지기 음원만 듣기			[청해 문제2] 실력 다지기 음원만 듣기		
8주	□___월___일 [문법] 전체 복습	[독해] 문제10	[독해] 문제10	[독해] 문제11	[독해] 문제11	[독해] 문제12
	[청해 문제3] 실력 다지기 음원만 듣기			[청해 문제4] 실력 다지기 음원만 듣기		
9주	□___월___일 [독해] 문제12	□___월___일 [독해] 문제13	□___월___일 [독해] 문제13	□___월___일 [독해] 문제14	□___월___일 [독해] 문제14	□___월___일 [독해] 전체복습
	[청해 문제5] 실력 다지기 음원만 듣기			–	[문자·어휘 핵심 표현] 문제1	

	□___월___일	□___월___일	□___월___일	□___월___일	□___월___일	□___월___일
10주	[청해] 문제1	[청해] 문제1	[청해] 문제2	[청해] 문제2	[청해] 문제3	[청해] 문제3
	[문자·어휘 핵심 표현] 문제2		[문자·어휘 핵심 표현] 문제3		[문자·어휘 핵심 표현] 문제4	
	□___월___일	□___월___일	□___월___일	□___월___일	□___월___일	□___월___일
11주	[청해] 문제4	[청해] 문제4	[청해] 문제5	[청해] 문제5	[청해] 전체 복습	[실전모의고사] 1 풀기
	[문자·어휘 핵심 표현] 문제5		[문자·어휘 핵심 표현] 문제6		[필수문법] 08	[필수 문법] 09
	□___월___일	□___월___일	□___월___일	□___월___일	□___월___일	□___월___일
12주	[실전모의고사] 1 복습	[실전모의고사] 2 풀기	[실전모의고사] 2 복습	[실전모의고사] 3 풀기	[실전모의고사] 3 복습	[실전모의고사] 1-3 복습
	[필수 문법] 10	[필수 문법] 11	[문자·어휘] 전체 복습	[문법] 전체 복습	[독해] 전체 복습	[청해] 전체 복습

* 6개월 동안 학습하고자 하는 경우에는 1일 분량을 2일에 나누어 꼼꼼히 학습하세요.

📅 벌써 수험표가? 아직 늦지 않았다! 1개월 학습 플랜

* 매년 시험 직전 6월과 11월에 1개월동안 집중적으로 학습하는 단기 학습 플랜입니다.

	1일	**2일**	**3일**	**4일**	**5일**	**6일**
	□___월___일	□___월___일	□___월___일	□___월___일	□___월___일	□___월___일
1주	[문자·어휘] 문제1	[문자·어휘] 문제2	[문자·어휘] 문제3	[문자·어휘] 문제4	[문자·어휘] 문제5	[문자·어휘] 문제6
	□___월___일	□___월___일	□___월___일	□___월___일	□___월___일	□___월___일
2주	[N2 필수 문법] 08~09	[N2 필수 문법] 10~11	[문법] 문제7	[문법] 문제8	[문법] 문제9	[청해] 문제1
	□___월___일	□___월___일	□___월___일	□___월___일	□___월___일	□___월___일
3주	[청해] 문제2	[청해] 문제3	[청해] 문제4	[청해] 문제5	[독해] 문제10	[독해] 문제11
	[문자·어휘] 문제1	[문자·어휘] 문제2	[문자·어휘] 문제3	[문자·어휘] 문제4	[문자·어휘] 문제5	[문자·어휘] 문제6
	□___월___일	□___월___일	□___월___일	□___월___일	□___월___일	□___월___일
4주	[독해] 문제12	[독해] 문제13	[독해] 문제14	[실전모의고사] 1	[실전모의고사] 2	[실전모의고사] 3
	N2 필수 문법 08~11	[청해] 문제1	[청해] 문제2	[청해] 문제3	[청해] 문제4	[청해] 문제5

* 별책으로 제공되는 「JLPT N2 필수 단어·문형 암기장」은, 3주동안 매일 2일 분량을 음원과 함께 학습하고, 마지막 주에는 하루에 5일 분량씩 잘 외워지지 않은 단어와 문형 위주로 학습합니다.

암기한 어휘를
퀴즈로 확인하려면?

해커스일본어 (japan.Hackers.com)

해커스 JLPT N2 한 권으로 합격

문자·어휘

문제 1 한자 읽기

문제 2 표기

문제 3 단어형성

문제 4 문맥규정

문제 5 유의 표현

문제 6 용법

한자 읽기

 한자 읽기는 한자로 쓰여진 단어의 읽는 방법을 묻는 문제로, 음독 어휘의 발음을 고르는 문제가 3문항, 훈독 어휘의 발음을 고르는 문제가 2문항, 총 5문항이 출제된다.

─◉ 핵심 전략

1 음독 어휘의 발음을 고르는 문제는 명사, な형용사가 출제되며, 주로 탁음, 반탁음, 촉음, 장음을 추가 또는 삭제하여 혼동을 준다. 또한 밑줄 친 어휘에 포함된 한자의 또 다른 발음, 같은 한자를 포함하는 다른 어휘의 발음 등으로 선택지를 구성하여 혼동을 준다. 따라서 밑줄 친 어휘의 정확한 발음에 유의하여 정답을 고른다.

예 **貴重** 귀중

① **きちょう** (○)   ② **きじゅう** (✕)   ③ **きっちょう** (✕)
　　　　　　　　　　　　　 重의 또 다른 발음이 사용됨　　　　촉음이 추가됨

要求 요구

① **ようきゅう** (○)   ② **よっきゅう** (✕)   ③ **ようきゅ** (✕)
　　　　　　　　　　　　　 같은 한자를 포함한 欲求(욕구)의 발음이 사용됨　　장음이 삭제됨

2 훈독 어휘의 발음을 고르는 문제는 명사의 경우 의미적으로 연관이 있는 어휘의 발음으로 혼동을 준다. 동사나 형용사의 경우에는 문맥에 어울리는 다른 의미의 어휘, 어미가 같은 다른 어휘로 혼동을 준다. 따라서 오로지 밑줄 친 어휘에서 한자의 발음에만 유의하여 정답을 고른다.

예 **恥をかいた** 창피를 당했다

① **はじ** (○)   ② **はず** (✕)   ③ **はし** (✕)
　　　　　　　　　 형용사 恥かしい의 발음이 사용됨　　탁음이 삭제됨

合格を祝った 합격을 축하했다

① **いわった** (○)   ② **いのった** (✕)   ③ **うらなった** (✕)
　　　　　　　　　　　　　 문맥에 어울리는 祈る(빌다, 기원하다)의　　어미가 같은 어휘 占う의 발음이 사용됨
　　　　　　　　　　　　　 발음이 사용됨

3 음독 어휘 문제로 출제되는 탁음, 반탁음, 촉음, 장음이 포함된 명사 어휘, 훈독 어휘 문제로 출제되는 훈독 명사, 동사, い형용사, な형용사를 발음에 유의하여 꼼꼼히 암기한다.

-◎ 문제 풀이 Step

(Step 1) **밑줄 친 어휘를 천천히 발음해 본다.**

밑줄 친 어휘가 음독 어휘인 경우, 탁음, 반탁음, 장음, 촉음에 유의하여 정확하게 발음해 본다.
훈독 어휘인 경우에는 어미를 제외한 한자에 유의하여 정확하게 발음해 본다.

(Step 2) **발음에 해당하는 선택지를 정답으로 고른다.**

발음이 헷갈리면 다시 천천히 발음해 보고 조금 더 정확하다고 판단되는 선택지를 정답으로 고른다.
문장을 읽고 의미를 파악하는 것은 정답 선택에 도움이 되지 않으므로, 제시된 단어의 발음에만 집중
하여 문제를 푼다.

-◎ 문제 풀이 Step 적용

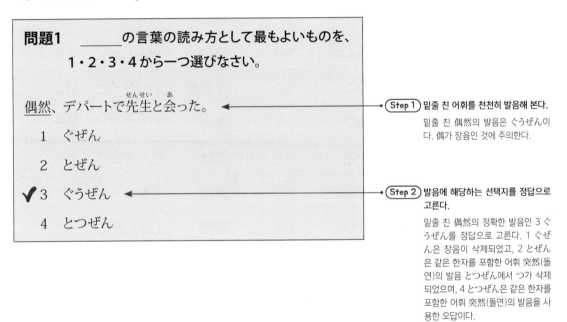

問題1 ＿＿＿＿の言葉の読み方として最もよいものを、
1・2・3・4から一つ選びなさい。

<u>偶然</u>、デパートで先生と会った。

1 ぐぜん
2 とぜん
✓3 ぐうぜん
4 とつぜん

(Step 1) 밑줄 친 어휘를 천천히 발음해 본다.

밑줄 친 偶然의 발음은 ぐうぜん이다. 偶가 장음인 것에 주의한다.

(Step 2) 발음에 해당하는 선택지를 정답으로 고른다.

밑줄 친 偶然의 정확한 발음인 3 ぐうぜん를 정답으로 고른다. 1 ぐぜん은 장음이 삭제되었고, 2 とぜん은 같은 한자를 포함한 어휘 突然(돌연)의 발음 とつぜん에서 つ가 삭제되었으며, 4 とつぜん은 같은 한자를 포함한 어휘 突然(돌연)의 발음을 사용한 오답이다.

문제1 ＿＿＿＿의 말의 읽는 법으로 가장 알맞은 것을, 1・2・3・4에서 하나 고르세요.

<u>우연히</u>, 백화점에서 선생님과 만났다.

어휘 偶然 ぐうぜん [児]우연히　デパート [명]백화점

핵심 표현 및 필수 어휘

■ 탁음·반탁음에 주의해야 하는 단어 🔊 문제1 한자읽기_핵심표현 및 필수어휘01.mp3

※ '00는 기출연도입니다.

か·が	間隔	かんかく	간격	感激	かんげき	감격
	願望 '16	がんぼう	소원	損害 '15	そんがい	손해
き·ぎ	企画 '18	きかく	기획	競争	きょうそう	경쟁
	返却 '12	へんきゃく	반환, 반납	行事 '15	ぎょうじ	행사
け·げ	継続 '14	けいぞく	계속	検証	けんしょう	검증
	原書	げんしょ	원서	減少	げんしょう	감소
こ·ご	倉庫	そうこ	창고	冷蔵庫	れいぞうこ	냉장고
	相互 '10	そうご	상호	連合	れんごう	연합
さ·ざ	再度 '18	さいど	두 번, 재차	混雑	こんざつ	혼잡
し·じ	現象 '15	げんしょう	현상	資格	しかく	자격
	姿勢 '13	しせい	자세	瞬間	しゅんかん	순간
	障害	しょうがい	장애, 장해	省略 '15	しょうりゃく	생략
	抽象 '12	ちゅうしょう	추상	異状	いじょう	이상
	拡充 '13	かくじゅう	확충	現状	げんじょう	현상
	寿命	じゅみょう	수명	除外	じょがい	제외
	補充	ほじゅう	보충	用心 '14 '18	ようじん	주의, 조심
す·ず	香水	こうすい	향수	洪水	こうずい	홍수
せ·ぜ	当選	とうせん	당선	推薦	すいせん	추천
	精算 '18	せいさん	정산	当然	とうぜん	당연

※ '00는 기출연도입니다.

	空想	くうそう	공상	幻想	げんそう	환상
そ・ぞ	現像	げんぞう	현상	臓器	ぞうき	장기
	極端'14	きょくたん	극단	交代'12	こうたい	교대
た・だ	個体	こたい	개체	辞退'12	じたい	사퇴
	拡大	かくだい	확대	広大	こうだい	광대
	盛大だ	せいだいだ	성대하다	脱落	だつらく	탈락
と・ど	相当'12	そうとう	상당히	対等	たいとう	대등
	鈍感	どんかん	둔감	領土	りょうど	영토
は・ば	破片'12'18	はへん	파편	判断	はんだん	판단
	現場	げんば	현장	裁判	さいばん	재판
ひ・び	批評'16	ひひょう	비평	比例'13	ひれい	비례
	警備'18	けいび	경비	平等	びょうどう	평등
ほ・ぼ	奉仕	ほうし	봉사	貿易'14	ぼうえき	무역
	防災'10	ぼうさい	방재	防止	ぼうし	방지
반탁음	運搬	うんぱん	운반	反復	はんぷく	반복

📋 **확인 문제** 한자로 쓰여진 단어의 알맞은 발음을 고르세요.

01 現象 　ⓐ げんしょう 　ⓑ げんじょう 　　05 反復 　ⓐ はんぷく 　ⓑ はんぶく

02 洪水 　ⓐ こうすい 　ⓑ こうずい 　　06 拡充 　ⓐ かくしゅう 　ⓑ かくじゅう

03 裁判 　ⓐ さいはん 　ⓑ さいばん 　　07 用心 　ⓐ ようしん 　ⓑ ようじん

04 連合 　ⓐ れんこう 　ⓑ れんごう 　　08 空想 　ⓐ くうそう 　ⓑ くうぞう

정답: 01 ⓐ 02 ⓑ 03 ⓑ 04 ⓑ 05 ⓐ 06 ⓑ 07 ⓑ 08 ⓐ

■ 장음·촉음에 주의해야 하는 단어 ◀)) 문제1 한자읽기_핵심표현 및 필수어휘02.mp3

※ '00는 기출연도입니다.

きゅ·きゅう	永久 '17	えいきゅう	영구	至急 '11	しきゅう	지급
きょ·きょう	拒否 '15	きょひ	거부	距離 '15	きょり	거리
	免許	めんきょ	면허	協力	きょうりょく	협력
こ·こう	故障	こしょう	고장	誇張	こちょう	과장
	証拠	しょうこ	증거	交渉	こうしょう	교섭
	好調 '17	こうちょう	호조	事項	じこう	사항
しゅ·しゅう (じゅ·じゅう)	特殊 '19	とくしゅ	특수	柔軟だ '15'17	じゅうなんだ	유연하다
しょ·しょう (じょ·じょう)	処理 '18	しょり	처리	軽傷 '19	けいしょう	경상
	症状 '16	しょうじょう	증상	焦点 '12	しょうてん	초점
	援助 '14	えんじょ	원조	削除 '12	さくじょ	삭제
	徐行	じょこう	서행	秩序	ちつじょ	질서
	補助	ほじょ	보조	実情	じつじょう	실정
	出場	しゅつじょう	출장	心情	しんじょう	심정
そ·そう	相違 '15	そうい	상이	装置 '12	そうち	장치
ちゅ·ちゅう	中継 '13	ちゅうけい	중계	夢中 '12	むちゅう	열중
ちょ·ちょう	著者	ちょしゃ	저자	挑戦	ちょうせん	도전
と·とう	戸棚	とだな	선반	見当 '13	けんとう	예상
	逃亡 '13	とうぼう	도망	病棟	びょうとう	병동
ふ·ふう	負担 '19	ふたん	부담	豊富 '11'17	ほうふ	풍부
	開封	かいふう	개봉	工夫	くふう	궁리

※ '00는 기출연도입니다.

ほ·ほう	保護	ほご	보호	情報	じょうほう	정보
も·もう	模様	もよう	모양	消耗	しょうもう	소모
ゆ·ゆう	快癒	かいゆ	쾌유	経由	けいゆ	경유
	油断'15'19	ゆだん	방심	勧誘'13	かんゆう	권유
	有益	ゆうえき	유익	有名	ゆうめい	유명
	有力	ゆうりょく	유력	誘惑	ゆうわく	유혹
よ·よう	歌謡	かよう	가요	幼稚'14	ようち	유치
촉음 っ	圧勝'14	あっしょう	압승	圧倒'19	あっとう	압도
	活気'11	かっき	활기	格好'13	かっこう	모습
	勝手だ'10'17	かってだ	제멋대로다	学館	がっかん	학관
	吉兆	きっちょう	길조	早速	さっそく	즉시
	実行	じっこう	실행	撤退	てったい	철수, 철퇴
	徹底	てってい	철저	発揮'10'18	はっき	발휘
	密接'11	みっせつ	밀접	密閉'17	みっぺい	밀폐

📄 **확인 문제** 한자로 쓰여진 단어의 알맞은 발음을 고르세요.

01	経由	ⓐ けいゆ	ⓑ けいゆう	05	豊富	ⓐ ほうふ	ⓑ ほうふう
02	早速	ⓐ さつそく	ⓑ さっそく	06	幼稚	ⓐ よち	ⓑ ようち
03	焦点	ⓐ しょてん	ⓑ しょうてん	07	消耗	ⓐ しょうも	ⓑ しょうもう
04	誇張	ⓐ こちょう	ⓑ こうちょう	08	逃亡	ⓐ とぼう	ⓑ とうぼう

정답: 01 ⓐ 02 ⓑ 03 ⓑ 04 ⓐ 05 ⓐ 06 ⓑ 07 ⓑ 08 ⓑ

■ 발음이 두 개인 한자를 포함하는 단어　🔊 문제1 한자읽기_핵심표현 및 필수어휘03.mp3

※ '00는 기출연도입니다.

下 [か] [げ]	下線	かせん	밑줄	下旬'19	げじゅん	하순
強 [きょう] [ごう]	勉強	べんきょう	공부	強引だ	ごういんだ	억지로 하다
言 [げん] [ごん]	言動	げんどう	언동	遺言	ゆいごん	유언
作 [さ] [さく]	作用	さよう	작용	制作	せいさく	제작
示 [し] [じ]	示唆	しさ	시사	提示	ていじ	제시
直 [じき] [ちょく]	正直	しょうじき	사실은	垂直'17	すいちょく	수직
	率直だ'11	そっちょくだ	솔직하다	直接'16	ちょくせつ	직접
執 [しつ] [しゅう]	執筆	しっぴつ	집필	執着	しゅうちゃく	집착
重 [じゅう] [ちょう]	厳重だ	げんじゅうだ	엄중하다	重量	じゅうりょう	중량
	貴重だ'16	きちょうだ	귀중하다	尊重'10	そんちょう	존중
人 [じん] [にん]	求人'17	きゅうじん	구인	役人	やくにん	공무원
治 [ち] [じ]	治療'10'16	ちりょう	치료	政治	せいじ	정치
定 [てい] [じょう]	推定	すいてい	추정	勘定	かんじょう	계산
模 [も] [ぼ]	模型	もけい	모형	模索	もさく	모색
	模範'13	もはん	모범	規模'10	きぼ	규모

■ 같은 한자를 포함하는 단어 🔊 문제1 한자읽기_핵심표현 및 필수어휘04.mp3

※ '00는 기출연도입니다.

解 [かい]	解散'13	かいさん	해산	解消'11	かいしょう	해소
害 [がい]	災害	さいがい	재해	損害'15	そんがい	손해
	被害	ひがい	피해	妨害	ぼうがい	방해
求 [きゅう]	要求'11	ようきゅう	요구	欲求	よっきゅう	욕구
経 [けい]	経費	けいひ	경비	経理	けいり	경리
激 [げき]	過激だ	かげきだ	과격하다	刺激'19	しげき	자극
潔 [けつ]	簡潔だ'16	かんけつだ	간결하다	清潔'13	せいけつ	청결
構 [こう]	構想	こうそう	구상	構造	こうぞう	구조
然 [ぜん]	偶然'14'19	ぐうぜん	우연히	突然'11	とつぜん	돌연, 갑자기
調 [ちょう]	調整	ちょうせい	조정	調節'11	ちょうせつ	조절
優 [ゆう]	優秀だ'11	ゆうしゅうだ	우수하다	優勝	ゆうしょう	우승
容 [よう]	容器	ようき	용기	容姿'16	ようし	용모와 자태
利 [リ]	利益'11	りえき	이익	利口'18	りこう	머리가 좋음

📄 확인 문제 한자로 쓰여진 단어의 알맞은 발음을 고르세요.

01 勘定 ⓐ かんじょう ⓑ かんてい
02 利口 ⓐ りこう ⓑ りえき
03 遺言 ⓐ ゆいげん ⓑ ゆいごん
04 厳重だ ⓐ げんちょうだ ⓑ げんじゅうだ

05 構想 ⓐ こうぞう ⓑ こうそう
06 作用 ⓐ さよう ⓑ さくよう
07 下旬 ⓐ かじゅん ⓑ げじゅん
08 妨害 ⓐ ぼうがい ⓑ ひがい

정답: 01 ⓐ 02 ⓐ 03 ⓑ 04 ⓑ 05 ⓑ 06 ⓐ 07 ⓑ 08 ⓐ

한자 읽기에 자주 출제되는 훈독 명사 ◀》 문제1 한자읽기_핵심표현 및 필수어휘05.mp3

※ '00는 기출연도입니다.

신체	脚	あし	다리	頭	あたま	머리
	息	いき	숨	顔	かお	얼굴
	肩 '12	かた	어깨	毛色	けいろ	털색, 머리색
	腰	こし	허리	咳	せき	기침
	肌	はだ	피부	羽	はね	날개
	膝	ひざ	무릎	肘	ひじ	팔꿈치
	骨	ほね	뼈	胸	むね	가슴
위치	穴	あな	구멍	裏	うら	뒤
	表	おもて	겉	隅	すみ	구석
	隣 '10	となり	옆	幅	はば	폭
자연	岩	いわ	바위	海	うみ	바다
	景色 '10	けしき	경치	坂	さか	비탈길, 언덕
	砂	すな	모래	空	そら	하늘
	種	たね	씨, 종자	田畑	たはた	논밭
	泥	どろ	진흙	波	なみ	파도
	蓮	はす	연꽃	世の中 '13	よのなか	세상
여행	合図 '14	あいず	신호	香り	かおり	향기
	境	さかい	경계	旅	たび	여행
	旗	はた	깃발	迷子	まいご	미아
	都	みやこ	수도	昔	むかし	옛날

※ '00는 기출연도입니다.

모양/정도	丸	まる	동그라미	大幅'14	おおはば	큰 폭
	小型	こがた	소형	半ば	なかば	절반
심리	当たり前	あたりまえ	당연함	勢い'12	いきおい	기세
	今更	いまさら	이제 와서, 새삼	癖	くせ	버릇
	罪	つみ	죄	恥'19	はじ	부끄러움, 수치
요리	噂	うわさ	소문	煙	けむり	연기
	粉	こな	가루	汁	しる	즙
	束	たば	뭉치, 다발, 묶음	強火'17	つよび	센 불
	中身	なかみ	내용물	箸	はし	젓가락
	蓋	ふた	뚜껑	湯気	ゆげ	김, 수증기
지역	地元'11'18	じもと	그 고장, 연고지	本場	ほんば	본고장
집	合間	あいま	틈, 짬	大家	おおや	집주인
	鍵	かぎ	열쇠	坂道	さかみち	언덕길
	残高	ざんだか	잔고	針'12	はり	바늘

📄 **확인 문제** 한자로 쓰여진 단어의 알맞은 발음을 고르세요.

01 旗	ⓐ はき	ⓑ はた		05 煙	ⓐ けずり	ⓑ けむり
02 腰	ⓐ こつ	ⓑ こし		06 束	ⓐ たば	ⓑ むれ
03 地元	ⓐ じもと	ⓑ ちもと		07 合図	ⓐ あいず	ⓑ あいま
04 湯気	ⓐ ゆげ	ⓑ ゆうき		08 恥	ⓐ はじ	ⓑ はず

정답: 01 ⓑ 02 ⓑ 03 ⓐ 04 ⓐ 05 ⓑ 06 ⓐ 07 ⓐ 08 ⓐ

※ '00는 기출연도입니다.

~う	扱う'12	あつかう	다루다, 취급하다	争う'15	あらそう	다투다
	祝う'11	いわう	축하하다	失う	うしなう	잃다
	敬う	うやまう	존경하다	占う	うらなう	점치다
	覆う'17	おおう	덮다	補う'11	おぎなう	보충하다
	叶う'11	かなう	이루어지다	競う'16	きそう	겨루다, 경쟁하다
	従う'17	したがう	따르다	救う'17	すくう	구하다
	戦う	たたかう	싸우다	整う	ととのう	정돈되다
	伴う	ともなう	동반하다	担う	になう	짊어지다
	願う'11	ねがう	원하다, 바라다	払う	はらう	지불하다
	養う'18	やしなう	기르다, 양육하다	雇う	やとう	고용하다
~える	与える'11	あたえる	주다	教える	おしえる	가르치다
	抱える'12'17	かかえる	떠안다, 책임지다	数える	かぞえる	세다, 셈하다
	考える	かんがえる	생각하다	支える	ささえる	지탱하다
	備える'10	そなえる	대비하다, 비치하다	蓄える'14	たくわえる	저축하다
	整える	ととのえる	정돈하다	震える	ふるえる	떨리다
	吼える	ほえる	짖다	迎える'18	むかえる	맞이하다
~げる	焦げる'16	こげる	타다	下げる	さげる	내리다
	妨げる	さまたげる	방해하다	仕上げる'12	しあげる	완성하다

※ '00는 기출연도입니다.

~く	抱く	いだく	안다	描く	えがく	그리다
	驚く'15	おどろく	놀라다	輝く	かがやく	빛나다
	傾く'13	かたむく	기울다	乾く	かわく	마르다
	効く	きく	효과가 있다	叩く	たたく	두드리다
	嘆く	なげく	한탄하다	除く'14	のぞく	제거하다
	省く'18	はぶく	생략하다, 줄이다	開く	ひらく	열리다
~す	隠す'13	かくす	감추다, 숨기다	越す	こす	넘다
	耕す	たがやす	(밭을) 갈다	浸す	ひたす	담그다
	見逃す'19	みのがす	놓치다	戻す'14	もどす	되돌리다
	催す'16	もよおす	개최하다	汚す	よごす	더럽히다
	止す	よす	그만두다	略す'12'17	りゃくす	생략하다
~ぶ	転ぶ	ころぶ	넘어지다	叫ぶ	さけぶ	외치다
	学ぶ	まなぶ	배우다	結ぶ	むすぶ	잇다

📄 **확인 문제** 한자로 쓰여진 단어의 알맞은 발음을 고르세요.

01	抱える	ⓐ たくわえる	ⓑ かかえる		**05**	叫ぶ	ⓐ ころぶ	ⓑ さけぶ
02	略す	ⓐ りゃくす	ⓑ よごす		**06**	妨げる	ⓐ しあげる	ⓑ さまたげる
03	伴う	ⓐ ととのう	ⓑ ともなう		**07**	覆う	ⓐ おおう	ⓑ になう
04	輝く	ⓐ かたむく	ⓑ かがやく		**08**	耕す	ⓐ もよおす	ⓑ たがやす

정답: 01 ⓑ 02 ⓐ 03 ⓑ 04 ⓑ 05 ⓑ 06 ⓑ 07 ⓐ 08 ⓑ

※ '00는 기출연도입니다.

~む	傷む '14	いたむ	아프다, 상하다	恨む	うらむ	원망하다
	囲む '15	かこむ	둘러싸다	噛む	かむ	깨물다, 씹다
	絡む	からむ	얽히다	悔む	くやむ	후회하다
	頼む	たのむ	부탁하다	積む '13	つむ	(물건, 경험을) 쌓다
	憎む '15'19	にくむ	미워하다	恵む '15	めぐむ	베풀다
~める	暖める	あたためる	따뜻하게 하다	薄める	うすめる	묽게 하다
	納める '16	おさめる	넣다, 납입하다	固める	かためる	굳히다
	極める	きわめる	다다르다	定める '19	さだめる	정하다
	覚める	さめる	깨다	占める '12	しめる	차지하다
	攻める	せめる	공격하다	責める '13	せめる	나무라다
	染める	そめる	염색하다	努める '13	つとめる	힘쓰다
	眺める	ながめる	바라보다	含める '10'15	ふくめる	포함하다
	褒める	ほめる	칭찬하다	認める	みとめる	인정하다
~る	焦る '10	あせる	조급하게 굴다	怒る '17	いかる	노하다
	祈る	いのる	빌다, 기도하다	映る '19	うつる	비치다
	劣る '14'16	おとる	뒤떨어지다	削る '13	けずる	깎다, 삭감하다
	凍る '17	こおる	얼다	探る	さぐる	더듬어 찾다, 탐지하다
	縛る	しばる	묶다	絞る '17	しぼる	조이다, (쥐어) 짜다

※ '00는 기출연도입니다.

	湿る'18	しめる	눅눅해지다	迫る'11	せまる	다가오다
	頼る'10	たよる	의지하다	握る'17	にぎる	쥐다, 잡다
	光る	ひかる	빛나다	破る'17	やぶる	찢다, 깨다
~れる	憧れる'19	あこがれる	동경하다	溢れる	あふれる	넘치다
	荒れる	あれる	거칠어지다	恐れる	おそれる	두려워하다
	訪れる'12	おとずれる	방문하다	隠れる	かくれる	숨다
	枯れる	かれる	마르다, 시들다	崩れる	くずれる	무너지다
	壊れる	こわれる	부서지다	優れる	すぐれる	뛰어나다
	倒れる	たおれる	쓰러지다, 넘어지다	潰れる	つぶれる	찌그러지다, 찌부러지나
	外れる	はずれる	어긋나다, 빗나가다	離れる'18	はなれる	떨어지다, 멀어지다
	触れる'10	ふれる	접촉하다, 닿다	乱れる'10'17	みだれる	흐트러지다, 혼란해지다
	破れる'14	やぶれる	찢어지다	敗れる'11	やぶれる	지다, 패배하다
	汚れる	よごれる	더러워지다	別れる	わかれる	헤어지다

📄 **확인 문제** 한자로 쓰여진 단어의 알맞은 발음을 고르세요.

01	映る	ⓐ おとる	ⓑ うつる	05	破れる	ⓐ こわれる	ⓑ やぶれる
02	覚める	ⓐ さめる	ⓑ せめる	06	倒れる	ⓐ くずれる	ⓑ たおれる
03	外れる	ⓐ はずれる	ⓑ はなれる	07	悔む	ⓐ くやむ	ⓑ にくむ
04	隠れる	ⓐ みだれる	ⓑ かくれる	08	占める	ⓐ しめる	ⓑ ふくめる

정답: 01 ⓑ 02 ⓐ 03 ⓐ 04 ⓑ 05 ⓑ 06 ⓑ 07 ⓐ 08 ⓐ

■ 한자 읽기에 자주 출제되는 い·な형용사 🔊 문제1 한자읽기_핵심표현 및 필수어휘08.mp3

※ '00는 기출연도입니다.

~い	粗い	あらい	조잡하다	淡い	あわい	옅다
	偉い	えらい	위대하다	幼い '17	おさない	어리다
	辛い '10	からい	맵다	可愛い	かわいい	귀엽다
	清い	きよい	깨끗하다	怖い '18	こわい	무섭다
	渋い	しぶい	떫다	狡い	ずるい	교활하다, 능글맞다
	鋭い '15	するどい	날카롭다	高い	たかい	높다
	名高い	なだかい	유명하다	苦い	にがい	쓰다
	憎い '15	にくい	밉다	鈍い '18	にぶい	무디다
	酷い	ひどい	심하다	深い	ふかい	깊다
	古い	ふるい	오래다	分厚い	ぶあつい	두툼하다
	醜い	みにくい	보기 흉하다	弱い	よわい	약하다
	若い	わかい	젊다	悪い	わるい	나쁘다
~しい	怪しい '16	あやしい	수상하다	嬉しい	うれしい	기쁘다
	可笑しい	おかしい	이상하다	恐ろしい	おそろしい	두렵다
	大人しい	おとなしい	얌전하다	重々しい	おもおもしい	무게 있다
	悲しい	かなしい	슬프다	厳しい	きびしい	엄하다
	悔しい '14	くやしい	분하다	詳しい '14	くわしい	상세하다
	険しい	けわしい	험하다	寂しい	さびしい	외롭다
	親しい	したしい	친하다	図々しい	ずうずうしい	뻔뻔하다
	騒々しい '14	そうぞうしい	시끄럽다	逞しい '15	たくましい	늠름하다

※ '00는 기출연도입니다.

	乏しい '12'15	とぼしい	(경험, 물자가) 부족하다	馬鹿馬鹿しい ばかばかしい		어처구니 없다
	激しい '11	はげしい	격하다	貧しい	まずしい	가난하다, 빈약하다
	眩しい	まぶしい	눈부시다	空しい	むなしい	공허하다
	目覚しい	めざましい	눈부시다	珍しい	めずらしい	드물다
	喧しい '14	やかましい	까다롭다	優しい	やさしい	다정하다
	弱弱しい	よわよわしい	허약하다	若々しい	わかわかしい	젊디젊다
~ましい	厚かましい	あつかましい	뻔뻔스럽다	勇ましい '19	いさましい	용감하다
	羨ましい	うらやましい	부럽다	望ましい	のぞましい	바람직하다
~やかだ	鮮やかだ '15	あざやかだ	선명하다	穏やかだ '17	おだやかだ	평온하다
	細やかだ	ささやかだ	조촐하다	爽やかだ	さわやかだ	상쾌하다
	和やかだ '18	なごやかだ	온화하다	賑やかだ	にぎやかだ	번화하다

📄 **확인 문제** 한자로 쓰여진 단어의 알맞은 발음을 고르세요.

01	鈍い	ⓐ にぶい	ⓑ するどい	05	可笑しい	ⓐ あやしい	ⓑ おかしい
02	騒々しい	ⓐ ずうずうしい	ⓑ そうぞうしい	06	憎い	ⓐ ずるい	ⓑ にくい
03	厚かましい	ⓐ あつかましい	ⓑ やかましい	07	望ましい	ⓐ いさましい	ⓑ のぞましい
04	乏しい	ⓐ とぼしい	ⓑ まずしい	08	和やかだ	ⓐ なごやかだ	ⓑ おだやかだ

정답: 01 ⓐ 02 ⓑ 03 ⓐ 04 ⓐ 05 ⓑ 06 ⓑ 07 ⓑ 08 ⓐ

문자·어휘 | 문제 1 한자 읽기 | 해커스 JLPT [N2] 한 권으로 합격

실력 다지기

한자로 쓰여진 단어의 알맞은 발음을 고르세요.

01 圧倒
① あっとう ② あっどう ③ あつとう ④ あつどう

02 貴重
① きじゅう ② きちょう ③ きっじゅう ④ きっちょう

03 倒れる
① みだれる ② やぶれる ③ つぶれる ④ たおれる

04 撤退
① てってい ② てったい ③ てつてい ④ てつたい

05 恥
① はし ② はす ③ はじ ④ はず

06 現象
① げんしょう ② げんじょう ③ けんしょう ④ けんじょう

07 妨害
① さいがい ② ひがい ③ そんがい ④ ぼうがい

08 祝う
① うらなう ② ねがう ③ かなう ④ いわう

09 秩序
① ちつじょう ② しつじょう ③ ちつじょ ④ しつじょ

10 空しい
① むなしい ② うれしい ③ かなしい ④ おそろしい

11 事項

① じこ   ② じこう   ③ じっこ   ④ じっこう

12 鈍感

① とんがん   ② どんがん   ③ とんかん   ④ どんかん

13 握る

① うめる   ② せまる   ③ にぎる   ④ つまる

14 砂

① すな   ② いわ   ③ なみ   ④ うみ

15 和やかだ

① おだやかだ   ② あざやかだ   ③ なごやかだ   ④ にぎやかだ

16 言動

① ごんどう   ② げんどう   ③ こんどう   ④ けんどう

17 容姿

① よき   ② よし   ③ ようき   ④ ようし

18 勧誘

① かんゆう   ② がんゆう   ③ かんゆ   ④ がんゆ

19 抱える

① そなえる   ② そろえる   ③ かかえる   ④ とらえる

20 誇張

① こちょう   ② こじょう   ③ こうちょう   ④ こうじょう

정답 해설집 p.4

問題1 ＿＿＿＿の言葉の読み方として最もよいものを、１・２・３・４から一つ選びなさい。

1 フィリピンでの事業を<u>継続</u>している。

    1 げいぞく   2 けいぞく   3 じぞく   4 しぞく

2 勉強の<u>合間</u>に絵を描いてみた。

    1 あいま   2 がっま   3 あいかん   4 がっかん

3 大家さんと直接家賃の<u>交渉</u>をした。

    1 こうたい   2 こたい   3 こうしょう   4 こしょう

4 卒業論文で食糧問題を<u>扱う</u>つもりだ。

    1 あらそう   2 うらなう   3 あつかう   4 やしなう

5 あなたから電話が来て、<u>正直</u>驚きました。

    1 しょうじき   2 しょうちょく   3 そっじき   4 そっちょく

정답 해설집 p.4

問題1 _____の言葉の読み方として最もよいものを、1・2・3・4から一つ選びなさい。

1 全ての国民は、法の下に平等である。

1 びょうとう   2 びょどう   3 びょうどう   4 びょとう

2 脚の形について悩む必要はないと思う。

1 こし   2 はだ   3 はね   4 あし

3 音量が勝手に上がったり下がったりする。

1 かって   2 かってい   3 かつて   4 かつてい

4 激しい運動をすると頭痛がする。

1 まずしい   2 きびしい   3 はげしい   4 くわしい

5 会社の指示で、支店を訪問します。

1 じし   2 しじ   3 でいし   4 ていじ

정답 해설집 p.4

問題1 ＿＿＿の言葉の読み方として最もよいものを、1・2・3・4から一つ選びなさい。

1 願望が現実になってほしい。

   1　かんぼ　　　　　2　けんぼ　　　　　3　がんぼう　　　　4　げんぼう

2 その海の景色は絵のように美しかった。

   1　けいいろ　　　　2　けいしき　　　　3　けいろ　　　　　4　けしき

3 10年以内に経済を回復させると決意を固めた。

   1　かためた　　　　2　さだめた　　　　3　おさめた　　　　4　きわめた

4 ご返却される本はこちらに置いてください。

   1　へんかん　　　　2　へんきゃく　　　　3　へんがん　　　　4　へんぎゃく

5 この化粧品は肌に刺激を与えません。

   1　しげき　　　　　2　さげき　　　　　3　しつげき　　　　4　さつげき

정답 해설집 p.5

問題1 _____の言葉の読み方として最もよいものを、1・2・3・4から一つ
選びなさい。

1 　一日中仕事をしていて肩が痛くなった。
　　1　ほね　　　　　　2　ひざ　　　　　　3　あたま　　　　　4　かた

2 　今年はたくさんの優秀な人材が入社した。
　　1　ゆしゅ　　　　　2　ゆしょ　　　　　3　ゆうしゅう　　　4　ゆうしょう

3 　怪しい行動をしている人がいて警察を呼んだ。
　　1　くやしい　　　　2　おかしい　　　　3　むなしい　　　　4　あやしい

4 　まだ分からないから極端に考えない方がいい。
　　1　きょくたん　　　2　こくたん　　　　3　きょくだん　　　4　こくだん

5 　お互いに契約条件を提示した。
　　1　じし　　　　　　2　でいし　　　　　3　しじ　　　　　　4　ていじ

2 표기

> **표기**는 히라가나로 쓰여진 단어를 한자로는 어떻게 쓰는지를 묻는 문제이다. 히라가나가
> 음독인 어휘의 한자를 고르는 문제가 3문항, 훈독인 어휘의 한자를 고르는 문제가 2문항,
> 총 5문항이 출제된다.

◉ 핵심 전략

1 히라가나가 음독인 어휘의 한자를 고르는 문제는 주로 명사가 출제된다. 모양이 비슷한 한자, 음독이 같거나
비슷한 한자, 그리고 의미가 비슷한 한자나 단어를 오답으로 사용하여 혼란을 준다. 따라서 표기할 한자의
모양, 음, 의미에 유의하여 정답을 고른다.

예 **ほしょう** 보증

① 保証 (○) ②保正 (×) ③補証 (×)
　　　　　　　 모양이 비슷한 正가 사용됨　　 발음이 같은 補가 사용됨

こうか 동전

① 硬貨 (○) ②固貨 (×) ③硬価 (×)
　　　　　　　 의미가 비슷한 固(딱딱하다)가 사용됨　 발음이 같은 価가 사용됨

2 히라가나가 훈독인 어휘의 한자를 고르는 문제는 동사나 い형용사, 명사가 출제된다. 주로 의미가 비슷한
한자를 사용하여 혼동을 주는데, 일본어에 없는 어휘를 만들어 오답으로 제시하는 경우도 있으므로, 표기할
한자의 훈독과 뜻에 유의하여 정답을 고른다.

예 **はげしい** 격렬하다

① 激しい (○) ②険しい (×) ③暴しい (×)
　　　　　　　 비슷한 의미인 険しい(험하다)가 사용됨　 일본어에 없는 어휘를 만듦

3 한자가 잘 떠오르지 않을 때는 문장을 해석하여 문맥에 어울리지 않는 선택지나, 잘못된 일본어를 사용한
선택지를 오답으로 먼저 소거한다.

4 한자를 암기할 때, 모양이 비슷한 한자, 발음이 같거나 비슷한 한자, 의미가 비슷한 한자를 구별하면서
암기한다.

문제 풀이 Step

Step 1 **밑줄 친 히라가나 단어를 읽고 뜻을 떠올리며 한자를 써본다.**

히라가나로 쓰여진 단어의 뜻을 생각하며 떠오르는 한자를 재빨리 써본다. 만약 단어의 뜻이나 한자를 모를 경우 문장을 읽고 해석한다.

Step 2 **히라가나에 해당하는 한자를 정답으로 고른다.**

히라가나가 음독인 어휘의 한자가 헷갈릴 때는 다시 한번 정확한 한자의 모양을 떠올려 정답을 고른다. 히라가나가 훈독인 어휘의 한자가 헷갈릴 때는 각 선택지의 발음과 활용, 그리고 의미를 토대로 오답을 소거하면서 정답을 선택한다.

문제 풀이 Step 적용

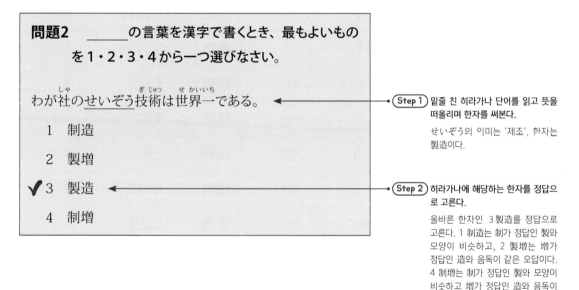

問題2　＿＿＿の言葉を漢字で書くとき、最もよいもの
を1・2・3・4から一つ選びなさい。

わが社のせいぞう技術は世界一である。

1　制造
2　製増
✓3　製造
4　制増

Step 1 밑줄 친 히라가나 단어를 읽고 뜻을 떠올리며 한자를 써본다.

せいぞう의 이미는 '제조', 한자는 製造이다.

Step 2 히라가나에 해당하는 한자를 정답으로 고른다.

올바른 한자인 3 製造를 정답으로 고른다. 1 制造는 制가 정답인 製와 모양이 비슷하고, 2 製增는 增가 정답인 造와 음독이 같은 오답이다. 4 制增는 制가 정답인 製와 모양이 비슷하고 增가 정답인 造와 음독이 같은 오답이다.

문제2 ＿＿＿의 말을 한자로 쓸 때, 가장 알맞은 것을, 1・2・3・4에서 하나 고르세요.

우리 회사의 제조기술은 세계 제일이다.

어휘 製造 せいぞう 圏제조　わが社 わがしゃ 圏우리 회사　技術 ぎじゅつ 圏기술　世界一 せかいいち 圏세계 제일

핵심 표현 및 필수 어휘

■ 모양이 비슷한 한자를 포함한 단어 ① 🔊 문제2 표기_핵심표현 및 필수어휘01.mp3

※ '00는 기출연도입니다.

賃	運賃'10	うんちん	운임	家賃	やちん	집세
貸	貸間	かしま	셋방	貸家	かしや	셋집
援	援助'14	えんじょ	원조	救援	きゅうえん	구원
暖	暖かい	あたたかい	따뜻하다	暖房	だんぼう	난방
緩	緩い	ゆるい	느슨하다	緩和	かんわ	완화
助	助言	じょげん	조언	助手	じょしゅ	조수
組	組合	くみあい	조합	組織'12	そしき	조직
祖	先祖	せんぞ	선조	祖父	そふ	조부
視	視察	しさつ	시찰	視野'11	しや	시야
傾	傾き	かたむき	경사	傾向	けいこう	경향
項	項目	こうもく	항목	事項	じこう	사항
頃	手頃	てごろ	알맞음	年頃	としごろ	나이
暮	暮らす'10	くらす	살다	暮れ	くれ	해 질 녘
慕	慕う	したう	그리워하다	追慕	ついぼ	추모
募	応募	おうぼ	응모	公募	こうぼ	공모
義	義務	ぎむ	의무	主義	しゅぎ	주의
儀	儀式	ぎしき	의식	礼儀'10	れいぎ	예의
議	異議	いぎ	이의	議決	ぎけつ	의결
象	気象	きしょう	기상	対象	たいしょう	대상
像	映像	えいぞう	영상	仏像	ぶつぞう	불상

徴	象徴'11	しょうちょう	상징	特徴	とくちょう	특징
微	微妙だ	びみょうだ	미묘하다	微笑む	ほほえむ	미소짓다
製	作製	さくせい	제작	製造'16	せいぞう	제조
制	制限	せいげん	제한	制度	せいど	제도
登	登校	とうこう	등교	登録'11	とうろく	등록
答	回答	かいとう	회답	答案	とうあん	답안
豊	豊富'11'17	ほうふ	풍부	豊かだ'18	ゆたかだ	풍부하다
録	付録	ふろく	부록	録音	ろくおん	녹음
緑	緑陰	りょくいん	녹음	緑地	りょくち	녹지
証	証明	しょうめい	증명	保証'16	ほしょう	보증
正	正解	せいかい	정답	訂正'14	ていせい	정정
招	招く'16	まねく	초대하다	招待'13	しょうたい	초대
召	召し上がる	めしあがる	드시다	召す	めす	드시다
催	催し'16	もよおし	행사	催促'13	さいそく	재촉
推	推薦	すいせん	추천	推定	すいてい	추정

📋 **확인 문제** 히라가나로 쓰여진 단어의 알맞은 한자를 고르세요.

01	うんちん	ⓐ 運貸	ⓑ 運賃	05	せいぞう	ⓐ 製造	ⓑ 制造
02	ほうふ	ⓐ 豊富	ⓑ 登富	06	れいぎ	ⓐ 礼義	ⓑ 礼儀
03	しょうたい	ⓐ 招待	ⓑ 召待	07	おうぼ	ⓐ 応募	ⓑ 応慕
04	えんじょ	ⓐ 援助	ⓑ 緩助	08	たいしょう	ⓐ 対像	ⓑ 対象

정답: 01 ⓑ 02 ⓐ 03 ⓐ 04 ⓐ 05 ⓐ 06 ⓑ 07 ⓐ 08 ⓑ

※ '00는 기출연도입니다.

腕	腕'15	うで	팔	腕前	うでまえ	수완
腹	腹	はら	배	空腹	くうふく	공복
胸	胸	むね	가슴	胸部	きょうぶ	흉부
寄	寄付'13	きふ	기부	年寄り	としより	노인
奇	奇数	きすう	홀수	奇妙だ'12	きみょうだ	기묘하다
距	距離'15	きょり	거리	遠距離	えんきょり	원거리
拒	拒絶	きょぜつ	거절	拒否'15	きょひ	거부
講	休講	きゅうこう	휴강	講義'13	こうぎ	강의
構	結構だ	けっこうだ	훌륭하다	構成	こうせい	구성
快	快晴	かいせい	쾌청	快い'13'16	こころよい	상쾌하다
決	決意	けつい	결의	決行	けっこう	결행
順	順位	じゅんい	순위	順調'15'16	じゅんちょう	순조
訓	家訓	かくん	가훈	訓練	くんれん	훈련
抗	抗議	こうぎ	항의	抵抗'12	ていこう	저항
航	航海	こうかい	항해	航空	こうくう	항공
討	討議	とうぎ	토의	討論'11'17	とうろん	토론
計	会計	かいけい	회계	設計	せっけい	설계
拾	拾う'14	ひろう	줍다	拾得	しゅうとく	습득
拡	拡散	かくさん	확산	拡充'13	かくじゅう	확충
払	支払う	しはらう	지불하다	払い込む	はらいこむ	납입하다

※ '00는 기출연도입니다.

爆	原爆	げんばく	원폭	爆弾	ばくだん	폭탄
暴	暴れる	あばれる	날뛰다	乱暴	らんぼう	난폭
比	比較	ひかく	비교	比率	ひりつ	비율
批	批判'14	ひはん	비판	批評'16	ひひょう	비평
評	評判'10	ひょうばん	평판	評論	ひょうろん	평론
平	平等	びょうどう	평등	不平'17	ふへい	불평
福	幸福	こうふく	행복	福祉	ふくし	복지
副	副業	ふくぎょう	부업	副詞	ふくし	부사
面	対面	たいめん	대면	面積	めんせき	면적
画	企画'18	きかく	기획	区画	くかく	구획
倒	倒産	とうさん	도산	面倒だ'14'19	めんどうだ	귀찮다
到	到達	とうたつ	도달	到着	とうちゃく	도착
陽	太陽	たいよう	태양	陽気だ'19	ようきだ	쾌활하다
揚	揚げる	あげる	높이 올리다	浮揚	ふよう	부양

📋 **확인 문제** · 히라가나로 쓰여진 단어의 알맞은 한자를 고르세요.

01	きょり	ⓐ 距離	ⓑ 拒離	05	ていこう	ⓐ 抵抗	ⓑ 抵航
02	かいけい	ⓐ 会計	ⓑ 会討	06	きふ	ⓐ 奇付	ⓑ 寄付
03	ようきだ	ⓐ 揚気だ	ⓑ 陽気だ	07	こうぎ	ⓐ 講義	ⓑ 結構
04	じゅんちょう	ⓐ 順調	ⓑ 訓調	08	めんどうだ	ⓐ 面到だ	ⓑ 面倒だ

정답: 01 ⓐ 02 ⓐ 03 ⓑ 04 ⓐ 05 ⓐ 06 ⓑ 07 ⓐ 08 ⓑ

■ 모양이 비슷한 한자를 포함한 단어 ③ 🔊 문제2 표기_핵심표현 및 필수어휘03.mp3

※ '00는 기출연도입니다.

次	相次ぐ'10	あいつぐ	잇따르다	目次	もくじ	목차
欠	欠如	けつじょ	결여	欠乏	けつぼう	결핍
適	快適だ	かいてきだ	쾌적하다	適度'12	てきど	적당한 정도
摘	摘む	つまむ	집다	指摘'15	してき	지적
滴	滴	しずく	물방울	水滴	すいてき	물방울
敵	素敵だ	すてきだ	멋지다	匹敵	ひってき	필적
測	観測	かんそく	관측	推測	すいそく	추측
則	規則	きそく	규칙	原則	げんそく	원칙
側	側面	そくめん	측면	両側	りょうがわ	양측
観	外観	がいかん	외관	客観	きゃっかん	객관
権	棄権	きけん	기권	特権	とっけん	특권
勧	勧告	かんこく	권고	勧誘'13	かんゆう	권유
崩	崩れる	くずれる	무너지다	崩壊	ほうかい	붕괴
岸	沿岸	えんがん	연안	海岸	かいがん	해안
検	検査	けんさ	검사	検事	けんじ	검사
険	冒険	ぼうけん	모험	保険	ほけん	보험
在	在籍'17	ざいせき	재적	滞在	たいざい	체재
存	依存	いぞん	의존	保存'18	ほぞん	보존
消	消費	しょうひ	소비	消防	しょうぼう	소방
削	削減	さくげん	삭감	削除'12	さくじょ	삭제

※ '00는 기출연도입니다.

幼	幼い'17	おさない	어리다	幼児	ようじ	유아
加	増加	ぞうか	증가	追加'12	ついか	추가
功	功績	こうせき	공적	成功	せいこう	성공
想	想像	そうぞう	상상	理想	りそう	이상
相	外相	がいしょう	외무장관	相撲	すもう	스모
捕	逮捕	たいほ	체포	捕獲	ほかく	포획
補	補給	ほきゅう	보급	補充	ほじゅう	보충
郊	近郊	きんこう	근교	郊外	こうがい	교외
効	効率	こうりつ	효율	有効'10	ゆうこう	유효
断	判断	はんだん	판단	油断'15'19	ゆだん	방심
継	跡継ぎ	あとつぎ	대를 이음	受け継ぐ	うけつぐ	이어받다
輸	輸出	ゆしゅつ	수출	輸入	ゆにゅう	수입
愉	愉悦	ゆえつ	기쁨	愉快'16	ゆかい	유쾌
転	転ぶ	ころぶ	넘어지다	転勤'19	てんきん	전근
軽	軽傷'19	けいしょう	경상	手軽だ'14	てがるだ	손쉽다

📄 **확인 문제** 히라가나로 쓰여진 단어의 알맞은 한자를 고르세요.

01 おさない	ⓐ 幼い	ⓑ 功い	05 しょうひ	ⓐ 消費	ⓑ 削費
02 すいそく	ⓐ 推側	ⓑ 推測	06 そうぞう	ⓐ 相像	ⓑ 想像
03 てんきん	ⓐ 転勤	ⓑ 軽勤	07 たいほ	ⓐ 逮捕	ⓑ 逮補
04 ほけん	ⓐ 保検	ⓑ 保険	08 ゆにゅう	ⓐ 愉入	ⓑ 輸入

정답: 01 ⓐ 02 ⓑ 03 ⓐ 04 ⓑ 05 ⓐ 06 ⓑ 07 ⓐ 08 ⓑ

■ 발음이 같거나 비슷한 한자를 포함한 단어 🔊 문제2 표기_핵심표현 및 필수어휘04.mp3

※ '00는 기출연도입니다.

演 [えん]	演技'19	えんぎ	연기	演出	えんしゅつ	연출
園 [えん]	園芸	えんげい	원예	田園	でんえん	전원
師 [し]	講師'15	こうし	강사	牧師	ぼくし	목사
士 [し]	紳士	しんし	신사	武士	ぶし	무사
困 [こん]	困難	こんなん	곤란	貧困	ひんこん	빈곤
混 [こん]	混血	こんけつ	혼혈	混乱'15	こんらん	혼란
影 [えい]	陰影	いんえい	음영	撮影'10'12	さつえい	촬영
映 [えい]	映画	えいが	영화	映写	えいしゃ	영사
営 [えい]	営業	えいぎょう	영업	経営	けいえい	경영
栄 [えい]	栄養	えいよう	영양	繁栄	はんえい	번영
世 [せ/せい]	出世'10	しゅっせ	출세	世紀	せいき	세기
成 [せい]	成績	せいせき	성적	成長'12	せいちょう	성장
剣 [けん]	剣道	けんどう	검도	真剣だ'13	しんけんだ	진지하다
健 [けん]	健康	けんこう	건강	保健	ほけん	보건
検 [けん]	検討	けんとう	검토	点検'18	てんけん	점검
賢 [けん]	賢人	けんじん	현인	賢明だ	けんめいだ	현명하다
造 [ぞう]	改造	かいぞう	개조	製造'16	せいぞう	제조
増 [ぞう]	増減	ぞうげん	증감	増大	ぞうだい	증대
続 [ぞく]	接続'14	せつぞく	접속	連続	れんぞく	연속
属 [ぞく]	金属	きんぞく	금속	所属	しょぞく	소속

※ '00는 기출연도입니다.

節 [せつ]	音節	おんせつ	음절	節約'17	せつやく	절약
切 [せつ]	切開	せっかい	절개	適切だ	てきせつだ	적절하다
即 [そく]	即位	そくい	즉위	即座に'13'19	そくざに	즉각
速 [そく]	速達	そくたつ	속달	速力	そくりょく	속력
照 [しょう]	参照'16	さんしょう	참조	対照	たいしょう	대조
象 [しょう]	印象	いんしょう	인상	対象	たいしょう	대상
称 [しょう]	対称	たいしょう	대칭	名称	めいしょう	명칭
治 [ち]	治安	ちあん	치안	治療'10'16	ちりょう	치료
知 [ち]	知性	ちせい	지성	未知	みち	미지
保 [ほ]	保証'16	ほしょう	보증	保障	ほしょう	보장
補 [ほ]	補強	ほきょう	보강	補助	ほじょ	보조
収 [しゅう]	回収	かいしゅう	회수	領収書'17	りょうしゅうしょ	영수증
就 [しゅう]	就業	しゅうぎょう	취업	就任	しゅうにん	취임
情 [じょう]	感情	かんじょう	감정	苦情'17	くじょう	고충
上 [じょう]	上司	じょうし	상사	上昇'10	じょうしょう	상승

📋 **확인 문제** 히라가나로 쓰여진 단어의 알맞은 한자를 고르세요.

01	せつぞく	ⓐ 接続	ⓑ 接属	05	しんけんだ	ⓐ 真剣だ	ⓑ 真賢だ
02	ちりょう	ⓐ 治療	ⓑ 知療	06	こんなん	ⓐ 混難	ⓑ 困難
03	そくざに	ⓐ 速座に	ⓑ 即座に	07	せつやく	ⓐ 節約	ⓑ 切約
04	さつえい	ⓐ 撮影	ⓑ 撮映	08	ほじょ	ⓐ 保助	ⓑ 補助

정답: 01 ⓐ 02 ⓐ 03 ⓑ 04 ⓐ 05 ⓐ 06 ⓑ 07 ⓐ 08 ⓑ

汗 [땀]	汗	あせ	땀	汗かき	あせかき	땀이 많은 사람
泡 [거품]	泡	あわ	거품	気泡	きほう	기포
湿 [축축하다]	湿っぽい '14	しめっぽい	축축하다	湿気	しっけ	습기
暴 [사납다]	暴れる	あばれる	날뛰다	暴露	ばくろ	폭로
騒 [떠들다]	騒ぐ	さわぐ	떠들다	騒音	そうおん	소음
荒 [거칠다]	荒い '17	あらい	거칠다	荒れる	あれる	거칠어지다
乱 [어지럽다]	乱れる '10 '17	みだれる	흐트러지다	内乱	ないらん	내란
破 [깨트리다]	破れる '14	やぶれる	찢어지다	破壊	はかい	파괴
薄 [연하다]	薄い	うすい	얇다, 연하다	薄弱だ	はくじゃくだ	박약하다
濃 [진하다]	濃い '19	こい	진하다, 짙다	濃度	のうど	농도
技 [재주]	演技 '19	えんぎ	연기	技術 '18	ぎじゅつ	기술
劇 [극]	演劇	えんげき	연극	喜劇	きげき	희극
演 [펼치다]	開演	かいえん	개연	主演	しゅえん	주연
講 [설명하다]	開講	かいこう	개강	講堂	こうどう	강당
催 [열다]	開催 '10	かいさい	개최	催促 '13	さいそく	재촉
場 [마당]	開場	かいじょう	개장	式場	しきじょう	식장
利 [이익]	勝利	しょうり	승리	有利だ '17	ゆうりだ	유리하다
得 [이득]	得る '12	える	얻다	損得	そんとく	손익

※ '00는 기출연도입니다.

害 [해롭다]	害する	がいする	해롭게 하다	迫害	はくがい	박해
損 [잃다]	損する'19	そんする	손해 보다	損失	そんしつ	손실
罪 [죄]	罪する	つみする	처벌하다	犯罪	はんざい	범죄
毒 [독]	毒する	どくする	해치다	消毒	しょうどく	소독
役 [지위]	現役	げんえき	현역	役目'18	やくめ	임무
格 [신분]	性格	せいかく	성격	体格'14	たいかく	체격
説 [가르치다]	演説'18	えんぜつ	연설	説明書	せつめいしょ	설명서
導 [안내하다]	導く'12	みちびく	안내하다	指導	しどう	지도
総 [전체]	総売上'11	そううりあげ	총매상	総額'18	そうがく	총액
統 [통합]	系統'18	けいとう	계통	伝統'10	でんとう	전통
減 [감소]	減らす	へらす	줄이다	軽減	けいげん	경감
縮 [줄다]	縮む'11'14	ちぢむ	줄다	縮小	しゅくしょう	축소
原 [기원]	原稿	げんこう	원고	原発	げんぱつ	원자력 발전소
本 [근본]	本日	ほんじつ	금일	本物'19	ほんもの	진짜

📑 **확인 문제** 히라가나로 쓰여진 단어의 알맞은 한자를 고르세요.

01 あせ	ⓐ 汗	ⓑ 泡
02 うすい	ⓐ 薄い	ⓑ 濃い
03 えんげき	ⓐ 演技	ⓑ 演劇
04 しょうどく	ⓐ 消毒	ⓑ 犯罪
05 がいする	ⓐ 害する	ⓑ 損する
06 そうおん	ⓐ 騒音	ⓑ 暴音
07 みだれる	ⓐ 荒れる	ⓑ 乱れる
08 ちぢむ	ⓐ 縮む	ⓑ 減む

정답: 01 ⓐ 02 ⓐ 03 ⓑ 04 ⓐ 05 ⓐ 06 ⓐ 07 ⓑ 08 ⓐ

■ 의미가 비슷하거나 반대되는 한자를 포함한 단어 ② 🔊 문제2 표기_핵심표현 및 필수어휘06.mp3

※ '00는 기출연도입니다.

介 [의지하다]	介護'18	かいご	개호, 간호	紹介	しょうかい	소개
看 [대접하다]	看護	かんご	간호	看板	かんばん	간판
硬 [딱딱하다]	硬い	かたい	딱딱하다	強硬だ	きょうこうだ	강경하다
固 [단단하다]	固める	かためる	굳히다	頑固だ	がんこだ	완고하다
軟 [부드럽다]	軟らかい	やわらかい	부드럽다	柔軟だ'15'17	じゅうなんだ	유연하다
興 [흥]	興味	きょうみ	흥미	復興	ふっこう	부흥
趣 [뜻]	趣旨	しゅし	취지	趣味'19	しゅみ	취미
険 [험하다]	険しい	けわしい	험하다	危険	きけん	위험
激 [격하다]	激しい'11	はげしい	격렬하다	感激	かんげき	감격
極 [극진하다]	極み	きわみ	끝	極端'14	きょくたん	극단
請 [청하다]	請う	こう	청하다	申請	しんせい	신청
誘 [꾀다]	誘う'11	さそう	권유하다	誘導	ゆうどう	유도
勧 [권하다]	勧める	すすめる	권하다	勧告	かんこく	권고
招 [부르다]	招く'16	まねく	초대하다	招来	しょうらい	초래
貨 [재물]	貨物	かもつ	화물	硬貨'16	こうか	동전
価 [가격]	高価	こうか	고가	定価	ていか	정가
束 [묶음]	束ねる'18	たばねる	묶다	結束	けっそく	결속
包 [포장]	包む	つつむ	포장하다	包装	ほうそう	포장
結 [맺다]	結ぶ	むすぶ	맺다	結論	けつろん	결론

※ '00는 기출연도입니다.

更 [고치다]	更新	こうしん	갱신	変更'11	へんこう	변경
改 [고치다]	改める'13	あらためる	고치다	改正'12	かいせい	개정
換 [바꾸다]	換える	かえる	교환하다	換気	かんき	환기
替 [바꾸다]	替える	かえる	바꾸다	着替える	きがえる	갈아입다
達 [도달하다]	達する'18	たっする	도달하다	達成	たっせい	달성
至 [다다르다]	至る'12	いたる	다다르다	至急'11	しきゅう	지급
能 [능력]	機能'11	きのう	기능	高性能'14	こうせいのう	고성능
験 [시험]	実験	じっけん	실험	受験生	じゅけんせい	수험생
完 [끝]	完成'12	かんせい	완성	完了'15	かんりょう	완료
極 [극]	極刑	きょっけい	극형	積極的だ'12	せっきょくてきだ	적극적이다
拡 [넓히다]	拡散	かくさん	확산	拡張'19	かくちょう	확장
通 [통하다]	通じる'10	つうじる	통하다	通路	つうろ	통로
約 [약속하다]	解約'18	かいやく	해약	予約制'10	よやくせい	예약제
沢 [윤택하다]	光沢	こうたく	광택	贅沢'13	ぜいたく	사치

확인 문제 히라가나로 쓰여진 단어의 알맞은 한자를 고르세요.

01	けわしい	ⓐ 険しい	ⓑ 激しい	05	こうか	ⓐ 硬価	ⓑ 硬貨
02	しゅみ	ⓐ 興味	ⓑ 趣味	06	かくちょう	ⓐ 拡張	ⓑ 通帳
03	たばねる	ⓐ 束ねる	ⓑ 結ねる	07	かんき	ⓐ 換気	ⓑ 替気
04	へんこう	ⓐ 変改	ⓑ 変更	08	さそう	ⓐ 請う	ⓑ 誘う

정답: 01 ⓐ 02 ⓑ 03 ⓐ 04 ⓑ 05 ⓑ 06 ⓐ 07 ⓐ 08 ⓑ

실력 다지기

히라가나로 쓰여진 단어의 알맞은 한자를 고르세요.

01 とうろく
① 登緑   ② 登録   ③ 答緑   ④ 答録

02 かいさい
① 開催   ② 開演   ③ 門催   ④ 門演

03 ほしょう
① 補正   ② 保正   ③ 補証   ④ 保証

04 くらす
① 墓らす   ② 募らす   ③ 幕らす   ④ 暮らす

05 うんちん
① 揮賃   ② 運貸   ③ 運賃   ④ 揮貸

06 たばねる
① 束ねる   ② 結ねる   ③ 繋ねる   ④ 包ねる

07 しっき
① 汚気   ② 汗気   ③ 泡気   ④ 湿気

08 しょうひ
① 削備   ② 削費   ③ 消備   ④ 消費

09 そんする
① 損する   ② 失する   ③ 害する   ④ 災する

10 やわらかい
① 固らかい   ② 硬らかい   ③ 軟らかい   ④ 和らかい

11 はんだん

① 伴断   ② 判断   ③ 伴継   ④ 判継

12 かんそく

① 勧測   ② 観測   ③ 勧側   ④ 観側

13 あれる

① 壊れる   ② 荒れる   ③ 乾れる   ④ 粗れる

14 きょうみ

① 興味   ② 興未   ③ 趣味   ④ 趣未

15 はげしい

① 極しい   ② 険しい   ③ 激しい   ④ 酷しい

16 さわぐ

① 暴ぐ   ② 騒ぐ   ③ 喧ぐ   ④ 煩ぐ

17 こうぎ

① 講義   ② 構義   ③ 講議   ④ 構議

18 みだれる

① 乱れる   ② 荒れる   ③ 破れる   ④ 壊れる

19 せつぞく

① 持属   ② 接属   ③ 持続   ④ 接続

20 かいご

① 介獲   ② 看護   ③ 看獲   ④ 介護

정답 해설집 p.6

問題2　_____の言葉を漢字で書くとき、最もよいものを 1・2・3・4 から一つ
　　　　選びなさい。

6　上司に態度をしてきされた。
　1　指摘　　　　　2　指適　　　　　3　示摘　　　　　4　示適

7　事業のはんえいを願っている。
　1　範栄　　　　　2　範営　　　　　3　繁栄　　　　　4　繁営

8　急に壁がくずれてびっくりした。
　1　暴れて　　　　2　激れて　　　　3　岸れて　　　　4　崩れて

9　この作品はこうぼで選ばれたものです。
　1　攻募　　　　　2　公募　　　　　3　攻慕　　　　　4　公慕

10　彼の表情はいつもかたい。
　1　軟い　　　　　2　柔い　　　　　3　強い　　　　　4　硬い

정답 해설집 p.6

問題2 _____の言葉を漢字で書くとき、最もよいものを1・2・3・4から一つ選びなさい。

6 その件はけんとうする必要があります。

1　剣答　　　　　2　剣討　　　　　3　検答　　　　　4　検討

7 ボランティア活動に参加してゴミひろいをした。

1　払い　　　　　2　拡い　　　　　3　拾い　　　　　4　給い

8 先生にこうりつのいい勉強方法を教えてもらった。

1　効率　　　　　2　郊率　　　　　3　効卒　　　　　4　郊卒

9 不公平な規則はあらためるべきだ。

1　換める　　　　2　改める　　　　3　替める　　　　4　更める

10 経済をふっこうさせるための対策を考えている。

1　複興　　　　　2　復興　　　　　3　復趣　　　　　4　複趣

정답 해설집 p.6

問題2 ＿＿＿の言葉を漢字で書くとき、最もよいものを１・２・３・４から一つ選びなさい。

6 ジョギングを<u>かいてき</u>に行うために新しいスニーカーを買った。

    1　快適　　　　　　2　決適　　　　　　3　快敵　　　　　　4　決敵

7 彼は彫刻のように美しい容姿に加えて<u>えんぎ</u>も上手である。

    1　演劇　　　　　　2　演技　　　　　　3　寅技　　　　　　4　寅劇

8 勤務時間を<u>へらして</u>家族との時間を確保した。

    1　縮らして　　　　2　減らして　　　　3　織らして　　　　4　滅らして

9 空港で<u>あばれて</u>いた彼を見て警備員が駆け付けた。

    1　乱れて　　　　　2　破れて　　　　　3　汚れて　　　　　4　暴れて

10 この会社は人を重視する<u>けいえい</u>で知られている。

    1　経栄　　　　　　2　軽栄　　　　　　3　経営　　　　　　4　軽営

정답 해설집 p.7

問題2 _____の言葉を漢字で書くとき、最もよいものを１・２・３・４から一つ選びなさい。

---

6 自社の本が安く買えるのは出版社で働く人の<u>とっけん</u>です。

1 特勧　　　　2 特権　　　　3 持勧　　　　4 持権

7 医者が運動を<u>すすめて</u>いたのでジムに登録した。

1 勧めて　　　2 招めて　　　3 誘めて　　　4 請めて

8 最近話題になった映画を見て、その内容を<u>ひひょう</u>する。

1 比平　　　　2 批評　　　　3 比評　　　　4 批平

9 会場周辺の警備を<u>かためる</u>ために警察官の数を増やした。

1 強める　　　2 頑める　　　3 固める　　　4 軟める

10 屋外プールは来月から<u>かいじょう</u>するそうだ。

1 問演　　　　2 問場　　　　3 開演　　　　4 開場

단어형성

 단어형성은 알맞은 접두어나 접미어를 선택하여 파생어를 완성하는 문제와, 알맞은 어휘를 선택하여 복합어를 완성하는 문제로, 총 3~5문항이 출제된다.

◉ 핵심 전략

1 파생어를 완성하는 문제는 비슷한 의미의 접두어·접미어로 혼동을 준다. 따라서 괄호 앞 또는 뒤의 어휘와 함께 쓰여 올바른 의미의 파생어를 만들어내는 접두어나 접미어를 정답으로 고른다.

예 (　　) 公式

① 非 (○)　　② 未 (✕)　　③ 無 (✕)

公式(공식)는 '아니다'라는 의미의 접두어 非(비)와 함께 쓰여 非公式(비공식)라는 파생어가 됨

医学 (　　)

① 界 (○)　　② 帯 (✕)　　③ 区 (✕)

医学(의학)는 한정된 사회나 범위를 나타내는 접미어 界(계)와 함께 쓰여 医学界(의학계)라는 파생어가 됨

2 복합어를 완성하는 문제는 괄호 앞의 어휘와 함께 쓰일 때 올바른 의미의 복합어를 완성하는 선택지를 정답으로 고른다.

예 心 (　　)

① 細い (○)　　② 深い 깊다 (✕)　　③ 厚い 두껍다 (✕)　　④ 浅い 얕다 (✕)

心(마음)는 細い(가늘다)와 합쳐졌을 때 心細い(불안하다)라는 복합어가 됨

3 괄호 앞뒤만 보았을 때 정답 후보가 두 개 이상인 경우에는, 문장을 읽고 문맥에 맞는 파생어나 복합어를 완성하는 선택지를 정답으로 고른다.

예 医者は (　　) 収入で人気の職業だ。의사는 (　　)수입으로 인기있는 직업이다.

① 高 (○)　　② 低 (✕)

高収入(고수입)　　低収入(저수입)

4 시험에 자주 출제되는 파생어와 복합어를 하나의 단어로 암기해 둔다.

📛 문제 풀이 Step

Step 1 선택지를 보고 각각의 뜻을 파악한다.

먼저 선택지를 보고 각각의 뜻을 파악한다.

Step 2 괄호 앞 또는 뒤의 어휘와 함께 쓰일 때 올바른 어휘를 완성하는 선택지를 정답으로 고른다.

각 선택지를 괄호 앞 또는 뒤의 어휘와 함께 썼을 때 올바른 의미의 파생어 또는 복합어를 완성하는 선택지를 정답으로 고른다.

📛 문제 풀이 Step 적용

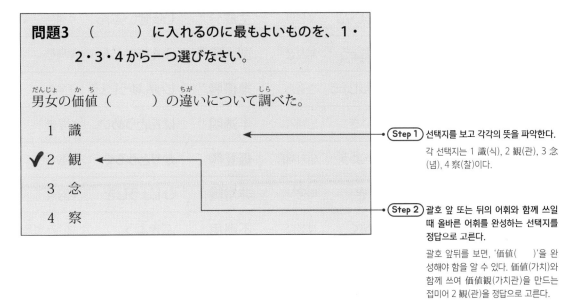

問題3 （　　　）に入れるのに最もよいものを、1・2・3・4から一つ選びなさい。

男女の価値（　　　）の違いについて調べた。

1 識

✔2 観

3 念

4 察

Step 1 선택지를 보고 각각의 뜻을 파악한다.

각 선택지는 1 識(식), 2 観(관), 3 念(념), 4 察(찰)이다.

Step 2 괄호 앞 또는 뒤의 어휘와 함께 쓰일 때 올바른 어휘를 완성하는 선택지를 정답으로 고른다.

괄호 앞뒤를 보면, '価値(　　)'을 완성해야 함을 알 수 있다. 価値(가치)와 함께 쓰여 価値観(가치관)을 만드는 접미어 2 観(관)을 정답으로 고른다.

문제3 (　　) 에 들어갈 가장 알맞은 것을, 1・2・3・4에서 하나 고르세요.

남녀의 가치 (관) 의 차이에 대해 조사했다.

1 식　　　　　　　　　2 관
3 념　　　　　　　　　4 찰

어휘 価値観 かちかん 🅝가치관　男女 だんじょ 🅝남녀　違い ちがい 🅝차이　調べる しらべる 🅥조사하다

■ 단어형성에 자주 출제되는 접두어와 파생어 🔊 문제3 단어형성_핵심표현 및 필수어휘01.mp3

※ '00는 기출연도입니다.

총~ 総~	総売上 '11	そううりあげ	총매상	総人口	そうじんこう	총인구
쇼 諸~	諸外国 '12'17	しょがいこく	여러 외국	諸事情	しょじじょう	여러 사정
	諸条件	しょじょうけん	여러 조건	諸問題 '10'14	しょもんだい	여러 문제
슈 主~	主原因	しゅげんいん	주원인	主成分 '16	しゅせいぶん	주성분
후쿠 副~	副社長 '10'15	ふくしゃちょう	부사장	副大臣 '18	ふくだいじん	부대신
준 準~	準決勝 '13	じゅんけっしょう	준결승	準優勝 '11	じゅんゆうしょう	준우승
한 半~	半世紀	はんせいき	반세기	半透明 '12	はんとうめい	반투명
카리 仮~	仮採用 '12	かりさいよう	임시채용	仮登録	かりとうろく	가등록
히 非~	非公式 '11	ひこうしき	비공식	非常識	ひじょうしき	비상식
후부 不~	不正確 '17	ふせいかく	부정확	不器用	ぶきよう	재주가 없음
미 未~	未経験 '14	みけいけん	미경험	未使用 '16	みしよう	미사용
	未提供	みていきょう	미제공	未発表	みはっぴょう	미발표
무 無~	無許可	むきょか	무허가	無計画 '18	むけいかく	무계획
	無責任 '15	むせきにん	무책임	無表情	むひょうじょう	무표정
아쿠 悪~	悪影響 '15'19	あくえいきょう	악영향	悪条件 '11	あくじょうけん	악조건
코 好~	好対照	こうたいしょう	좋은 대조	好都合	こうつごう	안성맞춤
코 高~	高学歴	こうがくれき	고학력	高収入 '10	こうしゅうにゅう	고수입
	高水準 '16	こうすいじゅん	고수준	高性能 '14	こうせいのう	고성능
사이 最~	最先端	さいせんたん	최첨단	最有力 '13	さいゆうりょく	가장 유력
타 多~	多機能	たきのう	다기능	多趣味	たしゅみ	취미가 많음

※ '00는 기출연도입니다.

접두어	단어1	읽기1	뜻1	단어2	읽기2	뜻2
低~ (てい)	低価格'12	ていかかく	저가격	低カロリー'17	ていカロリー	저칼로리
薄~ (うす)	薄味	うすあじ	담백한 맛	薄暗い'13	うすぐらい	침침하다
前~ (ぜん)	前社長'17	ぜんしゃちょう	전 사장	前町長'19	ぜんちょうちょう	전 동장
初~ (しょ)	初対面	しょたいめん	첫 대면	初年度'17	しょねんど	초년도
来~ (らい)	来学期'18	らいがっき	다음 학기	来シーズン'10'11 らいシーズン		다음 시즌
現~ (げん)	現時点	げんじてん	현시점	現段階'11	げんだんかい	현단계
真~ (ま)	真新しい'15	まあたらしい	아주 새롭다	真後ろ'17	まうしろ	바로 뒤
	真冬	まふゆ	한겨울	真夜中'12	まよなか	한밤중
再~ (さい)	再開発'16	さいかいはつ	재개발	再提出'13	さいていしゅつ	재제출
	再評価	さいひょうか	재평가	再放送'10	さいほうそう	재방송
異~ (い)	異形態	いけいたい	이형태	異文化'16	いぶんか	이문화
旧~ (きゅう)	旧校舎	きゅうこうしゃ	구 교사	旧制度'10	きゅうせいど	구 제도
名~ (めい)	名演技	めいえんぎ	명연기	名場面	めいばめん	명장면

확인 문제 괄호에 들어갈 알맞은 것을 고르세요.

01 (　)開発　　ⓐ 再　　ⓑ 現　　　　05 (　)都合　　ⓐ 好　　ⓑ 高

02 (　)経験　　ⓐ 未　　ⓑ 最　　　　06 (　)影響　　ⓐ 悪　　ⓑ 仮

03 (　)優勝　　ⓐ 準　　ⓑ 副　　　　07 (　)成分　　ⓐ 半　　ⓑ 主

04 (　)新しい　ⓐ 初　　ⓑ 真　　　　08 (　)表情　　ⓐ 不　　ⓑ 無

정답: 01 ⓐ 02 ⓐ 03 ⓐ 04 ⓑ 05 ⓐ 06 ⓐ 07 ⓑ 08 ⓑ

■ 단어형성에 자주 출제되는 접미어와 파생어 ① 🔊 문제3 단어형성_핵심표현 및 필수어휘02.mp3

※ '00는 기출연도입니다.

접미어						
~界 (かい)	医学界 '11	いがくかい	의학계	自然界	しぜんかい	자연계
~観 (かん)	結婚観 '16	けっこんかん	결혼관	人生観	じんせいかん	인생관
~率 (りつ)	就職率 '10	しゅうしょくりつ	취직률	進学率 '18	しんがくりつ	진학률
	成功率 '15	せいこうりつ	성공률	投票率 '12	とうひょうりつ	투표율
~力 (りょく)	記憶力	きおくりょく	기억력	集中力 '10 しゅうちゅうりょく		집중력
~式 (しき)	組み立て式	くみたてしき	조립식	日本式 '16	にほんしき	일본식
~風 (ふう)	会社員風 '17 かいしゃいんふう		회사원풍	ビジネスマン風 '12 ビジネスマンふう		비즈니스맨풍
	ヨーロッパ風 ヨーロッパふう		유럽풍	和風 '15	わふう	일본풍, 일본식
~流 (りゅう)	アメリカ流 '19	アメリカりゅう	아메리카류	日本流 '12	にほんりゅう	일본류, 일본식
~色 (しょく)	国際色 '12	こくさいしょく	국제색	政治色 '19	せいじしょく	정치색
~派 (は)	演技派	えんぎは	연기파	慎重派	しんちょうは	신중파
~制 (せい)	会員制 '17	かいいんせい	회원제	予約制 '10	よやくせい	예약제
~下 (か)	管理下 '16	かんりか	관리하	制度下	せいどか	제도하
~元 (もと)	送信元 '18	そうしんもと	송신원	発行元	はっこうもと	발행원
~街 (がい)	住宅街 '17	じゅうたくがい	주택가	商店街 '10	しょうてんがい	상점가
~場 (じょう)	スキー場 '18	スキーじょう	스키장	野球場	やきゅうじょう	야구장
~賞 (しょう)	作品賞	さくひんしょう	작품상	文学賞 '11	ぶんがくしょう	문학상
~感 (かん)	緊張感	きんちょうかん	긴장감	責任感	せきにんかん	책임감

※ '00는 기출연도입니다.

~性 (せい)	危険性'14	きけんせい	위험성	柔軟性 じゅうなんせい		유연성
~状 (じょう)	液体状	えきたいじょう	액체 상태	クリーム状'11	クリームじょう	크림 상태
	招待状'15	しょうたいじょう	초대장	年賀状	ねんがじょう	연하장
~順 (じゅん)	アルファベット順'12 アルファベットじゅん		알파벳순	年代順'16 ねんだいじゅん		연대순
~類 (るい)	雑誌類	ざっしるい	잡지류	食器類'13	しょっきるい	식기류
~別 (べつ)	学年別'18	がくねんべつ	학년별	専門別	せんもんべつ	전문별
~代 (だい)	修理代	しゅうりだい	수리비	電気代	でんきだい	전기세
~賃 (ちん)	手間賃	てまちん	품삯	電車賃'14	でんしゃちん	전철비
~費 (ひ)	交通費	こうつうひ	교통비	制作費	せいさくひ	제작비
~金 (きん)	奨学金	しょうがくきん	장학금	保証金	ほしょうきん	보증금
~料 (りょう)	原稿料	げんこうりょう	원고료	宿泊料	しゅくはくりょう	숙박료
~度 (ど)	加速度	かそくど	가속도	優先度	ゆうせんど	우선도
~量 (りょう)	降水量	こうすいりょう	강수량	収穫量	しゅうかくりょう	수확량
	消費量	しょうひりょう	소비량	生産量	せいさんりょう	생산량

📋 **확인 문제** 괄호에 들어갈 알맞은 것을 고르세요.

01 記憶 ( )	ⓐ 力	ⓑ 感	05 柔軟 ( )	ⓐ 性	ⓑ 制
02 人生 ( )	ⓐ 界	ⓑ 観	06 送信 ( )	ⓐ 場	ⓑ 元
03 国際 ( )	ⓐ 風	ⓑ 色	07 招待 ( )	ⓐ 状	ⓑ 賞
04 文学 ( )	ⓐ 賞	ⓑ 状	08 緊張 ( )	ⓐ 感	ⓑ 性

정답: 01 ⓑ 02 ⓑ 03 ⓐ 04 ⓐ 05 ⓐ 06 ⓑ 07 ⓐ 08 ⓐ

※ '00는 기출연도입니다.

접미어						
~集(しゅう)	作品集 '14	さくひんしゅう	작품집	写真集	しゃしんしゅう	사진집
~団(だん)	応援団 '15	おうえんだん	응원단	バレエ団	バレエだん	발레단
~産(さん)	カリフォルニア産 カリフォルニアさん		캘리포니아산	国内産	こくないさん	국내산
~地(ち)	出身地	しゅっしんち	출신지	生産地	せいさんち	생산지
~署(しょ)	警察署	けいさつしょ	경찰서	税務署	ぜいむしょ	세무서
~版(ばん)	限定版	げんていばん	한정판	日本語版	にほんごばん	일본어판
~発(はつ)	東京駅発 '13 とうきょうえきはつ		도쿄역발	成田発	なりたはつ	나리타발
~的(てき)	具体的だ	ぐたいてきだ	구체적이다	政治的だ	せいじてきだ	정치적이다
~家(か)	建築家	けんちくか	건축가	福祉家	ふくしか	복지가
~証(しょう)	社員証	しゃいんしょう	사원증	領収証	りょうしゅうしょう	영수증
~おき	一日おき '11 '14 いちにちおき		하루걸러	二メートルおき にメートルおき		2미터 간격
~がち	遅刻がち	ちこくがち	지각이 잦음	病気がち	びょうきがち	병이 잦음
~ごと	皮ごと	かわごと	껍질째로	丸ごと	まるごと	통째로
~ぶり	20年ぶり	20ねんぶり	20년 만임	久しぶり	ひさしぶり	오랜만임
~連れ(づ)	親子連れ '13	おやこづれ	부모자식 동반	家族連れ '17	かぞくづれ	가족 동반
~切れ(ぎ)	期限切れ '14	きげんぎれ	기한이 끝남	在庫切れ	ざいこぎれ	재고 없음
~離れ(ばな)	現実離れ '15	げんじつばなれ	현실에서 동떨어짐	政治離れ	せいじばなれ	정치에서 동떨어짐
~立て(た)	出来立て	できたて	갓 완성함	焼き立て	やきたて	갓 구움

※ '00는 기출연도입니다.

～建て	一戸建て	いっこだて	독채	三階建て	さんがいだて	3층 건물
～沿い	川沿い	かわぞい	강가, 냇가	線路沿い'14	せんろぞい	철로 변
～扱い	子供扱い	こどもあつかい	어린애 취급	犯人扱い	はんにんあつかい	범인 취급
～づらい	頼みづらい'19	たのみづらい	부탁하기 어렵다	話しづらい	はなしづらい	말하기 어렵다
～付き	条件付き	じょうけんつき	조건이 붙음	朝食付き	ちょうしょくつき	조식 포함
～漬け	醤油漬け	しょうゆづけ	간장에 절임	勉強漬け'16	べんきょうづけ	공부에 찌듦
～済み	支払い済み	しはらいずみ	지불이 끝남	使用済み	しようずみ	사용이 끝남
～全般	音楽全般'13 おんがくぜんぱん		음악 전반	教育全般 きょういくぜんぱん		교육 전반
～気味	風邪気味'13	かぜぎみ	감기 기운	疲れ気味	つかれぎみ	피곤한 기색
～一色	反対派一色 はんたいはいっしょく		반대파 일색	ムード一色'14 ムードいっしょく		무드 일색
～不明	原因不明	げんいんふめい	원인불명	行方不明	ゆくえふめい	행방불명
～際	死に際	しにぎわ	임종	別れ際'19	わかれぎわ	헤어질 때
～明け	年明け	としあけ	연초	夏休み明け'13	なつやすみあけ	여름방학 직후

📄 **확인 문제** 괄호에 들어갈 알맞은 것을 고르세요.

01	家族 ( )	ⓐ 沿い	ⓑ 連れ		05	風邪 ( )	ⓐ 一色	ⓑ 気味
02	作品 ( )	ⓐ 団	ⓑ 集		06	行方 ( )	ⓐ 不明	ⓑ 済み
03	期限 ( )	ⓐ 切れ	ⓑ 離れ		07	朝食 ( )	ⓐ 漬け	ⓑ 付き
04	三階 ( )	ⓐ 立て	ⓑ 建て		08	遅刻 ( )	ⓐ がち	ⓑ ごと

정답: 01 ⓑ 02 ⓑ 03 ⓐ 04 ⓑ 05 ⓑ 06 ⓐ 07 ⓑ 08 ⓐ

※ '00는 기출연도입니다.

取り上げる 집어 들다	取る 집다	+	上げる 올리다		取り扱う 취급하다	取る 집다	+	扱う 다루다
取り入れる 거둬들이다	取る 집다	+	入れる 넣다		取り換える 교체하다	取る 집다	+	換える 바꾸다
取り掛かる 착수하다	取る 집다	+	掛かる 걸리다		取り組む 몰두하다	取る 집다	+	組む 짜다
取り消す 삭제하다	取る 집다	+	消す 지우다		取り出す 꺼내다	取る 집다	+	出す 내다
取り付ける 달다	取る 집다	+	付ける 붙이다		取り留める 말리다	取る 집다	+	留める 고정시키다
書き上がる 다 쓰다	書く 쓰다	+	上がる 올리다		書き入れる 써 넣다, 작성하다	書く 쓰다	+	入れる 넣다
書き込む 기입하다	書く 쓰다	+	込む 넣다		書き出す 써 내다	書く 쓰다	+	出す 내다
書き直す 고쳐 쓰다	書く 쓰다	+	直す 고치다		持ち上げる 들어 올리다	持つ 들다, 가지다	+	上げる 올리다
持ち帰る 가지고 가다	持つ 들다, 가지다	+	帰る 돌아가다		持ち切る (사건, 소문 등으로) 떠들썩하다	持つ 들다, 가지다	+	切る 자르다
持ち込む 가지고 들어 오(가)다	持つ 들다, 가지다	+	込む 넣다		持ち出す 가지고 나가다	持つ 들다, 가지다	+	出す 내다
打ち明ける 털어놓다	打つ 치다	+	明ける 밝다		打ち上げる 쏘아 올리다	打つ 치다	+	上げる 올리다
打ち合わせる 협의하다	打つ 치다	+	合わせる 맞추다		打ち切る 중단하다	打つ 치다	+	切る 자르다

※ '00는 기출연도입니다.

追いかける 뒤쫓아가다	追う 쫓다	+	かける 걸다	追い越す 추월하다	追う 쫓다	+	越す 넘다
追い出す 내쫓다	追う 쫓다	+	出す 내다	追いつく (뒤쫓아) 따라 붙다	追う 쫓다	+	つく 붙다
乗り遅れる (탈것을) 놓치다	乗る 타다	+	遅れる 늦다	乗り換える 환승하다	乗る 타다	+	換える 바꾸다
乗り越える 뛰어넘다	乗る 타다	+	越える 넘다	乗り継ぐ '18 갈아타고 가다	乗る 타다	+	継ぐ 계속하다
見上げる 우러러보다	見る 보다	+	上げる 올리다	見直す 다시 보다	見る 보다	+	直す 고치다
見慣れる 눈에 익다	見る 보다	+	慣れる 익숙해지다	見逃す '19 놓치다	見る 보다	+	逃す 놓치다
買い上げ 구매, 구입	買う 사다	+	上げる 올리다	買い出し 직접 사러 감	買う 사다	+	出す 내다
買い忘れ 사는 것을 잊음	買う 사다	+	忘れる 잊다	心強い '12 든든하다	心 마음	+	強い 강하다
心細い 불안하다	心 마음	+	細い 가늘다	心弱い 심약하다	心 마음	+	弱い 약하다

📝 **확인 문제** 괄호에 들어갈 알맞은 것을 고르세요.

01 取り ( )	ⓐ 掛ける	ⓑ 掛かる	05 見 ( )	ⓐ 入れる	ⓑ 逃す
02 持ち ( )	ⓐ 切る	ⓑ 組む	06 心 ( )	ⓐ 上げ	ⓑ 強い
03 追い ( )	ⓐ つく	ⓑ こえる	07 取り ( )	ⓐ 消す	ⓑ 消える
04 買い ( )	ⓐ 忘れ	ⓑ 細い	08 打ち ( )	ⓐ 慣れる	ⓑ 明ける

정답: 01 ⓑ 02 ⓑ 03 ⓐ 04 ⓐ 05 ⓑ 06 ⓑ 07 ⓐ 08 ⓑ

■ 단어형성에 자주 출제되는 복합어 ② 🔊 문제3 단어형성_핵심표현 및 필수어휘05.mp3

※ '00는 기출연도입니다.

飛び上がる 날아오르다	飛ぶ 날다	+	上がる 올라가다	飛び下がる 하늘에서 내려오다	飛ぶ 날다	+	下がる 내려가다
飛び立つ 날아오르다	飛ぶ 날다	+	立つ 서다	呼びかける 호소하다	呼ぶ 부르다	+	かける 걸다
呼び込む 불러들이다	呼ぶ 부르다	+	込む 넣다	呼び出す 불러내다	呼ぶ 부르다	+	出す 내다
落ち込む '19 의기소침하다	落ちる 떨어지다	+	込む 넣다	落ち着く 침착하다	落ちる 떨어지다	+	着く 도착하다
思い込む 생각하다, 믿다	思う 생각하다	+	込む 넣다	思い切る '14 결심하다	思う 생각하다	+	切る 자르다
建て付ける (문 등을) 맞춰 달다	建てる 세우다	+	付ける 붙이다	建て直す 다시 세우다	建てる 세우다	+	直す 고치다
使いこなす 잘 다루다	使う 사용하다	+	こなす 소화시키다	使い込む (예상 이상으로) 돈을 쓰다	使う 사용하다	+	込む 넣다
詰め合わせる 한데 넣다	詰める 채우다	+	合わせる 합치다	詰め込む 가득 채우다	詰める 채우다	+	込む 넣다
引き受ける 받아들이다	引く 끌다, 잡아당기다	+	受ける 받다	引き返す '19 되풀이하다, 되돌리다	引く 끌다, 잡아당기다	+	返す 제자리로 하다
当てはまる '16 꼭 들어맞다	当てる 맞다	+	はまる 꼭 끼이다	入れ込む 열중하다	入れる 넣다	+	込む 넣다
色違い 색이 다름	色 색	+	違う 다르다	裏切る 배신하다	裏 뒤	+	切る 자르다
重苦しい 답답하다	重い 무겁다	+	苦しい 괴롭다	送り込む 보내다, 파견하다	送る 보내다	+	込む 넣다

※ '00는 기출연도입니다.

切り換える 새로 바꾸다	切る 자르다	+	換える 바꾸다
探し回る 찾아다니다	探す 찾다	+	回る 돌다
狡賢い 약아빠지다	狡い 교활하다	+	賢い 현명하다
付け加える 덧붙이다	付ける 붙이다	+	加える 더하다
泣き出す 울기 시작하다	泣く 울다	+	出す 내다
働き手'18 일손	働く 일하다	+	手 손
振り込む 송금하다	振る 흔들다	+	込む 넣다
蒸し暑い 무덥다	蒸す 찌다	+	暑い 덥다
寄り添う 다가붙다	寄る 다가가다	+	添う 더해지다

組み立てる 조립하다	組む 짜다	+	立てる 세우다
差し支える'14 지장이 있다	差す 꺼림칙하다	+	支える 막히다
付き合う 사귀다	付く 붙다	+	合う 합쳐지다
解き始める 풀기 시작하다	解く 풀다	+	始める 시작하다
走り回る 돌아다니다	走る 달리다	+	回る 돌다
話しかける 말을 걸다	話す 이야기하다	+	かける 걸다
迷い犬 길 잃은 개	迷う 헤매다	+	犬 개
申し込む 신청하다	申す 말씀드리다	+	込む 넣다
割り込む'16 끼어들다	割る 깨뜨리다	+	込む 넣다

📄 **확인 문제** 괄호에 들어갈 알맞은 것을 고르세요.

01 使い ( )	ⓐ 違う	ⓑ 込む		**05** 走り ( )	ⓐ 回る	ⓑ 換える
02 裏 ( )	ⓐ 切る	ⓑ 立つ		**06** 建て ( )	ⓐ 直す	ⓑ 返す
03 呼び ( )	ⓐ 着く	ⓑ 出す		**07** 付き ( )	ⓐ 合う	ⓑ 思う
04 詰め ( )	ⓐ 越える	ⓑ 込む		**08** 重 ( )	ⓐ 苦しい	ⓑ 賢い

정답: 01 ⓑ 02 ⓐ 03 ⓑ 04 ⓑ 05 ⓐ 06 ⓐ 07 ⓐ 08 ⓐ

괄호에 들어갈 가장 알맞은 것을 고르세요.

01 （　　）公式
① 非　　　　　② 不　　　　　③ 未　　　　　④ 無

02 送信（　　）
① 原　　　　　② 根　　　　　③ 元　　　　　④ 素

03 乗り（　　）
① 遅れる　　　② 変える　　　③ 連れる　　　④ 送れる

04 （　　）先端
① 高　　　　　② 上　　　　　③ 最　　　　　④ 長

05 作品（　　）
① 集　　　　　② 典　　　　　③ 類　　　　　④ 全

06 （　　）売上
① 総　　　　　② 合　　　　　③ 集　　　　　④ 満

07 会員（　　）
① 要　　　　　② 制　　　　　③ 下　　　　　④ 上

08 （　　）社長
① 古　　　　　② 前　　　　　③ 後　　　　　④ 信

09 建て（　　）
① 治す　　　　② 直る　　　　③ 治る　　　　④ 直す

10 自然（　　）
① 界　　　　　② 帯　　　　　③ 区　　　　　④ 囲

11 （　　）段階

① 直   ② 近   ③ 当   ④ 現

12 取り（　　）

① 貼れる   ② 付ける   ③ 着ける   ④ 届ける

13 アメリカ（　　）

① 性   ② 刑   ③ 流   ④ 質

14 （　　）制度

① 旧   ② 直   ③ 来   ④ 先

15 就職（　　）

① 割   ② 率   ③ 量   ④ 料

16 （　　）優勝

① 準   ② 後   ③ 次   ④ 副

17 管理（　　）

① 下   ② 降   ③ 低   ④ 高

18 持ち（　　）

① 刺す   ② 繋ぐ   ③ 貼る   ④ 切る

19 別れ（　　）

① 際   ② 間   ③ 期   ④ 刻

20 （　　）シーズン

① 次   ② 後   ③ 来   ④ 明

정답 해설집 p.8

問題3 （　　　）に入れるのに最もよいものを、1・2・3・4から一つ選びなさい。

11 日本のお米は、なぜ寒い地域で生産（　　　）が多いのですか。

1 数　　　　　2 性　　　　　3 料　　　　　4 量

12 自分の意見をしっかり伝えるために、その理由を具体（　　　）に書くといい。

1 様　　　　　2 的　　　　　3 状　　　　　4 性

13 新製品発表会で、新製品が予想以上に（　　　）性能であることにおどろいた。

1 良　　　　　2 最　　　　　3 上　　　　　4 高

14 この家具は組み立て（　　　）なので、車で持ち帰ることができます。

1 方　　　　　2 制　　　　　3 法　　　　　4 式

15 至らないところもあると思いますが、よろこんでお引き（　　　）します。

1 受け　　　　2 刺し　　　　3 回し　　　　4 変え

정답 해설집 p.8

問題3 （　　　）に入れるのに最もよいものを、1・2・3・4から一つ選びなさい。

11 （　　　）事情により、本日はお休みをいただきます。

    1　主　　　　　　2　多　　　　　　3　般　　　　　　4　諸

12 もっと若者の力で商店（　　　）を元気にしていこう。

    1　街　　　　　　2　地　　　　　　3　町　　　　　　4　村

13 忙しい時ほど、優先（　　　）をつけて一つずつ終わらせる。

    1　位　　　　　　2　度　　　　　　3　番　　　　　　4　号

14 山田氏は、女性では初の外務省の（　　　）大臣に任命された。

    1　次　　　　　　2　副　　　　　　3　後　　　　　　4　来

15 あのグループの歌手は男性だそうだけど、ずっと女性が歌っていると思い（　　　）いた。

    1　すぎて　　　　2　あがって　　　　3　こんで　　　　4　はまって

정답 해설집 p.9

問題3 （　　　　）に入れるのに最もよいものを、1・2・3・4から一つ選びなさい。

11 （　　　　）採用の終了まで残り3日となったが、その後も続けるかどうかは分からない。

　　1　偽　　　　　　2　仮　　　　　　3　作　　　　　　4　借

12 日本でも借金や奨学（　　　　）などの返済は学生のプレッシャーになっている。

　　1　賃　　　　　　2　料　　　　　　3　費　　　　　　4　金

13 ひと月ごとにはがせる、（　　　　）透明のカレンダーシールを愛用している。

　　1　全　　　　　　2　反　　　　　　3　半　　　　　　4　逆

14 田中選手は、実力があって（　　　　）年度からポジションを確保していた。

　　1　未　　　　　　2　再　　　　　　3　非　　　　　　4　初

15 ロケットが打ち（　　　　）られる姿を多くの人々がテレビを通して見ていた。

　　1　上げ　　　　　2　下げ　　　　　3　曲げ　　　　　4　投げ

정답 해설집 p.9

問題3　（　　　）に入れるのに最もよいものを、1・2・3・4から一つ選びなさい。

11　今回の旅行ではホテルではなくて和（　　　）の旅館で泊まることにした。

　　1　流　　　　　　2　風　　　　　　3　版　　　　　　4　型

12　彼が出した書類が不十分で、（　　　）提出を求めるしかなかった。

　　1　再　　　　　　2　複　　　　　　3　来　　　　　　4　初

13　彼は後押ししてくれた応援（　　　）に向かって喜びのジャンプを披露した。

　　1　量　　　　　　2　風　　　　　　3　団　　　　　　4　集

14　その製品は（　　　）価格にも関わらず、多様な機能を備えていて人気が高い。

　　1　重　　　　　　2　大　　　　　　3　小　　　　　　4　低

15　丸をつけたところは全部書き（　　　）ないと申し込みができない。

　　1　回ら　　　　　2　込ま　　　　　3　取ら　　　　　4　治さ

> **문맥규정**은 제시된 문장의 괄호에 들어갈 문맥에 알맞은 어휘를 고르는 문제이다. 명사, 동사, 형용사, 부사를 고르는 문제가 골고루 총 7문항이 출제된다.

핵심 전략

1 문맥에 맞는 명사를 고르는 문제는, 비슷한 의미의 어휘나 같은 한자가 포함된 어휘로 혼동을 준다. 따라서 괄호 앞 또는 뒤에 오는 표현과 의미상 어울리는 어휘를 정답으로 고른다.

예 現実を ( ) した作品 현실을 ( ) 한 작품

① 反映 반영 (○) ② 放映 방영 (✕)

　　　　　　　　　　　같은 한자 映가 포함된 어휘가 사용됨

2 문맥에 맞는 동사와 형용사를 고르는 문제는 괄호 앞 또는 뒤의 표현과 의미상 어울리는 어휘를 정답으로 고른다.

예 海に ( ) しまった 바다에 ( ) 버렸다

① しずんで 가라앉아 (○) ② ころんで 넘어져 (✕)

예 彼の ( ) 返事 그의 ( ) 대답

① あいまいな 애매한 (○) ② 鈍感な 둔감한 (✕)

3 문맥에 맞는 부사를 고르는 문제는 주로 의성어·의태어가 출제된다. 괄호 앞 또는 뒤의 표현과 함께 쓰여 자연스러운 문맥을 만드는 어휘를 정답으로 고른다.

예 のどが ( ) だ 목이 ( ) 다

① からから 칼칼하 (○) ② ぺらぺら 유창하 (✕)

4 시험에 자주 출제되는 단어를 앞이나 뒤에서 자주 같이 사용되는 표현들과 함께 구문으로 학습해둔다.

문제 풀이 Step

Step 1 선택지를 읽고 뜻과 품사를 파악한다.

선택지를 먼저 읽고, 각 선택지의 의미를 떠올리며 품사도 함께 파악한다. 이때 각 선택지의 의미를 살짝 적어둔다.

Step 2 괄호 앞 또는 뒤에 오는 표현과 가장 잘 어울리는 의미의 선택지를 정답으로 고른다.

괄호 앞 또는 뒤를 먼저 확인하여 문맥상 알맞은 선택지를 정답으로 고른다. 정답 후보가 두 개 이상이면 문장을 읽고 자연스러운 문맥을 만드는 선택지를 정답으로 고른다.

문제 풀이 Step 적용

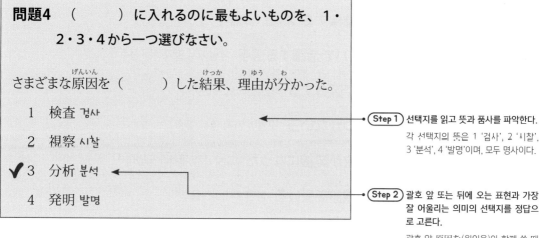

問題4 （　　　）に入れるのに最もよいものを、1・2・3・4から一つ選びなさい。

さまざまな原因(げんいん)を（　　　）した結果(けっか)、理由(りゆう)が分(わ)かった。

1 検査 검사
2 視察 시찰
✔3 分析 분석
4 発明 발명

Step 1 선택지를 읽고 뜻과 품사를 파악한다.

각 선택지의 뜻은 1 '검사', 2 '시찰', 3 '분석', 4 '발명'이며, 모두 명사이다.

Step 2 괄호 앞 또는 뒤에 오는 표현과 가장 잘 어울리는 의미의 선택지를 정답으로 고른다.

괄호 앞 原因を(원인을)와 함께 쓸 때 原因を分析した(원인을 분석한)라는 문맥이 가장 자연스러우므로 3 分析를 정답으로 고른다. 1은 サンプルを検査する(샘플을 검사하다), 2는 現地を視察する(현지를 시찰하다), 4는 機械を発明する(기계를 발명하다)로 자주 쓰인다.

문제4 (　　　) 에 들어갈 가장 알맞은 것을, 1・2・3・4에서 하나 고르세요.

다양한 원인을 (　　　) 한 결과, 이유를 알았다.

1 검사　　2 시찰
3 분석　　4 발명

어휘 さまざまだ [な형] 다양하다　原因 げんいん [명] 원인　結果 けっか [명] 결과　理由 りゆう [명] 이유　検査 けんさ [명] 검사　視察 しさつ [명] 시찰　分析 ぶんせき [명] 분석　発明 はつめい [명] 발명

■ 문맥규정에 자주 출제되는 명사　◀)) 문제4 문맥규정_핵심표현 및 필수어휘01.mp3

※ '00는 기출연도입니다.

意欲 '13	의욕	勝利への意欲を見せた　승리를 향한 의욕을 보였다
引用	인용	参考文献を引用する　참고문헌을 인용하다
改善 '11	개선	悪い生活習慣を改善する　나쁜 생활습관을 개선하다
覚悟	각오	戦う覚悟を決める　싸울 각오를 하다
確保 '17	확보	場所を確保する　장소를 확보하다
活躍	활약	ヨーロッパで活躍する選手　유럽에서 활약하는 선수
区分	구분	白い線で区分する　하얀 선으로 구분하다
区別	구별	区別のつかない玉　구별이 가지 않는 구슬
契機 '17	계기	その事故が契機になった　그 사고가 계기가 되었다
検診	검진	病院で検診を受ける　병원에서 검진을 받다
栽培 '19	재배	野菜を栽培している　야채를 재배하고 있다
参観	참관	授業を参観する　수업을 참관하다
指示	지시	説明書の指示に従う　설명서의 지시에 따르다
持続	지속	持続可能な開発をする　지속 가능한 개발을 하다
地元 '11 '18	고향	地元に帰りたい　고향으로 돌아가고 싶다
邪魔 '16	방해	通る人の邪魔になる　지나가는 사람의 방해가 된다
上達	숙달	水泳が上達する　수영이 숙달되다
職場	직장	職場の仲間と話し合う　직장 동료와 의논하다
操作	조작	機械を操作する　기계를 조작하다
続出 '10 '18	속출	感染者が続出している　감염자가 속출하고 있다

※ '00는 기출연도입니다.

続行 ぞっこう	속행	契約を続行する	계약을 속행하다
通訳 つうやく	통역	英語を通訳する	영어를 통역하다
強み つよ '11	강점	彼の強み	그의 강점
点検 てんけん '18	점검	エレベーターを点検している	엘리베이터를 점검하고 있다
導入 どうにゅう '14	도입	サマータイムを導入する	서머 타임을 도입하다
特色 とくしょく '15	특색	わが校の特色です	우리 학교의 특색입니다
納得 なっとく	납득	納得がいかない	납득이 가지 않는다
根元 ねもと	뿌리	くさって根元が黒くなった	썩어서 뿌리가 까맣게 됐다
反映 はんえい '11	반영	時代を反映する	시대를 반영하다
普及 ふきゅう '10'16	보급	電気自動車が普及する	전기자동차가 보급되다
分析 ぶんせき '11'17	분석	データを分析する	데이터를 분석하다
分担 ぶんたん '19	분담	費用を分担する	비용을 분담하다
本物 ほんもの '19	진짜	この展示品は本物ではない	이 전시품은 진짜가 아니다
名所 めいしょ '17	명소	桜の名所に行く	벚꽃의 명소에 가다
予測 よそく '15	예측	データから予測できる	데이터에서 예측할 수 있다

📋 **확인 문제** 괄호에 들어갈 알맞은 것을 고르세요.

01 悪い生活習慣を（　　）した。　　　　　　　　　　ⓐ 変更　　　ⓑ 改善

02 そこに荷物を置くと、通る人の（　　）になるよ。　　ⓐ 分担　　　ⓑ 邪魔

03 エレベーターを（　　）しているので、階段を利用してください。　ⓐ 検診　　　ⓑ 点検

04 マンションの屋上で野菜を（　　）しています。　　　ⓐ 栽培　　　ⓑ 制作

정답: 01 ⓑ 02 ⓑ 03 ⓑ 04 ⓐ

※ '00는 기출연도입니다.

アウト	아웃	打者をアウトにする 타자를 아웃시키다
アピール '17	어필	面接で自己アピールする 면접에서 자기 어필을 하다
アレンジ '18	어레인지, 배치	服をアレンジして着る 옷을 어레인지해서 입다
ウイルス	바이러스	ウイルスに感染する 바이러스에 감염되다
エラー	에러	エラーが発生する 에러가 발생하다
クレーム	클레임, 불만	周りからクレームが入る 주변에서 클레임이 들어오다
コマーシャル	선전	コマーシャルデザイン 선전용 디자인
コレクション	콜렉션	パリコレクションに行く 파리 콜렉션에 가다
コンプレックス	콤플렉스	コンプレックスがひどい 콤플렉스가 심하다
サンプル	샘플	商品のサンプルを作る 상품의 샘플을 만들다
シーズン '10	시즌	スキーのシーズン 스키 시즌
ショック '16	쇼크, 충격	ショックを受ける 쇼크를 받다
ステージ	무대	ステージから退場する 무대에서 퇴장하다
スペース '18	공간	駐車スペースが足りない 주차 공간이 부족하다
スムーズだ '13	스무스하다	スムーズに進む 스무스하게 진행되다
タイミング	타이밍	使うタイミングを逃す 사용할 타이밍을 놓치다
ダイレクトだ	다이렉트이다	ダイレクトに関わる 다이렉트로 연관되다
ダウン	다운, 하락	大幅にダウンする 큰 폭으로 다운되다
ダメージ	대미지, 피해	ダメージを受ける 대미지를 입다
デザイン '15	디자인	独特なデザイン 독특한 디자인

※ '00는 기출연도입니다.

トータル	전체적인, 토털	トータルで見たら損だ 전체적으로 보면 손해다
ニーズ	니즈, 요구	使用者のニーズ 사용자의 니즈
バランス '15'17	밸런스	バランスがいい 밸런스가 좋다
パンク '14	펑크	車がパンクする 차가 펑크나다
フォーマルだ	포멀하다	フォーマルなワンピース 포멀한 원피스
プラン '13	계획	プランを立てる 계획을 세우다
プレッシャー '19	심리적 압박	プレッシャーを感じる 심리적 압박을 느끼다
フロア	마루	フロアマットを洗う 마루 매트를 빨다
フロント	프론트	ホテルのフロント 호텔 프론트
ベーシックだ	기초석이나	ベーシックな知識 기초적인 지식
マイペース '10	마이페이스	マイペースな性格 마이페이스인 성격
モダンだ	현대적이다	モダンな家 현대적인 집
ルール	룰, 규칙	基本のルールを守る 기본 규칙을 지키다
リーダー '16	리더	チームのリーダー 팀의 리더
リラックス '14	릴랙스	リラックスできる香り 릴랙스할 수 있는 향기

📋 **확인 문제** 괄호에 들어갈 알맞은 것을 고르세요.

01 この建物は駐車（　　）が足りなくて不便だ。　　ⓐ マイペース　　ⓑ スペース

02 期待が外れて（　　）を受けた。　　ⓐ ショック　　ⓑ パンク

03 仕事と生活の（　　）を取りたい。　　ⓐ プレッシャー　　ⓑ バランス

04 お金を貯めていても使う（　　）が分からない。　　ⓐ タイミング　　ⓑ ダメージ

정답: 01 ⓑ 02 ⓐ 03 ⓑ 04 ⓐ

문맥규정에 자주 출제되는 동사 🔊 문제4 문맥규정_핵심표현 및 필수어휘03.mp3

※ '00는 기출연도입니다.

預ける	맡기다	子供を預ける	아이를 맡기다
当てはまる	적합하다	条件に当てはまる	조건에 적합하다
言い張る	우기다	間違いがあると言い張る	오류가 있다고 우기다
行き着く	다다르다	離婚にまで行き着く	이혼에까지 다다르다
打ち消す'17	부정하다	うわさを打ち消す	소문을 부정하다
うなずく'19	끄덕이다	子供は何度もうなずいた	아이는 몇 번이나 끄덕였다
埋まる	가득 차다	定員が埋まる	정원이 가득 차다
衰える'19	쇠약해지다	記憶力が衰える	기억력이 쇠약해지다
欠かす'18	빠뜨리다	一つも欠かすことなく集める	하나도 빠뜨리지 않고 모으다
稼ぐ	벌다	お金を稼ぐ	돈을 벌다
偏る'12	치우치다	知識が偏っている	지식이 치우쳐 있다
枯れる	시들다	もみじが枯れる	단풍이 시들다
悔やむ'17	후회하다	過去を悔やんでいる	과거를 후회하고 있다
こぼれる	넘치다	中身がこぼれやすい	내용물이 넘치기 쉽다
冷める	식다	冷めて固くなったピザ	식어서 딱딱해진 피자
沈む	가라앉다	気持ちが沈む	기분이 가라앉다
過ごす	보내다	暗い日々を過ごす	어두운 나날을 보내다
蓄える'14	저장하다	エネルギーを蓄える	에너지를 저장하다
つぶす'15	(시간을) 때우다	ロビーで時間をつぶした	로비에서 시간을 때웠다
つまずく'13	걸려 넘어지다	段差でつまずいた	단차로 걸려 넘어졌다

※ '00는 기출연도입니다.

詰める	좁히다	席を詰めて座る 자리를 좁혀서 앉다
飛び散る'18	흩날리다	破片が飛び散る 파편이 흩날리다
濁る'15	탁해지다	オイルが白く濁る 기름이 하얗게 탁해지다
乗り継ぐ'18	갈아타고 가다	北京で飛行機を乗り継ぐ 베이징에서 비행기를 갈아타고 가다
早まる	빨라지다	始業時間が早まる 업무를 개시하는 시간이 빨라지다
払い込む	납입하다	授業料を払い込む 수업료를 납입하다
腹立つ'14	화가 나다	同級生の事で腹立つ 동급생 일로 화가 나다
引き止める'16	말리다	しつこく引き止める 집요하게 말리다
塞がる	막히다, 차다	唯一のトンネルが塞がった 유일한 터널이 막혔다
見習う	본받다	偉い人を見習う 훌륭한 사람을 본받다
目指す'14	목표로 하다	ハーバード大学を目指す 하버드 대학을 목표로 하다
面する'15	면하다	道路に面している 도로에 면하고 있다
潜る	잠수하다	海に潜る 바다에 잠수하다
雇う	고용하다	バイトを雇う 아르바이트를 고용하다
割り込む'16	끼어들다	強引に割り込む 억지로 끼어들다

📋 **확인 문제** 괄호에 들어갈 알맞은 것을 고르세요.

01 最近、記憶力が（　　　）きたのかよく覚えられなくて困る。　ⓐ 見習って　ⓑ 衰えて

02 娘が同級生の事ですごく（　　　）いたので、話を聞いた。　ⓐ 打ち消して　ⓑ 腹立って

03 しつこく（　　　）みたが、結局彼は退職を希望した。　ⓐ 言い張って　ⓑ 引き止めて

04 その会社のシールは一つも（　　　）ことなく集めている。　ⓐ 欠かす　ⓑ 濁る

정답: 01 ⓑ 02 ⓑ 03 ⓑ 04 ⓐ

■ 문맥규정에 자주 출제되는 い·な형용사 🔊 문제4 문맥규정_핵심표현 및 필수어휘04.mp3

※ '00는 기출연도입니다.

危うい あや	위태롭다	命が危うい 생명이 위태롭다 いのち あや
くだらない	하찮다	くだらない映画を見た 하찮은 영화를 보았다 えい が み
悔しい'14 くや	분하다	勝てなかったことが悔しい 이기지 못한 것이 분하다 か くや
すっぱい	시다	レモンがすっぱい 레몬이 시다
鋭い'15 するど	날카롭다	鋭い歯にかまれた 날카로운 이빨에 물렸다 するど は
そそっかしい'17	경솔하다	そそっかしい人である 경솔한 사람이다 ひと
頼もしい'16 たの	믿음직하다	頼もしい仲間 믿음직한 동료 たの なか ま
辛い'13 つら	괴롭다	人間関係が辛い 인간관계가 괴롭다 にんげんかんけい つら
甚だしい はなは	심하다	被害が甚だしい 피해가 심하다 ひ がい はなは
もったいない	아깝다	お金がもったいない 돈이 아깝다 かね
やかましい'14	시끄럽다	やかましすぎるところ 너무 시끄러운 곳
緩い ゆる	느슨하다	ブレスレットが緩い 팔찌가 느슨하다 ゆる
あいまいだ'10'13'19	애매하다	あいまいな返事 애매한 대답 へん じ
安易だ'16 あん い	손쉽다	安易に決めないようにする 손쉽게 결정하지 않도록 하다 あん い き
大げさだ'10'16 おお	과장되다	笑い声が大げさで不自然だ 웃음소리가 과장되고 부자연스럽다 わら ごえ おお ふ しぜん
温厚だ'10 おんこう	온화하다	温厚で優しい人 온화하고 자상한 사람 おんこう やさ ひと
活発だ'16 かっぱつ	활발하다	活発に活動する 활발하게 활동하다 かっぱつ かつどう
質素だ'11 しっ そ	검소하다	質素な生活をする 검소한 생활을 하다 しっ そ せいかつ
人工的だ じんこうてき	인공적이다	人工的な音や光 인공적인 소리와 빛 じんこうてき おと ひかり
盛大だ せいだい	성대하다	盛大なパーティーを開く 성대한 파티를 열다 せいだい ひら

※ '00는 기출연도입니다.

そっくりだ	꼭 닮다	顔がそっくりだ 얼굴이 꼭 닮았다
的確だ	정확하다	的確に理解する 정확하게 이해하다
適度だ '12	적당하다	適度な運動は体にいい 적당한 운동은 몸에 좋다
適当だ	적당하다	適当なタイミングに入る 적당한 타이밍에 들어가다
でたらめだ '18	엉터리다	でたらめな話をするな 엉터리 이야기를 하지 마
独特だ '18	독특하다	独特な味がする 독특한 맛이 나다
なだらかだ '16	완만하다	なだらかな上り坂 완만한 오르막길
ばらばらだ	제각각이다	卒業して皆ばらばらになった 졸업해서 모두 제각각이 되었다
敏感だ '18	민감하다	彼は音に敏感だ 그는 소리에 민감하다
不安定だ '19	불안정하다	収入が不安定で心配だ 수입이 불안정해서 걱정이다
膨大だ	방대하다	膨大な時間と手間 방대한 시간과 수고
惨めだ	비참하다	惨めな人生を生きている 비참한 인생을 살고 있다
有望だ	유망하다	将来有望な若者 장래유망한 젊은이
冷静だ '12	냉정하다	どんな時でも冷静に考える 어떤 때라도 냉정하게 생각하다
わがままだ	제멋대로다	わがままな子供を叱る 제멋대로인 아이를 꾸짖다

📋 **확인 문제** 괄호에 들어갈 알맞은 것을 고르세요.

01 一人でご飯を食べる時は（　　）すぎるところには行かない。 ⓐ やかまし ⓑ かしこ

02 試合に勝てなかったことが（　　）涙が出た。 ⓐ 鋭くて ⓑ 悔しくて

03 交通事故に遭って、彼は今命が（　　）状態です。 ⓐ 危うい ⓑ 険しい

04 今それを買うのはちょっとお金が（　　）と思いますが。 ⓐ はなはだしい ⓑ もったいない

정답: 01 ⓐ 02 ⓑ 03 ⓐ 04 ⓑ

■ 문맥규정에 자주 출제되는 부사 🔊 문제4 문맥규정_핵심표현 및 필수어휘05.mp3

※ '00는 기출연도입니다.

あいにく'13	공교롭게도	あいにく仕事がある 공교롭게도 일이 있다
予め'14	미리	予め予約が必要だ 미리 예약이 필요하다
一気に'14	단숨에	10キロを一気に走る 10킬로를 단숨에 달리다
うっかり	깜빡	うっかり伝え忘れる 깜빡 전달하는 것을 잊다
うっすら	희미하게	うっすらとしか聞こえない 희미하게밖에 들리지 않다
うとうと'14	꾸벅꾸벅	勉強中にうとうとする 공부 중에 꾸벅꾸벅 졸다
がらがら'11	텅텅	座席ががらがらだった 좌석이 텅텅 비어있었다
ぎりぎり'17	아슬아슬	大学にぎりぎり落ちる 대학에 아슬아슬하게 떨어지다
ぐったり'16	축 늘어짐	疲れでぐったりする 피로로 축 늘어지다
くよくよ	끙끙	一人でくよくよ悩まないで 혼자서 끙끙 고민하지 마
ぐらぐら	흔들흔들	歯がぐらぐらする 이가 흔들흔들하다
ごちゃごちゃ'19	엉망진창	家の中がごちゃごちゃしている 집안이 엉망진창이다
こつこつ'14	꾸준히	こつこつ努力する 꾸준히 노력하다
さっぱり'11	담백하게	さっぱりした料理 담백한 요리
しっかり	확실히	しっかりと確認する 확실히 확인하다
しっとり	촉촉히	しっとりしたマフィン 촉촉한 머핀
徐々に'10	서서히	徐々に連絡がなくなる 서서히 연락이 없어지다
すっかり	완전히	すっかり忘れていた 완전히 잊고 있었다
すっきり'13	후련히	泣いてすっきりする 울고 후련해지다
たっぷり'15	듬뿍	生クリームたっぷりのケーキ 생크림이 듬뿍인 케이크

※ '00는 기출연도입니다.

着々と ちゃくちゃく '12'18	착착	着々と工事が進む 착착 공사가 진행되다
にっこり '18	방긋	赤ちゃんがにっこり笑う 아기가 방긋 웃다
のびのび	쭉쭉	のびのびと育つ 쭉쭉 자라나다
のんびり '10'16	느긋하게, 태평하게	のんびりコーヒーを飲む 느긋하게 커피를 마시다
はっきり	확실히	はっきり断る 확실히 거절하다
ぴかぴか	반짝반짝	床をぴかぴかにする 마루를 반짝반짝하게 하다
ひそひそ '17	소곤소곤	ひそひそ話をする 소곤소곤 이야기를 하다
びっしょり '15	흠뻑	汗でびっしょりになってしまう 땀으로 흠뻑 젖어 버리다
ぶらぶら '11	어슬렁어슬렁	駅の周辺でぶらぶらする 역 주변에서 어슬렁거리다
ふんわり	폭신폭신	ふんわりした食パン 폭신폭신한 식빵
ほかほか	따끈따끈	ほかほかのご飯 따끈따끈한 밥
ぼんやり '11	멍하니	ぼんやりして元気がない 멍하니 기운이 없다
ますます	점점	人がますます増える 사람이 점점 늘다
めっきり	부쩍	めっきり時間が持てなくなる 부쩍 시간을 가질 수 없게 되다
割と わり '11	비교적	割とたくさん入るかばん 비교적 많이 들어가는 가방

📋 확인 문제 괄호에 들어갈 알맞은 것을 고르세요.

01 引き出しの中が物で (　　) だった。
ⓐ ごちゃごちゃ　　ⓑ くよくよ

02 泣いて (　　) したかったが、泣くことができなかった。
ⓐ はっきり　　ⓑ すっきり

03 最近、駅の周辺で (　　) している怪しい人がいる。
ⓐ ぶらぶら　　ⓑ がらがら

04 多少時間がかかっても (　　) と確認した方がいい。
ⓐ めっきり　　ⓑ しっかり

정답: 01 ⓐ 02 ⓑ 03 ⓐ 04 ⓑ

괄호에 들어갈 가장 알맞은 것을 고르세요.

01 （　　　）がいかない成績^{せいせき}だった。

① 納得　　　　② 覚悟　　　　③ 損得　　　　④ 反抗

02 体力^{たいりょく}が（　　　）てきています。

① 抱え　　　　② 散らかし　　　③ 衰え　　　　④ 蓄え

03 病気^{びょうき}を（　　　）に運動^{うんどう}している。

① 機会　　　　② 原因　　　　③ 契機　　　　④ 根拠

04 （　　　）したい時^{とき}によく聞^きくピアノ曲^{きょく}がある。

① ショック　　② デリケート　③ リラックス　④ ベーシック

05 競技^{きょうぎ}を（　　　）する。

① 発案　　　　② 続出　　　　③ 発刊　　　　④ 続行

06 （　　　）状態^{じょうたい}ですので、気^きをつけてください。

① 順調な　　　② 平気な　　　③ 不安定な　　④ 安全な

07 新^{あたら}しい武器^{ぶき}を（　　　）することにした。

① 導入　　　　② 指導　　　　③ 介入　　　　④ 潜入

08 逃^にげたいという感情^{かんじょう}にまで（　　　）しまいました。

① 過ごして　　② 行き着いて　③ 支えて　　　④ 膨らんで

09 （　　　）したせいで茶碗^{ちゃわん}を割^わった。

① 油断　　　　② 辞退　　　　③ 確保　　　　④ 贅沢

10 （　　　）笑顔^{えがお}で挨拶^{あいさつ}する。

① にっこり　　② ぐったり　　③ ぴったり　　④ ぐっすり

11 経済的（　　　）が大きい。

① レシート　　　　② ケース　　　　③ シンプル　　　　④ ダメージ

12 内科（　　　）を行います。

① 検診　　　　② 調査　　　　③ 点検　　　　④ 復習

13 生命が（　　　）かもしれません。

① 険しい　　　　② 激しい　　　　③ 鋭い　　　　④ 危うい

14 話は（　　　）伝えた。

① しっかり　　　　② しっとり　　　　③ ふんわり　　　　④ ばっさり

15 体質は（　　　）できる。

① 改革　　　　② 変更　　　　③ 改善　　　　④ 更新

16 人の話によく（　　　）くる人がいる。

① 割り込んで　　　　② 落ち込んで　　　　③ 振り込んで　　　　④ ずれ込んで

17 家事と育児を（　　　）する。

① 指摘　　　　② 分担　　　　③ 持続　　　　④ 退場

18 地震で建物が（　　　）している。

① ばらばら　　　　② ぐらぐら　　　　③ がらがら　　　　④ いらいら

19 国内で（　　　）している外国人選手がいる。

① 確認　　　　② 中堅　　　　③ 普及　　　　④ 活躍

20 指輪が（　　　）落ちそうだ。

① 辛くて　　　　② 緩くて　　　　③ 鋭くて　　　　④ 鈍くて

정답 해설집 p.10

問題4 （　　　）に入れるのに最もよいものを、1・2・3・4から一つ選びなさい。

16 まだ間違いがあると木村さんが強く（　　　）ので、最後にもう一度確認してみたら確かに間違いがあった。

1 問い直す　　　2 言い張る　　　3 後押しする　　　4 勧める

17 初めて家具を組み立ててみたが、説明書の（　　　）に従って順番どおりに組み立てたら思っていたより簡単だった。

1 提示　　　2 提供　　　3 指摘　　　4 指示

18 子供が生まれてからは毎日がとても忙しく、（　　　）自分の時間が持てなくなってしまった。

1 めっきり　　　2 はっきり　　　3 ばったり　　　4 すっきり

19 今年の新入社員には将来（　　　）な若者が多く、今後が楽しみだ。

1 確実　　　2 有効　　　3 安全　　　4 有望

20 スタッフみんなが時間をかけて準備してきたおかげで、イベントは（　　　）に進んでいる。

1 トータル　　　2 フォーマル　　　3 スムーズ　　　4 ダイレクト

21 インドネシアでの新店オープンの際に、（　　　）パーティーが開かれた。

1 割高な　　　2 盛大な　　　3 大幅な　　　4 大まかな

22 時間がたって（　　　）固くなってしまったピザほどまずいものはないと思う。

1 さまして　　　2 ひやして　　　3 さめて　　　4 ちぢんで

問題4 （　　　）に入れるのに最もよいものを、1・2・3・4から一つ選びなさい。

16　こちらの商品は、ふたを開ける際に中身が（　　　）おそれがあるので注意してください。
1　落とす　　　　　2　こぼれる　　　　3　出す　　　　4　消える

17　今日のお昼休みに銀行に行って、来月の授業料を（　　　）くるつもりです。
1　送り込んで　　　2　入れ込んで　　　3　申し込んで　　　4　払い込んで

18　会場が混雑（こんざつ）してきたので、お客様に間をあけず（　　　）お座りいただくようにお願いした。
1　詰めて　　　　　2　押して　　　　　3　寄り添（そ）って　　　4　近づいて

19　あまり遅刻が多いと（　　　）人だと思われて信用を失いますよ。
1　だらしない　　　2　面倒な　　　　　3　しつこい　　　4　あわただしい

20　山へキャンプに行くと、（　　　）音や光がほとんどなくなるのでとてもリラックスした気分になれる。
1　人工的な　　　　2　人造的な　　　　3　災害的な　　　4　公害（こうがい）的な

21　部長から山中（やまなか）さんへの伝言を、（　　　）していて伝え忘れてしまった。
1　すっかり　　　　2　さっぱり　　　　3　うっかり　　　4　きっぱり

22　まずは商品の（　　　）を作ってからお客様に説明するのがいいだろう。
1　タイミング　　　2　クレーム　　　　3　コンプレックス　　4　サンプル

정답 해설집 p.14

問題4　（　　　）に入れるのに最もよいものを、1・2・3・4から一つ選びなさい。

16　最近、全国のスキー場で脚を怪我する人が（　　　）している。

1　参観　　　　　2　失望　　　　　3　指摘　　　　　4　続出

17　楽しみにしていた映画なのに、夜遅かったので（　　　）しながら見た。

1　うとうと　　　2　ぎりぎり　　　3　ぴったり　　　4　ごちゃごちゃ

18　このドラマは世界中で評判になった人気作で（　　　）が7以上続いた。

1　パターン　　　2　ルール　　　　3　イメージ　　　4　シーズン

19　プロポーズをされたが、まだ結婚する（　　　）がつかない。

1　思考　　　　　2　専念　　　　　3　覚悟　　　　　4　油断

20　ボールペンで括弧の中に（　　　）語句または数字を入れなさい。

1　惨めな　　　　2　適当な　　　　3　有望な　　　　4　活発な

21　玉突き事故で車が（　　　）になった現場に警察が来た。

1　ばらばら　　　2　きらきら　　　3　すらすら　　　4　ぺらぺら

22　食生活が肉食に（　　　）いたので、野菜中心のお弁当を作って食べている。

1　潜って　　　　2　預けて　　　　3　面して　　　　4　偏って

정답 해설집 p.15

問題4 （　　　　）に入れるのに最もよいものを、1・2・3・4から一つ選びなさい。

16 あの格闘技選手は強いイメージがあるけど、普段は（　　　　）タイプの人だ。

1 温厚な　　　　2 適度な　　　　3 順調な　　　　4 的確な

17 中世と近世の封建制度は明確に（　　　　）されている。

1 提示　　　　2 区分　　　　3 引用　　　　4 反映

18 彼は温度の変化に（　　　　）反応して頭痛を起こしたりする。

1 冷静に　　　　2 円満に　　　　3 敏感に　　　　4 濃厚に

19 昨日降り出した大雨できれいだった川が（　　　　）しまった。

1 錆びて　　　　2 濁って　　　　3 枯れて　　　　4 上がって

20 植えたばかりなのに、ラベンダーの（　　　　）が黒くなってしまった。

1 土地　　　　2 根元　　　　3 土台　　　　4 屋根

21 誕生日に（　　　　）したケーキが食べたくて直接作ってみた。

1 しっかり　　　　2 のんびり　　　　3 ぼんやり　　　　4 ふんわり

22 自分の（　　　　）を生かせる仕事に就きたいと思って転職を決めた。

1 傷み　　　　2 強み　　　　3 緩み　　　　4 高み

정답 해설집 p.16

문제 **5** 유의 표현

유의 표현은 밑줄 친 단어나 구와 의미적으로 가까운 표현을 고르는 문제로, 총 5문항이 출제된다. 주로 단어가 출제되며, 명사, 동사, 형용사, 부사의 유의 표현을 고르는 문제가 골고루 출제된다.

핵심 전략

1 밑줄 친 부분이 단어인 경우, 동의어나 비슷한 의미의 선택지를 정답으로 고른다.

예 恐ろしい経験 무서운 경험

① 怖い 무서운 (○)　　② 楽しい 재미있는 (✕)

2 밑줄 친 부분이 구인 경우, 밑줄 친 부분과 교체하여도 문장의 의미가 바뀌지 않는 선택지를 정답으로 고른다.

예 毎日通勤している 매일 통근하고 있다

① 仕事に行っている 일하러 가고 있다 (○)　　② 勉強に行っている 공부하러 가고 있다 (✕)

3 오답 선택지는 주로 밑줄 부분에 대입해도 문장의 의미가 어색하지 않은 내용으로 구성하므로, 선택지를 밑줄 친 부분에 대입하지 말고, 밑줄 친 부분과 의미가 같거나 비슷한 선택지를 정답으로 골라야 한다.

예 やっかいな仕事を頼まれた。성가신 일을 부탁받았다.

① 面倒な 귀찮은 (○)　　② 専門的な 전문적인 (✕)　　③ 楽な 쉬운 (✕)

4 시험에 자주 출제되는 단어를 동의어 또는 비슷한 의미의 구와 함께 학습해둔다.

🔵 문제 풀이 Step

Step 1 **밑줄 친 단어나 구를 읽고 의미를 파악한다.**

문장의 밑줄 친 부분을 읽고 그 의미를 파악한다. 이때 문장 전체를 읽고 해석하지 않아도 된다.

Step 2 **선택지를 읽고 밑줄 친 부분과 의미가 같거나 비슷한 선택지를 정답으로 고른다.**

선택지를 읽으며 밑줄 친 부분과 의미가 같거나 가장 비슷한 선택지를 정답으로 고른다. 밑줄 친 부분과 동일한 의미의 선택지가 없어 정답 선택이 어려우면 문장을 읽고 밑줄 친 부분과 교체하여도 문장의 의미가 바뀌지 않는 선택지를 정답으로 고른다.

🔵 문제 풀이 Step 적용

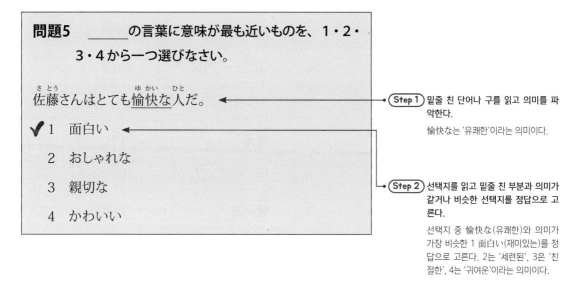

問題5 _____の言葉に意味が最も近いものを、1・2・3・4から一つ選びなさい。

佐藤さんはとても愉快な人だ。 ◀

✓1 面白い ◀

2 おしゃれな

3 親切な

4 かわいい

Step 1 밑줄 친 단어나 구를 읽고 의미를 파악한다.

愉快な는 '유쾌한'이라는 의미이다.

Step 2 선택지를 읽고 밑줄 친 부분과 의미가 같거나 비슷한 선택지를 정답으로 고른다.

선택지 중 愉快な(유쾌한)와 의미가 가장 비슷한 1 面白い(재미있는)를 정답으로 고른다. 2는 '세련된', 3은 '친절한', 4는 '귀여운'이라는 의미이다.

문제5 _____의 말에 의미가 가장 가까운 것을, 1・2・3・4에서 하나 고르세요.

사토 씨는 매우 유쾌한 사람이다.

1 재미있는   2 세련된

3 친절한   4 귀여운

어휘 とても 📘 매우, 몹시 愉快だ ゆかいだ [な형] 유쾌하다 面白い おもしろい [い형] 재미있다 おしゃれだ [な형] 세련되다

親切だ しんせつだ [な형] 친절하다 かわいい [い형] 귀엽다

핵심 표현 및 필수 어휘

■ 유의 표현에 자주 출제되는 명사 🔊 문제5 유의표현_핵심표현 및 필수어휘01.mp3

※ '00는 기출연도입니다.

あいさつ	인사	≒	会釈	가벼운 인사
誤り'17	잘못, 실수	≒	間違っているところ'17	잘못된 부분
言いつけ	지시, 명령	≒	命令	명령
息抜き'16	한숨 돌림	≒	休み'16	휴식
以前'15	이전	≒	かつて'15	일찍이, 예전에
改装	개장	≒	リニューアル	리뉴얼
借り'10	빌림	≒	レンタル'10	렌털, 임대
記憶'17	기억	≒	覚え'17	기억
訓練	훈련	≒	トレーニング	트레이닝
見解'10	견해	≒	考え方'10	사고방식
効果	효과	≒	インパクト	임팩트
差し支え	지장, 지장 있는 일	≒	問題	문제
雑談'10	잡담	≒	おしゃべり'10	수다
仕上げ'12	마무리, 완성	≒	完成'12	완성
仕組み	짜임새, 구조	≒	構造	구조
試験	시험	≒	テスト	테스트
システム	시스템	≒	制度	제도
焦点	초점	≒	フォーカス	포커스
所有'15	소유	≒	持ち'15	가짐
資料	자료	≒	データ	데이터

※ '00는 기출연도입니다.

揃い '13	갖추어짐, 모임	≒	集まり '13	모임
テーマ	테마	≒	主題	주제
テクニック '18	테크닉, 기술	≒	技術 '18	기술
テンポ '15	템포	≒	速さ '15	속도, 빠르기
独身	독신	≒	シングル	싱글
日中 '12	주간, 낮	≒	昼間 '12	주간, 낮
ブーム '11	붐, 유행	≒	流行 '11	유행
不平 '17	불평	≒	文句 '17	불평, 불만
プラン '13	플랜, 계획	≒	計画 '13	계획
間際 '14	직전	≒	直前 '14	직전
ユニフォーム	유니폼	≒	制服	제복
リサイクル	리사이클, 재활용	≒	再利用	재이용
レギュラー	레귤러, 정규	≒	一軍	1군
レベルアップ	레벨업	≒	上達	숙달

📋 **확인 문제** 주어진 단어와 의미가 가까운 것을 고르세요.

01 記憶 　ⓐ 覚え 　ⓑ 借り 　　05 日中 　ⓐ 昼間 　ⓑ 以前

02 リニューアル 　ⓐ 改装 　ⓑ 構造 　　06 見解 　ⓐ 雑談 　ⓑ 考え方

03 システム 　ⓐ 主題 　ⓑ 制度 　　07 インパクト 　ⓐ 効果 　ⓑ 文句

04 ブーム 　ⓐ 効果 　ⓑ 流行 　　08 間際 　ⓐ 直前 　ⓑ 昼間

정답: 01 ⓐ 02 ⓐ 03 ⓑ 04 ⓑ 05 ⓐ 06 ⓑ 07 ⓐ 08 ⓐ

문제5 유의표현_핵심표현 및 필수어휘02.mp3

유의 표현에 자주 출제되는 동사 🔊 문제5 유의표현_핵심표현 및 필수어휘02.mp3

※ '00는 기출연도입니다.

あなどる	얕보다, 깔보다	≒	軽視する	경시하다
慌てる '18	허둥지둥하다	≒	じたばたする '18	허둥지둥하다
生かす	살리다, 활용하다	≒	活用する	활용하다
うつむく '11 '18	고개를 숙이다	≒	下を向く '11 '18	아래를 향하다
敬う	공경하다	≒	大切にあつかう	소중히 대하다
遠慮する	삼가다, 지양하다	≒	やめる	그만하다, 관두다
補う	보충하다, 보상하다	≒	カバーする	커버하다
抑える	억누르다	≒	我慢する	참다
落ち込む '19	침울해지다, 떨어지다	≒	がっかりする '19	낙담하다, 실망하다
回復する '11	회복하다	≒	よくなる '11	좋아지다
くみ取る	헤아리다	≒	理解する	이해하다
くるむ	감싸다	≒	つつむ	감싸다
削る	줄이다, 삭감하다	≒	減らす	줄이다
異なる '14	다르다	≒	違う '14	다르다
怖がる '17	무서워하다	≒	臆病になる '17	겁이 많게 되다
定める '19	정하다, 결정하다	≒	決める '19	결정하다
収納する '15	수납하다	≒	仕舞う '15	정리하다, 치우다
済ます '13	끝내다, 마치다	≒	終える '13	끝내다
揃える '14	(사이즈를) 맞추다	≒	同じにする '14	같게 하다
縮む '11	줄어들다, 작아지다	≒	小さくなる '11	작아지다

※ '00는 기출연도입니다.

追加する'12	추가하다	≒	足す'12	더하다
同情する'19	동정하다	≒	かわいそうだと思う'19	불쌍하다고 생각하다
張り切る	힘을 내다	≒	やる気を出す	의욕을 내다
引き返す'19	되돌아가다	≒	戻る'19	되돌아가다
ひどく疲れる'11	몹시 지치다	≒	くたくただ'11	녹초가 되다
ぶつかる'16	부딪히다	≒	衝突する'16	충돌하다
ぶつける'18	맞추다, 던져 맞추다	≒	当てる'18	맞추다
見下ろす	굽어보다	≒	見渡す	둘러보다
むかつく'17	화가 치밀다, 울컥하다	≒	怒る'17	화나다
譲る'17	물려주다, 양보하다	≒	あげる'17	주다
許す	용서하다, 허락하다	≒	勘弁する	용서하다
用心する'14'18	조심하다	≒	注意する'14 / 気をつける'18	주의하다 / 조심하다, 정신 차리다
笑う	웃다	≒	微笑む	미소 짓다

📑 확인 문제 주어진 단어와 의미가 가까운 것을 고르세요.

01	慌てる	ⓐ じたばたする	ⓑ がっかりする		05	抑える	ⓐ 我慢する	ⓑ 衝突する
02	許す	ⓐ 理解する	ⓑ 勘弁する		06	引き返す	ⓐ 足す	ⓑ 戻る
03	異なる	ⓐ 違う	ⓑ うつむく		07	定める	ⓐ 決める	ⓑ 済ます
04	揃える	ⓐ 同じにする	ⓑ 小さくなる		08	おぎなう	ⓐ 当てる	ⓑ カバーする

정답: 01 ⓐ 02 ⓑ 03 ⓐ 04 ⓐ 05 ⓐ 06 ⓑ 07 ⓐ 08 ⓑ

※ '00는 기출연도입니다.

浅_{あさ}い	얕다, 정도가 낮다	≒	不十分_{ふじゅうぶん}だ	불충분하다
厚_{あつ}かましい	염치없다	≒	ずうずうしい	뻔뻔스럽다
思_{おも}いがけない'13	의외다, 뜻밖이다	≒	意外_{いがい}だ'13	의외다
賢_{かしこ}い'10	똑똑하다, 현명하다			
優秀_{ゆうしゅう}だ'11	우수하다	≒	頭_{あたま}がいい'10'11'18	머리가 좋다
利口_{りこう}だ'18	영리하다, 똑똑하다			
くどい'18	끈덕지다	≒	しつこい'18	끈질기다, 집요하다
細_{こま}かい	자세하다, 세심하다	≒	いちいち	하나하나, 일일이
騒々_{そうぞう}しい'14	시끄럽다	≒	うるさい'14	시끄럽다, 떠들썩하다
そそっかしい	경솔하다	≒	注意_{ちゅうい}が足_たりない	주의가 부족하다
正_{ただ}しくない'12	옳지 않은	≒	過_{あやま}ちの'12	잘못된
乏_{とぼ}しい	부족하다	≒	不足_{ふそく}している	부족하다
相応_{ふさわ}しい	어울리다	≒	適切_{てきせつ}だ	적절하다
やかましい	떠들썩하다	≒	うるさい	시끄럽다
あいまいだ'13	애매하다	≒	はっきりしない'13	분명하지 않다
明_{あき}らかだ'14	명백하다, 확실하다	≒	明確_{めいかく}だ はっきりした'14	명확하다 확실한
大_{おお}げさだ'10	과장되다	≒	オーバーだ'10	오버다, 과장되다
かわいそうだ'18	불쌍하다	≒	哀_{あわ}れだ'18	불쌍하다, 가엾다
静_{しず}かだ	조용하다	≒	ひっそりする	쥐 죽은 듯 하다

※ '00는 기출연도입니다.

大変<ruby>たいへん</ruby>だ'19	힘들다	≒	きつい	고되다
			ハードだ'19	고되다
妥当<ruby>だとう</ruby>だ	타당하다	≒	状況<ruby>じょうきょう</ruby>に合<ruby>あ</ruby>う	상황에 맞다
でたらめだ	엉터리다	≒	本当<ruby>ほんとう</ruby>ではない	사실이 아니다
独特<ruby>どくとく</ruby>だ	독특하다	≒	ユニークだ	유니크 하다
にこやかだ	생글거리다, 상냥하다	≒	笑顔<ruby>えがお</ruby>だ	웃는 얼굴이다
卑怯<ruby>ひきょう</ruby>だ'16	비겁하다	≒	ずるい'16	치사하다, 교활하다
ぶかぶかだ'10	헐렁헐렁하다	≒	とても大<ruby>おお</ruby>きい'10	무척 크다
変<ruby>へん</ruby>だ'12'15	이상하다	≒	奇妙<ruby>きみょう</ruby>だ'12	기묘하다
			妙<ruby>みょう</ruby>だ'15	묘하다, 이상하다
稀<ruby>まれ</ruby>だ'17	드물다	≒	ほとんどない'17	거의 없다, 드물다
見事<ruby>みごと</ruby>だ	훌륭하다	≒	すばらしい	훌륭하다
厄介<ruby>やっかい</ruby>だ	성가시다	≒	面倒<ruby>めんどう</ruby>だ	귀찮다
愉快<ruby>ゆかい</ruby>だ'16	유쾌하다	≒	面白<ruby>おもしろ</ruby>い'16	재미있다
わがままだ'10'17	제멋대로다	≒	自分勝手<ruby>じぶんかって</ruby>だ'10	제멋대로다
			勝手<ruby>かって</ruby>だ'17	제멋대로다

📋 **확인 문제** 주어진 단어와 의미가 가까운 것을 고르세요.

01 浅い   ⓐ 厄介だ   ⓑ 不十分だ   **05** ずるい   ⓐ きみょうだ   ⓑ ひきょうだ

02 ぶかぶかだ   ⓐ 勝手だ   ⓑ とても大きい   **06** 独特だ   ⓐ ユニークだ   ⓑ オーバーだ

03 意外だ   ⓐ 正しくない   ⓑ 思いがけない   **07** 稀だ   ⓐ くどい   ⓑ ほとんどない

04 頭がいい   ⓐ 優秀だ   ⓑ 細かい   **08** はっきりしない   ⓐ あいまいだ   ⓑ 大げさだ

정답: 01 ⓑ 02 ⓑ 03 ⓑ 04 ⓐ 05 ⓑ 06 ⓐ 07 ⓑ 08 ⓐ

유의 표현에 자주 출제되는 부사 🔊 문제5 유의표현_핵심표현 및 필수어휘04.mp3

※ '00는 기출연도입니다.

相変わらず'13	변함없이	≒	依然として'13	여전히
			前と同じで	전과 같이
あいにく	공교롭게도	≒	残念ながら	유감스럽게도
あたかも	마치, 꼭	≒	まるで	마치, 꼭
いきなり'11	갑자기	≒	突然'11	돌연, 갑자기
一生懸命'13'19	열심히, 목숨 걸고	≒	必死に'13	필사적으로
			精一杯'19	힘껏
いっせいに	일제히	≒	どっと	한꺼번에
一層'19	한 층	≒	もっと'19	더욱
いつも'16	항상	≒	常に'16	늘, 항상
			しょっちゅう	언제나, 늘
			年中	연중
おそらく'15	아마도	≒	たぶん'15	아마도
きわめて	극히	≒	非常に	몹시
強いて	억지로	≒	無理やりに	무리하게
じかに'16	직접	≒	直接'16	직접
徐々に	서서히	≒	次第に	서서히, 차츰
すぐに'14	곧, 바로	≒	たちまち'14	금세
少し'11'15	조금	≒	わずかに'11	약간
			やや'15	약간
せいぜい	가능한 한, 힘껏	≒	精一杯	힘껏, 최대한

※ '00는 기출연도입니다.

そう とう 相当 '12	상당히	≒	かなり '12	상당히, 꽤
ぞくぞく 続々と	속속	≒	あい つ 相次いで	잇따라
だい たい 大体 '11 '13	대체로, 대강	≒	ほぼ '11 およそ '13	거의, 대체로 대략, 약
ただ 直ちに '12	곧장, 즉시	≒	す 直ぐに '12	곧, 바로
たびたび '10 '16	여러 번, 자주	≒	なん ど 何度も '10 '16	몇 번이나
たまたま '14	때마침, 우연히, 가끔	≒	ぐう ぜん 偶然 '14	우연히
ちかぢか 近々	머지않아	≒	もうすぐ	이제 곧
とう ぶん 当分 '18	당분간	≒	しばらく '18	잠시
とっくに '17	훨씬 이전에	≒	まえ ずっと前に '17	훨씬 전에
とりあえず '10	우선, 일단	≒	いち おう 一応 '10	일단, 우선
のろのろ	느릿느릿	≒	ゆっくり	천천히
はっきり	확실히	≒	きっぱり	딱 잘라
みずか 自ら '13	<u>스스로</u>	≒	じ ぶん 自分で '13	<u>스스로</u>
やたらに	함부로, 멋대로, 마구	≒	なに かんが 何も考えず	아무것도 생각하지 않고

📑 **확인 문제** 주어진 단어와 의미가 가까운 것을 고르세요.

01 突然	ⓐ じかに	ⓑ いきなり		**05** わずかに	ⓐ 少し	ⓑ はっきり
02 相当	ⓐ かなり	ⓑ たぶん		**06** せいぜい	ⓐ ほぼ	ⓑ 精一杯
03 強いて	ⓐ 非常に	ⓑ 無理やりに		**07** 大体	ⓐ しばらく	ⓑ およそ
04 一層	ⓐ すぐに	ⓑ もっと		**08** おそらく	ⓐ たぶん	ⓑ みずから

정답: 01 ⓑ 02 ⓐ 03 ⓑ 04 ⓑ 05 ⓐ 06 ⓑ 07 ⓑ 08 ⓐ

유의 표현에 자주 출제되는 구 🔊 문제5 유의표현_핵심표현 및 필수어휘05.mp3

あまり話さない'15	그다지 말하지 않는다	≒	無口だ'15	말이 없다
お勘定は済ませました'14	계산은 마쳤습니다	≒	お金は払いました'14	돈은 지불했습니다
かかりつけの'19	(병원·의사에 대해) 단골의, 단골인	≒	いつも行く'19	항상 가는
かさかさしている'12	꺼칠꺼칠하다	≒	乾燥している'12	건조하다
過剰である'17	과잉이다	≒	多すぎる'17	너무 많다
体が小さい'15	체격이 작다	≒	小柄だ'15	몸집이 작다
考えられる限りの	생각할 수 있는 한	≒	あらゆる	온갖, 모든
関心が薄い	관심이 옅다	≒	関心が少ない	관심이 적다
関心を持つ'16	관심을 갖다	≒	注目する'16	주목하다
ささやくような'15	속삭이는 듯한	≒	小声で歌うような'15	작은 소리로 노래 부르는 듯한
ざっと見る	대략 보다	≒	目を通す	훑어 보다
じっとする'12	가만히 있다	≒	動かない'12	움직이지 않는다
品揃えがよい	상품이 잘 구비되어 있다	≒	物の種類がたくさんある	물건의 종류가 많이 있다
湿っている'12	젖어 있다	≒	まだ乾いていない'12	아직 마르지 않았다
十分注意する'11	충분히 주의하다	≒	慎重だ'11	신중하다
優れている	우수하다	≒	他と比べていい	다른 것과 비교해 좋다
すっかり変わる'18	완전히 바뀌다	≒	一転する'18	완전히 바뀌다
全部買う'14	전부 사다	≒	買い占める'14	매점하다

そわそわする	안절부절 못하다	≒	落ちつかない	진정이 되지 않는다
ただの	그냥	≒	普通の	보통의
ついている '16	(운이) 따르다	≒	運がよい '16	운이 좋다
照らし合わせる	대조하다	≒	比較する	비교하다
不安になる '19	불안해지다	≒	動揺する '19	동요하다
物騒になる '19	위험해지다, 뒤숭숭해지다	≒	安全ではない '19	안전하지 않다
プラスになる	플러스가 되다	≒	役に立つ	도움이 되다
ボリュームがある	볼륨이 있다	≒	量が多い	양이 많다
役目を果たす	직무를 다하다	≒	仕事を終える	일을 끝내다
安くゆずる '10	싸게 넘기다	≒	安く売る '10	싸게 팔다
山のふもと '13	산기슭	≒	山の下の方 '13	산의 아래쪽
やむを得ない '16	부득이하다	≒	仕方ない '16	하는 수 없다
夢が膨らむ	꿈이 부풀다	≒	夢が大きくなる	꿈이 커지다
予想していない	예상하지 않았던	≒	思いがけない	생각지 못한

※ '00는 기출연도입니다.

확인 문제 주어진 구와 의미가 가까운 것을 고르세요.

01 プラスになる　ⓐ 役に立つ　ⓑ 運がよい
02 かかりつけの　ⓐ ただの　ⓑ いつも行く
03 過剰である　ⓐ 多すぎる　ⓑ 不安になる
04 物騒になる　ⓐ 夢が膨らむ　ⓑ 安全ではない

정답: 01 ⓐ 02 ⓑ 03 ⓐ 04 ⓑ

실력 다지기

주어진 단어나 구와 의미가 가장 가까운 것을 고르세요.

01 ブーム
① 緊張 　　　② 効果 　　　③ 流行 　　　④ 好調

02 照らし合わせる
① 分析する 　　② 比較する 　　③ 測定する 　　④ 検査する

03 あいまいだ
① すっきりしない 　② はっきりしない 　③ 器用だ 　　④ 慎重だ

04 やむを得ない
① もったいない 　② だらしない 　③ ものたりない 　④ しかたない

05 定める
① 改める 　　② やめる 　　③ 決める 　　④ せめる

06 うつむく
① 上を向く 　　② 前を見る 　　③ 下を向く 　　④ 後ろを見る

07 用心する
① 準備する 　　② 楽しむ 　　③ 頑張る 　　④ 気をつける

08 ついている
① 気が利く 　　② 運がよい 　　③ 役に立つ 　　④ しつこい

09 仕組み
① 構造 　　　② 障害 　　　③ 施設 　　　④ 順序

10 せいいっぱい
① ぼんやり 　　② 一生懸命 　　③ 依然として 　　④ ばっちり

11 落ち込む

① びっくりする　　② 心配する　　③ がっかりする　　④ 同情する

12 物騒になる

① 安全ではなくなる　　　　② きれいじゃなくなる

③ うるさくなる　　　　　　④ さびしくなる

13 くどい

① かたい　　② しつこい　　③ はげしい　　④ つまらない

14 いっせいに

① つい　　② ゆったり　　③ どっと　　④ ふと

15 テクニック

① 情報　　② 個性　　③ 技術　　④ 知識

16 湿っている

① まだ乾燥していない　　　② 沈んでいる

③ まだ起きていない　　　　④ 落ちている

17 利口だ

① 朗らかだ　　② 勇ましい　　③ 新ただ　　④ 頭がよい

18 あなどる

① 補う　　② 尊敬する　　③ 見習う　　④ 軽視する

19 およそ

① さらに　　② だいぶ　　③ だいたい　　④ ともに

20 前と同じで

① スムーズに　　② 相変わらず　　③ しょっちゅう　　④ 直ちに

정답 해설집 p.17

問題5 _____の言葉に意味が最も近いものを、1・2・3・4から一つ選びなさい。

23 あの二人が結婚だなんてでたらめだよ。

1 本当の話ではない 2 信じられない

3 おめでたい話だ 4 気に入らない

24 最近、祖父の背が縮んできた気がする。

1 丸くなって 2 のびて 3 低くなって 4 高くなって

25 今おしゃべりをしている暇はない。

1 仕事 2 読書 3 雑談 4 討論

26 その仕事ならとっくに終わっています。

1 いつのまにか 2 ほとんど 3 さっき 4 ずっと前に

27 あの歌手はささやくような歌い方が特徴だ。

1 大声で歌うような 2 小声で歌うような

3 寝ているような 4 笑っているような

정답 해설집 p.18

問題5 ＿＿＿の言葉に意味が最も近いものを、1・2・3・4から一つ選びなさい。

23 とりあえずホテルを予約した。

1 すぐに 　　　　 2 思い切って 　　　 3 一応 　　　　 4 結局

24 厚かましいお願いで申し訳ないです。

1 ずうずうしい 　 2 面倒な 　　　　 3 わがままな 　 4 無理な
　　　　　　　　　　 めんどう

25 山本さんはそそっかしい人だ。
　　 やまもと

1 ユーモアが足りない 　　　　　　 2 勇気が足りない

3 自信が足りない 　　　　　　　　 4 注意が足りない

26 睡眠時間をけずって一生懸命勉強した。
　　 すいみん

1 無視して 　　　　 2 調査して 　　　 3 長くして 　　　 4 減らして

27 彼はドラムで見事な演奏をした。

1 妙な 　　　　　 2 生き生きした 　 3 すばらしい 　 4 めずらしい

정답 해설집 p.18

問題5 ＿＿＿＿の言葉に意味が最も近いものを、1・2・3・4から一つ選びなさい。

23 姉はいつもきちんと<u>プラン</u>を立てる。

1 目標 2 計画 3 戦略 4 仮説

24 店内にはおしゃれな家具が<u>揃って</u>いた。

1 集まって 2 並んで 3 売られて 4 飾られて

25 犬が<u>そわそわしている</u>気がする。

1 くたびれている 2 悲しんでいる
3 調子がいい 4 落ちつきがない

26 教授は資料を<u>ざっと見て</u>机においた。

1 ながめて 2 指して 3 目を通して 4 にらんで

27 近所にカラオケがあって毎晩<u>騒々しい</u>。

1 うるさい 2 たのしい 3 あかるい 4 はではでしい

問題5 _____の言葉に意味が最も近いものを、1・2・3・4から一つ選びなさい。

23 上司の命令に逆らうことはできない。

   1　批判　　　　　　2　言いつけ　　　　3　方針　　　　　　4　指導

24 誰も明確な結論を言えなかった。

   1　あたらしい　　　2　あいまいな　　　3　こまかい　　　　4　あきらかな

25 やたらにお金を使ってしまった。

   1　つねに　　　　　2　何も考えず　　　3　急に　　　　　　4　直接

26 大変でもやりがいがある仕事がいい。

   1　あぶなくても　　2　むずかしくても　3　きつくても　　　4　いそがしくても

27 結婚式の司会という役目を果たした。

   1　仕事を断った　　2　仕事を終えた　　3　仕事を続けた　　4　仕事を増やした

용법은 제시어가 상황과 의미 모두 올바르게 사용된 문장을 고르는 문제로, 총 5문항이 출제된다. 주로 명사가 출제되며, 동사, 형용사, 부사에서 2~3문항 정도 출제된다.

─◉ 핵심 전략

1 제시어가 명사나 동사인 경우에는, 제시어 앞의 표현에 유의하여 문맥상 제시어가 올바르게 사용된 문장을 정답으로 고른다. 오답 선택지는 제시어가 아닌 비슷한 의미의 다른 어휘를 써야하는 문장으로 구성된다.

　예 **方針** 방침
　　① 政府の**方針**が変わった。 정부의 방침이 바뀌었다. (○)
　　② 台風の**方針**がそれた。 태풍의 방침이 빗나갔다. (✕)
　　　　└ **方向**(방향)가 맞는 표현

　예 **さびる** 녹슬다
　　① 鉄の棒は家の外に置いてあったので、**さびて**しまった。 (○)
　　　철봉은 집 밖에 놓여져 있었기 때문에, 녹슬어 버렸다.
　　② きれいだった川の水が**さびて**濁っている。 깨끗했던 강물이 녹슬어서 탁해져 있다. (✕)
　　　　└ **汚れて**(더러워져서)가 맞는 표현

2 제시어가 형용사인 경우에는 바로 뒤의 표현에 유의하여 의미 관계가 올바른지 파악하고, 부사인 경우에는 뒷부분이나 문장 전체의 문맥을 파악하여 제시어가 올바르게 사용된 문장을 정답으로 고른다.

　예 **大げさ** 과장됨
　　① 小さなことを**大げさ**に言った。 작은 일을 과장되게 말했다. (○)
　　② 成績が**大げさ**に伸びた。 성적이 과장되게 올랐다. (✕)
　　　　└ **大幅に**(큰 폭으로)가 맞는 표현

　예 **せめて** 적어도
　　① **せめて**1泊はしたい。 적어도 1박은 하고 싶다. (○)
　　② **せめて**10時には着けない。 적어도 10시에는 도착할 수 없다. (✕)
　　　　└ **どうしても**(아무리 해도)가 맞는 표현

3 시험에 자주 출제되는 품사별 단어를, 자주 사용되는 구문과 함께 학습해둔다.

⭕ 문제 풀이 Step

Step 1 **제시어를 읽고 품사와 의미를 파악한다.**

제시어를 읽고 제시어의 품사와 의미를 파악한다. 이때 제시어의 의미를 살짝 적어둔다.

Step 2 **제시어의 앞뒤 혹은 문장 전체의 문맥을 파악하여 올바르게 사용된 선택지를 정답으로 고른다.**

제시어의 품사에 따라 밑줄 부분을 앞 또는 뒤의 표현과 함께 읽고, 문맥이 가장 자연스러운 선택지를 정답으로 고른다. 선택지를 읽으면서 확실히 오답인 것은 ×, 헷갈리는 것은 △, 확실히 정답인 것은 ○로 표시하고, ○로 표시한 선택지가 있다면 정답으로 고른 뒤 바로 다음 문제로 넘어간다.

⭕ 문제 풀이 Step 적용

問題6　次の言葉の使い方として最もよいものを、1・2・3・4から一つ選びなさい。

延長 연장

1　悪天候で列車が運転をやめたため、旅行の出発が三日後に延長された。×

2　初めの設計では２階建てだったが、３階建ての家に延長することになった。×

✓ 3　予定の時間内に結論が出ず、会議が１時間延長されることになった。○

4　電車の中で居眠りをして、降りる駅を一駅延長してしまった。×

Step 1 제시어를 읽고 품사와 의미를 파악한다.

延長(연장)는 주로 시간 등의 길이가 늘어날 때 사용한다. 제시어가 명사이므로 우선 밑줄 앞 부분과 함께 읽고 문맥을 파악한다.

Step 2 제시어의 앞뒤 혹은 문장 전체의 문맥을 파악하여 올바르게 사용된 선택지를 정답으로 고른다.

1은 '여행 출발이 3일 뒤로 연장, 2는 '3층 집으로 연장'이라는 어색한 문맥이므로 오답이다. 3의 '회의가 1시간 연장'에서 문맥상 올바르게 사용되었으므로 정답으로 고른다. 4의 '내릴 역을 한 정거장 연장' 역시 어색한 문맥이므로 오답이다.

문제6 다음 말의 사용법으로 가장 알맞은 것을, 1・2・3・4에서 하나 고르세요.

연장

1 악천후로 열차가 운전을 멈췄기 때문에, 여행 출발이 3일 뒤로 연장되었다.

2 처음 설계에서는 2층이었지만, 3층 집으로 연장하게 되었다.

3 예정 시간내에 결론이 나오지 않아, 회의가 1시간 연장되었다.

4 전철 안에서 졸아서, 내릴 역을 한 정거장 연장해버렸다.

어휘 延長 えんちょう 圏연장　悪天候 あくてんこう 圏악천후　列車 れっしゃ 圏열차　運転 うんてん 圏운전　やめる 圏멈추다, 그만두다
出発 しゅっぱつ 圏출발　設計 せっけい 圏설계　予定 よてい 圏예정　結論 けつろん 圏결론　会議 かいぎ 圏회의
居眠りをする いねむりをする 졸다　降りる おりる 圏내리다

핵심 표현 및 필수 어휘

무료 MP3 바로듣기

■ 용법에 자주 출제되는 명사 ① 🔊 문제6 용법_핵심표현 및 필수어휘01.mp3

※ '00는 기출연도입니다.

あい ず 合図 '14	(눈짓, 몸짓, 소리) 신호	め あい ず 目で合図する 눈으로 신호하다, 눈짓하다
い わけ 言い訳 '14	변명	い わけ とんでもない言い訳をする 당치않은 변명을 하다
い じ 維持	유지	い じ 維持していく 유지해 가다
い はん 違反 '11 '19	위반	けいやく い はん 契約を違反した 계약을 위반했다
いんたい 引退 '16	은퇴	し ごと いんたい 仕事を引退する 일을 은퇴하다
えんちょう 延長 '16	연장	かい ぎ ぶんえんちょう 会議が30分延長された 회의가 30분 연장되었다
おんだん 温暖 '15	온난	おんだんぜんせん つう か 温暖前線が通過する 온난전선이 통과하다
かいけん 会見 '14	회견	こうしきてき かいけん おこな 公式的な会見が行われた 공식적인 회견이 시행되었다
がいけん 外見 '10	(사람의) 겉모습	がいけん き 外見を気にする 겉모습을 신경 쓰다
かいしゅう 回収	회수	とう し かね かいしゅう 投資したお金を回収する 투자한 돈을 회수하다
き げん 機嫌	기분, 비위	き げん わる 機嫌が悪い 기분이 나쁘다
きっかけ '10 '16	계기	き 決めたきっかけがある 결정한 계기가 있다
ぐ ち 愚痴 '12	푸념	ともだち ぐ ち き 友達の愚痴を聞いてあげる 친구의 푸념을 들어주다
けい じ 掲示 '13	게시	ひと やと けい じ で 人を雇う掲示が出る 사람을 고용하는 게시가 공고되다
けっさく 傑作	걸작	けっさく かんしょう 傑作を鑑賞する 걸작을 감상하다
げんてい 限定 '17	한정	にんずう げんてい 人数を限定する 인원수를 한정하다
こうたい 交代 '12	교대	つか こうたい 疲れて交代した 지쳐서 교대했다
ごうどう 合同 '12	합동	ふたり ごうどう 二人で合同する 둘이 합동하다
こんらん 混乱 '15	혼란	か さい こんらん 火災で混乱する 화재로 혼란하다
さいそく 催促 '13	재촉	さいそく う 催促を受ける 재촉을 받다

※ '00는 기출연도입니다.

さいよう 採用	채용	さいよう せつめいかい い 採用説明会に行く 채용 설명회에 가다
さくせい 作成'15	작성	しょるい さくせい 書類を作成した 서류를 작성했다
し さつ 視察	시찰	げん ち し さつ 現地を視察する 현지를 시찰하다
し じ 支持'14	지지	ぜんてき し じ 全的に支持する 전적으로 지지하다
しつぼう 失望	실망	かれ しつぼう 彼に失望した 그에게 실망했다
じゅうまん 充満'19	충만	お い にお じゅうまん 美味しそうな匂いで充満している 맛있는 냄새로 충만하다
しゅざい 取材'10	취재	じ けん しゅざい 事件を取材する 사건을 취재하다
しょ ほ 初歩'19	초보	えい ご しょ ほ まな 英語を初歩から学ぶ 영어를 초보부터 배우다
しんそう 真相	진상	しんそう あき 真相はいつか明らかになる 진상은 언젠가 밝혀진다
せ けん 世間'11	세상, 세간	せ けん はなし 世間の話 세상 이야기
せつやく 節約'17	절약	けい ひ せつやく 経費を節約する 경비를 절약하다
せんたん 先端	첨단, 선단	せんたん そ ざい つか 先端素材を使う 첨단소재를 사용하다
せんでん 宣伝	선전	こうこく せんでん ちから い 広告や宣伝に力を入れる 광고와 선전에 힘을 쏟다
せんねん 専念'13	전념	いく じ せんねん じ き 育児に専念する時期 육아에 전념하는 시기
ぞくしゅつ 続出'10'18	속출	じ こ ぞくしゅつ 事故が続出する 사고가 속출하다

📄 **확인 문제** 주어진 단어의 사용법으로 적절한 것을 고르세요.

01 きっかけ ⓐ ぶんがく せんこう
文学を専攻したきっかけは特にない。 ⓑ こうせいのう せいひん つく
高性能の製品を作れるきっかけを教える。

02 取材 ⓐ ことし や さい
今年はいろんな野菜を取材した。 ⓑ かれ いま じ けん
彼は今あの事件について取材している。

03 視察 ⓐ らいしゅう かいがい い
来週から海外視察に行きます。 ⓑ けいさつかん ようぎ しゃ
警察官は容疑者を視察している。

04 専念 ⓐ ゴルフ専念の雑誌です。 ⓑ し ごと やす いく じ
仕事を休んで育児に専念している。

정답: 01 ⓐ 02 ⓑ 03 ⓐ 04 ⓑ

※ '00는 기출연도입니다.

단어	뜻	예문
そざい **素材** '19	소재	とくしゅ そざい **特殊な素材を使う** 특수한 소재를 사용하다
たち ば **立場**	입장	はんたい たち ば **反対の立場にいる** 반대 입장에 있다
ちゅうだん **中断** '15	중단	あめ きょうぎ ちゅうだん **雨で競技が中断された** 비로 경기가 중단되었다
ちゅうもく **注目** '10 '16	주목	ちゅうもく あつ **注目を集める** 주목을 모으다
ちょうじょう **頂上** '17	정상	ちょうじょう め ざ **頂上を目指す** 정상을 노리다
テキスト	교과서, 텍스트	すう がく み **数学のテキストを見る** 수학 교과서를 보다
て ま **手間**	노력, 수고	て ま **手間がかかる** 노력이 들다
ど だい **土台**	토대, 기초	ど だい かた **土台を固める** 토대를 굳히다
にっ か **日課** '18	일과	にっ か す **日課を済ます** 일과를 마치다
ねっちゅう **熱中**	열중	し ごと ねっちゅう **仕事に熱中している** 일에 열중하고 있다
はい し **廃止** '12 '19	폐지	せい ど はい し **制度を廃止する** 제도를 폐지하다
はったつ **発達** '16	발달	ぎ じゅつ はったつ はや **技術の発達が速い** 기술의 발달이 빠르다
はつめい **発明**	발명	せ かいてき はつめい **世界的な発明をした** 세계적인 발명을 했다
はん い **範囲** '11	범위	はん い ひろ **範囲が広すぎる** 범위가 너무 넓다
はんせい **反省** '16	반성	みずか はんせい **自ら反省する** 스스로 반성하다
ひ がい **被害**	피해	ひ がい およ **被害が及ぶ** 피해가 미치다
ひょう じ **表示**	표시	い し ひょう じ **意思を表示する** 의사를 표시하다
ふ きゅう **普及** '10 '16	보급	ふ きゅう **スマホが普及する** 스마트폰이 보급되다
ぶんかい **分解**	분해	ぶんかい **分解してみる** 분해해 보다
ぶん や **分野** '13	분야, 활동 범위	とく い ぶん や **得意の分野** 자신 있는 분야

※ '00는 기출연도입니다.

返信 へんしん	답장, 회신	返信のメールが来る 답장 메일이 오다
放映 ほうえい	방영	ドラマを放映する 드라마를 방영하다
方針 ほうしん '11	방침	経営の方針が変わる 경영 방침이 바뀌다
補足 ほそく '13	보충	補足説明をする 보충 설명을 하다
保存 ほぞん '18	보존	冷蔵保存する 냉장보존하다
味方 みかた	자기 편, 아군	両親はいつも子どもの味方である 부모는 항상 자식의 편이다
矛盾 むじゅん '12	모순	矛盾した発言をする 모순된 발언을 하다
目上 めうえ '16	(나이, 지위가) 위임	目上の人を敬う 윗사람을 존경하다
最寄 もより '18	가장 가까움	最寄の塾に通う 가장 가까운 학원에 다니다
門限 もんげん	통금시간	門限に遅れる 통금시간에 늦다
行方 ゆくえ '15	행방	行方不明になる 행방불명이 되다
油断 ゆだん '15'19	방심, 부주의	油断してはいけない 방심해서는 안 된다
用途 ようと '15	용도	用途に合わせる 용도에 맞추다
利益 りえき '11	이익	会社の利益を守る 회사의 이익을 지키다
論争 ろんそう '17	논쟁	激しい論争をする 격렬한 논쟁을 하다

📋 확인 문제 주어진 단어의 사용법으로 적절한 것을 고르세요.

01 中断
ⓐ 中断された試合がまた始まる。
ⓑ 二人の関係は中断された。

02 反省
ⓐ いくら反省しても思い出せなかった。
ⓑ 今さら反省しても遅い。

03 廃止
ⓐ もうすぐこのサービスは廃止になります。
ⓑ あの体育館は10月になったら廃止される。

04 普及
ⓐ 最近スマホが広く普及している。
ⓑ 明日ここで食料品を普及します。

정답: 01 ⓐ 02 ⓑ 03 ⓐ 04 ⓐ

※ '00는 기출연도입니다.

飽きる	싫증나다	もうその趣味は飽きてやめた 이제 그 취미는 싫증나서 그만뒀다
甘やかす '15	응석을 받아주다	子どもを甘やかす 아이의 응석을 받아주다
抱く	품다, 안다	大きな夢を抱く 큰 꿈을 품다
受け入れる '11	받아들이다	提案を受け入れる 제안을 받아들이다
覆う '17	가리다, 덮다	目を覆う 눈을 가리다
納める '16	납부하다	税金を納める 세금을 납부하다
惜しむ	아끼다	時間を惜しむ 시간을 아끼다
思いつく '15	생각이 떠오르다	アイディアを思いつく 아이디어가 떠오르다
叶う '11	이루어지다	夢がかなう 꿈이 이루어지다
築く	구축하다, 쌓다	いい関係を築く 좋은 관계를 구축하다
崩す	무너뜨리다, 흩뜨리다	バランスを崩す 균형을 무너뜨리다
凍える	얼다	寒くて体が凍える 추워서 몸이 얼다
逆らう '14	거역하다	先生に逆らう 선생님에게 거역하다
さびる '16	녹슬다	さびて茶色になる 녹슬어서 갈색이 되다
しみる '19	스며들다	煙が目にしみた 연기가 눈에 스며들었다
生じる '16	생기다, 발생하다	誤解が生じる 오해가 생기다
属する '11	(단체에) 속하다	発表のグループに属する 발표 그룹에 속하다
畳む '14	(이불, 옷 등을) 개다	洗濯物を畳む 빨래를 개다
たまる	쌓이다	お金がたまる 돈이 쌓이다
保つ '10	유지하다	平和を保つ 평화를 유지하다

※ '00는 기출연도입니다.

散らかす '12 '17	어지르다	部屋を散らかす	방을 어지르다
尽きる '19	끝나다, 다하다	話が尽きない	이야기가 끝나지 않는다
詰まる '11	막히다	洗面台が詰まって困る	세면대가 막혀서 곤란하다
積もる	쌓이다	雪が積もる	눈이 쌓이다
問い合わせる '12	문의하다	受付に問い合わせる	접수처에 문의하다
どける	치우다, 물리치다	いすをどける	의자를 치우다
外す '10	벗다, 벗기다, 떼다	眼鏡を外す	안경을 벗다
果たす '13	완수하다	先生の役割を果たす	선생님의 역할을 완수하다
塞ぐ '12	막다, 메우다	道を塞ぐ	길을 막다
振り向く '15	돌아보다	後ろを振り向く	뒤를 돌아보다
隔てる '13	사이를 떼다, 멀리하다	仲を隔てる	사이를 갈라놓다
混じる '19	섞이다	アマチュアも混じっている	아마추어도 섞여있다
めくる '19	(책장을) 넘기다	ページをめくった	페이지를 넘겼다
呼び止める '13	불러 세우다	交通違反で呼び止められる	교통 위반으로 불러 세워지다
略す '12 '17	생략하다, 줄이다	説明を略す	설명을 생략하다

📄 **확인 문제** 주어진 단어의 사용법으로 적절한 것을 고르세요.

01 思いつく　ⓐ 良い例文が思いつかない。　ⓑ 時々過去のことを思いつく。

02 しみる　ⓐ 予定がしみてしまった。　ⓑ 煙が目にしみて痛い。

03 築く　ⓐ この建物は30年前に築いたのです。　ⓑ 幸せな家庭を築く方法がありますか。

04 かなう　ⓐ 一年間のプロジェクトが無事にかなった。　ⓑ 先生になりたいという夢がかなった。

정답: 01 ⓐ 02 ⓑ 03 ⓑ 04 ⓑ

※ '00는 기출연도입니다. 🔋🔋

あわただしい'13	분주하다, 어수선하다	あわただしい時期 분주한 시기
輝かしい'15	빛나다, 훌륭하다	輝かしい実績 빛나는 실적
くどい'18	장황하다, 끈질기다	くどく話す 장황하게 말하다
心強い'12	마음 든든하다, 믿음직스럽다	心強い意見 마음 든든한 의견
快い'13'16	상쾌하다, 기분 좋다	朝の快い風 아침의 상쾌한 바람
騒がしい	시끄럽다, 떠들썩하다	騒がしいところは苦手だ 시끄러운 곳은 질색이다
たくましい'15	씩씩하다, 늠름하다	たくましい子ども 씩씩한 어린이
だらしない'19	칠칠치 못하다, 깔끔하지 못하다	だらしない服装をしている 칠칠치 못한 복장을 하고있다
鈍い'18	둔하다, 무디다	動きが鈍い 움직임이 둔하다
のろい	느리다, 둔하다	反応がのろい 반응이 느리다
等しい'19	같다, 동일하다	長さが等しい 길이가 같다
相応しい'10'19	어울리다	会社に相応しい人 회사에 어울리는 사람
物足りない'13	부족하다, 어딘지 아쉽다	授業が物足りない 수업이 부족하다
円満だ	원만하다	円満な解決法を探す 원만한 해결법을 찾다
大幅だ'14	대폭이다	大幅に成長する 대폭으로 성장하다
大まかだ	대략적이다, 대충이다	大まかな流れを説明する 대략적인 흐름을 설명하다
穏やかだ'17	온화하다, 평온하다	穏やかな気候 온화한 기후
かすかだ'13	희미하다, 어렴풋하다	山がかすかに見える 산이 희미하게 보이다
頑丈だ'14	튼튼하다	頑丈な建物を建てる 튼튼한 건물을 짓다

※ '00는 기출연도입니다.

機敏だ きびん	기민하다	機敏な動作 기민한 동작 きびん どうさ
質素だ'11 しっそ	검소하다	質素な生活をする 검소한 생활을 하다 しっそ せいかつ
柔軟だ'15'17 じゅうなん	유연하다	柔軟な態度でのぞむ 유연한 태도로 임하다 じゅうなん たいど
順調だ'15'16 じゅんちょう	순조롭다	順調なスタート 순조로운 시작 じゅんちょう
深刻だ'10 しんこく	심각하다	深刻な問題が起こった 심각한 문제가 일어났다 しんこく もんだい お
率直だ'11 そっちょく	솔직하다	率直な意見を聞かせる 솔직한 의견을 들려주다 そっちょく いけん き
多彩だ'18 たさい	다채롭다	多彩な活動を経験する 다채로운 활동을 경험하다 たさい かつどう けいけん
妥当だ'14 だとう	타당하다	妥当な意見を出す 타당한 의견을 내다 だとう いけん だ
手ごろだ て	적당하다, 알맞다	手ごろな価格で買う 적당한 가격으로 사다 て かかく か
鈍感だ どんかん	둔감하다	匂いに鈍感になる 냄새에 둔감해지다 にお どんかん
濃厚だ のうこう	농후하다	濃厚な味がする 농후한 맛이 나다 のうこう あじ
惨めだ みじ	비참하다, 참혹하다	惨めな姿を見せたくない 비참한 모습을 보이고 싶지 않다 みじ すがた み
無駄だ むだ	쓸데없다, 헛되다	無駄な話はしない 쓸데없는 이야기는 하지 않는다 むだ はなし
幼稚だ'14 ようち	유치하다	幼稚な文章を書く 유치한 문장을 쓰다 ようち ぶんしょう か
冷静だ'12 れいせい	냉정하다	冷静な判断が必要だ 냉정한 판단이 필요하다 れいせい はんだん ひつよう

📋 **확인 문제** 주어진 단어의 사용법으로 적절한 것을 고르세요.

01 輝かしい ⓐ 太陽が輝かしくて目がまぶしい。 ⓑ 彼女は輝かしい業績を残した。
たいよう め　　　　　　　　　かのじょ かがや ぎょうせき のこ

02 心強い ⓐ 心強くなって涙が出てしまった。 ⓑ 優秀な部下と一緒に働いて心強い。
なみだ で　　　　　　　　　ゆうしゅう ぶか いっしょ はたら

03 鈍い ⓐ 幸いに締め切りが鈍くなった。 ⓑ 体調が悪くて頭が鈍くなった。
さいわ し き　　　　　　　　　たいちょう わる あたま

04 多彩 ⓐ スマートフォンには多彩な機能がある。 ⓑ あの店は料理が美味しくて量も多彩だ。
きのう　　　　　　　　　みせ りょうり おい りょう

정답: 01 ⓑ 02 ⓑ 03 ⓑ 04 ⓐ

※ '00는 기출연도입니다.

あたかも	마치, 꼭	あたかも夢のようだ 마치 꿈 같다
あん がい 案外	의외로	あん がい かん たん 案外簡単だ 의외로 간단하다
生き生き '13	생생한	生き生きとした表現 생생한 표현
いっせいに '17	일제히	た あ いっせいに立ち上がる 일제히 일어나다
いっ たん 一旦 '15	일단	いっ たん てい し 一旦停止する 일단 정지하다
いらいら '12	초조	き も いらいらした気持ち 초조한 기분
いろいろ	여러 가지	せ わ いろいろ世話になる 여러 가지 신세를 지다
うろうろ	어슬렁어슬렁, 허둥지둥	まち 街をうろうろする 거리를 어슬렁거리다
おお 大いに	크게	おお さわ 大いに騒ぐ 크게 떠들다
がっかり '19	실망	がっかりしている 실망해 있다
ぎっしり	가득, 잔뜩	つ ぎっしり詰まる 가득 차다
きっぱり '18	딱 잘라, 단호히	ことわ できないときっぱり断る 할 수 없다고 딱 잘라 거절하다
けっ 決して	결코	い 決して言わない 결코 말하지 않는다
さい さん 再三	두세 번, 재삼	さい さん み なお 再三見直す 두세 번 다시 살펴보다
さっさと '12	빨리빨리	ある さっさと歩く 빨리빨리 걷다
すべて	모두, 전부	き い すべて気に入らない 모두 마음에 안 든다
ずらっと	죽, 주르륵	なら ずらっと並ぶ 죽 늘어서다
せい いっ ぱい 精一杯 '19	힘껏, 최대한, 고작	せい いっ ぱい がん ば 精一杯頑張る 힘껏 노력하다
せっかく	모처럼	き かい せっかくの機会 모처럼의 기회
せめて '11	적어도, 하다못해	いっ かい せめて一回はやりたい 적어도 한 번은 하고 싶다

※ '00는 기출연도입니다.

即座に '13 '19	즉시, 그 자리에서	即座に答える	즉시 대답하다
たびたび '10 '16	자주, 여러 번	たびたび会う	자주 만나다
当然	당연히	当然、先生に叱られた	당연히, 선생님께 혼났다
とうとう	마침내, 결국	とうとう完成する	마침내 완성하다
特に	특히	今夏は特に暑い	올여름은 특히 덥다
とっくに '11 '17	훨씬 전에	彼ならとっくに出発した	그라면 훨씬 전에 출발했다
何回も	몇 번이나	何回も繰り返す	몇 번이나 반복하다
はきはき	시원시원	意見をはきはきと言う	의견을 시원시원하게 말하다
ぺらぺら	술술	英語をぺらぺらと話す	영어를 술술 말하다
ぼろぼろ	너덜너덜, 주르륵	服がぼろぼろになる	옷이 너덜너덜해지다
やっと	겨우, 간신히, 가까스로	やっと間に合う	겨우 시간에 맞추다
ようやく	겨우	本をようやく見つけた	책을 겨우 발견했다
よほど	상당히, 꽤	よほどの寒さ	상당한 추위
わざと	일부러	わざと間違える	일부러 틀리다
わりに	비교적	わりに安い	비교적 싸다

📄 **확인 문제** 주어진 단어의 사용법으로 적절한 것을 고르세요.

01 あたかも ⓐ あたかも明日までに提出してください。 ⓑ あたかも他人のように振舞う。

02 わりに ⓐ あなたの話はわりに分かります。 ⓑ 週末なのに店はわりにすいていた。

03 さっさと ⓐ 雪がさっさと降って来た。 ⓑ さっさと仕事を終わらせよう。

04 ずらっと ⓐ 人々がずらっと並んでいる。 ⓑ 雨がずらっと降っている。

정답: 01 ⓑ 02 ⓑ 03 ⓑ 04 ⓐ

주어진 단어의 사용법으로 적절한 것을 고르세요.

01 視察
① 被害復旧のため、地震が起きた地域を視察した。
② 原稿を視察した後のコメントを聞かせてください。

02 尽きる
① 力が尽きるまで何回も挑戦したい。
② 水をやるのを忘れて花が尽きてしまった。

03 反省
① 友達は窓側で何かを反省していた。
② 過去を反省して、新しく始めましょう。

04 輝かしい
① わがチームは優勝という輝かしい結果を残した。
② 外は日差しが強くて目が輝かしいかもしれません。

05 機敏
① 機敏に行動するためには迅速な判断力が求められます。
② 機敏な人は日常で不快感を覚えやすいそうです。

06 あたかも

① <u>あたかも</u>本当のことのように夢の話を真剣に話す。

② 海に来て泳げるかと思ったら、<u>あたかも</u>体調を崩してしまった。

07 手間

① この仕事は<u>手間</u>がかかるからやりたくない。

② <u>手間</u>があってプレゼンの準備をした。

08 かなう

① 努力が<u>かなって</u>、大企業に合格した。

② 自分の会社を作りたいという夢が<u>かなった</u>。

09 補足

① 私の職業はようするに医師を<u>補足</u>する事務です。

② <u>補足</u>してみたので、もう一度見てもらえますか。

10 物足りない

① <u>物足りない</u>うわさを信じてそういうことを言ってはいけない。

② 最近のテレビ番組は何か<u>物足りない</u>気がする。

정답 해설집 p.20

問題6 次の言葉の使い方として最もよいものを、1・2・3・4から一つ選びなさい。

28 いっせいに

1 よろしければ、明日は私といっせいに学校に行きませんか。

2 そのクラスの学生たちは、先生の合図でいっせいに問題を解き始めた。

3 私は、とてものどが渇いていたので、そのグラスの水をいっせいに飲んだ。

4 新しく買った掃除機は、スイッチを入れてもいっせいに動かない。

29 率直

1 公園へは、その道を率直に5分ほど歩けば到着します。

2 その子供は、小学校に通うようになって、急に率直になった。

3 この試験は、学校を通さず、自分で率直に申し込んでください。

4 彼女は、いつも率直に自分の意見を述べることができる。

30 とうとう

1 朝からずっとくもっていたけど、とうとう雨が降ってきた。

2 青かった空は、夕方にはとうとうオレンジ色に変化した。

3 駅へは歩いて行っても、とうとう10分で着きますよ。

4 その子供は、親の言うことをとうとう聞こうとしない。

31 回収

1 週末に風邪を引いたが、休みの日はよく寝たので、もう回収した。

2 有名な政治家が、回収の罪に問われている。

3 政府は、統計調査のために先月配った調査用紙を回収している。
　 とうけい

4 その教授は、研究のために山でたくさんの虫を回収している。

32 傑作
　 けっさく

1 その監督の作った作品には、傑作と呼ばれるものが多い。
　 かんとく　　　　　　　　　　　　　　けっさく

2 その美術館の作品は調査の結果、本物ではなく傑作だと分かった。
　　　　　　　　　　　　　　　　　　　　　けっさく

3 私の住んでいる地域では、リンゴが傑作として売られている。
　　　　　　　　　　　　　　　　　けっさく

4 彼はこの作品の制作中に亡くなったため、結局これが傑作となった。
　　　　　　　　　　　　　　　　　　　　　　　　　けっさく

정답 해설집 p.21

問題6 次の言葉の使い方として最もよいものを、1・2・3・4から一つ選びなさい。

28 あわただしい

1 私はあわただしい性格で、よく忘れものをしたり、約束を間違えたりする。

2 今朝はあわただしく時間が過ぎ、時計を見ると11時を回っていた。

3 急にあわただしく物が割れる音がして、びっくりした。

4 かえるが池にあわただしい数の卵を産んでいた。

29 どける

1 庭の草がのびてきたので、明日、どけるつもりだ。

2 急に飛んできたボールをどけることができなかった。

3 事故で動けなくなった車をどけたところだ。

4 暖かくなったので，首に巻いていたマフラーをどけた。

30 初歩

1 どれだけ時間が経っても初歩を忘れないことが大切です。

2 小学生のときから夏休みの初歩に宿題を終わらせると決めている。

3 何度も練習したはずなのに、初歩的なミスをしてしまい落ち込む。

4 毎月初歩の診察の際には、受付で保険証を見せる必要があります。

31 素材

1 この飛行機は、硬くて丈夫な素材を用いて作られています。

2 彼は幼い頃から演技の素材を認められ、映画に出たりしていた。

3 あの選手は常にマスクを被っていて素材を見せないことで有名です。

4 若者の数も減りつつあり、優秀な素材を確保することが難しい。

32 日課

1 その日にあった出来事は日課に残して、たまに読み直します。

2 謎に包まれた芸能人の日課生活を少しでいいから知りたいと思う。

3 毎年誕生日を迎えるたびに、日課が経つのはとても早いと感じる。

4 朝起きたら太陽を浴びながらヨガをすることが毎日の日課です。

정답 해설집 p.22

問題6 次の言葉の使い方として最もよいものを、1・2・3・4から一つ選びなさい。

---

28 限定

1 いくら練習しても実力が上がらないため、限定を感じている。

2 政府が毎年人数を限定して許可を出す労働許可がある。

3 サービスロボットに適したロボットを限定し、コストを検討した。

4 人気が高かったためその演劇は再び上演<ruby>上演<rt>じょうえん</rt></ruby>されることが限定した。

---

29 積もる

1 今週は予定がびっしりと積もっているので、暇がない。

2 雪の上ではアクセルを少しでも強めに積もると簡単にスリップする。

3 彼はモータースポーツの歴史において、最も注目を積もる勝利を記録した。

4 何年も使われていない机の上に、ほこりが厚く積もっていた。

---

30 発達

1 睡眠不足になると食欲を発達させるホルモンが出されるという。

2 温暖化によって海面が発達していることは明らかである。

3 AIが発達し続けたら、未来には人間の居場所がなくなるかもしれない。

4 両国の総生産量が発達するのでメリットがある貿易だ。

---

31 たびたび

1 昨年登場した新型の車が販売数1位になり、たびたびこの状態が続いた。

2 技術が発展して屋根に<ruby>太陽光<rt>たいようこう</rt></ruby>パネルを設置するかたびたび見直した。

3 様々な経験をして、たびたび故郷に戻って役に立つ仕事をしてみたい。

4 あの先生からは授業態度についてたびたび指摘されている。

---

32 維持

1 高級な車は買うこと自体よりそれを維持する費用を考えなければならない。

2 迷い犬を維持したいが、<ruby>旦那<rt>だんな</rt></ruby>がすごく嫌がって悩んでいる。

3 野生の動物が多くいるので、作物の維持には注意が必要だ。

4 食品の維持時によく使用される乾燥剤を利用しています。

問題6 次の言葉の使い方として最もよいものを、1・2・3・4から一つ選びなさい。

28 冷静

1 今年の春は通常より冷静で、花の開花が遅くなっている。

2 冷静にしておいたら今月末まで食べられる食品ですので、便利です。

3 冷静に考えてみたら、あんなにいらいらしたことが馬鹿みたいだった。

4 恐竜が絶滅したのは地球の冷静が原因だと言われる。

29 節約

1 来月のヨーロッパ旅行の経費を節約できる方法をネットで探している。

2 あの会社は人員節約のために、来年2,800人もリストラするそうだ。

3 高齢者や障害者の不自由を節約するバリアフリーのホテルです。

4 あの会社は赤字幅が徐々に節約している点を強調していた。

30 保つ

1 部屋をきれいに保つために一週間に一回は掃除をしている。

2 生徒は何があっても学校の規則を保つべきである。

3 伝染病が広がらないように防ぐための組織や制度が保っている。

4 実施方法など、大まかな方針が出るまで保っている状況です。

31 分野

1 測定をした分野では何の異常もなかったので安心した。

2 これはあらゆる分野で活躍している女性を紹介する本です。

3 記憶は大きく分けて長期記憶と短期記憶に分野できる。

4 Ａ高校では資格試験に備えた授業を選択分野として導入している。

32 がっかり

1 誰もいないのに人の声が聞こえてがっかりした。

2 ずっと悩んでいたことを彼に打ち明けて気持ちががっかりした。

3 毎日顔を合わせるのががっかりだった顧問の先生にも今は感謝している。

4 この一週間頑張って勉強したが、思ったより成績が悪くてがっかりした。

**혼자 하기 어렵고
막막할 땐?**

해커스일본어 (japan.Hackers.com)

해커스 JLPT N2 한 권으로 합격

문법

N2 필수 문법

01 조사

02 부사

03 접속사

04 추측·전언표현

05 수수표현

06 수동·사역·사역수동표현

07 경어표현

08 명사 뒤에 접속하는 문형

09 동사 뒤에 접속하는 문형

10 명사와 동사 모두에 접속하는 문형

11 여러 품사 뒤에 접속하는 문형

문제 7 문법형식 판단

문제 8 문장 만들기

문제 9 글의 문법

다음 ( )에 들어갈 알맞은 것을 고르세요.

私が気に入って買った服だから可愛くない（　　）言わないで。

내가 마음에 들어서 산 옷이니까 예쁘지 않다 (　　) 말하지마.

1 が　　2 は　　3 とか　　4 こそ
　가　　　는　　　든지　　　야말로

정답 : 3

학습목표

[문제7 문법형식 판단]에서는 괄호에 들어갈 문맥에 맞는 알맞은 조사를 고르는 문제가 출제된다. N2에서 자주 나오는 조사를 예문과 함께 꼼꼼히 학습하자.

1. 조사의 역할

주로 명사와 결합하여 명사를 주어로 만들어주고, 동사와 결합하여 전후 관계를 나타내기도 한다.

[주어]　　私が作ったパン　내가 만든 빵

[전후 관계]　春になると花が咲く。봄이 되면 꽃이 핀다.

2. N2 필수 조사

から ~부터, ~에서	受付は明日から始まる。 접수는 내일부터 시작된다.
きり ~뿐, ~만	今持っているお金はこれきりです。 지금 가지고 있는 돈은 이것뿐입니다.
くらい/ぐらい ~정도	東京まで一時間ぐらいかかります。 도쿄까지 한 시간 정도 걸립니다.
こそ ~야말로	今こそ重要な時期である。 지금이야말로 중요한 시기이다.
しか ~밖에	日本語しか話せません。 일본어밖에 말할 수 없습니다.
すら ~조차	時間がなくて挨拶すらできなかった。 시간이 없어서 인사조차 할 수 없었다.

だけ ~만, ~뿐	先生だけ私の話を聞いてくれた。
	선생님만 나의 말을 들어줬다.

で	1 ~에서(장소) 2 ~(으)로(수단, 방법, 재료) 3 ~로 인해, 　~때문에(원인,이유) 4 ~이면(범위) 5 (전부)~해서(통합, 정리)	1 公園の前で会いましょう。 　공원 앞에서 만납시다. 2 学校まで自転車で行きます。 　학교까지 자전거로 갑니다. 3 風邪で会社を休みました。 　감기로 인해 회사를 쉬었습니다. 4 駅まで10分で行ける。 　역까지 10분이면 갈 수 있다. 5 全部でいくらですか? 　전부 해서 얼마입니까?

と	1 ~라고(인용) 2 ~하면(조건)	1 社長は少し遅れると言っていました。 　사장님은 조금 늦는다고 말했습니다. 2 3月になると新学期が始まる。 　3월이 되면 새 학기가 시작된다.

とか ~든지	時々は運動とかしたほうがいいよ。
	가끔은 운동이라든지 하는 편이 좋아.

📑 **확인문제** 괄호에 들어갈 알맞은 조사를 고르세요.

01 風邪（　　）会社を休みました。　　　　ⓐ で　　ⓑ と

02 今持っているお金はこれ（　　）です。　ⓐ きり　ⓑ しか

03 時間がなくて挨拶（　　）できなかった。ⓐ から　ⓑ すら

04 今（　　）重要な時期である。　　　　　ⓐ とか　ⓑ こそ

05 日本語（　　）話せません。　　　　　　ⓐ しか　ⓑ ぐらい

정답 : 01 ⓐ　02 ⓑ　03 ⓑ　04 ⓑ　05 ⓐ

との ~와의		<ruby>外国人<rt>がいこくじん</rt></ruby>**との**<ruby>交流<rt>こうりゅう</rt></ruby>は<ruby>楽<rt>たの</rt></ruby>しい。 외국인과의 교류는 즐겁다.
とは	1 ~라는 것은, ~란 2 ~와는 3 ~라고는, ~하다니 (놀람, 화남, 감동)	1 <ruby>助詞<rt>じょし</rt></ruby>**とは**<ruby>名詞<rt>めいし</rt></ruby>と<ruby>名詞<rt>めいし</rt></ruby>の<ruby>意味関係<rt>いみかんけい</rt></ruby>を<ruby>表<rt>あらわ</rt></ruby>す。 조사란 명사와 명사의 의미관계를 나타낸다. 2 <ruby>彼女<rt>かのじょ</rt></ruby>**とは**もう<ruby>連絡<rt>れんらく</rt></ruby>していません。 그녀와는 이제 연락하고 있지 않습니다. 3 <ruby>私<rt>わたし</rt></ruby>が<ruby>優勝<rt>ゆうしょう</rt></ruby>する**とは**<ruby>夢<rt>ゆめ</rt></ruby>にも<ruby>思<rt>おも</rt></ruby>わなかった。 내가 우승할 거라고는 꿈에도 생각지 못했다.
なら ~이라면		<ruby>寿司<rt>すし</rt></ruby>**なら**あの<ruby>店<rt>みせ</rt></ruby>がおいしいです。 스시라면 저 가게가 맛있어요.
に	1 ~에(존재, 장소) 2 ~에, ~으로, ~에게 (변화나 이동의 도착점) 3 ~에(시간) 4 ~에, (~중)의(비율, 분모)	1 <ruby>書類<rt>しょるい</rt></ruby>は<ruby>机<rt>つくえ</rt></ruby>の<ruby>上<rt>うえ</rt></ruby>**に**あります。 서류는 책상 위에 있습니다. 2 ちょっとスーパー**に**<ruby>行<rt>い</rt></ruby>ってくるよ。 잠시 슈퍼에 다녀올게. 3 <ruby>授業<rt>じゅぎょう</rt></ruby>は<ruby>午前<rt>ごぜん</rt></ruby>9<ruby>時<rt>じ</rt></ruby>**に**<ruby>始<rt>はじ</rt></ruby>まります。 수업은 오전 9시에 시작됩니다. 4 <ruby>週<rt>しゅう</rt></ruby>**に**<ruby>一回会議<rt>いっかいかいぎ</rt></ruby>をすることにしました。 주 1회 회의를 하기로 했습니다.
の ~의		<ruby>彼女<rt>かのじょ</rt></ruby>**の**<ruby>演奏<rt>えんそう</rt></ruby>はすばらしかった。 그녀의 연주는 훌륭했다.
のに ~인데		<ruby>山田<rt>やまだ</rt></ruby>さんはお<ruby>金<rt>かね</rt></ruby>がない**のに**、あるふりをしている。 야마다 씨는 돈이 없는데, 있는 척을 하고 있다.
は ~은/는		<ruby>一番優秀<rt>いちばんゆうしゅう</rt></ruby>な<ruby>選手<rt>せんしゅ</rt></ruby>**は**<ruby>誰<rt>だれ</rt></ruby>ですか。 가장 우수한 선수는 누구입니까?
へ ~(으)로, ~에 (동작이 향하는 장소, 방향, 상대)		<ruby>来週出張<rt>らいしゅうしゅっちょう</rt></ruby>で<ruby>大阪<rt>おおさか</rt></ruby>**へ**<ruby>行<rt>い</rt></ruby>きます。 다음 주에 출장으로 오사카에 갑니다.
ほか ~밖에, ~외에		<ruby>君<rt>きみ</rt></ruby>が<ruby>怒<rt>おこ</rt></ruby>らせたんだから<ruby>謝<rt>あやま</rt></ruby>る**ほか**ない。 네가 화나게 했으니까 사과하는 수밖에 없어.
ほど ~정도		この<ruby>映画<rt>えいが</rt></ruby>は<ruby>涙<rt>なみだ</rt></ruby>が<ruby>出<rt>で</rt></ruby>る**ほど**<ruby>感動的<rt>かんどうてき</rt></ruby>だった。 이 영화는 눈물이 나올 정도로 감동적이었다.
まで ~까지		<ruby>東京<rt>とうきょう</rt></ruby>から<ruby>大阪<rt>おおさか</rt></ruby>**まで**<ruby>行<rt>い</rt></ruby>くには、<ruby>新幹線<rt>しんかんせん</rt></ruby>、<ruby>飛行機<rt>ひこうき</rt></ruby>などの<ruby>交通手段<rt>こうつうしゅだん</rt></ruby>があります。 도쿄에서 오사카까지 가려면, 신칸센, 비행기 등의 교통수단이 있습니다.

も ~도	<ruby>開幕式<rt>かいまくしき</rt></ruby>には<ruby>会長<rt>かいちょう</rt></ruby>**も**いらっしゃいます。 개막식에는 회장님도 오십니다.
よりも ~보다도	その<ruby>件<rt>けん</rt></ruby>については<ruby>田中<rt>たなか</rt></ruby>さんが<ruby>誰<rt>だれ</rt></ruby>**よりも**よく<ruby>知<rt>し</rt></ruby>っている。 그 건에 관해서는 다나카 씨가 누구보다도 잘 알고 있다.
を ~을/를	<ruby>人数<rt>にんずう</rt></ruby>**を**<ruby>確認<rt>かくにん</rt></ruby>してから<ruby>決<rt>き</rt></ruby>めましょう。 인원수를 확인하고 나서 결정합시다.

📋 **확인문제** 괄호에 들어갈 알맞은 조사를 고르세요.

01 <ruby>開幕式<rt>かいまくしき</rt></ruby>には<ruby>会長<rt>かいちょう</rt></ruby>（　　）いらっしゃいます。　　　ⓐ に　　　ⓑ も

02 <ruby>彼女<rt>かのじょ</rt></ruby>（　　）もう<ruby>連絡<rt>れんらく</rt></ruby>していません。　　　ⓐ とは　　　ⓑ との

03 <ruby>君<rt>きみ</rt></ruby>が<ruby>怒<rt>おこ</rt></ruby>らせたんだから<ruby>謝<rt>あやま</rt></ruby>る（　　）ない。　　　ⓐ ほか　　　ⓑ とか

04 <ruby>彼女<rt>かのじょ</rt></ruby>（　　）<ruby>演奏<rt>えんそう</rt></ruby>はすばらしかった。　　　ⓐ は　　　ⓑ の

05 この<ruby>映画<rt>えいが</rt></ruby>は<ruby>涙<rt>なみだ</rt></ruby>が<ruby>出<rt>で</rt></ruby>る（　　）<ruby>感動的<rt>かんどうてき</rt></ruby>だった。　　　ⓐ ほど　　　ⓑ まで

정답 : 01 ⓑ 02 ⓐ 03 ⓐ 04 ⓑ 05 ⓐ

다음 ( )에 들어갈 알맞은 것을 고르세요.

やる気のない子供に勉強しなさいとしつこく言うのは（　　）逆効果だ。

의욕 없는 아이에게 공부하라고 끈질기게 말하는 것은 ( ) 역효과다.

1 まさか　　**2** たとえ　　**3** むしろ　　**4** かりに
　설마　　　　예를 들어　　오히려　　　가령

정답 : 3

학습목표

[문제7 문법형식 판단]에서는 괄호에 들어갈 문맥에 맞는 알맞은 부사를 고르는 문제가 출제되며, [문제8 문장 만들기]와 [문제9 글의 문법]에서 문맥을 파악하는데 많은 도움이 되므로, N2에서 자주 나오는 부사를 예문과 함께 꼼꼼히 학습하자.

1. 부사의 역할

부사는 주로 동사, 형용사를 수식하고, 명사 또는 다른 부사를 수식하기도 하면서 피수식어의 의미를 구체적으로 나타낸다.

[동사 수식]　**ずっと**使っていたかばんがとうとう壊れた。 계속 사용해왔던 가방이 결국 망가졌다.
　　　　　부사

[형용사 수식]　**ずいぶん**遠い道を歩いた。 꽤 먼 길을 걸었다.
　　　　　　부사

[명사 수식]　京都に行くなら、**せめて**1泊はしたい。 교토에 간다면, 적어도 1박은 하고 싶다.
　　　　　　　　　부사

[부사 수식]　演説は**もっと**ゆっくりしたほうがいいですよ。 연설은 좀 더 천천히 하는 편이 좋아요.
　　　　　　　부사

2. N2 필수 부사

あたかも 마치	彼は**あたかも**全て知っていたかのように話した。 그는 마치 전부 알고 있었다는 듯이 말했다.
いきなり 갑자기	**いきなり**名前が呼ばれてびっくりした。 갑자기 이름이 불려서 깜짝 놀랐다.
いくら 아무리	**いくら**説明しても彼は分からないと言った。 아무리 설명해도 그는 모르겠다고 말했다.

いずれ 조만간, 머지않아, 결국	**いずれ**また、お伺いします。 조만간 다시, 찾아 뵙겠습니다.
いったい 대체	**いったい**どうすればいいんだろう。 대체 어떻게 하면 좋을까?
おそらく 아마, 어쩌면	**おそらく**試験に落ちると思います。 아마 시험에 떨어질 거라고 생각합니다.
かえって 오히려, 반대로	薬を飲んだら、**かえって**風邪がひどくなった。 약을 먹었더니, 오히려 감기가 심해졌다.
必ずしも〜ない 반드시 ~라고 할 수 없다	お金持ちが**必ずしも**幸せだとは言え**ない**。 부자가 반드시 행복하다고는 말할 수 없다.
かりに 만일, 만약	**かりに**契約が結ばれなくても、あなたの責任ではありません。 만일 계약이 맺어지지 않아도, 당신의 책임은 아닙니다.
きっと 반드시, 틀림없이	今回は**きっと**就職できると思っていた。 이번에는 반드시 취직이 될 거라고 생각했다.
けっして〜ない 결코 ~이 아니다	この建物は**けっして**安全ではない**です**。 이 건물은 결코 안전하지 않습니다.
ざっと 대충, 대강	教授は私のレポートを**ざっと**見て何も言わなかった。 교수님은 나의 리포트를 대충 보고 아무것도 말하지 않았다.
さっぱり 전혀, 완전히	機械については**さっぱり**わからない。 기계에 대해서는 전혀 모른다.

📋 **확인문제** 괄호에 들어갈 알맞은 부사를 고르세요.

01 薬を飲んだら、（　　）風邪がひどくなった。　　ⓐ かりに　　ⓑ かえって

02 （　　）また、お伺いします。　　ⓐ いくら　　ⓑ いずれ

03 今回は（　　）就職できると思っていた。　　ⓐ きっと　　ⓑ ざっと

04 （　　）試験に落ちると思います。　　ⓐ いきなり　　ⓑ おそらく

05 この建物は（　　）安全では（　　）です。　　ⓐ けっして/ない　　ⓑ いったい/ない

정답 : 01 ⓑ 02 ⓑ 03 ⓐ 04 ⓑ 05 ⓐ

さらに 더욱이, 게다가	お祖母さんの体調は**さらに**悪くなった。 할머니의 몸 상태가 더욱이 안 좋아졌다.
実は 실은	**実は**最近、人間関係に悩んでいます。 실은 최근, 인간관계로 고민하고 있어요.
しばしば 자주, 여러 번	この道路は交通事故が**しばしば**起こる。 이 도로는 교통사고가 자주 발생한다.
しみじみ 절실히, 진지하게	今回の試合で練習の重要性を**しみじみ**感じた。 이번 시합으로 연습의 중요성을 절실히 느꼈다.
少しも～ない 조금도 ~않다	あの映画は**少しも**怖く**ない**ので子供が見てもかまわない。 저 영화는 조금도 무섭지 않아서 어린이가 봐도 상관없다.
せいぜい 기껏해야, 고작	完成するまで**せいぜい**二日かかります。 완성하기까지 기껏해야 2일 걸립니다.
せっかく 모처럼	**せっかく**の機会だからあきらめたくない。 모처럼의 기회니까 포기하고 싶지 않다.
そのうち 머지않아, 가까운 시일 안에	今は下手でも**そのうち**上手になるだろう。 지금은 서툴러도 머지않아 능숙해질 거야.
それほど 그 정도, 그만큼	**それほど**大きい事件ではないから心配しなくていいよ。 그 정도로 큰 사건은 아니니까 걱정하지 않아도 돼.
たいして～ない 그다지 ~않다	鍋料理は**たいして**好きでも**ない**が、冬になったら食べたくなる。 나베 요리는 그다지 좋아하지도 않지만, 겨울이 되면 먹고 싶어진다.
たしかに～かもしれない 분명 ~일지도 모른다	**たしかに**彼女なら簡単にできる**かもしれません**。 분명 그녀라면 간단히 할 수 있을지도 모릅니다.
ただ 그냥, 단지, 다만	**ただ**気になっただけです。 그냥 궁금했을 뿐입니다.
たとえ 설령, 설사	**たとえ**お金がたくさんかかるとしても進めたいです。 설령 돈이 많이 든다고 해도 진행하고 싶습니다.
たとえば 예를 들면	デザートでしたら、**たとえば**コーヒー、ケーキなどがあります。 디저트라면, 예를 들면 커피, 케이크 등이 있습니다.
たぶん 아마도	**たぶん**今日は帰りが遅くなりそうです。 아마도 오늘은 귀가가 늦어질 것 같아요.

ちっとも～ない 조금도 ~않다	課長の話はちっとも面白くない。 과장님의 이야기는 조금도 재미있지 않다.
つい 그만, 무심코	少しだけ飲もうと思っていたが、つい飲みすぎてしまった。 조금만 마셔야지 생각했는데, 그만 과음해버렸다.
つまり 즉, 결국	この植物は枯れません。つまり、水をやらなくてもいいです。 이 식물은 시들지 않습니다. 즉, 물을 주지 않아도 됩니다.
とうとう 드디어, 마침내, 결국	医者になりたいという夢がとうとうかなった。 의사가 되고 싶다는 꿈이 드디어 이루어졌다.
どうも 어쩐지, 아무래도	その話を聞くとどうも変な気分になる。 그 이야기를 들으니 어쩐지 이상한 기분이 된다.
どうやら～そうだ 아무래도 ~인 것 같다	今日はどうやら雨が降りそうです。 오늘은 아무래도 비가 내릴 것 같아요.
とっくに 훨씬 전에, 벌써	彼ならとっくに出発しました。 그라면 훨씬 전에 출발했어요.
とても～ない 도저히 ~않다	こんなおいしい料理は私にはとても作れない。 이렇게 맛있는 요리는 나는 도저히 못 만든다.
とにかく 아무튼	とにかく一度やってみよう。 아무튼 한번 해 보자.

📑 **확인문제** 괄호에 들어갈 알맞은 부사를 고르세요.

01 今回の試合で練習の重要性を（　　）感じた。 ⓐ しみじみ　ⓑ しばしば

02 その話を聞くと（　　）変な気分になる。 ⓐ たとえ　ⓑ どうも

03 こんなおいしい料理は私には（　　）作れ（　　）。 ⓐ とても / ない　ⓑ たいして / ない

04 （　　）の機会だからあきらめたくない。 ⓐ せっかく　ⓑ とにかく

05 今は下手でも（　　）上手になるだろう。 ⓐ そのうち　ⓑ それほど

정답 : 01 ⓐ 02 ⓑ 03 ⓐ 04 ⓐ 05 ⓐ

なかなか 좀처럼	仕事が**なかなか**うまくいかない。 일이 좀처럼 잘 되지 않는다.
なぜ～かというと 왜 ~인가하면	**なぜ**遅れた**かというと**、電車が延着したからです。 왜 늦었는가 하면, 전철이 연착했기 때문입니다.
なぜか 왠지	最近**なぜか**故郷の家族がなつかしくなる。 요즘 왠지 고향의 가족이 그리워진다.
果して 과연	**果して**今回は何人が合格できるだろうか。 과연 이번에는 몇 명이 합격할 수 있을까?
まさか 설마, 아무리 그래도	**まさか**彼が犯人だとは思わなかった。 설마 그가 범인이라고는 생각하지 못했다.
まさに 정말로, 확실히	これは**まさに**私が読みたかった本です。 이건 정말로 제가 읽고 싶었던 책입니다.
まして 하물며, 더구나	大学生も解けないのに、**まして**小学生が解けるはずがない。 대학생도 풀지 못하는데, 하물며 초등학생이 풀 수 있을 리가 없다.
まず 거의, 대체로	予想は**まず**まちがいなかった。 예상은 거의 틀림없었다.
まもなく 곧, 머지않아	**まもなく**2番線に電車がまいります。 곧 2번 선에 전철이 옵니다.
まるで 마치, 흡사	入りたかった会社に入社できて、**まるで**夢のようだ。 들어가고 싶었던 회사에 입사할 수 있어서, 마치 꿈같다.
むしろ 오히려, 차라리	あの日本料理屋さんは**むしろ**中国人に人気だ。 저 일본요리 가게는 오히려 중국인에게 인기다.
めったに～ない 좀처럼 ~않다	大学に落ちてから姉は**めったに**笑わ**ない**。 대학에 떨어지고 나서부터 언니는 좀처럼 웃질 않는다.
もし 혹시, 만약	**もし**よろしければここに名前を書いてください。 혹시 괜찮으시다면 여기에 이름을 적어주세요.
もちろん 물론	**もちろん**私もその意見には賛成だ。 물론 나도 그 의견에는 찬성이다.
やがて 머지않아, 이윽고	景気は**やがて**回復するでしょう。 경기는 머지않아 회복할 겁니다.

やっと 겨우, 간신히	一年間準備した作品が**やっと**完成した。 1년간 준비한 작품이 겨우 완성되었다.
ようやく 겨우, 마침내	ずっと探し回った末に、**ようやく**見つけた。 계속 찾아다닌 끝에, 겨우 발견했다.

📑 **확인문제** 괄호에 들어갈 알맞은 부사를 고르세요.

01　（　）彼が犯人だとは思わなかった。　　ⓐ まさか　　ⓑ まもなく

02　最近（　）故郷の家族がなつかしくなる。　　ⓐ もし　　ⓑ なぜか

03　あの日本料理屋さんは（　）中国人に人気だ。　　ⓐ たぶん　　ⓑ むしろ

04　大学生も解けないのに、（　）小学生が解けるはずがない。　　ⓐ まして　　ⓑ まるで

05　景気は（　）回復するでしょう。　　ⓐ やがて　　ⓑ やっと

정답 : 01 ⓐ　02 ⓑ　03 ⓑ　04 ⓐ　05 ⓐ

다음 ☐ 에 들어갈 알맞은 것을 고르세요.

私^{わたし}はいつも学校^{がっこう}から帰^{かえ}るとすぐに犬^{いぬ}の散歩^{さんぽ}に行^いきます。☐、その日^ひは友達^{ともだち}の家^{いえ}に遊^{あそ}びに行^いくのが
楽^{たの}しみですっかり忘^{わす}れました。

저는 항상 학교에서 돌아오면 바로 개의 산책에 갑니다. ☐, 그 날은 친구 집에 놀러 가는 것이 기대되어 완전히 잊어버렸습니다.

1 それに	2 しかし	3 または	4 それどころか
게다가	하지만	혹은	그러기는커녕

정답 : 2

학습목표

[문제7 문법형식 판단]과 [문제9 글의 문법]에서는 빈칸에 들어갈 알맞은 접속사를 고르는 문제가 출제된다. N2에서 자주 나오는 접속사를
예문과 함께 꼼꼼히 학습하자.

1. 접속사의 역할

접속사는 단어나 문장끼리의 순접, 역접, 병렬, 선택, 첨가, 보충, 전환, 환언 등의 의미관계를 나타낸다.

2. N2 필수 접속사와 종류

(1) 순접

こうして 이렇게 해서	二人^{ふたり}は数日間徹夜^{すうじつかんてつや}した。**こうして**できたのがこの企画^{きかく}だ。 두 사람은 수일간 밤을 샜다. 이렇게 해서 완성된 것이 이 기획이다.
したがって 따라서	今^{いま}の規則^{きそく}は不公平^{ふこうへい}だ。**したがって**改正^{かいせい}する必要^{ひつよう}がある。 지금의 규칙은 불공평하다. 따라서 개정할 필요가 있다.
すると 그랬더니, 그러자	ネットで商品^{しょうひん}を買^かった。**すると**、送料^{そうりょう}の請求^{せいきゅう}が来^きた。 인터넷에서 상품을 샀다. 그랬더니, 배송료 청구가 왔다.
そうすれば 그러면	考^{かんが}え過^すぎないでください。**そうすれば**ストレスもなくなります。 너무 생각하지 마세요. 그러면 스트레스도 없어질 거예요.
そこで 그래서, 그런데	社員^{しゃいん}が増^ふえた。**そこで**新^{あたら}しい事務所^{じむしょ}を探^{さが}してみた。 사원이 늘었다. 그래서 새 사무실을 찾아봤다.
それで 그래서	作文^{さくぶん}が長^{なが}すぎると言^いわれました。**それで**短^{みじか}く直^{なお}しました。 작문이 너무 길다고 들었습니다. 그래서 짧게 고쳤습니다.

それなら 그렇다면, 그러면	週末は割引になりませんか？ **それなら**買いません。 주말은 할인이 안 되나요? 그렇다면 사지 않겠습니다.
だから 그러니까	毎日３時間しか寝ないで仕事をした。**だから**病気になったのだ。 매일 3시간밖에 자지 않고 일을 했다. 그러니까 병이 난 것이다.

(2) 역접

けれども 하지만, 그렇지만	時間はある。**けれども**、お金がない。 시간은 있다. 하지만, 돈이 없다.
しかし 그러나	友達の名前を呼んだ。**しかし**、彼は振り向かなかった。 친구의 이름을 불렀다. 그러나, 그는 뒤돌아보지 않았다.
それでも 그래도, 그런데도	このカバンは高すぎる。**それでも**買いたい。 이 가방은 너무 비싸다. 그래도 사고 싶다.
それなのに 그런데	努力はしている。**それなのに**成績がよくない。 노력은 하고 있다. 그런데 성적이 좋지 않다.
ところが 그런데, 그러나	簡単に解決すると思っていた。**ところが**、まだ解決していない。 간단하게 해결할 거라고 생각했다. 그런데, 아직 해결되지 않았다.

📋 **확인문제** 괄호에 들어갈 알맞은 접속사를 고르세요.

01 今の規則は不公平だ。(　　) 改正する必要がある。　　ⓐ したがって　　ⓑ そうすれば

02 このカバンは高すぎる。(　　) 買いたい。　　ⓐ それで　　ⓑ それでも

03 簡単に解決すると思っていた。(　　)、まだ解決していない。　　ⓐ ところが　　ⓑ そこで

04 考え過ぎないでください。(　　) ストレスもなくなります。　　ⓐ そうすれば　　ⓑ それなのに

05 週末は割引になりませんか？(　　) 買いません。　　ⓐ けれども　　ⓑ それなら

정답 : 01 ⓐ 02 ⓑ 03 ⓐ 04 ⓐ 05 ⓑ

(3) 병렬, 선택

あるいは 혹은, 또는	<ruby>次<rt>つぎ</rt></ruby>の<ruby>大会<rt>たいかい</rt></ruby>は<ruby>東京<rt>とうきょう</rt></ruby>**あるいは**<ruby>大阪<rt>おおさか</rt></ruby>で<ruby>開催<rt>かいさい</rt></ruby>されます。 다음 대회는 도쿄 혹은 오사카에서 개최됩니다.
そして 그리고	<ruby>入<rt>はい</rt></ruby>りたい<ruby>部署<rt>ぶしょ</rt></ruby>は<ruby>営業部<rt>えいぎょうぶ</rt></ruby>、<ruby>総務部<rt>そうむぶ</rt></ruby>、**そして**<ruby>人事部<rt>じんじぶ</rt></ruby>です。 들어가고 싶은 부서는 영업부, 총무부, 그리고 인사부입니다.
それとも 아니면, 그렇지 않으면	ここで<ruby>食<rt>た</rt></ruby>べましょうか？ **それとも**<ruby>持<rt>も</rt></ruby>ち<ruby>帰<rt>かえ</rt></ruby>りましょうか。 여기서 먹을까요? 아니면 가지고 갈까요?
または 또는, 혹은	<ruby>申<rt>もう</rt></ruby>し<ruby>込<rt>こ</rt></ruby>みたい<ruby>方<rt>かた</rt></ruby>はメール**または**<ruby>電話<rt>でんわ</rt></ruby>で<ruby>連絡<rt>れんらく</rt></ruby>ください。 신청하고 싶은 분은 메일 또는 전화로 연락 주세요.
もしくは 또는, 혹은	バス**もしくは**<ruby>地下鉄<rt>ちかてつ</rt></ruby>で<ruby>行<rt>い</rt></ruby>きましょう。 버스 또는 지하철로 갑시다.

(4) 첨가, 보충

しかも 게다가	<ruby>空<rt>そら</rt></ruby>が<ruby>暗<rt>くら</rt></ruby>くなって、**しかも**<ruby>雨<rt>あめ</rt></ruby>も<ruby>降<rt>ふ</rt></ruby>り<ruby>出<rt>だ</rt></ruby>した。 하늘이 어두워지고, 게다가 비까지 내리기 시작했다.
そのうえ 게다가	<ruby>新<rt>あたら</rt></ruby>しい<ruby>部屋<rt>へや</rt></ruby>は<ruby>広<rt>ひろ</rt></ruby>いし、**そのうえ**<ruby>日当<rt>ひあ</rt></ruby>たりもいい。 새로운 방은 넓고, 게다가 햇볕도 잘 든다.
それどころか 그뿐 아니라, 그렇기는커녕	<ruby>商品<rt>しょうひん</rt></ruby>がまだ<ruby>届<rt>とど</rt></ruby>いていません。**それどころか**、<ruby>連絡<rt>れんらく</rt></ruby>もとれません。 상품이 아직 도착하지 않았습니다. 그뿐 아니라, 연락도 되지 않습니다.
それに 게다가	あの<ruby>店<rt>みせ</rt></ruby>はいい<ruby>商品<rt>しょうひん</rt></ruby>がたくさんある。**それに**、<ruby>店員<rt>てんいん</rt></ruby>も<ruby>親切<rt>しんせつ</rt></ruby>だ。 저 가게는 좋은 상품이 많이 있다. 게다가, 점원도 친절하다.
それにしても 그렇다고 해도	<ruby>多<rt>おお</rt></ruby>くなると<ruby>言<rt>い</rt></ruby>ってはいたけど、**それにしても**これは<ruby>多<rt>おお</rt></ruby>すぎる。 많아질 거라고는 말했지만, 그렇다고 해도 이건 너무 많다.
それには 그렇게 하기 위해서는	<ruby>今回<rt>こんかい</rt></ruby>は<ruby>絶対<rt>ぜったい</rt></ruby>に<ruby>優勝<rt>ゆうしょう</rt></ruby>したい。**それには**<ruby>毎日練習<rt>まいにちれんしゅう</rt></ruby>するしかない。 이번에는 꼭 우승하고 싶다. 그렇게 하기 위해서는 매일 연습하는 수밖에 없다.
ただ 다만	<ruby>仕事<rt>しごと</rt></ruby>は<ruby>楽<rt>たの</rt></ruby>しい。**ただ**<ruby>少<rt>すこ</rt></ruby>し<ruby>難<rt>むずか</rt></ruby>しい。 일은 즐겁다. 다만 조금 어렵다.
ただし 단, 다만	<ruby>京都<rt>きょうと</rt></ruby><ruby>行<rt>ゆ</rt></ruby>きは5,300<ruby>円<rt>えん</rt></ruby>です。**ただし**、<ruby>往復<rt>おうふく</rt></ruby>は10%<ruby>割引<rt>わりびき</rt></ruby>になります。 교토행은 5,300엔입니다. 단, 왕복은 10% 할인됩니다.

では 그럼, 그러면	それは難しそうですね。**では**、こうすればどうでしょうか。 그건 어려워 보이네요. 그럼, 이렇게 하면 어떨까요?
なお 또한, 덧붙여서 말하면	9月23日までです。**なお**、詳しい説明はホームページを参考にしてください。 9월 23일까지입니다. 또한, 상세한 설명은 홈페이지를 참고해 주세요.
なぜなら 왜냐하면	今は何も言えない。**なぜなら**まだ決まってないから。 지금은 아무것도 말할 수 없다. 왜냐하면 아직 결정되지 않았으니까.
もっとも 다만, 단	明日までに出してね。**もっとも**、今日出してくれたら嬉しいけどね。 내일까지 내. 다만, 오늘 내주면 고맙겠지만.

(5) 전환, 환언

さて 그럼	時間になりました。**さて**、みなさん準備はできましたか。 시간이 되었습니다. 그럼, 여러분 준비는 되셨나요?
すなわち 곧, 즉	文章を書くことは、**すなわち**、考えることだ。 글을 쓰는 것은, 곧, 생각하는 것이나.
それでは 그럼	かしこまりました。**それでは**9月にセミナーを開くことにします。 잘 알겠습니다. 그럼 9월에 세미나를 여는 것으로 하겠습니다.
ところで 그런데, 그건 그렇고	今日6時にチェックインします。**ところで**、荷物はここに置いてもいいですか。 오늘 6시에 체크인 할게요. 그런데, 짐은 여기에 둬도 되나요?

📄 **확인문제** 괄호에 들어갈 알맞은 접속사를 고르세요.

01 次の大会は東京（　）大阪で開催されます。　　ⓐ あるいは　　ⓑ しかも

02 9月23日までです。（　）、詳しい説明はホームページを参考にしてください。　ⓐ なお　　ⓑ ただ

03 文章を書くことは、（　）、考えることだ。　　ⓐ ところで　　ⓑ すなわち

04 新しい部屋は広いし、（　）日当たりもいい。　　ⓐ そのうえ　　ⓑ それには

05 時間になりました。（　）、みなさん準備はできましたか。　　ⓐ それに　　ⓑ さて

정답 : 01 ⓐ 02 ⓐ 03 ⓑ 04 ⓐ 05 ⓑ

다음 (　　)에 들어갈 알맞은 것을 고르세요.

渋滞のせいでいつも見ているテレビ番組が今日は（　　）。

정체 때문에 항상 보고 있는 텔레비전 방송을 오늘은 (　　).

1 見えても仕方ない　　**2** 見られないことだった　　**3** 見られそうにない　　**4** 見えないことがあった

　보여도 어쩔 수 없다　　　　볼 수 없는 것이었다　　　　　볼 수 있을 것 같지 않다　　　　보이지 않는 경우가 있었다

정답 : 3

학습목표

추측・전언표현은 문법의 모든 문제에 걸쳐 문말표현을 고르는 문제로 주로 출제된다. 문장 또는 지문의 문맥 파악을 위해서도 추측・전언표현은 매우 중요하므로, 각각의 용법과 의미를 꼼꼼히 학습하자.

1. そうだ는 추측과 전언 모두 사용할 수 있으며, 추측의 경우 직감적으로 추측할 때 사용한다.

(1) 추측의 そうだ

	명사	い형용사	な형용사	동사
긍정	-	おいしそうだ 맛있을 것 같다	静かそうだ 조용할 것 같다	行きそうだ 갈 것 같다
부정	人ではなさそうだ 사람이 아닐 것 같다	おいしそうではない 맛있을 것 같지 않다	静かそうではない 조용할 것 같지 않다	行きそうにない 行きそうもない 行きそうにもない 갈 것 같지 않다
과거	-	おいしそうだった 맛있을 것 같았다	静かそうだった 조용할 것 같았다	行きそうだった 갈 것 같았다
과거 부정	人ではなさそうだった 사람이 아닐 것 같았다	おいしそうではなかった 맛있을 것 같지 않았다	静かそうではなかった 조용할 것 같지 않았다	行きそうではなかった 갈 것 같지 않았다

예 今すぐにでも行き**そうだ**。 지금 당장이라도 갈 것 같다.

あれは人では**なさそうだ**。 저것은 사람이 아닐 것 같다.

あのケーキはおいし**そうだった**。 저 케이크는 맛있을 것 같았다.

公園は静か**そうではなかった**。 공원은 조용할 것 같지 않았다.

(2) 전언의 そうだ

	명사	い형용사	な형용사	동사
긍정	人だそうだ 사람이라고 한다	おいしいそうだ 맛있다고 한다	静かだそうだ 조용하다고 한다	行くそうだ 간다고 한다
부정	人ではないそうだ 사람이 아니라고 한다	おいしくないそうだ 맛있지 않다고 한다	静かではないそうだ 조용하지 않다고 한다	行かないそうだ 가지 않는다고 한다
과거	人だったそうだ 사람이었다고 한다	おいしかったそうだ 맛있었다고 한다	静かだったそうだ 조용했다고 한다	行ったそうだ 갔다고 한다
과거 부정	人ではなかったそうだ 사람이 아니었다고 한다	おいしくなかったそうだ 맛있지 않았다고 한다	静かではなかったそうだ 조용하지 않았다고 한다	行かなかったそうだ 가지 않았다고 한다

[예] 今すぐにでも行く**そうだ**。 지금 당장이라도 간다고 한다.

あれは人では**ない**そうだ。 저것은 사람이 아니라고 한다

あのケーキはおいし**かったそうだ**。 저 케이크는 맛있었다고 한다.

公園は静かでは**なかったそうだ**。 공원은 조용하지 않았다고 한다.

📋 **확인문제** 괄호에 들어갈 알맞은 표현을 고르세요.

01 マイクを取ったので、今から（　　）。　ⓐ 話しそうだ　　　ⓑ 話すそうだ

02 太ってどうも（　　）。　ⓐ 走れそうではない　　ⓑ 走れそうにない

03 昨日見た赤い車はけっこう高い（　　）。　ⓐ 車だったそうだ　　ⓑ 車のそうだ

04 亡くなった友達の母親は（　　）。　ⓐ 穏やかな人だったそうだ　ⓑ 穏やかな人そうだった

05 ここは桜の（　　）。　ⓐ 名所そうだ　　　ⓑ 名所だそうだ

정답 : 01 ⓑ 02 ⓑ 03 ⓐ 04 ⓐ 05 ⓑ

2. らしい는 추측과 전언 모두 사용할 수 있으며, 추측의 경우 객관적 근거로 추측할 때 사용한다.

	명사	い형용사	な형용사	동사
긍정	人らしい 사람인 것 같다/ 사람이라고 한다	おいしいらしい 맛있는 것 같다/ 맛있다고 한다	静からしい 조용한 것 같다/ 조용하다고 한다	行くらしい 가는 것 같다/ 간다고 한다
부정	人ではないらしい 사람이 아닌 것 같다/ 사람이 아니라고 한다	おいしくないらしい 맛있지 않은 것 같다/ 맛있지 않다고 한다	静かではないらしい 조용하지 않은 것 같다/ 조용하지 않다고 한다	行かないらしい 가지 않는 것 같다/ 가지 않는다고 한다
과거	人だったらしい 사람이었던 것 같다/ 사람이었다고 한다	おいしかったらしい 맛있었던 것 같다/ 맛있었다고 한다	静かだったらしい 조용했던 것 같다/ 조용했었다고 한다	行ったらしい 간 것 같다/ 갔다고 한다
과거 부정	人ではなかったらしい 사람이 아니었던 것 같다/ 사람이 아니었다고 한다	おいしくなかったらしい 맛있지 않았던 것 같다/ 맛있지 않았었다고 한다	静かではなかったらしい 조용하지 않았던 것 같다/ 조용하지 않았었다고 한다	行かなかったらしい 가지 않았던 것 같다/ 가지 않았었다고 한다

[추측]

예 旅行に行くと言っていたが、今行くらしい。 여행 간다더니, 지금 가는 것 같다.

影を見るとあれは人ではないらしい。 그림자를 보면 저것은 사람이 아닌 것 같다.

前にも食べていたのを見ると、あのケーキはおいしかったらしい。 전에도 먹고 있었던 것을 보면, 저 케이크는 맛있었던 것 같다.

ボランティアをした幼稚園の子どもは静かではなかったらしい。 봉사활동을 했던 유치원의 아이들은 조용하지 않았던 것 같다.

[전언]

예 山田さんは今日、旅行に行くらしい。 야마다 씨는 오늘, 여행 간다고 한다.

記事によるとあれは人ではないらしい。 기사에 의하면 저것은 사람이 아니라고 한다.

友達に聞くとあのケーキはおいしかったらしい。 친구에게 들으니 저 케이크는 맛있었다고 한다.

公園で遊んでいた子どもは静かではなかったらしい。 공원에서 놀고 있던 아이들은 조용하지 않았다고 한다.

잠깐! らしい는 명사와 결합하여 '~답다', '~다운'의 의미로도 사용된다.

예 彼は男らしい。 그는 남자답다.

3. ようだ는 추측으로만 사용할 수 있으며, 주관적 근거로 추측할 때 사용한다.

	명사	い형용사	な형용사	동사
긍정	人のようだ 사람인 것 같다	おいしいようだ 맛있는 것 같다	静かなようだ 조용한 것 같다	行くようだ 가는 것 같다
부정	人ではないようだ 사람이 아닌 것 같다	おいしくないようだ 맛있지 않은 것 같다	静かではないようだ 조용하지 않은 것 같다	行かないようだ 가지 않는 것 같다
과거	人だったようだ 사람이었던 것 같다	おいしかったようだ 맛있었던 것 같다	静かだったようだ 조용했던 것 같다	行ったようだ 간 것 같다
과거 부정	人ではなかったようだ 사람이 아니었던 것 같다	おいしくなかったようだ 맛있지 않았던 것 같다	静かではなかったようだ 조용하지 않았던 것 같다	行かなかったようだ 가지 않았던 것 같다

㉠ スーツケースを持っているのを見ると、今から旅行に行く**ようだ**。 캐리어를 갖고 있는 것을 보면, 지금 여행을 가는 것 같다.

形から見てあれは人では**ないようだ**。 형태로 봐서 저것은 사람이 아닌 것 같다.

微笑んでいるので、あのケーキはおいし**かったようだ**。 미소 짓고 있으니, 저 케이크는 맛있었던 것 같다.

今、考えてみると、あまり静か**ではなかったようだ**。 지금, 생각해보면, 그다지 조용하지 않았던 것 같다.

[잠깐!] ようだ는 비유, 예시의 의미로도 사용된다.

　㉠ この雪はまるで綿**のようだ**。 이 눈은 마치 솜 같다.

　　あの人**のように**英語がペラペラ話せたらいいのに。 저 사람처럼 영어를 유창하게 할 수 있으면 좋을 텐데.

📋 확인문제 괄호에 들어갈 알맞은 표현을 고르세요.

01 今にでも （　　） ような顔をしていますね。 ⓐ 泣き　ⓑ 泣く

02 この時間まで寝ているのを見ると、今日は学校を（　　）ようだ。 ⓐ 休む　ⓑ 休み

03 警察として警察（　　） 行動をしてはいけない。 ⓐ らしくない　ⓑ のような

04 あの子はまるで人形（　　） かわいいですね。 ⓐ ように　ⓑ のように

05 北海道から沖縄まで30分で行ける技術が登場した（　　）。 ⓐ らしい　ⓑ ようだ

정답 : 01 ⓑ　02 ⓐ　03 ⓐ　04 ⓑ　05 ⓐ

다음 (   )에 들어갈 알맞은 것을 고르세요.

私^{わたし}のことを考^{かんが}えながらこの指輪^{ゆびわ}を（   ）思^{おも}うと、とても幸^{しあわ}せです。

나를 생각하면서 이 반지를 (   ) 생각하면, 매우 행복합니다.

1 買^かってやったのかと
사 주었다고

2 買^かってもらったのかと
사 받았다고

3 買^かってあげたのかと
사 주었다고

4 買^かってくれたのかと
사 주었다고

정답 : 4

학습목표

[문제7 문법형식 판단]에서는 괄호에 들어갈 알맞은 수수표현을 고르는 문제가 출제되며, [문제8 문장 만들기]와 [문제9 글의 문법]에서 정확한 문맥 파악을 위해서도 중요하므로, 각각의 용법과 의미를 꼼꼼히 학습하자.

1. 수수표현 정리

	주다		받다
동작의 주체	1인칭이 → 2·3인칭에게 2인칭이 → 3인칭에게 3인칭이 → 3인칭에게	2·3인칭이 → 1인칭에게 3인칭이 → 2인칭에게 3인칭이 → 3인칭에게	1인칭이 ← 2·3인칭으로부터 2인칭이 ← 3인칭으로부터 3인칭이 ← 3인칭으로부터
상대와 동등한 관계일 때	あげる 주다	くれる 주다	もらう 받다
상대가 윗사람일 때	さしあげる 드리다	くださる 주시다	いただく 받다
상대가 손아래일 때 (동물이나 식물일 때)	やる 주다	くれる 주다	もらう 받다

2. あげる, さしあげる, やる (주다)

예 姉^{あね}はあい子^こさんにケーキを**あげた**。 언니는 아이코 씨에게 케이크를 주었다.

彼^{かれ}はその絵^えを上司^{じょうし}に**さしあげた**。 그는 그 그림을 상사에게 드렸다.

弟^{おとうと}は毎日^{まいにち}犬^{いぬ}にえさを**やる**。 남동생은 매일 개에게 먹이를 준다.

3. くれる, くださる, くれる (주다)

예 母^{はは}は私^{わたし}に着物^{きもの}を**くれた**。 엄마는 나에게 기모노를 주었다.

部長^{ぶちょう}が社員^{しゃいん}にお土産^{みやげ}を**くださった**。 부장님이 사원에게 선물을 주셨다.

4. もらう, いただく, もらう (받다)

예 彼女は姉に服を**もらった**。 그녀는 언니에게 옷을 받았다.

私は先生にいい本を**いただいた**。 나는 선생님께 좋은 책을 받았다.

5. て형 뒤에 보조동사로 쓰인 수수표현 (~해 주다, ~해 받다)

행위나 동작을 주고 받을 때는 수수동사가 동사의 て형에 붙어서 보조동사로 사용된다.

예 春子さんを家まで送っ**てあげました**。 하루코 씨를 집까지 배웅해 주었습니다.

ご案内をし**てさしあげました**。 안내를 해 드렸습니다.

예 両親が買っ**てくれた**自転車です。 부모님이 사준 자전거입니다.

上司がほめ**てくださった**。 상사가 칭찬해 주셨다.

예 友達にお金を貸し**てもらった**。 친구에게 돈을 빌렸다.

素敵な着物を貸し**ていただいた**。 멋진 기모노를 빌렸다.

📋 **확인문제** 괄호에 들어갈 알맞은 표현을 고르세요.

01	先輩が手伝って ( )。	ⓐ さしあげた	ⓑ くださった
02	友達に辞書を ( )。	ⓐ 貸してもらった	ⓑ 貸してくれた
03	彼女は私にチョコレートを ( )。	ⓐ くれた	ⓑ あげた
04	妹は山田さんに手紙を ( )。	ⓐ くださった	ⓑ あげた
05	私は課長に資料を ( )。	ⓐ いただいた	ⓑ やった

정답 : 01 ⓑ 02 ⓐ 03 ⓐ 04 ⓑ 05 ⓑ

06 수동·사역·사역수동표현

다음 (　　)에 들어갈 알맞은 것을 고르세요.

人前に立つのが嫌いなのに全校生徒の前で発表（　　）。

사람 앞에 서는 것을 싫어하는데 전교생 앞에서 발표했다.

1 される **2 させた** **3 させる** **4 させられた**
　당하다 　 시켰다 　 시키다 　(억지로)했다

정답 : 4

학습목표

수동·사역·사역수동표현은 문법의 모든 문제에 걸쳐 문형과 결합한 형태로 출제된다. 정확한 문맥 파악을 위해서도 수동·사역·사역수동
표현은 중요하므로, 각각의 용법과 의미를 꼼꼼히 학습하자.

---

1. 수동·사역·사역수동의 형태

	수동	사역	사역수동
의미	~되다, ~지다, ~당하다	~하게 하다, ~시키다	억지로 ~하다
1그룹 동사	行か**れる** 가게 되다	行か**せる** 가게 하다	行か**される** / 行か**せられる** 억지로 가다
2그룹 동사	食べ**られる** 먹게 되다	食べ**させる** 먹게 하다	食べ**させられる** 억지로 먹다
する	**される** 하게 되다	**させる** 하게 하다	**させられる** 억지로 하다
くる	**こられる** 오게 되다	**こさせる** 오게 하다	**こさせられる** 억지로 오다

2. 수동

(1) 어떠한 동작이나 작용의 영향을 직접적으로 받을 때

　　예 この仕事には高い語学力が**要求される**。이 일에는 높은 어학력이 요구된다.

　　　　私は成績が大幅に伸びて、先生に**褒められた**。나는 성적이 큰 폭으로 올라서, 선생님에게 칭찬받았다.

(2) 어떠한 동작이나 작용의 영향을 간접적으로 받을 때

　　예 彼は奥さんに**逃げられて**、すっかり元気をなくしてしまった。그는 부인이 집을 나가, 완전히 기운을 잃어버렸다.

　　　　私の前に次々と料理が**出されて**、とても食べきれなかった。내 앞에 끊임없이 음식이 나와, 도저히 다 먹을 수 없었다.

잠깐! れる/られる는 가능, 존경의 의미를 나타내기도 한다.

　　예 ここでは高水準の医療が**受けられる**。여기서는 높은 수준의 의료를 받을 수 있다.

　　　　社長は毎朝6時に**起きられる**。사장님은 매일 아침 6시에 일어나신다.

3. 사역

(1) 어떠한 명령이나 지시에 따라 동작이나 작용을 할 때

　예　**教師**が**学生**に**本**を**読ませた**。 교사가 학생에게 책을 읽게 했다.

　　母は**子**どもを**買**い**物**に**行かせた**。 엄마는 아이를 심부름에 가게 했다.

(2) 허가, 방임, 양해, 감사 등의 의미를 나타낼 때

　예　そんなにこの**仕事**がやりたいのなら、**やらせて**あげる。

　　그렇게 이 일이 하고 싶다면, 하게 해주지.

　　甘えて**泣**いているだけだから、そのまま**泣かせて**おきなさい。

　　응석 부리느라 울고 있는 것뿐이니까, 그대로 울게 놔둬.

　　申し**訳**ありませんが、**今日**は**早**めに**帰らせて**いただけませんか。

　　죄송합니다만, 오늘은 일찍 돌아가도 될까요?

　　両親が**早**くなくなったので、**姉**が**働**いて**私**を**大学**に**行かせて**くれた。

　　부모님이 일찍 돌아가셔서, 누나가 일해 나를 대학에 보내주었다(그래서 감사하다).

4. 사역수동

(1) 어떠한 동작이나 작용을 억지로 강요당했을 때

　예　**私**は**先輩**に**無理**にお**酒**を**飲まされた**。 선배가 억지로 술을 마시게 했다.

　　私は**昨日**、お**母**さんに３**時間**も**勉強**を**させられた**。 어제, 엄마가 3시간이나 공부를 시켰다.

📋 **확인문제** 괄호에 들어갈 알맞은 표현을 고르세요.

01	**今日**は**先生**に（　　） すごく**落**ち**込**んでいる。	ⓐ しかられて	ⓑ しからせて
02	**友達**にお**土産**を（　　）。	ⓐ 頼まれました	ⓑ 頼まされました
03	**誰**かにお**酒**を**無理**に（　　）はいけません。	ⓐ 飲まれて	ⓑ 飲ませて
04	**社長**は**体調**が**悪**そうな**彼**を**早**めに（　　）。	ⓐ 帰らせた	ⓑ 帰らされた
05	**父**は**母**にタバコを（　　）**苦**しんでいます。	ⓐ やめられて	ⓑ やめさせられて

정답 : 01 ⓐ 02 ⓐ 03 ⓑ 04 ⓐ 05 ⓑ

다음 ( )에 들어갈 알맞은 것을 고르세요.

山田 「田中部長、A社の鈴木様が（ ）。」 다나카 부장님, A사의 스즈키 님이 ( ).
<ruby>田中<rt>たなかぶちょう</rt></ruby><ruby>部長<rt></rt></ruby>、A<ruby>社<rt>しゃ</rt></ruby>の<ruby>鈴木<rt>すずき</rt></ruby><ruby>様<rt>さま</rt></ruby>が

田中 「そうか。じゃあ、すぐに<ruby>行<rt>い</rt></ruby>くから<ruby>先<rt>さき</rt></ruby>に<ruby>お茶<rt>ちゃ</rt></ruby>を<ruby>出<rt>だ</rt></ruby>しておいてくれる？」

그래. 그럼, 바로 갈 테니까 먼저 차를 내어줄래?

1 <ruby>伺<rt>うかが</rt></ruby>いました   2 お<ruby>目<rt>め</rt></ruby>にかかりました   3 ございました   4 お<ruby>越<rt>こ</rt></ruby>しになりました
찾아 뵈었습니다   뵈었습니다   계셨습니다   오셨습니다

정답 : 4

학습목표

[문제7 문법형식 판단]에서 빈칸에 들어갈 알맞은 경어표현을 고르는 문제가 주로 출제되지만, 경어표현은 문법 문제뿐만 아니라, 독해와 청해에서도 자주 나오는 표현이므로, 일본어에는 어떤 경어들이 있는지 꼼꼼히 학습하자.

1. 존경 표현은 윗사람이 하는 행위를 높이는 말이다.

만드는 방법	예문
お + 동사 ます형 + になる ~하십니다	<ruby>先生<rt>せんせい</rt></ruby>が<ruby>先<rt>さき</rt></ruby>ほど<ruby>出張<rt>しゅっちょう</rt></ruby>から**お<ruby>帰<rt>かえ</rt></ruby>りになりました**。 선생님께서 조금 전에 출장에서 돌아오셨습니다.
お + 동사 ます형 + ください ~해 주세요	ご<ruby>利用<rt>りよう</rt></ruby>になった<ruby>本<rt>ほん</rt></ruby>は<ruby>元<rt>もと</rt></ruby>の<ruby>場所<rt>ばしょ</rt></ruby>に**お<ruby>戻<rt>もど</rt></ruby>しください**。 이용하신 책은 원래의 장소에 돌려놔 주세요.
~てくださる ~해 주시다	<ruby>丁寧<rt>ていねい</rt></ruby>にご<ruby>説明<rt>せつめい</rt></ruby>**してくださり**、ありがとうございます。 친절히 설명해 주셔서, 감사합니다.
~させてくださる ~하게 해 주시다	<ruby>部長<rt>ぶちょう</rt></ruby>が<ruby>私<rt>わたし</rt></ruby>の<ruby>意見<rt>いけん</rt></ruby>をプロジェクトに<ruby>反映<rt>はんえい</rt></ruby>**させてくださった**。 부장님께서 나의 의견을 프로젝트에 반영시켜 주셨다.

2. 겸양 표현은 자신이 하는 행위를 낮춰 상대를 높이는 말이다.

만드는 방법	예문
お/ご + 동사 ます형 + する (いたす) ~하겠다	<ruby>顧客<rt>こきゃく</rt></ruby>リストはメールに<ruby>添付<rt>てんぷ</rt></ruby>して**お<ruby>送<rt>おく</rt></ruby>りいたします**。 고객 리스트는 메일에 첨부해서 보내드리겠습니다.
~ていただく ~해 주시다, ~해 받다	お<ruby>客様<rt>きゃくさま</rt></ruby>に<ruby>満足<rt>まんぞく</rt></ruby>**していただく**ために<ruby>努力<rt>どりょく</rt></ruby>しております。 손님이 만족해 주실 수 있도록 노력하고 있습니다.
~させていただく ~하겠다	<ruby>急<rt>きゅう</rt></ruby>ですが、<ruby>会議<rt>かいぎ</rt></ruby>の<ruby>日程<rt>にってい</rt></ruby>を<ruby>変更<rt>へんこう</rt></ruby>**させていただきます**。 갑작스럽습니다만, 회의 일정을 변경하겠습니다.

3. 특수 경어표현

일반동사	존경표현	겸양표현
会う 만나다	お会いになる 만나시다	お目にかかる 뵙다
いる 있다	いらっしゃる / おいでになる 계시다	おる 있다
行く 가다	いらっしゃる / おいでになる 가시다	参る 가다
来る 오다	いらっしゃる / おいでになる / お越しになる 오시다	参る 오다
言う 말하다	おっしゃる 말씀하시다	申し上げる / 申す 말씀드리다
聞く 듣다, 묻다	お聞きになる 들으시다	伺う 듣다, 여쭙다
聞かせる 들려주다	-	お耳に入れる 들려드리다
見る 보다	ご覧になる 보시다	拝見する 보다
見せる 보여주다	-	お目にかける / ご覧に入れる 보여드리다
知っている 알고 있다	ご存じだ 알고계시다	存じている 알고 있다
する 하다	なさる 하시다	いたす 하다
訪ねる 방문하다	お越しになる 오시다	伺う / お邪魔する 찾아뵙다
食べる 먹다 / 飲む 마시다	召し上がる 드시다	いただく 먹다
引き受ける 받다	-	承る 받들다
分かる 이해하다	-	承知する / かしこまる 알다

📋 **확인문제** 괄호에 들어갈 알맞은 표현을 고르세요.

01 手紙をちょっと（　　）いただきます。   ⓐ 拝見させて   ⓑ ご覧させて

02 この件は社長の（　　）とおりに進めます。   ⓐ おっしゃった   ⓑ お耳に入れた

03 明日、御社の支店に（　　）よろしいでしょうか。   ⓐ お越しになっても   ⓑ 伺っても

04 ご遠慮なく温かいうちに（　　）ください。   ⓐ 召し上がって   ⓑ お召しになって

05 はい、事件はもう解決したと（　　）おります。   ⓐ 承って   ⓑ 存じて

정답 : 01 ⓐ 02 ⓐ 03 ⓑ 04 ⓐ 05 ⓑ

08 명사 뒤에 접속하는 문형

다음 (   )에 들어갈 알맞은 것을 고르세요.

災害時 (   ) 大切なのは冷静に行動することです。
さいがい じ　　　　　　　　　たいせつ　　　　れいせい　　こうどう

재해 시 (   ) 중요한 것은 냉정하게 행동하는 것입니다.

1 に加えて　　　2 において　　　3 を通して　　　4 をめぐって
　くわ　　　　　　　　　　　　　　　　　　　　と

에 더해　　　　에 있어　　　　　를 통해　　　　를 둘러싸고

정답 : 2

학습목표

명사 뒤에 접속하는 문형은 [문제7 문법형식 판단]에서 조사와 결합하여 선택지로 제시되는 경우가 많다. 각 문형의 의미를 예문과 함께 꼼꼼히 학습하자.

---

01 ～からして ~부터

접속　명사 + からして

예문　この映画はタイトルからして面白そうなので公開が楽しみだ。
　　　えい が　　　　　　　　　　　おもしろ　　　　　こうかい　たの

　　　이 영화는 제목부터 재미있을 것 같아서 개봉이 기대된다.

---

02 ～からすると/～からすれば ~으로 보아, ~의 입장에서 본다면

접속　명사 + からすると/からすれば

예문　部長の性格からすると、許可してくれるはずがない。
　　　ぶ ちょう せいかく　　　　　　　　きょ か

　　　부장님의 성격으로 보아, 허가해줄 리가 없다.

---

03 ～さえ…ば ~만 …하면

접속　명사 + さえ + 동사 가정형 + ば

예문　あなたさえよければ日程を変更してもかまいません。
　　　　　　　　　　　　にってい　へんこう

　　　당신만 괜찮다면 일정을 변경해도 상관없어요.

---

04 ～次第で ~에 따라
　　　　 しだい

접속　명사 + 次第で

예문　私の努力次第で、人生が決まると思ってるよ。
　　　わたし どりょくし だい　じんせい き　　　おも

　　　나의 노력에 따라, 인생이 결정된다고 생각해.

05 ~だって ~라도, ~도

접속　명사 + だって

예문　そんな難しいことは教授だって知らないだろう。
그런 어려운 것은 교수라도 모를 것이다.

06 ~だらけ ~투성이

접속　명사 + だらけ

예문　戦争から帰ってきた彼の体は傷だらけだった。
전쟁에서 돌아온 그의 몸은 상처투성이였다.

07 ~でしかない ~에 불과하다

접속　명사 + でしかない

예문　彼女は有名な俳優だが、引退したら一人の人間でしかない。
그녀는 유명한 배우지만, 은퇴하면 한 명의 인간에 불과하다.

08 ~といえば ~라고 하면

접속　명사 + といえば

예문　青森といえば、リンゴが思い浮かびます。
아오모리라고 하면, 사과가 떠오릅니다.

📋 확인문제　괄호에 들어갈 알맞은 문형을 고르세요.

01 この映画はタイトル（　　）面白そうなので公開が楽しみだ。　　ⓐ からして　　ⓑ からすると

02 青森（　　）リンゴが思い浮かびます。　　ⓐ といえば　　ⓑ さえいえば

03 そんな難しいことは教授（　　）知らないだろう。　　ⓐ でしか　　ⓑ だって

04 彼女は有名な俳優だが、引退したら一人の人間（　　）。　　ⓐ だらけだ　　ⓑ でしかない

05 私の努力（　　）、人生が決まると思ってるよ。　　ⓐ 次第で　　ⓑ からすれば

정답 : 01 ⓐ 02 ⓐ 03 ⓑ 04 ⓑ 05 ⓐ

09 　〜といった　~와 같은

접속　명사 + といった

예문　この大学はアメリカ、中国、ロシアといった外国の学校と交流している。
이 대학은 미국, 중국, 러시아와 같은 외국 학교와 교류하고 있다.

10 　〜といっても　~라고 해도

접속　명사 + といっても

예문　昔のゲームといっても、今でも人気のゲームがたくさんある。
옛날 게임이라고 해도, 지금도 인기 있는 게임이 많이 있다.

11 　〜として/〜としては/〜としても　~로서/~로서는/~라고 해도

접속　명사 + として/としては/としても

예문　彼はリーダーとして何か物足りないと思います。
그는 리더로서 뭔가 부족하다고 생각합니다.

12 　〜とともに　~와 함께

접속　명사 + とともに

예문　時代の変化とともに言語も人々の考え方も変わってきた。
시대의 변화와 함께 언어도 사람들의 사고방식도 변해왔다.

13 　〜において　~에 있어서

접속　명사 + において

예문　生物学において彼女より詳しい人はいません。
생물학에 있어서 그녀보다 정통한 사람은 없습니다.

14 　〜に限って　~에 한해서

접속　명사 + に限って

예문　いつも忙しい時に限って電話がかかってくる。
항상 바쁠 때에 한해서 전화가 걸려온다.

15 　～にかけては/～にかけても　~에 관해서는/~에 관해서도

접속　명사 + にかけては/にかけても

예문　足の速さにかけては誰にも負けない自信があります。

발 빠르기에 관해서는 누구에게도 지지 않을 자신이 있습니다.

16 　～に関して　~에 관해서

접속　명사 + に関して

예문　授業内容に関して質問がある人は研究室に来てください。

수업내용에 관해서 질문이 있는 사람은 연구실로 와 주세요.

17 　～に加えて　~에다, ~에 더하여

접속　명사 + に加えて

예문　連日にわたる大雨に加えて台風まで近づいてきた。

연일에 걸친 큰비에다 태풍까지 다가왔다.

18 　～にこたえて　~에 부응하여

접속　명사 + にこたえて

예문　妹は家族の期待にこたえて、大企業に就職した。

여동생은 가족의 기대에 부응하여, 대기업에 취직했다.

📋 **확인문제** 괄호에 들어갈 알맞은 문형을 고르세요.

. . . .

01　彼はリーダー（　　）何か物足りないと思います。　　ⓐ として　　ⓑ といっても

02　生物学（　　）彼女より詳しい人はいません。　　ⓐ に加えて　　ⓑ において

03　いつも忙しい時（　　）電話がかかってくる。　　ⓐ に限って　　ⓑ にかけても

04　授業内容（　　）質問がある人は研究室に来てください。　　ⓐ に関して　　ⓑ にこたえて

05　足の速さ（　　）誰にも負けない自信があります。　　ⓐ にかけては　　ⓑ にこたえて

ⓐ 05 ⓐ 04 ⓐ 03 ⓑ 02 ⓐ 01 : 답정

19 〜にしたら ～의 입장에서 보면

접속　명사 + にしたら

예문　彼にしたらその提案はかえって迷惑だったかもしれません。
그의 입장에서 보면 그 제안은 오히려 민폐였을지도 모릅니다.

20 〜に備えて ～에 대비하여

접속　명사 + に備えて

예문　地震に備えて避難訓練を実施する必要がある。
지진에 대비하여 피난훈련을 실시할 필요가 있다.

21 〜にそって/〜にそい ～에 따라, ～을 따라

접속　명사 + にそって/にそい

예문　説明書に書いてある順番にそって設置してください。
설명서에 적혀있는 순서에 따라 설치해 주세요.

22 〜に対する ～에 대한

접속　명사 + に対する

예문　物価上昇に対する国民の不満が高まっている。
물가 상승에 대한 국민의 불만이 높아지고 있다.

23 〜にとって ～에게 있어, ～에게는

접속　명사 + にとって

예문　政治家にとってこの機会は成功への近道である。
정치인에게 있어 이 기회는 성공으로의 지름길이다.

24 〜に反して ～와 반대로, ～와 달리

접속　명사 + に反して

예문　専門家の予想に反して、今年の輸出はさらに減少した。
전문가의 예상과 반대로, 올해 수출은 더욱 감소했다.

25 ~にほかならない ~임에 틀림없다, 바로 ~때문이다

접속   명사 + にほかならない

예문   夫婦にとって最も大事なのは、信頼と尊敬にほかならない。
부부에게 있어 가장 중요한 것은, 신뢰와 존경임에 틀림없다.

26 ~に基づいて ~에 기반하여, ~를 토대로

접속   명사 + に基づいて

예문   交通カードの利用情報に基づいて、バス路線を調整した。
교통카드의 이용정보에 기반하여, 버스 노선을 조정했다.

27 ~によって ~때문에(원인), ~에 의해(수동), ~로(수단), ~마다(경우)

접속   명사 + によって

예문   最近気温の変化によって風邪を引く人が増えている。
최근 기온 변화 때문에 감기에 걸리는 사람이 늘고 있다.

28 ~にわたって ~에 걸쳐

접속   명사 + にわたって

예문   花火大会が9月22日、23日の二日間にわたって開催される。
불꽃축제가 9월 22일, 23일의 이틀간에 걸쳐 개최된다.

📋 **확인문제** 괄호에 들어갈 알맞은 문형을 고르세요.

01 交通カードの利用情報（   ）、バス路線を調整した。   ⓐ に基づいて   ⓑ にこたえて

02 花火大会が9月22日、23日の二日間（   ）開催される。   ⓐ にそって   ⓑ にわたって

03 最近気温の変化（   ）風邪を引く人が増えている。   ⓐ によって   ⓑ にとって

04 物価上昇（   ）国民の不満が高まっている。   ⓐ に対する   ⓑ にしたら

05 説明書に書いてある順番（   ）設置してください。   ⓐ に備えて   ⓑ にそって

정답 : 01 ⓐ 02 ⓑ 03 ⓐ 04 ⓐ 05 ⓑ

29 〜のことだから ~니까, ~라면

접속 　명사 + のことだから

예문 　いつも遅刻する彼女のことだから、きっと遅れてくるだろう。
ちこく　　　　かのじょ　　　　　　　　　　　　　　　　　　おく
항상 지각하는 그녀니까, 반드시 늦게 올 거야.

30 〜のもとで/〜のもとに ~하에, ~아래서

접속 　명사 + のもとで/のもとに

예문 　この動物は国の管理のもとで保護されています。
どうぶつ　くに　かんり　　　　　　　　ほご
이 동물은 국가의 관리하에 보호받고 있습니다.

31 〜はさておき ~은 제쳐두고

접속 　명사 + はさておき

예문 　費用の問題はさておき、まずは場所を決めましょう。
ひよう　もんだい　　　　　　　　　　ばしょ　き
비용 문제는 제쳐두고, 우선은 장소를 정합시다.

32 〜はともかく ~는 어쨌든

접속 　명사 + はともかく

예문 　その人の性格はともかく、この仕事に合うかが重要だ。
ひと　せいかく　　　　　　　　　　　しごと　あ　　　　じゅうよう
그 사람의 성격은 어쨌든, 이 일에 맞는지가 중요하다.

33 〜を通して ~을 통해
とお

접속 　명사 + を通して

예문 　二人はサークル活動を通して知り合ったそうです。
ふたり　　　　　　　　かつどう　とお　し　あ
두 사람은 서클 활동을 통해 서로 알게 되었다고 합니다.

34 〜をとわず ~을 불문하고

접속 　명사 + をとわず

예문 　我が社は学歴をとわず、人柄と能力をもとに採用します。
わ　しゃ　がくれき　　　　　　ひとがら　のうりょく　　　　さいよう
우리 회사는 학력을 불문하고, 인품과 능력을 토대로 채용합니다.

35 ～を抜きにして(は) ~을 빼고(는), ~을 제외하고(는)

접속　명사 + を抜きにして(は)

예문　この優勝は彼を抜きにしては語れません。
이 우승은 그를 빼고는 말할 수 없습니다.

36 ～を除いて(は) ~을 빼고(는), ~을 제외하고(는)

접속　명사 + を除いて(は)

예문　クラスの学生は私を除いてみんな日本人だった。
학급의 학생은 나를 제외하고 모두 일본인이었다.

37 ～をはじめ ~을 비롯하여

접속　명사 + をはじめ

예문　この本は、茶道をはじめ、色々な日本文化について書いてある。
이 책은, 다도를 비롯하여, 다양한 일본 문화에 관해서 적혀 있다.

38 ～をめぐって ~을 둘러싸고

접속　명사 + をめぐって

예문　失敗の責任をめぐって、委員会が開かれた。
실패의 책임을 둘러싸고, 위원회가 열렸다.

📋 확인문제 괄호에 들어갈 알맞은 문형을 고르세요.

01 この動物は国の管理（　　）保護されています。　　ⓐ をはじめ　ⓑ のもとで

02 費用の問題（　　）、まずは場所を決めましょう。　　ⓐ としては　ⓑ はさておき

03 その人の性格（　　）、この仕事に合うかが重要だ。　　ⓐ はともかく　ⓑ のことだから

04 我が社は学歴（　　）、人柄と能力をもとに採用します。　　ⓐ をとわず　ⓑ にかけても

05 失敗の責任（　　）、委員会が開かれた。　　ⓐ を通して　ⓑ をめぐって

정답 : 01 ⓑ 02 ⓑ 03 ⓐ 04 ⓐ 05 ⓑ

09 동사 뒤에 접속하는 문형

다음 ( )에 들어갈 알맞은 것을 고르세요.

いろいろと考えた( )、今回の旅行は中止することに決めた。

여러 가지로 생각한 ( ), 이번 여행은 중지하기로 결정했다.

1 かのように　　**2 すえに**　　**3 とたん**　　**4 とおりに**
　것 같이　　　　　　끝에　　　　　순간　　　　　대로

정답 : 2

[학습목표]
동사 뒤에 접속하는 문형은 [문제7 문법형식 판단]에서 주로 た형이나 て형 뒤에 올 수 있는 문형을 고르는 문제로 출제되는 경우가 많다.
각 문형의 의미를 예문과 함께 꼼꼼히 학습하자.

01　〜たあげく　~한 끝에

접속　동사 た형 + たあげく

예문　一週間も悩んだあげく、しばらく引越さないことにした。
　　　일주일이나 고민한 끝에, 당분간 이사하지 않기로 했다.

02　〜た以上　~한 이상

접속　동사 た형 + た以上

예문　進学すると決めた以上、きちんと準備しなければならない。
　　　진학하겠다고 결정한 이상, 제대로 준비해야 한다.

03　〜たかと思うと/〜たかと思ったら　~했나 했더니

접속　동사 た형 + たかと思うと/たかと思ったら

예문　落ち込んで泣いていたかと思ったら、今度は笑い始めた。
　　　풀이 죽어서 울고있나 했더니, 이번에는 웃기 시작했다.

04　〜たすえに　~한 끝에

접속　동사 た형 + たすえに

예문　色々考えたすえに私たちは離婚することにした。
　　　여러 가지 생각한 끝에 우리는 이혼하기로 했다.

---

05 **～たところ** ~했더니

접속 　동사 た형 + たところ

예문 　配送が可能か問い合わせ**たところ**、できないと言われた。
はいそう　かのう　と　あ　　　　　　　　　　　　　　　　　い
　　　　배송이 가능한지 물어봤더니, 안 된다고 했다.

06 **～たところだ** 막 ~한 참이다

접속 　동사 た형 + たところだ

예문 　さっき夕食を食べ**たところで**、お腹がいっぱいです。
ゆうしょく　た　　　　　　　　　　なか
　　　　방금 막 저녁을 먹은 참이라, 배가 불러요.

07 **～たとたん** ~한 순간

접속 　동사 た형 + たとたん

예문 　泥棒は警察を見**たとたん**、びっくりして逃げ出した。
どろぼう　けいさつ　み　　　　　　　　　　に　だ
　　　　도둑은 경찰을 본 순간, 깜짝 놀라 도망쳤다.

08 **～ている** ~하고 있다(계속), ~해 있다(결과), ~하고 있다(반복), ~했다(경험), ~해 있다(완료), ~해 있다(상태)

접속 　동사 て형 + ている

예문 　政府は今、少子高齢化の対策を考え**ている**。
せいふ　いま　しょうしこうれいか　たいさく　かんが
　　　　정부는 지금, 저출산 고령화 대책을 생각하고 있다.

📑 **확인문제** 괄호에 들어갈 알맞은 문형을 고르세요.

01　一週間も悩ん（　　）、しばらく引越さないことにした。　　ⓐ だあげく　　ⓑ だところ
いっしゅうかん　なや　　　　　　　　　ひっこ

02　落ち込んで泣いてい（　　）、今度は笑い始めた。　　ⓐ たかと思ったら　　ⓑ たすえに
お　こ　　な　　　　　　　こんど　わら　はじ

03　配送が可能か問い合わせ（　　）、できないと言われた。　　ⓐ あげく　　ⓑ たところ
はいそう　かのう　と　あ　　　　　　　　　い

04　泥棒は警察を見（　　）、びっくりして逃げ出した。　　ⓐ たとたん　　ⓑ た以上
どろぼう　けいさつ　み　　　　　　　　に　だ

05　色々考え（　　）私たちは離婚することにした。　　ⓐ たすえに　　ⓑ たかと思うと
いろいろかんが　　　　わたし　りこん

정답 : 01 ⓑ 02 ⓐ 03 ⓑ 04 ⓐ 05 ⓐ

9 　～てから 　~하고 나서

접속　동사 て형 + てから

예문　集合時間を決め**てから**自由行動をしましょう。
しゅうごう じ かん　き　　　　　じ ゆうこうどう

집합 시간을 정하고 나서 자유행동을 합시다.

10 　～てからでないと 　~한 후가 아니면, ~하지 않으면

접속　동사 て형 + てからでないと

예문　身分を確認し**てからでないと**入場できません。
み ぶん　かくにん　　　　　　　　　にゅうじょう

신분을 확인한 후가 아니면 입장할 수 없습니다.

11 　～てからにする 　~하고 나서 하다

접속　동사 て형 + てからにする

예문　出発は全員揃っ**てからにします**ので、もうしばらく待機しましょう。
しゅっぱつ　ぜんいんそろ　　　　　　　　　　　　　　　たい き

출발은 전원 모이고 나서 하겠으니, 잠시 대기합시다.

12 　～てしまう 　~해 버리다, ~하고 말다

접속　동사 て형 + てしまう

예문　彼は長時間の労働による過労のせいか急に倒れ**てしまった**。
かれ　ちょう じ かん　ろうどう　　　か ろう　　　　　きゅう　たお

그는 장시간 노동에 의한 과로 탓인지 갑자기 쓰러져 버렸다.

13 　～てほしい 　~했으면 한다, ~하면 좋겠다

접속　동사 て형 + てほしい

예문　これは重要事項なので何回もチェックし**てほしい**です。
じゅうよう じ こう　　　　なんかい

이건 중요사항이니까 몇 번이고 체크했으면 합니다.

14 　～てみる 　~해 보다

접속　동사 て형 + てみる

예문　たとえ失敗するとしても一度挑戦し**てみた**方がいい。
しっぱい　　　　　　　いち ど ちょうせん　　　ほう

설령 실패한다고 해도 한번 도전해보는 편이 좋아.

15 〜ても〜なくても　~해도 ~하지 않아도

접속　동사 て형 + ても + 동사 ない형 + なくても

예문　今更準備してもしなくてもたぶん結果は同じだと思う。

이제 와서 준비해도 하지 않아도 아마 결과는 같다고 생각한다.

16 〜てもいい　~해도 괜찮다, ~해도 좋다, ~해도 된다

접속　동사 て형 + てもいい

예문　すみません、この本をちょっと借りてもいいでしょうか。

실례합니다, 이 책을 잠깐 빌려도 괜찮을까요?

17 〜てはじめて　~하고 나서야 비로소

접속　동사 て형 + てはじめて

예문　実家を離れてはじめて親のありがたさが分かった。

집을 떠나고 나서야 비로소 부모님의 고마움을 알았다.

18 〜あまり　~한 나머지

접속　1 동사 사전형 + あまり　　　　2 동사 た형 + たあまり

예문　時間がなくて急いだあまり、財布を忘れてしまった。

시간이 없어서 서두른 나머지, 지갑을 잊고 말았다.

📄 확인문제　괄호에 들어갈 알맞은 문형을 고르세요.

01　身分を確認し（　　）入場できません。　　　ⓐ てからでないと　ⓑ てから

02　たとえ失敗するとしても一度挑戦し（　　）方がいい。　ⓐ てしまう　ⓑ てみた

03　出発は全員揃っ（　　）のでもうしばらく待機しましょう。　ⓐ てからにします　ⓑ ています

04　これは重要事項なので何回もチェックし（　　）です。　ⓐ てしまったん　ⓑ てほしい

05　実家を離れ（　　）親のありがたさが分かった。　ⓐ てもいい　ⓑ てはじめて

정답 : 01 ⓐ 02 ⓑ 03 ⓐ 04 ⓑ 05 ⓑ

19 **〜一方(いっぽう)だ** ~하기만 하다, ~할 뿐이다

접속   동사 사전형 + 一方だ

예문   アプリ業界(ぎょうかい)の技術(ぎじゅつ)競争(きょうそう)が激(はげ)しくなる**一方だ**。
그라드 어플리케이션 업계의 기술 경쟁이 격해지기만 한다.

20 **〜上(うえ)は** ~하는 이상에는, ~한 바에는

접속   1 동사 사전형 + 上は   2 동사 た형 + た上は

예문   会社(かいしゃ)を立(た)ち上(あ)げる**上は**、相当(そうとう)な準備(じゅんび)が必要(ひつよう)だ。
회사를 세우는 이상에는, 상당한 준비가 필요하다.

21 **〜ことはない/〜こともない** ~할 필요는 없다

접속   동사 사전형 + ことはない/こともない

예문   それほど怖(こわ)い人(ひと)ではないから緊張(きんちょう)する**ことはない**よ。
그렇게 무서운 사람이 아니니까 긴장할 필요는 없어.

22 **〜ことなく** ~하지 않고

접속   동사 사전형 + ことなく

예문   お父(とう)さんは家族(かぞく)のために、週末(しゅうまつ)も休(やす)む**ことなく**働(はたら)いている。
아빠는 가족을 위해서, 주말도 쉬지 않고 일하고 있다.

23 **〜しかない/〜しかあるまい** ~하는 수밖에 없다

접속   동사 사전형 + しかない/しかあるまい

예문   電車(でんしゃ)が延着(えんちゃく)したので、家(いえ)まで歩(ある)いて帰(かえ)る**しかない**。
전철이 연착되었기 때문에, 집까지 걸어서 돌아갈 수밖에 없다.

24 **〜よりほかない** ~할 수밖에 없다

접속   동사 사전형 + よりほかない

예문   正(ただ)しくない規則(きそく)でも従(したが)う**よりほかない**です。
옳지 않은 규칙이라도 따를 수밖에 없습니다.

25 ~までもない ~할 것도 없다

접속 동사 사전형 + までもない

예문 彼女が世界一の選手であることは言うまでもない。
그녀가 세계 제일의 선수인 건 말할 것도 없다.

26 ~まま(に) ~하는 대로

접속 동사 사전형 + まま(に)

예문 旅行中は足の向くまま気の向くまま歩き回った。
여행 동안은 발길 닿는 대로 마음 가는 대로 걸어 다녔다.

27 ~わけにはいかない ~할 수 없다

접속 동사 사전형 + わけにはいかない

예문 決勝進出のため、この試合は負けるわけにはいかない。
결승 진출을 위해, 이 시합은 질 수 없다.

28 ~か~ないかのうちに ~하자마자

접속 동사 사전형 + か + 동사 ない형 + ないかのうちに

예문 演劇が終わるか終わらないかのうちに立ち上がって拍手をした。
연극이 끝나자마자 일어서서 박수를 쳤다.

📋 **확인문제** 괄호에 들어갈 알맞은 문형을 고르세요.

01	それほど怖い人ではないから緊張する（　　）よ。	ⓐ 一方	ⓑ ことはない
02	電車が延着したので、家まで歩いて帰る（　　）。	ⓐ しかない	ⓑ までもない
03	彼女が世界一の選手であることは言う（　　）。	ⓐ までもない	ⓑ しかあるまい
04	アプリ業界の技術競争が激しくなる（　　）。	ⓐ ままだ	ⓑ 一方だ
05	正しくない規則でも従う（　　）です。	ⓐ よりほかない	ⓑ こともない

정답 : 01 ⓑ 02 ⓐ 03 ⓐ 04 ⓑ 05 ⓐ

29 ~かのようだ ~인 것 같다

접속 1 동사 사전형 + かのようだ   2 동사 た형 + たかのようだ

예문 彼は靴の紐を結ぶ**かのように**その場にしゃがみこんだ。
그는 신발 끈을 묶는 것 같이 그 자리에 웅크리고 앉았다.

30 ~からには/~からは ~하는 이상에는, ~한 바에는

접속 1 동사 사전형 + からには/からは   2 동사 た형 + たからには/たからは

예문 留学する**からには**、その国の文化を体験したほうがいい。
유학한 이상에는, 그 나라의 문화를 체험하는 편이 좋다.

31 ~ことがある 1. ~하는 경우가 있다   2. ~한 적이 있다

접속 1 동사 사전형 + ことがある   2 동사 た형 + たことがある

예문 たまに顔も洗わないで寝る**ことがあります**。
가끔 얼굴도 씻지 않고 자는 경우가 있습니다.

32 ~ことにする ~하기로 하다

접속 동사 사전형 + ことにする

예문 外国人の友達を作るため、交流会に参加する**ことにした**。
외국인 친구를 만들기 위해, 교류회에 참가하기로 했다.

33 ~とおりに ~하는 대로

접속 1 동사 사전형 + とおりに   2 동사 た형 + たとおりに

예문 今は親の言う**とおりに**することにした。
지금은 부모님이 말하는 대로 하기로 했다.

34 ~べきだ ~해야 한다

접속 동사 사전형 + べきだ

예문 親に物を拾ったら持ち主に返す**べきだ**と言われた。
부모님은 물건을 주우면 주인에게 돌려줘야 한다고 했다.

35 ～ほうがよかった ~하는 편이 좋았다

접속   1 동사 사전형 + ほうがよかった   2 동사 た형 + たほうがよかった

예문   彼女にとっては今の仕事を続けるよりも転職する**ほうがよかった**。
그녀에게 있어서는 지금의 일을 계속하는 것보다도 이직하는 편이 좋았다.

36 ～ようにする ~하도록 하다

접속   동사 사전형 + ようにする

예문   課題を明日までには提出する**ようにして**ください。
과제를 내일까지는 제출하도록 해주세요.

37 ～得る/得る ~할 수 있다

접속   동사 ます형 + 得る

예문   どんなに気を付けていたとしても事故は起こり**得る**。
아무리 조심하고 있었다고 해도 사고는 일어날 수 있다.

38 ～かけの ~하다 만

접속   동사 ます형 + かけの

예문   食べ**かけの**パンを置いたまま出かけて、母に怒られた。
먹다 만 빵을 둔 채로 외출해서, 엄마에게 혼났다.

📋 확인문제 괄호에 들어갈 알맞은 문형을 고르세요.

01 留学する (   )、その国の文化を体験したほうがいい。　　ⓐ からには　 ⓑ ことなく

02 彼女にとっては今の仕事を続けるよりも転職する (   )。　ⓐ ことがある　ⓑ ほうがよかった

03 今は親の言う (   ) することにした。　　ⓐ からは　 ⓑ とおりに

04 外国人の友達を作るため、交流会に参加する (   )。　ⓐ ことにした　ⓑ こともない

05 食べ (   ) パンを置いたまま出かけて、母に怒られた。　ⓐ かけの　　 ⓑ 得る

정답 : 01 ⓐ 02 ⓑ 03 ⓑ 04 ⓐ 05 ⓐ

39 〜がたい ~하기 어렵다

접속   동사 ます형 + がたい

예문   彼はいつも怒ったような顔をしていて、近寄りがたい。

그는 언제나 화난 것 같은 얼굴을 하고 있어서, 다가가기 어려워.

40 〜かねる ~하기 어렵다

접속   동사 ます형 + かねる

예문   課長の意見ですが、私としては賛成しかねます。

과장님의 의견 말인데요, 저로서는 찬성하기 어렵습니다.

41 〜かねない ~할 수도 있다, ~할지도 모른다

접속   동사 ます형 + かねない

예문   彼女のあいまいな言い方は誤解を招きかねない。

그녀의 애매한 말투는 오해를 부를 수도 있다.

42 〜そうもない/〜そうにない ~할 것 같지 않다

접속   동사 ます형 + そうもない/そうにない

예문   こんな給料では、20年働いても自分の家を買えそうもない。

이런 급료로는, 20년 일해도 내 집을 살 수 있을 것 같지 않다.

43 〜つつ ~하면서

접속   동사 ます형 + つつ

예문   彼女はダイエットするといいつつ、運動は絶対しない。

그녀는 다이어트 하겠다고 말하면서, 운동은 절대 하지 않는다.

44 〜つつある ~하는 중이다

접속   동사 ます형 + つつある

예문   手術が成功した後、おじいさんの病気は回復しつつある。

수술이 성공한 후, 할아버지의 병은 회복되는 중이다.

45 ～っこない ~할 리 없다

접속 　동사 ます형 + っこない

예문 　一人で10人前を食べるなんて、できっこないよ。
혼자서 10인분을 먹는다니, 가능할 리 없어.

46 ～次第 ~대로

접속 　동사 ます형 + 次第

예문 　連絡が入り次第、すぐにお伝えします。
연락이 들어오는 대로, 바로 전달하겠습니다.

47 ～ようがない/ ～ようもない ~할 방도가 없다

접속 　동사 ます형 + ようがない/ようもない

예문 　いくら考えてみても顧客を納得させようがない。
아무리 생각해봐도 고객을 납득시킬 방도가 없다.

48 ～ざるを得ない ~하지 않을 수 없다

접속 　동사 ない형 + ざるを得ない

예문 　論理的な彼の話を聞いて、私が間違っていたと認めざるを得なかった。
논리적인 그의 말을 듣고, 내가 틀렸다고 인정하지 않을 수 없었다.

📋 **확인문제**　괄호에 들어갈 알맞은 문형을 고르세요.

01　いくら考えてみても顧客を納得させ（　　）。　　　　ⓐ ようにする　ⓑ ようがない

02　一人で10人前を食べるなんて、でき（　　）よ。　　　ⓐ つつある　ⓑ っこない

03　彼女はダイエットするといい（　　）、運動は絶対しない。　ⓐ つつ　ⓑ がたい

04　こんな給料では、20年働いても自分の家を買え（　　）。　ⓐ そうもない　ⓑ ざるを得ない

05　手術が成功した後、おじいさんの病気は回復し（　　）。　ⓐ かねる　ⓑ つつある

정답 : 01 ⓑ 02 ⓑ 03 ⓐ 04 ⓐ 05 ⓑ

49 ～ないかぎり ~하지 않는 한

접속　동사 ない형 + ないかぎり

예문　努力<ruby>どりょく</ruby>しないかぎり、志望大学<ruby>しぼうだいがく</ruby>には合格<ruby>ごうかく</ruby>できない。

노력하지 않는 한, 지망 대학에는 합격할 수 없다.

50 ～ないかな ~하지 않으려나, ~하지 않을까?

접속　동사 ない형 + ないかな

예문　今年<ruby>ことし</ruby>の誕生日<ruby>たんじょうび</ruby>にはお兄<ruby>にい</ruby>さんがカバンを買<ruby>か</ruby>ってくれないかな。

올해 생일에는 형이 가방을 사주지 않으려나.

51 ～ないことには ~하지 않고서는

접속　동사 ない형 + ないことには

예문　自分<ruby>じぶん</ruby>で体験<ruby>たいけん</ruby>してみないことには何<ruby>なに</ruby>も身<ruby>み</ruby>につかない。

스스로 체험해보지 않고서는 아무것도 몸에 익지 않는다.

52 ～ないではいられない/～ずにはいられない ~하지 않을 수 없다

접속　동사 ない형 + ないではいられない/ずにはいられない

예문　すごく寒<ruby>さむ</ruby>くて、暖房<ruby>だんぼう</ruby>をつけないではいられなかった。

매우 추워서, 난방을 켜지 않을 수 없었다.

53 ～ないでもない ~않는 것도 아니다

접속　동사 ない형 + ないでもない

예문　気持<ruby>きも</ruby>ちは理解<ruby>りかい</ruby>できないでもないが、さっきは君<ruby>きみ</ruby>が悪<ruby>わる</ruby>かったと思<ruby>おも</ruby>う。

마음은 이해할 수 없는 것도 아니지만, 아까는 네가 나빴다고 생각해.

54 ～ないように ~하지 않도록

접속　동사 ない형 + ないように

예문　公共<ruby>こうきょう</ruby>の場<ruby>ば</ruby>では人<ruby>ひと</ruby>に迷惑<ruby>めいわく</ruby>をかけないように注意<ruby>ちゅうい</ruby>しなさい。

공공장소에서는 다른 사람에게 민폐를 끼치지 않도록 주의하세요.

55 〜ずに ~하지 않고

접속 　동사 ない형 + ずに

예문 　医者は何も食べ**ずに**薬を飲んではいけないと言った。
의사는 아무것도 먹지 않고 약을 먹으면 안 된다고 했다.

56 〜も…ば ~만…이면

접속 　수량사 + も + 동사 가정형 + ば

예문 　この本の厚さなら１日**も**あれ**ば**余裕で読み終える。
이 책의 두께라면 하루만 있으면 여유롭게 다 읽는다.

57 〜(よ)うとする (곧) ~하려고 하다

접속 　동사 의지형 + とする

예문 　寝**ようとしたら**友達が遊びに来て全然眠れなかった。
자려고 했는데 친구기 놀러 와시 전혀 잘 수 없있다.

58 〜(よ)うものなら ~했다가는

접속 　동사 의지형 + ものなら

예문 　また失敗をし**ようものなら**、首になってしまうよ。
또 실수를 했다가는, 해고당해 버릴 거야.

📋 **확인문제** 괄호에 들어갈 알맞은 문형을 고르세요.

01 　また失敗をし（　　）、首になってしまうよ。　　　ⓐ ようがないと　　　ⓑ ようものなら

02 　自分で体験してみ（　　）何も身につかない。　　　ⓐ ないことには　　　ⓑ ないでもない

03 　寝（　　）友達が遊びに来て全然眠れなかった。　　　ⓐ ようとしないなら　　　ⓑ ようとしたら

04 　今年の誕生日にはお兄さんがカバンを買ってくれ（　　）。　　ⓐ ないかな
　　　　　　　　　　　　　　　　　　　　　　　　　　　　　　ⓑ ないではいられない

05 　すごく寒くて、暖房をつけ（　　）。　　　　　　　　　ⓐ ずにはいられなかった
　　　　　　　　　　　　　　　　　　　　　　　　　　　　　ⓑ ないでもなかった

정답 : 01 ⓑ 02 ⓐ 03 ⓑ 04 ⓐ 05 ⓐ

10 명사와 동사 모두에 접속하는 문형

다음 ( )에 들어갈 알맞은 것을 고르세요.

年を取る( )、体が徐々に衰えてきた。

나이를 먹어감 ( ), 몸이 점점 쇠약해졌다.

1 において　　**2 にあたって**　　**3 にわたって**　　**4 にしたがって**
에 있어서　　　　 에 즈음하여　　　　에 걸쳐서　　　　　에 따라서

정답 : 4

학습목표

명사와 동사에 모두 접속하는 문형은 [문제7 문법형식 판단]에서 동사의 활용형 뒤에 올 수 있는 문형을 고르는 문제로 출제되는 경우가 많다.
각 문형의 의미를 예문과 함께 꼼꼼히 암기하자.

---

01 〜以来 〜이래로

접속　**1** 명사 + 以来　　　　　　　　**2** 동사 て형 + て以来

예문　**1** 事故以来、車に乗ることが怖くなってしまった。
사고 이래로, 차에 타는 것이 무서워져버렸다.

　　　2 東京に来て以来、地元には一度も帰っていません。
도쿄에 온 이래로, 고향에는 한 번도 돌아가지 않고 있습니다.

---

02 〜うえで 1. 〜로 2. 〜하는 데 있어서 3. 〜한 뒤에

접속　**1** 명사の + うえで　　　　　　**2** 동사 사전형 + うえで
　　　3 동사 た형 + たうえで

예문　**1** 夫婦は同じ姓を使用することが法律のうえで決められている。
부부는 같은 성을 사용하는 것이 법률로 정해져 있다.

　　　2 学校生活を送るうえで友達と喧嘩しないことは重要である。
학교생활을 보내는 데 있어서 친구와 싸우지 않는 것은 중요하다.

　　　3 安全だと判断したうえで許可を出しています。
안전하다고 판단한 뒤에 허가를 내어주고 있습니다.

---

03 〜おそれがある 〜할 우려가 있다

접속　**1** 명사の + おそれがある　　　**2** 동사 사전형 + おそれがある

예문　**1** そのビルは崩壊のおそれがあるので、ただいま立ち入り禁止です。
그 빌딩은 붕괴의 우려가 있으므로, 현재 출입 금지입니다.

　　　2 売上の減少が続くと、倒産するおそれがある。
매상의 감소가 계속되면, 도산할 우려가 있다.

---

04 ~がちだ ~하기 일쑤이다, 자주 ~하다

접속   **1** 명사 + がちだ   **2** 동사 ます형 + がちだ

예문   **1** 幼い頃から野菜嫌いで偏食ばかりしているので便秘**がちだ**。

어릴 적부터 야채가 싫어서 편식만 하고 있으니 변비에 걸리기 일쑤이다.

      2 ストレスを受けたときは辛いものを食べ**がちに**なる。

스트레스를 받았을 때는 매운 것을 자주 먹게 된다.

05 ~きり 1. ~뿐, ~밖에 2. 계속 3. ~한 채

접속   **1** 명사 + きり   **2** 동사 ます형 + きり
      3 동사 た형 + たきり

예문   **1** 一度**きり**しかない人生、後悔はしたくありません。

한 번밖에 없는 인생, 후회는 하고 싶지 않습니다.

      2 発表の準備を友達に任せ**きり**になって申し訳なく思う。

발표 준비를 계속 친구에게 맡기게 되어서 미안하게 생각한다.

      3 友達は、「着いたら連絡する」と言っ**たきり**、まだ連絡がない。

친구는, '도착하면 연락할게'라고 말한 채, 아직 연락이 없다.

📋 **확인문제** 괄호에 들어갈 알맞은 문형을 고르세요.

01 売上の減少が続くと、倒産する（　　）。   ⓐ ことにする   ⓑ おそれがある

02 東京に来て（　　）、地元には一度も帰っていません。   ⓐ 以来   ⓑ きり

03 一度（　　）しかない人生、後悔はしたくありません。   ⓐ きり   ⓑ さえ

04 安全だと判断した（　　）許可を出しています。   ⓐ うえで   ⓑ かと思うと

05 ストレスを受けたときは辛いものを食べ（　　）なる。   ⓐ つつ   ⓑ がちに

정답 : 01 ⓑ 02 ⓐ 03 ⓐ 04 ⓐ 05 ⓑ

06 ~ことになる ~하게 되다

접속   1 명사という + ことになる   2 동사 사전형 + ことになる

예문   1 今日も来ないとすると三日連続で欠席ということになりますね。
　　　　오늘도 오지 않는다고 하면 3일 연속으로 결석하게 되네요.

　　　　2 インフルエンザが流行していて始業日を延期することになった。
　　　　인플루엔자가 유행하고 있어서 개학일을 연기하게 되었다.

07 ~最中 한창 ~중

접속   1 명사の + 最中   2 동사 て형 + ている + 最中

예문   1 試験の最中に地震が起こって、急いで机の下に避難した。
　　　　한창 시험 중에 지진이 일어나서, 서둘러 책상 밑으로 피난했다.

　　　　2 社長が話している最中に携帯を見て怒られた。
　　　　사장님이 한창 말하고 있는 중에 휴대폰을 봐서 혼났다.

08 ~ついでに ~하는 김에

접속   1 명사の + ついでに   2 동사 사전형 + ついでに
　　　　3 동사 た형 + たついでに

예문   1 アルバイトのついでにショッピングをして帰ってきた。
　　　　아르바이트를 하는 김에 쇼핑을 하고 돌아왔다.

　　　　2 図書館に本を借りに行くついでに、読み終わった本を返した。
　　　　도서관에 책을 빌리러 가는 김에, 다 읽은 책을 반납했다.

　　　　3 旅行先を決めたついでにホテルの予約もその場で終わらせた。
　　　　여행지를 정한 김에 호텔 예약도 그 자리에서 끝냈다.

09 ~にあたって/ ~にあたり ~때에, ~함에 있어서

접속   1 명사 + にあたって/にあたり   2 동사 사전형 + にあたって/にあたり

예문   1 海外移住にあたって、ビザの取得などすべきことが山積みです。
　　　　해외이주를 할 때에, 비자 취득 등 해야 할 것이 산더미입니다.

　　　　2 事業を始めるにあたり、皆さんにお願いがあります。
　　　　사업을 시작함에 있어서, 여러분에게 부탁이 있습니다.

10 ～にしたがって　~에 따라

접속　1 명사 + にしたがって　　　2 동사 사전형 + にしたがって

예문　1 コーチの指示にしたがって、チームのスケジュールを組む。
코치의 지시에 따라, 팀 스케줄을 짠다.
　　　2. 社会が発展するにしたがって、社会問題も発生している。
사회가 발전함에 따라, 사회 문제도 발생하고 있다.

11 ～につれて　~함에 따라

접속　1 명사 + につれて　　　2 동사 사전형 + につれて

예문　1 物価の上昇につれて、人々はより消費を控えるようになった。
물가가 상승함에 따라, 사람들은 보다 소비를 피하게 되었다.
　　　2 親子の対話は年齢が上がるにつれて減少する傾向がある。
부모와 자식의 대화는 연령이 높아짐에 따라 감소하는 경향이 있다.

12 ～にともなって　~에 따라, ~와 함께

접속　1 명사 + にともなって　　　2 동사 사전형 + にともなって

예문　1 地球温暖化にともなって、世界各地で火災が増えている。
지구온난화에 따라, 세계 각지에서 화재가 증가하고 있다.
　　　2 オリンピックを開催するにともなって競技場を改修した。
올림픽을 개최함에 따라 경기장을 수리했다.

📋 **확인문제** 괄호에 들어갈 알맞은 문형을 고르세요.

01　試験の（　　）に地震が起こって、急いで机の下に避難した。　　ⓐ 最中　　ⓑ ついで

02　図書館に本を借りに行く（　　）、読み終わった本を返した。　　ⓐ ついでに　　ⓑ にしたがって

03　物価の上昇（　　）、人々はより消費を控えるようになった。　　ⓐ につれて　　ⓑ において

04　地球温暖化（　　）、世界各地で火災が増えている。　　ⓐ にわたって　　ⓑ にともなって

05　事業を始める（　　）、皆さんにお願いがあります。　　ⓐ につれて　　ⓑ にあたり

정답 : 01 ⓐ　02 ⓐ　03 ⓐ　04 ⓑ　05 ⓑ

11 여러 품사 뒤에 접속하는 문형

다음 (　　)에 들어갈 알맞은 것을 고르세요.

かれ
彼のダンスは繊細（　　）情熱的で人をひきつけます。
せんさい　　　　　　じょうねつてき　ひと

그의 댄스는 섬세 (　　) 정열적이어서 사람을 끌어당깁니다.

1 なりに　　**2 というより**　　**3 ながらも**　　**4 どころか**
한 대로　　　하기 보다　　　하면서도　　　하기는커녕

정답 : 3

학습목표

여러 품사에 각각 활용하여 접속하는 문형들은 접속형태에 유의하여 각 문형의 의미를 예문과 함께 꼼꼼히 학습하자.

※ 접속형태 중 보통형이란 명사, な형용사, い형용사, 동사의 사전형, ない형, た형, なかった형의 활용 형태를 말한다.
　단, 명사와 な형용사는 사전형이 아닌 명사 + だ, な형용사 어간 + だ로 접속한다.

01　〜うえに　~인 데다가

접속　**1** 명사の/である + うえに　　　　**2** な형용사 어간な/である + うえに
　　　3 い형용사 보통형 + うえに　　　　**4** 동사 보통형 + うえに

예문　**1** そのデータは誤りであるうえに測定方法も間違っていた。
　　　　　　　　　　あやま　　　　　　　そくていほうほう　まちが
　　　그 데이터는 잘못된 데다가 측정 방법도 틀렸다.

　　　2 彼はハンサムなうえに成績も優秀である。
　　　かれ　　　　　　　　　　せいせき　ゆうしゅう
　　　그는 잘생긴 데다가 성적도 우수하다.

　　　3 低気圧のせいで頭が痛いうえに吐き気までする。
　　　ていきあつ　　　　あたま　いた　　　　は　け
　　　저기압 탓에 머리가 아픈 데다가 속까지 울렁거린다.

　　　4 ネットで調べたうえに、関連書籍も数冊読んでおきました。
　　　　　　　しら　　　　　　かんれんしょせき　すうさつよ
　　　인터넷에서 조사한 데다가, 관련 서적도 몇 권 읽어뒀습니다.

02　〜うちに　~하는 동안에, ~사이에, ~내에, ~전에

접속　**1** 명사の + うちに　　　　　**2** な형용사 어간な + うちに
　　　3 い형용사 사전형 + うちに　　**4** 동사 사전형/ない형/ている + うちに

예문　**1** 世界の平均気温が21世紀のうちに5度も上昇するそうだ。
　　　せかい　へいきんきおん　　　せいき　　　ど　じょうしょう
　　　세계 평균 기온이 21세기 동안에 5도나 상승한다고 한다.

　　　2 状況がこちらに有利なうちに少しでも多く得点を獲得しよう。
　　　じょうきょう　　　　ゆうり　　　　すこ　　　おお　とくてん　かくとく
　　　상황이 이쪽에 유리한 사이에 조금이라도 많이 득점을 획득하자.

　　　3 早いうちに問題を解決するためにみんなで意見を出しましょう。
　　　はや　　　　もんだい　かいけつ　　　　　　　　いけん　だ
　　　빠른 시일 내에 문제를 해결하기 위해 모두 함께 의견을 냅시다.

　　　4 普段からパスワードは忘れないうちにメモに書いています。
　　　ふだん　　　　　　　　　わす　　　　　　　　　か
　　　평소에 비밀번호는 잊기 전에 메모에 적어 둡니다.

03 ～おかげで ~덕분에

접속
1 명사の + おかげで
2 な형용사 어간な/た형 + おかげで
3 い형용사 사전형/た형 + おかげで
4 동사 た형 + おかげで

예문
1 不登校だった私は、いい先生の**おかげで**無事卒業できた。

등교거부하던 나는, 좋은 선생님 덕분에 무사히 졸업할 수 있었다.

2 部屋が静かだった**おかげで**よい睡眠がとれて疲れが吹き飛んだ。

방이 조용했던 덕분에 좋은 수면을 취할 수 있어서 피로가 날아갔다.

3 校長の話が短かった**おかげで**早く集会が終わった。

교장의 말이 짧았던 덕분에 일찍 집회가 끝났다.

4 虫歯を抜いた**おかげで**痛みがなくなり快適な生活を手に入れた。

충치를 뽑은 덕분에 아픔이 사라져 쾌적한 생활을 손에 넣었다.

04 ～かぎり ~하는 한

접속
1 명사の + かぎり
2 な형용사 어간な/である + かぎり
3 い형용사 + かぎり
4 동사 사전형 + かぎり

예문
1 あの性格の**かぎり**秘密を隠しておくことはできなさそうだ。

저 성격인 한 비밀을 숨겨두는 건 못 할 것 같다.

2 実現可能である**かぎり**、私は夢を追いかけ続ける。

실현 가능한 한, 나는 꿈을 계속 좇을 것이다.

3 確実な証拠がない**かぎり**犯人として逮捕することは難しい。

확실한 증거가 없는 한 범인으로서 체포하는 것은 어렵다.

4 交通規制をする**かぎり**違反者の数は今後も増えないだろう。

교통규제를 하는 한 위반자의 수는 앞으로도 늘지 않을 것이다.

📑 **확인문제** 괄호에 들어갈 알맞은 문형을 고르세요.

01 低気圧のせいで頭が痛い（　　）吐き気までする。　　ⓐ ついでに　　ⓑ うえに

02 実現可能である（　　）、私は夢を追いかけ続ける。　　ⓐ きり　　ⓑ かぎり

03 不登校だった私は、いい先生の（　　）無事卒業できた。　　ⓐ すえに　　ⓑ おかげで

04 世界の平均気温が21世紀の（　　）5度も上昇するそうだ。　　ⓐ うちに　　ⓑ 最中

정답 : 01 ⓑ 02 ⓑ 03 ⓑ 04 ⓐ

05 〜かというと/〜かといえば ~인가 하면, ~이냐 하면

접속 1 명사(なの) + かというと/かといえば   2 な형용사 어간 + かというと/かといえば
      3 い형용사 보통형(の) + かというと/かといえば   4 동사 보통형 + かというと/かといえば

예문 1 深刻な悩み**かというと**そうでもないので、心配しないでください。
　　　심각한 고민인가 하면 그렇지도 않기 때문에, 걱정하지 말아주세요.
　　 2 家事が得意**かといえば**正直得意な方ではありません。
　　　집안일을 잘 하는가 하면 솔직히 잘하는 편은 아니에요.
　　 3 暇だから見ているだけで面白い**かといえば**特別面白くはない。
　　　한가하니까 보고 있는 것뿐으로 재미있냐 하면 특별히 재미있지는 않다.
　　 4 なんで約束に遅刻した**かというと**30分寝坊したからです。
　　　왜 약속에 지각했는가 하면 30분 늦잠 잤기 때문입니다.

06 〜かどうか ~인지 아닌지

접속 1 명사 + かどうか   2 な형용사 어간 + かどうか
      3 い형용사 사전형 + かどうか   4 동사 사전형 + かどうか

예문 1 ここに落ちているハンカチが彼の物**かどうか**確認してくれる？
　　　여기에 떨어져있는 손수건이 그의 것인지 아닌지 확인해 줄래?
　　 2 本気**かどうか**なんてその人の目を見ればすぐにわかります。
　　　진심인지 아닌지는 그 사람의 눈을 보면 바로 알아요.
　　 3 結婚がいい**かどうか**実際にしてみるまで想像もできません。
　　　결혼이 좋은지 아닌지 실제로 해보기 전까지 상상도 할 수 없어요.
　　 4 明日、部長が会議に参加する**かどうか**ご存じですか。
　　　내일, 부장님이 회의에 참석하는지 안하는지 알고 계십니까?

07 〜かもしれない ~일지도 모른다

접속 1 명사 + かもしれない   2 な형용사 어간 + かもしれない
      3 い형용사 보통형 + かもしれない   4 동사 보통형 + かもしれない

예문 1 この状況では、これが唯一の解決法**かもしれない**。
　　　이런 상황에는, 이것이 유일한 해결법일지도 모른다.
　　 2 ウイルスは流行しており、事態は想像以上に深刻**かもしれない**。
　　　바이러스는 유행하고 있고, 사태는 상상이상으로 심각할지도 모른다.
　　 3 自分は大丈夫だという思い込みは危ない**かもしれない**。
　　　자신은 괜찮다라는 확신은 위험할지도 모른다.
　　 4 まだ悩んではいますが、次の面接は受ける**かもしれない**です。
　　　아직 고민하고는 있지만, 다음 면접은 볼지도 몰라요.

08 ～からこそ ～이기에, ～하기에

접속   **1** 명사 보통형 + からこそ   **2** な형용사 보통형 + からこそ
        3 い형용사 보통형 + からこそ   **4** 동사 보통형 + からこそ

예문   **1** 一生に一度のイベント**だからこそ**一番きれいな姿でいたい。

일생에 한 번의 이벤트이기에 가장 예쁜 모습으로 있고 싶다.

        2 携帯電話は実用的**だからこそ**、世間一般に普及した。

휴대전화는 실용적이기에, 세상 일반에 보급되었다.

        3 人柄が素晴らしい**からこそ**、大勢のファンに愛されている。

인품이 훌륭하기에, 많은 팬에게 사랑받고 있다.

        4 国籍が違う**からこそ**、多様な考え方が可能なわけである。

국적이 다르기에, 다양한 사고가 가능한 것이다.

09 ～からといって ～라고 해서

접속   **1** 명사 보통형 + からといって   **2** な형용사 보통형 + からといって
        3 い형용사 보통형 + からといって   **4** 동사 보통형 + からといって

예문   **1** 祝日**だからといって**受験勉強をしない理由にはなりません。

국경일이라고 해서 수험 공부를 하지 않는 이유는 되지 않습니다.

        2 満員電車が嫌**だからといって**電車に乗らないわけにはいかない。

만원 전철이 싫다고 해서 전철에 타지 않을 수는 없다.

        3 芸能人に詳しい**からといって**誰でも知っているわけではない。

연예인에 정통하다고 해서 누구라도 알고 있는 것은 아니다.

        4 社員が増えた**からといって**すぐに業務の負担は減らない。

사원이 늘었다고 해서 바로 업무의 부담은 줄지 않는다.

📄 **확인문제** 괄호에 들어갈 알맞은 문형을 고르세요.

01 携帯電話は実用的だ（　　）、世間一般に普及した。   ⓐ かというと   ⓑ からこそ

02 明日、部長が会議に参加する（　　）ご存じですか。   ⓐ かどうか   ⓑ からといって

03 この状況では、これが唯一の解決法（　　）。   ⓐ かというと   ⓑ かもしれない

04 芸能人に詳しい（　　）誰でも知っているわけではない。   ⓐ からこそ   ⓑ からといって

정답 : 01 ⓑ   02 ⓐ   03 ⓑ   04 ⓑ

10 ~ことか　~인지, ~던가

접속　1 의문사 + な형용사 어간な + ことか　　2 의문사 + い형용사 사전형 + ことか
　　　3 의문사 + 동사 사전형/た형 + ことか

예문　1 雲の隙間から見える月はなんときれいな**ことか**。
　　　구름 틈으로 보이는 달은 얼마나 아름다운지.

　　　2 あなたがそばにいてくれるだけでどれほど頼もしい**ことか**。
　　　당신이 곁에 있어주는 것 만으로 얼마나 믿음직스러운지.

　　　3 辛くて苦しいとき、この歌の歌詞に私は何度救われた**ことか**。
　　　괴롭고 힘들 때, 이 노래의 가사에 나는 몇 번이나 구원받았던가.

11 ~ことだし　~니까

접속　1 명사である + ことだし　　　　　　2 な형용사 어간な/である + ことだし
　　　3 い형용사 보통형 + ことだし　　　4 동사 보통형 + ことだし

예문　1 いい天気である**ことだし**、お弁当を持ってピクニックに行こう。
　　　좋은 날씨니까, 도시락을 가지고 피크닉 가자.

　　　2 怪我の回復も順調な**ことだし**、今日は訓練に参加しようかな。
　　　부상의 회복도 순조로우니까, 오늘은 훈련에 참가할까나.

　　　3 肌寒い**ことだし**風邪を引かないように今日は暖房を入れませんか。
　　　쌀쌀하니까 감기에 걸리지 않도록 오늘은 난방을 켜지 않을래요?

　　　4 試験も終わった**ことだし**よかったらみんなでカラオケでもどう?
　　　시험도 끝났으니까 괜찮으면 다같이 노래방이라도 어때?

12 ~すぎず　너무 ~하지 말고

접속　1 명사 + すぎず　　　　　　2 な형용사 어간 + すぎず
　　　3 い형용사 어간 + すぎず　　4 동사 ます형 + すぎず

예문　1 慎重**すぎず**、時には大胆になってみることも大切だ。
　　　너무 신중하지 말고, 때로는 대담해져 보는 것도 중요하다.

　　　2 単調**すぎず**適度に刺激のある毎日を過ごしたいと思う。
　　　너무 단조롭지 않고 적당히 자극이 있는 매일을 보내고 싶다고 생각한다.

　　　3 大き**すぎず**ちょうどいい大きさの加湿器を探しているところだ。
　　　너무 크지 않고 딱 좋은 크기의 가습기를 찾고 있는 중이다.

　　　4 油断し**すぎず**緊張感を持って本番のテストに挑もう。
　　　너무 방심하지 말고 긴장감을 가지고 실제 시험에 도전하자.

13　〜せいか　~탓인지

접속　1 명사の + せいか　　　　2 な형용사 어간な + せいか
　　　3 い형용사 보통형 + せいか　4 동사 보통형 + せいか

예문　1 熱のせいか頭が回らなくて思ったように宿題が進まない。
　　　열 탓인지 머리가 돌아가지 않아서 생각만큼 숙제가 진행되지 않는다.

　　　2 夕食が豪華なせいか普段よりもたくさん食べてしまった。
　　　저녁이 호화로운 탓인지 평소보다 많이 먹어버렸다.

　　　3 教室が薄暗いせいか、いつもと雰囲気が違って怖い。
　　　교실이 어둑어둑한 탓인지, 평소와 분위기가 달라서 무섭다.

　　　4 壁の色を変えたせいか、部屋が明るくなった気がする。
　　　벽 색을 바꾼 탓인지, 방이 밝아진 느낌이 든다.

14　〜だけでなく　~뿐 아니라

접속　1 명사 + だけでなく　　　　2 な형용사 어간な/である + だけでなく
　　　3 い형용사 보통형 + だけでなく　4 동사 보통형 + だけでなく

예문　1 このレストランは味だけでなくサービスも一流である。
　　　이 레스토랑은 맛뿐 아니라 서비스도 일류이다.

　　　2 最新のイヤホンは小型なだけでなく高品質なところがポイントだ。
　　　최신 이어폰은 소형일 뿐 아니라 고품질인 점이 포인트다.

　　　3 歴史の教科書は厚いだけでなく重くて持ち運びが大変だ。
　　　역사 교과서는 두꺼울 뿐 아니라 무거워서 가지고 다니는 것이 힘들다.

　　　4 見るだけでなく実際に体験してみたほうが理解が深まる。
　　　볼 뿐 아니라 실제로 체험해보는 편이 이해가 깊어진다.

📋 **확인문제** 괄호에 들어갈 알맞은 문형을 고르세요.

01　熱の（　　）頭が回らなくて思ったように宿題が進まない。　　ⓐ せいか　　ⓑ おかげで

02　単調（　　）適度に刺激のある毎日を過ごしたいと思う。　　ⓐ すぎず　　ⓑ かどうか

03　雲の隙間から見える月はなんときれいな（　　）。　　ⓐ ことだし　　ⓑ ことか

04　試験も終わった（　　）、よかったらみんなでカラオケでもどう?　　ⓐ だけでなく　ⓑ ことだし

정답 : 01 ⓐ　02 ⓐ　03 ⓑ　04 ⓑ

15 　〜だけに　〜인 만큼

접속 　1 명사な/である + だけに 　　　　2 な형용사 어간な/である + だけに
　　　3 い형용사 보통형 + だけに 　　　　4 동사 보통형 + だけに

예문 　1 成人式の会場が地元であるだけにたくさん知り合いに会えた。
　　　성인식 회장이 고향인 만큼 많은 지인을 만날 수 있었다.
　　　2 娘が一生懸命なだけに私もできる限りのサポートをするつもりだ。
　　　딸이 열심인 만큼 나도 가능한 한 서포트를 할 생각이다.
　　　3 道が狭いだけに車で通るときは注意して運転しなければいけない。
　　　길이 좁은 만큼 차로 지나갈 때는 주의해서 운전하지 않으면 안 된다.
　　　4 私が気を使ってあげただけに、責任をもって働いてほしい。
　　　내가 신경 써준 만큼, 책임을 가지고 일했으면 한다.

16 　〜だけのことはある　〜한 만큼의 가치는 있다

접속 　1 명사な + だけのことはある 　　　　　2 な형용사 어간な + だけのことはある
　　　3 い형용사 보통형 + だけのことはある 　　4 동사 보통형 + だけのことはある

예문 　1 あの人は表現力が豊かだ。さすが小説家なだけのことはある。
　　　저 사람은 표현력이 풍부하다. 역시 소설가인 만큼의 가치는 있다.
　　　2 夫は何の臭いでも当てる。臭いに敏感なだけのことはある。
　　　남편은 무슨 냄새라도 맞춘다. 냄새에 민감한 만큼의 가치는 있다.
　　　3 ここのおかずはいつも売り切れる。他より安いだけのことはある。
　　　이곳의 반찬은 항상 매진된다. 다른 곳 보다 싼 만큼의 가치는 있다.
　　　4 彼女の通訳を見ると、留学しただけのことはある。
　　　그녀의 통역을 보면, 유학한 만큼의 가치는 있다.

17 　〜てしょうがない　매우 〜하다, 〜해서 어쩔 수가 없다

접속 　1 な형용사 て형 + てしょうがない 　　2 い형용사 て형 + てしょうがない
　　　3 동사 て형 + てしょうがない

예문 　1 手続きに必要な書類が複雑すぎて厄介でしょうがない。
　　　수속에 필요한 서류가 너무 복잡해서 매우 번거롭다.
　　　2 おばあさんが亡くなったことが悲しくてしょうがない。
　　　할머니가 돌아가시게 된 것이 매우 슬프다.
　　　3 テレビ番組のクイズの正解が気になってしょうがない。
　　　텔레비전 프로그램 퀴즈의 정답이 궁금해서 어쩔 수가 없다.

18 ～てたまらない ~해서 견딜 수 없다, 너무 ~하다

접속 1 な형용사 て형 + てたまらない   2 い형용사 て형 + てたまらない
　　　3 동사 て형 + てたまらない

예문 1 来月行われる大会の予選のことを考えると不安でたまらない。
　　　　다음 달에 실시되는 대회 예선을 생각하면 너무 불안해서 견딜 수 없다.
　　　2 私の手をぎゅっと握る赤ちゃんがかわいくてたまらない。
　　　　나의 손을 꼭 쥐는 아기가 너무 귀엽다.
　　　3 人の悪口ばかり言う彼を見ていると、腹が立ってたまらない。
　　　　다른 사람의 흉만 보는 그를 보고 있으면, 화가 나서 견딜 수 없다.

19 ～てならない 너무 ~하다

접속 1 な형용사 て형 + てならない   2 い형용사 て형 + てならない
　　　3 동사 て형 + てならない

예문 1 息子がちゃんと一人暮らしできるかどうか心配でならない。
　　　　아들이 제대로 혼자 살 수 있을지 너무 걱정이다.
　　　2 大学のサークル勧誘があまりにもしつこくてならない。
　　　　대학의 동아리 권유가 너무 집요하다.
　　　3 うちの犬は注射が苦手で、動物病院に行くのを嫌がってならない。
　　　　우리 개는 주사를 싫어해서, 동물 병원에 가는 것을 너무 싫어한다.

📑 **확인문제** 괄호에 들어갈 알맞은 문형을 고르세요.

01 私の手をぎゅっと握る赤ちゃんがかわいく（　　）。　　ⓐ てたまらない　　ⓑ たまらない

02 息子がちゃんと一人暮らしできるかどうか心配（　　）。　　ⓐ ならない　　ⓑ でならない

03 手続きに必要な書類が複雑すぎて厄介（　　）。　　ⓐ だしょうがない　　ⓑ でしょうがない

04 ここのおかずはいつも売り切れる。他より安い（　　）。　　ⓐ だけのことはある　　ⓑ だけに

정답 : 01 ⓐ 02 ⓑ 03 ⓑ 04 ⓐ

20 ～というから ~라고 하니까

접속 1 명사 보통형/명사 + というから | 2 な형용사 보통형/어간 + というから
3 い형용사 보통형 + というから | 4 동사 보통형 + というから

예문
1 何事も初めが肝心**というから**、さっそく元旦に新年の計画を立てた。
어떤 일도 처음이 중요하다고 하니까, 즉시 설날에 신년의 계획을 세웠다.

2 彼女は甘いものが好きだ**というから**、ケーキを作ってプロポーズした。
그녀는 단 것을 좋아한다고 하니까, 케이크를 만들어 프러포즈 했다.

3 お弁当だけでは物足りない**というから**おにぎりも持たせた。
도시락만으로는 뭔가 부족하다고 하니까 주먹밥도 가지고 가게 했다.

4 いつかは機会が訪れる**というから**気長に待つことにしました。
언젠가는 기회가 찾아온다고 하니까 찬찬히 기다리기로 했습니다.

21 ～というのは ~라는 것은

접속 1 명사 + というのは | 2 な형용사 보통형/어간 + というのは
3 い형용사 보통형 + というのは | 4 동사 보통형 + というのは

예문
1 パソコン**というのは**パーソナルコンピューターのことである。
PC라는 것은 퍼스널 컴퓨터를 말한다.

2 彼がたいくつだった**というのは**その表情からすぐにわかりました。
그가 지루해 했다는 것은 그 표정에서 바로 알았습니다.

3 騒がしい**というのは**まさにあの人のことを指す言葉だ。
소란스럽다라는 것은 정말로 저 사람을 가리키는 말이다.

4 自分の過ちを認める**というのは**そう簡単にできることではない。
자신의 과오를 인정한다는 것은 그렇게 간단하게 할 수 있는 것은 아니다.

22 ～というものだ ~라는 것이다, ~인 법이다

접속 1 명사 + というものだ | 2 な형용사 어간 + というものだ
3 い형용사 보통형 + というものだ | 4 동사 보통형 + というものだ

예문
1 何があっても子供を一番に考えるのが親**というものだ**。
무슨 일이 있어도 아이를 제일로 생각하는 것이 부모라는 것이다.

2 困っている人がいれば助けるのが人として当たり前**というものだ**。
곤란해하고 있는 사람이 있으면 돕는 것이 사람으로서 당연한 것이다.

3 気持ちを正直に話すことは大人でも難しい**というものだ**。
기분을 정직하게 말하는 것은 어른이라도 어려운 법이다.

4 経験したことも時間が経てばやがては忘れる**というものだ**。
경험한 것도 시간이 지나면 얼마 안 있어 잊어버리는 법이다.

23 〜というように ~라는 식으로, ~라는 것처럼

접속 | 1 명사 보통형/명사 + というように   2 な형용사 보통형/어간 + というように
3 い형용사 보통형 + というように   4 동사 보통형 + というように

예문 | 1 一つ仕上げるのに5時間**というように**時間を定めて仕事をしている。
하나를 완성하는 데 5시간이라는 식으로 시간을 정해서 일을 하고 있다.

2 友達は何かが心配だ**というように**ため息ばかりついている。
친구는 뭔가가 걱정인 것처럼 한숨만 쉬고 있다.

3 女の子は嬉しい**というように**にっこりと微笑んでいた。
여자아이는 기쁜 것처럼 방긋 미소 짓고 있었다.

4 部下は納得いかない**というように**不満そうな表情をしていた。
부하는 납득이 되지 않는다는 것처럼 불만인듯한 표정을 하고 있었다.

24 〜というより ~라기 보다

접속 | 1 명사 보통형/명사 + というより   2 な형용사 보통형/어간 + というより
3 い형용사 보통형 + というより   4 동사 보통형 + というより

예문 | 1 彼の人生話を聞いて、共感**というより**憧れを抱いた。
그의 인생 이야기를 듣고, 공감이라기보단 동경을 품었다.

2 文字を読むのが面倒だ**というより**興味がないので本は読まない。
글을 읽는 것이 귀찮다기보다 흥미가 없어서 책은 읽지 않는다.

3 この味噌汁は塩辛い**というより**むしろ水っぽい。
이 된장국은 짜다기보다 오히려 싱겁다.

4 先週の議会は話し合う**というより**もはや喧嘩に近かった。
지난주 의회는 의논한다기보다 어느새 싸움에 가까웠다.

📋 **확인문제** 괄호에 들어갈 알맞은 문형을 고르세요.

- -

01 パソコン（   ）パーソナルコンピューターのことである。   ⓐ というのは   ⓑ というように

02 気持ちを正直に話すことは大人でも難しい（   ）。   ⓐ というものだ   ⓑ ことになる

03 友達は何かが心配だ（   ）ため息ばかりついている。   ⓐ というより   ⓑ というように

04 いつかは機会が訪れる（   ）気長に待つことにしました。   ⓐ というから   ⓑ というのは

정답 : 01 ⓐ 02 ⓐ 03 ⓑ 04 ⓐ

25 ～というわけだ ~인 셈이다

접속   1 명사 보통형/명사 + というわけだ   2 な형용사 보통형/어간 + というわけだ
      3 い형용사 보통형 + というわけだ   4 동사 보통형 + というわけだ

예문   1 その単語がなぞを解くキーワードだというわけだ。
      그 단어가 수수께끼를 풀 키워드인 셈이다.
    2 首相が大阪を訪問中だから警備が厳重だというわけだ。
      수상이 오사카를 방문 중이니까 경비가 엄중한 셈이다.
    3 この品質とサービスから見ると安いというわけだ。
      이 품질과 서비스로 보면 저렴한 셈이다.
    4 実家が近いから他支店に転勤を希望していたというわけだ。
      집이 가깝기 때문에 타 지점으로 전근을 희망하고 있었던 셈이다.

26 ～どころか ~는커녕

접속   1 명사 + どころか   2 な형용사 어간な + どころか
      3 い형용사 사전형 + どころか   4 동사 사전형 + どころか

예문   1 私はゲームの操作どころか電源のつけ方すら分からない。
      나는 게임의 조작은커녕 전원을 켜는 방법조차 모른다.
    2 あの日の記憶は曖昧などころか何ひとつ覚えていません。
      그 날의 기억은 모호하기는커녕 아무것도 기억나지 않아요.
    3 彼は足が遅いどころか、学年で一番速いことで有名です。
      그는 다리가 느리기는커녕, 학년에서 가장 빠르기로 유명합니다.
    4 彼は手伝うどころか、妨害しようとだけしている。
      그는 돕기는커녕, 방해하려고만 하고 있다.

27 ～としたら ~라고 한다면

접속   1 명사 보통형/명사 + としたら   2 な형용사 보통형 + としたら
      3 い형용사 보통형 + としたら   4 동사 보통형 + としたら

예문   1 もしこの気持ちが恋だとしたら、どきどきするのも説明がつく。
      만약 이 마음이 사랑이라고 한다면, 두근두근 하는 것도 설명이 된다.
    2 この犬が利口だとしたら、飼い主が倒れたら助けを呼ぶだろう。
      이 개가 영리하다고 한다면, 주인이 쓰러지면 도움을 요청할 것이다.
    3 その仮説が正しいとしたら、日本の経済は今後さらに低迷する。
      그 가설이 옳다고 한다면, 일본의 경제는 앞으로 더 침체된다.
    4 一年に20パーセントずつ成長するとしたら、5年で2倍になる。
      1년에 20퍼센트씩 성장한다고 한다면, 5년이면 2배가 된다.

28 ～とする ~라고 하다

접속　1 명사 보통형/명사 + とする　　2 な형용사 보통형 + とする
　　　3 い형용사 보통형 + とする　　4 동사 보통형 + とする

예문　1 財布を落としたのが駅だとして駅に届いているかはわからない。
　　　지갑을 잃어버린 것이 역이라고 해서 역에 있을지는 모른다.

　　　2 その記事が本当だとすると人類はもうすぐ月に行けるようになる。
　　　그 기사가 진짜라고 하면 인류는 이제 곧 달에 갈 수 있게 된다.

　　　3 目的地までの道のりが遠いとすると、ここで一度休んでおくべきだ。
　　　목적지까지 길이 멀다고 하면, 여기서 한번 쉬어둬야 한다.

　　　4 息子のお小遣いを増やすとすると、家計を見直す必要がある。
　　　아들의 용돈을 늘린다고 하면, 가계를 다시 볼 필요가 있다.

29 ～とは言うものの ~라고는 하지만

접속　1 명사 보통형/명사 + とは言うものの　　2 な형용사 어간/보통형 + とは言うものの
　　　3 い형용사 보통형 + とは言うものの　　4 동사 보통형 + とは言うものの

예문　1 週末とは言うものの、仕事がたくさんあって休めなかった。
　　　주말이라고는 하지만, 일이 많이 있어서 쉴 수 없었다.

　　　2 気の毒とは言うものの、誰もその青年に手を差し伸べはしない。
　　　안쓰럽다고는 하지만, 아무도 그 청년에게 손을 내밀지는 않는다.

　　　3 怖いとは言うものの、同時に興味があるというのも事実だ。
　　　무섭다고는 하지만, 동시에 흥미가 있다는 것도 사실이다.

　　　4 予算を増やすとは言うものの、どこから資金を補うかは不明だ。
　　　예산을 늘린다고는 하지만, 어디에서 자금을 보충할지는 분명치 않다.

📋 **확인문제** 괄호에 들어갈 알맞은 문형을 고르세요.

01 財布を落としたのが駅だ（　　　）駅に届いているかはわからない。　　ⓐ というのは　　ⓑ として

02 一年に20パーセントずつ成長する（　　　）5年で2倍になる。　　ⓐ どころか　　ⓑ としたら

03 気の毒（　　　）、誰もその青年に手を差し伸べはしない。　　ⓐ とは言うものの　　ⓑ として

04 彼は足が遅い（　　　）、学年で一番速いことで有名です。　　ⓐ どころか　　ⓑ なりに

정답 : 01 ⓑ　02 ⓑ　03 ⓐ　04 ⓐ

30 　〜とは限らない　(꼭) ~하다고는 할 수 없다

접속 　1 명사 보통형/명사 + とは限らない　2 な형용사 보통형/어간 + とは限らない

　　　 3 い형용사 보통형 + とは限らない　4 동사 보통형 + とは限らない

예문 　1 誰も進まない道だとしても、それが間違いだとは限らない。

　　　　아무도 가지 않는 길이라고 해도, 그것이 틀렸다고는 할 수 없다.

　　　 2 国民の総所得が高いからといって全国民が豊かだとは限らない。

　　　　국민의 종합소득이 높다고 해서 전 국민이 풍족하다고는 할 수 없다.

　　　 3 一人でいることが必ずしも寂しいとは限らない。

　　　　혼자서 있는 것이 반드시 외롭다고는 할 수 없다.

　　　 4 医者とは言え、すべての病気が分かるとは限らない。

　　　　의사라고는 해도, 모든 병을 안다고는 할 수 없다.

31 　〜ながらも　~이지만

접속 　1 명사 + ながらも　　　　　　　　2 な형용사 어간 + ながらも

　　　 3 い형용사 사전형 + ながらも　　　　4 동사 ます형 + ながらも

예문 　1 私の宿題ながらも、友人がほとんどの問題を解いてくれた。

　　　　나의 숙제지만, 친구가 대부분의 문제를 풀어주었다.

　　　 2 不器用ながらも心の優しい兄は私の自慢です。

　　　　서투르지만 마음씨가 상냥한 오빠는 나의 자랑이다.

　　　 3 苦しいながらも1キロを泳ぎきったことは彼の自信になった。

　　　　힘들지만 1킬로미터를 다 헤엄친 것은 그의 자신감이 되었다.

　　　 4 あのサッカー選手は怪我しながらも最後まで走った。

　　　　저 축구 선수는 부상당했지만 마지막까지 뛰었다.

32 　〜なければいけない/〜なければならない　~해야 한다, ~하지 않으면 안 된다

접속 　1 명사 ない형 + なければいけない/なければならない

　　　 2 な형용사 ない형 + なければいけない/なければならない

　　　 3 い형용사 ない형 + なければいけない/なければならない

　　　 4 동사 ない형 + なければいけない/なければならない

예문 　1 気持ちを伝えるにはメールじゃなく手紙でなければいけない。

　　　　마음을 전달할 때는 메일이 아니라 편지로 해야 한다.

　　　 2 教師になりたければ教育に対して熱心じゃなければいけない。

　　　　교사가 되고 싶으면 교육에 대해 열심이지 않으면 안 된다.

　　　 3 地元で一番の進学校に行くためには賢くなければならない。

　　　　이 지역에서 제일인 학교에 가기 위해서는 똑똑해야 한다.

　　　 4 どうにかしてみんなで彼女を慰める方法を考えなければならない。

　　　　어떻게 해서라도 다 같이 그녀를 위로할 방법을 생각해야 한다.

33 ～なりに ～나름대로, ～대로

접속 **1** 명사 + なりに   **2** な형용사 어간 + なりに
       3 い형용사 보통형 + なりに   **4** 동사 보통형 + なりに

예문 **1** 結果はついてこなかったけど、彼なりに頑張ったと思う。
       결과는 따라주지 않았지만, 그 나름대로 열심히 했다고 생각한다.

      2 テニスは下手だが下手なりに人一倍練習を積み重ねてきた。
       테니스는 서투르지만 서투른 대로 남보다 배로 연습을 거듭해왔다.

      3 所得が低いなりに節約をしながら生活をしている。
       소득이 낮은 대로 절약하면서 생활을 하고 있다.

      4 検定試験を受けるなら受けるなりに対策をしないといけない。
       검정시험을 친다면 치는 나름대로 대책을 세우지 않으면 안 된다.

34 ～に決まっている ～임에 틀림없다, ～인 것이 당연하다

접속 **1** 명사 + に決まっている   **2** な형용사 어간 + に決まっている
       3 い형용사 보통형 + に決まっている   **4** 동사 보통형 + に決まっている

예문 **1** 初めての給料で買うものといえば、両親へのプレゼントに決まっている。
       첫 월급으로 사는 거라고 하면, 부모님 선물임에 틀림없다.

      2 昨夜から何も口にしていないのだからぺこぺこに決まっている。
       어제 밤부터 아무것도 먹지 않고 있으니 배고픈 것이 당연하다.

      3 10キロもあるお米を持っているんだから重いに決まっている。
       10킬로그램이나 되는 쌀을 들고 있으니까 무거운 것이 당연하다.

      4 夫は動物が大嫌いで、犬を飼いたいと言ったら反対するに決まっている。
       남편은 동물을 매우 싫어해서, 개를 키우고 싶다고 하면 반대할 것임에 틀림없다.

📋 확인문제 괄호에 들어갈 알맞은 문형을 고르세요.

01 所得が低い（   ）節約をしながら生活をしている。   ⓐ なりに   ⓑ としたら

02 不器用（   ）心の優しい兄は私の自慢です。   ⓐ ながらも   ⓑ なければいけない

03 誰も進まない道だとしても、それが間違いだ（   ）。   ⓐ とする   ⓑ とは限らない

04 どうにかしてみんなで彼女を慰める方法を考え（   ）。   ⓐ なければならない
                                           ⓑ だけのことはある

정답 : 01 ⓐ 02 ⓐ 03 ⓑ 04 ⓐ

35 　〜に越したことはない　~더 좋은 것은 없다, ~해서 나쁠 건 없다

접속　1 명사 보통형 + に越したことはない　　　　2 な형용사 어간である + の + に越したことはない
　　　3 い형용사 사전형 + に越したことはない　　　　4 동사 보통형 + に越したことはない

예문　1 絶対ではないが、依頼するのが専門家であるに越したことはない。

　　　절대는 아니지만, 의뢰하는 것이 전문가여서 나쁠 건 없다.

　　　2 手術後の経過が順調であるのに越したことはない。

　　　수술 후의 경과가 순조로운 것보다 더 좋은 것은 없다.

　　　3 参考資料が足りないのは困るが、多いに越したことはない。

　　　참고 자료가 부족한 것은 곤란하지만, 많은 건 나쁠 게 없다.

　　　4 健康になるためには運動するに越したことはない。

　　　건강해지기 위해서는 운동하는 것보다 더 좋은 것은 없다.

36 　〜にしては　~치고는

접속　1 명사 + にしては　　　　　　　　2 な형용사 어간/보통형 + にしては
　　　3 동사 보통형 + にしては

예문　1 アメリカ人にしては日本語の発音がいい。

　　　미국인 치고는 일본어 발음이 좋다.

　　　2 でたらめにしてはあまりにも話に真実味があるように思う。

　　　엉터리 치고는 너무나 이야기에 진실성이 있는 것처럼 생각된다.

　　　3 遅くまでコーヒーを飲んでいたにしてはすぐに眠りにつけた。

　　　늦게까지 커피를 마신 거 치고는 바로 잠이 들었다.

37 　〜にしても　(가령) ~라고 해도

접속　1 명사 + にしても　　　　　　　　2 な형용사 어간 + にしても
　　　3 い형용사 보통형 + にしても　　　　4 동사 보통형 + にしても

예문　1 彼にしてもこんなに難しいとは思わなかったはずだ。

　　　그라고 해도 이렇게 어려울 거라고는 생각하지 않았을 것이다.

　　　2 いくらかばんが邪魔にしても、手ぶらで行くわけにはいかない。

　　　아무리 가방이 방해라고 해도, 맨손으로 갈 수는 없다.

　　　3 眠いのは仕方ないにしてもやるべきことは先に終わらせないと。

　　　졸린 것은 어쩔 수 없다고 해도 해야 할 것은 먼저 끝내야 한다.

　　　4 仮にデータが消えてしまっていたにしても、保存してあるので問題ありません。

　　　만약 데이터가 사라져버렸다고 해도, 보존되어 있으니까 문제없어요.

38 ～にすぎない ~에 불과하다, ~에 지나지 않는다

접속 1 명사 + にすぎない   2 な형용사 어간である + にすぎない
　　 3 い형용사 보통형 + にすぎない   4 동사 보통형 + にすぎない

예문 1 19世紀に10億にすぎなかった人口は今や60億を超えた。

19세기에 10억에 불과했던 인구는 이제는 60억을 넘었다.

　　 2 信号無視による事故でないことのみが明らかであるにすぎない。

신호 무시에 의한 사고가 아닌 것만이 분명함에 지나지 않는다.

　　 3 実力不足というより、ただ相手が私たちより上手かったにすぎない。

실력 부족이라기보다, 그냥 상대가 우리보다 잘했던 것에 불과하다.

　　 4 企業の戦略の一環として、一部人員を削減したにすぎない。

기업 전략의 일환으로써, 일부 인원을 삭감한 것에 지나지 않는다.

39 ～にせよ/～にもせよ ~라고 해도

접속 1 명사 + にせよ/にもせよ   2 な형용사 어간 + にせよ/にもせよ
　　 3 い형용사 보통형 + にせよ/にもせよ   4 동사 보통형 + にせよ/にもせよ

예문 1 たとえ嘘にせよ、人を傷つけるような発言は控えるべきだ。

설령 거짓말이라고 해도, 사람을 상처 주는 듯한 발언은 삼가 해야 한다.

　　 2 どれほど心配にせよ、われわれにできることは残されていません。

아무리 걱정이라 해도, 우리가 할 수 있는 일은 남아있지 않아요.

　　 3 どれほど若々しいにせよ、実際の年齢をあざむくことはできない。

아무리 풋풋하다고 해도, 실제 나이를 속일 수는 없다.

　　 4 手術は終わったにせよ、しばらく安静が必要です。

수술이 끝났다고 해도, 당분간 안정이 필요합니다.

📋 확인문제 괄호에 들어갈 알맞은 문형을 고르세요.

01 信号無視による事故でないことのみが明らかである （　　）。　ⓐ にすぎない　ⓑ でしょうがない

02 彼（　　）こんなに難しいとは思わなかったはずだ。　ⓐ として　ⓑ にしても

03 手術は終わった（　　）、しばらく安静が必要です。　ⓐ せいか　ⓑ にせよ

04 参考資料が足りないのは困るが、多い（　　）。　ⓐ に越したことはない

　　　　ⓑ だけのことはある

정답 : 01 ⓐ 02 ⓑ 03 ⓑ 04 ⓐ

40 〜にちがいない ~임에 틀림없다

접속
1 명사 + にちがいない
2 な형용사 어간 + にちがいない
3 い형용사 보통형 + にちがいない
4 동사 보통형 + にちがいない

예문
1 あの人は筋肉がすごい。きっと運動選手にちがいない。
저 사람은 근육이 엄청나다. 분명 운동선수임에 틀림없다.

2 臭いも受け付けないのをみると、彼女は納豆が苦手にちがいない。
냄새도 받아들이지 않는 것을 보면, 그녀는 낫토를 꺼려함에 틀림없다.

3 あの人はいつも何かを心配しているので、用心深いにちがいない。
저 사람은 항상 뭔가를 걱정하고 있으니까, 조심성이 많음에 틀림없다.

4 上司は朝から顔色が悪かったから、早退するにちがいない。
상사는 아침부터 얼굴색이 나빴기 때문에, 조퇴할 것임에 틀림없다.

41 〜にとどまらず ~에 그치지 않고

접속
1 명사 + にとどまらず
2 な형용사 어간 な/である + だけ + にとどまらず
3 い형용사 + だけ + にとどまらず
4 동사 보통형 + にとどまらず

예문
1 火事の被害は火元の1階にとどまらず、建物全体に及んでいる。
화재 피해는 발화지점인 1층에 그치지 않고, 건물 전체에 미쳤다.

2 情報源が不確かなだけにとどまらず、真実かどうかすらも不明だ。
정보원이 불확실함에 그치지 않고, 진실인지 어떤지조차 불명하다.

3 後輩はそそっかしいだけにとどまらず、やかましいところもある。
후배는 경솔한 것에 그치지 않고, 요란한 구석도 있다.

4 問題点を追求するにとどまらず、解決へと導く姿勢が必要だ。
문제점을 추구하는 것에 그치지 않고, 해결로 이끄는 자세가 필요하다.

42 〜にもかかわらず ~에도 불구하고

접속
1 명사 + にもかかわらず
2 な형용사 어간 + にもかかわらず
3 い형용사 보통형 + にもかかわらず
4 동사 보통형 + にもかかわらず

예문
1 多数の反対にもかかわらず、法案は通過してしまった。
다수의 반대에도 불구하고, 법안은 통과되어 버렸다.

2 定期券はまだ有効にもかかわらず、改札を通れなかった。
정기권은 아직 유효함에도 불구하고, 개찰구를 통과할 수 없었다.

3 締め切り間近で忙しいにもかかわらず余裕そうに見える。
마감 직전에 바쁨에도 불구하고 여유로워 보인다.

4 独特な髪色で目立っているにもかかわらず一切気に留めない。
독특한 머리 색으로 눈에 띄고 있음에도 불구하고 일절 개의치 않는다.

43 ～のみならず ~뿐만 아니라

접속   1 명사 + のみならず   2 な형용사 어간(である) + のみならず
        3 い형용사 사전형 + のみならず   4 동사 사전형 + のみならず

예문   1 コンサート会場のみならず周辺までもファンで覆いつくされた。
        콘서트 회장 뿐만 아니라 주변까지도 팬으로 덮였다.
      2 実用的のみならず経済的な製品は主婦に好まれる傾向がある。
        실용적일 뿐만 아니라 경제적인 제품은 주부에게 선호 받는 경향이 있다.
      3 その大学は入試が難しいのみならず学費が高いことで有名だ。
        그 대학은 입시가 어려울 뿐만 아니라 학비도 비싼 걸로 유명하다.
      4 犯人を取り逃がすのみならず、証拠資料も紛失してしまった。
        범인을 놓쳤을 뿐만 아니라, 증거 자료도 분실해 버렸다.

44 ～ばかりに ~탓에, ~바람에

접속   1 명사である + ばかりに   2 な형용사 어간な/である + ばかりに
        3 い형용사 사전형 + ばかりに   4 동사 た형 + ばかりに

예문   1 想像以上に快適な入院生活であるばかりに退院する気がなくなった。
        상상이상으로 쾌적한 입원생활인 바람에 퇴원할 마음이 없어졌다.
      2 便利なばかりに現代人はスマートフォンに依存しがちである。
        편리한 탓에 현대인은 스마트폰에 의존하기 십상이다.
      3 彼は言葉が足りないばかりに人に誤解されやすい。
        그는 말이 부족한 탓에 다른 사람에게 오해받기 쉽다.
      4 彼を信じてしまったばかりに裏切られて悲しい思いをした。
        그를 믿어버린 탓에 배신당해서 슬픔을 느꼈다.

📝 확인문제 괄호에 들어갈 알맞은 문형을 고르세요

01 締め切り間近で忙しい（   ）余裕そうに見える。。
     ⓐ にとどまらず
     ⓑ にもかかわらず

02 想像以上に快適な入院生活である（   ）退院する気がなくなった。
     ⓐ ばかりに   ⓑ のみならず

03 上司は朝から顔色が悪かったから、早退する（   ）。
     ⓐ なければいけない
     ⓑ にちがいない

04 情報源が不確かなだけ（   ）、真実かどうかすらも不明だ。
     ⓐ にとどまらず
     ⓑ に決まっている

정답 : 01 ⓑ   02 ⓐ   03 ⓑ   04 ⓐ

45 〜はずだ (당연히) ~일 것이다

접속 1 명사の/である + はずだ   2 な형용사 어간な/である + はずだ
     3 い형용사 보통형 + はずだ   4 동사 보통형 + はずだ

예문 1 あんなにしっかりした性格だから、彼はきっと長男のはずだ。
      저렇게 똑 부러지는 성격이니까, 그는 반드시 장남일 것이다.
     2 ご褒美があるとすればもっと一生懸命なはずだ。
      보상이 있다고 하면 더 열심일 것이다.
     3 もし排水溝に生ごみが溜まっていたらたぶん生臭いはずだ。
      만약 배수구에 음식물 쓰레기가 남아 있으면 아마 비린내가 날 것이다.
     4 彼は意地でもその株式を売ろうとはしないはずだ。
      그는 오기로라도 그 주식을 팔려고 하지 않을 것이다.

46 〜はずがない/〜はずもない ~리가 없다

접속 1 명사の/である + はずがない/はずもない   2 な형용사 어간な/である + はずがない/はずもない
     3 い형용사 보통형 + はずがない/はずもない   4 동사 보통형 + はずがない/はずもない

예문 1 昼間から遊んでいるところからして彼が会社員のはずがない。
      낮부터 놀고 있는 점으로 봐서 그는 회사원일 리가 없다.
     2 いつも部屋が汚いのをみると親友は片づけが得意なはずがない。
      항상 방이 더러운 것을 보면 친구는 정리를 잘할 리가 없다.
     3 焼いてから1日経ってしまったおもちが柔らかいはずもない。
      굽고 나서 하루 지나버린 떡이 부드러울 리가 없다.
     4 まじめな山田さんにそんなことができるはずもない。
      성실한 야마다 씨에게 그런 일이 가능할 리 없어.

47 〜ままで ~인 채로, ~한 채로

접속 1 명사の + ままで   2 な형용사 어간な + ままで
     3 い형용사 사전형 + ままで   4 동사 た형 + ままで

예문 1 大人になんかならずに、いつまでも子供のままでいたいと願う。
      어른이 되지 않고, 언제까지나 어린아이인 채로 있고 싶다고 바란다.
     2 公衆トイレを常に清潔なままで保つのは容易ではありません。
      공중 화장실을 항상 청결한 채로 유지하는 것은 쉽지 않습니다.
     3 あの子は昔から可愛いままで何ひとつ変わっていない。
      저 아이는 옛날부터 귀여운 채로 하나도 변하지 않았다.
     4 クーラーをつけたままで出かけて、お母さんに怒られた。
      에어컨을 켠 채로 나가서, 엄마에게 혼났다.

48 〜もかまわず ~도 개의치 않고

접속   **1** 명사 + もかまわず   **2** な형용사 어간な/である + の + もかまわず
        3 い형용사 보통형 + の + もかまわず   **4** 동사 보통형 + の + もかまわず

예문   **1** お母さんは人目**もかまわず**、スーパーで子供をしかっている。

        엄마는 사람 눈도 개의치 않고, 슈퍼에서 아이를 야단치고 있다.

     2 若者は親が反対なの**もかまわず**アメリカへの留学を決めた。

        젊은이는 부모가 반대하는 것도 개의치 않고 미국으로의 유학을 결정했다.

     3 周りがうるさいの**もかまわず**必死に試験範囲を復習していた。

        주위가 시끄러운 것도 개의치 않고 필사적으로 시험 범위를 복습하고 있었다.

     4 服に汚れがつくの**もかまわず**、一生懸命に掃除を手伝っている。

        옷에 때가 묻는 것도 개의치 않고, 열심히 청소를 돕고 있다.

49 〜ものだ ~인 법이다

접속   **1** な형용사 어간な + ものだ   **2** い형용사 사전형 + ものだ
        3 동사 사전형 + ものだ

예문   **1** 人の記憶というものは時間とともに変化するので不確かな**ものだ**。

        사람의 기억이라는 것은 시간과 함께 변화하기 때문에 불확실한 법이다.

     2 失敗したとしても前向きに頑張る人の姿はかっこいい**ものだ**。

        실패했다고 해도 긍정적으로 노력하는 사람의 모습은 멋있는 법이다.

     3 人は成長にともなって徐々に性格が変わる**ものだ**。

        사람은 성장과 함께 서서히 성격이 변하는 법이다.

📑 **확인문제** 괄호에 들어갈 알맞은 문형을 고르세요.

01	まじめな山田さんにそんなことができる（ ）。	ⓐ はずもない	ⓑ にすぎない
02	クーラーをつけた（ ）出かけて、お母さんに怒られた。	ⓐ ままで	ⓑ かぎり
03	人の記憶というものは時間とともに変化するので不確かな（ ）。	ⓐ ことか	ⓑ ものだ
04	お母さんは人目（ ）、スーパーで子供をしかっている。	ⓐ もかまわず	ⓑ のみならず

정답 : 01 ⓐ 02 ⓐ 03 ⓑ 04 ⓐ

50 ～ものがある ~이기도 하다, ~하는 데가 있다

접속   1   な형용사 어간な + ものがある   2   い형용사 사전형 + ものがある
      3   동사 사전형 + ものがある

예문   1   あれほど努力していたのに不合格なのはかわいそうな**ものがある**。
        저만큼 노력했는데 불합격인 것은 불쌍하기도 하다.
     2   この寒い中、一時間も外で待たされるのは辛い**ものがある**。
        이 추위에, 한 시간이나 밖에서 기다리는 것은 괴롭기도 하다.
     3   このドラマは面白いわけではないが、何か人を引き付ける**ものがある**。
        이 드라마는 재미있는 것은 아니지만, 무언가 사람을 잡아당기는 데가 있다.

51 ～ものだから ~이기 때문에

접속   1   명사な + ものだから   2   な형용사 어간な + ものだから
      3   い형용사 보통형 + ものだから   4   동사 보통형 + ものだから

예문   1   ギターは初心者な**ものだから**、ゆっくり教えていただきたいです。
        기타는 초심자이기 때문에, 천천히 가르쳐 주셨으면 합니다.
     2   このネックレスがあまりに素敵な**ものだから**、思わず買ってしまった。
        이 목걸이가 너무나 멋지기 때문에, 엉겁결에 사고 말았어.
     3   彼の作るご飯は本当においしい**ものだから**、毎回食べ過ぎる。
        그가 만드는 밥은 정말 맛있기 때문에, 매번 과식한다.
     4   今度の事故は不注意で起こった**ものだから**、責任が重大だ。
        이번 사고는 부주의로 일어났기 때문에, 책임이 중대하다.

52 ～わけがない ~할 리가 없다

접속   1   명사な/である + わけがない   2   な형용사 어간な + わけがない
      3   い형용사 보통형 + わけがない   4   동사 보통형 + わけがない

예문   1   昨日まで元気だったのに食中毒な**わけがない**よ。
        어제까지 건강했는데 식중독일 리가 없어.
     2   皆に優しくて親切な彼がまさか意地悪な**わけがない**。
        모두에게 상냥하고 친절한 그가 설마 심술궂을 리가 없어.
     3   あの川はにごってなくても底がよく見えないので浅い**わけがない**。
        저 강은 탁하지 않은데도 바닥이 잘 보이지 않기 때문에 얕을 리가 없다.
     4   こんなに景気がいいのに、赤字になる**わけがない**。
        이렇게 경기가 좋은데, 적자가 날 리가 없다.

53 〜わけだ ~인 것이다

접속
1. 명사な + わけだ
2. な형용사 어간な + わけだ
3. い형용사 보통형 + わけだ
4. 동사 보통형 + わけだ

예문

1. 父は10年間運動を欠かしていない。それだから健康な**わけだ**。

   아빠는 10년 동안 운동을 빠트리지 않고 있다. 그래서 건강한 것이다.

2. 彼女はアナウンサーらしい。なるほど。それで発音が綺麗な**わけだ**。

   그녀는 아나운서라고 한다. 과연. 그래서 발음이 예쁜 것이다.

3. 今日はお祭りがあるらしく、どうりで人が多い**わけだ**と思った。

   오늘은 축제가 있는 것 같아서, 그 때문에 사람이 많은 것이라고 생각했다.

4. 彼はああやって毎日朝から晩まで練習していたから優勝した**わけだ**。

   그는 저렇게 매일 아침부터 밤까지 연습했기 때문에 우승한 것이다.

54 〜わりに ~에 비해서

접속
1. 명사の + わりに
2. な형용사 어간な + わりに
3. い형용사 보통형 + わりに
4. 동사 보통형 + わりに

예문

1. 今日は日曜日の**わりに**市場に人が少なくて快適に買い物できた。

   오늘은 일요일인 것에 비해서 시장에 사람이 적어 쾌적하게 쇼핑할 수 있었다.

2. この仕事は簡単な**わりに**お給料がいいのでとても人気だ。

   이 일은 간단한 것에 비해서 급료가 좋기 때문에 아주 인기다.

3. 平日は忙しい**わりに**売り上げが伸びないでいるので悩んでいる。

   평일은 바쁜 것에 비해서 매상이 안 오르고 있기 때문에 고민이다.

4. 幼いころから習っていた**わりに**、上手ではない。

   어렸을 때부터 배운 것에 비해서, 잘 하는 것은 아니다.

📄 **확인문제** 괄호에 들어갈 알맞은 문형을 고르세요.

01 皆に優しくて親切な彼がまさか意地悪な（　　）。 ⓐ わけだ　ⓑ わけがない

02 このドラマは面白いわけではないが、何か人を引き付ける（　　）。 ⓐ はずもない　ⓑ ものがある

03 今日は日曜日の（　　）市場に人が少なくて快適に買い物できた。 ⓐ わりに　ⓑ ままで

04 彼の作るご飯は本当においしい（　　）、毎回食べ過ぎる。 ⓐ にとどまらず　ⓑ ものだから

정답 : 01 ⓑ 02 ⓑ 03 ⓐ 04 ⓑ

문법형식 판단

> **문법형식 판단**은 서술문 또는 대화문에서 괄호 안에 들어갈 문맥에 맞는 문법형식을 고르는 문제로, 총 12문항이 출제된다. 조사나 부사를 고르는 문제는 거의 매회 1문항씩 꾸준히 출제되며, 그 외 문형이나 구를 고르는 문제가 골고루 출제된다.

핵심 전략

1 조사나 부사를 고르는 문제는 괄호 바로 앞뒤의 문맥에 유의하여 알맞은 의미의 선택지를 정답으로 고른다.

예 毎日、10分（　　　）20分（　　　）でもいいので、運動をしたほうがいい。
매일, 10분 (　　) 20분 (　　) 라도 괜찮으니까, 운동을 하는 편이 좋다.

① とか／とか ~이든지…이든지 (○)　　② やら／やら ~인지…인지 (✕)

休みはどこかに行くより（　　　）家で寝ていたい。 휴일에는 어딘가에 가는 것보다 (　　) 집에서 자고 싶다.

① むしろ 오히려 (○)　　② たとえ 설령 (✕)

2 문형을 고르는 문제는 문장 전체의 문맥에 유의하여 알맞은 의미의 선택지를 정답으로 고른다. 괄호 앞 또는 뒤와 접속이 올바르지 않은 선택지가 있으면 먼저 소거한다.

예 あれこれ悩んだ（　　　）、X社に行くことにした。 이것저것 고민한 (　　), X사에 가기로 했다.

① すえに ~끝에 (○)　　② ところに ~참에 (✕)

3 구를 고르는 문제는 문장 전체의 문맥에 유의하여 알맞은 의미의 선택지를 정답으로 고른다. 주로 문말표현으로 출제되는데 수동·사역·사역수동, 수수표현 등을 문형과 결합하여 난이도를 높인다.

예 この机は傷ひとつないのを見ると持ち主に（　　　）。
이 책상은 상처 하나 없는 것을 보아 주인에게 (　　).

① 大切にされていたに違いない 소중히 다루어졌음에 틀림없다 (○)
② 大切にしてくれるに決まっている 소중히 해줄 것이 분명하다 (✕)

4 조사나 부사를 고르는 문제를 비롯하여 수동·사역·사역수동, 수수표현, 경어표현과 관련된 문제가 꾸준히 출제되고, 접속 형태로 오답 선택지를 소거하는 경우도 있으므로, N2 필수 문법(p.140~209)에서 조사, 부사, 경어, 문형 및 활용표현을 특히 더 꼼꼼히 학습해둔다.

🔵 문제 풀이 Step

(Step 1) **선택지를 읽고 각 선택지의 의미와 무엇을 고르는 문제인지 파악한다.**

선택지를 읽고 각각의 의미를 확인하고, 조사, 부사, 문형, 구 중에 무엇을 고르는 문제인지 파악한다.

(Step 2) **문장 또는 대화를 읽고 문맥에 맞는 선택지를 정답으로 고른다.**

괄호 앞뒤 또는 문장 전체의 문맥에 유의하여 알맞은 의미의 선택지를 정답으로 고른다. 선택지는 모두 문법상 올바른 표현이므로, 반드시 문장 또는 대화의 문맥에 가장 적절한 것을 정답으로 골라야 한다.

🔵 문제 풀이 Step 적용

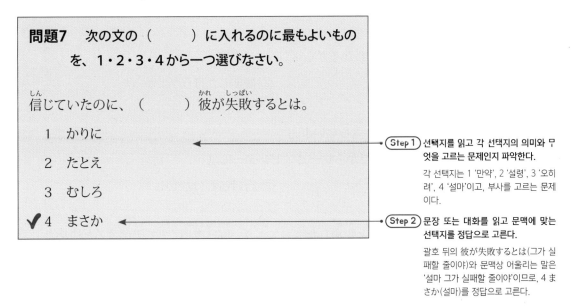

問題7　次の文の（　　　）に入れるのに最もよいもの
　　　　を、1・2・3・4から一つ選びなさい。

しん
信じていたのに、（　　　）彼が失敗するとは。
　　　　　　　　　　　　　　　かれ　しっぱい

　　1　かりに

　　2　たとえ

　　3　むしろ

✓　4　まさか

(Step 1) 선택지를 읽고 각 선택지의 의미와 무엇을 고르는 문제인지 파악한다.

각 선택지는 1 '만약', 2 '설령', 3 '오히려', 4 '설마'이고, 부사를 고르는 문제이다.

(Step 2) 문장 또는 대화를 읽고 문맥에 맞는 선택지를 정답으로 고른다.

괄호 뒤의 彼が失敗するとは(그가 실패할 줄이야)와 문맥상 어울리는 말은 '설마 그가 실패할 줄이야'이므로, 4 まさか(설마)를 정답으로 고른다.

문제7 다음 문장의 (　　　)에 들어갈 가장 알맞은 것을, 1・2・3・4에서 하나 고르세요.

믿고 있었는데, (　　　) 그가 실패할 줄이야.

1 만약　　　　　　　　　2 설령

3 오히려　　　　　　　　4 설마

어휘 信じる しんじる 圏믿다　失敗 しっぱい 圆실패　かりに 凰만약, 만일　たとえ 凰설령, 설사　むしろ 凰오히려, 차라리
まさか 凰설마

실력 다지기

괄호에 들어갈 알맞은 표현을 고르세요.

01 彼（ 　　　 ）作ったケーキは感動するほどおいしかった。

① の 　　　　　　　　　　　　　② との

02 A「はい、木村です。」
B「A社の田中と申しますが、鈴木課長（ 　　　 ）。」

① いらっしゃいますか 　　　　　② ございますか

03 コピー機の使い方は誰でもわかるから（ 　　　 ）。

① 説明するまでもない 　　　　　② 説明したほうがよかった

04 A「あれ?パソコンの電源、入らないよ。」
B「え、どうしよう。日曜日だからサービスセンターに（ 　　　 ）。」

① 行かないわけじゃないし 　　　② 行けるわけないし

05 次の試験では100点を取ると約束した（ 　　　 ）、毎日夜遅くまで勉強すると決めた。

① 以上 　　　　　　　　　　　　② あまり

06 A「山田さん、来週から出張だって。」
B「そうだよ。行きたくないけど上司に指示（ 　　　 ）から仕方ないな。」

① された 　　　　　　　　　　　② させられた

07 空いている席がなかったため、後ろに（ 　　　 ）。

① 立つこともなかった 　　　　　② 立つしかなかった

08 子供のころ、両親が家にいない時、となりの家のお姉さんに（　　　　）。

① 遊んでもらいました　　　　　　② 遊んでくれました

09 多くの消費者のニーズ（　　　　）、販売量を増やすことにしました。

① にくわえて　　　　　　　　　　② にこたえて

10 一生懸命勉強したのに、渋滞がひどくて試験の時間に（　　　　）。

① 間に合ってもしかたない　　　　② 間に合いそうにない

11 A「どうぞ冷めないうちに（　　　　）ください。」

　　B「ありがとうございます。」

① 召し上がって　　　　　　　　　② いただいて

12 弟が大学に落ちてがっかりしている。姉（　　　　）何をしてあげればいいか分からない。

① といって　　　　　　　　　　　② として

13 子供は欲しがっていたおもちゃを買ってもらったのに（　　　　）泣いてしまった。

① おそらく　　　　　　　　　　　② かえって

14 外で遊んで帰ってよく洗わないと、ウイルスが繁殖して病気になり（　　　　）。

① そうもない　　　　　　　　　　② かねない

정답 해설집 p.27

問題7 次の文の （　　　） に入れるのに最もよいものを、1・2・3・4から一つ
選びなさい。

33 彼が大統領になるなんて想像 （　　　） できなかった。

1　すら　　　　　　2　だけ　　　　　　3　きり　　　　　　4　こそ

34 社長が変わったことによる組織改革^{そしきかいかく} （　　　）、社員の間ではいろいろなうわさが
流れている。

1　次第で　　　　　2　だけで　　　　　3　をめぐって　　　4　にもかかわらず

35 新しいことを始めるときには、できるかどうか （　　　） まずはやってみることが大切だ。

1　はさておき　　　2　のせいで　　　　3　によって　　　　4　を抜きにしては

36 その車は勢いよく走りだしたかと （　　　）、すぐに故障してしまった。

1　思ってみると　　　　　　　　　　2　思ったら

3　思わないにしても　　　　　　　　4　思うにつれて

37 評判になっている小説を読んでみたら、（　　　） おもしろくなくて、がっかりした。

1　めったに　　　　2　まさか　　　　　3　必ずしも　　　　4　たいして

38 A「この商品の発売日は変更した方がいいと思いませんか。」

B「そうですね。しかし、私一人では判断しかねますので、部長にも （　　　） みます。」

1　おっしゃって　　2　いらっしゃって　3　うかがって　　　4　いただいて

39 熱も （　　　）、今日は学校に行かずにゆっくり休もう。

1　出てきたことだし　　　　　　　　2　出ようがないので

3　出るにつれて　　　　　　　　　　4　出ようものなら

40 一か月間の出張が終わり、やっと家に帰れるので（　　　　）。

1　うれしいはずがない　　　　　　　　2　うれしくてしょうがない

3　うれしいわけがない　　　　　　　　4　うれしいばかりではない

41 せっかく得た権利なのだから、無駄に（　　　　）。

1　しないではいられない　　　　　　　2　しないでほしいものだ

3　しないわけにはいかない　　　　　　4　しなくてもいいものだ

42 売り上げが（　　　　）、それだけを重視していると決していい仕事はできないだろう。

1　大切だから　　　　　　　　　　　　2　大切だとは言うものの

3　大切なだけあって　　　　　　　　　4　大切なばかりか

43 他人のミスを自分のせいにされて、本当に（　　　　）。

1　くやしいだけのことはある　　　　　2　くやしくならない

3　くやしいわけではない　　　　　　　4　くやしくてたまらない

44 作業がうまく（　　　　）、新しい仕事が次々に入ってくるものだ。

1　進みつつあるのに　　　　　　　　　2　進んでいる場合において

3　進んでいないときにかぎって　　　　4　進められているのもかまわず

정답 해설집 p.28

문법 | 문제 7 문법형식 판단　**215**

問題7 次の文の（　　　）に入れるのに最もよいものを、1・2・3・4から一つ
選びなさい。

33 一時は美術の魅力にはまっていたこともあったが、作品の説明をする（　　　）詳し
くはない。

1　だけ　　　　　　2　ほど　　　　　　3　しか　　　　　　4　には

34 このサイトはアメリカの記事やブログ（　　　）文章を翻訳し、日本語版として配信す
るサービスをしている。

1　として　　　　　2　にくらべて　　　3　といった　　　4　にくわえて

35 彼女は悩んだ（　　　）編入の条件を満たすため、休学して試験の対策をすることに
決めた。

1　とたん　　　　　2　あまり　　　　　3　すえに　　　　　4　いじょう

36 俳優として国際映画祭まで招待されたあの人は、アイドルというより、（　　　）女優
に近い。

1　かりに　　　　　2　むしろ　　　　　3　ちっとも　　　　4　さっぱり

37 活動計画を立てている最中に友達とおしゃべりをしていて先輩にうんと（　　　）。

1　叱られてしまった　　　　　　　　　2　叱らせると思う

3　叱っただろうか　　　　　　　　　　4　叱れるようになった

38 子供の頃から庭に植わっていた松の木が急に枯れてしまったので、（　　　）。

1　残念でほしかった　　　　　　　　　2　残念でならなかった

3　残念でいられなかった　　　　　　　4　残念でいようとした

39 SNSを（　　　）色々なコミュニティサイトの影響で、不正確な認識に基づく判断が多
くなった気がする。

1　とわず　　　　　2　こめて　　　　　3　めぐって　　　　4　はじめ

40 そこに荷物を置くと、きっと通る人の邪魔に（　　　　）。

1　なるにちがいない　　　　　　　　2　なったにすぎない

3　なるはずがない　　　　　　　　　4　なったというものではない

41 結婚したばかりで、家を買うにはまだお金が足りないから（　　　　）。

1　借りようとすることもない　　　　2　借りっこない

3　借りるしかあるまい　　　　　　　4　借りたわけではない

42 （ピアノ教室で）

学生「この曲は難しくて私にはひけそうにないんですが。」

先生「練習を重ねて（　　　　）ひけるかどうかわからないよ。」

1　みてはじめて　　　　　　　　　　2　みようものなら

3　みようとしなくても　　　　　　　4　みてからでないと

43 新人社員の、「皆さんに（　　　　）、うれしいです。」というあいさつに部署内の社員たちから温かい視線が注がれた。

1　なさって　　　　　　　　　　　　2　拝見して

3　おあいになれて　　　　　　　　　4　お目にかかれて

44 A「あの新作映画、見に行こうと思ってるんだけど、どうだった？」

B「緊張感はないけど、人の心（　　　　）よ。」

1　を動かすものがあった　　　　　　2　が動いたかいがあった

3　を動かしたわけがなかった　　　　4　が動くことはなかった

정답 해설집 p.30

問題7 次の文の（　　　　）に入れるのに最もよいものを、1・2・3・4から一つ選びなさい。

33 学生時代は伸の良い友達だった（　　　　）、卒業してからはお互いに忙しくて連絡すらしなくなった。

1　ので 　　　　2　とは 　　　　3　のに 　　　　4　から

34 この雑誌は表紙（　　　　）素敵で、読まないとしてもただ買って部屋にかざるだけでもいいぐらいだ。

1　からして 　　　2　しだいで 　　　3　だって 　　　4　として

35 日本で働く外国人の増加（　　　　）、日本語指導が必要な子どもの数も増えている。

1　について 　　　2　に沿って 　　　3　とともに 　　　4　をもとに

36 ヨーロッパ旅行で（　　　　）お金を使いすぎてしまい、貯金がほぼゼロの状態になってしまった。

1　やがて 　　　　2　やっと 　　　　3　つい 　　　　4　ただ

37 うちのチームは社内マニュアル公募展で優勝し、特別有給休暇（ゆうきゅう）（　　　　）航空券までもらった。

1　はさておき 　　2　のみならず 　　3　もかまわず 　　4　のことだから

38 留学したからといって、誰もが英会話の実力がぐんと（　　　　）。

1　伸びているだけのことはある 　　　　2　伸びているというわけだ

3　伸びるとは限らない 　　　　4　伸びるに決まっている

39 自分でやりがいのある仕事を選ぶのがいいことは（　　　　）。

1　言えるわけがない 　　　　2　言わないでもない

3　言ってからにする 　　　　4　言うまでもない

40 デパートに友達のプレゼントを買いに（　　　　）ネットでみて気に入っていた財布も見に行った。

1　行ったら

2　行くたびに

3　行ったところ

4　行くついでに

41 簡単な料理でも作っている過程(かてい)を誰かに見られると（　　　　）一人でいるうちに作っておくようにしている。

1　緊張しがたいといって

2　緊張しがちなので

3　緊張しそうにないらしくて

4　緊張しようとするから

42 （免税店で）

客　「ここで免税できますか。」

店員「はい、お客様。免税をご利用になれます。パスポートを（　　　　）よろしいですか。」

1　拝見しても

2　お目にかけても

3　ご覧になっても

4　参っても

43 家に帰って玄関に（　　　　）、魚の臭いが酷(ひど)くて慌てて窓を全部開けて換気した。

1　入ったかと思うと

2　入ることなく

3　入るよりほかなくて

4　入ったとたん

44 父はあれほど医者に（　　　　）にもかかわらずタバコをやめようとしない。

1　注意した　　　2　注意させた　　　3　注意された　　　4　注意させられた

정답 해설집 p.32

問題7 次の文の （　　　　） に入れるのに最もよいものを、1・2・3・4から一つ
選びなさい。

33 （学校で）

学生「留学するという夢はあきらめます。英語の点数が伸びなくて。」

先生「夢は簡単にあきらめる （　　　　）よ。あと1年間、がんばってみたら。」

1　ものではない　　　2　わけがない　　　3　はずがない　　　4　どころではない

34 日本映画の歴史は、彼の存在 （　　　　） 語れない。

1　があってこそ　　　2　でないことには　　　3　はともかく　　　4　を抜きにしては

35 長期化した景気低迷から輸出の大幅な増加で景気は徐々に （　　　　）。

1　回復しつつある　　　　　　　　　　2　回復するしかあるまい

3　回復しかねる　　　　　　　　　　　4　回復するおそれがある

36 山川さんは海外旅行の経験が豊富な （　　　　）、いろいろな国の文化を知っている。

1　だけに　　　　　2　ばかりに　　　3　せいで　　　4　ものの

37 走るのが好き （　　　） 好き （　　　）、毎朝起きたら近所の公園を走っている。

1　が／が　　　　　2　で／で　　　　3　を／を　　　　4　も／も

38 一度、仕事を引き受けた （　　　　）、最後まで責任を持って完成させなければならない。

1　あげく　　　　　2　末は　　　　　3　上は　　　　　4　次第

39 この書類は、親のサインが必要なので、父に相談 （　　　　）。

1　したいものだ　　　　　　　　　　2　するだけのことはある

3　しないわけにはいかない　　　　　4　せずにはいられない

40 契約書にサインした以上、注文を（　　　　）だろう。

1　取り消すことはできない　　　　　2　取り消すしかない

3　取り消そうとしている　　　　　　4　取り消しかねる

41 鈴木さんとはパーティーで名刺を交換した（　　　　）、一度も会っていない。

1　ばかりで　　　　2　あまり　　　　3　のみ　　　　4　きり

42 彼はその作品を（　　　　）自分が作ったかのようにインターネット上に発表した。

1　あたかも　　　　2　たとえて　　　　3　まさか　　　　4　あいにく

43 こちらの市立図書館の会議室は、18歳以上の市民でしたらどなたでも（　　　　）ので、いつでもお申し出ください。

1　ご利用くださいます　　　　　　　2　ご利用されます

3　ご利用いただきます　　　　　　　4　ご利用になれます

44 天気がいい日にはここから富士山（　　　　）、この公園は「富士見台公園」と呼ばれている。

1　を見たところ　　　　　　　　　　2　が見えることから

3　を見ようからには　　　　　　　　4　を見るによって

실전 테스트 5

問題7 次の文の（　　　　）に入れるのに最もよいものを、1・2・3・4から一つ
選びなさい。

33 今年の新人賞の発表（　　　　）、昨年の受賞者よりコメントをいただきたいと思います。

1　によって　　　　2　にあたり　　　　3　もかまわず　　　4　にしたがって

34 面接試験を（　　　）最中に、携帯電話が鳴り、不合格になってしまった。

1　受ける　　　　　2　受けて　　　　　3　受けている　　　4　受けていて

35 A「娘から一人で海外旅行に行きたいと言われたんだけど。」
B「何でもできるしっかりした子だから、（　　　）いいんじゃない。」

1　行ってあげても　　　　　　　　　　　2　行かせてあげても
3　行ってくれても　　　　　　　　　　　4　行かせてくれても

36 今年の夏は水不足だ。（　　　）野菜が値上がりするだろう。

1　決して　　　　　2　おそらく　　　　3　少しも　　　　　4　まさか

37 何度もダイエットに失敗してきたが、今回（　　　）成功させると誓った。

1　こそ　　　　　　2　きり　　　　　　3　しか　　　　　　4　なら

38 電話をしろと言われても、連絡先を知らないのだから（　　　）。

1　連絡しかねない　　　　　　　　　　　2　連絡しようがない
3　連絡しがたい　　　　　　　　　　　　4　連絡しえない

39 セールと言っても、ただ安ければいい（　　　）。質も大切だ。

1　どころではない　　　　　　　　　　　2　はずがない
3　というわけだ　　　　　　　　　　　　4　というものではない

40 彼女から誰にも言わないでほしいと言われたが、誰かに（　　　　）たまらない。

1　話させたくて　　　2　話してほしくて　　3　話したくて　　　　4　話しがたくて

41 目上の人にそんな失礼な言葉を使う（　　　　）。

1　ことはない　　　　　　　　　　　2　に越したことはない

3　べきではない　　　　　　　　　　4　よりほかない

42 （レストランで）

A「ご注文はこちらのセットですね。お飲み物は何に（　　　　）か。」

B「コーヒーにします。」

1　いただきます　　2　なさいます　　　3　めしあがります　4　くださいます

43 忘れない（　　　　）この本を読んだ感想をメモしておこう。

1　までに　　　　　2　さいに　　　　　3　あいだに　　　　4　うちに

44 A「この間の試験、だめだったよ。もう勉強、やめようかなあ。」

B「一度（　　　　）あきらめるなんて、あなたらしくないね。」

1　失敗するほどで　　　　　　　　　2　失敗したくらいで

3　失敗してこそ　　　　　　　　　　4　失敗した以上

정답 해설집 p.37

> **문장 만들기**는 4개의 선택지를 올바른 순서로 배열한 뒤 ★이 있는 빈칸에 들어갈 선택지를 고르는 문제로, 총 5문항이 출제된다. ★은 주로 세 번째에 위치하며, 한 문제 정도 다른 위치로 출제되기도 한다.

─○ 핵심 전략

1 품사나 문형으로 연결되는 선택지가 있으면 먼저 배열한 후 나머지 선택지를 의미에 맞게 배열한다.

예 ① かねない 할지도 모른다   ② 病気になり 병이 될   ③ 見つかった 발견되었다   ④ 症状が 증상이

→ ② 病気になり ① かねない ★④ 症状が ③ 見つかった 병이 될 지도 모를 ★증상이 발견되었다
동사 ます형 + かねない는 '~할지도 모른다'는 의미의 문형이다

2 의미만으로 4개의 선택지의 순서를 배열해야 하는 문제도 출제된다.

예 ① も 도   ② 息子さん 아드님   ③ もう 벌써   ④ 大学生 대학생

→ ② 息子さん ① も ★③ もう ④ 大学生 아드님 도 ★벌써 대학생

3 선택지만으로 배열이 가능하더라도 앞뒤 문맥과는 맞지 않을 수 있으므로 배열을 마친 뒤에는 반드시 빈칸 앞뒤 표현을 보고 전체 문맥과도 어울리는지 확인한다. 또한, 선택지만으로 배열이 어려울 때도 빈칸 앞뒤 표현을 보고 자연스러운 문맥이 되도록 배열한다.

예 結婚生活を送る ＿＿＿＿ ＿＿＿＿ ★ ＿＿＿＿ のが大切だ。

① 相手のことを 상대방을   ② 考える 생각하다   ③ うえで 에 있어서   ④ 何よりも 무엇보다도

→ 結婚生活を送る ③ うえで ④ 何よりも ★① 相手のことを ② 考える のが大切だ。(○)
결혼생활을 보내는 데 있어서 무엇보다도 ★상대방을 생각하는 것이 중요하다.

→ 結婚生活を送る ④ 何よりも ① 相手のことを ② 考える ③ うえで のが大切だ。(×)
결혼생활을 보내는 무엇보다도 상대방을 생각하는 데 있어서 것이 중요하다.

4 품사나 문형으로 연결되는 선택지를 빠르게 찾기 위해 N2 필수 문법(p.164~209)에서 문형들의 접속형태와 의미를 특히 더 꼼꼼히 학습해둔다.

─◉ 문제 풀이 Step

Step 1 **선택지를 읽고 의미를 파악한다.**

선택지를 읽고 의미를 파악한다. 이때 각 선택지의 의미를 살짝 적어두면 의미적으로 자연스럽게 연결되는 선택지를 빠르게 찾아 배열할 수 있다.

Step 2 **선택지를 의미가 통하도록 배열한 후, 전체 문맥과도 어울리는지 확인한다.**

앞서 파악한 선택지들의 의미를 바탕으로, 우선 선택지만으로 의미가 통하도록 배열한다. 이때 문형으로 연결되는 선택지가 있을 경우 먼저 연결한다. 위치가 헷갈리는 선택지는 빈칸 앞뒤 표현을 참고해서 배열한다. 이후 전체 문맥과도 어울리는지 확인한다.

Step 3 **배열한 선택지의 번호를 각 빈칸 위에 적고 ★이 있는 칸의 선택지를 정답으로 고른다.**

올바르게 배열한 선택지 번호를 각 빈칸 위에 순서대로 적고, ★이 있는 빈칸의 선택지 번호를 정답으로 고른다.

─◉ 문제 풀이 Step 적용

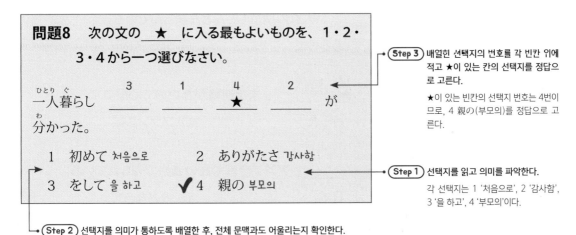

Step 3 배열한 선택지의 번호를 각 빈칸 위에 적고 ★이 있는 칸의 선택지를 정답으로 고른다.

★이 있는 빈칸의 선택지 번호는 4번이므로, 4 親の(부모의)를 정답으로 고른다.

Step 1 선택지를 읽고 의미를 파악한다.

각 선택지는 1 '처음으로', 2 '감사함', 3 '을 하고', 4 '부모의'이다.

Step 2 선택지를 의미가 통하도록 배열한 후, 전체 문맥과도 어울리는지 확인한다.

1 初めて는 동사 て형 뒤에 접속하므로 먼저 3 をして 1 初めて(을 하고 나서야 비로소)로 연결할 수 있다. 이것을 나머지 선택지와 함께 의미적으로 연결하면 3 をして 1 初めて 4 親の 2 ありがたさ(을 하고 나서야 비로소 부모의 감사함)가 된다. 전세 문맥은 '혼자 살고 니시야 비로소 부모의 감사함'이므로 자연스럽다.

문제8 다음 문장의 ★ 에 들어갈 가장 알맞은 것을, 1・2・3・4에서 하나 고르세요.

혼자 살고 나서야 비로소 ★부모의 감사함을 알았다.

1 처음으로　　　　　　2 감사함
3 을 하고　　　　　　**4 부모의**

어휘 一人暮らし ひとりぐらし 図 혼자 살기, 자취　～をして初めて ～をしてはじめて ~을 하고 나서야 비로소　ありがたさ 図 감사함
親 おや 図 부모

실력 다지기

★의 위치에 들어갈 선택지를 고르세요.

01 1か月に1千万円を稼ぐなんて、＿＿＿　★　＿＿＿　ような話です。

① からすると ② 夢の ③ 私

02 職業を選ぶときは ＿＿＿　★　＿＿＿　向いているかどうかが大切だ。

① 自分に ② 給料は ③ ともかく

03 客がどんどん減っていて ＿＿＿　★　＿＿＿　状況だった。

① 閉店を ② ざるをえない ③ 考え

04 新しい ＿＿＿　★　＿＿＿、人々の期待もどんどん膨らんでいる。

① 完成しつつ ② あるので ③ テーマパークが

05 娘が一週間前に ＿＿＿　★　＿＿＿、まだ連絡がないので心配です。

① きり ② 行った ③ フランスに

06 山田さんの ＿＿＿　★　＿＿＿、アジア全域で高い価格で売られている。

① 絵は ② 日本 ③ のみならず

07 彼女は ＿＿＿　★　＿＿＿、写真を撮って自分のSNSにアップしている。

① 美味しいものを ② たびに ③ 食べる

08 今回の成果は皆さんの努力が ＿＿＿　★　＿＿＿　と思います。

① 出せた ② からこそ ③ あった

09 私は頭が悪いが、＿＿＿　★　＿＿＿　かけて勉強している。

① なりに ② 悪い ③ 時間を

10 彼は「望んでいた大学に ＿＿＿＿ ＿★＿ ＿＿＿＿」と言った。

① 嬉しくて   ② しょうがない   ③ 合格して

11 時間が経って、＿＿＿＿ ＿★＿ ＿＿＿＿ 忘れてしまった。

① 彼女の   ② 顔すら   ③ 初恋だった

12 経済は ＿＿＿＿ ＿★＿ ＿＿＿＿ 厳しくなり、悪くなる一方だ。

① 消費の減少   ② 輸出も   ③ に加えて

13 社会の発展 ＿＿＿＿ ＿★＿ ＿＿＿＿ とても重要なことである。

① にとって   ② 発達は   ③ 技術の

14 長い間悩んだ ＿＿＿＿ ＿★＿ ＿＿＿＿ 健太に決めた。

① 名前は   ② 主人公の   ③ あげく

15 「ここに ＿＿＿＿ ＿★＿ ＿＿＿＿」という貼り紙を家の前に貼った。

① 捨てないで   ② ください   ③ ゴミを

16 忙しくて先週から ＿＿＿＿ ＿★＿ ＿＿＿＿ あった本を結局、本棚に戻した。

① 読み   ② 置いて   ③ かけたまま

17 何かを ＿＿＿＿ ＿★＿ ＿＿＿＿ 自信を持つことから始めるべきだ。

① 自分に   ② に先立って   ③ 始める

18 幼いころから ＿＿＿＿ ＿★＿ ＿＿＿＿、彼は世界一の選手になった。

① 一生懸命   ② 練習した   ③ かいがあって

19 しっかり ＿＿＿＿ ＿★＿ ＿＿＿＿、一気に審査をパスした。

① だけの   ② ことはあって   ③ 準備した

20 この店ではカードは ＿＿＿＿ ＿★＿ ＿＿＿＿ のに、全員現金がなくて困った。

① 使えないので   ② 払うしかない   ③ 現金で

정답 해설집 p.39

問題8 次の文の ___★___ に入る最もよいものを、1・2・3・4から一つ選びなさい。

（問題例）

あそこで ＿＿＿ ＿＿＿ ＿★＿ ＿＿＿ は山田さんです。

1 テレビ　　　　2 人　　　　3 見ている　　　　4 を

（解答のしかた）

1. 正しい文はこうです。

> あそこで ＿＿＿＿ ＿＿＿＿ ＿★＿＿ ＿＿＿＿ は山田さんです。
> 1 テレビ　4 を　3 見ている　2 人

2. ___★___ に入る番号を解答用紙にマークします。

（解答用紙）　| （例） | ① | ② | ● | ④ |

---

45 友達からの依頼を何回も断ったが、＿＿＿ ＿＿＿ ＿★＿ ＿＿＿ しまった。

1 あまりの　　　2 引き受けて　　　3 負けて　　　4 しつこさに

46 明日の午後は、関東地方に ＿＿＿ ＿＿＿ ＿★＿ ＿＿＿ した。

1 おそれがある　　　　　　　　2 予定をキャンセル

3 台風が来る　　　　　　　　　4 ので

47 彼は昨日全然眠れなかったらしく、席に座ると ＿＿＿ ＿＿＿ ＿★＿ ＿＿＿ 寝てしまった。

1 始まるか　　　　2 のうちに　　　　3 始まらないか　　4 コンサートが

48 彼は若いが経験が豊富で、＿＿＿ ＿＿＿ ＿★＿ ＿＿＿ ある。

1 だけの　　　　2 ベテランと　　　3 ことは　　　　4 呼ばれている

49 私達が便利な生活をし、＿＿＿ ＿＿＿ ＿＿＿ ＿★＿、地球温暖化が進んだと言われている。

1 エネルギーを　2 ことから　　　3 消費した　　　4 多くの

정답 해설집 p.41

問題8 次の文の___★___に入る最もよいものを、1・2・3・4から一つ選びなさい。

（問題例）

あそこで _____ _____ ___★___ _____ は山田さんです。

　1　テレビ　　　　2　人　　　　　3　見ている　　　　4　を

（解答のしかた）

1. 正しい文はこうです。

> あそこで _____ _____ ___★___ _____ は山田さんです。
>
> 　　　1　テレビ　　4　を　　3　見ている　　2　人

2. ___★___ に入る番号を解答用紙にマークします。

（解答用紙）　| （例） | ① | ② | ● | ④ |

45　過労で倒れて入院した。こんなことになるなら、_____ _____ ___★___ _____
よかったと思った。

　1　なんでも積極的に　　　　　　　2　絶対無理だと思うものは

　3　引き受けようとするより　　　　4　最初からはっきり断った方が

46　うちの会社は３年間に渡って1000名以上の顧客を _____ _____ ___★___
_____ お祝いの催しを行った。

　1　目標を　　　　　　　　　　　　2　確実に確保する

　3　見事に達成して　　　　　　　　4　という

47 必要な ＿＿＿＿ ＿＿＿＿ ★ ＿＿＿＿ あって、部屋をきれいに保^{たも}つために一週間に一回は掃除することにした。

1　ものが　　　　　　　　　　　　2　慌ててしまう

3　ことが　　　　　　　　　　　　4　どうしても見つからなくて

48 姉は外では ＿＿＿＿ ＿＿＿＿ ★ ＿＿＿＿ 家では家事どころか、まったく何もしようとしない。

1　に反して　　　2　ばかりに　　　3　仕事　　　4　夢中になるの

49 私が結婚してからも子育てを ＿＿＿＿ ＿＿＿＿ ★ ＿＿＿＿、子供を甘やかしすぎるので困っている。

1　親には　　　　　　　　　　　　2　せざるをえないが

3　感謝　　　　　　　　　　　　　4　手伝ってくれる

정답 해설집 p.42

問題8　次の文の　_★_　に入る最もよいものを、1・2・3・4から一つ選びなさい。

（問題例）

あそこで　_____　_____　__★__　_____　は山田さんです。

　　1　テレビ　　　　2　人　　　　　3　見ている　　　　4　を

（解答のしかた）

1. 正しい文はこうです。

> あそこで　_____　_____　__★__　_____　は山田さんです。
>
> 　　1　テレビ　　4　を　　3　見ている　　2　人

2. _★_ に入る番号を解答用紙にマークします。

（解答用紙）　　| （例）れい | ① | ② | ● | ④ |

45　安いからといって衝動買いせず、ちゃんと　_____　_____　__★__　_____　かどうか確認してから買った方がいい。

　　1　切れない　　　　2　うちに　　　　　3　使用期限が　　　4　使いきれる

46　ここのちゃんぽんは辛さの調節はできるが、強い　_____　_____　__★__　_____　本当のおいしさを楽しめないと思う。

　　1　しては　　　　　2　辛味を　　　　　3　抜きに　　　　　4　刺激を伴う

47 30年間勤めてきた職場を離(はな)れることが寂しくてしょうがないが、＿＿＿＿ ＿＿＿＿ ＿★＿ ＿＿＿＿ のも事実だ。

1　心に描いてみると　　　　　　　2　第二の人生の扉を開くことを

3　また夢が膨らんでくるという　　4　一方で引退した後夫婦で歩む

48 自尊心(じそんしん)が高い人は、自分が ＿＿＿＿ ＿＿＿＿ ＿★＿ ＿＿＿＿ 受け入れることができる。

1　自然と　　　　　2　完璧では　　　　3　ないとしても　　　4　それを

49 自分が持っているいろんな興味や適性を生かしながら、同時に ＿＿＿＿ ＿＿＿＿ ＿★＿ ＿＿＿＿、増えている。

1　人が　　　　　2　分野で　　　　　3　あらゆる　　　　4　活躍している

정답 해설집 p.43

問題8 次の文の __★__ に入る最もよいものを、1・2・3・4から一つ選びなさい。

（問題例）

あそこで ＿＿＿＿ ＿＿＿＿ ＿★＿ ＿＿＿＿ は山田さんです。

　1　テレビ　　　　2　人　　　　　3　見ている　　　　4　を

（解答のしかた）

1. 正しい文はこうです。

> あそこで ＿＿＿＿ ＿＿＿＿ ＿★＿ ＿＿＿＿ は山田さんです。
> 　1　テレビ　　4　を　3　見ている　　2　人

2. ___★___ に入る番号を解答用紙にマークします。

（解答用紙）　　| （例） | ① | ② | ● | ④ |

---

45 今度の選挙では、私達のように ＿＿＿＿ ＿★＿ ＿＿＿＿ ＿＿＿＿ 候補者に投票するつもりだ。

　1　こたえてくれる　　2　期待に　　　　3　育てている人の　　4　子どもを

46 不正な会計処理をして、会社の経営状態を ＿＿＿＿ ＿＿＿＿ ＿★＿ ＿＿＿＿ ことだ。

　1　許しがたい　　　2　なんて　　　　　3　よく見せる　　　4　実際よりも

47 前のアルバイトは、簡単な仕事だったが好きじゃなかった。今のアルバイトは、家から

＿＿＿＿ ＿＿＿＿ ＿★＿＿ ＿＿＿＿ とても気に入っている。

1 時給が高い 2 遠いのは 3 ところが 4 ともかくとして

48 いつも規則正しい生活をして、健康に気を付けているが、＿＿＿＿ ＿＿＿＿ ＿★＿＿

＿＿＿＿、風邪(かぜ)をひいてしまった。

1 窓を開けた 2 まま寝た 3 昨日の夜は 4 せいで

49 父は毎日仕事が忙しい。しかし、仕事が休みの日に料理を作ることは ＿＿＿＿

＿＿＿＿ ＿★＿＿ ＿＿＿＿ と、父が言っていた。

1 ストレス解消に 2 自分にとって 3 よい 4 なっている

정답 해설집 p.44

問題8　次の文の＿★＿に入る最もよいものを、1・2・3・4から一つ選びなさい。

（問題例）

あそこで ＿＿＿ ＿＿＿ ＿★＿ ＿＿＿ は山田さんです。

　1　テレビ　　　　2　人　　　　　3　見ている　　　4　を

（解答のしかた）

1. 正しい文はこうです。

> あそこで ＿＿＿＿ ＿＿＿＿ ＿★＿＿ ＿＿＿＿ は山田さんです。
>
> 　1　テレビ　　4　を　3　見ている　2　人

2. ＿★＿に入る番号を解答用紙にマークします。

（解答用紙）

（例）	①	②	●	④

45　彼は努力家で優秀な学生の一人だが、他人からの評価を ＿＿＿ ＿＿＿ ＿★＿ ＿＿＿ 傾向がある。

　1　あまり　　　　2　言えない　　　3　自分の意見を　4　気にする

46　この時期は、やっと ＿＿＿ ＿＿＿ ＿★＿ ＿＿＿ 、冬のコートは片付けないほうがいい。

　1　また寒くなったりする　　　　　2　こともあるから

　3　かと思うと　　　　　　　　　　4　暖かくなってきた

47 これは長い時間をかけて作家が書いた小説だったが、社内で何度も議論を ＿＿＿＿

＿＿＿＿ ★ ＿＿＿＿ ことになった。

1　見送る　　　　　2　末に　　　　　3　重ねた　　　　　4　本の出版を

48 開発中はすばらしい商品になると期待されていたが、重大な ＿＿＿＿ ＿＿＿＿

★ ＿＿＿＿ ため、結局発売は延期された。

1　事故を　　　　　2　故障　　　　　3　起こしかねない　4　が見つかった

49 通勤のために ＿＿＿＿ ＿＿＿＿ ★ ＿＿＿＿ と思うが、そうなると家賃が高く

なることが問題だ。

1　駅に近い　　　　　　　　　　　2　借りるなら

3　に越したことはない　　　　　　4　アパートを

정답 해설집 p.45

문제 **9** 글의 문법

글의 문법은 빈칸에 들어갈 글 전체의 흐름에 맞는 표현을 고르는 문제로, 지문 1개에 4~5문항이 출제된다. 주로 기능어를 고르는 문제, 알맞은 내용을 고르는 문제, 적절한 문형을 고르는 문제가 출제된다.

━◯ 핵심 전략

1 기능어를 고르는 문제에서는 주로 접속사, 연결어, 대명사, 지시어 등 문장과 문장을 연결해 주는 표현을 고르는 문제가 출제된다. 빈칸 바로 앞뒤 문장의 문맥에 유의하여 정답을 고른다.

　　예 一生懸命走って来た。[　　]、店はもう閉まった後だった。
　　　　열심히 달려왔다. [　　], 가게는 이미 닫은 뒤였다.

　　　　① しかし 하지만 (◯)　　　② または 또는 (✕)

2 알맞은 내용을 고르는 문제는 빈칸 앞뒤 문맥을 파악해서 문맥의 핵심이 되는 내용의 선택지를 정답으로 고른다.

　　예 あの選手は練習に練習を重ねて新記録を更新した。歴史に残るこの[　　]は~
　　　　그 선수는 연습에 연습을 거듭하여 신기록을 갱신했다. 역사에 남을 이 [　　]은~

　　　　① 記録 기록 (◯)　　　② 練習 연습 (✕)

3 적절한 문형을 고르는 문제는 각 선택지에 사용된 문형의 의미에 유의하여 빈칸 앞뒤의 문맥에 적절한 문형이 사용된 선택지를 정답으로 고르고, 특히 빈칸이 문장 마지막에 위치하여 문말표현을 묻는 경우에는 해당 문단 또는 글 전체의 내용을 마무리할 수 있는 선택지를 시제, 주체, 해석에 유의하여 정답으로 고른다.

　　예 あの技術は1994年に開発されて以来、性能を改善させながら今まで[　　]。
　　　　그 기술은 1994년에 개발된 이래, 성능을 개선시키면서 지금까지 [　　].

　　　　① 使用されている 사용되고 있다 (◯)　　　② 使用したいものだ 사용하고 싶은 것이다 (✕)

4 글의 문법의 문제는 빈칸이 있는 문장만 봐서는 풀기 어렵다. 빈칸이 있는 문장과 더불어 빈칸 앞뒤 문장이나 단락의 흐름에 맞는 정답을 찾아야 하기 때문에 항상 글을 읽을 때 전체적인 내용의 흐름을 생각하면서 읽는다.

5 N2 필수 문법(p.140~209)에서 접속사, 부사, 조사, 문형의 의미와 용법을 특히 더 꼼꼼히 학습해둔다.

─◉ 문제 풀이 Step

Step 1 선택지를 읽고 각 선택지의 의미와 무엇을 고르는 문제인지 파악한다.

선택지를 읽으면서 각각의 의미를 확인하고, 기능어, 알맞은 내용, 적절한 문형 중 무엇을 골라야 하는지 파악한다.

선택지
1 それに 게다가	2 しかし 하지만
3 または 또는	4 それどころか 그러기는커녕

기능어(접속사)

Step 2 빈칸 앞뒤를 읽으면서 문맥을 파악한다.

글 전체적인 흐름을 생각하면서 지문을 읽고, 특히 빈칸 앞뒤의 문장과 단락의 문맥을 파악한다.

문맥 　昔は、女性は社内の重要ポストには起用(きよう)されないなど、男女内での格差(かくさ)があった。

[　　]、今ではそういった社会のあり方を疑問(ぎもん)に思う人々が増えてきている。

┗ 빈칸의 앞뒤가 상반되는 내용

옛날에는, 여성은 사내 중요 위치에는 기용되지 않는 등, 남녀 내에서의 격차가 있었다.

[　　], 지금은 그런 사회의 모습에 의문을 가지는 사람들이 늘고 있다.

Step 3 빈칸 앞뒤 문장 또는 단락의 문맥에 맞는 선택지를 정답으로 고른다.

빈칸 앞뒤의 문장과 단락에 유의하여 빈칸에 들어갈 적절한 내용의 선택지를 정답으로 고른다.

선택지
1 それに 게다가	✔ 2 しかし 하지만
3 または 또는	4 それどころか 그러기는커녕

문제 풀이 Step 적용

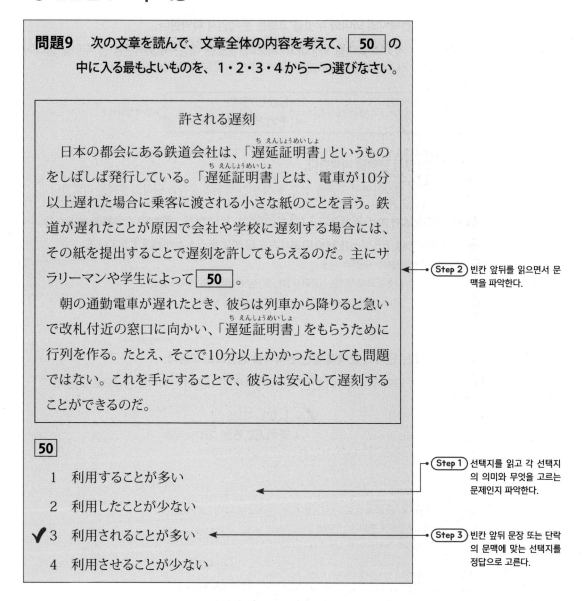

問題9 次の文章を読んで、文章全体の内容を考えて、 50 の中に入る最もよいものを、1・2・3・4から一つ選びなさい。

許される遅刻

日本の都会にある鉄道会社は、「遅延証明書」というものをしばしば発行している。「遅延証明書」とは、電車が10分以上遅れた場合に乗客に渡される小さな紙のことを言う。鉄道が遅れたことが原因で会社や学校に遅刻する場合には、その紙を提出することで遅刻を許してもらえるのだ。主にサラリーマンや学生によって 50 。

朝の通勤電車が遅れたとき、彼らは列車から降りると急いで改札付近の窓口に向かい、「遅延証明書」をもらうために行列を作る。たとえ、そこで10分以上かかったとしても問題ではない。これを手にすることで、彼らは安心して遅刻することができるのだ。

Step 2 빈칸 앞뒤를 읽으면서 문맥을 파악한다.

50

1 利用することが多い

2 利用したことが少ない

✓ 3 利用されることが多い

4 利用させることが少ない

Step 1 선택지를 읽고 각 선택지의 의미와 무엇을 고르는 문제인지 파악한다.

Step 3 빈칸 앞뒤 문장 또는 단락의 문맥에 맞는 선택지를 정답으로 고른다.

Step1 선택지는 1 '이용하는 일이 많다', 2 '이용한 일이 적다', 3 '이용되는 일이 많다', 4 '이용시키는 일이 적다'이며, 문맥에 적절한 문말 표현을 골라야 한다.

Step2 빈칸 앞의 단락은 지연증명서가 무엇인지에 대한 설명이고, 빈칸 뒤의 단락은 샐러리맨이나 학생들이 지연증명서를 이용하는 이유에 대한 내용이다.

Step3 빈칸 앞에서 会社や学校に遅刻する場合には、その紙を提出することで遅刻を許してもらえるのだ(회사나 학교에 지각하는 경우에는, 그 종이를 제출하는 것으로 지각을 용서받을 수 있는 것이다)라고 언급하였으므로 지연증명서가 샐러리맨이나 학생들에게 이용됨을 알 수 있다. 따라서 3 利用されることが多い(이용되는 일이 많다)를 정답으로 고른다.

문제9 다음 글을 읽고, 문장 전체의 내용을 생각해서, 50 의 안에 들어갈 가장 알맞은 것을, 1·2·3·4에서 하나 고르세요.

용서받는 지각

　　일본의 도시에 있는 철도회사는, '지연증명서'라는 것을 종종 발행하고 있다. '지연증명서'란, 전철이 10분 이상 늦은 경우에 승객에게 건네지는 작은 종이를 말한다. 철도가 늦은 것이 원인으로 회사나 학교에 지각하는 경우에는, 그 종이를 제출하는 것으로 지각을 용서받을 수 있는 것이다. 주로 샐러리맨이나 학생에 의해 50 .

　　아침의 통근 전철이 늦었을 때, 그들은 열차에서 내리면 서둘러 개찰구 부근의 창구로 향하여, '지연증명서'를 받기 위해 행렬을 만든다. 설령, 거기서 10분 이상 걸렸다고 해도 문제가 아니다. 이것을 손에 넣는 것으로, 그들은 안심하고 지각할 수 있는 것이다.

50

1 이용하는 일이 많다
2 이용한 일이 적다
3 이용되는 일이 많다
4 이용시키는 일이 적다

어휘　許す ゆるす 图용서하다, 허락하다　遅刻 ちこく 図지각　日本 にほん 図일본　都会 とかい 図도시, 도회지
　　　　鉄道会社 てつどうがいしゃ 図철도회사　遅延証明書 ちえんしょうめいしょ 図지연증명서　しばしば 凰종종, 자주
　　　　発行 はっこう 図발행　以上 いじょう 図이상　遅れる おくれる 图늦다　場合 ばあい 図경우, 사정　乗客 じょうきゃく 図승객
　　　　原因 げんいん 図원인　遅刻 ちこく 図지각　提出 ていしゅつ 図제출　主に おもに 凰주로, 대부분　サラリーマン 図샐러리맨
　　　　～によって ~에 의해　通勤電車 つうきんでんしゃ 図통근전철　彼ら かれら 図그들　列車 れっしゃ 図열차
　　　　降りる おりる 图내리다　急ぐ いそぐ 图서두르다　改札 かいさつ 図개찰구　付近 ふきん 図부근, 근처　窓口 まどぐち 図창구
　　　　～に向かう ～にむかう ~로 향하다, ~에 가다　～ために ~위해　行列 ぎょうれつ 図행렬　たとえ 설령, 설사
　　　　手にする てにする 손에 넣다　安心 あんしん 図안심　～ことができる 찰 수 있다

실력 다지기

글 전체의 내용을 생각해서, 괄호에 들어갈 알맞은 표현을 고르세요.

(1)

> 子供の視野は、大人に比べて狭いと考えられている。一般的に大人の視野は左右150度程度なのに対し、6歳ほどの子供の視野は大人の約60％程度だという。子供たちがボールをつかむために飛び出す原因は「見えていない」からである。 01 子供の視野を体験できる道具で、大人が体験してみたところ、想像以上に狭い視界に驚く人が 02 。「見えない」子供の特性を 03 が正しく理解することが、事故防止のためにとても重要だということがわかる。

01

① 実際に

② さらに

02

① 多くないそうだ

② 多いという

03

① 大人

② 子供

(2)

私はシティーホテルに対して偏見を持っている。見栄を張りたい客を王様のように迎えたり、大金を稼ごうとしたりするところだという偏見である。 04 ある総支配人から次のような話を聞き、シティーホテルに対する偏見がなくなった。「年末にご家族と一緒に一泊のみ宿泊されるお客様がいらっしゃいます。 05 とても贅沢で大きな出費だと思います。しかし、1年間一生懸命働いたごほうびとして、1年に一回だけお泊りになるそうです。そんなお客様がいらっしゃるからこそ最高のサービスとして非日常的な一日を提供 06 。」

04

① そこで

② ところが

05

① このホテルに泊まることは

② 家族と一緒に来ることは

06

① しなければいけないと思っています

② しないわけではありません

問題9 次の文章を読んで、文章全体の内容を考えて、 50 から 54 の中に
入る最もよいものを、1・2・3・4から一つ選びなさい。

以下は、雑誌のコラムである。

牧場で考えた敬語のこと

　ぼくが馬の牧場に通い始めて１年間、そこにはひとつの世界があった。

　牧場の人は暑い日も寒い日も外で馬の世話をする。馬の体は大きく、ブラシをかけるの
も、シャワーで 50 のも、人間の子供より手がかかる。えさをたくさん食べるから、準
備も大変だ。世話をするのを見ると、馬の方が人より立場が上のようだった。

　 51 、牧場の人が馬に乗るときは、かなり厳しく、馬に接していた。時には足で蹴り、
むちで打つことさえもあった。牧場の人によると、人といる時に決して馬の好きにさせない
(注1)
のは人の安全を守るためだそうだ。確かに、どんなに体の大きな男性でも、馬に蹴られた
ら骨が折れてしまう。人といるときは常に人の言うことを聞かせ、 52 好きにさせないこ
とで、危険が防げるわけだ。

　最初、ぼくには、馬の世話を丁寧にすることと、馬をむちで打つことは真逆に見えた。
しかし、反対に見えるどちらも、違うもの同士が一緒に 53 中で必要だからしているこ
(注2)
とだ。それは馬と人、どちらか一方が上、下ということではない。つまり、人と馬は対等な
(注3)
のだ。人が常に馬にこうしろああしろと言うのは、人が馬より上だからではない。

　このことを、ぼくは今後、他の人と何かする時に思い出したい。例えば、日本社会で敬
語は物事をスムーズに行うために必要だ。だが、敬語を使うのは、相手が人として上だか
らなのか。対等だという意識があるなら、もっと気持ちよくできるのではないか。日本人で
あるぼくは牧場での時間を通して、そんな当たり前のことを 54 。

（注１）むち：細長い、打つ道具。竹や革で作られ、馬などを打って進ませるときに使う

（注２）同士：自分と相手。おたがい

（注３）対等：同じレベルであること

50

　1　落とすべき　　　2　洗ってやる　　　3　流しかねない　　4　浴びさせる

51

　1　それに　　　　　2　だから　　　　　3　ところが　　　　4　なぜなら

52

　1　馬の　　　　　　2　人の　　　　　　3　男性の　　　　　4　私の

53

　1　生きたい　　　　2　生きよう　　　　3　生きていく　　　4　生きてしまう

54

　1　考えるべきだった　　　　　　　　　2　考えたかもしれない
　3　考えたにすぎない　　　　　　　　　4　考えさせられた

정답 해설집 p.46

問題9 次の文章を読んで、文章全体の内容を考えて、 50 から 54 の中に
入る最もよいものを、1・2・3・4から一つ選びなさい。

以下は、雑誌のコラムである。

進化する「おせち」

　おせちとはお正月に食べるお祝いの料理のことをいう。重箱という箱を積み重ねた入れ物にいろんなおせち料理がつめられる。一般家庭に広まったのは江戸時代であり、その歴史は長い。

　 50 、なぜおせちはお正月に食べられるのだろうか。それは、おせち料理が縁起が（注）いいとされているため、それを食べることで新しい年を良いものにしたいという想いがあるからである。たとえば、魚の卵である「かずのこ」は卵が多いことから子孫繁栄、すなわち、子や孫が生まれ続けることを願う意味がある。また、黒豆は「マメ」の忠実だ、勤勉だという意味から、勤勉に働けるようにとの願いが込められている。昔の人は料理ひとつひとつに意味をつけて、一年に一度だけのごちそうとしておせちを 51 。

　しかし、最近のおせちは人々のニーズに合わせる形で変わりつつある。 52 、作るのに時間と手間がかかること、昔より一世帯の人数が減ったため量が多く余ること、食生活の変化にともないおせちを食べない家庭が増えていることなど多様である。そうした中で、少人数向けの１～２人前おせちや、ローストビーフなどのお肉などもつめた洋食風おせち、さらには、犬と一緒に楽しめる愛犬おせち 53 新たな需要に応えるおせちも登場し始めた。

　伝統は守るべきものだとは思うが、時代や人に合わせて変化していくのも悪くはないのではないかとも思う。人々の生活が時代の変化にともなって変化するように、伝統も時代や人とともに 54 。

（注）縁起がいい：何かよいことが起こりそうな様子

50

   1   ところが   2   それでも   3   ところで   4   それなのに

51

   1   楽しんできたというわけだ   2   楽しむに決まっている

   3   楽しむはずもない   4   楽しんでいるかのようだ

52

   1   そうする理由が   2   その理由は   3   ある理由が   4   ああなる理由は

53

   1   において   2   といえば   3   によって   4   といった

54

   1   変化するみたいだ   2   変化するものだ

   3   変化するほうがよい   4   変化するかもしれない

問題9 次の文章を読んで、文章全体の内容を考えて、 50 から 54 の中に入る最もよいものを、1・2・3・4から一つ選びなさい。

以下は、雑誌のコラムである。

日本生まれの即席麺

即席麺、いわゆるインスタントラーメンはお湯を注ぐだけで食べられる便利さで、発売されて以来、全世界で愛されている。それが誕生したのは、1954年の日本であった。発明者の安藤白福は、終戦後、飢えた人々がラーメン屋に行列を作って並んでいる光景を（注1）みて、すべての人に十分な食料が必要だと思ったそうだ。 50 誕生したのが即席麺だという。

値段が安いこと 51 、お湯のみで調理ができる利便性というのがその最大の長所であるが、それだけではない。一食分ずつ包装されていることから、持ち運びができ、衛生的である上に、保存性にも優れていることから非常食としても重宝される。宇宙飛行士が（注2）宇宙食として持っていく 52 。

販売当初の即席麺は袋で包装された袋タイプであったが、カップにお湯を注ぐだけのカップタイプが登場してからはそれが主流となった。やがて、特色が豊かな地方のラーメンの味の即席麺を生み出したり、有名なお店のラーメンの味を再現したりするなどして、味の高級化をはかりながら進化を続けてきた。お手ごろで便利なだけにとどまらず、 53 ことがより幅広い層に受け入れられることにつながったのではないだろうか。

近年では、打ったばかりの生の麺のような食感を売りとするものが人気を集めている。高品質のものを求める消費者からの需要に応える形で、誕生から65年たった今も日々新しい即席麺が店頭に並び、人々に愛され続けている。これからも即席麺は人々の期待に応えながら、 54 。

（注１）飢えた人々：お腹をすかせた人々

（注２）重宝される：貴重なものとして大切にされること

50

1 それでも	2 こうして	3 そのうえ	4 それとも

51

1 に加えて	2 において	3 に関して	4 によって

52

1 ことになる	2 だけのことはある
3 ものと思われる	4 のも仕方がない

53

1 高級感のある商品にした	2 特色化をはかった
3 どこでも楽しめるようにした	4 味を追求してきた

54

1 進化し続けるにすぎない	2 進化し続けるとは限らない
3 進化し続けるに違いない	4 進化し続けるはずもない

정답 해설집 p.49

問題9 次の文章を読んで、文章全体の内容を考えて、 50 から 54 の中に
入る最もよいものを、1・2・3・4から一つ選びなさい。

以下は、新聞のコラムである。

騒音^{そうおん}

「騒音^{そうおん}」というとどんな音を思い浮かべるだろうか。空港から聞こえる飛行機のエンジン
の音や町を走る車や電車の音から電話で話す人の声 50 、その種類は様々だ。私たち
の日常にかかわりの深い騒音^{そうおん}の一つと言えば、生活における騒音^{そうおん}だろう。特にマンション
などの集合住宅の場合、近所の人と音のことでトラブルになったことがある人も少なくない
のではないか。人が生活する上で出る音のほかにも、ピアノなどの楽器の音やペットの鳴
き声などトラブルの原因となりえる音は色々あるが、スペースに限りがある都市であればあ
るほど 51 は多くなるように思われる。

　先日、おもしろいニュースを見た。東京に新しく幼稚園^{ようちえん}を建設する計画が立てられてい
たが、その地域の住民から反対する意見が出たそうだ。 52 、「子供の声がうるさいか
ら」があげられていた。このニュースを見た時に子供の声が騒音^{そうおん}だと思われていることに
おどろいた。それ 53 都市だからこそ起こる問題だと印象に残ったものだ。住む家や
マンションを探す時に、大きな通りが近くないか、周りに遅くまで開いているお店がないか
などのほかに、幼稚園^{ようちえん}や保育園^{ほいくえん}など子供が多い環境^{かんきょう}かどうかを気にする人もいるそうだ。

　「騒音^{そうおん}」も社会や町の変化につれて、その意味が変化するのかもしれない。しかし、子
供の声や笑顔であふれる社会や町こそが明るい未来なのではないだろうか。特に日本は
子供の数が少なくなりつつある。一度、「騒音^{そうおん}」の意味について 54 。

50

1 にかけて　　　2 まで　　　　3 につき　　　　4 にわたって

51

1 生活の騒音　　2 近所の人　　3 音の種類　　　4 音のトラブル

52

1 その理由から　　　　　　　2 その理由にしては
3 その理由として　　　　　　4 その理由のわりに

53

1 にしたがって　　2 とともに　　3 にともなって　　4 につれて

54

1 考えてみるというわけである　　2 考えてみるべきではないか
3 考えてみるおそれがあるだろう　　4 考えてみるわけにはいかない

정답 해설집 p.51

問題9 次の文章を読んで、文章全体の内容を考えて、 **50** から **54** の中に入る最もよいものを、1・2・3・4から一つ選びなさい。

以下は、新聞のコラムである。

時間の感じ方

　今年も気がつけばもう半年が過ぎてしまった。ついこの前「明けましておめでとうございます」と新しい年を迎えたばかりなのに、時の経つ速さを感じる人も多いのではないだろうか。筆者も **50** 一人である。10代より20代、20代より30代と、年を重ねるにつれてどんどんその速度が速くなるように感じる。なぜだろうと不思議に思って調べて **51** 、おもしろいことが分かった。

　 52 子供のころの生活を思い出してみると、新学期、夏休み、旅行、遠足、運動会、冬休みと学校や家庭での行事がたくさんだ。毎年同じ行事をくり返しても、子供の一年間の成長は大きいため、毎年同じ経験をしていると感じることはないという。子供にとって毎日が新しい出来事の連続なのだ。新しい出来事が多いと、新しい情報も多い。つまり、時間あたりの新しい情報の量が **53a** と言える。これが時間を長く感じる理由である。それに比べて、大人はある程度成長しきっているので、行事や毎日の仕事が習慣化しやすく、時間あたりの新しい情報の量が **53b** 。この子供と大人の違いを「時間知覚の違い」と言うそうだ。

　子供のころは、遠足が楽しみで眠れなかったものだ。わくわくして色々な新しい事を想像することが時間を長く感じさせていたのだ。大人になった今でも子供の様に時間を長く感じることができるのだろうか。もう一度子供に戻ったつもりで、何か新しいことにチャレンジして一日一日を楽しんで過ごしてみる **54** 。

50

1　あの　　　　　2　その　　　　　3　あんな　　　　4　こんな

51

1　みるなら　　　2　みようと　　　3　みる時　　　　4　みたところ

52

1　例えば　　　　2　しかも　　　　3　あるいは　　　4　要するに

53

1　a 少ない　b 多い　　　　　　　2　a 多い　b 少ない
3　a 低い　　b 高い　　　　　　　4　a 高い　b 低い

54

1　に越したことはない　　　　　　2　のもいいかもしれない
3　おそれがあるだろう　　　　　　4　わけにはいかない

정답 해설집 p.52

혼자 하기 어렵고
막막할 땐?

해커스일본어 (japan.Hackers.com)

해커스 JLPT N2 한 권으로 합격

독해

문제 10 내용이해(단문)

문제 11 내용이해(중문)

문제 12 통합이해

문제 13 주장이해(장문)

문제 14 정보검색

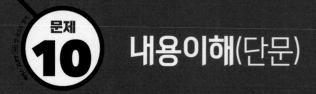

 내용이해(단문)은 200자 내외의 지문을 읽고 올바른 것을 고르는 문제로, 지문 5개와 각 지문과 관련된 문제 1문항씩, 총 5문항이 출제된다. 지문은 육아, 언어, 과학 등의 다양한 주제의 에세이 3~4지문과 공지, 문의, 안내 등의 실용문 1~2지문이 출제된다.

핵심 전략

1 에세이는 특정한 형식 없이 필자의 생각이나 주장을 담은 글이며, 필자의 생각이나 주장을 묻는 문제가 출제된다. 필자의 생각이나 주장은 주로 지문 중·후반부에서 언급되므로 특히 중·후반부를 주의 깊게 읽는다.

㉘ 筆者は、恐怖や不安をどうとらえているか。 필자는, 공포나 불안을 어떻게 받아들이고 있는가?

筆者の考えに合うのはどれか。 필자의 생각과 맞는 것은 어느 것인가?

2 실용문은 정보 전달을 목적으로 하는 이메일, 엽서 등의 형식이 있는 글이며, 글의 목적이나 일치/불일치를 묻는 문제가 출제된다. 글 전체의 맥락을 파악하거나, 각 선택지의 내용을 지문과 대조하여 정답을 고른다.

㉘ この文章を書いた、一番の目的は何か。 이 글을 쓴, 가장 큰 목적은 무엇인가?

この会社の割引サービスについて正しいものはどれか。 이 회사의 할인 서비스에 대해 올바른 것은 어느 것인가?

3 선택지는 지문에서 사용된 표현이 그대로 제시되지 않고, 동의어나 비슷한 표현으로 바꾸어 제시되므로 꼼꼼히 해석하고 내용을 정확히 파악하여 정답을 고른다.

4 공부·업무, 가정·여가, 공지·안내, 제품·판매 등과 같은 다양한 주제의 지문이 출제되므로, N2 필수 단어·문형 암기장(p.40~41)을 활용하여 관련된 어휘를 꼼꼼히 학습해둔다.

⬤ 문제 풀이 Step

Step 1 질문과 선택지를 읽고 공통 키워드에 표시한다.

질문을 읽으며 무엇을 묻는 문제인지 파악한 뒤에, 선택지에서 반복적으로 등장하는 공통 어휘나 표현을 키워드로 표시해둔다.

질문 　筆者の考えに合うのはどれか。 필자의 생각과 맞는 것은 어느 것인가?

선택지 　1 　[学習環境]がよいと、[子どもたち]は自分からすすんで学ぶようになる。
　　　　　 학습환경이 좋으면, 아이들은 스스로 자진해서 배우게 된다.

　　　　2 　[学習環境]がよいと、[子どもたち]は机やいすなどの掃除をすすんで行うようになる。
　　　　　 학습환경이 좋으면, 아이들은 책상이나 의자 등의 청소를 자진해서 하게 된다.

Step 2 지문에서 공통 키워드가 언급되는 부분을 주의 깊게 읽고 정답의 단서를 찾는다.

필자의 생각이나 주장을 묻는 문제는 주로 지문의 중·후반부를, 글의 목적과 일치/불일치를 묻는 문제는 글 전체에서 공통 키워드가 언급되는 문장과 그 주변을 주의 깊게 읽고 정답의 단서를 찾는다.

지문 　机やいすなどを片付けたり、掃除を行うことで安全にすごせる環境を作ることにもなります。しかし、[学習環境]をととのえることで、[子どもたち]が勉強に集中しやすくなり、自分から興味をもって学習する環境を作ることにもなります。

책상이나 의자 등을 정리하거나, 청소를 실시하는 것으로 안전하게 지낼 수 있는 환경을 만들기도 합니다. 하지만, 학습환경을 정논하는 것으로, 아이들이 공부에 집중하기 쉬워 지고, 스스로 흥미를 가지고 학습하는 환경을 만들기도 합니다.

Step 3 지문에서 찾은 정답의 단서와 일치하는 선택지를 정답으로 고른다.

지문에서 찾은 정답의 단서와 일치하는 내용의 선택지를 정답으로 고른다.

질문 　筆者の考えに合うのはどれか。 필자의 생각과 맞는 것은 어느 것인가?

선택지 　✔ 1 　学習環境がよいと、子どもたちは自分からすすんで学ぶようになる。
　　　　　 학습환경이 좋으면, 아이들은 스스로 자진해서 배우게 된다.

　　　　　 2 　学習環境がよいと、子どもたちは机やいすなどの掃除をすすんで行うようになる。
　　　　　 학습환경이 좋으면, 아이들은 책상이나 의자 등의 청소를 자진해서 하게 된다.

● 문제 풀이 Step 적용

問題10 次の文章を読んで、後の問いに対する答えとして最もよいものを、1・2・3・4から一つ選びなさい。

　自分らしく人生を生き抜いていく力を得る上で、「自分には優れた才能や専門分野がない」と感じている場合は、何をどう学んでいけば良いのだろうか。

　プロになるほどではなくても、周囲の人よりも少し得意で、好きで気になるものを学び、それらを結び合わせていく。そのようにして学んだことを柱にして、その力を活用し、組織(そしき)に頼らない働き方を目指す。そんな風に、興味(きょうみ)を広げて学びながら働くことが 自分らしく生きるため の近道ではないだろうか。 ◀──── **Step 2** 지문에서 공통 키워드가 언급되는 부분을 주의 깊게 읽고 정답의 단서를 찾는다.

筆者の考えに合うのはどれか。

　1 自分らしく生きるため には、柱を結び合わせることが大切だ。 ◀──── **Step 1** 질문과 선택지를 읽고 공통 키워드에 표시한다.

　✔2 自分らしく生きるため には、好きなこと をいろいろと学びながら働くのが速い。 ◀──── **Step 3** 지문에서 찾은 정답의 단서와 일치하는 선택지를 정답으로 고른다.

　3 自分らしく生きるため には、プロにならなくてもいい。

　4 自分らしく生きるため には、好きなこと をたくさん見つけるのがいい。

Step1 에세이로 필자의 생각을 묻고 있다. 선택지에서는 自分らしく生きるため(자기 자신답게 살기 위해서), 好きなこと(좋아하는 것)라는 표현이 반복되고 있다.

Step2 필자는 초반부에서 자기 자신다운 인생을 살아가는 힘을 얻는 데 있어서 周囲の人よりも少し得意で、好きで気になるものを学び、それらを結び合わせていく(주위 사람보다도 조금 더 잘하고, 좋아하고 궁금한 것을 배우고, 그것들을 결합해간다)라고 서술하고, 후반부에서 そんな風に、興味を広げて学びながら働くことが自分らしく生きるための近道ではないだろうか(그런 식으로, 흥미를 넓혀 배우면서 일하는 것이 자기 자신답게 살기 위한 지름길이 아닐까?)라고 서술하고 있다.

Step3 필자는 자기 자신답게 살아가기 위해서는 좋아하는 것을 여러 가지로 배우면서 일하는 것이 빠르다고 생각하고 있으므로, 2 自分らしく生きるためには、好きなことをいろいろと学びながら働くのが速い(자기 자신답게 살기 위해서는, 좋아하는 것을 여러 가지로 배우면서 일하는 것이 빠르다)를 정답으로 고른다.

문제10 다음 글을 읽고, 뒤의 물음에 대한 답으로 가장 알맞은 것을, 1・2・3・4에서 하나 고르세요.

   자기 자신답게 인생을 살아나가는 힘을 얻는데 있어서, '나에게는 뛰어난 재능이나 전문 분야가 없다'라고 느끼고 있는 경우에는, 무엇을 어떻게 배워가면 좋은 것일까?

   프로가 될 정도는 아니더라도, 주위 사람보다도 조금 더 잘하고, 좋아하고 궁금한 것을 배우고, 그것들을 결합해간다. 그렇게 해서 배운 것을 대들보로 하고, 그 힘을 활용하여, 조직에 의존하지 않는 근무 방식을 목표로 삼는다. 그런 식으로, 흥미를 넓혀 배우면서 일하는 것이 자기 자신답게 살기 위한 지름길이 아닐까?

필자의 생각과 맞는 것은 어느 것인가?
1 자기 자신답게 살기 위해서는, 대들보를 하나로 묶는 것이 중요하다.
2 자기 자신답게 살기 위해서는, 좋아하는 것을 여러 가지로 배우면서 일하는 것이 빠르다.
3 자기 자신답게 살기 위해서는, 프로가 되지 않아도 된다.
4 자기 자신답게 살기 위해서는, 좋아하는 것을 많이 발견하는 것이 좋다.

어휘 人生 じんせい 圏인생　生き抜く いきぬく 圄살아가다　力 ちから 圏힘　得る える 圄얻다　～上で ～うえで ~에 있어서
優れる すぐれる 圄뛰어나다, 우수하다　才能 さいのう 圏재능　専門分野 せんもんぶんや 圏전문 분야　感じる かんじる 圄느끼다
場合 ばあい 圏경우, 상황　学ぶ まなぶ 圄배우다　プロ 圏프로　周囲 しゅうい 圏주위　得意だ とくいだ 圉잘하다
気になる きになる 궁금하다, 신경 쓰이다　結び合わせる むすびあわせる 圄결합하다, 하나로 묶다　柱 はしら 圏대들보, 기둥
活用 かつよう 圏활용　組織 そしき 圏조직　頼る たよる 圄의존하다, 의지하다　働き方 はたらきかた 圏근무 방식, 일하는 방법
目指す めざす 圄목표로 삼다　興味 きょうみ 圏흥미　広げる ひろげる 圄넓히다, 펼치다　生きる いきる 圄살다
近道 ちかみち 圏지름길　速い はやい 圉빠르다　見つける みつける 圄발견하다, 찾아내다

질문에 대한 답으로 적절한 것을 고르세요.

01

> 昔は、参考書を何冊も買う人が理解できなかった。一冊でもしっかりと勉強すれば、それで十分だと思ったからだ。しかし、本によって説明や整理の仕方が違い、何冊も見るたびに様々な内容について学ぶことができるということを知った。

筆者の考えに合うものはどれか。

① 多様な内容を勉強するため、いろんな参考書を見る必要がある。

② 一冊の参考書だけをしっかり勉強しても試験のための十分な勉強ができる。

02

> 好きなスポーツを観覧しながら応援するのもいいが、実際にやってみると、そのスポーツについてもっと理解を深めることができる。理解が深まるとより一層、観覧や応援が楽しく感じられるだろう。

筆者は、なぜ好きなスポーツを直接やってみるほうがよいと考えているか。

① 観覧して応援するより直接やるほうがもっと楽しいから

② 好きなスポーツがもっと詳しく理解できるから

03

> 外で遊ぶのが大好きなうちの子は、週末になると「遊園地に行きたい！」としつこく言う。友達家族に聞くと、家族そろって頻繁に遊園地に行くという。もちろん、子供と一緒に遊ぶ時間も重要だ。しかし、平日にいっしょうけんめい働いたごほうびとして週末はしっかり休みたい。

筆者は週末に子供と遊園地に行くことについてどう考えているか。

① 子供と一緒にいる時間が少ないから週末によく遊びに行ったほうがいい。

② 子供は楽しいけど本人は週末に休む時間が必要だ。

04

共用ゴミ箱撤去のお知らせ

事務室の玄関前に共用ゴミ箱を設置していましたが、分別がしっかりされてなく、臭いの原因になり、撤去する予定です。これからは、個人用のゴミ箱を利用し、ゴミを捨てる際は、一階のゴミ捨て場に直接持ってくるよう、ご協力お願いします。

この文章を書いた一番の目的は何か。

① 個人用のゴミ箱を準備するように知らせている。

② 共用ゴミ箱をきれいに使ってもらうことを求めている。

05

掃除機の問い合わせ

1か月前、貴社の掃除機を購入しましたが、一週間も経たないうちに壊れ、修理に出しました。しかし、修理を受けて三日も経っていませんが、また故障しました。故障が相次ぐ理由は、製品自体に問題があるからではないかと思います。新しい製品に交換できるか確認お願いします。

この文章を書いた一番の目的は何か。

① 故障した製品の再修理ができるかを聞くため

② 故障した製品を新しい製品に交換できるかを聞くため

06

新製品の先行予約についての案内

4月に新製品ミネラルクッションが発売される予定です。今日から3月15日まで先行予約をされた方には15%の割引と、特典として収納楽々ポーチを差し上げます。3月16日から発売前まで予約された方には、15%の割引を提供させていただきます。

新製品の先行予約について正しいものはどれか。

① 今日から3月15日まで予約すれば15%割引とおまけのポーチがもらえる。

② 今日から3月15日まで予約すれば15%割引だけが受けられる。

정답 해설집 p.54

問題10 次の(1)から(5)の文章を読んで、後の問いに対する答えとして最もよい
ものを、1・2・3・4から一つ選びなさい。

(1)

　犬が「成犬」になるのは犬が生まれてから一年半くらいだと言われています。小型、中型、大型の犬種によって多少変わりますが、その後、犬は一年に人間の4歳分ずつ、歳を重ねます。犬の成長は人間とは違い、あっという間に大人になってしまうのです。

　犬が子供である時期は短いですが、その間にしっかり「しつけ」をすることが大切です。そうしなければ、犬は人にかみ付いたり、人間との主従関係^(注)をうまく築けなくなったりしてしまうのです。

（注）しつけ：礼儀や決まり、ルールなどを教えること

55 筆者の考えに合うものはどれか。

1　どんな犬でも成長の速さは変わらない。

2　犬の成長は人間より一年半くらい遅い。

3　犬との関わりは生まれてから一年半が重要である。

4　犬が生まれて一年半くらいしたら、しつけを始めるべきである。

(2)

以下は、ある会社が出したメールの内容である。

社員各位

　現在、一階ロビーに設置されているコーヒーマシンは今週金曜日に撤去されることになり
ました。

　今まで社員の皆様に無料でコーヒーを提供してきましたが、コーヒーマシンの利用者は減少
傾向にあり、少ない利用者のために総務部員が毎日マシンを洗浄し、発注・管理するのが難し
くなってまいりました。

　今後は各自で飲み物を購入しに行く、または持参するなどしていただけますよう、お願い
いたします。

　　　　　　　　　　　　　　　　　　　　　　　　　　　　　　　　　　　　　総務部

　　　　　　　　　　　　　　　　　　　　　　　　　　　　　admin-jp@abc.co.jp

（注1）撤去する：その場所から取る

（注2）洗浄する：洗う

56　この文書を書いた一番の目的は何か。

　1　総務部員が減り、コーヒーマシンの管理が難しくなったことを知らせること

　2　コーヒーマシンがなくなるので、来週からは飲み物を各自で用意することを知らせる
　　こと

　3　コーヒーマシンの利用者が減っているので、もっと使ってほしいというお願い

　4　コーヒーマシンが故障しているので、各自で飲み物を用意してほしいというお願い

(3)

　小中学生にスマートフォンは必要でしょうか。最近、小中学生がスマートフォンを学校へ持ち込むことが検討され始めています。その理由は、地震と通学時間が重なり、親が子供の安全確認ができないことがあったためです。

　しかし、身近にスマートフォンがあることで、子供達が授業に集中できなくなるかもしれません。また、外遊びの時間も減り、子供達の本来の学習の機会が奪われるおそれもあります。ですから、私は、このスマートフォンの規則の見直しには、賛成しかねます。

57　筆者は小中学生のスマートフォンについてどうとらえているか。

1　安全のために、小中学生も学校にスマートフォンを持ち込んだほうがいい。

2　親が安心するので、小中学校にスマートフォンを持ち込んだほうがいい。

3　小中学生にはスマートフォンの管理が難しいので、学校に持ち込まないほうがいい。

4　学習活動の機会が減るので、小中学生が学校にスマートフォンを持ち込まないほうがいい。

(4)

〒108-0074

東京都港区高輪1-2-3-2040

ルイーズ・村上（むらかみ）　様

───── ご優待セールのご案内（あんない） ─────

いつもMonoショッパーズをご利用いただき、ありがとうございます。

年に一度のお得意様限定ご優待セールですが、本年は７月13日（土）に決定しました。

人気のファッション、アクセサリー雑貨の他、水着や浴衣などが最大70％オフで、どれでも５点以上購入（こうにゅう）されますと、表示されている値段から更に10％オフとなります。

ぜひこの機会をお見逃しなく。

なお、お得意様限定の特別セールにつき、セール会場となる店内への入場にはこちらのはがきが必要となりますので、ご注意ください。

58 このはがきで紹介されているセールの内容について、正しいものはどれか。

1　セールは、会員証を持参すれば会場へ入れて、すべてが７割引の値段で買える。

2　セールは、はがきを持参すれば会場へ入れて、５点以上買うとさらに安くなる。

3　セール会場にはだれでも入れて、５点以上買えばすべてが７割引となる。

4　セール会場では、レジではがきを見せればさらに全品１割引となる。

(5)

　「ほうれんそう」は、報告、連絡、相談のことで、仕事をスムーズにするための社会人の基本 (き ほん)
だが、上司 (じょう し)から部下への一方的な教育の方法と誤解されがちである。

　ミスをしかられてばかりいたら、部下は緊張 (きんちょう)して相談しづらくなってしまう。ミスが分かれ
ば、一緒に解決していくのが上司の役目である。つまり、「ほうれんそう」を部下だけでなく上
司からもしていけば、お互いの信頼関係が生まれ、働きやすい職場になっていくのである。

59　筆者の考えに合うのはどれか。

　1　職場では、話しづらい雰囲気があるので、上司と部下のコミュニケーションは難しい。

　2　職場では、信頼関係があるので、上司と部下のコミュニケーションは難しくない。

　3　「ほうれんそう」は、上司から部下への教育の一つである。

　4　「ほうれんそう」は、部下と上司がお互いにするコミュニケーションの方法である。

정답 해설집 p.57

問題10 次の(1)から(5)の文章を読んで、後の問いに対する答えとして最もよい
ものを、1・2・3・4から一つ選びなさい。

(1)

　日常を離れて、温泉に行きたいと思うことがある。箱根、草津、別府など、有名な温泉地が
あるが、住んでいる所から行くには遠く、宿泊をする場合は費用もかかるので、なかなか簡単
には行けない。そんなときは、近い場所でゆっくりと大きなおふろに入れる「スーパー銭湯」
がおすすめだ。館内にはレストランや横になって休めるところ、マッサージサービスなどもあ
り、わざわざ遠い所まで出かけなくても、十分楽しめるし、リフレッシュすることができる。週
末や会社帰りに気軽に行くことができるのもいい点だ。

55　筆者の考えに合うものはどれか。
　　1　有名な温泉地は気軽に行けるのでおすすめだ。
　　2　有名な温泉地は費用がかかるので、行くのが難しい。
　　3　スーパー銭湯は会社の近くにあるので行きやすい。
　　4　スーパー銭湯は近い場所で楽しめるいい場所だ。

정답 해설집 p.58

(2)

以下は、あるオンラインショップが出したメールである。

あ て 先：sameze@email.com

件 　 名：お客様のポイントについて

送信日時：令和2年4月18日

先日のお客様の購入金額に応じて、1,400ポイントを付与いたしました。
（注1）

　ポイントは、1ポイント1円として、お買い物の際にご利用が可能です。

　なお、来月末6月30日限りで保有ポイント全5,400ポイントのうち1,200ポイントがご購入の有無にかかわらず失効いたします。
（注2）

　現在、オンラインショップでは、値下げ商品に加えて今シーズンの新商品も続々と登場中です。

　お得にご購入いただけるチャンスでございますので、ぜひポイントをご活用ください。

（注1）付与する：与える

（注2）失効：ここでは、使えなくなること

56 このメールを書いた、一番の目的は何か。

1　前回の買い物で、新しく1,400ポイントがもらえたことを知らせる。

2　買い物をしないと、1,200ポイントがなくなることを知らせる。

3　オンラインショップに、値下げ商品と新商品があることを知らせる。

4　オンラインショップでの買い物で、ポイントが使えることを知らせる。

(3)

　最近は、携帯電話を持っている小学生も多い。調査によると、親の多くは家族との連絡のためだけに子どもに携帯電話を持たせている。しかし実際は、友達との連絡やインターネットを見るために使っている子どもが多いそうだ。親が気付かないうちに、犯罪の被害にあってしまうこともある。専門家は、携帯電話を使う際のルールを家族で話し合うことが大切だという。しかし、子どもの安全を守ることはそんなに簡単なことではないのではないか。

[57]　子どもの携帯電話の使用について、筆者の考えに合うのはどれか。

　1　ルールを家族で話し合えば、子どもは安全に使うことができる。

　2　子どもを危険から守ることは簡単なことではない。

　3　子どもは親よりも携帯電話を上手に使うことができる。

　4　家族との連絡を目的に与えれば、問題はない。

(4)

　私は親がいない子どもや親と一緒に住めない子どもが生活をする施設で働いている。ここで働くようになってから、親がいなくても、温かい職員のもとで安心して生活できると知った。だからといって、一般家庭のように育つというわけではない。例えば、お風呂が大きかったり、一斉[いっせい]に食堂で食事をしたりするなど、普通の家庭のサイズを知らないまま大人になることがそうだ。そのため、このような施設ではなく一般の家庭に引き取られて育てられるように、制度が見直されつつある。

58 筆者がこの施設で働いて、わかったことはどのようなことか。

1　この施設で育った子どもも一般家庭で育った子どものように育つ。

2　一般家庭にあるお風呂などのサイズを知らない子どもがいる。

3　施設では一般家庭のように安心して暮らせない。

4　制度が見直され、一般家庭で育てられる子どもが増えた。

(5)

　先日、犬のあくびがかわいくて写真を撮ろうとしたが、間に合わなかった。思い出を記録する道具としてカメラは欠かせないが、いつでもカメラを持っているわけではないので、チャンスを逃してしまうことがある。しかし、人間は「覚えておく」ことができるので、いつでもどこでも感じたことを逃さずに記録できる。考え方によっては、人は皆、どんなカメラよりもすばらしい「心のカメラ」を持っているのかもしれない。

59　筆者の考えに合うものはどれか。

　1　写真を撮るチャンスを逃す場合があるので、カメラはいつでも持ち歩いている。
　2　カメラを持っていれば、いつでも思い出を記録できるので便利である。
　3　人は覚えておくことができるが、カメラの記録能力のほうがすばらしい。
　4　人は覚えておくことができ、どんなカメラよりもすばらしい記録能力を持っている。

정답 해설집 p.59

問題10 次の(1)から(5)の文章を読んで、後の問いに対する答えとして最もよい
ものを、1・2・3・4から一つ選びなさい。

(1)

　大学では様々な学問を、広く浅く勉強するのに対し、大学院では自分の研究分野をより深く
研究します。ですから、大学院に進むと、自らの専門性を高められます。そして、研究を通し
て自分をさらに磨きたい、成果を出したいと考える人に囲まれた環境に身を置くことになるた
め、自分も何とかがんばらなければという気持ちが働き、研究活動に打ち込むようになります。
そのような場を提供してくれる大学院は、人としての成長につながる場所だと思います。

55 筆者の考えに合うのはどれか。
1 大学院は専門性を高めるための場所で、それ以外の目的はない。
2 大学院で学ぶことによって、研究だけでなく自分を成長させることもできる。
3 努力している人達の中で生活していると、自分の努力を足りないと思う。
4 同じ研究をしている人達と一緒に活動することは、大学院のいい点だ。

(2)

　少子化の影響で、街の音楽教室の子供の数が減っているが、中高年の生徒数は増えている
ようだ。子供のころにピアノを習っていた私もすぐに上達すると期待して、教室に通い始めた。
ところが、なかなか思ったように上手にならないのだ。「白鳥の湖」という曲を弾いていて、気
づいたことがある。美しい姿で泳ぐ白鳥は、水面の下では、足を必死に動かし続けている。美
しい曲が弾けるようになるには、何度も練習を繰り返さなければならないのだ。努力の積み重
ねがあってはじめて、美しい音楽になるのである。

56 音楽について、筆者の考えに合うのはどれか。
1 美しい曲を弾くために、皆、目に見えないところで努力している。
2 中高年の生徒は、ピアノがなかなか上手にならないものだ。
3 子供の時に習った楽器を、大人になって弾くのは楽しい。
4 美しい曲を演奏するためには、努力の積み重ねが必要である。

정답 해설집 p.60

(3)

以下は、ある会社の社内文書である。

平成29年8月1日

社員各位

　　　　　　　　　　　　　　　　　　　　　　　　　　　　　　総務部課長

　　　　　　　　　　　　　　防災訓練についてのお願い

　9月1日は防災の日です。台風、地震に備えて準備をしましょう。

先日、お知らせした通り、防災訓練を実施いたします。訓練開始時に社内にいる方は、

全員ご参加くださるようお願いいたします。

　つきましては、避難用リュックサックの中の品物をご確認の上、不足品がありましたら、

8月10日までに各部でとりまとめ、総務部までご連絡ください。

　なお、訓練内容につきましては、7月25日のメールをご確認ください。

　　　　　　　　　　　　　　　　　　　　　　　　　　　　　　　　　　以上

57　　この文書で、一番伝えたいことは何か。

1　防災訓練に備えて準備をしなければならないこと

2　避難用の品物の不足分の報告をすること

3　総務部から避難用の品物を受け取ること

4　防災訓練の全員参加をお願いすること

(4)

　優先席に座っていたある日のことだ。目の前に年配の人が立っていたので席を譲ろうとしたら、「まだそんな年寄りじゃありませんよ」と感謝されるどころか、怒られてしまった。お年寄りに気がつかずに座っていると、「若いんだから立ちなさい」と周りから言われることもある。難しいところだ。席を譲られたらうれしいと思う人、譲られて不快な気持ちになる人と様々だ。一番いいのは自分が元気なら優先席に座らないことかもしれない。

[58]　筆者の考えに合うのはどれか。
　1　席を譲るときは、周りから言われるまで待つ。
　2　席を譲られても、感謝する人は少ないので譲らない。
　3　席を譲られても、うれしいと思わない人もいる。
　4　席を譲るのは難しいので、座らないようにしている。

정답 해설집 p.61

(5)

以下は、紅茶の販売店から届いたメールである。

お客様各位^{かくい}

いつもティーハウスをご利用いただき、ありがとうございます。

4月1日より、春の紅茶フェアを開催します。会員の皆様は普段のお買い物と同様に定価の10％引きで商品をご購入^{こうにゅう}いただけますが、フェアの期間中に春の新商品をお求めいただいた会員様には、次回のお買い物にご使用いただける20％割引券を差し上げます。

皆様のご来店をお待ちしております。

https://tea-house.co.jp/fair

フェアの詳細^{しょうさい}は、ホームページよりご確認ください。

---

59 このメールで紹介されている会員サービスについて、正しいものはどれか。

1 紅茶フェアの期間に行くと、割引券がもらえる。

2 紅茶フェアの期間も、1割引きで商品が買える。

3 紅茶フェアの期間は、2割引きで買い物ができる。

4 紅茶フェアの期間は、新商品が3割引きで買える。

정답 해설집 p.62

일본어도 역시,
1위 해커스

japan.Hackers.com

내용이해(중문)은 500자 내외의 지문을 읽고 올바른 것을 고르는 문제로, 지문 3~4개와 각 지문과 관련된 문제 2~3문항씩, 총 8~9문항이 출제된다. 지문은 특정 이슈에 대한 비교, 경험, 예시가 포함된 에세이가 출제되며, 필자의 생각이나 주장 또는 단락의 세부 내용을 묻는 문제가 출제된다.

─○ 핵심 전략

1 세 개의 질문은 주로 단락 또는 글 전체에서 알 수 있는 필자의 생각이나 세부내용을 묻는다. 각 질문이 무엇에 대한 필자의 생각이나 세부내용을 묻는지 파악하고 관련 내용을 지문에서 찾아 일치하는 것을 정답으로 고른다.

예 個性について筆者の考えに合うのはどれか。 개성에 대해 필자의 생각과 맞는 것은 어느 것인가?

筆者によると、「話し言葉」の重要な特徴は何か。 필자에 의하면, '구어체'의 중요한 특징은 무엇인가?

2 밑줄이 있는 질문은 지문에서 밑줄 친 부분의 앞 또는 뒤의 내용과 일치하는 것을 정답으로 고른다.

예 誤解が生じてとあるが、どのようなときに誤解が生じるのか。
오해가 생겨서라고 하는데, 어떤 때에 오해가 생기는가?

この場合とはどんな場合か。 이 경우란 어떤 경우인가?

3 첫 번째 문제는 지문의 초반부, 두 번째 문제는 지문의 중반부, 세 번째 문제는 지문의 후반부 또는 지문 전체의 내용을 파악해야 하는 문제로 출제된다. 따라서 지문을 처음부터 읽으면서 문제 순서대로 질문과 관련된 단서를 찾고, 찾은 내용을 바탕으로 해당 문제의 정답을 고른다.

4 건강·질병, 서적·시험, 날씨·여행, 소통·인생 등과 같은 다양한 주제의 지문이 출제되므로, N2 필수 단어·문형 암기장(p.41~43)을 활용하여 관련된 어휘를 꼼꼼히 학습해둔다.

─◉ 문제 풀이 Step

(Step 1) **질문을 읽고 무엇을 묻는지 파악하고 핵심 어구에 표시한다.**

먼저 질문을 읽고, 무엇에 대해 묻고 있는지, 지문에서 어떤 내용을 찾아야 하는지를 파악하고 핵심
어구에 표시한다.

질문   [少子化社会の問題点]について、筆者の考えに合うものはどれか。
　　　저출산 사회의 문제점에 대해, 필자의 생각과 맞는 것은 어느 것인가?

(Step 2) **지문을 읽으며 정답의 단서를 찾는다.**

각 질문에 대한 단서는 대체로 지문에서 순서대로 언급되기 때문에, 지문을 처음부터 읽으면서 질문
에 대한 정답의 단서를 찾는다.

지문   [少子化社会]が進行していくことにより若い世代の人口は減少しつづけ、**社会の核とな
り働く労働者数が減少してしまいます**。そうなると、**将来的には日本経済に大きなダ
メージをもたらすことにもなりえます**。
　　　저출산 사회가 진행됨으로써 젊은 세대의 인구는 계속 감소하고, 사회의 핵이 되어 일하는 노동자 수가 감소해 버립
니다. 그렇게 되면, 장래적으로는 일본 경제에 큰 대미지를 불러일으키게 될 수도 있습니다.

(Step 3) **지문에서 찾은 정답의 단서와 일치하는 선택지를 정답으로 고른다.**

질문을 다시 한 번 읽고 각 선택지를 읽으면서, 정답의 단서와 일치하는 내용의 선택지를 정답으로
고른다. 선택지는 지문에서 사용된 표현이 그대로 사용되지 않고, 동의어나 비슷한 표현으로 바꾸어
제시되므로, 지문과 선택지 모두 정확하게 해석하고 정답을 고를 수 있도록 유의한다.

선택지   1 少子化はそれまで増え続けていた人口の上昇を食い止めてしまうものである。
　　　　　저출산화는 그때까지 계속 늘고 있던 인구의 상승을 저지해 버리는 것이다.

　　　✓ 2 少子化が進むことで、**労働力が不足し、日本の財政に影響を及ぼすおそれが
あ**る。
　　　　　저출산화가 진행되는 것으로, **노동력이 부족해지고, 일본 재정에 영향**을 미칠 우려가 있다.

독해 | 문제 11 내용이해(중문) | 해커스 JLPT N2 한 권으로 합격

문제 풀이 Step 적용

問題11　次の文章を読んで、後の問いに対する答えとして
　　　　最もよいものを、1・2・3・4から一つ選びなさい。

　日本には 梅雨の時期 があります。江戸時代から使われて
いる言葉で、雨期、つまり、雨がたくさん降る時期のことで
す。

　5月上旬から中旬にかけて、沖縄地方が梅雨に入ります。
梅雨は徐々に北上して、東京が梅雨入りするのはたいてい
6月の始めごろです。梅雨は4週間から6週間ほど続きます
が、その期間は曇りや雨の日が多くなり、晴れる日が少なく
なります。雨が続くと気温も下がり寒くなりますが、晴れる
と気温は上昇し、 蒸し暑くなります。 この時期は湿気が多い
からです。

　多くの人が、「日本では、梅雨の時期が一年で一番雨の
量が多い」と思っています。しかし過去の統計をみると、実
際は四国南部や東海地方、関東地方では、梅雨の時期より
も秋のほうが、降雨量が多いことが分かります。これらの地
方は、台風の通り道になることが多いからです。

　梅雨の時期に蒸し暑くなるの はなぜか。

　　1　東京は5月上旬に梅雨入りするから

　　2　日本の梅雨の時期は長く続くから

　✓3　梅雨の時期は湿度が高い日が多いから

　　4　晴れる日は少ないが、気温は高いから

Step 2 지문을 읽으며 정답의 단서를 찾는다.

Step 1 질문을 읽고 무엇을 묻는지 파악하고 핵심 어구에 표시한다.

Step 3 지문에서 찾은 정답의 단서와 일치하는 선택지를 정답으로 고른다.

Step1 질문의 梅雨の時期に蒸し暑くなるの(장마 시기에 무더워 지는 것)의 이유와 관련된 내용을 지문에서 찾아야 한다.

Step2 두 번째 단락에서 蒸し暑くなります。この時期は湿気が多いからです(무더워집니다. 이 시기는 습기가 많기 때문입니다)라며 장마 시기가 무더운 이유를 서술하고 있다.

Step3 지문에서 장마 시기가 무더운 이유는 습기가 많기 때문이라고 서술하고 있으므로, 3 梅雨の時期は湿度が高い日が多いから(장마 시기는 습도가 높은 날이 많기 때문에)를 정답으로 고른다.

문제11 다음 글을 읽고, 뒤의 물음에 대한 답으로 가장 알맞은 것을, 1·2·3·4에서 하나 고르세요.

　일본에는 장마 시기가 있습니다. 에도 시대부터 사용되고 있는 말로, 우기, 즉, 비가 많이 내리는 시기입니다.
　5월 상순부터 중순에 걸쳐, 오키나와 지방이 장마철에 듭니다. 장마는 서서히 북상해서, 도쿄가 장마철에 드는 것은 대개 6월 초쯤입니다. 장마는 4주간에서 6주간 정도 계속되는데, 그 기간은 흐린 날이나 비 오는 날이 많아지고, 맑은 날이 적어집니다. 비가 계속되면 기온도 내려가 추워집니다만, 맑아지면 기온은 상승하고, 무더워집니다. 이 시기는 습기가 많기 때문입니다.
　대부분의 사람들이, '일본에서는, 장마 시기가 1년 중에서 가장 비의 양이 많다'고 생각하고 있습니다. 하지만 과거의 통계를 보면, 시코쿠 남부나 도카이 지방, 간토 지방에서는, 장마 시기보다도 가을 쪽이 강우량이 많다는 것을 알 수 있습니다. 이 지방들은, 태풍이 지나는 길이 되는 경우가 많기 때문입니다.

장마 시기에 무더워지는 것은 왜인가?
1 도쿄는 5월 상순에 장마철에 들어가기 때문에
2 일본의 장마 시기는 길게 계속되기 때문에
3 장마 시기는 습도가 높은 날이 많기 때문에
4 맑은 날은 적지만, 기온이 높기 때문에

어휘 日本 にほん 똅일본　梅雨 つゆ 똅장마　時期 じき 똅시기　江戸時代 えどじだい 똅에도 시대　雨期 うき 똅우기　つまり 쩝즉
　　　上旬 じょうじゅん 똅상순　中旬 ちゅうじゅん 똅중순　〜にかけて ~에 걸쳐　沖縄地方 おきなわちほう 똅오키나와 지방
　　　梅雨に入る つゆにはいる 장마철에 들다　徐々に じょじょに 뢴서서히　北上 ほくじょう 똅북상　東京 とうきょう 똅도쿄
　　　たいてい 뢴대개, 대강　始め はじめ 똅초, 시작　続く つづく 똥계속되다, 잇따르다　曇り くもり 똅흐림
　　　雨の日 あめのひ 똅비 오는 날　晴れる日 はれるひ 똅맑은 날　気温 きおん 똅기온　下がる さがる 똥내려가다, 떨어지다
　　　上昇 じょうしょう 똅상승　蒸し暑い むしあつい 똃무덥다, 찌는 듯이 덥다　湿気 しっけ 똅습기　量 りょう 똅양
　　　〜と思う 〜とおもう ~라고 생각하다　しかし 쩝하지만, 그러나　過去 かこ 똅과거　統計 とうけい 똅통계　実際 じっさい 똅실제
　　　四国 しこく 똅시코쿠　南部 なんぶ 똅남부　東海地方 とうかいちほう 똅도카이 지방　関東地方 かんとうちほう 똅간토 지방
　　　降雨量 こううりょう 똅강우량　台風 たいふう 똅태풍　通り道 とおりみち 똅지나는 길, 다니는 길

질문에 대한 답으로 적절한 것을 고르세요.

01

> 潔癖症は、不潔なものを病的に恐れ、清潔さを追求する症状を言う。完璧を求め、融通が利かない症状もあるが、皆がそういうわけではない。潔癖症はストレス性恐怖症の一つで、現代の社会を生きる人には発症しやすく、うつ病とも関連がある。

筆者によると、「潔癖症」の主な特徴は何か。

① 不潔さを病的に恐れて清潔さを追求する。

② 完璧さを追求して融通が利かない。

02

> 会社帰りに運動をする会社員が多い。運動をすることは健康に良いが、注意する点がある。それは、必ず運動前に軽くでもいいので、ストレッチをすることだ。激しい運動は筋肉を驚かせる可能性があるからだ。特に会社員は一日中座りっぱなしのうえ、緊張した状態から突然動くと体に負担がかかるかもしれない。

会社員が運動をするとき、なぜ特に気をつけるべきか。

① 激しい運動は筋肉を驚かせるから

② 急に動くと体に無理をさせるから

03

> 試験の難易度を調整することは難しい。特に絶対評価の試験の場合は、前の試験と比べ、難易度に大きな差がないようにすることが大切だ。試験が易しいと合格しやすく、難しいと合格しにくい。もし、以前の試験と今回の試験の難易度が違うと、難しかった試験の合格者と易しかった試験の合格者の水準が異なるにも関わらず、合格という同じ結果を受け取る問題が発生する。

問題が発生するとあるが、どんな問題か。

① 合格者の水準が違うのに同じ合格の結果をもらう。

② 試験に不合格する人が多くなる。

04

　月日（つきひ）が経つにつれて本屋に行くことが好きになった。本を読むのも楽しいし、適度な人ごみの中にいるのも好きだ。最近は本屋の中にカフェが入り、大好きなコーヒーも飲めるようになった。その中でも特に私は<u>本屋の匂い</u>が好きだ。本屋の匂いとは本屋にいる人の匂いでもなく、コーヒーの匂いでもない、新しい本の匂いだ。

<u>本屋の匂い</u>とあるが、何か。

① 新しい本の匂い

② 本屋にいる人々の匂い

05

　雨の日には傘を準備しなければならないし、外部活動の妨げになるなどして、嫌がる人がいる。でも、私は雨の日が好きだ。雨の音を聞くと心身が安らぎ、窓から雨の日の景色を見ていると、なぜか気分が良くなる。しかし、外出する予定がある日には、雨はあまり好きではない。服が濡（ぬ）れ洗濯するのも面倒なうえ、家の中の湿気を取り除くことに手間がかかるからである。

雨の日について筆者の考えに合うものはどれか。

① 雨が降っている景色が好きで、雨の日は出かけたくなる。

② 雨の音を聞くことは好きだが、服が濡（ぬ）れたりすると不便だ。

06

　外国に住んでいた頃、住民登録のために公共機関を訪ねたことがある。入口を通った後、どこに行けばいいのかわからず、職員に見える人に英語で尋ねてみた。しかし、その人は英語ができず、まともに対応してもらえなかった。やっと窓口にたどり着いたと思ったら、窓口の職員も英語での会話が通じなかった。帰国後、偶然公共機関を訪ねたとき、外国人が困った様子だった。手を差し伸べる人が誰もおらず、私から声をかけた。公共機関では外国語ができる職員がいて、手伝ってくれればいいのに、と思った。

この文章で筆者が言いたいことは何か。

① 公共機関に外国語が話せる人がいて、外国人を助けてほしい。

② 公共機関では外国人を親切に助けてほしい。

정답 해설집 p.62

問題11 次の(1)から(3)の文章を読んで、後の問いに対する答えとして最もよい ものを、1・2・3・4から一つ選びなさい。

(1)

　夏になると夕方に突然、たくさんの雨が降ることがあります。夏の夕方の雨は夕立と呼ばれ、夏の風物詩(注)の一つでした。しかし最近、時間に関係なく、大雨が降るようになりました。これは、非常に狭い範囲で、短時間に、数十ミリ以上降るもので、局地的大雨、またはゲリラ豪雨と呼ばれており、近年、夏になると必ず発生しています。

　この雨が問題なのは、なんといってもいつ降るかといった予測が難しいことです。朝、テレビをつけて天気予報を見たとき、晴れのマークがついていれば、ほとんどの人は出掛けるときに傘を持たずに家を出るでしょう。それなのに、急に気温が下がって、突然、大量の雨が降るのです。うっかり、傘を持たずに出かけた人たちが、屋根のある場所へ走って避難する姿もめずらしくなくなりましたし、「今日、天気予報では晴れだったよね?」などという会話もよく耳にするようになりました。

　日本の夏のイメージは少し変化したように思います。今までは日本の暑い夏のイメージといえば、体を冷やすためのかき氷やうちわ、夏の夜空にあがるきれいな花火などが挙げられましたが、今では、「夏といえば雨!」と言えるほど雨の量が増加しました。ですから、夏はいつも傘を持ち歩くようにすると安心できるでしょう。

（注）風物詩：その季節だけに見られる物や事

60 夏の雨にはどのような特徴があるか。

1 短い時間に、狭い地域でたくさんの雨が突然降る。

2 狭い地域にたくさん降るが、突然降ることはない。

3 雨の量は多いが、降るのは夕方だけだ。

4 天気予報が晴れでも、必ず雨が降る時間がある。

61 局地的大雨と呼ばれている雨について、筆者はどのように述べているか。

1 大雨の日は避難する人が多い。

2 大雨の日は必ず寒い日である。

3 天気予報で晴れの日に発生する。

4 天気予報だけではわからない。

62 日本の夏のイメージは少し変化したとあるが、それはなぜか。

1 気温が年々高くなってきたから

2 突然降る雨が多くなったから

3 天気予報があたらなくなったから

4 雨の降る時間が長くなったから

정답 해설집 p.64

(2)

　日本人が勤勉であることは世界でも有名である。しかし、日本人は本当に仕事が大好きなのだろうか。残業する場合、本当に仕事が終わらなくて残業している人もいるが、仕事がなくて帰りたいのに、まだ仕事をしている同僚や上司より先に帰ることが失礼だと思って帰れない場合もある。また、なんとなく定時ぴったりに帰るのはよくないと思う日本人が多いことも残業しなければならない理由になっているのではないだろうか。そして、その残業時間について残業代が支払われない企業があることも事実だ。これを「サービス残業」という。

　また、最近は働きすぎることも問題となっている。サービス残業やストレスが原因で自殺したり、過労死してしまったりするケースがたびたびニュースで報道されるようになった。無理に残業をしなければならなくても、働いている人の多くは会社に文句を言わない。なぜならば、文句を言うことで企業側から逆に注意をされ、職を失いかねないのだ。だから無理をしてしまう。

　「サービス残業」という悪い慣習が人の命を奪いかねないというのは事実である。こうした状況が多くの人に知られるようになったことで、徐々にではあるが「ノー残業デー」等と決めて一切残業をしてはいけない日を作る企業も出てきた。日本人は昔からよく働くが、残業ばかりしないで家族や自分の時間をもっと大切にしてもよいのではないだろうか。企業も働く人も残業のあり方を真剣に見直していくべきだろう。

63 「サービス残業」とはどのような残業のことか。

1 同僚や上司と楽しく残業すること

2 お金が払われない残業のこと

3 お金が多く払われる残業のこと

4 文句を言わないで働くこと

64 働きすぎることも問題とあるが、それはなぜか。

1 無駄な残業をしなければならないから

2 会社に文句を言えないから

3 職を失いかねないから

4 自殺や過労死につながるから

65 残業について筆者の考えに近いものはどれか。

1 残業はよくないので、定時で帰るべきだ。

2 残業はよくないし、日本人は仕事が好きではない。

3 残業もよいが、仕事以外のことも大切にするべきだ。

4 残業もよいが、企業がきちんとお金を払うべきだ。

정답 해설집 p.65

(3)

　最近話題になっている本がある。筋トレ、つまり体を強くする筋肉トレーニングに関する本なのだが、トレーニングの仕方ではなく、なぜトレーニングが必要なのかが書かれている。その本によると、筋トレをすることによって、人生を変えることも可能だそうだ。実際、私も筋トレを始めてから、生活がかなり変わった。いや、生活だけでなく、考え方も変わったと思う。体を動かしていることで、気持ちがとても明るくなったのだ。自分の体を自分自身で作り上げていく楽しさは、自分ができることが増えていく楽しさでもある。

　生活の中で変わったことの一つは、睡眠時間だ。筋トレのおかげでよく眠れるようになった。そのことをオーストラリア人の友人と話したのだが、その友人は1日に7時間は眠るようにしていると言っていた。毎日、仕事でとても忙しい人なので、「寝るのがもったいなくないか」と質問したら、笑われてしまった。「睡眠時間が足りないと、決断力が鈍る(注)でしょう?」と。その人はいい仕事をし、いい人生にするためには、頭の中をすっきりとさせるのに十分な睡眠時間こそが必要なのだと言っていた。

　体を動かす楽しさと、適度な睡眠。一見、無駄に見えるこの二つは、忙しい現代人にこそ必要なものなのかもしれない。

（注）決断力が鈍る：何かを決めるのに時間がかかるようになる

66 トレーニングを始めて、筆者はどのように変わったと述べているか。

1 運動することを通して、気持ちが明るくなった。

2 自分の健康に注意するようになり、生活が変わった。

3 1日の生活の仕方が変わったので、寝る時間が増えた。

4 できることが増えて、仕事ができるようになった。

67 眠る時間を十分に取ることはなぜ必要なのか。

1 忙しい仕事をしていると、眠る時間が足りないから

2 眠る時間が足りないと、人生を変えることができないから

3 いろいろなことを、よく回る頭で決められるようになるから

4 自分の人生を決める力が弱くなると、いい仕事ができないから

68 この文章で筆者の言いたいことは何か。

1 トレーニングと十分な睡眠は忙しいから必要だが、時間の無駄だ。

2 体を動かすことと十分に眠ることは、非常に大切なことだ。

3 人生では無駄に見えることを大切にする時間が必要だ。

4 人生では楽しいと思うことをすることが睡眠と同じくらい必要だ。

정답 해설집 p.66

問題11　次の(1)から(3)の文章を読んで、後の問いに対する答えとして最もよい
　　　　ものを、1・2・3・4から一つ選びなさい。

(1)

　今の自分を変えたいと思っている人が少なくない現代、そのような本が売られていたり、ま
たそのためのセミナーが実施されていたりもする。

　本やセミナーで紹介されているのはだいたい、努力が必要だという内容であるが、果たして
努力が持続する人はいったいどのぐらいいるのだろうか。私には無理だ。私と同じ意見の人
も多いだろう。努力を長続きさせることは難しく、失敗に終わることが多いのではないか。な
ぜなら、努力というのはたいていつらいものだからだ。変化の過程はつらいものだというのが
前提なのだ。
(注)

　では、どうすれば自分が変えられるのか。

　自分を変えたいと思っている人はまず、どうやったら自分を変えられるか考えないことだ。
「考えずにどうやって行動するの?」と思う人がいるかもしれない。しかし、考えることは変化を
先延ばしにしているだけで意味がないのだ。またあれこれ考えてしまうのは、変化を恐れてい
るからかもしれない。そのような準備時間など要らない。行動するために準備をするのではな
く、行動しながら準備をするといい。行動をすると変化が感じられる。その変化の過程を楽し
めると、自分を変えられるのだ。

（注）前提：ある出来事が成立するための基本となる条件

60 筆者によると、本やセミナーで紹介される内容はどんなことか。

1 自分を変えるためには努力が必要であるということ

2 努力をすることが長く続く人はあまりいないということ

3 努力というものは本来、つらいものであるということ

4 自分を変えるというのはつらい過程が必要だということ

61 <u>私には無理だ</u>とあるが、何が無理なのか。

1 自分を変えること

2 努力をすること

3 努力し続けること

4 変化し続けること

62 自分を変える方法について、筆者の意見と合うのはどれか。

1 自分を変えるためには努力し続けることが大切だ。

2 自分を変えるための努力はつらいが、過程を楽しむといい。

3 どうやって自分を変えるか考えて、準備することが大切だ。

4 自分を変えたい人は考えないですぐに行動するといい。

정답 해설집 p.67

(2)

　アフリカで誕生した人類は、3万8千〜3万年前にどうやって大陸から日本列島まで来たのだろうか。当時は今よりも気温が低く、海の表面は今より80メートルほど低かったらしいが、それでも海は越えなければならなかった。海を渡った方法を探ろうと国立科学博物館のチームが、木をくりぬいただけの船で、台湾から沖縄まで渡る実験をし、無事に成功した。地図や時計を持たず、太陽や星の位置を頼りに方角を決め、200キロを丸2日近くこぎ続けたという。人類はこのように移動し、世界に広がったと証明できた。

　しかし、人はなぜ、死の危険があるのに移動したのか。環境が悪くなり移動した場合もあっただろうが、人がもともと持つ好奇心が大きな理由ではないか。海の向こうに何があるのか。知りたい、行きたいという強い気持ちが冒険へ向かわせたのではないだろうか。そして、それを実現できたのは、人が力を合わせて協力する社会性のある動物だったからだろう。メンバーがみんなで力と知恵を出し、困難を越えて、目的を達成する。元の部分にそのDNAがあるからこそ、人類は多くの場所で町を作り、それを大きくしてきたのだ。大昔から伝えられてきたこの精神は、今後も変わることはないだろう。

（注1）くりぬく：中の物を抜いて出し、穴をあけること
（注2）達成する：目標や大きな物事をして成功すること

63 海を渡る実験では、どのようなことが分かったか。

1 人類が木をくりぬいただけの船で移動していたこと

2 人類がどのように移動し、世界に広がったかということ

3 人類が地図や時計を頼りに方角を決めていたこと

4 人類が沖縄から台湾まで丸2日近くこぎ続けたこと

64 筆者によると、人類が移動した一番の理由は何か。

1 死ぬかもしれないような冒険をしたいと思ったから

2 住んでいるところの環境が悪くなったから

3 行ったことがない場所や知らないことに興味を持ったから

4 自分たちに社会性があるか知りたかったから

65 筆者によると、人類が世界中に広まった理由はどのようなことか。

1 目的を達成する知恵があったから

2 町を作るという困難を越えることができたから

3 力を合わせて協力する性質があったから

4 ずっと伝えられてきた精神があったから

정답 해설집 p.68

(3)

　先日、大学時代の先輩に「一流の物を持て」と言われた。そればかりか、「一流の人と遊べ」とも注意された。私の持ち物や付き合う人に<u>あきれている</u>ようだ。たしかに私が使う物は、使えれば何でもよく、高い物に全く興味がない。ブランド品など買ったことがない。社会人になって、多少お金がある今でも学生のような服装をしていて、昔からの気の合う仲間と遊んでいる。

　先輩は一流の物を持ちたいという気持ちがその人の向上につながると言っていた。安くてもいい物に囲まれて、仲間と楽しむ人生はいけないのだろうか。どうやら先輩はそんな考え方が理解できないようだ。

　一流と呼ばれる物の良さがわからないので、高級店に行ってみた。私が着ているようなＴシャツが5万円もした。しかし、自分の着ている物との違いがわからなかった。売っている店があるのだから、買う人がいるのだろう。私はそんな物を買う人のことは理解できないが、否定もしない。人にはそれぞれ好みがあり、そういう物が好きな人がいるというだけのことだ。

　世の中には、先輩のように、こういう生き方がいいよと強く勧める人がいる。自分の生き方に自信があるからこのような言い方をするのだろうか。それとも、ないからそう言うのだろうか。

66 <u>あきれている</u>とあるが、何にあきれているのか。

1　筆者が一流の物を持ち、一流の人と付き合うこと

2　筆者が一流の物を持とうとするが、一流の人と付き合わないこと

3　筆者が一流の物を持とうとしないが、一流の人と付き合うこと

4　筆者が一流の物を持とうとせず、一流の人とも付き合わないこと

67 筆者の考える「先輩の考え方」と合うのはどれか。

1　一流の物を知るには、一流の物を売っている店に行くべきだ。

2　価値がわからない人は、一流の物を持たなくてもいい。

3　自身の向上のため、一流の物を手に入れたい気持ちを持つといい。

4　一流の物を持たない人の考え方は理解できるが、自分は持つ。

68 一流の物を持つことについて、筆者の考えに合うのはどれか。

1　一流の物の良さはわからないが、自分が向上できそうなので試したい。

2　一流の物を持ちたい気持ちはわからないが、悪いことだとは思わない。

3　自分の生き方に自信がある人が、一流の物を持とうとするようだ。

4　一流の物と呼ばれる物は、学生が着るような物との違いがないから不要だ。

정답 해설집 p.69

問題11 次の(1)から(3)の文章を読んで、後の問いに対する答えとして最もよい
ものを、1・2・3・4から一つ選びなさい。

(1)

　みなさんは人からほめられたとき、どのような返事をしていますか。相手の言葉をそのまま
受け取ることができず、恥ずかしい気持ちになって、その内容を否定してしまうことがあるので
はないでしょうか。子どものころから自慢するのはよくないと言われて育てられたため、ほめら
れても、それを否定してしまう人が少なくありません。

　しかし、そうすることによって、ほめてくれた相手に実は失礼なことをしているのに気が付い
ていますか。相手を否定することによって「あなたの言っていることは間違っている」と言って
いるようなものなのです。

　では、ほめられたらどのように言えばいいのでしょうか。その内容が正しいと思うなら、そ
れを受け入れて一言、「ありがとうございます」と言えばいいのです。ほめられるということは、
がんばった自分へのプレゼントなのです。自分でもがんばった、上手にできたと思うことを否
定することは、自信をなくすことにつながります。反対に、ほめ言葉をそのまま受け取ることで
いい気分になると、自信がつきます。

　人はだれでもほめられたいと思っています。ですから、ほめられたときに否定する必要はあ
りません。喜んでいる気持ちを言葉で相手に伝えるだけでいいのです。

60　筆者によると、ほめられたときにそれを受け入れられないのはなぜか。

1　ほめられても、受け入れないほうがいいと思っているから

2　自慢がよくないことだと言われながら、育てられたから

3　ほめられると恥ずかしいだけで、うれしくないから

4　他の人の意見をそのまま受け取るのはよくないから

61　そうするとあるが、どのようにすることか。

1　ほめられたことを受け入れること

2　ほめられたことを否定すること

3　ほめられたら、自慢すること

4　ほめられたら、「間違っている」と言うこと

62　筆者は、どうしてほめ言葉を受け入れたほうがいいと述べているのか。

1　受け入れれば、相手の言っていることが正しいとわかるから

2　ほめ言葉を受け取ることと、自慢することは同じことではないから

3　よくできた自分へのプレゼントであり、受け取ると自信につながるから

4　そうすることでほめ言葉を言ってくれた人が、いい気分になるから

정답 해설집 p.70

(2)

　同僚が新人に仕事の説明をしているのを聞き、非常に感心したことがある。一対一で教えていたのだが、新人は聞きながら熱心にメモを取っていた。説明を終えた後、彼は「メモを見ても分からなかったらいつでも聞いて下さい」と言った。その言葉で、緊張していた<u>新人が本当にホッとして</u>、「ありがとうございます」と言うのがわかった。

　「わからないことがあったらまたいつでも聞いて」とは、誰もが言えるかもしれない。私もよく言うし、気持ちの上でもその言葉にウソはない。しかし「メモを見てもわからなかったら」という具体的な一言は、決定的に響き方が違う。メモは取ったが理解できているかどうか、聞いた通りにできるかどうか不安に思う人は多いだろう。実際、仕事を始めると、メモを見てもわからないことはある。そんな時、本当に質問しやすくなる一言である。また、まじめにメモを取っていたことを評価し、その上でわからなくても大丈夫、と安心させる言葉だと思った。

　具体的な言葉は、人に響く。具体的にほめられるとうれしいのが良い例だ。がんばったね、だけでなく、何を、どうがんばったのか、何がうれしいのか、簡単でも具体的な一言を加えれば、その言葉は相手に響き、仕事も人間関係もスムーズになる。そしてそれは、自分自身への評価を高めることにもなるはずだ。

63 新人が本当にホッとしてとあるが、どのようなことにホッとしたのか。

1 説明がわからないときは、いつでも質問できること

2 メモがうまく取れていなくても、評価してくれること

3 メモを取っていても、わからないときは質問できること

4 まじめにメモを取っていれば、間違っていてもいいこと

64 メモを取ることについて筆者はどのように述べているか。

1 熱心にメモを取るのは、わからないことが多くて緊張するからだ。

2 メモを取っても、仕事を始めるとわからないことが出てくる。

3 メモを取りながら、できるかどうか不安に思っている人がいる。

4 まじめにメモを取ると、質問しやすくなるので安心だ。

65 筆者によると、具体的な言葉にはどのような効果があるか。

1 相手への伝わり方が違うので、言わない時より相手はうれしくなる。

2 相手を評価するので、相手の緊張をなくし、安心させることができる。

3 言葉が響くので、仕事も人間関係もスムーズに評価できる。

4 仕事も人間関係もスムーズになり、言った人の評価も高くなる。

정답 해설집 p.71

(3)

　九州を旅行した時のことである。普段働いている会社の人達にお土産を買って帰ろうと思って店に寄ったが、なかなか選ぶことができなかった。どのお菓子もどこかで見たような、どこにでもあるようなものばかりだったからだ。店の中を何度も行ったり来たりしながら悩んで、結局、一番人気があると言われたクッキーを買って帰った。

　最近、どこの町を旅行しても、同じレストラン、同じコンビニエンスストアで、同じものを食べているような気になる。その土地にしかないものを選んで食べているし、その場所にしかない景色を見ているはずなのに、どこに行っても同じ町のように感じるのだ。どうして、こんなに均一化されてしまったのだろう。

　以前の日本はこうではなかった。地方ごとに、その地域に合った物を、その地域にしかない店で売っていた。しかし、日本中にチェーン店が店を出し、同じ看板で同じ品物、同じメニューが並ぶようになったため、他の地域との違いが目立たなくなったのだろう。

　日本は小さい国だ。しかし、地方文化の多様な国でもある。食も風景も、人々の様子も、北と南ではかなり違う。地方都市は、大都市と同じ風景を求めるのではなく、その土地の持っている良さを、もっとアピールすべきではないだろうか。

（注１）均一化：どれも同じにすること

（注２）多様な：いろいろな種類がある

66 筆者が旅行で選んだお菓子はどのようなものだったか。

1 他の町で見たことがあるもの

2 どこででも買えるようなもの

3 その土地にしかないもの

4 悩んで買ったおいしいもの

67 筆者が旅行で感じていることは何か。

1 どこに行ってもその土地にしかないものが選べる。

2 その土地にしかない物しか買えなくて不便だ。

3 地方都市ではチェーン店が多いが、目立たない。

4 どの町に行っても、同じような風景になってしまった。

68 地方都市について、筆者の考えに合うのはどれか。

1 地方文化はいろいろ違うので、その土地の良さをアピールすべきだ。

2 日本の北と南では文化が違うので、同じものを求めてはいけない。

3 大都市と同じものを求める気持ちはわかるが、同じ店を作るべきではない。

4 日本は小さい国なので、どの町も同じような町にする必要がない。

정답 해설집 p.72

통합이해는 300자 내외의 A와 B, 두 개의 지문을 읽고 올바른 것을 고르는 문제로, 주제가 같은 2개의 지문과 관련된 문제 2문항이 출제된다. 지문은 주로 전기자동차나 공공 도서관과 같은 일상적인 이슈에 대한 에세이가 출제되며, 두 지문에서 제시하는 견해를 묻는 문제가 1~2문항, 두 지문의 공통 내용을 고르는 문제가 0~1문항이 출제된다.

─◉ 핵심 전략

1 두 지문이 제시하는 견해를 묻는 문제의 선택지는, 질문의 핵심 어구를 지문에서 찾아 선택지의 내용이 A, B 각 지문의 견해와 모두 일치하는 것을 정답으로 고른다.

예 AとBの筆者は、車社会の今後の可能性についてどのように考えているか。

A와 B의 필자는, 자동차 사회의 앞으로의 가능성에 대해 어떻게 생각하고 있는가?

1 AもBも、車の台数はさらに増え、人々の生活に不可欠なものになるだろうと考えている。

A도 B도, 자동차 대수는 더욱 늘어, 사람들의 생활에 불가결한 것이 될 것이라고 생각하고 있다.

2 Aは電気自動車の技術が向上すると考え、Bは将来個人で電気自動車を所有することになるだろうと考えている。

A는 전기자동차의 기술이 향상된다고 생각하고, B는 장래 개인이 전기자동차를 소유하게 될 것이라고 생각하고 있다.

2 두 지문의 공통 내용을 고르는 문제는, 선택지의 핵심 어구와 관련된 내용을 지문에서 찾아 두 지문에서 공통적으로 서술된 내용의 선택지를 정답으로 고른다.

예 AとBのどちらの文章にも触れられている点は何か。

A와 B 어느 쪽의 글에서도 다루어지고 있는 점은 무엇인가?

1 自動車所有の状況 자동차 소유현황
2 人々の自動車に対する関心 사람들의 자동차에 대한 관심

3 A지문을 읽은 후 B지문을 읽을 때, A지문과 동일한 내용 또는 다른 내용을 파악하면 문제를 좀 더 수월하게 풀 수 있다.

4 과학·기술, 가사·휴식 등과 같은 다양한 주제의 지문이 출제되므로, N2 필수 단어·문형 암기장 (p.43~44)을 활용하여 관련된 어휘를 꼼꼼히 학습해둔다.

문제 풀이 Step

(Step 1) **질문을 읽고 무엇을 묻고 있는지 파악하고 핵심 어구에 표시한다.**

두 개의 질문을 먼저 읽고, 무엇에 대해 묻고 있는지, A, B 각 지문에서 어떤 내용을 찾아야 하는지를 파악한다. 특히 질문의 について(에 대해)의 앞 부분과 선택지의 반복 어구를 핵심 어구로 표시해 둔다.

질문   好きなことを仕事にすること について、AとBはどのように述べているか。
　　　좋아하는 것을 일로 하는 것에 대해, A와 B는 어떻게 서술하고 있는가?

(Step 2) **A→B 순서로 지문을 읽으며 핵심 어구를 찾아 그 주변의 내용을 파악한다.**

A지문을 읽을 때 핵심 어구와 관련된 내용이 나오면 주변의 내용을 주의 깊게 읽고, 그 다음 B지문을 읽으면서 똑같이 핵심 어구와 관련된 내용이 나오면 주변의 내용을 주의 깊게 읽는다.

A지문   好きなことを仕事にすること で、嫌いなことをするときよりもストレスがかかりにくい。また、仕事にやりがいを感じることができ、よりいっそう続けやすくなるだろう。
　　　좋아하는 것을 일로 하는 것으로, 싫은 것을 할 때보다도 스트레스를 받기 힘들다. 또, 일에 보람을 느낄 수 있어, 한층 더 계속하기 쉬워질 것이다.

B지문   仕事となると好きなこととはいえ、多少のストレスを感じる場面もあるかもしれず、好きだったことが嫌いになってしまうなんてこともありえるだろう。
　　　일이 되면 좋아하는 일이라고 해도, 다소 스트레스를 느끼는 경우도 있을지도 모르고, 좋아했던 것이 싫어져 버리는 경우도 있을 수 있을 것이다.

(Step 3) **선택지를 읽고 A, B 각 지문의 내용과 일치하는 선택지를 정답으로 고른다.**

선택지   ✔ 1 Aは働きがいを感じられると述べ、Bは好みが変わってしまうかもしれないと述べている。
　　　　A는 일하는 보람을 느낄 수 있다고 하고, B는 취향이 바뀌어 버릴지도 모른다고 하고 있다.

　　　　2 Aは仕事をやめにくくなると述べ、Bはストレスを少しも感じないだろうと述べている。
　　　　A는 일을 그만두기 힘들어 진다고 하고, B는 스트레스를 조금도 느끼시 않을 것이라고 하고 있다.

問題12　次のＡとＢの文章を読んで、後の問いに対する答えとして最もよいものを、１・２・３・４から一つ選びなさい。

A

日本の大学 は卒業まで、通常４年間である。４年は長い。２～３年すると違う学問に興味をもったり、将来なりたいと思っていた職業が変わることもあるだろう。だから大学は慎重に選ばなければならない。しかし、 大学 は勉強をするだけの場所ではない。例えば、文学を専攻しながら科学部というサークルに所属すれば、専攻している学問以外のことを学ぶこともできる。また、そうした勉強以外の活動の中で親しい仲間ができたり、様々な人間が集まる組織の中で意見がぶつかり合い、協調性が必要となったりすることもある。つまり、人間としてのコミュニケーション能力も鍛えられるのが大学のよいところだ。 ◀

Step 2 A→B 순서로 지문을 읽으며 핵심 어구를 찾아 그 주변의 내용을 파악한다.

B

かつて就職活動では、 大学 でじっくりと学んだ「大卒」の者が企業から好まれていた。時間をかけて学ぶことができるのは良い。しかし、最近の就職事情は変わりつつある。例えば、通信制高校で情報技術を学び、身に付けた能力をメディアで発信したりする若者がいる。すると、それを見た企業の人が直接連絡をとって面接に進むことがあるというのだ。また、専門学校で集中的に学んで、早く社会へ出るチャンスをつかむ者もいる。こうした学び方は、必要な能力や知識を短期間で集中的に身に付けることができ、就職活動でアピールできる材料となる。

日本の大学 について、ＡとＢはどのように述べているか。 ◀

Step 1 질문을 읽고 무엇을 묻고 있는지 파악하고 핵심 어구에 표시한다.

1　ＡもＢも大学は効率が良いと述べている。

2　ＡもＢも大学へは行くべきだと述べている。Ａ

✔3　Ａは勉強以外のことも学べると述べ、Ｂはじっくり学べると述べている。ＡＢ ◀

Step 3 선택지를 읽고 A, B 각 지문의 내용과 일치하는 선택지를 정답으로 고른다.

4　Ａは４年間が長すぎると述べ、Ｂは短すぎると述べている。Ａ

Step1 '일본의 대학'에 대해 묻고 있으므로, '일본의 대학'을 핵심 어구로 표시하고 각각의 지문에서 일본의 대학에 대해 서술한 내용을 찾아야 한다.

Step2 A는 지문의 중반부에서 大学は勉強をするだけの場所ではない(대학은 공부만 하는 곳이 아니다), 후반부에서 人間としてのコミュニケーション能力も鍛えられるのが大学のよいところだ(인간으로서의 커뮤니케이션 능력도 단련할 수 있는 것이 대학의 좋은 점이다)라고 서술하고 있고, B는 지문의 초반부에서 大学でじっくりと学んだ「大卒」の者が企業から好まれていた。時間をかけて学ぶことができるのは良い(대학에서 차분히 배운 '대졸'자가 기업에서 선호됐었다. 시간을 들여 배울 수 있는 것은 좋다)라고 서술하고 있다.

Step3 3 Aは勉強以外のことも学べると述べ、Bはじっくり学べると述べている(A는 공부 이외의 것도 배울 수 있다고 하고, B는 차분히 배울 수 있다고 하고 있다)를 정답으로 고른다.

문제12 다음 A와 B의 글을 읽고, 뒤의 물음에 대한 답으로 가장 알맞은 것을, 1・2・3・4에서 하나 고르세요.

A

일본의 대학은 졸업까지, 통상 4년간이다. 4년은 길다. 2~3년 지나면 다른 학문에 흥미를 가지거나, 장래에 되고 싶다고 생각했던 직업이 바뀌는 경우도 있을 것이다. 그래서 대학은 신중하게 고르지 않으면 안 된다. 하지만, **대학은 공부만 하는 곳이 아니다.** 예를 들면, 문학을 전공하면서 과학부라는 동아리에 소속되면, 전공하고 있는 학문 이외의 것을 배울 수도 있다. 또, 그러한 공부 이외의 활동 속에서 친한 친구가 생기거나, 다양한 인간이 모인 조직 안에서 의견이 서로 충돌하여, 협조성이 필요해지거나 하는 경우도 있다. 즉, 인간으로서의 커뮤니케이션 능력도 단련할 수 있는 것이 대학의 좋은 점이다.

B

일찍이 취직활동에서는, 대학에서 차분히 배운 '대졸'자가 기업에서 선호됐었다. 시간을 들여 배울 수 있는 것은 좋다. 하지만, 최근의 취직 사정은 바뀌고 있다. 예를 들면, 통신제 고교에서 정보기술을 배우고, 몸에 익힌 능력을 미디어에서 발신하거나 하는 젊은이가 있다. 그러면, 그것을 본 기업의 사람이 직접 연락을 취해 면접으로 나아가는 경우가 있다는 것이다. 또, 전문학교에서 집중적으로 배우고, 일찍 사회에 나갈 찬스를 쥐는 사람도 있다. 이러한 배우는 방법은, 필요한 능력이나 지식을 단기간에 집중적으로 몸에 익힐 수 있어, 취직활동에서 어필할 수 있는 재료가 된다.

일본의 대학에 대해, A와 B는 어떻게 서술하고 있는가?
1 A도 B도 대학은 효율이 좋다고 하고 있다.
2 A도 B도 대학에는 가야 한다고 하고 있다.
3 A는 공부 이외의 것도 배울 수 있다고 하고, B는 차분히 배울 수 있다고 하고 있다.
4 A는 4년간이 너무 길다고 하고, B는 너무 짧다고 하고 있다.

어휘 日本 にほん 圏일본 卒業 そつぎょう 圏졸업 通常 つうじょう 圏통상 学問 がくもん 圏학문 興味 きょうみ 圏흥미
将来 しょうらい 圏장래 職業 しょくぎょう 圏직업 変わる かわる 圄바뀌다, 변화하다 ~こともある ~하는 일도 있다
だから 쩝그래서, 때문에 慎重だ しんちょうだ 惊신중하다 選ぶ えらぶ 圄고르다
~なければならない ~하지 않으면 안 된다, ~해야 한다 場所 ばしょ 圏곳 例えば たとえば 圈예를 늘면, 예건내
文学 ぶんがく 圏문학 専攻 せんこう 圏전공 科学部 かがくぶ 圏과학부 サークル 圏동아리, 서클 所属 しょぞく 圏소속
以外 いがい 圏이외 学ぶ まなぶ 圄배우다 ~ことができる ~할 수 있다 活動 かつどう 圏활동 親しい したしい い헝친하다
仲間 なかま 圏친구, 동료 様々だ さまざまだ 圢다양하다 人間 にんげん 圏인간 集まる あつまる 圄모이다
組織 そしき 圏조직 意見 いけん 圏의견 ぶつかり合う ぶつかりあう 圄서로 충돌하다, 맞부딪치다
協調性 きょうちょうせい 圏협조성 必要だ ひつようだ 圢필요하다 つまり 圈즉, 결국 コミュニケーション 圏커뮤니케이션, 의사소통
能力 のうりょく 圏능력 鍛える きたえる 圄단련하다 かつて 圈일찍이, 옛날부터 就職活動 しゅうしょくかつどう 圏취직활동
じっくり 圈차분히, 곰곰이 大卒 だいそつ 圏대졸 企業 きぎょう 圏기업 好む このむ 圄선호하다
時間をかける じかんをかける 시간을 들이다 就職事情 しゅうしょくじじょう 圏취직 사정 ~つつある ~하고 있다
通信制高校 つうしんせいこうこう 圏통신제 고교 情報技術 じょうほうぎじゅつ 圏정보기술
身に付ける みにつける 몸에 익히다, 습득하다 メディア 圏미디어, 매체 発信 はっしん 圏발신 若者 わかもの 圏젊은이
すると 쩝그러면, 그러자 直接 ちょくせつ 圏직접 連絡 れんらく 圏연락 面接 めんせつ 圏면접 進む すすむ 圄나아가다, 진행하다
専門学校 せんもんがっこう 圏전문학교 集中的だ しゅうちゅうてきだ 圢집중적이다 社会 しゃかい 圏사회 チャンス 圏찬스
つかむ 圄쥐다 学び方 まなびかた 圏배우는 방법 知識 ちしき 圏지식 短期間 たんきかん 圏단기간 材料 ざいりょう 圏재료, 자료
述べる のべる 圄서술하다, 말하다 効率 こうりつ 圏효율 ~べきだ ~해야 한다

실력 다지기

질문에 대한 답으로 적절한 것을 고르세요.

01　A

> 　中国では、警察犬のクローンが作られ、訓練を始め話題になっています。優秀だと言われている有名な警察犬のクローンを作り、訓練させた後、警察犬として活躍するということです。このようにすれば、多数の犬の中から素質がある犬を選ぶ手間を省くことができるため、効果的に優秀な警察犬を育成することができるのです。

　B

> 　最近、中国では「クローンペット」が作られているそうです。歳をとったり、病でもうすぐ息を引き取りそうなペットの代わりになるクローンを作ったりしますが、約6百万円の費用がかかるといいます。このペットを購入すれば、共に過ごしてきた家族の一員のようなペットが死んでも、その悲しみを少しは減らすことができることと思います。

　AとBのどちらの文章にも触れられていることは何か。

　① クローン産業が進む中で守るべきこと

　② 動物のクローンを作ることの有効性

「フィルターバブル」という言葉があります。インターネット上では検索履歴が「フィルター」され、似たような情報だけ表示されるため、まるで「泡」の中にいるように自分が見たいものだけを見るようになるという意味です。自分が必要とする情報だけにアクセスするうちに、周りは同じ価値観を持った人だけになってしまいます。結果的には偏った価値観を持つようになるため、注意が必要だと思います。

B

テレビのニュースは彼らが伝えたいことを見せたいように編集して、伝えているような気がして信じられません。信頼できるのは今現在起きていることをリアルタイムで知ることができるツイッターやインスタグラムです。また、SNSでは必要な情報だけを選択的に手に入れることができるので、情報があふれている現代社会ではかなり合理的だと思います。

AとBのどちらの文章にも述べられていることは何か。

① 選択的に情報を得ること

② テレビの必要がなくなること

03 A

　　YouTubeに動画を載せ、活動する人を「YouTuber」と言います。「VTuber」とは、人ではない3Dまたは2Dのキャラクターが人の代わりに活動することを言います。自分自身ではなく、キャラクターを使ってYouTubeで活動することが可能になったため、性別や身体のハンディキャップを克服することができ、これからも「VTuber」の数は目に見えるほど増えていくことと予想されます。

B

　　「VTuber」になるのは、様々な障害があります。大体の人は YouTuberとして活動をすると収益を得られるため、YouTubeを始める人が多いです。しかし、「VTuber」は収益がない活動初期に3Dまたは2Dのキャラクターを作ることに大量の費用がかかります。人気を得る保証がない状況で、このような挑戦をする人はそれほど多くないことでしょう。

「VTuber」についてAとBはどのように述べているか。

① AはこれからVTuberが増えると予想し、BはVTuberになりたい人があまり多くないと予想している。

② AはVTuberになるためには費用がたくさんかかると言って、BはVTuberがキャラクターとして活動するなどの長所が多いと言っている。

04 A

> eスポーツを真のスポーツだと言えるのだろうかと、違和感を感じます。スポーツというと、走ったり、ボールを投げたりして体を動かすことが思い浮かびます。椅子に座って、コンピューターでゲームをする姿は、身体の運動としては見受けられないような姿です。

B

> eスポーツは判断力、戦略などが必要なスポーツです。戦闘状況に対応し、瞬間的かつ正確に操作しなければいけないし、チームのメンバーと話し合い、まるで一人で動いているようなチームワークも必要です。もちろん勝利のために多様な側面から戦略を立てなければなりません。精神的なスポーツもスポーツの一つとして認めるべきだと思います。

AとBは「eスポーツ」についてどのように述べているか。

① Aは精神的なスポーツもスポーツと言い、Bは肉体的なスポーツだけをスポーツとして認めている。

② Aはeスポーツをスポーツと呼ぶことに違和感を感じ、Bはeスポーツもスポーツとして認めるべきだと思っている。

問題12 次のＡとＢの文章を読んで、後の問いに対する答えとして最もよいものを、
1・2・3・4から一つ選びなさい。

A

　物を大事にすることは、とても立派なことだと思う。しかし、特別買い物好きでなくても、普通に暮らしていると、物はどうしても増えていく。着なくなった服、あまり使わない食器など、捨てるのはもったいないとためこんでいる人は多い。未練や、大切なものへの愛着。理由は様々だが、「捨てる」には少々勇気が要る。どんなに小さな物でも、大げさにいえば、そのモノに自分の今までの人生を見るからだろう。

　しかし、決心して、不要なものを片付けてしまおう、そして人生を変えよう、とすすめる本が人気である。片付けることは、今の生活に本当に必要なものを選ぶことである。自然と、物だけではなく、自分の心にとって大切なことが見えてくるかもしれない。

B

　部屋を片付けると幸福になる、頭の良い子が育つなど、片付けについての本が大流行している。次々に出版され、多くの著者が様々な効果を語っている。確かに、今は使わないものでも、捨てる機会はなかなかない。片付けるだけで、それほどすばらしい変化があるのだろうか。

　私は、昨年引越した際、荷物を半分以上処分した。それらの本が言うように、現在必要なものだけを残した。時には迷いつつ、捨てる物を決める作業は、家の片付けと同じである。もちろん、必要にせまられる引越しと、決断の大きさが違うことは分かるが、物への心の動きは似ていると思う。しかし、それだけで人生が好転するとは思わない。スッキリし、一仕事終えた後の満足感だけで十分だ。

（注）未練：あきらめきれないこと

69 AとBのどちらの文章にも述べられていることは何か。

1 片付けについての本は信用できる。

2 片付けることは満足する作業である。

3 片付けることは必要な物を選ぶことである。

4 片付けることによって人生で大切なことがわかる。

70 片付けることと人生との関係について、AとBはどのように述べているか。

1 AもBも、不要な物を片付けることで人生が大きく変わると考えている。

2 AもBも、不要な物を片付けるだけでは人生が大きく変わらないと考えている。

3 Aは片付けることが人生に影響を与えると考え、Bはそんなに大きな影響を与えたり
しないと考えている。

4 Aは片付けることが過去を振り返る機会になると考え、Bは決断の大小にかかわり
なく、大きな影響を与えると考えている。

정답 해설집 p.75

실전 테스트 2

問題12 次のAとBの文章を読んで、後の問いに対する答えとして最もよいものを、
1・2・3・4から一つ選びなさい。

A

　ランチの時間は私の楽しみのひとつです。勤務時間中、1時間だけ一人になることができるからです。職場の人間関係は決して悪くありませんが、一人になってひと休みすることが、私にとって、仕事の能率を上げるためにも重要です。少しの間、仕事から離れ、ぼんやりしたり、考え事をしたり、家族と連絡をとったり、短時間でもプライベートなことが自由にできると、気持ちがリフレッシュされ、精神も安定するように思います。結果、効率的に仕事にとりくめるのです。また、精神の安定は周囲の人との良好な関係にもつながります。仲間と一緒におしゃべりする休憩も楽しいかもしれませんが、労働をより良い状態で継続するためには、私には一人の時間が必要です。

B

　私はパートタイムで働いている。時給で働いているので、一日のうちお昼休憩の1時間は、もちろん給与なしである。基本的には、その時間は何をしようと、個人の自由であると思う。同僚の中に、いつもどこかへ出かけて行って、一緒に食事をとらない人がいる。仕事上は、彼女は誰に対しても感じが良く、皆に好かれていると思う。何か理由があるのかと思い、先輩に聞いてみたのだが、一人になりたいだけでしょう、と言われた。分かる気もするが、休憩時間は職場の人とコミュニケーションを取る良い機会でもある。色々な話を聞いて、会社のことや、同僚のことをよりよく知っている方が安心して働くことができる。給与なしでも、お昼休憩は、仕事のためにも大事な時間である。

69　ＡとＢのどちらの文章にも触れられている点は何か。

1　休憩時間の過ごし方は、仕事をする上で重要である。

2　給与が発生しない休憩時間は、職場にいる必要はない。

3　休憩時間は、プライベートなことをするための時間である。

4　休憩時間の過ごし方によって、仕事の能率は変わる。

70　ＡとＢの筆者が考える、いい休憩時間の過ごし方について、正しいのはどれか。

1　ＡもＢも、お昼の休憩時間は一人で過ごしたほうがいいと考えている。

2　ＡもＢも、仕事仲間とコミュニケーションを取りたいと考えている。

3　Ａは一人で過ごしたいと考えており、Ｂは同僚と話したほうがいいと考えている。

4　Ａは同僚と話したほうが楽しいと考えており、Ｂは一人で過ごしてもいいと考えている。

정답 해설집 p.76

問題12 次のＡとＢの文章を読んで、後の問いに対する答えとして最もよいものを、1・2・3・4から一つ選びなさい。

A

　高級感があり、おしゃれなデザインが多いドラム式洗濯機は人気がある。しかし、洗濯機の役割は洗濯物をきれいに洗うことなのだから、本来はデザインがおしゃれでなくてもよい。

　洗濯方法では、タテ型洗濯機ならたくさんの水を使うことで泥などもしっかり落とせてきれいに洗える。その点では、使用する水の量がより少ないドラム式は注意が必要だ。

　また、ドラム式には乾燥機能もついているため、タテ型洗濯機に比べると値段が高くなる。乾燥機能がなくても良い場合もあるはずだから、本当に必要な機能なのか考えたいものだ。

　それでもつい、デザインに目が行き、おしゃれなドラム式を選びたくもなるが、洗濯機の本来の役割であるきれいに洗えるかという点を確認して選ぶべきだ。

B

　洗濯機には主に、正面から服などを入れるドラム式と上から出し入れするタテ型のものがあるが、ドラム式のおしゃれなデザインを好む人は多い。また、ドラム式なら乾燥機能もついているのでとても便利なのだ。本来、洗濯物は外に干せれば良いが、仕事などで干す時間がない人や、干す場所の環境や天気に左右されて思うように干せないこともある。そんな場合でも、乾燥機能がある洗濯機があれば安心だ。

　タテ型洗濯機にも乾燥機能があるものもあるが、乾燥機能の電気代はドラム式より高い。乾燥機能をたくさん使うなら、ドラム式がよい。

　ドラム式洗濯機は高いが、おしゃれで便利なのだ。多少高い買い物になるかもしれないが、自分に必要な性能がついている洗濯機を選んだほうがよい。

69 タテ型の洗濯機について、AとBはどのように述べているか。

1 AもBもデザインがおしゃれで人気があると述べている。

2 AもBも洗浄力があまり良くないと述べている。

3 Aは洗浄力に優れていると述べ、Bは乾燥機能の電気代が高いと述べている。

4 Aはおしゃれで高級だと述べ、Bは乾燥機能もついていて便利だと述べている。

70 洗濯機の選び方について、AとBはどのように述べているか。

1 AもBも乾燥機能がついているか確認すべきだと述べている。

2 AもBも最も安い値段のものを選ぶべきだと述べている。

3 Aは洗濯の機能を確認すべきだと述べ、Bは電気代を比較して選ぶべきだと述べている。

4 Aはきれいに洗えるかが大切だと述べ、Bは必要な機能があることが大切だと述べている。

정답 해설집 p.77

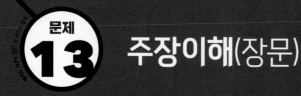
주장이해(장문)

> **주장이해(장문)**은 850자 내외의 지문을 읽고 올바른 것을 고르는 문제로, 지문 1개와 관련 문제 3문항이 출제된다. 지문은 특정 이슈에 대한 비교, 경험, 예시가 포함된 에세이가 출제되며, 필자의 생각이나 주장 또는 단락의 세부내용을 묻는 문제가 출제된다.

핵심 전략

1 세 개의 질문은 주로 단락 또는 글 전체에서 알 수 있는 필자의 생각이나 세부내용을 묻는다. 각 질문이 무엇에 대한 필자의 생각이나 세부내용을 묻는지 파악하고 관련 내용을 지문에서 찾아 일치하는 것을 정답으로 고른다.

> 예 感動について、筆者の考えに合うのはどれか。 감동에 대해, 필자의 생각과 맞는 것은 어느 것인가?
>
> 筆者は、どうして理系に進んだのか。 필자는, 어째서 이과로 나아갔는가?

2 밑줄이 있는 질문은 지문에서 밑줄 친 부분의 앞 또는 뒤의 내용과 일치하는 것을 정답으로 고른다.

> 예 好き嫌いがあってはいけないと筆者が考えているのはなぜか。
>
> 호불호가 있어서는 안 된다고 필자가 생각하는 것은 왜인가?
>
> 感動したことを現代に持ち帰ってくるとは、どのようなことか。
>
> 감동한 것을 현대로 가지고 돌아오는 것이란, 어떤 것인가?

3 첫 번째 문제는 지문의 초반부, 두 번째 문제는 지문의 중반부, 세 번째 문제는 지문의 후반부 또는 지문 전체의 내용을 파악해야 하는 문제로 출제된다. 따라서 지문을 처음부터 읽으면서 문제 순서대로 질문과 관련된 단서를 찾고, 찾은 내용을 바탕으로 해당 문제의 정답을 고른다.

4 대중문화, 감정·심리 등과 같은 다양한 주제의 지문이 자주 출제되므로, N2 필수 단어·문형 암기장(p.44)을 활용하여 관련된 어휘를 꼼꼼히 학습해둔다.

─◉ 문제 풀이 Step

Step 1　**질문을 읽고 무엇을 묻는지 파악하고 핵심 어구에 표시한다.**

먼저 질문을 읽고, 무엇에 대해 묻고 있는지, 지문에서 어떤 내용을 찾아야 하는지를 파악하고 핵심 어구에 표시한다.

질문　孤独であること について、筆者の考えに合うのはどれか。

　　　　고독하다는 것에 대해, 필자의 생각과 맞는 것은 어느 것인가?

Step 2　**지문을 읽으며 정답의 단서를 찾는다.**

각 질문에 대한 단서는 대체로 지문에서 순서대로 언급되기 때문에, 지문을 처음부터 읽으면서 질문에 대한 정답의 단서를 찾는다.

지문　孤独を抱えているというのは寂しくて非常につらいと感じる人がほとんどであるだろうが、私は孤独とは私たち人間を精神的にも成長させてくれるので決して欠かせないものだととらえている。

　　　　고독을 안고 있다는 것은 외롭고 매우 힘들다고 느끼는 사람이 대부분일 테지만, 나는 고독이란 우리들 인간을 정신적으로도 성장시켜 주기 때문에 결코 빠트릴 수 없는 것이라고 받아들이고 있다.

Step 3　**지문에서 찾은 정답의 단서와 일치하는 선택지를 정답으로 고른다.**

질문을 다시 한 번 읽고 각 선택지를 읽으면서, 정답의 단서와 일치하는 내용의 선택지를 정답으로 고른다. 선택지는 지문에서 사용된 표현이 그대로 사용되지 않고, 동의어나 비슷한 표현으로 바꾸어 제시되므로, 지문과 선택지 모두 정확하게 해석하고 정답을 고를 수 있도록 유의한다.

선택지　✔ 1 私たちの内面をより強くしてくれる。 우리들의 내면을 보다 강하게 해준다.

　　　　2 自分を人と比べないようになる。 자신을 다른 사람과 비교하지 않게 된다.

➔ 문제 풀이 Step 적용

問題13　次の文章を読んで、後の問いに対する答えとして最も
よいものを、1・2・3・4から一つ選びなさい。

　最近、ニューヨーク市立図書館が、就職活動のためのネクタイやかばんを貸し出すサービスを始めたというニュースを見た。「若者は面接に行くための上等なネクタイやかばんをなかなか買えない、それで機会を失う人もいる。ということで、面接に限らず、卒業式や結婚式など様々な場面で役立ててほしい、見た目が良くなれば自信もつくだろう」と関係者が語っていた。すでに別の都市でも、同様のサービスがあるという。

　仕事をすることは人間の自信に大きく関わると思う。その機会を、人生の可能性を、助けようというサービスである。今はネットで多くの情報が手に入る。単に知識を得るだけの場ならば、無数にあるだろう。そんな中で、公共図書館のこの新しい活動は、直接、文字を教えてくれるような感動を覚えた。**個人の根本的な自信となる可能性を引き出す機会を平等に提供することは、**〔公共図書館〕**の本来の姿にふさわしいと思う。**

　　　　　　　　　　　　　　　　　　　　　　　〔**Step 2**〕 지문을 읽으며 정답의 단서를 찾는다.

筆者の〔『公共図書館』〕の説明に最も合っているものはどれか。 ◀── 〔**Step 1**〕 질문을 읽고 무엇을 묻는지 파악하고 핵심어구에 표시한다.

✓ 1　その人の可能性を引き出すために誰もが利用できる場所 ◀

　　2　本を読むためだけではなく、様々なサービスが受けられる　　　　　　　　　　　　　　　　　　〔**Step 3**〕 지문에서 찾은 정답의 단서와 일치하는 선택지를 정답으로 고른다.
　　　場所

　　3　教育を受けられず文字が読めない人が文字を学べる場所

　　4　若者の就職支援をするなど新しいアイディアを提供する場所

Step1 질문의 公共図書館(공공도서관)에 대한 필자의 설명과 관련된 내용을 지문에서 찾는다.

Step2 지문에서 個人の根本的な自信となる可能性を引き出す機会を平等に提供することは、公共図書館の本来の姿にふさわしいと思う(개인의 근본적인 자신감이 되는 가능성을 끌어낼 기회를 평등하게 제공하는 것은, 공공도서관 본래의 모습에 어울린다고 생각한다)라며 공공도서관에 대한 자신의 생각을 서술하고 있다.

Step3 지문에서 공공도서관이란 자신감이 되는 가능성을 끌어낼 기회를 평등하게 제공하는 곳이라고 서술하고 있으므로, 1 その人の可能性を引き出すために誰もが利用できる場所(그 사람의 가능성을 끌어내기 위해 누구나 이용할 수 있는 장소)를 정답으로 고른다.

문제13 다음 글을 읽고, 뒤의 물음에 대한 답으로 가장 알맞은 것을, 1·2·3·4에서 하나 고르세요.

　최근, 뉴욕시립도서관이, 취직활동을 위한 넥타이나 가방을 빌려주는 서비스를 시작했다는 뉴스를 봤다. '젊은이는 면접에 가기 위한 고급 넥타이나 가방을 좀처럼 살 수 없다, 그래서 기회를 잃는 사람도 있다. 그래서, 면접뿐만 아니라, 졸업식이나 결혼식 등 다양한 경우에 유용하게 썼으면 좋겠다, 겉모습이 좋아지면 자신감도 붙을 것이다'라고 관계자가 말했다. 벌써 다른 도시에서도, 같은 서비스가 있다고 한다.

　일을 하는 것은 인간의 자신감에 크게 관여한다고 생각한다. 그 기회를, 인생의 가능성을, 돕고자 하는 서비스이다. 지금은 인터넷으로 많은 정보가 손에 들어온다. 단지 지식을 얻기만 하는 장소라면, 무수히 있을 것이다. 그런 가운데, 공공도서관의 이 새로운 활동은, 직접, 문자를 가르쳐주는 것 같은 감동을 느꼈다. 개인의 근본적인 자신감이 되는 가능성을 끌어낼 기회를 평등하게 제공하는 것은, 공공도서관 본래의 모습에 어울린다고 생각한다.

필자의 '공공도서관'의 설명에 가장 맞는 것은 어느 것인가?

1　그 사람의 가능성을 끌어내기 위해 누구나가 이용할 수 있는 장소
2　책을 읽기 위해서 뿐만 아니라, 다양한 서비스를 받을 수 있는 장소
3　교육을 받을 수 없어서 문자를 읽을 수 없는 사람이 문자를 배울 수 있는 장소
4　젊은이의 취업지원을 하는 등 새로운 아이디어를 제공하는 장소

어휘　最近 さいきん 圏최근　ニューヨーク 圏뉴욕　市立 しりつ 圏시립　就職活動 しゅうしょくかつどう 圏취직활동
　　　貸し出す かしだす 图빌려주다　サービス 圏서비스　始める はじめる 图시작하다　若者 わかもの 圏젊은이
　　　面接 めんせつ 圏면접　ため 圏위함　上等だ じょうとうだ な형고급이다　なかなか 閉좀처럼　それで 젭그래서
　　　機会 きかい 圏기회　失う うしなう 图잃다　ということで 그래서　〜に限らず 〜にかぎらず ~뿐만 아니라, ~에 한하지 않고
　　　卒業式 そつぎょうしき 圏졸업식　結婚式 けっこんしき 圏결혼식　様々だ さまざまだ な형다양하다　場面 ばめん 圏경우, 장면
　　　役立てる やくだてる 图유용하게 쓰다　--てほしい ~해주었으면 좋겠다　見た目 みため 圏겉모습
　　　自信もつく じしんもつく 자신감 붙다　関係者 かんけいしゃ 圏관계자　語る かたる 图말하다　すでに 閉벌써, 이미
　　　別 べつ 圏다름　都市 とし 圏도시　同様 どうよう 圏같음　関わる かかわる 图관여하다　人生 じんせい 圏인생
　　　可能性 かのうせい 圏가능성　助ける たすける 图돕다, 도와주다　ネット 圏인터넷　多く おおく 圏대부분
　　　情報 じょうほう 圏정보　手に入る てにはいる 손에 들어오다　単に たんに 閉단지, 다만　知識 ちしき 圏지식　得る える 图얻다
　　　無数だ むすうだ な형무수하다　公共 こうきょう 圏공공　活動 かつどう 圏활동　直接 ちょくせつ 圏직접
　　　感動を覚える かんどうをおぼえる 감동을 느끼다　根本的だ こんぽんてきだ な형근본적이다　引き出す ひきだす 图끌어내다
　　　平等だ びょうどうだ な형평등하다　提供 ていきょう 圏제공　本来 ほんらい 圏본래　姿 すがた 圏모습, 모양
　　　ふさわしい い형어울리다　教育 きょういく 圏교육　学ぶ まなぶ 图배우다　支援 しえん 圏지원

≋ 실력 다지기

질문에 대한 답으로 적절한 것을 고르세요.

01

　　時々、好きなタレント、嫌いなタレントなどのランキングが発表されることがある。その時、多数の芸能人が両方共にランクインする。この現象から、それほど<u>個性的</u>だということがうかがえる。この個性が「好き」または「嫌い」につながるのだ。<u>個性的な人であるからこそ、タレントとして続けられる</u>とも言えるだろう。

<u>個性的な人であるからこそ、タレントとして続けられる</u>とは、どのようなことか。

① 個性があると、「好き」や「嫌い」など人々の関心を引くことができない。

② 人々の好き嫌いに関わらず、続けられるかどうかは「個性」の有無によって決まる。

02

　　小説の世界では、登場人物の顔が浮かぶほどキャラクターが明確に描かれている。小説家は周りの人を参考に登場人物を作ることが多いが、ある小説家は近所のおばあさんからこんな話を聞いたという。「先生と親しくなるのは怖いですね。小説になんて書くかわかりませんから。」小説の登場人物は独特であるほどおもしろいうえ、読者もそんな登場人物を望むが<u>モデルになった本人にとっては、そうではないようだ</u>。

<u>モデルになった本人にとっては、そうではないようだ</u>とは、どのようなことか。

① 小説の中でどう書かれるか心配で、あまり好まれない。

② 小説で登場人物のキャラクターはとても重要なので、より詳しく書いてほしい。

03

　　ロンドンを初めて訪れたとき、地下鉄のチケットを買う方法がわからず、日本のJCBデスクにガイドを頼んだ。手助けに来てくれたのは女性で、いろんな話をした。「ミス・サイゴン」というミュージカルの話になったとき、彼女はそこに出演していると言った。「何の役ですか」若い女性のエキストラが何人か登場していたことを思い出し、そう質問した。すると、彼女は「キムです」と答えた。私は息を飲み「うわ」と声を上げた。「主人公のキムですか」と質問すると、彼女は軽くうなずいた。

筆者はどうして声を上げたのか。

① エキストラだろうと思っていた女性が主役だったため

② とても好きなミュージカルの俳優に会えたため

04

　　高校2年生の頃、部長だった先輩との仲が悪くなり、バスケット部をやめた。元々ふらっと旅立つのが好きだったせいだろうか。英語以外の授業は楽しくないと感じ、何事もなかったかのように授業をさぼったりした。何も考えずに映画館に入って見たのが「真夜中のカウボーイ」だった。なんの予備知識もなかったのだが、映画館でやっている映画が少なく、偶然見ることになったのだった。

筆者はどうして「真夜中のカウボーイ」を見たのか。

① 英語が好きで、英語で見られる映画が見たかったため

② たまたま映画館に行ったため

05

　　何かをしながら、これが終わったらあれを整理しようと考えることが多い。一つか二つ程度なら記憶しておくことができる。しかし、電話やメールで作業が中断したとしたらどうだろう。電話やメールはそれ自体、何かを調査したり、説明したりし、処理しなければならないことが増えるのだ。全てのことを記憶に依存するのは危険である。理想的なのは、タスク管理ソフトウェアに入力することだが、そんな余裕がない。一番速やかで、確実に記録を残すのは、ポストイットにメモし、目の前のモニター画面の下に貼る方法だ。終えたものはゴミ箱に捨てて、次のための空間を作ると良い。

ポストイットについて、筆者はどのように考えているか。

① 捨てなければならないゴミになってしまうのであまり好まない。

② 余裕がない時に使いやすい記憶方法である。

06

　　娘は有名なダンサーだ。小さいころからクラシックバレエを習ってきた。約30年前、私はロサンゼルスに行く機会があった。そこでタワーレコードを訪れた。その際、世界的に有名なバレエの踊り手のビデオがあった。日本では手に入れることが難しいと思い、娘のために20本ほどのビデオを買った。後に妻から聞いた話だが、娘はバレエの踊り手のビデオを見て、目を輝かせていたという。その時、踊りに対する感性が育てられたのではないかと思う。

ビデオについて筆者はどのように考えているか。

① バレエのビデオを買ってきて、娘が有名なダンサーになれたと思う。

② ダンスとクラシックバレエは関係がないため、娘に何の影響もなかったと思う。

정답 해설집 p.78

問題13　次の文章を読んで、後の問いに対する答えとして最もよいものを、1・2・3・4から一つ選びなさい。

　ある60代女性が海外で行う結婚式に招待されたとうれしそうに話していた。招待した新婦は、十年以上前に日本の工場で働いていた同僚だった。二人はシフトが違っていたのでロッカーですれ違うだけの関係だったが、当時留学生の彼女がいつもコンビニのパンなどを食べているのを見かねて、ある時、弁当を2つ作り、持って行った。迷惑になるのではないかと心配したが、思いのほか喜んでくれたという。それ以来、弁当を1つ作るも2つ作るも大した違いはないので、自分が出勤する時は彼女の分も作り、ロッカーに入れていた。彼女は無事卒業し、祖国の企業に就職。以来、会うことはなかったが、この度ぜひ結婚式に来てほしいとの知らせを受けた、という話である。その話を聞いて、「この人はなんて親切な人だろう」と思った。おそらく、本当にその女性にとっては、弁当を2つ作ることは大変なことではなかったのだろう。だから突然の招待に感激したのだろう。だが客観的にみると、大変な親切である。

　アメリカの著名なSF作家は、「最も尊いのは親切」「愛は負けても親切は勝つ」と言っている。また、別のSF作家は「人間を他のものと区別している特質は親切」という。奇しくも二人ともSF作家というのが興味深い。SFにはよく、人間とロボットを分けるものは何か、というテーマがあるが、二人とも「親切」が最上の人間らしさだと考えたのだろう。親切は誰にでもできる。上の話のような継続する、いわば壮大な親切でなくても、席をゆずるなど小さな親切には日々遭遇する。

　私は、愛することも尊いと思うが、親切の方が手軽な気がする。見ず知らずの人を愛することはできないが、通りすがりの一瞬だけでも人に親切にすることは可能である。何かを見て見ぬ振りをすることも、一種の親切になり得る。愛は多少パワーが必要だし、善意となると少々大げさに感じるが、親切は容易にできる。そして重要なことは、対象がいてはじめて成り立つということである。他者の存在が必要なのである。そのことも二人のSF作家が人間らしさを考えた時、人間の弱さや孤独も含め「親切」と思い至った要因ではないだろうか。親切にすることは、容易でありながら最良の人間らしさなのだ。

（注１）尊い：すぐれた価値がある

（注２）奇しくも：偶然にも、不思議にも

（注３）いわば：たとえて言えば、言ってみれば

（注４）壮大な：規模が大きく立派なこと

（注５）遭遇：思いがけなく出会うこと

（注６）通りすがり：偶然そばを通ること、通りかかること

71 客観的にみると、大変な親切であるとは、どういう意味か。

1　留学生だった同僚が無事に祖国で就職できたこと

2　弁当を２つ作っていたこと

3　同僚だった60代の女性を結婚式に招待したこと

4　結婚するという知らせをしたこと

72 SF作家について、筆者の考えに最も合うものはどれか。

1　SF作家が愛や親切について書くのは不自然なことだ。

2　SF作家が人間の親切について語っているのは興味深いことだ。

3　SF作家は小説を書きながら、人間らしさについて日々考えている。

4　SF作家の特質は、人間とロボットを分けて考えることである。

73 親切について、筆者はどのように考えているか。

1　簡単にできないが、親切にする時は何かを見て見ぬふりをしなければならない。

2　親切は人間とロボットを区別するもので、誰にでもできることだ。

3　人間の弱さやさびしさが要因となって、一瞬でも行うことができる。

4　相手がいてはじめて成り立つ、最も人間らしい行為である。

問題13 次の文章を読んで、後の問いに対する答えとして最もよいものを、1・2・3・4から一つ選びなさい。

　祖母はいつも笑顔で明るく、誰にでも親切で、私は子供の頃から祖母の家に行くのが大好きだった。成長するにつれ、単にやさしい祖母というよりも、一個人としてすばらしい素質の持ち主だと思うようになり、ますます尊敬している。

　祖母は、小さな漁村_{ぎょそん}で生まれた。父親は生まれる2か月前に病死_{びょうし}、母親は赤ちゃんの祖母を知人にあずけて都会へ行ってしまったという。母親代わりに育ててくれた人がとてもかわいがってくれたと、祖母は何度も話してくれる。「かわいそうに思ったんだろうねえ」と、目を細めて懐_{なつ}かしそうにうれしそうに話すのだ。一方、自分を置いていった母親のことも、後に会いに来てくれた、とその時のことをうれしそうに言う。聞いているこちらも幸せな気持ちになる語り方である。その後の人生も、貧乏_{びんぼう}な生活をしたことや、結婚した相手（つまり私の祖父）が、病気で倒れて動けなくなったことなど、私には大変な苦労に思えるのだが、祖母が語ると、全てが良いエピソードに思える。

　祖母はよく「今がいちばん幸せ」と言う。昔苦労したから今が幸せ、という意味ではなく、いつも、どんな状況でも、幸せを見出せる人なのだと思う。いつでも物事の良いところを感じ、記憶しているのだ。母親に捨てられたことよりも、育ててくれた人の深い愛情を覚えている。夫が動けなくなり苦労したことよりも、他の様々な出来事を幸運だったと思っている。誰かに教えられたわけではなく、無理して良い面を探そうというのでもなく、生まれながら自然にそういう性質だとしか思えない。がんばってそのように考えよう、生きよう、とする人も多い中、<u>貴_き重な才能</u>_{ちょう}だ。

　人は自分の人生を思う時、自然に記憶を選んでいると思う。何をどのように記憶しているかは、全く個人の自由である。同じ出来事でも人によって異なるエピソードになるのは必然_{ひつぜん}であ（注）ろう。私は祖母のように、できるだけうれしさや喜びを記憶していたい。不快さよりも人の好意を、まずい食事よりもおいしい食事を覚えていたい。普通、人は悪い出来事をよく覚えているものだし、そのことが間違っているとは思わない。しかし、いつでもどこでも幸せを発見できる心は、本人だけでなく周囲の人も幸福にする力を持っている。

（注）必然_{ひつぜん}：必ずそうなると決まっていること

71 筆者は祖母をどのような人だと考えているか。

1 筆者の成長とともに、すばらしい素質を持つようになった人

2 母親ではない人に育てられたことを、かわいそうだと思っている人

3 苦労したことをうれしいことにしようと努力している人

4 大変だったことでも、いい話として話すことができる人

72 貴重な才能とは、どのようなことか。

1 物事のいいところを見つけ出し、記憶する力

2 聞いている人を幸せな気持ちにさせる話し方

3 いつも笑顔で明るく、誰にでも親切な性格

4 悪い出来事もいい出来事に変えてしまう想像力

73 記憶することについて、筆者はどのように考えているか。

1 辛いことよりうれしいことや喜んだことを覚えておくには、才能が必要だ。

2 うれしさや喜びを記憶しておくことは、幸せになるために一番大切な事だ。

3 人は選んで記憶しているので、同じ出来事でも違うように覚えている。

4 周りの人を幸福にするために、悪い出来事は覚えておかないほうがいい。

정답 해설집 p.82

問題13 次の文章を読んで、後の問いに対する答えとして最もよいものを、1・2・3・4から一つ選びなさい。

　アニメのシナリオを書く仕事を始めて分かったのは、最近の人はとにかく待てないし、待たないということだ。一話30分のアニメ番組で、間にCMが入る場合、前半の約12分と後半の約12分で話の構成を考える。例えば「友達の二人がケンカをした」という話だとすると、全体の25分ほどで、ケンカして、CMが入って、最後は仲直りという話を考えるが、前半部分で仲直りまで書いてほしいと要求される。後半は、普通に仲の良い話でいいという。見る人は後半まで仲直りを待たされることががまんできない、という制作会社の判断である。今の人はトラブルをきらうともよく言われるが、とにかく解決まで30分待てないということに驚いた。一昨年大ヒットしたアニメ映画は、確かに約10分ごとに場面も話も変わる展開だった。

　これはアニメに限った話ではない。現代の生活すべて、「待てない」「待たない」状態にある。インターネットをはじめ、技術の進歩が可能にしたこの状況に、私達は慣れすぎている。1分1秒でも速い方が好まれ、モノも情報も待たずとも手に入るようになったが、反対に相手からも早い対応が要求される。インターネット上での交流などがよい例だが、人の気持ちはそんなに早く反応できるものだろうか。もちろん、時間をかけるほうがいいという単純な話ではないが、今は「待つ」ことをあまりにも軽視していると思う。待つということは、考えるということだ。

　例えば、食事に行こうと誘われて、うれしい、行きたいと思うその心の動きを、心で感じる時間は大事である。また、メールの返事が遅いときに、なぜすぐに返事をくれないのだろうといらいらするのではなく、相手の状況を想像してみるのはどうだろう。様々なことにすぐに反応するよりも、簡単なことでも自分の頭と心を使い、状況を広く深く取りこむことから、豊かな心が形成されると思う。豊かな心は、豊かな人間関係にもつながる。自分の心が形成されないまま、他人の心とつながるのは不可能だろう。今の時代、待つということは、意識してそうしなければならない訓練のようなものであるが、心にとっては必要不可欠なことだと思う。待つことも待ってもらうことも、勇気と理解が必要かもしれない。

71 前半部分で仲直りまで書いてほしいのは、なぜか。

1 仲がいい友達の話にしたいから

2 ケンカが終わったのを早く見たいから

3 トラブルが続くのが嫌だから

4 10分ごとに話が変わったほうがいいから

72 技術の進歩について、筆者の考えに合うのはどれか。

1 ほしいモノや情報が、すぐに自分に届くようになった。

2 インターネットを使ったやり取りに時間をかけなくなった。

3 速いことには慣れたが、気持ちが反応できなくなった。

4 待たなくてもいい生活によって、人々は考えなくなった。

73 待つことについて、筆者はどのように考えているか。

1 相手を待ちながらいらいらすると、豊かな心は作られない。

2 相手に待ってもらう時間を作ると、人間関係が豊かになる。

3 意識して行動することで、待つことが身に付く。

4 待つことは、心にとってなくてはならないことだ。

정답 해설집 p.83

정보검색

정보검색은 조건이나 상황을 제시하는 문제 2문항과 관련된 지문 1개가 출제된다. 제시된 조건들에 맞는 상품·서비스·가게 등을 검색해야 하는 문제, 제시된 상황에 따라 해야 할 행동이나 지불해야 하는 비용을 파악해야 하는 문제가 출제된다.

─◯ 핵심 전략

1 제시된 조건들에 맞는 상품·서비스·가게 등을 검색해야 하는 문제는, 질문 속 조건들에 해당하는 부분을 하나씩 지문에서 찾아 가능한 선택지에 표시를 한 후, 모든 조건에 부합하는 선택지를 정답으로 고른다.

> 예 ユンさんは土曜日に友達と二人でレストランに行こうとしている。値段は一人5,000円以下にしたい。ユンさんの希望に合うレストランはどれか。
>
> 윤 씨는 토요일에 친구와 둘이서 레스토랑에 가려고 한다. 가격은 한 사람당 5,000엔 이하로 하고 싶다. 윤 씨의 희망에 맞는 레스토랑은 어느 것인가?

2 제시된 상황에 따라 해야 할 행동을 파악해야 하는 문제는, 질문 속 상황에 해당하는 부분을 지문에서 찾아 일치하는 내용의 선택지를 정답으로 고른다. 지불해야 하는 비용을 파악해야 하는 문제는 계산이 필요한 경우도 있다.

> 예 カクさんは土曜日の授業に参加できない。カクさんがしなければならないことはどれか。
>
> 가쿠 씨는 토요일 수업에 참가할 수 없다. 가쿠 씨가 하지 않으면 안 되는 것은 어느 것인가?
>
> リーさんたちの料金はどのようになるか。 리 씨 일행의 요금은 어떻게 되는가?

3 조건에 해당하는 내용을 지문에서 찾아 정답을 고를 때는, '※', '·', '注意'와 같은 참고/주의사항에 정답과 관련된 중요한 사항이 기재되어 있는 경우가 많으므로, 꼼꼼히 확인한다.

4 시간표·요금표, 이용안내, 공고·모집 등과 같은 다양한 주제의 지문이 출제되므로, N2 필수 단어·문형 암기장(p.44~45)을 활용하여 관련된 어휘를 꼼꼼히 학습해둔다.

─○ 문제 풀이 Step

Step 1 **질문을 읽고 제시된 조건이나 상황에 표시한다.**

질문을 통해 무엇을 묻고 있는지 파악하고, 질문 속에 제시된 조건과 상황을 찾아 표시해 둔다.

질문 ゆうきさんは 一人あたり４万５千円以下 の旅行ツアーに参加したいと思っている。
　　　　　　　　　　　조건 ①
　　　朝食が出て、窓からは海が見える部屋 がよい。ゆうきさんの希望に合うツアーは
　　　조건 ②　　　　조건 ③　　　　　　　　　　　　　　　　　　질문이 묻는 내용
　　　どれか。

유우키 씨는 한 사람당 4만 5천엔 이하의 여행 투어에 참가하고 싶다고 생각하고 있다.
조식이 나오고, 창문으로는 바다가 보이는 방이 좋다. 유우키 씨의 희망에 맞는 투어는 어느 것인가?

Step 2 **지문에서 제시된 조건이나 상황에 해당하는 부분을 찾아 표시한다.**

지문에서 질문의 조건이나 상황에 해당하는 부분을 찾아 표시한다. 지문에 참고나 주의사항이 있으면 꼼꼼히 읽는다.

지문

	料金/一人あたり	朝食	ホテルの特徴
沖縄ツアー	4万4,900円 조건 ①	6千円追加で朝食付き プランに変更可能	夜景が見えるお部屋と 海が見えるお部屋 の中から お選びいただけます 조건 ③
✓ 四国ツアー	3万9,000円 조건 ①	朝食付き 조건 ②	瀬戸内海が一望 できる オーシャンビュー 조건 ③

	요금/한 사람당	조식	호텔의 특징
오키나와 투어	4만 4,900엔	6천엔 추가로 조식 포함 플랜으로 변경 가능	야경이 보이는 방과 바다가 보이는 방 중에서 선택할 수 있습니다.
시코쿠 투어	3만 9,000엔	조식 포함	세토나이카이를 한 눈에 볼 수 있는 오션 뷰

Step 3 **질문의 모든 조건에 부합하는 선택지나 상황에 맞는 선택지를 정답으로 고른다.**

모든 조건이나 상황에 부합하는 선택지를 정답으로 고른다.

선택지　　1 沖縄ツアー　오키나와 투어

　　　✓ 2 四国ツアー　시코쿠 투어

問題14　以下はある大学に寄せられたアルバイト求人情報である。下の問いに対する答えとして最もよいものを、1・2・3・4から一つ選びなさい。

　チャイさんは、平日の昼にできるアルバイトを探している。そして、土日のどちらかは休みたいと思っている。チャイさんに適切なアルバイトはどれか。◀━━━

Step 1 질문을 읽고 제시된 조건이나 상황에 표시한다.

1　スーパーマーケットリンガーA時間帯

2　スーパーマーケットリンガーB時間帯

✔3　コーヒーショップらんらんB時間帯　◀━━━

4　コーヒーショップらんらんC時間帯

Step 3 질문의 모든 조건에 부합하는 선택지나 상황에 맞는 선택지를 정답으로 고른다.

<急募>アルバイト情報！！

Aコーヒー店 ✔

職　　種：店内接客

就業時間：A 7:00～11:00　B 11:00～14:00

　　　　　C 18:00～21:00

＊土日どちらかを含めた週2～OK

時 間 給：1,050円

＊就業時間はあなたの希望をお伺いします。応募の際、履歴書への明記をお願いします。ランチタイムに働ける方、大歓迎！

コーヒーショップ　らんらん

Bスーパー

職　　種：レジ担当

就業時間：A 10:00～13:00　B 12:00～17:00

　　　　　C 17:00～20:00

＊土日勤務は必須

時 間 給：1,250円以上

スーパーマーケット　リンガー

Step 2 지문에서 제시된 조건이나 상황에 해당하는 부분을 찾아 표시한다.

Step1 차이 씨에게 적절한 아르바이트를 고르는 문제이다. 질문에서 제시된 조건은 다음과 같다.

(1) 평일 낮

(2) 토요일이나 일요일 어느 한 쪽은 쉬고 싶음

Step2 첫 번째 조건인 평일 낮에 가능한 것은 커피숍 B시간대, 슈퍼마켓 B시간대이다. 그리고 두 번째 조건인 토요일이나 일요일 어느 한 쪽을 쉴 수 있는 것은 근무가 토일 어느 쪽을 포함하여 주 2회부터 가능한 커피숍이다.

Step3 차이 씨가 원하는 모든 조건에 부합하는 것은 커피숍 B시간대이므로, 3 コーヒーショップらんらん B 時間帯(커피숍 란란 B시간대)를 정답으로 고른다.

문제14 이하는 어느 대학에 올라온 아르바이트 구인정보입니다. 아래의 물음에 대한 답으로 가장 알맞은 것을, 1・2・3・4에서 하나 고르세요.

차이 씨는, 평일 낮에 할 수 있는 아르바이트를 찾고 있다. 그리고, 토일 어느 한 쪽은 쉬고 싶다고 생각하고 있다. 차이 씨에게 적절한 아르바이트는 어느 것인가?

1 슈퍼마켓 링거 A시간대

2 슈퍼마켓 링거 B시간대

3 커피숍 란란 B시간대

4 커피숍 란란 C시간대

<급모> 아르바이트 정보 !!

---------------------   ---

A 커피점

직　　종: 점내 접객

취업 시간: A 7:00~11:00　　B 11:00~14:00　　C 18:00~21:00

* 토일 어느 한 쪽을 포함한 주 2~ OK

시　　급: 1,050엔

* 취업 시간은 당신의 희망을 여쭙겠습니다. 응모할 때, 이력서에 명기 부탁드립니다. 런치 타임에 일할 수 있는 분, 대환영!

커피숍 란란

B 슈퍼

직　　종: 계산대 담당

취업 시간: A 10:00~13:00　　B 12:00~17:00　　C 17:00~20:00

* 토일 근무는 필수

시　　급: 1,250엔 이상

슈퍼마켓 링거

어휘　平日 へいじつ 圀평일　探す さがす 롱찾다　〜と思う 〜とおもう ~라고 생각하다　適切だ てきせつだ い형적절하다

時間帯 じかんたい 圀시간대　急募 きゅうぼ 圀급모　アルバイト 圀아르바이트　情報 じょうほう 圀정보　職種 しょくしゅ 圀직종

店内 てんない 圀점내　接客 せっきゃく 圀접객　土日 どにち 圀토일, 토요일과 일요일　含める ふくめる 롱포함하다

時間給 じかんきゅう 圀시급, 시간급　希望 きぼう 圀희망　伺う うかがう 롱여쭙다, 묻다 (聞く의 겸양어)　応募 おうぼ 圀응모

際 さい 圀때　履歴書 りれきしょ 圀이력서　明記 めいき 圀명기　ランチタイム 圀런치 타임, 점심시간

大歓迎 だいかんげい 圀대환영　スーパー 圀슈퍼　レジ 圀계산대　勤務 きんむ 圀근무　必須 ひっす 圀필수

以上 いじょう 圀이상

실력 다지기

다음 조건에 해당하는 것을 고르세요.

01 マリアさんは日本語の塾に通おうとしている。週末の夜だけ時間があり、一日に２時間以上授業を受けたい。授業料は１万５千円以下で、先生は日本人がいい。マリアさんの希望に合うクラスはどれか。

① Ａクラス

② Ｂクラス

<table>
<tr><td colspan="3" align="center">こんにちは!日本語教室</td></tr>
<tr><td></td><td align="center">Ａクラス</td><td align="center">Ｂクラス</td></tr>
<tr><td>授業時間</td><td align="center">土曜 18:00~19:00
日曜 18:00~19:00</td><td align="center">土曜 18:00~20:00</td></tr>
<tr><td>先生</td><td align="center">△△さん(日本人)</td><td align="center">□□さん(日本人)</td></tr>
<tr><td>授業料</td><td align="center">1か月 1万 5千円</td><td align="center">1か月 1万 3千円</td></tr>
</table>

・週末の授業に参加できない場合、平日の授業に参加することができます。

02 ケンさんは運動するために体育館の利用登録をしようとしている。毎日19時から22時まで利用して、施設はプールとテニスコートを使うつもりだ。テニスは屋外でやりたいと思っている。ケンさんが登録する体育館はどれか。

① Ａ棟

② Ｂ棟

<table>
<tr><td colspan="3" align="center">体育館利用案内</td></tr>
<tr><td></td><td align="center">Ａ棟</td><td align="center">Ｂ棟</td></tr>
<tr><td>施設</td><td>・プール
・卓球台
・テニスコート
・サッカー場</td><td>・プール
・テニスコート
・バドミントンコート
・トレーニングルーム</td></tr>
<tr><td>利用時間</td><td align="center">08:00～22:00</td><td align="center">09:00～23:00</td></tr>
<tr><td>料金</td><td align="center">1か月 8千円</td><td align="center">1か月 8千円</td></tr>
</table>

・Ａ棟は屋内・屋外両方使用でき、Ｂ棟は屋内だけ使用できます。

다음 조건에 따라 해야 할 행동을 고르세요.

03　ユンさんは新製品企画発表のために会議室を予約しようとしている。25人参加する予定である。今日は１月９日で、会議は１月15日に行われる。ユンさんは会議室を予約するために何をしたらいいか。

① 当日まで、ネットで予約してから管理部に行く。

② １月14日まで、参加者の名簿を準備して管理部に行く。

会議室予約案内

Ａ会議室：15人まで入れます。（一回最大２時間利用可能）

Ｂ会議室：30人まで入れます。（一回最大３時間利用可能）

・利用日の一週間前までにはネットで予約ができます。６日前からは直接管理部の窓口にて予約してください。

・当日予約はできません。

・Ｂ会議室を予約する場合は、参加者名簿を持参してください。

・マイクが必要な方は事前に管理部に来て、貸し出し名簿に名前を書いてから借りてください。

04　チャンさんはみどり大学の学生で、今、図書館で薬学の本を借りようとしている。学生証を持っていないチャンさんは、これからどうしたらいいか。

① ３階に行って、身分証を提示してから貸し出し申込書を作成した後、本を２冊借りる。

② ２階に行って、身分証を提示してから貸し出し申込書を作成した後、本を４冊借りる。

みどり大学図書館利用案内

利用時間：09:00〜21:00

貸出冊数：在学生の方５冊、一般の方３冊

貸出期間：２週間

延長回数：２回

・在学生の方が借りられる場合は、学生証が必要です。

・一般の方が借りられる場合は、身分証を提示して、貸し出し申込書を作成してください。

　※ 在学生であっても、学生証を持っていない方は同様です。

・医学や薬学と関連した図書は３階を利用してください。

정답 해설집 p.85

問題14 右のページはA市の成人式の案内状である。下の問いに対する答えとして最もよいものを、1・2・3・4から一つ選びなさい。

74 タマングさんは、友達と会ってから1月14日の成人式に出席することになっている。タマングさんはどうしたらいいか。

1 午前11時半に駐車場へ行って、友達を待つ。

2 午後12時半に駐車場へ行って、友達を待つ。

3 午前11時半にリハーサル室へ行って、友達を待つ。

4 午後12時半にリハーサル室へ行って、友達を待つ。

75 シーラさんはどうしても成人式に出席することができない。どうすれば記念品をもらえるか。

1 シーラさんの兄が案内状を会場に持って行き、成人式に出席する。

2 出席できない理由を、1月14日までに電話で市役所に伝える。

3 1月16日以降に、市民会館に案内状を持って行く。

4 2月末日までに、市役所の生涯学習・スポーツ課に案内状を持って行く。

A市成人式のご案内

晴れやかに成人を迎えられるA市民の皆さまをお祝いするため、A市主催の成人式を開催いたします。皆様のご参加をお待ちしております。

日　　　時：平成31年1月14日（月（祝）・成人の日）

受　　　付：午後1時15分～

式典開始：午後2時

終　　　了：午後3時（予定）

会　　　場：ドリームホール（市民会館）大ホールA市中町1－1－1

　※お車でのご来場は、ご遠慮ください。駐車場のご用意はございません。

　※式典会場内に、飲食物は持ち込めません。

　※市民会館に喫煙所はございませんので、喫煙はご遠慮ください。

　※当日は、ゲーム大会も行われます。

待ち合わせをなさる方は、市民会館別館2階のリハーサル室をご利用ください。＊正午～
式典中、リハーサル室は、中継会場になりますので、ご家族の方は式典の様子をこちらでご覧ください。

主　　　催：A市／A市教育委員会

お問い合わせ：生涯学習・スポーツ課

電　　　話：987-654-3210（直通）午前8時30分～午後5時30分

★この案内状は、記念品引換券を兼ねています★

＊成人式当日、ご来場の際に本案内状を受付にお渡しください。引き換えに、記念品をお渡しいたします。本案内状を忘れた場合、記念品はお渡しできません。

＊成人式に参加できない方は、本案内状をA市役所生涯学習・スポーツ課窓口（3階30番）にお持ちください。本状と引き換えに、記念品をお渡しいたします。代理の方でも構いません。土日祝日を除く、1月16日（水）午前9時30分～2月28日（木）午後4時30分までにお越しくださいますよう、お願いいたします。

정답 해설집 p.86

問題14 右のページは外国人向けに案内されている大阪市内のアルバイトの求人情報である。下の問いに対する答えとして最もよいものを、1・2・3・4から一つ選びなさい。

74 ウェイさんは、大阪中央大学の留学生である。大学がある梅田駅の近くでできるアルバイトを探している。12月は試験があり忙しいため、大学が春休みになる1月以降に開始する予定だ。右の表のうち、ウェイさんができるアルバイトはどれか。

1　①と②

2　③と④

3　①と⑥

4　②と⑥

75 カンさんは韓国人の留学生である。現在、土曜日と日曜日のみ午前6時から正午まで、コンビニでアルバイトをしている。今のアルバイトに慣れてきたため、もう少しアルバイトを増やしたいと考え、他の仕事を探すことにした。右の表のうち、カンさんができないアルバイトはどれか。

1　②と⑤

2　③と④

3　⑤と⑥

4　③と⑤

大阪市　アルバイト求人

週2～4日の仕事		
	① 図書館での貸出業務	② 観光案内
時給	1,000円	1,200円
勤務地	梅田駅から徒歩10分 大阪市図書館	桜川駅から徒歩5分 観光案内所
勤務時間	(1) 10:00 – 16:00 (2) 14:00 – 20:00	(1) 8:00 – 15:00 (2) 14:00 – 20:00
期間	即日～長期　開始日応相談	1月中旬～
特徴	時間交替制・土日祝勤務あり	時間交替制・土日祝勤務あり
条件	簡単なパソコン作業	韓国語または中国語が話せること
短期の仕事		
	③ 試験監督	④ 郵便局での軽作業
時給	1,100円	1,350円～1,700円
勤務地	梅田駅から徒歩10分 大阪中央大学内	梅田駅から徒歩2分 梅田郵便局
勤務時間	9：00 – 16：00	21：00 – 6：00
期間	12月7日(土)・8日(日)の2日間	12月15日～1月15日のうち 週2～4日
特徴	給与即日払い	時間固定制・高時給
条件	—	深夜に勤務できること
長期の仕事		
	⑤ 大手企業での事務	⑥ データ管理・テスト
時給	1,200円	1,000円
勤務地	本町駅から徒歩2分 オオサカ株式会社	梅田駅から徒歩2分 情報システム会社
勤務時間	10：00 – 18：00	9：00 – 17：00のうち4時間程度
期間	即日～長期	1月下旬～3か月
特徴	時間固定制・月～金のみ	時間交替制・月～金のみ
条件	学生不可	簡単なパソコン作業

정답 해설집 p.87

問題14　右のページは、あるスイミングクラブのホームページに載っている案内であ
る。下の問いに対する答えとして最もよいものを、1・2・3・4から一つ選び
なさい。

74　高校生のリーさんは、泳ぐことができないので水泳クラスに通って泳げるようになり
たいと考えている。しかし、続けられるかどうかわからないので、何回か試してみたい。
できるだけ安く体験できるのはどれか。

1　平日午前の短期クラス

2　平日午後の短期クラス

3　平日の体験クラス

4　週末の体験クラス

75　今度の週末、チェさんは子どもと二人で体験クラスに行き、シャワー室も利用したい。
子どもは高校生である。チェさんたちの料金はいくらになるか。

1　3,000円

2　3,600円

3　4,100円

4　4,600円

ルートスイミングクラブ

短期教室のお知らせ

ルートスイミングクラブでは春の短期教室をご用意しました。

初心者から上級者まで、ご自身にあったレベルのレッスンを受けられます。興味はあるけれど、不安…という方には、体験クラスもございます。

それぞれのクラス終了後、一週間以内に本科コースへの入会手続きを完了された方は、1か月分の受講料が半額になります。この機会にぜひお試しください。

●春の短期クラス●　週1回60分、全4回コース

レベルに合ったクラスで、安心して始められます。コース終了後には、そのまま本科コースへ入ることも可能です。

	平日(月~金)		土曜・日曜	
	10時～11時	15時～16時	10時～11時	15時～16時
子ども (小学生以下)	4,000円	4,500円	5,000円	4,500円
中学生	4,500円	5,000円	5,500円	5,000円
大人 (高校生以上)	5,500円	6,000円	6,500円	6,000円

●体験クラス●　60分、お1人様1回のみ

実際のクラスに入って、体験が1回できます。コース終了後にコーチより簡単なアドバイスをさせていただきます。クラスのお時間は曜日によって違いますので、お問い合わせください。

	平日(月～金)	土曜・日曜
子ども(小学生以下)	0円	1,300円
中学生	0円	1,600円
大人(高校生以上)	1,000円	1,800円

＊終了後にシャワー室の利用をご希望の場合、一人につき別途500円が必要です。

【お問い合わせ・予約受付】

ルートスイミングクラブ

両コース共通　03-1234-8301

받아쓰기로
청해 점수 올리려면?

해커스 JLPT N2 한 권으로 합격

청해

문제 1 과제 이해

문제 2 포인트 이해

문제 3 개요 이해

문제 4 즉시 응답

문제 5 통합 이해

과제 이해

무료 MP3 바로듣기

과제 이해는 특정 사건에 대한 두 사람의 대화를 듣고, 대화가 끝난 뒤 남자 또는 여자가 해야 할 일을 고르는 문제로, 총 5문항이 출제된다. 세부적으로는 앞으로 해야 할 일을 고르는 문제와 가장 먼저 해야 할 일을 고르는 문제가 출제된다.

─◉ 핵심 전략

1 대화가 시작되기 전에 대화의 장소와 대화자, 질문을 먼저 들려주므로 이때 질문의 포인트를 파악해 두어야 한다. 학교 선배와 후배나 교사와 학생, 또는 회사의 상사와 부하가 부탁, 방법 알려주기, 조언, 첨삭을 하는 대화가 출제되거나, 티켓 구입, 접수할 때의 손님과 직원의 대화가 출제되며, 선택지가 그림으로 제시되는 경우도 있다.

2 앞으로 해야 할 일을 고르는 문제는 대화 중 언급되는 여러 과제들의 수행 여부를 판단하여, 앞으로 하기로 한 과제를 정답으로 고른다. 특히 지불해야 하는 비용을 고르는 문제는 대화 끝에서 금액을 자주 번복하므로 끝까지 듣고 정답을 고른다.

예 男の人はこのあと何をしますか。 남자는 이 다음에 무엇을 합니까?
女の人は今ここでいくら払いますか。 여자는 지금 여기서 얼마를 지불합니까?

3 가장 먼저 해야 할 일을 고르는 문제는 시간이나 날짜, 순서를 정해주는 표현에 특히 유의하여 듣고, 가장 먼저 하기로 한 과제를 정답으로 고른다.

예 男の学生はこのあとまず何をしますか。 남학생은 이 다음에 우선 무엇을 합니까?
男の人は最初に何をしなければなりませんか。 남자는 처음에 무엇을 해야 합니까?

4 대체로 선택지의 과제가 대화에서 순서대로 언급되지만, 수행 여부를 직접적으로 언급하지 않고 돌려서 이야기 하므로, 대화를 잘 듣고 이미 한 일인지, 해야 할 일인지, 하지 않아도 되는 일인지 등의 의도를 파악하여 정답을 고른다.

5 회사, 교육·대학, 계산·접수 등과 같은 장소와 상황에서의 대화가 자주 출제되므로, N2 필수 단어·문형 암기장(p.46~47)을 활용하여 관련된 어휘를 꼼꼼히 학습해둔다.

⦁○ 문제 풀이 Step

Step 1 **음성을 듣기 전, 선택지를 빠르게 읽고 대화에서 언급될 과제들을 미리 확인한다.**

문제지에 제시되어 있는 선택지들은 대부분 대화에서 순서대로 언급되므로, 미리 읽어두면 음성을 들을 때 과제의 내용과 순서를 더 쉽게 파악할 수 있다.

선택지   1 授業の教科書を読む   수업 교과서를 읽는다

   2 学校に教科書を取りに行く   학교에 교과서를 가지러 간다

Step 2 **음성에서 질문을 들을 때 질문의 포인트를 파악하고, 대화를 들을 때 과제의 수행 여부와 순서를 파악한다.**

질문을 들을 때 과제를 해야 할 사람이 대화자 중 누구인지 또는 무엇을 묻는 문제인지 파악한다. 대화를 들을 때는 과제의 순서를 파악하면서 해야 할 일로 언급된 과제에는 ○표, 이미 했거나 바로 하지 않아도 되는 일로 언급된 과제에는 ×표를 한다.

질문   男の学生はこのあと何をしなければなりませんか。 남학생은 이 다음에 무엇을 해야 합니까?

과제   F：うーん、あとは、教科書を読んでくる宿題があったはずだよ。

   음, 다음은, 교과서를 읽어오는 숙제가 있었을 거야.

   M：え、まだ読んでないよ。教科書、学校に置いてきちゃったし。

   뭐? 아직 읽지 않았어. 교과서, 학교에 두고 와버렸고.

   ねえ、今ちょっと見せてくれない？ すぐに読むからさ。
   └선택지 2번에 ×표를 한다.   └선택지 1번에 ○표를 한다.

   저기, 지금 잠깐 보여주지 않을래? 금방 읽을 테니까.

Step 3 **음성의 질문을 다시 들으며 대화에서 하기로 언급된 과제를 정답으로 고른다.**

질문을 다시 들으며 대화에서 최종적으로 하기로 언급된 과제를 정답으로 고른다.

선택지 ✔1 授業の教科書を読む   수업 교과서를 읽는다 O

   2 学校に教科書を取りに行く   학교에 교과서를 가지러 간다 X

[문제지]

問題1では、まず質問を聞いてください。それから話を聞いて、問題
用紙の1から4の中から、最もよいものを一つ選んでください。

　　1　資料とボールペンを箱に詰める X

✓　2　ファイルが届いているか確認する O

　　3　田中さんにファイルの注文をする X

　　4　だれかに手伝ってくれるように頼む X

> **Step 1** 음성을 듣기 전, 선택지를 빠르게 읽고 대화에서 언급될 과제들을 미리 확인한다.

[음성]

会社で男の人と女の人が話しています。**女の人はこのあとまず何を
しなければなりませんか。**

M：明日の午後の就職説明会のことなんだけど、ちょっとお願いし
　　ていいかな？

F：わかりました。配る資料は準備してありますか。

M：うん、[1]それはもう箱に入れてある。箱はまだここにあるけど。

F：あ、じゃ、それを会場に運んでおけばいいですね。ボールペン
　　も配るんでしたっけ。

M：いや、今回はボールペンの代わりにファイルを配るんだよね。
　　[3]ファイルは注文してあるから、今日届いているはずだけれど。

F：じゃ、届いているか確認しておきます。

M：お願い。届いていなかったら、田中さんに聞いてみて。持って
　　行くのは明日でいいから、[2]確認だけ今日してくれる？

F：わかりました。荷物を運ぶのは午前中でいいんですよね。

M：うん。会場には田中さんも行くけど、彼も忙しいみたいだから。

F：大丈夫です。一人でできないときは、[4]誰かに頼みますから。

女の人はこのあとまず、何をしなければなりませんか。

> **Step 2** 음성에서 질문을 들을 때 질문의 포인트를 파악하고, 대화를 들을 때 과제의 수행 여부와 순서를 파악한다.

> **Step 3** 음성의 질문을 다시 들으며 대화에서 하기로 언급된 과제를 정답으로 고른다.

Step1 1 '자료와 볼펜을 상자에 담기', 2 '파일이 도착했는지 확인', 3 '다나카 씨에게 파일 주문', 4 '누군가에게 도와주도록 부탁'에 관한 내용이 대화에서 언급될 것임을 예상한다.

Step2 상황 설명과 질문을 듣고 여자가 가장 먼저 해야 할 일을 묻는 문제임을 파악한다. 자료는 이미 상자에 들어있고, 파일은 주문해 두었다며, 1과 3은 할 필요가 없는 과제로 언급되었으므로 ✕표를 한다. 파일 확인은 오늘 중으로, 도움을 요청하는 것은 내일 해야 할 일로 언급되었으므로 일의 순서는 파일 확인 → 도움 요청이 되어 2는 ○, 4는 ✕표를 한다.

Step3 여자가 가장 먼저 해야 할 일을 고르는 문제이고, 남자가 確認だけ今日してくれる?(확인만 오늘 해 줄래?)라고 했으므로, 2 ファイルが届いているか確認する(파일이 도착했는지 확인한다)를 정답으로 고른다.

[문제지]

문제1에서는, 우선 질문을 들어주세요. 그리고 나서 이야기를 듣고, 문제 용지의 1에서 4 중에, 가장 알맞은 것을 하나 골라주세요.

1 자료와 볼펜을 상자에 담는다
2 파일이 도착했는지 확인한다
3 다나카 씨에게 파일 주문을 한다
4 누군가에게 도와주도록 부탁한다

[음성]

회사에서 남자와 여자가 이야기하고 있습니다. 여자는 이 다음에 우선 무엇을 해야 합니까?

M : 내일 오후의 취직 설명회 말인데, 좀 부탁해도 될까?

F : 알겠습니다. 나눠줄 자료는 준비되어 있나요?

M : 응, [1]그건 벌써 상자에 들어가 있어. 상자는 아직 여기에 있지만.

F : 아, 그럼, 그것을 회장에 옮겨두면 되겠네요. 볼펜도 나눠주는 거었나요?

M : 아니, 이번에는 볼펜 대신에 파일을 나눠줘. [3]파일은 주문해뒀으니까, 오늘 도착했을 텐데.

F : 그럼, 도착했는지 확인해 둘게요.

M : 부탁해. 도착해있지 않으면, 다나카 씨에게 물어봐. 가지고 가는 건 내일이어도 되니까, [2]확인만 오늘 해 줄래?

F : 알겠습니다. 짐을 옮기는 것은 오전 중에 하면 되는 거네요.

M : 응. 회장에는 다나카 씨도 가지만, 그도 바빠 보이니까.

F : 괜찮아요. 혼자서 할 수 없을 때는, [4]누군가에게 부탁할거니까요.

여자는 이 다음에 우선, 무엇을 해야 합니까?

어휘 資料 しりょう 圏 자료   詰める つめる 圏 담다, 채우다   ファイル 圏 파일, 서류철   届く とどく 圏 도착하다   確認 かくにん 圏 확인
注文 ちゅうもん 圏 주문   手伝う てつだう 圏 돕다   就職説明会 しゅうしょくせつめいかい 圏 취직 설명회   配る くばる 圏 나눠주다
準備 じゅんび 圏 준비   会場 かいじょう 圏 회장   運ぶ はこぶ 圏 옮기다, 운반하다   今回 こんかい 圏 이번
持って行く もっていく 가지고 가다   荷物 にもつ 圏 짐   午前中 ごぜんちゅう 圏 오전 중

실력 다지기

🔊 문제1 과제이해_02실력다지기.mp3

대화를 듣고 앞으로 해야 할 일을 고르세요.

01 ① 会議の資料をコピーする
② 部長に連絡する

02 ① サークルに参加する
② 交流会のスピーチを準備する

03 ① 3,400円
② 4,000円

04 ① ホームページのお知らせを見せる
② ホームページのお知らせを修正する

05 ① 就職説明会の日時を決める
② アンケートの結果を提出する

06 ① 上司とセミナーに行く

② 資料をメールで送る

07 ① レポートについて友達に伝える

② 世界の民族をもっと研究する

08 ① 1,800円

② 2,000円

09 ① クイズを作る

② 商品を買いに行く

10 ① 名簿のデータを発送する

② 新製品の企画を仕上げる

정답 해설집 p.91

🔊 문제1 과제이해_03실전테스트 1.mp3

무료 MP3 바로듣기

もんだい
問題1

問題1では、まず質問を聞いてください。それから話を聞いて、問題用紙の1から4の中から、最もよいものを一つ選んでください。

1番

1　名刺をかばんに入れる

2　レンタカーを予約する

3　支店に連絡する

4　パンフレットを送る

2番

1　1,000円

2　3,000円

3　4,000円

4　6,000円

3番

1 研修を受ける

2 幼稚園に行く

3 健康診断の結果を探す

4 幼稚園に電話をする

4番

1 女の人にピアノ教室を紹介する

2 子どもを迎えに行く

3 無料レッスンを申し込む

4 子どもに習いたいか聞く

5番

1 男の人に会社を紹介する

2 鈴木さんの連絡先を聞く

3 鈴木さんに連絡する

4 男の人に連絡先を伝える

정답 해설집 p.94

🔊 문제1 과제이해_03실전테스트 2.mp3

무료 MP3 바로듣기

もんだい
問題1

問題1では、まず質問を聞いてください。それから話を聞いて、問題用紙の1から4の中から、最もよいものを一つ選んでください。

1番
1　天気予報をチェックする
2　学校のホームページを見る
3　学校からのメールを確認する
4　学校に電話をする

2番
1　カードの番号を入力する
2　図書館カードを作る
3　本を借りる
4　中央図書館へ行く

3番

1　4,000円

2　3,500円

3　3,000円

4　1,000円

4番
ばん

1　大きい会議室を予約する

2　資料を印刷する

3　部長に返事をする

4　会議の参加者に連絡する

5番
ばん

1　ゲームのメンバーを集める

2　写真を集めて、編集する

3　学生課で教室を予約する

4　使ういすと机の数を数える

정답 해설집 p.98

🔊 문제1 과제이해_03실전테스트 3.mp3

무료 MP3 바로듣기

もんだい
問題1

　問題1では、まず質問を聞いてください。それから話を聞いて、問題用紙の1から4の中から、最もよいものを一つ選んでください。

1番

1　来週の金曜日

2　来週の土曜日

3　再来週の水曜日

4　来月の土曜日

2番

1　360円

2　450円

3　3,600円

4　4,000円

3番

1 会議室を予約する

2 返事がまだの人にメールを送る

3 会議の資料をコピーする

4 昼食の用意をする

4番

1 内容を簡単にする

2 説明をくわしくする

3 写真や図を増やす

4 質問で気をつけることを書く

5番

1 スケジュールを作る

2 だれが何をするか決める

3 広告の相談をする

4 お金がいくら使えるか聞く

정답 해설집 p.102

포인트 이해는 두 사람의 대화를 듣고, 대화의 세부내용을 고르는 문제로 총 6문항이 출제되는데, 최근에는 5문항이 출제되기도 한다. 주로 특정 이슈에 관한 화자의 생각이나 이유, 문제점, 상태에 관한 문제가 출제된다.

─◯ 핵심 전략

1 대화가 시작되기 전에 상황 설명과 질문을 먼저 들려주며, 이때 의문사와 핵심 어구에 유의하여 질문의 포인트를 파악해야 한다. 질문이 끝나면 20초 동안 선택지를 읽을 시간을 주는데, 선택지의 내용이 대부분 대화에서 순서대로 언급되므로 정확하게 읽고 파악하는 것이 중요하다.

2 대화는 주로 친구, 선후배, 직장동료, 학생과 선생님, 아나운서와 인터뷰어 관계의 두 인물이 특정 이슈에 대한 생각이나 이유, 문제점, 현재 또는 미래의 상태에 대해 이야기하는 상황으로 출제된다.

例 男の人はどうしてこの店が気に入っていますか。 남자는 왜 이 가게가 마음에 들었습니까?

先生はスピーチについて何が問題だったと言っていますか。
선생님은 스피치에 대해 무엇이 문제였다고 말하고 있습니까?

男の学生の今の体調はどうですか。 남학생의 지금 몸 상태는 어떻습니까?

3 질문은 주로 どうして(왜), 理由(이유), 何が(무엇이), どんなこと(어떤 것), どう(어떻), いつ(언제)와 같은 의문사를 사용하여 대화에서 언급된 사항을 묻는다. 특히 의문사 どうして(왜)를 사용한 질문이 가장 많이 출제된다.

4 대화를 들을 때는 질문의 핵심어구와 관련하여 언급되는 여러 내용을 주의 깊게 듣고, 질문의 포인트에 맞는 선택지를 정답으로 고른다.

5 배움·비즈니스, 상품·점포, 요리·집, 재난·환경 등과 같은 소재의 대화가 자주 출제되므로, N2 필수 단어·문형 암기장(p.47~48)을 활용하여 관련된 어휘를 꼼꼼히 학습해둔다.

➤ 문제 풀이 Step

Step 1 **음성에서 상황 설명과 질문을 듣고, 20초 동안 선택지를 빠르게 읽는다.**

상황 설명과 질문을 들을 때 대화자 중 누구와 관련된 문제인지 파악하고, 언급되는 이슈와 의문사를 핵심 어구로 재빨리 적어둔다. 이후 주어지는 20초 동안 각 선택지의 내용을 정확히 파악해 둔다.

상황 설명과 질문 男の学生と女の学生が話しています。男の学生は小説がどうだったと
言っていますか。
남학생과 여학생이 이야기하고 있습니다. **남학생**은 소설이 **어땠**다고 말하고 있습니까?

선택지 1 話の内容が暗かった 이야기의 내용이 어두웠다

2 登場人物が多すぎた 등장인물이 너무 많았다

Step 2 **음성에서 대화를 들으며 질문의 의문사와 핵심 어구에 유의하여 정답의 단서를 파악한다.**

질문의 의문사와 핵심 어구에 유의하여 대화를 듣고 정답의 단서를 파악한다. 대화에서는 반전이 자주 있으므로, 끝까지 주의해서 들어야 한다.

대화 F : 山田くん、この小説読んだことある？
야마다 군, 이 소설 읽은 적 있어?

M : うん。あんまりおもしろくなかったよ。
응. 별로 재미있지 않았어.

F : え、なんで？話が暗いから？
뭐? 왜? 이야기가 어두워서?

M : いや、暗い話なのはいいんだけど、あまりにたくさんの登場人物が出てくるから
混乱しちゃって。
아니, 어두운 이야기인 것은 괜찮은데, 너무 많은 등장인물이 나오니까 혼란스러워서.

Step 3 **음성의 질문을 다시 들을 때 대화에서 파악한 정답의 단서와 일치하는 선택지를 정답으로 고른다.**

질문을 다시 들을 때 질문의 의문사 및 핵심 어구와 관련하여 대화의 내용과 일치하는 선택지를 정답으로 고른다.

질문 男の学生と女の学生が話しています。男の学生は小説がどうだったと言っていますか。
남학생과 여학생이 이야기하고 있습니다. 남학생은 소설이 어땠다고 말하고 있습니까?

정답 ✓ 1 話の内容が暗かった 이야기의 내용이 어두웠다
2 登場人物が多すぎた 등장인물이 너무 많았다

→ 문제 풀이 Step 적용 🔊 문제2 포인트이해_01문제풀이Step 적용.mp3

[문제지]

問題2では、まず質問を聞いてください。そのあと、問題用紙のせんたくしを読んでください。読む時間があります。それから話を聞いて、問題用紙の1から4の中から、最もよいものを一つ選んでください。

1　進学することになったから ✕

2　おじいさんの体調が悪いから ✕

✓3　結婚することが決まったから ○

4　国で就職することになったから ✕

◀━━◉ Step 1　음성에서 상황 설명과 질문을 듣고, 20초 동안 선택지를 빠르게 읽는다.

[음성]

男の人と女の人が話しています。女の人はどうして帰国することになったのですか。

M：日本での就職、決まったんだってね。大手メーカーなんだって？

F：ええ、それが帰国することになりまして…。

M：え？ここで就職したいって言って、[1]大学院にも進学したのに？ご家族がご病気とか？

F：[2]祖父が1年前から体調を崩しているんですが、家族はしたいことをしなさいと言ってくれているので、そちらは大丈夫なんです。実は国にいるときから付き合っている人がいて、[3]その方と6月に結婚することになりまして。

◀━━◉ Step 2　음성에서 대화를 들으며 질문의 의문사와 핵심 어구에 유의하여 정답의 단서를 파악한다.

M：そうなんだ。おめでとう。

F：急な話なんですが、相手のおばあ様がご高齢でお元気なうちにという話になったんです。

M：それはいいことだね。じゃあ、もう働かないの？

F：それがありがたいことなんですが、就職が決まった会社に相談したら、[4]国の支店で働けるようにしていただけたんです。

M：それはよかったね。これから忙しくなるね。

◀━━◉ Step 3　음성의 질문을 다시 들을 때 대화에서 파악한 정답의 단서와 일치하는 선택지를 정답으로 고른다.

女の人はどうして帰国することになったのですか。

Step1 여자가 귀국하게 된 이유를 묻는 문제이다. 대화를 들을 때 1 '진학', 2 '할아버지의 몸 상태', 3 '결혼', 4 '모국에서 취직' 중 어느 것이 여자가 귀국한 이유인지를 파악해야 한다.

Step2 대화에서, 여자는 이미 대학원에 진학하였으며, 할아버지가 몸이 좋지 않지만 가족이 배려해 주어서 괜찮다고 언급되었으므로 1, 2는 ✕표를 한다. 6월에 결혼하게 되었다고 했으므로 3에는 ○표를 한다. 고국에서 취직하는 것은 귀국으로 인해 발생한 일로, 귀국의 이유가 아니므로 4도 ✕표를 한다.

Step3 여자의 귀국 이유를 묻는 문제이고, 여자가 その方と6月に結婚することになりまして(그 분과 6월에 결혼하게 되어요)라고 했으므로, 3 結婚することが決まったから(결혼하는 것이 결정되었기 때문에)를 정답으로 고른다.

[문제지]

문제2에서는, 우선 질문을 들어주세요. 그 뒤, 문제 용지의 선택지를 읽어 주세요. 읽는 시간이 있습니다. 그리고 나서 이야기를 듣고, 문제 용지의 1에서 4 중에, 가장 알맞은 것을 하나 골라주세요.

1 진학하게 되었기 때문에
2 할아버지의 몸 상태가 나쁘기 때문에
3 결혼하는 것이 결정되었기 때문에
4 모국에서 취직하게 되었기 때문에

[음성]

남자와 여자가 이야기하고 있습니다. **여자는 왜 귀국하게 된 것입니까?**

M : 일본에서의 취직, 결정됐다며. 대기업이라고?

F : 네, 그게 귀국하게 되어버려서….

M : 뭐? 여기서 취직하고 싶다고 말하고, [1]대학원에도 진학했는데? 가족이 병환이라도?

F : [2]할아버지가 1년 전부터 몸 상태가 나빠지고 있지만, 가족은 하고 싶은 것을 하라고 말해주고 있어서, 그쪽은 괜찮아요. 실은 모국에 있을 때부터 사귀고 있는 사람이 있어서, [3]그 분과 6월에 결혼하게 되어요.

M : 그렇구나, 축하해.

F : 갑작스런 이야기지만, 상대의 할머님이 고령이셔서 건강하실 때 하자는 이야기가 된 거예요.

M : 그건 좋은 일이네. 그럼, 이제 일 안 하는거야?

F : 그게 고마운 일인데요, 취직이 결정된 회사에 상담하니까, [4]모국의 지점에서 일할 수 있도록 해 주셨어요.

M : 그건 잘됐네. 이제부터 바빠지겠어.

여자는 왜 귀국하게 된 것입니까?

이휘 進学 しんがく 圏진학   体調 たいちょう 圏몸 상태   決まる きまる 图결정되다, 정해지다   就職 しゅうしょく 圏취직
帰国 きこく 圏귀국   日本 にほん 圏일본   大手メーカー おおてメーカー 圏대기업   大学院 だいがくいん 圏대학원
祖父 そふ 圏할아버지, 조부   体調を崩す たいちょうをくずす 몸 상태가 나빠지다   実は じつは 閉실은
付き合う つきあう 图사귀다, 교제하다   急だ きゅうだ な형갑작스럽다, 급하다   相手 あいて 圏상대   高齢 こうれい 圏고령
元気だ げんきだ な형건강하다   ありがたい い형고맙다   相談 そうだん 圏상담   支店 してん 圏지점

실력 다지기

대화를 듣고 질문에 답하세요.

01 ① 打_うち上_あげに参加_{さんか}したくないから

    ② 病院_{びょういん}の予約_{よやく}があるから

02 ① 絵_えを見_みるのが好_すきだから

    ② 絵_えに興味_{きょうみ}があるから

03 ① エレベーターがないから

    ② 見_みる必要_{ひつよう}がなくなったから

04 ① 花火_{はなび}をする約束_{やくそく}をしたから

    ② 庭_{にわ}の木_きや花_{はな}に水_{みず}をやる予定_{よてい}だから

05 ① 思_{おも}い出_だしたくない記憶_{きおく}があるから

    ② アレルギーがあるから

06 ① いろんな講座があること

② イベントに参加できること

07 ① 引っ越しをするかどうか

② アルバイト先を変えるかどうか

08 ① 手軽なレシピの割にはすばらしい

② ねぎの甘みが良くておいしい

09 ① 通勤が大変なこと

② 週末にも接待などで働くこと

10 ① 来週の月曜日

② 今週の金曜日

정답 해설집 p.106

🔊 문제2 포인트이해_03실전테스트 1.mp3

무료 MP3 바로듣기

もんだい
問題2

　問題2では、まず質問を聞いてください。そのあと、問題用紙のせんたくしを読んでください。読む時間があります。それから話を聞いて、問題用紙の１から４の中から、最もよいものを一つ選んでください。

1番

1　いつまでも若く見られたいから

2　仕事がないときひまだから

3　一人でじっくり考えたいから

4　年を取っても健康でいたいから

2番

1　引っ越しを頼む会社がなかったこと

2　うちの近くに転勤することになったこと

3　引っ越し先が便利な場所になかったこと

4　家賃が高くて条件に合わなかったこと

3番

1 管理人に犬や猫の飼育は禁止と言われたから

2 友達と話していた時にすすめられたから

3 コミュニケーションが取れるとわかったから

4 朝、早起きしたいと思っていたから

4番

1 来週の水曜日

2 来週の木曜日

3 再来週の月曜日

4 再来週の火曜日

5番

1 日本語の会話

2 面接

3 交通費

4 アルバイト

6番

1 全品割引になること

2 割引券がもらえること

3 野菜が割引になること

4 魚が割引になること

정답 해설집 p.110

🔊 문제2 포인트이해_03실전테스트 2.mp3

무료 MP3 바로듣기

もんだい
問題2

問題2では、まず質問を聞いてください。そのあと、問題用紙のせんたくしを読んでください。読む時間があります。それから話を聞いて、問題用紙の1から4の中から、最もよいものを一つ選んでください。

1番

1 スケート場に通えなくなったこと

2 先輩の話を聞いたこと

3 友達を増やしたいと思ったこと

4 スキーの道具をもらったこと

2番

1 娘が忙しいから

2 朝食をとるから

3 健康にいいから

4 仕事のメールをするから

3番

1　飛行機代やホテル代が高いから

2　どこに行っても混んでいるから

3　母親が入院して手術をするから

4　父親が落ち着かなくて心配だから

4番

1　お店の売り上げを上げるため

2　持ち物を少しでも減らすため

3　ごみを減らして地球かんきょうを守るため

4　ビニール傘の忘れ物を少なくするため

5番

1　人に意見を聞く難しさ

2　友達への結婚のプレゼント

3　女の人が持っているもの

4　来週の結婚式にすること

6番

1　娘が病気だから

2　夫が早退したから

3　仕事が終わらないから

4　家で資料をまとめるから

정답 해설집 p.115

🔊 문제2 포인트이해_03실전테스트 3.mp3

もんだい
問題2

　問題2では、まず質問を聞いてください。そのあと、問題用紙のせんたくしを読んでください。読む時間があります。それから話を聞いて、問題用紙の1から4の中から、最もよいものを一つ選んでください。

1番

1　研究発表の内容を問うため

2　授業の課題を減らしてもらうため

3　研究発表のリーダーになるため

4　研究発表のリーダーを変えてもらうため

2番

1　商品の説明が足りないこと

2　商品の説明が細かすぎること

3　目的が書かれていないこと

4　目的がくわしく書いてあること

3番

1 今の仕事がつまらないから

2 今の給料に不満があるから

3 両親の近くに住みたいから

4 経験を生かせる仕事がしたいから

4番

1 アパートがこわされるから

2 今のアパートは駅から遠いから

3 ウサギをかっているから

4 もっと広くて新しいところがいいから

5番

1 さいがいへの準備が足りないこと

2 さいがいの時にあわててしまうこと

3 こうずいが起きること

4 逃げる道順と場所を知らないこと

6番

1 ほかのカメラよりきれいな写真がとれる

2 場所がわかる機能が付いている

3 小さくて軽く、持ち運びがしやすい

4 写真をいろいろと編集できる

정답 해설집 p.120

개요 이해

개요 이해는 방송, 강연, 공지 등의 한 사람이 하는 말이나, 두 사람의 대화를 듣고 개요, 즉 주요 내용을 파악하는 문제로, 총 5문항이 출제된다. 주제나 핵심 내용이 무엇인지, 화자의 생각이나 행위의 목적이 무엇인지 고르는 문제가 출제된다.

◆ 핵심 전략

1 개요 이해에서는 맨 처음에 상황 설명만 들려주고 질문은 들려주지 않는다. 따라서 상황 설명을 들을 때 화자가 몇 명인지 파악하고, 이어지는 한 사람의 말이나 대화를 들을 때 개요, 즉 주제나 주요 내용을 파악하며 듣는다.

예 ラジオで医師が話しています。 라디오에서 의사가 이야기하고 있습니다.

女の人と男の人が学校で話しています。 여자와 남자가 학교에서 이야기하고 있습니다.

2 화자가 한 명인 경우에는 주제나 핵심 내용을 묻는 문제가 출제된다.

예 医師は、何について話していますか。 의사는 무엇에 대해 이야기하고 있습니까?

この選手は1年がどうだったと言っていますか。 이 선수는 1년이 어땠다고 말하고 있습니까?

3 화자가 두 명인 경우에는 두 번째로 언급된 화자의 생각이나 행위의 목적을 묻는 문제가 출제된다.

예 女の人は野菜についてどう思っていますか。 여자는 야채에 대해 어떻게 생각하고 있습니까?

男の人は何をしに来ましたか。 남자는 무엇을 하러 왔습니까?

4 개요 이해부터는 문제지에 아무것도 제시되어있지 않고 오로지 듣기로만 문제를 풀어야하므로, 청해 음성을 들으며 주요 내용을 한국어 또는 일본어로 메모하는 연습을 꾸준히 해야한다.

5 가게·시설, 양육·음식, 취미·흥미, 자연, 직장·학교 등과 같은 소재로 자주 출제되므로, N2 필수 단어·문형 암기장(p.48~50)을 활용하여 관련된 어휘를 꼼꼼히 학습해둔다.

─● 문제 풀이 Step

<u>Step 1</u> **음성에서 상황 설명을 듣고 한 사람의 말 또는 대화 중 무엇을 듣게 될지를 파악한 후 질문을 미리 예상한다.**

상황 설명에서 언급된 화자가 한 사람이면 주제나 핵심 내용을 묻는 질문이, 두 사람이면 두 번째로 언급된 화자의 생각이나 행위의 목적을 묻는 질문이 나올 것임을 예상한다.

상황설명 ラジオで女の人がお茶について話しています。
　　　　　화자 한 사람, 주제／핵심 내용 질문 예상

라디오에서 여자가 차에 대해 이야기하고 있습니다.

<u>Step 2</u> **음성을 들을 때 주요 내용을 파악하고 간단히 메모한다.**

화자가 어떤 말을 하고 있는지 문제지 빈 공간에 들리는 어휘나 표현을 간단하게 메모하면서 말이나 대화의 내용과 흐름을 파악한다.

음성 女: 最近働く女性の間でお茶を飲む人が増えてきたそうです。コーヒーのように眠気
　　　　　　　　　　　　　　차 마시는 여성 늚

をさます効果はあまりありませんが、さまざまな香りを楽しめてリラックス効果も
　　잠 깨는 효과는 없음　　　　　　　　여러 향기　　　　　　릴랙스 효과

高いからだそうです。

최근 일하는 여성 사이에서 차를 마시는 사람이 늘었다고 합니다. 커피처럼 잠을 깨우는 효과는 별로 없습니다만, 여러 가지 향을 즐길 수 있고 릴랙스 효과도 높기 때문이라고 합니다.

<u>Step 3</u> **음성에서 질문과 선택지를 듣고, 알맞은 내용의 선택지를 정답으로 고른다.**

질문을 듣고, 무엇을 묻는 문제인지 정확하게 파악한다. 그리고 이어지는 선택지를 들으며, 메모를 토대로 질문에 가장 알맞은 내용의 선택지를 정답으로 고른다.

질문 女の人は何について話していますか。여자는 무엇에 대해 이야기하고 있습니까?
　　　　　　　　주제

선택지 ✓ 1 お茶が人気になった理由 차가 인기 있게 된 이유

　　　　　2 お茶の飲み方 차를 마시는 방법

문제 풀이 Step 적용 🔊 문제3 개요이해_01문제풀이Step 적용.mp3

[문제지]

問題3では、問題用紙に何もいんさつされていません。この問題は、全体としてどんな内容かを聞く問題です。話の前に質問はありません。まず話を聞いてください。それから、質問とせんたくしを聞いて、1から4の中から、最もよいものを一つ選んでください。

－メモ－

여자

고가격 투어   매상 증가

특별한 경험   경치와 요리를 즐김   그 지방에 밖에 없는 것

Step 2 음성을 들을 때 주요 내용을 파악하고 간단히 메모한다.

[음성]

旅行会社の会議で、女の人が話しています。

Step 1 음성에서 상황 설명을 듣고 한 사람의 말 또는 대화 중 무엇을 듣게 될지를 파악한 후 질문을 미리 예상한다.

F：今年は、国内旅行全体の契約数は減ったものの、高価格のツアーの売上が増加しました。多少費用が高くなっても、特別な経験ができる旅行がしたいと思う人が増加しているためと考えられます。例えば、普通の乗車料金の倍の金額であっても、景色と料理を楽しみながらゆっくりと目的地へ向かう観光列車に人気が集まっています。ホテルを選ぶ際にも、宿泊費の安さよりも、その土地にしかない食べ物やサービスがあるかを重視するお客様が増えています。

女の人は何について話していますか。

1 国内旅行者が増えた原因

✓2 高価格ツアーが売れる理由

3 観光列車の魅力

4 旅行の価格とサービスの関係

Step 3 음성에서 질문과 선택지를 듣고, 알맞은 내용의 선택지를 정답으로 고른다.

Step1 상황 설명에서 언급된 화자가 여자 한 명이므로, 주제나 핵심 내용을 묻는 문제가 나올 것임을 예상한다.

Step2 고가격의 투어 매상이 증가했는데, '특별한 경험을 할 수 있는 여행'을 하고 싶다고 생각하는 사람이 늘고, '경치와 요리를 즐기면서 느긋하게 목적지로 향하는 관광열차', '그 지방에 밖에 없는 음식이나 서비스가 있는지를 중시'를 예로 들고 있다.

Step3 질문에서 여자가 무엇에 대해 이야기하고 있는지 묻고 있다. 特別な経験ができる旅行(특별한 경험을 할 수 있는 여행), 景色と料理を楽しみながらゆっくりと目的地へ向かう観光列車(경치와 요리를 즐기면서 느긋하게 목적지로 향하는 관광열차), その土地にしかない食べ物やサービスがあるかを重視(그 지방에 밖에 없는 음식이나 서비스가 있는지를 중시)는 모두 고가격 투어가 팔리는 이유이므로, 2 高価格ツアーが売れる理由(고가격 투어가 팔리는 이유)를 정답으로 고른다.

[문제지]

문제3에서는, 문제 용지에 아무것도 인쇄되어 있지 않습니다. 이 문제는, 전체적으로 어떤 내용인지를 묻는 문제입니다. 이야기 전에 질문은 없습니다. 우선 이야기를 들어주세요. 그리고 나서, 질문과 선택지를 듣고, 1에서 4 중에, 가장 알맞은 것을 하나 골라주세요.

[음성]

여행회사의 회의에서, 여자가 이야기하고 있습니다.

F : 올해는, 국내여행 전체의 계약 수는 줄었지만, 고가격의 투어 매상이 증가했습니다. 다소 비용이 비싸져도, **특별한 경험을 할 수 있는 여행**을 하고 싶다고 생각하는 사람이 증가했기 때문이라고 생각됩니다. 예를 들면, 보통의 승차요금의 배의 금액이라도, **경치와 요리를 즐기면서 느긋하게 목적지로 향하는 관광열차**에 인기가 모이고 있습니다. 호텔을 고를 때도, 숙박비의 저렴함보다도, 그 지방에 밖에 없는 음식이나 서비스가 있는지를 중시하는 손님이 늘고 있습니다.

여자는 무엇에 대해 이야기하고 있습니까?
1 국내여행자가 늘어난 원인
2 고가격 투어가 팔리는 이유
3 관광열차의 매력
4 여행 가격과 서비스의 관계

어휘　国内旅行 こくないりょこう 圏국내여행　全体 ぜんたい 圏전체　契約数 けいやくすう 圏계약 수　減る へる 圏줄다
　　　高価格 こうかかく 圏고가격　ツアー 圏투어　売上 うりあげ 圏매상　増加 ぞうか 圏증가　多少 たしょう 圕다소
　　　費用 ひよう 圏비용　特別だ とくべつだ 전형특별하다　経験 けいけん 圏경험　考える かんがえる 圏생각하다
　　　例えば たとえば 圕예를 들어　普通 ふつう 圏보통　乗車料金 じょうしゃりょうきん 圏승차요금　倍 ばい 圏배
　　　金額 きんがく 圏금액　景色 けしき 圏경치　楽しむ たのしむ 圏즐기다　ゆっくり 圕느긋하게　目的地 もくてきち 圏목적지
　　　向かう むかう 圏향하다　観光列車 かんこうれっしゃ 圏관광열차　人気 にんき 圏인기　集まる あつまる 圏모으다
　　　選ぶ えらぶ 圏고르다　宿泊費 しゅくはくひ 圏숙박비　土地 とち 圏지방, 토지　サービス 圏서비스　重視 じゅうし 圏중시
　　　お客様 おきゃくさま 圏손님　国内旅行者 こくないりょこうしゃ 圏국내 여행자　原因 げんいん 圏원인　理由 りゆう 圏이유
　　　魅力 みりょく 圏매력　価格 かかく 圏가격　関係 かんけい 圏관계

실력 다지기

🔊 문제3 개요이해_02실력다지기.mp3

대화를 듣고 질문에 답하세요.

01 ①　　　　　②

02 ①　　　　　②

03 ①　　　　　②

04 ①　　　　　②

05 ①　　　　　②

06 ①　　　　　②

07 ①　　　　　②

08 ①　　　　　②

09 ①　　　　　②

10 ①　　　　　②

정답 해설집 p.125

무료 MP3 바로듣기

もんだい
問題3

問題3では、問題用紙に何もいんさつされていません。この問題は、全体としてどんな内容かを聞く問題です。話の前に質問はありません。まず話を聞いてください。それから、質問とせんたくしを聞いて、1から4の中から、最もよいものを一つ選んでください。

-メモ-

※ 아래에 핵심 내용을 메모하면서 풀어보세요.

실전 테스트 1 🔊 문제3 개요이해_03실전테스트 1.mp3

정답 해설집 p.128

실전 테스트 2 🔊 문제3 개요이해_03실전테스트 2.mp3

정답 해설집 p.132

실전 테스트 3 🔊 문제3 개요이해_03실전테스트 3.mp3

정답 해설집 p.135

문제 4 즉시 응답

무료 MP3 바로듣기

 즉시 응답은 질문과 3개의 선택지를 듣고 질문에 적절한 응답을 고르는 문제로, 총 10~12문항이 출제된다. 주로 일상적인 상황의 질문에 대해 알맞은 응답을 고르는 문제가 출제된다. 질문이나 응답에 경어가 사용되는 문제도 매회 1문항씩 꾸준히 출제되고 있다.

🎯 핵심 전략

1 질문이 의문문인 경우 주로 권유, 부탁, 사실 확인과 같은 상황으로 출제된다. 질문의 의도에 맞게 승낙하거나 거절하는 응답, 또는 사실을 확인해주는 응답을 정답으로 고른다.

예 F：山田さん、土曜のバイト、私と代わってもらうわけにいかない？
야마다 씨, 토요일 아르바이트, 나랑 바꿔주지 않을래?

　　M：1 土曜ですか。分かりました。 토요일이요? 알겠습니다. (○)

　　　　2 僕、お願いしてませんけど。 저, 부탁하지 않았는데요. (✕)

　　　　3 え？代わってませんけど。 네? 바꾸지 않았는데요. (✕)

2 질문이 평서문인 경우 주로 칭찬, 아쉬움, 위로 등의 감정을 전하거나, 어떠한 사실 또는 경험, 의견을 이야기하는 상황으로 출제된다. 질문의 의도와 상황에 맞게 공감해주는 응답을 정답으로 고른다.

예 M：朝、電車に乗り遅れるところだったんだ。 아침, 전철을 놓칠 뻔했어.

　　F：間に合ってよかったね。 시간에 맞춰 다행이네. (○)

　　　乗れなかった？ 못 탔어? (✕)

　　　電車が遅れたね。 전철이 늦었구나. (✕)

3 오답은 질문의 표현을 반복 사용하거나, 답변자가 아닌 질문자가 해야 하는 말, 시제가 잘못된 말 등으로 혼란을 주므로, 질문의 의도와 상황을 정확하게 이해하고 정답을 고른다.

4 일상생활, 수업·일 등과 관련된 대화가 자주 출제되므로, N2 필수 단어·문형 암기장(p.50)을 활용하여 관련된 어휘를 꼼꼼히 학습해둔다.

문제 풀이 Step

※ 예시 문제가 들릴 때 문제지 빈 공간에 문항 번호를 1번부터 12번까지 미리 1열로 적어둔다.

Step 1 음성에서 질문을 들을 때 내용과 의도, 상황을 파악한다.

질문을 잘 듣고 권유, 칭찬, 아쉬움, 부탁, 위로 등 어떤 의도로 말을 하고 있는지, 그리고 질문의 내용은 무엇인지 정확하게 이해하고 상황을 파악한다.

Step 2 음성에서 선택지를 듣고 질문에 가장 적절한 것을 정답으로 고른다.

질문에 대해 확실하게 정답이라고 생각되는 응답에는 ○, 오답이라고 생각되는 응답은 ×, 정답인지 오답인지 애매한 응답은 △로 표시하고, ○표를 한 응답의 번호를 정답으로 고른다.

문제 풀이 Step 적용 문제4 즉시응답_01문제풀이Step 적용.mp3

[문제지]

問題4では、問題用紙に何もいんさつされていません。まず文を聞いてください。それから、それに対する返事を聞いて、1から3の中から、最もよいものを一つ選んでください。

－メモ－

1 ×, ×, ○
2

> **Step 2** 음성에서 선택지를 듣고 질문에 가장 적절한 것을 정답으로 고른다.
>
> '어디로 옮길까요?'가 의자를 옮겨달라는 부탁에 대한 적절한 응답이므로 3을 정답으로 고른다. 1은 의자를 옮겨야 하는 것은 본인이므로 주체가 맞지 않는 응답, 2는 부탁하는 상황과 맞지 않는 응답이다.

[음성]

F：この椅子、運んでくれない？

M：1　運んでくれますか。　　2　はい、運びません。

✓3　どこに運びましょうか。

> **Step 1** 음성에서 질문을 들을 때 내용과 의도, 상황을 파악한다.
>
> 여자가 남자에게 의자를 옮겨줄 것을 부탁하는 상황이다.

[문제지]

문제4에서는, 문제 용지에 아무것도 인쇄되어 있지 않습니다. 우선 문장을 들어주세요. 그리고 나서, 그것에 대한 대답을 듣고, 1에서 3 중에, 가장 알맞은 것을 하나 골라주세요.

[음성]

F: 이 의자, 옮겨 주지 않을래?
M: 1 옮겨 줄 거예요?　　　2 네, 옮기지 않습니다.
　　3 어디로 옮길까요?

어휘 椅子 いす 圏의자　運ぶ はこぶ 圄옮기다

문제4 즉시응답_02실력다지기.mp3

질문을 듣고 적절한 대답을 고르세요.

01 ①   ②   11 ①   ②

02 ①   ②   12 ①   ②

03 ①   ②   13 ①   ②

04 ①   ②   14 ①   ②

05 ①   ②   15 ①   ②

06 ①   ②   16 ①   ②

07 ①   ②   17 ①   ②

08 ①   ②   18 ①   ②

09 ①   ②   19 ①   ②

10 ①   ②   20 ①   ②

정답 해설집 p.138

무료 MP3 바로듣기

もん だい
問題4

問題4では、問題用紙に何もいんさつされていません。まず文を聞いてください。それから、それに対する返事を聞いて、1から3の中から、最もよいものを一つ選んでください。

-メモ-

※ 아래에 핵심 내용을 메모하면서 풀어보세요.

실전 테스트 1	실전 테스트 2	실전 테스트 3
🔊 문제4 즉시응답_03실전테스트 1.mp3	🔊 문제4 즉시응답_03실전테스트 2.mp3	🔊 문제4 즉시응답_03실전테스트 3.mp3
1	1	1
2	2	2
3	3	3
4	4	4
5	5	5
6	6	6
7	7	7
8	8	8
9	9	9
10	10	10
11	11	11
12	12	12
정답 해설집 p.141	정답 해설집 p.143	정답 해설집 p.146

문제 5 통합 이해

통합 이해는 다소 긴 대화를 듣고 대화 중에 언급되는 여러 가지 정보를 통합하여 푸는 문제이며, 총 3개 대화에 4문항이 출제된다. 1번 문제는 두 사람의 대화를 듣고 최종 선택 내용을 고르는 문제이다. 2번 문제는 세 사람의 대화를 듣고 최종 결정 사항을 고르는 문제이다. 3번 문제의 (1), (2)번 문항은 한 사람이 하는 말과, 그 말을 들은 두 사람의 대화를 듣고 대화자들이 각각 선택한 것을 고르거나, 공통으로 선택한 것을 고르는 문제이다. 1, 2번 문제는 듣기만으로 문제를 풀어야 하고, 3번의 (1), (2)번 문항은 문제지에 선택지가 제시되어 있다. 2, 3번 문제 유형만 출제되기도 한다.

핵심 전략

1 1번 문제는 점원과 손님, 선생님과 학생, 직원과 고객 등의 관계에 있는 두 사람의 대화를 듣고, 화자 중 한 명이 최종적으로 선택한 것을 고르는 문제이다. 대화에서 언급되는 내용들을 잘 듣고 화자의 희망사항에 만족하는 것을 정답으로 고른다.

예 女の人はどの掃除機を買うことにしましたか。 여자는 어느 청소기를 사기로 했습니까?

2 2번 문제는 가족, 친구, 회사 동료 등의 관계에 있는 세 사람의 어떤 주제에 대한 대화를 듣고, 최종적으로 합의한 것을 고르는 문제이다. 화자 각각의 의견을 잘 듣고 세 사람이 합의한 것을 정답으로 고른다.

예 問題を解決するためにどうしますか。 문제를 해결하기 위해 어떻게 합니까?

3 3번 문제는 텔레비전, 라디오, 강의 등에서 한 사람이 문제지에 제시된 4개의 선택지에 대한 특징을 설명하고, 그 설명을 들은 두 사람의 대화를 통해 두 사람이 각각 선택한 것을 고르는 문제이다. 한 사람의 말에서 언급되는 선택지들의 특징을 잘 메모하고, 두 사람의 희망사항에 만족하는 것을 정답으로 고른다.

예 質問1 男の人はどこを見に行きますか。 질문1 남자는 어디를 보러 갑니까?
　 質問2 女の人はどこを見に行きますか。 질문2 여자는 어디를 보러 갑니까?

4 관광・쇼핑, 설명・소개, 논의・의견 등과 관련된 어휘가 자주 출제되므로, N2 필수 단어・문형 암기장 (p.50~51)을 활용하여 관련된 어휘를 꼼꼼히 학습해둔다.

🔵 문제 풀이 Step

Step 1 음성을 들으며 핵심내용을 메모한다.

1번 문제는 대화에서 소개되는 선택사항들의 특징과 화자의 희망사항을, 2번 문제는 화자들의 의견과 합의 내용을, 3번 문제는 선택지들의 특징과 남녀 각각의 희망사항을 메모한다.

[1번]

M：1つ目は最近出た新しい携帯電話で電話とインターネットが制限なく使えるものがあ
　　_{전화, 인터넷 무제한}

　　ります。2つ目は1つ目と同じ最新の機種ですが、電話が1時間を超えると追加の料金
　　_{추가요금}

　　がかかるプランです。ですが1つ目の料金プランより安くなります。
　　_{1번보다 쌈}

F：へえ、そうなんですね。私、電話はあんまりしないので、安くしたほうがいいかも。
　　_{전화 X}　　　　　　　　　　　　　　　　　　　　　　　_{싼 거}

　　じゃあこれにします。

M : 첫 번째는 최근 나온 새로운 휴대전화로 전화와 인터넷을 제한 없이 사용할 수 있는 것이 있습니다. 두 번째는 첫 번째와 같은 최신 기종입니다만, 전화가 1시간을 넘으면 추가 요금이 드는 플랜입니다. 하지만 첫 번째 요금 플랜보다 쌉니다.

F : 음, 그런가요. 나, 전화는 별로 안 하니까, 싸게 하는게 좋을지도. 그럼 이걸로 할게요.

Step 2 음성의 질문을 듣고, 대화의 내용과 메모를 토대로 결정사항을 정답으로 고른다.

1번 문제는 화자의 희망사항을 모두 만족하는 것을, 2번 문제는 최종적으로 합의한 것을 정답으로 고르고, 3번 문제는 질문1과 질문2가 남자인지 여자인지 잘 듣고 각각 선택한 것을 정답으로 고른다.

질문　女の人はどのプランにしますか。 여자는 어느 플랜으로 합니까?

선택지　　　1　1番の料金プラン　1번 요금 플랜

　　　✔　2　2番の料金プラン　2번 요금 플랜

[문제지]

1番、2番

問題用紙に何もいんさつされていません。まず話を聞いてください。それから、質問とせんたくしを聞いて、1から4の中から、最もよいものを一つ選んでください。

－メモ－

1

여자 → 테니스부

① 첫 번째: 공인, 연습 많음, 시합, 남녀 같이

② 두 번째: 공인, 시합, 남녀 따로

③ 세 번째: 연습 주 1회, 시합X, 멤버 많음, 남녀 같이

④ 네 번째: ③과 같음, 부 활동비 쌈, 남녀 같이

여자 → 시합, 연습 따로

> **Step 1** 음성을 들으며 핵심 내용을 메모한다.

[음성]

1番

大学の学生課で女の学生と職員が話しています。

F: あのー、このチラシの四つのテニス部について聞きたいんですが。

M: あ、そうですか。えっと、最初の二つは公認のクラブなんです。[1]一つ目のクラブは、練習日も多いですが、他の大学との試合にも大学を代表して参加します。[2]二つ目のも試合がありますが、こちらは男女のチームが別になりますね。一つ目のは一緒に練習します。

F: へえ。そうですか。

M: ええ、この[3]三つ目のは練習が週に1回ですね。大学を代表しての試合には出ませんが、メンバーは多いです。[4]四つ目のクラブも同じような感じですが部費は一番安いです。

F: あ、そうか。この二つも男女が一緒のチームなんですね。

M: はい、そうです。

F: ふうん、どうせクラブに入るなら、試合にも出たいし、試合は男女別々だから、練習も別のほうがいいかも。うん、これにします。

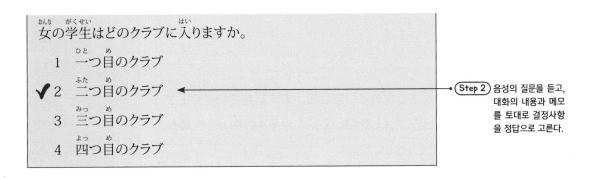

Step 2 음성의 질문을 듣고, 대화의 내용과 메모를 토대로 결정사항을 정답으로 고른다.

Step1 첫 번째 부는 공인이고 연습이 많으며 학교 대표로 시합에 나가고 남녀가 같이 연습한다. 두 번째 부도 공인이고 학교 대표로 시합에 나가지만 남녀가 따로 연습한다. 세 번째 부는 연습이 주 1회이고, 시합에는 나가지 않지만 멤버가 많고 남녀 같이 연습한다. 네 번째 부는 세 번째 부와 비슷하지만 부 활동비가 가장 저렴하고 남녀 같이 연습한다고 한다.

Step2 여학생은 시합에 나가고 싶고, 남녀 따로 연습하는 것을 원하기 때문에, 두 가지 희망사항에 모두 해당하는 2 二つ目のクラブ(두 번째 동아리)를 정답으로 고른다.

[문제지]

1번, 2번

문제 용지에 아무것도 인쇄되어 있지 않습니다. 우선 이야기를 들어주세요. 그리고 나서, 질문과 선택지를 듣고, 1에서 4 중에, 가장 알맞은 것을 하나 골라주세요.

[음성]

1번

대학의 학생과에서 여학생과 직원이 이야기하고 있습니다.

F : 저기, 이 전단지의 네 개의 테니스부에 대해서 물어보고 싶은데요.

M : 아, 그런가요? 음, 맨 처음 두 개는 공인 동아리입니다. [1]첫 번째 동아리는, 연습일도 많습니다만, 다른 대학과의 시합에도 대학을 대표해서 참가합니다. [2]두 번째 것도 시합이 있습니다만, 이쪽은 남녀팀이 별도입니다. 첫 번째 것은 함께 연습합니다.

F : 아. 그래요?

M : 네, 이 [3]세 번째 것은 연습이 주 1회네요. 대학을 대표해서 시합에는 나가지 않지만, 멤버는 많습니다. [4]네 번째 동아리도 같은 느낌이지만 부 활동비는 가장 쌉니다.

F : 아, 그렇구나. 이 두 개도 남녀 함께인 팀이죠?

M : 네, 그렇습니다.

F : 흠, 어차피 동아리에 들어간다면, 시합에도 나가고 싶고, 시합은 남녀 따로따로이니까, 연습도 따로인 편이 좋을지도. 그래, 이것으로 할게요.

여학생은 어느 동아리에 들어갑니까?

1 첫 번째 동아리

2 두 번째 동아리

3 세 번째 동아리

4 네 번째 동아리

어휘 学生課 がくせいか 몡학생과　チラシ 몡전단지　テニス部 テニスぶ 몡테니스부　最初 さいしょ 몡맨 처음, 최초
公認 こうにん 몡공인　クラブ 몡동아리, 클럽　練習日 れんしゅうび 몡연습일　試合 しあい 몡시합　代表 だいひょう 몡대표
参加 さんか 몡참가　男女 だんじょ 몡남녀　チーム 몡팀　別 べつ 몡별도, 따로　メンバー 몡멤버　部費 ぶひ 몡부 활동비
どうせ 图어차피　別々だ べつべつだ 饮혱따로따로다

[문제지]

1番、2番

　問題用紙に何もいんさつされていません。まず話を聞いてください。それから、質問とせんたくしを聞いて、1から4の中から、最もよいものを一つ選んでください。

　　　　　　　　　　　－メモ－

　　　　2　가족, 새로운 게임

　　　　　- 특별히 사줌 : 응석 받아주지마

　　　　　- 시간 정함 : 엄격하게 하지마

　　　　　- 성적 오르면? : 테스트 결과에 따라 OK

Step 1 음성을 들으며 핵심 내용을 메모한다.

[음성]

2番

家族3人が、ゲームについて話しています。

F1：ねえ、お母さん、新しいゲームが欲しいんだけど。

F2：え?ゲーム?そんなにゲームばっかりしてたら、勉強する時間がなくなるんじゃない。

F1：えー、でも、先週のテストだって、よかったでしょ。

M：じゃあ、[1]今回は特別に、買ってやってもいいかな。

F2：お父さん、[1´]そんなに甘やかさないで。昨日だって、夜中まで起きてたから、今朝、寝坊してたじゃない。

F1：今朝はちょっと疲れて起きられなかっただけだって。ねえ、お父さん、いいでしょ。

M：[2]ゲームする時間を決めるんだったら、いいかもな。

F1：えー、[2´]小学生じゃないんだから、そんなに厳しくしないでほしいなあ。

F2：私は勉強のことが心配なのよ。ゲームは時間が取られるから。

F1：じゃあ、[3]夏休みの前のテストの成績が上がったら、買ってもらえる?

M：そうだな。約束が守れるなら、テストの成績も上がるかもな。どうだ?

F 2 : しょうがないわね。[3]テストの結果次第ね。

ゲームを買うことについて、どう決めましたか。

1　英語のテストがよかったから、すぐに買う
2　ゲームをする時間を決めてから、買う
✓ 3　夏休み前のテストの成績がよかったら、買う　←
4　勉強する約束を守ったら、買う

Step 2 음성의 질문을 듣고, 대화의 내용과 메모를 토대로 결정사항을 정답으로 고른다.

Step1 첫 번째로 성적이 좋았기 때문에 특별히 사준다, 두 번째로 게임하는 시간을 정하면 괜찮다, 세 번째로 여름방학 전 시험 성적을 올리면 사준다의 세 가지 의견이 있었다. 아빠의 특별히 사준다는 말에는 엄마가 응석을 받아주지 말라며 반대하고, 게임을 하는 시간을 정하는 것은 초등학생도 아니니 그렇게 엄격하게 하지는 말라고 딸이 반대하고 있다.

Step2 최종적으로 여름 방학 전 테스트 결과에 따라 사주겠다고 했으므로, 3 夏休み前のテストの成績がよかったら、買う(여름 방학 전의 테스트 성적이 좋으면, 산다)를 정답으로 고른다.

[음성]

2번

가족 3명이, 게임에 대해 이야기하고 있습니다.

F1 : 있잖아, 엄마, 새로운 게임이 갖고 싶은데.

F2 : 응? 게임? 그렇게 게임만 하고 있으면, 공부할 시간이 없어지잖아.

F1 : 아, 하지만, 지난 주 테스트도, 잘 봤잖아.

M : 그럼, [1]이번에는 특별히, 사 줘도 괜찮으려나.

F2 : 아빠, [1]그렇게 응석을 받아주지마. 어제도, 한밤중까지 일어나 있어서, 오늘 아침, 늦잠을 잤잖아.

F1 : 오늘 아침은 좀 피곤해서 일어날 수 없었던 것뿐이라니까. 그렇지, 아빠, 괜찮지.

M : [2]게임하는 시간을 정한다면, 괜찮을지도.

F1 : 아, [2]초등학생이 아니니까, 그렇게 엄격하게 하지 않았으면 좋겠어.

F2 : 나는 공부가 걱정인 거야. 게임은 시간을 뺏기니까.

F1 : 자, [3]여름 방학 전의 테스트 성적이 오르면, 사줄 거야?

M : 그렇네. 약속을 지킬 수 있다면, 테스트 성적도 오를지도. 어때?

F2 : 이럴 수기 없네. [3]테스트 결과 나름이야.

게임을 사는 것에 대해서, 어떻게 정했습니까?

1 영어 테스트를 잘 보면, 바로 산다

2 게임을 할 시간을 정하고 나서, 산다

3 여름 방학 전의 테스트 성적이 좋으면, 산다

4 공부하는 약속을 지킨다면, 산다

어휘 ゲーム 圏게임　今回 こんかい 圏이번　特別だ とくべつだ な형특별하다　甘やかす あまやかす 圏응석을 받아주다
夜中 よなか 圏한밤중　起きる おきる 圏일어나다　寝坊 ねぼう 圏늦잠　疲れる つかれる 圏피곤하다　決める きめる 圏정하다
小学生 しょうがくせい 圏초등학생　厳しい きびしい い형엄격하다　心配 しんぱい 圏걱정　成績 せいせき 圏성적
上がる あがる 圏오르다　約束 やくそく 圏약속　守る まもる 圏지키다　結果 けっか 圏결과

[문제지]

3番
ばん

まず話を聞いてください。それから、二つの質問を聞いて、それぞ
はなし き ふた しつもん き
れ問題用紙の１から４の中から、最もよいものを一つ選んでください。
もんだいようし なか もっと ひと えら

質問1
しつもん

✓ 1 面接力アップ 실제 기업 사람과 면접 체험
   めんせつりょく

2 自己分析 본인이 어떤 직업에 맞는지 알 수 있음
  じこぶんせき

3 企業研究 희망 기업이 좋은 회사인지 연구
  きぎょうけんきゅう

4 エントリーシート作成 입사 지원서 작성법 배움
              さくせい

Step 2 음성의 질문을 듣고, 대화의 내용과 메모를 토대로 결정사항을 정답으로 고른다.

Step 1 음성을 들으며 핵심내용을 메모한다.

[음성]

就職活動のためのセミナーのお知らせを聞いて、男の学生と女の学生
しゅうしょくかつどう し き おとこ がくせい おんな がくせい
が話しています。
はな

M1: 来年度の卒業生を対象とした４つのセミナーのご案内です。一
    らいねんど そつぎょうせい たいしょう あんない ひと
    つ目は、面接力アップセミナーです。[1]実際に企業の方との面接
    め めんせつりょく じっさい きぎょう かた めんせつ
    が体験できます。二つ目は、自己分析セミナーです。[2]自分が
    たいけん ふた め じこぶんせき じぶん
    どんな職業に向いているかを知ることができます。三つ目は、企
    しょくぎょう む みっ め
    業研究セミナーです。[3]希望している企業が本当にいい会社かど
    ぎょうけんきゅう きぼう きぎょう ほんとう かいしゃ
    うかを研究できます。最後は、エントリーシート作成セミナーで
    けんきゅう さいご さくせい
    す。[4]エントリーシートの書き方を、去年入社した先輩から教えて
         か かた きょねんにゅうしゃ せんぱい おし
    もらえます。

F: もうこういう時期になったのね。そろそろ考えなきゃね。
            じき かんが

M2: 残業や転勤とか、会社のことをまず知りたいけどな。でも、それ
    ざんぎょう てんきん かいしゃ し
    は、先輩に聞いたり、ネットで調べられるかもしれないな。
      せんぱい き しら

F: そうだね。エントリーシートの書き方もサンプルがありそうね。
              か かた

M2: [남]企業の人との面接ができるセミナーって、なかなかないから、
       きぎょう ひと めんせつ
    これはチャンスだな。僕は話す練習をしてみるよ。
               ぼく はな れんしゅう

F: そっか。[여]私は自分が選んだ職業が、自分に向いてるかどうか、まだ
        わたし じぶん えら しょくぎょう じぶん む
    自信がないから、それを確認してから、面接の練習をしてみるわ。
    じしん かくにん めんせつ れんしゅう

質問１ 男の学生は、どのセミナーに参加しますか。
しつもん おとこ がくせい さんか

Step1 1 '면접력 업'은 실제 기업의 사람과 면접 체험을 할 수 있고, 2 '자기 분석'은 자신이 어떤 직업에 어울리는지 알 수 있으며, 3 '기업 연구'는 희망하는 기업이 좋은 기업인지 아닌지 연구하고, 4 '입사 지원서 작성'은 작년 입사한 선배로부터 입사 지원서 작성법을 배우는 것이라고 하고 있다. 남자는 기업 사람과 면접을 할 수 있는 세미나는 좀처럼 없으니까 기회라며 말하는 연습을 하겠다고 하고, 여자는 본인이 고른 직업이 자신에게 맞는지 자신이 없어 그것을 확인하고 싶다고 하고 있다.

Step2 질문1은 남학생이 어느 세미나에 참가하는지 묻고 있으므로, 면접 체험을 할 수 있는 1 面接力アップ(면접력 업)를 정답으로 고른다.

[문제지]

3번

우선 이야기를 들어주세요. 그리고 나서, 두 질문을 듣고, 각각 문제 용지의 1에서 4 중에, 가장 알맞은 것을 하나 골라주세요.

질문1

1 면접력 업

2 자기 분석

3 기업 연구

4 입사 지원서 작성

[음성]

3번

취직 활동을 위한 세미나 안내를 듣고, 남학생과 여학생이 이야기하고 있습니다.

M1 : 내년도의 졸업생을 대상으로 한 4개의 세미나 안내입니다. 첫 번째는, 면접력 업 세미나입니다. [1]실제로 기업 분과의 면접을 체험할 수 있습니다. 두 번째는, 자기 분석 세미나 입니다. [2]자신이 어떤 직업에 적합한지를 알 수 있습니다. 세 번째는, 기업 연구 세미나입니다. [3]희망하고 있는 기업이 정말로 좋은 회사인지 어떤지를 연구할 수 있습니다. 마지막은, 입사 지원서 작성 세미나입니다. [4]입사 지원서의 작성법을, 작년 입사한 선배에게 배울 수 있습니다.

F : 벌써 이런 시기가 됐네. 슬슬 생각해야겠어.

M2 : 잔업이나 전근이라던지, 회사에 관한 것을 우선 알고 싶은데. 하지만, 그건 선배에게 묻거나, 인터넷으로 찾아볼 수 있을지도 모르겠네.

F1 : 그렇네. 입사 지원서의 작성법도 샘플이 있을 것 같아.

M2 : [분]기업 사람과의 면접을 할 수 있는 세미나는, 좀처럼 없으니까, 이건 찬스네. 나는 말하는 연습을 해 볼래.

F : 그래? [예]나는 내가 선택한 직업이 나에게 적합한지 어떤지, 아직 자신이 없으니까, 그걸 확인하고 나서, 면접 연습을 해 볼래.

질문1 남학생은 어느 세미나에 참가합니까?

어휘 就職活動 しゅうしょくかつどう 圏 취직 활동　セミナー 圏 세미나　お知らせ おしらせ 圏 안내, 알림　来年度 らいねんど 圏 내년도
卒業生 そつぎょうせい 圏 졸업생　対象 たいしょう 圏 대상　案内 あんない 圏 안내　面接力 めんせつりょく 圏 면접력
アップ 圏 업, 상승　実際に じっさいに 団 실제로　企業 きぎょう 圏 기업　体験 たいけん 圏 체험　自己分析 じこぶんせき 圏 자기 분석
職業 しょくぎょう 圏 직업　向いている むいている 적합하다, 이상적이다　企業研究 きぎょうけんきゅう 圏 기업 연구
希望 きぼう 圏 희망　最後 さいご 圏 마지막, 최후　エントリーシート 圏 입사 지원서　作成 さくせい 圏 작성
書き方 かきかた 圏 작성법　入社 にゅうしゃ 圏 입사　先輩 せんぱい 圏 선배　時期 じき 圏 시기　そろそろ 団 슬슬
考える かんがえる 图 생각하다　残業 ざんぎょう 圏 잔업　転勤 てんきん 圏 전근　まず 団 우선　ネット 圏 인터넷
調べる しらべる 图 찾아보다, 조사하다　サンプル 圏 샘플　なかなか 圏 좀처럼, 거의　チャンス 圏 찬스, 기회
選ぶ えらぶ 图 선택하다, 고르다　職業 しょくぎょう 圏 직업　自信 じしん 圏 자신, 자신감　確認 かくにん 圏 확인　参加 さんか 圏 참가

실력 다지기

🔊 문제5 통합이해_02실력다지기.mp3

대화를 듣고 질문에 답하세요.

01 ①

②

③

02 ①

②

③

03 ①

②

③

04 ①

②

③

05 <ruby>質問<rt>しつもん</rt></ruby>1

① <ruby>中国<rt>ちゅうごく</rt></ruby>

② アメリカ

③ フランス

<ruby>質問<rt>しつもん</rt></ruby>2

① <ruby>中国<rt>ちゅうごく</rt></ruby>

② アメリカ

③ フランス

06 <ruby>質問<rt>しつもん</rt></ruby>1

① A <ruby>企業<rt>きぎょう</rt></ruby>

② B <ruby>企業<rt>きぎょう</rt></ruby>

③ C <ruby>企業<rt>きぎょう</rt></ruby>

<ruby>質問<rt>しつもん</rt></ruby>2

① A <ruby>企業<rt>きぎょう</rt></ruby>

② B <ruby>企業<rt>きぎょう</rt></ruby>

③ C <ruby>企業<rt>きぎょう</rt></ruby>

정답 해설집 p.149

정해

문제 5 통합 이해

해커스 JLPT [N2] 한 권으로 합격

🔊 문제5 통합이해_03실전테스트 1.mp3

もんだい 問題5

問題5では、長めの話を聞きます。この問題には練習はありません。
問題用紙にメモをとってもかまいません。

1番、2番

問題用紙に何もいんさつされていません。まず話を聞いてください。それから、質問とせんたくしを聞いて、1から4の中から、最もよいものを一つ選んでください。

-メモ-

3番
<ruby>番<rt>ばん</rt></ruby>

まず<ruby>話<rt>はなし</rt></ruby>を<ruby>聞<rt>き</rt></ruby>いてください。それから、<ruby>二<rt>ふた</rt></ruby>つの<ruby>質問<rt>しつもん</rt></ruby>を<ruby>聞<rt>き</rt></ruby>いて、それぞれの<ruby>問題用紙<rt>もんだいようし</rt></ruby>の
1から4の<ruby>中<rt>なか</rt></ruby>から、<ruby>最<rt>もっと</rt></ruby>もよいものを<ruby>一<rt>ひと</rt></ruby>つ<ruby>選<rt>えら</rt></ruby>んでください。

質問1
<ruby>質問<rt>しつもん</rt></ruby>

1 ホテルのカフェ

2 <ruby>遊園地<rt>ゆうえんち</rt></ruby>

3 <ruby>川沿<rt>かわぞ</rt></ruby>い

4 <ruby>散歩<rt>さんぽ</rt></ruby>コース

質問2
<ruby>質問<rt>しつもん</rt></ruby>

1 ホテルのカフェ

2 <ruby>遊園地<rt>ゆうえんち</rt></ruby>

3 <ruby>川沿<rt>かわぞ</rt></ruby>い

4 <ruby>散歩<rt>さんぽ</rt></ruby>コース

정답 해설집 p.153

🔊 문제5 통합이해_03실전테스트 2.mp3

무료 MP3 바로듣기

もんだい
問題5

問題5では、長めの話を聞きます。この問題には練習はありません。
問題用紙にメモをとってもかまいません。

ばん ばん
1番、2番

問題用紙に何もいんさつされていません。まず話を聞いてください。それから、質問とせんたくしを聞いて、1から4の中から、最もよいものを一つ選んでください。

-メモ-

3番
<ruby>番<rt>ばん</rt></ruby>

まず<ruby>話<rt>はなし</rt></ruby>を<ruby>聞<rt>き</rt></ruby>いてください。それから、<ruby>二<rt>ふた</rt></ruby>つの<ruby>質問<rt>しつもん</rt></ruby>を<ruby>聞<rt>き</rt></ruby>いて、それぞれの<ruby>問題用紙<rt>もんだいようし</rt></ruby>の
１から４の<ruby>中<rt>なか</rt></ruby>から、<ruby>最<rt>もっと</rt></ruby>もよいものを<ruby>一<rt>ひと</rt></ruby>つ<ruby>選<rt>えら</rt></ruby>んでください。

質問1
<ruby>質問<rt>しつもん</rt></ruby>

1　<ruby>参加者<rt>さんかしゃ</rt></ruby>の<ruby>人数<rt>にんずう</rt></ruby>を<ruby>確認<rt>かくにん</rt></ruby>する

2　しかいをする

3　プレゼントを<ruby>買<rt>か</rt></ruby>う

4　チームを<ruby>分<rt>わ</rt></ruby>ける

質問2
<ruby>質問<rt>しつもん</rt></ruby>

1　<ruby>参加者<rt>さんかしゃ</rt></ruby>の<ruby>人数<rt>にんずう</rt></ruby>を<ruby>確認<rt>かくにん</rt></ruby>する

2　しかいをする

3　プレゼントを<ruby>買<rt>か</rt></ruby>う

4　チームを<ruby>分<rt>わ</rt></ruby>ける

정답 해설집 p.156

🔊 문제5 통합이해_03실전테스트 3.mp3

무료 MP3 바로듣기

問題5

問題5では、長めの話を聞きます。この問題には練習はありません。
問題用紙にメモをとってもかまいません。

1番、2番

問題用紙に何もいんさつされていません。まず話を聞いてください。それから、質問とせんたくしを聞いて、1から4の中から、最もよいものを一つ選んでください。

-メモ-

3番
<ruby>番<rt>ばん</rt></ruby>

まず<ruby>話<rt>はなし</rt></ruby>を<ruby>聞<rt>き</rt></ruby>いてください。それから、<ruby>二<rt>ふた</rt></ruby>つの<ruby>質問<rt>しつもん</rt></ruby>を<ruby>聞<rt>き</rt></ruby>いて、それぞれの<ruby>問題用紙<rt>もんだいようし</rt></ruby>の
1から4の<ruby>中<rt>なか</rt></ruby>から、<ruby>最<rt>もっと</rt></ruby>もよいものを<ruby>一<rt>ひと</rt></ruby>つ<ruby>選<rt>えら</rt></ruby>んでください。

質問1
<ruby>質問<rt>しつもん</rt></ruby>

1　かんこく<ruby>語<rt>ご</rt></ruby>

2　<ruby>料理<rt>りょうり</rt></ruby>

3　<ruby>話<rt>はな</rt></ruby>し<ruby>方<rt>かた</rt></ruby>

4　<ruby>写真<rt>しゃしん</rt></ruby>

質問2
<ruby>質問<rt>しつもん</rt></ruby>

1　かんこく<ruby>語<rt>ご</rt></ruby>

2　<ruby>料理<rt>りょうり</rt></ruby>

3　<ruby>話<rt>はな</rt></ruby>し<ruby>方<rt>かた</rt></ruby>

4　<ruby>写真<rt>しゃしん</rt></ruby>

정답 해설집 p.160

해커스
JLPT 일본어능력시험
N2
한 권으로 합격

초판 11쇄 발행 2024년 12월 23일
초판 1쇄 발행   2020년 4월 28일

지은이	해커스 JLPT연구소
펴낸곳	㈜해커스 어학연구소
펴낸이	해커스 어학연구소 출판팀

주소	서울특별시 서초구 강남대로61길 23 ㈜해커스 어학연구소
고객센터	02-537-5000
교재 관련 문의	publishing@hackers.com
	해커스일본어 사이트(japan.Hackers.com) 교재 Q&A 게시판
동영상강의	japan.Hackers.com

ISBN	978-89-6542-339-3 (13730)
Serial Number	01-11-01

일본어 교육 1위
해커스일본어(japan.Hackers.com)

해커스일본어

- 해커스 스타강사의 **본 교재 인강**(교재 내 할인쿠폰 수록)
- 언제 어디서나 편리하게 보는 **JLPT N2 필수 단어·문형 암기장**
- 청해 문제풀이와 단어 학습을 돕는 **다양한 무료 교재 MP3**
- **어휘 암기 퀴즈, 청해 받아쓰기, 실전모의고사** 등 다양한 JLPT 학습 콘텐츠

쉽고 재미있는 일본어 학습을 위한
체계적 학습자료

무료 일본어 레벨테스트

5분 만에 일본어 실력 확인
& 본인의 실력에 맞는 학습법 추천!

선생님과의 1:1 Q&A

학습 내용과 관련된 질문사항을
Q&A를 통해 직접 답변!

해커스일본어 무료 강의

실시간 가장 핫한 해커스일본어
과목별 무료 강의 제공!

데일리 무료 학습 콘텐츠

일본어 단어부터 한자, 회화 콘텐츠까지
매일매일 확인하는 데일리 무료 콘텐츠!

해커스
JLPT 일본어능력시험
N2
한 권으로 합격

해설집

해커스 어학연구소

해커스
JLPT
일본어능력시험
N2
한 권으로 합격

해설집

ㅐ 해커스 어학연구소

일본어도 역시,
1위 해커스

japan.Hackers.com

해커스 JLPT N2 한 권으로 합격

Contents

문자·어휘   4

문법   27

독해   54

청해   91

문자·어휘

문제 1 한자 읽기

실력 다지기
p.40

01 ① (압도)	**02** ② (귀중)	**03** ④ (쓰러지다)
04 ② (철수, 철퇴)		
05 ③ (부끄러움, 수치)	**06** ① (현상)	
07 ④ (방해)	**08** ④ (축하하다)	
09 ③ (질서)	**10** ① (공허하다)	
11 ② (사항)	**12** ④ (둔감)	**13** ③ (쥐다, 잡다)
14 ① (모래)	**15** ③ (온화하다)	
16 ② (언동)	**17** ④ (용모와 자태)	
18 ① (권유)	**19** ③ (떠안다, 책임지다)	
20 ① (과장)		

실전 테스트 1
p.42

1 2 　　**2** 1 　　**3** 3 　　**4** 3 　　**5** 1

문제1 _____의 말의 읽는 법으로 가장 알맞은 것을, 1・2・3・4 에서 하나 고르세요.

1

필리핀에서의 사업을 계속<u>継続</u>하고 있다.

해설 継続는 2 けいぞく로 발음한다. けい가 탁음이 아닌 것에 주의한다.
어휘 継続 けいぞく 명계속　フィリピン 명필리핀　事業 じぎょう 명사업

2

공부하는 틈틈<u>合間</u>이 그림을 그려 보았다.

해설 合間는 1 あいま로 발음한다. 合間는 훈독 명사로 合(あい)와 間 (ま) 모두 훈독인 것에 주의한다.
어휘 合間 あいま 명틈　描く えがく 동그리다

3

집주인과 직접 집세 교섭<u>交渉</u>을 했다.

해설 交渉는 3 こうしょう로 발음한다. こう가 장음인 것에 주의한다.
어휘 交渉 こうしょう 명교섭　大家 おおや 명집주인
　　直接 ちょくせつ 명직접　家賃 やちん 명집세

4

졸업논문에서 식량문제를 다룰<u>扱う</u> 생각이다.

해설 扱う는 3 あつかう로 발음한다.
어휘 扱う あつかう 동다루다, 취급하다
　　卒業論文 そつぎょうろんぶん 명졸업논문
　　食糧問題 しょくりょうもんだい 명식량문제　つもり 명생각, 예정

5

당신에게 전화가 와서, 사실은<u>正直</u> 놀랐습니다.

해설 正直는 1 しょうじき로 발음한다. 正直는 直의 두 가지 음독 じき와 ちょく 중 じき로 발음하는 것에 주의한다.
어휘 正直 しょうじき 부사실은　驚く おどろく 동놀라다

실전 테스트 2
p.43

1 3 　　**2** 4 　　**3** 1 　　**4** 3 　　**5** 2

문제1 _____의 말의 읽는 법으로 가장 알맞은 것을, 1・2・3・4 에서 하나 고르세요.

1

모든 국민은, 법 아래에 평등<u>平等</u>하다.

해설 平等는 3 びょうどう로 발음한다. びょう는 장음, どう는 탁음인 것에 주의한다.
어휘 平等だ びょうどうだ な형평등하다　全て すべて 명모두
　　国民 こくみん 명국민　法 ほう 명법

2

다리<u>脚</u> 모양에 대해서 고민할 필요는 없다고 생각한다.

해설 脚는 4 あし로 발음한다.

어휘 脚 あし 명다리 形 かたち 명모양 悩む なやむ 동고민하다
必要 ひつよう 명필요

3

음량이 제멋대로 勝手 올라갔다 내려갔다 한다.

해설 勝手는 1 かって로 발음한다. かっ은 촉음이고, て는 장음이 아닌 것에 주의한다.

어휘 勝手だ かってだ な형제멋대로다 音量 おんりょう 명음량
上がる あがる 동올라가다 下がる さがる 동내려가다

4

격한激しい 운동을 하면 두통이 난다.

해설 激しい는 3 はげしい로 발음한다.

어휘 激しい はげしい い형격하다 運動 うんどう 명운동
頭痛 ずつう 명두통

5

회사 지시指示로, 지점을 방문합니다.

해설 指示는 2 しじ로 발음한다. し는 탁음이 아니고, じ는 탁음인 것에 주의한다.

어휘 指示 しじ 명지시 支店 してん 명지점 訪問 ほうもん 명방문

실전 테스트 3   p.44

| **1** 3 | **2** 4 | **3** 1 | **4** 2 | **5** 1 |

문제1 _____의 말의 읽는 법으로 가장 알맞은 것을, 1・2・3・4에서 하나 고르세요.

1

소원願望이 현실이 되면 좋겠다.

해설 願望는 3 がんぼう로 발음한다. がん은 탁음, ぼう는 장음인 것에 주의한다.

어휘 願望 がんぼう 명소원 現実 げんじつ 명현실

2

그 바다의 경치景色는 그림처럼 아름다웠다.

해설 景色는 4 けしき로 발음한다. 景色는 훈독 명사로 けしき가 하나의 훈독인 것에 주의한다.

어휘 景色 けしき 명경치 美しい うつくしい い형아름답다

3

10년 이내에 경제를 회복시키겠다고 결의를 굳혔다固めた.

해설 固めた는 1 かためた로 발음한다.

어휘 固める かためる 동굳히다 以内 いない 명이내
経済 けいざい 명경제 回復 かいふく 명회복 決意 けつい 명결의

4

반납返却하실 책은 여기에 두어 주십시오.

해설 返却는 2 へんきゃく로 발음한다. きゃく가 탁음이 아닌 것에 주의한다.

어휘 返却 へんきゃく 명반납

5

이 화장품은 피부에 자극刺激을 주지 않습니다.

해설 刺激는 1 しげき로 발음한다.

어휘 刺激 しげき 명자극 化粧品 けしょうひん 명화장품
肌 はだ 명피부 与える あたえる 동주다

실전 테스트 4   p.45

| **1** 4 | **2** 3 | **3** 4 | **4** 1 | **5** 4 |

문제1 _____의 말의 읽는 법으로 가장 알맞은 것을, 1・2・3・4에서 하나 고르세요.

1

하루 종일 일을 하고 있어서 어깨肩가 아파졌다.

해설 肩는 4 かた로 발음한다.

어휘 肩 かた 명어깨 一日中 いちにちじゅう 명하루 종일

2

올해는 많은 우수優秀한 인재가 입사했다.

해설 優秀는 3 ゆうしゅう로 발음한다. ゆう와 しゅう 모두 장음인 것에 주의한다.

어휘 優秀だ ゆうしゅうだ な형우수하다 人材 じんざい 명인재
入社 にゅうしゃ 명입사

3

수상한怪しい 행동을 하고 있는 사람이 있어서 경찰을 불렀다.

해설 怪しい는 4 あやしい로 발음한다.

어휘 怪しい あやしい い형수상하다 行動 こうどう 명행동
警察 けいさつ 명경찰

4

아직 모르니까 <u>극단極端</u>으로 생각하지 않는 편이 좋다.

해설 極端은 1 きょくたん으로 발음한다. たん이 탁음이 아닌 것에 주의한다.

어휘 極端だ きょくたんだ [な형] 극단이다　考える かんがえる [동] 생각하다

5

서로 계약조건을 <u>제시提示</u>했다.

해설 提示는 4 ていじ로 발음한다. てい는 탁음이 아니고, じ는 탁음인 것에 주의한다.

어휘 提示 ていじ [명] 제시　お互いに おたがいに [부] 서로
契約条件 けいやくじょうけん [명] 계약조건

```
문제 ┌──────┐
  2  │ 표기 │
    └──────┘
```

실력 다지기
p.60

01 ② (등록)	02 ① (개최)	03 ④ (보증)
04 ④ (살다)	05 ③ (운임)	06 ① (묶다)
07 ④ (습기)	08 ④ (소비)	09 ① (손해 보다)
10 ③ (부드럽다)		11 ② (판단)
12 ② (관측)	13 ② (거칠어지다)	
14 ① (흥미)	15 ③ (격렬하다)	
16 ② (떠들다)	17 ① (강의)	18 ① (흐트러지다)
19 ④ (접속)	20 ④ (개호, 간호)	

실전 테스트 1
p.62

6 1	**7** 3	**8** 4	**9** 2	**10** 4

문제2 ＿＿＿의 말을 한자로 쓸 때, 가장 알맞은 것을 1・2・3・4 에서 하나 고르세요.

6

상사에게 태도를 <u>지적して き</u>받았다.

해설 してき는 1 指摘로 표기한다. 指(し, 가리키다)를 선택지 3과 4의 示(し, 보이다)와 구별해서 알아두고, 摘(てき, 집다)를 선택지 2와 4의 適(てき, 맞다)와 구별해서 알아둔다.

어휘 指摘 してき [명] 지적　上司 じょうし [명] 상사　態度 たいど [명] 태도

7

사업의 <u>번영はんえい</u>을 바라고 있다.

해설 はんえい는 3 繁栄로 표기한다. 繁(はん, 번성하다)을 선택지 1과 2의 範(はん, 모범)과 구별해서 알아두고, 栄(えい, 영예)를 선택지 2와 4의 営(えい, 경영하다)와 구별해서 알아둔다.

어휘 繁栄 はんえい [명] 번영　事業 じぎょう [명] 사업　願う ねがう [동] 바라다

8

갑자기 벽이 <u>무너져서くずれて</u> 깜짝 놀랐다.

해설 くずれて는 4 崩れて로 표기한다. 2와 3은 없는 단어이다.

어휘 崩れる くずれる [동] 무너지다　暴れる あばれる [동] 날뛰다
激しい はげしい [い형] 세차다　岸 きし [명] 물가, 해안
急に きゅうに [부] 갑자기　壁 かべ [명] 벽　びっくりする [동] 깜짝 놀라다

9

이 작품은 <u>공모こうぼ</u>로 뽑힌 것입니다.

해설 こうぼ는 2 公募로 표기한다. 公(こう, 공식적)를 선택지 1과 3의 攻(こう, 치다)와 구별해서 알아두고, 募(ぼ, 모으다)를 선택지 3과 4의 慕(ぼ, 사모하다)와 구별해서 알아둔다.

어휘 公募 こうぼ [명] 공모　作品 さくひん [명] 작품
選ぶ えらぶ [동] 뽑다, 고르다

10

그의 표정은 언제나 <u>딱딱하다かたい</u>.

해설 かたい는 4 硬い로 표기한다. 1은 없는 단어이다.

어휘 硬い かたい [い형] 딱딱하다　軟らかい やわらかい [い형] 부드럽다
柔い やわい [い형] 부드럽다　強い つよい [い형] 강하다
表情 ひょうじょう [명] 표정

실전 테스트 2
p.63

6 4	**7** 3	**8** 1	**9** 2	**10** 2

문제2 ＿＿＿의 말을 한자로 쓸 때, 가장 알맞은 것을 1・2・3・4 에서 하나 고르세요.

6

그 건은 <u>검토けんとう</u>할 필요가 있습니다.

해설 けんとう는 4 検討로 표기한다. 検(けん, 검사하다)을 선택지 1과 2의 剣(けん, 칼)과 구별해서 알아두고, 討(とう, 조사하다)를 선택지 1과 3의 答(とう, 답하다)와 구별해서 알아둔다.

어휘 検討 けんとう [명] 검토　件 けん [명] 건　必要 ひつよう [명] 필요

7

자원봉사 활동에 참가해서 쓰레기 줍기<u>ひろい</u>를 했다.

해설 ひろい는 3 拾い로 표기한다. 2와 4는 없는 단어이다.

어휘 拾い ひろい 圀줍기　払い はらい 圀지불　給う たまう 동주시다
ボランティア活動 ボランティアかつどう 圀자원봉사 활동
参加 さんか 圀참가　ゴミ 圀쓰레기

8

선생님께 효율<u>こうりつ</u>이 좋은 공부 방법을 배웠다.

해설 こうりつ는 1 効率로 표기한다. 効(こう, 효력)를 선택지 2와 4의 郊(こう, 변두리)와 구별해서 알아두고, 率(りつ, 비율)를 선택지 3과 4의 卒(そつ, 병졸)와 구별해서 알아둔다.

어휘 効率 こうりつ 圀효율　勉強方法 べんきょうほうほう 圀공부 방법

9

불공평한 규칙은 개선해야<u>あらためる</u> 한다.

해설 あらためる는 2 改める로 표기한다. 1, 3, 4는 없는 단어이다.

어휘 改める あらためる 동개선하다, 고치다　換える かえる 동바꾸다
替える かえる 동바꾸다　更ける ふける 동깊어지다
不公平だ ふこうへいだ な형불공평하다　規則 きそく 圀규칙

10

경제를 <u>부흥ふっこう</u>시키기 위한 대책을 생각하고 있다.

해설 ふっこう는 2 復興로 표기한다. 復(ふく, 되돌아가다)를 선택지 1과 4의 複(ふく, 복수)와 구별해서 알아두고, 興(こう, 일으키다)를 선택지 3과 4의 趣(しゅ, 재촉하다)와 구별해서 알아둔다.

어휘 復興 ふっこう 圀부흥　経済 けいざい 圀경제
対策 たいさく 圀대책　考える かんがえる 동생각하다

실전 테스트 3
p.64

| **6** 1 | **7** 2 | **8** 2 | **9** 4 | **10** 3 |

문제2 ＿＿＿의 말을 한자로 쓸 때, 가장 알맞은 것을 1・2・3・4에서 하나 고르세요.

6

조깅을 쾌적<u>かいてき</u>하게 하기 위해서 새로운 운동화를 샀다.

해설 かいてき는 1 快適로 표기한다. 快(かい, 상쾌하다)를 선택지 2와 4의 決(けつ, 결정하다)와 구별해서 알아두고, 適(てき, 적합하다)를 선택지 3과 4의 敵(てき, 맞서다)와 구별해서 알아둔다.

어휘 快適だ かいてきだ な형쾌적하다　ジョギング 圀조깅
行う おこなう 동하다, 행하다　スニーカー 圀운동화

7

그는 조각같이 아름다운 모습인데다가 <u>연기えんぎ</u>도 잘한다.

해설 えんぎ는 2 演技로 표기한다. 演(えん, 연기하다)을 선택지 3와 4의 寅(いん, 호랑이)과 구별해서 알아두고, 技(ぎ, 재주)를 2와 4의 劇(げき, 연극)와 구별해서 알아둔다.

어휘 演技 えんぎ 圀연기　彫刻 ちょうこく 圀조각
美しい うつくしい い형아름답다　容姿 ようし 圀모습

8

근무시간을 줄여<u>へらして</u> 가족과의 시간을 확보했다.

해설 へらして는 2 減らして로 표기한다. 1, 3, 4는 없는 단어이다.

어휘 減らす へらす 동줄이다　縮める ちぢめる 동줄이다
織る おる 동짜다　滅ぼす ほろぼす 동멸망하다
勤務時間 きんむじかん 圀근무시간　確保 かくほ 圀확보

9

공항에서 날뛰고<u>あばれて</u> 있던 그를 보고 경비원이 달려왔다.

해설 あばれて는 4 暴れて로 표기한다.

어휘 暴れる あばれる 동날뛰다　乱れる みだれる 동흐트러지나
破れる やぶれる 동찢어지다　汚れる よごれる 동더러워지다
空港 くうこう 圀공항　警備員 けいびいん 圀경비원
駆け付ける かけつける 동달려오다

10

이 회사는 사람을 중시하는 <u>경영けいえい</u>으로 알려져 있다.

해설 けいえい는 3 経営로 표기한다. 経(けい, 지나다)를 선택지 2와 4의 軽(けい, 가볍다)와 구별해서 알아두고, 営(えい, 경영하다)를 선택지 1과 2의 栄(えい, 영예)와 구별해서 알아둔다.

어휘 経営 けいえい 圀경영　重視 じゅうし 圀중시
知られる しられる 동알려지다

실전 테스트 4
p.65

| **6** 2 | **7** 1 | **8** 2 | **9** 3 | **10** 4 |

문제2 ＿＿＿의 말을 한자로 쓸 때, 가장 알맞은 것을 1・2・3・4에서 하나 고르세요.

6

> 자사의 책을 싸게 살 수 있는 것은 출판사에서 일하는 사람의 **특권**とっけん입니다.

해설 とっけん은 2 **特権**으로 표기한다. 特(とく, 특별하다)를 선택지 3과 4의 持(じ, 가지다)와 구별해서 알아두고, 権(けん, 권력)을 선택지 1과 3의 勧(かん, 권하다)과 구별해서 알아둔다.

어휘 特権 とっけん 圏특권　自社 じしゃ 圏자사
　　出版社 しゅっぱんしゃ 圏출판사

7

> 의사가 운동을 **권했기**すすめて 때문에 체육관에 등록했다.

해설 すすめて는 1 勧めて로 표기한다. 2, 3, 4는 없는 단어이다.

어휘 勧める すすめる 圏권하다　招く まねく 圏부르다
　　誘う さそう 圏권유하다　請ける うける 圏인수하다
　　運動 うんどう 圏운동　ジム 圏체육관　登録 とうろく 圏등록

8

> 최근 화제가 된 영화를 보고, 그 내용을 **비평**ひひょう한다.

해설 ひひょう는 2 批評로 표기한다. 批(ひ, 평하다)를 선택지 1과 3의 比(ひ, 비교하다)와 구별해서 알아두고, 評(ひょう, 비평)를 선택지 1과 4의 平(へい, 평평하다)와 구별해서 알아둔다.

어휘 批評 ひひょう 圏비평　最近 さいきん 圏최근　話題 わだい 圏화제
　　内容 ないよう 圏내용

9

> 회장 주변의 경비를 **단단히 하기**かためる 위해 경찰관 수를 늘렸다.

해설 かためる는 3 固める로 표기한다. 2와 4는 없는 단어이다.

어휘 固める かためる 圏단단히 하다, 굳히다　強める つよめる 圏강화하다
　　頑張る がんばる 圏끝까지 노력하다
　　軟らかい やわらかい い형부드럽다　会場 かいじょう 圏회장
　　周辺 しゅうへん 圏주변　警備 けいび 圏경비
　　警察官 けいさつかん 圏경찰관　数 かず 圏수
　　増やす ふやす 圏늘리다

10

> 옥외 수영장은 다음 달부터 **개장**かいじょう한다고 한다.

해설 かいじょう는 4 開場로 표기한다. 開(かい, 열리다)를 선택지 1과 2의 問(もん, 묻다)과 구별해서 알아두고, 場(じょう, 마당)를 선택지 1과 3의 演(えん, 펼치다)와 구별해서 알아둔다.

어휘 開場 かいじょう 圏개장　屋外 おくがい 圏옥외　プール 圏수영장

문제 3 단어형성

실력 다지기　　　　　　　　　　　　　　p.78

01 ① (비공식)	**02** ③ (송신원)	**03** ① (놓치다)
04 ③ (최첨단)	**05** ① (작품집)	**06** ① (총매상)
07 ② (회원제)	**08** ② (전 사장)	
09 ④ (다시 세우다)		**10** ① (자연계)
11 ④ (현단계)	**12** ② (달다)	**13** ③ (아메리카류)
14 ① (구 제도)	**15** ② (취직률)	**16** ① (준우승)
17 ① (관리하)	**18** ④ (떠들썩하다)	
19 ① (헤어질 때)		**20** ③ (다음 시즌)

실전 테스트 1　　　　　　　　　　　　　　p.80

11 4	**12** 2	**13** 4	**14** 4	**15** 1

> 문제 3 (　　　) 에 들어갈 가장 알맞은 것을, 1・2・3・4에서 하나 고르세요.

11

> 일본의 쌀은, 왜 추운 지역에서 생산 (　　　) 이 많은 것입니까?

해설 괄호 앞의 어휘 生産(생산)과 함께 쓰여 生産量(생산량)를 만드는 접미어 4 量가 정답이다.

어휘 生産量 せいさんりょう 圏생산량　日本 にほん 圏일본
　　米 こめ 圏쌀　地域 ちいき 圏지역

12

> 자신의 의견을 확실히 전달하기 위해, 그 이유를 구체 (　　　) 으로 쓰면 좋다.

해설 괄호 앞의 어휘 具体(구체)와 함께 쓰여 具体的(구체적)를 만드는 접미어 2 的가 정답이다.

어휘 具体的だ ぐたいてきだ な형구체적이다　意見 いけん 圏의견
　　しっかり 图확실히　伝える つたえる 圏전달하다, 전하다
　　理由 りゆう 圏이유

13

> 신제품 발표회에서, 신제품이 예상 이상으로 (　　　) 성능인 것에 놀랐다.

해설 괄호 뒤의 어휘 性能(성능)과 함께 쓰여 高性能(고성능)를 만드는 접두어 4 高가 정답이다.

어휘 高性能 こうせいのう 명고성능 新製品 しんせいひん 명신제품
発表会 はっぴょうかい 명발표회 予想 よそう 명예상
以上 いじょう 명이상 おどろく 동놀라다

14

이 가구는 조립 (　　　) 이어서, 자동차로 가지고 갈 수 있습니다.

해설 괄호 앞의 어휘 組み立て(조립)와 함께 쓰여 組み立て式(조립식)
를 만드는 접미어 4 式가 정답이다.

어휘 組み立て式 くみたてしき 명조립식 家具 かぐ 명가구
持ち帰る もちかえる 동가지고 (돌아)가다

15

부족한 부분도 있다고 생각하지만, 기쁘게 받아 (　　　) 겠습니다.

해설 괄호 앞의 어휘 引く(끌다)와 함께 쓰여 引き受ける(받아 들이다)라
는 복합어를 만드는 1 受가 정답이다.

어휘 引き受ける ひきうける 동받아 들이다, 인수하다
至らない いたらない い형부족하다, 미흡하다
よろこぶ 동기뻐하다, 좋아하다

실전 테스트 2　　　　　　　　　　　　p.81

| **11** 4 | **12** 1 | **13** 2 | **14** 2 | **15** 3 |

문제 3 (　　　) 에 들어갈 가장 알맞은 것을, 1・2・3・4에서
하나 고르세요.

11

(　　　) 사정에 의해, 오늘은 휴가를 받겠습니다.

해설 괄호 뒤의 어휘 事情(사정)과 함께 쓰여 諸事情(여러 사정)를 만드
는 접두어 4 諸가 정답이다.

어휘 諸事情 しょじじょう 명여러 사정 本日 ほんじつ 명오늘, 금일
お休み おやすみ 명휴가, 쉼 いただく 동받다 (もらう의 겸양어)

12

좀 더 젊은이의 힘으로 상점 (　　　) 를 활기차게 해 나가자.

해설 괄호 앞의 어휘 商店(상점)과 함께 쓰여 商店街(상점가)를 만드는
접미어 1 街가 정답이다.

어휘 商店街 しょうてんがい 명상점가 若者 わかもの 명젊은이
力 ちから 명힘

13

바쁠 때일수록, 우선 (　　　) 를 부여하고 하나씩 끝낸다.

해설 괄호 앞의 어휘 優先(우선)과 함께 쓰여 優先度(우선도)를 만드는
접미어 2 度가 정답이다.

어휘 優先度 ゆうせんど 명우선도 つける 동부여하다, 붙이다

14

야마다 씨는, 여성으로는 첫 외무성 (　　　) 대신에 임명되었다.

해설 괄호 뒤의 어휘 大臣(대신)과 함께 쓰여 副大臣(부대신)를 만드는
접두어 2 副가 정답이다.

어휘 副大臣 ふくだいじん 명부대신, 부장관
外務省 がいむしょう 명외무성, 외교부 任命 にんめい 명임명

15

저 그룹의 가수는 남성이라고 하는데, 계속 여성이 노래하고 있다고
믿 (　　　) 있었다.

해설 괄호 앞의 어휘 思う(생각하다)는 すぎる(지나치다)와 함께 쓰이면
思いすぎる(지나치게 생각하다), あがる(올라가다)와 함께 쓰이면
思いあがる(우쭐하게 생각하다), こむ(넣다)와 함께 쓰이면 思いこ
む(믿다)라는 복합어가 된다. 문장의 문맥을 살펴보면 ずっと女性が
歌っていると思いこんでいた(계속 여성이 노래하고 있다고 믿고
있었다)가 자연스러우므로 3 こんで가 정답이다.

어휘 思い込む おもいこむ 동믿다, 생각하다
思いすぎる おもいすぎる 동지나치게 생각하다
思いあがる おもいあがる 동우쭐하게 생각하다 グループ 명그룹
歌手 かしゅ 명가수 男性 だんせい 명남성 ずっと 분계속, 쭉
女性 じょせい 명여성

실전 테스트 3　　　　　　　　　　　　p.82

| **11** 2 | **12** 4 | **13** 3 | **14** 4 | **15** 1 |

문제 3 (　　　) 에 들어갈 가장 알맞은 것을, 1・2・3・4에서
하나 고르세요.

11

(　　　) 채용 종료까지 3일 남게 되었는데, 그 후에도 계속할 수
있을지 어떨지는 알지 못한다.

해설 괄호 뒤의 어휘 採用(채용)와 함께 쓰여 仮採用(임시채용)를 만드는
접두어 2 仮가 정답이다.

어휘 仮採用 かりさいよう 명임시채용 終了 しゅうりょう 명종료
続ける つづける 동계속하다

12

일본에서도 빚과 장학 (　　　) 등의 변제는 학생의 부담이 되고
있다.

해설 괄호 앞의 어휘 奨学(장학)와 함께 쓰여 奨学金(장학금)을 만드는
　　 접미어 4 金가 정답이다.

어휘 奨学金 しょうがくきん 圏장학금　日本 にほん 圏일본
　　 借金 しゃっきん 圏빚　返済 へんさい 圏변제　プレッシャー 圏부담

13

한 달마다 떼어낼 수 있는, (　　　) 투명의 달력 스티커를 애용하고
있다.

해설 괄호 뒤의 어휘 透明(투명)와 함께 쓰여 半透明(반투명)를 만드는
　　 접두어 3 半이 정답이다.

어휘 半透明 はんとうめい 圏반투명　ひと月 ひとつき 圏한 달
　　 はがす 圏떼어내다　シール 圏스티커, 씰　愛用 あいよう 圏애용

14

다나카 선수는, 실력이 있어서 (　　　) 년도부터 포지션을
확보하고 있었다.

해설 괄호 뒤의 어휘 年度(년도)와 함께 쓰여 初年度(초년도)를 만드는
　　 접두어 4 初가 정답이다.

어휘 初年度 しょねんど 圏초년도　選手 せんしゅ 圏선수
　　 実力 じつりょく 圏실력　ポジション 圏포지션　確保 かくほ 圏확보

15

로켓이 쏘아 (　　　) 지는 모습을 많은 사람들이 텔레비전을 통해
보고 있었다.

해설 괄호 앞의 어휘 打つ(치다)와 함께 쓰여 打ち上げる(쏘아 올리다)
　　 라는 복합어를 만드는 1 上げ가 정답이다.

어휘 打ち上げる うちあげる 圏쏘아 올리다　ロケット 圏로켓
　　 姿 すがた 圏모습　人々 ひとびと 圏사람들

실전 테스트 4　　　　　　　　　　　　　　　　　p.83

11 2	**12** 1	**13** 3	**14** 4	**15** 2

문제 3 (　　　) 에 들어갈 가장 알맞은 것을, 1・2・3・4에서
하나 고르세요.

11

이번 여행에서는 호텔이 아니라 일본 (　　　) 의 여관에서 묵기로
했다.

해설 괄호 앞의 어휘 和(일본)와 함께 쓰여 和風(일본풍)를 만드는 접미어
　　 2 風이 정답이다.

어휘 和風 わふう 圏일본풍　今回 こんかい 圏이번　旅行 りょこう 圏여행
　　 日本 にほん 圏일본　旅館 りょかん 圏여관
　　 泊まる とまる 圏묵다, 숙박하다

12

그가 낸 서류가 불충분해서, (　　　) 제출을 요구할 수밖에 없었다.

해설 괄호 뒤의 어휘 提出(제출)와 함께 쓰여 再提出(재제출)를 만드는
　　 접두어 1 再가 정답이다.

어휘 再提出 さいていしゅつ 圏재제출　書類 しょるい 圏서류
　　 不十分だ ふじゅうぶんだ 図圏불충분하다
　　 求める もとめる 圏요구하다, 구하다

13

그는 후원해 준 응원 (　　　) 을 향해 기쁨의 점프를 선보였다.

해설 괄호 앞의 어휘 応援(응원)과 함께 쓰여 応援団(응원단)을 만드는
　　 접미어 3 団이 정답이다.

어휘 応援団 おうえんだん 圏응원단　後押し あとおし 圏후원
　　 喜び よろこび 圏기쁨　ジャンプ 圏점프
　　 披露する ひろうする 圏선보이다

14

그 제품은 (　　　) 가격에도 불구하고, 다양한 기능을 갖추고 있어
인기가 높다.

해설 괄호 뒤의 어휘 価格(가격)와 함께 쓰여 低価格(저가격)를 만드는
　　 접두어 4 低가 정답이다.

어휘 低価格 ていかかく 圏저가격　製品 せいひん 圏제품
　　 多様だ たようだ 図圏다양하다　機能 きのう 圏기능
　　 備える そなえる 圏갖추다　人気 にんき 圏인기

15

동그라미 친 곳은 전부 기입 (　　　) 않으면 신청할 수 없다.

해설 괄호 앞의 어휘 書く(쓰다)와 함께 쓰여 書き込む(기입하다)라는
　　 복합어를 만드는 2 込ま가 정답이다.

어휘 書き込む かきこむ 圏기입하다
　　 丸をつける まるをつける (동그라미를 치다)　全部 ぜんぶ 圏전부
　　 申し込む もうしこむ 圏신청하다

문제 ④ 문맥규정

실력 다지기　　　　　　　　　　　　　　　　　p.96

01 ①	02 ③	03 ③	04 ③	05 ④
06 ③	07 ①	08 ②	09 ①	10 ①
11 ④	12 ①	13 ④	14 ①	15 ③
16 ①	17 ②	18 ②	19 ④	20 ②

01

( ) 이 되지 않는 성적이었다.

① 납득 ② 각오
③ 손익 ④ 반항

어휘 成績 せいせき 圏성적　納得 なっとく 圏납득　覚悟 かくご 圏각오
損得 そんとく 圏손익　反抗 はんこう 圏반항

02

체력이 ( ) 지고 있습니다.

① 안아 ② 어질러
③ **쇠약해** ④ 비축해

어휘 体力 たいりょく 圏체력　抱える かかえる 图안다
散らかす ちらかす 图어지르다　衰える おとろえる 图쇠약해지다
蓄える たくわえる 图비축하다

03

병을 ( ) 로 운동하고 있다.

① 기회 ② 원인
③ **계기** ④ 근거

어휘 運動 うんどう 圏운동　機会 きかい 圏기회　原因 げんいん 圏원인
契機 けいき 圏계기　根拠 こんきょ 圏근거

04

( ) 하고 싶을 때 자주 듣는 피아노곡이 있다.

① 쇼크 ② 델리킷
③ **릴랙스** ④ 베이직

어휘 ピアノ曲 ピアノきょく 圏피아노곡　ショック 圏쇼크
デリケート 圏델리킷, 섬세　リラックス 圏릴랙스　ベーシック 圏베이직

05

경기를 ( ) 하다.

① 발안 ② 속출
③ 발간 ④ **속행**

어휘 競技 きょうぎ 圏경기　発案 はつあん 圏발안
続出 ぞくしゅつ 圏속출　発刊 はっかん 圏발간
続行 ぞっこう 圏속행

06

( ) 상태이기 때문에, 조심해 주세요.

① 순조로운 ② 평온한
③ **불안정한** ④ 안전한

어휘 状態 じょうたい 圏상태　気をつける きをつける 조심하다
順調だ じゅんちょうだ な형순조롭다　平気だ へいきだ な형평온하다
不安定だ ふあんていだ な형불안정하다
安全だ あんぜんだ な형안전하다

07

새로운 무기를 ( ) 하기로 했다.

① **도입** ② 지도
③ 개입 ④ 잠입

어휘 武器 ぶき 圏무기　導入 どうにゅう 圏도입　指導 しどう 圏지도
介入 かいにゅう 圏개입　潜入 せんにゅう 圏잠입

08

도망치고 싶다는 감정에까지 ( ) 버렸습니다.

① 보내 ② **다다라**
③ 지지해 ④ 부풀어

어휘 逃げる にげる 图도망치다　感情 かんじょう 圏감정
過ごす すごす 图보내다　行き着く いきつく 图다다르다
支える ささえる 图지지하다　膨む ふくらむ 图부풀다

09

( ) 한 탓에 밥그릇을 깼다.

① **방심** ② 사퇴
③ 확보 ④ 사치

어휘 割る わる 图깨다　油断 ゆだん 圏방심　辞退 じたい 圏사퇴
確保 かくほ 圏확보　贅沢 ぜいたく 圏사치

10

( ) 웃는 얼굴로 인사한다.

① **방긋** ② 축
③ 딱 ④ 푹

어휘 笑顔 えがお 圏웃는 얼굴　挨拶 あいさつ 圏인사　にっこり 图방긋
ぐったり 图축 늘어짐　ぴったり 图딱, 꼭　ぐっすり 图푹

11

경제적 ( ) 가 크다.

① 영수증 ② 케이스
③ 심플 ④ **대미지**

어휘 経済的 けいざいてき 圏경제적　レシート 圏영수증
ケース 圏케이스　シンプル 圏심플　ダメージ 圏대미지

12

내과 ( ) 을 시행합니다.

① **검진** ② 조사
③ 점검 ④ 복습

어휘 内科 ないか 圏내과　行う おこなう 图시행하다
　　検診 けんしん 圏검진　調査 ちょうさ 圏조사　点検 てんけん 圏점검
　　復習 ふくしゅう 圏복습

13

생명이 (　　) 지도 모릅니다.

① 험할　　　　　　　　　② 격렬할
③ 날카로울　　　　　　　④ **위태로울**

어휘 生命 せいめい 圏생명　険しい けわしい い형험하다
　　激しい はげしい い형격렬하다　鋭い するどい い형날카롭다
　　危うい あやうい い형위태롭다

14

이야기는 (　　) 전달했다.

① **확실히**　　　　　　　② 촉촉하게
③ 포근하게　　　　　　　④ 싹둑

어휘 伝える つたえる 图전달하다　しっかり 閏확실히
　　しっとり 閏촉촉하게　ふんわり 閏포근하게　ばっさり 閏싹둑

15

체질은 (　　) 할 수 있다.

① 개혁　　　　　　　　　② 변경
③ **개선**　　　　　　　　④ 갱신

어휘 体質 たいしつ 圏체질　改革 かいかく 圏개혁　変更 へんこう 圏변경
　　改善 かいぜん 圏개선　更新 こうしん 圏갱신

16

다른 사람의 이야기에 잘 (　　) 오는 사람이 있다.

① **끼어들어**　　　　　　② 의기소침해
③ 송금해　　　　　　　　④ 뒤로 밀려

어휘 割り込む わりこむ 图끼어들다　落ち込む おちこむ 图의기소침하다
　　振り込む ふりこむ 图송금하다　ずれ込む ずれこむ 图뒤로 밀리다

17

가사와 육아를 (　　) 하다.

① 지적　　　　　　　　　② **분담**
③ 지속　　　　　　　　　④ 퇴장

어휘 家事 かじ 圏가사　育児 いくじ 圏육아　指摘 してき 圏지적
　　分担 ぶんたん 圏분담　持続 じぞく 圏지속　退場 たいじょう 圏퇴장

18

지진으로 건물이 (　　) 하고 있다.

① 제각각　　　　　　　　② **흔들흔들**
③ 텅텅　　　　　　　　　④ 초조

어휘 地震 じしん 圏지진　建物 たてもの 圏건물
　　ばらばらだ な형제각각이다　ぐらぐら 閏흔들흔들, 비틀비틀
　　がらがら 閏텅텅, 덜렁덜렁　いらいら 閏초조, 안달복달

19

국내에서 (　　) 하고 있는 외국인 선수가 있다.

① 확인　　　　　　　　　② 중견
③ 보급　　　　　　　　　④ **활약**

어휘 国内 こくない 圏국내
　　外国人選手 がいこくじんせんしゅ 圏외국인 선수
　　確認 かくにん 圏확인　中堅 ちゅうけん 圏중견
　　普及 ふきゅう 圏보급　活躍 かつやく 圏활약

20

반지가 (　　) 떨어질 것 같다.

① 괴로워서　　　　　　　② **느슨해서**
③ 날카로워서　　　　　　④ 무뎌서

어휘 指輪 ゆびわ 圏반지　落ちる おちる 图떨어지다
　　辛い つらい い형괴롭다　緩い ゆるい い형느슨하다
　　鋭い するどい い형날카롭다　鈍い にぶい い형무디다

실전 테스트 1　　　　　　　　　　　　　p.98

16 2	17 4	18 1	19 4	20 3
21 2	22 3			

문제4 (　　) 에 들어갈 가장 알맞은 것을, 1・2・3・4에서
하나 고르세요.

16

아직 오류가 있다고 기무라 씨가 강하게 (　　) 서, 마지막으로
한번 더 확인해보니 확실히 오류가 있었다.

1 되물어　　　　　　　**2 우겨**
3 후원해　　　　　　　4 권해

해설 선택지가 모두 동사이다. 괄호 앞의 내용과 함께 쓸 때 まだ間違い
　　があると木村さんが強く言い張る(아직 오류가 있다고 기무라 씨
　　가 강하게 우겨)라는 문맥이 가장 자연스러우므로 2 言い張る(우겨)
　　가 정답이다. 1은 意味を問い直す(의미를 되묻다), 3은 彼を後押
　　しする(그를 후원하다), 4는 加入を勧める(가입을 권하다)와 같이
　　쓰인다.

어휘 間違い まちがい 圏오류, 틀림　最後 さいご 圏마지막, 최후
　　もう一度 もういちど 한번 더, 다시 한번　確認 かくにん 圏확인
　　確かに たしかに 閏확실히, 분명히　問い直す といなおす 图되묻다
　　言い張る いいはる 图우기다, 주장하다

後押しする あとおしする [動] 후원하다, 밀다

勧める すすめる [動] 권하다, 권유하다

17

처음으로 가구를 조립해봤는데, 설명서의 (　　) 에 따라 순번대로 조립하니 생각했던 것보다 간단했다.

1 제시　　　　　　　　　　2 제공
3 지적　　　　　　　　　　**4 지시**

해설 선택지가 모두 명사이다. 괄호 앞뒤의 내용과 함께 쓸 때 説明書の指示に従って(설명서의 지시에 따라)라는 문맥이 가장 자연스러우므로 4 指示(지시)가 정답이다. 1은 金額の提示(금액 제시), 2는 サービスの提供(서비스 제공), 3은 上司の指摘(상사의 지적)와 같이 쓰인다.

어휘 家具 かぐ [명] 가구
組み立てる くみたてる [動] 조립하다, 구성하다
説明書 せつめいしょ [명] 설명서　順番 じゅんばん [명] 순번, 차례
思う おもう [動] 생각하다　簡単だ かんたんだ [な형] 간단하다
提示 ていじ [명] 제시　提供 ていきょう [명] 제공　指摘 してき [명] 지적
指示 しじ [명] 지시

18

아이가 태어나고 나서는 매일이 너무 바빠서, (　　) 자신의 시간을 가질 수 없게 되어 버렸다.

1 부쩍　　　　　　　　　2 명확히
3 딱　　　　　　　　　　　4 상쾌하게

해설 선택지가 모두 부사이다. 괄호 뒤의 내용과 함께 쓸 때 めっきり自分の時間が持てなくなってしまった(부쩍 자신의 시간을 가질 수 없게 되어 버렸다)라는 문맥이 가장 자연스러우므로 1 めっきり(부쩍)가 정답이다. 2는 はっきり見えない(명확히 보이지 않는다), 3은 ばったり出会う(딱 마주치다), 4는 すっきりしない(상쾌하지 않다)와 같이 쓰인다.

어휘 めっきり [부] 부쩍, 뚜렷이　はっきり [부] 명확히, 분명히
ばったり [부] 딱, 푹　すっきり [부] 상쾌하게, 깔끔하게

19

올해 신입사원에는 장래 (　　) 한 젊은이가 많아, 앞으로가 기대된다.

1 확실　　　　　　　　　　2 유효
3 안전　　　　　　　　　　**4 유망**

해설 선택지가 모두 な형용사이다. 괄호 앞뒤의 내용과 함께 쓸 때 将来有望な若者(장래 유망한 젊은이)라는 문맥이 가장 자연스러우므로 4 有望(유망)가 정답이다. 1은 一番確実な方法(가장 확실한 방법), 2는 現在有効なカード(현재 유효한 카드), 3은 安全な地域(안전한 지역)와 같이 쓰인다.

어휘 新入社員 しんにゅうしゃいん [명] 신입사원　将来 しょうらい [명] 장래
若者 わかもの [명] 젊은이　今後 こんご [명] 앞으로, 이후
楽しみ たのしみ [명] 기대, 즐거움　確実だ かくじつだ [な형] 확실하다
有効だ ゆうこうだ [な형] 유효하다　安全だ あんぜんだ [な형] 안전하다

有望だ ゆうぼうだ [な형] 유망하다

20

스태프 모두가 시간을 들여서 준비해 온 덕분에, 이벤트는 (　　) 하게 진행되고 있다.

1 종합적　　　　　　　　　2 포멀
3 스무스　　　　　　　　4 다이렉트

해설 선택지가 모두 な형용사이다. 괄호 뒤의 내용과 함께 쓸 때 スムーズに進んでいる(스무스하게 진행되고 있다)라는 문맥이 가장 자연스러우므로 3 スムーズ(스무스)가 정답이다. 1은 トータルに考える(종합적으로 생각하다), 2는 フォーマルな服装(포멀한 복장), 4는 ダイレクトに話す(다이렉트로 말하다)와 같이 쓰인다.

어휘 スタッフ [명] 스태프, 담당자
時間をかける じかんをかける 시간을 들이다　準備 じゅんび [명] 준비
おかげ [명] 덕분, 덕택　イベント [명] 이벤트, 행사
進む すすむ [動] 진행되다, 나아가다
トータルだ [な형] 종합적이다, 전체적이다
フォーマルだ [な형] 포멀하다, 격식있다
スムーズだ [な형] 스무스하다, 원활하다
ダイレクトだ [な형] 다이렉트다, 직접적이다

21

인도네시아에서의 새 점포를 오픈할 때, (　　) 파티가 열렸다.

1 값이 비싼　　　　　　　　**2 성대한**
3 대폭적인　　　　　　　　4 대략적인

해설 선택지가 모두 な형용사이다. 괄호 뒤의 내용과 함께 쓸 때 盛大なパーティー(성대한 파티)라는 문맥이 가장 자연스러우므로 2 盛大な(성대한)가 정답이다. 1은 割高な品物(값이 비싼 물건), 3은 大幅な成長(대폭적인 성장), 4는 大まかなプラン(대략적인 플랜)과 같이 쓰인다.

어휘 インドネシア [명] 인도네시아　新店 しんみせ [명] 새 점포, 새로 낸 가게
オープン [명] 오픈　際 さい [명] 때　開く ひらく [動] 열다, 개최하다
割高だ わりだかだ [な형] 값이 비싸다
盛大だ せいだいだ [な형] 성대하다
大幅だ おおはばだ [な형] 대폭적이다, 대대적이다
大まかだ おおまかだ [な형] 대략적이다

22

시간이 지나 (　　) 딱딱해져 버린 피자만큼 맛없는 건 없다고 생각한다.

1 식혀서　　　　　　　　　2 차게 해서
3 식어서　　　　　　　　4 줄어서

해설 선택지가 모두 동사이다. 괄호 앞뒤의 내용과 함께 쓸 때 時間がたってさめて固くなってしまったピザ(시간이 지나 식어서 딱딱해져 버린 피자)라는 문맥이 가장 자연스러우므로 3 さめて(식어서)가 정답이다. 1은 さましておいたスープ(식혀둔 수프), 2는 ひやしてお

いたビール(차게 해둔 맥주), 4는 **ちぢんでしまった身長**(줄어버린 키)와 같이 쓰인다.

어휘 **たつ** 图 (시간 등이) 지나다, 경과하다 **固い かたい** い형 딱딱하다
ピザ 图 피자 **さます** 图 식히다 **ひやす** 图 차게 하다, 식히다
さめる 图 식다, 차가워지다 **ちぢむ** 图 줄다, 움츠러들다

실전 테스트 2
p.99

16 2	**17** 4	**18** 1	**19** 1	**20** 1
21 3	**22** 4			

문제 4 ( ) 에 들어갈 가장 알맞은 것을, 1・2・3・4에서 하나 고르세요.

16

이 상품은 뚜껑을 열 때 내용물이 ( ) 우려가 있으므로 주의해 주세요.

1 떨어뜨릴	2 넘칠
3 낼	4 사라질

해설 선택지가 모두 동사이다. 괄호 앞의 내용과 함께 쓸 때 **中身がこぼれる**(내용물이 넘칠)라는 문맥이 가장 자연스러우므로 2 **こぼれる**(넘칠)가 정답이다. 1은 **石を落とす**(돌을 떨어뜨리다), 3은 **船を出す**(배를 내다), 4는 **姿が消える**(모습이 사라지다)와 같이 쓰인다.

어휘 **商品 しょうひん** 图 상품 **ふた** 图 뚜껑 **際 さい** 图 때, 기회
中身 なかみ 图 내용물, 알맹이 **注意 ちゅうい** 图 주의
落とす おとす 图 떨어뜨리다, 잃어버리다 **こぼれる** 图 넘치다
出す だす 图 내다 **消える きえる** 图 사라지다

17

오늘 점심시간에 은행에 가서, 다음 달의 수업료를 ( ) 올 생각입니다.

1 보내고	2 열중하고
3 신청하고	**4 납입하고**

해설 선택지가 모두 동사이다. 괄호 앞의 내용과 함께 쓸 때 **授業料を払い込んで**(수업료를 납입하고)라는 문맥이 가장 자연스러우므로 4 **払い込んで**(납입하고)가 정답이다. 1은 **軍隊を送り込む**(군대를 보내다), 2는 **ゴルフに入れ込む**(골프에 열중하다), 3은 **講演を申し込む**(강연을 신청하다)와 같이 쓰인다.

어휘 **昼休み ひるやすみ** 图 점심시간 **授業料 じゅぎょうりょう** 图 수업료
送り込む おくりこむ 图 보내다 **入れ込む いれこむ** 图 열중하다
申し込む もうしこむ 图 신청하다 **払い込む はらいこむ** 图 납입하다

18

회장이 혼잡해졌으니, 손님에게 사이를 띄우지 말고 ( ) 앉아

주시도록 부탁했다.

1 좁혀서	2 눌러서
3 바싹 달라붙어	4 다가와서

해설 선택지가 모두 동사이다. 괄호 앞뒤의 내용과 함께 쓸 때 **間をあけず詰めてお座りいただくように**(사이를 띄우지 말고 좁혀서 앉아주시도록)라는 문맥이 가장 자연스러우므로 1 **詰めて**(좁혀서)가 정답이다. 2는 **ボタンを押す**(버튼을 누르다), 3은 **寄り添って歩く**(바싹 달라붙어서 걷다), 4는 **夏が近づく**(여름이 다가오다)와 같이 쓰인다.

어휘 **会場 かいじょう** 图 회장 **混雑 こんざつ** 图 혼잡
お客様 おきゃくさま 图 손님, 고객
間をあける まをあける 사이를 띄우다, 간격을 떼다
詰める つめる 图 (사이를) 좁히다, 채우다 **押す おす** 图 누르다, 밀다
寄り添う よりそう 图 바싹 달라붙다
近づく ちかづく 图 다가오다, 친해지다

19

너무 지각이 많으면 ( ) 사람이라고 생각돼서 신용을 잃어요.

1 칠칠치 못한	2 귀찮은
3 끈질긴	4 어수선한

해설 선택지가 모두 형용사이다. 괄호 앞의 내용과 함께 쓸 때 **あまり遅刻が多いとだらしない**(너무 지각이 많으면 칠칠치 못한)라는 문맥이 가장 자연스러우므로 1 **だらしない**(칠칠치 못한)가 정답이다. 2는 **口がうるさくて面倒な人**(시끄러워서 귀찮은 사람), 3은 **しつこく誘う**(끈질기게 권하다), 4는 **毎朝あわただしい人**(매일 아침 어수선한 사람)와 같이 쓰인다.

어휘 **遅刻 ちこく** 图 지각 **思う おもう** 图 생각하다 **信用 しんよう** 图 신용
失う うしなう 图 잃다, 잃어버리다
だらしない い형 칠칠치 못하다, 한심하다
面倒だ めんどうだ な형 귀찮다, 성가시다 **しつこい** い형 끈질기다
あわただしい い형 어수선하다, 분주하다

20

산에 캠핑하러 가면, ( ) 소리나 빛이 거의 없어지기 때문에 매우 편안한 기분이 될 수 있다.

1 인공적인	2 인조적인
3 재해적인	4 공해적인

해설 선택지가 모두 な형용사이다. 괄호 뒤의 내용과 함께 쓸 때 **人工的な音や光**(인공적인 소리나 빛)라는 문맥이 가장 자연스러우므로 1 **人工的な**(인공적인)가 정답이다. 2는 **人造人間**(인조 인간), 3은 **災害的な暑さ**(재해적인 더위), 4는 **公害的な問題**(공해적인 문제)와 같이 쓰인다.

어휘 **キャンプ** 图 캠핑 **音 おと** 图 소리 **光 ひかり** 图 빛
ほとんど 图 거의, 대부분 **リラックス** 图 편안함, 릴랙스
気分 きぶん 图 기분 **人工的だ じんこうてきだ** な형 인공적이다
人造的だ じんぞうてきだ な형 인조적이다
災害的だ さいがいてきだ な형 재해적이다
公害的だ こうがいてきだ な형 공해적이다

21

부장님으로부터 야마나카 씨에게 전하는 말을, (　　　) 해서 전달하는 것을 잊어버리고 말았다.

1 완전히　　　　　　　　　　2 상쾌하게
3 깜빡　　　　　　　　　　4 단호하게

해설 선택지가 모두 부사이다. 괄호 뒤의 내용과 함께 쓸 때 うっかりしていて伝え忘れてしまった(깜빡해서 전달하는 것을 잊어버리고 말았다)라는 문맥이 가장 자연스러우므로 3 うっかり(깜빡)가 정답이다. 1은 すっかり変わる(완전히 바뀌다), 2는 さっぱりした気分(상쾌한 기분), 4는 きっぱりことわる(단호하게 거절하다)와 같이 쓰인다.

어휘 部長 ぶちょう 圏부장님, 부장　　伝言 でんごん 圏전하는 말, 전언
伝え忘れる つたえわすれる 圏전달하는 것을 잊다
すっかり 閉완전히, 죄다　　さっぱり 閉상쾌하게, 조금도
うっかり 閉깜빡, 무심코　　きっぱり 閉단호하게, 딱 잘라

22

우선은 상품의 (　　　) 을 만들고 나서 손님에게 설명하는 것이 좋을 것이다.

1 타이밍　　　　　　　　　　2 클레임
3 콤플렉스　　　　　　　　　**4 샘플**

해설 선택지가 모두 명사이다. 괄호 앞의 내용과 함께 쓸 때 商品のサンプル(상품의 샘플)라는 문맥이 가장 자연스러우므로 4 サンプル(샘플)가 성답이다. 1은 あいさつのタイミング(인사 타이밍), 2는 顧客のクレーム(고객의 클레임), 3은 いくつかのコンプレックス(몇 가지의 콤플렉스)와 같이 쓰인다.

어휘 まず 閉우선　　商品 しょうひん 圏상품
お客様 おきゃくさま 圏손님, 고객　　説明 せつめい 圏설명
タイミング 圏타이밍　　クレーム 圏클레임, 불만
コンプレックス 圏콤플렉스　　サンプル 圏샘플

실전 테스트 3
p.100

16 4	**17** 1	**18** 4	**19** 3	**20** 2
21 1	**22** 4			

문제 4 (　　　) 에 들어갈 가장 알맞은 것을, 1·2·3·4에서 하나 고르세요.

16

최근, 전국의 스키장에서 다리를 다치는 사람이 (　　　) 하고 있다.

1 참관　　　　　　　　　　　2 실망
3 지적　　　　　　　　　　　**4 속출**

해설 선택지가 모두 명사이다. 괄호 앞의 내용과 함께 쓸 때 怪我する人が続出(다치는 사람이 속출)라는 문맥이 가장 자연스러우므로 4 続

出(속출)가 정답이다. 1은 授業を参観する(수업을 참관하다), 2는 彼に失望する(그에게 실망하다), 3은 誤りを指摘する(실수를 지적하다)와 같이 쓰인다.

어휘 最近 さいきん 圏최근　　全国 ぜんこく 圏전국
スキー場 スキーじょう 圏스키장　　脚 あし 圏다리
怪我する けがする 圏다치다, 부상 입다　　参観 さんかん 圏참관
失望 しつぼう 圏실망　　指摘 してき 圏지적　　続出 ぞくしゅつ 圏속출

17

기대하고 있던 영화인데, 밤이 늦었기 때문에 (　　　) 하면서 봤다.

1 꾸벅꾸벅　　　　　　　　2 아슬아슬
3 딱　　　　　　　　　　　　4 엉망진창

해설 선택지가 모두 부사이다. 괄호 앞뒤의 내용과 함께 쓸 때 夜遅かったのでうとうとしながら見た(밤이 늦었기 때문에 꾸벅꾸벅하면서 봤다)라는 문맥이 가장 자연스러우므로 1 うとうと(꾸벅꾸벅)가 정답이다. 2는 ぎりぎり間に合った(아슬아슬 시간에 맞췄다), 3은 ぴったり埋まった(딱 메워졌다), 4는 机の上がごちゃごちゃだ(책상 위가 엉망진창이다)와 같이 쓰인다.

어휘 楽しみ たのしみ 圏기대　　遅い おそい い형늦다
うとうと 閉꾸벅꾸벅　　ぎりぎり 閉아슬아슬　　ぴったり 閉딱, 꼭
ごちゃごちゃ 閉엉망진창

18

이 드라마는 전 세계에서 소문난 인기작으로 (　　　) 이 7 이상 계속되었다.

1 패턴　　　　　　　　　　　2 룰
3 이미지　　　　　　　　　　**4 시즌**

해설 선택지가 모두 명사이다. 괄호 뒤의 내용과 함께 쓸 때 シーズンが7以上続いた(시즌이 7이상 계속되었다)라는 문맥이 가장 자연스러우므로 4 シーズン(시즌)이 정답이다. 1은 パターンが見つかった(패턴이 발견되었다), 2는 ルールが変わった(룰이 바뀌었다), 3은 イメージが良くなった(이미지가 좋아졌다)와 같이 쓰인다.

어휘 ドラマ 圏드라마　　世界中 せかいじゅう 圏전 세계
評判になる ひょうばんになる 소문이 나다
人気作 にんきさく 圏인기작　　以上 いじょう 圏이상
続く つづく 圏계속되다　　パターン 圏패턴　　ルール 圏룰, 규칙
イメージ 圏이미지　　シーズン 圏시즌

19

프러포즈를 받았지만, 아직 결혼할 (　　　) 가 서지 않는다.

1 사고　　　　　　　　　　　2 전념
3 각오　　　　　　　　　　4 방심

해설 선택지가 모두 명사이다. 괄호 뒤의 내용과 함께 쓸 때 覚悟がつかない(각오가 서지 않는다)라는 문맥이 가장 자연스러우므로 3 覚悟(각오)가 정답이다. 1은 思考がまとまらない(사고가 정리되지 않는다), 2는 専念できない(전념할 수 없다), 4는 油断できない(방심할 수 없다)와 같이 쓰인다.

어휘 プロポーズ 圆 프러포즈　思考 しこう 圆 사고　専念 せんねん 圆 전념
　　覚悟 かくご 圆 각오　油断 ゆだん 圆 방심

20

볼펜으로 괄호 안에 (　　) 어구 또는 숫자를 넣으세요.
1 비참한	**2 적당한**
3 유망한	4 활발한

해설 선택지가 모두 な형용사이다. 괄호 뒤의 내용과 함께 쓸 때 適当な
　　語句(적당한 어구)라는 문맥이 가장 자연스러우므로 2 適当な(적당
　　한)가 정답이다. 1은 惨めな姿(비참한 모습), 3은 有望な人材(유망
　　한 인재), 4는 活発な生活(활발한 생활)와 같이 쓰인다.

어휘 ボールペン 圆 볼펜　括弧 かっこ 圆 괄호　語句 ごく 圆 어구
　　数字 すうじ 圆 숫자　惨めだ みじめだ な형 비참하다
　　適当だ てきとうだ な형 적당하다　有望だ ゆうぼうだ な형 유망하다
　　活発だ かっぱつだ な형 활발하다

21

연쇄 추돌 사고로 차가 (　　) 이 된 현장에 경찰이 왔다.
1 제각각	2 반짝반짝
3 척척	4 술술

해설 선택지가 모두 な형용사, 또는 부사이다. 괄호 앞의 내용과 함께 쓸
　　때 玉突き事故で車がばらばら(연쇄 추돌 사고로 차가 제각각)라
　　는 문맥이 가장 자연스러우므로 1 ばらばら(제각각)가 정답이다.
　　2는 加工できらきらになる(가공해서 반짝반짝 해지다), 3은 答え
　　をすらすらと書く(답을 척척 쓰다), 4는 英語をぺらぺらに話す
　　(영어를 술술 말하다)와 같이 쓰인다.

어휘 玉突き事故 たまつきじこ 圆 연쇄 추돌 사고　現場 げんば 圆 현장
　　警察 けいさつ 圆 경찰　ばらばらだ な형 제각각이다
　　きらきら 閉 반짝반짝　すらすら 閉 척척　ぺらぺらだ な형 술술이다

22

식생활이 육식에 (　　) 있었기 때문에, 채소 중심의 도시락을 만들어 먹고 있다.
1 잠수해	2 맡겨져
3 면해	**4 치우쳐**

해설 선택지가 모두 동사이다. 괄호 앞의 내용과 함께 쓸 때 食生活が肉
　　食に偏って(식생활이 육식에 치우쳐)라는 문맥이 가장 자연스러우
　　므로 4 偏って(치우쳐)가 정답이다. 1은 海に潜る(바다에 잠수하
　　다), 2는 学校に預ける(학교에 맡기다), 3은 道路に面する(도로에
　　면하다)와 같이 쓰인다.

어휘 食生活 しょくせいかつ 圆 식생활　肉食 にくしょく 圆 육식
　　野菜 やさい 圆 채소　中心 ちゅうしん 圆 중심
　　潜る もぐる 圄 잠수하다　預ける あずける 圄 맡기다
　　面する めんする 圄 면하다　偏る かたよる 圄 치우치다

실전 테스트 4
p.101

16 1	**17** 2	**18** 3	**19** 2	**20** 2
21 4	**22** 2			

문제 4 (　　) 에 들어갈 가장 알맞은 것을, 1·2·3·4에서 하나 고르세요.

16

저 격투기 선수는 강한 이미지가 있지만, 평소에는 (　　) 타입의 사람이다.
1 온후한	2 적당한
3 순조로운	4 정확한

해설 선택지가 모두 な형용사이다. 괄호 앞의 내용과 함께 쓸 때 強いイ
　　メージがあるけど、普段は温厚な(강한 이미지가 있지만, 평소에
　　는 온후한)라는 문맥이 가장 자연스러우므로 1 温厚な(온후한)가 정
　　답이다. 2는 適度な距離(적당한 거리), 3은 順調なペース(순조로
　　운 페이스), 4는 的確な指摘(정확한 지적)와 같이 쓰인다.

어휘 格闘技 かくとうぎ 圆 격투기　選手 せんしゅ 圆 선수
　　イメージ 圆 이미지　普段 ふだん 圆 평소, 보통　タイプ 圆 타입
　　温厚だ おんこうだ な형 온후하다　適度だ てきどだ な형 적당하다
　　順調だ じゅんちょうだ な형 순조롭다
　　的確だ てきかくだ な형 정확하다

17

중세와 근세의 봉건제도는 명확하게 (　　) 되어 있다.
1 제시	**2 구분**
3 인용	4 반영

해설 선택지가 모두 명사이다. 괄호 앞의 내용과 함께 쓸 때 中世と近世
　　の封建制度は明確に区分(중세와 근세의 봉건제도는 명확하게 구
　　분)이라는 문맥이 가장 자연스러우므로 2 区分(구분)이 정답이다.
　　1은 価格を提示する(가격을 제시하다), 3은 文を引用する(글을
　　인용하다), 4는 正確に反映する(정확하게 반영하다)와 같이 쓰인
　　다.

어휘 中世 ちゅうせい 圆 중세　近世 きんせい 圆 근세
　　封建制度 ほうけんせいど 圆 봉건제도
　　明確だ めいかくだ な형 명확하다　提示 ていじ 圆 제시
　　区分 くぶん 圆 구분　引用 いんよう 圆 인용　反映 はんえい 圆 반영

18

그는 온도 변화에 (　　) 반응해서 두통을 일으키거나 한다.
1 냉정하게	2 원만하게
3 민감하게	4 농후하게

해설 선택지가 모두 な형용사이다. 괄호 앞뒤의 내용과 함께 쓸 때 温度

変化に敏感に反応して(온도 변화에 민감하게 반응해서)라는 문맥이 가장 자연스러우므로 3 敏感に(민감하게)가 정답이다. 1은 冷静に対応して(냉정하게 대응해서), 2는 円満に解決して(원만하게 해결해서), 4는 可能性が濃厚になって(가능성이 농후해져서)와 같이 쓰인다.

어휘 温度 おんど 圏온도　変化 へんか 圏변화　反応 はんのう 圏반응
頭痛 ずつう 圏두통　起こす おこす 圄일으키다
冷静だ れいせいだ [な형]냉정하다　円満だ えんまんだ [な형]원만하다
敏感だ びんかんだ [な형]민감하다　濃厚だ のうこうだ [な형]농후하다

19

어제 내리기 시작한 큰비로 깨끗했던 강이 (　　　) 버렸다.

1 녹슬어　　　　　　　　2 탁해져
3 시들어　　　　　　　　4 올라가

해설 선택지가 모두 동사이다. 괄호 앞의 내용과 함께 쓸 때 きれいだった川が濁って(깨끗했던 강이 탁해져)라는 문맥이 가장 자연스러우므로 2 濁って(탁해져)가 정답이다. 1은 鉄が錆びて(철이 녹슬어), 3은 花が枯れて(꽃이 시들어), 4는 熱が上がって(열이 올라가)와 같이 쓰인다.

어휘 降り出す ふりだす 圄내리기 시작하다　大雨 おおあめ 圏큰비, 호우
錆びる さびる 圄녹슬다　濁る にごる 圄탁해지다
枯れる かれる 圄시들다, 마르다　上がる あがる 圄올라가다

20

심은 지 얼마 안 됐는데, 라벤더의 (　　　) 가 검게 되어 버렸다.

1 토지　　　　　　　　　2 뿌리
3 토대　　　　　　　　　4 지붕

해설 선택지가 모두 명사이다. 괄호 앞의 내용과 함께 쓸 때 ラベンダーの根元(라벤더의 뿌리)라는 문맥이 가장 자연스러우므로 2 根元(뿌리)가 정답이다. 1은 会社の土地(회사의 토지), 3은 工事の土台(공사의 토대), 4는 家の屋根(집의 지붕)와 같이 쓰인다.

어휘 植える うえる 圄심다　ラベンダー 圏라벤더　土地 とち 圏토지
根元 ねもと 圏뿌리　土台 どだい 圏토대　屋根 やね 圏지붕

21

생일에 (　　　) 한 케이크가 먹고 싶어서 직접 만들어 봤다.

1 확실　　　　　　　　　2 느긋
3 희미　　　　　　　　　4 폭신폭신

해설 선택지가 모두 부사이다. 괄호 뒤의 내용과 함께 쓸 때 ふんわりしたケーキ(폭신폭신한 케이크)라는 문맥이 가장 자연스러우므로 4 ふんわり(폭신폭신)가 정답이다. 1은 しっかりした意見(확실한 의견), 2는 のんびりした性格(느긋한 성격), 3은 ぼんやりとした景色(희미한 경치)와 같이 쓰인다.

어휘 ケーキ 圏케이크　直接 ちょくせつ 图직접　しっかり 图확실히
のんびり 图느긋하게　ぼんやり 图희미하게　ふんわり 图폭신폭신

22

자신의 (　　　) 을 살릴 수 있는 일에 취업하고 싶다고 생각해서 이직을 결정했다.

1 아픔　　　　　　　　　2 강점
3 느슨함　　　　　　　　4 높은 곳

해설 선택지가 모두 명사이다. 괄호 뒤의 내용과 함께 쓸 때 強みを生かせる仕事(강점을 살릴 수 있는 일)라는 문맥이 가장 자연스러우므로 2 強み(강점)가 정답이다. 1은 傷みを感じる(아픔을 느끼다), 3은 緩みを締める(느슨함을 다잡다), 4는 高みを目指す(높은 곳을 지향하다)같이 쓰인다.

어휘 生かす いかす 圄살리다　就く つく 圄취업하다
転職 てんしょく 圏이직　決める きめる 圄결정하다
傷み いたみ 圏아픔　強み つよみ 圏강점　緩み ゆるみ 圏느슨함
高み たかみ 圏높은 곳

문제 5 유의 표현

실력 다지기　　　　　　　　　　　　　　p.114

01 ③ (붐 – 유행)
02 ② (대소하다 – 비교하다)
03 ② (애매하다 – 분명하지 않다)
04 ④ (부득이하다 – 하는 수 없다)
05 ③ (정하다 – 결정하다)
06 ③ (고개를 숙이다 – 아래를 향하다)
07 ④ (조심하다 – 주의하다)
08 ② (운이 따르다 – 운이 좋다)
09 ① (짜임새 – 구조)
10 ② (힘껏 – 열심히)
11 ③ (침울해지다 – 낙담하다)
12 ① (위험해지다 – 안전하지 않게 되다)
13 ② (끈덕지다 – 끈질기다)
14 ③ (일제히 – 한꺼번에)
15 ③ (테크닉 – 기술)
16 ① (젖어있다 – 아직 마르지 않았다)
17 ④ (영리하다 – 머리가 좋다)
18 ④ (얕보다 – 경시하다)
19 ③ (대략 – 대체로)
20 ② (전과 같이 – 변함없이)

23 1	**24** 3	**25** 3	**26** 4	**27** 2

문제5 ＿＿＿의 말에 의미가 가장 가까운 것을, 1・2・3・4에서 하나 고르세요.

23

저 두 사람이 결혼이라니 <u>엉터리</u>야.

1 사실인 이야기가 아니다   2 믿을 수 없다
3 경사스러운 이야기다   4 마음에 안든다

해설 でたらめだよ가 '엉터리야'라는 의미이므로, 이와 교체하여도 문장의 의미가 바뀌지 않는 1 本当の話ではない(사실인 이야기가 아니다)가 정답이다.

어휘 でたらめ 명엉터리   信じる しんじる 동믿다
　　 おめでたい い형경사스럽다   気に入る きにいる 마음에 들다

24

최근, 할아버지의 키가 <u>줄어든</u> 것 같은 느낌이 든다.

1 동그래진   2 늘어난
3 작아진   4 커진

해설 縮んで가 '줄어든'이라는 의미이므로, 이와 교체하여도 문장의 의미가 바뀌지 않는 3 低くなって(작아진)가 정답이다.

어휘 最近 さいきん 명최근   祖父 そふ 명할아버지, 조부
　　 縮む ちぢむ 동줄어들다, 오그라들다
　　 気がする きがする 느낌이 들다, 생각이 들다
　　 丸い まるい い형동그랗다   のびる 동늘어나다, 자라다
　　 低い ひくい い형작다, 낮다   高い たかい い형(키가) 크다, 높다

25

지금 <u>수다</u>를 떨고 있을 틈은 없다.

1 일   2 독서
3 잡담   4 토론

해설 おしゃべり가 '수다'라는 의미이므로, 의미가 가장 비슷한 3 雑談(잡담)이 정답이다.

어휘 おしゃべり 명수다   仕事 しごと 명일   読書 どくしょ 명독서
　　 雑談 ざつだん 명잡담   討論 とうろん 명토론

26

그 일이라면, <u>진작</u> 끝났어요.

1 어느새   2 거의
3 방금   4 오래 전에

해설 とっくに가 '진작'이라는 의미이므로, 이와 교체하여도 문장의 의미

가 바뀌지 않는 4 ずっと前に(오래 전에)가 정답이다.

어휘 とっくに 부진작, 이미   いつのまにか 어느새
　　 ほとんど 부거의, 대부분   さっき 부방금, 아까
　　 ずっと前に ずっとまえに 오래 전에, 훨씬 전에

27

저 가수는 <u>속삭이는 듯한</u> 창법이 특징이다.

1 큰 소리로 노래 부르는 듯한
2 작은 소리로 노래 부르는 듯한
3 자고 있는듯한
4 웃고 있는듯한

해설 ささやくような가 '속삭이는 듯한'이라는 의미이므로, 이와 교체하여도 문장의 의미가 바뀌지 않는 2 小声で歌うような(작은 소리로 노래 부르는 듯한)가 정답이다.

어휘 歌手 かしゅ 명가수   ささやく 동속삭이다
　　 歌い方 うたいかた 명창법   特徴 とくちょう 명특징
　　 大声 おおごえ 명큰 소리   歌う うたう 동노래 부르다
　　 小声 こごえ 명작은 소리   寝る ねる 동자다   笑う わらう 동웃다

23 3	**24** 1	**25** 4	**26** 4	**27** 3

문제5 ＿＿＿의 말에 의미가 가장 가까운 것을, 1・2・3・4에서 하나 고르세요.

23

<u>우선</u> 호텔을 예약했다.

1 바로   2 결심하고
3 일단   4 결국

해설 とりあえず가 '우선'이라는 의미이므로, 의미가 가장 비슷한 3 一応(일단)가 정답이다.

어휘 とりあえず 부우선, 일단   予約 よやく 명예약   すぐに 부바로, 곧
　　 思い切る おもいきる 동결심하다   一応 いちおう 부일단, 우선
　　 結局 けっきょく 부결국

24

<u>염치없는</u> 부탁이라서, 죄송합니다.

1 뻔뻔스러운   2 귀찮은
3 제멋대로인   4 무리한

해설 厚かましい가 '염치없는'이라는 의미이므로, 의미가 가장 비슷한 1 ずうずうしい(뻔뻔스러운)가 정답이다.

어휘 厚かましい あつかましい い형염치없다, 뻔뻔하다
　　 ずうずうしい い형뻔뻔스럽다, 넉살 좋다

面倒だ めんどうだ [な형] 귀찮다　わがままだ [な형] 제멋대로다

無理だ むりだ [な형] 무리다

25

> 야마모토 씨는 <u>경솔한</u> 사람이다.
>
> 1 유머가 부족한　　　　2 용기가 부족한
> 3 자신감이 부족한　　　**4 주의가 부족한**

해설 そそっかしい가 '경솔한'이라는 의미이므로, 이와 교체하여도 문장의
　　 의미가 바뀌지 않는 4 注意が足りない(주의가 부족한)가 정답이다.

어휘 そそっかしい [い형] 경솔하다　ユーモア [명] 유머
　　 足りない たりない 부족하다　勇気 ゆうき [명] 용기
　　 自信 じしん [명] 자신감　注意 ちゅうい [명] 주의

26

> 수면시간을 <u>줄여서</u> 열심히 공부했다.
>
> 1 무시해서　　　　　　2 조사해서
> 3 길게해서　　　　　　**4 줄여서**

해설 けずって가 '줄여서'라는 의미이므로, 의미가 같은 4 減らして(줄여
　　 서)가 정답이다.

어휘 睡眠時間 すいみんじかん [명] 수면시간　けずる [동] 줄이다, 삭감하다
　　 一生懸命 いっしょうけんめい [부] 열심히　無視 むし [명] 무시
　　 調査 ちょうさ [명] 조사　長い ながい [い형] 길다
　　 減らす へらす [동] 줄이다, 감소시키다

27

> 그는 드럼으로 <u>멋진</u> 연주를 했다.
>
> 1 묘한　　　　　　　　2 생생한
> **3 훌륭한**　　　　　　4 드문

해설 見事な가 '멋진'이라는 의미이므로, 의미가 가장 비슷한 3 すばらし
　　 い(훌륭한)가 정답이다.

어휘 ドラム [명] 드럼　見事だ みごとだ [な형] 멋지다, 훌륭하다
　　 演奏 えんそう [명] 연주　妙だ みょうだ [な형] 묘하다, 이상하다
　　 生き生き いきいき [부] 생생하게, 생기 있게
　　 すばらしい [い형] 훌륭하다, 대단하다　めずらしい [い형] 드물다

실전 테스트 3
p.118

| **23** 2 | **24** 1 | **25** 4 | **26** 3 | **27** 1 |

> 문제5 ＿＿＿＿의 말에 의미가 가장 가까운 것을, 1·2·3·4에서
> 하나 고르세요.

23

> 언니는 언제나 정확히 <u>계획</u>을 세운다.

> 1 목표　　　　　　　　**2 계획**
> 3 전략　　　　　　　　4 가설

해설 プラン은 '계획'이라는 의미이므로, 의미가 같은 2 計画(계획)가 정
　　 답이다.

어휘 きちんと [부] 정확히, 분명히　プラン [명] 계획, 플랜
　　 立てる たてる [동] 세우다　目標 もくひょう [명] 목표
　　 計画 けいかく [명] 계획　戦略 せんりゃく [명] 전략　仮説 かせつ [명] 가설

24

> 가게 안에는 세련된 가구가 <u>갖추어져</u> 있었다.
>
> **1 모여**　　　　　　　2 늘어서
> 3 팔리고　　　　　　　4 장식되어

해설 揃って가 '갖추어져'라는 의미이므로, 의미가 가장 비슷한 1 集まっ
　　 て(모여)가 정답이다.

어휘 店内 てんない [명] 가게 안, 점 내　おしゃれだ [な형] 세련되다
　　 揃う そろう [동] 갖추어지다　集まる あつまる [동] 모이다
　　 並ぶ ならぶ [동] 늘어서다　売る うる [동] 팔다　飾る かざる [동] 장식하다

25

> 개가 <u>안절부절 못하고 있는</u> 느낌이 든다.
>
> 1 지쳐있는　　　　　　2 슬퍼하는
> 3 상태가 좋은　　　　　**4 침착하지 않은**

해설 そわそわしている가 '안절부절 못하고 있는'이라는 의미이므로, 이
　　 와 교체하여도 문장의 의미가 바뀌지 않는 4 落ちつきがない(침착
　　 하지 않은)가 정답이다.

어휘 そわそわ [부] 안절부절, 싱숭생숭
　　 気がする きがする [동] 느낌이 들다, 생각이 들다
　　 くたびれる [동] 지치다, 피로하다　悲しむ かなしむ [동] 슬퍼하다
　　 調子 ちょうし [명] 상태　落ちつき おちつき [명] 침착함, 차분함

26

> 교수님은 자료를 <u>대충 보고</u> 책상에 두었다.
>
> 1 바라보고　　　　　　2 가리키고
> **3 훑어보고**　　　　　4 노려보고

해설 ざっと見て가 '대충 보고'라는 의미이므로, 이와 교체하여도 문장의
　　 의미가 바뀌지 않는 3 目を通して(훑어보고)가 정답이다.

어휘 教授 きょうじゅ [명] 교수님, 교수　資料 しりょう [명] 자료
　　 ざっと [부] 대충, 휙　ながめる [동] 바라보다　指す さす [동] 가리키다
　　 目を通す めをとおす [동] 훑어보다　にらむ [동] 노려보다

27

> 근처에 가라오케가 있어서, 매일 밤 <u>시끄럽다</u>.
>
> **1 시끄럽다**　　　　　2 즐겁다
> 3 밝다　　　　　　　　4 매우 화려하다

해설 騒々しい가 '시끄럽다'라는 의미이므로, 의미가 같은 1 うるさい(시끄럽다)가 정답이다.

어휘 近所 きんじょ 몡근처　カラオケ 몡가라오케
　　騒々しい そうぞうしい い형시끄럽다　うるさい い형시끄럽다
　　たのしい い형즐겁다　あかるい い형밝다
　　はではでしい い형매우 화려하다

실전 테스트 4　　　　　　　　　　　　p.119

| **23** 2 | **24** 4 | **25** 2 | **26** 3 | **27** 2 |

문제5 ＿＿＿의 말에 의미가 가장 가까운 것을, 1·2·3·4에서 하나 고르세요.

23

상사의 명령에 거역할 수는 없다.

| 1 비판 | **2 지시** |
| 3 방침 | 4 지도 |

해설 命令가 '명령'이라는 의미이므로, 의미가 가장 비슷한 2 言いつけ (지시)가 정답이다.

어휘 上司 じょうし 몡상사　命令 めいれい 몡명령
　　逆らう さからう 동거역하다　批判 ひはん 몡비판
　　言いつけ いいつけ 몡지시　方針 ほうしん 몡방침
　　指導 しどう 몡지도

24

아무도 명확한 결론을 말하지 못했다.

| 1 새로운 | 2 애매한 |
| 3 세세한 | **4 분명한** |

해설 明確な가 '명확한'이라는 의미이므로, 의미가 가장 비슷한 4 あきら かな(분명한)가 정답이다.

어휘 明確だ めいかくだ な형명확하다　結論 けつろん 몡결론
　　あたらしい い형새롭다　あいまいだ な형애매하다
　　こまかい い형세세하다　あきらかだ な형분명하다, 명백하다

25

함부로 돈을 써버렸다.

| 1 항상 | **2 아무것도 생각하지 않고** |
| 3 갑자기 | 4 직접 |

해설 やたらに가 '함부로'라는 의미이므로, 이와 교체하여도 문장의 의미가 바뀌지 않는 2 何も考えず(아무것도 생각하지 않고)가 정답이다.

어휘 やたらに 부함부로　つねに 부항상　何も なにも 아무것도
　　考える かんがえる 동생각하다　急に きゅうに 부갑자기
　　直接 ちょくせつ 부직접

26

힘들어도 보람이 있는 일이 좋다.

| 1 위험해도 | 2 어려워도 |
| **3 고되어도** | 4 바빠도 |

해설 大変でも가 '힘들어도'라는 의미이므로, 의미가 가장 비슷한 3 きつ くても(고되어도)가 정답이다.

어휘 大変だ たいへんだ な형힘들다　やりがい 몡보람
　　あぶない い형위험하다　むずかしい い형어렵다　きつい い형고되다
　　いそがしい い형바쁘다

27

결혼식 사회라는 역할을 다했다.

| 1 일을 거절했다 | **2 일을 끝냈다** |
| 3 일을 계속했다 | 4 일을 늘렸다 |

해설 役目を果たした가 '역할을 다했다'라는 의미이므로, 이와 교체하여 도 문장의 의미가 바뀌지 않는 2 仕事を終えた(일을 끝냈다)가 정답이다.

어휘 結婚式 けっこんしき 몡결혼식　司会 しかい 몡사회
　　役目を果たす やくめをはたす 역할을 다하다　仕事 しごと 몡일, 업무
　　断る ことわる 동거절하다　終える おえる 동끝내다
　　続ける つづける 동계속하다　増やす ふやす 동늘리다

문제 6 용법

실력 다지기　　　　　　　　　　　　p.132

| **01** ① | **02** ① | **03** ② | **04** ① | **05** ① |
| **06** ① | **07** ① | **08** ② | **09** ② | **10** ② |

01

시찰

① 피해 복구를 위해, 지진이 일어난 지역을 **시찰**했다.
② 원고를 <u>시찰</u>한 후의 의견을 들려주세요.

어휘 視察 しさつ 몡시찰　被害 ひがい 몡피해　復旧 ふっきゅう 몡복구
　　地震 じしん 몡지진　起きる おきる 동일어나다
　　地域 ちいき 몡지역　原稿 げんこう 몡원고　コメント 몡의견

02

다하다, 끝나다

① 힘이 **다할** 때까지 몇 번이고 도전하고 싶다.
② 물을 주는 것을 잊어서 꽃이 <u>다해</u> 버렸다.

어휘 尽きる つきる 동다하다, 끝나다　力 ちから 몡힘
　　挑戦 ちょうせん 몡도전

03

> 반성
>
> ① 친구는 창가에서 뭔가를 반성하고 있었다.
> ② 과거를 반성하고, 새롭게 시작합시다.

어휘 反省 はんせい 몡반성　窓側 まどがわ 몡창가　過去 かこ 몡과거
　　始める はじめる 동시작하다

04

> 빛나다, 훌륭하다
>
> ① 우리 팀은 우승이라고 하는 빛나는 결과를 남겼다.
> ② 밖은 햇빛이 강해서 눈이 빛날지도 모릅니다.

어휘 輝かしい かがやかしい い형빛나다, 훌륭하다　チーム 몡팀
　　優勝 ゆうしょう 몡우승　結果 けっか 몡결과
　　残す のこす 동남기다　日差し ひざし 몡햇빛, 햇볕

05

> 기민
>
> ① 기민하게 행동하기 위해서는 신속한 판단력이 요구됩니다.
> ② 기민한 사람은 일상에서 불쾌감을 느끼기 쉽다고 합니다.

어휘 機敏だ きびんだ な형기민하다　行動 こうどう 몡행동
　　迅速だ じんそくだ な형신속하다　判断力 はんだんりょく 몡판단력
　　求める もとめる 동요구하다　日常 にちじょう 몡일상
　　不快感 ふかいかん 몡불쾌감

06

> 마치, 꼭
>
> ① 마치 진짜인 것처럼 꿈 이야기를 진지하게 말한다.
> ② 바다에 와서 헤엄칠 수 있을까했더니, 마치 몸 상태가 나빠져 버렸다.

어휘 あたかも 부마치, 꼭　夢 ゆめ 몡꿈　真剣だ しんけんだ な형진지하다
　　体調を崩す たいちょうをくずす 몸 상태가 나빠지다

07

> 수고, 품
>
> ① 이 일은 수고가 들기 때문에 하고 싶지 않다.
> ② 수고가 있어서 프레젠테이션 준비를 했다.

어휘 手間 てま 몡수고, 품　かかる 동(시간, 비용이) 들다
　　プレゼン 몡프레젠테이션(プレゼンテーション의 줄임말)
　　準備 じゅんび 몡준비

08

> 이루어지다
>
> ① 노력이 이루어져서, 대기업에 합격했다.
> ② 자신의 회사를 만들고 싶다는 꿈이 이루어졌다.

어휘 かなう 동이루어지다　努力 どりょく 몡노력
　　大企業 だいきぎょう 몡대기업　合格 ごうかく 몡합격　夢 ゆめ 몡꿈

09

> 보충
>
> ① 나의 직업은 요컨대 의사를 보충하는 사무입니다.
> ② 보충해봤으니, 한 번 더 봐 줄 수 있나요?

어휘 補足 ほそく 몡보충　職業 しょくぎょう 몡직업　ようするに 요컨대
　　医師 いし 몡의사　事務 じむ 몡사무　もう一度 もういちど 한 번 더

10

> 부족하다
>
> ① 부족한 소문을 믿고 그런 말을 해서는 안 된다.
> ② 최근 TV 프로그램은 뭔가 부족한 느낌이 든다.

어휘 物足りない ものたりない い형부족하다　うわさ 몡소문
　　信じる しんじる 동믿다　最近 さいきん 몡최근
　　番組 ばんぐみ 몡프로그램, 방송　気がする きがする 느낌이 들다

실전 테스트 1　p.134

28 2	29 4	30 1	31 3	32 1

문제6 다음 말의 사용법으로 가장 알맞은 것을, 1·2·3·4에서 하나 고르세요.

28

> 일제히
>
> 1 괜찮으시다면, 내일은 저와 일제히 학교에 가지 않겠습니까?
> 2 그 교실의 학생들은, 선생님의 신호에 일제히 문제를 풀기 시작했다.
> 3 나는, 너무 목이 말랐기 때문에, 그 유리컵의 물을 일제히 마셨다.
> 4 새로 산 청소기는, 스위치를 켜도 일제히 움직이지 않는다.

해설 いっせいに(일제히)는 모두 같은 행동이나 상태를 나타낼 때 사용한다. 제시어가 부사이므로 각 선택지에서 먼저 밑줄 뒷부분과 함께 읽어본다. 2의 いっせいに問題を解き始めた(일제히 문제를 풀기 시작했다)에서 문맥상 올바르게 사용되었으므로 2가 정답이다. 참고로, 1은 一緒に(いっしょに, 같이), 3은 一気に(いっきに, 한번에), 4는 一切(いっさい, 전혀)를 사용하는 것이 올바른 문장이다.

어휘 いっせいに 부일제히　よろしい い형괜찮다, 좋다
　　合図 あいず 몡신호, 눈짓　解き始める ときはじめる 동풀기 시작하다
　　のどが渇く のどがかわく 목이 마르다　掃除機 そうじき 몡청소기
　　スイッチを入れる スイッチをいれる 스위치를 켜다

29

> 솔직
>
> 1 공원에는, 그 길을 솔직하게 5분 정도 걸으면 도착합니다.
> 2 그 아이는, 초등학교에 다니게 되어서, 갑자기 솔직해졌다.
> 3 이 시험은, 학교를 통하지 말고, 스스로 솔직하게 신청해 주세요.
> **4 그녀는, 언제나 솔직하게 자신의 의견을 말할 수 있다.**

해설 率直(솔직)는 꾸밈없이 사실을 말할 때 사용한다. 제시어가 형용사이므로 각 선택지에서 먼저 밑줄 뒷부분과 함께 읽어본다. 4의 率直に自分の意見を述べることができる(솔직하게 자신의 의견을 말할 수 있다)에서 문맥상 올바르게 사용되었으므로 4가 정답이다. 참고로, 1은 真っ直ぐ(まっすぐ, 똑바로), 2는 素直(すなお, 고분고분), 3은 直接(ちょくせつ, 직접)를 사용하는 것이 올바른 문장이다.

어휘 率直だ そっちょくだ [な형]솔직하다 到着 とうちゃく [명]도착
小学校 しょうがっこう [명]초등학교 通う かよう [동]다니다, 통하다
急に きゅうに [부]갑자기 試験 しけん [명]시험
通す とおす [동]통하다 申し込む もうしこむ [동]신청하다, 접수하다
意見 いけん [명]의견 述べる のべる [동]말하다, 진술하다

30

> 마침내, 드디어
>
> **1 아침부터 계속 흐렸는데, 마침내 비가 내렸다.**
> 2 푸르렀던 하늘은, 저녁에는 마침내 오렌지색으로 변화했다.
> 3 역에는 걸어서 가도, 마침내 10분이면 도착해요.
> 4 그 아이는, 부모가 말하는 것을 마침내 들으려고 하지 않는다. .

해설 とうとう(마침내, 드디어)는 오랜 시간에 걸쳐 예상된 결과가 나왔을 때 사용한다. 제시어가 부사이므로 각 선택지에서 먼저 밑줄 뒷부분과 함께 읽어본다. 1의 とうとう雨が降ってきた(마침내 비가 내렸다)에서 문맥상 올바르게 사용되었으므로 1이 정답이다. 참고로, 2는 徐々に(じょじょに, 서서히), 3은 せいぜい(기껏해야), 4는 ぜんぜん(전혀)을 사용하는 것이 올바른 문장이다.

어휘 とうとう [부]마침내, 드디어 ずっと [부]계속, 쭉
雨が降る あめがふる 비가 내리다
オレンジ色 オレンジいろ [명]오렌지색 変化 へんか [명]변화
親 おや [명]부모

31

> 회수
>
> 1 주말에 감기에 걸렸는데, 휴일은 잘 자서, 벌써 회수했다.
> 2 유명한 정치가이지만, 회수의 혐의를 받고 있다.
> **3 정부는, 통계조사를 위해 지난달 배부한 조사용지를 회수하고 있다.**
> 4 그 교수는, 연구를 위해 산에서 많은 벌레를 회수하고 있다.

해설 回収(회수)는 한 번 주었던 것을 다시 가져올 때 사용한다. 제시어가 명사이므로 각 선택지에서 먼저 밑줄 앞부분과 함께 읽어본다. 3의 調査用紙を回収している(조사용지를 회수하고 있다)에서 문맥상 올바르게 사용되었으므로 3이 정답이다. 참고로, 1은 回復(かいふ

く, 회복), 4는 収集(しゅうしゅう, 수집)를 사용하는 것이 올바른 문장이다.

어휘 回収 かいしゅう [명]회수 週末 しゅうまつ [명]주말
風邪を引く かぜをひく 감기에 걸리다
休みの日 やすみのひ [명]휴일, 쉬는 날 政治家 せいじか [명]정치가
罪に問われる つみにとわれる 혐의를 받다 政府 せいふ [명]정부
統計調査 とうけいちょうさ [명]통계조사
配る くばる [동]배부하다, 나눠주다
調査用紙 ちょうさようし [명]조사용지 教授 きょうじゅ [명]교수
研究 けんきゅう [명]연구 虫 むし [명]벌레

32

> 걸작
>
> **1 그 감독이 만든 작품에는, 걸작이라고 불리는 것이 많다.**
> 2 그 미술관의 작품은 조사 결과, 진품이 아니라 걸작이라고 알게 되었다.
> 3 내가 살고 있는 지역에서는, 사과가 걸작으로 팔리고 있다.
> 4 그는 이 작품의 제작 중에 죽었기 때문에, 결국 이것이 걸작이 되었다.

해설 傑作(걸작)는 매우 훌륭한 작품을 말할 때 사용한다. 제시어가 명사이므로 각 선택지에서 먼저 밑줄 앞부분과 함께 읽어본다. 1의 その監督の作った作品には、傑作と呼ばれる(그 감독이 만든 작품에는, 걸작이라고 불리는)에서 문맥상 올바르게 사용되었으므로 1이 정답이다. 참고로, 2는 偽作(ぎさく, 위작), 4는 遺作(いさく, 유작)를 사용하는 것이 올바른 문장이다.

어휘 傑作 けっさく [명]걸작 監督 かんとく [명]감독 作品 さくひん [명]작품
美術館 びじゅつかん [명]미술관 調査 ちょうさ [명]조사
結果 けっか [명]결과 本物 ほんもの [명]진품, 진짜
地域 ちいき [명]지역 リンゴ [명]사과 制作 せいさく [명]제작
亡くなる なくなる [동]죽다, 돌아가다 結局 けっきょく [부]결국

실전 테스트 2 p.135

28 2	**29** 3	**30** 3	**31** 1	**32** 4

> 문제6 다음 말의 사용법으로 가장 알맞은 것을, 1・2・3・4에서 하나 고르세요.

28

> 분주하다, 어수선하다
>
> 1 저는 분주한 성격으로, 자주 물건을 잊어버리거나 약속을 착각하거나 합니다.
> **2 오늘 아침은 분주하게 시간이 지나, 시계를 보니 11시가 넘어 있었다.**
> 3 갑자기 분주하게 물건이 깨지는 소리가 들려, 깜짝 놀랐다.
> 4 개구리가 연못에 분주한 수의 알을 낳고 있었다.

해설 あわただしい(분주하다, 어수선하다)는 쫓기는 듯이 이리저리 바쁘고 수선스러운 상태를 나타낼 때 사용한다. 제시어가 형용사이므로 각 선택지에서 먼저 밑줄 뒷부분과 함께 읽어본다. 2의 あわただしく時間が過ぎ(분주하게 시간이 지나)에서 문맥상 올바르게 사용되었으므로 2가 정답이다. 참고로, 1은 そそっかしい(덜렁대다), 3은 激しい(はげしい, 심하다), 4는 おびただしい(엄청나다)를 사용하는 것이 올바른 문장이다.

어휘 あわただしい 〔い형〕분주하다, 어수선하다　性格 せいかく 〔명〕성격
　　忘れ物をする わすれものをする 물건을 잊다　約束 やくそく 〔명〕약속
　　間違える まちがえる 〔동〕착각하다, 잘못 알다　過ぎる すぎる 〔동〕지나다
　　回る まわる 〔동〕(시각이) 넘다, 지나다　急に きゅうに 〔부〕갑자기
　　割れる われる 〔동〕깨지다, 갈라지다　音がする おとがする 소리가 나다
　　びっくりする 〔동〕깜짝 놀라다　かえる 〔명〕개구리　産む うむ 〔동〕낳다

29

> 치우다, 물리치다
>
> 1 정원의 잡초가 자랐기 때문에, 내일, 치울 생각이다.
> 2 갑자기 날아온 공을 치울 수 없었다.
> **3 사고로 움직일 수 없게 된 차를 치운 참이다.**
> 4 따뜻해졌기 때문에, 목에 두르고 있던 머플러를 치웠다.

해설 どける(치우다, 물리치다)는 어떤 대상을 다른 곳으로 가져다 놓을 때 사용한다. 제시어가 동사이므로 각 선택지에서 먼저 밑줄 앞부분과 함께 읽어본다. 3의 動けなくなった車をどけたところだ(움직일 수 없게 된 차를 치운 참이다)에서 문맥상 올바르게 사용되었으므로 3이 정답이다. 참고로 2는 避ける(さける, 피하다), 4는 外す(はずす, 벗다)를 사용하는 것이 올바른 문장이다.

어휘 どける 〔동〕치우다, 물리치다　草 くさ 〔명〕잡초, 풀
　　急に きゅうに 〔부〕갑자기　ボール 〔명〕공, 볼　事故 じこ 〔명〕사고
　　動く うごく 〔동〕움직이다　首 くび 〔명〕목　巻く まく 〔동〕두르다, 말다
　　マフラー 〔명〕머플러, 목도리

30

> 초보
>
> 1 얼마나 시간이 지나도 초보를 잊지 않는 것이 중요하다.
> 2 초등학생 때부터 여름방학 초보에 숙제를 끝내기로 정하고 있다.
> **3 몇 번이나 연습했을 텐데, 초보적인 실수를 해버려서 침울하다.**
> 4 매월 초보 진찰 때는, 접수처에서 보험증을 보여줄 필요가 있습니다.

해설 初歩(초보)는 첫 단계나 수준을 나타낼 때 사용한다. 제시어가 명사이므로 각 선택지에서 먼저 밑줄 앞부분과 함께 읽어본다. 3의 練習したはずなのに、初歩的な(연습했을 텐데, 초보적인)에서 문맥상 올바르게 사용되었으므로 3이 정답이다. 참고로, 1은 初心(しょしん, 초심), 2는 初日(しょにち, 첫날), 4는 初回(しょかい, 첫 회)를 사용하는 것이 올바른 문장이다.

어휘 初歩 しょほ 〔명〕초보　どれだけ 〔부〕얼마나, 어느 정도
　　経つ たつ 〔동〕지나다, 경과하다　小学生 しょうがくせい 〔명〕초등학생
　　決める きめる 〔동〕결정하다　練習 れんしゅう 〔명〕연습

ミス 〔명〕실수, 미스　落ち込む おちこむ 〔동〕침울하다
診察 しんさつ 〔명〕진찰　受付 うけつけ 〔명〕접수처
保険証 ほけんしょう 〔명〕보험증　必要 ひつよう 〔명〕필요

31

> 소재
>
> 1 이 비행기는, 단단하고 튼튼한 소재를 사용해서 만들어졌습니다.
> 2 그는 어렸을 때부터 연기의 소재를 인정받아, 영화에 출연하거나 했다.
> 3 저 선수는 항상 마스크를 쓰고 있어 소재를 보이지 않는 것으로 유명합니다.
> 4 젊은이의 수도 줄어들고 있어, 우수한 소재를 확보하는 것이 어렵다.

해설 素材(소재)는 어떤 것을 구성하는 원료를 나타낼 때 사용한다. 제시어가 명사이므로 각 선택지에서 먼저 밑줄 앞부분과 함께 읽어본다. 1의 硬くて丈夫な素材(단단하고 튼튼한 소재)에서 문맥상 올바르게 사용되었으므로 1이 정답이다. 참고로, 2는 素質(そしつ, 소질), 3은 素顔(すがお, 맨 얼굴), 4는 人材(じんざい, 인재)를 사용하는 것이 올바른 문장이다.

어휘 素材 そざい 〔명〕소재　硬い かたい 〔い형〕단단하다
　　丈夫だ じょうぶだ 〔な형〕튼튼하다　用いる もちいる 〔동〕사용하다
　　幼い おさない 〔い형〕어리다　演技 えんぎ 〔명〕연기
　　認める みとめる 〔동〕인정하다　選手 せんしゅ 〔명〕선수
　　常に つねに 〔부〕항상　マスク 〔명〕마스크　若者 わかもの 〔명〕젊은이
　　減る へる 〔동〕줄다　優秀だ ゆうしゅうだ 〔な형〕우수하다
　　確保 かくほ 〔명〕확보

32

> 일과
>
> 1 그날 있었던 일은 일과에 남겨두고, 가끔 다시 읽습니다.
> 2 수수께끼에 싸인 예능인의 일과생활을 조금이라도 좋으니까 알고 싶다고 생각한다.
> 3 매년 생일을 맞이할 때, 일과가 지나는 것이 매우 빠르다고 느낀다.
> **4 아침에 일어나면 태양을 쬐면서 요가를 하는 것이 매일의 일과입니다.**

해설 日課(일과)는 매일 규칙적으로 하는 행동을 나타낼 때 사용한다. 제시어가 명사이므로 각 선택지에서 먼저 밑줄 앞부분과 함께 읽어본다. 4의 毎日の日課(매일의 일과)에서 문맥상 올바르게 사용되었으므로 4가 정답이다. 참고로, 1은 日記(にっき, 일기), 2는 日常(にちじょう, 일상), 3은 月日(つきひ, 세월)를 사용하는 것이 올바른 문장이다.

어휘 日課 にっか 〔명〕일과　出来事 できごと 〔명〕일, 사건
　　残す のこす 〔동〕남기다　たまに 〔부〕가끔
　　読み直す よみなおす 〔동〕다시 읽다　謎 なぞ 〔명〕수수께끼
　　包む つつむ 〔동〕싸다　芸能人 げいのうじん 〔명〕예능인, 연예인
　　生活 せいかつ 〔명〕생활　迎える むかえる 〔동〕맞이하다
　　経つ たつ 〔동〕지나다, 경과하다　感じる かんじる 〔동〕느끼다
　　太陽を浴びる たいようをあびる 태양을 쬐다　ヨガ 〔명〕요가

28 2	**29** 4	**30** 3	**31** 4	**32** 1

문제6 다음 말의 사용법으로 가장 알맞은 것을, 1·2·3·4에서 하나 고르세요.

28

한정

1 아무리 연습해도 실력이 올라가지 않아, <u>한정</u>을 느끼고 있다.
2 **정부가 매해 인원수를 <u>한정</u>해서 허가를 내는 노동 허가가 있다.**
3 서비스 로봇에 적합한 로봇을 <u>한정</u>하고, 비용을 검토했다.
4 인기가 높았기 때문에 그 연극은 다시 상연되는 것이 <u>한정</u>되었다.

해설 限定(한정)는 어떠한 것을 제한하여 정할 때 사용한다. 제시어가 명사이므로 각 선택지에서 먼저 밑줄 앞부분과 함께 읽어본다. 2의 人数を限定して(인원수를 한정해서)에서 문맥상 올바르게 사용되었으므로 2가 정답이다. 참고로, 1은 限界(げんかい, 한계), 3은 選定(せんてい, 선정), 4는 決定(けってい, 결정)를 사용하는 것이 올바른 문장이다.

어휘 限定 げんてい 圏한정　いくら 圉아무리　実力 じつりょく 圏실력
政府 せいふ 圏정부　人数 にんずう 圏인원수
許可 きょか 圏허가　労働 ろうどう 圏노동
サービスロボット 圏서비스 로봇　適する てきする 圄적합하다
コスト 圏비용　検討 けんとう 圏검토　人気 にんき 圏인기
演劇 えんげき 圏연극　再び ふたたび 圉다시
上演 じょうえん 圏상연

29

쌓이다

1 이번 주는 예정이 빽빽이 <u>쌓여있기</u> 때문에, 여유가 없다.
2 눈 위에서는 액셀을 조금이라도 강하게 <u>쌓이면</u> 쉽게 미끄러진다.
3 그는 모터스포츠의 역사에 있어서, 가장 주목을 <u>쌓을</u> 승리를 기록했다.
4 **몇 년이나 쓰이지 않은 책상 위에, 먼지가 두껍게 <u>쌓여있었다</u>.**

해설 積もる(쌓이다)는 어떠한 것이 겹겹이 포개어져 양이 많아질 때 사용한다. 제시어가 동사이므로 각 선택지에서 먼저 밑줄 앞부분과 함께 읽어본다. 4의 ほこりが厚く積もっていた(먼지가 두껍게 쌓여있었다)에서 문맥상 올바르게 사용되었으므로 4가 정답이다. 참고로, 1은 詰まる(つまる, 가득 차다), 2는 踏む(ふむ, 밟다), 3은 集める(あつめる, 모으다)를 사용하는 것이 올바른 문장이다.

어휘 積もる つもる 圄쌓이다　予定 よてい 圏예정　びっしり 圉빽빽이
アクセル 圏액셀　強める つよめる 圄강하게 하다
簡単だ かんたんだ 녀형간단하다　スリップ 圏미끄러짐
モータースポーツ 圏모터스포츠　歴史 れきし 圏역사
最も もっとも 圉가장　注目 ちゅうもく 圏주목　勝利 しょうり 圏승리
記録 きろく 圏기록　ほこり 圏먼지　厚い あつい 녀형두껍다

30

발달

1 수면 부족이 되면 식욕을 <u>발달</u>시키는 호르몬이 나온다고 한다.
2 온난화에 의해 해수면이 <u>발달</u>하고 있는 것은 명백하다.
3 **AI가 계속 <u>발달</u>하면, 미래에는 인간이 있을 장소가 없어질지도 모른다.**
4 양국의 총 생산량이 <u>발달</u>하기 때문에 메리트가 있는 무역이다.

해설 発達(발달)는 어떠한 것이 차차 완전한 모양과 기능을 갖추어 갈 때 사용한다. 제시어가 명사이므로 각 선택지에서 먼저 밑줄 앞부분과 함께 읽어본다. 3의 AIが発達し続けたら(AI가 계속 발달하면)에서 문맥상 올바르게 사용되었으므로 3이 정답이다. 참고로, 1은 増進(ぞうしん, 증진), 2는 上昇(じょうしょう, 상승), 4는 増加(ぞうか, 증가)를 사용하는 것이 올바른 문장이다.

어휘 発達 はったつ 圏발달　睡眠不足 すいみんぶそく 圏수면 부족
食欲 しょくよく 圏식욕　ホルモン 圏호르몬
温暖化 おんだんか 圏온난화　海面 かいめん 圏해수면
明らかだ あきらかだ 녀형명백하다　未来 みらい 圏미래
居場所 いばしょ 圏있을 장소　両国 りょうこく 圏양국
総生産量 そうせいさんりょう 圏총 생산량　メリット 圏메리트, 이점
貿易 ぼうえき 圏무역

31

누차

1 작년에 등장한 신형차가 판매 수 1위가 되어, <u>누차</u> 이 상태가 계속되었다.
2 기술이 발전해서 지붕에 태양광 패널을 설치할지 <u>누차</u> 다시 살펴보았다.
3 다양한 경험을 하고, <u>누차</u> 고향에 돌아가서 도움이 되는 일을 해보고 싶다.
4 **저 선생님으로부터는 수업 태도에 대해 <u>누차</u> 지적 받고 있다.**

해설 たびたび(누차)는 여러 차례에 걸쳐 어떠한 것을 할 때 사용한다. 제시어가 부사이므로 각 선택지에서 먼저 밑줄 뒷부분과 함께 읽어본다. 4의 たびたび指摘されている(누차 지적 받고 있다)에서 문맥상 올바르게 사용되었으므로 4가 정답이다. 참고로, 1은 しばらく(얼마 동안), 2는 何度も(なんども, 몇 번이나), 3은 いつか(언젠가)를 사용하는 것이 올바른 문장이다.

어휘 たびたび 圉누차　登場 とうじょう 圏등장　新型 しんがた 圏신형
販売数 はんばいすう 圏판매수　状態 じょうたい 圏상태
続く つづく 圄계속되다　技術 ぎじゅつ 圏기술
発展 はってん 圏발전　屋根 やね 圏지붕
太陽光パネル たいようこうパネル 圏태양광 패널
設置 せっち 圏설치　見直す みなおす 圄다시 살펴보다
様々だ さまざまだ 녀형다양하다　経験 けいけん 圏경험
故郷 こきょう 圏고향　戻る もどる 圄돌아가다
役に立つ やくにたつ 도움이 되다　態度 たいど 圏태도
指摘 してき 圏지적

32

유지

1 고급 자동차는 사는 것 자체보다 그것을 <u>유지</u>하는 비용을 생각하지 않으면 안 된다.

2 길 잃은 개를 <u>유지</u>하고 싶지만, 남편이 매우 싫어해서 고민하고 있다.

3 야생 동물이 많이 있기 때문에, 작물의 <u>유지</u>에는 주의가 필요하다.

4 식품 <u>유지</u> 시에 자주 사용되는 건조제를 이용하고 있습니다.

해설 維持(유지)는 어떠한 상태를 그대로 지니어 갈 때 사용한다. 제시어가 명사이므로 각 선택지에서 먼저 밑줄 앞부분과 함께 읽어본다. 1의 買うこと自体よりそれを維持する(사는 것 자체보다 그것을 유지하는)에서 문맥상 올바르게 사용되었으므로 1이 정답이다. 참고로, 2는 飼育(しいく, 사육), 3은 栽培(さいばい, 재배), 4는 保存(ほぞん, 보존)을 사용하는 것이 올바른 문장이다.

어휘 維持 いじ 圏유지 高級だ こうきゅうだ な형고급이다
自体 じたい 圏자체 費用 ひよう 圏비용
考える かんがえる 圏생각하다 迷い犬 まよいいぬ 圏길 잃은 개
旦那 だんな 圏남편 嫌がる いやがる 圏싫어하다
悩む なやむ 圏고민하다 野生 やせい 圏야생
作物 さくもつ 圏작물 注意 ちゅうい 圏주의
必要だ ひつようだ な형필요하다 食品 しょくひん 圏식품
使用 しよう 圏사용 乾燥剤 かんそうざい 圏건조제
利用 りよう 圏이용

실전 테스트 4
p.137

28 3 **29** 1 **30** 1 **31** 2 **32** 4

문제6 다음 말의 사용법으로 가장 알맞은 것을, 1·2·3·4에서 하나 고르세요.

28

냉정

1 올해 봄은 통상보다 <u>냉정</u>해서, 꽃의 개화가 늦어지고 있다.

2 <u>냉정</u>하게 해두면 이번 달 말까지 먹을 수 있는 식품이기 때문에, 편리합니다.

3 <u>냉정</u>하게 생각해 봤더니, 그렇게 초조해했던 것이 바보 같았다.

4 공룡이 멸종된 것은 지구의 <u>냉정</u>이 원인이었다고 한다.

해설 冷静(냉정)는 감정에 좌우되지 않고 차분할 때 사용한다. 제시어가 형용사이므로 각 선택지에서 먼저 밑줄 뒷부분과 함께 읽어본다. 3의 冷静に考えてみたら(냉정하게 생각해 봤더니)에서 문맥상 올바르게 사용되었으므로 3이 정답이다. 참고로, 2는 冷凍(れいとう, 냉동), 4는 氷河期(ひょうがき, 빙하기)를 사용하는 것이 올바른 문장이다.

어휘 冷静だ れいせいだ な형냉정하다 通常 つうじょう 圏통상
開花 かいか 圏개화, 꽃이 핌 遅れる おくれる 圏늦어지다
食品 しょくひん 圏식품 いらいらする 초조해하다 馬鹿 ばか 圏바보
恐竜 きょうりゅう 圏공룡 絶滅 ぜつめつ 圏멸종
地球 ちきゅう 圏지구 原因 げんいん 圏원인

29

절약

1 다음달의 유럽 여행 경비를 <u>절약</u>할 수 있는 방법을 인터넷에서 찾고 있다.

2 저 회사는 인원 <u>절약</u>을 위해, 내년 2,800명이나 정리해고한다고 한다.

3 고령자와 장애인의 부자유를 <u>절약</u>하는 배리어 프리 호텔입니다.

4 저 회사는 적자폭이 서서히 <u>절약</u>되고 있는 점을 강조하고 있었다.

해설 節約(절약)는 어떠한 것을 아끼어 쓸 때 사용한다. 제시어가 명사이므로 각 선택지에서 먼저 밑줄 앞부분과 함께 읽어본다. 1의 旅行の経費を節約(여행 경비를 절약)에서 문맥상 올바르게 사용되었으므로 1이 정답이다. 참고로, 2는 削減(さくげん, 삭감), 3은 除去(じょきょ, 제거), 4는 縮小(しゅくしょう, 축소)를 사용하는 것이 올바른 문장이다.

어휘 節約 せつやく 圏절약 ヨーロッパ 圏유럽 経費 けいひ 圏경비
方法 ほうほう 圏방법 ネット 圏인터넷 探す さがす 圏찾다
人員 じんいん 圏인원 リストラ 圏정리해고
高齢者 こうれいしゃ 圏고령자 障害者 しょうがいしゃ 圏장애인
不自由 ふじゆう 圏부자유 バリアフリー 圏배리어 프리
赤字幅 あかじはば 圏적자폭 徐々に じょじょに 图서서히
強調 きょうちょう 圏강조

30

유지하다

1 방을 깨끗하게 <u>유지하기</u> 위해서 일주일에 1회는 청소하고 있다.

2 학생은 무슨 일이 있어도 학교 규칙을 <u>유지해야만</u> 한다.

3 전염병이 퍼지지 않도록 방지하기 위한 조직이나 제도가 <u>유지하</u>고 있다.

4 실시 방법 등, 대략적인 방침이 나올 때까지 유지하고 있는 상황입니다.

해설 保つ(유지하다)는 어떠한 상태를 그대로 지켜갈 때 사용한다. 제시어가 동사이므로 각 선택지에서 먼저 밑줄 앞부분과 함께 읽어본다. 1의 部屋をきれいに保つために(방을 깨끗하게 유지하기 위해서)에서 문맥상 올바르게 사용되었으므로 1이 정답이다. 참고로, 2는 守る(まもる, 지키다), 3은 整う(ととのう, 갖추어지다), 4는 待つ(まつ, 기다리다)를 사용하는 것이 올바른 문장이다.

어휘 保つ たもつ 圏유지하다 規則 きそく 圏규칙
伝染病 でんせんびょう 圏전염병 広がる ひろがる 圏퍼지다
防ぐ ふせぐ 圏방지하다, 막다 組織 そしき 圏조직
制度 せいど 圏제도 実施方法 じっしほうほう 圏실시 방법
大まかだ おおまかだ な형대략적이다 方針 ほうしん 圏방침
状況 じょうきょう 圏상황

분야

1 측정을 한 <u>분야</u>에서는 아무런 이상도 없었기 때문에 안심했다.

2 이것은 온갖 <u>분야</u>에서 활약하고 있는 여성을 소개하는 책입니다.

3 기억은 크게 나누어 장기기억과 단기기억으로 <u>분야</u> 할 수 있다.

4 A고교에서는 자격시험에 대비한 수업을 선택 <u>분야</u>로서 도입하고 있다.

해설 分野(분야)는 어떤 기준에 따라 구분한 각각의 영역을 일컬을 때 사용한다. 제시어가 명사이므로 각 선택지에서 먼저 밑줄 앞부분과 함께 읽어본다. 2의 あらゆる分野(온갖 분야)에서 문맥상 올바르게 사용되었으므로 2가 정답이다. 참고로, 1은 部分(ぶぶん, 부분), 3은 区分(くぶん, 구분), 4는 科目(かもく, 과목)를 사용하는 것이 올바른 문장이다.

어휘 分野 ぶんや 圏분야　測定 そくてい 圏측정

何の なんの 아무런, 어떤　異常 いじょう 圏이상

安心 あんしん 圏안심　あらゆる 兎온갖　活躍 かつやく 圏활약

女性 じょせい 圏여성　紹介 しょうかい 圏소개　記憶 きおく 圏기억

長期 ちょうき 圏장기　短期 たんき 圏단기

高校 こうこう 圏고교　資格試験 しかくしけん 圏자격시험

備える そなえる 圐대비하다　選択 せんたく 圏선택

導入 どうにゅう 圏도입

32

실망

1 아무도 없는데 사람의 목소리가 들려서 <u>실망</u>했다.

2 계속 고민하고 있던 것을 그에게 털어놔서 기분이 <u>실망</u>했다.

3 매일 얼굴을 마주하는 것이 <u>실망</u>이었던 고문 선생님에게도 지금은 감사하고 있다.

4 요 1주일간 열심히 공부했는데, 생각보다 성적이 나빠서 <u>실망</u> 했다.

해설 がっかり(실망)는 일이 뜻대로 되지 않아 낙담했을 때 사용한다. 제시어가 부사이므로 문장 전체에 유의하여 각 선택지를 읽어본다. 4의 思ったより成績が悪くてがっかりした(생각보다 성적이 나빠서 실망했다)에서 문맥상 올바르게 사용되었으므로 4가 정답이다. 참고로, 1은 びっくり(깜짝 놀람), 2는 すっきり(상쾌), 3은 うんざり(지긋지긋)를 사용하는 것이 올바른 문장이다.

어휘 がっかり 兎실망하다　ずっと 兎계속, 줄곧　悩む なやむ 圐고민하다

打ち明ける うちあける 圐털어놓다　気持ち きもち 圏기분

顔を合わせる かおをあわせる 얼굴을 마주하다　顧問 こもん 圏고문

感謝 かんしゃ 圏감사　頑張る がんばる 圐열심히 하다

成績 せいせき 圏성적

문제 7 문법형식 판단

실력 다지기
p.212

01 ①	**02** ①	**03** ①	**04** ②	**05** ①
06 ①	**07** ②	**08** ①	**09** ②	**10** ②
11 ①	**12** ②	**13** ②	**14** ②	

01

그(① 가) 만든 케이크는 감동할 만큼 맛있었다.

어휘 ～の 图 ~가, ~의　ケーキ 图 케이크　感動 かんどう 图 감동
　～ほど 图 ~만큼, ~정도　～との 图 ~라는

02

A: 네, 기무라입니다.
B: A사의 다나카라고 합니다만, 스즈키 과장님 (① 계십니까)?

어휘 ～と申す ～ともうす ~라고 하다 (～と言う의 겸양어)
　課長 かちょう 图 과장님, 과장　いらっしゃる 图 계시다 (있다의 존경어)
　ござる 图 있다

03

복사기의 사용법은 누구나 아니까 (① 설명 할 것도 없다).

어휘 コピー機 コピーき 图 복사기　使い方 つかいかた 图 사용법
　説明 せつめい 图 설명　～までもない ~할 것도 없다
　～たほうがいい ~하는 편이 좋다

04

A: 어라? 컴퓨터 전원, 들어오지 않아.
B: 아, 어떡하지. 일요일이니까 서비스센터에 (② 갈 수도 없고).

어휘 パソコン 图 컴퓨터　電源 でんげん 图 전원
　サービスセンター 图 서비스센터

05

다음 시험에서는 100점을 받겠다고 약속 (① 이상), 매일
밤늦게까지 공부하겠다고 결정했다.

어휘 試験 しけん 图 시험　約束 やくそく 图 약속
　～た以上 ～たいじょう ~한 이상　夜遅く よるおそく 밤 늦게
　決める きめる 图 결정하다　～たあまり 너무 ~해서

06

A: 야마다 씨, 다음 주부터 출장이라며?
B: 맞아. 가고 싶지 않지만 상사에게 지시 (① 받았으) 니까 어쩔
　수 없지.

어휘 出張 しゅっちょう 图 출장　上司 じょうし 图 상사　指示 しじ 图 지시
　仕方ない しかたない 어쩔 수 없다, 할 수 없다

07

비어있는 자리가 없어서, 뒤에 (② 서는 수 밖에 없었다).

어휘 空く あく 图 비다　席 せき 图 자리, 좌석
　～こともない ~할 필요도 없다　～しかない ~하는 수밖에 없다

08

어릴 적, 부모님이 집에 없을 때, 이웃집 누나가 (① 놀아 주었습
니다).

어휘 子供のころ こどものころ 어릴 적　遊ぶ あそぶ 图 놀다
　～てもらう (상대가) ~해 주다
　～てくれる ~해 주다

09

많은 소비자의 니즈 (② 에 부응하여), 판매량을 늘리기로 했습
니다.

어휘 消費者 しょうひしゃ 图 소비자　ニーズ 图 니즈, 필요
　～にこたえて ~에 부응하여　販売量 はんばいりょう 图 판매량
　増やす ふやす 图 늘리다　～にくわえて ~에 더해

10

열심히 공부했는데, 정체가 심해서 시험 시간에 (② 맞출 수 있을
것 같지 않다).

어휘 一生懸命 いっしょうけんめい 图 열심히　渋滞 じゅうたい 图 정체
　ひどい い형 심하다　試験 しけん 图 시험
　間に合う まにあう 图 (시간에) 맞추다
　～そうにない ~할 것 같지 않다
　～てもしかたない ~해도 어쩔 수 없다

11

A: 어서 식기 전에 (① 드셔) 주세요.
B: 감사합니다.

어휘 冷める さめる 图식다
　　召し上がる めしあがる 图드시다 (食べる의 존경어)
　　いただく 图먹다 (食べる의 겸양어)

12

남동생이 대학에 떨어져서 낙담하고 있다. 누나 (② 로서) 무엇을 해주면 좋을지 모르겠다.

어휘 落ちる おちる 图떨어지다　がっかりする 낙담하다
　　～として ~로서　～てあげる ~해 주다　～といって ~라고 해서

13

아이는 갖고 싶어 했던 장난감을 받았는데 (② 오히려) 울어 버렸다.

어휘 欲しがる ほしがる 图갖고 싶어 하다　おもちゃ 图장난감
　　かえって 图오히려, 반대로　泣く なく 图울다
　　～てしまう ~해 버리다, ~하고 말다　おそらく 图아마, 어쩌면

14

밖에서 놀고 돌아와서, 잘 씻지 않으면 바이러스가 번식해서 병에 걸릴 (② 지도 모른다).

어휘 ウイルス 图바이러스　繁殖 はんしょく 图번식
　　～かねない ~할지도 모른다　～そうもない ~할 것 같지 않다

실전 테스트 1

p.214

33 1	34 3	35 1	36 2	37 4
38 3	39 1	40 2	41 2	42 2
43 4	44 3			

문제7 다음 문장의 (　　　)에 들어갈 가장 알맞은 것을, 1・2・3・4에서 하나 고르세요.

33

그가 대통령이 되다니 상상 (　　　) 못했다.

1 조차　　　　　　　　　　2 만
3 만　　　　　　　　　　　4 이야말로

해설 문맥에 맞는 조사를 고르는 문제이다. 괄호 뒤의 できなかった(못했다)와 문맥상 어울리는 말은 '대통령이 되다니 상상조차'이다. 따라서 1 すら(조차)가 정답이다.

어휘 大統領 だいとうりょう 图대통령　想像 そうぞう 图상상
　　～すら 图~조차　～きり ~만, ~뿐　～こそ 图~(이)야말로

34

사장이 바뀐 것에 의한 조직개혁 (　　　), 사원 사이에서는 여러 가지 소문이 흐르고 있다.

1 에 따라서　　　　　　　2 만으로
3 을 둘러싸고　　　　　　4 에도 관계없이

해설 문맥에 맞는 문형을 고르는 문제이다. 모든 선택지가 괄호 앞의 명사 組織改革(조직개혁)에 접속할 수 있다. 때문에 괄호 뒤 여러 가지 うわさが 流れている(여러 가지 소문이 흐르고 있다)로 이어지는 문맥을 보면 '조직개혁을 둘러싸고 여러 가지 소문이 흐르고 있다'가 가장 자연스럽다. 따라서 3 をめぐって(을 둘러싸고)가 정답이다. 1 次第では '~에 따라서', 2 だけでは '~만으로', 4 にもかかわらず는 '~에도 관계없이'라는 의미의 문형임을 알아둔다.

어휘 社長 しゃちょう 图사장, 사장님　変わる かわる 图바뀌다, 변하다
　　～による ~에 의한, ~에 따른　組織 そしき 图조직
　　改革 かいかく 图개혁　社員 しゃいん 图사원　うわさ 图소문
　　流れる ながれる 图흐르다　～次第で ~しだいで ~에 따라서
　　～だけで ~만으로　～をめぐって ~을 둘러싸고
　　～にもかかわらず ~에도 관계없이

35

새로운 것을 시작할 때에는, 할 수 있을지 어떨지 (　　　), 우선은 해 보는 것이 중요하다.

1 는 제쳐두고　　　　　　2 탓에
3 에 의해　　　　　　　　4 를 빼고는

해설 문맥에 맞는 문형을 고르는 문제이다. 괄호 앞뒤 문맥을 보면, '할 수 있을지 어떨지는 제쳐두고 우선은 해 보는 것이 중요하다'가 가장 자연스럽다. 따라서 1 はさておき(는 제쳐두고)가 정답이다. 2 のせいでは '~탓에', 3 によっては '~에 의해', 4 抜きにしては는 '~를 빼고는'이라는 의미의 문형임을 알아둔다.

어휘 始める はじめる 图시작하다　～かどうか ~일지 어떨지
　　まず 图우선, 먼저　～てみる ~해 보다
　　大切だ たいせつだ な형 중요하다
　　～はさておき ~는 제쳐두고, ~는 잠시 덮어두고
　　～せいで ~탓에, ~때문에　～によって ~에 의해, ~에 따라
　　～を抜きにしては ~をぬきにしては ~를 빼고는

36

그 자동차는 세차게 달리기 시작하는가 (　　　), 바로 고장 나버렸다.

1 생각해보니　　　　　　2 생각했더니
3 생각하지 않는다고 해도　4 생각함에 따라

해설 문맥에 맞는 구를 고르는 문제이다. 괄호 앞뒤 문맥을 보면, '세차게 달리기 시작하는가 생각했더니 바로 고장 나버렸다'가 가장 자연스럽다. 따라서 2 思ったら(생각했더니)가 정답이다. 1의 てみる는 '~해 보다', 3의 にしても는 '~라 해도', 4의 につれて는 '~함에 따라'라는 의미의 문형임을 알아둔다.

어휘 勢いよく いきおいよく 세차게, 힘차게
　　走りだす はしりだす 图달리기 시작하다　故障 こしょう 图고장
　　～てしまう ~해 버리다, ~하고 말다　思う おもう 图생각하다
　　～てみる ~해 보다

~かと思ったら ~かとおもったら ~인가 생각했더니, ~했다고 생각한 순간
~にしても ~라 해도   ~につれて ~함에 따라

어휘 熱 ねつ 圏열   ~ことだし ~니까   ~ようがない ~할 수가 없다
~につれて ~함에 따라   ~ようものなら ~하면, ~되면

37

호평받고 있는 소설을 읽어봤더니, (   ) 재미있지 않아서, 실망
했다.

1 드물게	2 설마
3 반드시	**4 그다지**

해설 문맥에 맞는 부사를 고르는 문제이다. 괄호 뒤의 おもしろくなくて
(재미있지 않아서)와 문맥상 어울리는 말은 '그다지 재미있지 않아서'
이다. 따라서 4 たいして(그다지)가 정답이다.

어휘 評判になる ひょうばんになる 호평 받다, 화제가 되다
小説 しょうせつ 圏소설   がっかりする 실망하다   めったに 閉드물게
まさか 閉설마   必ずしも かならずしも 閉반드시
たいして 閉그다지, 별로

38

A: 이 상품의 발매일은 변경하는 편이 좋다고 생각하지 않으세요?
B: 그렇네요. 하지만, 저 혼자서는 판단하기 어려우니까, 부장님께도
(   ) 볼게요.

1 말씀해	2 오셔
3 여쭤	4 받아

해설 대화의 문맥에 맞는 경어를 고르는 문제이다 '혼자 판단하기 어려
우니, 부장님께 여쭤보겠다'라고 말하는 상황이므로 部長にもうか
がってみます(부장님께도 여쭤볼게요)가 가장 자연스럽다. 따라서
3 うかがって(여쭤)가 정답이다. 여기서 うかがう(여쭙다)는 聞く
(묻다)의 겸양어이다. 1 おっしゃって(말씀해)는 言う(말하다)의 존
경어, 2 いらっしゃって(오셔)는 来る(오다)의 존경어, 4 いただい
て(받아)는 もらう(받다)의 겸양어를 활용한 것이다.

어휘 商品 しょうひん 圏상품   発売日 はつばいび 圏발매일
変更 へんこう 圏변경
~た方がいい ~たほうがいい ~하는 편이 좋다
~と思う ~とおもう ~라고 생각하다   判断 はんだん 圏판단
~かねる ~하기 어렵다, ~할 수 없다   部長 ぶちょう 圏부장님, 부장
~てみる ~해 보다   おっしゃる 圏말씀하시다 (言う의 존경어)
いらっしゃる 圏오시다 (来る의 존경어)
うかがう 圏여쭈다 (聞く의 겸양어)
いただく 圏받다 (もらう의 겸양어)

39

열도 (   ), 오늘은 학교에 가지 말고 느긋하게 쉬자.

1 났으니까	2 날 수 없으니까
3 남에 따라	4 난다면

해설 문맥에 맞는 구를 고르는 문제이다. 괄호 앞뒤 문맥을 보면, '열도 났
으니까 학교에 가지 말고 쉬자'가 가장 자연스럽다. 따라서 1 出てき
たことだし(났으니까)가 정답이다. 2의 ようがない는 '~할 수가 없
다', 3의 につれては '~함에 따라', 4의 ようものならは '~하면'이라

는 의미의 문형임을 알아둔다.

40

한 달간의 출장이 끝나고, 드디어 집에 돌아갈 수 있어서 (   ).

1 기쁠 리가 없다	**2 매우 기쁘다**
3 기쁠 이유가 없다	4 기쁜 것만은 아니다

해설 문맥에 맞는 문말표현을 고르는 문제이다. '한 달간의 출장이 끝나고
드디어 집에 돌아갈 수 있어서 기쁘다'라는 문맥이다. 따라서 2 うれ
しくてしょうがない(매우 기쁘다)가 정답이다. 1의 はずがない는
'~할 리가 없다', 3의 わけがない는 '~할 이유가 없다', 4의 ばかり
ではない는 '~한 것만은 아니다'라는 의미의 문형임을 알아둔다.

어휘 出張 しゅっちょう 圏출장   やっと 閉드디어, 겨우
うれしい い형기쁘다, 즐겁다   ~はずがない ~할 리가 없다
~てしょうがない 매우 ~하다, ~해서 어쩔 수가 없다
~わけがない ~할 이유가 없다, 할 리가 없다
~ばかりではない ~한 것만은 아니다

41

모처럼 얻은 권리이니까, 헛되이 (   ).

1 하지 않을 수 없다	**2 하지 않았으면 한다**
3 하지 않을 수 없다	4 해도 괜찮을 것이다

해설 문맥에 맞는 문말표현을 고르는 문제이다. '모처럼 얻은 권리를 헛되
이 하지 않았으면 한다'라는 문맥이다. 따라서 2 しないでほしいも
のだ(하지 않았으면 한다)가 정답이다. 1의 ないではいられない
는 '~하지 않을 수 없다', 3의 ~わけにはいかない는 '~할 수 없다',
4의 てもいい는 '~해도 괜찮다'라는 의미의 문형임을 알아둔다.

어휘 せっかく 閉모처럼   得る える 圏얻다   権利 けんり 圏권리
無駄だ むだだ な형헛되다, 쓸데없다
~ないではいられない ~하지 않을 수 없다
~てほしい ~했으면 한다, ~해줬으면 한다
~わけにはいかない ~할 수 없다
~てもいい ~해도 괜찮다, ~해도 좋다

42

매상이 (   ), 그것만을 중시하고 있으면 결코 좋은 일은 할 수 없을
것이다.

1 중요하니까	**2 중요하다고는 하지만**
3 중요한 만큼	4 중요할 뿐만 아니라

해설 문맥에 맞는 구를 고르는 문제이다. 괄호 앞뒤 문맥을 보면, '매상이
중요하다고 하지만 그것만을 중시하고 있으면 좋은 일은 할 수 없다'
가 가장 자연스럽다. 따라서 2 大切だとは言うものの(중요하다고
는 하지만)가 정답이다. 1의 だからは '~니까', 3의 だけあっては
'~인 만큼', 4의 ばかりかは '~뿐만 아니라'라는 의미의 문형임을 알
아둔다.

어휘 売り上げ うりあげ 圏매상   重視 じゅうし 圏중시

けっして 圏결코, 절대로

大切だ たいせつだ な형중요하다, 소중하다   ~だから ~니까

~とは言うものの ~とはいうものの ~라고는 하지만

~だけあって ~인 만큼   ~ばかりか ~뿐만 아니라

43

다른 사람의 실수가 내 탓이 되어서, 정말 (   ).

1 분한 만큼의 가치는 있다   2 분해지지 않는다
3 분한 것은 아니다   **4 분해서 참을 수 없다**

해설 문맥에 맞는 문말표현을 고르는 문제이다. '다른 사람의 실수가 내 탓
이 되어서 정말 분하'라는 문맥이다. 따라서 4 くやしくてたまら
ない(분해서 참을 수 없다)가 정답이다. 1의 だけのことはある는
'~한 만큼의 가치는 있다', 2의 くなる는 '~해지다', 3의 わけではな
い는 '~하는 것은 아니다'라는 의미의 문형임을 알아둔다.

어휘 他人 たにん 圏다른 사람   ミス 圏실수, 미스   せい 圏탓, 원인
くやしい い형분하다, 억울하다
~だけのことはある ~한 만큼의 가치가 있다   ~くなる ~해지다
~わけではない ~하는 것은 아니다
~てたまらない ~해서 참을 수 없다

44

작업이 잘 (   ), 새로운 일이 계속해서 들어 오는 법이다.

1 진행 중인데
2 진행되고 있는 경우에 있어서
3 진행되고 있지 않을 때에만
4 진행되고 있는 것도 상관 않고

해설 문맥에 맞는 구를 고르는 문제이다. 괄호 앞뒤 문맥을 보면, '작업이
잘 진행되고 있지 않을 때에만 새로운 일이 계속 들어오는 법이다'가
가장 자연스럽다. 따라서 3 進んでいないときにかぎって(진행되
고 있지 않을 때에만)가 정답이다. 1의 つつある는 '~하는 중이다',
2의 において는 '~에 있어서', 4의 もかまわず는 '~도 상관 않고'라
는 의미의 문형임을 알아둔다.

어휘 作業 さぎょう 圏작업   うまく 图잘, 목적대로
次々 つぎつぎ 图계속해서, 잇달아   進む すすむ 圏진행되다, 나아가다
~つつある ~하는 중이다   場合 ばあい 圏경우, 사정
~において ~에 있어서   ~にかぎって ~에만, ~에 한해
進める すすめる 圏진행하다
~もかまわず ~도 상관 않고, ~도 개의치 않고

실전 테스트 2
p.216

33 2	**34** 3	**35** 3	**36** 2	**37** 1
38 2	**39** 4	**40** 1	**41** 3	**42** 4
43 4	**44** 1			

문제7 다음 문장의 (   )에 들어갈 가장 알맞은 것을, 1·2·3·
4에서 하나 고르세요.

33

한때는 미술의 매력에 빠진 적도 있었지만, 작품 설명을 할 (   )
정통하지는 않다.

1 뿐   **2 정도로**
3 수밖에   4 려면

해설 문맥에 맞는 조사를 고르는 문제이다. 괄호 뒤의 詳しくはない(정통
하지는 않다)와 문맥상 어울리는 말은 '설명을 할 정도로'이다. 따라
서 2 ほど(정도로)가 정답이다.

어휘 一時 いちじ 圏한때   美術 びじゅつ 圏미술   魅力 みりょく 圏매력
はまる 圏빠지다   ~たことがある ~한 적이 있다
作品 さくひん 圏작품   説明 せつめい 圏설명
詳しい くわしい い형정통하다, 상세하다   ~だけ 图~뿐
~ほど 图~정도로   ~しか 图~밖에   ~には 图~려면

34

이 사이트는 미국의 기사나 블로그 (   ) 글을 번역하여, 일본어
판으로써 배포하는 서비스를 하고 있다.

1 로서   2 에 비해서
3 와 같은   4 에 더하여

해설 문맥에 맞는 문형을 고르는 문제이다. 모든 선택지가 괄호 앞의 명사
ブログ(블로그)에 접속할 수 있다. 때문에 괄호 뒤 文章を翻訳し(글
을 번역하여)로 이어지는 문맥을 보면 '기사나 블로그와 같은 글을 번
역하여'가 가장 자연스럽다. 따라서 3 といった(와 같은)가 정답이
다. 1 として는 '~로서', 2 にくらべて는 '~에 비해서', 4 にくわえて
는 '~에 더하여'라는 의미의 문형임을 알아둔다.

어휘 サイト 圏사이트   アメリカ 圏미국   記事 きじ 圏기사
ブログ 圏블로그   文章 ぶんしょう 圏글, 문장
翻訳 ほんやく 圏번역   日本語版 にほんごばん 圏일본어판
配信 はいしん 圏배포, 전송   サービス 圏서비스   ~として ~로서
~にくらべて ~에 비해서   ~といった ~와 같은
~にくわえて ~에 더하여

35

그녀는 몹시 고민한 (   ) 편입 조건을 충족시키기 위해, 휴학
해서 시험 대책을 세우기로 결정했다.

1 순간   2 나머지
3 끝에   4 이상

해설 문맥에 맞는 문형을 고르는 문제이다. 모든 선택지가 괄호 앞의 동사
た형 悩んだ(고민한)에 접속할 수 있다. 때문에 괄호 뒤 休学して試
験の対策をすることに決めた(휴학해서 시험 대책을 세우기로 결
정했다)로 이어지는 문맥을 보면 '고민한 끝에 휴학해서 시험 대책을
세우기로 결정했다'가 가장 자연스럽다. 따라서 3 すえに(끝에)가 정

답이다. 동사 た형에 접속하여 1 とたん은 '~한 순간', 2 あまり는 '~한 나머지', 4 いじょう는 '~한 이상'이라는 의미의 문형임을 알아 둔다.

어휘 悩む なやむ ⑧고민하다, 망설이다 　編入 へんにゅう ⑲편입
　　 条件 じょうけん ⑲조건 　満たす みたす ⑧충족시키다
　　 休学 きゅうがく ⑲휴학 　試験 しけん ⑲시험
　　 対策をする たいさくをする 대책을 세우다
　　 決める きめる ⑧결정하다 　～とたん ~한 순간
　　 ～たすえに ~한 끝에 　～たあまり ~한 나머지 　～たいじょう ~한 이상

36

배우로서 국제영화제까지 초대받은 저 사람은, 아이돌이라기 보다, (　　　) 여배우에 가깝다.

1 만일 　　　　　　　　　　 **2 오히려**
3 조금도 　　　　　　　　　　 4 전혀

해설 문맥에 맞는 부사를 고르는 문제이다. 괄호 뒤의 女優に近い(여배우에 가깝다)와 문맥상 어울리는 말은 '아이돌이라기 보다, 오히려 여배우에 가깝다'이다. 따라서 2 むしろ(오히려)가 정답이다.

어휘 俳優 はいゆう ⑲배우
　　 国際映画祭 こくさいえいがさい ⑲국제영화제
　　 招待 しょうたい ⑲초대 　アイドル ⑲아이돌
　　 女優 じょゆう ⑲여배우 　かりに 倡만일 　むしろ 倡오히려
　　 ちっとも 倡조금도 　さっぱり 倡전혀

37

활동 계획을 한창 세우는 중에 친구와 잡담을 하고 있어서 선배에게 매우 (　　　).

1 혼나 버렸다 　　　　　　　 2 혼내게 할 거라고 생각한다
3 혼냈을까 　　　　　　　　　　 4 혼낼 수 있게 되었다

해설 문맥에 맞는 문말표현을 고르는 문제이다. '친구와 잡담해서 선배에게 혼났다'라는 문맥이다. 따라서 1 叱られてしまった(혼나 버렸다)가 정답이다. 여기서 叱られる(혼나다)는 叱る(혼내다)의 수동형이다. 2의 叱らせる(혼내게 하다)는 叱る(혼내다)의 사역형, 4의 叱れる(혼낼 수 있다)는 叱る(혼내다)의 가능형이다.

어휘 活動計画 かつどうけいかく ⑲활동 계획 　立てる たてる ⑧세우다
　　 ～ている最中 ～ているさいちゅう 한창 ~하는 중
　　 おしゃべり ⑲잡담 　先輩 せんぱい ⑲선배 　うんと 倡매우
　　 叱る しかる ⑧혼내다

38

어렸을 때부터 정원에 심어져 있던 소나무가 갑자기 시들어 버려서, (　　　).

1 아쉬워했으면 했다 　　　　 **2 너무 아쉬웠다**
3 아쉬워서 있을 수 없었다 　　 4 아쉬워하려고 했다

해설 문맥에 맞는 문말표현을 고르는 문제이다. '어릴 때부터 심어져 있던 소나무가 갑자기 시들어 아쉬웠다'라는 문맥이다. 따라서 2 残念で

ならなかった(너무 아쉬웠다)가 정답이다. 1의 てほしい는 '~했으면 하다', 4의 (よ)うとする는 '~하려고 하다'라는 의미의 문형임을 알아둔다.

어휘 植わる うわる ⑧심어지다 　松の木 まつのき ⑲소나무
　　 急に きゅうに 倡갑자기 　枯れる かれる ⑧시들다
　　 ～てほしい ~했으면 하다 　～てならない 너무 ~하다
　　 ～(よ)うとする ~하려고 하다

39

SNS를 (　　　) 다양한 커뮤니티 사이트의 영향으로, 부정확한 인식에 근거한 판단이 많아진 듯한 느낌이 든다.

1 불문하고 　　　　　　　　　 2 담아
3 둘러싸고 　　　　　　　　　 **4 비롯하여**

해설 문맥에 맞는 문형을 고르는 문제이다. 괄호 앞뒤 문맥을 보면, 'SNS를 비롯하여 다양한 커뮤니티 사이트의 영향으로'가 가장 자연스럽다. 따라서 4 はじめ(비롯하여)가 정답이다. 조사 を와 함께 1 をとわず는 '~를 불문하고' 2 をこめて는 '~를 담아', 3 をめぐって는 '~를 둘러싸고'라는 의미의 문형임을 알아둔다.

어휘 色々だ いろいろだ 佐裡다양하다
　　 コミュニティサイト ⑲커뮤니티 사이트 　影響 えいきょう ⑲영향
　　 不正確だ ふせいかくだ 佐裡부정확하다 　認識 にんしき ⑲인식
　　 ～に基づく ～にもとづく ~에 근거하다 　判断 はんだん ⑲판단
　　 気がする きがする 느낌이 들다 　～をとわず ~를 불문하고
　　 ～をこめて ~를 담아 　～をめぐって ~를 둘러싸고
　　 ～をはじめ ~를 비롯하여

40

거기에 짐을 두면, 분명 지나가는 사람의 방해가 (　　　).

1 될 것임에 틀림없다 　　　 2 된 것에 불과하다
3 될 리 없다 　　　　　　　　 4 되었다는 것은 아니다

해설 문맥에 맞는 문말표현을 고르는 문제이다. '거기에 짐을 두면 지나가는 사람의 방해가 될 것'이라는 문맥이다. 따라서, 1 なるにちがいない(될 것임에 틀림없다)가 정답이다. 2의 にすぎない는 '~에 불과하다', 3의 はずがない는 '~할 리 없다', 4의 というものではない는 '~라는 것은 아니다'라는 의미의 문형임을 알아둔다.

어휘 荷物 にもつ ⑲짐 　きっと 倡분명 　通る とおる ⑧지나가다
　　 邪魔 じゃま ⑲방해 　～にちがいない ~임에 틀림없다
　　 ～にすぎない ~에 불과하다 　～はずがない ~할 리 없다
　　 ～というものではない ~라는 것은 아니다

41

결혼한지 얼마 안 돼서, 집을 사기에는 아직 돈이 부족하니까 (　　　).

1 빌리려고 할 필요도 없다 　 2 빌릴 리 없다
3 빌릴 수밖에 없다 　　　　 4 빌린 것은 아니다

해설 문맥에 맞는 문말표현을 고르는 문제이다. '집을 사기에는 돈이 부족

해서 빌릴 수밖에 없다'라는 문맥이다. 따라서 3 借りるしかあるま
い(빌릴 수밖에 없다)가 정답이다. 1의 こともない는 '~할 필요도 없
다', 2의 っこない는 '~할 리 없다', 4의 わけではない는 '~인 것은
아니다'라는 의미의 문형임을 알아둔다.

어휘 ～たばかりだ ~한지 얼마 안 되다　足りない たりない 부족하다
　　借りる かりる 圏빌리다　～(よ)うとする ~하려고 하다
　　～こともない ~할 필요도 없다　～っこない ~할 리 없다
　　～しかあるまい ~하는 수밖에 없다
　　～わけではない ~인 것은 아니다

42

(피아노 교실에서)
학생 : 이 곡은 어려워서 저는 칠 수 있을 것 같지 않은데요.
선생님 : 연습을 거듭해 (　　　) 칠 수 있을지 어떨지 알 수 없어.

1　보고 나서야 비로소　　　2　봤다가는
3　보려고 하지 않아도　　**4　본 후가 아니면**

해설 대화의 문맥에 맞는 구를 고르는 문제이다. 선생님이 학생에게, 연습
을 거듭해 보지 않으면 칠 수 있을지 어떨지 알 수 없다고 말하는 문
맥이다. 따라서 4 みてからでないと(본 후가 아니면)가 정답이다.
1의 てはじめて는 '~하고 나서야 비로소', 2의 (よ)うものなら는
'~했다가는', 3의 (よ)うとしない는 '~하려고 하지 않다'라는 의미의
문형임을 알아둔다.

어휘 ピアノ教室 ピアノきょうしつ 圏피아노 교실　曲 きょく 圏곡
　　～そうにない ~할 것 같지 않다　重ねる かさねる 圏거듭하다
　　～かどうか ~일지 어떨지　～てはじめて ~하고 나서야 비로소
　　～(よ)うものなら ~했다가는　～(よ)うとしない ~하려고 하지 않다
　　～てからでないと ~한 후가 아니면

43

신입사원의, '여러분을 (　　　), 반갑습니다.'라는 인사에 부서 내의
사원들로부터 따뜻한 시선이 집중되었다.

1　하셔서　　　　　　　2　봐서
3　만나실 수 있어서　　**4　뵐 수 있어서**

해설 문맥에 맞는 경어를 고르는 문제이다. 신입사원이 부서 내의 사원들
에게 '만나서 반갑습니다'라고 정중하게 인사하는 상황이므로 お目
にかかれて、うれしいです(뵐 수 있어서, 기쁩니다)가 가장 자연스
럽다. 따라서 4 お目にかかれて(뵐 수 있어서)가 정답이다. 여기서
お目にかかれる(뵐 수 있다)는 会う(만나다)의 겸양어 お目にか
かる(뵙다)의 가능형이다. 1 なさって(하셔서)는 する(하다)의 존경
어, 2 拝見して(봐서)는 見る(보다)의 겸양어, 3 おあいになれて
(만나실 수 있어서)는 会う(만나다)의 존경어를 활용한 것이다.

어휘 新人社員 しんじんしゃいん 圏신입사원　うれしい い형반갑다
　　あいさつ 圏인사　部署内 ぶしょない 圏부서 내
　　社員 しゃいん 圏사원　視線 しせん 圏시선
　　注ぐ そそぐ 圏집중시키다　なさる 圏하시다 (する의 존경어)
　　拝見する はいけんする 圏보다 (見る의 겸양어)
　　おあいになる 圏만나시다 (会う의 존경어)
　　お目にかかる おめにかかる 圏뵙다 (会う의 겸양어)

44

A : 저 신작 영화, 보러 가려고 생각하는데, 어땠어?
B : 긴장감은 없지만, 사람의 마음 (　　　).

1　을 감동시키는 데가 있었어
2　이 움직인 보람이 있었어
3　을 감동시켰을 리 없었어
4　이 움직인 적은 없었어

해설 대화의 문맥에 맞는 문말표현을 고르는 문제이다. 영화가 어땠는지
묻자, '긴장감은 없지만, 사람의 마음을 감동시키는 데가 있었다'라고
답하는 문맥이다. 따라서 1 を動かすものがあった(을 감동시키는
데가 있었어)가 정답이다. 2의 かいがある는 '~하는 보람이 있다', 3
의 わけがない는 '~할 리 없다', 4의 ことはない는 '~적은 없다'라
는 의미의 문형임을 알아둔다.

어휘 新作映画 しんさくえいが 圏신작 영화　思う おもう 圏생각하다
　　緊張感 きんちょうかん 圏긴장감　心 こころ 圏마음
　　動かす うごかす 圏감동시키다, 움직이다
　　動く うごく 圏움직이다, 흔들리다　～ものがある ~하는 데가 있다
　　～かいがある ~하는 보람이 있다　～わけがない ~할 리 없다
　　～ことはない ~적은 없다

실전 테스트 3　　　　　　　　　　　　　　p.218

33 3	34 1	35 3	36 3	37 2
38 3	39 4	40 4	41 2	42 1
43 4	44 3			

문제7 다음 문장의 (　　　)에 들어갈 가장 알맞은 것을, 1・2・3・
4에서 하나 고르세요.

33

학창시절은 사이가 좋은 친구였 (　　　), 졸업하고 나서는 서로
바빠서 연락조차 하지 않게 되었다.

1　으므로　　　　　　　　2　다고는
3　는데　　　　　　　　4　기 때문에

해설 문맥에 맞는 조사를 고르는 문제이다. 괄호 뒤의 連絡すらしなく
なった(연락조차 하지 않게 되었다)와 문맥상 어울리는 말은 '사이가
좋은 친구였는데'이다. 따라서 3 のに(는데)가 정답이다.

어휘 学生時代 がくせいじだい 圏학창시절　仲 なか 圏사이
　　卒業 そつぎょう 圏졸업　～てから ~하고 나서
　　お互い おたがい 圏서로　連絡 れんらく 圏연락
　　～すら 조~조차　～ので 조~므로　～とは 조~라고는
　　～のに 조~인데　～から 조~이기 때문에

이 잡지는 표지 (　　　) 멋져서, 읽지 않는다고 해도 단지 사서
방에 장식하는 것만으로도 좋을 정도이다.

1 부터	2 에 따라
3 라도	4 로서

해설 문맥에 맞는 문형을 고르는 문제이다. 모든 선택지가 괄호 앞의 명사
表紙(표지)에 접속할 수 있다. 때문에 괄호 뒤 素敵で(멋져서)로 이
어지는 문맥을 보면 '이 잡지는 표지부터 멋져서, 장식하는 것만으로
도 좋을 정도이다'가 가장 자연스럽다. 따라서 1 からして(부터)가
정답이다. 2 しだいで는 '~에 따라', 3 だって는 '~라도', 4 としては
'~로서'라는 의미의 문형임을 알아둔다.

어휘 雑誌 ざっし 圏잡지　表紙 ひょうし 圏표지
素敵だ すてきだ 圏멋지다　ただ 凰단지　かざる 圏장식하다
~からして ~부터　～しだいで ~에 따라　～だって ~라도
～として ~로서

35

일본에서 일하는 외국인의 증가 (　　　), 일본어 지도가 필요한 아이의
수도 늘고 있다.

1 에 대해	2 를 따라
3 와 함께	4 를 기초로

해설 문맥에 맞는 문형을 고르는 문제이다. 모든 선택지가 괄호 앞의 명사
増加(증가)에 접속할 수 있다. 때문에 괄호 뒤 日本語指導가 필요
な子どもの数も増えている(일본어 지도가 필요한 아이의 수도 늘
고 있다)로 이어지는 문맥을 보면 '일본에서 일하는 외국인의 증가와
함께, 일본어 지도가 필요한 아이의 수도 늘고 있다'가 가장 자연스럽
다. 따라서 3 とともに(와 함께)가 정답이다. 1 について는 '~에 대
해', 2 に沿って는 '~를 따라', 4 をもとに는 '~를 기초로'라는 의미
의 문형임을 알아둔다.

어휘 日本 にほん 圏일본　増加 ぞうか 圏증가
日本語 にほんご 圏일본어　指導 しどう 圏지도
必要だ ひつようだ 圏필요하다　数 かず 圏수
増える ふえる 圏늘다　～について ~에 대해
～に沿って ~にそって ~를 따라　～とともに ~와 함께
～をもとに ~를 기초로

36

유럽여행에서 (　　　) 돈을 너무 써 버려서, 저금이 거의 제로인
상태가 되어 버렸다.

1 머지않아	2 간신히
3 무심코	4 단지

해설 문맥에 맞는 부사를 고르는 문제이다. 괄호 뒤의 お金を使いすぎて
しまい(돈을 너무 써 버려서)와 문맥상 어울리는 말은 '유럽여행에서
무심코'이다. 따라서 3 つい(무심코)가 정답이다.

어휘 ヨーロッパ旅行 ヨーロッパりょこう 圏유럽여행
貯金 ちょきん 圏저금　ほぼ 凰거의　状態 じょうたい 圏상태
やがて 凰머지않아　やっと 凰간신히　つい 凰무심코　ただ 凰단지

37

우리 팀은 사내 매뉴얼 공모전에서 우승하여, 특별유급휴가 (　　　)
항공권까지 받았다.

1 는 제쳐두고	2 뿐만 아니라
3 도 상관하지 않고	4 니까

해설 문맥에 맞는 문형을 고르는 문제이다. 모든 선택지가 괄호 앞의 명사
特別有給休暇(특별유급휴가)에 접속할 수 있다. 따라서 괄호 뒤 航
空券までもらった(항공권까지 받았다)로 이어지는 문맥을 보면 '우
리 팀은 우승하여 특별유급휴가뿐만 아니라 항공권까지 받았다'가
가장 자연스럽다. 따라서 2 のみならず(뿐만 아니라)가 정답이다.
1 はさておき는 '~는 제쳐두고', 3 もかまわず는 '~도 상관하지 않
고', 4 のことだから는 '~니까'라는 의미의 문형임을 알아둔다.

어휘 チーム 圏팀　社内 しゃない 圏사내　マニュアル 圏매뉴얼
公募展 こうぼてん 圏공모전　優勝 ゆうしょう 圏우승
特別有給休暇 とくべつゆうきゅうきゅうか 圏특별유급휴가
航空券 こうくうけん 圏항공권　～はさておき ~는 제쳐두고
～のみならず ~뿐만 아니라　～もかまわず ~도 상관하지 않고
～のことだから ~니까

38

유학했다고 해서, 누구나가 영어회화 실력이 부쩍 (　　　).

1 늘고 있는 만큼의 가치는 있다
2 늘고 있는 셈이다
3 는다고는 할 수 없다
4 늘 것임에 틀림없다

해설 문맥에 맞는 문말표현을 고르는 문제이다. '유학했다고 해서 누구나
가 영어회화 실력이 부쩍 느는 것은 아니다'라는 문맥이다. 따라서
3 伸びるとは限らない(는다고는 할 수 없다)가 정답이다. 1의 だ
けのことはある는 '~한 만큼의 가치는 있다', 2의 というわけだ는
'~한 셈이다', 4의 に決まっている는 '~임에 틀림없다'라는 의미의
문형임을 알아둔다.

어휘 留学 りゅうがく 圏유학　～からといって ~라고 해서
英会話 えいかいわ 圏영어회화　実力 じつりょく 圏실력
ぐんと 凰부쩍　伸びる のびる 圏늘다
～だけのことはある ~한 만큼의 가치는 있다
～というわけだ ~한 셈이다
～とは限らない ～とはかぎらない ~하다고는 할 수 없다
～に決まっている ～にきまっている ~임에 틀림없다

39

스스로 보람 있는 일을 고르는 것이 좋다는 것은 (　　　).

1 말할 수 있을 리가 없다	2 말하지 않는 것도 아니다
3 말하고 나서 하다	4 말할 것도 없다

해설 문맥에 맞는 문말표현을 고르는 문제이다. '스스로 보람 있는 일을 고
르는 것이 좋은 것은 말할 것도 없다'라는 문맥이다. 따라서 4 言うま
でもない(말할 것도 없다)가 정답이다. 1의 わけがない는 '~할 리

가 없다', 2의 ないでもない는 '~않는 것도 아니다', 3의 てからにする는 '~하고 나서 하다'라는 의미의 문형임을 알아둔다.

어휘 やりがい 團 보람   選ぶ えらぶ 圄 고르다
～わけがない ~할 리가 없다   ～ないでもない ~않는 것도 아니다
～てからにする ~하고 나서 하다   ～までもない ~할 것도 없다

40

백화점에 친구 선물을 사러 (   ) 인터넷에서 보고 마음에 들었던 지갑도 보러 갔다.

1 가면   2 갈 때마다
3 갔더니   **4 간 김에**

해설 문맥에 맞는 구를 고르는 문제이다. 괄호 앞뒤 문맥을 보면, '친구 선물을 사러 간 김에 지갑도 보러 갔다'가 가장 자연스럽다. 따라서 4 行くついでに(간 김에)가 정답이다. 1의 たら는 '~하면', 2의 たびには '~할 때마다', 3의 たところ는 '~했더니'라는 의미의 문형임을 알아둔다.

어휘 プレゼント 團 선물   ネット 團 인터넷
気に入る きにいる 마음에 들다   ～たら ~하면
～たびに ~할 때마다   ～たところ ~했더니   ～ついでに ~한 김에

41

간단한 요리라도 만들고 있는 과정을 누군가에게 보이면 (   ) 혼자 있는 동안에 만들어 두도록 하고 있다.

1 긴장하기 어렵다고 해서
2 긴장하기 일쑤이기 때문에
3 긴장할 것 같지 않다는 듯해서
4 긴장하려고 하니까

해설 문맥에 맞는 구를 고르는 문제이다. 괄호 앞뒤 문맥을 보면, '누군가에게 보이면 긴장하기 일쑤이기 때문에 혼자 있는 동안에 해 두고 있다'가 가장 자연스럽다. 따라서 2 緊張しがちなので(긴장하기 일쑤이기 때문에)가 정답이다. 1의 がたい는 '~하기 어렵다', 3의 そうにない는 '~할 것 같지 않다', 4의 (よ)うとする는 '~하려고 하다'라는 의미의 문형임을 알아둔다.

어휘 簡単だ かんたんだ 屁 간단하다   過程 かてい 團 과정
～うちに ~하는 동안에   緊張 きんちょう 團 긴장
～がたい ~하기 어렵다   ～といって ~라고 해서
～がちだ ~하기 일쑤이다   ～そうにない ~할 것 같지 않다
～(よ)うとする ~하려고 하다

42

(면세점에서)
손님 : 여기서 면세 가능한가요?
점원 : 네, 손님. 면세를 이용하실 수 있습니다. 여권을 (   ) 괜찮을까요?

1 봐도   2 보여드려도
3 보셔도   4 와도

해설 대화의 문맥에 맞는 경어를 고르는 문제이다. 점원이 손님에게 여권을 봐도 괜찮을지 정중하게 묻는 상황이므로 パスポートを拝見してもよろしいですか(여권을 봐도 괜찮을까요?)가 가장 자연스럽다. 따라서 1 拝見しても(봐도)가 정답이다. 여기서 拝見する(보다)는 見る(보다)의 겸양어이다. 2 お目にかけても(보여드려도)는 見せる(보여주다)의 겸양어, 3 ご覧になっても(보셔도)는 見る(보다)의 존경어, 4 参っても(와도)는 来る(오다)의 겸양어를 활용한 것이다.

어휘 免税店 めんぜいてん 團 면세점   客 きゃく 團 손님
店員 てんいん 團 점원   利用 りよう 團 이용   パスポート 團 여권
拝見する はいけんする 圄 보다 (見る의 겸양어)
お目にかける おめにかける 圄 보여드리다 (見せる의 겸양어)
ご覧になる ごらんになる 圄 보시다 (見る의 존경어)
参る まいる 圄 오다 (来る의 겸양어)

43

집에 돌아가서 현관에 (   ), 생선 냄새가 심해서 서둘러 창문을 전부 열고 환기했다.

1 들어갔나 했더니   2 들어가지 않고
3 들어갈 수밖에 없어서   **4 들어간 순간**

해설 문맥에 맞는 구를 고르는 문제이다. 괄호 앞뒤 문맥을 보면, '현관에 들어간 순간 생선 냄새가 심해서 환기했다'가 가장 자연스럽다. 따라서 4 入ったとたん(들어간 순간)이 정답이다. 1의 たかと思うと는 '~했나 했더니', 2의 ことなく는 '~하지 않고', 3의 よりほかない는 '~할 수밖에 없다'라는 의미의 문형임을 알아둔다.

어휘 臭い におい 團 냄새   酷い ひどい ィ麼 심하다
慌てる あわてる 圄 서두르다   換気 かんき 團 환기
～たかと思うと ～たかとおもうと ~했나 했더니
～ことなく ~하지 않고   ～よりほかない ~할 수밖에 없다
～たとたん ~한 순간

44

아버지는 그렇게 의사에게 (   ) 데도 불구하고, 담배를 끊으려고 하지 않는다.

1 주의했는   2 주의 시켰는
3 주의 받았는   4 억지로 주의했는

해설 문맥에 맞는 구를 고르는 문제이다. 괄호 앞뒤 문맥을 보면, '의사에게 주의 받았는데도 불구하고, 담배를 끊으려고 하지 않는다'가 가장 자연스럽다. 따라서 3 注意された(주의 받았는)가 정답이다. 여기서 注意される(주의 받다)는 注意する(주의하다)의 수동형이다. 2 注意させた(주의 시켰는)는 注意する(주의하다)의 사역형, 3 注意させられた(억지로 주의했는)는 注意する(주의하다)의 사역수동형을 활용한 것이다.

어휘 やめる 圄 끊다   ～(よ)うとしない ~하려고 하지 않다
注意 ちゅうい 團 주의   ～にもかかわらず ~에도 불구하고

33 1	**34** 4	**35** 1	**36** 1	**37** 2
38 3	**39** 3	**40** 1	**41** 4	**42** 1
43 4	**44** 2			

문제7 다음 문장의 (　　　)에 들어갈 가장 알맞은 것을, 1·2·3·4에서 하나 고르세요.

33

(학교에서)
학생 : 유학하겠다는 꿈은 포기할게요. 영어 점수가 늘지 않아서.
선생님 : 꿈은 간단히 포기 (　　　)야. 앞으로 1년간, 열심히 해 보는 게 어때?

1 해서는 안 되는 거 　　　2 할 리가 없는 거
3 할 리가 없는 거 　　　4 할 때가 아닌 거

해설 대화의 문맥에 맞는 문형을 고르는 문제이다. 모든 선택지가 괄호 앞의 동사 사전형 あきらめる(포기)에 접속할 수 있다. 때문에 괄호 뒤 あと1年間、がんばってみたら(앞으로 1년간, 열심히 해보는 게 어때?)로 이어지는 문맥을 보면 '꿈은 간단히 포기해서는 안 되는 거니까 앞으로 1년간'이 자연스럽다. 따라서 1 ものではない(해서는 안 되는 거)가 정답이다. 2 わけがない는 '~할 리가 없다', 3 はずがない는 '~할 리가 없다', 4 どころではない는 '~할 때가 아니다'라는 의미의 문형임을 알아둔다.

어휘 留学 りゅうがく 圏유학　あきらめる 圄포기하다
点数 てんすう 圏점수　伸びる のびる 圄늘다　夢 ゆめ 圏꿈
簡単だ かんたんだ 尓형간단하다　あと 團앞으로, 아직
がんばる 圄열심히 하다　～ものではない ~해서는 안 된다
～わけがない ~할 리가 없다　～はずがない ~할 리가 없다
～どころではない ~할 때가 아니다

34

일본 영화의 역사는, 그의 존재 (　　　) 이야기할 수 없다.

1 가 있었기에 　　　2 가 아니면
3 는 그렇다 치고 　　　**4 를 빼고는**

해설 문맥에 맞는 문형을 고르는 문제이다. 모든 선택지가 괄호 앞의 명사 存在(존재)에 접속할 수 있다. 때문에 괄호 뒤 語れない(이야기할 수 없다)로 이어지는 문맥을 보면 '일본 영화의 역사는 그의 존재를 빼고는 이야기할 수 없다'가 가장 자연스럽다. 따라서 4 を抜きにしては(를 빼고는)가 정답이다. 1 があってこそ는 '~가 있었기에', 2 でないことには는 '~가 아니면', 3 はともかく는 '~는 그렇다 치고'라는 의미의 문형임을 알아둔다.

어휘 日本映画 にほんえいが 圏일본 영화　歴史 れきし 圏역사
存在 そんざい 圏존재　語る かたる 圄이야기하다
～があってこそ ~가 있었기에　～でないことには ~가 아니면

～はともかく ~는 그렇다 치고
～を抜きにしては ～をぬきにしては ~를 빼고는

35

장기화된 경기 침체에서 수출의 대폭적인 증가로 경기는 서서히 (　　　).

1 회복하는 중이다 　　　2 회복할 수밖에 없다
3 회복하기 어렵다 　　　4 회복할 우려가 있다

해설 문맥에 맞는 문말표현을 고르는 문제이다. '수출의 대폭적인 증가로 경기는 서서히 회복'이라는 문맥이다. 따라서 1 回復しつつある(회복하는 중이다)가 정답이다. 2의 しかあるまい는 '~하는 수밖에 없다', 3의 かねる는 '~하기 어렵다', 4의 おそれがある는 '~할 우려가 있다'라는 의미의 문형임을 알아둔다.

어휘 長期化 ちょうきか 圏장기화
景気低迷 けいきていめい 圏경기 침체　輸出 ゆしゅつ 圏수출
大幅だ おおはばだ 尓형대폭적이다　増加 ぞうか 圏증가
徐々に じょじょに 團서서히　回復 かいふく 圏회복
～つつある ~하는 중이다　～しかあるまい ~하는 수밖에 없다
～かねる ~하기 어렵다　～おそれがある ~할 우려가 있다

36

야마카와 씨는 해외여행 경험이 풍부 (　　　), 여러 나라의 문화를 알고 있다.

1 한 만큼 　　　2 한 바람에
3 한 탓에 　　　4 하지만

해설 문맥에 맞는 문형을 고르는 문제이다. 모든 선택지가 괄호 앞의 な형용사의 어간な 豊富な(풍부한)에 접속할 수 있다. 때문에 괄호 뒤 いろいろな国の文化を知っている(여러 나라의 문화를 알고 있다)로 이어지는 문맥을 보면 '해외여행 경험이 풍부한 만큼 여러 나라의 문화를 알고 있다'가 가장 자연스럽다. 따라서 1 だけに(한 만큼)가 정답이다. 2 ばかりには는 '~한 바람에', 3 せいでは '~한 탓에', 4 ものの는 '~하지만'이라는 의미의 문형임을 알아둔다.

어휘 海外 かいがい 圏해외　経験 けいけん 圏경험
豊富だ ほうふだ 尓형풍부하다　いろいろだ 尓형여러 가지다
文化 ぶんか 圏문화　～だけに ~한 만큼　～ばかりに ~한 바람에
～せいで ~한 탓에　～ものの ~하지만

37

달리는 것이 좋 (　　　) 좋 (　　　), 매일 아침 일어나면 근처 공원을 달리고 있다.

1 지만/지만 　　　**2 아서/아서**
3 은 것을/은 것을 　　　4 은 것도/은 것도

해설 문맥에 맞는 조사를 고르는 문제이다. 괄호 앞의 好き(좋)와 문맥상 어울리는 말은 '좋아서'이다. 따라서 2 で／で(아서/아서)가 정답이다. 여기서 같은 동사나 형용사를 두 번 반복하여 정도를 강조한 것도 추가로 알아둔다.

어휘 近所 きんじょ 圏근처 　～が 图~지만 　～で 图~라서
　　～を 图~을/를 　～も 图~도

38

일단, 일을 맡은 (　　　), 끝까지 책임감을 가지고 완성시키지
않으면 안 된다.

1 끝에 　　　　　　　　　　2 끝에는
3 이상에는 　　　　　　　4 대로

해설 문맥에 맞는 문형을 고르는 문제이다. 괄호 앞의 동사 た형 受けた
(맡은)에 접속할 수 있는 선택지는 1 あげく와 3 上는이다. 2 末
는 末に로 바꿔야 동사 た형에 접속할 수 있고, 4 次第는 동사 ます
형에 접속하므로 틀리다. 때문에 괄호 뒤 完成させなければならな
い(완성시키지 않으면 안 된다)로 이어지는 문맥을 보면 '일을 맡은
이상에는 책임감을 가지고 완성시키지 않으면 안 된다'가 가장 자연
스럽다. 따라서 3 上は(이상에는)가 정답이다. 동사 た형에 접속하
여 1 あげく는 '~한 끝에', 동사 ます형에 접속하여 4 次第는 '~하는
대로'라는 의미의 문형임을 알아둔다.

어휘 一度 ひとたび 图일단 　引き受ける ひきうける 圏맡다
　　最後 さいご 圏끝, 마지막
　　責任を持つ せきにんをもつ 책임감을 가지다 　完成 かんせい 圏완성
　　～たあげく ~한 끝에 　～た末に ～たすえに ~한 끝에
　　～上は ～うえは ~한 이상에는 　～次第 ～しだい ~하는 대로

39

이 서류는, 부모님의 사인이 필요하기 때문에, 아버지에게 상담
(　　　).

1 하고 싶은 법이다 　　　　　2 할 만하다
3 하지 않을 수 없다 　　　4 하지 않고서는 있을 수 없다

해설 문맥에 맞는 문말표현을 고르는 문제이다. '부모님의 사인이 필요하
기 때문에 아버지에게 상담해야 한다'라는 문맥이다. 따라서 3 しな
いわけにはいかない(하지 않을 수 없다)가 정답이다. 1의 ものだ
는 '~인 법이다', 2의 だけのことはある '~할 만하다', 4의 ずに
はいられない는 '~하지 않고서는 있을 수 없다'라는 의미의 문형임
을 알아둔다.

어휘 書類 しょるい 圏서류 　親 おや 圏부모님 　サイン 圏사인
　　必要だ ひつようだ 圏필요하다 　相談 そうだん 圏상담
　　～ものだ ~인 법이다 　～だけのことはある ~할 만하다
　　～ないわけにはいかない ~하지 않을 수 없다
　　～ずにはいられない ~하지 않고서는 있을 수 없다

40

계약서에 사인 한 이상, 주문을 (　　　) 것이다.

1 취소할 수는 없을 　　　2 취소할 수밖에 없을
3 취소하려고 하고 있을 　　4 취소하기 어려울

해설 문맥에 맞는 구를 고르는 문제이다. 괄호 앞뒤 문맥을 보면, '사인한
이상 주문을 취소할 수는 없을 것이다'가 가장 자연스럽다. 따라서 1
取り消すことはできない(취소할 수는 없을)가 정답이다. 2의 しか

ない는 '~할 수밖에 없다', 3의 (よ)うとする는 '~하려고 하다', 4의
かねる는 '~하기 어렵다'라는 의미의 문형임을 알아둔다.

어휘 契約書 けいやくしょ 圏계약서 　サイン 圏사인
　　～た以上 ～たいじょう ~한 이상 　注文 ちゅうもん 圏주문
　　取り消す とりけす 圏취소하다 　～ことができる ~할 수 있다
　　～しかない ~할 수밖에 없다 　～(よ)うとする ~하려고 하다
　　～かねる ~하기 어렵다

41

스즈키 씨와는 파티에서 명함을 교환한 (　　　), 한 번도 만나지
않았다.

1 지 얼마 안 되어 　　　　　2 나머지
3 뿐 　　　　　　　　　　　**4 채**

해설 문맥에 맞는 문형을 고르는 문제이다. 모든 선택지가 동사 た형 交換
した(교환한)에 접속할 수 있다. 때문에 괄호 뒤 一度も会っていな
い(한 번도 만나지 않았다)로 이어지는 문맥을 보면 '명함을 교환한
채, 한 번도 만나지 않았다'가 가장 자연스럽다. 따라서 4 きり(채)가
정답이다. 동사 た형에 접속하여 1 ばかりだ는 '~한 지 얼마 안 되
다', 2 あまり는 '~한 나머지'라는 의미의 문형임을 알아둔다.

어휘 名刺 めいし 圏명함 　交換 こうかん 圏교환 　一度 いちど 圏한 번
　　～たばかりだ ~한 지 얼마 안 되다 　～たあまり ~한 나머지
　　～のみ 图~뿐 　～たきり ~한 채

42

그는 그 작품을 (　　　) 자신이 만든 것처럼 인터넷상에 발표했다.

1 마치 　　　　　　　　　2 예를 들어
3 설마 　　　　　　　　　　4 공교롭게도

해설 문맥에 맞는 부사를 고르는 문제이다. 괄호 뒤의 自分が作ったかの
ようにインターネット上に発表した(자신이 만든 것처럼 인터넷상
에 발표했다)와 문맥상 어울리는 말은 '그 작품을 마치'이다. 따라서
1 あたかも(마치)가 정답이다.

어휘 作品 さくひん 圏작품 　インターネット 圏인터넷
　　発表 はっぴょう 圏발표 　あたかも 图마치 　たとえる 圏예를 들다
　　まさか 图설마 　あいにく 图공교롭게도

43

저희 시립도서관 회의실은, 18세 이상의 시민이라면 누구라도
(　　　)므로, 언제든지 신청해 주세요.

1 이용해 주시 　　　　　　　2 이용하시
3 이용해 주시 　　　　　　　**4 이용하실 수 있으**

해설 문맥에 맞는 경어를 고르는 문제이다. 시민들에게 '누구라도 이용하실
수 있으므로, 언제든지 신청해 주세요'라고 정중하게 안내하는 상황이
므로 どなたでもご利用になれますので、いつでもお申し出くだ
さい(누구라도 이용하실 수 있으므로, 언제든지 신청해 주세요)가 가
장 자연스럽다. 따라서 4 ご利用になれます(이용하실 수 있으)가
정답이다. 여기서 ご利用になれる(이용하실 수 있다)는 利用する
(이용하다)의 존경표현 ご利用になる(이용하시다)의 가능형이다.

어휘 市立図書館 しりつとしょかん 圏시립 도서관

会議室 かいぎしつ 圏회의실 市民 しみん 圏시민

申し出る もうしでる 图신청하다

면접시험을 (　　　) 때, 휴대전화가 울려서, 불합격이 되어 버렸다.

1 볼 2 봐서

3 한창 보고 있는 중일 4 보고 있어서

해설 문형에 접속하는 알맞은 동사 형태를 고르는 문제이다. 괄호 뒤의 最中와 접속할 수 있는 동사 형태는 て형+いる이므로 3 受けている (한창 보고 있는 중일)가 정답이다. '면접시험을 한창 보고 있는 중일 때, 휴대전화가 울려서, 불합격이 되어 버렸다'라는 문맥에도 적절하다.

어휘 面接試験 めんせつしけん 圏면접시험

~最中 ~さいちゅう 한창 ~ 하는 중

携帯電話 けいたいでんわ 圏휴대전화 鳴る なる 图울리다

不合格 ふごうかく 圏불합격 受ける うける 图(시험을) 보다, 치르다

35

A : 딸에게 혼자서 해외여행을 가고 싶다고 들었는데.

B : 뭐든지 잘하는 똑똑한 아이니까, (　　　) 괜찮지 않아?

1 가 줘도 2 가게 해 줘도

3 가 줘도 4 가게 해 줘도

해설 대화의 문맥에 맞는 구를 고르는 문제이다. 혼자 여행을 가고 싶어하는 딸로 인해 고민하는 이야기를 듣고 똑똑한 아이니까 가게 해 줘도 괜찮지 않냐고 답하는 문맥이다. 따라서 2 行かせてあげても(가게 해 줘도)가 정답이다. 여기서 行かせてあげる(가게 해 주다)는 2인 칭이 3인칭에게 행위나 동작을 해 주며, 허가의 의미를 나타내는 사역수수표현이다.

어휘 娘 むすめ 圏딸 海外旅行 かいがいりょこう 圏해외여행

しっかり 囝똑똑히

44

날씨가 좋은 날에는 여기에서 후지산 (　　　), 이 공원은 '후지미 다이 공원'이라고 불리고 있다.

1 을 본 참에 2 이 보이는 것으로 인해

3 을 보려는 이상에는 4 을 봄에 따라

해설 문맥에 맞는 구를 고르는 문제이다. 괄호 앞뒤 문맥을 보면, '후지산 이 보이는 것으로 인해 후지미다이 공원으로 불리고 있다'가 가장 자 연스럽다. 따라서 2 が見えることから(이 보이는 것으로 인해)가 정 답이다. 1의 ところだ는 '막 ~한 참이다', 3의 からには '~이상에 는', 4의 によって는 '~에 따라'라는 의미의 문형임을 알아둔다.

어휘 富士山 ふじさん 圏후지산 見える みえる 图보이다

~たところだ 막 ~한 참이다 ~ことから ~로 인해

~からには ~이상에는 ~によって ~에 따라

실전 테스트 5

p.222

33 2	34 3	35 2	36 2	37 1
38 2	39 4	40 3	41 3	42 2
43 4	44 2			

문제7 다음 문장의 (　　　)에 들어갈 가장 알맞은 것을, 1・2・3・ 4에서 하나 고르세요.

33

올해 신인상 발표 (　　　), 작년 수상자로부터 코멘트를 듣고 싶다 고 생각합니다.

1 에 의해서 2 에 있어서

3 도 상관하지 않고 4 에 따라

해설 문맥에 맞는 문형을 고르는 문제이다. 선택지가 모두 괄호 앞의 명사 発表(발표)에 접속할 수 있다. 때문에 괄호 뒤 昨年の受賞者より コメントをいただきたい(작년 수상자로부터 코멘트를 듣고 싶다)로 이어지는 문맥을 보면 '올해 신인상 발표에 있어서 작년 수상자로부 터 코멘트를 듣고 싶다'가 가장 자연스럽다. 따라서 2 にあたり(에 있 어서)가 정답이다. 1 によっては '~에 의해서', 3 もかまわず는 '~도 상관하지 않고', 4 にしたがって는 '~에 따라'라는 의미의 문형임을 알아둔다.

어휘 新人賞 しんじんしょう 圏신인상 受賞者 じゅしょうしゃ 圏수상자

コメント 圏코멘트 ~と思う ~とおもう ~라고 생각하다

~によって ~에 의해서 ~にあたり ~에 있어서, ~때에

~もかまわず ~도 상관하지 않고 ~にしたがって ~에 따라

36

올 여름은 물부족이다. (　　　) 야채가 값이 오를 것이다.

1 결코 2 아마

3 조금도 4 설마

해설 문맥에 맞는 부사를 고르는 문제이다. 괄호 뒤의 野菜が値上がりす るだろう(야채가 값이 오를 것이다)와 문맥상 어울리는 말은 '아마' 이다. 따라서 2 おそらく(아마)가 정답이다.

어휘 水不足 みずぶそく 圏물부족 値上がり ねあがり 圏값이 오름

決して けっして 囝결코 おそらく 囝아마

少しも すこしも 囝조금도 まさか 囝설마

37

몇 번이나 다이어트를 실패해왔지만, 이번 (　　　) 성공시키겠다고 맹세했다.

1 에야말로 2 인 채로

3 밖에 4 이라면

해설 문맥에 맞는 조사를 고르는 문제이다. 괄호 뒤의 成功させると誓った (성공시키겠다고 맹세했다)와 문맥상 어울리는 말은 '이번에야말로' 이다. 따라서 1 こそ(에야말로)가 정답이다.

어휘 ダイエット 圏 다이어트　失敗 しっぱい 圏 실패
今回 こんかい 圏 이번　成功 せいこう 圏 성공
誓う ちかう 图 맹세하다　〜こそ 图 〜야말로　〜きり 图 〜채, 〜만
〜しか 图 〜밖에　〜なら 图 〜라면

38

전화를 하라고 들어도, 연락처를 모르니까 (　　　).

| 1 연락할 수도 있다 | **2 연락할 방도가 없다** |
| 3 연락하기 어렵다 | 4 연락할 수 없다 |

해설 문맥에 맞는 문말표현을 고르는 문제이다. '연락처를 모르니까 연락할 방도가 없다'라는 문맥이다. 따라서 2 連絡しようがない (연락할 방도가 없다)가 정답이다. 1의 かねない는 '〜할 수도 있다', 3의 がたい는 '〜하기 어렵다', 4의 える는 '〜할 수 있다(가능성이 있다)'라는 의미의 문형임을 알아둔다.

어휘 連絡先 れんらくさき 圏 연락처　〜かねない 〜할 수도 있다
〜ようがない 〜할 방도가 없다　〜がたい 〜하기 어렵다
〜える 〜할 수 있다

39

세일이라고 해도, 단지 싸면 좋 (　　　). 질도 중요하다.

| 1 을 상황이 아니다 | 2 을 리 없다 |
| 3 은 셈이다 | **4 다는 것은 아니다** |

해설 문맥에 맞는 문형을 고르는 문제이다. 괄호 앞뒤 문맥을 보면, '단지 싸면 좋다는 것은 아니다. 질도 중요하다'가 가장 자연스럽다. 따라서 4 というものではない (다는 것은 아니다)가 정답이다. 1 どころではない는 '〜할 상황이 아니다', 2 はずがない는 '〜리 없다', 3 というわけだ는 '〜인 셈이다'라는 의미의 문형임을 알아둔다.

어휘 セール 圏 세일　ただ 囝 단지　質 しつ 圏 질
〜どころではない 〜할 상황이 아니다　〜はずがない 〜리 없다
〜というわけだ 〜인 셈이다
〜というものではない 〜라는 것은 아니다

40

그녀로부터 아무에게도 말하지 않았으면 좋겠다고 들었지만, 누군가에게 (　　　) 견딜 수 없다.

| 1 말하게 하고 싶어서 | 2 말했으면 해서 |
| **3 말하고 싶어서** | 4 말하기 어려워서 |

해설 문맥에 맞는 구를 고르는 문제이다. 괄호 앞뒤 문맥을 보면, '아무에게도 말하지 않았으면 좋겠다고 들었지만, 누군가에게 말하고 싶어서 견딜 수 없다'가 가장 자연스럽다. 따라서 3 話したくて (말하고 싶어서)가 정답이다. 2의 てほしい는 '〜했으면 한다', 4의 がたい는 '〜하기 어렵다'라는 의미의 문형임을 알아둔다.

어휘 〜てほしい 〜했으면 한다　〜てたまらない 〜해서 견딜 수 없다
〜がたい 〜하기 어렵다

41

손윗사람에게 그런 실례되는 말을 사용 (　　　).

| 1 할 것은 없다 | 2 하는 것이 좋다 |
| **3 해서는 안 된다** | 4 할 수밖에 없다 |

해설 문맥에 맞는 문말표현을 고르는 문제이다. '손윗사람에게 실례되는 말을 사용해서는 안 된다'라는 문맥이다. 따라서 3 べきではない (해서는 안 된다)가 정답이다. 1 ことはない는 '〜할 것은 없다', 2 に越したことはない는 '〜하는 것이 좋다', 4 よりほかない는 '〜할 수밖에 없다'라는 의미의 문형임을 알아둔다.

어휘 目上の人 めうえのひと 圏 손윗사람
失礼だ しつれいだ 优割 실례되다　〜ことはない 〜할 것은 없다
〜に越したことはない 〜にこしたことはない 〜하는 것이 좋다
〜べきではない 〜해서는 안 된다　〜よりほかない 〜할 수밖에 없다

42

(레스토랑에서)
A : 주문은 이 세트시죠? 음료는 무엇으로 (　　　) 까?
B : 커피로 하겠습니다.

| 1 마실겁니 | **2 하시겠습니** |
| 3 드십니 | 4 주시겠습니 |

해설 대화의 문맥에 맞는 경어를 고르는 문제이다. 손님에게 음료는 무엇으로 할지 정중하게 묻는 상황이므로 お飲み物は何になさいますか(음료는 무엇으로 하시겠습니까)가 가장 자연스럽다. 따라서 2 なさいます (하시겠습니)가 정답이다. 여기서 なさる(하시다)는 する (하다)의 존경어이다. 1 いただきます(마실겁니)는 飲む(마시다)의 겸양어, 3 めしあがります(드십니)는 飲む(마시다)의 존경어, 4 くださいます(주시겠습니)는 くれる의 존경어를 활용한 것이다.

어휘 注文 ちゅうもん 圏 주문　セット 圏 세트
いただく 图 마시다 (飲む의 겸양어)　なさる 图 하시다 (する의 존경어)
めしあがる 图 드시다 (飲む의 존경어)
くださる 图 주시다 (くれる의 존경어)

43

잊 (　　　) 이 책을 읽은 감상을 메모해 두어야지.

| 1 지 않을 때까지 | 2 지 않는 때에 |
| 3 지 않는 동안에 | **4 기 전에** |

해설 문맥에 맞는 문형을 고르는 문제이다. 괄호 앞뒤 문맥을 보면 '잊기 전에 메모해 두어야지'가 가장 자연스럽다. 따라서 4 うちに(기 전에)가 정답이다. 1 までには는 '〜할 때까지', 2 さいには는 '〜할 때', 3 あいだには는 '〜하는 동안에'라는 의미의 문형임을 알아둔다.

어휘 感想 かんそう 圏 감상　メモ 圏 메모　〜までに 〜까지　さい 圏 때
あいだ 圏 동안, 사이　〜ないうちに 〜하기 전에

44

A : 요전 시험, 잘 안됐어. 이제 공부, 그만둘까.
B : 한 번 (　　　) 포기하다니, 너답지 않네.

1 실패할 정도로　　　　**2 실패한 정도로**
3 실패하고서야　　　　4 실패한 이상

해설 대화의 문맥에 맞는 구를 고르는 문제이다. 괄호 앞뒤 문맥을 보면 '한 번 실패한 정도로 포기하다니, 너답지 않다'가 가장 자연스럽다. 따라서 2 失敗したくらいで(실패한 정도로)가 정답이다. 1의 ほどでは '~정도로', 3의 てこそ는 '~하고서야(비로소)' 4의 た以上는 '~한 이상'이라는 의미의 문형임을 알아둔다.

어휘 この間 このあいだ 요전　試験 しけん 몡시험
あきらめる 동포기하다　~ほど 죄~정도　~くらい 죄~정도
~てこそ ~하고서야(비로소)　~た以上 ~たいじょう ~한 이상

문제 8 문장 만들기

실력 다지기
p.226

01 ①	**02** ③	**03** ③	**04** ①	**05** ②
06 ②	**07** ③	**08** ②	**09** ①	**10** ①
11 ①	**12** ③	**13** ③	**14** ②	**15** ①
16 ③	**17** ②	**18** ②	**19** ①	**20** ③

01

1개월에 1천만엔을 벌다니, 저 ★의 입장에서 본다면 꿈과 같은 이야기입니다.

① 의 입장에서 본다면　　② 꿈의
③ 저

어휘 稼ぐ かせぐ 동벌다　~からすると ~의 입장에서 본다면, ~으로 보아
夢 ゆめ 몡꿈

02

직업을 고를 때는 급료는 ★어쨌든 자신에게 적합한지 아닌지가 중요하다.

① 자신에게　　　　② 급료는
③ 어쨌든

어휘 職業 しょくぎょう 몡직업　選ぶ えらぶ 동고르다
向いている むいている 적합하다
~かどうか ~인지 아닌지　給料 きゅうりょう 몡급료, 월급
~はともかく ~는 어쨌든

03

손님이 점점 줄고 있어서 폐점을 ★생각 하지 않을 수 없는 상황이 었다.

① 폐점을　　　　② 하지 않을 수 없다
③ 생각

어휘 客 きゃく 몡손님　どんどん 凰점점　減る へる 동줄다
状況 じょうきょう 몡상황　閉店 へいてん 몡폐점
~ざるをえない ~하지 않을 수 없다　考える かんがえる 동생각하다

04

새로운 테마파크가 ★완성되는 중 이기 때문에, 사람들의 기대도 점점 부풀고 있다.

① 완성되는 중　　　　② 이기 때문에
③ 테마파크가

어휘 人々 ひとびと 몡사람들　期待 きたい 몡기대　どんどん 凰점점
膨らむ ふくらむ 동부풀다　完成 かんせい 몡완성
~つつある ~하는 중이다　テーマパーク 몡테마파크

05

딸이 일주일 전에 프랑스에 ★간 것을 끝으로, 아직 연락이 없어 걱정입니다.

① 한 것을 끝으로　　　　② 갔다
③ 프랑스에

어휘 娘 むすめ 몡딸　一週間 いっしゅうかん 몡일주일
連絡 れんらく 몡연락　心配 しんぱい 몡걱정
~きり ~한 것을 끝으로, ~한 채　フランス 몡프랑스

06

야마다 씨의 그림은 ★일본 뿐만 아니라, 아시아 전역에서 높은 가격으로 팔리고 있다.

① 그림은　　　　② 일본
③ 뿐만 아니라

어휘 アジア 몡아시아　全域 ぜんいき 몡전역　価格 かかく 몡가격
日本 にほん 몡일본　~のみならず ~뿐만 아니라

07

그녀는 맛있는 것을 ★먹을 때마다, 사진을 찍어서 자신의 SNS에 올리고 있다.

① 맛있는 것을　　　　② 때마다
③ 먹다

어휘 アップする 올리다, 업로드하다　~たびに ~할 때마다

08

이번 성과는 여러분의 노력이 있었 ★기에 낼 수 있었다고 생각

합니다.

① 낼 수 있었다   ② **이기에**

③ 있었다

어휘 今回 こんかい 몡 이번　成果 せいか 몡 성과　努力 どりょく 몡 노력
　　思う おもう 통 생각하다　~からこそ ~이기에, ~하기에

09

나는 머리가 나쁘지만, 나쁜 ★대로 시간을 들여서 공부하고 있다.

① 대로   ② 나쁘다

③ 시간을

어휘 かける 통 (시간을) 들이다, 쓰다　~なりに ~대로

10

그는 '바라던 대학에 합격해서 ★기뻐서 어쩔 줄 모르겠다'라고
말했다.

① 기뻐서   ② 어쩔 줄 모르다

③ 합격해서

어휘 望む のぞむ 통 바라다　嬉しい うれしい い형 기쁘다
　　~てしょうがない ~해서 어쩔 줄 모르다, 매우 ~하다
　　合格 ごうかく 몡 합격

11

시간이 지나서, 첫사랑이었던 ★그녀의 얼굴조차 잊어버렸다.

① 그녀의   ② 얼굴조차

③ 첫사랑이었다

어휘 経つ たつ 통 (시간이) 지나다　~すら 조 ~조차
　　初恋 はつこい 몡 첫사랑

12

경제는 소비의 감소 ★에 더해 수출도 가혹해지고, 나빠지기만 한다.

① 소비의 감소   ② 수출도

③ **에 더해**

어휘 経済 けいざい 몡 경제　厳しい きびしい い형 가혹하다
　　~一方だ ~いっぽうだ ~하기만 하다, ~할 뿐이다
　　消費 しょうひ 몡 소비　減少 げんしょう 몡 감소
　　輸出 ゆしゅつ 몡 수출　~に加えて ~にくわえて ~에 더해, ~에다

13

사회의 발전에 있어 ★기술의 발달은 매우 중요한 것이다.

① 에 있어   ② 발달은

③ **기술의**

어휘 社会 しゃかい 몡 사회　発展 はってん 몡 발전
　　重要だ じゅうようだ な형 중요하다　~にとって ~에 있어, ~에게는
　　発達 はったつ 몡 발달　技術 ぎじゅつ 몡 기술

14

오랫동안 고민한 끝에 ★주인공의 이름은 켄타로 정했다.

① 이름은   ② 주인공의

③ 끝에

어휘 間 あいだ 몡 동안, 사이　悩む なやむ 통 고민하다
　　決める きめる 통 정하다　主人公 しゅじんこう 몡 주인공
　　~たあげく ~한 끝에

15

'여기에 쓰레기를 ★버리지 말아 주세요'라는 벽보를 집 앞에
붙였다.

① 버리지 말아   ② 주세요

③ 쓰레기를

어휘 貼り紙 はりがみ 몡 벽보　捨てる すてる 통 버리다　ゴミ 몡 쓰레기

16

바빠서 지난주부터 읽다 ★만 채로 놓여 있던 책을 결국, 책장에
돌려놓았다.

① 읽음   ② 놓여

③ **하다 만 채**

어휘 結局 けっきょく 몡 결국　戻す もどす 통 돌려놓다
　　~かける ~하다 말다　~まま ~한 채

17

무언가를 시작하기 ★에 앞서 본인에게 자신감을 가지는 것부터
시작해야 한다.

① 본인에게   ② **에 앞서**

③ 시작하다

어휘 自信 じしん 몡 자신감, 자신　~べきだ ~해야 한다
　　~に先立って ~にさきだって ~에 앞서
　　始める はじめる 통 시작하다

18

어릴 적부터 열심히 ★연습한 보람이 있어, 그는 세계 최고의 선수
가 되었다.

① 열심히   ② **연습했다**

③ 보람이 있어

어휘 幼い おさない い형 어리다　世界 せかい 몡 세계
　　選手 せんしゅ 몡 선수　一生懸命 いっしょうけんめい 閉 열심히
　　~かいがある ~한 보람이 있다

19

단단히 준비한 ★만큼의 가치는 있어서, 단숨에 심사를 패스했다.

① 만큼의   ② 것은 있어서

③ 준비했다

어휘 しっかり 튄단단히   一気に いっきに 튄단숨에   審査 しんさ 뎅심사
パス 뎅패스   〜だけのことはある ~한 만큼의 가치는 있다
準備 じゅんび 뎅준비

20

이 가게에서는 카드는 <u>사용할 수 없어서</u> ★<u>현금으로</u> <u>지불할 수밖에</u> <u>없는데</u>, 전원 현금이 없어서 곤란했다.

① 사용할 수 없어서   ② 지불할 수밖에 없다

③ 현금으로

어휘 カード 뎅카드   全員 ぜんいん 뎅전원   現金 げんきん 뎅현금
払う はらう 튐지불하다   〜しかない ~할 수밖에 없다

실전 테스트 1   p.228

45 3	**46** 4	**47** 3	**48** 1	**49** 2

문제8 다음 문장의 ___★___ 에 들어갈 가장 알맞은 것을, 1・2・3・4에서 하나 고르세요.

45

친구로부터의 의뢰를 몇 번이나 거절했지만, <u>지나친</u> <u>끈질김에</u> ★<u>져서</u> 떠맡고 말았다.

1 지나친   2 떠맡고

3 져서   4 끈질김에

해설 연결되는 문형이 없으므로 전체 선택지를 의미적으로 연결하면 1 あまりの 4 しつこさに 3 負けて 2 引き受けて(지나친 끈질김에 져서 떠맡고)가 되면서 전체 문맥과도 어울린다. 따라서 3 負けて(져서)가 정답이다.

어휘 依頼 いらい 뎅의뢰, 부탁   断る ことわる 튐거절하다
〜てしまう ~하고 말다, ~해 버리다   あまり 튄지나치게, 너무
引き受ける ひきうける 튐떠맡다, 인수하다
負ける まける 튐지다, 패배하다   しつこさ 뎅끈질김

46

내일 오후는, 관동지방에 태풍이 올 우려가 있 ★<u>어서</u>, 예정을 취소했다.

1 우려가 있다   2 예정을 취소

3 태풍이 오다   **4 어서**

해설 1 おそれがある는 동사 사전형에 접속하므로 먼저 3 台風が来る 1 おそれがある(태풍이 올 우려가 있다)로 연결할 수 있다. 이것을 나머지 선택지와 함께 의미적으로 연결하면 3 台風が来る 1 おそれがある 4 ので 2 予定をキャンセル(태풍이 올 우려가 있어서 예

정을 취소)가 되면서 전체 문맥과도 어울린다. 따라서 4 ので(어서)가 정답이다.

어휘 関東地方 かんとうちほう 뎅관동지방
〜おそれがある ~할 우려가 있다   予定 よてい 뎅예정
キャンセル 뎅취소, 캔슬   台風 たいふう 뎅태풍

47

그는 어제 전혀 못 잔 듯, 자리에 앉더니 <u>콘서트가</u> <u>시작됨과</u> ★<u>거의</u> <u>동시에</u> 자 버렸다.

1 시작될까   2 할 때

3 시작되지 않을까   4 콘서트가

해설 1의 か 3의 ないか 2 のうちに는 함께 쓰여 문형 〜か…ないかのうちに(~함과 거의 동시에)가 되므로 먼저 1 始まるか 3 始まらないか 2 のうちに(시작됨과 거의 동시에)로 연결할 수 있다. 이것을 나머지 선택지와 함께 의미적으로 연결하면 4 コンサートが 1 始まるか 3 始まらないか 2 のうちに(콘서트가 시작됨과 거의 동시에)가 되면서 전체 문맥과도 어울린다. 따라서 3 始まらないか(시작되지 않을까)가 정답이다.

어휘 全然 ぜんぜん 튄전혀, 완전   眠る ねむる 튐자다, 잠들다
席 せき 뎅자리, 좌석   〜てしまう ~해 버리다, ~하고 말다
〜か…ないかのうちに ~함과 거의 동시에
コンサート 뎅콘서트

48

그는 젊지만 경험이 풍부해서, 베테랑이라고 불릴 ★<u>만한</u> <u>가치가</u> 있다.

1 만한   2 베테랑이라고

3 것은   4 불리다

해설 1 だけの 3 ことは ある와 함께 쓰여 문형 〜だけのことはある(~만한 가치가 있다)가 되므로 빈칸 뒤와 1 だけの 3 ことは ある(만한 가치가 있다)로 연결할 수 있다. 또한 だけのことはある는 동사 보통형 뒤에 접속하므로 4 呼ばれている 1 だけの 3 ことは(불릴 만한 가치가)로 연결할 수 있다. 이것을 나머지 선택지와 함께 의미적으로 연결하면 2 ベテランと 4 呼ばれている 1 だけの 3 ことは(베테랑이라고 불릴 만한 가치가)가 되면서 전체 문맥과도 어울린다. 따라서 1 だけの(만한)가 정답이다.

어휘 若い わかい い튐젊다   経験 けいけん 뎅경험
豊富だ ほうふだ な튐풍부하다
〜だけのことはある ~만한 가치가 있다, ~한 만큼의 가치가 있다
ベテラン 뎅베테랑

49

우리가 편리한 생활을 하고, <u>많은</u> <u>에너지를</u> <u>소비한</u> ★<u>것에서</u>, 지구 온난화가 진행되었다고 말해지고 있다.

1 에너지를   **2 것에서**

3 소비했다   4 많은

해설 연결되는 문형이 없으므로 전체 선택지를 의미적으로 연결하면 4 多くの 1 エネルギーを 3 消費した 2 ことから(많은 에너지를 소비한 것에서)가 되면서 전체 문맥과도 어울린다. 따라서 ★이 있는 네 번째 빈칸에 위치한 2 ことから(것에서)가 정답이다.

어휘 私達 わたしたち 몡우리들　生活 せいかつ 몡생활
　　地球温暖化 ちきゅうおんだんか 몡지구온난화
　　進む すすむ 图진행되다, 나아가다
　　言われる いわれる 말해지다, 듣다　エネルギー 몡에너지
　　消費 しょうひ 몡소비　多く おおく 몡많음

실전 테스트 2　　　　　　　　　　　　　　p.230

| **45** 2 | **46** 1 | **47** 2 | **48** 4 | **49** 3 |

문제8 다음 문장의 ＿★＿에 들어갈 가장 알맞은 것을, 1·2·3·4에서 하나 고르세요.

45

과로로 쓰러져서 입원했다. 이렇게 될 거라면, 뭐든지 적극적으로 떠맡으려고 하기보다 ★절대 무리라고 생각하는 것은 처음부터 확실히 거절하는 편이 좋았다고 생각했다.

1 뭐든지 적극적으로
2 절대 무리라고 생각하는 것은
3 떠맡으려고 하기 보다
4 처음부터 확실히 거절하는 편이

해설 연결되는 문형이 없으므로 전체 선택지를 의미적으로 연결하면 1 なんでも積極的に 3 引き受けようとするより 2 絶対無理だと思うものは 4 最初からはっきり断った方が(뭐든지 적극적으로 떠맡으려고 하기보다 절대 무리라고 생각하는 것은 처음부터 확실히 거절하는 편이)가 되면서 전체 문맥과도 어울린다. 따라서 2 絶対無理だと思うものは(절대 무리라고 생각하는 것은)가 정답이다.

어휘 過労 かろう 몡과로　倒れる たおれる 图쓰러지다
　　入院 にゅういん 몡입원　思う おもう 图생각하다
　　積極的だ せっきょくてきだ 슈형적극적이다　絶対 ぜったい 뷔절대
　　無理 むり 몡무리　引き受ける ひきうける 图떠맡다
　　はっきり 뷔확실히　断る ことわる 图거절하다
　　~た方がよい ~たほうがよい ~하는 편이 좋다

46

우리 회사는 3년간에 걸쳐서 1000명 이상의 고객을 확실하게 확보한다 라고 하는 ★목표를 멋지게 달성해서 축하행사를 거행했다.

1 목표를　　　　　　2 확실하게 확보한다
3 멋지게 달성해서　　4 라고 하는

해설 연결되는 문형이 없으므로 전체 선택지를 의미적으로 연결하면 2 確

실에 確保する 4 という 1 目標を 3 見事に達成して(확실하게 확보한다라고 하는 목표를 멋지게 달성해서)가 되면서 전체 문맥과도 어울린다. 따라서 1 目標を(목표를)가 정답이다.

어휘 ~に渡って ~にわたって ~에 걸쳐서　以上 いじょう 몡이상
　　顧客 こきゃく 몡고객　お祝い おいわい 몡축하
　　催し もよおし 몡행사　行う おこなう 图거행하다
　　目標 もくひょう 몡목표　確実だ かくじつだ 슈형확실하다
　　確保 かくほ 몡확보　見事だ みごとだ 슈형멋지다
　　達成 たっせい 몡달성　~という ~라고 하는

47

필요한 물건이 아무리 해도 발견되지 않아서 ★당황해 버리는 경우가 있어서, 방을 깨끗하게 유지하기 위해 일주일에 1회는 청소하기로 했다.

1 물건이　　　　　　　　2 당황해 버리다
3 경우가　　　　　　　　4 아무리 해도 발견되지 않아서

해설 연결되는 문형이 없으므로 전체 선택지를 의미적으로 연결하면 1 ものが 4 どうしても見つからなくて 2 慌ててしまう 3 ことが(물건이 아무리 해도 발견되지 않아서 당황해 버리는 경우가)가 되면서 전체 문맥과도 어울린다. 따라서 2 慌ててしまう(당황해 버리다)가 정답이다.

어휘 必要だ ひつようだ 슈형필요하다　保つ たもつ 图유지하다
　　慌てる あわてる 图당황하다　見つかる みつかる 图발견되다

48

누나는 밖에서는 일 에만 ★열중하는 것 과 달리 집에서는 가사는 커녕, 전혀 아무것도 하려고 하지 않는다.

1 과 달리　　　　　　　2 에만
3 일　　　　　　　　　　**4 열중하는 것**

해설 1 に反しては 명사 뒤에 접속하므로 먼저 3 仕事 1 に反して(일과 달리) 또는 4 夢中になるの 1 に反して(열중하는 것과 달리)로 연결할 수 있다. 이것을 나머지 선택지와 함께 의미적으로 연결하면 3 仕事 2 ばかりに 4 夢中になるの 1 に反して(일에만 열중하는 것과 달리)가 되면서 전체 문맥과도 어울린다. 따라서 4 夢中になるの(열중하는 것)가 정답이다.

어휘 家事 かじ 몡가사, 집안일　~どころか 조~커녕　まったく 뷔전혀
　　~(よ)うとしない ~하려고 하지 않다
　　~に反して ~にはんして ~와 달리, ~와 반대로　~ばかり 조~만, ~뿐
　　~に夢中になる ~にむちゅうになる ~에 열중하다

49

내가 결혼하고 나서도 육아를 도와주시는 부모님께는 ★감사하지 않을 수 없지만, 아이를 지나치게 응석부리게 하기 때문에 곤란하다.

1 부모님께는　　　　　　2 하지 않을 수 없지만
3 감사　　　　　　　　4 도와주시다

해설 2의 せざるをえない는 명사 뒤에 접속하므로 먼저 3 感謝 2 せざ

るをえないが(감사하지 않을 수 없지만)로 연결할 수 있다. 이것을 나머지 선택지와 함께 의미적으로 연결하면 4 手伝ってくれる 1 親には 3 感謝 4 せざるをえないが(도와주시는 부모님께는 감사하지 않을 수 없지만)가 되면서 전체 문맥과도 어울린다. 따라서 3 感謝(감사)가 정답이다.

어휘 子育て こそだて 圏육아　甘やかす あまやかす 圄응석 부리게 하다
　　　～せざるをえない ~하지 않을 수 없다　感謝 かんしゃ 圏감사
　　　手伝う てつだう 圄돕다

실전 테스트 3
p.232

45 2	**46** 3	**47** 1	**48** 4	**49** 4

> 문제8 다음 문장의 ★ 에 들어갈 가장 알맞은 것을, 1・2・3・4에서 하나 고르세요.

45

> 싸다고 해서 충동구매를 하지 말고, 제대로 사용 기한이 다 되기 ★전에 다 쓸 수 있을지 어떨지 확인하고 나서 사는 편이 좋다.
>
> 1 다 되다　　　　　　　　**2 전에**
> 3 사용 기한이　　　　　　4 다 쓸 수 있다

해설 2 うちには 1의 ない와 함께 쓰여 문형 ～ないうちに(~하기 전에)가 되므로 먼저 1 切れない 2 うちに(다 되기 전에)로 연결할 수 있다. 이것을 나머지 선택지와 함께 의미적으로 연결하면 3 使用期限が 1 切れない 2 うちに 4 使いきれる(사용 기한이 다 되기 전에 다 쓸 수 있을지)가 되면서 전체 문맥과도 어울린다. 따라서 2 うちに(전에)가 정답이다.

어휘 ～からといって ~라고 해서　衝動買い しょうどうがい 圏충동구매
　　　ちゃんと 倶제대로　～かどうか ~일지 어떨지
　　　確認 かくにん 圏확인　～てから ~하고 나서
　　　～た方がいい ～たほうがいい ~하는 편이 좋다
　　　～切る ～きる 圄다 ~하다　～ないうちに ~하기 전에
　　　使用期限 しようきげん 圏사용 기한

46

> 여기 짬뽕은 맵기 조절은 가능하지만, 강한 자극을 동반하는 매운 맛을 ★빼 고는 진정한 맛을 즐길 수 없다고 생각한다.
>
> 1 하고는　　　　　　　　2 매운 맛을
> **3 빼**　　　　　　　　　4 자극을 동반하다

해설 2의 を 3 抜きに 1의 しては 함께 쓰여 문형 ～を抜きにして(~을 빼고)가 되므로 먼저 2 辛味を 3 抜きに 1 しては(매운 맛을 빼고는)로 연결할 수 있다. 이것을 나머지 선택지와 함께 의미적으로 연결하면 4 刺激を伴う 2 辛味を 3 抜きに 1 しては(자극을 동반하는 매운 맛을 빼고는)가 되면서 전체 문맥과도 어울린다. 따라서 3 抜きに(빼)가 정답이다.

어휘 ちゃんぽん 圏짬뽕　辛さ からさ 圏맵기　調節 ちょうせつ 圏조절
　　　楽しむ たのしむ 圄즐기다　～と思う ～とおもう ~라고 생각하다
　　　辛味 からみ 圏매운 맛
　　　～を抜きにして ～をぬきにして ~를 빼고, ~를 제외하고
　　　刺激 しげき 圏자극　～を伴う ～をともなう ~를 동반하다

47

> 30년간 근무해 온 직장을 떠나는 것이 너무 서운하지만, 한편으로 은퇴한 후 부부끼리 걸어갈 제 2의 인생의 문을 여는 것을 ★마음에 그려보면 다시 꿈이 부풀어 오른다는 것도 사실이다.
>
> **1 마음에 그려보면**
> 2 제 2의 인생의 문을 여는 것을
> 3 다시 꿈이 부풀어 오른다고 한다
> 4 한편으로 은퇴한 후 부부끼리 걸어가다

해설 연결되는 문형이 없으므로 전체 선택지를 의미적으로 연결하면 4 一方で引退した後夫婦で歩む 2 第二の人生の扉を開くことを 1 心に描いてみると 3 また夢が膨らんでくるという(한편으로 은퇴한 후 부부끼리 걸어갈 제 2의 인생의 문을 여는 것을 마음에 그려보면 다시 꿈이 부풀어 오른다는)가 되면서 전체 문맥과도 어울린다. 따라서 1 心に描いてみると(마음에 그려보면)가 정답이다.

어휘 勤める つとめる 圄근무하다　職場 しょくば 圏직장
　　　離れる はなれる 圄떠나다　寂しい さびしい い형서운하다
　　　～てしょうがない 너무 ~하다　事実 じじつ 圏사실
　　　描く えがく 圄그리다　人生 じんせい 圏인생　扉 とびら 圏문
　　　開く ひらく 圄열다　夢 ゆめ 圏꿈　膨らむ ふくらむ 圄부풀다
　　　一方 いっぽう 圏한편　引退 いんたい 圏은퇴
　　　夫婦 ふうふ 圏부부　歩む あゆむ 圄걸어가다

48

> 자존감이 강한 사람은, 자신이 완벽하지 않다고 해도 ★그것을 자연스럽게 받아들일 수 있다.
>
> 1 자연스럽게　　　　　　2 완벽하지
> 3 않다고 해도　　　　　　**4 그것을**

해설 연결되는 문형이 없으므로 전체 선택지를 의미적으로 연결하면 2 完璧では 3 ないとしても 4 それを 1 自然と(완벽하지 않다고 해도 그것을 자연스럽게)가 되면서 전체 문맥과도 어울린다. 따라서 4 それを(그것을)가 정답이다.

어휘 自尊心 じそんしん 圏자존감, 자존심
　　　受け入れる うけいれる 圄받아들이다　～ことができる ~할 수 있다
　　　自然と しぜんと 倶자연스럽게　完璧だ かんぺきだ な형완벽하다

49

> 자신이 가지고 있는 여러 가지 흥미나 적성을 살리면서, 동시에 온갖 분야에서 ★활약하고 있는 사람이, 늘고 있다.
>
> 1 사람이　　　　　　　　2 분야에서
> 3 온갖　　　　　　　　　**4 활약하고 있다**

해설 연결되는 문형이 없으므로 전체 선택지를 의미적으로 연결하면 3 あ

문법

해커스 JLPT N2 한 권으로 합격

문법 | 문제 8 문장 만들기　43

らゆる 2 分野で 4 活躍している 1 人が(온갖 분야에서 활약하고 있는 사람이)가 되면서 전체 문맥과도 어울린다. 따라서 4 活躍している(활약하고 있다)가 정답이다.

어휘 いろんな 여러 가지　興味 きょうみ 圏흥미　適性 てきせい 圏적성
生かす いかす 图살리다　同時 どうじ 圏동시　増える ふえる 图늘다
分野 ぶんや 圏분야　あらゆる 온갖　活躍 かつやく 圏활약

실전 테스트 4
p.234

45 3	**46** 2	**47** 1	**48** 2	**49** 1

문제8 다음 문장의 ＿★＿ 에 들어갈 가장 알맞은 것을, 1・2・3・4에서 하나 고르세요.

45

이번 선거에서는, 우리처럼 아이를 ★키우고 있는 사람의 기대에 부응해 줄 후보자에게 투표할 생각이다.

1 부응해 주다　　　　　2 기대에
3 키우고 있는 사람의　4 아이를

해설 1의 こたえる는 2의 に와 함께 쓰여 문형 ~にこたえる(~에 부응하다)가 되므로 먼저 2 期待に 1 こたえてくれる(기대에 부응해 주다)로 연결할 수 있다. 이것을 나머지 선택지와 함께 의미적으로 연결하면 4 子どもを 3 育てている人の 2 期待に 1 こたえてくれる(아이를 키우고 있는 사람의 기대에 부응해 줄)가 되면서 전체 문맥과도 어울린다. 따라서 ★이 있는 두 번째 빈칸에 위치한 3 育ててくれる(키우고 있는 사람의)가 정답이다.

어휘 今度 こんど 圏이번　選挙 せんきょ 圏선거
候補者 こうほしゃ 圏후보자　投票 とうひょう 圏투표
~つもり ~할 생각　~にこたえる ~에 부응하다　時期 じき 圏시기
育てる そだてる 图키우다

46

부정한 회계 처리를 해서, 회사 경영 상태를 실제보다도 좋게 내보이 ★다니 용서하기 힘든 일이다.

1 용서하기 힘들다　　　**2 다니**
3 좋게 내보이다　　　　4 실제보다도

해설 연결되는 문형이 없으므로 전체 선택지를 의미적으로 연결하면 4 実際よりも 3 よく見せる 2 なんて 1 許しがたい(실제보다도 좋게 내보이다니 용서하기 힘든)가 되면서 전체 문맥과도 어울린다. 따라서 2 なんて(다니)가 정답이다.

어휘 不正だ ふせいだ 圀부정하다
会計処理 かいけいしょり 圏회계 처리
経営状態 けいえいじょうたい 圏경영 상태　許す ゆるす 图용서하다
~がたい ~하기 힘들다　~なんて ~하다니　実際 じっさい 圏실제

47

전의 아르바이트는, 간단한 일이었지만 좋아하지 않았다. 지금의 아르바이트는, 집에서 먼 것은 어쨌든 간에 ★시급이 높은 점이 매우 마음에 든다.

1 시급이 높다　　　　2 먼 것은
3 점이　　　　　　　　4 어쨌든 간에

해설 4의 ともかく는 2의 は와 함께 쓰여 문형 ~はともかく(~은 어쨌든)가 되므로 먼저 2 遠いのは 4 ともかくとして(먼 것은 어쨌든 간에)로 연결할 수 있다. 이것을 나머지 선택지와 함께 의미적으로 연결하면 2 遠いのは 4 ともかくとして 1 時給が高い 3 ところが(먼 것은 어쨌든 간에 시급이 높은 점이)가 되면서 전체 문맥과도 어울린다. 따라서 1 時給が高い(시급이 높다)가 정답이다.

어휘 アルバイト 圏아르바이트　簡単だ かんたんだ 圀간단하다
気に入る きにいる 마음에 들다　時給 じきゅう 圏시급
~はともかく ~은 어쨌든

48

항상 규칙적인 생활을 하고, 건강에 유의하고 있지만, 어젯밤은 창문을 연 ★채로 잔 탓에, 감기에 걸려 버렸다.

1 창문을 열었다　　　　**2 채로 잤다**
3 어젯밤은　　　　　　　4 탓에

해설 2의 まま는 동사 た형 뒤에 접속하므로 먼저 1 窓を開けた 2 まま(창문을 연 채로)로 연결할 수 있다. 이것을 나머지 선택지와 함께 의미적으로 연결하면 3 昨日の夜は 1 窓を開けた 2 まま寝た 4 せいで(어젯밤은 창문을 연 채로 잔 탓에)가 되면서 전체 문맥과도 어울린다. 따라서 2 まま寝た(채로 잤다)가 정답이다.

어휘 規則正しい きそくただしい 圀규칙적이다　生活 せいかつ 圏생활
健康 けんこう 圏건강　気を付ける きをつける 유의하다
~まま ~채로　~せいで ~탓에

49

아버지는 매일 일이 바쁘다. 그러나, 일이 휴일일 때 요리를 만드는 것은 자신에게 있어서 좋은 ★스트레스 해소가 되고 있다라고, 아버지가 말했었다.

1 스트레스 해소가　　2 자신에게 있어서
3 좋다　　　　　　　　4 되고 있다

해설 연결되는 문형이 없으므로 전체 선택지를 의미적으로 연결하면 2 自分にとって 3 よい 1 ストレス解消に 4 なっている(자신에게 있어서 좋은 스트레스 해소가 되고 있다)가 되면서 전체 문맥과도 어울린다. 따라서 1 ストレス解消に(스트레스 해소가)가 정답이다.

어휘 ストレス 圏스트레스　解消 かいしょう 圏해소
~にとって ~에게 있어서

실전 테스트 5

p.236

45 3	**46** 1	**47** 4	**48** 2	**49** 1

> 문제8 다음 문장의 ★ 에 들어갈 가장 알맞은 것을, 1・2・3・4에서 하나 고르세요.

45

> 그는 노력가이고 우수한 학생 중 한 명이지만, 타인으로부터의 평가를 신경 쓰는 나머지 ★자신의 의견을 말하지 못하는 경향이 있다.
>
> 1 나머지 　　　　　　　　 2 말하지 못하다
> **3 자신의 의견을** 　　　　 4 신경 쓰다

해설 1 あま리는 동사 사전형 뒤에 접속하므로 먼저 4 気にする 1 あまり(신경 쓰는 나머지)로 연결할 수 있다. 이것을 나머지 선택지와 함께 의미적으로 연결하면 4 気にする 1 あまり 3 自分の意見を 2 言えない(신경 쓰는 나머지 자신의 의견을 말하지 못하는)가 되면서 전체 문맥과도 어울린다. 따라서 3 自分の意見を(자신의 의견을)가 정답이다.

어휘 努力家 どりょくか 圐노력가　優秀だ ゆうしゅうだ 医형우수하다
　　他人 たにん 圐타인　評価 ひょうか 圐평가　傾向 けいこう 圐경향
　　意見 いけん 圐의견　気にする きにする 신경 쓰다

46

> 이 시기는, 드디어 따뜻해졌나 했더니 ★다시 추워지거나 하는 경우도 있으니까, 겨울 코트는 정리하지 않는 편이 좋다.
>
> **1 다시 추워지거나 하다** 　 2 경우도 있으니까
> 3 했더니 　　　　　　　　　 4 따뜻해졌다

해설 3 かと思うと는 동사 た형 뒤에 접속하므로 먼저 4 暖かくなってきた 3 かと思うと(따뜻해졌나 했더니)로 연결할 수 있다. 이것을 나머지 선택지와 함께 의미적으로 연결하면 4 暖かくなってきた 3 かと思うと 1 また寒くなったりする 2 こともあるから(따뜻해졌나 했더니 다시 추워지거나 하는 경우도 있으니까)가 되면서 전체 문맥과도 어울린다. 따라서 1 また寒くなったりする(다시 추워지거나 하다)가 정답이다.

어휘 時期 じき 圐시기　やっと 图드디어
　　片付ける かたづける 图정리하다　～ことがある ~하는 경우가 있다
　　～かと思うと ~했나 했더니

47

> 이것은 긴 시간을 들여 작가가 쓴 소설이었지만, 사내에서 몇 번이나 논의를 거듭한 끝에 ★책의 출판을 보류하게 되었다.
>
> 1 보류하다 　　　　　　　 2 끝에
> 3 거듭했다 　　　　　　　 **4 책의 출판을**

해설 2 末には 동사 た형 뒤에 접속하므로 먼저 3 重ねた 2 末に(거듭한 끝에)로 연결할 수 있다. 이것을 나머지 선택지와 함께 의미적으로 연

결하면 3 重ねた 2 末に 4 本の出版を 1 見送る(거듭한 끝에 책의 출판을 보류하다)가 되면서 전체 문맥과도 어울린다. 따라서 4 本の出版を(책의 출판을)가 정답이다.

어휘 時間をかける じかんをかける 시간을 들이다　作家 さっか 圐작가
　　小説 しょうせつ 圐소설　社内 しゃない 圐사내
　　議論 ぎろん 圐논의　～ことになる ~하게 되다
　　見送る みおくる 图보류하다　～末に ~すえに ~한 끝에
　　重ねる かさねる 图거듭하다　出版 しゅっぱん 圐출판

48

> 개발 중에는 훌륭한 상품이 될 것이라고 기대되고 있었지만, 중대한 사고를 일으킬 수도 있는 ★고장 이 발견되었기 때문에, 결국 발매는 연기되었다.
>
> 1 사고를 　　　　　　　　 **2 고장**
> 3 일으킬 수도 있는 　　　 4 이 발견되었다

해설 연결되는 문형이 없으므로 전체 선택지를 의미적으로 연결하면 1 事故를 3 起こしかねない 2 故障 4 が見つかった(사고를 일으킬 수도 있는 고장이 발견되었다)가 되면서 전체 문맥과도 어울린다. 따라서 2 故障(고장)가 정답이다.

어휘 開発中 かいはつちゅう 圐개발 중　商品 しょうひん 圐상품
　　期待 きたい 圐기대　重大だ じゅうだいだ 医형중대하다
　　結局 けっきょく 圐결국　発売 はつばい 圐발매
　　延期 えんき 圐연기　事故 じこ 圐사고　故障 こしょう 圐고장
　　起こす おこす 图일으키나　～かねない ~할 수도 있다
　　見つかる みつかる 图발견되다

49

> 통근을 위해 아파트를 빌린다면 ★역에서 가까운 것보다 좋은 것은 없다고 생각하지만, 그렇게 되면 집값이 비싸지는 것이 문제다.
>
> **1 역에서 가깝다** 　　　　 2 빌린다면
> 3 것보다 좋은 것은 없다 　 4 아파트를

해설 연결되는 문형이 없으므로 전체 선택지를 의미적으로 연결하면 4 アパートを 2 借りるなら 1 駅に近い 4 に越したことはない(아파트를 빌린다면 역에서 가까운 것보다 좋은 것은 없다)가 되면서 전체 문맥과도 어울린다. 따라서 1 駅に近い(역에서 가깝다)가 정답이다.

어휘 通勤 つうきん 圐통근　～と思う ～とおもう ~라고 생각하다
　　家賃 やちん 圐집값　借りる かりる 图빌리다
　　～に越したことはない ～にこしたことはない ~보다 좋은 것은 없다

문제 9 글의 문법

실력 다지기
p.242

01 ①	**02** ②	**03** ①	**04** ②	**05** ①
06 ①				

01-03

아이의 시야는, 어른에 비해 좁다고 생각되고 있다. 일반적으로 어른의 시야는 좌우 150도 정도인 것에 비해, 6세 정도의 아이의 시야는 어른의 약 60% 정도라고 한다. 아이들이 공을 잡기 위해 튀어 나오는 원인은 '보이지 않기' 때문이다. 01 아이의 시야를 체험할 수 있는 도구로, 어른이 체험해보니, 상상 이상으로 좁은 시야에 놀라는 사람이 02 . '보이지 않는' 아이의 특성을 03 이 올바르게 이해하는 것이, 사고방지를 위해 매우 중요하다는 것을 알 수 있다.

어휘 視野 しや 圓시야 ～に比べて ～にくらべて ~에 비해
考える かんがえる 圉생각하다
一般的だ いっぱんてきだ 健형일반적이다 左右 さゆう 圓좌우
程度 ていど 圓정도 ～に対し ～にたいし ~에 비해
ボール 圓공, 볼 つかむ 圉잡다 飛び出す とびだす 圉튀어나오다
原因 げんいん 圓원인 見える みえる 圉보이다
体験 たいけん 圓체험 道具 どうぐ 圓도구 ～たところ ~했더니
想像 そうぞう 圓상상 以上 いじょう 圓이상
驚く おどろく 圉놀라다 特性 とくせい 圓특성
正しい ただしい い형올바르다 理解 りかい 圓이해
事故防止 じこぼうし 圓사고방지 重要だ じゅうようだ 健형중요하다

01

① 실제로
② 더욱이

어휘 実際に じっさいに 閏실제로 さらに 閏더욱이

02

① 많지 않다고 한다
② 많다고 한다

03

① 어른
② 아이

04-06

나는 시티 호텔에 대해 편견을 가지고 있다. 허세를 부리고

싶은 손님을 왕처럼 맞이하거나, 큰돈을 벌려고 하거나 하는 곳이라는 편견이다. 04 한 총지배인으로부터 다음과 같은 이야기를 듣고, 시티 호텔에 대한 편견이 없어졌다. '연말에 가족과 함께 1박만 숙박하시는 손님이 계십니다. 05 매우 사치고 큰 지출이라고 생각합니다. 하지만, 1년간 열심히 일한 보상으로, 1년에 한 번만 묵으신다고 합니다. 그런 손님이 계시기 때문에 최고의 서비스로 비일상적인 하루를 제공 06 .'

어휘 ～に対して ～にたいして ~에 대해 偏見 へんけん 圓편견
見栄を張る みえをはる 허세를 부리다 客 きゃく 圓손님
王様 おうさま 圓왕 迎える むかえる 圉맞이하다
大金 たいきん 圓큰돈, 대금 稼ぐ かせぐ 圉벌다
総支配人 そうしはいにん 圓총지배인 なくなる 圉없어지다
年末 ねんまつ 圓연말 宿泊 しゅくはく 圓숙박
いらっしゃる 圉계시다 (いる의 존경어) 贅沢 ぜいたく 圓사치
出費 しゅっぴ 圓지출, 출비
一生懸命だ いっしょうけんめいだ 健형열심히 하다
ごほうび 圓보상, 상 泊まる とまる 圉묵다
～からこそ ~하기 때문에 最高 さいこう 圓최고
サービス 圓서비스
非日常的だ ひにちじょうてきだ 健형비일상적이다
提供 ていきょう 圓제공

04

① 그래서
② 그런데

어휘 そこで 圙그래서 ところが 圙그런데, 그러나

05

① 이 호텔에 묵는 것은
② 가족과 함께 오는 것은

06

① 하지 않으면 안 된다고 생각합니다
② 하지 않는 것은 아닙니다

실전 테스트 1
p.244

50 2	**51** 3	**52** 1	**53** 3	**54** 4

문제9 다음 글을 읽고, 문장 전체의 내용을 생각해서, 50 에서 54 의 안에 들어갈 가장 알맞은 것을, 1・2・3・4에서 하나 고르세요.

이하는 잡지의 칼럼이다.

목장에서 생각한 경어

내가 말 목장에 다니기 시작하고 1년간, 그곳에는 하나의 세계가 있었다.

목장 사람은 더운 날도 추운 날도 밖에서 말을 돌본다. 말의 몸은 크고, 빗질을 하는 것도, 샤워 장치로 [50] 것도, 인간 아이보다 손이 간다. 먹이를 많이 먹기 때문에, 준비도 힘들다. 돌보는 것을 보면, 말 쪽이 사람보다 지위가 위인 것 같았다.

[51], 목장 사람이 말에 탈 때는, 제법 엄격하게, 말을 대하고 있었다. 때로는 발로 차고, 채찍으로 때리는 일까지도 있었다. 목장 사람에 의하면, 사람과 있을 때 결코 말 마음대로 하게 하지 않는 것은 사람의 안전을 지키기 위해서라고 한다. 확실히, 아무리 몸이 큰 남성이라도, 말에게 차이면 뼈가 부러져버린다. 사람과 있을 때는 항상 사람이 말하는 것을 듣게 하고, [52] 마음대로 하게 하지 않는 것으로, 위험을 방지할 수 있는 것이다.

처음, 나에게는, 말 돌보기를 정성스럽게 하는 것과, 말을 채찍으로 때리는 것은 정반대로 보였다. 하지만, 반대로 보이는 어느 쪽도, 다른 것끼리가 함께 [53] 중에 필요하기 때문에 하고 있는 것이다. 그것은 말과 사람, 어느 한쪽이 위, 아래라는 것은 아니다. 즉, 사람과 말은 대등한 것이다. 사람이 항상 말에게 이래라 저래라 말하는 것은, 사람이 말보다 위이기 때문이 아니다.

이것을, 나는 앞으로, 다른 사람과 무언가 할 때에 생각해 내고 싶다. 예를 들어, 일본 사회에서 경어는 일을 원만하게 진행하기 위해 필요하다. 하지만, 경어를 사용하는 것은, 상대방이 사람으로서 위이기 때문인 것일까? 대등하다는 의식이 있다면, 더 기분 좋게 할 수 있는 것은 아닐까. 일본인인 나는 목장에서의 시간을 통해, 그 당연한 것을 [54].

(주1) 채찍: 가늘고 긴, 때리는 도구. 대나무나 가죽으로 만들어져, 말 등을 때려서 나아가게 할 때 사용한다

(주2) 끼리: 자신과 상대. 서로

(주3) 대등: 같은 레벨인 것

어휘 牧場 ぼくじょう 圏목장　考える かんがえる 圄생각하다
敬語 けいご 圏경어　馬 うま 圏말
通い始める かよいはじめる 圄다니기 시작하다
世界 せかい 圏세계　世話をする せわをする 돌보다, 보살피다
ブラシをかける 빗질하다, 솔질하다　人間 にんげん 圏인간
手がかかる てがかかる 손이 가다, 품이 들다　えさ 圏먹이
準備 じゅんび 圏준비　立場 たちば 圏지위, 입장
かなり 閉상당히, 꽤　厳しい きびしい い형엄하다, 까다롭다
接する せっする 圄대하다, 접하다　蹴る ける 圄차다　むち 圏채찍
打つ うつ 圄때리다, 치다　決して けっして 閉결코
好きにする すきにする 마음대로 하다, 제멋대로 하다
安全 あんぜん 圏안전　守る まもる 圄지키다

確か たしか 圏확실히, 분명함　男性 だんせい 圏남성
骨 ほね 圏뼈　折れる おれる 圄부러지다
常に つねに 閉항상, 언제나　危険 きけん 圏위험
防ぐ ふせぐ 圄방지하다　最初 さいしょ 圏처음, 최초
丁寧だ ていねいだ な형정성스럽다　真逆だ まぎゃくだ な형정반대다
見える みえる 圄보이다　反対 はんたい 圏반대
同士 どうし 圏끼리, 같은 종류　必要だ ひつようだ な형필요하다
一方 いっぽう 圏한쪽　つまり 閉즉, 요컨대
対等だ たいとうだ な형대등하다　今後 こんご 圏앞으로, 이후
思い出す おもいだす 圄생각해 내다　例えば たとえば 閉예를 들면
日本 にほん 圏일본　社会 しゃかい 圏사회
物事 ものごと 圏일, 사물　スムーズだ な형원만하다, 원활하다
行う おこなう 圄진행하다, 행하다　だが 圙하지만
相手 あいて 圏상대　意識 いしき 圏의식
気持ち きもち 圏기분, 마음　～を通して ～をとおして ~을 통하여
当たり前だ あたりまえだ な형당연하다

50

1 떨어뜨려야만 하는	2 씻겨주는
3 흘려보낼 수도 있는	4 하게 시키는

해설 문맥에 알맞은 내용을 고르는 문제이다. 빈칸 앞뒤 문맥을 보면 シャワーで洗ってやるのも、人間の子供より手がかかる(샤워 장치로 씻겨주는 것도, 인간 아이보다 손이 간다)가 가장 자연스러우므로 2 洗ってやる(씻겨주는)가 정답이다

어휘 落とす おとす 圄떨어뜨리다　～てやる ~해 주다
流す ながす 圄흘려보내다　～かねない ~할 수도 있다
シャワーを浴びる シャワーをあびる 샤워를 하다

51

1 게다가	2 그러니까
3 그런데	4 왜냐하면

해설 문맥에 맞는 접속사를 고르는 문제이다. 빈칸 앞에서 世話をするのを見ると、馬の方が人より立場が上のようだった(돌보는 것을 보면, 말 쪽이 사람보다 지위가 위인 것 같았다)라고 하고, 빈칸 뒤에서 人が馬に乗るときは、かなり厳しく、馬に接していた(사람이 말에 탈 때는, 상당히 엄격하게, 말을 대하고 있었다)라며 상반된 내용을 언급하였으므로, 역접의 의미를 가진 접속사 3 ところが(그런데)가 정답이다.

어휘 それに 圙게다가, 더욱이　だから 圙그러니까, 그래서
ところが 圙그런데, 그러나　なぜなら 圙왜냐하면

52

1 말의	2 사람의
3 남성의	4 나의

해설 문맥에 알맞은 내용을 고르는 문제이다. 빈칸 앞뒤 문맥을 보면 人といるときは常に人の言うことを聞かせ、馬の好きにさせないことで、危険が防げるわけだ(사람과 있을 때는 항상 사람이 말하는

것을 듣게 하고, 말의 마음대로 하게 하지 않는 것으로, 위험을 방지할
수 있는 것이다)가 가장 자연스러우므로 1 馬の(말의)가 정답이다.

53

1 살고 싶은	2 살자
3 살아가는	4 살아버리는

해설 문맥에 알맞은 내용을 고르는 문제이다. 빈칸 앞뒤 문맥을 보면 馬
の世話を丁寧にすること와, 馬をむちで打つこと(말 돌보기를 정
성스럽게 하는 것과, 말을 채찍으로 때리는 것)는 반대로 보이지만,
어느 쪽도 一緒に生きていく中で必要だからしていること(함께
살아가는 중에 필요하기 때문에 하고 있는 것이다)가 가장 자연스러
우므로 3 生きていく(살아가는)가 정답이다.

어휘 生きる いきる 图살다　～たい ~하고 싶다　～よう ~하자
　　～ていく ~해 가다　～てしまう ~해 버리다, ~하고 말다

54

1 생각해야만 했다
2 생각했을지도 모른다
3 생각한 것에 지나지 않는다
4 생각하게 되었다

해설 문맥에 적절한 문말표현을 고르는 문제이다. 필자는 목장에서 지낸
시간을 통해 '경어도 상하관계를 나타내기 위함이 아닌 서로 원만
하게 살아가기 위한 필요에 의한 것이므로 대등하다는 의식아래 기
분 좋게 할 수 있는 것은 아닐까'라는 생각을 하게 된 것이다. 따라서
4 考えさせられた(생각하게 되었다)가 정답이다.

어휘 ～べきだ ~해야만 한다　～かもしれない ~일지도 모른다
　　～にすぎない ~에 지나지 않는다, ~에 불과하다
　　～させられる ~하게 되다

실전 테스트 2
p.246

50 3	**51** 1	**52** 2	**53** 4	**54** 2

문제9 다음 글을 읽고, 문장 전체의 내용을 생각해서, 50 에서
54 의 안에 들어갈 가장 알맞은 것을, 1·2·3·4에서 하나
고르세요.

50-54

이하는 잡지의 칼럼이다.

진화하는 '오세치'

오세치란 정월에 먹는 축하 요리를 말한다. 찬합이라는
상자를 겹겹이 쌓은 용기에 여러 가지 오세치 요리가 채워진다.
일반 가정에 퍼진 것은 에도 시대이며, 그 역사는 길다.
50 , 왜 오세치는 정월에 먹는 것일까. 그것은, 오세치

요리가 운수가 좋다고 여겨지기 때문에, 그것을 먹는 것으로
새로운 해를 좋은 것으로 하고 싶다는 마음이 있기 때문이다.
예를 들면, 물고기의 알인 '청어알'은 알이 많은 것에서
자손번영, 즉, 자식이나 손자가 계속해서 태어나는 것을 기원
하는 의미가 있다. 또, 검은콩은 'マメ'의 충실하다, 근면하다
라는 의미에서, 근면하게 일하도록 하는 염원이 담겨 있다.
옛날 사람은 요리 하나 하나에 의미를 부여해, 1년에 한
번뿐인 성찬으로써 오세치 요리를 51 .
　그러나, 최근 오세치는 사람들의 니즈에 맞추는 형태로
바뀌는 중이다. 52 , 만드는 데 시간과 노력이 드는 것,
옛날보다 한 세대의 인원수가 줄었기 때문에 양이 많이
남는 것, 식생활의 변화에 따라 오세치를 먹지 않는 가정이
늘고 있는 것 등 다양하다. 그런 가운데, 적은 인원수를
위한 1~2인분 오세치나, 로스트 비프 등의 고기 등도 담은
양식풍 오세치, 게다가, 개와 함께 즐길 수 있는 애견 오세치
53 새로운 수요에 응하는 오세치도 등장하기 시작했다.
　전통은 지켜야 하는 법이라고는 생각하지만, 시대나 사람에
맞춰서 변화해 가는 것도 나쁘지는 않은 것이 아닐까라고도
생각한다. 사람들의 생활이 시대의 변화와 함께 변화하듯이,
전통도 시대나 사람과 함께 54 .

(주) 운수가 좋다: 무언가 좋은 일이 일어날 것 같은 징조

어휘 進化 しんか 图진화　おせち 图오세치 (명절 때 먹는 조림 요리)
お正月 おしょうがつ 图정월　お祝い おいわい 图축하
重箱 じゅうばこ 图찬합　積み重ねる つみかさねる 图겹겹이 쌓다
入れ物 いれもの 图용기　いろんな 여러 가지
一般家庭 いっぱんかてい 图일반 가정
広まる ひろまる 图퍼지다, 넓어지다
江戸時代 えどじだい 图에도 시대　歴史 れきし 图역사
縁起 えんぎ 图운수　想い おもい 图마음　かずのこ 图청어알
子孫繁栄 しそんはんえい 图자손 번영　すなわち 图즉
子 こ 图자식　孫 まご 图손자
生まれ続ける うまれつづける 图계속해서 태어나다
願う ねがう 图기원하다　黒豆 くろまめ 图검은콩
マメ 图충실, 근면 (豆와 동음이의어)
忠実だ ちゅうじつだ 图충실하다　勤勉だ きんべんだ 図園근면하다
込める こめる 图담다　昔 むかし 图옛날
意味をつける いみをつける 의미를 부여하다
ごちそう 图성찬　～として ~로써　最近 さいきん 图최근
ニーズ 图니즈　合わせる あわせる 图맞추다　形 かたち 图형태
変わる かわる 图바뀌다　～つつある ~하는 중이다
手間 てま 图노력　世帯 せたい 图세대　人数 にんずう 图인원수
減る へる 图줄다　量 りょう 图양　余る あまる 图남다
食生活 しょくせいかつ 图식생활　変化 へんか 图변화
～にともない ~에 따라　増える ふえる 图늘다
多様だ たようだ 図図다양하다
少人数 しょうにんずう 图적은 수의 인원　～向け ～むけ ~를 위한
ローストビーフ 图로스트 비프　つめる 图담다
洋食風 ようしょくふう 图양식풍　愛犬 あいけん 图애견
新ただ あらただ 図図새롭다　需要 じゅよう 图수요

応える こたえる 图 응하다

登場し始める とうじょうしはじめる 图 등장하기 시작하다

伝統 でんとう 閲 전통　守る まもる 图 지키다

時代 じだい 閲 시대　~とともに ~와 함께

起こる おこる 图 일으키다　様子 ようす 閲 징조

50

1 그러나	2 그래도
3 그런데	4 그렇지만

해설 문맥에 맞는 접속사를 고르는 문제이다. 빈칸 앞에서 오세치의 정의와 유래에 대해 설명하고 빈칸 뒤에서 なぜおせちはお正月に食べられるのだろうか(왜 오세치는 정월에 먹는 것일까)라며 오세치와 관련된 새로운 내용을 언급하였으므로, 화제를 전환하는 접속사 3 ところで(그런데)가 정답이다.

어휘 ところが 뎁 그러나　それでも 뎁 그래도　ところで 뎁 그런데
それなのに 뎁 그렇지만

51

1 즐겨 온 셈이다	2 즐길 것임에 틀림없다
3 즐길 리 없다	4 즐기고 있는 것 같다

해설 문맥에 적절한 문말표현을 고르는 문제이다. 빈칸이 있는 단락에서 오세치 요리가 운수에 좋고 요리를 예를 들어 어떤 의미가 들어있는지 언급하였으므로 옛날 사람들이 요리 하나 하나에 의미를 부여해서 오세치 요리를 즐겼음을 알 수 있다. 따라서 1 楽しんできたというわけだ(즐겨 온 셈이다)가 정답이다.

어휘 楽しむ たのしむ 图 즐기다　~というわけだ ~인 셈이다
~に決まっている ~にきまっている ~임에 틀림없다
~はずもない ~할 리 없다　~かのようだ ~인 것 같다

52

1 그렇게 하는 이유가	**2 그 이유는**
3 어떤 이유가	4 저렇게 되는 이유는

해설 문맥에 맞는 연결어를 고르는 문제이다. 빈칸 앞에서 おせちは人々のニ ズに合わせる形で変わりつつある(오세치는 사람들의 니즈에 맞추는 형태로 바뀌는 중이다)라고 하고, 빈칸 뒤에서 오세치의 형태가 바뀌는 이유에 대해 언급하였으므로 연결어 その理由は로 두 내용을 이어줄 수 있다. 따라서 2 その理由は(그 이유는)가 정답이다.

어휘 理由 りゆう 閲 이유

53

1 에 있어서	2 라고 하면
3 에 의해	**4 와 같은**

해설 문맥에 적절한 문형을 고르는 문제이다. 빈칸 뒤의 新たな需要に応えるおせち(새로운 수요에 응하는 오세치)에 대한 예시를 빈칸 앞에서 언급하였으므로 4 といった(와 같은)가 정답이다.

어휘 ~において ~에 있어서　~といえば ~라고 하면
~によって ~에 의해　~といった ~와 같은

54

1 변화하는 것 같다	**2 변화하는 법이다**
3 변화하는 편이 좋다	4 변화할지도 모른다

해설 문맥에 적절한 문말표현을 고르는 문제이다. 빈칸 앞에서 전통이 시대나 사람에 맞춰서 변화해 가는 것이 나쁘지 않다고 언급하였으므로 人々の生活が時代の変化にともなって変化するように、伝統も時代や人とともに変化するものだ(사람들의 생활이 시대의 변화와 함께 변화하듯이, 전통도 시대나 사람과 함께 변화하는 법이다)가 가장 자연스럽다. 따라서 2 変化するものだ(변화하는 법이다)가 정답이다.

어휘 ~ものだ ~인 법이다　~ほうがよい ~하는 편이 좋다
~かもしれない ~할지도 모른다

실전 테스트 3　　　　　p.248

50 2	**51** 1	**52** 2	**53** 4	**54** 3

문제9 다음 글을 읽고, 문장 전체의 내용을 생각해서, [50] 에서 [54] 의 안에 들어갈 가장 알맞은 것을, 1·2·3·4에서 하니 고르세요.

50-54

이하는 잡지의 칼럼이다.

> ### 일본에서 태어난 즉석면
>
> 　즉석면, 소위 인스턴트 라면은 뜨거운 물을 붓는 것만으로 먹을 수 있는 편리함으로, 발매된 이래로, 전 세계에서 사랑받고 있다. 그것이 탄생한 것은, 1954년 일본에서였다. 발명자인 안도 모모후쿠는, 종전 후, 굶주린 사람들이 라면 집에 행렬을 만들어 늘어서 있는 광경을 보고, 모든 사람에게 충분한 식료가 필요하다고 생각했다고 한다. [50] 탄생한 것이 즉석면이라고 한다.
>
> 　가격이 싼 것 [51] , 뜨거운 물만으로도 조리가 가능한 편리성이라고 하는 것이 그 최대의 장점이지만, 그것만이 아니다. 한 끼씩 포장되어 있는 점에서, 운반할 수 있고, 위생적인 데다가, 보존성도 뛰어난 점에서 비상식으로서도 중요하게 여겨진다. 우주비행사가 우주식으로 가지고 가는 [52] .
>
> 　판매 당초의 즉석면은 봉지로 포장된 봉지타입이었지만, 컵에 뜨거운 물을 붓기만 하면 되는 컵타입이 등장하고 나서는 그것이 주류가 되었다. 얼마 안 있어, 특색이 풍부한 지방 라면 맛의 즉석면을 만들어 내거나, 유명한 가게의 라면 맛을 재현하거나 하는 등 해서, 맛의 고급화를 도모하면서

진화를 계속해 왔다. 적당한 가격이고 편리한 정도에 그치지 않고, ⬚53⬚ 것이 보다 폭넓은 층에게 받아들여지는 것으로 이어진 것은 아닐까.

　　근년에는, 뽑은 지 얼마 안 된 생면같은 식감을 판매 포인트로 하는 것이 인기를 모으고 있다. 고품질의 것을 추구하는 소비자로부터의 수요에 응하는 형태로, 탄생으로부터 65년 지난 지금도 날마다 새로운 즉석면이 가게 앞에 늘어서서, 사람들에게 계속해서 사랑받고 있다. 앞으로도 즉석면은 사람들의 기대에 응하면서, ⬚54⬚.

(주1) 굶주린 사람들: 배가 고픈 사람들
(주2) 중요하게 여겨진다: 귀중한 것으로서 소중하게 여겨지는 것

어휘 日本 にほん 圏일본　即席麺 そくせきめん 圏즉석면
　　いわゆる 소위　インスタントラーメン 圏인스턴트 라면
　　お湯 おゆ 圏뜨거운 물　注ぐ そそぐ 图붓다
　　便利さ べんりさ 圏편리함　発売 はつばい 圏발매
　　～以来 ～いらい ~이래로　全世界 ぜんせかい 圏전세계
　　愛する あいする 图사랑하다　誕生 たんじょう 圏탄생
　　発明者 はつめいしゃ 圏발명자　終戦後 しゅうせんご 圏종전 후
　　飢える うえる 图굶주리다　ラーメン屋 ラーメンや 圏라면 집
　　行列 ぎょうれつ 圏행렬　光景 こうけい 圏광경　すべて 圏모든 것
　　十分だ じゅうぶんだ な형충분하다　食料 しょくりょう 圏식료
　　必要だ ひつようだ な형필요하다　思う おもう 图생각하다
　　値段 ねだん 圏가격　調理 ちょうり 圏조리
　　利便性 りべんせい 圏편리성　最大 さいだい 圏최대
　　長所 ちょうしょ 圏장점　一食分 いっしょくぶん 圏한 끼
　　包装 ほうそう 圏포장　持ち運び もちはこび 圏운반
　　衛生的だ えいせいてきだ な형위생적이다　～うえに ~인 데다가
　　保存性 ほぞんせい 圏보존성　優れる すぐれる 图뛰어나다
　　非常食 ひじょうしょく 圏비상식　重宝 ちょうほう 圏중요하게 여김
　　宇宙飛行士 うちゅうひこうし 圏우주비행사
　　宇宙食 うちゅうしょく 圏우주식　持っていく もっていく 가지고 가다
　　販売当初 はんばいとうしょ 圏판매 당초　袋 ふくろ 圏봉지
　　タイプ 圏타입　登場 とうじょう 圏등장　～てから ~하고 나서
　　主流 しゅりゅう 圏주류　やがて 囝얼마 안 있어
　　特色 とくしょく 圏특색　豊かだ ゆたかだ な형풍부하다
　　地方 ちほう 圏지방　味 あじ 圏맛
　　生み出す うみだす 만들어 내다　再現 さいげん 圏재현
　　高級化 こうきゅうか 圏고급화　はかる 图도모하다
　　進化 しんか 圏진화　続ける つづける 图계속하다
　　手ごろだ てごろだ な형적당하다　～にとどまらず ~에 머물지 않고
　　より 囝보다　幅広い はばひろい い형폭넓다　層 そう 圏층
　　受け入れる うけいれる 图받아들이다　つながる 图이어지다
　　近年 きんねん 圏근년　打つ うつ (면을) 뽑다
　　～たばかりの ~한지 얼마 안 된　生麺 なまめん 圏생면
　　食感 しょっかん 圏식감　売り うり 圏판매 포인트, 이점
　　人気 にんき 圏인기　集める あつめる 图모으다
　　高品質 こうひんしつ 圏고품질　求める もとめる 图추구하다, 바라다
　　消費者 しょうひしゃ 圏소비자　需要 じゅよう 圏수요
　　応える こたえる 图응하다　形 かたち 圏형태

たつ 图(시간이) 지나다　日々 ひび 圏날마다
店頭 てんとう 圏가게 앞　期待 きたい 圏기대

50

1 그런데도	2 이렇게 해서
3 게다가	4 아니면

해설 문맥에 맞는 접속사를 고르는 문제이다. 빈칸 앞에서 終戦後、飢えた人々がラーメン屋に行列を作って並んでいる光景をみて、すべての人に十分な食料が必要だ(종전 후, 굶주린 사람들이 라면집에 행렬을 만들어 늘어서 있는 광경을 보고, 모든 사람에게 충분한 식료가 필요하다)라고 느낀 것이 즉석면이 탄생한 계기가 되므로 こうして誕生したのが即席麺だという(이렇게 해서 탄생한 것이 즉석면이라고 한다)가 가장 자연스럽다. 따라서 2 こうして(이렇게 해서)가 정답이다.

어휘 それでも 집그런데도　こうして 집이렇게 해서　そのうえ 집게다가
　　それとも 집아니면

51

1 에 더해서	2 에 있어서
3 에 관해서	4 에 의해

해설 문맥에 적절한 문형을 고르는 문제이다. 빈칸 앞의 値段が安いこと (가격이 싼 것)와 함께 빈칸 뒤의 お湯のみで調理ができる利便性(뜨거운 물만으로도 조리가 가능한 편리성)가 その最大の長所(그 최대의 장점)라고 언급하였으므로, 첨가의 의미를 가진 문형인 1 に加えて(에 더해서)가 정답이다.

어휘 ～に加えて ～にくわえて ~에 더해서　～において ～に있어서
　　～に関して ～にかんして ~에 관해서　～によって ~에 의해

52

1 것이 된다	2 만큼의 가치는 있다
3 것으로 생각된다	4 것도 어쩔 수 없다

해설 문맥에 적절한 문말표현을 고르는 문제이다. 빈칸 앞에서 언급한 라면이 한 끼씩 포장되어 있는 점, 운반할 수 있는 점, 위생적인 점, 보존성이 뛰어난 점이 우주식으로 적합한 이유가 되므로 宇宙飛行士が宇宙食として持っていくだけのことはある(우주비행사가 우주식으로 가지고 가는 만큼의 가치는 있다)가 가장 자연스럽다. 따라서 2 だけのことはある(만큼의 가치는 있다)가 정답이다.

어휘 ～ことになる ~하게 되다　～だけのことはある ~한 만큼의 가치는 있다　仕方がない しかたがない 어쩔 수 없다

53

1 고급감이 있는 상품으로 한
2 특색화를 도모한
3 어디에서든 즐길 수 있도록 한
4 맛을 추구해 온

해설 문맥에 알맞은 내용을 고르는 문제이다. 빈칸 뒤에서 より幅広い層

に受け入れられることにつながったの(보다 폭넓은 층에게 받아들여지는 것으로 이어진 것)에 대한 이유를 빈칸 앞의 味の高級化をはかりながら進化を続けてきた(맛의 고급화를 도모하면서 진화를 계속해 왔다)에서 찾을 수 있으므로 味を追求してきたことがより幅広い層に受け入れられることにつながったのではないだろうか(맛을 추구해 온 것이 보다 폭넓은 층에게 받아들여지는 것으로 이어진 것은 아닐까)가 가장 자연스럽다. 따라서 4 味を追求してきた(맛을 추구해 온)가 정답이다.

어휘 高級感 こうきゅうかん 圀고급감 商品 しょうひん 圀상품
~にする ~로 하다 特色化 とくしょくか 圀특색화
楽しむ たのしむ 图즐기다 追求 ついきゅう 圀추구

54
1 계속해서 진화할 것에 불과하다
2 계속해서 진화한다고는 할 수 없다
3 계속해서 진화할 것임에 틀림없다
4 계속해서 진화할 리 없다

해설 문맥에 적절한 문말표현을 고르는 문제이다. 글 전반적으로 즉석면은 예전부터 맛의 고급화를 도모하면서 계속해서 진화해 왔고 소비자의 수요에 응하는 새로운 형태의 즉석면을 탄생키기기 위한 노력을 지속해 왔다는 것을 알 수 있다. 때문에 앞으로도 즉석면이 진화할 것이라는 확신으로 글 전체를 마무리할 수 있는 문형이 포함된 3 進化し続けるに違いない(계속해서 진화할 것임에 틀림없다)가 정답이다.

어휘 ~にすぎない ~에 불과하다
~とは限らない ~とはかぎらない ~하다고는 할 수 없다
~に違いない ~にちがいない ~임에 틀림없다
~はずもない ~할 리 없다

실전 테스트 4
p.250

50 2　　**51** 4　　**52** 3　　**53** 2　　**54** 2

문제9 다음 글을 읽고, 문장 전체의 내용을 생각해서, **50** 에서 **54** 의 안에 들어갈 가장 알맞은 것을, 1・2・3・4에서 하나 고르세요.

50-54

이하는, 신문의 칼럼이다.

소음

'소음'이라고 하면 어떤 소리를 떠올릴까. 공항에서 들리는 비행기의 엔진 소리나 거리를 달리는 자동차나 전차의 소리부터 전화로 이야기하는 사람의 목소리 **50** , 그 종류는 가지각색이다. 우리들의 일상에 관계가 깊은 소음의 하나라고 한다면, 생활에 있어서의 소음일 것이다. 특히 맨션 등의 공동 주택의 경우, 이웃 사람과 소리 때문에 트러블이 된

적이 있는 사람도 적지 않은 것은 아닐까. 사람이 생활하는 데 있어서 나오는 소리 외에도, 피아노 등의 악기 소리나 애완동물의 울음소리 등 트러블의 원인이 될 수도 있는 소리는 여러 가지 있지만, 공간에 한계가 있는 도시일수록 **51** 은 많아지는 것처럼 생각된다.

일전에, 재미있는 뉴스를 봤다. 도쿄에 새롭게 유치원을 건설하는 계획이 세워져 있었지만, 그 지역의 주민들로부터 반대하는 의견이 나왔다고 한다. **52** , '아이들의 목소리가 시끄러우니까'가 예로 들어졌다. 이 뉴스를 봤을 때 아이들의 목소리가 소음이라고 생각되고 있는 것에 놀랐다. 그것 **53** 도시이기에 일어나는 문제라고 인상에 남은 것이다. 살 집이나 맨션을 찾을 때, 큰길이 가깝지 않은지, 주변에 늦게까지 여는 가게가 없는지 등 외에, 유치원이나 보육원 등 아이가 많은 환경인지 아닌지를 신경 쓰는 사람도 있다고 한다.

'소음'도 사회나 마을의 변화에 따라, 그 의미가 변화하는 것일지도 모른다. 그러나, 아이들의 목소리나 웃는 얼굴로 넘쳐나는 사회와 마을이야말로 밝은 미래인 것은 아닐까. 특히 일본은 아이의 수가 계속해서 적어지고 있다. 한번, '소음'의 의미에 대해 **54** .

어휘 騒音 そうおん 圀소음 音 おと 圀소리
思い浮かべる おもいうかべる 图떠올리다, 생각해내다
空港 くうこう 圀공항 聞こえる きこえる 图들리다
エンジン 圀엔진 種類 しゅるい 圀종류
様々だ さまざまだ 圀가지각색이다 日常 にちじょう 圀일상
深い ふかい 이圀깊다 生活 せいかつ 圀생활
~における ~에 있어서의 特に とくに 團특히 マンション 圀맨션
集合住宅 しゅうごうじゅうたく 圀공동 주택 近所 きんじょ 圀이웃
トラブル 圀트러블, 문제 ~上で ~うえで ~하는 데 있어서
ピアノ 圀피아노 楽器 がっき 圀악기
鳴き声 なきごえ 圀(짐승 등의) 울음소리 原因 げんいん 圀원인
~える ~할 수 있다 スペース 圀공간 限り かぎり 圀한계
都市 とし 圀도시 先日 せんじつ 圀일전 東京 とうきょう 圀도쿄
幼稚園 ようちえん 圀유치원 建設 けんせつ 圀건설
計画 けいかく 圀계획 立てる たてる 图세우다
地域 ちいき 圀시역 住民 じゅうみん 圀주민
反対 はんたい 圀반대 意見 いけん 圀의견
思う おもう 图생각하다 おどろく 图놀라다
起こる おこる 图일어나다 印象 いんしょう 圀인상
残る のこる 图남다 探す さがす 图찾다 通り とおり 圀길
周り まわり 圀주변 保育園 ほいくえん 圀보육원
環境 かんきょう 圀환경 気にする きにする 신경 쓰다
社会 しゃかい 圀사회 変化 へんか 圀변화 ~につれて ~에 따라
意味 いみ 圀의미 ~かもしれない ~일지도 모른다
笑顔 えがお 圀웃는 얼굴 あふれる 图넘쳐나다 ~こそ 图~야말로
未来 みらい 圀미래 数 かず 圀수 ~つつある ~고 있다
~について ~에 대해

1 에 걸쳐서	2 까지
3 로 인해	4 에 걸쳐

해설 문맥에 적절한 문형을 고르는 문제이다. 빈칸 앞뒤 문맥을 보면 다양한 소음의 종류를 열거하고 있으므로 空港から聞こえる飛行機の エンジンの音や町を走る車や電車の音から電話で話す人の声までその種類は様々だ(공항에서 들리는 비행기의 엔진 소리나 거리를 달리는 자동차나 전차의 소리부터 전화로 이야기하는 사람의 목소리까지 그 종류는 가지각색이다)가 가장 자연스럽다. 따라서 から (부터)와 호응하는 2 まで(까지)가 정답이다.

어휘 〜にかけて 〜에 걸쳐서 〜まで 國〜까지 〜につき 〜로 인해 〜にわたって 〜에 걸쳐

51

1 생활의 소음	2 이웃 사람
3 소리의 종류	4 소리의 트러블

해설 문맥에 알맞은 내용을 고르는 문제이다. 빈칸 앞에서 マンションな どの集合住宅の場合、近所の人と音のことでトラブルになった ことがある人も少なくないのではないか(맨션 등의 공동 주택의 경우, 이웃 사람과 소리 때문에 트러블이 된 적이 있는 사람도 적지 않은 것은 아닐까)라며 도시에 살 때 발생하는 소리 트러블에 대해 언급하였으므로 スペースに限りがある都市であればあるほど音の トラブルは多くなるように思われる(공간에 한계가 있는 도시일수록 소리의 트러블은 많아지는 것처럼 생각된다)가 가장 자연스럽다. 따라서 4 音のトラブル(소리의 트러블)가 정답이다.

52

1 그 이유에서	2 그 이유치고는
3 그 이유로써	4 그 이유에 비해서

해설 문맥에 알맞은 연결어를 고르는 문제이다. 빈칸 앞에서 その地域の 住民から反対する意見が出たそうだ(그 지역의 주민들로부터 반대하는 의견이 나왔다고 한다)라고 하고, 빈칸 뒤에서 子供の声がう るさいから(아이들의 목소리가 시끄러우니까)라는 이유가 서술되어 있으므로, 3 その理由として(그 이유로써)가 정답이다.

어휘 理由 りゆう 國이유 〜から 國〜부터 〜にしては 〜치고는 〜として 〜로써 〜わりに 〜에 비해서

53

1 에 따라서	2 과 동시에
3 에 동반하여	4 에 따라

해설 문맥에 적절한 문형을 고르는 문제이다. 빈칸 앞의 それは 子供の声 が騒音だと思われていること(아이들의 목소리가 소음이라고 생각되고 있는 것)를 가리키고 그것과 동시에 빈칸 뒤의 都市だからこそ 起こる問題(도시이기에 일어나는 문제)로 인식된 것이므로 2 ととも に(과 동시에)가 정답이다.

어휘 〜にしたがって 〜에 따라서 〜とともに 〜와 동시에, 〜와 함께 〜にともなって 〜에 동반하여 〜につれて 〜함에 따라

54

1 생각해볼 셈이다
2 생각해봐야 하는 것은 아닌가
3 생각해볼 우려가 있을 것이다
4 생각해볼 수는 없다

해설 문맥에 적절한 문말표현을 고르는 문제이다. 글 전반적으로 아이의 소리를 소음이라고 생각하는 것에 대한 비판을 하고 있기 때문에, 一 度、「騒音」の意味について考えてみるべきではないか(한번, '소음'의 의미에 대해 생각해봐야 하는 것은 아닌가)라는 문맥이 가장 자연스럽다. 따라서 2 考えてみるべきではないか(생각해봐야 하 는 것은 아닌가)가 정답이다.

어휘 〜というわけだ 〜인 셈이다 〜べきだ 〜해야 한다 おそれがある 우려가 있다 〜わけにはいかない 〜할 수는 없다

실전 테스트 5

p.252

50 2	**51** 4	**52** 1	**53** 2	**54** 2

문제9 다음 글을 읽고, 문장 전체의 내용을 생각해서, ☐50 에서 ☐54 의 안에 들어갈 가장 알맞은 것을, 1・2・3・4 에서 하나 고르세요.

50-54

이하는, 신문의 칼럼이다.

> 時間を感じる法
> 올해도 정신을 차려보니 벌써 반년이 지나 버렸다. 바로 얼마 전 '새해 복 많이 받으세요'라고 새해를 맞이한지 얼마 안 됐는데라며, 시간이 지나는 속도를 느끼는 사람도 많지 않을까. 필자도 ☐50 한 명이다. 10대보다 20대, 20대 보다 30대로, 해를 거듭함에 따라 점점 그 속도가 빨라지는 것처럼 느낀다. 왜일까 하고 이상하게 생각해서 조사해 ☐51 , 재미있는 것을 알았다.
>
> ☐52 아이였을 때의 생활을 떠올려 보면, 신학기, 여름방학, 여행, 소풍, 운동회, 겨울방학으로 학교나 가정에서의 행사가 많다. 매년 같은 행사를 반복해도, 아이의 1년간의 성장은 크기 때문에, 매년 같은 경험을 하고 있다고 느끼는 일은 없다고 한다. 아이에게 있어서 매일이 새로운 사건의 연속인 것이다. 새로운 사건이 많으면, 새로운 정보도 많다. 즉, 시간당 새로운 정보의 양이 ☐53a 고 말할 수 있다. 이것이 시간을 길게 느끼는 이유이다. 그에 비해, 어른은 어느 정도 성장을 다 했기 때문에, 행사나 매일의 일이 습관화되기 쉬워서, 시간당 새로운 정보의 양이 ☐53b . 이 아이와 어른의

차이를 '시간지각의 차이'라고 말한다고 한다.

　아이 때는, 소풍이 기대돼서 잠 못 들곤 했다. 두근두근 하고 여러 가지 새로운 것을 상상하는 것이 시간을 오래 느끼게 한 것이다. 어른이 된 지금도 아이같이 시간을 오래 느끼는 것이 가능할까? 한번 더 아이로 돌아간 셈치고, 무언가 새로운 것에 도전해서 하루하루를 즐겁게 보내보는 　54　.

어휘 気がつく きがつく 정신을 차리다　過ぎる すぎる 图지나다
　つい 凰바로　迎える むかえる 图맞이하다
　~たばかり ~한지 얼마 안 됨　経つ たつ (시간이) 지나다
　速さ はやさ 圄속도　感じる かんじる 图느끼다
　筆者 ひっしゃ 圄필자　重ねる かさねる 图거듭하다
　~につれて ~에 따라　どんどん 凰점점　速度 そくど 圄속도
　不思議だ ふしぎだ 屁이상하다　調べる しらべる 图조사하다
　生活 せいかつ 圄생활　思い出す おもいだす 图떠올리다
　~てみる ~해 보다　新学期 しんがっき 圄신학기
　遠足 えんそく 圄소풍　運動会 うんどうかい 圄운동회
　行事 ぎょうじ 圄행사　くり返す くりかえす 图반복하다
　成長 せいちょう 圄성장　経験 けいけん 圄경험
　~にとって ~에게 있어서　出来事 できごと 圄사건, 일
　連続 れんぞく 圄연속　情報 じょうほう 圄정보　つまり 凰즉
　時間あたり じかんあたり 圄시간당　量 りょう 圄양
　理由 りゆう 圄이유　~に比べて ~にくらべて ~에 비해
　成長しきる せいちょうしきる 图다 성장하다
　習慣化 しゅうかんか 圄습관화　違い ちがい 圄차이
　楽しみ たのしみ 圄기대,즐거움　眠る ねむる 图잠들다
　わくわく 凰두근두근　色々だ いろいろだ 屁여러 가지다
　想像 そうぞう 圄상상　~ことができる ~할 수 있다
　戻る もどる 图돌아가다　つもり 圄셈　チャレンジ 圄도전

50

1 저	2 그
3 저런	4 이런

해설 문맥에 맞는 지시어를 고르는 문제이다. 빈칸 뒤의 一人(한 사람)는 빈칸 앞의 時の経つ速さを感じる人(시간이 지나는 속도를 느끼는 사람) 중 한 명을 지칭한다. 따라서 앞의 내용을 지시하는 2 その(그)가 정답이다.

51

1 볼 거라면	2 보려고
3 볼 때	4 봤더니

해설 문맥에 적절한 문형을 고르는 문제이다. 빈칸 뒤에서 おもしろいことが分かった(재미있는 것을 알았다)라며 새로운 사실에 대한 발견을 했으므로, 調べてみたところ、おもしろいことが分かった(조사해 봤더니, 재미있는 것을 알았다)라는 문맥이 가장 자연스럽다. 따라서, 4 みたところ(봤더니)가 정답이다.

어휘 ~たところ ~했더니

52

1 예를 들어	2 게다가
3 또는	4 요컨대

해설 문맥에 맞는 연결어를 고르는 문제이다. 빈칸 앞 단락에서 10代より 20代、20代より30代と、年を重ねるにつれてどんどんその速度 が速くなるように感じる(10대보다 20대, 20대 보다 30대로, 해를 거듭함에 따라 점점 그 속도가 빨라지는 것처럼 느낀다)라고 하고, 빈칸이 포함된 단락에서 어렸을 때 경험을 예로 들어 아이와 어른의 시간지각 차이에 대해 언급하였으므로 예를 들 때 사용하는 연결어 가 필요하다. 따라서 1 例えば(예를 들어)가 정답이다.

어휘 例えば たとえば 凰예를 들어　しかも 圙게다가　あるいは 圙또는 要するに ようするに 圙요컨대

53

1 a 적다 b 많다	2 a 많다 b 적다
3 a 낮다 b 높다	4 a 높다 b 낮다

해설 문맥에 알맞은 내용을 고르는 문제이다. 첫 번째 빈칸 앞에서 子供に とって毎日が新しい出来事の連続なのだ。新しい出来事が多 いと、新しい情報も多い(아이에게 있어서 매일이 새로운 사건의 연속인 것이다. 새로운 사건이 많으면, 새로운 정보도 많다)라고 언급 하였으므로 아이는 시간당 새로운 정보의 양이 많고, 어른은 行事や 毎日の仕事が習慣化しやすく(행사나 매일의 일이 습관화되기 쉬 워서)라고 언급하였으므로 시간당 새로운 정보의 양이 적다는 것을 알 수 있다. 따라서 2 a 多い b 少ない(a 많다 b 적다)가 정답이다.

54

1 것보다 좋은 것은 없다	2 것도 좋을지도 모른다
3 우려가 있을 것이다	4 수 없다

해설 문맥에 적절한 문말표현을 고르는 문제이다. 빈칸 앞에서 어른이 된 지금도 아이같이 시간을 느끼는 것이 가능한지 언급하였으므로, もう 一度子供に戻ったつもりで、何か新しいことにチャレンジして 一日一日を楽しんで過ごしてみるのもいいかもしれない(한번 더 아이로 돌아간 셈치고, 무언가 새로운 것에 도전해서 하루하루를 즐겁게 보내보는 것도 좋을지도 모른다)라는 문맥이 가장 자연스럽 다. 따라서 2 のもいいかもしれない(것도 좋을지도 모른다)가 정 답이다.

어휘 ~に越したことはない ~にこしたことはない ~하는 것보다 좋은 것은 없다　~かもしれない ~일지도 모른다 ~おそれがある ~할 우려가 있다　~わけにはいかない ~할 수 없다

독해

실력 다지기   p.260

01 ①   **02** ②   **03** ②   **04** ①   **05** ②
06 ①

01

예전에는, 참고서를 몇 권이나 사는 사람을 이해할 수 없었다. 한 권이라도 제대로 공부하면, 그것으로 충분하다고 생각했기 때문이다. 하지만, 책에 따라 설명이나 정리 방법이 다르고, 몇 권이나 볼 때마다 여러 내용에 대해 배울 수 있다는 것을 알았다.

필자의 생각과 맞는 것은 어느 것인가?

① 다양한 내용을 공부하기 위해, 여러 참고서를 볼 필요가 있다.

② 한 권의 참고서만 제대로 공부해도 시험을 위한 충분한 공부를 할 수 있다.

어휘 昔 むかし 몡예전   参考書 さんこうしょ 몡참고서
詳細 りかい 몡이해   しっかり 제대로, 확실히
十分だ じゅうぶんだ な형충분하다   ～によって ~에 따라, ~에 의해
説明 せつめい 몡설명   整理 せいり 몡정리
仕方 しかた 몡방법, 방식   ～たびに ~때마다
様々だ さまざまだ な형여러 가지다   内容 ないよう 몡내용
学ぶ まなぶ 동배우다   多様だ たようだ な형다양하다
必要 ひつよう 몡필요   試験 しけん 몡시험

02

좋아하는 스포츠를 관람하면서 응원하는 것도 좋지만, 실제로 해보면, 그 스포츠에 대해 좀 더 이해를 깊게 할 수 있다. 이해가 깊어지면 보다 한층 더, 관람이나 응원이 즐겁게 느껴질 것이다.

필자는, 왜 좋아하는 스포츠를 직접 해보는 편이 좋다고 생각하고 있는가?

① 관람해서 응원하기보다 직접 하는 편이 더 즐겁기 때문에

② 좋아하는 스포츠를 더 자세히 이해할 수 있기 때문에

어휘 観覧 かんらん 몡관람   応援 おうえん 몡응원
実際 じっさい 몡실제   理解 りかい 몡이해

深める ふかめる 동깊게 하다   深まる ふかまる 동깊어지다
より 보다   一層 いっそう 한층 더, 더욱
感じる かんじる 동느끼다   直接 ちょくせつ 몡직접
詳しい くわしい い형자세하다

03

밖에서 노는 것을 정말 좋아하는 우리 아이는, 주말이 되면 '유원지에 가고 싶어!'라고 끈질기게 말한다. 친구 가족에게 물어보면, 가족이 모여 빈번하게 유원지에 간다고 한다. 물론, 아이와 함께 노는 시간도 중요하다. 하지만, 평일에 열심히 일한 보상으로 주말은 제대로 쉬고 싶다.

필자는 주말에 아이와 유원지에 가는 것에 대해 어떻게 생각하고 있는가?

① 아이와 함께 있는 시간이 적으니까 주말에 자주 놀러 가는 편이 좋다.

② 아이는 즐겁지만 본인은 주말에 쉬는 시간이 필요하다.

어휘 遊ぶ あそぶ 동놀다   週末 しゅうまつ 몡주말
遊園地 ゆうえんち 몡유원지   しつこい い형끈질기다
そろう 동모이다   頻繁だ ひんぱんだ な형빈번하다
もちろん 물론   重要だ じゅうようだ な형중요하다
平日 へいじつ 몡평일   いっしょうけんめいだ な형열심히 하다
ごほうび 몡보상, 상   しっかり 제대로, 확실히
必要だ ひつようだ な형필요하다

04

공용 쓰레기통 철거 공지

사무실 현관 앞에 공용 쓰레기통을 설치했었지만, 분리수거가 제대로 되지 않고, 냄새의 원인이 되어, 철거할 예정입니다. 앞으로는, 개인용 쓰레기통을 이용하고, 쓰레기를 버릴 때는, 1층의 쓰레기장에 직접 가지고 오도록, 협력 부탁드립니다.

이 글을 쓴 가장 큰 목적은 무엇인가?

① 개인용 쓰레기통을 준비하도록 알리고 있다.

② 공용 쓰레기통을 깨끗하게 사용해줄 것을 요구하고 있다.

어휘 共用 きょうよう 몡공용   ゴミ箱 ゴミばこ 몡쓰레기통
撤去 てっきょ 몡철거   お知らせ おしらせ 몡공지
事務室 じむしつ 몡사무실   設置 せっち 몡설치
分別 ぶんべつ 몡분리수거, 분별   しっかり 제대로, 확실히
臭い におい 몡냄새, 악취   原因 げんいん 몡원인
予定 よてい 몡예정   個人用 こじんよう 몡개인용

利用 りよう 圏이용　捨てる すてる 图버리다　際 さい 圏때

ゴミ捨て場 ゴミすてば 圏쓰레기장　直接 ちょくせつ 圏직접

協力 きょうりょく 圏협력　準備 じゅんび 圏준비

求める もとめる 图요구하다

| **55** 3 | **56** 2 | **57** 4 | **58** 2 | **59** 4 |

문제10 다음 (1)에서 (5)의 글을 읽고, 뒤의 물음에 대한 답으로 가장 알맞은 것을, 1·2·3·4에서 하나 고르세요.

05

청소기 문의

1개월 전, 귀사의 청소기를 구입했습니다만, 일주일도 지나지 않아 망가져, 수리를 보냈습니다. 하지만, 수리를 받고 3일도 지나지 않았습니다만, 또 고장 났습니다. 고장이 계속되는 이유는, 제품 자체에 문제가 있기 때문이 아닌가 생각합니다. **새 제품으로 교환할 수 있는지 확인 부탁드립니다.**

이 글을 쓴 가장 큰 목적은 무엇인가?

① 고장 난 제품의 재수리를 할 수 있는지를 묻기 위해

② **고장 난 제품을 새 제품으로 교환할 수 있는지를 묻기 위해**

어휘 掃除機 そうじき 圏청소기　問い合わせ といあわせ 圏문의

貴社 きしゃ 圏귀사　購入 こうにゅう 圏구입

経つ たつ 图(시간이) 지나다, 경과하다　～うちに ~하는 사이에

壊れる こわれる 图망가지다　修理 しゅうり 圏수리

受ける うける 图받다　故障 こしょう 圏고장

相次ぐ あいつぐ 图계속되다, 잇따르다　理由 りゆう 圏이유

製品 せいひん 圏제품　自体 じたい 圏자체　交換 こうかん 圏교환

確認 かくにん 圏확인

06

신제품의 선행 예약에 대한 안내

4월에 신제품 미네랄쿠션이 발매될 예정입니다. 오늘부터 3월 15일까지 선행 예약을 하신 분께는 15% 할인과, 특전으로 수납이 편리한 파우치를 드립니다. 3월 16일부터 발매 전까지 예약하신 분께는, 15% 할인을 제공해 드립니다.

신제품 선행 예약에 대해 올바른 것은 어느 것인가?

① **오늘부터 3월 15일까지 예약하면 15% 할인과 덤인 파우치를 받을 수 있다.**

② 오늘부터 3월 15일까지 예약하면 15% 할인만 받을 수 있다.

어휘 新製品 しんせいひん 圏신제품

先行予約 せんこうよやく 圏선행 예약, 사전 예약

案内 あんない 圏안내　発売 はつばい 圏발매　予定 よてい 圏예정

割引 わりびき 圏할인　特典 とくてん 圏특전

収納 しゅうのう 圏수납　楽々 らくらく 甲편하게　ポーチ 圏파우치

差し上げる さしあげる 图드리다 (あげる의 겸양어)

提供 ていきょう 圏제공　おまけ 圏덤

55

개가 '성견'이 되는 것은 개가 태어나서 1년 반정도라고 합니다. 소형, 중형, 대형의 견종에 따라 다소 다르지만, 그 후, 개는 1년에 인간의 4살 만큼씩, 나이를 먹습니다. 개의 성장은 인간과는 달리, 눈 깜짝할 새에 어른이 되어버리는 것입니다.

개가 아이인 시기는 짧습니다만, **그 사이에 확실히 '예의범절 교육'을 하는 것이 중요합니다.** 그렇게 하지 않으면, 개는 사람에게 달려들어 물거나, 인간과의 주종 관계를 잘 쌓을 수 없게 되어버리거나 하는 것입니다.

(주) 예의범절 교육: 예의나 규칙, 룰 등을 가르치는 것

필자의 생각과 맞는 것은 어느 것인가?

1　어떤 개라도 성장의 속도는 다르지 않다.

2　개의 성장은 인간보다 1년 반정도 늦다.

3　**개와의 관계는 태어나서부터 1년 반이 중요하다.**

4　개가 태어나서 1년 반정도가 되면, 예의범절 교육을 시작해야 한다.

해설 에세이로 필자의 생각을 묻고 있다. 선택지에서 반복되는 犬(개), 一年半(1년 반), 生まれて(태어나서)를 지문에서 찾아 필자의 생각을 파악한다. 초반부에서 犬가「成犬」이 되는 것은 犬가 生まれて부터 一年半くらい(개가 '성견'이 되는 것은 개가 태어나서 1년 반정도)라고 서술하고, 후반부에서 その間にしっかり「しつけ」をすることが大切です(그 사이에 확실히 '예의범절 교육'을 하는 것이 중요합니다)라고 서술하고 있으므로, 3 犬との関わりは生まれてから一年半が重要である(개와의 관계는 태어나서부터 1년 반이 중요하다)가 정답이다.

어휘 成犬 せいけん 圏성견

～と言われる ～といわれる ~라고 한다, ~라고 말해진다

小型 こがた 圏소형　中型 ちゅうがた 圏중형

大型 おおがた 圏대형　犬種 けんしゅ 圏견종, 개의 종류

～によって ~에 따라, ~에 의해　多少 たしょう 甲다소

変わる かわる 图다르다, 바뀌다　その後 そのあと 甲그 후, 그 뒤

人間 にんげん 圏인간　歳を重ねる としをかさねる 나이를 먹다

成長 せいちょう 圏성장　あっという間 あっというま 눈 깜짝할 새

～てしまう ~해 버리다, ~하고 말다　時期 じき 圏시기

その間 そのあいだ 그 사이, 그 동안　しっかり 甲확실히, 단단히

しつけ 圏예의범절 교육

かみ付く かみつく 图달려들어 물다, 물고 늘어지다

主従関係 しゅじゅうかんけい 圏주종 관계　うまく 甲잘, 목적대로

築く きずく 图쌓다, 구축하다　速さ はやさ 圏속도, 빠르기

遅い おそい ［い형］ 늦다, 느리다　関わり かかわり ［명］ 관계, 상관

重要だ じゅうようだ ［な형］ 중요하다　始める はじめる ［동］ 시작하다

~べきだ ~해야 한다

56

이하는, 어떤 회사가 보낸 메일의 내용이다.

사원 여러분

　현재, 일층 로비에 설치되어 있는 **커피 머신은 이번 주 금요일에 철거되게** 되었습니다.

　지금까지 사원 여러분께 무료로 커피를 제공해왔습니다만, 커피 머신의 이용자가 감소 추세에 있어, 적은 이용자를 위해 총무부원이 매일 기계를 세정하고, 발주・관리하는 것이 어려워졌습니다.

　앞으로는 각자 음료를 구입하러 가거나, 또는 지참하는 등 해주시도록, 부탁드립니다.

총무부
admin-jp@abc.co.jp

(주1) 철거하다: 그 장소에서 없애다

(주2) 세정하다: 씻다

이 문서를 쓴 가장 큰 목적은 무엇인가?

1 총무부원이 줄어, **커피 머신**의 관리가 어려워진 것을 알리는 것
2 **커피 머신**이 없어지기 때문에, 다음 주부터는 음료를 각자 준비할 것을 알리는 것
3 **커피 머신**의 이용자가 줄고 있기 때문에, 더 사용해 주었으면 한다는 부탁
4 **커피 머신**이 고장 났기 때문에, 각자 음료를 준비해 주었으면 한다는 부탁

해설 이메일 형식의 실용문으로, 이 문서를 쓴 가장 큰 목적을 묻고 있다. 선택지에서 반복되는 コーヒーマシン(커피 머신), 飲み物(음료)를 지문에서 찾는다. 초반부에서 コーヒーマシンは今週金曜日に撤去される(커피 머신은 이번 주 금요일에 철거되게)라고 언급하고, 후반부에서 今後は各自で飲み物を購入しに行く、または持参するなどしていただけますよう、お願いいたします(앞으로는 각자 음료를 구입하러 가거나, 또는 지참하는 등 해주시도록, 부탁드립니다)라고 언급하고 있으므로, 2 コーヒーマシンがなくなるので、来週からは飲み物を各自で用意することを知らせること(커피 머신이 없어지기 때문에, 다음 주부터는 음료를 각자 준비할 것을 알리는 것)가 정답이다.

어휘 社員 しゃいん ［명］ 사원　各位 かくい ［명］ 여러분, 각위

現在 げんざい ［명］ 현재　ロビー ［명］ 로비　設置 せっち ［명］ 설치

コーヒーマシン ［명］ 커피 머신　撤去 てっきょ ［명］ 철거

~ことになる ~하게 되다　皆様 みなさま ［명］ 여러분

無料 むりょう ［명］ 무료　提供 ていきょう ［명］ 제공

利用者 りようしゃ ［명］ 이용자　減少 げんしょう ［명］ 감소

傾向 けいこう ［명］ 추세, 경향　~ために ~위해

総務部員 そうむぶいん ［명］ 총무부원　洗浄 せんじょう ［명］ 세정, 세척

発注 はっちゅう ［명］ 발주　管理 かんり ［명］ 관리

今後 こんご ［명］ 앞으로, 이후　各自 かくじ ［명］ 각자

購入 こうにゅう ［명］ 구입　または ［접］ 또는, 혹은　持参 じさん ［명］ 지참

知らせる しらせる ［동］ 알리다, 통지하다　用意 ようい ［명］ 준비, 대비

~てほしい ~해줬으면 한다, ~했으면 좋겠다

故障中 こしょうちゅう ［명］ 고장 중

57

　초, 중학생에게 스마트폰은 필요할까요? 최근, 초, 중학생이 스마트폰을 학교에 가지고 들어가는 것이 검토되기 시작하고 있습니다. 그 이유는, 지진과 통학 시간이 겹쳐, 부모가 아이의 안전 확인을 할 수 없는 일이 있었기 때문입니다.

　하지만, 몸 가까이에 스마트폰이 있는 것으로 인해, 아이들이 수업에 집중할 수 없게 될지도 모릅니다. 또, **밖에서 노는 시간도 줄어, 아이들 본래의 학습 기회가 빼앗길 우려도** 있습니다. 그러므로, 저는, 이 스마트폰 규칙의 재검토에는, 찬성하기 어렵습니다.

필자는 초, 중학생의 스마트폰에 대해 어떻게 받아들이고 있는가?

1 안전을 위해, 초, 중학생도 **학교**에 **스마트폰을 가지고 들어가는** 편이 좋다.
2 부모가 안심하기 때문에, 초, 중학교에 **스마트폰을 가지고 들어가는** 편이 좋다.
3 초, 중학생에게는 **스마트폰**의 관리가 어렵기 때문에, **학교에 가지고 들어가지 않는** 편이 좋다.
4 학습활동의 기회가 줄기 때문에, 초, 중학생이 학교에 스마트폰을 가지고 들어가지 않는 편이 좋다.

해설 에세이로 필자의 생각을 묻고 있다. 선택지에서 반복되는 学校(학교), スマートフォン(스마트폰), 持ち込む(가지고 들어가다)를 지문에서 찾아 초, 중학생의 스마트폰에 대해 필자가 어떻게 받아들이고 있는지 파악한다. 초반부에서 最近、小中学生がスマートフォンを学校へ持ち込むことが検討(최근, 초, 중학생이 스마트폰을 학교에 가지고 들어가는 것이 검토)라고 서술하고, 후반부에서 外遊びの時間も減り、子供達の本来の学習の機会が奪われるおそれもあります(밖에서 노는 시간도 줄어, 아이들 본래의 학습 기회가 빼앗길 우려도 있습니다)라고 서술하고 있으므로, 4 学習活動の機会が減るので、小中学生が学校にスマートフォンを持ち込まないほうがいい(학습활동의 기회가 줄기 때문에, 초, 중학생이 학교에 스마트폰을 가지고 들어가지 않는 편이 좋다)가 정답이다.

어휘 小中学生 しょうちゅうがくせい ［명］ 초, 중학생

スマートフォン ［명］ 스마트폰　必要だ ひつようだ ［な형］ 필요하다

最近 さいきん ［명］ 최근　持ち込む もちこむ ［동］ 가지고 들어오(가)다

検討 けんとう ［명］ 검토　始める はじめる ［동］ 시작하다

理由 りゆう ［명］ 이유　地震 じしん ［명］ 지진　通学 つうがく ［명］ 통학

重なる かさなる ［동］ 겹치다, 거듭되다　親 おや ［명］ 부모

安全 あんぜん ［명］ 안전　確認 かくにん ［명］ 확인

~ため ~때문, ~위함　身近 みぢか ［명］ 몸 가까운 곳

集中 しゅうちゅう ［명］ 집중　~かもしれない ~일지도 모른다

外遊び そとあそび ［명］ 밖에서 놀기, 바깥 놀이

減る へる ［동］ 줄다, 감소하다　本来 ほんらい ［명］ 본래

学習 がくしゅう 📖학습　機会 きかい 📖기회　奪う うばう 🈂빼앗다

～おそれがある ~할 우려가 있다　ですから 📗그러므로, 그래서

規則 きそく 📖규칙　見直し みなおし 📖재검토

賛成 さんせい 📖찬성　～かねる ~하기 어렵다, ~할 수 없다

～たほうがいい ~하는 편이 좋다　安心 あんしん 📖안심

管理 かんり 📖관리　活動 かつどう 📖활동

水着 みずぎ 📖수영복　浴衣 ゆかた 📖유카타

最大 さいだい 📖최대　オフ 오프, 할인　点 てん 📖점

以上 いじょう 📖이상　購入 こうにゅう 📖구입

表示 ひょうじ 📖표시　値段 ねだん 📖가격

更に さらに 📘추가로, 더욱　ぜひ 📘꼭　機会 きかい 📖기회

見逃す みのがす 🈂놓치다　会場 かいじょう 📖회장

店内 てんない 📖가게 안, 점내　入場 にゅうじょう 📖입장

はがき 📖엽서　必要 ひつよう 📖필요　注意 ちゅうい 📖주의

紹介 しょうかい 📖소개　会員証 かいいんしょう 📖회원증

持参 じさん 📖지참　割引 わりびき 📖할인　レジ 📖계산대

全品 ぜんぴん 📖전품목, 전상품

58

〒108-0074
도쿄도 미나토구 타카나와 1-2-3-2040
루이즈·무라카미 님

──── 우대 세일 안내 ────

언제나 Mono 쇼퍼즈를 이용해 주셔서, 감사합니다.

1년에 한 번인 단골손님 한정 우대 세일입니다만, 올해는 7월 13일 (토)로 결정되었습니다.

인기 패션, 액세서리 잡화 외, 수영복이나 유카타 등이 최대 70% 오프로, **어느 것이든 5점 이상 구입하시면, 표시된 가격에서 추가로 10% 오프** 됩니다.

꼭 이 기회를 놓치시지 않기를.

또한, 단골손님 한정 특별 세일에 있어서, **세일 회장이 되는 가게 안으로의 입장에는 이 엽서가 필요**하오니, 주의해 주십시오.

이 엽서에 소개되어 있는 **세일** 내용에 대해, 올바른 것은 어느 것인가?

1 세일은, 회원증을 지참하면 **회장에 들어갈 수 있고**, 전부 70% 할인된 가격에 살 수 있다.

2 세일은, 엽서를 지참하면 회장에 들어갈 수 있고, 5점 이상 사면 더욱 싸진다.

3 세일 회장에는 누구든 들어갈 수 있고, 5점 이상 사면 전부 70% 할인된다.

4 세일 회장에서는, 계산대에서 **엽서**를 보여주면 이에 더해 전품목 10% 할인된다.

해설 엽서 형식의 실용문으로, 이 엽서에 소개된 세일 내용으로 올바른 것을 묻고 있다. 선택지에서 반복되는 会場へ入れて(회장에 들어갈 수 있고), 7割引(70% 할인), 5点以上(5점 이상), はがき(엽서)를 지문에서 찾는다. 중반부에서 どれでも5点以上購入されますと、表示されている値段から更に10%オフ(어느 것이든 5점 이상 구입하시면, 표시된 가격에서 추가로 10% 오프)라고 언급하고, 후반부에서 セール会場となる店内への入場にはこちらのはがきが必要(세일 회장이 되는 가게 안으로의 입장에는 이 엽서가 필요)라고 언급하고 있으므로, 2 セールは、はがきを持参すれば会場へ入れて、5点以上買うとさらに安くなる(세일은, 엽서를 지참하면 회장에 들어갈 수 있고, 5점 이상 사면 더욱 싸진다)가 정답이다.

어휘 優待 ゆうたい 📖우대　セール 📖세일　案内 あんない 📖안내

ショッパーズ 📖쇼퍼즈　お得意様 おとくいさま 📖단골손님

限定 げんてい 📖한정　本年 ほんねん 📖올해

決定 けってい 📖결정　人気 にんき 📖인기　ファッション 📖패션

アクセサリー 📖액세서리　雑貨 ざっか 📖잡화

59

'호렌소'는, 보고, 연락, 상담으로, 일을 원활하게 하기 위한 사회인의 기본이지만, 상사로부터 부하에의 일방적인 교육 방법이라고 오해받기 십상이다.

실수를 야단맞기만 한다면, 부하는 긴장해서 상담하기 어려워져 버린다. 실수를 알면, 함께 해결해나가는 것이 상사의 역할이다. 즉, '호렌소'를 부하뿐만 아니라 상사부터도 해나가면, 서로 신뢰관계가 생겨, 일하기 쉬운 직장이 되어가는 것이다.

필자의 생각과 맞는 것은 어느 것인가?

1 직장에서는, 말하기 어려운 분위기가 있기 때문에, 상사와 부하의 커뮤니케이션은 어렵다.

2 직장에서는, 신뢰관계가 있기 때문에, 상사와 부하의 커뮤니케이션은 어렵지 않다.

3 '호렌소'는, 상사로부터 부하로의 교육 중 하나이다.

4 '호렌소'는, 부하와 상사가 서로 하는 커뮤니케이션 방법이다.

해설 에세이로 필자의 생각을 묻고 있다. 선택지에서 반복되는 上司(상사), 部下(부하), コミュニケーション(커뮤니케이션), ほうれんそう(보고·연락·상담)를 지문에서 찾아 필자의 생각을 파악한다. 후반부에서 「ほうれんそう」を部下だけでなく上司からもしていけば、お互いの信頼関係が生まれ、働きやすい職場になっていくのである('호렌소'를 부하뿐만 아니라 상사부터도 해나가면, 서로 신뢰관계가 생겨, 일하기 쉬운 직장이 되어가는 것이다)라고 서술하고 있으므로, 4 「ほうれんそう」は、部下と上司がお互いにするコミュニケーションの方法である('호렌소'는, 부하와 상사가 서로 하는 커뮤니케이션 방법이다)가 정답이다.

어휘 ほうれんそう 📖호렌소 (ほうこく(보고)·れんらく(연락)·そうだん(상담)의 줄임말)　報告 ほうこく 📖보고　連絡 れんらく 📖연락

相談 そうだん 📖상담　スムーズだ 📗원활하다, 순조롭다

～ための ~하기 위한　社会人 しゃかいじん 📖사회인

基本 きほん 📖기본　上司 じょうし 📖상사　部下 ぶか 📖부하

一方的だ いっぽうてきだ 📗일방적이다　教育 きょういく 📖교육

方法 ほうほう 📖방법　誤解 ごかい 📖오해

～がちだ ~하기 십상이다, 자주 ~하다　ミス 📖실수, 미스

しかる 🈂야단치다, 꾸짖다　～ばかり ~만, ~뿐

緊張 きんちょう 📖긴장　～てしまう ~해 버리다, ~하고 말다

解決 かいけつ 📖해결　役目 やくめ 📖역할, 임무

つまり 図 즉, 요컨대　お互い おたがい 図 서로, 피차
信頼 しんらい 図 신뢰　関係 かんけい 図 관계
職場 しょくば 図 직장　雰囲気 ふんいき 図 분위기
コミュニケーション 図 커뮤니케이션, 의사소통

マッサージサービス 図 마사지 서비스　わざわざ 図 일부러
十分だ じゅうぶんだ 図형 충분하다　リフレッシュ 図 리프레시
週末 しゅうまつ 図 주말　会社帰り かいしゃがえり 図 회사 퇴근길
気軽だ きがるだ 図형 부담이 없다

실전 테스트 2 　　　　　　　　　　　　　　p.267

55 4	56 1	57 2	58 2	59 4

문제10 다음 (1)에서 (5)의 글을 읽고, 뒤의 물음에 대한 답으로 가장 알맞은 것을, 1·2·3·4에서 하나 고르세요.

55

　일상을 벗어나서, 온천에 가고 싶다고 생각하는 경우가 있다. 하코네, 쿠사츠, 벳부 등, 유명한 온천지가 있지만, 살고 있는 곳에서 가기에는 멀고, 숙박을 하는 경우에는 비용도 들기 때문에, 좀처럼 간단하게 갈 수 없다. 그럴 때는, **가까운 장소에서 느긋하게 커다란 욕조에 들어갈 수 있는 '슈퍼 목욕탕'을 추천**한다. 관내에는 레스토랑이나 누워서 쉴 수 있는 곳, 마사지 서비스 등도 있어, **일부러 먼 곳까지 가지 않아도, 충분히 즐길 수 있고, 리프레시 할 수 있다.** 주말이나 회사 퇴근길에 부담 없이 갈 수 있는 것도 좋은 점이다.

필자의 생각과 맞는 것은 어느 것인가?
1 유명한 온천지는 부담 없이 갈 수 있기 때문에 추천이다.
2 유명한 온천지는 비용이 들기 때문에, 가는 것이 어렵다.
3 슈퍼 목욕탕은 회사 근처에 있기 때문에 가기 쉽다.
4 **슈퍼 목욕탕은 가까운 장소에서 즐길 수 있는 좋은 장소이다.**

해설 에세이로 필자의 생각을 묻고 있다. 선택지에서 반복되는 **有名な温泉地**(유명한 온천지), **スーパー銭湯**(슈퍼 목욕탕)를 지문에서 찾아 필자의 생각을 파악한다. 중반부에서 **近い場所でゆっくりと大きなおふろに入れる「スーパー銭湯」がおすすめだ**(가까운 장소에서 느긋하게 커다란 욕조에 들어갈 수 있는 '슈퍼 목욕탕'을 추천한다)라고 서술하고, 후반부에서 **わざわざ遠い所まで出かけなくても、十分楽しめるし、リフレッシュすることができる**(일부러 먼 곳까지 가지 않아도, 충분히 즐길 수 있고, 리프레시 할 수 있다)라고 서술하고 있으므로, 4 **スーパー銭湯は近い場所で楽しめるいい場所だ**(슈퍼 목욕탕은 가까운 장소에서 즐길 수 있는 좋은 장소이다)가 정답이다.

어휘 日常 にちじょう 図 일상　離れる はなれる 図 벗어나다, 떨어지다
　　温泉 おんせん 図 온천　〜ことがある ~하는 경우가 있다
　　箱根 はこね 図 하코네(지명)　草津 くさつ 図 쿠사츠
　　別府 べっぷ 図 벳부(지명)　温泉地 おんせんち 図 온천지
　　宿泊 しゅくはく 図 숙박　費用 ひよう 図 비용　なかなか 図 좀처럼
　　簡単だ かんたんだ 図형 간단하다
　　スーパー銭湯 スーパーせんとう 図 슈퍼 목욕탕　おすすめ 図 추천
　　館内 かんない 図 관내　横になる よこになる 눕다

56

이하는, 어느 온라인 상점이 보낸 메일이다.

수 신 인 : sameze@email.com
건　　　명 : 고객님의 포인트에 대해
송인 일시 : 레이와 2년 4월 18일
――――――――――――――――――

　　요전 고객님의 구입 금액에 따라, 1,400포인트를 부여했습니다.
　포인트는, 1포인트 1엔으로써, 구매 시에 이용이 가능합니다.
　또한, 다음달 말 6월 30일을 끝으로 보유 포인트 총 5,400 포인트 중 1,200 포인트가 구입 유무에 상관없이 실효합니다.
　현재, 온라인 상점에서는, 가격 인하 상품에 더해 이번 시즌 신상품도 잇달아 등장 중입니다.
　이득으로 구입하실 수 있는 기회이므로, **부디 포인트를 활용해 주십시오.**

(주1) 부여하다: 주다
(주2) 실효: 여기에서는, 쓸 수 없게 되는 것

이 메일을 쓴, 가장 큰 목적은 무엇인가?
1 **지난 번의 구매로, 새롭게 1,400 포인트를 받을 수 있었던 것을 알린다.**
2 구매를 하지 않으면, 1,200 포인트가 없어지는 것을 알린다.
3 온라인 상점에, 가격 인하 상품과 신상품이 있는 것을 알린다.
4 온라인 상점에서의 구매로, 포인트를 사용할 수 있는 것을 알린다.

해설 이메일 형식의 실용문으로, 이 문서를 쓴 가장 큰 목적을 묻고 있다. 선택지에서 반복되는 **買い物**(구매), **ポイント**(포인트), **オンラインショップ**(온라인 상점)를 지문에서 찾는다. 초반부에서 **先日のお客様の購入金額に応じて、1,400ポイントを付与いたしました**(요전 고객님의 구입 금액에 따라, 1,400포인트를 부여했습니다), **ぜひポイントをご活用ください**(부디 포인트를 활용해 주십시오)라고 언급하고 있으므로, 1 **前回の買い物で、新しく1,400ポイントがもらえたことを知らせる**(지난 번의 구매로, 새롭게 1,400 포인트를 받을 수 있었던 것을 알린다)가 정답이다.

어휘 オンラインショップ 図 온라인 상점　あて先 あてさき 図 수신인
　　件名 けんめい 図 건명, 제목　ポイント 図 포인트
　　令和 れいわ 図 레이와 (일본의 연호)　先日 せんじつ 図 요전
　　購入 こうにゅう 図 구입　金額 きんがく 図 금액
　　〜に応じて 〜におうじて ~에 따라　付与 ふよ 図 부여
　　際 さい 図 시, 때　利用 りよう 図 이용　可能 かのう 図 가능
　　なお 図 또한　来月末 らいげつまつ 図 다음달 말
　　限り かぎり 図 끝, 기한　保有 ほゆう 図 보유　有無 うむ 図 유무

~にかかわらず ~에 상관없이　失効 しっこう 图실효

現在 げんざい 图현재

値下げ商品 ねさげしょうひん 图가격 인하 상품

~に加えて ~にくわえて ~에 더해

今シーズン こんシーズン 图이번 시즌

新商品 しんしょうひん 图신상품　続々 ぞくぞく 图잇달아

登場 とうじょう 图등장　お得 おとく 图이득　チャンス 图기회

活用 かつよう 图활용　前回 ぜんかい 图지난 번

知らせる しらせる 图알리다

57

최근에는, 휴대전화를 가지고 있는 초등학생도 많다. 조사에 의하면, 부모의 대부분은 가족과의 연락을 위해서만 아이에게 휴대전화를 가지게 하고 있다. 그러나 실제는, 친구와의 연락이나 인터넷을 보기 위해서 사용하고 있는 아이가 많다고 한다. 부모가 눈치채지 못한 사이에, 범죄의 피해를 입어 버리는 경우도 있다. 전문가는, 휴대전화를 사용할 때의 규칙을 가족이 서로 이야기하는 것이 중요하다고 한다. 그러나, 아이의 안전을 지키는 것은 그렇게 간단한 일이 아니지 않을까.

아이의 휴대전화 사용에 대해서, 필자의 생각과 맞는 것은 어느 것인가?
1 규칙을 가족이 서로 이야기하면, 아이는 안전하게 사용할 수 있다.
2 아이를 위험으로부터 지키는 것은 간단한 일이 아니다.
3 아이는 부모보다도 휴대전화를 능숙하게 사용할 수 있다.
4 가족과의 연락을 목적으로 준다면, 문제는 없다.

해설 에세이로 필자의 생각을 묻고 있다. 선택지에서 반복되는 子ども(아이), 家族(가족)를 지문에서 찾아 아이의 휴대전화 사용에 대한 필자의 생각을 파악한다. 후반부에서 携帯電話を使う際のルールを家族で話し合うことが大切だという。しかし、子どもの安全を守ることはそんなに簡単なことではないのではないか(휴대전화를 사용할 때의 규칙을 가족이 서로 이야기하는 것이 중요하다고 한다. 그러나, 아이의 안전을 지키는 것은 그렇게 간단한 일이 아니지 않을까)라고 서술하고 있으므로, 2 子どもを危険から守ることは簡単なことではない(아이를 위험으로부터 지키는 것은 간단한 일이 아니다)가 정답이다.

어휘 最近 さいきん 图최근　携帯電話 けいたいでんわ 图휴대전화
小学生 しょうがくせい 图초등학생　調査 ちょうさ 图조사
~によると ~에 의하면　連絡 れんらく 图연락
実際 じっさい 图실제　インターネット 图인터넷
気付く きづく 图눈치채다　犯罪 はんざい 图범죄
被害 ひがい 图피해　~こともある ~하는 경우도 있다
専門家 せんもんか 图전문가　際 さい 图때, 시　ルール 图규칙
話し合う はなしあう 图서로 이야기하다　安全 あんぜん 图안전
守る まもる 图지키다　簡単だ かんたんだ な형간단하다
危険 きけん 图위험　目的 もくてき 图목적　与える あたえる 图주다

58

나는 부모가 없는 아이나 부모와 함께 살 수 없는 아이가 생활하는 시설에서 일하고 있다. 여기서 일하게 된 후로, 부모가 없어도, 따뜻한 직원 밑에서 안심하고 생활할 수 있다는 것을 알았다. 그렇다고 해서, 일반 가정처럼 자란다는 것은 아니다. 예를 들면, 욕조가 크거나, 일제히 식당에서 식사를 하거나 하는 등, 평범한 가정의 사이즈를 모르는 채 어른이 되는 경우가 그런 것이다. 그 때문에, 이러한 시설이 아니라 일반 가정에 맡겨져 양육되도록, 제도가 재검토되고 있다.

필자가 이 시설에서 일하고, 알게 된 것은 어떤 것인가?
1 이 시설에서 자란 아이도 일반 가정에서 자란 아이처럼 자란다.
2 일반 가정에 있는 욕조 등의 사이즈를 모르는 아이가 있다.
3 시설에서는 일반 가정처럼 안심하고 지낼 수 없다.
4 제도가 재검토되어, 일반 가정에서 양육되는 아이가 늘었다.

해설 에세이로 필자가 이 시설에서 일하고 알게 된 것을 묻고 있다. 선택지에서 반복되는 施設(시설), 一般家庭(일반 가정), 子ども(아이)를 지문에서 찾아 필자가 알게 된 것을 파악한다. 후반부에서 お風呂が大きかったり、一斉に食堂で食事をしたりするなど、普通の家庭のサイズを知らないまま大人になること(욕조가 크거나, 일제히 식당에서 식사를 하거나 하는 등, 평범한 가정의 사이즈를 모르는 채 어른이 되는 경우)라고 서술하고 있으므로, 2 一般家庭にあるお風呂などのサイズを知らない子どもがいる(일반 가정에 있는 욕조 등의 사이즈를 모르는 아이가 있다)가 정답이다.

어휘 生活 せいかつ 图생활　施設 しせつ 图시설
~ようになる ~하게 되다　~てから ~한 후로, ~고 나서
職員 しょくいん 图직원　~のもとで ~밑에서, ~아래서
安心 あんしん 图안심　だからといって 그렇다고 해서
一般家庭 いっぱんかてい 图일반 가정
育つ そだつ 图자라다, 성장하다　~わけではない ~인 것은 아니다
例えば たとえば 图예를 들면　一斉に いっせいに 图일제히
普通だ ふつうだ な형평범하다, 보통이다　サイズ 图사이즈
~まま ~한 채, ~인 채　そのため 그 때문에
引き取る ひきとる 图맡다, 떠맡다　制度 せいど 图제도
見直す みなおす 图재검토하다　~つつある ~하고 있다
暮らす くらす 图지내다, 살아가다　増える ふえる 图늘다

59

요전, 개의 하품이 귀여워서 사진을 찍으려고 했는데, 시간에 맞추지 못했다. 추억을 기록하는 도구로서 카메라는 빠뜨릴 수 없지만, 언제라도 카메라를 가지고 있는 것은 아니기 때문에, 기회를 놓쳐 버리는 경우가 있다. 하지만, 인간은 '기억해 두는' 것이 가능하기 때문에, 언제라도 어디에서도 느낀 것을 놓치지 않고 기록할 수 있다. 생각하는 방법에 따라서는, 사람은 모두, 어떤 카메라보다도 훌륭한 '마음의 카메라'를 가지고 있는 것일지도 모른다.

필자의 생각과 맞는 것은 어느 것인가?

1 사진을 찍을 기회를 놓치는 경우가 있기 때문에, **카메라는** 언제라도 가지고 다니고 있다.

2 **카메라를** 가지고 있으면, 언제라도 추억을 **기록할** 수 있기 때문에 편리하다.

3 사람은 기억해 두는 것이 가능하지만, **카메라의 기록 능력** 쪽이 훌륭하다.

4 사람은 기억해 두는 것이 가능하여, 어떤 카메라보다도 훌륭한 기록 능력을 가지고 있다.

해설 에세이로 필자의 생각을 묻고 있다. 선택지에서 반복되는 カメラ(카메라), 記録(기록), 人(사람), 覚えておくこと(기억해 두는 것)를 지문에서 찾아 필자의 생각을 파악한다. 중반부에서 人間は「覚えておく」ことができるので、いつでもどこでも感じたことを逃さずに記録できる(인간은 '기억해 두는' 것이 가능하기 때문에, 언제라도 어디에서도 느낀 것을 놓치지 않고 기록할 수 있다)라고 서술하고, 후반부에서 人は皆、どんなカメラよりもすばらしい「心のカメラ」を持っているのかもしれない(사람은 모두, 어떤 카메라보다도 훌륭한 '마음의 카메라'를 가지고 있는 것일지도 모른다)라고 서술하고 있으므로, 4 人は覚えておくことができ、どんなカメラよりもすばらしい記録能力を持っている(사람은 기억해 두는 것이 가능하여, 어떤 카메라보다도 훌륭한 기록 능력을 가지고 있다)가 정답이다.

어휘 先日 せんじつ 圓요전　あくび 圓하품
間に合う まにあう 동(시간에) 맞추다　思い出 おもいで 圓추억
記録 きろく 圓기록　道具 どうぐ 圓도구　欠かす かかす 동빠뜨리다
~わけではない ~인 것은 아니다　チャンス 圓기회
逃す のがす 동놓치다　人間 にんげん 圓인간
考え方 かんがえかた 圓사고 방식　すばらしい い형 훌륭하다
~かもしれない ~일지도 모른다　持ち歩く もちあるく 동가지고 다니다
記録能力 きろくのうりょく 圓기록 능력

실전 테스트 3

55 2	**56** 4	**57** 2	**58** 3	**59** 2

문제10 다음 (1)에서 (5)의 글을 읽고, 뒤의 물음에 대한 답으로 가장 알맞은 것을, 1·2·3·4에서 하나 고르세요.

55

대학에서는 다양한 학문을, 넓고 얇게 공부하는 것에 비해, 대학원에서는 자신의 연구분야를 보다 깊게 연구합니다. 그러므로, 대학원에 진학하면, 자신의 전문성을 높일 수 있습니다. 그리고, 연구를 통해서 자신을 더욱 갈고 닦고 싶다, 성과를 내고 싶다고 생각하는 사람에게 둘러싸인 환경에 몸을 두게 되기 때문에, **자신도 어떻게든 노력하지 않으면 안 된다는 기분**이 들어, 연구활동에 몰두하게 됩니다. 그러한 장소를 제공해 주는 대학원은, 사람으로서의 성장으로 이어지는 장소라고 생각합니다.

필자의 생각과 맞는 것은 어느 것인가?
1 대학원은 전문성을 높이기 위한 장소로, 그것 이외의 목적은 없다.

2 대학원에서 배우는 것에 의해, 연구뿐만 아니라 자신을 성장시키는 것도 가능하다.

3 노력하고 있는 사람들 안에서 생활하고 있으면, **자신의 노력**이 부족하다고 생각한다.

4 같은 **연구**를 하고 있는 사람들과 함께 활동하는 것은, 대학원의 좋은 점이다.

해설 에세이로 필자의 생각을 묻고 있다. 선택지에서 반복되는 大学院(대학원), 研究(연구), 自分(자신)을 지문에서 찾아 필자의 생각을 파악한다. 후반부에서 自分も何とかがんばらなければという気持ちが働き、研究活動に打ち込むようになります。そのような場を提供してくれる大学院は、人としての成長につながる場所だと思います(자신도 어떻게든 노력하지 않으면 안 된다는 기분이 들어, 연구활동에 몰두하게 됩니다. 그러한 장소를 제공해 주는 대학원은, 사람으로서의 성장으로 이어지는 장소라고 생각합니다)라고 서술하고 있으므로, 2 大学院で学ぶことによって、研究だけでなく自分を成長させることもできる(대학원에서 배우는 것에 의해, 연구뿐만 아니라 자신을 성장시키는 것도 가능하다)가 정답이다.

어휘 様々だ さまざまだ 左형 다양하다　学問 がくもん 圓학문
浅い あさい い형 얕다　~に対し ~にたいし ~에 비해
大学院 だいがくいん 圓대학원
研究分野 けんきゅうぶんや 圓연구분야　深い ふかい い형 깊다
研究 けんきゅう 圓연구　ですから 접 그러므로
大学院に進む だいがくいんにすすむ 대학원에 진학하다
自ら みずから 圓자신　専門性 せんもんせい 圓전문성
~を通して ~をとおして ~을 통해　さらに 부 더욱
成果 せいか 圓성과　囲む かこむ 동둘러싸다
環境 かんきょう 圓환경　気持ちが働く きもちがはたらく 기분이 들다
研究活動 けんきゅうかつどう 圓연구활동
打ち込む うちこむ 동몰두하다　場 ば 圓장소
提供 ていきょう 圓제공　成長 せいちょう 圓성장
つながる 동이어지다　目的 もくてき 圓목적　学ぶ まなぶ 동배우다
努力 どりょく 圓노력　足りない たりない 부족하다
活動 かつどう 圓활동

56

저출산의 영향으로, 동네 음악교실의 어린이 수가 줄고 있지만, 중년과 노년의 학생 수는 늘고 있는 것 같다. 어렸을 때에 피아노를 배웠던 나도 바로 숙달될 것이라고 기대하고, 교실에 다니기 시작했다. 그런데, 좀처럼 생각한 대로 능숙해지지 않는 것이다. '백조의 호수'라는 곡을 치면서, 깨달은 것이 있다. 아름다운 모습으로 헤엄치는 백조는, 수면의 아래에서는, 다리를 필사적으로 계속 움직이고 있다. 아름다운 곡을 칠 수 있게 되려면, 몇 번이나 연습을 반복하지 않으면 안 되는 것이다. 노력의 거듭됨이 있고서야 비로소, 아름다운 음악이 되는 것이다.

음악에 대해, 필자의 생각과 맞는 것은 어느 것인가?

　무료 학습자료 제공 **japan.Hackers.com**

1 아름다운 곡을 치기 위해서, 모두, 눈에 보이지 않는 곳에서 **노력**하고 있다.

2 중년과 노년의 학생은, 피아노가 좀처럼 능숙해지지 않는 법이다.

3 어렸을 때 배운 악기를, 어른이 되어 치는 것은 즐겁다.

4 아름다운 곡을 연주하기 위해서는, 노력의 거듭됨이 필요하다.

해설 에세이로 필자의 생각을 묻고 있다. 선택지에서 반복되는 美しい曲(아름다운 곡), 努力(노력)를 지문에서 찾아 음악에 대한 필자의 생각을 파악한다. 후반부에서 美しい曲が弾けるようになるには、何度も練習を繰り返さなければならないのだ。努力の積み重ねがあってはじめて、美しい音楽になるのである(아름다운 곡을 칠 수 있게 되려면, 몇 번이나 연습을 반복하지 않으면 안 되는 것이다. 노력의 거듭됨이 있고서야 비로소, 아름다운 음악이 되는 것이다) 라고 서술하고 있으므로, 4 美しい曲を演奏するためには、努力の積み重ねが必要である(아름다운 곡을 연주하기 위해서는, 노력의 거듭됨이 필요하다)가 정답이다.

어휘 少子化 しょうしか 명 저출산, 소자화　影響 えいきょう 명 영향
街 まち 명 동네, 거리　音楽教室 おんがくきょうしつ 명 음악교실
数 かず 명 수　減る へる 동 줄다
中高年 ちゅうこうねん 명 중년과 노년　増える ふえる 동 늘다
ピアノ 명 피아노　上達 じょうたつ 명 숙달, 능숙함
期待 きたい 명 기대　通う かよう 동 다니다　ところが 접 그런데
なかなか 분 좀처럼
白鳥の湖 はくちょうのみずうみ 명 백조의 호수 (곡 이름)
曲 きょく 명 곡　気づく きづく 동 깨닫다
美しい うつくしい い형 아름답다　姿 すがた 명 모습
水面 すいめん 명 수면　必死だ ひっしだ な형 필사적이다
動かし続ける うごかしつづける 계속 움직이다
繰り返す くりかえす 동 반복하다　努力 どりょく 명 노력
積み重ね つみかさね 명 반복　〜てはじめて ~해서야 비로소
楽器 がっき 명 악기　演奏 えんそう 명 연주
必要だ ひつようだ な형 필요하다

이하는, 어느 회사의 사내 문서이다.

헤이세이 29년 8월 1일
사원 여러분

총무부 과장

방재훈련에 대한 부탁

9월 1일은 방재의 날입니다. 태풍, 지진에 대비해서 준비를 합시다.

일전에, 알려드린 대로, 방재 훈련을 실시하겠습니다. 훈련 개시 때에 사내에 있는 분은, 전원 참가해 주시도록 부탁 드리겠습니다.

그런고로, 피난용 배낭 안의 물품을 확인한 후에, 부족한 물건이 있으면, 8월 10일까지 각 부에서 정리하여, 총무부로 연락 주십시오.

또한, 훈련 내용에 관련해서는, 7월 25일의 메일을 확인해

주십시오.

이상

이 문서에서, 가장 전하고 싶은 것은 무엇인가?

1 방재훈련에 대비해서 준비를 해야 하는 것

2 피난용 물품의 부족분 보고를 하는 것

3 총무부에서 피난용 물품을 수령하는 것

4 방재훈련에 전원 참가를 부탁하는 것

해설 이메일 형식의 실용문으로, 이 문서가 전하고 싶은 것을 묻고 있다. 선택지에서 반복되는 防災訓練(방재훈련), 避難用の品物(피난용 물품)를 지문에서 찾는다. 후반부에서 避難用リュックサックの中の品物をご確認の上、不足品がありましたら、8月10日までに各部でとりまとめ、総務部までご連絡ください(피난용 배낭 안의 물품을 확인한 후에, 부족한 물건이 있으면, 8월 10일까지 각 부에서 정리하여, 총무부로 연락 주십시오)라고 언급하고 있으므로, 2 避難用の品物の不足分の報告をすること(피난용 물품의 부족분 보고를 하는 것)가 정답이다.

어휘 社内 しゃない 명 사내　文書 ぶんしょ 명 문서
平成 へいせい 명 헤이세이 (일본의 연호)　社員 しゃいん 명 사원
各位 かくい 명 여러분　総務部 そうむぶ 명 총무부
課長 かちょう 명 과장, 과장님
防災訓練 ぼうさいくんれん 명 방재훈련　台風 たいふう 명 태풍
地震 じしん 명 지진　〜に備えて 〜にそなえて ~에 대비해서
準備 じゅんび 명 준비　先日 せんじつ 명 일전, 요전
お知らせ おしらせ 명 알림　〜た通り 〜たとおり ~한 대로
実施 じっし 명 실시　訓練開始 くんれんかいし 명 훈련 개시
全員 ぜんいん 명 전원　参加 さんか 명 참가
つきましては 그런고로, 그 일에 관해서　避難用 ひなんよう 명 피난용
リュックサック 명 배낭　品物 しなもの 명 물건
確認 かくにん 명 확인　〜の上 〜のうえ ~한 후에
不足品 ふそくひん 명 부족한 물건　とりまとめる 동 정리하다
連絡 れんらく 명 연락　内容 ないよう 명 내용　メール 명 메일
不足分 ふそくぶん 명 부족분　報告 ほうこく 명 보고
受け取る うけとる 동 수령하다

노약자석에 앉아 있던 어느 날의 일이다. 눈 앞에 나이든 사람이 서 있었기 때문에 자리를 양보하려고 했더니, '아직 그런 노인이 아니에요'라고 감사를 받기는커녕, 화를 내버렸다. 노인을 알아차리지 못하고 앉아있으면, '젊으니까 일어서세요'라고 주변으로부터 들을 때도 있다. 어려운 점이다. 자리를 양보 받으면 기쁘게 생각하는 사람, 양보 받아서 불쾌한 기분이 되는 사람으로 다양하다. 가장 좋은 것은 자신이 건강하다면 노약자석에 앉지 않는 것일지도 모른다.

필자의 생각과 맞는 것은 어느 것인가?

1 자리를 양보할 때는, 주변으로부터 들을 때까지 기다린다.

2 자리를 양보 받아도, 감사하는 사람은 적기 때문에 양보하지 않는다.

3 자리를 양보 받아도, 기쁘게 생각하지 않는 사람도 있다.

4 자리를 양보하는 것은 어렵기 때문에, 앉지 않도록 하고 있다.

해설 에세이로 필자의 생각을 묻고 있다. 선택지에서 반복되는 席(자리), 譲る(양보하다)를 지문에서 찾아 필자의 생각을 파악한다. 후반부에서 席を譲られたらうれしいと思う人、譲られて不快な気持ちになる人と様々だ(자리를 양보 받으면 기쁘게 생각하는 사람, 양보 받아서 불쾌한 기분이 되는 사람으로 다양하다)라고 서술하고 있으므로, 3 席を譲られても、うれしいと思わない人もいる(자리를 양보 받아도, 기쁘게 생각하지 않는 사람도 있다)가 정답이다.

어휘 優先席 ゆうせんせき 圏노약자석, 우선석
年配の人 ねんぱいのひと 나이든 사람
席を譲る せきをゆずる 자리를 양보하다　年寄り としより 圏노인
感謝 かんしゃ 圏감사　〜どころか 〜는 커녕　怒る おこる 图화내다
気がつく きがつく 알아차리다　若い わかい い형젊다
周り まわり 圏주변, 주위　不快だ ふかいだ な형불쾌하다
様々だ さまざまだ な형다양하다　〜かもしれない 〜일지도 모른다

59

이하는, 홍차 판매점으로부터 도착한 메일이다.

회원 여러분

언제나 티 하우스를 이용해 주셔서, 감사합니다.

4월 1일부터, 봄의 **홍차 페어를 개최합니다. 회원 여러분은 평소의 구매와 마찬가지로 정가의 10% 할인으로 상품을 구입하실 수 있습니다만,** 페어 기간 중에 봄 신상품을 구입하신 회원님께는, 다음 구매에 사용하실 수 있는 20% 할인권을 드립니다.

여러분의 내점을 기다리고 있겠습니다.

https://tea-house.co.jp/fair

페어의 상세 사항은, 홈페이지에서 확인해 주십시오.

이 메일에서 소개되고 있는 **회원 서비스**에 대해, 옳은 것은 어느 것인가?

1 홍차 페어 기간에 가면, 할인권을 받을 수 있다.

2 **홍차 페어 기간도, 10% 할인으로 상품을 살 수 있다.**

3 홍차 페어 기간은, 20% 할인으로 구매 할 수 있다.

4 홍차 페어 기간은, 신상품을 30% 할인으로 살 수 있다.

해설 이메일 형식의 실용문으로, 회원 서비스에 대해 묻고있다. 선택지에서 반복되는 紅茶フェアの期間(홍차 페어 기간), 割引(할인)를 지문에서 찾는다. 중반부에서 紅茶フェアを開催します。会員の皆様は普段のお買い物と同様に定価の10%引きで商品をご購入いただけます(홍차 페어를 개최합니다. 회원 여러분은 평소의 구매와 마찬가지로 정가의 10% 할인으로 상품을 구입하실 수 있습니다)라고 언급하고 있으므로, 2 紅茶フェアの期間も、1割引きで商品が買える(홍차 페어 기간도, 10% 할인으로 상품을 살 수 있다)가 정답이다.

어휘 販売店 はんばいてん 圏판매점　届く とどく 图도착하다
メール 圏메일　会員 かいいん 圏회원　各位 かくい 圏여러분

利用 りよう 圏이용　フェア 圏페어, 전시회　開催 かいさい 圏개최
普段 ふだん 圏평소, 평상시　同様だ どうようだ な형마찬가지다, 같다
定価 ていか 圏정가　商品 しょうひん 圏상품
購入 こうにゅう 圏구입　期間中 きかんちゅう 圏기간 중
新商品 しんしょうひん 圏신상품
求める もとめる 图구입하다, 구하다　次回 じかい 圏다음, 다음 번
使用 しよう 圏사용　割引券 わりびきけん 圏할인권
差し上げる さしあげる 图드리다　来店 らいてん 圏내점, 가게에 옴
詳細 しょうさい 圏상세 사항, 상세　ホームページ 圏홈페이지
会員サービス かいいんサービス 圏회원 서비스

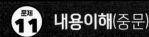
문제 11 내용이해(중문)

실력 다지기　　　　　　　　p.282

01 ①	02 ②	03 ①	04 ①	05 ②
06 ①				

01

결벽증은, 불결한 것을 병적으로 두려워해, 청결함을 추구하는 증상을 말한다. 완벽을 추구하여, 융통성이 없는 증상도 있지만, 모두가 그런 것은 아니다. 결벽증은 스트레스성 공포증의 하나로, 현대 사회를 살아가는 사람에게는 발병하기 쉽고, 우울증과도 관련이 있다.

필자에 따르면, '결벽증'의 주요한 특징은 무엇인가?

① 불결함을 병적으로 두려워하여 청결함을 추구한다.

② 완벽함을 추구해서 융통성이 없다.

어휘 潔癖症 けっぺきしょう 圏결벽증　不潔だ ふけつだ な형불결하다
病的だ びょうてきだ な형병적이다　恐れる おそれる 图두려워하다
清潔さ せいけつさ 圏청결함　追求 ついきゅう 圏추구
症状 しょうじょう 圏증상　完璧 かんぺき 圏완벽
求める もとめる 图추구하다, 원하다
融通が利く ゆうずうがきく 융통성이 있다　ストレス 圏스트레스
恐怖症 きょうふしょう 圏공포증　現代 げんだい 圏현대
社会 しゃかい 圏사회　生きる いきる 图살아가다, 살다
発症 はっしょう 圏발병, 발증　うつ病 うつびょう 圏우울증, 우울병
関連 かんれん 圏관련

02

회사에서 돌아가는 길에 운동을 하는 회사원이 많다. 운동을 하는 것은 건강에 좋지만, 주의할 점이 있다. 그것은, 반드시 운동 전에 가볍게라도 좋으니, 스트레칭을 하는 것이다. 격렬한 운동은 근육을 놀라게 할 가능성이 있기 때문이다. 특히 **회사원은 하루 종일 앉아있기 때문에, 긴장한 상태에서 갑**

자기 움직이면 몸에 부담이 갈지도 모른다.

회사원이 운동을 할 때, 왜 특히 조심해야 하는가?

① 격한 운동은 근육을 놀라게 하기 때문에
② **갑자기 움직이면 몸에 무리를 주기 때문에**

어휘 運動 うんどう 圀운동　会社員 かいしゃいん 圀회사원
　　健康 けんこう 圀건강　注意 ちゅうい 圀주의　点 てん 圀점
　　必ず かならず 囝반드시　ストレッチ 圀스트레칭
　　激しい はげしい ㋑㊀격렬하다　筋肉 きんにく 圀근육
　　驚く おどろく 圄놀라다　可能性 かのうせい 圀가능성
　　特に とくに 囝특히　一日中 いちにちじゅう 圀하루 종일
　　緊張 きんちょう 圀긴장　状態 じょうたい 圀상태
　　突然 とつぜん 囝갑자기, 돌연　動く うごく 圄움직이다
　　負担 ふたん 圀부담　～かもしれない ～할지도 모른다
　　急に きゅうに 囝갑자기　無理 むり 圀무리

03

　　시험의 난이도를 조정하는 것은 어렵다. 특히 절대평가 시
험의 경우는, 전 시험과 비교해, 난이도에 큰 차이가 없도록
하는 것이 중요하다. 시험이 쉬우면 합격하기 쉽고, 어려우면
합격하기 어렵다. 만일, 이전 시험과 이번 시험의 난이도가 다
르면, 어려웠던 시험의 합격자와 쉬웠던 시험의 합격자의 수
준이 다름에도 불구하고, 합격이라는 같은 결과를 받는 문제
가 발생한다.

문제가 발생한다라고 하는데, 어떤 문제인가?

① **합격자 수준이 다른데도 같은 합격 결과를 받는다.**
② 시험에 불합격하는 사람이 많아진다.

어휘 試験 しけん 圀시험　難易度 なんいど 圀난이도
　　調整 ちょうせい 圀조정　特に とくに 囝특히
　　絶対評価 ぜったいひょうか 圀절대평가　場合 ばあい 圀경우
　　比べる くらべる 圄비교하다　差 さ 圀차이, 차　合格 ごうかく 圀합격
　　もし 囝만일　以前 いぜん 圀이전　今回 こんかい 圀이번
　　合格者 ごうかくしゃ 圀합격자　水準 すいじゅん 圀수준
　　異なる ことなる 圄다르다　結果 けっか 圀결과
　　受け取る うけとる 圄받다　発生 はっせい 圀발생

04

　　세월이 지남에 따라 서점에 가는 것이 좋아졌다. 책을 읽는
것도 즐겁고, 적당한 북적임 속에 있는 것도 좋아한다. 최근에
는 서점 안에 카페가 들어와, 매우 좋아하는 커피도 마실 수
있게 되었다. 그 중에서도 특히 나는 서점의 냄새를 좋아한다.
서점의 냄새란 서점에 있는 사람의 냄새도 아니고, 커피의
냄새도 아닌, 새로운 책의 냄새이다.

서점의 냄새라고 하는데, 무엇인가?

① **새로운 책 냄새**

② 서점에 있는 사람들의 냄새

어휘 月日 つきひ 圀세월, 월일　経つ たつ 圄(시간이) 지나다, 경과하다
　　本屋 ほんや 圀서점　適度だ てきどだ ㋡㊀적당하다
　　人ごみ ひとごみ 圀북적임　最近 さいきん 圀최근　カフェ 圀카페
　　特に とくに 囝특히　匂い におい 圀냄새　人々 ひとびと 圀사람들

05

　　비 오는 날에는 우산을 준비하지 않으면 안 되고, 외부 활동
에 방해가 되는 등 해서, 싫어하는 사람이 있다. 하지만, 나는
비 오는 날을 좋아한다. **빗소리를 들으면 심신이 편안해지고,**
창문으로 비 오는 날의 경치를 보고 있으면, 왠지 기분이 좋아
진다. 하지만, 외출할 예정이 있는 날에는, 비는 별로 좋아하
지 않는다. **옷이 젖어 빨래하는 것도 귀찮은 데다가, 집 안의
습기를 제거하는 일에 손이 가기 때문이다.**

비 오는 날에 대해 필자의 생각과 맞는 것은 어느 것인가?

① 비가 내리는 풍경을 좋아해서, 비 오는 날은 외출하고 싶어진다.
② **빗소리를 듣는 것은 좋아하지만, 옷이 젖거나 하면 불편하다.**

어휘 雨の日 あめのひ 圀비 오는 날　準備 じゅんび 圀준비
　　外部活動 がいぶかつどう 圀외부활동　妨げ さまたげ 圀방해
　　嫌がる いやがる 圄싫어하다　音 おと 圀소리
　　心身 しんしん 圀심신　安らぐ やすらぐ 圄편안해지다
　　景色 けしき 圀경치　なぜか 囝왠지　気分 きぶん 圀기분
　　外出 がいしゅつ 圀외출　予定 よてい 圀예정
　　濡れる ぬれる 圄젖다　面倒だ めんどうだ ㋡㊀귀찮다
　　湿気 しっけ 圀습기　取り除く とりのぞく 圄제거하다
　　手間がかかる てまがかかる 손이 가다
　　不便だ ふべんだ ㋡㊀불편하다

06

　　외국에 살고 있었을 때, 주민등록을 위해 공공기관을 방문
한 적이 있다. 입구를 지난 뒤, 어디로 가면 좋을지 몰라, 직원
으로 보이는 사람에게 영어로 물어보았다. 하지만, 그 사람은
영어를 못해서, 제대로 대응 받지 못했다 겨우 창구에 도착했
다고 생각했더니, 창구 직원도 영어로 대화가 통하지 않았다.
귀국 후, 우연히 공공기관을 방문했을 때, 외국인이 곤란한 모
습이었다. 손을 내미는 사람이 아무도 없어, 내가 말을 걸었
다. **공공기관에서는 외국어를 할 수 있는 직원이 있어, 도와
주면 좋을 텐데, 라고 생각했다.**

이 글에서 필자가 말하고 싶은 것은 무엇인가?

① **공공기관에 외국어를 말할 수 있는 사람이 있어서, 외국인을
돕길 바란다.**
② 공공기관에서는 외국인을 친절하게 돕길 바란다.

어휘 住民登録 じゅうみんとうろく 圀주민등록
　　公共機関 こうきょうきかん 圀공공기관　訪ねる たずねる 圄방문하다
　　入口 いりぐち 圀입구　通る とおる 圄지나다　職員 しょくいん 圀직원

見える みえる [동]보이다　尋ねる たずねる [동]묻다
まともだ [な형]제대로다　対応 たいおう [명]대응, 응대　やっと [부]겨우
窓口 まどぐち [명]창구　たどり着く たどりつく [동]도착하다
会話 かいわ [명]대화, 회화　通じる つうじる [동]통하다
帰国 きこく [명]귀국　偶然 ぐうぜん [부]우연히
様子 ようす [명]모습, 모양
手を差し伸べる てをさしのべる 손을 내밀다, 돕다
声をかける こえをかける 말을 걸다　外国語 がいこくご [명]외국어
手伝う てつだう [동]돕다　助ける たすける [동]돕다
親切だ しんせつだ [な형]친절하다

실전 테스트 1 p.284

60 1	**61** 4	**62** 2	**63** 2	**64** 4
65 3	**66** 1	**67** 3	**68** 2	

문제11 다음 (1)에서 (3)의 글을 읽고, 뒤의 물음에 대한 답으로 가장 알맞은 것을, 1・2・3・4에서 하나 고르세요.

60-62

　여름이 되면 저녁에 갑자기, 많은 비가 내리는 경우가 있습니다. 여름의 저녁 비는 소나기라고 불리며, 여름의 풍물시 중 하나였습니다. 하지만 최근, 시간에 관계없이, 폭우가 내리게 되었습니다. 이것은, ^[60]매우 좁은 범위에서, 단시간에, 수십 밀리미터 이상 내리는 것으로, ^[61]국지적 폭우, 또는 게릴라 호우라고 불리고 있고, 근래, 여름이 되면 반드시 발생하고 있습니다.

　이 비가 문제인 것은, 뭐니 뭐니 해도 언제 내리는가라는 예측이 어려운 것입니다. 아침, 텔레비전을 켜서 ^[61]일기예보를 봤을 때, 맑음 마크가 표시되어 있으면, 대부분의 사람들은 외출할 때 우산을 지니지 않고 집을 나갈 것입니다. 그런데, 갑자기 기온이 내려가, 돌연, 대량의 비가 내리는 것입니다. 깜빡, 우산을 지니지 않고 나간 사람들이, 지붕이 있는 장소로 달려가 피난하는 모습도 드물지 않게 되었고, '오늘, 일기예보에서는 맑음이었지?' 등의 대화도 자주 듣게 되었습니다.

　<u>일본의 여름의 이미지는 조금 변화했다</u>고 생각합니다. 지금까지는 일본의 더운 여름의 이미지라고 하면, 몸을 식히기 위한 빙수나 부채, 여름의 밤하늘에 올라가는 아름다운 불꽃놀이 등을 들 수 있었습니다만, ^[62]지금은, '여름이라고 하면 비!'라고 말할 수 있을 정도로 비의 양이 증가했습니다. 그러므로, 여름에는 언제나 우산을 지니고 다니도록 하면 안심할 수 있겠지요.

(주) 풍물시: 그 계절에만 볼 수 있는 물건이나 일

어휘 突然 とつぜん [부]갑자기, 돌연　夕立 ゆうだち [명]소나기
風物詩 ふうぶつし [명]풍물시　最近 さいきん [명]최근
関係 かんけい [명]관계　大雨 おおあめ [명]폭우
非常に ひじょうに [부]매우, 몹시　範囲 はんい [명]범위
短時間 たんじかん [명]단시간　ミリ [명]밀리미터

以上 いじょう [명]이상　局地的 きょくちてき [な형]국지적
または [접]또는　ゲリラ豪雨 ゲリラごうう [명]게릴라 호우
近年 きんねん [명]근래, 근년　必ず かならず [부]반드시
発生 はっせい [명]발생　なんといっても 뭐니 뭐니 해도
予測 よそく [명]예측　天気予報 てんきよほう [명]일기예보
マーク [명]마크　ほとんど [명]대부분　出掛ける でかける [동]외출하다
それなのに [접]그런데, 그럼에도 불구하고　急に きゅうに [부]갑자기
気温 きおん [명]기온　下がる さがる [동]내려가다
大量 たいりょう [명]대량　うっかり [부]깜빡　屋根 やね [명]지붕
場所 ばしょ [명]장소　避難 ひなん [명]피난　姿 すがた [명]모습
めずらしい [い형]드물다　会話 かいわ [명]대화, 회화
耳にする みみにする 듣다　日本 にほん [명]일본
イメージ [명]이미지　変化 へんか [명]변화　～といえば ~라고 하면
冷やす ひやす [동]식히다, 차갑게 하다　かき氷 かきごおり [명]빙수
うちわ [명]부채　夜空 よぞら [명]밤하늘　あがる [동]올라가다
花火 はなび [명]불꽃놀이　増加 ぞうか [명]증가　ですから [접]그러므로
安心 あんしん [명]안심

60

여름의 비에는 어떤 특징이 있는가?

1 짧은 시간에, 좁은 지역에서 많은 비가 갑자기 내린다.
2 좁은 지역에 많이 내리지만, 갑자기 내리는 경우는 없다.
3 비의 양은 많지만, 내리는 것은 저녁뿐이다.
4 일기예보가 맑음이어도, 반드시 비가 내리는 시간이 있다.

해설 질문의 夏の雨(여름의 비)의 특징과 관련된 내용을 지문에서 찾는다. 첫 번째 단락에서 非常に狭い範囲で、短時間に、数十ミリ以上降るもの(매우 좁은 범위에서, 단시간에, 수십 밀리미터 이상 내리는 것)라고 서술하고 있으므로, 1 短い時間に、狭い地域でたくさんの雨が突然降る(짧은 시간에, 좁은 지역에서 많은 비가 갑자기 내린다)가 정답이다.

어휘 特徴 とくちょう [명]특징

61

국지적 폭우라고 불리고 있는 비에 대해서, 필자는 어떻게 서술하고 있는가?

1 폭우인 날은 피난하는 사람이 많다.
2 폭우인 날은 반드시 추운 날이다.
3 일기예보에서 맑음인 날에 발생한다.
4 일기예보만으로는 알 수 없다.

해설 질문의 局地的大雨(국지적 폭우)와 관련된 내용을 지문에서 찾는다. 첫 번째 단락에서 局地的大雨、またはゲリラ豪雨と呼ばれており(국지적 폭우, 또는 게릴라 호우라고 불리고 있고)라고 서술하고, 두 번째 단락에서 天気予報を見たとき、晴れのマークがついていれば、ほとんどの人は出掛けるときに傘を持たずに家を出るでしょう。それなのに、急に気温が下がって、突然、大量の雨が降るのです(일기예보를 봤을 때, 맑음 마크가 표시되어 있으면, 대부분의 사람들은 외출할 때 우산을 지니지 않고 집을 나갈 것입니다. 그런데, 갑자기 기온이 내려가, 돌연, 대량의 비가 내리는 것입

니다)라고 서술하고 있으므로, 4 天気予報だけではわからない(일기예보만으로는 알 수 없다)가 정답이다.

일본의 여름의 이미지는 조금 변화했다라고 하는데, 그것은 왜인가?

1 기온이 매년 높아져 왔기 때문에
2 갑자기 내리는 비가 많아졌기 때문에
3 일기예보가 맞지 않게 됐기 때문에
4 비가 내리는 시간이 길어졌기 때문에

해설 지문의 日本の夏のイメージは少し変化した(일본의 여름의 이미지는 조금 변화했다) 주변을 주의 깊게 읽고 이유를 찾는다. 뒷부분에서 今では、「夏といえば雨！」と言えるほど雨の量が増加しました(지금은, '여름이라고 하면 비!'라고 말할 수 있을 정도로 비의 양이 증가했습니다)라고 서술하고 있으므로, 2 突然降る雨が多くなったから(갑자기 내리는 비가 많아졌기 때문에)가 정답이다.

어휘 年々 ねんねん 圏 매년, 해마다   あたる 图 맞다

　　일본인이 근면하다는 것은 세계에서도 유명하다. 하지만, 일본인은 정말 일을 굉장히 좋아하는 것일까? 잔업을 하는 경우, 정말로 일이 끝나지 않아서 잔업하고 있는 사람도 있지만, 일이 없어서 돌아가고 싶은데, 아직 일을 하고 있는 동료나 상사보다 먼저 돌아가는 것이 실례라고 생각해서 돌아갈 수 없는 경우도 있다. 또, 왠지 모르게 정시에 딱 돌아가는 것은 좋지 않다고 생각하는 일본인이 많은 것도 잔업을 하지 않으면 안 되는 이유가 된 것은 아닐까? 그리고, 그 [63]잔업시간에 대해 잔업수당이 지급되지 않는 기업이 있는 것도 사실이다. 이것을 '서비스 잔업'이라고 한다.

　　또, 최근에는 [64]너무 일하는 것도 문제가 되고 있다. 서비스 잔업이나 스트레스가 원인으로 자살하거나, 과로사해 버리거나 하는 케이스가 자주 뉴스에서 보도되게 되었다. 무리하게 잔업을 해야 하더라도, 일하고 있는 사람의 대부분은 회사에 불만을 말하지 않는다. 왜냐하면, 불만을 말하는 것으로 기업 측으로부터 역으로 주의를 받고, 직장을 잃을 수도 있기 때문이다. 그래서 무리를 해버린다.

　　'서비스 잔업'이라는 나쁜 관습이 사람의 목숨을 빼앗을지도 모른다는 것은 사실이다. 이러한 상황이 많은 사람에게 알려지게 된 것으로, 서서히 이긴 하지만 '잔업 없는 날' 등으로 정해서 일절 잔업을 해서는 안 되는 날을 만드는 기업도 나왔다. [65]일본인은 옛날부터 잘 일하지만, 잔업만 하지 말고 가족이나 자신의 시간을 더 소중히 해도 좋지 않을까. 기업도 일하는 사람도 잔업의 바람직한 형태를 진지하게 재검토해 나가야 할 것이다.

어휘 日本人 にほんじん 圏 일본인
勤勉だ きんべんだ な형 근면하다, 부지런하다   世界 せかい 圏 세계
残業 ざんぎょう 圏 잔업   場合 ばあい 圏 경우, 사정
同僚 どうりょう 圏 동료   上司 じょうし 圏 상사
先に さきに 囝 먼저, 전에   失礼だ しつれいだ な형 실례이다

なんとなく 囝 왠지 모르게, 어쩐지   定時 ていじ 圏 정시
ぴったり 囝 딱, 꼭
～なければならない ～하지 않으면 안 된다, ～해야 한다
理由 りゆう 圏 이유   ～について ～에 대해, ～에 관해
残業代 ざんぎょうだい 圏 잔업수당   支払う しはらう 图 지급하다
企業 きぎょう 圏 기업   事実 じじつ 圏 사실
サービス残業 サービスざんぎょう 圏 서비스 잔업, 수당 없이 하는 잔업
最近 さいきん 圏 최근   ストレス 圏 스트레스
原因 げんいん 圏 원인   自殺 じさつ 圏 자살
過労死 かろうし 圏 과로사   ～てしまう ～해 버리다, ~하고 말다
～たり…たりする ~하거나 …하거나 하다   ケース 圏 케이스, 경우
たびたび 囝 자주, 여러 번   報道 ほうどう 圏 보도
無理だ むりだ な형 무리이다   多く おおく 圏 대부분, 많음
文句 もんく 圏 불만   なぜならば 囝 왜냐하면   逆 ぎゃく 圏 역, 반대
注意 ちゅうい 圏 주의   職を失う しょくをうしなう 직장을 잃다
～かねない ~할 수도 있다, ~할지도 모른다   だから 囹 그래서, 그러므로
慣習 かんしゅう 圏 관습   命 いのち 圏 목숨, 생명
奪う うばう 图 빼앗다   こうした 이러한   状況 じょうきょう 圏 상황
知られる しられる 알려지다, 유명해지다   徐々に じょじょに 囝 서서히
ノー残業デー ノーざんぎょうデー 圏 잔업 없는 날, 노 잔업 데이
決める きめる 图 정하다, 결정하다   一切 いっさい 囝 일절, 모두
昔 むかし 圏 옛날   ～ばかりする ~만 하다
あり方 ありかた 圏 바람직한 형태, 본연의 모습
真剣だ しんけんだ な형 진지하다, 열심이다
見直す みなおす 图 재검토하다, 다시 보다   ～べきだ ~해야 한다

'서비스 잔업'이란 어떤 잔업인가?

1 동료나 상사와 즐겁게 잔업하는 것
2 돈이 지급되지 않는 잔업
3 돈이 많이 지급되는 잔업
4 불만을 말하지 않고 일하는 것

해설 질문의 サービス残業(서비스 잔업)와 관련된 내용을 지문에서 찾는다. 첫 번째 단락에서 残業時間について残業代が支払われない企業があることも事実だ。これを「サービス残業」という(잔업시간에 대해 잔업수당이 지급되지 않는 기업이 있는 것도 사실이다. 이것을 '서비스 잔업'이라고 한다)라고 서술하고 있으므로, 2 お金が払われない残業のこと(돈이 지급되지 않는 잔업)가 정답이다.

어휘 払う はらう 图 지급하다, 지불하다

너무 일하는 것도 문제라고 하는데, 그것은 왜인가?

1 쓸데없는 잔업을 해야 하기 때문에
2 회사에 불만을 말할 수 없기 때문에
3 직장을 잃을 수도 있기 때문에
4 자살이나 과로사로 이어지기 때문에

해설 지문의 働きすぎることも問題(너무 일하는 것도 문제) 주변을 주의 깊게 읽고 이유를 찾는다. 밑줄을 포함한 문장에서 働きすぎること

も問題となっている(너무 일하는 것도 문제가 되고 있다)라고 서술하고, 뒷부분에서 サービス残業やストレスが原因で自殺したり、過労死してしまったりするケースがたびたびニュースで報道されるようになった(서비스 잔업이나 스트레스가 원인으로 자살하거나, 과로사해 버리거나 하는 케이스가 자주 뉴스에서 보도되게 되었다)라고 서술하고 있으므로, 4 自殺や過労死につながるから(자살이나 과로사로 이어지기 때문에)가 정답이다.

어휘 無駄だ むだだ [な형]쓸데없다, 헛되다　つながる [동]이어지다, 연결되다

65

잔업에 대해 필자의 생각과 가까운 것은 어느 것인가?

1 잔업은 좋지 않기 때문에, 정시에 돌아가야 한다.
2 잔업은 좋지 않고, 일본인은 일을 좋아하지 않는다.
3 잔업도 좋지만, 일 이외의 것도 소중히 해야 한다.
4 잔업도 좋지만, 기업이 정확히 돈을 지급해야 한다.

해설 필자의 생각을 묻고 있으므로 残業(잔업)를 지문의 후반부나 지문 전체에서 찾아 잔업에 대한 필자의 생각을 파악한다. 세 번째 단락에서 日本人は昔からよく働くが、残業ばかりしないで家族や自分の時間をもっと大切にしてもよいのではないだろうか(일본인은 옛날부터 잘 일하지만, 잔업만 하지 말고 가족이나 자신의 시간을 더 소중히 해도 좋지 않을까)라고 서술하고 있으므로, 3 残業もよいが、仕事以外のことも大切にするべきだ(잔업도 좋지만, 일 이외의 것도 소중히 해야 한다)가 정답이다.

어휘 以外 いがい [명]이외　きちんと [부]정확히, 단정히

66-68

최근 화제가 되고 있는 책이 있다. 근트레, 즉 몸을 강하게 하는 근육 트레이닝에 관한 책인데, 트레이닝 방법이 아니라, 왜 트레이닝이 필요한지가 쓰여 있다. 그 책에 의하면, 근트레를 하는 것에 의해, 인생을 바꾸는 것도 가능하다고 한다. 실제로, [66]나도 근트레를 시작하고나서, 생활이 제법 바뀌었다. 아니, 생활뿐만 아니라, 사고방식도 바뀌었다고 생각한다. 몸을 움직이고 있는 것으로, 마음이 매우 밝아진 것이다. 자신의 몸을 자기 자신이 만들어 내가는 즐거움은, 자신이 할 수 있는 것이 늘어나는 즐거움이기도 하다.

생활 속에서 변한 것 중의 하나는, 수면시간이다. 근트레 덕분에 잘 잘 수 있게 되었다. 그 일을 호주인 친구와 이야기했는데, 그 친구는 하루에 7시간은 자도록 하고 있다고 말했다. 매일, 일로 매우 바쁜 사람이라서, '자는 것이 아깝지 않아?'라고 질문했더니, 웃음을 샀다. '수면시간이 부족하면, 결단력이 둔해지지?'라고. [67]그 사람은 좋은 일을 하고, 좋은 인생을 살기 위해서는, 머릿속을 상쾌하게 하는 데 충분한 수면시간이야말로 필요하다고 말했다.

[68]몸을 움직이는 즐거움과, 적당한 수면. 언뜻 보기에, 쓸모없어 보이는 이 두 가지는, 바쁜 현대인에게야말로 필요한 것일지도 모른다.

(주) 결단력이 둔해지다 : 무언가를 결정할 때에 시간이 걸리게 되다

어휘 最近 さいきん [명]최근　話題 わだい [명]화제

筋トレ きんとれ [명]근트레 (근육 트레이닝의 줄임말)　つまり [부]즉
筋肉 きんにく [명]근육　トレーニング [명]트레이닝
~に関する ~にかんする ~에 관한　仕方 しかた [명]방법
必要だ ひつようだ [な형]필요하다　人生 じんせい [명]인생
変える かえる [동]바꾸다　可能 かのう [명]가능
実際 じっさい [부]실제로　始める はじめる [동]시작하다
~てから ~하고 나서, ~하고부터　生活 せいかつ [명]생활
かなり [부]제법, 꽤　考え方 かんがえかた [명]사고방식, 사고
動かす うごかす [동]움직이다, 움직이게 하다
気持ち きもち [명]마음, 기분　自分自身 じぶんじしん [명]자기 자신
作り上げる つくりあげる [동]만들어 내다　楽しさ たのしさ [명]즐거움
増える ふえる [동]늘어나다　睡眠時間 すいみんじかん [명]수면시간
おかげ [명]덕분, 덕택　眠る ねむる [동]자다
オーストラリア [명]호주, 오스트레일리아　友人 ゆうじん [명]친구
もったいない [い형]아깝다　笑う わらう [동]웃다
足りない たりない 부족하다　決断力 けつだんりょく [명]결단력
鈍る にぶる [동]둔해지다　すっきり [부]상쾌한 모양, 산뜻한 모양
十分だ じゅうぶんだ [な형]충분하다　~こそ ~야말로
適度だ てきどだ [な형]적당하다, 적절하다
一見 いっけん [부]언뜻 보기에　無駄だ むだだ [な형]쓸모없다
見える みえる [동]보이다　現代人 げんだいじん [명]현대인
~かもしれない ~일지도 모른다

66

트레이닝을 시작하고, 필자는 어떻게 변했다고 서술하고 있는가?

1 운동하는 것을 통해, 마음이 밝아졌다.
2 자신의 건강에 주의하게 되어, 생활이 변했다.
3 1일의 생활 방식이 변했기 때문에, 자는 시간이 늘었다.
4 할 수 있는 것이 늘어서, 일을 잘 할 수 있게 되었다.

해설 질문의 トレーニングを始めて(트레이닝을 시작하고) 필자는 어떻게 변했는지와 관련된 내용을 지문에서 찾는다. 첫 번째 단락에서 私も筋トレを始めてから、生活がかなり変わった。いや、生活だけでなく、考え方も変わったと思う。体を動かしていることで、気持ちがとても明るくなったのだ(나도 근트레를 시작하고나서, 생활이 제법 바뀌었다. 아니, 생활뿐만 아니라, 사고방식도 바뀌었다고 생각한다. 몸을 움직이고 있는 것으로, 마음이 매우 밝아진 것이다)라고 서술하고 있으므로, 1 運動することを通して、気持ちが明るくなった(운동하는 것을 통해, 마음이 밝아졌다)가 정답이다.

어휘 注意 ちゅうい [명]주의

67

자는 시간을 충분히 취하는 것은 왜 필요한 것인가?

1 바쁜 일을 하고 있으면, 자는 시간이 부족하기 때문에
2 자는 시간이 부족하면, 인생을 바꿀 수 없기 때문에
3 여러 가지 일을, 잘 돌아가는 머리로 결정할 수 있게 되기 때문에
4 자신의 인생을 결정하는 힘이 약해지면, 좋은 일을 할 수 없기 때문에

해설 질문의 眠る時間を十分に取ること(자는 시간을 충분히 취하는 것)

가 왜 필요한지와 관련된 내용을 지문에서 찾는다. 두 번째 단락에서 その人はいい仕事をし、いい人生にするためには、頭の中をすっきりとさせるのに十分な睡眠時間こそが必要なのだと言っていた(그 사람은 좋은 일을 하고, 좋은 인생을 살기 위해서는, 머릿속을 상쾌하게 하는 데 충분한 수면시간이야말로 필요하다고 말했다)라고 서술하고 있으므로, 3 いろいろなことを、よく回る頭で決められるようになるから(여러 가지 일을, 잘 돌아가는 머리로 결정할 수 있게 되기 때문에)가 정답이다.

어휘 回る まわる 图돌다　決める きめる 图결정하다　力 ちから 图힘

68

이 글에서 필자가 말하고 싶은 것은 무엇인가?

1 트레이닝과 충분한 수면은 바쁘기 때문에 필요하지만, 시간의 낭비다.
2 몸을 움직이는 것과 충분히 자는 것은, 대단히 중요한 일이다.
3 인생에서는 쓸모없어 보이는 것을 소중히 하는 시간이 필요하다.
4 인생에서는 즐겁다고 생각하는 것을 하는 것이 수면과 같은 정도로 필요하다.

해설 지문의 주제를 묻고 있으므로 지문의 후반부나 지문 전체를 읽으며 정답의 단서를 찾는다. 세 번째 단락에서 体を動かす楽しさと、適度な睡眠。一見、無駄に見えるこの二つは、忙しい現代人にこそ必要なものなのかもしれない(몸을 움직이는 즐거움과, 적당한 수면. 언뜻 보기에, 쓸모없어 보이는 이 두 가지는, 바쁜 현대인에게야말로 필요한 것일지도 모른다)라고 서술하고, 지문 전체적으로 몸을 움직이는 것과 충분히 자는 것의 중요성을 서술하고 있으므로, 2 体を動かすことと十分に眠ることは、非常に大切なことだ(몸을 움직이는 것과 충분히 자는 것은, 대단히 중요한 것)가 정답이다.

어휘 非常に ひじょうに 图대단히

실전 테스트 2

p.290

| **60** 1 | **61** 3 | **62** 4 | **63** 2 | **64** 3 |
| **65** 3 | **66** 4 | **67** 3 | **68** 2 | |

문제11 다음 (1)에서 (3)의 글을 읽고, 뒤의 물음에 대한 답으로 가장 알맞은 것을, 1・2・3・4에서 하나 고르세요.

60-62

지금의 자신을 바꾸고 싶다고 생각하고 있는 사람이 적지 않은 현대, 그런 책이 팔리고 있기도 하고, 또 그것을 위한 세미나가 실시되고 있기도 하다.

[60]책이나 세미나에서 소개되고 있는 것은 대개, 노력이 필요하다는 내용인데, [61]과연 노력이 지속되는 사람은 대체 어느 정도 있는 것일까? 나에게는 무리다. 나와 같은 의견인 사람도 많을 것이다. 노력을 오래 지속시키는 것은 어렵고, 실패로 끝나는 경우가

많은 것은 아닐까? 왜냐하면, 노력이라는 것은 대개 괴로운 것이기 때문이다. 변화의 과정은 괴로운 법이라는 것이 전제인 것이다.

그럼, 어떻게 하면 자신을 바꿀 수 있는 것일까?

[62]자신을 바꾸고 싶다고 생각하고 있는 사람은 우선, 어떻게 하면 자신을 바꿀 수 있을지 생각하지 않아야 한다. '생각하지 않고 어떻게 행동해?'라고 생각하는 사람이 있을지도 모른다. 하지만, 생각하는 것은 변화를 뒤로 미루고 있는 것뿐이고 의미가 없는 것이다. 또 이것저것 생각해 버리는 것은, 변화를 두려워하고 있기 때문일지도 모른다. 그러한 준비 시간 따위 필요 없다. 행동하기 위해서 준비를 하는 것이 아니라, [62]행동하면서 준비를 하면 된다. 행동을 하면 변화를 느낄 수 있다. 그 변화의 과정을 즐길 수 있으면, 자신을 바꿀 수 있는 것이다.

(주) 전제: 어떤 사건이 성립하기 위한 기본이 되는 조건

어휘 変える かえる 图바꾸다　現代 げんだい 图현대　セミナー 图세미나
実施 じっし 图실시　紹介 しょうかい 图소개
だいたい 图대개, 대체로　努力 どりょく 图노력
必要だ ひつようだ 圆필요하다　内容 ないよう 图내용
果たして はたして 图과연　持続 じぞく 图지속
無理だ むりだ 圆무리다　意見 いけん 图의견
長続き ながつづき 图오래 지속함　失敗 しっぱい 图실패
たいてい 图대개　つらい い圆괴롭다, 힘들다　変化 へんか 图변화
過程 かてい 图과정　前提 ぜんてい 图전제　行動 こうどう 图행동
~かもしれない ~일지도 모른다　先延ばし さきのばし 图뒤로 미룸
あれこれ 图이것저것　恐れる おそれる 图두려워하다
準備時間 じゅんびじかん 图준비 시간　出来事 できごと 图사건
成立 せいりつ 图성립　基本 きほん 图기본　条件 じょうけん 图조건

60

필자에 의하면, 책이나 세미나에서 소개되는 내용은 어떤 것인가?

1 자신을 바꾸기 위해서는 노력이 필요하다고 하는 것
2 노력을 하는 것이 오래 계속되는 사람은 그다지 없다고 하는 것
3 노력이라고 하는 것은 본래, 괴로운 것이라는 것
4 자신을 바꾼다는 것은 괴로운 과정이 필요하다고 하는 것

해설 질문의 本やセミナーで紹介される内容(책이나 세미나에서 소개되는 내용)와 관련된 내용을 지문에서 찾는다. 두 번째 단락에서 本やセミナーで紹介されているのはだいたい、努力が必要だという内容(책이나 세미나에서 소개되고 있는 것은 대개, 노력이 필요하다는 내용)라고 서술하고 있으므로, 1 自分を変えるためには努力が必要であるということ(자신을 바꾸기 위해서는 노력이 필요하다고 하는 것)가 정답이다.

어휘 本来 ほんらい 图본래　続く つづく 图계속되다

61

나에게는 무리다라고 하는데, 무엇이 무리인 것인가?

1 자신을 바꾸는 것
2 노력을 하는 것
3 노력을 계속하는 것

4 변화를 계속하는 것

해설 지문의 私には無理だ(나에게는 무리다) 주변을 주의 깊게 읽고 무엇이 무리인 것인지 찾는다. 앞 부분에서 果たして努力が持続する人はいったいどのぐらいいるのだろうか(과연 노력이 지속되는 사람은 대체 어느 정도 있는 것일까?)라고 서술하고, 밑줄을 포함한 문장에서 私には無理だ(나에게는 무리다)라고 서술하고 있으므로, 3 努力し続けること(노력을 계속하는 것)가 정답이다.

어휘 続ける つづける 동 계속하다

62

자신을 바꾸는 방법에 대해서, 필자의 의견과 맞는 것은 어느 것인가?

1 자신을 바꾸기 위해서는 노력을 계속하는 것이 중요하다.
2 자신을 바꾸기 위한 노력은 괴롭지만, 과정을 즐기면 된다.
3 어떻게 자신을 바꿀지 생각하고, 준비하는 것이 중요하다.
4 자신을 바꾸고 싶은 사람은 생각하지 않고 바로 행동하면 된다.

해설 필자의 의견을 묻고 있으므로 自分を変える方法(자신을 바꾸는 방법)를 지문의 후반부나 지문 전체에서 찾아 자신을 바꾸는 방법에 대한 필자의 의견을 파악한다. 세 번째 단락에서 自分を変えたいと思っている人はまず、どうやったら自分を変えられるか考えないことだ(자신을 바꾸고 싶다고 생각하고 있는 사람은 우선, 어떻게 하면 자신을 바꿀 수 있을지 생각하지 않아야 한다), 그리고 行動しながら準備をするといい(행동하면서 준비를 하면 된다)라고 서술하고 있으므로, 4 自分を変えたい人は考えないですぐに行動するといい(자신을 바꾸고 싶은 사람은 생각하지 않고 바로 행동하면 된다)가 정답이다.

어휘 楽しむ たのしむ 동 즐기다

63-65

아프리카에서 탄생한 인류는, 3만 8천~3만년 전에 어떻게 대륙에서 일본 열도까지 온 것일까? 당시는 지금보다도 기온이 낮고, 바다의 표면은 지금보다 80미터 정도 낮았다고 하지만, 그래도 바다는 건너지 않으면 안 됐다. 바다를 건널 방법을 찾으려고 국립과학박물관 팀이, 나무를 도려내어 구멍을 뚫었을 뿐인 배로, [63]**대만에서 오키나와까지 건너는 실험을 하여**, 무사히 성공했다. 지도와 시계를 지니지 않고, 태양과 별의 위치에 의지하여 방향을 정하고, 200킬로미터를 꼬박 이틀 가까이 계속 노를 저었다고 한다. [63] [65] **인류는 이렇게 이동하여, 세계로 퍼졌다고 증명할 수 있었다.**

그러나, 사람은 왜, 죽음의 위험이 있는데도 이동한 것일까? 환경이 나빠져서 이동한 경우도 있었겠지만, [64]**사람이 본래 가지는 호기심이 큰 이유는 아닐까? 바다 저편에 무엇이 있는 것일까? 알고 싶다, 가고 싶다는 강한 마음이 모험으로 향하게 한 것은 아닐까?** 그리고, [65]**그것을 실현할 수 있었던 것은, 사람이 힘을 합쳐서 협력하는 사회성이 있는 동물이었기 때문일 것이다.** 멤버가 다같이 힘과 지혜를 내어, 곤란을 극복하고, 목적을 달성한다. 근원인 부분에 그 DNA가 있기 때문에야말로, 인류는 많은 장소에서 마을을 만들고, 그것을 크게 해온 것이다. 먼 옛날부터 전해져 온 이 정신은,

이후에도 변하는 일은 없을 것이다.

(주1) 도려내어 구멍을 뚫다: 안에 있는 것을 빼내어, 구멍을 뚫는 것
(주2) 달성하다: 목표나 큰 일을 해서 성공하는 것

어휘 アフリカ 명 아프리카　誕生 たんじょう 명 탄생
人類 じんるい 명 인류　大陸 たいりく 명 대륙
日本列島 にほんれっとう 명 일본 열도　当時 とうじ 명 당시
気温 きおん 명 기온　表面 ひょうめん 명 표면
越える こえる 동 건너다, 극복하다　方法 ほうほう 명 방법
探る さぐる 동 찾다
国立科学博物館 こくりつかがくはくぶつかん 명 국립과학박물관
チーム 명 팀　くりぬく 동 도려내어 구멍을 뚫다　船 ふね 명 배
台湾 たいわん 명 대만　沖縄 おきなわ 명 오키나와
実験 じっけん 명 실험　無事だ ぶじだ な형 무사하다
成功 せいこう 명 성공　太陽 たいよう 명 태양　星 ほし 명 별
位置 いち 명 위치　頼り たより 명 의지　方角 ほうがく 명 방향
決める きめる 동 정하다　こぐ 동 젓다　移動 いどう 명 이동
世界 せかい 명 세계　広がる ひろがる 동 퍼지다
証明 しょうめい 명 증명　死し 죽음　危険 きけん 명 위험
環境 かんきょう 명 환경　もともと 부 본래, 원래
好奇心 こうきしん 명 호기심　理由 りゆう 명 이유
気持ち きもち 명 마음　冒険 ぼうけん 명 모험
向かう むかう 동 향하다　実現 じつげん 명 실현
合わせる あわせる 동 합치다　協力 きょうりょく 명 협력
社会性 しゃかいせい 명 사회성　メンバー 명 멤버
知恵 ちえ 명 지혜　困難 こんなん 명 곤란　目的 もくてき 명 목적
達成 たっせい 명 달성　元 もと 명 근원, 기원　部分 ぶぶん 명 부분
大昔 おおむかし 명 먼 옛날　精神 せいしん 명 정신
今後 こんご 명 이후　変わる かわる 동 변하다　抜く ぬく 동 빼다
穴 あな 명 구멍　目標 もくひょう 명 목표

63

바다를 건너는 실험에서는, 어떤 것을 알았는가?

1 인류가 나무를 도려내어 구멍을 뚫었을 뿐인 배로 이동했던 것
2 인류가 어떻게 이동하고, 세계에 퍼졌는가 하는 것
3 인류가 지도와 시계에 의지하여 방향을 정했던 것
4 인류가 오키나와에서 대만까지 꼬박 이틀 가까이 노를 계속해서 저었던 것

해설 질문의 海を渡る実験(바다를 건너는 실험)에서 어떤 것을 알았는지와 관련된 내용을 지문에서 찾는다. 첫 번째 단락에서 台湾から沖縄まで渡る実験をし(대만에서 오키나와까지 건너는 실험을 하여), 그리고 人類はこのように移動し、世界に広がったと証明できた(인류는 이렇게 이동하여, 세계로 퍼졌다고 증명할 수 있었다)라고 서술하고 있으므로, 2 人類がどのように移動し、世界に広がったかということ(인류가 어떻게 이동하고, 세계에 퍼졌는가 하는 것)가 정답이다.

64

필자에 의하면, **인류가 이동한** 가장 큰 이유는 무엇인가?

1 죽을 지도 모를 것 같은 모험을 하고 싶다고 생각했기 때문에
2 살고 있는 곳의 환경이 나빠졌기 때문에
3 가 본 적이 없는 장소나 모르는 것에 흥미를 가졌기 때문에
4 자신들에게 사회성이 있는지 알고 싶었기 때문에

해설 질문의 人類が移動した(인류가 이동한) 이유와 관련된 내용을 지문에서 찾는다. 두 번째 단락에서 人がもともと持つ好奇心が大きな理由ではないか。海の向こうに何があるのか。知りたい、行きたいという強い気持ちが冒険へ向かわせたのではないだろうか(사람이 본래 가지는 호기심이 큰 이유는 아닐까? 바다 저편에 무엇이 있는 것일까? 알고 싶다, 가고 싶다는 강한 마음이 모험으로 향하게 한 것은 아닐까?)라고 서술하고 있으므로, 3 行ったことがない場所や知らないことに興味を持ったから(가 본 적이 없는 장소나 모르는 것에 흥미를 가졌기 때문에)가 정답이다.

65

필자에 의하면, **인류가 전 세계에 퍼진** 이유는 어떤 것인가?

1 목적을 달성하는 지혜가 있었기 때문에
2 마을을 만든다는 곤란을 극복할 수 있었기 때문에
3 힘을 합쳐서 협력하는 성질이 있었기 때문에
4 쭉 전해져 온 정신이 있었기 때문에

해설 질문의 人類が世界中に広まった(인류가 전 세계에 퍼진) 이유와 관련된 내용을 지문에서 찾는다. 첫 번째 단락에서 人類はこのように移動し、世界に広がったと証明できた(인류는 이렇게 이동하여, 세계로 퍼졌다고 증명할 수 있었다)라고 서술하고, 두 번째 단락에서 それを実現できたのは、人が力を合わせて協力する社会性のある動物だったからだろう(그것을 실현할 수 있었던 것은, 사람이 힘을 합쳐 협력하는 사회성이 있는 동물이었기 때문일 것이다)라고 서술하고 있으므로, 3 力を合わせて協力する性質があったから(힘을 합쳐서 협력하는 성질이 있었기 때문에)가 정답이다.

어휘 性質 せいしつ 図성질

66-68

일전에, 대학시절 선배에게 '일류인 물건을 가져'라고 들었다. 그뿐 아니라, '일류인 사람과 놀아'라고도 주의 받았다. [66]나의 물건이나 사귀는 사람에 기가 막혔던 것 같다. 확실히 내가 사용하는 물건은, [66]사용할 수 있으면 뭐든 좋고, 비싼 물건에는 전혀 흥미가 없다. 브랜드 물건 따위 산 적이 없다. 사회인이 되어, 다소 돈이 있는 지금도 학생 같은 복장을 하고 있고, [66]옛날부터 마음이 맞는 동료와 놀고 있다.

[67]선배는 일류인 물건을 가지고 싶다는 마음이 그 사람의 향상으로 이어진다고 말했다. 싸도 좋은 물건에 둘러싸여, 동료와 즐기는 인생은 안 되는 것일까? 아무래도 선배는 그런 사고 방식을 이해할 수 없는 것 같다.

일류라고 불리는 물건의 좋은 점을 모르기 때문에, 고급점에 가 봤다. 내가 입고 있는 것과 같은 T셔츠가 5만 엔이나 했다. 하지만,

내가 입고 있는 것과의 차이를 알 수 없었다. 팔고 있는 가게가 있으니까, 사는 사람이 있을 것이다. [68]나는 그런 물건을 사는 사람을 이해할 수 없지만, 부정도 하지 않는다. 사람에게는 각각 취향이 있고, 그러한 물건을 좋아하는 사람이 있을 뿐이다.

세상에는, 선배처럼, 이러한 삶의 방식이 좋다고 강하게 권유하는 사람이 있다. 자신의 삶의 방식에 자신이 있기 때문에 이러한 말을 하는 것일까? 아니면, 없기 때문에 그렇게 말하는 것일까?

어휘 先日 せんじつ 図일전에　大学時代 だいがくじだい 図대학시절
一流 いちりゅう 図일류　そればかりか 図그뿐 아니라
注意 ちゅうい 図주의　持ち物 もちもの 図소지품
付き合う つきあう 图사귀다　あきれる 图기가 막히다
たしかに 閉확실히　全く まったく 閉전혀
ブランド品 ブランドひん 図브랜드 물건
社会人 しゃかいじん 図사회인　多少 たしょう 閉다소
服装 ふくそう 図복장　気の合う きのあう 마음이 맞는
仲間 なかま 図동료　気持ち きもち 図마음　向上 こうじょう 図향상
つながる 图이어지다　囲む かこむ 图둘러싸다
楽しむ たのしむ 图즐기다　人生 じんせい 図인생
考え方 かんがえかた 図사고방식　理解 りかい 図이해
高級店 こうきゅうてん 図고급점, 고급 가게　Tシャツ 図티셔츠
否定 ひてい 図부정　それぞれ 閉각각　好み このみ 図취향
世の中 よのなか 図세상　生き方 いきかた 図삶의 방식
勧める すすめる 图권유하다　自信 じしん 図자신, 자신감
それとも 閉아 I면

66

기가 막혔던이라고 하는데, 무엇에 기가 막힌 것인가?

1 필자가 일류인 물건을 가지고, 일류인 사람과 사귀는 것
2 필자가 일류인 물건을 가지려고 하지만, 일류인 사람과 사귀지 않는 것
3 필자가 일류인 물건을 가지려고 하지 않지만, 일류인 사람과 사귀는 것
4 필자가 일류인 물건을 가지려고 하지 않고, 일류인 사람과도 사귀지 않는 것

해설 지문의 あされくいる(기가 막혔던) 주변을 주의 깊게 읽고 무엇에 기가 막힌 것인지 찾는다. 밑줄을 포함한 문장에서 私の持ち物や付き合う人にあきれているようだ(나의 물건이나 사귀는 사람에 기가 막혔던 것 같다)라고 서술하고, 뒷부분에서 使えれば何でもよく、高い物に全く興味がない(사용할 수 있으면 뭐든 좋고, 비싼 물건에는 전혀 흥미가 없다), 그리고 昔からの気の合う仲間と遊んでいる(옛날부터 마음이 맞는 동료와 놀고 있다)라고 서술하고 있으므로, 4 筆者が一流の物を持とうとせず、一流の人とも付き合わないこと(필자가 일류인 물건을 가지려고 하지 않고, 일류인 사람과도 사귀지 않는 것)가 정답이다.

67

필자가 생각하는 **'선배의 사고 방식'**과 맞는 것은 어느 것인가?

1 일류인 물건을 알려면, 일류인 물건을 팔고 있는 가게에 가야만 한다.

2 가치를 모르는 사람은, 일류인 물건을 가지지 않아도 된다.

3 자신의 향상을 위해, 일류인 물건을 손에 넣고 싶다는 마음을 가지면 좋다.

4 일류인 물건을 가지지 않는 사람의 사고 방식은 이해할 수 있지만, 자기는 가진다.

해설 필자의 생각을 묻고 있으므로 先輩の考え方(선배의 사고 방식)를 지문의 중반부나 지문 전체에서 찾아 선배의 사고방식에 대한 필자의 생각을 파악한다. 두 번째 단락에서 先輩は一流の物を持ちたいという気持ちがその人の向上につながると言っていた(선배는 일류인 물건을 가지고 싶다는 마음이 그 사람의 향상으로 이어진다고 말했다)라고 서술하고 있으므로, 3 自身の向上のため、一流の物を手に入れたい気持ちを持つといい(자신의 향상을 위해, 일류인 물건을 손에 넣고 싶다는 마음을 가지면 좋다)가 정답이다.

어휘 価値 かち 圀 가치   手に入れる てにいれる 손에 넣다

68

일류인 물건을 가지는 것에 대해서, 필자의 생각과 맞는 것은 어느 것인가?

1 일류인 물건의 좋은 점은 모르지만, 자신이 향상할 수 있을 것 같기 때문에 시험해 보고 싶다.

2 일류인 물건을 가지고 싶은 마음은 모르지만, 나쁜 일이라고는 생각하지 않는다.

3 자신의 삶의 방식에 자신이 있는 사람이, 일류인 물건을 가지려고 하는 것 같다.

4 일류인 물건이라고 불리는 것은, 학생이 입을 것 같은 물건과의 차이가 없기 때문에 불필요하다.

해설 필자의 생각을 묻고 있으므로 一流の物を持つこと(일류인 물건을 가지는 것)를 지문의 후반부나 지문 전체에서 찾아 일류인 물건을 가지는 것에 대한 필자의 생각을 파악한다. 세 번째 단락에서 私はそんな物を買う人のことは理解できないが、否定もしない。人にはそれぞれ好みがあり、そういう物が好きな人がいるというだけのことだ(나는 그런 물건을 사는 사람을 이해할 수 없지만, 부정도 하지 않는다. 사람에게는 각각 취향이 있고, 그러한 물건을 좋아하는 사람이 있을 뿐이다)라고 서술하고 있으므로, 2 一流の物を持ちたい気持ちはわからないが、悪いことだとは思わない(일류인 물건을 가지고 싶은 마음은 모르지만, 나쁜 일이라고는 생각하지 않는다)가 정답이다.

어휘 試す ためす 圄 시험해 보다   不要だ ふようだ 圬형 불필요하다

실전 테스트 3

p.296

60 2	**61** 2	**62** 3	**63** 3	**64** 2
65 4	**66** 2	**67** 4	**68** 1	

문제11 다음 (1)에서 (3)의 글을 읽고, 뒤의 물음에 대한 답으로 가장 알맞은 것을, 1・2・3・4에서 하나 고르세요.

60-62

여러분은 다른 사람으로부터 칭찬받았을 때, 어떤 대답을 하고 있나요? [61]상대의 말을 그대로 받아들이지 못하고, 부끄러운 기분이 되어, 그 내용을 부정해 버리는 경우가 있지는 않나요? [60]어렸을 때부터 자랑하는 것은 좋지 않다고 들으며 자랐기 때문에, 칭찬받아도, 그것을 부정해 버리는 사람이 적지 않습니다.

하지만, 그렇게 하는 것에 의해서, 칭찬해 준 상대에게 실은 실례를 하고 있는 것을 깨닫고 있나요? 상대를 부정하는 것에 의해 '당신이 말하고 있는 것은 틀렸다'라고 말하고 있는 것과 같은 것이랍니다.

그러면, 칭찬받으면 어떻게 말하면 좋을까요? 그 내용이 맞다고 생각한다면, 그것을 받아들이고 한마디, '감사합니다'라고 말하면 되는 것입니다. [62]칭찬받는다라고 하는 것은, 노력한 자신에게로의 선물인 것입니다. 스스로도 노력했다, 잘했다고 생각하는 것을 부정하는 것은, 자신감을 없애는 것으로 이어집니다. 반대로, [62]칭찬하는 말을 그대로 받아들이는 것으로 좋은 기분이 되면, 자신감이 붙습니다.

사람은 누구라도 칭찬받고 싶다고 생각하고 있습니다. 그러므로, 칭찬받았을 때 부정할 필요는 없습니다. 기뻐하고 있는 마음을 말로 상대에게 전달하는 것만으로 좋은 것입니다.

어휘 ほめる 圄 칭찬하다   返事 へんじ 圀 대답   相手 あいて 圀 상대
    そのまま 그대로   受け取る うけとる 圄 받아들이다
    恥ずかしい はずかしい 이형 부끄럽다   気持ち きもち 圀 기분
    内容 ないよう 圀 내용   否定 ひてい 圀 부정   ~てしまう ~해 버리다
    自慢 じまん 圀 자랑   育てる そだてる 圄 키우다
    ~によって ~에 의해   実は じつは 실은
    失礼だ しつれいだ 圬형 실례다   気が付く きがつく 깨닫다
    間違う まちがう 圄 틀리다   正しい ただしい 이형 맞다, 옳다
    ~と思う ~とおもう ~라고 생각하다
    受け入れる うけいれる 圄 받아들이다   一言 ひとこと 圀 한마디
    がんばる 圄 노력하다   プレゼント 圀 선물   自信 じしん 圀 자신감
    つながる 圄 이어지다   反対だ はんたいだ 圬형 반대다
    ほめ言葉 ほめことば 圀 칭찬하는 말   気分 きぶん 圀 기분
    自信がつく じしんがつく 자신감이 붙다   必要 ひつよう 圀 필요
    喜ぶ よろこぶ 圄 기뻐하다

60

필자에 의하면, 칭찬받았을 때에 그것을 받아들일 수 없는 것은 왜인가?

1 칭찬받아도, 받아들이지 않는 편이 좋다고 생각하고 있기 때문에

2 자랑이 좋지 않은 것이라고 들으면서, 자랐기 때문에

3 칭찬받으면 부끄러울 뿐, 기쁘지 않기 때문에

4 다른 사람의 의견을 그대로 받아들이는 것은 좋지 않기 때문에

해설 질문의 ほめられたときにそれを受け入れられない(칭찬받았을 때에 그것을 받아들일 수 없는) 이유와 관련된 내용을 지문에서 찾는다. 첫 번째 단락에서 子どものころから自慢するのはよくないと言われて育てられたため、ほめられても、それを否定してしまう人が少なくありません(어렸을 때부터 자랑하는 것은 좋지 않다고 들으며 자랐기 때문에, 칭찬받아도, 그것을 부정해 버리는 사람이 적지 않습니다)이라고 서술하고 있으므로, 2 自慢がよくないことだと言われながら、育てられたから(자랑이 좋지 않은 것이라고 들으면서, 자랐기 때문에)가 정답이다.

어휘 うれしい [い형]기쁘다　他の人 ほかのひと [명]다른 사람
意見 いけん [명]의견

61

그렇게 하는이라고 하는데, 어떻게 하는 것인가?

1　칭찬받은 것을 받아들이는 것
2　칭찬받은 것을 부정하는 것
3　칭찬받으면, 자랑하는 것
4　칭찬받으면, '틀렸다'고 말하는 것

해설 지문의 そうする(그렇게 하는) 주변을 주의 깊게 읽고 '그렇게'가 어떻게 하는 것인지 찾는다. 앞 부분에서 相手の言葉をそのまま受け取ることができず、恥ずかしい気持ちになって、その内容を否定してしまうこと(상대의 말을 그대로 받아들이지 못하고, 부끄러운 기분이 되어, 그 내용을 부정해 버리는 경우)라고 서술하고 있으므로, 2 ほめられたことを否定すること(칭찬받은 것을 부정하는 것)가 정답이다.

62

필자는, 어째서 **칭찬하는 말을 받아들이는 편이 좋다**고 서술하고 있는가?

1　받아들이면, 상대가 말하고 있는 것이 옳다고 알 수 있기 때문에
2　칭찬하는 말을 받아들이는 것과, 자랑하는 것은 같은 것이 아니기 때문에
3　잘한 자신에게로의 선물이자, 받아들이면 자신감으로 이어지기 때문에
4　그렇게 하는 것으로 칭찬하는 말을 해 준 사람이, 좋은 기분이 되기 때문에

해설 질문의 ほめ言葉を受け入れたほうがいい(칭찬하는 말을 받아들이는 편이 좋다)와 관련된 내용을 지문에서 찾는다. 세 번째 단락에서 ほめられるということは、がんばった自分へのプレゼントなのです(칭찬받는다라고 하는 것은, 노력한 자신에게로의 선물인 것입니다), 그리고 ほめ言葉をそのまま受け取ることでいい気分になると、自信がつきます(칭찬하는 말을 그대로 받아들이는 것으로 좋은 기분이 되면, 자신감이 붙습니다)라고 서술하고 있으므로, 3 よくできた自分へのプレゼントであり、受け取ると自信につながるから(잘한 자신에게로의 선물이자, 받아들이면 자신감으로 이어지기 때문에)가 정답이다.

63-65

　동료가 신입에게 일의 설명을 하고 있는 것을 듣고, 대단히 감탄한 적이 있다. 일대일로 가르치고 있었는데, 신입은 들으면서 열심히 메모를 하고 있었다. 설명을 끝낸 후, [63]그는 '메모를 봐도 모르겠으면 언제라도 물어봐 주세요'라고 말했다. 그 말로, 긴장하고 있었던 신입이 정말로 안심해서, '감사합니다'라고 말하는 것을 알 수 있었다.

　'모르는 것이 있으면 또 언제라도 물어봐'라고는, 누구든 말할 수 있을지도 모른다. 나도 자주 말하고, 기분상으로도 그 말에 거짓은 없다. 하지만 '메모를 봐도 모르겠으면'이라는 구체적인 한마디는, 결정적으로 전해지는 방법이 다르다. [64]메모는 했지만 이해했는지 어떤지, 들은 대로 할 수 있을지 어떨지 불안하게 생각하는 사람은 많을 것이다. 실제로, 일을 시작하면, 메모를 봐도 모르는 경우는 있다. 그럴 때, 정말로 질문하기 쉬워지는 한마디이다. 또, 성실하게 메모를 하고 있었던 것을 평가하고, 그에 더해 몰라도 괜찮다, 라고 안심시키는 말이라고 생각했다.

　구체적인 말은, 사람에게 전해진다. 구체적으로 칭찬받으면 기쁜 것이 좋은 예이다. 노력했네, 뿐 아니라, 무엇을, 어떻게 노력한 것인지, 무엇이 기쁜 것인지, [65]간단하지만 구체적인 한마디를 더하면, 그 말은 상대에게 전해지고, 일도 인간관계도 원활하게 된다. 그리고 그것은, 자기 자신에게로의 평가를 높이는 일도 될 것이다.

어휘 同僚 どうりょう [명]동료　新人 しんじん [명]신입, 신입사원
説明 せつめい [명]설명　非常に ひじょうに [부]대단히
感心 かんしん [명]감탄　一対一 いちたいいち 일대일
熱心だ ねっしんだ [な형]열심이다　メモを取る メモをとる 메모를 하다
終える おえる [동]끝내다　緊張 きんちょう [명]긴장
ホッとする 안심하다　～かもしれない ~일지도 모른다
気持ちの上 きもちのうえ 기분상　ウソ 거짓말
具体的だ ぐたいてきだ [な형]구체적이다　一言 ひとこと [명]한마디
決定的だ けっていてきだ [な형]결정적이다
響き方 ひびきかた 전해지는 방법　理解 りかい [명]이해
～かどうか ~일지 어떨지　～た通り ～たとおり ~한 대로
不安だ ふあんだ [な형]불안하다　実際 じっさい [부]실제로
始める はじめる [동]시작하다　まじめだ [な형]성실하다
評価 ひょうか [명]평가　安心 あんしん [명]안심
響く ひびく [동]전해지다, 울리다　例 れい [명]예　がんばる [동]노력하다
うれしい [い형]기쁘다　簡単だ かんたんだ [な형]간단하다
加える くわえる [동]더하다　人間関係 にんげんかんけい [명]인간관계
スムーズだ [な형]원활하다　自分自身 じぶんじしん [명]자기 자신
高める たかめる [동]높이다　～はずだ ~일 것이다

63

신입이 정말로 안심해서라고 하는데, 어떤 것에 안심한 것인가?

1　설명을 이해할 수 없을 때는, 언제라도 질문할 수 있는 것
2　메모를 잘 하지 못했더라도, 좋게 평가해 주는 것
3　메모를 했더라도, 모를 때는 질문할 수 있는 것
4　성실하게 메모를 했다면, 틀려도 괜찮은 것

해설 지문의 新人が本当にホッとして(신입이 정말로 안심해서) 주변을 주의 깊게 읽고 신입이 어떤 것에 안심한 것인지 찾는다. 앞부분에서 彼は「メモを見ても分からなかったらいつでも聞いて下さい」と 言った(그는 '메모를 봐도 모르겠으면 언제라도 물어봐 주세요'라고 말했다)라고 서술하고, 밑줄을 포함한 문장에서 その言葉で、緊張 していた新人が本当にホッとして(그 말로, 긴장하고 있었던 신입 이 정말로 안심해서)라고 서술하고 있으므로, 3 メモを取っていて も、わからないときは質問できること(메모를 했더라도, 모를 때 는 질문할 수 있는 것)가 정답이다.

어휘 うまく 團 잘, 목적대로   間違う まちがう 통 틀리다

64

메모를 하는 것에 대해 필자는 어떻게 서술하고 있는가?

1 열심히 메모를 하는 것은, 모르는 것이 많아서 긴장하기 때문이다.
2 메모를 해도, 일을 시작하면 모르는 것이 나온다.
3 메모를 하면서, 할 수 있을지 어떨지 불안하게 생각하고 있는 사람이 있다.
4 성실하게 메모를 하면, 질문하기 쉬워지기 때문에 안심이다.

해설 질문의 メモを取ること(메모를 하는 것)와 관련된 내용을 지문에서 찾는다. 두 번째 단락에서 メモは取ったが理解できているかどう か、聞いた通りにできるかどうか不安に思う人は多いだろう。 実際、仕事を始めると、メモを見てもわからないことはある(메 모는 했지만 이해했는지 어떤지, 들은 대로 할 수 있을지 어떨지 불안 하게 생각하는 사람은 많을 것이다. 실제로, 일을 시작하면, 메모를 봐도 모르는 경우는 있다)라고 서술하고 있으므로, 2 メモを取って も、仕事を始めるとわからないことが出てくる(메모를 해도, 일 을 시작하면 모르는 것이 나온다)가 정답이다.

65

필자에 의하면, 구체적인 말에는 어떤 효과가 있는가?

1 상대에게로의 전달 방법이 다르기 때문에, 말하지 않을 때보다 상대는 기쁘게 된다.
2 상대를 평가하기 때문에, 상대의 긴장을 없애고, 안심시킬 수 있다.
3 말이 전해지기 때문에, 일도 인간관계도 원활하게 평가할 수 있다.
4 일도 인간관계도 원활하게 되고, 말한 사람의 평가도 높아진다.

해설 질문의 具体的な言葉(구체적인 말)의 효과와 관련된 내용을 지문에 서 찾는다. 세 번째 단락에서 簡単でも具体的な一言を加えれば、 その言葉は相手に響き、仕事も人間関係もスムーズになる。そ してそれは、自分自身への評価を高めることにもなるはずだ(간 단하지만 구체적인 한마디를 더하면, 그 말은 상대에게 전해지고, 일 도 인간관계도 원활하게 된다. 그리고 그것은, 자기 자신에게로의 평 가를 높이는 일도 될 것이다)라고 서술하고 있으므로, 4 仕事も人間 関係もスムーズになり、言った人の評価も高くなる(일도 인간관 계도 원활하게 되고, 말한 사람의 평가도 높아진다)가 정답이다.

어휘 効果 こうか 명 효과   伝わり方 つたわりかた 전달 방법

66-68

규슈를 여행했을 때의 일이다. 평소에 일하고 있는 회사의 사람들 에게 기념품을 사서 돌아가려고 생각해서 가게에 들렀는데, 좀처럼 고를 수가 없었다. [66]어느 과자도 어딘가에서 본 것 같은, 어디에 라도 있을 것 같은 것뿐이었기 때문이다. 가게 안을 몇 번이나 왔 다 갔다 하면서 고민하고, 결국, 가장 인기가 있다고 들은 쿠키를 사서 돌아왔다.

[67]최근, 어디의 마을을 여행해도, 같은 레스토랑, 같은 편의점 에서, 같은 것을 먹고 있는 것 같은 느낌이 든다. 그 고장에 밖에 없 는 것을 골라서 먹고 있고, 그 장소에 밖에 없는 경치를 보고 있을 것일 텐데도, 어디에 가도 같은 마을인 것처럼 느끼는 것이다. 어째 서, 이렇게 균일화되어 버린 것일까.

이전의 일본은 이렇지 않았다. 지방마다, 그 지역에 맞는 것을, 그 지역에 밖에 없는 가게에서 팔고 있었다. 그러나, 전 일본에 체인점 이 가게를 내고, 같은 간판으로 같은 물건, 같은 메뉴가 늘어서게 되 었기 때문에, 다른 지역과의 차이가 눈에 띄지 않게 된 것일 것이다.

일본은 작은 나라이다. 하지만, 지방 문화가 다양한 나라이기도 하다. 음식도 풍경도, 사람들의 모습도, 북쪽과 남쪽에서는 상당히 다르다. [68]지방 도시는, 대도시와 같은 풍경을 추구하는 것이 아니 라, 그 고장이 가지고 있는 좋은 점을, 좀 더 어필해야만 하는 것 은 아닐까.

(주1) 균일화: 어느 것도 같게 하는 것
(주2) 다양한: 여러 가지 종류가 있음

어휘 九州 きゅうしゅう 명 규슈   普段 ふだん 명 평소, 평상시
人達 ひとたち 명 사람들   お土産 おみやげ 명 선물
寄る よる 통 들르다   なかなか 團 좀처럼   選ぶ えらぶ 통 고르다
~ことができない ~할 수 없다   ~ばかり ~뿐, ~만
行ったり来たり いったりきたり 왔다 갔다   悩む なやむ 통 고민하다
結局 けっきょく 명 결국   人気がある にんきがある 인기가 있다
クッキー 명 쿠키   最近 さいきん 명 최근
コンビニエンスストア 명 편의점   気になる きになる 느낌이 들다
土地 とち 명 고장, 토지   景色 けしき 명 경치, 풍경
感じる かんじる 통 느끼다   均一化 きんいつか 명 균일화
以前 いぜん 명 이전   ~てしまう ~해 버리다   日本 にほん 명 일본
地方 ちほう 명 지방   ~ごとに ~마다   地域 ちいき 명 지역
合う あう 맞다   チェーン店 チェーンてん 명 체인점
看板 かんばん 명 간판   メニュー 명 메뉴   違い ちがい 명 차이, 다름
目立つ めだつ 눈에 띄다   地方文化 ちほうぶんか 명 지방 문화
多様だ たようだ な형 다양하다   食 しょく 명 음식
風景 ふうけい 명 풍경, 경치   人々 ひとびと 명 사람들
様子 ようす 명 모습   かなり 團 상당히, 꽤
地方都市 ちほうとし 명 지방 도시   大都市 だいとし 명 대도시
求める もとめる 통 추구하다   アピール 명 어필
~べきだ ~해야만 한다   種類 しゅるい 명 종류

なく、その土地の持っている良さを、もっとアピールすべきではないだろうか(지방 도시는, 대도시와 같은 풍경을 추구하는 것이 아니라, 그 고장이 가지고 있는 좋은 점을, 좀 더 어필해야만 하는 것은 아닐까)라고 서술하고 있으므로, 1 地方文化はいろいろ違うので、その土地の良さをアピールすべきだ(지방 문화는 여러 가지로 다르기 때문에, 그 고장의 좋은 점을 어필해야만 한다)가 정답이다.

어휘 ～てはいけない ~해서는 안 된다 必要 ひつよう 📵 필요

🔲 문제 12 통합이해

실력 다지기
p.306

01 ② **02** ① **03** ① **04** ②

01

A

중국에서는, 경찰견 클론이 만들어져, 훈련을 시작해 화제가 되고 있습니다. 우수하다고 일컬어지는 유명한 경찰견의 클론을 만들어, 훈련시킨 뒤, 경찰견으로서 활약한다는 것입니다. 이렇게 하면, 다수의 개 중에서 소질이 있는 개를 고르는 수고를 더는 것이 가능하기 때문에, **효과적으로 우수한 경찰견을 육성하는 것이 가능한 것입니다.**

B

최근, 중국에서는 '클론 애완동물'이 만들어지고 있다고 합니다. 나이를 먹거나, 병으로 곧 숨을 거둘 것 같은 애완동물의 대신이 되는 클론을 만들거나 합니다만, 약 6백만 엔의 비용이 든다고 합니다. 이 애완동물을 구입하면, 함께 지내온 가족의 일원같은 애완동물이 죽어도, 그 슬픔을 조금은 줄일 수 있을 것이라고 생각합니다.

A와 B 어느 쪽의 글에서도 다루어지고 있는 것은 무엇인가?

① 클론 산업이 나아가는 중에 지켜야 할 것

② 동물의 클론을 민드는 일의 유효싱

어휘 中国 ちゅうごく 📵 중국 警察犬 けいさつけん 📵 경찰견
　　クローン 📵 클론, 복제 訓練 くんれん 📵 훈련
　　始める はじめる 동 시작하다 話題 わだい 📵 화제
　　優秀だ ゆうしゅうだ な형 우수하다
　　言われる いわれる 동 일컬어지다, 불리다
　　有名だ ゆうめいだ な형 유명하다 活躍 かつやく 📵 활약
　　多数 たすう 📵 다수 素質 そしつ 📵 소질 選ぶ えらぶ 동 고르다
　　手間を省く てまをはぶく 수고를 덜다
　　効果的だ こうかてきだ な형 효과적이다 育成 いくせい 📵 육성
　　最近 さいきん 📵 최근 歳をとる としをとる 나이를 먹다
　　病 やまい 📵 병 もうすぐ 부 곧
　　息を引き取る いきをひきとる 숨을 거두다 代わり かわり 📵 대신

66

필자가 **여행에서 고른 과자**는 어떤 것이었는가?

1 다른 마을에서 본 적이 있는 것

2 어디에서라도 살 수 있을 것 같은 것

3 그 고장에 밖에 없는 것

4 고민해서 산 맛있는 것

해설 질문의 旅行で選んだお菓子(여행에서 고른 과자)와 관련된 내용을 지문에서 찾는다. 첫 번째 단락에서 どのお菓子もどこかで見たような、どこにでもあるようなものばかりだったからだ。店の中を何度も行ったり来たりしながら悩んで、結局、一番人気があると言われたクッキーを買って帰った(어느 과자도 어딘가에서 본 것 같은, 어디에라도 있을 것 같은 것뿐이었기 때문이다. 가게 안을 몇 번이나 왔다 갔다 하면서 고민하고, 결국, 가장 인기가 있다고 들은 쿠키를 사서 돌아왔다)라고 서술하고 있으므로, 2 どこででも買えるようなもの(어디에서라도 살 수 있을 것 같은 것)가 정답이다.

어휘 他の ほかの 다른

67

필자가 **여행에서 느끼고 있는 것**은 무엇인가?

1 어디에 가도 그 고장에 밖에 없는 것을 고를 수 있다.

2 그 고장에 밖에 없는 물건 밖에 살 수 없어서 불편하다.

3 지방 도시에서는 체인점이 많은데, 눈에 띄지 않는다.

4 어느 마을에 가도, 같은 풍경이 되어 버렸다.

해설 질문의 旅行で感じていること(여행에서 느끼고 있는 것)와 관련된 내용을 지문에서 찾는다. 두 번째 단락에서 最近、どこの町を旅行しても、同じレストラン、同じコンビニエンスストアで、同じものを食べているような気になる(최근, 어디의 마을을 여행해도, 같은 레스토랑, 같은 편의점에서, 같은 것을 먹고 있는 것 같은 느낌이 든다)라고 서술하고 있으므로, 4 どの町に行っても、同じような風景になってしまった(어느 마을에 가도, 같은 풍경이 되어 버렸다)가 정답이다.

어휘 不便だ ふべんだ な형 불편하다

68

지방 도시에 대해서, 필자의 생각과 맞는 것은 어느 것인가?

1 지방 문화는 여러 가지로 다르기 때문에, 그 고장의 좋은 점을 어필해야만 한다.

2 일본의 북쪽과 남쪽에서는 문화가 다르기 때문에, 같은 것을 추구해서는 안 된다.

3 대도시와 같은 것을 추구하는 마음은 이해하지만, 같은 가게를 만들어서는 안 된다.

4 일본은 작은 나라이기 때문에, 어느 마을이라도 비슷한 마을로 할 필요가 없다.

해설 필자의 생각을 묻고 있으므로 地方都市(지방 도시)를 지문의 후반부나 지문 전체에서 찾아 지방 도시에 대한 필자의 생각을 파악한다. 네 번째 단락에서 地方都市は、大都市と同じ風景を求めるのでは

費用 ひよう 圏비용　購入 こうにゅう 圏구입
共に ともに 甲함께, 같이　過ごす すごす 圏지내다, (시간을) 보내다
一員 いちいん 圏일원　悲しみ かなしみ 圏슬픔
減らす へらす 圏줄이다　産業 さんぎょう 圏산업
進む すすむ 圏나아가다　守る まもる 圏지키다
有効性 ゆうこうせい 圏유효성

02

A

　'필터 버블'이라는 말이 있습니다. 인터넷상에서는 검색 이력이 '필터'되어, 비슷한 정보만 표시되기 때문에, 마치 '거품' 속에 있는 것처럼 **자신이 보고 싶은 것만을 보게 된다**는 의미입니다. 자신이 필요로 하는 정보에만 접근하는 동안에, 주변에는 같은 가치관을 가진 사람뿐만이 되어 버립니다. 결과적으로는 치우친 가치관을 가지게 되기 때문에, 주의가 필요하다고 생각합니다.

B

　텔레비전 뉴스는 그들이 전달하고 싶은 것을 보여주고 싶은 대로 편집하여, 전달하고 있는 듯한 느낌이 들어 믿을 수 없습니다. 신뢰할 수 있는 것은 지금 현재 일어나고 있는 일을 실시간으로 알 수 있는 트위터나 인스타그램입니다. 또, SNS에서는 **필요한 정보만을 선택적으로 손에 넣을 수 있기 때문에**, 정보가 넘쳐나고 있는 현대사회에서는 상당히 합리적이라고 생각합니다.

A와 B 어느 쪽의 글에서도 서술되고 있는 것은 무엇인가?

① 선택적으로 정보를 얻는 일
② TV가 필요 없어지는 일

어휘 フィルター 圏필터　バブル 圏버블, 거품　インターネット 圏인터넷
　　検索履歴 けんさくりれき 圏검색 이력　似る にる 圏비슷하다, 닮다
　　情報 じょうほう 圏정보　表示 ひょうじ 圏표시　まるで 甲마치
　　泡 あわ 圏거품　必要 ひつよう 圏필요　アクセス 圏접근
　　周り まわり 圏주변　価値観 かちかん 圏가치관
　　結果的だ けっかてきだ 屈결과적이다　偏る かたよる 圏치우치다
　　注意 ちゅうい 圏주의　彼ら かれら 圏그들
　　伝える つたえる 圏전달하다　編集 へんしゅう 圏편집
　　気がする きがする 느낌이 들다　信じる しんじる 圏믿다
　　信頼 しんらい 圏신뢰　現在 げんざい 圏현재
　　起きる おきる 圏일어나다　リアルタイム 圏실시간, 리얼 타임
　　選択的だ せんたくてきだ 屈선택적이다
　　手に入れる てにいれる 손에 넣다　あふれる 圏넘치다
　　現代社会 げんだいしゃかい 圏현대사회　かなり 甲상당히, 꽤
　　合理的だ ごうりてきだ 屈합리적이다　得る える 圏얻다

03

A

　YouTube에 동영상을 올리고, 활동하는 사람을 '유튜버'라고 합니다. '브이튜버'란, 사람이 아닌 3D 또는 2D인 캐릭터가 사람을 대신해서 활동하는 것을 말합니다. 자기 자신이 아닌, 캐릭터를 사용하여 YouTube에서 활동하는 것이 가능하게 되었기 때문에, 성별이나 신체의 핸디캡을 극복할 수 있어, 앞으로도 '브이튜버'의 수는 눈에 보일 정도로 늘어갈 것이라고 예상됩니다.

B

　'브이튜버'가 되는 것은, 여러 가지 장애물이 있습니다. 대다수의 사람은 YouTube로서 활동을 하면 수익을 얻을 수 있기 때문에, YouTube를 시작하는 사람이 많습니다. 하지만, '브이튜버'는 수익이 없는 활동 초기에 3D 또는 2D인 캐릭터를 만드는 것에 대량의 비용이 듭니다. 인기를 얻는다는 보장이 없는 상황에서, **이러한 도전을 하는 사람은 그 정도로 많지 않을 것입니다.**

'브이튜버'에 대해 A와 B는 어떻게 서술하고 있는가?

① A는 앞으로 브이튜버가 늘어날 것으로 예상하고, B는 브이튜버가 되고 싶은 사람이 그다지 많지 않을 것으로 예상하고 있다.
② A는 브이튜버가 되기 위해서는 비용이 많이 든다고 말하고, B는 브이튜버가 캐릭터로서 활동하는 등의 장점이 많다고 말하고 있다.

어휘 動画 どうが 圏동영상　載せる のせる 圏올리다, 게시하다
　　活動 かつどう 圏활동　または 圏또는　キャラクター 圏캐릭터
　　代わり かわり 圏대신　自分自身 じぶんじしん 圏자기 자신
　　可能 かのう 圏가능　性別 せいべつ 圏성별　身体 しんたい 圏신체
　　ハンディキャップ 圏핸디캡　克服 こくふく 圏극복　数 かず 圏수
　　増える ふえる 圏늘다　予想 よそう 圏예상
　　様々だ さまざまだ 屈여러 가지다　障害 しょうがい 圏장애물, 장애
　　大体 だいたい 圏대다수, 대체　収益 しゅうえき 圏수익
　　得る える 圏얻다　始める はじめる 圏시작하다　初期 しょき 圏초기
　　大量 たいりょう 圏대량　費用 ひよう 圏비용　人気 にんき 圏인기
　　保証 ほしょう 圏보장　状況 じょうきょう 圏상황
　　挑戦 ちょうせん 圏도전　長所 ちょうしょ 圏장점

04

A

　e스포츠를 진짜 스포츠라고 말할 수 있을 것인가, 위화감을 느낍니다. 스포츠라고 하면, 달리거나, 공을 던지거나 해서 몸을 움직이는 것이 떠오릅니다. 의자에 앉아서, 컴퓨터로 게임을 하는 모습은, 신체의 운동으로서는 볼 수 없는 듯한 모습입니다.

B

　e스포츠는 판단력, 전략 등이 필요한 스포츠입니다. 전투

상황에 대응해, 순간적인 동시에 정확하게 조작하지 않으면 안 되고, 팀의 멤버와 의논해서, 마치 혼자 움직이고 있는 듯한 팀워크도 필요합니다. 물론 승리를 위해 다양한 측면에서 전략을 세우지 않으면 안 됩니다. **정신적인 스포츠도 스포츠의 하나로서 인정해야 한다고 생각합니다.**

A와 B는 'e스포츠'에 대해 어떻게 서술하고 있는가?

① A는 정신적인 스포츠도 스포츠라고 말하고, B는 육체적인 스포츠만을 스포츠로서 인정하고 있다.

② A는 e스포츠를 스포츠라고 부르는 것에 위화감을 느끼고, B는 e스포츠도 스포츠로서 인정해야 한다고 생각하고 있다.

어휘 eスポーツ 圆e스포츠　真 しん 圆진짜, 진실
違和感 いわかん 圆위화감　感じる かんじる 图느끼다
ボール 圆공, 볼　投げる なげる 图던지다
動かす うごかす 图움직이다　思い浮かぶ おもいうかぶ 图떠오르다
コンピューター 圆컴퓨터　ゲーム 圆게임　姿 すがた 圆모습
身体 しんたい 圆신체　運動 うんどう 圆운동
見受ける みうける 图보다, 보고 판단하다
判断力 はんだんりょく 圆판단력　戦略 せんりゃく 圆전략
必要だ ひつようだ な형필요하다　戦闘 せんとう 圆전투
状況 じょうきょう 圆상황　対応 たいおう 圆대응
瞬間的だ しゅんかんてきだ な형순간적이다　かつ 凰동시에
正確だ せいかくだ な형정확하다　操作 そうさ 圆조작　チーム 圆팀
メンバー 圆멤버　話し合う はなしあう 图의논하다　まるで 凰마치
チームワーク 圆팀워크　もちろん 凰물론　勝利 しょうり 圆승리
多様だ たようだ な형다양하다　側面 そくめん 圆측면
立てる たてる 图세우다　精神的だ せいしんてきだ な형정신적이다
認める みとめる 图인정하다
肉体的だ にくたいてきだ な형육체적이다

실전 테스트 1

p.310

69	3	70	3

문제12 다음 A와 B의 글을 읽고, 뒤의 물음에 대한 답으로 가장 알맞은 것을, 1·2·3·4에서 하나 고르세요.

69-70

A

　물건을 소중히 하는 것은, 매우 훌륭한 일이라고 생각한다. 하지만, 그다지 쇼핑을 좋아하지 않아도, 평범하게 살아가고 있으면, 물건은 아무래도 늘어간다. 입지 않게 된 옷, 별로 사용하지 않는 식기 등, 버리는 것은 아깝다고 모아두고 있는 사람은 많다. 미련이나, 소중한 것에 대한 애착. 이유는 다양하지만, '버린다'에는 약간 용기가 필요하다. 아무리 작은 물건이라도, 과장해서 말하면, 그 물건에 자신의 지금까지의 인생을 보기 때문일 것이다.

하지만, 결심하고, [70]불필요한 것을 정리해버리자. 그리고 인생을 바꾸자, 라고 권하는 책이 인기다. [69]정리하는 것은, 지금의 생활에 정말 필요한 것을 고르는 일이다. 자연히, 물건뿐만 아니라, 자신의 마음에 있어 소중한 것이 보일지도 모른다.

B

　방을 정리하면 행복해진다, 머리가 좋은 아이가 자란다 등, 정리에 관한 책이 대유행하고 있다. 잇달아 출판되어, 많은 저자가 다양한 효과를 말하고 있다. 확실히, 지금은 사용하지 않는 것이라도, 버릴 기회는 좀처럼 없다. 정리하는 것만으로, 그만큼 굉장한 변화가 있는 것일까.

　나는, 작년에 이사했을 때, 짐을 반 이상 처분했다. 그 책들이 말하는 것처럼, [69]현재 필요한 것만을 남겨뒀다. 때로는 망설이면서, 버릴 물건을 정하는 작업은, 집 정리와 같은 것이다. 물론, 필요에 쫓기는 이사와, 결단의 크기가 다른 것은 알지만, 물건에의 마음의 움직임은 비슷하다고 생각한다. [70]하지만, 그것만으로 인생이 좋은 방향으로 바뀐다고는 생각하지 않는다. 상쾌하고, 일 하나를 끝낸 뒤의 만족감만으로 충분하다.

(주) 미련: 완전히 포기할 수 없는 것

어휘 大事にする だいじにする 소중히 하다
立派だ りっぱだ な형훌륭하다　特別 とくべつ 凰그다지, 별로
普通だ ふつうだ な형평범하다, 보통이다
暮らす くらす 图살아가다, 생활하다
どうしても 凰아무래도, 어떻게 해서도　増える ふえる 图늘다, 증가하다
食器 しょっき 圆식기　捨てる すてる 图버리다
もったいない い형아깝다　ためこむ 图모아두다　未練 みれん 圆미련
愛着 あいちゃく 圆애착　理由 りゆう 圆이유
様々だ さまざまだ な형다양하다, 여러 가지
少々 しょうしょう 凰약간, 조금　勇気 ゆうき 圆용기
どんなに 凰아무리　大げさだ おおげさだ な형과장하다, 과장되다
人生 じんせい 圆인생　決心 けっしん 圆결심
不要だ ふようだ な형불필요하다　片付ける かたづける 图정리하다
~てしまう ~해 버리다, ~하고 말다　変える かえる 图바꾸다
すすめる 图권하다　人気 にんき 圆인기　生活 せいかつ 圆생활
必要だ ひつようだ な형필요하다　選ぶ えらぶ 图고르다, 선택하다
自然と しぜんと 凰자연히, 저절로　見えてくる みえてくる 보이다
~かもしれない ~일지도 모른다　幸福だ こうふくだ な형행복하다
育つ そだつ 图자라다, 성장하다　大流行 だいりゅうこう 圆대유행
次々 つぎつぎ 凰잇달아, 차례로　出版 しゅっぱん 圆출판
著者 ちょしゃ 圆저자　効果 こうか 圆효과
語る かたる 图말하다, 이야기하다
確かだ たしかだ な형확실하다, 분명하다　機会 きかい 圆기회
なかなか 凰좀처럼　それほど 凰그만큼
すばらしい い형굉장하다, 훌륭하다　変化 へんか 圆변화
引っ越す ひっこす 图이사하다　荷物 にもつ 圆짐
以上 いじょう 圆이상　処分 しょぶん 圆처분　現在 げんざい 圆현재
残す のこす 图남겨두다　迷う まよう 图망설이다, 헤매다
決める きめる 图정하다, 결정하다　作業 さぎょう 圆작업
必要にせまられる ひつようにせまられる 필요에 쫓이다
決断 けつだん 圆결단　動き うごき 圆움직임

似る にる [동]비슷하다, 닮다　好転 こうてん [명]좋은 방향으로 바뀜, 호전
スッキリ [부]상쾌함, 후련함　終える おえる [동]끝내다
満足感 まんぞくかん [명]만족감　十分だ じゅうぶんだ [な형]충분하다

어휘 影響を与える えいきょうをあたえる 영향을 미치다　そんなに [부]그렇게
過去 かこ [명]과거　振り返る ふりかえる [동]돌아보다, 회고하다
大小 だいしょう [명]크고 작음, 대소

69

> A와 B의 **어느 쪽의 글에서도** 서술되고 있는 것은 무엇인가?
>
> 1 정리에 대한 책은 신용할 수 있다.
> 2 정리하는 것은 만족하는 작업이다.
> **3 정리하는 것은 필요한 것을 고르는 일이다.**
> 4 정리하는 것에 의해 인생에서 소중한 것을 알 수 있다.

해설 A와 B 양쪽 모두에서 공통적으로 서술되고 있는 내용을 묻고 있다. 선택지에서 반복되는 片付け(정리)를 각 지문에서 찾아 관련된 내용을 파악한다. A는 지문의 후반부에서 片付けることは、今の生活に本当に必要なものを選ぶことである(정리하는 것은, 지금의 생활에 정말 필요한 것을 고르는 일이다)라고 서술하고 있고, B는 지문의 중반부에서 現在必要なものだけを残した。時には迷いつつ、捨てる物を決める作業は、家の片付けと同じである(현재 필요한 것만을 남겨뒀다. 때로는 망설이면서, 버릴 물건을 정하는 작업은, 집 정리와 같은 것이다)라고 서술하고 있다. 두 지문 모두 정리는 필요한 것을 고르는 것, 필요한 것만 남기는 것이라고 했으므로, 3 片付けることは必要な物を選ぶことである(정리하는 것은 필요한 것을 고르는 일이다)가 정답이다. 1은 어느 글에도 없고, 2는 B, 4는 A에만 있다.

어휘 述べる のべる [동]서술하다, 말하다　信用 しんよう [명]신용
満足 まんぞく [명]만족

70

> 정리하는 것과 인생과의 관계에 대해, A와 B는 어떻게 서술하고 있는가?
>
> 1 A도 B도, 불필요한 것을 정리하는 것으로 인생이 크게 바뀐다고 생각하고 있다.
> 2 A도 B도, 불필요한 것을 정리하는 것만으로는 인생이 크게 바뀌지 않는다고 생각하고 있다.
> **3 A는 정리하는 것이 인생에 영향을 미친다고 생각하고, B는 그렇게 큰 영향을 미치거나 하지 않는다고 생각하고 있다.**
> 4 A는 정리하는 것이 과거를 돌아보는 기회가 된다고 생각하고, B는 결단의 크고 작음에 관계없이, 큰 영향을 미친다고 생각하고 있다.

해설 질문의 片付けることと人生との関係(정리하는 것과 인생과의 관계)에 대한 A와 B의 견해를 각 지문에서 찾는다. A는 지문의 후반부에서 不要なものを片付けてしまおう、そして人生を変えよう(불필요한 것을 정리해버리자, 그리고 인생을 바꾸자)라고 서술하고 있고, B는 지문의 후반부에서 しかし、それだけで人生が好転するとは思わない(하지만, 그것만으로 인생이 좋은 방향으로 바뀐다고는 생각하지 않는다)라고 서술하고 있다. 따라서, 3 A는 片付けることが人生に影響を与えると考え、Bはそんなに大きな影響を与えたりしないと考えている(A는 정리하는 것이 인생에 영향을 미친다고 생각하고, B는 그렇게 큰 영향을 미치거나 하지 않는다고 생각하

실전 테스트 2

69 1	**70** 3

> 문제12 다음 A와 B의 글을 읽고, 뒤의 물음에 대한 답으로 가장 알맞은 것을, 1·2·3·4에서 하나 고르세요.

69-70

A

　런치 시간은 저의 즐거움 중 하나입니다. 근무시간 중, 1시간만 혼자가 될 수 있기 때문입니다. 직장의 인간관계는 결코 나쁘지 않습니다만, [69]혼자가 되어 잠깐 쉬는 것이, 저에게 있어서, 일의 능률을 올리기 위해서도 중요합니다. 잠시 동안, 일에서 떨어져서, 멍하니 있거나, 이런저런 생각을 하거나, 가족과 연락을 취하거나, 단시간이라도 개인적인 일을 자유롭게 할 수 있으면, 기분이 리프레시되어, 정신도 안정된다고 생각합니다. 결과, 효율적으로 일에 몰두할 수 있는 것입니다. 또, 정신의 안정은 주위 사람과의 양호한 관계로도 이어집니다. 동료와 함께 수다를 떠는 휴식도 즐거울지도 모릅니다만, [70]노동을 보다 좋은 상태로 계속하기 위해서는, 저에게는 혼자인 시간이 필요합니다.

B

　나는 파트 타임으로 일하고 있다. 시급으로 일하고 있기 때문에, 하루 중 점심 휴게 1시간은, 물론 급여가 없다. 기본적으로는, 그 시간은 무엇을 하든, 개인의 자유라고 생각한다. 동료 중에, 언제나 어딘가로 나가서, 함께 식사를 하지 않는 사람이 있다. 업무상으로는, 그녀는 누구에 대해서도 인상이 좋고, 모두가 좋아하고 있다고 생각한다. 뭔가 이유가 있는 것인가 하고 생각해서, 선배에게 물어봤지만, 혼자가 되고 싶은 것뿐이겠지, 라고 들었다. 알 것 같은 기분도 들지만, [70]휴게시간은 직장 사람과 커뮤니케이션을 취할 좋은 기회이기도 하다. 여러 가지 이야기를 듣고, 회사의 일이나, 동료의 일을 보다 잘 알고 있는 편이 안심하고 일을 할 수 있다. 급여가 없더라도, [69]점심 휴게는, 일을 위해서도 중요한 시간이다.

어휘 ランチ [명]런치　楽しみ たのしみ [명]즐거움
勤務時間 きんむじかん [명]근무시간　～ことができる ~할 수 있다
職場 しょくば [명]직장　人間関係 にんげんかんけい [명]인간관계
決して けっして [부]결코　ひと休み ひとやすみ [명]잠깐 쉼
能率 のうりつ [명]능률　重要だ じゅうようだ [な형]중요하다
離れる はなれる [동]떨어지다　ぼんやり [부]멍하니
考え事 かんがえごと [명]이런저런 생각　連絡 れんらく [명]연락
短時間 たんじかん [명]단시간　プライベートだ [な형]개인적이다
自由だ じゆうだ [な형]자유롭다　気持ち きもち [명]기분

76 무료 학습자료 제공 **japan.Hackers.com**

リフレッシュ 🖭리프레시　精神 せいしん 🖭정신

安定 あんてい 🖭안정　結果 けっか 🖭결과

効率的だ こうりつてきだ 🅐효율적이다　とりくむ 🖫몰두하다

周囲 しゅうい 🖭주위　良好だ りょうこうだ 🅐양호하다

つながる 🖫이어지다　仲間 なかま 🖭동료　おしゃべり 🖭수다

休憩 きゅうけい 🖭휴식, 휴게　〜かもしれない ~일지도 모른다

労働 ろうどう 🖭노동　より良い よりよい 보다 나은

状態 じょうたい 🖭상태　継続 けいぞく 🖭계속

パートタイム 🖭파트 타임　時給 じきゅう 🖭시급

お昼休憩 おひるきゅうけい 🖭점심 휴게

もちろん 🖫물론　給与 きゅうよ 🖭급여

基本的だ きほんてきだ 🅐기본적이다　個人 こじん 🖭개인

同僚 どうりょう 🖭동료　〜に対して 〜にたいして ~에 대해

感じ かんじ 🖭인상, 느낌　好く すく 🖫좋아하다　理由 りゆう 🖭이유

コミュニケーション 🖭커뮤니케이션　機会 きかい 🖭기회

安心 あんしん 🖭안심

69

A와 B의 **어느 쪽의 글에서도** 다루어지고 있는 점은 무엇인가?

1 휴게시간을 보내는 방법은, 일을 하는 데 있어서 중요하다.
2 급여가 발생하지 않는 **휴게시간**은, 직장에 있을 필요는 없다.
3 **휴게시간**은, 개인적인 일을 하기 위한 시간이다.
4 **휴게시간**을 보내는 방법에 따라서, 일의 능률이 바뀐다.

해설 A와 B 양쪽 모두에서 공통적으로 다루어지고 있는 내용을 묻고 있다. 선택지에서 반복되는 休憩時間(휴게시간)을 각 지문에서 찾아 관련된 내용을 파악한다. A는 지문의 초반부에서 一人になってひと休みすることが、私にとって、仕事の能率を上げるためにも重要です(혼자가 되어 잠깐 쉬는 것이, 저에게 있어서, 일의 능률을 올리기 위해서도 중요합니다)라고 서술하고 있고, B는 지문의 후반부에서 お昼休憩は、仕事のためにも大事な時間である(점심 휴게는, 일을 위해서도 중요한 시간이다)라고 서술하고 있다. 두 지문 모두 휴게시간을 보내는 방법이 일을 위해서도 중요하다고 했으므로, 1 休憩時間の過ごし方は、仕事をする上で重要である(휴게시간을 보내는 방법은, 일을 하는 데 있어서 중요하다)가 정답이다. 2는 어느 글에도 없고, 3과 4는 A에만 있다.

어휘 過ごし方 すごしかた 🖭보내는 방법　発生 はっせい 🖭발생

70

A와 B의 필자가 생각하는, **좋은 휴게시간을 보내는 방법**에 대해서, 옳은 것은 어느 것인가?

1 A도 B도, 점심 휴게시간은 혼자서 보내는 편이 좋다고 생각하고 있다.
2 A도 B도, 직장 동료와 커뮤니케이션을 취하고 싶다고 생각하고 있다.
3 A는 혼자서 보내고 싶다고 생각하고 있고, B는 동료와 이야기 하는 편이 좋다고 생각하고 있다.
4 A는 동료와 이야기하는 편이 즐겁다고 생각하고 있고, B는 혼자서 보내도 좋다고 생각하고 있다.

해설 질문의 いい休憩時間の過ごし方(좋은 휴게시간을 보내는 방법)에 대한 A와 B의 견해를 각 지문에서 찾는다. A는 지문의 후반부에서 労働をより良い状態で継続するためには、私には一人の時間が必要です(노동을 보다 좋은 상태로 계속하기 위해서는, 저에게는 혼자인 시간이 필요합니다)라고 서술하고 있고, B는 지문의 후반부에서 休憩時間は職場の人とコミュニケーションを取る良い機会でもある(휴게시간은 직장 사람과 커뮤니케이션을 취할 좋은 기회이기도 하다)라고 서술하고 있다. 따라서, 3 Aは一人で過ごしたいと考えており、Bは同僚と話したほうがいいと考えている(A는 혼자서 보내고 싶다고 생각하고 있고, B는 동료와 이야기하는 편이 좋다고 생각하고 있다)가 정답이다.

어휘 過ごす すごす 🖫(시간을) 보내다, 지내다
　　仕事仲間 しごとなかま 🖭직장 동료

실전 테스트 3
p.314

p.314

69 3　　　**70** 4

문제12 다음 A와 B의 글을 읽고, 뒤의 물음에 대한 답으로 가장 알맞은 것을, 1・2・3・4에서 하나 고르세요.

69-70

A

고급감이 있고, 세련된 디자인이 많은 드럼식 세탁기는 인기가 있다. 하지만, 세탁기의 역할은 세탁물을 깨끗하게 빠는 것이기 때문에, 본래는 디자인이 세련되지 않아도 괜찮다.

세탁 방법에서는, [69]세로형 세탁기라면 많은 물을 사용하는 것으로 진흙 등도 확실히 제거할 수 있어서 깨끗하게 빨 수 있다. 그 점에서는, 사용하는 물의 양이 보다 적은 드럼식은 주의가 필요하다.

또, 드럼식에는 건조 기능도 포함되어 있기 때문에, 세로형 세탁기와 비교하면 가격이 비싸진다. 건조 기능이 없어도 되는 경우도 있을 것이기 때문에, 정말로 필요한 기능인 것인지 생각하고 싶다.

그래도 무심코, 디자인에 눈이 가서, 세련된 드럼식을 고르고 싶어지기도 하지만, [70]세탁기 본래의 역할인 깨끗하게 빨 수 있는가 라는 점을 확인하고 골라야만 한다.

B

세탁기에는 주로, 정면에서 옷 등을 넣는 드럼식과 위에서 넣고 꺼내는 세로형인 것이 있는데, 드럼식의 세련된 디자인을 선호하는 사람은 많다. 또, 드럼식이라면 건조기능도 포함되어 있기 때문에 매우 편리한 것이다. 본래, 세탁물은 밖에 말릴 수 있으면 좋지만, 일 등으로 말릴 시간이 없는 사람이나, 말릴 장소의 환경과 날씨에 좌우되어 생각대로 말릴 수 없는 경우도 있다. 그런 경우에도, 건조 기능이 있는 세탁기가 있으면 안심이다.

[69]세로형 세탁기에도 건조기능이 있는 것도 있지만, 건조 기능의 전기세는 드럼식보다 비싸다. 건조기능을 많이 사용한다면, 드럼식이 좋다.

드럼식 세탁기는 비싸지만, 세련되고 편리한 것이다. 다소 비싼 쇼핑이 될지도 모르지만, [70]자신에게 필요한 성능이 포함되어 있는 세탁기를 고르는 편이 좋다.

어휘 高級感 こうきゅうかん 圆고급감　おしゃれだ 나형세련되다
　　　デザイン 圆디자인
　　　ドラム式洗濯機 ドラムしきせんたくき 圆드럼식 세탁기
　　　人気がある にんきがある 인기가 있다　役割 やくわり 圆역할
　　　洗濯物 せんたくもの 圆세탁물　本来 ほんらい 圆본래
　　　洗濯方法 せんたくほうほう 圆세탁 방법
　　　タテ型洗濯機 タテがたせんたくき 圆세로형 세탁기　泥 どろ 圆진흙
　　　しっかり 확실히　落とす おとす 图제거하다, 떨어트리다
　　　使用 しよう 圆사용　量 りょう 圆양　より 男보다
　　　注意 ちゅうい 圆주의　必要だ ひつようだ 나형필요하다
　　　乾燥機能 かんそうきのう 圆건조 기능　ついている 포함되어 있다
　　　比べる くらべる 图비교하다　値段 ねだん 圆가격
　　　場合 ばあい 圆경우　機能 きのう 圆기능　つい 男무심코
　　　目が行く めがいく 눈이 가다　確認 かくにん 圆확인
　　　選ぶ えらぶ 图고르다　~べきだ ~해야만 한다　主に おもに 男주로
　　　正面 しょうめん 圆정면　出し入れ だしいれ 圆넣고 꺼냄
　　　好む このむ 图선호하다　干す ほす 图말리다
　　　環境 かんきょう 圆환경　左右する さゆうする 图좌우하다
　　　~こともある ~하는 경우도 있다　安心だ あんしんだ 나형안심이다
　　　電気代 でんきだい 圆전기세　多少 たしょう 男다소
　　　~かもしれない ~일지도 모른다　性能 せいのう 圆성능
　　　~ほうがよい ~하는 편이 좋다

69

세로형 세탁기에 대해서, A와 B는 어떻게 서술하고 있는가?

1　A도 B도 디자인이 세련되어 인기가 있다고 하고 있다.
2　A도 B도 세정력이 그다지 좋지 않다고 하고 있다.
3　A는 세정력이 뛰어나다고 하고, B는 건조 기능의 전기세가 비싸다고 하고 있다.
4　A는 세련되어 고급이라고 하고, B는 건조 기능도 포함되어 있어서 편리하다고 하고 있다.

해설 질문의 タテ型の洗濯機(세로형 세탁기)에 대한 A와 B의 견해를 각 지문에서 찾는다. A는 タテ型洗濯機ならたくさんの水を使うことで泥などもしっかり落とせてきれいに洗える(세로형 세탁기라면 많은 물을 사용하는 것으로 진흙 등도 확실히 제거할 수 있어서 깨끗하게 빨 수 있다)라고 서술하고 있고, B는 タテ型洗濯機にも乾燥機能があるものもあるが、乾燥機能の電気代はドラム式より高い(세로형 세탁기에도 건조 기능이 있는 것도 있지만, 건조 기능의 전기세는 드럼식보다 비싸다)라고 서술하고 있다. 따라서, 3 Aは洗浄力に優れていると述べ、Bは乾燥機能の電気代が高いと述べている(A는 세정력이 뛰어나다고 하고, B는 건조 기능의 전기세가 비싸다고 하고 있다)가 정답이다.

어휘 洗浄力 せんじょうりょく 圆세정력　優れる すぐれる 图뛰어나다

70

세탁기를 고르는 방법에 대해서, A와 B는 어떻게 서술하고 있는가?

1　A도 B도 건조 기능이 포함되어 있는지 확인해야 한다고 하고 있다.
2　A도 B도 가장 싼 가격인 것을 골라야 한다고 하고 있다.
3　A는 세탁 기능을 확인해야 한다고 하고, B는 전기세를 비교해서 골라야 한다고 하고 있다.
4　A는 깨끗하게 빨 수 있는지가 중요하다고 하고, B는 필요한 기능이 있는 것이 중요하다고 하고 있다.

해설 질문의 洗濯機の選び方(세탁기를 고르는 방법)에 대한 A와 B의 견해를 각 지문에서 찾는다. A는 洗濯機の本来の役割であるきれいに洗えるかという点を確認して選ぶべきだ(세탁기 본래의 역할인 깨끗하게 빨 수 있는가라는 점을 확인하고 골라야만 한다)라고 서술하고 있고, B는 自分に必要な性能がついている洗濯機を選んだほうがよい(자신에게 필요한 성능이 포함되어 있는 세탁기를 고르는 편이 좋다)라고 서술하고 있다. 따라서, 4 Aはきれいに洗えるかが大切だと述べ、Bは必要な機能があることが大切だと述べている(A는 깨끗하게 빨 수 있는지가 중요하다고 하고, B는 필요한 기능이 있는 것이 중요하다고 하고 있다)가 정답이다.

어휘 選び方 えらびかた 圆고르는 방법　最も もっとも 男가장
　　　比較 ひかく 圆비교

문제 13　주장이해(장문)

실력 다지기　　　　　　　　　　　　　　　　p.320

01 ②	02 ①	03 ①	04 ②	05 ②
06 ①				

01

　　때때로, 좋아하는 연예인, 싫어하는 연예인 등의 랭킹이 발표되는 경우가 있다. 그때, 다수의 연예인이 양쪽 모두에 랭크인 된다. 이 현상에서, 그만큼 개성적이라는 것을 엿볼 수 있다. 이 개성이 '좋음' 혹은 '싫음'으로 이어지는 것이다. 개성적인 사람이기 때문에야말로, 연예인으로서 계속할 수 있다라고도 말할 수 있을 것이다.

개성적인 사람이기 때문에야말로, 연예인으로서 계속할 수 있다는 것은, 어떤 것인가?

① 개성이 있으면, '좋음'이나 '싫음' 등 사람들의 관심을 끌 수 없다.
② 사람들의 호불호에 관계없이, 계속할 수 있을지 어떨지는 '개성'의 유무에 의해 결정된다.

어휘 タレント 圆연예인, 탤런트　ランキング 圆랭킹
　　　発表 はっぴょう 圆발표　多数 たすう 圆다수

芸能人 げいのうじん 囻연예인, 예능인　両方 りょうほう 囻양쪽

共に ともに 凰모두, 함께　ランクイン 랭크인

現象 げんしょう 囻현상　個性的だ こせいてきだ 녀혱개성적이다

うかがう 图엿보다　個性 こせい 囻개성　つながる 图이어지다

続ける つづける 图계속하다　関心 かんしん 囻관심

好き嫌い すききらい 囻호불호, 좋아함과 싫어함

～に関わらず ～にかかわらず ~에 관계없이　有無 うむ 囻유무

決まる きまる 图결정되다

02

　　소설의 세계에서는, 등장인물의 얼굴이 떠오를 만큼 캐릭터가 명확하게 그려져 있다. 소설가는 주변 사람을 참고로 등장인물을 만드는 경우가 많은데, 어느 소설가가 이웃의 할머니로부터 이런 이야기를 들었다고 한다. '선생님과 친해지는 것은 무섭네요. 소설에 뭐라고 쓸지 모르니까요.' 소설의 등장인물은 독특할수록 재미있는 데다가, 독자도 그런 등장인물을 바라지만 모델이 된 본인에게 있어서는, 그렇지 않은 것 같다.

<u>모델이 된 본인에게 있어서는, 그렇지 않은 것 같다</u>는 것은, 어떤 것인가?

① 소설 속에서 어떻게 쓰일지 걱정되어서, 별로 선호되지 않는다.

② 소설에서 등장인물의 캐릭터는 매우 중요하니까, 보다 자세하게 적었으면 한다.

어휘 小説 しょうせつ 囻소설　世界 せかい 囻세계

登場人物 とうじょうじんぶつ 囻등장인물　浮かぶ うかぶ 图떠오르다

ほど 囻만큼, 정도　キャラクター 囻캐릭터

明確だ めいかくだ 녀혱명확하다　描く えがく 图그리다

小説家 しょうせつか 囻소설가　周り まわり 囻주변

参考 さんこう 囻참고　近所 きんじょ 囻이웃, 근처

親しい したしい い혱친하다　怖い こわい い혱무섭다

独特だ どくとくだ 녀혱독특하다　読者 どくしゃ 囻독자

望む のぞむ 图바라다　モデル 囻모델　本人 ほんにん 囻본인

心配 しんぱい 囻걱정　好む このむ 图선호하다, 좋아하다

重要だ じゅうようだ 녀혱중요하다　詳しい くわしい い혱자세하다

03

　　런던을 처음으로 방문했을 때, 지하철 티켓을 사는 방법을 몰라, 일본의 JCB 데스크에 가이드를 부탁했다. 도우러 와준 것은 여성으로, 다양한 이야기를 했다. '미스 사이공'이라는 뮤지컬 이야기가 되었을 때, 그녀는 거기에 출연하고 있다고 말했다. '무슨 역할이에요?' 젊은 여성 엑스트라가 몇 명인가 등장했던 것을 기억해 내고, 그렇게 질문했다. 그러자, 그녀는 '김입니다'라고 대답했다. 나는 숨을 삼키고 '우와'하고 목소리를 높였다. '주인공인 김인가요?'라고 질문하자, 그녀는 가볍게 끄덕였다.

필자는 어째서 목소리를 높였는가?

① 엑스트라일 것이라고 생각한 여성이 주연이었기 때문에

---

② 아주 좋아하는 뮤지컬의 배우를 만날 수 있었기 때문에

어휘 ロンドン 囻런던　訪れる おとずれる 图방문하다　チケット 囻티켓

方法 ほうほう 囻방법　ガイド 囻가이드　手助け てだすけ 囻도움

女性 じょせい 囻여성　ミュージカル 囻뮤지컬

出演 しゅつえん 囻출연　役 やく 囻역할　若い わかい い혱젊다

エキストラ 囻엑스트라　登場 とうじょう 囻등장

思い出す おもいだす 图기억해 내다　すると 쩝그러자

息を飲む いきをのむ 숨을 삼키다

声を上げる こえをあげる 목소리를 높이다

主人公 しゅじんこう 囻주인공　うなずく 图끄덕이다

04

　　고등학교 2학년 즈음, 부장이었던 선배와 사이가 나빠져, 농구부를 그만두었다. 원래 홀쩍 여행을 떠나는 것을 좋아했던 탓이었을까. 영어 이외의 수업은 재미있지 않다고 느껴, 아무 일도 없었다는 듯이 수업을 빠지거나 했다. 아무것도 생각하지 않고 영화관에 들어가서 본 것이 '한밤중의 카우보이'였다. 아무 예비지식도 없었는데, 영화관에서 하고 있는 영화가 적어서, 우연히 보게 된 것이었다.

필자는 어째서 '한밤중의 카우보이'를 본 것인가?

① 영어가 좋아서, 영어로 볼 수 있는 영화가 보고 싶었기 때문에

② 우연히 영화관에 갔기 때문에

어휘 高校 こうこう 囻고등학교　部長 ぶちょう 囻부장, 부장님

先輩 せんぱい 囻선배　仲 なか 囻사이

バスケット部 バスケットぶ 囻농구부　やめる 图그만두다

元々 もともと 凰원래　ふらっと 凰홀쩍

旅立つ たびだつ 图여행을 떠나다　以外 いがい 囻이외

感じる かんじる 图느끼다　何事もない なにごともない 아무 일도 없다

さぼる (수업을) 빠지다　考える かんがえる 图생각하다

真夜中 まよなか 囻한밤중　カウボーイ 囻카우보이

予備知識 よびちしき 囻예비지식　たまたま 凰우연히

05

　　무언가를 하면서, 이것이 끝나면 저것을 정리하자고 생각하는 경우가 많다. 한 개나 두 개 정도라면 기억해 두는 것이 가능하다. 하지만 전화나 메일로 작업이 중단됐다고 한다면 하면 어떨까. 전화나 메일은 그 자체로, 뭔가를 조사하거나, 설명하거나 해서, 처리해야 할 일이 늘어나는 것이다. 모든 것을 기억에 의존하는 것은 위험하다. 이상적인 것은, 태스크 관리 소프트웨어에 입력하는 것이지만, 그런 여유가 없다. 가장 신속하고, 확실하게 기록을 남기는 것은, 포스트잇에 메모하고, 눈앞의 모니터 화면 아래에 붙이는 방법이다. 끝낸 것은 쓰레기통에 버리고, 다음을 위한 공간을 만들면 좋다.

포스트잇에 대해, 필자는 어떻게 생각하고 있는가?

① 버려야 하는 쓰레기가 되어 버리므로 별로 선호하지 않는다.

② 여유가 없을 때 사용하기 쉬운 기억 방법이다.

어휘 整理 せいり 圏정리　考える かんがえる 통생각하다
　　 程度 ていど 圏정도　記憶 きおく 圏기억　メール 圏메일
　　 作業 さぎょう 圏작업　中断 ちゅうだん 圏중단　自体 じたい 圏자체
　　 調査 ちょうさ 圏조사　説明 せつめい 圏설명　処理 しょり 圏처리
　　 増える ふえる 통늘어나다　依存 いぞん 圏의존
　　 危険だ きけんだ な형위험하다
　　 理想的だ りそうてきだ な형이상적이다
　　 タスク管理 タスクかんり 圏태스크 관리　ソフトウェア 圏소프트웨어
　　 入力 にゅうりょく 圏입력　余裕 よゆう 圏여유
　　 速やかだ すみやかだ な형신속하다
　　 確実だ かくじつだ な형확실하다　記録 きろく 圏기록
　　 残す のこす 통남기다　ポストイット 圏포스트잇　メモ 圏메모
　　 モニター 圏모니터　画面 がめん 圏화면　方法 ほうほう 圏방법
　　 終える おえる 통끝내다　ゴミ箱 ゴミばこ 圏쓰레기통
　　 捨てる すてる 통버리다　空間 くうかん 圏공간

06

　　 딸은 유명한 댄서이다. 어렸을 때부터 클래식 발레를 배워
왔다. 약 30년 전, 나는 로스앤젤레스에 갈 기회가 있었다.
그곳에서 타워 레코드를 방문했다. 그때, 세계적으로 유명한
발레 무용수의 비디오가 있었다. 일본에서는 손에 넣는 것이
어렵다고 생각해서, 딸을 위해 20개 정도의 비디오를 샀다.
나중에 아내로부터 들은 이야기인데, **딸은 발레 무용수의
비디오를 보고, 눈을 빛내고 있었다고 한다. 그때, 춤에 대한
감성이 길러진 것은 아닌가 하고 생각한다.**

비디오에 대해 필자는 어떻게 생각하고 있는가?

① 발레 비디오를 사서, 딸이 유명한 댄서가 될 수 있었다고 생
각한다.

② 댄스와 클래식 발레는 관계가 없기 때문에, 딸에게 아무 영향도
없었다고 생각한다.

어휘 娘 むすめ 圏딸　有名だ ゆうめいだ な형유명하다　ダンサー 圏댄서
　　 クラシックバレエ 圏클래식 발레　ロサンゼルス 圏로스앤젤레스
　　 機会 きかい 圏기회　タワーレコード 圏타워 레코드
　　 訪れる おとずれる 통방문하다
　　 世界的だ せかいてきだ な형세계적이다　バレエ 圏발레
　　 踊り手 おどりて 圏무용수　ビデオ 圏비디오
　　 手に入れる てにいれる 손에 넣다, 입수하다　輝く かがやく 통빛나다
　　 感性 かんせい 圏감성　育てる そだてる 통기르다, 키우다
　　 関係 かんけい 圏관계　影響 えいきょう 圏영향

71 2	**72** 2	**73** 4

문제13 다음 글을 읽고, 뒤의 물음에 대한 답으로 가장 알맞은
것을, 1・2・3・4에서 하나 고르세요.

71-73

　　 어떤 60대 여성이 해외에서 진행하는 결혼식에 초대되었다며 기
쁜 듯이 이야기하고 있었다. 초대한 신부는, 10년 이상 전에 일본의
공장에서 일했던 동료였다. 두 사람은 교대 근무 시간이 달랐기 때
문에 로커에서 스쳐 지나갈 뿐인 관계였지만, 당시 유학생인 그녀가
언제나 편의점 빵 등을 먹고 있는 것을 보다 못해, 언젠가, 도시락
을 2개 만들어, 가지고 갔다. 폐가 되는 것은 아닐까 하고 걱정했지
만, 의외로 기뻐해 줬다고 한다. 그 이후, 도시락을 1개 만드나 2개
만드나 큰 차이는 없어서, 자신이 출근할 때는 그녀의 몫도 만들어,
로커에 넣었다. 그녀는 무사히 졸업하고, 조국의 기업에 취직. 이후,
만나는 일은 없었지만, 이번에 꼭 결혼식에 와주었으면 한다는 소식
을 받았다, 라는 이야기이다. 그 이야기를 듣고, '이 사람은 어쩜 이
렇게 친절한 사람일까'라고 생각했다. 아마도, [71]**정말로 그 여성에
게 있어서는, 도시락을 2개 만드는 것은 힘든 일이 아니었을 것이
다. 그래서 갑작스러운 초대에 감격했을 것이다. [71]하지만 객관적
으로 보면, 대단한 친절이다.**

　　 [72]**미국의 저명한 SF 작가는, '가장 귀중한 것은 친절', '사랑은
져도 친절은 이긴다'라고 말한다.** 또, 다른 SF 작가는 '인간을
다른 것과 구별하고 있는 특성은 친절'이라고 말한다. 신기하게도
두 사람 모두 SF 작가라는 것이 흥미롭다. SF에는 자주, 인간과
로봇을 나누는 것은 무엇인가, 라는 테마가 있는데, 두 사람
모두 '친절'이 최상의 인간다움이라고 생각했을 것이다. 친절은
누구에게라도 할 수 있다. 위의 이야기같이 계속하는, 말하자면
장대한 친절이 아니어도, 자리를 양보하는 등 작은 친절에는 날마다
조우한다.

　　 나는, 사랑하는 것도 귀중하다고 생각하지만, 친절 쪽이 간편한
느낌이 든다. 일면식도 없는 사람을 사랑하는 것은 할 수 없지만, 마
침 그 곳을 지나가는 그 순간만으로도 사람에게 친절하게 하는 것
은 가능하다. 무언가를 보고 못 본 척을 하는 것도, 일종의 친절이
될 수 있다. 사랑은 다소 파워가 필요하고, 선의가 되면 조금 과장되
게 느끼지만, 친절은 손쉽게 할 수 있다. 그리고 [73]**중요한 것은, 대
상이 있고 나서야 비로소 성립된다는 것이다. 다른 사람의 존재가
필요한 것이다.** 그것도 두 명의 SF 작가가 인간다움을 생각했을 때,
인간의 나약함이나 고독도 포함하여 '친절'이라고 생각이 다다른 요
인이 아닐까. [73]**친절하게 하는 것은, 용이하면서도 최선의 인간다
움인 것이다.**

(주1) 귀중하다: 뛰어난 가치가 있다

(주2) 신기하게도: 우연히도, 신기하게도

(주3) 말하자면: 예를 들어 말하면, 말해보면

(주4) 장대한: 규모가 크고 훌륭한 것

(주5) 조우: 뜻밖에 마주치는 것
(주6) 마침 그곳을 지나감: 우연히 옆을 지나가는 것, 지나치는 것

어휘 女性 じょせい 몡여성　海外 かいがい 몡해외
行う おこなう 통진행하다, 실시하다　結婚式 けっこんしき 몡결혼식
招待 しょうたい 몡초대　うれしい い형기쁘다, 즐겁다
新婦 しんぷ 몡신부　以上 いじょう 몡이상　日本 にほん 몡일본
工場 こうじょう 몡공장　同僚 どうりょう 몡동료
シフト 몡교대 근무 시간, 스케줄　ロッカー 몡로커, 사물함
すれ違う すれちがう 통스쳐 지나가다　関係 かんけい 몡관계
当時 とうじ 몡당시　コンビニ 몡편의점
見かねる みかねる 통보다 못하다, 보기 어렵다
弁当 べんとう 몡도시락　迷惑 めいわく 몡폐, 방해
心配 しんぱい 몡걱정　思いのほか おもいのほか 의외로
喜ぶ よろこぶ 통기뻐하다, 좋아하다　以来 いらい 몡이후, 이래
大した たいした 큰, 대단한　違い ちがい 몡차이, 다름
出勤 しゅっきん 몡출근　無事 ぶじ 몡무사
卒業 そつぎょう 몡졸업　祖国 そこく 몡조국　企業 きぎょう 몡기업
就職 しゅうしょく 몡취직　この度 このたび 몡이번　ぜひ 부꼭
知らせ しらせ 몡소식, 알림　受ける うける 통받다
親切だ しんせつだ な형친절하다　おそらく 부아마도, 어쩌면
突然の とつぜんの 갑작스러운　感激 かんげき 몡감격
客観的だ きゃっかんてきだ な형객관적이다　アメリカ 몡미국
著名だ ちょめいだ な형저명하다　作家 さっか 몡작가
最も もっとも 부가장, 무엇보다도
尊い とうとい い형귀중하다, 소중하다　愛 あい 몡사랑
負ける まける 통지다, 패배하다　勝つ かつ 통이기다
人間 にんげん 몡인간　区別 くべつ 몡구별
特質 とくしつ 몡특성, 특질　奇しくも くしくも 부신기하게도, 기이하게도
興味深い きょうみぶかい い형흥미롭다　ロボット 몡로봇
分ける わける 통나누다　テーマ 몡테마　最上 さいじょう 몡최상
考える かんがえる 통생각하다　誰にでも だれにでも 누구에게라도
継続 けいぞく 몡계속　いわば 부말하자면, 이를테면
壮大だ そうだいだ な형장대하다, 방대하다　ゆずる 통양보하다
日々 ひび 몡날마다, 하루하루　遭遇 そうぐう 몡조우
手軽だ てがるだ な형간편하다, 간단하다
気がする きがする 느낌이 들다, 기분이 들다
見ず知らず みずしらず 일면식도 없음
通りすがり とおりすがり 몡마침 그곳을 지나감, 지나가는 길
一瞬 いっしゅん 몡순간, 일순　可能だ かのうだ な형가능하다
～振り ～ふり ~척, ~체　一種 いっしゅ 몡일종, 한 종류
多少 たしょう 부다소　パワー 몡파워
必要だ ひつようだ な형필요하다　善意 ぜんい 몡선의
少々 しょうしょう 부조금, 약간
大げさだ おおげさだ な형과장되다, 과장하다
感じる かんじる 통느끼다　容易だ よういだ な형손쉽다, 용이하다
重要だ じゅうようだ な형중요하다　対象 たいしょう 몡대상
成り立つ なりたつ 통성립되다　他者 たしゃ 몡다른 사람
存在 そんざい 몡존재　弱さ よわさ 몡나약함, 약함
孤独 こどく 몡고독　含める ふくめる 통포함하다

思い至る おもいいたる 통생각이 다다르다, 생각이 미치다
要因 よういん 몡요인　最良 さいりょう 몡최선, 가장 좋음
価値 かち 몡가치　規模 きぼ 몡규모
思いがけない おもいがけない い형뜻밖이다, 의외이다
通る とおる 통지나다

71

客観的으로 보면, 대단한 친절이다란, 어떤 의미인가?

1　유학생이었던 동료가 무사히 조국에서 취직할 수 있었던 것
2　도시락을 2개 만들었던 것
3　동료였던 60대 여성을 결혼식에 초대한 것
4　결혼한다는 소식을 알린 것

해설 지문의 客観的にみると、大変な親切である(객관적으로 보면, 대단한 친절이다) 주변을 주의 깊게 읽고 어떤 의미인지 찾는다. 앞부분에서 本当にその女性にとっては、弁当を2つ作ることは大変なことではなかったのだろう(정말로 그 여성에게 있어서는, 도시락을 2개 만드는 것은 힘든 일이 아니었을 것이다), 그리고 밑줄을 포함한 문장에서 だが客観的にみると、大変な親切である(하지만 객관적으로 보면, 대단한 친절이다)라고 서술하고 있으므로, 2 弁当を2つ作っていたこと(도시락을 2개 만들었던 것)가 정답이다.

어휘 知らせをする しらせをする 소식을 알리다

72

SF 작가에 대해, 필자의 생각과 가장 맞는 것은 어느 것인가?

1　SF 작가가 사랑이나 친절에 대해 쓰는 것은 부자연스러운 일이다.
2　SF 작가가 인간의 친절에 대해 이야기하고 있는 것은 흥미로운 일이다.
3　SF 작가는 소설을 쓰면서, 인간다움에 대해 매일 생각하고 있다.
4　SF 작가의 특성은, 인간과 로봇을 나누어 생각하는 것이다.

해설 필자의 생각을 묻고 있으므로 SF作家(SF 작가)를 지문의 중반부나 지문 전체에서 찾아 SF작가에 대한 필자의 생각을 파악한다. 두 번째 단락에서 アメリカの著名なSF作家は、「最も尊いのは親切」「愛は負けても親切は勝つ」と言っている。また、別のSF作家は「人間を他のものと区別している特質は親切」という。奇しくも二人ともSF作家というのが興味深い(미국의 저명한 SF 작가는, '가장 귀중한 것은 친절', '사랑은 져도 친절은 이긴다'라고 말한다. 또, 다른 SF 작가는 '인간을 다른 것과 구별하고 있는 특성은 친절'이라고 말한다. 신기하게도 두 사람 모두 SF 작가라는 것이 흥미롭다)라고 서술하고 있으므로, 2 SF作家が人間の親切について語っているのは興味深いことだ(SF 작가가 인간의 친절에 대해 이야기하고 있는 것은 흥미로운 일이다)가 정답이다.

어휘 語る かたる 통이야기하다, 말하다
不自然だ ふしぜんだ な형부자연스럽다

73

친절에 대해, 필자는 어떻게 생각하고 있는가?

1 간단하게 되지 않지만, 친절하게 할 때는 무언가를 보고 못 본척하지 않으면 안 된다.
2 친절은 인간과 로봇을 구별하는 것으로, 누구에게라도 할 수 있는 것이다.
3 인간의 약함이나 외로움이 요인이 되어, 한 순간에도 행할 수 있다.
4 상대방이 있어야 비로소 성립하는, 가장 인간다운 행위이다.

해설 필자의 생각을 묻고 있으므로 親切(친절)를 지문의 후반부나 지문 전체에서 찾아 친절에 대한 필자의 생각을 파악한다. 세 번째 단락에서 重要なことは、対象がいてはじめて成り立つということである。他者の存在が必要なのである(중요한 것은, 대상이 있고 나서야 비로소 성립된다는 것이다. 다른 사람의 존재가 필요한 것이다), 그리고 親切にすることは、容易でありながら最良の人間らしさなのだ(친절하게 하는 것은, 용이하면서도 최선의 인간다운 것이다)라고 서술하고 있으므로, 4 相手がいてはじめて成り立つ、最も人間らしい行為である(상대방이 있어야 비로소 성립하는, 가장 인간다운 행위이다)가 정답이다.

어휘 さびしさ 阅 외로움   相手 あいて 阅 상대방, 상대

실전 테스트 2

71 4	**72** 1	**73** 3

문제13 다음 글을 읽고, 뒤의 물음에 대한 답으로 가장 알맞은 것을, 1·2·3·4에서 하나 고르세요.

71-73

할머니는 언제나 웃는 얼굴로 밝고, 누구에게나 친절하여, 나는 어린 시절부터 할머니의 집에 가는 것을 매우 좋아했다. 성장함에 따라, 단순히 자상한 할머니라기보다, 한 개인으로서 훌륭한 자질의 소유자라고 생각하게 되어, 더욱더 존경하고 있다.

할머니는, 작은 어촌에서 태어났다. 아버지는 태어나기 2개월 전에 병사, 어머니는 아기인 할머니를 지인에게 맡기고 도시로 가버렸다고 한다. 어머니 대신에 키워 준 사람이 매우 귀여워해 주었다고, 할머니는 몇 번이나 이야기해 준다. '불쌍하게 생각했던 거겠지'라고, 눈을 가늘게 뜨고 그리운 듯이 기쁜 듯이 이야기하는 것이다. 한편, 자신을 두고 간 어머니의 일도, 나중에 만나러 와 주었어, 라며 그 때의 일을 기쁜 듯이 말한다. 듣고 있는 이쪽도 행복한 기분이 되는 화법이다. 그 후의 인생도, [71]가난한 생활을 한 일이나, 결혼한 상대(즉 나의 할아버지)가, 병으로 쓰러져 움직일 수 없게 된 일 등, 나에게는 엄청난 고생으로 생각되는 것인데, 할머니가 이야기하면, 전부가 좋은 에피소드로 생각된다.

할머니는 자주 '지금이 가장 행복해'라고 말한다. 옛날에 고생했기 때문에 지금이 행복해, 라는 의미가 아니라, 언제나, 어떤 상황에서도, 행복을 찾아낼 수 있는 사람인 것이라고 생각한다. [72]언제라도 매사의 좋은 점을 느끼고, 기억하고 있는 것이다. 어머니에게 버려진

것보다도, 키워준 사람의 깊은 애정을 기억하고 있다. 남편이 움직일 수 없게 되어 고생한 것보다도, 다른 다양한 사건을 행운이었다고 생각하고 있다. 누군가에게 배운 것이 아닌, 무리해서 좋은 면을 찾으려고 하는 것도 아닌, 태어나면서부터 자연스럽게 그러한 성질이라고 밖에 생각되지 않는다. [72]노력해서 그렇게 생각하자, 살자, 고 하는 사람도 많은 가운데, 귀중한 재능이다.

[73]사람은 자신의 인생을 생각할 때, 자연스럽게 기억을 고르고 있다고 생각한다. 무엇을 어떻게 기억하고 있는지는, 전적으로 개인의 자유이다. 같은 일이라도 사람에 따라 다른 에피소드가 되는 것은 필연일 것이다. 나는 할머니처럼, 가능한 한 기쁨이나 즐거움을 기억하고 싶다. 불쾌함보다도 사람의 호의를, 맛없는 식사보다도 맛있는 식사를 기억하고 싶다. 보통, 사람은 나쁜 일을 잘 기억하고 있는 법이고, 그것이 틀렸다고는 생각하지 않는다. 하지만, 언제든 어디서든 행복을 발견할 수 있는 마음은, 본인뿐만 아니라 주위 사람도 행복하게 하는 힘을 가지고 있다.

(주) 필연: 반드시 그렇게 된다고 정해져 있는 것

어휘 祖母 そぼ 阅 할머니   笑顔 えがお 阅 웃는 얼굴
親切だ しんせつだ 阅형 친절하다   成長 せいちょう 阅 성장
~につれ ~함에 따라   単に たんに 冑 단순히
一個人 いちこじん 阅 한 개인   すばらしい い형 훌륭하다
素質 そしつ 阅 자질, 소질   持ち主 もちぬし 阅 소유자, 임자
ますます 冑 더욱더   尊敬 そんけい 阅 존경   漁村 ぎょそん 阅 어촌
病死 びょうし 阅 병사   赤ちゃん あかちゃん 阅 아기
知人 ちじん 阅 지인   あずける 阅 맡기다   都会 とかい 阅 도시
代わり かわり 阅 대신   育てる そだてる 图 키우다
かわいがる 图 귀여워하다   かわいそうだ 阅형 불쌍하다
目を細める めをほそめる 눈을 가늘게 뜨다
懐かしい なつかしい い형 그립다   うれしい い형 기쁘다
一方 いっぽう 阅 한편   幸せだ しあわせだ 阅형 행복하다
気持ち きもち 阅 기분   語り方 かたりかた 阅 화법, 말투
人生 じんせい 阅 인생   貧乏だ びんぼうだ 阅형 가난하다
生活 せいかつ 阅 생활   相手 あいて 阅 상대   つまり 冑 즉
祖父 そふ 阅 할아버지   倒れる たおれる 图 쓰러지다
動く うごく 图 움직이다   苦労 くろう 阅 고생
語る かたる 图 이야기하다, 말하다   全て すべて 阅 전부
エピソード 阅 에피소드   昔 むかし 阅 옛날
状況 じょうきょう 阅 상황   見出す みいだす 图 찾아내다
物事 ものごと 阅 매사, 사물   感じる かんじる 图 느끼다
記憶 きおく 阅 기억   捨てる すてる 图 버리다
深い ふかい い형 깊다   愛情 あいじょう 阅 애정
様々だ さまざまだ 阅형 다양하다   出来事 できごと 阅 사건, 일
幸運 こううん 阅 행운   ~わけではない ~인 것이 아니다
無理 むり 阅 무리   探す さがす 图 찾다
生まれながら うまれながら 冑 태어나면서부터, 천생
自然だ しぜんだ 阅형 자연스럽다   性質 せいしつ 阅 성질
貴重だ きちょうだ 阅형 귀중하다   才能 さいのう 阅 재능
選ぶ えらぶ 图 고르다   全く まったく 冑 전적으로   自由 じゆう 阅 자유
異なる ことなる 图 다르다   必然 ひつぜん 阅 필연
喜び よろこび 阅 기쁨   不快さ ふかいさ 阅 불쾌함

82 무료 학습자료 제공 japan.Hackers.com

好意 こうい 圏호의　普通 ふつう 閉보통　間違う まちがう 圄틀리다
発見 はっけん 圏발견　本人 ほんにん 圏본인
周囲 しゅうい 圏주위　幸福だ こうふくだ 圪형행복하다
決まる きまる 圄정해지다

71

필자는 **할머니**를 어떤 사람이라고 생각하고 있는가?

1 필자의 성장과 함께, 훌륭한 자질을 가지게 된 사람
2 어머니가 아닌 사람에게 키워진 일을, 불쌍하다고 생각하고 있는 사람
3 고생한 일을 기쁜 일로 하려고 노력하고 있는 사람
4 힘들었던 일이라도, 좋은 이야기로서 말할 수 있는 사람

해설 필자의 생각을 묻고 있으므로 祖母(할머니)를 지문의 초반부나 지문 전체에서 찾아 할머니에 대한 필자의 생각을 파악한다. 두 번째 단락에서 貧乏な生活をしたことや、結婚した相手(つまり私の祖父)が、病気で倒れて動けなくなったことなど、私には大変な苦労に思えるのだが、祖母が語ると、全てが良いエピソードに思える(가난한 생활을 한 일이나, 결혼한 상대(즉 나의 할아버지)가, 병으로 쓰러져 움직일 수 없게 된 일 등, 나에게는 엄청난 고생으로 생각되는 것인데, 할머니가 이야기하면, 전부가 좋은 에피소드로 생각된다)라고 서술하고 있으므로, 4 大変だったことでも、いい話として話すことができる人(힘들었던 일이라도, 좋은 이야기로서 말할 수 있는 사람)이 정답이다.

어휘 努力 どりょく 圏노력

72

귀중한 재능이란, 어떤 것인가?

1 매사의 좋은 점을 찾아내고, 기억하는 힘
2 듣고 있는 사람을 행복한 기분으로 만드는 화법
3 언제나 웃는 얼굴로 밝고, 누구에게나 친절한 성격
4 나쁜 일도 좋은 일로 바꿔 버리는 상상력

해설 지문의 貴重な才能(귀중한 재능) 주변을 주의 깊게 읽고 어떤 것인지 찾는다. 앞 부분에서 いつでも物事の良いところを感じ、記憶しているのだ(언제라도 매사의 좋은 점을 느끼고, 기억하고 있는 것이다), 그리고 밑줄을 포함한 문장에서 がんばってそのように考えよう、生きよう、とする人も多い中、貴重な才能だ(노력해서 그렇게 생각하자, 살자, 고 하는 사람도 많은 가운데, 귀중한 재능이다)라고 서술하고 있으므로, 1 物事のいいところを見つけ出し、記憶する力(매사의 좋은 점을 찾아 내고, 기억하는 힘)가 정답이다.

어휘 見つけ出す みつけだす 圄찾아내다
話し方 はなしかた 圏화법, 말투　性格 せいかく 圏성격
変える かえる 圄바꾸다　想像力 そうぞうりょく 圏상상력

73

기억하는 것에 대해서, 필자는 어떻게 생각하고 있는가?

1 괴로운 일보다 기쁜 일이나 즐거운 일을 기억해 두려면, 재능이 필요하다.

2 기쁨과 즐거움을 기억해 두는 것은, 행복해지기 위해서 가장 중요한 것이다.
3 사람은 선택해서 기억하고 있기 때문에, 같은 일이라도 다르게 기억하고 있다.
4 주변 사람을 행복하게 하기 위해서, 나쁜 일은 기억해 두지 않는 편이 좋다.

해설 필자의 생각을 묻고 있으므로 記憶すること(기억하는 것)를 지문의 후반부나 지문 전체에서 찾아 기억하는 것에 대한 필자의 생각을 파악한다. 네 번째 단락에서 人は自分の人生を思う時、自然に記憶を選んでいると思う。何をどのように記憶しているかは、全く個人の自由である。同じ出来事でも人によって異なるエピソードになるのは必然であろう(사람은 자신의 인생을 생각할 때, 자연스럽게 기억을 고르고 있다고 생각한다. 무엇을 어떻게 기억하고 있는지는, 전적으로 개인의 자유이다. 같은 일이라도 사람에 따라 다른 에피소드가 되는 것은 필연일 것이다)라고 서술하고 있으므로, 3 人は選んで記憶しているので、同じ出来事でも違うように覚えている(사람은 선택해서 기억하고 있기 때문에, 같은 일이라도 다르게 기억하고 있다)가 정답이다.

어휘 辛い つらい 圪형괴롭다　必要だ ひつようだ 圪형필요하다
周り まわり 圏주변

실전 테스트 3　　　　　　　　　　p.326

71 2	**72** 1	**73** 4

문제13 다음 글을 읽고, 뒤의 물음에 대한 답으로 가장 알맞은 것을, 1·2·3·4에서 하나 고르세요.

71-73

　애니메이션의 시나리오를 쓰는 일을 시작하고 안 것은, 최근의 사람은 어쨌든 기다릴 수 없고, 기다리지 않는다는 것이다. 한 화 30분의 애니메이션 방송에서, 사이에 CM이 들어가는 경우, 전반의 약 12분과 후반의 약 12분의 이야기 구성을 생각한다. 예를 들면 '친구인 두 사람이 싸움을 했다'라는 이야기라고 하면, 전체의 25분 정도에서, 싸움을 하고, CM이 들어가고, 마지막에는 화해라고 하는 이야기를 생각하지만, **전반 부분에서 화해까지 써주길 바란다**고 요구받는다. 후반은, 평범하게 사이가 좋은 이야기로 괜찮다고 한다. [71]**보는 사람은 후반까지 화해를 기다리게 하는 것을 참을 수 없다**, 라는 제작 회사의 판단이다. 지금의 사람은 트러블을 싫어한다고도 자주 듣는데, 어쨌든 해결까지 30분 기다릴 수 없다고 하는 것에 놀랐다. 재작년에 대히트한 애니메이션 영화는, 확실히 약 10분마다 장면도 이야기도 바뀌는 전개였다.
　이것은 애니메이션에 한한 이야기가 아니다. 현대의 생활 전부가, '기다릴 수 없다', '기다리지 않는다' 상태에 있다. 인터넷을 비롯하여, [72]**기술의 진보가 가능하게 한 이 상황**에, 우리들은 너무 익숙해져 있다. 1분 1초라도 빠른 쪽이 선호되고, 물건도 정보도 기다

リ지 않고도 손에 들어오게 되었지만, 반대로 상대로부터도 빠른 대응이 요구된다. 인터넷상에서의 교류 등이 좋은 예인데, 사람의 마음은 그렇게 빠르게 반응할 수 있는 것일까. 물론, 시간을 들이는 편이 좋다고 하는 단순한 이야기는 아니지만, 지금은 '기다리는' 것을 너무나도 경시하고 있다고 생각한다. 기다린다는 것은, 생각한다는 것이다.

　예를 들면, 식사에 가자고 초대받아, 기쁘다, 가고 싶다고 생각하는 그 마음의 움직임을, 마음으로 느끼는 시간은 소중하다. 또, 메일의 답장이 늦을 때에, 왜 바로 답장을 주지 않는 것일까 하고 초조해하는 것이 아니라, 상대의 상황을 상상해 보는 것은 어떨까. 다양한 것에 바로 반응하기 보다도, 간단한 일이라도 자신의 머리와 마음을 사용해, 상황을 넓고 깊게 받아 들이는 것으로부터, 풍요로운 마음이 형성된다고 생각한다. 풍요로운 마음은, 풍요로운 인간관계로도 이어진다. 자신의 마음이 형성되지 않은 채로, 타인의 마음과 이어지는 것은 불가능할 것이다. 지금의 시대, [73]기다린다고 하는 것은, 의식해서 그렇게 하지 않으면 안 되는 훈련과 같은 것이지만, 마음에 있어서는 필요 불가결한 것이라고 생각한다. 기다리는 일도, 기다리게 하는 일도, 용기와 이해가 필요할지도 모른다.

어휘 アニメ 圏애니메이션　シナリオ 圏시나리오
始める はじめる 圏시작하다　最近 さいきん 圏최근
とにかく 凰어쨌든　一話 いちわ 圏한 화
番組 ばんぐみ 圏방송, 프로그램　CM 圏광고
前半 ぜんはん 圏전반　後半 こうはん 圏후반
構成 こうせい 圏구성　考える かんがえる 圏생각하다
例えば たとえば 凰예를 들면　ケンカ 圏싸움　〜とすると 〜라고 하면
全体 ぜんたい 圏전체　最後 さいご 圏마지막, 최후
仲直り なかなおり 圏화해　部分 ぶぶん 圏부분
要求 ようきゅう 圏요구　普通に ふつうに 평범하게
仲の良い なかのよい 사이가 좋은　がまん 圏참음
制作会社 せいさくがいしゃ 圏제작회사　判断 はんだん 圏판단
トラブル 圏트러블　きらう 圏싫어하다　解決 かいけつ 圏해결
驚く おどろく 圏놀라다　大ヒット だいヒット 圏대히트
アニメ映画 アニメえいが 圏애니메이션 영화
確かに たしかに 凰확실히　場面 ばめん 圏장면　〜ごとに 〜마다
変わる かわる 圏바뀌다　展開 てんかい 圏전개
〜に限る 〜にかぎる 〜에 한하다　現代 げんだい 圏현대
生活 せいかつ 圏생활　すべて 凰전부, 모두
状態 じょうたい 圏상태　インターネット 圏인터넷
〜をはじめ 〜을 비롯하여　技術 ぎじゅつ 圏기술
進歩 しんぽ 圏진보　可能だ かのうだ な형가능하다
状況 じょうきょう 圏상황　私達 わたしたち 圏우리들
慣れる なれる 圏익숙해지다　速い はやい い형빠르다
好む このむ 圏선호하다　情報 じょうほう 圏정보
手に入る てにはいる 손에 들어오다　反対に はんたいに 반대로
相手 あいて 圏상대　対応 たいおう 圏대응
交流 こうりゅう 圏교류　反応 はんのう 圏반응　もちろん 凰물론
時間をかける じかんをかける 시간을 들이다
〜ほうがいい 〜하는 편이 좋다　単純だ たんじゅんだ な형단순하다
あまりにも 너무나도　軽視 けいし 圏경시

誘う さそう 圏초대하다, 권유하다　うれしい い형기쁘다
動き うごき 圏움직임　感じる かんじる 圏느끼다　メール 圏메일
返事 へんじ 圏답장, 답변　いらいらする 초조해하다
想像 そうぞう 圏상상　様々だ さまざまだ な형다양하다
簡単だ かんたんだ な형간단하다　深い ふかい い형깊다
取りこむ とりこむ 圏받아들이다　豊かだ ゆたかだ な형풍요롭다
人間関係 にんげんかんけい 圏인간관계　つながる 圏이어지다
形成 けいせい 圏형성　他人 たにん 圏타인
不可能だ ふかのうだ な형불가능하다　意識 いしき 圏의식
〜なければならない 〜하지 않으면 안 된다　訓練 くんれん 圏훈련
〜にとって 〜에 있어서
必要不可欠だ ひつようふかけつだ 필요 불가결하다
勇気 ゆうき 圏용기　理解 りかい 圏이해
〜かもしれない 〜일지도 모른다

71

전반 부분에서 화해까지 써주길 바란다는 것은, 왜인가?

1 사이가 좋은 친구의 이야기로 하고 싶기 때문에
2 싸움이 끝난 것을 빨리 보고 싶기 때문에
3 트러블이 계속되는 것이 싫기 때문에
4 10분마다 이야기가 바뀌는 편이 좋기 때문에

해설 지문의 前半部分で仲直りまで書いてほしい(전반 부분에서 화해까지 써주길 바란다) 주변을 주의 깊게 읽고 이유를 찾는다. 뒷부분에서 見る人は後半まで仲直りを待たされることががまんできない(보는 사람은 후반까지 화해를 기다리게 하는 것을 참을 수 없다)라고 서술하고 있으므로, 2 ケンカが終わったのを早く見たいから(싸움이 끝난 것을 빨리 보고 싶기 때문에)가 정답이다.

어휘 続く つづく 圏계속되다, 계속하다　嫌だ いやだ な형싫다

72

기술의 진보에 대해서, 필자의 생각과 맞는 것은 어느 것인가?

1 갖고 싶은 것이나 정보가, 바로 자신에게 도달하게 되었다.
2 인터넷을 사용한 주고받음에 시간을 들이지 않게 되었다.
3 빠른 것에는 익숙해졌지만, 마음이 반응할 수 없게 되었다.
4 기다리지 않아도 되는 생활에 의해서, 사람들은 생각하지 않게 되었다.

해설 필자의 생각을 묻고 있으므로 技術の進歩(기술의 진보)를 지문의 중반부나 지문 전체에서 찾아 기술의 진보에 대한 필자의 생각을 파악한다. 두 번째 단락에서 技術の進歩が可能にしたこの状況に、私達は慣れすぎている。1分1秒でも速い方が好まれ、モノも情報も待たずとも手に入るようになったが(기술의 진보가 가능하게 한 이 상황에, 우리들은 너무 익숙해져 있다. 1분 1초라도 빠른 쪽이 선호되고, 물건도 정보도 기다리지 않고도 손에 들어오게 되었지만)라고 서술하고 있으므로, 1 ほしいモノや情報が、すぐに自分に届くようになった(갖고 싶은 것이나 정보가, 바로 자신에게 도달하게 되었다)가 정답이다.

어휘 届く とどく 圏도달하다　やり取り やりとり 圏주고받음

73

기다리는 것에 대해서, 필자는 어떻게 생각하고 있는가?

1 상대를 기다리면서 초조해하면, 풍요로운 마음은 만들어지지 않는다.

2 상대가 기다려주는 시간을 만들면, 인간관계가 풍부해진다.

3 의식해서 행동하는 것으로, 기다리는 일이 몸에 밴다.

4 기다리는 것은, 마음에 있어서 없어서는 안 되는 것이다.

해설 필자의 생각을 묻고 있으므로 待つこと(기다리는 것)를 지문의 후반부나 지문 전체에서 찾아 기다리는 것에 대한 필자의 생각을 파악한다. 세 번째 단락에서 待つということは、意識してそうしなければならない訓練のようなものであるが、心にとっては必要不可欠なことだと思う(기다린다고 하는 것은, 의식해서 그렇게 하지 않으면 안 되는 훈련과 같은 것이지만, 마음에 있어서는 필요 불가결한 것이라고 생각한다)라고 서술하고 있으므로, 4 待つことは、心にとってなくてはならないことだ(기다리는 것은, 마음에 있어서 없어서는 안 되는 것이다)가 정답이다.

어휘 行動 こうどう 圏행동   身に付く みにつく 몸에 배다
　～てはならない ~해서는 안 된다

정보검색

실력 다지기   p.332

01 ②	02 ①	03 ②	04 ①

01

마리아 씨는 일본어 학원에 다니려고 한다. 주말 밤만 시간이 있고, 하루에 2시간 이상 수업을 받고 싶다. 수업료는 1만 5천엔 이하로, 선생님은 일본인이 좋다. 마리아 씨의 희망에 맞는 클래스는 어느 것인가?

① A클래스

② B클래스

곤니치와! 일본어교실		
	A클래스	B클래스
수업 시간	토요일 18:00~19:00 일요일 18:00~19:00	토요일 18:00~20:00
선생님	△△씨 (일본인)	□□씨 (일본인)
수업료	한 달 1만 5천엔	한 달 1만 3천엔

• 주말 수업에 참가할 수 없는 경우, 평일 수업에 참가할 수 있습니다.

어휘 日本語 にほんご 圏일본어   塾 じゅく 圏학원   通う かよう 圄다니다
　週末 しゅうまつ 圏주말   以上 いじょう 圏이상
　受ける うける 圄받다   授業料 じゅぎょうりょう 圏수업료
　以下 いか 圏이하   日本人 にほんじん 圏일본인
　希望 きぼう 圏희망   合う あう 圄맞다
　授業時間 じゅぎょうじかん 圏수업 시간   参加 さんか 圏참가
　場合 ばあい 圏경우   平日 へいじつ 圏평일
　～ことができる ~할 수 있다

02

켄 씨는 운동하기 위해 체육관 이용 등록을 하려고 한다. 매일 19시부터 22시까지 이용하고, 시설은 수영장과 테니스 코트를 사용할 생각이다. 테니스는 옥외에서 하고 싶다고 생각한다. 켄 씨가 등록할 체육관은 어느 것인가?

① A동

② B동

체육관 이용 안내		
	A동	B동
시설	• 수영장 • 탁구대 • 테니스 코트 • 축구장	• 수영장 • 테니스 코트 • 배드민턴 코트 • 트레이닝 룸
이용 시간	08:00~22:00	09:00~23:00
요금	한 달 8천엔	한 달 8천엔

• A동은 옥내·옥외 둘 다 사용할 수 있고, B동은 옥내만 사용할 수 있습니다.

어휘 運動 うんどう 圏운동   体育館 たいいくかん 圏체육관
　利用登録 りようとうろく 圏이용 등록   施設 しせつ 圏시설
　テニスコート 圏테니스 코트   つもり 圏생각, 작정
　屋外 おくがい 圏옥외, 실외   ～と思う ～とおもう ~라고 생각하다
　利用案内 りようあんない 圏이용 안내   棟 とう 圏동
　卓球台 たっきゅうだい 圏탁구대
　サッカー場 サッカーじょう 圏축구장
　バドミントンコート 圏배드민턴 코트
　トレーニングルーム 圏트레이닝 룸
　利用時間 りようじかん 圏이용 시간   料金 りょうきん 圏요금
　屋内 おくない 圏옥내, 실내   両方 りょうほう 圏둘 다, 양쪽
　使用 しよう 圏사용

03

윤 씨는 신제품 기획 발표를 위해서 회의실을 예약하려고 한다. 25명 참가할 예정이다. 오늘은 1월 9일이고, 회의는 1월 15일에 실시된다. 윤 씨는 회의실을 예약하기 위해 무엇을 하면 되는가?

① 당일까지, 인터넷으로 예약하고 나서 관리부에 간다.

② 1월 14일까지, 참가자 명부를 준비해서 관리부에 간다.

어휘 新製品 しんせいひん 图신제품　企画 きかく 图기획
　　　発表 はっぴょう 图발표　会議室 かいぎしつ 图회의실
　　　予約 よやく 图예약　参加 さんか 图참가　予定 よてい 图예정
　　　会議 かいぎ 图회의　行う おこなう 图실시하다
　　　案内 あんない 图안내　一回 いっかい 图1회, 한 번
　　　最大 さいだい 图최대　利用 りよう 图이용　可能 かのう 图가능
　　　一週間 いっしゅうかん 图1주일　ネット 图인터넷
　　　直接 ちょくせつ 图직접　管理部 かんりぶ 图관리부
　　　窓口 まどぐち 图창구　当日 とうじつ 图당일　場合 ばあい 图경우
　　　参加者 さんかしゃ 图참가자　名簿 めいぼ 图명부
　　　持参 じさん 图지참　マイク 图마이크
　　　必要だ ひつようだ な형필요하다　事前 じぜん 图사전
　　　貸し出し かしだし 图대출　～てから ~하고 나서
　　　借りる かりる 图빌리다　準備 じゅんび 图준비

04

┌─────────────────────────────────────┐
│ 장 씨는 미도리 대학의 학생으로, 지금, 도서관에서 약학 책을 │
│ 빌리려고 한다. 학생증을 가지고 있지 않은 장 씨는, 앞으로 어떻게 │
│ 하면 되는가?   │
│   │
│ ① 3층에 가서, 신분증을 제시하고 나서 대출 신청서를 작성한 │
│   후, 책을 2권 빌린다.   │
│ ② 2층에 가서, 신분증을 제시하고 나서 대출 신청서를 작성한 후, │
│   책을 4권 빌린다.   │
│   │
│ ┌───────────────────────────────┐ │
│ │   미도리 대학 도서관 이용안내   │ │
│ │ 이용 시간 : 09:00~21:00   │ │
│ │ 대출 권수 : 재학생 분 5권, 일반 분 3권   │ │
│ │ 대출 기간 : 2주간   │ │
│ │ 연장 횟수 : 2회   │ │
│ │ • 재학생 분이 빌리시는 경우는, 학생증이 필요합니다. │ │
│ │ • 일반 분이 빌리시는 경우는, 신분증을 제시하고, 대출 신청 │ │
│ │   서를 작성해 주십시오.   │ │
│ │   ※재학생이라도, 학생증을 가지고 있지 않은 분은 동일합 │ │
│ │   니다.   │ │
│ │ • 의학이나 약학과 관련된 도서는 3층을 이용해 주십시오. │ │
│ └───────────────────────────────┘ │
└─────────────────────────────────────┘

어휘 薬学 やくがく 图약학　借りる かりる 图빌리다

学生証 がくせいしょう 图학생증
利用時間 りようじかん 图이용 시간　貸出 かしだし 图대출
冊数 さっすう 图권수　在学生 ざいがくせい 图재학생
一般 いっぱん 图일반　期間 きかん 图기간
延長 えんちょう 图연장　回数 かいすう 图횟수
必要だ ひつようだ な형필요하다　身分証 みぶんしょう 图신분증
提示 ていじ 图제시　申込書 もうしこみしょ 图신청서
作成 さくせい 图작성　同様だ どうようだ な형동일하다
医学 いがく 图의학　関連 かんれん 图관련　図書 としょ 图도서

실전 테스트 1 p.334

74 4	**75** 4

문제14 오른쪽 페이지는 A시의 성인식 안내장입니다. 아래의
물음에 대한 답으로 가장 알맞은 것을, 1・2・3・4에서 하나
고르세요.

74

타망 씨는, 친구와 만난 뒤에 1월 14일의 성인식에 출석하기로 되
어 있다. 타망 씨는 어떻게 하면 되는가?

1　오전 11시 반에 주차장에 가서, 친구를 기다린다.
2　오후 12시 반에 주차장에 가서, 친구를 기다린다.
3　오전 11시 반에 리허설실에 가서, 친구를 기다린다.
4　오후 12시 반에 리허설실에 가서, 친구를 기다린다.

해설 제시된 상황 友達と会ってから1月14日の成人式に出席(친구와
만난 뒤에 1월 14일의 성인식에 출석)에 따라, 타망 씨가 어떻게 하
면 되는지를 파악한다. 지문의 □ 안의 문장에서 待ち合わせをなさ
る方は、市民会館別館2階のリハーサル室をご利用ください。
＊正午~(만날 약속이 있으신 분은, 시민회관 별관 2층의 리허설실
을 이용해 주십시오. *정오~)라고 언급하고 있으므로, 4 午後12時
半にリハーサル室へ行って、友達を待つ(오후 12시 반에 리허설
실에 가서, 친구를 기다린다)가 정답이다.

어휘 成人式 せいじんしき 图성인식　出席 しゅっせき 图출석
　　　駐車場 ちゅうしゃじょう 图주차장
　　　リハーサル室 リハーサルしつ 图리허설실

75

쉴라 씨는 아무래도 **성인식에 출석할 수 없다**. 어떻게 하면 기념품
을 받을 수 있는가?

1　쉴라 씨의 오빠가 안내장을 회장에 가지고 가서, 성인식에 출석
　한다.
2　출석할 수 없는 이유를, 1월 14일까지 전화로 시청에 전한다.
3　1월 16일 이후에, 시민회관에 안내장을 가지고 간다.
**4　2월 말일까지, 시청의 평생학습・스포츠과에 안내장을 가지고
　간다.**

해설 제시된 상황 成人式に出席することができない(성인식에 출석할 수 없다)에 따라 쉴라 씨가 어떻게 하면 기념품을 받을 수 있는지 파악한다. 지문의 *표시의 성인식에 참가할 수 없는 분에 대한 안내에서 成人式に参加できない方は、本案内状をＡ市役所生涯学習・スポーツ課窓口(3階30番)にお持ちください(성인식에 참가할 수 없는 분은, 본 안내장을 A시청 평생학습・스포츠과 창구(3층 30번)에 가져와 주십시오), 2月28日（木）午後４時30分までにお越しくださいますよう(2월 28일(목) 오후 4시 30분까지 와 주시도록)라고 언급하고 있으므로, 4 2月末日까지, 市役所의 生涯学習・スポーツ課에 案内状 가지고 가다(2월 말일까지, 시청의 평생학습・스포츠과에 안내장을 가지고 간다)가 정답이다.

어휘 記念品 きねんひん 몡기념품 案内状 あんないじょう 몡안내장
理由 りゆう 몡이유 市役所 しやくしょ 몡시청
伝える つたえる 동전하다, 전달하다 以降 いこう 몡이후
市民会館 しみんかいかん 몡시민회관 末日 まつじつ 몡말일
生涯学習 しょうがいがくしゅう 몡평생학습
スポーツ課 スポーツか 몡스포츠과

A시 성인식 안내

화려하게 성인을 맞이하실 A시민 여러분을 축하드리기 위해, A시 주최의 성인식을 개최합니다. 여러분의 참가를 기다리고 있겠습니다.

일　　시: 헤이세이 31년 1월 14일 (월(축)・성년의 날)
접　　수: 오후 1시 15분~
식전 개시: 오후 2시
종　　료: 오후 3시 (예정)
회　　장: 드림홀 (시민회관) 큰 홀 A시 나카마치 1-1-1

　※ 차로 오시는 것은, 삼가 주십시오. 주차장 준비는 되어있지 않습니다.
　※ 식전 회장 내에, 음식물은 가지고 들어갈 수 없습니다.
　※ 시민회관에 흡연장소는 없으니, 흡연은 삼가 주십시오.
　※ 당일은, 게임 대회도 실시됩니다.

[74]만날 약속이 있으신 분은, 시민회관 별관 2층의 리허설실을 이용해 주십시오. *정오~
식전 중, 리허설실은, 중계 회장이 되오니, 가족 분은 식전의 상황을 이곳에서 봐 주십시오.

주　　최: A시 / A시 교육위원회
문　　의: 평생학습・스포츠과
전　　화: 987-654-3210 (직통) 오전 8시 30분~오후 5시 30분

　　　★이 안내장은, 기념품 교환권을 겸하고 있습니다★
* 성인식 당일, 오실 때 본 안내장을 접수처에 건네주십시오. 교환하여, 기념품을 드립니다. 본 안내장을 잊어버린 경우, 기념품은 드릴 수 없습니다.
* [75]성인식에 참가할 수 없는 분은, 본 안내장을 A시청 평생학습・스포츠과 창구(3층 30번)에 가져와 주십시오. 본

안내장과 교환하여, 기념품을 드립니다. 대리인 분이어도 상관없습니다.
　토, 일, 국경일을 제외한, 1월 16일 (수) 오전 9시 30분~ [75]2월 28일 (목) 오후 4시 30분까지 와 주시도록, 부탁 드립니다.

어휘 案内 あんない 몡안내 晴れやかだ はれやかだ 노형화려하다, 밝다
成人 せいじん 몡성인 迎える むかえる 동맞이하다
市民 しみん 몡시민 皆さま みなさま 몡여러분
祝う いわう 동축하하다, 축복하다 主催 しゅさい 몡주최
開催 かいさい 몡개최 参加 さんか 몡참가 日時 にちじ 몡일시
平成 へいせい 몡헤이세이 (일본의 연호)
受付 うけつけ 몡접수, 접수처 式典 しきてん 몡식전
開始 かいし 몡개시 終了 しゅうりょう 몡종료 予定 よてい 몡예정
会場 かいじょう 몡회장 来場 らいじょう 몡회장에 옴
ご遠慮ください ごえんりょください 삼가 주십시오
用意 ようい 몡준비 飲食物 いんしょくぶつ 몡음식물
持ち込む もちこむ 동가지고 들어가다
喫煙所 きつえんじょ 몡흡연장소 当日 とうじつ 몡당일
ゲーム 몡게임 大会 たいかい 몡대회
行う おこなう 동실시하다, 시행하다
待ち合わせ まちあわせ 몡만나기로 한 약속 利用 りよう 몡이용
正午 しょうご 몡정오 中継 ちゅうけい 몡중계
様子 ようす 몡상황, 모양 教育 きょういく 몡교육
委員会 いいんかい 몡위원회 直通 ちょくつう 몡직통
引換券 ひきかえけん 몡교환권 兼ねる かねる 동겸하다
窓口 まどぐち 몡창구 代理 だいり 몡대리
構わない かまわない 상관없다, 관계없다
祝日 しゅくじつ 몡국경일, 축일 除く のぞく 동제외하다, 빼다
お越しくださる おこしくださる 와 주시다 (来てくれる의 존경어)

실전 테스트 2　　　　　　　　　　　　　　　　p.336

74	3	75	4

문제14 오른쪽 페이지는 외국인을 위해 안내되어 있는 오사카 시내의 아르바이트 구인정보입니다. 아래의 물음에 대한 답으로 가장 알맞은 것을, 1・2・3・4에서 하나 고르세요.

74

웨이 씨는, 오사카 중앙대학의 유학생이다. 대학이 있는 **우메다 역 근처**에서 할 수 있는 아르바이트를 찾고 있다. 12월은 시험이 있어 바쁘기 때문에, 대학이 봄 방학이 되는 **1월 이후에 시작할 예정**이다. 오른쪽 표에서, 웨이 씨가 할 수 있는 아르바이트는 어느 것인가?

1 ①과②　　　　　　　　　　2 ③과④
3 ①과⑥　　　　　　　　　　4 ②와⑥

해설 웨이씨가 할 수 있는 아르바이트를 파악한다. 질문에서 제시된 조건
(1) 梅田駅の近く(우메다 역 근처), (2) 1月以降に開始(1월 이후
에 시작)에 따라,
(1) 우메다 역 근처: ①, ③은 우메다 역에서 도보 10분이고 ④, ⑥
은 도보 2분이므로 가능
(2) 1월 이후: ①은 기간이 시작일 상담 가능이고 ②는 1月中旬~(1
월 중순~), ⑥은 1月下旬~3か月(1월 하순~3개월)이므로 가능
따라서 3 ①과⑥(①과⑥)가 정답이다.

어휘 大阪 おおさか 圏오사카 アルバイト 圏아르바이트
春休み はるやすみ 圏봄 방학 以降 いこう 圏이후
開始 かいし 圏시작, 개시 表 ひょう 圏표

75

> 강 씨는 한국인 유학생이다. 현재, **토요일과 일요일만 오전 6시부
> 터 정오까지, 편의점에서 아르바이트**를 하고 있다. 지금 아르바이
> 트에 익숙해졌기 때문에, 조금 더 아르바이트를 늘리고 싶다고 생각
> 해서, 다른 일을 찾기로 했다. 오른쪽 표에서, 강 씨가 할 수 없는 아
> 르바이트는 어느 것인가?
>
> 1 ②와⑤   2 ③과④
> 3 ⑤와⑥   4 ③과⑤

해설 강 씨가 할 수 없는 아르바이트를 파악한다. 질문에서 제시된 조건
(1) カンさんは韓国人の留学生(강 씨는 한국인 유학생), (2) 土曜
日と日曜日のみ午前6時から正午まで、コンビニでアルバイト
(토요일과 일요일만 오전 6시부터 정오까지 편의점에서 아르바이트)
에 따라,
(1) 강 씨는 유학생: ⑤는 학생 불가이므로 불가능하고 나머지는 모
두 가능
(2) 토요일과 일요일만 오전 6시부터 정오까지는 다른 아르바이트:
③은 기간과 근무 시간이 편의점 아르바이트와 겹치므로 불가능
따라서 4 ③과⑤(③과⑤)가 정답이다.

어휘 正午 しょうご 圏정오 コンビニ 圏편의점
慣れてくる なれてくる 익숙해지다 増やす ふやす 圏늘리다

74-75 　　　　아르바이트 구인정보

오사카시 아르바이트 구인

11월 25일 현재

주 2~4일인 업무		
	① 도서관에서의 대출업무	② 관광안내
시급	1,000엔	1,200엔
근무지	[74]우메다 역에서 도보 10분 오사카시 도서관	사쿠라가와 역에서 도보 5분 관광안내소
근무 시간	(1) 10:00 - 16:00 (2) 14:00 - 20:00	(1) 8:00 - 15:00 (2) 14:00 - 20:00

기간	당일~장기 [74]시작일 상담 가능	[74]1월 중순~
특징	시간 교대제· 토, 일, 국경일 근무 있음	시간 교대제· 토, 일, 국경일 근무 있음
조건	간단한 컴퓨터 작업	한국어 또는 중국어를 말할 수 있을 것
단기 업무		
	③ 시험감독	④ 우체국에서의 가벼운 작업
시급	1,100엔	1,350엔~1,700엔
근무지	[74]우메다 역에서 도보 10분 오사카 중앙대학 내	[74]우메다 역에서 도보 2분 우메다 우체국
근무 시간	[75]9:00 - 16:00	21:00 - 6:00
기간	[75]12월 7일 (토)· 8일 (일) 2일간	12월 15일~ 1월 15일 중 주2~4일
특징	급여 당일 지급	시간 고정제·고시급
조건	—	심야에 근무 가능할 것
장기 업무		
	⑤ 대기업에서의 사무	⑥ 데이터관리·테스트
시급	1,200엔	1,000엔
근무지	혼마치 역에서 도보 2분 오사카 주식회사	[74]우메다 역에서 도보 2분 정보 시스템 회사
근무 시간	10:00 - 18:00	9:00 - 17:00 중 4시간 정도
기간	당일~장기	[74]1월 하순~3개월
특징	시간 고정제·월~금만	시간 교대제·월~금만
조건	[75]학생 불가	간단한 컴퓨터 작업

어휘 求人 きゅうじん 圏구인 現在 げんざい 圏현재
貸出業務 かしだしぎょうむ 圏대출업무
観光案内 かんこうあんない 圏관광안내 時給 じきゅう 圏시급
勤務地 きんむち 圏근무지 徒歩 とほ 圏도보
勤務時間 きんむじかん 圏근무 시간 期間 きかん 圏기간
即日 そくじつ 圏당일 長期 ちょうき 圏장기
開始日 かいしび 圏시작일, 개시일
応相談 おうそうだん 圏상담 가능, 상담에 응함
中旬 ちゅうじゅん 圏중순 特徴 とくちょう 圏특징
時間交替制 じかんこうたいせい 圏시간 교대제, 시간 교체제
土日祝 どにちしゅく 圏토, 일, 국경일 勤務 きんむ 圏근무

条件 じょうけん 圏조건　作業 さぎょう 圏작업

韓国語 かんこくご 圏한국어　中国語 ちゅうごくご 圏중국어

短期 たんき 圏단기　試験監督 しけんかんとく 圏시험감독

軽作業 けいさぎょう 圏가벼운 작업　給与 きゅうよ 圏급여

即日払い そくじつばらい 圏당일 지급

時間固定制 じかんこていせい 圏시간 고정제　深夜 しんや 圏심야

大手企業 おおてきぎょう 圏대기업

データ管理 データかんり 圏데이터 관리

株式会社 かぶしきがいしゃ 圏주식회사

情報システム じょうほうシステム 圏정보 시스템

程度 ていど 圏정도　下旬 げじゅん 圏하순　不可 ふか 圏불가

실전 테스트 3　　　　　　　　　　　　　　p.338

74 1　　　**75** 4

문제14 오른쪽 페이지는, 어느 수영 클럽 홈페이지에 실려 있는 안내입니다. 아래의 물음에 대한 답으로 가장 알맞은 것을, 1·2·3·4에서 하나 고르세요.

74

고등학생인 리 씨는, 수영을 못하기 때문에 수영 클래스에 다녀서 수영할 수 있게 되고 싶다고 생각하고 있다. 그러나, 계속할 수 있을지 어떨지 모르기 때문에, **몇 번인가 시험 삼아 해보고 싶다**. 가능한 한 **싸게** 체험할 수 있는 것은 어느 것인가?

1 평일 오전 단기 클래스　　2 평일 오후 단기 클래스

3 평일 체험 클래스　　　　　4 주말 체험 클래스

해설 리 씨가 체험할 수 있는 클래스를 파악한다. 질문에서 제시된 조건

(1) 高校生のリーさん(고등학생인 리 씨), (2) 何回か試してみたい(몇 번인가 시험 삼아 해보고 싶다), (3) できるだけ安く(가능한 한 싸게)에 따라,

(1) 리 씨는 고등학생: 성인(고등학생 이상) 요금

(2) 몇 번인가 시험 삼아 해봄: 봄 단기 클래스가 전체 4회 코스

(3) 가능한 한 싸게: 평일 오전이 5,500엔으로 가장 쌈

따라서 1 平日午前の短期クラス(평일 오전 단기 클래스)가 정답이다.

어휘 ~ことができない ~할 수 없다

水泳クラス すいえいクラス 圏수영 클래스　通う かよう 圏다니다

~ようになる ~하게 되다　考える かんがえる 圏생각하다

続ける つづける 圏계속하다　~かどうか ~일지 어떨지

試す ためす 圏시험 삼아 하다　体験 たいけん 圏체험

平日 へいじつ 圏평일　短期 たんき 圏단기　週末 しゅうまつ 圏주말

75

이번 주말, 최 씨는 아이와 둘이서 **체험 클래스**에 가서, **샤워실**도

이용하고 싶다. 아이는 **고등학생**이다. 최 씨 일행의 요금은 얼마가 되는가?

1　3,000엔　　　　　　　　2　3,600엔

3　4,100엔　　　　　　　　**4　4,600엔**

해설 최 씨 일행의 요금을 파악한다. 질문에서 제시된 조건 (1) 週末(주말), (2) 体験クラス(체험 클래스), (3) シャワー室も利用(샤워실도 이용), (4) 子どもは高校生(아이는 고등학생)에 따라,

(1) (2) 주말 체험 클래스: 어린이 1,300엔, 중학생 1,600엔, 성인 1,800엔

(3) 샤워실도 이용: 1인당 별도 500엔 필요

(4) 아이는 고등학생: 성인 요금 1,800엔을 내야 함

따라서 체험 요금 3,600엔(1,800엔x2)에 샤워실 이용요금 1,000엔(500엔x2)을 더한 4 4,600円(4,600엔)이 정답이다.

어휘 今度 こんど 圏이번　シャワー室 シャワーしつ 圏샤워실

利用 りよう 圏이용　料金 りょうきん 圏요금

74-75　　　　　　　　　　　단기 교실 공지

루트 수영 클럽

단기 교실 공지

루트 수영 클럽에서는 봄 단기교실을 준비했습니다.

초보자부터 상급자까지, 자신에게 맞는 레벨의 레슨을 받을 수 있습니다. 흥미는 있지만, 불안…하다는 분께는, 체험 클래스도 있습니다.

각각의 클래스 종료 후, 일주일간 이내로 본과 코스로의 입회 수속을 완료하신 분은, 1개월 분의 수강료가 반액이 됩니다. 이 기회에 꼭 시도해 보십시오.

●봄 단기 클래스● 　[74]주 1 회 60분, 전체 4회 코스

레벨에 맞는 클래스로, 안심하고 시작할 수 있습니다. 코스 종료 후에는, 그대로 본과 코스에 들어가는 것도 가능합니다.

	평일 (월~금)		토요일·일요일	
	10시~11시	15시~16시	10시~11시	15시~16시
어린이 (초등학생 이하)	4,000엔	4,500엔	5,000엔	4,500엔
중학생	4,500엔	5,000엔	5,500엔	5,000엔
성인 [74](고등학생 이상)	[74]5,500엔	6,000엔	6,500엔	6,000엔

●[75]체험 클래스● 60분, 한 분당 1회 한정

실제 클래스에 들어와서, 체험을 1회 할 수 있습니다. 코스 종료 후에 코치로부터 간단한 어드바이스를 합니다. 클래스 시간은 요일에 따라 다르므로, 문의해 주십시오.

	평일 (월~금)	토요일·일요일

어린이 (초등학생 이하)	0엔	1,300엔
중학생	0엔	1,600엔
성인 (고등학생 이상)	1,000엔	[75]1,800엔

* 종료 후에 [75]샤워실 이용을 희망하시는 경우, 1인 당 별도
  500엔이 필요합니다.

【문의·예약 접수】
루트 수영 클럽
양쪽 코스 공통   03-1234-8301

어휘 短期教室 たんききょうしつ 몡단기교실
お知らせ おしらせ 몡공지, 알림   初心者 しょしんしゃ 몡초보자
上級者 じょうきゅうしゃ 몡상급자   自身 じしん 몡자신
レベル 몡레벨   レッスン 몡레슨   不安 ふあん 몡불안
終了 しゅうりょう 몡종료   本科コース ほんかコース 몡본과 코스
入会 にゅうかい 몡입회   手続き てつづき 몡수속
完了 かんりょう 몡완료   受講料 じゅこうりょう 몡수강료
半額 はんがく 몡반액   機会 きかい 몡기회   安心 あんしん 몡안심
始める はじめる 동시작하다   可能だ かのうだ な형가능하다
実際 じっさい 몡실제   コーチ 몡코치
簡単だ かんたんだ な형간단하다   アドバイス 몡어드바이스, 충고
問い合わせる といあわせる 동문의하다   〜につき ~당
別途 べっと 몡별도   必要だ ひつようだ な형필요하다
予約 よやく 몡예약   受付 うけつけ 몡접수   共通 きょうつう 몡공통

청해

문제 1 과제 이해

무료 MP3 바로듣기

실력 다지기

p.346

| 01 ① | 02 ② | 03 ② | 04 ② | 05 ② |
| 06 ② | 07 ② | 08 ① | 09 ① | 10 ② |

01

[음성]

会社で男の人と女の人が話しています。女の人はこれから何をしますか。

M：3時の会議の準備はどう？資料は準備できた？

F：あとはコピーだけすればできます。

M：部長に会議について連絡はとった？

F：まだです。すぐ連絡します。

M：いや、それは私がするから、資料の方をお願い。

F：はい、わかりました。

女の人はこれから何をしますか。

[문제지]

① 会議の資料をコピーする
② 部長に連絡する

해석 회사에서 남자와 여자가 이야기하고 있습니다. 여자는 이제부터 무엇을 합니까?

M : 3시의 회의 준비는 어때? 자료는 준비됐어?

F : 이제 복사만 하면 됩니다.

M : 부장님께 회의에 대해 연락은 했어?

F : 아직입니다. 바로 연락하겠습니다.

M : 아니, 그건 내가 할 테니까, 자료 쪽을 부탁해.

F : 네, 알겠습니다.

여자는 이제부터 무엇을 합니까?

① 회의 자료를 복사한다

② 부장님께 연락한다

어휘 会議 かいぎ 圏회의　準備 じゅんび 圏준비　資料 しりょう 圏자료　部長 ぶちょう 圏부장님, 부장　連絡をとる れんらくをとる 연락을 하다

02

[음성]

女の先生と留学生が話しています。留学生は何をしなければなりませんか。

F：ワンさん、交流会のスピーチ、頼んでもいいかな。日本語サークルに入って練習すればいいと思うけど。

M：あ、はい。そのサークルならもう入りました。

F：そう、よかった。交流会まであと一週間だけど応援するよ。

M：はい。時間がないので急いでしますね。

留学生は何をしなければなりませんか。

[문제지]

① サークルに参加する
② 交流会のスピーチを準備する

해석 여자 선생님과 유학생이 이야기하고 있습니다. 유학생은 무엇을 해야 합니까?

F : 왕 씨, 교류회 스피치, 부탁해도 될까? 일본어 동아리에 들어가서 연습하면 좋을 거라고 생각하는데.

M : 아, 네. 그 동아리라면 이미 들어갔어요.

F : 그래, 다행이다. 교류회까지 앞으로 1주일이지만 응원할게.

M : 네. 시간이 없으니까 서둘러서 할게요.

유학생은 무엇을 해야 합니까?

① 동아리에 참가한다

② 교류회 스피치를 준비한다

어휘 交流会 こうりゅうかい 圏교류회　スピーチ 圏스피치　日本語 にほんご 圏일본어　サークル 圏동아리, 서클　応援 おうえん 圏응원　急ぐ いそぐ 圏서두르다　参加 さんか 圏참가　準備 じゅんび 圏준비

03

[음성]

美術館の窓口で女の人が料金について聞いています。女の人は全部でいくら支払いますか。

M：いらっしゃいませ。何名様ですか。

F：私と子ども一人です。

M：二名様ですね。入場料は大人2,000円、小学生以下の子どもは30%割引です。

F：あの、この子は14歳なんですが。

M：あ、すみません。では、大人料金になります。

女の人は全部でいくら支払いますか。

[문제지]

① 3,400円

② 4,000円

해석 미술관의 창구에서 여자가 요금에 대해 묻고 있습니다. 여자는 전부 얼마를 지불합니까?

M : 어서 오세요. 몇 분이세요?

F : 저와 아이 한 명이에요.

M : 두 분이시군요. 입장료는 어른 2,000엔, 초등학생 이하의 어린이는 30% 할인입니다.

F : 저기, 이 아이는 14살인데요.

M : 아, 죄송합니다. 그럼, 어른 요금이 됩니다.

여자는 전부 얼마를 지불합니까?

① 3,400엔

② 4,000엔

어휘 入場料 にゅうじょうりょう 圏입장료

小学生 しょうがくせい 圏초등학생　以下 いか 圏이하

割引 わりびき 圏할인　料金 りょうきん 圏요금

04

[음성]

大学で女の学生と男の学生が話しています。女の学生はこのあとまず何をしますか。

M：ボランティアの参加者募集してる?

F：はい、ホームページにお知らせを書きました。でもなかなか集まらないんですね。

M：そう…、ちょっと見せて。

F：はい、やっぱり新しく募集したほうがいいでしょうか。

M：あっ!締め切り日が先週の月曜日になっているじゃん!

F：えっ?!来週の月曜日までなのに…、すぐ直します。

女の学生はこのあとまず何をしますか。

[문제지]

① ホームページのお知らせを見せる

② ホームページのお知らせを修正する

해석 대학에서 여학생과 남학생이 이야기하고 있습니다. 여학생은 이 다음에 우선 무엇을 합니까?

M : 자원봉사 참가자 모집하고 있어?

F : 네, 홈페이지에 공지를 적었어요. 하지만 좀처럼 모이질 않네요.

M : 그렇구나…, 좀 보여줘.

F : 네, 역시 새로 모집하는 편이 좋을까요?

M : 앗! 마감일이 지난주 월요일로 되어있잖아!

F : 네?! 다음 주 월요일까지인데…, 바로 고칠게요.

여학생은 이 다음에 우선 무엇을 합니까?

① 홈페이지의 공지를 보여준다

② 홈페이지의 공지를 수정한다

어휘 ボランティア 圏자원봉사　参加者 さんかしゃ 圏참가자

募集 ぼしゅう 圏모집　ホームページ 圏홈페이지

お知らせ おしらせ 圏공지, 안내　なかなか 囝좀처럼

集まる あつまる 圏모이다　やっぱり 囝역시

締め切り日 しめきりび 圏마감일　直す なおす 圏고치다

修正 しゅうせい 圏수정

05

[음성]

男の人と女の人が話しています。男の人はこのあとまず何をしなければなりませんか。

F：就職説明会ってさ、いつするか決めた?

M：まだです。そろそろ決めましょうか。

F：いつがいいかな。そうだ!前にいつがいいかアンケートしたんじゃなかった?

M：はい。10校の大学でアンケートして結果も出ました。

F：それ提出してくれる?ちょっと見てから日時を決めたいと思って。

男の人はこのあとまず何をしなければなりませんか。

[문제지]

① 就職説明会の日時を決める

② アンケートの結果を提出する

해석 남자와 여자가 이야기하고 있습니다. 남자는 이 다음에 우선 무엇을 해야 합니까?

F : 취직 설명회 말이야, 언제 할지 정했어?

M : 아직이에요. 슬슬 정할까요?

F : 언제가 좋을까. 그래! 전에 언제가 좋을지 앙케트 하지 않았어?

M : 네. 10곳의 대학에서 앙케트하고 결과도 나왔어요.

F : 그거 제출해줄래? 좀 보고 나서 일시를 정하고 싶어서.

남자는 이 다음에 우선 무엇을 해야 합니까?

① 취직 설명회의 일시를 정한다

② 앙케트의 결과를 제출한다

어휘 就職説明会 しゅうしょくせつめいかい 圏취직 설명회

決める きめる 圏정하다　そろそろ 囝슬슬　アンケート 圏앙케트

結果 けっか 圏결과　提出 ていしゅつ 圏제출　日時 にちじ 圏일시

06

[음성]

会社で女の人と男の人が話しています。男の人はこのあと何をしますか。

M：課長、明日のセミナー、日程を変えることができますか。

F：どうしたの？

M：急にクライアントが来ることになりました。

F：そうなんだ。どうしよう…。じゃ、セミナーは参加しなくていいよ。

M：ありがとうございます。準備した資料はどうしましょうか。

F：それは私のメールに送っておいて。

男の人はこのあと何をしますか。

[문제지]

① 上司とセミナーに行く

② 資料をメールで送る

해석 회사에서 여자와 남자가 이야기하고 있습니다. 남자는 이 다음에 무엇을 합니까?

M : 과장님, 내일 세미나, 일정을 바꿀 수 있을까요?

F : 무슨 일이야?

M : 갑자기 클라이언트가 오게 되었습니다.

F : 그렇구나. 어떡하지…. 그럼, 세미나는 참가하지 않아도 괜찮아.

M : 감사합니다. 준비한 자료는 어떻게 할까요?

F : 그건 내 메일로 보내줘.

남자는 이 다음에 무엇을 합니까?

① 상사와 세미나에 간다

② 자료를 메일로 보낸다

어휘 課長 かちょう 뗑과장님, 과장　セミナー 뗑세미나
日程 にってい 뗑일정　変える かえる 됭바꾸다
急に きゅうに 뙤갑자기　クライアント 뗑클라이언트, 고객
参加 さんか 참가　準備 じゅんび 뗑준비　資料 しりょう 뗑자료
メール 뗑메일　送る おくる 됭보내다　上司 じょうし 뗑상사

07

[음성]

授業で教授と女の学生が話しています。女の学生はこのあと何をしなければなりませんか。

M：世界の民族はどんな特徴があるかを研究してレポートを出してください。

F：先生、私は前にそれを研究したことがあるんですが。

M：そうですか。では、もうちょっと内容を追加して書いてください。

F：分かりました。あの、先生。田中さんは今日欠席なんですが、伝えておきましょうか。

M：あ、いいですよ。私がメールで教えるから。

女の学生はこのあと何をしなければなりませんか。

[문제지]

① レポートについて友達に伝える

② 世界の民族をもっと研究する

해석 수업에서 교수와 여학생이 이야기하고 있습니다. 여학생은 이 다음에 무엇을 해야 합니까?

M : 세계의 민족은 어떤 특징이 있는가를 연구해서 리포트를 내 주세요.

F : 선생님, 저는 전에 그것을 연구한 적이 있는데요.

M : 그래요? 그럼, 좀 더 내용을 추가해서 써주세요.

F : 알겠습니다. 저기, 선생님. 다나카 씨는 오늘 결석인데, 전해둘까요?

M : 아, 괜찮아요. 내가 메일로 알려줄 테니.

여학생은 이 다음에 무엇을 해야 합니까?

① 리포트에 대해 친구에게 전한다

② 세계의 민족을 좀 더 연구한다

어휘 世界 せかい 뗑세계　民族 みんぞく 뗑민족　特徴 とくちょう 뗑특징
研究 けんきゅう 뗑연구　レポート 뗑리포트, 보고서
内容 ないよう 뗑내용　追加 ついか 뗑추가　欠席 けっせき 뗑결석
伝える つたえる 됭전하다　メール 뗑메일

08

[음성]

バスのチケット売り場で店員と男の人が話しています。男の人は今ここでいくら払いますか。

F：いらっしゃいませ。

M：23時発の東京行き一人お願いします。

F：はい。一般席は2,000円、特別席は2,700円でございます。

M：一時間半しかかからないから一般席でいいかも。一般席でお願いします。

F：はい。あ、23時なら夜行バスですね。今週から夜行バスは10％割引になります。

M：そうですか。ありがとうございます。

男の人は今ここでいくら払いますか。

[문제지]

① 1,800円

② 2,000円

해석 버스 티켓 매표소에서 점원과 남자가 이야기하고 있습니다. 남자는 지금 여기서 얼마를 지불합니까?

F : 어서 오세요.

M : 23시 출발의 도쿄행 한 명 부탁합니다.

F : 네. 일반석은 2,000엔, 특별석은 2,700엔입니다.

M : 한 시간 반밖에 안 걸리니까 일반석으로 괜찮을지도. 일반석으로 부탁합니다.

F : 네. 아, 23시면 야간버스네요. 이번 주부터 야간버스는 10% 할인됩니다.

M : 그래요? 감사합니다.

남자는 지금 여기서 얼마를 지불합니까?

① 1,800엔

② 2,000엔

어휘 東京行き とうきょうゆき 図 도쿄행　一般席 いっぱんせき 図 일반석
特別席 とくべつせき 図 특별석　かかる 图 (시간 등이)걸리다
夜行バス やこうバス 図 야간버스　割引 わりびき 図 할인

09

[음성]

_{がっこう}学校で_{おとこ}男の_{せんぱい}先輩と_{おんな}女の_{がくせい}学生が_{はな}話しています。_{おんな}女の_{がくせい}学生は
このあとまず_{なに}何をしますか。

M：_{よしだ}吉田さん。サークル_{たいかい}大会のクイズ、_{つく}作り_お終わった？

F：まだです。_{しょうひん}商品を_{なに}何にするかは_き決めたんですが。_{きょう}今日
_か買いに_い行きましょうか。

M：うん、ありがとう。クイズはいつまでできそう？

F：_{あした}明日までにはできると_{おも}思います。

M：じゃ、クイズを_{きょうじゅう}今日中にやってほしい。_{しょうひん}商品は_{あと}後で_{いっ}一
_{しょ}緒に_か買いに_い行こう。

_{おんな}女の_{がくせい}学生はこのあとまず_{なに}何をしますか。

[문제지]

① クイズを_{つく}作る

② _{しょうひん}商品を_か買いに_い行く

해석 학교에서 남자 선배와 여학생이 이야기하고 있습니다. 여학생은 이
다음에 우선 무엇을 합니까?

M : 요시다 씨. 동아리 대회의 퀴즈, 다 만들었어?

F : 아직이에요. 상품을 무엇으로 할지는 정했는데요. 오늘 사러 갈까요?

M : 응, 고마워. 퀴즈는 언제까지 될 거 같아?

F : 내일까지는 될 거라고 생각해요.

M : 그럼, 퀴즈를 오늘 중으로 해 줬으면 해. 상품은 나중에 같이
사러 가자.

여학생은 이 다음에 우선 무엇을 합니까?

① 퀴즈를 만든다

② 상품을 사러 간다

어휘 サークル大会 サークルたいかい 図 동아리 대회　クイズ 図 퀴즈
作り終わる つくりおわる 图 다 만들다　商品 しょうひん 図 상품
決める きめる 图 정하다

10

[음성]

_{ぶちょう}部長と_{おんな}女の_{ひと}人が_{はな}話しています。_{おんな}女の_{ひと}人はこのあとまず_{なに}何を
しなければなりませんか。

M：_{やまだ}山田さん、_{しんせいひん}新製品の_{きかく}企画は_{じゅんちょう}順調に_{すす}進んでいる？

F：はい。もうちょっとで_{かんせい}完成しそうです。

M：よかった。あ、_{こきゃく}顧客の_{めいぼ}名簿、_{わたし}私に_{おく}送ってくれた？もらっ

てないと_{おも}思うんだけど。

F：あ、すみません。_{きかく}企画に_{しゅうちゅう}集中して_{わす}忘れていました。

M：いいよ。_{あした}明日までに_{おく}送ってほしい。できるだけ_{はや}早めに
_{きかくしょ}企画書を_だ出してくれる？

F：はい。_わ分かりました。

_{おんな}女の_{ひと}人はこのあとまず_{なに}何をしなければなりませんか。

[문제지]

① _{めいぼ}名簿のデータを_{はっそう}発送する

② _{しんせいひん}新製品の_{きかく}企画を_{しあ}仕上げる

해석 부장님과 여자가 이야기하고 있습니다. 여자는 이 다음에 우선 무엇을
해야 합니까?

M : 야마다 씨, 신제품 기획은 순조롭게 진행되고 있어?

F : 네. 조금만 더 하면 완성할 것 같아요.

M : 다행이다. 아, 고객 명부, 나한테 보내줬어? 안 받은 것 같은데.

F : 아, 죄송합니다. 기획에 집중해서 잊고 있었어요.

M : 괜찮아. 내일까지 보내줬으면 해. 가능한 한 빨리 기획서를 내줄래?

F : 네. 알겠습니다.

여자는 이 다음에 우선 무엇을 해야 합니까?

① 명부의 데이터를 발송한다

② 신제품 기획을 마무리한다

어휘 新製品 しんせいひん 図 신제품　企画 きかく 図 기획
順調だ じゅんちょうだ な형 순조롭다
進む すすむ 图 진행하다, 나아가다　完成 かんせい 図 완성
顧客 こきゃく 図 고객　名簿 めいぼ 図 명부　送る おくる 图 보내다
集中 しゅうちゅう 図 집중　できるだけ 甲 가능한 한
早めに はやめに 甲 빨리　企画書 きかくしょ 図 기획서
データ 図 데이터　発送 はっそう 図 발송
仕上げる しあげる 图 마무리하다, 완성하다

실전 테스트 1

p.348

1 3	**2** 2	**3** 3	**4** 2	**5** 2

문제1에서는, 우선 질문을 들어주세요. 그리고 나서 이야기를 듣고,
문제 용지의 1에서 4 중에, 가장 알맞은 것을 하나 골라주세요.

1

[음성]

_{かいしゃ}会社で、_{おんな}女の_{ひと}人と_{おとこ}男の_{ひと}人が_{はな}話しています。_{おとこ}男の_{ひと}人はこのあ
と_{なに}何をしますか。

F：_{らいしゅう}来週の_{げつよう}月曜から、_{はじ}初めての_{ちほうしゅっちょう}地方出張ね。_{じゅんび}準備はどう？

M：はい、だいたい_お終わりました。

F：名刺を忘れないようにね。

M：はい。金曜日に必ずかばんに入れて帰ります。

F：あちらでは、お客様のところへはレンタカーで移動でしょう？予約した？

M：この間支店に電話したときに、支店の車に空きがあれば使ってもいいと言ってもらったので、していないんです。

F：そう。もう来週の話だから、空きがあるかちゃんと確認したほうがいいんじゃない？使わせてもらうのが難しいようだったら、すぐにレンタカーを予約したほうがいいと思う。

M：そうですね。すぐにします。あと、パンフレットは30部送ってあるんですが、足りるでしょうか。

F：うーん。大丈夫だと思うけど、心配だったらあと5部ほど持って行ったら？

M：はい、そうします。

男の人はこのあと何をしますか。

[問題지]

1 名刺をかばんに入れる

2 レンタカーを予約する

3 支店に連絡する

4 パンフレットを送る

해석 회사에서, 여자와 남자가 이야기하고 있습니다. 남자는 이 다음에 무엇을 합니까?

　F : 다음 주 월요일부터, 첫 지방 출장이네. 준비는 어때?

　M : 네, 거의 끝났습니다.

　F : 명함을 잊지 않도록 해.

　M : 네. 금요일에 반드시 가방에 넣고 돌아가겠습니다.

　F : 거기에서는, 손님 쪽으로는 렌터카로 이동하지? 예약했어?

　M : 요전에 지점에 전화했을 때, 지점의 차 중에 사용하지 않는 것이 있으면 사용해도 좋다고 들었기 때문에, 하지 않았습니다.

　F : 그렇구나. 벌써 다음 주의 이야기니까, 사용하지 않는 것이 있는지 제대로 확인하는 편이 좋지 않아? 사용하는 것이 어려울 것 같으면, 바로 렌터카를 예약하는 편이 좋다고 생각해.

　M : 그렇네요. 바로 하겠습니다. 그리고, 팸플릿은 30부 보내뒀는데, 충분할까요?

　F : 음. 괜찮다고 생각하는데, 걱정된다면 나중에 5부 정도 가지고 가면 어때?

　M : 네, 그렇게 하겠습니다.

남자는 이 다음에 무엇을 합니까?

1 명함을 가방에 넣는다

2 렌터카를 예약한다

3 지점에 연락한다

4 팸플릿을 보낸다

해설 1 '명함을 가방에 넣기', 2 '렌터카 예약하기', 3 '지점에 연락하기', 4 '팸플릿 보내기' 중 남자가 앞으로 해야 할 일을 묻는 문제이다. 대화에서, 여자가 空きがあるかちゃんと確認したほうがいいんじゃない？(사용하지 않는 것이 있는지 제대로 확인하는 편이 좋지 않아?)라고 하자, 남자가 そうですね。すぐにします(그렇네요. 바로 하겠습니다)라고 했으므로, 3 支店に連絡する(지점에 연락한다)가 정답이다. 1은 금요일에 해야 할 일이고, 2는 지점의 차를 사용할 수 없는 경우에 하기로 했으며, 4는 이미 30부를 보냈으니 할 필요가 없으므로 오답이다.

어휘 地方出張 ちほうしゅっちょう 圏 지방 출장　準備 じゅんび 圏 준비
だいたい 图 거의, 대체로　名刺 めいし 圏 명함
必ず かならず 图 반드시　お客様 おきゃくさま 圏 손님
レンタカー 圏 렌터카　移動 いどう 圏 이동　予約 よやく 圏 예약
この間 このあいだ 圏 요전, 일전　支店 してん 圏 지점
空き あき 圏 빔　ちゃんと 图 제대로　確認 かくにん 圏 확인
パンフレット 圏 팸플릿　送る おくる 圏 보내다
足りる たりる 圏 충분하다　心配 しんぱい 圏 걱정
連絡 れんらく 圏 연락

2

[음성]

料理教室の受付で男の人と女の人が話しています。男の人は今、いくら払いますか。

M：すみません、この洋食のクラスに申し込みたいんですが…。

F：はい、ありがとうございます。洋食のクラスですね。こちらの土曜日の午前のクラスでしょうか。

M：ええ、それです。あのー、ネットで見たんですが、授業料は24,000円ですね。

F：ええ。

M：それから、材料費も別に要るんですか。

F：ええ、このクラスの材料費は一回1,000円いただいております。このクラスは6回クラスですので材料費は6,000円です。

M：そうですか。

F：来週の金曜日までにお申し込みとお支払いをいただいた方は材料費が4,000円になりますので、よろしければそれまでにお支払いください。

M：そうですか。じゃあ、来週早めに払いに来ます。

F：かしこまりました。こちらの教室は初めてでいらっしゃいますか。

M：ええ。

F：でしたら、入会金を3,000円いただくことになっておりますが、よろしいですか。

M：ええ。それは今日払っちゃってもいいですか。

F：はい、ありがとうございます。

[문제지]

1 1,000円^{えん}

2 3,000円^{えん}

3 4,000円^{えん}

4 6,000円^{えん}

해석 요리교실의 접수처에서 남자와 여자가 이야기하고 있습니다. 남자는 지금, 얼마를 지불합니까?

M : 실례합니다, 이 양식 수업을 신청하고 싶은데요….

F : 네, 감사합니다. 양식 수업 말이군요. 여기 토요일 오전 수업인가요?

M : 네, 그거예요. 저, 인터넷에서 봤는데요, 수업료는 24,000엔 이죠?

F : 네.

M : 그리고, 재료비도 따로 필요한가요?

F : 네, 이 수업의 재료비는 1회에 1,000엔 받고 있습니다. 이 수업은 6회 수업이기 때문에 재료비는 6,000엔입니다.

M : 그래요?

F : 다음 주 금요일까지 신청과 지불을 해주신 분은 재료비가 4,000 엔이기 때문에, 괜찮으시다면 그때까지 지불해주세요.

M : 그래요? 그럼, 다음 주 초에 지불하러 오겠습니다.

F : 알겠습니다. 여기 교실은 처음이신가요?

M : 네.

F : 그럼, 입회금을 3,000엔 받도록 되어있는데요, 괜찮으세요?

M : 네. 그것은 오늘 지불해버려도 되나요?

F : 네, 감사합니다.

남자는 지금, 얼마를 지불합니까?

1 1,000엔

2 3,000엔

3 4,000엔

4 6,000엔

해설 1 '1,000엔', 2 '3,000엔', 3 '4,000엔', 4 '6,000엔' 중 남자가 지금 지불해야 할 금액을 묻는 문제이다. 대화에서, 남자는 이 교실이 처음 이라 입회금 3,000엔을 내야 하는데, 남자가 それは今日払っちゃっ てもいいですか(그것은 오늘 지불해버려도 되나요?)라고 하자, 여 자가 はい(네)라고 했으므로, 2 3,000円(3,000엔)이 정답이다.

어휘 洋食 ようしょく 圏 양식　申し込む もうしこむ 圏 신청하다

ネット 圏 인터넷　授業料 じゅぎょうりょう 圏 수업료

材料費 ざいりょうひ 圏 재료비　別に べつに 凰 따로, 별도로

いただく 圏 받다 (もらう의 겸양어)　支払い しはらい 圏 지불

よろしい い형 괜찮다, 좋다　早め はやめ 圏 초, 이른 시기

入会金 にゅうかいきん 圏 입회금, 가입비

3

[음성]

F : あのね、ちょっと聞^きいたんだけど、この近^{ちか}くの幼稚園^{ようちえん} に、子^こどもと遊^{あそ}ぶボランティアをしに行^いってるんだっ て?

M : うん、行^いってるよ。

F : 私^{わたし}もやってみたいんだけど、まだ募集^{ぼしゅう}してるかな?卒^{そつ} 業^{ぎょう}したら、子^こどもの教育^{きょういく}の仕事^{しごと}をするか、会社^{かいしゃ}で働^{はたら}く か迷^{まよ}ってて。じっくり職場^{しょくば}を見^みてみたいなあと思^{おも}って。

M : 先生^{せんせい}たちはあと何人^{なんにん}かボランティアに来^きてもらいたい って言^いってたよ。

F : よかった。どうやって申^{もう}し込^こむか教^{おし}えてくれない?

M : ボランティアなんだけど、まず研修^{けんしゅう}を受^うけないといけ ないんだ。子^こどもがけがをしたときどうするかとか、子^こ どもとの話^{はな}し方^{かた}とか学^{まな}ぶんだよ。その研修^{けんしゅう}を受^うけたら、 ボランティアができるんだ。

F : その研修^{けんしゅう}って、どうやって申^{もう}し込^こむの?

M : 幼稚園^{ようちえん}に直接^{ちょくせつ}行^いったらいいよ。そのときに大学^{だいがく}で4月^{がつ} にもらった健康診断^{けんこうしんだん}の結果^{けっか}を持^もって行^いってね。そうした ら、すぐ申^{もう}し込^こめるから。

F : わかった。探^{さが}さなきゃ。

M : それから、いつも忙^{いそが}しそうだから、行^いく前^{まえ}に電話^{でんわ}をして から行^いったほうがいいかも。

F : 行^いく前^{まえ}にだね。

女^{おんな}の学生^{がくせい}はこのあとまず何^{なに}をしますか。

[문제지]

1 研修^{けんしゅう}を受^うける

2 幼稚園^{ようちえん}に行^いく

3 健康診断^{けんこうしんだん}の結果^{けっか}を探^{さが}す

4 幼稚園^{ようちえん}に電話^{でんわ}をする

해석 대학교에서 여학생과 남학생이 이야기하고 있습니다. 여학생은 이 다음에 우선 무엇을 합니까?

F : 있잖아, 살짝 들었는데, 이 근처 유치원에, 어린이와 노는 자원봉 사를 하러 다니고 있다며?

M : 응, 다니고 있어.

F : 나도 해보고 싶은데, 아직 모집하고 있을까? 졸업하면, 어린이 교육 일을 할지, 회사에서 일할지 망설이고 있어서. 곰곰이 직장 을 보고 싶다고 생각해서.

M : 선생님들은 앞으로 몇 명 더 자원봉사로 와 줬으면 좋겠다고 말 했어.

F : 잘 됐다. 어떻게 신청하는지 가르쳐주지 않을래?

M : 자원봉사 말인데, 우선 연수를 받아야 해. 아이가 다쳤을 때 어떻 게 하는지라든가, 아이와 이야기하는 방식이라든가 배워. 그 연 수를 받으면, 자원봉사를 할 수 있어.

F : 그 연수라는 건, 어떻게 신청해?

M : 유치원에 직접 가면 돼. 그때 대학교에서 4월에 받은 건강진단

결과를 가지고 가. 그럼, 바로 신청할 수 있으니까.

F : 알았어. 찾아야겠다.

M : 그리고, 항상 바빠 보이니까, 가기 전에 전화를 하고 나서 가는 편이 좋을지도.

F : 가기 전에 말이지.

여학생은 이 다음에 우선 무엇을 합니까?

1 연수를 받는다

2 유치원에 간다

3 건강진단 결과를 찾는다

4 유치원에 전화를 한다

해설 1 '연수 받기', 2 '유치원 가기', 3 '건강진단 결과 찾기', 4 '유치원에 전화하기' 중 여학생이 가장 먼저 해야 할 일을 묻는 문제이다. 대화에서, 남학생이 健康診断の結果を持って行ってね(건강진단 결과를 가지고 가)라고 하자, 여학생이 探さなきゃ(찾아야겠다)라고 했으므로, 3 健康診断の結果を探す(건강진단 결과를 찾는다)가 정답이다. 1은 자원봉사를 신청한 다음에 해야 할 일이고, 2는 유치원에 전화한 다음에 해야 할 일이며, 4는 건강진단 결과를 찾은 다음에 해야 할 일이므로 오답이다.

어휘 幼稚園 ようちえん 圓 유치원 遊ぶ あそぶ 圄 놀다
ボランティア 圓 자원봉사 募集 ぼしゅう 圓 모집
卒業 そつぎょう 圓 졸업 教育 きょういく 圓 교육
迷う まよう 圄 망설이다, 헤매다 じっくり 圉 곰곰이, 차분히
職場 しょくば 圓 직장, 일자리 申し込む もうしこむ 圄 신청하다
研修 けんしゅう 圓 연수 受ける うける 圄 받다
けがをする 다치다, 부상 당하다
話し方 はなしかた 圓 이야기하는 방식, 말투 学ぶ まなぶ 圄 배우다
直接 ちょくせつ 圓 직접 健康診断 けんこうしんだん 圓 건강진단
結果 けっか 圓 결과 探す さがす 圄 찾다

4

[음성]

女の人と男の人が話しています。男の人はこのあと何をしますか。

F : 山田さん、ちょっと今いいですか。

M : ええ。

F : 山田さんのお子さん、ピアノを習っていらっしゃいますよね。私もそろそろ子どもにピアノを習わせたいと思っているので、紹介していただけませんか。

M : ああ、いいですよ。でも、今行かせているところがちょっと遠くて不便なんですよ。迎えに行くのが大変で。今日もこれから行くんですけど、親の負担が大きくて。

F : そうなんですか。遠いのは大変ですよね。

M : それで、来月から駅前の新しい教室に行かせようかなあと思っていたんです。

F : ああ、あそこですね。私も気になっていたんです。あそこなら歩いて行けますよね。

M : 入会前に無料レッスンがあるみたいなんですよ。来週、都合のいいときに一度行って、申し込んでみようと思っています。

F : いいですね。私も申し込んでみます。

M : その前にお子さんに習いたいかどうか聞いておかないと、あとで行きたくないって言うかもしれませんよ。

F : そうですね。聞いてからにします。

男の人はこのあと何をしますか。

[문제지]
1 女の人にピアノ教室を紹介する
2 子どもを迎えに行く
3 無料レッスンを申し込む
4 子どもに習いたいか聞く

해석 여자와 남자가 이야기하고 있습니다. 남자는 이 다음에 무엇을 합니까?

F : 야마다 씨, 잠깐 지금 괜찮아요?

M : 네.

F : 야마다 씨의 자녀분, 피아노를 배우고 있죠? 저도 슬슬 아이에게 피아노를 배우게 하고 싶다고 생각하고 있어서, 소개해 주실 수 있을까요?

M : 아, 좋아요. 하지만, 지금 보내고 있는 곳이 좀 멀어서 불편해요. 데리러 가는 것이 힘들어서. 오늘도 지금부터 갑니다만, 부모의 부담이 커서.

F : 그런가요? 먼 것은 힘들죠.

M : 그래서, 다음 달부터 역 앞의 새로운 교실에 보낼까 하고 생각하고 있었어요.

F : 아아, 거기 말이군요. 저도 궁금했었어요. 거기라면 걸어서 갈 수 있잖아요.

M : 입회 전에 무료 레슨이 있는 것 같아요. 다음 주, 시간이 될 때 한 번 가서, 신청해보려고 생각하고 있어요.

F : 좋네요. 저도 신청해볼게요.

M : 그전에 자녀분에게 배우고 싶은지 어떤지 물어봐두지 않으면, 나중에 가기 싫다고 밀힐지도 몰라요.

F : 그렇네요. 물어보고 나서 할게요.

남자는 이 다음에 무엇을 합니까?

1 여자에게 피아노 교실을 소개한다

2 아이를 데리러 간다

3 무료 레슨을 신청한다

4 아이에게 배우고 싶은지 묻는다

해설 1 '피아노 교실 소개', 2 '아이 데리러 가기', 3 '무료 레슨 신청', 4 '아이에게 배우고 싶은지 묻기' 중 남자가 앞으로 해야 할 일을 묻는 문제이다. 대화에서, 여자가 남자의 자녀가 다니는 피아노 학원을 소개해 달라고 하자, 남자가 그곳은 멀어서 迎えに行くのが大変で(데리러 가는 것이 힘들어서)라고 하며, 今日もこれから行くんですけど(오늘도 지금부터 갑니다만)라고 했으므로, 2 子どもを迎えに行く(아이를 데리러 간다)가 정답이다. 1은 지금 다니는 곳이 불편하다고

했고, 3은 다음 주에 해야 할 일이며, 4 는 여자가 해야 할 일이므로 오답이다.

어휘 お子さん おこさん 圆자녀분　ピアノ 圆피아노　そろそろ 뮈슬슬
　　 紹介 しょうかい 圆소개　いただく 圄받다 (もらう의 겸양어)
　　 不便だ ふべんだ 녀형불편하다
　　 迎える むかえる 圄데리러 가다, 맞이하다　親 おや 圆부모
　　 負担 ふたん 圆부담　駅前 えきまえ 圆역 앞
　　 気になる きになる 궁금하다, 마음에 걸리다
　　 入会 にゅうかい 圆입회, 가입　無料 むりょう 圆무료
　　 レッスン 圆레슨　都合がいい つごうがいい 시간이 되다, 상황이 좋다
　　 申し込む もうしこむ 圄신청하다

5

[음성]
会社で男の人と女の人が話しています。女の人はこのあと
まず何をしますか。

M：ちょっと、田中さん。学生のころ、ホームページの制
　作会社でバイトをしてたって言ってたよね？

F：ええ、してましたよ。

M：会社のホームページを新しくしようと思っているんだけ
　ど、その会社、紹介してくれない？

F：ええ、いいですよ。

M：再来月の新しい社長の就任のタイミングで新しくした
　いんだよ。

F：再来月ですか？でしたら、ちょっと難しいと思います
　よ。先週、その会社の人に会ったんですが、忙しいそう
　で年内は新しい仕事が受けられないって言ってまし
　たよ。

M：そうなんだ。

F：あ、知り合いにフリーで働いている人がいるんですが、
　その人はどうですか。大手メーカーのホームページも
　作成しているらしいですよ。デザインが新しくて、結構
　いいんです。鈴木さんっていう方なんですが。

M：じゃあ、悪いけど連絡先教えてくれない？

F：友達の知り合いですので、友達に連絡先、聞いておき
　ますね。

M：頼むよ。連絡先わかったら教えて。私から連絡してみ
　るから。

F：わかりました。すぐ、お伝えします。

女の人はこのあとまず何をしますか。

[문제지]
1 男の人に会社を紹介する
2 鈴木さんの連絡先を聞く
3 鈴木さんに連絡する

---

4 男の人に連絡先を伝える

해석 회사에서 남자와 여자가 이야기하고 있습니다. 여자는 이 다음에 우선 무엇을 합니까?

M : 잠깐만, 다나카 씨. 학생 때, 홈페이지 제작 회사에서 아르바이트를 했다고 말했었지?

F : 네, 했었어요.

M : 회사 홈페이지를 새롭게 하려고 생각하고 있는데, 그 회사, 소개해주지 않을래?

F : 네, 좋아요.

M : 다다음 달 새로운 사장님의 취임 타이밍에 새롭게 하고 싶어.

F : 다다음 달이요? 그럼, 좀 어렵다고 생각해요. 지난주, 그 회사 사람이랑 만났는데요, 바쁘다면서 연내에는 새 일을 받을 수 없다고 말했어요.

M : 그렇구나.

F : 아, 지인 중에 프리랜서로 일하고 있는 사람이 있는데요, 그 사람은 어때요? 대기업 홈페이지도 작성하고 있는 것 같아요. 디자인이 새로워서, 제법 괜찮아요. 스즈키 씨라는 분인데요.

M : 그럼, 미안하지만 연락처 가르쳐주지 않을래?

F : 친구의 지인이라서, 친구에게 연락처, 물어봐 둘게요.

M : 부탁할게. 연락처 알게 되면 가르쳐줘. 내가 연락해볼 테니까.

F : 알겠습니다. 바로, 전할게요.

여자는 이 다음에 우선 무엇을 합니까?

1 남자에게 회사를 소개한다
2 스즈키 씨의 연락처를 묻는다
3 스즈키 씨에게 연락한다
4 남자에게 연락처를 전한다

해설 1 '회사 소개', 2 '스즈키 씨의 연락처 묻기', 3 '스즈키 씨에게 연락', 4 '연락처 전달' 중 여자가 가장 먼저 해야 할 일을 묻는 문제이다. 대화에서, 남자가 스즈키 씨의 연락처를 알려달라고 하자, 여자가 友達に連絡先、聞いておきますね(친구에게 연락처, 물어봐 둘게요)라고 했으므로, 2 鈴木さんの連絡先を聞く(스즈키 씨의 연락처를 묻는다)가 정답이다. 1은 시간 관계상 어렵다고 했고, 3은 남자가 해야 할 일이며, 4는 연락처를 알게 된 다음에 해야 할 일이므로 오답이다.

어휘 ホームページ 圆홈페이지　制作会社 せいさくがいしゃ 圆제작회사
　　 バイト 圆아르바이트　紹介 しょうかい 圆소개
　　 再来月 さらいげつ 圆다다음 달　社長 しゃちょう 圆사장님, 사장
　　 就任 しゅうにん 圆취임　タイミング 圆타이밍
　　 年内 ねんない 圆연내　受ける うける 圄받다
　　 知り合い しりあい 圆지인, 아는 사람　フリー 圆프리랜서, 자유로움
　　 大手メーカー おおてメーカー 圆대기업　作成 さくせい 圆작성
　　 デザイン 圆디자인　連絡先 れんらくさき 圆연락처
　　 伝える つたえる 圄전하다, 전달하다

실전 테스트 2

p.350

1 2	**2** 2	**3** 3	**4** 2	**5** 3

문제1에서는, 우선 질문을 들어주세요. 그리고 나서 이야기를 듣고, 문제 용지의 1에서 4 중에, 가장 알맞은 것을 하나 골라주세요.

1

[음성]

学校で男の学生と先生が話しています。月曜日の朝、学生は何をしなければなりませんか。

M : 先生、台風が近づいているみたいですね。

F : ええ、日曜日の深夜、台風がこのあたりを通過する予報が出てますね。週末は、天気予報をよくチェックして、雨や風が強い時は、外に出ずに家で過ごして下さいね。

M : 月曜日は、学校はいつも通りありますか。

F : 状況によっては、休校になるかもしれません。授業があるかないかは、朝7時までに学校のホームページで知らせますので、必ず見るようにしてください。

M : 学校からメールは来ないんですか?たしか、前の大雪の時は、メールが届いたと思うんですが…。

F : 前回、メールが届かない学生がいて混乱したので、今回は送らないことにしたそうですよ。それから、大切な電話がつながりにくくなってしまうおそれがありますから、電話での問い合わせはなるべくしないようにしてくださいね。

M : はい、わかりました。

月曜日の朝、学生は何をしなければなりませんか。

[문제지]

1 天気予報をチェックする
2 **学校のホームページを見る**
3 学校からのメールを確認する
4 学校に電話をする

해석 학교에서 남학생과 선생님이 이야기하고 있습니다. 월요일 아침, 학생은 무엇을 해야 합니까?

M : 선생님, 태풍이 다가오고 있는 것 같아요.

F : 네, 일요일 심야, 태풍이 이 부근을 통과한다는 예보가 나왔죠. 주말은, 일기예보를 잘 체크해서, 비와 바람이 강할 때는, 밖에 나가지 말고 집에서 보내세요.

M : 월요일은, 학교는 평소대로 인가요?

F : 상황에 따라서는, 휴교가 될지도 몰라요. 수업이 있는지 없는지는, 아침 7시까지 학교 홈페이지에서 알릴테니, 반드시 보도록 해주세요.

M : 학교에서 메일은 오지 않나요? 분명, 전의 대설 때는, 메일이 왔다고 생각하는데….

F : 지난 번, 메일이 오지 않은 학생이 있어서 혼란스러웠기 때문에, 이번은 보내지 않는 것으로 했다고 해요. 그리고, 중요한 전화가

연결되기 어려워질 우려가 있으므로, 전화로의 문의는 가능한 한 하지 않도록 해주세요.

M : 네, 알겠습니다.

월요일 아침, 학생은 무엇을 해야 합니까?

1 일기예보를 체크한다
2 **학교 홈페이지를 본다**
3 학교에서 온 메일을 확인한다
4 학교에 전화한다

해설 1 '일기예보 체크', 2 '학교 홈페이지 보기', 3 '학교에서 온 메일 확인', 4 '학교에 전화하기' 중 학생이 월요일 아침에 해야 할 일을 묻는 문제이다. 대화에서, 학생이 학교는 평소대로 인지 묻자, 선생님이 授業があるかないかは、朝7時までに学校のホームページで知らせますので、必ず見るようにしてください(수업이 있는지 없는지는, 아침 7시까지 학교 홈페이지에서 알릴테니, 반드시 보도록 해주세요)라고 했으므로, 2 学校のホームページを見る(학교 홈페이지를 본다)가 정답이다. 1은 주말에 해야 할 일이고, 3과 4는 할 필요가 없는 일이므로 오답이다.

어휘 台風 たいふう ⑱태풍　近づく ちかづく ⑧다가오다, 가까워지다
深夜 しんや ⑱심야　あたり ⑲부근, 근처　通過 つうか ⑱통과
予報 よほう ⑲예보　天気予報 てんきよほう ⑲일기예보
チェック ⑱체크　過ごす すごす ⑧보내다
いつも通り いつもどおり 평소대로　状況 じょうきょう ⑱상황
休校 きゅうこう ⑱휴교　ホームページ ⑲홈페이지
知らせる しらせる ⑧알리다　必ず かならず ⑪반드시, 꼭
たしか ⑪확실히, 분명　メール ⑲메일　大雪 おおゆき ⑲대설
届く とどく ⑧오다, 도착하다　前回 ぜんかい ⑲지난 번
混乱 こんらん ⑱혼란　今回 こんかい ⑲이번　送る おくる ⑧보내다
つながる ⑧연결되다, 이어지다　問い合わせ といあわせ ⑲문의
なるべく ⑪가능한 한　確認 かくにん ⑱확인

2

[음성]

図書館で、男の人と受付の人が話しています。男の人はこのあとまず何をしますか。

M : すみません、借りたい本をあそこの機械で検索したら、中央図書館にあるようなんです。この図書館に取り寄せることはできますか。

F : ええ。本を検索した際に画面に出てくる「取り寄せボタン」を押して、図書館カードの番号を入力すれば、手続き完了です。3日くらいでこちらに届きます。

M : あの、図書館カードを持っていないんです…。引っ越してきたばかりなもので。

F : あ、そうでしたか。カードは、あちらのカウンターでお作りいただけます。

M : 分かりました。

F : カードは市内共通ですので、カードがあれば、中央図書館で直接借りることも可能ですよ。

M：そうなんですね。じゃあ、今から中央図書館へ行こうかな。カードはあちらでも作れますよね。

F：ええ。でも、この図書館のカウンターの方が空いていると思いますよ。

M：そうですか。じゃ、こちらで済ませてから行くことにします。

男の人はこのあとまず何をしますか。

[問題紙]
1　カードの番号を入力する
2　図書館カードを作る
3　本を借りる
4　中央図書館へ行く

해석　도서관에서, 남자와 접수처의 사람이 이야기하고 있습니다. 남자는 이 다음에 우선 무엇을 합니까?

M : 실례합니다, 빌리고 싶은 책을 저기 기계에서 검색했더니, 중앙 도서관에 있는 것 같아요. 이 도서관으로 들여오는 것은 가능한가요?

F : 네. 책을 검색했을 때 화면에 나오는 '들여오기 버튼'을 누르고, 도서관 카드 번호를 입력하면, 절차 완료입니다. 3일 정도면 여기에 도착합니다.

M : 저기, 도서관 카드를 가지고 있지 않아요…. 막 이사 온 참이라서.

F : 아, 그러신가요. 카드는, 저쪽 카운터에서 만드실 수 있습니다.

M : 알겠습니다.

F : 카드는 시내 공통이므로, 카드가 있으면, 중앙도서관에서 직접 빌리는 것도 가능합니다.

M : 그렇군요. 그럼, 지금부터 중앙도서관에 갈까. 카드는 거기서도 만들 수 있죠?

F : 네. 하지만, 이 도서관의 카운터 쪽이 비어있다고 생각합니다.

M : 그런가요. 그럼, 이쪽에서 마치고 나서 가도록 할게요.

남자는 이 다음에 우선 무엇을 합니까?

1　카드 번호를 입력한다
2　도서관 카드를 만든다
3　책을 빌린다
4　중앙도서관에 간다

해설 1 '카드 번호 입력하기', 2 '도서관 카드 만들기', 3 '책 빌리기', 4 '중앙도서관 가기' 중 남자가 가장 먼저 해야 할 일을 묻는 문제이다. 대화에서, 접수처의 사람이 カードは、あちらのカウンターでお作りいただけます(카드는, 저쪽 카운터에서 만드실 수 있습니다)라고 하자, 남자가 分かりました(알겠습니다)라고 했으므로, 2 図書館カードを作る(도서관 카드를 만든다)가 정답이다. 1은 할 필요가 없고, 3, 4는 도서관 카드를 만들고 난 다음에 해야 할 일이므로 오답이다.

어휘 借りる かりる ⑧ 빌리다　機械 きかい ⑲ 기계　検索 けんさく ⑲ 검색
　　　中央図書館 ちゅうおうとしょかん ⑲ 중앙도서관
　　　取り寄せる とりよせる ⑧ 들여오다　画面 がめん ⑲ 화면
　　　カード ⑲ 카드　入力 にゅうりょく ⑲ 입력

手続き てつづき ⑲ 절차, 수속　完了 かんりょう ⑲ 완료
届く とどく ⑧ 도착하다, 닿다　引っ越し ひっこし ⑲ 이사
カウンター ⑲ 카운터　市内 しない ⑲ 시내　共通 きょうつう ⑲ 공통
直接 ちょくせつ ⑲ 직접　可能 かのう ⑲ 가능　空く あく ⑲ 비다
済ます すます ⑧ 마치다, 끝내다

3

[음성]
デパートで店員と男の人が話しています。男の人はいくら払いますか。

M：すみません。この食器はセール対象品ですか？

F：はい。こちらの商品は、ただいまセール中ですので、2つで500円引きといたしております。

M：じゃあ、同じもの4つお願いします。

F：かしこまりました。それでは、1,000円のお品物を4点でよろしいでしょうか。こちらから1,000円値引きいたします。

M：はい。クレジットカードでお願いします。

F：あ、申し訳ございません。こちら、カード払いですと値引きの対象外となります。いかがいたしましょうか。

M：あ、そうなんですか。じゃあ、現金で。

F：かしこまりました。

男の人はいくら払いますか。

[問題紙]
1　4,000円
2　3,500円
3　3,000円
4　1,000円

해석 백화점에서 점원과 남자가 이야기하고 있습니다. 남자는 얼마를 지불합니까?

M : 실례합니다. 이 식기는 세일 대상품인가요?

F : 네. 이쪽 상품은, 지금 세일 중이므로, 2개에 500엔 할인해 드리고 있습니다.

M : 그럼, 같은 것을 4개 부탁 드립니다.

F : 알겠습니다. 그럼, 1,000엔 상품 4개로 괜찮으신가요? 여기서 1,000엔 할인해 드립니다.

M : 네. 신용카드로 부탁 드립니다.

F : 아, 죄송합니다. 이쪽, 카드 지불이라면 할인 대상 외가 됩니다. 어떻게 해드릴까요?

M : 아, 그런가요? 그럼, 현금으로.

F : 알겠습니다.

남자는 얼마를 지불합니까?

1　4,000엔
2　3,500엔
3　3,000엔

4 1,000엔

해설 1 '4,000엔', 2 '3,500엔', 3 '3,000엔', 4 '1,000엔' 중 남자가 지불
　　해야 할 금액을 묻는 문제이다. 대화에서, 점원이 1,000円의 お品物
　　을 4点으로 よろしいでしょうか. こちらから1,000円値引きいたし
　　ます(1,000엔 상품 4개로 괜찮으신가요? 여기서 1,000엔 할인해
　　드립니다)라고 했으므로, 3 3,000円(3,000엔)이 정답이다.

어휘 セール 圏세일　食器 しょっき 圏식기

　　　対象品 たいしょうひん 圏대상품　商品 しょうひん 圏상품

　　　ただいま 圏지금　セール中 セールちゅう 圏세일 중

　　　品物 しなもの 圏상품, 물건　値引き ねびき 圏할인

　　　クレジットカード 圏신용카드　カード払い カードばらい 圏카드 지불

　　　対象外 たいしょうがい 圏대상 외　現金 げんきん 圏현금

4

[음성]

会社で、男の人と女の人が話しています。女の人はこのあ
とまず何をしますか。

M：今日の13時からの会議だけど、今営業部の部長から
　　電話があって、参加者を5名追加したいって。

F：えー？5名も急に？会議室を変更しないと、全員は入
　　れないかもしれないね…。

M：そうだよね。部長には、調整した上で、可能かどうか
　　お返事しますって言ってあるよ。

F：じゃ、まず、大きい会議室を予約しよう。たぶん、空
　　いている部屋があると思う。

M：資料も追加で印刷しないといけないね。データってど
　　こだっけ。

F：あ、それは私のパソコンの中にあるよ。

M：じゃ、会議室は僕が見てくるから、資料をお願い。

F：うん、わかった。すぐできるよ。

M：予約ができたら、部長に返事をしとくね。

F：じゃ、部屋が決まったら教えて。他の参加者への会議
　　室変更の連絡は、私がするね。参加者リストも、私の
　　パソコンにあるから。

M：ありがとう。よろしくね。

女の人はこのあとまず何をしますか。

[문제지]

1 大きい会議室を予約する
2 資料を印刷する
3 部長に返事をする
4 会議の参加者に連絡する

해석 회사에서 남자와 여자가 이야기하고 있습니다. 여자는 이 다음에 우
　　선 무엇을 합니까?

　　M：오늘 13시부터인 회의 말인데, 지금 영업부의 부장님으로부터
　　　　전화가 와서, 참가자를 5명 추가하고 싶대.

F：뭐? 5명이나 갑자기? 회의실을 변경하지 않으면, 전원은 들어가
　　지 못할지도 모르겠네….

M：그렇지. 부장님에게는, 조정한 다음에, 가능한지 어떤지 답변해
　　드리겠다고 말해 뒀어.

F：그럼, 우선, 큰 회의실을 예약하자. 아마, 비어있는 방이 있을 거
　　라고 생각해.

M：자료도 추가로 인쇄해야겠네. 데이터가 어디 있더라.

F：아, 그건 내 컴퓨터 안에 있어.

M：그럼, 회의실은 내가 보고 올테니까, 자료를 부탁해.

F：응, 알았어. 바로 할 수 있어.

M：예약이 되면, 부장님에게 답변해둘게.

F：그럼, 방이 정해지면 알려줘. 다른 참가자에게 회의실 변경 연락
　　은, 내가 할게. 참가자 리스트도, 내 컴퓨터에 있으니까.

M：고마워. 잘 부탁해.

여자는 이 다음에 우선 무엇을 합니까?

1 큰 회의실을 예약한다
2 자료를 인쇄한다
3 부장님에게 답변한다
4 회의 참가자에게 연락한다

해설 1 '큰 회의실 예약', 2 '자료 인쇄', 3 '부장님에게 답변', 4 '회의 참가
　　자에게 연락' 중 여자가 가장 먼저 해야 할 일을 묻는 문제이다. 대화
　　에서, 남자가 資料も追加で印刷しないといけないね(자료도 추가
　　로 인쇄해야겠네)라고 하며 자료를 부탁한다고 하자, 여자가 うん、
　　わかった。すぐできるよ(응, 알았어. 바로 할 수 있어)라고 했으므
　　로, 2 資料を印刷する(자료를 인쇄한다)가 정답이다. 1과 3은 남자
　　가 해야 할 일이며, 4는 회의실이 정해지고 난 다음에 해야 할 일이므
　　로 오답이다.

어휘 会議 かいぎ 圏회의　営業部 えいぎょうぶ 圏영업부

　　　部長 ぶちょう 圏부장님, 부장　参加者 さんかしゃ 圏참가자

　　　追加 ついか 圏추가　急に きゅうに 囝갑자기

　　　会議室 かいぎしつ 圏회의실　変更 へんこう 圏변경

　　　全員 ぜんいん 圏전원　調整 ちょうせい 圏조정

　　　可能 かのう 圏가능　返事 へんじ 圏답변, 답장　予約 よやく 圏예약

　　　たぶん 囝아마　空く あく 图비다　資料 しりょう 圏자료

　　　印刷 いんさつ 圏인쇄　データ 圏데이터　パソコン 圏컴퓨터

　　　決まる きまる 图정해지다　連絡 れんらく 圏연락　リスト 圏리스트

5

[음성]

大学で女の学生と男の学生が話しています。女の学生は
このあと何をしますか。

F：先輩、実は私、クラブの新入生歓迎会の担当になった
　　んです。先輩、去年の担当でしたよね。それで、ちょ
　　っとお話を伺いたくって。

M：ああ、いいよ。もう来月なんだね。

F：ええ。簡単な食べ物と飲み物の用意、それと私達も新
　　入生も一緒に楽しめるゲームを準備しようと思ってい
　　ます。ちょっと仲良くなれるかなと思いまして。それか

ら、1年間の活動の様子をスクリーンに映して紹介するつもりです。写真をまとめたものを見せようと思ってるんですけれど…。

M：うん、だいたいそんなのでいいと思うよ。何人来るかまだわからないから、食べ物や飲み物の用意は何日か前でいいんじゃない？

F：わかりました。

M：ゲームは今いるメンバーで一度、やってみたらいいと思うよ。時間がかかりすぎないかとか確認するといいかも。それから、活動の様子を紹介する写真は早く集めたほうがいいよ。案外、編集に時間がかかるからね。

F：それは以前、作ったのがあるので、それを使おうと思っています。

M：そうなんだ。それから、会場にする教室は予約した？

F：あ！うっかりしてました。

M：学生課に行ったら、借りられるよ。他のクラブと日にちが同じになったら借りられないから、早く行かないと。

F：あ、そうですよね。

M：あ、そうだ。いすや机も借りることを伝えておいたほうがいいよ。はっきりした数はわかってからでいいけどね。

F：そうですね。ありがとうございます。

女の学生はこのあと何をしますか。

[問題紙]
1 ゲームのメンバーを集める
2 写真を集めて、編集する
3 学生課で教室を予約する
4 使ういすと机の数を数える

해석 대학교에서 여학생과 남학생이 이야기하고 있습니다. 여학생은 **이 다음에 무엇을 합니까?**

F : 선배, 실은 저, 동아리 신입생 환영회 담당이 되었어요. 선배, 작년에 담당이었죠? 그래서, 좀 이야기를 듣고 싶어서.

M : 응, 좋아. 벌써 다음 달이네.

F : 네, 간단한 음식과 음료수의 준비, 그리고 우리들도 신입생도 함께 즐길 수 있는 게임을 준비하려고 생각하고 있어요. 좀 사이좋게 될 수 있을까 싶어서. 그리고, 1년간의 활동 모습을 스크린에 비춰서 소개 생각이에요. 사진을 정리한 것을 보여주려고 생각하고 있는데요….

M : 응, 대략 그런걸로 괜찮다고 생각해. 몇 명 오는지 아직 모르니까, 음식과 음료수의 준비는 몇 일 전으로 괜찮지 않아?

F : 알겠습니다.

M : 게임은 지금 있는 멤버로 한번, 해보면 좋다고 생각해. 시간이 너무 많이 걸리지는 않는지 확인하면 좋을지도. 그리고, 활동 모습을 소개하는 사진은 빨리 모으는 편이 좋아. 의외로, 편집에 시간이 걸리니까.

F : 그건 이전에, 만든 것이 있어서, 그것을 사용하려고 생각하고 있어요.

M : 그렇구나. 그리고, 회장으로 할 교실은 예약했어?

F : 아! 깜빡하고 있었어요.

M : 학생과에 가면, 빌릴 수 있어. 다른 동아리와 날짜가 같으면 빌릴 수 없으니까, 빨리 가야 해.

F : 아, 그렇네요.

M : 아, 맞다. 의자와 책상도 빌릴 것을 전달해 두는 편이 좋아. 확실한 수는 알고 나서도 괜찮지만.

F : 그렇네요. 감사합니다.

여학생은 이 다음에 무엇을 합니까?

1 게임 멤버를 모은다
2 사진을 모아서, 편집한다
3 학생과에서 교실을 예약한다
4 사용할 의자와 책상 수를 센다

해설 1 '게임 멤버 모으기', 2 '사진을 모아서 편집하기', 3 '학생과에서 교실 예약하기', 4 '사용할 의자와 책상 수 세기' 중 여학생이 앞으로 해야 할 일을 묻는 문제이다. 대화에서, 남학생이 教室は予約した？(교실은 예약했어?)라고 하자 여자가 うっかりしてました(깜빡하고 있었어요)라고 했으므로, 3 学生課で教室を予約する(학생과에서 교실을 예약한다)가 정답이다. 1, 2, 4는 교실을 예약한 다음에 해야 할 일이므로 오답이다.

어휘 先輩 せんぱい 몡선배　実は じつは 囝실은　クラブ 몡동아리, 클럽
　新入生歓迎会 しんにゅうせいかんげいかい 몡신입생 환영회
　担当 たんとう 몡담당　伺う うかがう 툉듣다, 묻다 (聞く의 겸양어)
　簡単だ かんたんだ 녀형간단하다　準備 じゅんび 몡준비
　新入生 しんにゅうせい 몡신입생　楽しむ たのしむ 툉즐기다
　ゲーム 몡게임　仲良く なかよく 사이좋게　活動 かつどう 몡활동
　様子 ようす 몡모습　スクリーン 몡스크린　映す うつす 툉비추다
　紹介 しょうかい 몡소개　まとめる 툉정리하다　だいたい 囝대략
　メンバー 몡멤버　時間がかかる じかんがかかる 시간이 걸리다
　確認 かくにん 몡확인　集める あつめる 툉모으다
　案外 あんがい 囝의외로　編集 へんしゅう 몡편집
　以前 いぜん 몡이전　会場 かいじょう 몡회장　予約 よやく 몡예약
　うっかりする 툉깜빡 하다　学生課 がくせいか 몡학생과
　日にち ひにち 몡날짜　借りる かりる 툉빌리다
　伝える つたえる 툉전달하다　はっきり 囝확실히　数 かず 몡수
　数える かぞえる 툉세다

실전 테스트 3 　　　　　　　　　　p.352

1 1	**2** 3	**3** 2	**4** 3	**5** 2

문제1에서는, 우선 질문을 들어주세요. 그리고 나서 이야기를 듣고, 문제 용지의 1에서 4 중에, 가장 알맞은 것을 하나 골라주세요.

1

[음성]

歯医者の受付で、女の人と男の人が話しています。男の人は次にいつ歯医者へ来ますか。

F：次回のご予約はいつにしますか。できれば、来週来ていただくのがいいかと思いますが。

M：えーっと、水曜日か金曜日は空いていますか？夕方5時以降でお願いします。

F：うーん、水曜日はちょっと難しいですね。再来週なら空いているんですが…。金曜日は予約をお取りできそうです。夕方は患者さんが多いので、少しお待たせしてしまうかもしれませんが、よろしいですか。

M：そうですか。分かりました。あっ、こちらは土曜日も開いているんでしたっけ？

F：ええ。ただ、土曜日の診察は希望される方が多くて、来月までいっぱいなんです。

M：そうなんですか。それなら、やっぱり平日でいいです。

F：承知しました。

男の人は次にいつ歯医者へ来ますか。

[문제지]

1 来週の金曜日
2 来週の土曜日
3 再来週の水曜日
4 来月の土曜日

해석 치과의 접수처에서, 여자와 남자가 이야기하고 있습니다. 남자는 다음에 언제 치과에 옵니까?

F : 다음 예약은 언제로 하시겠습니까? 가능하면, 다음 주에 오시는 것이 좋지 않을까라고 생각합니다만.

M : 으음, 수요일이나 금요일은 비어있나요? 저녁 5시 이후로 부탁합니다.

F : 음, 수요일은 조금 어렵네요. 다다음 수라면 비어있습니다만 . 금요일은 예약을 잡을 수 있을 것 같습니다. 저녁은 환자분이 많기 때문에, 조금 기다리셔야 할 수도 있는데, 괜찮으신가요?

M : 그런가요? 알겠습니다. 앗, 이곳은 토요일도 열려 있던가요?

F : 네. 단, 토요일 진찰은 희망하시는 분이 많아서, 다음 달까지 꽉 차있습니다.

M : 그렇군요. 그렇다면, 역시 평일로 괜찮습니다.

F : 알겠습니다.

남자는 다음에 언제 치과에 옵니까?

1 다음 주 금요일
2 다음 주 토요일
3 다다음 주 수요일
4 다음 달 토요일

해설 1 '다음 주 금요일', 2 '다음 주 토요일', 3 '다다음 주 수요일', 4 '다음

달 토요일' 중 남자가 언제 치과에 오는지 묻는 문제이다. 대화에서, 여자가 다음 주 수요일은 예약이 어렵고 金曜日は予約をお取りできそうです(금요일은 예약을 잡을 수 있을 것 같습니다)라고 하며, 토요일은 다음달까지 예약이 꽉 차있다고 하자, 남자가 やっぱり平日でいいです(역시 평일로 괜찮습니다)라고 했으므로, 1 来週の金曜日(다음 주 금요일)가 정답이다.

어휘 次回 じかい 圐 다음, 차회　予約 よやく 圐 예약　空く あく 图 비다
以降 いこう 圐 이후　予約をとる よやくをとる 예약하다
患者 かんじゃ 圐 환자　ただ 囝 단, 다만　診察 しんさつ 圐 진찰
希望 きぼう 圐 희망　いっぱい 囝 꽉, 가득　それなら 囵 그렇다면
やっぱり 囝 역시　平日 へいじつ 圐 평일
承知する しょうちする 图 알다, 알아 듣다 (わかる의 겸양어)

2

[음성]

コーヒーショップのレジで、お店の人と女の人が話しています。女の人は、このあといくら払いますか。

M：いらっしゃいませ。

F：コーヒー1つお願いします。

M：はい。450円です。

F：10パーセント引き券を持っているんですが、これ使えますか。

M：はい、ご利用いただけます。あの、こちらの割引券は、コーヒーチケットにもお使いいただけるんですが、いかがですか。

F：コーヒーチケットですか？

M：はい。10枚セットで4,000円のチケットです。もちろん、本日のご注文からお使いいただけます。

F：へー。4,000円の10パーセント引きということは、3,600円か…。コーヒー1杯360円で飲めるということですね。アイスコーヒーにも使えますか？

M：はい。アイスコーヒーは通常一杯500円ですので、さらにお得です。

F：いいですね。じゃあ、それ買います。

M：ありがとうございます。本日のご注文はコーヒーでよろしいですか。

F：はい。

女の人は、このあといくら払いますか。

[문제지]

1 360円
2 450円
3 3,600円
4 4,000円

해석 커피숍 계산대에서, 점원과 여자가 이야기하고 있습니다. 여자는, 이다음에 얼마를 지불합니까?

M : 어서 오세요.

F : 커피 한 잔 부탁합니다.

M : 네. 450엔 입니다.

F : 10%할인권을 가지고 있습니다만, 이거 사용할 수 있나요?

M : 네, 이용 가능합니다. 저, 이쪽의 할인권은, 커피 티켓에도 사용 가능하신데, 어떠신가요?

F : 커피 티켓이요?

M : 네. 10장 세트로 4,000엔인 티켓입니다. 물론, 오늘 주문부터 사용하실 수 있습니다.

F : 와. 4,000엔의 10% 할인이라는 것은, 3,600엔인가⋯. 커피 1잔을 360엔에 마실 수 있다는 거네요. 아이스 커피에도 사용할 수 있나요?

M : 네. 아이스 커피는 보통 한 잔에 500엔이므로, 더욱 이득입니다.

F : 좋네요. 그럼, 그거 살게요.

M : 감사합니다. 오늘의 주문은 커피로 괜찮으신가요?

F : 네.

여자는, 이 다음에 얼마를 지불합니까?

1 360엔

2 450엔

3 3,600엔

4 4,000엔

해설 1 '360엔', 2 '450엔', 3 '3,600엔', 4 '4,000엔' 중 여자가 지불해야 할 금액을 묻는 문제이다. 대화에서, 여자는 10% 할인권을 갖고 있으며, 점원이 4,000엔인 커피 티켓을 사지 않겠냐고 권유하자, 여자가 4,000円의 10파센트 引き라는 것은, 3,600円か⋯(4,000엔의 10% 할인이라는 것은, 3,600엔인가⋯)라고 하며 いい ですね。じゃあ、それ買います(좋네요. 그럼, 그거 살게요)라고 했으므로, 3 3,600円(3,600엔)이 정답이다.

어휘 パーセント 圏 퍼센트　割引券 わりびきけん 圏 할인권
利用 りよう 圏 이용　チケット 圏 티켓　セット 圏 세트
もちろん 🄑 물론　本日 ほんじつ 🄑 오늘　注文 ちゅうもん 圏 주문
アイスコーヒー 圏 아이스커피　通常 つうじょう 圏 보통
得 とく 圏 이득

3

[음성]
会社で女の人と男の人が話しています。男の人はまず何を
しますか。

F : 金曜日の会議の準備は進んでいる？

M : はい、資料の作成は今日中に終わります。

F : そう、じゃ、できたら見せてくれる？参加者は何人になったの？

M : あ、それはまだ確定していません。でも、とりあえず第2会議室の予約をしました。

F : え？人数がわからないのに第2会議室にしたの？狭いんじゃない？

M : まだお返事をいただいていない方が数名いらっしゃっ

て⋯。

F : そんなときはこちらからメールで聞いてみないと。会議室もコピーの枚数も、違ってくるよね。

M : そうですね。すぐ聞いてみます。

F : あ、それから、会議は午前も午後もあるから、人数が決まったら昼食の手配もお願いできる？

M : わかりました。

男の人はまず何をしますか。

[문제지]
1 会議室を予約する
2 返事がまだの人にメールを送る
3 会議の資料をコピーする
4 昼食の用意をする

해석 회사에서 여자와 남자가 이야기하고 있습니다. 남자는 우선 무엇을 합니까?

F : 금요일 회의 준비는 진행되고 있어?

M : 네, 자료 작성은 오늘 중으로 끝납니다.

F : 그래, 그럼, 완성되면 보여줄래? 참가자는 몇 명이 됐어?

M : 아, 그건 아직 확정되지 않았습니다. 그래도, 일단 제2회의실 예약을 했습니다.

F : 응? 인원수를 모르는데 제2회의실로 했어? 좁지 않아?

M : 아직 답변을 주지 않은 분이 몇 분 계셔서⋯.

F : 그럴 때는 이쪽에서 메일로 물어봐야 해. 회의실도 복사 매수도, 달라지니까.

M : 그렇군요. 바로 물어보겠습니다.

F : 아, 그리고, 회의는 오전도 오후도 있으니까, 인원수가 정해지면 점심 준비도 부탁할 수 있을까?

M : 알겠습니다.

남자는 우선 무엇을 합니까?

1 회의실을 예약한다
2 답변이 아직인 사람에게 메일을 보낸다
3 회의 자료를 복사한다
4 점심 준비를 한다

해설 1 '회의실 예약', 2 '답변이 아직인 사람에게 메일 보내기', 3 '회의 자료 복사', 4 '점심 준비' 중 남자가 가장 먼저 해야 할 일을 묻는 문제이다. 대화에서, 남자가 아직 답변을 주지 않은 분이 계시다고 하자, 여자가 そんなときはこちらからメールで聞いてみないと(그럴 때는 이쪽에서 메일로 물어봐야 해)라고 하자, 남자가 すぐ聞いてみます(바로 물어보겠습니다)라고 했으므로, 2 返事がまだの人にメールを送る(답변이 아직인 사람에게 메일을 보낸다)가 정답이다. 1은 이미 했고, 3과 4는 인원수가 정해진 다음에 해야 할 일이므로 오답이다.

어휘 会議 かいぎ 圏 회의　準備 じゅんび 圏 준비
進む すすむ 图 진행되다, 나아가다　資料 しりょう 圏 자료
作成 さくせい 圏 작성　今日中 きょうじゅう 圏 오늘 중

参加者 さんかしゃ 🅝 참가자　確定 かくてい 🅝 확정

とりあえず 🄵 일단, 우선　会議室 かいぎしつ 🅝 회의실

予約 よやく 🅝 예약　人数 にんずう 🅝 인원 수, 사람 수

返事 へんじ 🅝 답변, 답장　いただく 🅢 받다 (もらう의 겸양어)

数名 すうめい 🅝 몇 분, 몇 명　いらっしゃる 🅢 계시다 (いる의 존경어)

メール 🅝 메일　枚数 まいすう 🅝 매수

決まる きまる 🅢 정해지다, 결정되다

昼食 ちゅうしょく 🅝 점심, 점심 식사　手配 てはい 🅝 준비

送る おくる 🅢 보내다　用意 ようい 🅝 준비

4

[음성]

大学で男の先生と女の学生が話しています。女の学生はこのあと資料をどのように直しますか。

M：来週、中学生の文化交流で配る資料、見たよ。

F：ありがとうございます。どこか直したほうがいいところ、ありましたか。

M：これ、マレーシアの学校の紹介をするんだよね。留学生と一緒に。

F：はい。これが1回目で、2回目にはインターネットでマレーシアとつないで、お互いに質問し合うんです。内容が難しかったですか。

M：ううん、内容はこのままでいいと思うよ。もう少し詳しく説明してもいいくらい。でも、話すときに付け加えるよね。

F：はい、そのつもりです。資料を見るより、話を聞いてほしいので。

M：ここ、写真や図を増やしたらどうかな。学校の様子とか、写真があったほうがわかりやすいでしょう？

F：そうですね。

M：それから、2回目にする質問で、失礼にならないように気を付けたほうがいいことも入れたほうがいいんじゃない？

F：あ、それは資料にはありませんが、しようと思っていました。それぞれのグループで話して、考えてもらおうと思ってます。

M：そう、じゃ、大丈夫かな。直すのはここだけね。

女の学生はこのあと資料をどのように直しますか。

[문제지]

1 内容を簡単にする

2 説明をくわしくする

3 写真や図を増やす

4 質問で気をつけることを書く

해석 대학교에서 남자 선생님과 여학생이 이야기하고 있습니다. 여학생은

이 다음에 자료를 어떻게 고칩니까?

M：다음 주, 중학생 문화교류에서 배부하는 자료, 봤어.

F：감사합니다. 어딘가 고치는 편이 좋은 부분, 있었나요?

M：이거, 말레이시아의 학교 소개를 하는 거지. 유학생과 함께.

F：네. 이게 첫 번째 시간으로, 두 번째 시간에는 인터넷으로 말레이시아와 연결해서, 서로 질문해요. 내용이 어려웠나요?

M：아니, 내용은 이대로 괜찮다고 생각해. 조금 더 자세하게 설명해도 좋을 정도. 하지만, 말할 때 덧붙일거지?

F：네, 그럴 생각이에요. 자료를 보는 것보다, 이야기를 들어주었으면 해서.

M：여기, 사진이랑 그림을 늘리면 어떨까. 학교의 모습이라든지, 사진이 있는 편이 알기 쉽겠지?

F：그렇네요.

M：그리고, 두 번째 시간에 하는 질문에서, 실례가 되지 않도록 주의하는 것이 좋겠다는 것도 넣는 편이 좋지 않아?

F：아, 그것은 자료에는 없지만, 하려고 생각하고 있었어요. 각각의 그룹에서 이야기해서, 생각하게 하도록 하려고 해요.

M：그래, 그럼, 괜찮으려나. 고칠 것은 여기뿐이네.

여학생은 이 다음에 자료를 어떻게 고칩니까?

1 내용을 간단하게 한다

2 설명을 자세하게 한다

3 사진과 그림을 늘린다

4 질문에서 주의할 점을 적는다

해설 1 '내용 간단히 히기', 2 '설명 자세하게 하기', 3 '사진과 그림 늘리기', 4 '질문에서 주의할 점 적기' 중 여학생이 앞으로 해야 할 일을 묻는 문제이다. 대화에서, 선생님이 写真や図を増やしたらどうかな(사진이랑 그림을 늘리면 어떨까)라고 하며, 사진이 있는 편이 알기 쉽다고 하자, 여학생이 そうですね(그렇네요)라고 했으므로, 3 写真や図を増やす(사진과 그림을 늘린다)가 정답이다. 1은 이대로 괜찮다고 했고, 2는 말할 때 덧붙일 예정이라고 했으므로 할 필요가 없는 일이며, 4는 각각의 그룹이 해야 할 일이므로 오답이다.

어휘 中学生 ちゅうがくせい 🅝 중학생

文化交流 ぶんかこうりゅう 🅝 문화교류　配る くばる 🅢 배부하다

資料 しりょう 🅝 자료　直す なおす 🅢 고치다

マレーシア 🅝 말레이시아　紹介 しょうかい 🅝 소개

留学生 りゅうがくせい 🅝 유학생　インターネット 🅝 인터넷

つなぐ 🅢 연결하다　お互いに おたがいに 🄵 서로

質問し合う しつもんしあう 서로 질문하다　内容 ないよう 🅝 내용

このまま 이대로　詳しい くわしい 🅘 자세하다

付け加える つけくわえる 🅢 덧붙이다　図 ず 🅝 그림

増やす ふやす 🅢 늘리다　様子 ようす 🅝 모습

失礼 しつれい 🅝 실례　気を付ける きをつける 주의하다

それぞれ 🅟 각각　グループ 🅝 그룹

簡単だ かんたんだ 🄽 간단하다　説明 せつめい 🅝 설명

5

[음성]

会社で女の人と男の人が話しています。男の人はこのあと何をしますか。

M：来週から始まるこの仕事ですけど、どんな準備が必要でしょうか。

F：そうね、まず、スケジュールを立てなきゃいけないんだけど。

M：あ、それは木村さんがするって言ってましたが。

F：え？木村さんには、他の仕事のスケジュールを頼んでるんだけど、そっちのことじゃない？

M：いえ、大丈夫です。確かめました。

F：そう。じゃ、いいか。誰が何を担当するかも、木村さんが決めるって？

M：あー、それは言ってませんでした。私がしましょうか。

F：そうしてくれる？それから、新商品の広告を考えなきゃね。これは、他の会社にいつも頼んでいるんだけど。

M：はい、じゃ、いつもの広告会社に相談してみます。

F：でも、その前に、広告にいくらお金が使えるか、確認しないとね。

M：えーと、誰に確認すればいいでしょうか。

F：中井さんだけど、今日は休みだったっけ。明日、私が聞いとくわ。じゃ、先に、他のことをしといてくれる？

M：わかりました。

男の人はこのあと何をしますか。

[問題紙]

1 スケジュールを作る
2 だれが何をするか決める
3 広告の相談をする
4 お金がいくら使えるか聞く

해석 회사에서 여자와 남자가 이야기하고 있습니다. 남자는 이 다음에 무엇을 합니까?

M : 다음 주부터 시작되는 이 일 말인데요, 어떤 준비가 필요할까요?

F : 그렇네, 우선, 스케줄을 세워야 하는데.

M : 아, 그것은 기무라 씨가 한다고 말했습니다만.

F : 응? 기무라 씨에게는, 다른 일의 스케줄을 부탁했는데, 그쪽 일 아니야?

M : 아니요, 괜찮습니다. 확인했습니다.

F : 그래? 그럼, 됐네. 누가 무엇을 담당하는지도, 기무라 씨가 정한다고 했어?

M : 아, 그건 말하지 않았습니다. 제가 할까요?

F : 그렇게 해줄래? 그리고, 신상품의 광고를 생각해야만 해. 이것은, 다른 회사에 항상 부탁하고 있긴 한데.

M : 네, 그럼, 평소의 광고 회사에 상담해 보겠습니다.

F : 하지만, 그 전에, 광고에 얼마나 돈을 쓸 수 있는지, 확인해야 해.

M : 음, 누구에게 확인하면 될까요?

F : 나카이 씨인데, 오늘은 휴일이었던가. 내일, 내가 물어봐 둘게. 그럼, 먼저, 다른 것을 해놔줄래?

M : 알겠습니다.

남자는 이 다음에 무엇을 합니까?

1 스케줄을 세운다
2 누가 무엇을 할지 정한다
3 광고의 상담을 한다
4 돈을 얼마나 쓸 수 있는지 묻는다

해설 1 '스케줄 작성', 2 '누가 무엇을 할지 정하기', 3 '광고의 상담', 4 '돈을 얼마나 쓸 수 있는지 묻기' 중 남자가 앞으로 해야 할 일을 묻는 문제이다. 대화에서, 여자가 誰が何を担当するかも、木村さんが決めるって？(누가 무엇을 담당하는지도, 기무라 씨가 정한다고 했어?)라고 하자, 남자가 私がしましょうか(제가 할까요?)라고 했고, 여자가 そうしてくれる？(그렇게 해줄래?)라고 했으므로, 2 다れが何をするか決める(누가 무엇을 할지 정한다)가 정답이다. 1은 기무라 씨가 해야 할 일이고, 3은 돈을 얼마나 쓸 수 있는지 확인한 다음에 해야 할 일이며, 4는 여자가 해야 할 일이므로 오답이다.

어휘 準備 じゅんび 圏준비　必要 ひつよう 圏필요
스ケジュール 圏스케줄　確かめる たしかめる 圏확인하다
担当 たんとう 圏담당　決める きめる 圏정하다
新商品 しんしょうひん 圏신상품　広告 こうこく 圏광고
相談 そうだん 圏상담　確認 かくにん 圏확인

문제 2 포인트 이해
무료 MP3 파일로 듣기

실력 다지기

p.358

01 ②	**02** ②	**03** ①	**04** ①	**05** ①
06 ②	**07** ②	**08** ①	**09** ②	**10** ①

01

[음성]
会社で男の人と女の人が話しています。女の人はどうして早く帰らなければなりませんか。

M：えっ？もう帰りですか。

F：はい。帰ります。

M：今日、打ち上げかなんかしないんですか。プロジェクトも終わったのに。

F：それもいいですけど、また今度で。今日は病院の予約があるので、先に失礼しますね。

M：はい、お疲れ様でした。

女の人はどうして早く帰らなければなりませんか。

[問題紙]
① 打ち上げに参加したくないから
② 病院の予約があるから

해석 회사에서 남자와 여자가 이야기하고 있습니다. 여자는 왜 일찍 돌아가야 합니까?

M : 어라? 벌써 돌아가나요?

F : 네. 돌아갑니다.

M : 오늘, 뒤풀이 같은 거 안 하나요? 프로젝트도 끝났는데.

F : 그것도 좋지만, 다음에요. 오늘은 병원 예약이 있어서, 먼저 실례할게요.

M : 네, 수고하셨습니다.

여자는 왜 일찍 돌아가야 합니까?

① 뒤풀이에 참가하고 싶지 않기 때문에

② 병원 예약이 있기 때문에

어휘 早く はやく 悀 일찍, 빨리　打ち上げ うちあげ 悀 뒤풀이
プロジェクト 悀 프로젝트　今度 こんど 悀 다음, 이번
予約 よやく 悀 예약　先に さきに 悀 먼저　失礼 しつれい 悀 실례
参加 さんか 悀 참가

02

[음성]
学校で女の学生と男の学生が話しています。男の学生が美術部を選んだ理由は何ですか。

F : どこに入るつもり？ やっぱりバスケ部にするの？

M : バスケは見るのは好きだけど、実際にやるのは嫌で。

F : そうなの。じゃ、どこにするの？

M : 美術部にしようかな。昔から絵に興味があってずっと入りたいなあと思ってたんだ。

F : なるほど。それもいいよね。

男の学生が美術部を選んだ理由は何ですか。

[문제지]
① 絵を見るのが好きだから

② 絵に興味があるから

해석 학교에서 여학생과 남학생이 이야기하고 있습니다. 남학생이 미술부를 고른 이유는 무엇입니까?

F : 어디에 들어갈 생각이야? 역시 농구부로 할 거니?

M : 농구는 보는 것은 좋아하는데, 실제로 하는 것은 싫어서.

F : 그래? 그럼, 어디로 할거야?

M : 미술부로 할까. 옛날부터 그림에 흥미가 있어서 계속 들어가고 싶다고 생각했어.

F : 과연. 그것도 괜찮네.

남학생이 미술부를 고른 이유는 무엇입니까?

① 그림을 보는 것이 좋기 때문에

② 그림에 흥미가 있기 때문에

어휘 美術部 びじゅつぶ 悀 미술부　選ぶ えらぶ 悀 고르다
やっぱり 悀 역시　バスケ部 バスケぶ 悀 농구부
実際に じっさいに 悀 실제로　興味 きょうみ 悀 흥미

03

[음성]
ロビーで男の人と女の人が話しています。二人はどうして展示会から帰ろうとしていますか。

M : どうしよう。ここ、エレベーターがないみたい。

F : 大丈夫だよ。急に足を怪我した私のせいだから。一人で見てきて。私は先に帰るから。

M : そんなこと言わないでよ。手伝うから階段で上がろう。

F : いやいや、そこまでして見る必要はないよ。疲れてるし。

M : じゃ、私も帰る。一緒に見たかったのに、それじゃあ意味がないよ。

二人はどうして展示会から帰ろうとしていますか。

[문제지]
① エレベーターがないから

② 見る必要がなくなったから

해석 로비에서 남자와 여자가 이야기하고 있습니다. 두 사람은 왜 전시회에서 돌아가려고 하고 있습니까?

M : 어쩌지. 여기, 엘리베이터가 없는 것 같아.

F : 괜찮아, 갑자기 발을 다친 내 탓이니까. 혼자서 보고 와. 나는 먼저 돌아갈 테니까.

M : 그런 말 하지 마. 도와줄 테니 계단으로 올라가자.

F : 아니야, 그렇게까지 해서 볼 필요는 없어. 피곤하고.

M : 그럼, 나도 돌아갈래. 함께 보고 싶었는데, 그러면 의미가 없어.

두 사람은 왜 전시회에서 돌아가려고 하고 있습니까?

① 엘리베이터가 없기 때문에

② 볼 필요가 없어졌기 때문에

어휘 ロビー 悀 로비　展示会 てんじかい 悀 전시회
急に きゅうに 悀 갑자기　怪我する けがする 다치다, 부상 입다
先に さきに 悀 먼저　手伝う てつだう 悀 도와주다
上がる あがる 悀 올라가다　必要 ひつよう 悀 필요
疲れる つかれる 悀 피곤하다

04

[음성]
お母さんと息子が話しています。息子はどうしてお父さんを待っていますか。

F : 何してるの、外で。スイカでも食べる？

M : いや、今お父さんを待ってるの。今日、約束したんだ。

F : うん？何の約束？いつもの庭いじり？

M : いや。お父さんを手伝ったら、今日は花火をしてくれるって。

F : そう。でも、お父さんが帰ってくるのは6時過ぎだか

ら、入って待ってて。

息子はどうしてお父さんを待っていますか。

[문제지]

① 花火をする約束をしたから
② 庭の木や花に水をやる予定だから

해석 엄마와 아들이 이야기하고 있습니다. 아들은 왜 아빠를 기다리고 있습니까?

F : 뭐 하고 있니, 밖에서. 수박이라도 먹을래?

M : 아니, 지금 아빠를 기다리고 있어. 오늘, 약속했거든.

F : 응? 무슨 약속? 언제나 하는 정원 손질?

M : 아니. **아빠를 도와주면, 오늘은 불꽃놀이를 해 준대.**

F : 그렇구나. 하지만, 아빠가 돌아오는 것은 6시가 지나서니까, 들어가서 기다리렴.

아들은 왜 아빠를 기다리고 있습니까?

① 불꽃놀이를 할 약속을 했기 때문에

② 정원의 나무나 꽃에 물을 줄 예정이기 때문에

어휘 スイカ 멤 수박 約束 やくそく 멤 약속

庭いじり にわいじり 멤 정원 손질 手伝う てつだう 동 도와주다

花火 はなび 멤 불꽃놀이

05

[음성]

部室で男の学生と女の学生が話しています。女の学生が桃を嫌う理由は何ですか。

M：これ、もらったんだけど、食べる?

F：ごめん、私は桃が苦手で。大丈夫。

M：えっ?なんで?アレルギーでもあるの?

F：いや、アレルギーじゃなくて、ちょっと思い出したくない記憶があるんだ。

M：ふうん。気になるね。今度聞かせて。

女の学生が桃を嫌う理由は何ですか。

[문제지]

① 思い出したくない記憶があるから

② アレルギーがあるから

해석 부실에서 남학생과 여학생이 이야기하고 있습니다. 여학생이 복숭아를 싫어하는 이유는 무엇입니까?

M : 이거, 받았는데, 먹을래?

F : 미안, 나는 복숭아는 거북해서. 괜찮아.

M : 응? 어째서? 알레르기라도 있어?

F : 아니, 알레르기가 아니라, 좀 떠올리고 싶지 않은 기억이 있어.

M : 호오. 궁금하네. 다음에 들려줘.

여학생이 복숭아를 싫어하는 이유는 무엇입니까?

① 떠올리고 싶지 않은 기억이 있기 때문에

② 알레르기가 있기 때문에

어휘 部室 ぶしつ 멤 부실 桃 もも 멤 복숭아 嫌う きらう 동 싫어하다

苦手だ にがてだ な형 거북하다 アレルギー 멤 알레르기

思い出す おもいだす 동 떠올리다 記憶 きおく 멤 기억

気になる きになる 궁금하다, 신경 쓰이다 今度 こんど 멤 다음, 이번

06

[음성]

学校で男の学生と女の学生が話しています。男の学生はコミュニティーセンターの何がいいと言っていますか。

M：ここのコミュニティーセンターって本当にすごいんだよ。

F：うん?いろいろな講座があるとは聞いたけど、それのこと?

M：ううん。それもそうだけど、いろいろなイベントがあって、参加もできる。

F：へえ、どのようなイベントなの?

M：今回はミュージカルやるみたいで、今参加者を募集してるんだ。興味があって申し込もうと思ってる。

男の学生はコミュニティーセンターの何がいいと言っていますか。

[문제지]

① いろんな講座があること

② イベントに参加できること

해석 학교에서 남학생과 여학생이 이야기하고 있습니다. 남학생은 커뮤니티 센터의 무엇이 좋다고 말하고 있습니까?

M : 여기 커뮤니티 센터는 정말로 대단해.

F : 응? 여러 가지 강좌가 있다고는 들었는데, 그거 말이야?

M : 아니. 그것도 그렇지만, **여러 가지 이벤트가 있어서, 참가도 가능해.**

F : 와, 어떤 이벤트야?

M : 이번에는 뮤지컬을 하는 것 같고, 지금 참가자를 모집하고 있어. 흥미가 있어서 신청해보려고 생각하고 있어.

남학생은 커뮤니티 센터의 무엇이 좋다고 말하고 있습니까?

① 여러 가지 강좌가 있는 것

② 이벤트에 참가할 수 있는 것

어휘 コミュニティーセンター 멤 커뮤니티 센터, 문화 센터

すごい い형 대단하다 講座 こうざ 멤 강좌 イベント 멤 이벤트

参加 さんか 멤 참가 今回 こんかい 멤 이번 ミュージカル 멤 뮤지컬

参加者 さんかしゃ 멤 참가자 募集 ぼしゅう 멤 모집

興味 きょうみ 멤 흥미 申し込む もうしこむ 동 신청하다

07

[음성]

大学で女の学生と男の学生が話しています。女の学生が悩んでいるのは、どんなことですか。

F：どうしよう。

M：何か問題でもあるの？

F：うん、今度アルバイト先を変えようかなと思ってるんだけど、ちょっと遠くてね。

M：へえ。そこか。今度引っ越しするって言ってたからそのことかと思った。

F：それはもう解決したよ。いいところ決まったし。でも、バイト先がね、遠くなるけど時給がすごく上がるから、本当にどうしたらいいか。

女の学生が悩んでいるのは、どんなことですか。

[문제지]
① 引っ越しをするかどうか
② アルバイト先を変えるかどうか

해석 대학교에서 여학생과 남학생이 이야기하고 있습니다. 여학생이 고민하고 있는 것은, 어떤 것입니까?

F：어떡하지.

M：뭔가 문제라도 있어?

F：응, 이번에 아르바이트하는 곳을 바꿀까 하는데, 좀 멀어서.

M：호오. 그거구나. 이번에 이사한다고 말했었으니까 그 일인가하고 생각했어.

F：그건 이미 해결했어. 좋은 곳 정해졌고. 하지만, 아르바이트할 곳이 말이야, 멀어지지만 시급이 굉장히 오르니까, 정말로 어떻게 하면 좋을지.

여학생이 고민하고 있는 것은, 어떤 것입니까?

① 이사를 할지 말지
② 아르바이트하는 곳을 바꿀지 말지

어휘 悩む なやむ 통 고민하다　今度 こんど 명 이번
アルバイト先 アルバイトさき 명 아르바이트하는 곳
変える かえる 통 바꾸다　引っ越し ひっこし 명 이사
解決 かいけつ 명 해결　決まる きまる 통 정해지다
時給 じきゅう 명 시급　すごく 부 굉장히　上がる あがる 통 오르다

08

[음성]
家で夫と妻が話しています。妻は鍋の味がどうだと言っていますか。

M：これ、とてもおいしいね〜！

F：ありがとう。レシピは簡単だったよ。

M：ネギの甘みがとても良い。さえはあまり気に入らないの？

F：手軽なレシピの割には素晴らしいと思うんだけど、やっぱり深みが足りないなあと思って。

M：私は完璧だと思うけどね。ご飯おかわりしたいぐらい。

妻は鍋の味がどうだと言っていますか。

[문제지]
① 手軽なレシピの割にはすばらしい
② ねぎの甘みが良くておいしい

해석 집에서 남편과 아내가 이야기하고 있습니다. 아내는 전골의 맛이 어떻다고 말하고 있습니까?

M：이거, 굉장히 맛있네~!

F：고마워. 레시피는 간단했어.

M：파의 단맛이 굉장히 좋아. 사에는 그다지 마음에 들지 않아?

F：간단한 레시피 치고는 훌륭하다고 생각하지만, 역시 깊이가 부족하다고 생각해서.

M：나는 완벽하다고 생각하는데. 밥 한 그릇 더 먹고 싶을 정도로.

아내는 전골의 맛이 어떻다고 말하고 있습니까?

① 간단한 레시피 치고는 훌륭하다
② 파의 단맛이 좋아서 맛있다

어휘 鍋 なべ 명 전골　味 あじ 명 맛　レシピ 명 레시피
簡単だ かんたんだ な형 간단하다　ネギ 명 파　甘み あまみ 명 단맛
気に入る きにいる 마음에 들다
手軽だ てがるだ な형 간단하다, 손쉽다
素晴らしい すばらしい い형 훌륭하다　やっぱり 부 역시
深み ふかみ 명 깊이, 깊은 맛　足りない たりない 부족하다
完璧だ かんぺきだ な형 완벽하다　おかわり 명 한 그릇 더 먹음

09

[음성]
会社で男の人と女の人が話しています。男の人は仕事の何がストレスだと言っていますか。

F：顔色が良くないですね。疲れたんですか。

M：そうですね、ちょっとストレスもたまっちゃったみたいです。

F：確かに、家が遠いと。通勤がやっぱり大変なんですか。

M：それは慣れているのでもう大丈夫です。ただ、週末にも接待やら何やらで働いているのがやっぱり。

F：営業はそういう仕事も重視されますからね。本当に大変ですね。

男の人は仕事の何がストレスだと言っていますか。

[문제지]
① 通勤が大変なこと
② 週末にも接待などで働くこと

해석 회사에서 남자와 여자가 이야기하고 있습니다. 남자는 일의 무엇이 스트레스라고 말하고 있습니까?

F：얼굴색이 좋지 않네요. 피곤한 건가요?

M：그렇네요, 좀 스트레스도 쌓여버린 것 같아요.

F：확실히, 집이 멀면. 통근이 역시 힘든 건가요?

M：그것은 익숙해서 이제 괜찮아요. 다만, 주말에도 접대며 뭐며 일하는 것이 역시.

F : 영업은 그런 일도 중시되니까요. 정말 힘들지요.

남자는 일의 무엇이 스트레스라고 말하고 있습니까?

① 통근이 힘든 것

② 주말에도 접대 등으로 일하는 것

어휘 ストレス 몡 스트레스　顔色 かおいろ 몡 얼굴색

疲れる つかれる 동 피곤하다, 지치다　たまる 동 쌓이다

確かだ たしかだ な형 확실하다　通勤 つうきん 몡 통근

やっぱり 틘 역시　慣れる なれる 동 익숙하다　ただ 틘 다만

週末 しゅうまつ 몡 주말　接待 せったい 몡 접대

営業 えいぎょう 몡 영업　重視 じゅうし 몡 중시

10

[음성]

病院で医者と女の人が話しています。女の人はいつ手術を受けますか。

M：簡単な手術だし、早くしちゃった方がいいです。いつにしますか。

F：でも、入院が必要じゃないですか。

M：必要ないです。日帰りでできますよ。

F：じゃ、今週は金曜日に仕事があるので、来週にします。

M：来週なら月曜日に時間空いているのですが。

F：はい、大丈夫です。

女の人はいつ手術を受けますか。

[문제지]

① 来週の月曜日

② 今週の金曜日

해석 병원에서 의사와 여자가 이야기하고 있습니다. 여자는 언제 수술을 받습니까?

M : 간단한 수술이고, 빨리 해버리는 편이 좋습니다. 언제로 하시겠습니까?

F : 하지만, 입원이 필요하지 않나요?

M : 필요 없습니다. 당일에 돌아갈 수 있어요.

F : 그럼, 이번 주는 금요일에 일이 있어서, 다음 주로 할게요.

M : 다음 주라면 월요일에 시간이 비어있습니다만.

F : 네, 괜찮아요.

여자는 언제 수술을 받습니까?

① 다음 주 월요일

② 이번 주 금요일

어휘 手術 しゅじゅつ 몡 수술　受ける うける 동 받다

簡単だ かんたんだ な형 간단하다　入院 にゅういん 몡 입원

必要だ ひつようだ な형 필요하다　日帰り ひがえり 몡 당일에 돌아옴

空く あく 동 비다

1 3	**2** 4	**3** 2	**4** 4	**5** 3
6 3				

문제2에서는, 우선 질문을 들어주세요. 그 뒤, 문제 용지의 선택지를 읽어 주세요. 읽는 시간이 있습니다. 그리고 나서 이야기를 듣고, 문제 용지의 1에서 4 중에, 가장 알맞은 것을 하나 골라주세요.

1

[음성]

テレビでアナウンサーと歌手が話しています。この歌手が水泳をする今の理由は何ですか。

M：本日は全国のコンサートに回られてお忙しい中、ようこそお越しくださいました。

F：お招きありがとうございます。

M：さて、いつお会いしてもお元気でいらっしゃいますね。何か特別なことをなさっているんですか。

F：そうですね…。特別かどうかわかりませんが、10年前から始めた水泳に今も通っております。いつまでも若くいたいと思って始めたんですよ。

M：そうなんですか。

F：最初はそういう目的で始めたんです。それから健康のために。でも、続けているうちに変わってきたんです。

M：と、おっしゃいますと?

F：プールに入っている時って、泳いだり歩いたりするだけですよね。私、普段は移動するときはスマホを見たり、まわりの人と話したりして集中して考える時間ってないんですよ。だからプールに入っている間にするんです。明日のコンサートのこととか、新曲のこととか。私の大切な時間になっています。

M：そうなんですか。では、これからも続けていかれるんですね。

F：ええ、年を取ってからも、できるだけ続けたいですね。

M：そうなんですか。私も見習わせていただきます。

この歌手が水泳をする今の理由は何ですか。

[문제지]

1 いつまでも若く見られたいから

2 仕事がないときひまだから

3 一人でじっくり考えたいから

4 年を取っても健康でいたいから

해석 텔레비전에서 아나운서와 가수가 이야기하고 있습니다. 이 가수가 수

영을 하는 지금의 이유는 무엇입니까?

M : 오늘은 전국의 콘서트를 도시느라 바쁘신 와중에, 와주신 것을 환영합니다.

F : 초대해 주셔서 감사합니다.

M : 그런데, 언제 만나 봬도 건강하시네요. 뭔가 특별한 것을 하고 계신 건가요?

F : 글쎄요…. 특별한지 어떤지 모르겠지만, 10년 전부터 시작한 수영을 지금도 다니고 있어요. 언제까지나 젊게 있고 싶다고 생각해서 시작했어요.

M : 그렇군요.

F : 처음은 그런 목적으로 시작했어요. 그리고 건강을 위해서. 하지만, 계속하고 있는 동안에 바뀌었어요.

M : 라고, 말씀하시면?

F : 수영장에 들어가 있을 때란, 수영하거나 걷거나 할 뿐이지요. 저, 평소에 이동할 때는 스마트폰을 보거나, 주위 사람과 이야기하거나 해서 집중해서 생각할 시간이 없어요. 그래서 수영장에 들어가 있는 동안에 하는 거예요. 내일 콘서트라든지, 신곡이라든지, 저의 소중한 시간이 되고 있어요.

M : 그렇군요. 그럼, 앞으로도 계속 다니시겠네요.

F : 네, 나이를 먹고 나서도, 가능한 한 계속하고 싶어요.

M : 그렇군요. 저도 본받겠습니다.

이 가수가 수영을 하는 지금의 이유는 무엇입니까?

1 언제까지나 젊어 보이고 싶기 때문에
2 일이 없을 때 한가하기 때문에
3 혼자서 곰곰이 생각하고 싶기 때문에
4 나이를 먹어도 건강하게 있고 싶기 때문에

해설 가수가 수영을 하는 지금의 이유를 묻는 문제이다. 각 선택지의 핵심 내용은 1 '젊어 보이고 싶어서', 2 '한가해서', 3 '생각하고 싶어서', 4 '나이를 먹어도 건강하고 싶어서'이다. 대화에서, 가수가 평단은 移動するときはスマホを見たり、まわりの人と話したりして集中して考える時間ってないんですよ。だからプールに入っている間にするんです(평소에 이동할 때는 스마트폰을 보거나, 주위 사람과 이야기하거나 해서 집중해서 생각할 시간이 없어요. 그래서 수영장에 들어가 있는 동안에 하는 거예요)라고 했으므로, 3 一人でじっくり考えたいから(혼자서 곰곰이 생각하고 싶기 때문에)가 정답이다. 오답 선택지 1은 수영을 시작한 계기이고, 2는 언급되지 않았으며, 4는 처음 수영을 시작한 목적이므로 오답이다.

어휘 アナウンサー 阌아나운서　歌手 かしゅ 阌가수
水泳 すいえい 阌수영　本日 ほんじつ 阌오늘, 금일
全国 ぜんこく 阌전국　コンサート 阌콘서트
回る まわる 图돌다, 차례로 돌다　お越し 阌오심
招く まねく 图초대하다, 부르다　さて 젭그런데
いらっしゃる 图계시다 (いる의 존경어)
特別だ とくべつだ 阃형특별하다　始める はじめる 图시작하다
通う かよう 图다니다　いつまでも 閈언제까지나, 영원히
若い わかい い형젊다　最初 さいしょ 阌처음, 최초
目的 もくてき 阌목적　健康 けんこう 阌건강
続ける つづける 图계속하다　変わる かわる 图바뀌다, 변하다
おっしゃる 图말씀하시다 (言う의 존경어)　普段 ふだん 阌평소, 보통

移動 いどう 阌이동　スマホ 阌스마트폰　まわり 阌주위, 주변
集中 しゅうちゅう 阌집중　考える かんがえる 图생각하다
だから 젭그래서　新曲 しんきょく 阌신곡
年を取る としをとる 나이를 먹다　できるだけ 閈가능한 한
見習う みならう 图본받다, 보고 배우다　じっくり 閈곰곰이, 차분히

2

[음성]

男の人と女の人が話しています。女の人は、予定通りに引っ越しができなかったのは何が問題だったと言っていますか。

M：引っ越すって言ってたけど、終わった？

F：うん。それがね、まだ同じところにいるのよ。最初、引っ越し会社が見つからなくて。ちょうど大学の卒業シーズンと入学シーズンと一緒になっちゃって。申し込むのが遅くなってしまった私が悪いんだけど、4月中旬にならないと無理だって言われたのよ。

M：じゃあ5月に引っ越すの？

F：そのつもりだったんだけど、実はその後、転勤になっちゃって。新しい勤務先が今の家からの方が近いってわかったのよ。

M：じゃあ、引っ越さなくてよくなったんだね。

F：でもね、今の家はスーパーも駅も遠いから、もう少し便利なところがいいなと思っているの。条件に合うところがなくてなかなか見つからないんだけどね。住みたいと思うところは家賃が高いところしかなくて。

M：そうなんだ。いいところが見つかるといいね。

女の人は、予定通りに引っ越しができなかったのは何が問題だったと言っていますか。

[문제지]

1 引っ越しを頼む会社がなかったこと
2 うちの近くに転勤することになったこと
3 引っ越し先が便利な場所になかったこと
4 家賃が高くて条件に合わなかったこと

해석 남자와 여자가 이야기하고 있습니다. 여자는, 예정대로 이사를 할 수 없었던 것은 무엇이 문제였다고 말하고 있습니까?

M : 이사한다고 말했었는데, 끝났어?

F : 응. 그게 말이야, 아직 같은 곳에 있어. 처음에, 이삿짐센터를 찾지 못해서. 마침 대학 졸업 시즌하고 입학 시즌 하고 겹쳐 버려서. 신청하는 게 늦어버린 내 잘못이지만, 4월 중순이 되지 않으면 무리라고 들었어.

M : 그럼 5월에 이사하는 거야?

F : 그럴 생각이었는데, 실은 그 후, 전근 가게 돼버려서. 새로운 근무지가 지금 집에서 쪽이 가깝다는 걸 알았어.

M : 그럼, 이사 안 해서 잘 된 거네.

F : 근데, 지금 집은 슈퍼도 역도 멀어서, 좀 더 편리한 곳이 좋겠다고

생각하고 있어. 조건에 맞는 곳이 없어서 좀처럼 찾아지진 않지만 말이야. 살고 싶다고 생각하는 곳은 집세가 비싼 곳밖에 없어서.

M : 그렇구나. 좋은 곳을 찾게 되면 좋겠네.

여자는, 예정대로 이사를 할 수 없었던 것은 무엇이 문제였다고 말하고 있습니까?

1 이사를 부탁할 회사가 없었던 것
2 집 근처로 전근하게 된 것
3 이사할 곳이 편리한 장소에 없었던 것
4 집세가 비싸서 조건에 안 맞았던 것

해설 여자가 무엇 때문에 이사를 할 수 없었는지를 묻는 문제이다. 각 선택지의 핵심 내용은 1 '이사를 부탁할 회사가 없어서', 2 '전근해서', 3 '이사할 곳이 편리한 장소에 없어서', 4 '집세가 비싸서'이다. 대화에서, 여자가 住みたいと思うところは家賃が高いところしかなくて(살고 싶다고 생각하는 곳은 집세가 비싼 곳밖에 없어서)라고 했으므로, 4 家賃が高くて条件に合わなかったこと(집세가 비싸서 조건에 안 맞았던 것)가 정답이다. 오답 선택지 1은 부탁할 회사가 4월 중순이 되면 있다고 했고, 2는 더 편리한 장소에 가기 위해 이사를 하려고 했으며, 3은 언급되지 않았으므로 오답이다.

어휘 予定通り よていどおり 예정대로　引っ越し ひっこし 圏 이사
　　 最初 さいしょ 圏 처음, 최초
　　 引っ越し会社 ひっこしがいしゃ 圏 이삿짐센터
　　 見つかる みつかる 图 찾아지다, 발견되다　卒業 そつぎょう 圏 졸업
　　 シーズン 圏 시즌　入学 にゅうがく 圏 입학
　　 申し込む もうしこむ 图 신청하다　遅い おそい い圏 늦다, 느리다
　　 中旬 ちゅうじゅん 圏 중순　無理 むり 圏 무리　つもり 圏 생각, 작정
　　 実は じつは 图 실은　その後 そのあと 囝 그후, 그 뒤
　　 転勤 てんきん 圏 전근　勤務先 きんむさき 圏 근무지
　　 スーパー 圏 슈퍼　もう少し もうすこし 囝 좀 더
　　 便利だ べんりだ な圏 편리하다
　　 条件に合う じょうけんにあう 조건에 맞다　家賃 やちん 圏 집세
　　 場所 ばしょ 圏 장소

3

[음성]
女の人と男の人が話しています。男の人が小鳥を飼い始めたきっかけは何ですか。

F : 小鳥を飼い始めたんだって？鈴木さんに聞いたんだけど。

M : ええ、そうなんです。一人暮らしで寂しいからずっとペットが飼いたかったんですよ。

F : ペットって普通は犬や猫なんじゃないの？

M : ええ、それが今のマンションで犬や猫は禁止されているんです。

F : そうなんだ。

M : それに、猫が大好きなんですが、アレルギーがありまして。そんな話を友達にしていたら、小鳥をすすめられたんです。小鳥は大丈夫か管理人さんに聞いたら問題ないって言われて、それで飼うことにしたんです。

F : そうなんだ。

M : おかげで毎日とても楽しくなったんです。

F : それはよかったね。でも、犬や猫と違って、コミュニケーションができないんじゃない？

M : そんなことないんですよ。私も知らなかったんですが、手に乗ってくるのでなでてやったら、すごくうれしそうにしてくれるんです。

F : 意外だね。鳥なんて人に慣れないと思ってたよ。

M : それに朝はちゃんと起きて鳴き始めるので、朝、起きられないってこともなくなったんですよ。

F : そうなの？私も飼おうかな。

男の人が小鳥を飼い始めたきっかけは何ですか。

[문제지]
1 管理人に犬や猫の飼育は禁止と言われたから
2 友達と話していた時にすすめられたから
3 コミュニケーションが取れるとわかったから
4 朝、早起きしたいと思っていたから

해설 여자와 남자가 이야기하고 있습니다. 남자가 작은 새를 키우기 시작한 계기는 무엇입니까?

F : 작은 새를 키우기 시작했다며? 스즈키 씨에게 들었는데.

M : 네, 맞아요. 혼자 살아서 외로우니까 쭉 애완동물을 키우고 싶었어요.

F : 애완동물이라면 보통은 개나 고양이 아니야?

M : 네, 그게 지금 아파트에서 개나 고양이는 금지되어 있어요.

F : 그렇구나.

M : 게다가, 고양이를 정말 좋아하지만, 알레르기가 있어서요. 그런 이야기를 친구에게 했더니, 작은 새를 추천받았어요. 작은 새는 괜찮은지 관리인 분께 물어보니 문제없다고 해서, 그래서 키우기로 한 거예요.

F : 그렇구나.

M : 덕분에 매일 아주 즐거워졌어요.

F : 그건 잘 됐네. 하지만, 개나 고양이와 달리, 커뮤니케이션을 할 수 없지 않아?

M : 그렇지 않아요. 저도 몰랐는데요, 손에 올라타길래 쓰다듬어 주니까, 엄청 기뻐해 주는 것 같은 거예요.

F : 의외네. 새 같은 건 사람에게 길들지 않을 거라고 생각했어.

M : 게다가 아침은 정확하게 일어나서 울기 시작하니까, 아침에, 일어나지 못하는 일도 없어졌어요.

F : 그래? 나도 키울까.

남자가 작은 새를 키우기 시작한 계기는 무엇입니까?

1 관리인에게 개나 고양이의 사육은 금지라고 들었기 때문에
2 친구와 이야기할 때 추천받았기 때문에
3 커뮤니케이션을 할 수 있다고 알았기 때문에
4 아침, 일찍 일어나고 싶다고 생각했기 때문에

해설 남자가 새를 키우게 된 계기가 무엇인지 묻는 문제이다. 각 선택지

의 핵심 내용은 1 '개나 고양이의 사육 금지', 2 '친구로부터의 추천', 3 '커뮤니케이션 가능', 4 '아침 일찍 일어나고 싶어서'이다. 대화에서, 남자가 そんな話を友達にしていたら、小鳥をすすめられたんです(그런 이야기를 친구에게 했더니, 작은 새를 추천받았어요)라고 했으므로, 2 友達と話していた時にすすめられたから(친구와 이야기할 때 추천 받기 때문에)가 정답이다. 오답 선택지 1은 새를 키우게 된 계기가 아니며, 3과 4는 새를 키우게 된 후의 일이므로 오답이다.

어휘 小鳥 ことり 圏작은 새, 어린 새

　　 飼い始める かいはじめる 圏키우기 시작하다

　　 一人暮らし ひとりぐらし 圏혼자 삶, 자취

　　 寂しい さびしい い圏외롭다, 쓸쓸하다　ずっと 圏쭉, 계속

　　 飼う かう 圏키우다　普通 ふつう 圏보통, 대개

　　 マンション 圏아파트, 맨션　禁止 きんし 圏금지

　　 アレルギー 圏알레르기　すすめる 圏추천하다

　　 管理人 かんりにん 圏관리인　おかげ 圏덕분, 덕택

　　 コミュニケーション 圏커뮤니케이션, 의사소통

　　 なでる 圏쓰다듬다, 어루만지다　すごく 圏엄청, 매우

　　 うれしい い圏기쁘다, 즐겁다　意外 いがい 圏의외

　　 慣れる 圏길들다, 익숙하다　ちゃんと 圏정확히, 제대로

　　 起きる おきる 圏일어나다　飼育 しいく 圏사육

　　 早起き はやおき 圏일찍 일어남

4

[음성]

会社で男の人と女の人が話しています。男の人は、いつ課長と会えますか。

M：あれ、今日田中課長いないの？

F：昨日、課長の話聞いてなかったの？今日から出張だって言ってたじゃない。

M：ああ、そっか。で、いつ帰ってくるか、知ってる？

F：えーと、来週の水曜日だったかな。でも必ずしも次の日から会社に来るとは限らないよ。

M：なんで？

F：お子さんの学校行事があるそうで、休暇を申請するかどうか考えていたから…。

M：そうかー、うーん。こっちの予定もあるし…。再来週にならないと会えないかな。

F：たぶんね。あ、でも月曜日は本社でミーティングって言っていたけど。

M：じゃあ、その次の日なら会えそうだな。

男の人は、いつ課長と会えますか。

[문제지]

1 来週の水曜日

2 来週の木曜日

3 再来週の月曜日

---

4 再来週の火曜日

해석 회사에서 남자와 여자가 이야기하고 있습니다. 남자는 언제 과장님과 만날 수 있습니까?

M : 어? 오늘 다나카 과장님 없어?

F : 어제, 과장님 말 듣지 않았어? 오늘부터 출장이라고 말했잖아.

M : 아, 그렇구나. 그래서, 언제 돌아오는지, 알아?

F : 음, 다음 주 수요일이었나. 근데 반드시 다음날부터 회사에 온다고는 할 수 없어.

M : 왜?

F : 자녀분의 학교 행사가 있다는 것 같아서, 휴가를 신청할지 말지 생각하고 있었으니까….

M : 그렇구나, 음. 이쪽 예정도 있고…. 다다음 주가 되지 않으면 만날 수 없으려나.

F : 아마도. 아, 하지만 월요일은 본사에서 미팅이라고 말했었는데.

M : 그럼, 그 다음날이면 만날 수 있겠네.

남자는 언제 과장님과 만날 수 있습니까?

1 다음 주 수요일

2 다음 주 목요일

3 다다음 주 월요일

4 다다음 주 화요일

해설 남자가 언제 과장님을 만날 수 있는지 묻는 문제이다. 각 선택지의 핵심 내용은 1 '다음 주 수요일', 2 '다음 주 목요일', 3 '다다음 주 월요일', 4 '다다음 주 화요일' 이다. 대화에서, 과장님은 다다음 주에니 만날 수 있으며, 여자가 月曜日は本社でミーティングって言っていたけど(월요일은 본사에서 미팅이라고 말했었는데)라고 하자, 남자가 その次の日なら会えそうだな(그 다음날이면 만날 수 있겠네)라고 했으므로, 4 再来週の火曜日(다다음 주 화요일)가 정답이다.

어휘 課長 かちょう 圏과장님, 과장　出張 しゅっちょう 圏출장

　　 必ずしも かならずしも 圏반드시, 꼭　次の日 つぎのひ 圏다음날

　　 お子さん おこさん 圏자녀분　行事 ぎょうじ 圏행사

　　 休暇 きゅうか 圏휴가　申請 しんせい 圏신청

　　 考える かんがえる 圏생각하다　予定 よてい 圏예정

　　 再来週 さらいしゅう 圏다다음 주　たぶん 圏아마

　　 本社 ほんしゃ 圏본사　ミーティング 圏미팅, 회의

5

[음성]

日本の大学で男の留学生と女の学生が話しています。女の学生が就職活動で心配していることは何ですか。

M：日本の大学生は、卒業する前から就職活動をするって、本当？

F：そうだよ。3年生から活動を始める人が多いかな。

M：そうなんだ。僕も日本で就職したいと思っているんだけど、難しい話になるとわからない時もあるから、面接が心配だな。

F：パクさんの日本語は最初に会った時よりずいぶん上手

になったから、3年生になる時にはきっと大丈夫だと思うよ。それより、私はお金が足りなくならないか心配だな。

M：え、なんで？

F：私は東京で就職したいと思ってるんだけど、そうすると面接の度に新幹線を使わなきゃいけないから…。

M：なるほどね。

F：今からアルバイトを増やさなきゃいけないと思うと、気が重いよ。

女の学生が就職活動で心配していることは何ですか。

[問題紙]

1 日本語の会話
2 面接
3 交通費
4 アルバイト

해석 일본의 대학교에서 남자 유학생과 여학생이 이야기하고 있습니다. 여학생이 취업 활동에서 걱정하고 있는 것은 무엇입니까?

M : 일본의 대학생은, 졸업하기 전부터 취업 활동을 한다는데, 정말이야?

F : 맞아. 3학년부터 활동을 시작하는 사람이 많을걸.

M : 그렇구나. 나도 일본에서 취직하고 싶다고 생각하고 있는데, 어려운 얘기가 되면 모를 때도 있어서, 면접이 걱정이야.

F : 박 씨의 일본어는 처음에 만났을 때보다 아주 능숙해졌으니까, 3학년이 될 때는 분명 괜찮을 거라고 생각해. 그것보다, 나는 돈이 부족해지지 않을까 걱정이야.

M : 응? 왜?

F : 나는 도쿄에서 취직하고 싶다고 생각하고 있는데, 그러면 면접 때마다 신칸센을 이용해야 하니까….

M : 그렇구나.

F : 지금부터 아르바이트를 늘려야 한다고 생각하면, 마음이 무거워.

여학생이 취업 활동에서 걱정하고 있는 것은 무엇입니까?

1 일본어 회화
2 면접
3 교통비
4 아르바이트

해설 여학생이 취업 활동에서 걱정하고 있는 것이 무엇인지 묻는 문제이다. 각 선택지의 핵심 내용은 1 '일본어 회화', 2 '면접', 3 '교통비', 4 '아르바이트' 이다. 대화에서, 여학생이 면접 때마다 신칸센을 이용해야 하기 때문에 私はお金が足りなくならないか心配だな(나는 돈이 부족해지지 않을까 걱정이야)라고 했으므로, 3 交通費(교통비)가 정답이다. 오답 선택지 1과 2는 남학생이 걱정하고 있는 것이고, 4는 교통비를 벌기 위해서 늘려야 하는 것으로 취업 활동에 대한 걱정거리가 아니므로 오답이다.

어휘 就職活動 しゅうしょくかつどう 圏취업 활동 心配 しんぱい 圏걱정
卒業 そつぎょう 圏졸업 始める はじめる 圏시작하다
面接 めんせつ 圏면접 日本語 にほんご 圏일본어

最初 さいしょ 圏처음, 최초　ずいぶん 閏아주, 상당히
きっと 閏분명, 꼭　足りない たりない 부족하다
東京 とうきょう 圏도쿄　度 たび 圏때, 번
新幹線 しんかんせん 圏신칸센　アルバイト 圏아르바이트
増やす ふやす 圏늘리다　気が重い きがおもい 마음이 무겁다

6

[음성]

スーパーで店員がサービスについてアナウンスしています。今日だけあるサービスは何ですか。

M：今月は開店10周年のため、全ての商品の５％割引を行っております。さらに、本日以降カードをお作りになった方には特別割引券もお配りしております。こちらのカードは、本日からご利用いただけますので、この機会に是非ご検討ください。カードは、今週は特別に無料でお作りいただけます。また、今月は５％割引と同時に、毎日商品1種類ずつ20％割引サービスを行っております。本日に限り、野菜が20％割引となっておりますので、この機会にお忘れなくお買い求めください。明日以降は魚全品10％割引、肉全品10％割引と対象商品が毎日変わります。ご来店をお待ちしております。

今日だけあるサービスは何ですか。

[問題紙]

1 全品割引になること
2 割引券がもらえること
3 野菜が割引になること
4 魚が割引になること

해석 슈퍼에서 점원이 서비스에 대해 방송하고 있습니다. 오늘만 있는 서비스는 무엇입니까?

M : 이번 달은 개점 10주년으로, 모든 상품의 5% 할인을 실시하고 있습니다. 게다가, 오늘 이후 카드를 만드시는 분에게는 특별 할인권도 배부해 드리고 있습니다. 이 카드는, 오늘부터 사용할 수 있으므로, 이 기회에 꼭 검토해 주세요. 카드는, 이번 주는 특별히 무료로 만들어드립니다. 또, 이번 달은 5% 할인과 동시에, 매일 상품 1종류씩 20% 할인 서비스를 실시하고 있습니다. 오늘에 한해, 야채가 20% 할인되어 있으므로, 이 기회에 잊지 마시고 구매해 주세요. 내일 이후는 생선 전 품목 10% 할인, 고기 전 품목 10% 할인으로 대상 상품이 매일 바뀝니다. 내점을 기다리고 있겠습니다.

오늘만 있는 서비스는 무엇입니까?

1 전 품목 할인되는 것
2 할인권을 받을 수 있는 것
3 야채가 할인되는 것
4 생선이 할인되는 것

해설 슈퍼에서 오늘만 있는 서비스가 무엇인지 묻는 문제이다. 각 선택지의
핵심 내용은 1 '전 품목 할인', 2 '할인권', 3 '야채 할인', 4 '생선 할인'
이다. 대화에서, 점원이 本日に限り、野菜が20%割引となってお
りますので(오늘에 한하여, 야채가 20% 할인되어 있으므로)라고 했으
므로, 3 野菜が割引になること(야채가 할인되는 것)가 정답이다. 오
답 선택지 1은 이번 달 내내 진행하는 서비스이고, 2는 오늘 이후 언제
든 카드를 만들면 받을 수 있으며, 4는 내일 이후이므로 오답이다.

어휘 スーパー 圏슈퍼 店員 てんいん 圏점원 サービス 圏서비스
　　 アナウンス 圏방송, 아나운스 開店 かいてん 圏개점
　　 周年 しゅうねん 圏주년 全て すべて 图모든, 전부
　　 商品 しょうひん 圏상품 割引 わりびき 圏할인
　　 行う おこなう 图실시하다, 시행하다 さらに 图게다가, 더욱이
　　 本日 ほんじつ 圏오늘, 금일 以降 いこう 圏이후 カード 圏카드
　　 特別 とくべつ 圏특별 割引券 わりびきけん 圏할인권
　　 配る くばる 图배부하다, 나누어 주다 利用 りよう 圏이용
　　 機会 きかい 圏기회 是非 ぜひ 图꼭, 반드시 検討 けんとう 圏검토
　　 無料 むりょう 圏무료 同時 どうじ 圏동시 種類 しゅるい 圏종류
　　 買い求める かいもとめる 图구매하다, 손에 넣다
　　 全品 ぜんぴん 圏전 품목, 모든 상품 対象 たいしょう 圏대상
　　 変わる かわる 图바뀌다, 변하다 来店 らいてん 圏내점, 가게에 옴

실전 테스트 2
p.362

1 2　　　**2** 1　　　**3** 3　　　**4** 3　　　**5** 2
6 1

문제2에서는, 우선 질문을 들어주세요. 그 뒤, 문제 용지의 선택지를
읽어 주세요. 읽는 시간이 있습니다. 그리고 나서 이야기를 듣고,
문제 용지의 1에서 4 중에, 가장 알맞은 것을 하나 골라주세요.

1

[음성]
大学で男の人と女の人が話しています。女の人がスキーサ
ークルに関心を持ったきっかけは何ですか。

M：佐藤さんって、大学に入ってからスキーを始めたんだ
　 よね?それなのに、うまいって山田さんが言ってたよ。
F：本当?スケートをずっとやってたからかなあ。
M：スケートやってたんだ。
F：うん。でも、もうやめたの。大学に入ったころにうちの
　 近所のスケート場がつぶれちゃって。通う人が少なく
　 なって、経営が悪化したみたい。とても残念なんだけ
　 どね。
M：そうなんだ。それで、スキー、始めたんだ。
F：それもあるんだけど、新入生へのサークル紹介のイベ
　 ント、あったよね?あの時に先輩の話を聞いて、いい

なって思ったの。
M：そうなんだ。
F：友達も増えたし、先輩もやさしいし、本当に入ってよ
　 かったよ。
M：でも、お金がかかりそうだね。交通費も必要だし、道
　 具も要るよね。
F：それが、スキーをしているいとこが、もう使わなくなっ
　 たのをくれたの。
M：そうなんだ。それはよかったね。

女の人がスキーサークルに関心を持ったきっかけは何で
すか。

[문제지]
1 スケート場に通えなくなったこと
2 先輩の話を聞いたこと
3 友達を増やしたいと思ったこと
4 スキーの道具をもらったこと

해석 대학교에서 남자와 여자가 이야기하고 있습니다. 여자가 스키 동아
리에 관심을 가진 계기는 무엇입니까?

M : 사토 씨는, 대학교에 들어오고 나서 스키를 시작한 거지? 그런데
　 도, 잘한다고 야마다 씨가 말했었어.
F : 정말? 스케이트를 쭉 했어서 그런가.
M : 스케이트 했었구나.
F : 응. 하지만, 이제 그만뒀어. 대학교에 들어왔을 즈음에 집 근처의
　 스케이트장이 망해버려서. 다니는 사람이 적어져서, 경영이 악화
　 된 것 같아. 엄청 아쉽게도 말이야.
M : 그렇구나. 그래서, 스키, 시작한 거구나.
F : 그것도 있는데, 신입생에게 하는 동아리 소개 이벤트, 있었지?
　 그때 선배의 이야기를 듣고, 좋구나 하고 생각했어.
M : 그렇구나.
F : 친구도 늘었고, 선배도 상냥하고, 정말 들어가서 다행이었어.
M : 하지만, 돈이 들 것 같아. 교통비도 필요하고, 도구도 필요하지?
F : 그게, 스키를 타고 있는 사촌이, 이제 사용하지 않게 된 것을 줬어.
M : 그렇구나. 그건 잘됐네.

여자가 스키 동아리에 관심을 가진 계기는 무엇입니까?

1 스케이트장에 다닐 수 없게 된 것
2 선배의 이야기를 들은 것
3 친구를 늘리고 싶다고 생각한 것
4 스키 도구를 받은 것

해설 여자가 스키 동아리에 관심을 가진 계기를 묻는 문제이다. 각 선택지
의 핵심 내용은 1 '스케이트장에 다닐 수 없게 된 것', 2 '선배의 이야
기를 들은 것', 3 '친구를 늘리고 싶다고 생각한 것', 4 '스키 도구를
받은 것'이다. 대화에서, 여자가 新入生へのサークル紹介のイベン
ト、あったよね?あの時に先輩の話を聞いて、いいなって思っ
たの(신입생에게 하는 동아리 소개 이벤트, 있었지? 그때 선배의 이
야기를 듣고, 좋구나 하고 생각했어)라고 했으므로, 2 先輩の話を聞

いたこと(선배의 이야기를 들은 것)가 정답이다. 오답 선택지 1은 스케이트를 그만 둔 계기이고, 3은 언급되지 않았으며, 4는 스키 동아리에 들어간 다음의 일이므로 오답이다.

어휘 スキー 圓 스키　サークル 圓 동아리　関心 かんしん 圓 관심
きっかけ 圓 계기　それなのに 圈 그런데도
うまい い형 잘하다, 능숙하다　スケート 圓 스케이트
ずっと 昘 쭉, 계속　やめる 圄 그만두다　近所 きんじょ 圓 근처
スケート場 スケートじょう 圓 스케이트장　つぶれる 圄 망하다
通う かよう 圄 다니다　経営 けいえい 圓 경영　悪化 あっか 圓 악화
残念だ ざんねんだ 녀형 아쉽다, 유감이다
新入生 しんにゅうせい 圓 신입생　紹介 しょうかい 圓 소개
イベント 圓 이벤트　先輩 せんぱい 圓 선배　増える ふえる 圄 늘다
やさしい い형 상냥하다　お金がかかる おかねがかかる 돈이 들다
交通費 こうつうひ 圓 교통비　必要だ ひつようだ 녀형 필요하다
道具 どうぐ 圓 도구　要る いる 圄 필요하다　いとこ 圓 사촌
増やす ふやす 圄 늘리다

2

[음성]
テレビでアナウンサーと会社の社長が話しています。社長はどうして早く起きるようになったと言っていますか。

M：ところで最近、朝早く起きられていると伺いましたが、本当ですか。

F：ええ、私はもともと朝に弱くて、早く起きられなかったんです。それが数年前に娘が犬を飼い始めまして。

M：そうなんですか。

F：飼い始めたころは娘が毎朝散歩に連れて行っていたんですが、娘がクラブで忙しくなって、時間がなくなっちゃって。私が行かざるを得なくなっちゃったんです。

M：それは大変ですね。

F：最初は私もそう思っていたんですが、思いのほか楽しくて。

M：散歩が楽しいんですか。

F：ええ、それに、ちょっと動いてからの朝ごはんがおいしくて、おかげで朝食もちゃんととるようになって体調もよくなったんです。

M：いいことばかりですね。

F：それだけではないんです。朝は頭がすっきりするので、朝食の前に仕事のメールに返事もしているんですよ。

社長はどうして早く起きるようになったと言っていますか。

[문제지]
1 娘が忙しいから
2 朝食をとるから
3 健康にいいから

4 仕事のメールをするから

해석 텔레비전에서 아나운서와 회사의 사장이 이야기하고 있습니다. 사장은 왜 일찍 일어나게 되었다고 말하고 있습니까?

M：그런데 최근, 아침 일찍 일어나고 계신다고 들었습니다만, 정말입니까?

F：네, 저는 원래 아침에 약해서, 빨리 일어날 수 없었습니다. 그것이 수년 전에 딸이 강아지를 키우기 시작해서.

M：그렇습니까?

F：키우기 시작한 즈음은 딸이 매일 아침 산책에 데리고 갔었는데, 딸이 동아리로 바빠져서, 시간이 부족해져 버려서. 제가 갈 수밖에 없게 되었습니다.

M：그건 힘드시겠네요.

F：처음엔 저도 그렇게 생각하고 있었는데, 생각 외로 즐거워서.

M：산책이 즐거우신가요?

F：네, 게다가, 조금 움직이고 나서의 아침밥이 맛있어서, 덕분에 아침 식사도 제대로 하게 되어서 몸 상태도 좋아졌습니다.

M：좋은 것뿐이네요.

F：그뿐만이 아닙니다. 아침은 머리가 맑아서, 아침 식사 전에 업무 메일에 답장도 하고 있습니다.

사장은 왜 일찍 일어나게 되었다고 말하고 있습니까?

1 딸이 바쁘기 때문에
2 아침을 먹기 때문에
3 건강에 좋기 때문에
4 업무 메일을 하기 때문에

해설 사장이 일찍 일어나게 된 이유를 묻는 문제이다. 각 선택지의 핵심 내용은 1 '딸이 바빠서', 2 '아침을 먹어서', 3 '건강에 좋아서', 4 '업무 메일을 해서'이다. 대화에서, 사장이 飼い始めたころは娘が毎朝散歩に連れて行っていたんですが、娘がクラブで忙しくなって、時間がなくなっちゃって。私が行かざるを得なくなっちゃったんです(키우기 시작한 즈음은 딸이 매일 아침 산책에 데리고 갔었는데, 딸이 동아리로 바빠져서, 시간이 부족해져 버려서. 제가 갈 수밖에 없게 되었습니다)라고 했으므로, 1 娘が忙しいから(딸이 바쁘기 때문에)가 정답이다. 오답 선택지 2는 딸이 바빠졌기 때문이고, 3과 4는 일찍 일어나게 된 후의 일이므로 오답이다.

어휘 アナウンサー 圓 아나운서　社長 しゃちょう 圓 사장, 사장님
起きる おきる 圄 일어나다　ところで 昘 그런데
最近 さいきん 圓 최근　伺う うかがう 圄 듣다 (聞く의 겸양어)
もともと 昘 원래　数年前 すうねんまえ 圓 수년 전
飼い始める かいはじめる 圄 키우기 시작하다
連れて行く つれていく 圄 데리고 가다　クラブ 圓 동아리, 클럽
最初 さいしょ 圓 처음　おかげ 圓 덕분, 덕택
朝食 ちょうしょく 圓 아침 식사　ちゃんと 昘 제대로
体調 たいちょう 圓 몸 상태
頭がすっきりする あたまがすっきりする 머리가 맑다
メール 圓 메일　返事 へんじ 圓 답장, 답변　健康 けんこう 圓 건강

[음성]

女の人と男の人が話しています。**女の人はどうして夏休みにどこにも行かないのですか。**

M：もうすぐ夏休みだね。ぼくは北海道で自転車旅行をしようと思ってるんだ。

F：わあ、北海道を自転車で走るのね。気持ちよさそう。私は、今年の夏は旅行しないことにしたんだ。夏休みはホテルの値段も高いし、空港も観光地も混んでるしね。

M：えっ、そうなんだ。毎年旅行してるのに。

F：うーん。実をいうと、**母の病気がわかって、入院して手術をしなければならないの。**父も心配してて、なんだか落ち着かないんだよね。

M：ああ、それは、旅行どころじゃないね。

F：退院してからも、どのくらい母の世話をすることになるのかわからないし、予定が立てられないんだ。だから今年の夏は家族のために使おうと思って。

M：そうかあ。あまり無理しないでね。

女の人はどうして夏休みにどこにも行かないのですか。

[문제지]

1 飛行機代やホテル代が高いから
2 どこに行っても混んでいるから
3 **母親が入院して手術をするから**
4 父親が落ち着かなくて心配だから

해석 여자와 남자가 이야기하고 있습니다. **여자는 왜 여름휴가에 어디에도 가지 않는 것입니까?**

M : 이제 곧 여름휴가네. 나는 홋카이도에서 자전거 여행을 하려고 생각하고 있어.

F : 와, 홋카이도를 자전거로 달리는 거네. 기분 좋을 것 같아. 나는, 올해 여름은 여행가지 않기로 했어. 여름휴가는 호텔 기격도 비싸고, 공항도 관광지도 북적거려서 말이야.

M : 앗, 그렇구나. 매년 여행가고 있는데.

F : 응. 사실을 말하자면, **엄마의 병을 알아서, 입원해서 수술을 해야만 해.** 아빠도 걱정하고 있어서, 뭔가 진정되지 않아.

M : 아, 그건, 여행 갈 때가 아니네.

F : 퇴원하고 나서도, 어느 정도 엄마를 돌봐드리게 될지 몰라서, 예정을 세울 수가 없어. 그래서 올해 여름은 가족을 위해 사용하려고 생각해.

M : 그렇구나. 너무 무리하지 마.

여자는 왜 여름휴가에 어디에도 가지 않는 것입니까?

1 비행기 요금과 호텔 요금이 비싸기 때문에
2 어디를 가도 북적거리기 때문에
3 **엄마가 입원해서 수술을 하기 때문에**
4 아빠가 진정되지 않아서 걱정이기 때문에

해설 여자가 여름휴가에 어디에도 가지 않는 이유를 묻는 문제이다. 각 선택지의 핵심 내용은 1 '비행기와 호텔 요금이 비싸서', 2 '어디를 가도 북적거려서', 3 '엄마가 수술을 해서', 4 '아빠가 걱정돼서'이다. 대화에서, 여자가 母の病気がわかって、入院して手術をしなければならない(엄마의 병을 알아서, 입원해서 수술을 해야만 해)라고 했으므로, 3 母親が入院して手術をするから(엄마가 입원해서 수술을 하기 때문에)가 정답이다. 오답 선택지 1과 2는 여행을 가지 않는 진짜 이유가 아니며, 4는 언급되지 않았으므로 오답이다.

어휘 もうすぐ 면 이제 곧, 머지않아　北海道 ほっかいどう 명 홋카이도
　気持ち きもち 명 기분　値段 ねだん 명 가격　空港 くうこう 명 공항
　観光地 かんこうち 명 관광지　混む こむ 통 북적거리다
　実 じつ 명 사실　入院 にゅういん 명 입원　手術 しゅじゅつ 명 수술
　心配 しんぱい 명 걱정　なんだか 왠지
　落ち着く おちつく 통 진정되다　退院 たいいん 명 퇴원
　世話をする せわをする 돌보다　予定 よてい 명 예정
　だから 접 그래서　無理 むり 명 무리
　飛行機代 ひこうきだい 명 비행기 요금
　ホテル代 ホテルだい 명 호텔 요금　母親 ははおや 명 엄마
　父親 ちちおや 명 아빠

[음성]

男の人と女の人が話しています。**サービスの一番の目的は何ですか。**

F：今月から、傘のシェアリングサービスが始まるんだけど、知ってる？

M：えっ、なに、それ。

F：駅の近くのお店やオフィスビルの空いているスペースに傘が用意されてて、雨が降ったら傘が借りられて、雨が止んだら近くの傘立てに返せるんだ。

M：へえ。それは便利だね。

F：突然、雨に降られると、つい、ビニール傘を買っちゃうでしょ。でも、このサービスがあると、無駄なビニール傘を買わなくてすむんだ。

M：わあ、それはいいね。売り上げが落ちているお店にもついでに買い物をしてくれる人が増えるだろうし。持ち物はなるべく少なくしたいから、助かるよ。

F：なるほどね。だけど、**何と言っても、このサービスの目的は、要らなくなった傘のゴミを減らして、地球の環境を守るってことなんだ。**

M：そうなんだ。雨が上がると、つい傘を忘れちゃうからなあ。一人一人ができる身近なことを考えていかなきゃいけないんだね。

サービスの一番の目的は何ですか。

[문제지]

해석 남자와 여자가 이야기하고 있습니다. 서비스의 가장 큰 목적은 무엇입니까?

F : 이번 달부터, 우산 셰어링 서비스가 시작되는데, 알고 있어?
M : 앗, 뭐야, 그게.
F : 역 근처의 가게와 오피스 빌딩의 비어있는 공간에 우산이 준비되어 있어서, 비가 오면 우산을 빌릴 수 있고, 비가 그치면 근처 우산꽂이에 반납할 수 있는 거야.
M : 와. 그건 편리하네.
F : 갑자기, 비가 내리면, 무심코, 비닐우산을 사버리잖아. 하지만, 이 서비스가 있으면, 쓸데없는 비닐우산을 사지 않을 수 있어.
M : 와, 그건 좋네. 대상이 떨어지는 가게에도 겸사겸사 쇼핑을 해주는 사람이 늘어고. 소지품은 가능한 한 적게 하고 싶으니까, 도움이 되네.
F : 과연. 하지만, 뭐니 뭐니 해도, 이 서비스의 목적은, 필요 없어진 우산 쓰레기를 줄여서, 지구 환경을 지킨다는 거야.
M : 그렇구나. 비가 그치면, 그만 우산을 잃어버리니까. 한 사람 한 사람이 할 수 있는 일상적인 것을 생각해 나가야겠네.

서비스의 가장 큰 목적은 무엇입니까?

1 가게의 매상을 높이기 위해
2 소지품을 조금이라도 줄이기 위해
3 쓰레기를 줄여서 지구 환경을 지키기 위해
4 비닐우산의 분실물을 줄이기 위해

해설 서비스의 목적이 무엇인지 묻는 문제이다. 각 선택지의 핵심 내용은 1 '가게의 매상을 높이기 위해', 2 '소지품을 줄이기 위해', 3 '쓰레기를 줄여서 지구환경을 지키기 위해', 4 '비닐우산의 분실물을 줄이기 위해'이다. 대화에서, 여자가 何と言っても、このサービスの目的は、要らなくなった傘のゴミを減らして、地球の環境を守るってことなんだ(뭐니 뭐니 해도, 이 서비스의 목적은, 필요 없어진 우산 쓰레기를 줄여서, 지구 환경을 지킨다는 거야)라고 했으므로, 3 ごみを減らして地球かんきょうを守るため(쓰레기를 줄여서, 지구 환경을 지키기 위해)가 정답이다. 오답 선택지 1, 2, 4는 모두 우산 셰어링 서비스의 목적이 아니라 장점이므로 오답이다.

어휘 サービス 圏 서비스　目的 もくてき 圏 목적
シェアリング 圏 셰어링, 공유　オフィスビル 圏 오피스 빌딩
空く あく 圏 비다　スペース 圏 공간　用意 ようい 圏 준비
借りる かりる 圏 빌리다　雨が止む あめがやむ 비가 그치다
傘立て かさたて 圏 우산꽂이　返す かえす 圏 반납하다
突然 とつぜん 圏 갑자기　つい 囝 무심코, 그만
ビニール傘 ビニールがさ 圏 비닐우산　無駄だ むだだ 년형 쓸데없다
売り上げ うりあげ 圏 매상　ついでに 囝 겸사겸사
増える ふえる 圏 늘다　持ち物 もちもの 圏 소지품
なるべく 囝 가능한 한　助かる たすかる 圏 도움이 되다
だけど 젭 하지만, 그러나　ゴミ 圏 쓰레기　減らす へらす 圏 줄이다

地球 ちきゅう 圏 지구　環境 かんきょう 圏 환경
守る まもる 圏 지키다　雨が上がる あめがあがる 비가 그치다
身近だ みぢかだ 년형 일상적이다, 가깝다
忘れ物 わすれもの 圏 분실물

5

[음성]
男の人と女の人が話しています。男の人が女の人に相談したのはどんなことですか。
M : 横山さん。さっきは資料作成を手伝ってくれてありがとう。おかげで会議に遅れずに済んで本当に助かったよ。
F : 良かったね。今度からはもっと早く準備しないとだめだよ。
M : そうだね。いつもそう思ってはいるんだけどねえ。ところで、ぜひ横山さんの意見を聞きたいことがあるんだ。
F : 何?
M : 学生時代の友達が結婚することになったんだけど、お祝いにどんなものを贈ればいいかな。
F : その友達は男の人?
M : いや、女の人。だから悩んじゃってるんだよね。女の人にどんなものを贈ったらいいか全然わからなくて。
F : なるほどね。そうだなあ。よく聞くのは時計とか食器とか、そういうものかなあ。
M : でも、そういうものは他の人にもらったりして、もう持っているみたいなんだ。どうしようかなあ。
F : うーん。それじゃあ、ペアのパジャマなんてどう?デパートだったらブランド物のペアのパジャマを売ってるよ。
M : それはいいね。そうしよう。だけど、一人で選ぶのは難しいなあ。横山さん、一緒に行ってくれない?
F : いいよ。いつまでに買わなきゃいけないの?
M : うーん、実は結婚式、来週なんだよね。
F : えっ!じゃあ早くしないと。遅いのは仕事だけじゃないんだね。
M : ごめん。それで、急ぐんだけど…。
F : じゃあ、今日、仕事の後に行ってみる?
M : ありがとう。

男の人が女の人に相談したのはどんなことですか。

[문제지]
1 人に意見を聞く難しさ
2 友達への結婚のプレゼント
3 女の人が持っているもの
4 来週の結婚式にすること

해석 남자와 여자가 이야기하고 있습니다. 남자가 여자에게 상담한 것은 어떤 것입니까?

M : 요코야마 씨. 아까는 자료 작성을 도와줘서 고마워. 덕분에 회의에 늦지 않고 끝나서 정말 도움이 되었어.

F : 잘됐다. 다음부터는 좀 더 빨리 준비하지 않으면 안 돼.

M : 맞아. 항상 그렇게 생각하고는 있는데 말이야. 그런데, 꼭 요코야마 씨의 의견을 듣고 싶은 것이 있어.

F : 뭔데?

M : 학창 시절 친구가 결혼하게 되었는데, 축하 선물로 어떤걸 주면 좋을까.

F : 그 친구는 남자야?

M : 아니, 여자. 그래서 고민하고 있어. 여자에게 어떤 것을 주면 좋을지 전혀 몰라서.

F : 그렇구나. 글쎄. 자주 듣는 것은 시계라든지 식기라든지, 그런 물건이려나.

M : 하지만, 그런 것은 다른 사람에게도 받거나 해서, 이미 갖고 있는 듯해. 어떻게 할까.

F : 음. 그러면, 페어 파자마 같은 건 어때? 백화점이라면 브랜드 상품의 페어 파자마를 팔고 있어.

M : 그거 좋다. 그렇게 해야겠다. 그런데, 혼자 고르는 것은 어렵겠지. 요코야마 씨, 같이 가주지 않을래?

F : 좋아. 언제까지 사야만 해?

M : 음, 실은 결혼식, 다음주야.

F : 앗! 그럼 빨리해야겠네. 늦는 것은 일 뿐만이 아니구나.

M : 미안. 그래서, 서둘러야 하는데….

F : 그럼, 오늘, 일 끝나고 가볼까?

M : 고마워.

남자가 여자에게 상담한 것은 어떤 것입니까?

1 사람에게 의견을 묻는 어려움
2 친구에게 줄 결혼 선물
3 여자가 가지고 있는 것
4 다음 주 결혼식에 할 것

해설 남자가 여자에게 상담한 것이 무엇인지 묻는 문제이다. 각 선택지의 핵심 내용은 1 '의견을 묻는 어려움', 2 '친구에게 줄 결혼 선물', 3 '여자가 가지고 있는 것', 4 '결혼식에 할 것'이다. 대화에서, 남자가 学生時代の友達が結婚することになったんだけど、お祝いにどんなものを贈ればいいかな(학창 시절 친구가 결혼하게 되었는데, 축하 선물로 어떤걸 주면 좋을까)라고 했으므로, 2 友達への結婚のプレゼント(친구에게 줄 결혼 선물)가 정답이다. 오답 선택지 1은 언급되지 않았으며, 3은 상담 내용이 아니고, 4도 언급되지 않았으므로 오답이다.

어휘 相談 そうだん 圏상담　資料 しりょう 圏자료　作成 さくせい 圏작성
手伝う てつだう 圏돕다　おかげ 덕분, 덕택　会議 かいぎ 圏회의
遅れる おくれる 圏늦다　済む すむ 圏끝나다
助かる たすかる 圏도움이 되다　今度 こんど 圏다음, 이번
準備 じゅんび 圏준비　ところで 圏그런데　ぜひ 囲꼭, 부디
意見 いけん 圏의견　学生時代 がくせいじだい 圏학창 시절
お祝い おいわい 圏축하 선물　贈る おくる 圏주다, 보내다
悩む なやむ 圏고민하다　全然 ぜんぜん 囲전혀　よく 囲자주
食器 しょっき 圏식기　ペアのパジャマ 圏페어 파자마, 커플 파자마
ブランド物 ブランドもの 圏브랜드 상품　だけど 圏하지만

選ぶ えらぶ 圏고르다　実は じつは 囲실은
結婚式 けっこんしき 圏결혼식

6

[음성]

男の人と女の人が話しています。女の人はどうして飲み会を欠席しますか。

F : 山下君。急で悪いんだけど、今夜の飲み会欠席させてもらえないかな。

M : え?大丈夫だと思いますけど、どうしたんですか?

F : 実は娘の保育園から、熱を出したからすぐに迎えに来てほしいって連絡があったの。今日は夫に頼んでいたんだけど、まだ仕事が終わらないみたいで。

M : それは心配ですね。飲み会どころじゃないですよね。

F : そんなに高い熱ではないらしいんだけど、早退させてもらって、今から迎えに行かなきゃならなくて。

M : 分かりました。大丈夫ですよ。娘さん、早く元気になるといいですね。

F : ありがとう。急なキャンセルでごめんね。実は私もまだ仕事が残っているから、うちに持って帰ってやらなきゃならないんだ。

M : それは大変ですね。何か手伝えることがあったら言ってください。

F : どうもありがとう。それじゃあ悪いんだけど、ひとつだけお願いしてもいい?

M : いいですよ。僕は今日、あまり忙しくないですから。

F : この資料をまとめてリストにしておいてもらえる?

M : 分かりました。やっておきますから、早く迎えに行ってあげてください。

F : 本当にありがとう。すごく助かるよ。じゃあ、よろしくお願いします。

女の人はどうして飲み会を欠席しますか。

[문제지]

1 娘が病気だから
2 夫が早退したから
3 仕事が終わらないから
4 家で資料をまとめるから

해석 남자와 여자가 이야기하고 있습니다. 여자는 왜 회식을 결석합니까?

F : 야마시타 군. 갑자기 미안한데, 오늘 밤 회식 결석해도 될까?

M : 네? 괜찮다고 생각하는데, 무슨 일 있으세요?

F : 실은 딸의 보육원에서, 열이 나니까 바로 데리러 와줬으면 한다는 연락이 있었어. 오늘은 남편에게 부탁했었는데, 아직 일이 끝나지 않은 듯해서.

M : 그건 걱정이네요. 회식할 때가 아니네요.

F : 그렇게 높은 열은 아니라는 것 같은데, 조퇴하고, 지금부터 데리러 가야만 해.

M : 알겠습니다. 괜찮아요. 따님, 얼른 회복하면 좋겠네요.

F : 고마워. 갑작스럽게 취소해서 미안해. 실은 나도 아직 일이 남아 있어서, 집에 가지고 돌아가서 해야만 해.

M : 그건 힘드시겠네요. 뭔가 도와드릴 수 있는 것이 있다면 말해주세요.

F : 정말 고마워. 그럼 미안하지만, 하나만 부탁해도 될까?

M : 좋아요. 저는 오늘, 그다지 바쁘지 않으니까요.

F : 이 자료를 정리해서 리스트로 해 놔줄 수 있어?

M : 알겠습니다. 해둘 테니까, 얼른 데리러 가주세요.

F : 정말 고마워. 엄청 도움이 되었어. 그럼, 잘 부탁해요.

여자는 왜 회식을 결석합니까?

1 딸이 아프기 때문에

2 남편이 조퇴했기 때문에

3 일이 끝나지 않았기 때문에

4 집에서 자료를 정리하기 때문에

해설 여자가 회식을 결석하는 이유가 무엇인지 묻는 문제이다. 각 선택지의 핵심 내용은 1 '딸이 아파서', 2 '남편이 조퇴해서', 3 '일이 끝나지 않아서', 4 '집에서 자료를 정리해야 해서'이다. 대화에서, 여자는 娘の保育園から、熱を出したからすぐに迎えに来てほしいって連絡があったの(딸의 보육원에서, 열이 나니까 바로 데리러 왔으면 한다는 연락이 있었어)라고 했으므로, 1 娘が病気だから(딸이 아프기 때문에)가 정답이다. 오답 선택지 2는 여자가 조퇴를 하려는 것이고, 3은 딸이 아파서 결석을 해야 하는 것이며, 4는 여자가 남자에게 부탁한 일이므로 오답이다.

어휘 飲み会 のみかい 몡회식　欠席 けっせき 몡결석
急だ きゅうだ な형갑작스럽다　悪い わるい い형미안하다
実は じつは 실은　保育園 ほいくえん 몡보육원
熱を出す ねつをだす 열이 나다
迎えに来る むかえにくる 통데리러 오다
連絡 れんらく 몡연락　心配 しんぱい 몡걱정
早退 そうたい 몡조퇴
元気になる げんきになる 회복하다, 건강해지다　キャンセル 몡취소
残る のこる 통남다　手伝う てつだう 통돕다　資料 しりょう 몡자료
まとめる 통정리하다　リスト 몡리스트
迎えに行く むかえにいく 데리러 가다　助かる たすかる 통도움이 되다

실전 테스트 3

p.364

1 4	**2** 2	**3** 3	**4** 1	**5** 4
6 2				

문제2에서는, 우선 질문을 들어주세요. 그 뒤, 문제 용지의 선택지를 읽어 주세요. 읽는 시간이 있습니다. 그리고 나서 이야기를 듣고, 문제 용지의 1에서 4 중에, 가장 알맞은 것을 하나 골라주세요.

[음성]
大学で女の学生と男の学生が話しています。男の学生が教授に会いに行く目的は何ですか。

F : あ、太田君、みんなと昼ごはん食べに行かない?

M : これから山中教授の研究室に行くんだ。

F : どうしたの?何かあった?

M : うん。来月、グループでの研究発表があるんだけどさ。

F : ああ、あの太田君がリーダーをしてるやつ?内容、困ってたんだっけ。

M : それもそうなんだけど、他の授業の課題も多くて、リーダーなんてとてもできそうにないと思ってるんだ。

F : そうなの?でも山中教授も太田君に期待してるんじゃない?

M : そういわれると頑張らなきゃいけないかなとも思うんだけど。ちょっと無理そうだから、リーダーをほかの人に変えてもらえないか相談してみようと思うんだ。

F : そうなんだ。せっかくだから、頑張ってやってみたらいいんじゃないかと思うけど、本当に無理そうなら相談してみたほうがいいかもね。

M : うん。とにかく会ってお願いしてみるよ。

男の学生が教授に会いに行く目的は何ですか。

[문제지]
1 研究発表の内容を問うため
2 授業の課題を減らしてもらうため
3 研究発表のリーダーになるため
4 研究発表のリーダーを変えてもらうため

해석 대학교에서 여학생과 남학생이 이야기하고 있습니다. 남학생이 교수님을 만나러 가는 목적은 무엇입니까?

F : 아, 오타 군, 모두랑 점심 먹으러 가지 않을래?

M : 이제부터 야마나카 교수님의 연구실에 갈 거야.

F : 왜? 무슨 일 있었어?

M : 응. 다음 달, 그룹으로 연구 발표가 있는데 말이야.

F : 아아, 그 오타 군이 리더를 하고 있는 거? 내용, 곤란하다고 했었던가.

M : 그것도 그런데, 다른 수업의 과제도 많아서, 리더 같은 것은 아무래도 할 수 없을 것 같다고 생각하고 있어.

F : 그래? 하지만 야마나카 교수님도 오타 군에게 기대하고 있지 않아?

M : 그런 말을 들으면 노력해야지 하고 생각하는데. 조금 무리인 것 같아서, 리더를 다른 사람으로 바꿔줄 수 있는지 상담해보려고 해.

F : 그렇구나. 모처럼이니까, 힘내서 해보면 좋지 않을까 하고 생각하는데, 정말로 무리인 것 같으면 상담해 보는 편이 좋을지도.

M : 응. 어쨌든 만나서 부탁해 볼게.

남학생이 교수님을 만나러 가는 목적은 무엇입니까?

1 연구 발표 내용을 묻기 위해

2 수업의 과제를 줄이기 위해

3 연구 발표의 리더가 되기 위해

4 연구 발표의 리더를 바꾸기 위해

해설 남학생이 교수님을 만나러 가는 목적을 묻는 문제이다. 각 선택지의 핵심 내용은 1 '연구 발표 내용', 2 '수업 과제 줄이기', 3 '연구 발표 리더 되기', 4 '연구 발표 리더 바꾸기'이다. 대화에서, 남자가 리더를 다른 사람으로 변경해 줄 수 있는지 상담해보려고 해)라고 했으므로, 4 研究発表のリーダーを変えてもらうため(연구 발표의 리더를 바꾸기 위해)가 정답이다. 오답 선택지 1은 언급되지 않았으며, 2는 상담을 결심한 이유이고, 3은 리더를 다른 사람으로 바꾸기 위한 상담이므로 오답이다.

어휘 教授 きょうじゅ 圏 교수 目的 もくてき 圏 목적
研究室 けんきゅうしつ 圏 연구실 グループ 圏 그룹
研究発表 けんきゅうはっぴょう 圏 연구 발표 リーダー 圏 리더
内容 ないよう 圏 내용 課題 かだい 圏 과제 期待 きたい 圏 기대
頑張る がんばる 图 노력하다 無理だ むりだ な형 무리다
変える かえる 图 바꾸다 相談 そうだん 圏 상담 せっかく 图 모처럼
とにかく 图 어쨌든 願う ねがう 图 부탁하다 問う とう 图 묻다
減らす へらす 图 줄이다

2

[음성]

会社で男の人と女の人が話しています。女の人は企画書の何が問題だと言っていますか。

F：木下君。この企画書、初めて書いたわりにはなかなかよくできていたわよ。

M：ありがとうございます。

F：だけど、ちょっと気になるところもあるのよね。

M：何か問題がありましたか？

F：うん。商品説明のところなんだけど。

M：説明が足りませんでしたか？

F：ううん。逆に、このタイミングではちょっと細かすぎるんじゃないかな。

M：え？そうですか？

F：うん。まだ最初の企画の段階だから、商品の詳しい説明より、開発の目的について詳しく書いたほうがイメージしやすいと思うの。

M：なるほど。わかりました。もう一度書き直してみます。

F：なかなか面白い企画だと思うから、がんばってね。

女の人は企画書の何が問題だと言っていますか。

[문제지]

1 商品の説明が足りないこと

2 商品の説明が細かすぎること

3 目的が書かれていないこと
4 目的がくわしく書いてあること

해석 회사에서 남자와 여자가 이야기하고 있습니다. 여자는 기획서의 무엇이 문제라고 말하고 있습니까?

F：기노시타 군. 이 기획서, 처음으로 쓴 것치고는 꽤 잘 되었어.

M：감사합니다.

F：그렇지만, 조금 신경 쓰이는 부분도 있어.

M：뭔가 문제가 있었나요?

F：응. 상품 설명 부분 말인데.

M：설명이 충분하지 않았나요?

F：아니. 반대로, 이 타이밍에서는 조금 지나치게 자세한 게 아닐까?

M：앗, 그런가요?

F：응. 아직 맨 처음 기획 단계니까, 상품의 자세한 설명보다, 개발 목적에 대해 자세하게 적는 편이 이미지 하기 쉽다고 생각해.

M：과연. 알겠습니다. 다시 한번 고쳐 써보겠습니다.

F：꽤 재미있는 기획이라고 생각하니까, 힘내.

여자는 기획서의 무엇이 문제라고 말하고 있습니까?

1 상품의 설명이 부족한 것

2 상품의 설명이 지나치게 자세한 것

3 목적이 적혀있지 않은 것

4 목적이 자세하게 적혀있는 것

해설 여자가 생각하는 기획서의 문제가 무엇인지 묻는 문제이다. 각 선택지의 핵심 내용은 1 '상품의 설명 부족', 2 '상품의 설명이 사세한 것', 3 '목적이 적혀있지 않은 것', 4 '목적이 자세한 것'이다. 대화에서, 남자가 설명이 부족했냐고 묻자, 여자가 このタイミングではちょっと細かすぎるんじゃないかな(이 타이밍에서는 조금 지나치게 자세한 게 아닐까?)라고 했으므로, 2 商品の説明が細かすぎること(상품의 설명이 지나치게 자세한 것)가 정답이다. 오답 선택지 1은 지나치게 자세한 것이 문제이고, 3과 4는 언급되지 않았으므로 오답이다.

어휘 企画書 きかくしょ 圏 기획서 なかなか 图 꽤, 제법
だけど 접 그렇지만 気になる きになる 신경 쓰이다
商品説明 しょうひんせつめい 圏 상품 설명
足りる たりる 图 충분하다 逆だ ぎゃくだ な형 반대다
タイミング 圏 타이밍 細かい こまかい い형 자세하다
最初 さいしょ 圏 맨 처음, 최초 企画 きかく 圏 기획
段階 だんかい 圏 단계 詳しい くわしい い형 자세하다
開発 かいはつ 圏 개발 目的 もくてき 圏 목적 イメージ 圏 이미지
書き直す かきなおす 图 고쳐 쓰다 がんばる 图 힘내다, 노력하다

3

[음성]

女の人と男の人が話しています。男の人はどうして転職しようと思っていますか。

M：実は今、転職を考えてるんだ。

F：え？どうしたの？今の仕事つまらないの？

M：いや。そういうわけじゃないんだけど…。

남자는 왜 이직하려고 생각하고 있습니까?

1 지금 일이 재미없기 때문에
2 지금 급료에 불만이 있기 때문에
3 부모님 근처에 살고 싶기 때문에
4 경험을 살릴 수 있는 일을 하고 싶기 때문에

해설 남자가 이직하려는 이유를 묻는 문제이다. 각 선택지의 핵심 내용은
1 '일이 재미없어서', 2 '급료에 불만이 있어서', 3 '부모님 근처에 살
고 싶어서', 4 '경험을 살리는 일을 하고 싶어서'이다. 대화에서, 남자
가 両親も年を取ってきたし、心配だからもう少し近くに住みた
いなあと思ってるんだよね(부모님도 나이가 드셨고, 걱정이 되어
서 조금 더 가까운 곳에 살고 싶다고 생각하고 있어)라고 했으므로,
3 両親の近くに住みたいから(부모님 근처에 살고 싶기 때문에)가
정답이다. 오답 선택지 1은 지금의 일이 재미없지는 않으며, 2는 급료
에도 불만이 없다고 했고, 4는 이직을 결심한 후 경험을 살릴 수 있는
일을 찾게 된 것이므로 오답이다.

어휘 転職 てんしょく 🅟 이직   実は じつは 🅟 실은
　　 考える かんがえる 🅓 생각하다   給料 きゅうりょう 🅟 급료
　　 特に とくに 🅟 딱히, 특별히   不満 ふまん 🅟 불만
　　 年を取る としをとる 나이가 들다   心配 しんぱい 🅟 걱정
　　 喜ぶ よろこぶ 🅓 기뻐하다   せっかく 🅟 모처럼
　　 キャリア 🅟 커리어, 경력   捨てる すてる 🅓 버리다
　　 残念だ ざんねんだ 🅝 아쉽다, 유감이다   悩む なやむ 🅓 고민하다
　　 経験 けいけん 🅟 경험   生かす いかす 🅓 살리다
　　 見つかる みつかる 🅓 찾게 되다, 발견되다   その上 そのうえ 🅪 게다가
　　 上がる あがる 🅓 오르다   だから 🅪 그래서
　　 思い切る おもいきる 🅓 결심하다   すごい 🅲 대단하다, 굉장하다
　　 申し込む もうしこむ 🅓 지원하다, 신청하다   面接 めんせつ 🅟 면접

F：じゃあ、お給料の問題？

M：いや、それも特に不満はないんだけどね。

F：それじゃあ、何が問題なの？

M：うん。両親も年を取ってきたし、心配だからもう少し近
　 くに住みたいなあと思ってるんだよね。

F：そうなんだ。それはご両親も喜ぶと思うけど、せっかく
　 のキャリアを捨てるのは残念じゃない？

M：それで悩んでたんだけど、今までの経験を生かせる仕
　 事が見つかりそうなんだ。

F：そうなの？

M：うん。その上、給料が今までより少し上がりそうなん
　 だ。だから思い切って転職しようと思ってるんだ。

F：へー、すごいね。いい仕事が見つかりそうでよかった
　 ね。それで、もう申し込んだの？

M：うん。来週、面接に行くことになってるんだ。

F：そう。じゃあ、ご両親のためにも面接頑張ってね。

M：うん。ありがとう。

男の人はどうして転職しようと思っていますか。

[問題紙]
1 今の仕事がつまらないから
2 今の給料に不満があるから
3 両親の近くに住みたいから
4 経験を生かせる仕事がしたいから

해석 여자와 남자가 이야기하고 있습니다. 남자는 왜 이직하려고 생각하
　　 고 있습니까?

M : 실은 지금, 이직을 생각하고 있어.

F : 응? 무슨 일이야? 지금 일이 재미없어?

M : 아니. 그런 건 아닌데….

F : 그럼, 급료의 문제?

M : 아니, 그것도 딱히 불만은 없는데.

F : 그러면, 무엇이 문제인 거야?

M : 응. 부모님도 나이가 드셨고, 걱정이 되어서 조금 더 가까운 곳
　　 에 살고 싶다고 생각하고 있어.

F : 그렇구나. 그건 부모님도 기뻐하실 거라고 생각하는데, 모처럼의
　　 커리어를 버리는 것은 아쉽지 않아?

M : 그래서 고민하고 있었는데, 지금까지의 경험을 살릴 수 있는 일
　　 을 찾을 수 있을 것 같아.

F : 그래?

M : 응. 게다가, 급료가 지금까지보다 조금 오를 것 같아. 그래서 결
　　 심하고 이직하려고 생각하고 있어.

F : 와, 대단하다. 좋은 일이 찾아질 것 같아서 다행이네. 그래서, 이
　　 미 지원했어?

M : 응. 다음 주, 면접에 가기로 되어있어.

F : 그래. 그럼, 부모님을 위해서라도 면접 힘내.

M : 응. 고마워.

4

[음성]
女の人と男の人が話しています。男の人はどうして引っ越
さなければなりませんか。

F：近藤さん、今度引っ越すんだって？

M：そうなんだよ。急に引っ越さなきゃいけなくなっちゃっ
　 たんだけど、いいところがなかなか見つからなくて困
　 ってるんだ。

F：へえ、どうして急に？

M：アパートの前の道を広くするらしくて、アパートを壊す
　 って言われちゃってさ。

F：えー、大変だね。

M：せっかくだから、今よりも駅に近くて便利なところがい
　 いと思ってるんだけど、いい条件の部屋がなかなか見
　 つからないんだよな。

F：そういうところはなかなか空きが出ないものね。今は
　 引っ越す人が少ない時期だし、大変だね。

M：そうなんだよ。実はウサギを飼ってるからペットもオッ
　 ケーのところじゃないとだめだし。できれば今より広く

て、新しいほうがいいし。ベランダも広いほうがいいなあ。

F：そんなこと言ってたらなかなか見つからないよ。何かをあきらめないと難しいんじゃない？

M：やっぱりそうかな…。

男の人はどうして引っ越さなければなりませんか。

[문제지]

1 アパートがこわされるから

2 今のアパートは駅から遠いから

3 ウサギをかっているから

4 もっと広くて新しいところがいいから

해석 여자와 남자가 이야기하고 있습니다. 남자는 왜 이사해야만 합니까?

F：콘도 씨, 이번에 이사한다면서?

M：맞아. 갑자기 이사해야만 하게 됐는데, 좋은 곳이 좀처럼 찾아지지 않아서 곤란해.

F：흐음, 왜 갑자기?

M：아파트 앞의 길을 확장한다는 듯해서, 아파트를 부순다고 들었어.

F：앗, 큰일이네.

M：모처럼이니까, 지금보다도 역에 가깝고 편리한 곳이 좋다고 생각하고 있는데, 좋은 조건의 방이 좀처럼 발견되지 않아.

F：그런 곳은 좀처럼 빈 곳이 나오지 않지. 지금은 이사하는 사람이 적은 시기이고, 큰일이네.

M：맞아. 실은 토끼를 키우고 있어서 애완동물도 허용해 주는 곳이 아니면 안 되고. 가능하면 지금보다 넓고, 새로운 편이 좋고. 베란다도 넓은 편이 좋은데.

F：그런 말을 하고 있으면 좀처럼 찾을 수 없어. 무언가를 포기하지 않으면 어렵지 않을까?

M：역시 그런가….

남자는 왜 이사해야만 합니까?

1 아파트가 부서지기 때문에

2 지금 아파트는 역에서 멀기 때문에

3 토끼를 키우고 있기 때문에

4 좀 더 넓고 새로 지어진 편이 좋기 때문에

해설 남자가 이사하는 이유를 묻는 문제이다. 각 선택지의 핵심 내용은 1 '아파트가 부서져서', 2 '아파트가 역에서 멀어서', 3 '토끼를 키워서', 4 '넓고 새로운 곳이 좋아서'이다. 대화에서, 남자가 アパートを壊すって言われちゃってさ(아파트를 부순다고 들었어)라고 했으므로, 1 アパートがこわされるから(아파트가 부서지기 때문에)가 정답이다. 오답 선택지 2는 언급되지 않았으며, 3은 이사를 하는 이유가 아니고, 4는 가고 싶은 방의 조건이다.

어휘 引っ越す ひっこす 图 이사하다　今度 こんど 몡 이번, 다음
急に きゅうに 回 갑자기　なかなか 回 좀처럼
見つかる みつかる 图 찾다, 발견되다　壊す こわす 图 부수다
せっかく 回 모처럼　条件 じょうけん 몡 조건　空き あき 몡 빈 곳
時期 じき 몡 시기　ウサギ 몡 토끼　飼う かう 图 키우다, 기르다
オッケー 몡 허락, 오케이　ベランダ 몡 베란다

5

[음성]

ラジオでアナウンサーが男の人にインタビューしています。男の人は何が心配だと言っていますか。

F：地震などの災害が起きた時のために、何か準備されていますか。

M：なかなか完璧な準備はできませんが、お水とか簡単な災害用バッグは準備していますよ。

F：そうですか。では、実際に災害が起きた時は、慌てずに行動できそうですか。

M：いやあ。たぶん慌ててしまうんじゃないかと思いますよ。一応、準備はしてるけど、今までちゃんと考えたことはなかったなあ。そう考えると、いろいろと不安になっちゃいますね。もっといろいろなものを準備しておくべきかもしれません。

F：なるほど。ところで、ハザードマップで避難経路などは確認されていますか。

M：あ、それは確認していないです。そういえば、うちの近くには大きな川があるので、洪水になることも考えられますね。最近引っ越したばかりなので、どこが危ないところかまだ確認していませんでした。どの道を使ってどこに避難すればいいか全然わかりませんね。なんだか急に心配になってきました。

F：そうですか。すぐに確認が必要ですね。

M：そう思います。うちに帰ったらチェックします。

男の人は何が心配だと言っていますか。

[문제지]

1 さいがいへの準備が足りないこと

2 さいがいの時にあわててしまうこと

3 こうずいが起きること

4 逃げる道順と場所を知らないこと

해석 라디오에서 아나운서가 남자를 인터뷰하고 있습니다. 남자는 무엇이 걱정이라고 말합니까?

F：지진 등의 재해가 발생했을 때를 위해서, 무언가 준비하고 계신가요?

M：좀처럼 완벽한 준비는 할 수 없지만, 물이라던가 간단한 재해용 가방은 준비하고 있습니다.

F：그렇군요. 그럼, 실제로 재해가 발생했을 때는, 당황하지 않고 행동하실 수 있을 것 같나요?

M：아니요. 아마 당황해 버리지 않을까라고 생각합니다. 일단, 준비는 하고 있지만, 지금까지 제대로 생각한 적은 없었어요. 그렇게 생각하면, 여러 가지로 불안해지네요. 좀 더 여러 가지를 준비해 둬야만 할지도 모릅니다.

F : 그렇군요. 그런데, 긴급 대피 경로 지도에서 피난 경로 등은 확인
하셨나요?

M : 아, 그것은 확인하지 않았습니다. 그러고 보니, 집 근처에는 큰
강이 있어서, 홍수가 나는 것도 생각할 수 있겠네요. 최근 막 이
사 와서, 어디가 위험한 곳인지 아직 확인하지 않았습니다. 어느
길을 사용해서 어디로 피난하면 좋은지 전혀 모르네요. 어쩐지
갑자기 걱정이 됩니다.

F : 그렇습니까. 바로 확인이 필요하네요.

M : 그렇게 생각합니다. 집에 돌아가면 체크하겠습니다.

남자는 무엇이 걱정이라고 말합니까?

1 재해에 대한 준비가 부족한 것
2 재해가 발생했을 때 당황해 버리는 것
3 홍수가 나는 것
4 도망칠 길의 순서와 장소를 모르는 것

해설 남자가 걱정하는 것이 무엇인지 묻는 문제이다. 각 선택지의 핵심 내
용은 1 '재해에 대한 준비 부족', 2 '재해가 발생했을 때 당황하는 것',
3 '홍수 발생', 4 '도망칠 경로와 장소를 모르는 것'이다. 대화에서, 남
자는 どの道を使ってどこに避難すればいいか全然わかりません
ね。なんだか急に心配になってきました(어느 길을 사용해서 어
디로 피난하면 좋은지 전혀 모르네요. 어쩐지 갑자기 걱정이 됩니다)
라고 했으므로, 4 逃げる道順と場所を知らないこと(도망칠 길의
순서와 장소를 모르는 것)가 정답이다. 오답 선택지 1은 재해용 가방
을 준비했으므로 부족하다고 할 수 없고, 2는 재해 발생 시 일단 준비
는 하고 있다고 했으며, 3은 어디로 피난할지를 몰라서 걱정하는 원
인이므로 오답이다.

어휘 アナウンサー 圏아나운서　インタビュー 圏인터뷰
心配 しんぱい 圏걱정　地震 じしん 圏지진　災害 さいがい 圏재해
起きる おきる 圏발생하다, 일어나다　準備 じゅんび 圏준비
なかなか 囝좀처럼　完璧だ かんぺきだ 묘형완벽하다
簡単だ かんたんだ 묘형간단하다
災害用バッグ さいがいようバッグ 圏재해용 가방
実際 じっさい 囝실제로　慌てる あわてる 圏당황하다
行動 こうどう 圏행동　たぶん 囝아마　一応 いちおう 囝일단
ちゃんと 囝제대로　考える かんがえる 圏생각하다
不安 ふあん 圏불안　ところで 젭그런데
ハザードマップ 圏긴급 대피 경로 지도, 해저드 맵
避難経路 ひなんけいろ 圏피난 경로　確認 かくにん 圏확인
洪水 こうずい 圏홍수　最近 さいきん 圏최근
引っ越す ひっこす 圏이사하다　全然 ぜんぜん 囝전혀
なんだか 囝어쩐지　急に きゅうに 囝갑자기　チェック 圏체크, 확인
足りない たりない 부족하다　逃げる にげる 圏도망가다
道順 みちじゅん 圏길의 순서　場所 ばしょ 圏장소

6

[음성]
電気店で店員がカメラの説明をしています。このカメラの
一番の特徴は何ですか。

M : こちらのカメラは、この春に発売したばかりの最新型

です。今までのものと比べて、よりきれいな写真が撮
れますし、小さくなって重さも軽くなっていますので持
ち運びにとても便利です。何より、ほかのものと違う点
は、カメラがある場所がわかるGPS機能が付いている
ことです。写真を撮った場所を記録しておくことができ
ますし、もしも、失くしてしまったり、盗まれてしまった
時でもこの機能を使って探すことができます。旅行な
どの大切な思い出の写真を失くしてしまって悲しい思
いをしたというお客様の声をもとに作られました。また
今までと同じく、タッチペンでの書き込みや、そのほ
かのいろいろな編集もできます。より安心して楽しくお
使いいただける商品となっております。

このカメラの一番の特徴は何ですか。

[문제지]
1 ほかのカメラよりきれいな写真がとれる
2 場所がわかる機能が付いている
3 小さくて軽く、持ち運びがしやすい
4 写真をいろいろと編集できる

해석 전자제품 매장에서 점원이 카메라 설명을 하고 있습니다. 이 카메라
의 가장 큰 특징은 무엇입니까?

M : 이쪽의 카메라는, 이번 봄에 막 발매한 최신형입니다. 지금까지
의 상품과 비교해, 보다 깨끗한 사진을 찍을 수 있고, 작아져서
무게도 가벼워졌기 때문에 들고 다니기에 매우 편리합니다. 무엇
보다, 다른 상품과 다른 점은, 카메라가 있는 장소를 알 수 있는
GPS기능이 포함되어 있는 것입니다. 사진을 찍은 장소를 기록
해 두는 것이 가능하고, 혹시, 잃어버리거나, 도둑맞았을 때에도
이 기능을 사용해서 찾을 수 있습니다. 여행 등의 소중한 추억의
사진을 잃어버려서 슬펐다는 손님의 목소리를 토대로 만들어졌
습니다. 또 지금까지와 마찬가지로, 터치펜으로 써넣는 것과, 그
외에 다양한 편집도 가능합니다. 보다 안심하고 즐겁게 사용하실
수 있는 상품입니다.

이 카메라의 가장 큰 특징은 무엇입니까?

1 다른 카메라보다 깨끗한 사진이 찍힌다
2 장소를 알 수 있는 기능이 포함되어 있다
3 작고 가벼워서, 들고 다니기 편하다
4 사진을 다양하게 편집할 수 있다

해설 카메라의 가장 큰 특징이 무엇인지 묻는 문제이다. 각 선택지의 핵심
내용은 1 '깨끗한 사진이 찍힘', 2 '장소를 알 수 있음', 3 '작고 가벼워
서 들고 다니기 편함', 4 '사진을 다양하게 편집 가능함' 이다. 대화에
서, 남자가 何より、ほかのものと違う点は、カメラがある場所が
わかるGPS機能が付いていることです(무엇보다, 다른 상품과 다
른 점은, 카메라가 있는 장소를 알 수 있는 GPS 기능이 포함되어 있
는 것입니다)라고 했으므로, 2 場所がわかる機能が付いている(장
소를 알 수 있는 기능이 포함되어 있다)가 정답이다. 오답 선택지 1,
3, 4는 일반적인 기능들 중 하나이므로 오답이다.

어휘 電気店 でんきてん 圓전자제품 매장　店員 てんいん 圓점원
　　説明 せつめい 圓설명　特徴 とくちょう 圓특징
　　発売 はつばい 圓발매　最新型 さいしんがた 圓최신형
　　比べる くらべる 圄비교하다　より 閆보다, 한결　重さ おもさ 圓무게
　　持ち運ぶ もちはこぶ 圄들고 다니다　何より なにより 閆무엇보다
　　場所 ばしょ 圓장소　機能 きのう 圓기능　記録 きろく 圓기록
　　もしも 閆혹시　失くす なくす 圄잃어버리다　盗む ぬすむ 圄훔치다
　　探す さがす 圄찾다　思い出 おもいで 圓추억
　　悲しい かなしい い형슬프다　同じく おなじく 閆마찬가지로
　　タッチペン 圓터치펜　書き込み かきこみ 圓써넣음
　　編集 へんしゅう 圓편집　安心 あんしん 圓안심
　　商品 しょうひん 圓상품

어휘 ドイツ 圓독일　東京 とうきょう 圓도쿄　場所 ばしょ 圓장소
　　行き方 いきかた 圓가는 법　看板 かんばん 圓간판
　　必要だ ひつようだ な형필요하다　車椅子 くるまいす 圓휠체어
　　見つける みつける 圄발견하다　整備 せいび 圓정비
　　案内 あんない 圓안내

 개요 이해

실력 다지기　　　　　　　　　p.370

| 01 ① | 02 ① | 03 ① | 04 ① | 05 ② |
| 06 ① | 07 ② | 08 ② | 09 ② | 10 ① |

01

[음성]
インタビューで男の人が話しています。

M：ドイツから来ました。電車で東京のいろいろなところに行きましたね。駅の入り口に、エレベーターの場所や行き方を書いた看板などがもっと必要ではないかと思いました。エレベーターがたくさんあるわけではないので、車椅子を使っている人のために、エレベーターがすぐ見つけられるよう、整備した方がいいと思います。

男の人は何について話していますか。
① 駅に案内の看板が少ないこと
② 駅にエレベーターが少ないこと

해석 인터뷰에서 남자가 이야기하고 있습니다.

M : 독일에서 왔습니다. 전철로 도쿄의 여러 곳에 갔죠. 역 입구에, 엘리베이터 장소나 가는 법을 적은 간판 등이 좀 더 필요하지 않나 하고 생각했습니다. 엘리베이터가 많이 있는 것이 아니기 때문에, 휠체어를 사용하고 있는 사람을 위해, 엘리베이터를 금방 발견할 수 있도록, 정비하는 편이 좋다고 생각합니다.

남자는 무엇에 대해 이야기하고 있습니까?

① 역에 안내 간판이 적은 것
② 역에 엘리베이터가 적은 것

02

[음성]
ラジオで女の人が話しています。

F：今タピオカは結構人気がありますね。紅茶などに入れて飲むととてもおいしいです。元々タピオカが好きだったので、そういう飲み物を売っている店が増えてきていることが嬉しいです。台湾で初めてタピオカを食べてみたんですが、その時は日本でこんなにもたくさんの人がタピオカを楽しむようになるとは思ってもなかったです。

女の人は何について話していますか。
① タピオカが流行していること
② タピオカをおいしく食べる方法

해석 라디오에서 여자가 이야기하고 있습니다.

F : 지금 타피오카는 꽤 인기가 있지요. 홍차 등에 넣어서 마시면 매우 맛있습니다. 원래 타피오카를 좋아했기 때문에, 그러한 음료를 팔고 있는 가게가 늘고 있는 것이 기쁩니다. 대만에서 처음으로 타피오카를 먹어 보았는데, 그때는 일본에서 이렇게나 많은 사람이 타피오카를 즐기게 될 거라고는 생각지도 못했습니다.

여자는 무엇에 대해 이야기하고 있습니까?

① 타피오카가 유행하고 있는 것
② 타피오카를 맛있게 먹는 방법

어휘 タピオカ 圓타피오카　人気 にんき 圓인기　元々 もともと 閆원래
　　増える ふえる 圄늘다　嬉しい うれしい い형기쁘다
　　台湾 たいわん 圓대만　楽しむ たのしむ 圄즐기다
　　流行 りゅうこう 圓유행　方法 ほうほう 圓방법

03

[음성]
商店街で男の人が話しています。

M：皆さん、1ヵ月後にラグビーのワールドカップが開催されることはご存知ですよね。ここはスタジアムと一番近い商店街です。今回の試合のために、観客はもちろん、外国から関係者もたくさん訪れて来るそうなので、一緒にお客さんを迎える準備をするのはどうでしょうか。たとえば、大会のマークが描いてある旗を用意して飾っておくとかですね。

男の人は何について話していますか。

① ラグビーのワールドカップの準備
② ラグビーの人気が高い理由

해석 상점가에서 남자가 이야기하고 있습니다.

M : 여러분, 1개월 후에 럭비 월드컵이 개최되는 것은 알고 계시지요. 여기는 스타디움과 가장 가까운 상점가입니다. 이번 시합을 위해, 관객은 물론, 외국에서 관계자도 많이 방문해 온다고 하니, **함께 손님을 맞이할 준비를 하는 것은 어떨까요?** 예를 들면, 대회의 마크가 그려진 깃발을 마련해서 장식해 두거나 말입니다.

남자는 무엇에 대해 이야기하고 있습니까?

① 럭비 월드컵의 준비
② 럭비의 인기가 높은 이유

어휘 ラグビー 閔럭비　ワールドカップ 閔월드컵　開催 かいさい 閔개최
ご存知だ ごぞんじだ 알고 계시다 (知る의 존경어)
スタジアム 閔스타디움　商店街 しょうてんがい 閔상점가
今回 こんかい 閔이번　試合 しあい 閔시합
観客 かんきゃく 閔관객　もちろん 閉물론
関係者 かんけいしゃ 閔관계자　訪れる おとずれる 閔방문하다
迎える むかえる 閔맞이하다　準備 じゅんび 閔준비
たとえば 閉예를 들면　大会 たいかい 閔대회　マーク 閔마크
描く かく 閔그리다　旗 はた 閔깃발　用意 ようい 閔마련
飾る かざる 閔장식하다　人気 にんき 閔인기　理由 りゆう 閔이유

04

[음성]

空港で女の人が話しています。

F : これは、韓国語で「北海道へようこそ」と書いてある幕です。この幕を持ち、メロンゼリーなどを渡して韓国から飛行機で着いた人を迎えるというイベントです。このイベントを実施するのは、**今韓国から北海道に入ってくる飛行機が少なくなったためです。その分、観光客も減ってきました。**このイベントで、一人でも多くの観光客が安心して北海道に来てほしいです。

女の人は今の北海道はどうだと言っていますか。

① 観光客が減って困っている
② 観光客が多くて安心だ

해석 공항에서 여자가 이야기하고 있습니다.

F : 이것은, 한국어로 '홋카이도에 어서 오세요'라고 적힌 현수막입니다. 이 현수막을 들고, 멜론 젤리 등을 건네며 한국으로부터 비행기로 도착한 사람을 맞이하는 이벤트입니다. 이 이벤트를 실시하는 것은, 지금 한국에서 홋카이도로 들어오는 비행기가 적어졌기 때문입니다. 그만큼, 관광객도 줄어들었습니다. 이 이벤트로, 한 명이라도 많은 관광객이 안심하고 홋카이도에 와 주셨으면 합니다.

여자는 지금의 홋카이도가 어떻다고 말하고 있습니까?

① 관광객이 줄어 곤란하다
② 관광객이 많아 안심이다

어휘 韓国語 かんこくご 閔한국어　北海道 ほっかいどう 閔홋카이도
幕 まく 閔현수막, 막　メロンゼリー 閔멜론 젤리
韓国 かんこく 閔한국　迎える むかえる 閔맞이하다
イベント 閔이벤트　実施 じっし 閔실시
観光客 かんこうきゃく 閔관광객　減る へる 閔줄다
安心 あんしん 閔안심

05

[음성]

研究所で男の人が話しています。

M : これから3週間、**海の深い所がどのくらい汚れているかについて調べていきます。**海がプラスチックのゴミで汚れている問題はよく知られていますが、まだ海の深いところがどうなのかについては、よく分かっていませんでした。そこで、今回は特に深さ1,200mから9,200mまでの海の底を調べることになりました。

男の人は海の深いところがどうだと言っていますか。

① プラスチックのゴミでとても汚れている
② 研究が進んでいなくてまだよく分かっていない

해석 연구소에서 남자가 이야기하고 있습니다.

M : 이제부터 3주간, 바다 깊은 곳이 얼마나 더러워져있는지에 대해 조사해 가겠습니다. 바다가 플라스틱 쓰레기로 더러워져있는 문제는 잘 알려져 있습니다만, 아직 바다 깊은 곳이 어떤가에 대해서는, 잘 모르고 있었습니다. 그래서, 이번에는 특히 깊이 1,200m에서 9,200m까지의 바다 바닥을 조사하게 되었습니다.

남자는 바다 깊은 곳이 어떻다고 말하고 있습니까?

① 플라스틱 쓰레기로 매우 더럽혀져 있다
② 연구가 진행되지 않아서 아직 잘 모른다

어휘 深い ふかい 心깊다　汚れる よごれる 閔더러워지다
調べる しらべる 閔조사하다　プラスチック 閔플라스틱
ゴミ 閔쓰레기　知られる しられる 閔알려지다　そこで 閉그래서
今回 こんかい 閔이번　特に とくに 閉특히, 특별히　底 そこ 閔바닥
研究 けんきゅう 閔연구　進む すすむ 閔진행되다

06

[음성]

食堂で男の人と女の人が話しています。

F : 6時10分までとは本当にぎりぎりだね。

M : そうだよね。6時に会社を出たら、走らなきゃいけないし。

F : せめて6時20分までにしてほしいな。

M : ビールが半額っていうハッピーアワー自体はすごくいいんだけど、どうしてこんなに早く終わるんだよ。

F : そうね。この近所にこういう値段のビールってないから、本当にハッピーアワーだね。

女の人はハッピーアワーについてどう思っていますか。
① 終わる時間を延長してほしい
② ビールの値段を半額にしてほしい

해석 식당에서 남자와 여자가 이야기하고 있습니다.

F : 6시 10분까지라니 정말 아슬아슬하네.

M : 맞아. 6시에 회사를 나오면, 뛰어야 하고.

F : 적어도 6시 20분까지 했으면 좋겠다.

M : 맥주가 반값이라는 해피 아워 자체는 엄청 좋은데, 어째서 이렇게 빨리 끝나는 거야.

F : 맞아. 이 근처에 이런 가격의 맥주는 없으니까. 정말로 해피 아워야.

여자는 해피 아워에 대해 어떻게 생각하고 있습니까?

① 끝나는 시간을 연장해 주었으면 한다
② 맥주의 가격을 반값으로 해 주었으면 한다

어휘 ぎりぎり 图 아슬아슬 せめて 图 적어도 ビール 图 맥주
半額 はんがく 图 반값, 반액 ハッピーアワー 图 해피 아워
自体 じたい 图 자체 すごく 图 엄청, 매우 近所 きんじょ 图 근처
値段 ねだん 图 가격 延長 えんちょう 图 연장

07

[음성]

会社で女の人と男の人が話しています。

M : あの先輩をオリエンテーションで見かけるとは。

F : 誰のこと?もしかして田中先輩?

M : そうだよ。噂はたくさん聞いたけど、実際に見るのは初めてだよ。

F : すごく厳しくて怖い先輩らしいよ。

M : でも、私は仕事が完璧な面は見習いたいよ。

F : 性格は別としてね。

男の人は先輩についてどう思っていますか。
① 厳しくて怖いと思う
② 仕事は完璧な人だと思う

해석 회사에서 여자와 남자가 이야기하고 있습니다.

M : 저 선배를 오리엔테이션에서 보다니.

F : 누구 말이야? 혹시 다나카 선배?

M : 맞아. 소문은 많이 들었는데, 실제로 보는 것은 처음이야.

F : 엄청 엄하고 무서운 선배라고 하던데.

M : 하지만, 나는 일이 완벽한 면은 본받고 싶어.

F : 성격은 별개로 하고 말이지.

남자는 선배에 대해 어떻게 생각하고 있습니까?

① 엄하고 무섭다고 생각한다
② 일은 완벽한 사람이라고 생각한다

어휘 先輩 せんぱい 图 선배 オリエンテーション 图 오리엔테이션
見かける みかける 图 보다, 발견하다 もしかして 혹시
噂 うわさ 图 소문 実際に じっさいに 图 실제로

すごく 图 엄청, 매우 厳しい きびしい い형 엄하다
怖い こわい い형 무섭다 完璧だ かんぺきだ な형 완벽하다
見習う みならう 图 본받다, 보고 배우다 性格 せいかく 图 성격
別 べつ 图 별개

08

[음성]

同窓会で男の人と女の人が話しています。

F : 私は今、普通の会社員。事務の。

M : そうなんだ。高校のとき、よく絵を描いてたから、そういう仕事につくろうと思ってた。

F : 確かに絵を描くのは好きだったね。

M : 今は好きじゃないの?全然描いてない?

F : 好きじゃないとは言えないね。ただ、自信がなくなってる。今も描けるかどうか。

女の人は絵を描くことについてどう思っていますか。
① 絵を描くのが好きだったが今は好きではない
② 絵を描くことに自信がなくなっている

해석 동창회에서 남자와 여자가 이야기하고 있습니다.

F : 나는 지금, 보통의 회사원. 사무 일의.

M : 그렇구나. 고등학교 때, 자주 그림을 그렸으니까, 그런 일을 할 거라고 생각했어.

F : 확실히 그림을 그리는 것은 좋아했지.

M : 지금은 좋아하지 않는 거야? 전혀 그리지 않아?

F : 좋아하지 않는다고는 말할 수 없네. 다만, 자신이 없어졌어. 지금도 그릴 수 있을지 어떨지.

여자는 그림을 그리는 것에 대해 어떻게 생각하고 있습니까?

① 그림을 그리는 것을 좋아했지만 지금은 좋아하지 않는다
② 그림을 그리는 것에 자신이 없어졌다

어휘 普通 ふつう 图 보통 会社員 かいしゃいん 图 회사원
事務 じむ 图 사무 高校 こうこう 图 고등학교 描く かく 图 그리다
仕事につく しごとにつく 일을 하다, 종사하다
確かだ たしかだ な형 확실하다 全然 ぜんぜん 图 전혀
ただ 图 다만 自信 じしん 图 자신, 자신감

09

[음성]

街で女の人と男の人が話しています。

M : あの、すみません。3時のイルカツアーに参加される方ですよね?

F : はい、そうですけど。

M : 本当に申し訳ありませんが、天気が急に悪くなってしまいまして中止になりました。

F : えっ、そうですか。少し暗くなったなとは思ってましたが。

M：こっちはまだ大丈夫なんですが、海の方は風が強くなりまして危ないんです。では、**あちらでキャンセル手続きをしておりますので、ご案内いたします。**

男の人は何をしに来ましたか。

① ツアーの参加者を募集するため
② **ツアーが中止されたことを知らせるため**

해석 길에서 여자와 남자가 이야기하고 있습니다.

M : 저, 실례합니다. 3시 돌고래 투어에 참가하시는 분이시죠?

F : 네, 그렇습니다만.

M : 정말로 죄송합니다만, 날씨가 갑자기 나빠져버려서 중지되었습니다.

F : 앗, 그런가요. 조금 어두워졌네라고는 생각했는데.

M : 이쪽은 아직 괜찮습니다만, 바다 쪽은 바람이 강해서서 위험합니다. 그럼, 저쪽에서 취소 수속을 하고 있으니, 안내해 드리겠습니다.

남자는 무엇을 하러 왔습니까?

① 투어 참가자를 모집하기 위해
② **투어가 중지된 것을 알리기 위해**

어휘 イルカツアー 圐돌고래 투어　参加 さんか 圐참가
急に きゅうに 閉갑자기　中止 ちゅうし 圐중지　キャンセル 圐취소
手続き てつづき 圐수속, 절차　案内 あんない 圐안내
参加者 さんかしゃ 圐참가자　募集 ぼしゅう 圐모집
知らせる しらせる 圕알리다

10

[음성]
体育館で男の人と女の人が話しています。

F：お久しぶり。本当に会いたかった。最近どう？練習は。

M：試合があるから、皆頑張ってるよ。はるかはどう？就活はうまくいってる？

F：うん。東京の出版社に就職したの。それで、**皆に挨拶でもしようと思って。**

M：それはよかったね。あっちでちょっとだけ待ってて。皆呼んでくるから。

女の人は何をしに来ましたか。

① **サークルの皆に挨拶するため**
② 就活をするため

해석 체육관에서 남자와 여자가 이야기하고 있습니다.

F : 오랜만이야. 정말 보고 싶었어. 요즘 어때? 연습은.

M : 시합이 있으니까, 모두 힘내고 있어. 하루카는 어때? 취직 활동은 잘 되고 있어?

F : 응. 도쿄의 출판사에 취직했어. 그래서, 모두에게 인사라도 하려고 생각해서.

M : 그건 잘 됐다. 저쪽에서 잠깐만 기다려. 모두를 불러올 테니까.

여자는 무엇을 하러 왔습니까?

① **동아리의 모두에게 인사하기 위해**
② 취직 활동을 하기 위해

어휘 最近 さいきん 圐최근　試合 しあい 圐시합
頑張る がんばる 圕힘내다
就活 しゅうかつ 圐취직 활동 (就職活動의 줄임말)　うまくいく 잘 되다
東京 とうきょう 圐도쿄　出版社 しゅっぱんしゃ 圐출판사
就職 しゅうしょく 圐취직　挨拶 あいさつ 圐인사
サークル 圐동아리, 서클

실전 테스트 1　　　　　　　p.371

1 2	**2** 2	**3** 2	**4** 3	**5** 4

문제3에서는, 문제 용지에 아무것도 인쇄되어 있지 않습니다. 이 문제는, 전체적으로 어떤 내용인지를 묻는 문제입니다. 이야기 전에 질문은 없습니다. 우선 이야기를 들어주세요. 그리고 나서, 질문과 선택지를 듣고, 1에서 4 중에, 가장 알맞은 것을 하나 골라주세요.

1

[음성]
テレビで女の人が話しています。

F：近年、町中に野生の動物が現れるという事件がたくさん起きています。特に問題となっているのがクマです。クマは例年、山に食べ物が少なくなる夏に山を下りてくることが多いのですが、ここ数年は食べ物があるはずの秋になっても、現れることがあります。これはクマの食べ物である木の実がたくさんできる年とあまりできない年があることが原因です。また、山の近くに住んでいた人々が村を離れることで過疎化が起こったことも原因の一つです。以前は、人が住む場所と、クマが住む場所は離れていました。その間には、人によって管理されていた場所があったのですが、現在、若い人がいなくなり、管理する人が減ったことで、クマがそこに入ってきました。つまり、クマの住む場所が人の町に近くなったのです。町に現れたクマは人や農業に被害を与えるため、有害な動物として扱われますが、クマの行動は社会や経済の問題と深く関わっているのです。

女の人は何について話していますか。
1 クマの山での食事の変化
2 **クマが人の場所に現れる理由**
3 クマが社会に与える影響
4 クマと経済の関係

해석 텔레비전에서 여자가 이야기하고 있습니다.

F : 근래, 시내에 **야생 동물이 나타난다는 사건**이 많이 일어나고 있습니다. 특히 문제가 되고 있는 것이 곰입니다. 곰은 예년, 산에 먹을 것이 적어지는 여름에 산을 내려오는 일이 많습니다만, 요 몇 년은 먹을 것이 당연히 있을 가을이 되어도, 나타나는 경우가 있습니다. 이것은 곰의 음식인 나무 열매가 많이 생기는 해와 그다지 생기지 않는 해가 있는 것이 원인입니다. 또, 산 근처에 살고 있던 사람들이 마을을 떠나는 일로 **과소화가 일어난 것**도 원인의 하나입니다. 이전에는, 사람이 사는 장소와, 곰이 사는 장소는 떨어져 있었습니다. 그동안에는, 사람에 의해 관리되고 있던 장소가 있었습니다만, 현재, 젊은 사람이 없어지고, 관리하는 사람이 줄어든 일로, 곰이 그곳에 들어왔습니다. 즉, 곰이 사는 장소가 사람의 마을에 가까워진 것입니다. 마을에 나타난 곰은 사람이나 농업에 피해를 주기 때문에, 유해한 동물로 취급됩니다만, 곰의 행동은 사회나 경제 문제와 깊게 관련되어 있는 것입니다.

여자는 무엇에 대해 이야기하고 있습니까?

1 곰의 산에서의 식사 변화
2 곰이 사람의 장소에 나타나는 이유
3 곰이 사회에 미치는 영향
4 곰과 경제의 관계

해설 상황 설명에서 언급된 화자가 여자 한 명이므로, 주제나 핵심 내용을 묻는 문제가 나올 것임을 예상한다. 여자가 野生の動物が現れるという事件(야생 동물이 나타난다는 사건), 木の実がたくさんできる年とあまりできない年があることが原因(나무 열매가 많이 생기는 해와 그다지 생기지 않는 해가 있는 것이 원인), 過疎化が起こったことも原因(과소화가 일어난 것도 원인)이라고 했다. 질문에서 여자가 무엇에 대해 이야기하고 있는지 묻고 있으므로, 2 クマが人の場所に現れる理由(곰이 사람의 장소에 나타나는 이유)가 정답이다.

어휘 近年 きんねん 图 근래, 근년　町中 まちなか 图 시내, 거리
野生 やせい 图 야생　現れる あらわれる 图 나타나다
事件 じけん 图 사건　起きる おきる 图 일어나다, 발생하다
特に とくに 图 특히　クマ 图 곰　例年 れいねん 图 예년
下りる おりる 图 내려오다, 내리다　数年 すうねん 图 몇 년, 수년
木の実 きのみ 图 나무 열매　原因 げんいん 图 원인
離れる はなれる 图 떨어지다, 멀어지다　過疎化 かそか 图 과소화
以前 いぜん 图 이전　場所 ばしょ 图 장소　その間 そのあいだ 그동안
管理 かんり 图 관리　現在 げんざい 图 현재
若い人 わかいひと 图 젊은 사람　減る へる 图 줄다, 감소하다
つまり 图 결국, 즉　農業 のうぎょう 图 농업　被害 ひがい 图 피해
与える あたえる 图 주다, 미치다　有害 ゆうがい 图 유해
扱う あつかう 图 취급하다　行動 こうどう 图 행동
社会 しゃかい 图 사회　経済 けいざい 图 경제
深い ふかい い图 깊다　関わる かかわる 图 관계되다, 상관하다
食事 しょくじ 图 식사　変化 へんか 图 변화　影響 えいきょう 图 영향
関係 かんけい 图 관계

2

[음성]
ラジオで男の人が話しています。

M : 最近、若い母親が赤ちゃんと電車に乗るときに、ベビーカーを使っていますよね。大都市だと電車も混んでいますので、ベビーカーのまま電車に乗ると迷惑だと感じる人も多いようです。しかし、ベビーカーをたたまない理由はたくさんあります。一番の理由は、荷物が多いことです。ベビーカーをたたむと、赤ちゃんを抱っこしなければいけません。そして、そこにベビーカーを持たなければなりません。その他にかばんも持っています。この状態で混んでいる電車の中で立つのは非常に難しいです。だから、たたみたくても、たためないんです。皆さん、赤ちゃんを連れたお母さんにどうか席を譲ってあげてください。そうすれば、ベビーカーをたたむことも容易になりますし、場所を取って申し訳ないと思うお母さんが少なくなります。しかし本当は、ベビーカーをそのまま使うことを許す社会になってほしいと思っています。

男の人は何について話していますか。
1 電車でベビーカーを使うことの良さ
2 電車内でベビーカーを使う理由
3 母親が申し訳ないと思う理由
4 電車内で席を譲る方法

해석 라디오에서 남자가 이야기하고 있습니다.

M : 최근, 젊은 엄마가 아기와 **전철에 탈 때, 유모차를 사용하고 있죠.** 대도시라면 전철도 혼잡하니까, 유모차 그대로 전철에 타면 민폐라고 생각하는 사람도 많은 것 같습니다. 하지만, 유모차를 접지 않는 이유는 많이 있습니다. **가장 큰 이유는, 짐이 많은 것입니다.** 유모차를 접으면, 아이를 안아야 합니다. 그리고, 거기에 유모차를 들어야 합니다. 그 외에 가방도 들고 있습니다. **이 상태에서 혼잡한 전철 안에서 서있는 것은 매우 어렵습니다.** 그래서, 접고 싶어도, 접을 수 없는 것입니다. 여러분, 아이를 동반한 엄마에게 부디 자리를 양보해 주십시오. 그렇게 하면, 유모차를 접는 것도 용이해지고, 장소를 차지해서 죄송하다고 생각하는 엄마가 적어집니다. 하지만 사실은, 유모차를 그대로 사용하는 것을 허락하는 사회가 되었으면 좋겠다고 생각합니다.

남자는 무엇에 대해 이야기하고 있습니까?

1 전철에서 유모차를 사용하는 것의 좋은 점
2 전철 내에서 유모차를 사용하는 이유
3 엄마가 죄송하다고 생각하는 이유
4 전철 내에서 자리를 양보하는 방법

해설 상황 설명에서 언급된 화자가 남자 한 명이므로, 주제나 핵심 내용을 묻는 문제가 나올 것임을 예상한다. 남자가 電車に乗るときに、ベビーカーを使っていますよね(전철에 탈 때, 유모차를 사용하고 있죠), 一番の理由は、荷物が多いことです(가장 큰 이유는, 짐이 많은 것입니다), この状態で混んでいる電車の中で立つのは非常に難しいです(이 상태에서 혼잡한 전철 안에서 서있는 것은 매우 어

렵습니다)라고 했다. 질문에서 남자가 무엇에 대해 이야기하고 있는지 묻고 있으므로, 2 電車内でベビーカーを使う理由(전철 내에서 유모차를 사용하는 이유)가 정답이다.

어휘 最近 さいきん 圓 최근　若い わかい い형 젊다

母親 ははおや 圓 엄마　赤ちゃん あかちゃん 圓 아기

ベビーカー 圓 유모차　大都市 だいとし 圓 대도시

混む こむ 圄 혼잡하다, 붐비다　迷惑 めいわく 圓 민폐

感じる かんじる 圄 생각하다, 느끼다　たたむ 圄 접다, 개다

理由 りゆう 圓 이유　荷物 にもつ 圓 짐　抱っこ だっこ 圓 안음, 안김

他に ほかに 圓 외에　状態 じょうたい 圓 상태

非常に ひじょうに 图 매우, 상당히　だから 圙 그래서

連れる つれる 圄 동반하다, 데리고 가다　どうか 图 부디, 모쪼록

席を譲る せきをゆずる 자리를 양보하다

容易だ よういだ な형 용이하다

場所を取る ばしょをとる 장소를 차지하다　そのまま 그대로

許す ゆるす 허락하다, 용서하다　社会 しゃかい 圓 사회

方法 ほうほう 圓 방법

3

[음성]
学校で先生が学生達に話しています。

M：えー、授業に入る前に話しておくことがあります。まず、出席ですが、この授業は15回です。どうしても出席できないときは、事前に連絡をすること。また、いかなる理由でも3回以上休んだ場合は、最後のテストが受けられません。毎年、お願いに来る学生がいますが、例外は認めませんので、注意してください。えー、それから、毎回事前に宿題として、読んでおくところを伝えておきますので、読んでいるものとして授業を進めます。必ず目を通しておいてください。7回目が終わったところで、レポート提出もあります。いずれにしても、まず出席しないことには成績が付けられません。よろしくお願いします。

先生は何について話していますか。
1 学生が休むときの注意
2 学生が守らなければいけないこと
3 テストと宿題の方法
4 この授業の成績の付け方

해석 학교에서 선생님이 학생들에게 이야기하고 있습니다.

M：음, 수업에 들어가기 전에 말해둘 것이 있습니다. 먼저, 출석 말인데요, 이 수업은 15회입니다. 아무래도 출석할 수 없을 때는, 사전에 연락을 할 것. 또, 어떠한 이유라도 3회 이상 쉰 경우는, 마지막 시험을 칠 수 없습니다. 매년, 부탁하러 오는 학생이 있는데요, 예외는 인정하지 않으니까, 주의해 주세요. 음, 그리고, 매회 사전에 숙제로, 읽어 둘 부분을 전달해주니까, 읽은 것으로 보고 수업을 진행합니다. 반드시 훑어봐두세요. 7회째가 끝났을

때에, 리포트 제출도 있습니다. 어쨌든, 우선 출석하지 않는 한 성적이 부여되지 않습니다. 잘 부탁합니다.

선생님은 무엇에 대해 이야기하고 있습니까?

1 학생이 쉴 때의 주의
2 학생이 지켜야 할 것
3 시험과 숙제 방법
4 이 수업의 성적 부여 방식

해설 상황 설명에서 언급된 화자가 선생님 한 명이므로, 주제나 핵심 내용을 묻는 문제가 나올 것임을 예상한다. 선생님이 出席できないときは、事前に連絡をすること(출석할 수 없을 때는, 사전에 연락을 할 것), 必ず目を通しておいてください(반드시 훑어봐두세요), レポート提出もあります(리포트 제출도 있습니다)라고 했다. 질문에서 선생님이 무엇에 대해 이야기하고 있는지 묻고 있으므로, 2 学生が守らなければいけないこと(학생이 지켜야 할 것)가 정답이다.

어휘 まず 图 먼저, 우선　出席 しゅっせき 圓 출석

どうしても 图 아무래도, 어떻게 해도　事前 じぜん 圓 사전

連絡 れんらく 圓 연락　いかなる 어떠한　理由 りゆう 圓 이유

以上 いじょう 圓 이상　場合 ばあい 圓 경우, 상황

最後 さいご 圓 마지막, 최후

テストを受ける テストをうける 시험을 치다, 테스트를 보다

例外 れいがい 圓 예외　認める みとめる 圄 인정하다

注意 ちゅうい 圓 주의　毎回 まいかい 圓 매회, 매번

伝える つたえる 전달하다, 전하다　進める すすめる 圄 진행하다

必ず かならず 图 반드시　目を通す めをとおす 훑어보다, 대강보다

レポート 圓 리포트, 보고서　提出 ていしゅつ 圓 제출

いずれにしても 어쨌든, 어느 쪽이든

成績を付ける せいせきをつける 성적을 부여하다

守る まもる 圄 지키다　方法 ほうほう 圓 방법

4

[음성]
会社の会議で女の人が話しています。

F：現在、多くの企業が導入している男性の育児休暇ですが、ご存知の通り、昨年から当社でも導入しました。しかし、昨年1年間で休暇を取った社員は3名だけでした。そこでこの制度について社内の男性社員にアンケートを実施した結果がこちらです。休暇を取らない理由として一番多かったのは、休暇が終わった後に仕事についていけるか不安だということでした。これは、育児休暇を取った女性社員が、休暇を取る前とは違う仕事をしたり、社内のシステムが変わることで苦労したりするのを見ているからだと思います。本当の問題点はここにあるのです。つまり、男性に休暇をもっと取ってもらうためには、女性の働く環境を変えなければいけないということがわかります。今後は休暇後のことについて、もっと考えるべきです。

女の人は何について話していますか。
1 男性の育児休暇の取り方
2 女性が育児休暇を取らない理由
3 育児休暇を取ることの問題点
4 育児休暇を取った社員の働き方

해석 회사의 회의에서 여자가 이야기하고 있습니다.

F : 現在、多くの企業が導入している**男性の育児休暇**ですが、알고 계시는 대로, 작년부터 당사에서도 도입하였습니다. 하지만, 작년 1년 동안에 휴가를 낸 사원은 3명뿐이었습니다. 그래서 이 제도에 대해 사내의 남성 사원에게 앙케트를 실시한 결과가 이쪽입니다. **휴가를 내지 않는 이유로써 가장 많았던 것은, 휴가가 끝난 뒤에 일을 따라갈 수 있을지 불안하다는 것이었습니다.** 이것은, 육아 휴가를 낸 여성 사원이, 휴가를 내기 전과는 다른 일을 하거나, 사내 시스템이 바뀐 것으로 고생하거나 하는 것을 보고 있기 때문이라고 생각합니다. 진짜 문제점은 여기 있는 것입니다. 즉, 남성이 휴가를 더 내기 위해서는, 여성의 일하는 환경을 바꾸지 않으면 안된다는 것을 알 수 있습니다. 앞으로는 휴가 후의 일에 대해, 좀 더 생각해야만 합니다.

여자는 무엇에 대해 이야기하고 있습니까?

1 남성의 육아 휴가를 쓰는 법
2 여성이 육아 휴가를 쓰지 않는 이유
3 육아 휴가를 쓰는 것의 문제점
4 육아 휴가를 쓴 사원이 일하는 방법

해설 상황 설명에서 언급된 화자가 여자 한 명이므로, 주제나 핵심 내용을 묻는 문제가 나올 것임을 예상한다. 여자가 男性の育児休暇(남성의 육아 휴가), 休暇を取らない理由로서 一番多かったのは、休暇が終わった後に仕事についていけるか不安(휴가를 내지 않는 이유로써 가장 많았던 것은, 휴가가 끝난 뒤에 일을 따라갈 수 있을지 불안), 休暇を取る前とは違う仕事をしたり、社内のシステムが変わることで苦労(휴가를 내기 전과는 다른 일을 하거나, 사내 시스템이 바뀐 것으로 고생)라고 했다. 질문에서 여자가 무엇에 대해 이야기하고 있는지 묻고 있으므로, 3 育児休暇を取ることの問題点(육아 휴가를 쓰는 것의 문제점)이 정답이다.

어휘 現在 げんざい 図 현재   企業 きぎょう 図 기업
導入 どうにゅう 図 도입   男性 だんせい 図 남성
育児休暇 いくじきゅうか 図 육아 휴가
ご存じの通り ごぞんじのとおり 알고 계시는 대로
当社 とうしゃ 図 당사
休暇を取る きゅうかをとる 휴가를 내다, 휴가를 얻다
社員 しゃいん 図 사원   制度 せいど 図 제도   社内 しゃない 図 사내
アンケート 図 앙케트, 설문조사   実施 じっし 図 실시
結果 けっか 図 결과   理由 りゆう 図 이유   ついていく 따라가다
不安だ ふあんだ な형 불안하다   女性 じょせい 図 여성
システム 図 시스템   変わる かわる 图 바뀌다, 변하다
苦労 くろう 図 고생, 수고   考える かんがえる 图 생각하다
問題点 もんだいてん 図 문제점   つまり 튀 결국, 즉
環境 かんきょう 図 환경   変える かえる 图 바꾸다
今後 こんご 図 앞으로, 차후

5

[음성]
レポーターが会社員の男の人に、昼食について聞いています。

F : こんにちは。テレビのインタビューですが、昼食はもうお済みですか。

M : ええ、午前中に取引先に行く用事があったので、終わってからこの近くで食べました。12時前に店に入ったので、空いていてよかったです。

F : そうですか。何を食べたか、教えていただけますか。

M : ここを真っ直ぐ行ったところに、いい和食の店があるんですよ。今日はそこで煮魚の定食を食べました。小さい店なんですが、新鮮な魚を使っていて、好みの味なんです。一緒に出てくる野菜も、農家から直接買っているとかで本当に野菜らしい味がして。今日も春の野菜の味が最高だったなあ。おすすめですよ。ちょっと値段が高めですけど。

F : そうなんですか。

M : 月に1回ぐらいならいいかな、と。妻には内緒ね。

男の人は昼食で行った店についてどう言っていますか。
1 少し高いので、一人で行った
2 店が狭いので、入りにくかった
3 次は妻と一緒に行きたい
4 料理がとてもおいしかった

해석 리포터가 회사원 남자에게, 점심에 대해 묻고 있습니다.

F : 안녕하세요. 텔레비전 인터뷰인데요, 점심 식사는 벌써 끝나셨어요?

M : 네, 오전 중에 거래처에 갈 일이 있어서, 끝나고 나서 이 근처에서 먹었어요. 12시 전에 가게에 들어가서, 비어 있어서 다행이었어요.

F : 그래요? 무엇을 먹었는지, 알려주실 수 있으세요?

M : 여기를 곧장 간 곳에, 좋은 일식집이 있어요. 오늘은 거기서 생선 조림 정식을 먹었어요. 작은 가게지만, 신선한 생선을 사용하고 있어서, 제 취향의 맛이에요. 같이 나오는 야채도, 농가에서 직접 사 온다던가 해서 정말 야채 다운 맛이 나서. 오늘도 봄 야채 맛이 최고였죠. 추천합니다. 조금 가격은 비싼 듯하지만요.

F : 그런가요.

M : 달에 1번 정도면 괜찮으려나, 하고. 아내에게는 비밀로.

남자는 점심으로 간 가게에 대해 어떻게 말하고 있습니까?

1 조금 비싸서, 혼자 갔다
2 가게가 좁아서, 들어가기 힘들었다
3 다음에는 아내와 함께 가고 싶다
4 요리가 매우 맛있었다

해설 상황 설명에서 언급된 화자가 리포터와 남자 두 명이므로, 두 번째로 언급된 화자, 즉 남자의 생각이나 행위의 목적을 묻는 문제가 나올 것임을 예상한다. 대화에서, 남자가 いい和食の店があるんですよ

（좋은 일식집이 있어요）, 新鮮な魚を使っていて、好みの味なんです（신선한 생선을 사용하고 있어서, 제 취향의 맛이에요）, 今日も春の野菜の味が最高だったなあ。おすすめですよ（오늘도 봄 야채 맛이 최고였죠. 추천합니다）라고 했다. 질문에서 남자가 점심으로 간 가게에 대해 어떻게 말하고 있는지 묻고 있으므로, 4 料理がとてもおいしかった（요리가 매우 맛있었다）가 정답이다.

어휘 インタビュー 圏인터뷰　昼食 ちゅうしょく 圏점심 식사, 점심
　　済む すむ 圏끝나다　午前中 ごぜんちゅう 圏오전 중
　　取引先 とりひきさき 圏거래처　用事 ようじ 圏볼일, 용무
　　空く すく 圏비다　真っ直ぐ まっすぐ 圉곧장, 똑바로
　　和食の店 わしょくのみせ 圏일식집　煮魚 にざかな 圏생선조림
　　定食 ていしょく 圏정식　新鮮だ しんせんだ な형신선하다
　　好み このみ 圏취향, 좋아함　農家 のうか 圏농가
　　直接 ちょくせつ 圏직접　味がする あじがする 맛이 나다
　　最高だ さいこうだ な형최고다　おすすめ 圏추천
　　値段 ねだん 圏가격, 값　高めだ たかめだ な형비싼 듯 하다
　　月 つき 圏달, 월　妻 つま 圏아내　内緒 ないしょ 圏비밀

실전 테스트 2 p.371

1 2　　**2** 3　　**3** 4　　**4** 3　　**5** 1

문제3에서는, 문제 용지에 아무것도 인쇄되어 있지 않습니다. 이 문제는, 전체적으로 어떤 내용인지를 묻는 문제입니다. 이야기 전에 질문은 없습니다. 우선 이야기를 들어주세요. 그리고 나서, 질문과 선택지를 듣고, 1에서 4 중에, 가장 알맞은 것을 하나 골라주세요.

1

[음성]
講演会で女の人が話しています。
F：私はウェブサイトのデザインを仕事にしているのですが、最近、自分のデザインについてブログで説明することが多くなりました。デザインのことや仕事の情報などを文章にしています。そして、私と同じように自分の気持ちや考えを文章にして、インターネットを通じて発信するデザイナーが増えています。これはとてもいいことで、言葉にすることで「なんとなくこちらのほうがいい」というようなあいまいな部分が少なくなり、資料を書く時だけでなく、お客様に言葉で説明する時にも、わかりやすい話し方に変化していくのです。考えを文章化することは、仕事の面でもとてもいいトレーニングなのです。

女の人は何について話していますか。
1 ブログで書いている内容

---

2 文章を書くことのいい点
3 文章のトレーニング方法
4 あいまいな話し方にしない方法

해석 강연회에서 여자가 이야기하고 있습니다.
　F：저는 웹 사이트 디자인을 업무로 하고 있는데요, 최근, 자신의 디자인에 대해 블로그에서 설명하는 일이 많아졌습니다. 디자인에 관한 것이나 업무 정보 등을 글로 쓰고 있습니다. 그리고, 저와 같이 자신의 기분이나 생각을 글로 써서, 인터넷을 통해 발신하는 디자이너가 늘고 있습니다. 이것은 아주 좋은 일로, 말로 함으로써 '왠지 모르게 이쪽이 좋아'와 같은 애매한 부분이 적어지고, 자료를 쓸 때뿐만 아니라, 손님에게 말로 설명할 때에도, 이해하기 쉬운 화법으로 변화해 가는 것입니다. 생각을 문장화하는 것은, 업무 면에서도 아주 좋은 트레이닝입니다.

여자는 무엇에 대해 이야기하고 있습니까?

1 블로그에서 쓰고 있는 내용
2 글을 쓰는 것의 좋은 점
3 문장의 트레이닝 방법
4 애매한 화법으로 하지 않는 방법

해설 상황 설명에서 언급된 화자가 여자 한 명이므로, 주제나 핵심 내용을 묻는 문제가 나올 것임을 예상한다. 여자가 デザインのことや仕事の情報などを文章にしています（디자인에 관한 것이나 업무 정보 등을 글로 쓰고 있습니다）, あいまいな部분이 少なくなり（애매한 부분이 적어지고）, お客様に言葉で説明する時にも、わかりやすい話し方に変化（손님에게 말로 설명할 때에도, 이해하기 쉬운 화법으로 변화）, 考えを文章化することは、仕事の面でもとてもいいトレーニング（생각을 문장화하는 것은, 업무 면에서도 아주 좋은 트레이닝）라고 했다. 질문에서 여자가 무엇에 대해 이야기하고 있는지 묻고 있으므로, 2 文章を書くことのいい点（글을 쓰는 것의 좋은 점）이 정답이다.

어휘 ウェブサイト 圏웹 사이트　デザイン 圏디자인
　　最近 さいきん 圉최근　ブログ 圏블로그　説明 せつめい 圏설명
　　情報 じょうほう 圏정보　文章 ぶんしょう 圏글, 문장
　　気持ち きもち 圏기분, 마음　考え かんがえ 圏생각
　　インターネット 圏인터넷　発信 はっしん 圏발신
　　デザイナー 圏디자이너　増える ふえる 圏늘다, 증가하다
　　なんとなく 圉왠지 모르게　あいまいだ な형애매하다
　　部分 ぶぶん 圏부분　資料 しりょう 圏자료
　　お客様 おきゃくさま 圏손님, 고객　話し方 はなしかた 圏화법, 말투
　　変化 へんか 圏변화　文章化 ぶんしょうか 圏문장화
　　トレーニング 圏트레이닝, 연습　内容 ないよう 圏내용
　　方法 ほうほう 圏방법

2

[음성]
テレビで男の人が話しています。
M：子供というのは、本来虫に興味があるものです。小さくて動くもの、きれいな羽を持っているもの。男の子

見守る みまもる 图지켜보다　義務 ぎむ 图의무

3

[음성]

女の学生が授業で調査の結果を発表しています。

F：私は今回まず、インターネットの使用について興味を
持ちました。これは、政府が調べたデータですが、現
在13歳から59歳までの年齢では、90％以上の人々が
インターネットを使っています。しかし、注目すべきは
ここです。インターネットを使うときに、何を使ってい
るかです。日本ではほとんどの人がスマートフォンを
使っていて、パソコンを使っている人は約7割。13歳
から19歳ですと半分程度です。これは、他の先進国と
大きく違う点です。そこで私は、学生達を対象に、い
つからパソコンを使うようになったのか、アンケートを
行いました。予想通り、大学に入ってからと答えた人
が6割を超えていました。レポートを書く必要がある
ため、大学で使用するという人が多く、自分のパソコ
ンを持っている人もおよそ6割です。また、スマート
フォンがあれば困らないと考えている人が多いことも
わかりました。

女の学生は何の調査を行ったと言っていますか。

1 インターネットを使うときに使う物
2 スマートフォンを使う人の割合
3 パソコンを持っている人の数
4 パソコンを使い始めた時期

でも女の子でも、虫に興味を持つのは自然なことです。
虫の写真が表紙のノートを、気持ち悪いから売らないで
ほしいという人がいますが、これはとんでもないことで
す。子供たちが好きなものを、気持ち悪いなんて言わな
いでください。これは虫だけの話ではありません。子供
が興味を持ったものをよくないと否定すると子供の成長
を止めてしまいます。科学や社会についての好奇心を
つぶしてしまいます。どうか子供の周りにいる大人達は、
子供の気持ちを見守ってあげてください。

男の人が伝えたいことは何ですか。

1 子供は虫が好きだということ
2 虫の写真がついたノートを売ってほしいということ
3 子供の好きなものを否定しないでほしいということ
4 大人は子供を見守る義務があるということ

해석 텔레비전에서 남자가 이야기하고 있습니다.

M：아이란, 본래 벌레에 흥미가 있습니다. 작고 움직이는 것, 예쁜 날
개를 가지고 있는 것. 남자아이라도 여자아이라도, 벌레에 흥미를
가지는 것은 자연스러운 일입니다. 벌레 사진이 표지인 노트를, 기
분 나쁘니까 팔지 않으면 좋겠다는 사람이 있지만, 이것은 당치
도 않은 일입니다. 아이들이 좋아하는 것을, 기분 나쁘다고 말하
지 말아 주십시오. 이것은 벌레만의 이야기가 아닙니다. 아이가 흥
미를 가진 것을 좋지 않다고 부정하면 아이의 성장을 멈춰 버립니
다. 과학이나 사회에 대한 호기심을 뭉개버립니다. 부디 아이의 주
변에 있는 어른들은, 아이의 마음을 지켜봐 주십시오.

남자가 전하고 싶은 것은 무엇입니까?

1 아이는 벌레를 좋아한다는 것
2 벌레 사진이 있는 노트를 팔면 좋겠다는 것
3 아이가 좋아하는 것을 부정하지 않으면 좋겠다는 것
4 어른은 아이를 지켜볼 의무가 있다는 것

해설 상황 설명에서 언급된 화자가 남자 한 명이므로, 주제나 핵심 내용을
묻는 문제가 나올 것임을 예상한다. 남자가 子供이란 것은, 本来
虫に興味があるものです(아이란, 본래 벌레에 흥미가 있습니다),
子供たちが好きなものを、気持ち悪いなんて言わないでくださ
い(아이들이 좋아하는 것을, 기분 나쁘다고 말하지 말아 주십시오),
否定すると子供の成長を止めてしまいます(부정하면 아이의 성장
을 멈춰 버립니다)라고 했다. 질문에서 남자가 전하고 싶은 것을 묻고
있으므로, 3 子供の好きなものを否定しないでほしいということ
(아이가 좋아하는 것을 부정하지 않으면 좋겠다는 것)가 정답이다.

어휘 本来 ほんらい 图본래　虫 むし 图벌레　興味 きょうみ 图흥미
動く うごく 图움직이다　羽 はね 图날개
自然だ しぜんだ な형자연스럽다　表紙 ひょうし 图표지
気持ち きもち 图기분, 마음　とんでもない 당치도 않다, 터무니없다
否定 ひてい 图부정　成長 せいちょう 图성장
止める とめる 图멈추다　科学 かがく 图과학　社会 しゃかい 图사회
好奇心 こうきしん 图호기심　つぶす 图뭉개다, 찌부러뜨리다
どうか 图부디, 제발　周り まわり 图주변, 주위

해석 여학생이 수업에서 조사 결과를 발표하고 있습니다.

F：저는 이번에 우선, 인터넷 사용에 대해 흥미를 가졌습니다. 이것
은, 정부가 조사한 데이터입니다만, 현재 13세에서 59세까지의
연령에서는, 90％ 이상의 사람들이 인터넷을 사용하고 있습니다.
하지만, 주목해야 할 것은 여기입니다. 인터넷을 사용할 때에, 무
엇을 사용하고 있는가입니다. 일본에서는 대부분의 사람이 스마
트폰을 사용하고 있고, 컴퓨터를 사용하고 있는 사람은 약 70％.
13세에서 19세라면 절반 정도입니다. 이것은, 다른 선진국과 크
게 다른 점입니다. 그래서 저는, 학생들을 대상으로, **언제부터 컴
퓨터를 사용하게 되었는지, 앙케트를 실시했습니다.** 예상대로,
대학에 들어가고 나서부터라고 대답한 사람이 60％를 넘었습니
다. 리포트를 쓸 필요가 있기 때문에, 대학에서 사용한다는 사람
이 많고, 자신의 컴퓨터를 가지고 있는 사람도 대략 60％입니다.
또, 스마트폰이 있으면 곤란하지 않다고 생각하고 있는 사람이 많
다는 것도 알았습니다.

여학생은 어떤 조사를 실시했다고 말하고 있습니까?

1 인터넷을 사용할 때에 사용하는 것
2 스마트폰을 사용하는 사람의 비율
3 컴퓨터를 가지고 있는 사람 수
4 컴퓨터를 사용하기 시작한 시기

해설 상황 설명에서 언급된 화자가 여학생 한 명이므로, 주제나 핵심 내용을 묻는 문제가 나올 것임을 예상한다. 여학생이 언제부터 파소콘을 사용하게 되었는지, 앙케트를 행했습니다(언제부터 컴퓨터를 사용하게 되었는지, 앙케트를 실시했습니다)라고 했다. 질문에서 여학생이 어떤 조사를 실시했는지 묻고 있으므로, 4 파소콘을 사용하기 始めた 時期(컴퓨터를 사용하기 시작한 시기)가 정답이다.

어휘 今回 こんかい 圏이번　まず 團우선　インターネット 圏인터넷
　　 使用 しよう 圏사용　興味 きょうみ 圏흥미　政府 せいふ 圏정부
　　 調べる しらべる 圏조사하다, 찾아보다　データ 圏데이터
　　 現在 げんざい 圏현재　年齢 ねんれい 圏연령
　　 以上 いじょう 圏이상　注目 ちゅうもく 圏주목　日本 にほん 圏일본
　　 ほとんど 圏대부분, 거의　スマートフォン 圏스마트폰
　　 パソコン 圏컴퓨터　割り わり 圏%, 할　程度 ていど 圏정도
　　 先進国 せんしんこく 圏선진국　対象 たいしょう 圏대상
　　 アンケート 圏앙케트, 설문조사　行う おこなう 圏실시하다, 행하다
　　 予想通り よそうどおり 예상대로　超える こえる 圏넘다, 초과하다
　　 レポート 圏리포트, 보고서　必要 ひつよう 圏필요
　　 およそ 團대략, 약　考える かんがえる 圏생각하다
　　 割合 わりあい 圏비율　時期 じき 圏시기
　　 使い始める つかいはじめる 圏사용하기 시작하다

4

[음성]
会社で女の人と男の人が話しています。
M：小林さん、お客さんからチョコレートもらったんだけど、食べませんか。
F：ありがとう。いただきます。お客さんって、午前中に来ていた方？
M：そう。今度新しい工場を作るらしくて。
F：へー、それで挨拶に来たの？
M：うん、それもあるけど、工場で使う機械のことで相談されたんだ。悪いけど、小林さん、資料を作るの、手伝ってくれない？
F：その会社に説明しに行くの？
M：うん、あさって。機械のことは小林さんが一番よく知っているから、教えてほしいんだ。
F：仕方ないなあ。チョコレート食べちゃったし。手伝うわ。

男の人は何をしに来ましたか。

1 チョコレートを食べるため
2 挨拶をするため
3 手伝いを頼むため
4 機械の相談をするため

해석 회사에서 여자와 남자가 이야기하고 있습니다.
　　 M：고바야시 씨, 손님에게 초콜릿을 받았는데, 먹지 않을래요?
　　 F：고마워. 잘 먹겠습니다. 손님이라면, 오전 중에 왔던 분?
　　 M：맞아. 이번에 새로운 공장을 만든다고 해서.

F：와, 그래서 인사하러 온 거야?
M：응, 그것도 있지만, 공장에서 사용하는 기계 일로 상담받았어. 미안하지만, 고바야시 씨, 자료 만드는 거, 도와주지 않을래?
F：그 회사에 설명하러 가는 거야?
M：응, 모레. 기계 일은 고바야시 씨가 제일 잘 알고 있으니까, 가르쳐주면 좋겠어.
F：어쩔 수 없네. 초콜릿도 먹어버렸고. 도울게.

남자는 무엇을 하러 왔습니까?

1 초콜릿을 먹기 위해
2 인사를 하기 위해
3 도움을 부탁하기 위해
4 기계의 상담을 하기 위해

해설 상황 설명에서 언급된 화자가 여자와 남자 두 명이므로, 두 번째로 언급된 화자, 즉 남자의 생각이나 행위의 목적을 묻는 문제가 나올 것임을 예상한다. 대화에서, 남자가 資料を作るの、手伝ってくれない？(자료 만드는 거, 도와주지 않을래?)라고 했다. 질문에서 남자가 무엇을 하러 왔는지 묻고 있으므로, 3 手伝いを頼むため(도움을 부탁하기 위해)가 정답이다.

어휘 お客さん おきゃくさん 圏손님, 고객　チョコレート 圏초콜릿
　　 午前中 ごぜんちゅう 圏오전 중　今度 こんど 圏이번, 다음
　　 工場 こうじょう 圏공장　挨拶 あいさつ 圏인사
　　 機械 きかい 圏기계　相談 そうだん 圏상담　資料 しりょう 圏자료
　　 手伝う てつだう 圏도와주다, 거들다　説明 せつめい 圏설명
　　 仕方ない しかたない い圏어쩔 수 없다, 할 수 없다
　　 手伝い てつだい 圏도움

5

[음성]
ラジオで女の人がインタビューを受けています。
M：今年は多くのテレビドラマや映画にご出演なさっていましたが、この1年で、印象に残っている作品は何でしょうか。
F：どの作品も楽しくお仕事をさせていただきましたが、中でも『青空』というテレビドラマが印象深いですね。初めてテレビドラマで主役をいただいて、半年間、全力で取り組みました。ドラマの中では歌を歌うシーンもあったので、歌の練習もたくさんしましたし、充実した半年間でした。このドラマに出たことをきっかけに、その後映画のお仕事をたくさんもらうようになって、とても忙しい1年だったと思います。少し忙しすぎて、自分の時間が取れなかったので、来年はもう少し仕事を減らして、ダンスのトレーニングをしたいと思っています。

この女の人は、今年はどうだったと言っていますか。

1 テレビドラマに出て、仕事が増えた
2 テレビドラマに出つつ、映画の仕事をした
3 テレビドラマに1年出て、充実していた

4 テレビドラマや映画に出てから、歌を歌った

해석 라디오에서 여자가 인터뷰를 받고 있습니다.

M : 올해는 많은 텔레비전 드라마나 영화에 출연하셨는데, 이 1년에서, 인상에 남아있는 작품은 무엇입니까?

F : 어느 작품도 즐겁게 일을 했지만, 그중에서도 '아오조라'라는 텔레비전 드라마가 인상 깊네요. 처음으로 텔레비전 드라마에서 주연을 맡아서, 반년 동안, 전력으로 몰두했습니다. 드라마 안에서는 노래를 부르는 장면도 있었기 때문에, 노래 연습도 많이 했고, 충실한 반년간이었습니다. 이 드라마에 나온 것을 계기로, 그 후 영화 일을 많이 받게 되어, 매우 바쁜 1년이었다고 생각합니다. 좀 너무 바빠서, 자신의 시간을 가질 수 없었기 때문에, 내년은 조금 일을 줄이고, 댄스 트레이닝을 하고 싶다고 생각하고 있습니다.

이 여자는, 올해는 어땠다고 말하고 있습니까?

1 텔레비전 드라마에 나와서, 일이 늘었다

2 텔레비전 드라마에 나오면서, 영화 일을 했다

3 텔레비전 드라마에 1년 나와서, 충실했다

4 텔레비전 드라마나 영화에 나오고 나서, 노래를 불렀다

해설 상황 설명에서 언급된 화자가 여자 한 명이므로, 주제나 핵심 내용을 묻는 문제가 나올 것임을 예상한다. 여자가 このドラマに出たことをきっかけに、その後映画のお仕事をたくさんもらうようになって、とても忙しい1年だったと思います(이 드라마에 나온 것을 계기로, 그 후 영화 일을 많이 받게 되어, 매우 바쁜 1년이었다고 생각합니다)라고 했다. 질문에서 여자가 올해는 어땠다고 말하고 있는지 묻고 있으므로, 1 テレビドラマに出て、仕事が増えた(텔레비전 드라마에 나와서, 일이 늘었다)가 정답이다.

어휘 テレビドラマ 圏텔레비전 드라마   出演 しゅつえん 圏출연
なさる 圏하시다 (する의 존경어)   印象 いんしょう 圏인상
残る のこる 圏남다   作品 さくひん 圏작품
させていただく 하다 (する의 겸양표현)
印象深い いんしょうぶかい 인상 깊다
主役 しゅやく 圏주연, 주역   半年間 はんとしかん 圏반년 동안
全力 ぜんりょく 圏전력   取り組む とりくむ 圏몰두하다, 싸우다
シーン 圏장면, 신   充実 じゅうじつ 圏충실   きっかけ 圏계기, 동기
その後 そのご 🔒그 후   時間を取る じかんをとる 시간을 내다
減らす へらす 圏줄이다, 감소시키다   ダンス 圏댄스, 춤
トレーニング 圏트레이닝, 연습   増える ふえる 圏늘다

실전 테스트 3

1 1   **2** 1   **3** 4   **4** 1   **5** 2

문제3에서는, 문제 용지에 아무것도 인쇄되어 있지 않습니다. 이 문제는, 전체적으로 어떤 내용인지를 묻는 문제입니다. 이야기 전에 질문은 없습니다. 우선 이야기를 들어주세요. 그리고 나서, 질문과 선택지를 듣고, 1에서 4 중에, 가장 알맞은 것을 하나 골라주세요.

[음성]

テレビでアナウンサーが話しています。

F : 今は昔よりも人や文化の行き来が増えたことで、いろんな国のものが国内に入ってきやすくなりました。そのため、最近ではほかの国で流行しているものが日本でも一気に流行するという現象が起こっています。少し前だと、アサイーというフルーツが若い女性たちの間で美容に良いと評判になりました。特に今年は台湾のタピオカや、韓国のチーズドックなど、持ち歩いて食べるのに適したものが人気となりました。

アナウンサーは何について話していますか。

1 外国の食べ物が流行する理由

2 今流行している食べ物

3 美容にいい食べ物

4 歩きながら食べられる食べ物

해석 텔레비전에서 아나운서가 이야기하고 있습니다.

F : 지금은 옛날보다 사람이나 문화의 왕래가 늘어나서, 여러 나라의 것이 국내로 들어오기 쉬워졌습니다. 그래서, 최근에는 다른 나라에서 유행하고 있는 것이 일본에서도 단숨에 유행하는 현상이 일어나고 있습니다. 얼마 전에는, 아사이라는 과일이 젊은 여성들 사이에서 미용에 좋다고 화제가 되었습니다. 특히 올해는 타이완의 타피오카나, 한국의 치즈 핫도그 등, 들고 다니면서 먹기 좋은 것이 인기입니다.

아나운서는 무엇에 대해 이야기하고 있습니까?

1 외국의 음식이 유행하는 이유

2 지금 유행하고 있는 음식

3 미용에 좋은 음식

4 걸으면서 먹을 수 있는 음식

해설 상황 설명에서 언급된 화자가 아나운서 한 명이므로, 주제나 핵심 내용을 묻는 문제가 나올 것임을 예상한다. 아나운서가 いろんな国のものが国内に入ってきやすくなりました(여러 나라의 것이 국내로 들어오기 쉬워졌습니다), そのため、最近ではほかの国で流行しているものが日本でも一気に流行するという現象が起こっています(그래서, 최근에는 다른 나라에서 유행하고 있는 것이 일본에서도 단숨에 유행하는 현상이 일어나고 있습니다)라고 했다. 질문에서 아나운서가 무엇에 대해 이야기하고 있는지 묻고 있으므로, 1 外国の食べ物が流行する理由(외국의 음식이 유행하는 이유)가 정답이다.

어휘 昔 むかし 圏옛날   文化 ぶんか 圏문화   行き来 いきき 圏왕래
増える ふえる 圏늘다   国内 こくない 圏국내   そのため 🔒그래서
最近 さいきん 圏최근   流行 りゅうこう 圏유행   日本 にほん 圏일본
一気に いっきに 🔒단숨에   現象 げんしょう 圏현상
起こる おこる 圏일어나다   アサイー 圏아사이   フルーツ 圏과일
若い わかい い형젊다   女性 じょせい 圏여성   美容 びよう 圏미용
評判になる ひょうばんになる 화제가 되다   特に とくに 🔒특히

청해 | 문제 3 개요 이해 **135**

台湾 たいわん 圏 대만　タピオカ 圏 타피오카　韓国 かんこく 圏 한국
チーズドッグ 圏 치즈 핫도그　持ち歩く もちあるく 圏 들고 다니다
適する てきする 圏 적당하다, 알맞다　人気 にんき 圏 인기
理由 りゆう 圏 이유

2

[음성]

^{こうえんかい}講演会で^{おとこ}男の^{ひと}人が^{はな}話しています。

M：^{げんざい}現在、^{しごと}仕事や^{かじ}家事、^{ゆうじん}友人との^つ付き^あ合いなど、^{みな}皆さん、
^{いそが}忙しい^{まいにち}毎日を^{おく}送っているでしょう。^{じゆう}自由な^{じかん}時間がない
と^{おも}思っているのではないでしょうか。そこで**^{たいせつ}大切なの**
が^{じかんかんり}時間管理です。^{じかんかんり}時間管理というとスケジュールを^{つく}作
ってその^{とお}通りに^{せいかつ}生活することだと^{かんが}考える^{ひと}人もいて、そん
な^{めんどう}面倒なことはしたくない、^{しごと}仕事じゃないんだからと
いう^{こえ}声もありますが、^{じんせい}人生の^{なか}中でやりたいことを^{ほんとう}本当
に^{じつげん}実現するためには、これこそが^{かぎ}鍵なのです。^{じかんかん}時間管
理を^み身に^つ付けると、**^{かなら}必ず^{じゆう}自由な^{じかん}時間が^{つく}作れるようにな**
ります。すべきことがはっきりとわかるので、^{むだ}無駄な^{こう}行
^{どう}動が^{すく}少なくなるからです。^{さまざま}様々な^{じかんかんり}時間管理の^{ほうほう}方法があ
りますが、^{かなら}必ずご^{じぶん}自分に^あ合った^{ほうほう}方法があるはずです。

^{おとこ}男の^{ひと}人は^{なに}何について^{はな}話していますか。

1 ^{じかんかんり}時間管理を^{すす}勧める^{りゆう}理由
2 やりたいことをする^{じんせい}人生
3 ^{むだ}無駄な^{こうどう}行動が^{おお}多い^{げんいん}原因
4 ^{じぶん}自分に^あ合った^{ほうほう}方法の^{さが}探し^{かた}方

해석 강연회에서 남자가 이야기하고 있습니다.

M：현재, 일과 가사, 친구와의 교제 등, 여러분, 바쁜 매일을 보내고
계시죠. 자유로운 시간이 없다고 생각하고 있는 것은 아닌가요?
그래서 **중요한 것이 시간 관리**입니다. 시간 관리라고 하면 스케
줄을 만들어 그대로 생활하는 것이라고 생각하는 사람도 있어서,
그런 귀찮은 것은 하고 싶지 않다, 일이 아니니까라는 소리도 있
지만, 인생에서 하고 싶은 것을 정말로 실현하기 위해서는, 이것
이야말로 열쇠인 것입니다. 시간 관리를 몸에 익히면, 반드시 자
유로운 시간을 만들 수 있게 됩니다. 해야 할 일을 확실히 알게
되므로, 쓸데없는 행동이 적어지기 때문입니다. 여러 가지 시간
관리 방법이 있습니다만, 반드시 자신에게 맞는 방법이 있을 것
입니다.

남자는 무엇에 대해 이야기하고 있습니까?

1 시간 관리를 추천하는 이유
2 하고 싶은 것을 하는 인생
3 쓸데없는 행동이 많은 원인
4 자신에게 맞는 방법을 찾는 법

해설 상황 설명에서 언급된 화자가 남자 한 명이므로, 주제나 핵심 내용을
묻는 문제가 나올 것임을 예상한다. 남자가 大切なのが時間管理
(중요한 것이 시간 관리), 時間管理を身に付けると、必ず自由な
時間が作れるようになります。すべきことがはっきりとわかるの

で、^{むだ}無駄な^{こうどう}行動が^{すく}少なくなるからです(시간 관리를 몸에 익히면,
반드시 자유로운 시간을 만들 수 있게 됩니다. 해야 할 일을 확실히
알게 되므로, 쓸데없는 행동이 적어지기 때문입니다)라고 했다. 질문
에서 남자가 무엇에 대해서 이야기하고 있는지 묻고 있으므로, 1 時
間管理を進める理由(시간 관리를 추천하는 이유)가 정답이다.

어휘 現在 げんざい 圏 현재　家事 かじ 圏 가사　友人 ゆうじん 圏 친구
付き合い つきあい 圏 교제, 사귐　送る おくる 圏 보내다
自由だ じゆうだ ナ형 자유롭다　そこで 쥅 그래서
時間管理 じかんかんり 圏 시간 관리　スケジュール 圏 스케줄
生活 せいかつ 圏 생활　考える かんがえる 圏 생각하다
面倒だ めんどうだ ナ형 귀찮다　人生 じんせい 圏 인생
実現 じつげん 圏 실현　鍵 かぎ 圏 열쇠
見に付ける みにつける 몸에 익히다　必ず かならず 🗓 반드시
はっきり 🗓 확실히　無駄だ むだだ ナ형 쓸데없다
行動 こうどう 圏 행동　様々だ さまざまだ ナ형 여러 가지다
方法 ほうほう 圏 방법　合う あう 圏 맞다
勧める すすめる 圏 추천하다　原因 げんいん 圏 원인
探す さがす 圏 찾다

3

[음성]

テレビで^{おとこ}男の^{ひと}人がインタビューに^{こた}答えています。

F：いよいよ^{あした}明日がオープンですね。
M：はい。^{さいしょ}最初は^{しきん}資金が^{あつ}集まらなくて^{くろう}苦労しましたが、ア
イデアには^{じしん}自信があったので、^{なん}何とか^{じつげん}実現したいとい
う^{おも}思いで^{がんば}頑張ってきました。**^{えいが}映画の^{せかい}世界を^{たいけん}体験できる**
レストランということで、^{りょうり}料理はもとより、^{しょうめい}照明や^{おんがく}音楽
にもこだわっています。^{しょうめい}照明は、^{げきじょう}劇場や^{えいがかん}映画館のデザ
インが^{せんもん}専門のデザイナーにお^{ねが}願いし、^{しゅうまつ}週末には、プロ
のバンドによる^{えいがおんがく}映画音楽の^{えんそう}演奏も^{よてい}予定しています。^{ねんれい}年齢
や^{せいべつ}性別を^と問わず、^{おお}多くの^{かた}方にお^こ越しいただきたいです。

^{おとこ}男の^{ひと}人は^{なに}何について^{はな}話していますか。

1 ^{あした}明日^{こうかい}公開の^{えいが}映画
2 ^{えいがかん}映画館のデザイン
3 バンドのコンサート
4 ^{あたら}新しいレストラン

해석 텔레비전에서 남자가 인터뷰에 대답하고 있습니다.

F：드디어 내일이 오픈이네요.
M：네. 처음엔 자금이 모이지 않아서 고생했습니다만, 아이디어에는
자신이 있었기 때문에, 어떻게든 실현하고 싶다는 생각으로 노력
해 왔습니다. **영화 세계를 체험할 수 있는 레스토랑이라는 것으**
로, 요리는 물론, 조명과 음악에도 신경 쓰고 있습니다. 조명은,
극장과 영화관 디자인이 전문인 디자이너에게 부탁하고, 주말에
는, 프로 밴드에 의한 영화음악 연주도 예정하고 있습니다. 연령
과 성별에 관계없이, 많은 분들이 와 주셨으면 좋겠습니다.

남자는 무엇에 대해 이야기하고 있습니까?

1 내일 공개하는 영화

2 영화관의 디자인

3 밴드의 콘서트

4 새로운 레스토랑

해설 상황 설명에서 언급된 화자가 남자 한 명이므로, 주제나 핵심 내용을 묻는 문제가 나올 것임을 예상한다. 남자가 映画の世界を体験できるレストラン이라는 것으로, 料理はもとより、照明や音楽にもこだわっています(영화 세계를 체험할 수 있는 레스토랑이라는 것으로, 요리는 물론, 조명과 음악에도 신경 쓰고 있습니다)라고 했다. 질문에서 남자가 무엇에 대해 이야기하고 있는지 묻고 있으므로, 4 新しいレストラン(새로운 레스토랑)이 정답이다.

어휘 いよいよ 閉드디어　オープン 閉오픈　最初 さいしょ 閉처음, 최초
資金 しきん 閉자금　集まる あつまる 图모이다　苦労 くろう 閉고생
アイデア 閉아이디어　自信 じしん 閉자신, 자신감
実現 じつげん 閉실현　思い おもい 閉생각
頑張る がんばる 图노력하다　世界 せかい 閉세계
体験 たいけん 閉체험　もとより 閉물론　照明 しょうめい 閉조명
こだわる 图신경 쓰다, 구애되다　劇場 げきじょう 閉극장
映画館 えいがかん 閉영화관　デザイン 閉디자인
専門 せんもん 閉전문　デザイナー 閉디자이너　プロ 閉프로
バンド 閉밴드　映画音楽 えいがおんがく 閉영화음악
演奏 えんそう 閉연주　予定 よてい 閉예정　年齢 ねんれい 閉연령
性別 せいべつ 閉성별
お越しいただく おこしいただく 와 주시다 (来てもらう의 겸양어)
公開 こうかい 閉공개　コンサート 閉콘서트

4

[음성]

ラジオで医者が話しています。

F：風邪の予防といえば、手洗いとうがいを思い浮かべる人が多いと思いますが、実は、しっかりと睡眠をとることも、風邪を防ぐのに効果的なんですよ。睡眠不足が続くと、体が元々持っている力が弱くなってしまうんです。加えて、食事を三食しっかりと取ることも重要です。細かい栄養バランスを気にするよりも、毎日決った時間に食べるようにしてください。つまり、基本的な生活習慣を身に付けることが大切なんですね。

医者は何について話していますか。

1 風邪の予防方法

2 手洗いとうがいの効果

3 睡眠不足の原因

4 食事の重要性

해석 라디오에서 의사가 이야기하고 있습니다.

F : 감기 예방이라고 하면, 손 씻기와 양치질을 떠올리는 사람이 많다고 생각합니다만, 실은, 제대로 수면을 취하는 것도, 감기를 예방하는데 효과적입니다. 수면 부족이 계속되면, 몸이 원래 가지

고 있는 힘이 약해져 버립니다. 덧붙여, 식사를 세끼 제대로 하는 것도 중요합니다. 섬세한 영양 밸런스를 신경 쓰기보다도, 매일 정해진 시간에 먹도록 해주세요. 즉, 기본적인 생활습관을 몸에 익히는 것이 중요합니다.

의사는 무엇에 대해 이야기하고 있습니까?

1 감기 예방 방법

2 손 씻기와 양치질의 효과

3 수면 부족의 원인

4 식사의 중요성

해설 상황 설명에서 언급된 화자가 의사 한 명이므로, 주제나 핵심 내용을 묻는 문제가 나올 것임을 예상한다. 의사가 風邪の予防といえば(감기 예방이라고 하면), 実は、しっかりと睡眠をとることも、風邪を防ぐのに効果的(실은, 제대로 수면을 취하는 것도, 감기를 예방하는데 효과적), 食事を三食しっかりと取ることも重要(식사를 세끼 제대로 하는 것도 중요)라고 했다. 질문에서 의사가 무엇에 대해 이야기하는지 묻고 있으므로, 1 風邪の予防方法(감기 예방 방법)가 정답이다.

어휘 予防 よぼう 閉예방　手洗い てあらい 閉손 씻기　うがい 閉양치질
思い浮かべる おもいうかべる 图떠올리다　実は じつは 閉실은
しっかり 閉제대로　睡眠をとる すいみんをとる 수면을 취하다
防ぐ ふせぐ 閉예방하다, 막다　効果的だ こうかてきだ な형효과적이다
睡眠不足 すいみんぶそく 閉수면 부족　続く つづく 图계속되다
元々 もともと 閉원래　加える くわえる 图덧붙이다
三食 さんしょく 閉세끼　重要だ じゅうようだ な형중요하다
細かい こまかい い형섬세하다
栄養バランス えいようバランス 閉영양 밸런스
気にする きにする 신경 쓰다　決まる きまる 图정하다　つまり 閉즉
基本的だ きほんてきだ な형기본적이다
生活習慣 せいかつしゅうかん 閉생활습관
身に付ける みにつける 몸에 익히다　方法 ほうほう 閉방법
効果 こうか 閉효과　原因 げんいん 閉원인
重要性 じゅうようせい 閉중요성

5

[음성]

ラジオで女の人が話しています。

F：私達の企業では、お客様の声を商品に反映させることを大切にしています。数か月前のことですが、素材はいいが、もう少しおしゃれなデザインの服を作ってくれないかという意見が届いたんです。私達の売っている服は、シンプルなデザインと素材の良さを大切にした商品で、長く使ってほしいものが多いのですが、そうなるとどうしても、流行に合わせたデザインの服は作れないと考えていました。しかし、私達はシンプルで美しい服にこだわり過ぎていたのではないかと、反省したんです。そこで今回、新しいデザイナーを迎えて、挑戦したのが、来週オープンする店の服です。意見をく

ださった方にも、満足していただけるのではと思っております。

女の人は何について話していますか。
1 企業が大切にしている素材の良さ
2 流行に合う服を売ることにした理由
3 新しい店で売る服のデザイナー
4 お客様を満足させるためにすること

해석 라디오에서 여자가 이야기하고 있습니다.

F : 우리의 기업에서는, 손님의 목소리를 상품에 반영시키는 것을 중요하게 생각하고 있습니다. 수개월 전의 일입니다만, 소재는 좋은데, 조금 더 화려한 디자인의 옷을 만들어 주지 않겠냐는 의견이 왔습니다. 우리가 팔고 있는 옷은, 심플한 디자인과 소재의 우수함을 중요시한 상품으로, 오랫동안 사용하시기를 바라는 것이 많은데, 그렇게 되면 아무래도, 유행에 맞춘 디자인의 옷은 만들 수 없다고 생각하고 있었습니다. 하지만, 우리는 심플하고 아름다운 옷을 지나치게 고집하고 있던 것은 아닌가라고, 반성했습니다. 그래서 이번에, 새로운 디자이너를 맞이해, 도전한 것이, 다음 주 오픈하는 가게의 옷입니다. 의견을 주신 분도, 만족해 주시지 않을까라고 생각하고 있습니다.

여자는 무엇에 대해서 이야기하고 있습니까?

1 기업이 중요하게 생각하는 소재의 우수함
2 유행에 맞는 옷을 팔기로 한 이유
3 새로운 가게에서 파는 옷의 디자이너
4 손님을 만족시키기 위해서 할 것

해설 상황 설명에서 언급된 화자가 여자 한 명이므로, 주제나 핵심 내용을 묻는 문제가 나올 것임을 예상할 수 있다. 여자가 もう少しおしゃれなデザインの服を作ってくれないかという意見(조금 더 화려한 디자인의 옷을 만들어 주지 않겠냐는 의견), 私達はシンプルで美しい服にこだわり過ぎていたのではないかと、反省したんです(우리는 심플하고 아름다운 옷을 지나치게 고집하고 있던 것은 아닌가라고, 반성했습니다)라고 했다. 질문에서 여자가 무엇에 대해 이야기하고 있는지 묻고 있으므로, 2 流行に合う服を売ることにした理由(유행에 맞는 옷을 팔기로 한 이유)가 정답이다.

어휘 企業 きぎょう 圀 기업　お客様 おきゃくさま 圀 손님
商品 しょうひん 圀 상품　反映 はんえい 圀 반영
数か月 すうかげつ 圀 수개월　素材 そざい 圀 소재
おしゃれだ な형 화려하다　デザイン 圀 디자인　意見 いけん 圀 의견
届く とどく 图 오다, 이르다　シンプルだ な형 심플하다
流行 りゅうこう 圀 유행　合わせる あわせる 图 맞추다
考える かんがえる 图 생각하다　美しい うつくしい い형 아름답다
こだわる 图 고집하다　反省 はんせい 圀 반성　そこで 웹 그래서
今回 こんかい 圀 이번　デザイナー 圀 디자이너
迎える むかえる 图 맞이하다　挑戦 ちょうせん 圀 도전
オープン 圀 오픈　満足 まんぞく 圀 만족　理由 りゅう 圀 이유

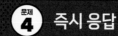

실력 다지기 p.374

01 ②	02 ①	03 ①	04 ②	05 ①
06 ②	07 ②	08 ①	09 ①	10 ②
11 ①	12 ①	13 ②	14 ①	15 ②
16 ①	17 ①	18 ①	19 ②	20 ②

01

F : ねえ、久しぶりの休みだし、散歩でも行こうか?
① そう、散歩して疲れたよね。
② うん、いいよ。どこに行く?

해석 F : 있잖아, 오랜만의 휴일인데, 산책이라도 갈까?

① 맞아, 산책해서 피곤하지.
② 응, 좋아. 어디로 갈까?

어휘 久しぶり ひさしぶり 圀 오랜만　疲れる つかれる 图 피곤하다

02

F : 田中君、明日の当番、代わってもらえるかな?
① 別に、かまいませんけど。
② えっ、代わってませんけど。

해석 F : 다나카 군, 내일 당번, 대신해 줄 수 있을까?

① 특별히, 상관없는데요.
② 앗, 대신하지 않았는데요.

어휘 当番 とうばん 圀 당번　代わる かわる 图 대신하다
別に べつに 图 특별히　かまわない 상관없다

03

F : 社長、今月の売り上げ目標を達成しました。
① そっか、みんな頑張ったな。
② ふうん、来月には必ず目標を超えましょう。

해석 F : 사장님, 이번 달 매상 목표를 달성했습니다.

① 그렇군, 모두 노력했구나.
② 흐음, 다음 달에는 반드시 목표를 넘읍시다.

어휘 社長 しゃちょう 圀 사장님, 사장　売り上げ うりあげ 圀 매상
目標 もくひょう 圀 목표　達成 たっせい 圀 달성
頑張る がんばる 图 노력하다　必ず かならず 图 반드시
超える こえる 图 넘다

04

M：佐藤さんはまじめだよね。

① そう、あなた性格悪いんだよ。

② ええ、これを見たら確かにそうだね。

해석 M : 사토 씨는 성실하네.

① 맞아, 당신 성격 나쁘다고.

② 응, 이걸 보면 확실히 그렇네.

어휘 まじめだ [な형] 성실하다　性格 せいかく [명] 성격
確かに たしかに [부] 확실히

05

F：これ、誕生日プレゼントにもらったんだ。きれいでしょ。

① ほんと。キラキラしてるね。

② わあ、プレゼントありがとう。

해석 F : 이거, 생일 선물로 받았어. 예쁘지?

① 정말. 반짝반짝하네.

② 와, 선물 고마워.

어휘 プレゼント [명] 선물　ほんと [명] 정말 (ほんとう의 축약형)
キラキラ [부] 반짝반짝

06

M：あっ、ここ間違っちゃった。どうしよう。

① 助かったね。

② えっ、どこ間違えた？

해석 M : 앗, 여기 틀려버렸어. 어떡하지.

① 살았네.

② 앗, 어디 틀렸어?

어휘 間違う まちがう [동] 틀리다　助かる たすかる [동] 살다, 도움이 되다

07

F：大丈夫だよ、時間内に全部解けたから。

① へえ、じゃ問題を解いてくれる？

② じゃあ、結果を待つだけだね。

해석 F : 괜찮아, 시간 내에 전부 풀 수 있었으니까.

① 호오, 그럼 문제를 풀어 줄래?

② 그럼, 결과를 기다리는 것뿐이네.

어휘 時間内 じかんない [명] 시간 내　解く とく [동] 풀다
結果 けっか [명] 결과

08

M：山田君、長い時間、準備したようだね。

① ええ、なかなかかかりました。

해석 M : 야마다 군, 긴 시간, 준비한 것 같네.

① 네, 꽤 걸렸어요.

② 그다지 연습하고 있지 않으니까요.

어휘 準備 じゅんび [명] 준비　なかなか [부] 꽤, 상당히
かかる [동] (시간, 비용이) 걸리다, 들다

09

M：あと一歩のところだったのに。

① 大丈夫。もう一度やってみよう。

② もう一歩だけ進もう。

해석 M : 앞으로 한 걸음인 참이었는데.

① 괜찮아. 한 번 더 해보자.

② 한 걸음만 더 나아가자.

어휘 あと [부] 앞으로　一歩 いっぽ [명] 한 걸음　進む すすむ [동] 나아가다

10

M：先生は研究室にいらっしゃるかどうか分かりますか。

① 明日は来ないつもりです。

② お休みだと伺ってます。

해석 M : 선생님은 연구실에 계신지 어떤지 아세요?

① 내일은 오지 않을 생각입니다.

② 휴일이라고 들었습니다.

어휘 研究室 けんきゅうしつ [명] 연구실
いらっしゃる [동] 계시다 (いる의 존경어)　つもり [명] 생각, 작정
伺う うかがう [동] 듣다 (聞く의 겸양어)

11

F：まあ、おいしい。料理、お上手ですね。

① ありがとうございます。自信作ですよ。

② はい、おいしいはずです。

해석 F : 어머나, 맛있다. 요리, 잘하시네요.

① 감사합니다. 야심작이에요.

② 네, 맛있을 겁니다.

어휘 自信作 じしんさく [명] 야심작

12

F：一度負けたことで落ち込まないで。まだほかにも試合があるでしょ？

① うん、残りの試合でも頑張らなくちゃ。

② えっ、一度しか落ちなかった？

해석 F : 한 번 진 걸로 의기소침하지 마. 아직 다른 시합이 있잖아?

① 응, 남은 시합이라도 노력해야지.

② 어? 한 번밖에 안 떨어졌어?

어휘 負ける まける 圖지다   落ち込む おちこむ 圖의기소침하다

試合 しあい 圕시합   残り のこり 圕남음

頑張る がんばる 圖노력하다   落ちる おちる 圖떨어지다

13

F : ここ、緩いからもう少し引っ張ってくれる？

① 私、引っ張ってませんけど。

② はい、これくらいですか。

해석 F : 여기, 느슨하니까 좀 더 당겨 줄래?

① 저, 당기고 있지 않는데요.

② 네, 이 정도인가요?

어휘 緩い ゆるい い圈느슨하다   引っ張る ひっぱる 圖당기다

14

F : 先生、あした事務室に伺ってもよろしいでしょうか。

① えっと、2時以降なら。

② うん。聞いてもいいよ。

해석 F : 선생님, 내일 사무실에 찾아봬도 괜찮을까요?

① 음, 2시 이후라면.

② 응. 물어봐도 돼.

어휘 事務室 じむしつ 圕사무실

伺う うかがう 圖찾아뵙다 (おとずれる의 겸양어)

よろしい い圈괜찮다   以降 いこう 圕이후

15

M : 部長、インクがもう一個しか残ってませんけど。

① うん、まだあってよかったね。

② じゃ、注文しといて。

해석 M : 부장님, 잉크가 이제 1개밖에 남지 않는데요.

① 응, 아직 있어서 다행이네.

② 그럼, 주문해둬.

어휘 部長 ぶちょう 圕부장님, 부장   インク 圕잉크   残る のこる 圖남다

注文 ちゅうもん 圕주문

16

M : 昨日の報告書、ここだけ直したら送ってもいいよ。

① はい、書き直して送ります。

② はい、ここだけ送りますね。

해석 M : 어제 보고서, 여기만 고치면 보내도 좋아.

① 네, 고쳐 써서 보내겠습니다.

② 네, 여기만 보낼게요.

어휘 報告書 ほうこくしょ 圕보고서   直す なおす 圖고치다

送る おくる 圖보내다   書き直す かきなおす 圖고쳐 쓰다

17

F : 志望してた大学、不合格だって。ぜったい行きたかったのに。

① 落ち込まないで、一生懸命したんでしょ。

② ああ、行きたくなかったのに。

해석 F : 지망하던 대학, 불합격이래. 꼭 가고 싶었는데.

① 의기소침하지 마, 열심히 했잖아.

② 아, 가고 싶지 않았는데.

어휘 志望 しぼう 圕지망   不合格 ふごうかく 圕불합격

ぜったい 圖꼭, 절대   落ち込む おちこむ 圖의기소침하다

一生懸命 いっしょうけんめい 圖열심히

18

F : 山田さん、髪切ったせいか、雰囲気が変わった気がしない？

① 切ったせいでさっぱり見えませんか。

② ほんと。切ってさっぱりですね。

해석 F : 야마다 씨, 머리를 자른 탓인지, 분위기가 바뀐 느낌이 들지 않아?

① 자른 탓에 산뜻하게 보이지 않나요?

② 정말. 잘라서 산뜻하네.

어휘 髪 かみ 圕머리, 머리카락   雰囲気 ふんいき 圕분위기

変わる かわる 圖바뀌다   気がする きがする 느낌이 들다

さっぱり 圖산뜻하게

19

M : もう、こんな時間。今日中にできないかも。

① 今日、できなければよかったのに。

② いや、私が手伝うからやってみよう。

해석 M : 벌써, 이런 시간. 오늘 중으로 못 할지도.

① 오늘, 못하면 좋았을 텐데.

② 아니, 내가 도울테니 해 보자.

어휘 今日中 きょうじゅう 圕오늘 중   手伝う てつだう 圖돕다, 거들다

20

M : ちょっと目につかないね、ここをもっと大きくしなきゃ。

① はい、もっと目を大きくしてみます。

② はい、文字を直してみます。

해석 M : 좀 눈에 띄지 않네, 여길 더 크게 해야겠어.

① 네, 더 눈을 크게 해 보겠습니다.

② 네, 글자를 고쳐 보겠습니다.

어휘 目につく めにつく 눈에 띄다　文字 もじ 圏글자

　　直す なおす 圄고치다

실전 테스트 1

p.375

1 1	**2** 2	**3** 3	**4** 1	**5** 3
6 2	**7** 1	**8** 3	**9** 3	**10** 1
11 2	**12** 3			

문제4에서는, 문제 용지에 아무것도 인쇄되어 있지 않습니다. 우선 문장을 들어주세요. 그리고 나서, 그것에 대한 대답을 듣고, 1에서 3 중에, 가장 알맞은 것을 하나 골라주세요.

1

[음성]

M：すみません、今日は慌ただしくて、資料をまとめるどころじゃありませんでした。

F：1 じゃあ、明日できそう？

　　2 それなら、会議室があいていたのに。

　　3 まとめた資料、送ってくれた？

해석 M : 실례합니다, 오늘은 어수선해서, 자료를 정리할만한 상황이 아니었습니다.

　　F : 1 그럼, 내일 완성할 수 있겠어?

　　　　2 그렇다면, 회의실이 비어 있었는데.

　　　　3 정리한 자료, 보내줬어?

해설 남자가 오늘은 바빠서 자료 정리를 하지 못했음을 보고하는 상황이다.

　　1 (O) '내일 완성할 수 있겠어?'는 오늘 자료 정리를 못 했다는 남자의 말에 대한 적절한 응답이다.

　　2 (X) 너무 바빠 정리를 못했다는 상황과 맞지 않다.

　　3 (X) 아직 자료 정리를 다 하지 못한 상황과 맞지 않다.

어휘 慌ただしい あわただしい い형어수선하다, 분주하다

　　資料 しりょう 圏자료　まとめる 圄정리하다, 모으다

　　それなら 쩹그렇다면, 그러면　会議室 かいぎしつ 圏회의실

　　送る おくる 圄보내다

2

[음성]

M：駅前のあのラーメン屋さん、味はよかったよ。値段はともかく。

F：1 安くて、おいしい店でよかったね。

　　2 じゃあ、お金があるときに行こうかな。

　　3 佐藤さんはおいしいって言ってたよ。

해석 M : 역 앞의 저 라면가게, 맛은 좋았어. 가격은 어쨌든간에.

　　F : 1 싸고, 맛있는 가게라서 다행이네.

　　　　2 그럼, 돈이 있을 때 갈까.

　　　　3 사토 씨는 맛있다고 말했어.

해설 남자가 역 앞 라면가게는 맛있었지만 비쌌다는 경험을 이야기하는 상황이다.

　　1 (X) 라면가게가 비쌌다는 상황과 맞지 않다.

　　2 (O) '돈이 있을 때 갈까'는 맛있었지만 비싸다는 남자의 말에 대한 적절한 응답이다.

　　3 (X) 남자도 라면가게가 맛있었다고 말한 상황과 맞지 않다.

어휘 駅前 えきまえ 圏역 앞

　　ラーメン屋さん ラーメンやさん 圏라면가게, 라면집

　　値段 ねだん 圏가격　ともかく 쩹어쨌든, 하여간

3

[음성]

F：佐藤さん、一体いつになったら返事をくれるのかしら。

M：1 いつでもいいって言ってたよ。

　　2 今回はいつもよりはやかったですよね。

　　3 あの人、いつも遅れるよね。

해석 F : 사토 씨, 도대체 언제가 되면 답장을 줄까?

　　M : 1 언제라도 좋다고 말했어.

　　　　2 이번에는 평소보다 빨랐네요.

　　　　3 그 사람, 언제나 늦어.

해설 여자가 사토 씨에게 답장이 오지 않는다고 불평하는 상황이다.

　　1 (X) 언제를 반복 사용하여 혼동을 준 오답이다.

　　2 (X) 아직 답장을 받지 못한 상황과 맞지 않다.

　　3 (O) '그 사람, 언제나 늦어'는 그 사람인 사토 씨가 답장을 안 준다는 여자의 말에 대한 적절한 응답이다.

어휘 返事 へんじ 圏답장, 답변　いつでも 團언제라도

　　今回 こんかい 圏이번　遅れる おくれる 圄늦다

4

[음성]

M：出張で人がいないから、私が行くしかないな。

F：1 そうですね。よろしくお願いします。

　　2 でしたら、誰も行けませんよね。

　　3 では、出張に行かなくてもいいということですね。

해석 M : 출장으로 사람이 없으니까, 내가 갈 수밖에 없네.

　　F : 1 그렇네요. 잘 부탁드립니다.

　　　　2 그렇다면, 아무도 갈 수 없네요.

　　　　3 그럼, 출장을 가지 않아도 된다는 거네요.

해설 남자가 갈 사람이 자신밖에 없다고 말하는 상황이다.

　　1 (O) '그렇네요. 잘 부탁드립니다'는 갈 사람이 자신밖에 없다는 남자의 말에 대한 적절한 응답이다.

　　2 (X) 남자는 갈 수 있는 상황과 맞지 않다.

　　3 (X) 남자가 갈 수 밖에 없다는 상황과 맞지 않다.

어휘 出張 しゅっちょう 圏출장　でしたら 쩹그렇다면, 그럼

5

[음성]

M：新製品が売れるかどうかはこの広告次第だからなあ。

F：1 わかりました。そのようにいたします。

2 はい、よく売れてよかったです。

3 そうですね。では、少しここを修正しましょうか。

해석 M : 신제품이 팔릴지 어떨지는 이 광고에 달렸으니까.

F : 1 알겠습니다. 그렇게 하겠습니다.

2 네, 잘 팔려서 다행입니다.

3 그렇군요. 그럼, 조금 여기를 수정할까요?

해설 남자가 신제품이 팔릴지는 이 광고에 달렸다고 말하는 상황이다.

1 (X) 남자가 어떻게 하라고 말하지는 않았으므로 상황과 맞지 않다.

2 (X) 신제품이 팔리기 전이므로 시점이 맞지 않다.

3 (O) '그럼, 조금 여기를 수정할까요?'는 광고가 중요하다는 남자의 말에 대한 적절한 응답이다.

어휘 新製品 しんせいひん 圏 신제품

売れる うれる 圏 팔리다, 인기가 있다　広告 こうこく 圏 광고

いたす 圏 하다 (する의 겸양어)　修正 しゅうせい 圏 수정

6

[음성]

F：山田さん、さすが留学してただけのことはありますね。

M：1 はい、一度行ってみたいと思っています。

2 いいえ、まだまだですよ。

3 大学のとき、したことがありますよ。

해석 F : 야마다 씨, 과연 유학한 보람이 있네요.

M : 1 네, 한 번 가보고 싶다고 생각하고 있어요.

2 아니요, 아직입니다.

3 대학 때, 한 적이 있어요.

해설 여자가 야마다 씨, 즉 남자에게 유학을 다녀온 보람이 있다고 칭찬하는 상황이다.

1 (X) 남자는 이미 유학을 다녀왔으므로 시점이 맞지 않다.

2 (O) '아니요, 아직입니다'는 칭찬하는 여자의 말에 대한 적절한 응답이다.

3 (X) 칭찬하고 있는 상황과 맞지 않다.

어휘 さすが 图 과연, 역시　留学 りゅうがく 圏 유학

まだまだ 图 아직, 아직도

7

[음성]

M：今日の物理の授業、さっぱりだったよ。

F：1 本当に難しかったね。

2 たしかに最近、学生が増えたよね。

3 そうだね。わかりやすかったよね。

해석 M : 오늘 물리 수업, 전혀 모르겠어.

F : 1 정말로 어려웠지.

2 확실히 최근, 학생이 늘었지.

3 그러게. 알기 쉬웠지.

해설 남자가 물리 수업을 전혀 모르겠다고 낙심하는 상황이다.

1 (O) '정말로 어려웠지'는 수업을 전혀 모르겠다는 남자의 말에 대한 적절한 응답이다.

2 (X) 授業(수업)와 관련된 学生(학생)를 사용하여 혼동을 준 오답이다.

3 (X) 수업을 전혀 모르겠다는 상황과 맞지 않다.

어휘 物理 ぶつり 圏 물리　さっぱり 图 전혀, 조금도

たしかに 图 확실히, 분명히　最近 さいきん 圏 최근

増える ふえる 圏 늘다, 증가하다

8

[음성]

M：今日、うっかりバイトに遅刻するところだったよ。

F：1 じゃあ、明日はバイトに行かないの?

2 遅れて来たから、大変だったのよ。

3 間に合ってよかったね。

해석 M : 오늘, 깜빡 아르바이트에 지각할 뻔했어.

F : 1 그럼, 내일은 아르바이트 안 가?

2 늦게 와서, 힘들었어.

3 시간에 맞춰 다행이네.

해설 남자가 아르바이트에 지각할뻔한 경험을 이야기하는 상황이다.

1 (X) バイト를 반복 사용하여 혼동을 준 오답이다.

2 (X) 지각하지 않은 상황과 맞지 않다.

3 (O) '시간에 맞춰 다행이네'는 오늘 지각할 뻔했다는 남자의 말에 대한 적절한 응답이다.

어휘 うっかり 깜빡, 무심코　バイト 圏 아르바이트　遅刻 ちこく 圏 지각

遅れる おくれる 圏 늦다　間に合う まにあう 시간에 맞추다, 시간에 대다

9

[음성]

F：部長を探しているの?会議の最中よ。

M：1 もう終わったんですか。早いですね。

2 よかったです。会議の前に話してきます。

3 そうなんですか。では、あとにします。

해석 F : 부장님을 찾고 있어? 한창 회의 중이야.

M : 1 벌써 끝났어요? 빠르네요.

2 잘 됐네요. 회의 전에 말하고 올게요.

3 그래요? 그럼, 나중으로 할게요.

해설 여자가 부장님은 회의 중이라고 알려주는 상황이다.

1 (X) 부장님의 회의가 아직 끝나지 않은 상황과 맞지 않다.

2 (X) 현재 한창 회의 중이므로 시점이 맞지 않다.

3 (O) '그럼, 나중으로 할게요'는 부장님이 한창 회의 중이라는 여자의 말에 대한 적절한 응답이다.

어휘 部長 ぶちょう 圏부장님, 부장   探す さがす 圄찾다

　　会議 かいぎ 圏회의   最中 さいちゅう 圏한창 ~하는 중, 한 중간

　　あとにする 나중으로 하다, 뒤로하다

10

[음성]

F : 社員を2、3人、雇わないわけにはいかないですね。

M : 1 そうかなあ、雇わなくても大丈夫だよ。

　　2 いや、雇わないといけないと思っているんだ。

　　3 うん、雇う人が決まってよかったね。

해석 F : 사원을 2, 3명, 고용하지 않으면 안 되겠네요.

　　M : 1 그런가, 고용하지 않아도 괜찮아.

　　　　2 아니, 고용해야 한다고 생각하고 있어.

　　　　3 응, 고용할 사람이 정해져서 다행이네.

해설 여자가 사원을 고용해야 한다고 의견을 말하는 상황이다.

　　1 (O) '그런가, 고용하지 않아도 괜찮아'는 고용을 해야 한다는 여자
　　　의 말에 대한 적절한 응답이다.

　　2 (X) 여자가 사원을 고용하자고 했으므로 상황과 맞지 않다.

　　3 (X) 아직 사원을 고용하지 않은 시점과 맞지 않다.

어휘 社員 しゃいん 圏사원   雇う やとう 圄고용하다

　　決まる きまる 圄정해지다, 결정되다

11

[음성]

F : お客様のところに行って、直接謝るに越したことはないよ。

M : 1 そうですね。お客様のミスですから。

　　2 わかりました。午後、行ってきます。

　　3 はい、メールで謝っておきます。

해석 F : 손님에게 가서, 직접 사과하는 것보다 좋은 것은 없어.

　　M : 1 그렇네요. 손님의 실수니까요.

　　　　2 알겠습니다. 오후에, 다녀오겠습니다.

　　　　3 네, 메일로 사과해 둘게요.

해설 여자가 남자에게, 손님에게 가서 직접 사과하라고 권유하는 상황이다.

　　1 (X) 손님에게 가서 사과하라는 상황과 맞지 않다.

　　2 (O) '알겠습니다. 오후에, 다녀오겠습니다'는 손님에게 직접 사과
　　　하는 것이 좋다는 여자의 말에 대한 적절한 응답이다.

　　3 (X) 직접 가서 사과하라고 한 상황과 맞지 않다.

어휘 お客様 おきゃくさま 圏손님   直接 ちょくせつ 圏직접

　　謝る あやまる 圄사과하다   ミス 圏실수   メール 圏메일

12

[음성]

M : 山田さんのお子さんに会ったら、いきなり泣き出しちゃって…。

F : 1 本当によく話す子だよね。

　　2 うん、よく出しているよね。

　　3 それは大変だったね。

해석 M : 야마다 씨의 자녀분을 만났더니, 갑자기 울기 시작해버려서….

　　F : 1 정말로 잘 말하는 아이지.

　　　　2 응, 자주 내고 있지.

　　　　3 그거 큰일이었네.

해설 남자가 야마다 씨의 자녀를 만났는데 갑자기 울었다는 경험을 이야기
　　하는 상황이다.

　　1 (X) お子さん(자녀분)과 관련된 子(아이)를 사용하여 혼동을 준
　　　오답이다.

　　2 (X) 出す(내다)라는 표현을 반복 사용한 오답이다.

　　3 (O) '그거 큰일이었네'는 갑자기 울어서 곤란했다는 남자의 말에
　　　대한 적절한 응답이다.

어휘 お子さん おこさん 圏자녀분   いきなり 匣갑자기, 느닷없이

　　泣き出す なきだす 圄울기 시작하다

실전 테스트 2

p.375

1 1	2 2	3 1	4 3	5 1
6 3	7 3	8 2	9 1	10 3
11 2	12 1			

문제4에서는, 문제 용지에 아무것도 인쇄되어 있지 않습니다. 우선
문장을 들어주세요. 그리고 나서, 그것에 대한 대답을 듣고, 1에서 3
중에, 가장 알맞은 것을 하나 골라주세요.

1

[음성]

M : もう3時過ぎなのに、田中さん、まだ来ないね。

F : 1 一体いつになったら、来るんだろうね。

　　2 ちょうど着いたところだよ。

　　3 そうか、私もだよ。

해석 M : 벌써 3시가 지났는데, 다나카 씨, 아직 안 오네.

　　F : 1 도대체 언제가 되면, 올까?

　　　　2 마침 도착한 참이야.

　　　　3 그래? 나도야.

해설 남자가 다나카 씨가 아직 안 온다고 불평하는 상황이다.

　　1 (O) '도대체 언제가 되면, 올까?'는 다나카 씨가 아직 안 온다는 남
　　　자의 말에 대한 적절한 응답이다.

　　2 (X) 아직 다나카 씨가 오지 않은 상황과 맞지 않다.

　　3 (X) 여자가 이미 와서 남자와 이야기하고 있는 상황과 맞지 않다.

어휘 過ぎる すぎる 圄지나다, 넘다

2

M : ちょっと、こっちを手伝ってくれない?

F : 1 すみません。残りはこれだけです。

    2 すみません。手が空いたら、すぐ行きます。

    3 はい、私が行きました。

해석 M : 잠깐, 이쪽을 도와주지 않을래?

F : 1 죄송합니다. 남은 건 이것뿐입니다.

    2 죄송합니다. 손이 비면, 금방 가겠습니다.

    3 네, 제가 갔습니다.

해설 남자가 잠깐 도와달라고 부탁하는 상황이다.

    1 (X) 잠깐 도와달라는 상황과 맞지 않다.

    2 (O) '손이 비면, 금방 가겠습니다'는 잠깐 도와달라는 남자의 말에 대한 적절한 응답이다.

    3 (X) 아직 도와주지 않은 시점과 맞지 않다.

어휘 手伝う てつだう 통돕다, 거들다 残り のこり 명남은 것, 잔여
手が空く てがあく 손이 비다

3

M : 山田さん、今日は虫の居所が悪そうだね。ちょっといらいらしてるよ。

F : 1 昨日、部長に怒られたらしいよ。

    2 どこにいるかよく探したの?

    3 病院に行ったほうがいいと思うよ。

해석 M : 야마다 씨, 오늘은 기분이 언짢아 보이네. 좀 짜증 내고 있어.

F : 1 어제, 부장님께 혼났다고 해.

    2 어디에 있는지 잘 찾았어?

    3 병원에 가는 편이 좋다고 생각해.

해설 남자가 야마다 씨의 기분이 언짢아 보인다고 추측하는 상황이다.

    1 (O) '어제, 부장님께 혼났다고 해'는 야마다 씨의 기분이 언짢아 보인다는 남자의 말에 대한 적절한 응답이다.

    2 (X) 所(どころ)와 발음이 비슷한 どこ를 사용하여 혼동을 준 오답이다.

    3 (X) 야마다 씨의 기분이 언짢아 보인다는 상황과 맞지 않다.

어휘 虫の居所が悪い むしのいどころがわるい 기분이 언짢다
いらいらする 통짜증 내다, 초조해하다 部長 ぶちょう 명부장님, 부장
怒られる おこられる 통혼나다, 야단맞다 探す さがす 통찾다

4

M : せっかく誘ってもらったけど、来週の週末はどうしても仕事を休むわけにはいかないんだ。

F : 1 それは良くないと思うよ。

    2 えっ、わざわざ行くつもり?

3 そっか。じゃ、また今度ね。

해석 M : 모처럼 초대해 줬는데, 다음 주 주말은 아무래도 일을 쉴 수는 없겠어.

F : 1 그건 좋지 않다고 생각해.

    2 뭐? 일부러 갈 생각이야?

    3 그래? 그럼, 다음에.

해설 남자가 다음 주 주말은 안 된다고 초대를 거절하는 상황이다.

    1 (X) 사정이 있어 초대를 거절하는 상황과 맞지 않다.

    2 (X) 갈 수 없다고 말한 상황과 맞지 않다.

    3 (O) '그럼, 다음에'는 다음 주 주말은 안 된다고 거절하는 남자의 말에 대한 적절한 응답이다.

어휘 せっかく 🗐모처럼, 기껏 誘う さそう 통초대하다, 권유하다
週末 しゅうまつ 명주말 どうしても 🗐아무래도, 도저히
わざわざ 🗐일부러, 고의로 今度 こんど 명다음, 이번

5

M : 今回の仕事はお客さんがなかなか満足してくれなかったから、手間がかかったよ。

F : 1 それは大変でしたね。

    2 いくらかかったんですか。

    3 それで暇だったんですね。

해석 M : 이번 일은 손님이 좀처럼 만족해주지 않아서, 수고가 많이 들어갔어.

F : 1 그거 힘들었겠네요.

    2 얼마 들은 거예요?

    3 그래서 한가했던 거군요.

해설 남자가 이번 일에 수고가 많이 들어갔다고 말하는 상황이다.

    1 (O) '그거 힘들었겠네요'는 수고를 많이 했다는 남자의 말에 대한 적절한 응답이다.

    2 (X) かかった를 반복 사용하여 혼동을 준 오답이다.

    3 (X) 수고를 많이 하느라 바빴을 상황과 맞지 않다.

어휘 今回 こんかい 명이번 お客さん おきゃくさん 명손님, 고객
なかなか 🗐좀처럼 満足 まんぞく 명만족
手間がかかる てまがかかる 수고가 많이 들어가다, 품이 들어가다
かかる 통(시간, 비용이) 들다, 걸리다 暇だ ひまだ な형한가하다

6

M : すみません。あの、鈴木教授いらっしゃいますか。

F : 1 はい、おじゃまします。

    2 いえ、おっしゃいませんでした。

    3 ああ、先ほど帰られたところなんです。

해석 M : 실례합니다. 저기, 스즈키 교수님 계세요?

F : 1 네, 실례하겠습니다.

2 아뇨, 말씀하시지 않았습니다.

　　3 아, 방금 돌아오신 참입니다.

해설 남자가 스즈키 교수님이 계신지 묻는 상황이다.

　　1 (X) '네, 실례하겠습니다'는 여자가 아닌 남자가 해야 하는 말이므
　　　　로 주체가 맞지 않다.

　　2 (X) 교수님이 계신지 물어보는 상황과 맞지 않다.

　　3 (O) '방금 돌아오신 참입니다'는 스즈키 교수님이 계시냐는 남자의
　　　　말에 대한 적절한 응답이다.

어휘 教授 きょうじゅ 圏 교수님, 교수　　いらっしゃる 圐 계시다 (いる의 존경어)
　　おっしゃる 圐 말씀하시다 (言う의 존경어)　　先ほど さきほど 🔲 방금, 아까

7

[음성]

M：あ！ごめん、ちょっと一旦、家に戻るね。

F：1 わかった。また明日。

　　2 私も行っていい？

　　3 じゃあ、先に行っているね。

해석 M : 아! 미안, 잠시만 일단, 집에 돌아갈게.

　　F : 1 알았어. 내일 봐.

　　　2 나도 가도 돼?

　　　3 그럼, 먼저 가 있을게.

해설 남자가 일단 잠시 집에 돌아가겠다고 말하는 상황이다.

　　1 (X) 일단 집에 돌아가서 잠시 후 다시 만날 상황과 맞지 않다.

　　2 (X) 잠시 집에 갔다 올 테니 먼저 가 있으라고 추측되는 상황과 맞
　　　　지 않다.

　　3 (O) '먼저 가 있을게'는 일단 잠시 집에 돌아가겠다는 남자의 말에
　　　　대한 적절한 응답이다.

어휘 一旦 いったん 🔲 일단　　戻る もどる 圐 돌아가다　　先に さきに 🔲 먼저

8

[음성]

M：新しい机を買いたいんだけど、安ければいいというも
　　のではないよね。

F：1 そうだね。安いほうがいいね。

　　2 うん。使いやすさのほうが大事だよ。

　　3 え、そんなに安いの？

해석 M : 새로운 책상을 사고 싶은데, 싸다고 좋은 것은 아니겠지?

　　F : 1 그렇네. 싼 편이 좋네.

　　　2 응. 사용하기 편리한지가 중요해.

　　　3 와, 그렇게 싸?

해설 남자가 책상이 싸다고 좋은 건 아니라고 의견을 말하는 상황이다.

　　1 (X) 싸다고 좋은 것이 아니라고 말한 상황과 맞지 않다.

　　2 (O) '응. 사용하기 편리한지가 중요해'는 책상이 싸다고 좋은 건 아
　　　　니라는 남자의 말에 대한 적절한 응답이다.

　　3 (X) 安ければ(やすければ)를 安い(やすい)로 반복 사용하여
　　　　혼동을 준 오답이다.

어휘 大事だ だいじだ 図 중요하다, 소중하다

9

[음성]

M：まだ10月なのに、今年そちらではもう雪が降ったそう
　　ですね。

F：1 ええ。めったにないことなんですが。

　　2 はい。万が一降ったら、大変ですよ。

　　3 今さらですけどね。

해석 M : 아직 10월인데, 올해 그쪽에서는 눈이 벌써 내렸다면서요.

　　F : 1 네. 거의 없는 일이지만요.

　　　2 네. 만약에 내리면, 큰일이에요.

　　　3 이제 와서지만요.

해설 남자가 여자에게 그 쪽에 벌써 눈이 내렸는지 사실을 확인하는 상황
　　이다.

　　1 (O) '네, 거의 없는 일이지만요'는 그쪽에 벌써 눈이 내렸냐는 남자
　　　　의 말에 대한 적절한 응답이다.

　　2 (X) 이미 눈이 내렸다고 한 시점과 맞지 않다.

　　3 (X) 10월인데 눈이 벌써 내린 상황과 맞지 않다.

어휘 めったに 🔲 거의, 좀처럼　　万が一 まんがいち 🔲 만약에, 만일
　　今さら いまさら 🔲 이제 와서

10

[음성]

M：昨日、会社から家に帰る途中でインタビューを受けた
　　んだ。

F：1 あれ、家でしなかったの？

　　2 痛くなかった？

　　3 えっ、テレビ番組の？

해석 M : 어제, 회사에서 집에 돌아오는 도중에 인터뷰를 받았어.

　　F : 1 어라? 집에서 안 했어?

　　　2 아프지 않았어?

　　　3 뭐? 텔레비전 프로그램의?

해설 남자가 인터뷰를 받은 경험을 이야기하는 상황이다.

　　1 (X) 家(いえ)를 반복 사용하여 혼동을 준 오답이다.

　　2 (X) 인터뷰를 받았다는 상황과 맞지 않다.

　　3 (O) '텔레비전 프로그램의?'는 인터뷰를 받았다는 남자의 말에 대
　　　　한 적절한 응답이다.

어휘 途中 とちゅう 圏 도중　　インタビュー 圏 인터뷰
　　受ける うける 圐 받다
　　テレビ番組 テレビばんぐみ 圏 텔레비전 프로그램

11

[음성]

M：細かいことはさておき、とりあえず作業を始めましょうか。

F：1 私の荷物はどこに置いたらいいですか。

　　2 それでは、田中さんを呼んできますね。

> 3 細かいことは、私もわからないです。

해석 M : 세세한 것은 제쳐두고, 일단 작업을 시작할까요?
　　F : 1 저의 짐은 어디에 두면 될까요?
　　　　2 그럼, 다나카 씨를 불러올게요.
　　　　3 자세한 것은, 저도 몰라요.

해설 남자가 일단 작업을 시작하자고 권유하는 상황이다.
　　1 (X) おき를 置いたら(おいたら)로 반복 사용하여 혼동을 준 오답이다.
　　2 (O) '그럼, 다나카 씨를 불러올게요'는 일단 작업을 시작하자는 남자의 말에 대한 적절한 응답이다.
　　3 (X) 細かい(세세하다, 자세하다)를 반복 사용하여 혼동을 준 오답이다.

어휘 細かい こまかい [い형] 세세하다, 자세하다　とりあえず [부] 일단, 우선
　　作業 さぎょう [명] 작업　始める はじめる [동] 시작하다
　　荷物 にもつ [명] 짐, 수화물

12

[음성]
M : 会社を辞めるのに、佐藤先輩にあいさつをしないわけにはいかないよね。
F : 1 そうだね。お世話になったからね。
　　2 忙しいから、しかたがないよ。
　　3 先輩に伝えておくよ。

해석 M : 회사를 그만두는데, 사토 선배에게 인사를 해야겠지.
　　F : 1 그렇지. 신세를 졌으니까.
　　　　2 바쁘니까, 어쩔 수 없어.
　　　　3 선배에게 전해둘게.

해설 남자가 선배에게 인사를 해야겠다고 말하는 상황이다.
　　1 (O) '그렇지. 신세를 졌으니까'는 선배에게 인사를 해야겠다는 남자의 말에 대한 적절한 응답이다.
　　2 (X) 인사를 해야겠다고 한 상황과 맞지 않다.
　　3 (X) 남자가 직접 인사를 한다는 상황과 맞지 않다.

어휘 辞める やめる [동] 그만두다, 그만하다　先輩 せんぱい [명] 선배
　　あいさつ [명] 인사　お世話になる おせわになる 신세를 지다
　　しかたない [い형] 어쩔 수 없다, 할 수 없다
　　伝える つたえる [동] 전하다, 전달하다

실전 테스트 3

p.375

1 2	**2** 1	**3** 3	**4** 2	**5** 2
6 3	**7** 3	**8** 1	**9** 2	**10** 1
11 2	**12** 3			

문제4에서는, 문제 용지에 아무것도 인쇄되어 있지 않습니다. 우선 문장을 들어주세요. 그리고 나서, 그것에 대한 대답을 듣고, 1에서 3 중에, 가장 알맞은 것을 하나 골라주세요.

1

[음성]
M : 先生、明日台風が来るって聞いたんですが、学校は休みにならないんですか?
F : 1 えっ、台風は来ないんですか。
　　2 今のところはまだわかりませんね。
　　3 台風に気をつけてくださいね。

해석 M : 선생님, 내일 태풍이 온다고 들었는데요, 학교는 쉬지 않는 건가요?
　　F : 1 네? 태풍은 오지 않나요?
　　　　2 지금은 아직 알 수 없네요.
　　　　3 태풍에 주의하세요.

해설 남자가 내일 태풍이 오는데 학교는 쉬지 않는 건지 사실을 확인하는 상황이다.
　　1 (X) 내일은 태풍이 온다고 한 상황과 맞지 않다.
　　2 (O) '지금은 아직 알 수 없네요'는 태풍이 오는데 학교는 쉬지 않냐는 남자의 말에 대한 적절한 응답이다.
　　3 (X) 학교가 쉬는지 물어 보는 상황과 맞지 않다.

어휘 台風 たいふう [명] 태풍　気をつける きをつける 주의하다, 조심하다

2

[음성]
F : 忘年会にいいなって思っていたあの店、もっと早く予約するべきでした。
M : 1 別に他の店でもいいんじゃない?
　　2 やった。ずっと行きたかったんだ。
　　3 じゃあ、私が予約しなくてもいいんですね。

해석 F : 망년회로 좋겠다고 생각했던 그 가게, 좀 더 빨리 예약해야 했어요.
　　M : 1 딱히 다른 가게여도 괜찮지 않아?
　　　　2 됐다. 계속 가고 싶었어.
　　　　3 그럼, 제가 예약하지 않아도 되는군요.

해설 여자가 가게 예약을 빨리 하지 않아서 아쉬워하는 상황이다.
　　1 (O) '다른 가게여도 괜찮지 않아?'는 가게를 예약 하지 못했다는 여자의 말에 대한 적절한 응답이다.
　　2 (X) 예약을 하지 못한 상황과 맞지 않다.
　　3 (X) 가게 예약을 하지 못해 아쉬워하는 상황과 맞지 않다.

어휘 忘年会 ぼうねんかい [명] 망년회　予約 よやく [명] 예약
　　別に べつに [부] 딱히

3

[음성]

M：昨日のレストラン、高いだけあってサービスも料理も最高だったね。

F：1 たしかにあまり高くなかったね。

2 うん、もう行かないほうがいいよね。

3 今まで行ったなかで、一番いい店だったね。

해석 M : 어제 레스토랑, 비싼 만큼 서비스도 요리도 최고였어.

F : 1 확실히 그다지 비싸지 않았어.

2 응, 이제 가지 않는 편이 좋겠네.

3 지금까지 간 곳 중에서, 가장 좋은 가게였어.

해설 남자가 레스토랑이 비싼 만큼 최고였다고 경험을 이야기하는 상황이다.

1 (X) 레스토랑이 비쌌다는 상황과 맞지 않다.

2 (X) 레스토랑을 칭찬하는 상황과 맞지 않다.

3 (O) '지금까지 간 곳 중에서, 가장 좋은 가게였어'는 레스토랑을 칭찬하는 남자의 말에 대한 적절한 응답이다.

어휘 サービス 圏 서비스　最高だ さいこうだ な형 최고다

たしかに 閉 확실히

4

[음성]

F：メールを送る前に確認したんですが、うっかりしていました。

M：1 ありがとう。頼んでよかったよ。

2 今度からもっと注意しないと。

3 確認していないって、どういうこと？

해석 F : 메일을 보내기 전에 확인했는데요, 깜빡 했어요.

M : 1 고마워. 부탁해서 다행이야.

2 다음부터 좀 더 주의해야 해.

3 확인하지 않았다니, 무슨 말이야?

해설 여자가 메일을 보내기 전에 확인했지만 깜빡 했다고 보고하는 상황이다.

1 (X) 깜빡 하고 실수를 한 상황과 맞지 않다.

2 (O) '다음부터 좀 더 주의해야 해'는 뭔가를 깜빡 했다는 여자의 말에 대한 적절한 응답이다.

3 (X) 확인을 했다고 한 상황과 맞지 않다.

어휘 メール 圏 메일　送る おくる 图 보내다　確認 かくにん 圏 확인

うっかり 閉 깜빡　今度 こんど 圏 다음, 이번　注意 ちゅうい 圏 주의

5

[음성]

M：今できなくても、いずれ上手になるから、そんなに心配しなくていいよ。

F：1 どちらも上達するんですね。

2 上達できたらいいんですけど。

3 そんなに上手じゃないですよ。

해석 M : 지금이 아니어도, 언젠가 능숙해질 테니, 그렇게 걱정하지 않아도 돼.

F : 1 어느 쪽도 향상되는군요.

2 향상될 수 있으면 좋겠는데요.

3 그렇게 능숙하지 않아요.

해설 남자가 여자에게 언젠가 능숙해질 거라고 격려하는 상황이다.

1 (X) 上手だ(능숙하다)와 관련된 上達(향상됨)를 사용하여 혼동을 준 오답이다.

2 (O) '향상될 수 있으면 좋겠는데요'는 언젠가 능숙하게 될 거라는 남자의 말에 대한 적절한 응답이다.

3 (X) 능숙해질 거라고 격려하는 상황과 맞지 않다.

어휘 いずれ 閉 언젠가　心配 しんぱい 圏 걱정

上達 じょうたつ 圏 (기능 등이) 향상됨

6

[음성]

F：鈴木さん、今日の試合は鈴木さんを抜きにしては勝てなかったよ。

M：1 鈴木さんがいたら、勝てたかな。

2 本当は負けたくなかったんだけどね。

3 そんなことないよ。みんな頑張ったからだよ。

해석 F : 스즈키 씨, 오늘 시합은 스즈키 씨를 빼고는 이길 수 없었어요.

M : 1 스즈키 씨가 있었다면, 이길 수 있었을까.

2 사실은 지고 싶지 않았는데.

3 그렇지 않아. 모두 노력했기 때문이야.

해설 여자가 스즈키 씨, 즉 남자 덕분에 시합에서 이겼다고 칭찬하는 상황이다.

1 (X) 스즈키 씨가 있어서 이긴 상황과 맞지 않다.

2 (X) 시합에서 이긴 상황과 맞지 않다.

3 (O) '그렇지 않아. 모두 노력했기 때문이야'는 스즈키 씨를 빼고는 이길 수 없었다는 여자의 말에 대한 적절한 응답이다.

어휘 試合 しあい 圏 시합　勝つ かつ 图 이기다　負ける まける 图 지다

頑張る がんばる 图 노력하다

7

[음성]

M：来週火曜日から出張だから、その前に打ち合わせをしたいんだけど。

F：1 火曜日なら時間がありますよ。

2 いいえ。出張にはいきませんよ。

3 私はいつでも大丈夫ですよ。

해석 M : 다음주 화요일부터 출장이니까, 그 전에 논의를 하고 싶은데.

F : 1 화요일이라면 시간이 있어요.

2 아니요. 출장에는 가지 않아요.

3 저는 언제라도 괜찮아요.

해설 남자가 출장 전인 다음 주 화요일 전에 논의를 하자고 제안하는 상황이다.
1 (X) 화요일 전에 논의를 하자고 한 상황과 맞지 않다.
2 (X) 출장을 가는 것은 여자가 아닌 남자이므로 주체가 맞지 않다.
3 (O) '언제라도 괜찮아요'는 화요일 전에 논의를 하고 싶다는 남자의 말에 대한 적절한 응답이다.

어휘 出張 しゅっちょう 圏 출장　打ち合わせ うちあわせ 圏 논의

8

[음성]
F : 昨日、変な服を着させられてる犬がいて思わず笑っちゃった。
M : 1 へえ。どんな服だったの？
　　 2 そんな犬は見てないよ。
　　 3 犬が笑うわけないよ。

해석 F : 어제, 이상한 옷을 입고 있는 개가 있어서 무의식중에 웃어버렸어.
　　M : 1 호오. 어떤 옷이었어?
　　　　 2 그런 개는 못 봤어.
　　　　 3 개가 웃을 리가 없어.

해설 여자가 이상한 옷을 입은 개를 보고 웃었다고 경험을 이야기하는 상황이다.
1 (O) '어떤 옷이었어?'는 이상한 옷을 입은 개를 봤다는 여자의 말에 대한 적절한 응답이다.
2 (X) 개를 본 것은 남자가 아닌 여자이므로 주체가 맞지 않다.
3 (X) 웃은 것은 개가 아닌 여자이므로 주체가 맞지 않다.

어휘 思わず おもわず 囝 무의식중에　笑う わらう 圐 웃다

9

[음성]
M : 今年は雨が多いだろうって、昨日のニュースで言ってたよ。
F : 1 そうだね。雨が多かったね。
　　 2 えー。旅行の時には降らないでほしいな。
　　 3 さあ。どう言ってたか聞いてないよ。

해석 M : 올해는 비가 많을 것이라고, 어제 뉴스에서 말했어.
　　F : 1 맞아. 비가 많았지.
　　　 2 흠. 여행 때는 내리지 않았으면 좋겠다.
　　　 3 글쎄. 어떻게 말했는지 안 들었어.

해설 남자가 올해는 비가 많을 것이라고 뉴스에서 들은 것을 전하는 상황이다.
1 (X) 올해 비가 많을 것이라고 예상한 시점과 맞지 않다.
2 (O) '여행 때는 내리지 않았으면 좋겠다'는 올해는 비가 많을 것이라는 남자의 말에 대한 적절한 응답이다.
3 (X) 뉴스를 들은 건 여자가 아닌 남자이므로 주체가 맞지 않다.

어휘 ニュース 圏 뉴스

10

[음성]
F : 健康のためにウォーキングを始めたら、よく眠れるようになったよ。
M : 1 ふうん、毎日歩いてるの？
　　 2 いや、ウォーキングはしてないよ。
　　 3 でも、あまり好きじゃないなあ。

해석 F : 건강을 위해서 걷기를 시작했더니, 잘 잘 수 있게 됐어.
　　M : 1 호오, 매일 걷고 있어?
　　　　 2 아니, 걷기는 하고 있지 않아.
　　　　 3 하지만, 그다지 좋아하지 않는걸.

해설 여자가 걷기를 시작했더니 잘 자게 되었다고 경험을 이야기하는 상황이다.
1 (O) '호오, 매일 걷고 있어?'는 걷기를 시작해서 잘 자게 되었다는 여자의 말에 대한 적절한 응답이다.
2 (X) 걷기를 하고 있는 것은 남자가 아닌 여자이므로 주체가 맞지 않다.
3 (X) 걷기를 시작했더니 잘 자게 되었다는 상황과 맞지 않다.

어휘 健康 けんこう 圏 건강　ウォーキング 圏 걷기, 워킹
　　眠る ねむる 圐 자다

11

[음성]
M : それ、ゴルフの雑誌だね。田中さんはゴルフをするの？
F : 1 はい。あまり見たことがありません。
　　 2 ええ。でも上手ではないんです。
　　 3 いいえ。この雑誌じゃないんです。

해석 M : 그거, 골프 잡지네. 다나카 씨는 골프를 쳐?
　　F : 1 네. 별로 본 적이 없습니다.
　　　 2 네. 하지만 잘하지 못해요.
　　　 3 아니요. 이 잡지가 아니에요.

해설 남자가 다나카 씨, 즉 여자에게 골프를 치냐고 묻는 상황이다.
1 (X) 골프를 보는지 물은 게 아니기 때문에 상황과 맞지 않다.
2 (O) '네. 하지만 잘하지 못해요'는 골프를 치냐는 남자의 말에 대한 적절한 응답이다.
3 (X) 잡지에 대해 물은 게 아니기 때문에 상황과 맞지 않다.

어휘 ゴルフ 圏 골프　雑誌 ざっし 圏 잡지

12

[음성]
F : 部長、3時にお約束のお客様がいらっしゃいました。
M : 1 たぶん3時ごろに来ると思うよ。
　　 2 そうだね。昨日来ると言っていたよ。
　　 3 それじゃあ、会議室にご案内して。

해석 F : 부장님, 3시에 약속하신 손님이 오셨습니다.

M : 1 あまり 3時ぐらいに来るだろうと思う。
  2 うん。昨日来ると言った。
  3 それなら、会議室へ案内して差し上げて。

해설 여자가 부장님, 즉 남자에게 약속한 손님이 왔다고 보고하는 상황이다.
  1 (X) 이미 손님이 온 상황이므로 시점이 맞지 않다.
  2 (X) 지금 손님이 왔다고 보고하는 상황과 맞지 않다.
  3 (O) '회의실로 안내해드려'는 약속한 손님이 오셨다는 여자의 말에 대한 적절한 응답이다.

어휘 部長 ぶちょう 圆부장님, 부장 約束 やくそく 圆약속
  いらっしゃる 圏오시다 (来る의 존경어) 会議室 かいぎしつ 圆회의실
  案内 あんない 圆안내

문제 5 통합 이해

실력 다지기
p.384

| 01 ③ | 02 ① | 03 ① | 04 ③ |
| 05 질문1 ②, 질문2 ③ | 06 질문1 ③, 질문2 ② |

01

[음성]
おもちゃ屋で女の人と店員が話しています。
F : 子どもの誕生日のプレゼントを探しているんですけど。
M : 女の子でしたら、この人形はどうですか。いろんな服が着せられて人気です。男の子でしたら、ロボットがおすすめです。新製品で今男の子たちに一番人気です。
F : あ、うちの子は男の子です。でも、ロボットはもう家に十分あるしどうしよう…。
M : でしたら、ミニカーはどうですか。お子様が車に興味があったら喜ばれるおもちゃだと思います。
F : そうですか。でも前からずっと新しいロボットが欲しいって言ってたし…、家にたくさんあるけどこれにします。

女の人はどのおもちゃを買いますか。
① 人形
② ミニカー
③ ロボット

해석 장난감 가게에서 여자와 점원이 이야기하고 있습니다.
  F : 아이 생일 선물을 찾고 있는데요.
  M : 여자아이라면, 이 인형은 어떠세요? 다양한 옷을 입힐 수 있어서 인기입니다. 남자아이라면, 로봇을 추천합니다. 신제품으로 지금 남자아이들에게 가장 인기입니다.
  F : 아, 우리 애는 남자아이에요. 하지만, 로봇은 벌써 집에 충분히 있는데 어떡하지….

M : そうしたら、ミニカーはどうですか? 自分のお子さんが車に興味があったらいい喜ぶ장난감이라고 생각합니다.
M : 그렇다면, 미니카는 어떠세요? 자녀분이 차에 흥미가 있다면 좋아할 장난감이라고 생각합니다.
F : 그래요? 하지만 **전부터 계속 새 로봇이 갖고 싶다고 말했으니까…**, 집에 많이 있지만 이걸로 할게요.

여자는 어느 장난감을 삽니까?

① 인형
② 미니카
③ 로봇

어휘 おもちゃ屋 おもちゃや 圆장난감 가게 店員 てんいん 圆점원
  プレゼント 圆선물 探す さがす 圏찾다 人形 にんぎょう 圆인형
  いろんな 다양한, 여러 着せる きせる 圏입히다
  人気 にんき 圆인기 ロボット 圆로봇 おすすめ 圆추천
  新製品 しんせいひん 圆신제품 十分 じゅうぶん 圆충분히
  ミニカー 圆미니카 お子様 おこさま 圆자녀분
  興味 きょうみ 圆흥미 喜ぶ よろこぶ 圏좋아하다, 기뻐하다
  ずっと 圏계속, 쭉

02

[음성]
学校で男の学生と女の学生が話しています。
M : 夏休みのボランティア僕も参加したい。どんなのがあるか教えてもらえる?
F : まずは保育活動。保育園に行って子供と一緒に遊んだり子供の世話をしたりする。可愛い子供に会えるいい機会だと思うんだ。次は環境保存。他の学校の生徒たちと近くの川辺に行ってゴミを拾うよ。一緒に話しながら拾っているといつの間にか友達にもなれるし。
M : いいな。僕は人を手伝うボランティアにも興味があるけど、そういうのはないの?
F : 機能指導っていう活動があるよ。体が不自由な人に箸の使い方とか、字の書き方などいろんなことを教える活動だよ。でも今、週末にこれと似ている活動に参加しているでしょ?
M : それもそうだね。新しい経験もしてみたいし、僕はやっぱり人の世話をするのが好きだからこれにする!

男の学生はどのボランティアを選びましたか。
① 保育活動
② 環境保存
③ 機能指導

해석 학교에서 남학생과 여학생이 이야기하고 있습니다.
  M : 여름방학의 자원봉사 나도 참가하고 싶어. 어떤 게 있는지 가르쳐줄래?
  F : 우선은 보육 활동. 보육원에 가서 아이와 함께 놀거나 아이를 돌보거나 해. 귀여운 아이를 만날 수 있는 좋은 기회라고 생각해. 다음은 환경 보존. 다른 학교 학생들과 근처 강변에 가서 쓰레기

를 주워. 함께 이야기하면서 줍고 있으면 어느 순간 친구도 될 수 있고.

M : 좋네. 나는 사람을 돕는 자원봉사에도 흥미가 있는데, 그런 건 없어?

F : 기능 지도라는 활동이 있어. 몸이 부자유스러운 사람에게 젓가락 사용법이라던가, 글자를 쓰는 법 등 다양한 것을 가르치는 활동이야. 하지만 지금, 주말에 이것과 비슷한 활동에 참가하고 있지?

M : 그것도 그렇네. 새로운 경험도 해보고 싶고, 나는 역시 사람을 돌보는 것을 좋아하니까 이걸로 할래!

남학생은 어느 자원봉사를 선택했습니까?

① 보육 활동
② 환경 보존
③ 기능 지도

어휘 ボランティア 圏자원봉사   参加 さんか 圏참가
保育活動 ほいくかつどう 圏보육 활동   保育園 ほいくえん 圏보육원
遊ぶ あそぶ 图놀다   世話をする せわをする 돌보다, 보살피다
機会 きかい 圏기회   環境保存 かんきょうほぞん 圏환경 보존
川辺 かわべ 圏강변   ゴミ 圏쓰레기   拾う ひろう 图줍다
いつの間にか いつのまにか 閅어느 순간, 어느새
手伝う てつだう 图돕다, 거들다   興味 きょうみ 圏흥미
機能指導 きのうしどう 圏기능 지도
不自由だ ふじゆうだ な형부자유스럽다
使い方 つかいかた 圏사용법   字 じ 圏글자
書き方 かきかた 圏쓰는 법   週末 しゅうまつ 圏주말
似る にる 图비슷하다, 닮다   経験 けいけん 圏경험
やっぱり 閅역시

03

[음성]
会社の会議で三人が、社員食堂の問題について話しています。

M1: お昼時間に社員食堂が大変混雑していてご飯を食べられない社員もけっこういるらしい。長い時間待たされて食べる時間が足りなくなって急いで食べたせいで消化不良になったという社員もいるって。

F : 食事時間を変更したらどうでしょうか。部署別に違う時間帯に食べたら混雑しないと思います。例えば管理部が12時に食堂に入って、営業部は12時15分に入る方式です。

M2: お昼時間を30分延長するのはどうですか。食事時間を1時間30分にすれば時間は余裕があると思います。

F : そうすれば退勤時間も30分遅くなるから賛成しない社員が多いかもしれません。臨時食堂を作る方法もあります。食堂が2箇所あると待つ時間も短くなりますし。

M1: 食堂を作る場所がないんじゃない?費用もたくさんかかるし。まあ、やっぱり食事時間を変えた方が費用

もかからないし、反対する社員が少ないと思うからそうしよう。

社員食堂の問題を解決するためにどうすることにしましたか。
① 食事時間を変更する
② お昼時間を30分延長する
③ 臨時食堂を作る

해석 회사의 회의에서 3명이, 사원식당의 문제에 대해 이야기하고 있습니다.

M1 : 점심시간에 사원식당이 너무 혼잡해서 밥을 먹지 못하는 사원도 꽤 있는 것 같아. 긴 시간 기다리게 하니 먹을 시간이 부족해져서 서둘러 먹은 탓에 소화불량이 됐다는 사원도 있대.

F : 식사 시간을 변경하면 어떨까요? 부서별로 다른 시간대에 먹으면 혼잡하지 않을 거라고 생각합니다. 예를 들면 관리부가 12시에 식당에 들어가고, 영업부는 12시 15분에 들어가는 방식입니다.

M2 : 점심시간을 30분 연장하는 것은 어떨까요? 식사 시간을 1시간 30분으로 하면 시간은 여유가 있다고 생각합니다.

F : 그렇게 하면 퇴근 시간도 30분 늦어지니까 찬성하지 않는 사원이 많을지도 모릅니다. 임시 식당을 만드는 방법도 있습니다. 식당이 2군데 있으면 기다리는 시간도 짧아지고요.

M1 : 식당을 만들 장소가 없지 않아? 비용도 많이 들고. 뭐, 역시 식사 시간을 바꾸는 쪽이 비용도 들지 않고, 반대할 사원이 적을 거라 생각하니까 그렇게 하자.

사원식당 문제를 해결하기 위해 어떻게 하기로 했습니까?

① 식사 시간을 변경한다
② 점심시간을 30분 연장한다
③ 임시 식당을 만든다

어휘 会議 かいぎ 圏회의   社員食堂 しゃいんしょくどう 圏사원식당
昼時間 ひるじかん 圏점심시간   大変 たいへん 閅너무, 매우
混雑 こんざつ 圏혼잡   けっこう 閅꽤, 제법
足りない たりない 부족하다   急ぐ いそぐ 图서두르다
消化不良 しょうかふりょう 圏소화불량
食事時間 しょくじじかん 圏식사 시간   変更 へんこう 圏변경
部署別 ぶしょべつ 圏부서별   時間帯 じかんたい 圏시간대
例えば たとえば 閅예를 들면   管理部 かんりぶ 圏관리부
営業部 えいぎょうぶ 圏영업부   方式 ほうしき 圏방식
延長 えんちょう 圏연장   余裕 よゆう 圏여유
退勤時間 たいきんじかん 圏퇴근 시간   遅い おそい い형늦다
賛成 さんせい 圏찬성   臨時食堂 りんじしょくどう 圏임시 식당
方法 ほうほう 圏방법   費用 ひよう 圏비용
かかる 图(시간, 비용이) 들다   やっぱり 閅역시
変える かえる 图바꾸다   反対 はんたい 圏반대
解決 かいけつ 圏해결

04

[음성]
店で社長と店員二人が、店の問題について話しています。

F1：広告の効果で店がますます人気になってきてうれし
　　いけど、店が小さくて外で並ぶお客さんが多くなるか
　　ら困るよ。
M：予約制にしたほうがいいと思います。そうすれば外で
　　待つ人もいなくなるでしょう。
F2：でも、お年寄りは予約することが難しくてできないか
　　もしれません。メニューの種類を少なくするのはどう
　　ですか。社長が料理を作る時間が短くなって、待つ
　　時間も短くなりますし。
M：しかし、今のメニューは全部人気で何をなくせばいい
　　か難しいです。あ、今店のとなりに何もないんじゃな
　　いですか。店をもっと広くすればどうですか。費用はた
　　くさんかかってもお客さんを外に待たせる問題は解決
　　できます。
F1：しょうがないわね。これからお客さんがもっと増えそ
　　うだからお金がかかってもそうしたほうがいいね。
社長はどうすることに決めましたか。
① 予約制にする
② メニューの種類を少なくする
③ 店を拡張する

해석 가게에서 사장과 점원 2명이, 가게의 문제에 대해 이야기하고 있습니다.
　F1：광고 효과로 가게가 점점 인기가 많아져 기쁘지만, 가게가 작아
　　　서 밖에서 줄 서는 손님이 많아지니까 곤란해.
　M：예약제로 하는 편이 좋다고 생각해요. 그렇게 하면 밖에서 기다
　　　리는 사람도 없어지겠죠.
　F2：하지만, 어르신은 예약하는 것이 어려워서 할 수 없을지도 몰라
　　　요. 메뉴 종류를 적게 하는 것은 어때요? 사장님이 요리를 만드
　　　는 시간이 짧아져서, 기다리는 시간도 짧아지고요.
　M：하지만, 지금 메뉴는 전부 인기라서 무엇을 없애면 좋을지 어려
　　　워요. 아, 지금 가게 옆에 아무것도 없지 않나요? 가게를 더 넓게
　　　하면 어때요? 비용은 많이 들어도 손님을 밖에서 기다리게 하는
　　　문제는 해결돼요.
　F1：어쩔 수 없네. 앞으로 손님이 더 늘 것 같으니까 돈이 들어도 그
　　　렇게 하는 편이 좋겠네.
　사장은 어떻게 하기로 정했습니까?

　① 예약제로 한다
　② 메뉴 종류를 적게 한다
　③ 가게를 확장한다

어휘 社長 しゃちょう 명사장님, 사장　店員 てんいん 명점원
　　広告 こうこく 명광고　効果 こうか 명효과　ますます 문점점, 더욱더
　　人気になる にんきになる 인기가 많아지다　うれしい い형기쁘다
　　お客さん おきゃくさん 명손님　予約制 よやくせい 명예약제
　　お年寄り おとしより 명어르신, 노인　メニュー 명메뉴
　　種類 しゅるい 명종류　費用 ひよう 명비용

かかる 동(시간, 비용이) 들다　解決 かいけつ 명해결
しょうがない 어쩔 수 없다　増える ふえる 동늘다, 증가하다
決める きめる 동정하다　拡張 かくちょう 명확장

05

[음성]
会社で部長が海外研修について話しています。
M1：えー、では海外研修の紹介を始めます。今年は三つ
　　の国への研修を準備しました。一番目は中国です。
　　二週間北京の貿易会社で研修を受けます。研修以
　　外の時間は博物館を見学したり、中国の文化遺産を
　　観光することができます。二番目はアメリカです。三
　　週間教育会社で毎日8時間ぐらい研修を受けます。
　　研修時間が長くて観光する時間は少ないですが、英
　　語クラスに参加して英語を学べる機会があります。三
　　番目はフランスです。研修期間は一週間だけで短い
　　ですが、フランスの高級ホテルで泊まれますし、伝
　　統があるワイン工場でワインを作ったりする体験もで
　　きます。
　F：へえー、今年はどっちも楽しそうだから迷っちゃう。ど
　　こに行くか決めた？
M2：僕はやっぱり長い時間海外で過ごしたいからここにす
　　る。
　F：じゃ、私は短くてもいいところで泊まりたいし、楽しい
　　体験もしたいからここにする。
質問1 男の人はどの国へ行くことにしましたか。
質問2 女の人はどの国へ行くことにしましたか。

質問1
① 中国
② アメリカ
③ フランス
質問2
① 中国
② アメリカ
③ フランス

해석 회사에서 부장이 해외 연수에 대해 이야기하고 있습니다.
　M1：음, 그럼 해외 연수 소개를 시작하겠습니다. 올해는 세 개 나라
　　　로의 연수를 준비했습니다. 첫 번째는 중국입니다. 2주 동안 베
　　　이징의 무역 회사에서 연수를 받습니다. 연수 이외의 시간은 박
　　　물관을 견학하거나, 중국의 문화유산을 관광할 수 있습니다. 두
　　　번째는 미국입니다. 3주 동안 교육 회사에서 매일 8시간 정도
　　　연수를 받습니다. 연수 시간이 길어서 관광할 시간은 적습니다
　　　만, 영어 수업에 참가해서 영어를 배울 기회가 있습니다. 세 번

째는 프랑스입니다. 연수 기간은 일주일 뿐으로 짧지만, 프랑스의 고급 호텔에서 묵을 수 있고, 전통이 있는 와인 공장에서 와인을 만들거나 하는 체험도 할 수 있습니다.

F : 와, 올해는 어디든 즐거워 보이니까 망설여져. 어디에 갈지 정했어?
M2 : 나는 역시 **긴 시간 해외에서 보내고 싶으니까 여기로 할래.**
F : 그럼, 나는 **짧아도 좋은 곳에서 묵고 싶고, 즐거운 체험도 하고 싶으니까 여기로 할래.**

질문1 남자는 어느 나라에 가기로 했습니까?

질문2 여자는 어느 나라에 가기로 했습니까?

질문1

① 중국
② 미국
③ 프랑스

질문2

① 중국
② 미국
③ 프랑스

어휘 海外研修 かいがいけんしゅう 圆해외 연수   紹介 しょうかい 圆소개
始める はじめる 圖시작하다   準備 じゅんび 圆준비
中国 ちゅうごく 圆중국   北京 ぺきん 圆베이징
貿易会社 ぼうえきがいしゃ 圆무역 회사   研修 けんしゅう 圆연수
受ける うける 圖받다   以外 いがい 圆이외
博物館 はくぶつかん 圆박물관   見学 けんがく 圆견학
文化遺産 ぶんかいさん 圆문화유산   観光 かんこう 圆관광
アメリカ 圆미국   教育会社 きょういくがいしゃ 圆교육 회사
参加 さんか 圆참가   学ぶ まなぶ 圖배우다   機会 きかい 圆기회
フランス 圆프랑스   期間 きかん 圆기간   高級 こうきゅう 圆고급
泊まる とまる 圖묵다, 머무르다   伝統 でんとう 圆전통
ワイン 圆와인   工場 こうじょう 圆공장   体験 たいけん 圆체험
迷う まよう 圖망설이다, 헤매다   決める きめる 圖정하다
やっぱり 凰역시   過す すごす 圖보내다

06

[음성]
だいがく きょうじゅ きぎょうほうもん しょうかい
大学で教授が企業訪問プログラムの紹介をしています。
F1 : みなさんの就職活動の役に立つため、企業訪問プログラムを準備しました。一番目はA企業です。知らない人がいないほど有名な大企業ですね。こんな大きい企業を運営しているシステムが学べます。二番目はB企業です。5年前に作られた企業ですが、すでに中堅企業になったところです。この5年間どうやって成長してきたのかを教えてもらえる機会があります。三番目はC企業です。みなさん、聞いたことがあるでしょう。社員30人の小さい中小企業ですが、どうしてこんなに有名で人気があるのか気になりませんか。訪問してその秘訣を勉強しましょう。

M : 企業について詳しく知らなかったけどこんな機会があっていいね。どこの企業に行ってみようかな。
F2 : 一緒にこの企業に申し込まない?前から興味を持っていた企業だよ。**小さい規模の会社でも有名になった理由は何か知りたくてたまらない。**
M : そっちも面白そうだけど、僕はやっぱりこっちにする。**速く成長した方法とこれからも成長の可能性があるかをみたいから。**

質問1 女の人はどの企業を訪問しますか。

質問2 男の人はどの企業を訪問しますか。

質問1
① A 企業
② B 企業
③ C 企業

質問2
① A 企業
② B 企業
③ C 企業

해석 대학에서 교수가 기업 방문 프로그램 소개를 하고 있습니다.
F1 : 여러분의 취직활동에 도움이 되기 위해, 기업 방문 프로그램을 준비했습니다. 첫 번째는 A기업입니다. 모르는 사람이 없을 정도로 유명한 대기업이네요. 이런 큰 기업을 운영하고 있는 시스템을 배울 수 있습니다. 두 번째는 B기업입니다. 5년 전에 만들어진 기업이지만, 벌써 중견기업이 된 곳입니다. 이 5년 동안 어떻게 성장해왔는지를 배울 수 있는 기회가 있습니다. 세 번째는 C기업입니다. 여러분, 들어본 적이 있죠? 사원이 30명인 작은 중소기업이지만, 어째서 이렇게 유명하고 인기가 있는지 궁금하지 않으세요? 방문해서 그 비결을 공부합시다.
M : 기업에 대해 자세하게 몰랐는데 이런 기회가 있어서 좋네. 어느 기업에 가볼까.
F2 : 함께 이 기업에 신청하지 않을래? 전부터 흥미를 가지고 있던 기업이야. 작은 규모의 회사지만 유명해진 이유는 뭔지 알고 싶어서 견딜 수 없어.
M : 그쪽도 재미있어 보이지만, 나는 역시 이쪽으로 할래. 빠르게 성장한 방법과 앞으로도 성장 가능성이 있는지를 보고 싶으니까.

질문1 여자는 어느 기업을 방문합니까?
질문2 남자는 어느 기업을 방문합니까?

질문1

① A기업
② B기업
③ C기업

질문2

① A기업

② B기업

③ C기업

어휘 教授 きょうじゅ 圏교수　企業訪問 きぎょうほうもん 圏기업 방문

プログラム 圏프로그램　紹介 しょうかい 圏소개

就職活動 しゅうしょくかつどう 圏취직활동

役に立つ やくにたつ 도움이 되다　準備 じゅんび 圏준비

有名だ ゆうめいだ な형유명하다　大企業 だいきぎょう 圏대기업

運営 うんえい 圏운영　システム 圏시스템　学ぶ まなぶ 圏배우다

中堅企業 ちゅうけんきぎょう 圏중견기업　すでに 변벌써

成長 せいちょう 圏성장　機会 きかい 圏기회

中小企業 ちゅうしょうきぎょう 圏중소기업

人気がある にんきがある 인기가 있다

気になる きになる 궁금하다, 신경 쓰이다　訪問 ほうもん 圏방문

秘訣 ひけつ 圏비결　詳しい くわしい い형자세하다

申し込む もうしこむ 圏신청하다

興味を持つ きょうみをもつ 흥미를 가지다　規模 きぼ 圏규모

理由 りゆう 圏이유　たまらない 견딜 수 없다, 참을 수 없다

やっぱり 변역시　方法 ほうほう 圏방법

可能性 かのうせい 圏가능성

실전 테스트 1

p.386

| 1 4 | 2 4 | 3 질문1 1, 질문2 3 |

문제5에서는, 긴 이야기를 듣습니다. 이 문제에는 연습은 없습니다. 문제 용지에 메모를 해도 상관없습니다.

1번, 2번

문제 용지에 아무것도 인쇄되어 있지 않습니다. 우선 이야기를 들어주세요. 그리고 나서, 질문과 선택지를 듣고, 1에서 4 중에, 가장 알맞은 것을 하나 골라주세요.

1

[음성]

旅行会社のカウンターで、女の人と係の男の人が話しています。

F：すみません。夏休みに日本からあまり遠くないところに旅行したいと思っているんですが、どこにするか迷っていて。夫と二人で行くんですが。

M：夏休みですか。何日ぐらいのご予定ですか。

F：4日くらいです。

M：わかりました。いくつかご案内しますね。まず、シンガポール。こちらは4日間でお1人様7万4千8百円です。

ホテルと飛行機のセットで、1回市内観光とランチが付いています。それ以外のお食事は、ご自分でのご用意になります。それから、こちらのグアムは4日間で4万円ちょうどです。海の近くのホテルで、ショッピングモールもあります。

F：どちらも海の近くでいいですね。でも、1人4万を超えると予算オーバーなんです。

M：では、こちらはいかがでしょうか。サイパン3日間のプランで2万9千8百円と大変お得なプランです。これは、食事はついておりませんが、朝食付きのホテルでしたら、3日間で3万4千8百円のこれをお勧めします。

F：朝食付きのホテルのほうが楽ですよね。これ、いいかも。あ、昨日、夫と台湾もいいかなって話していたんですが、お勧めのツアーがありますか。

M：台湾ですと、4日間3万6千円のプランがあります。このホテルは食事が付いていないのですが、朝食付きのホテルですと、こちらの4万2千円のプランはいかがでしょうか。

F：食事を付けると高くなるんですね。でも、ちょっと予算を超えちゃうけど、せっかくだから4日間行けるこちらにしようかな。

女の人は夏休みにどこへ行きますか。

1 シンガポール

2 グアム

3 サイパン

4 台湾

해석 여행 회사의 카운터에서, 여자와 담당자인 남자가 이야기하고 있습니다.

F : 실례합니다. 여름휴가에 일본에서 그다지 멀지 않은 곳으로 여행하고 싶다고 생각하고 있는데요, 어디로 할지 망설이고 있어서. 남편과 둘이서 가는데요.

M : 여름휴가인가요? 며칠 정도 예정이십니까?

F : 4일 정도입니다.

M : 알겠습니다. 몇 가지 안내해 드리겠습니다. 우선, 싱가포르. 이쪽은 4일간으로 한 명당 7만 4천 8백 엔입니다. 호텔과 비행기가 세트이고, 1회 시내 관광과 런치가 포함되어 있습니다. 그 이외의 식사는, 스스로 준비하시게 됩니다. 그리고, 이쪽의 괌은 4일간으로 정확히 4만 엔입니다. 바다 근처의 호텔이고, 쇼핑몰도 있습니다.

F : 어느 쪽도 바다 근처여서 좋네요. 하지만, 1인 4만을 넘으면 예산 오버입니다.

M : 그럼, 이쪽은 어떠신가요? 사이판 3일간 플랜으로 2만 9천 8백 엔이라는 대단히 이득인 플랜입니다. 이것은, 식사는 포함되어 있지 않습니다만, 조식이 포함된 호텔이라면, 3일간으로 3만 4천 8백 엔인 이것을 추천 드립니다.

F : 조식이 포함된 호텔 쪽이 편하죠. 이거, 괜찮을지도. 아, 어제, 남편과 대만도 괜찮겠다고 얘기했었는데, 추천 투어가 있나요?

M : 대만이라면, 4일간 3만 6천 엔 플랜이 있습니다. 이 호텔은 식사

가 포함되어 있지 않습니다만, 조식이 포함되는 호텔이라면, 이쪽의 4만 2천 엔 플랜은 어떠신가요?

F : 식사를 포함하면 비싸지네요. 하지만, 조금 예산을 넘어 버리지만, 모처럼이니까 4일간 갈 수 있는 이쪽으로 할까.

여자는 여름휴가에 어디로 갑니까?

1 싱가포르
2 괌
3 사이판
4 대만

해설 대화에서 언급되는 여러 선택사항과 여자의 최종 선택 내용을 재빨리 메모하며 주의 깊게 듣는다.

〈메모〉 여자 → 여름 휴가, 남편과 둘, 4일 정도, 1인 4만엔

① 싱가포르: 4일간, 7만 4천 8백엔, 호텔 비행기 세트, 1회 시내 관광과 런치, 그 외 식사 스스로 → 예산 오버

② 괌: 4일간, 정확히 4만엔, 바다 근처 호텔, 쇼핑몰 → 조식 없음

③ 사이판: 3일간, 2만 9천 8백엔, 식사X, 조식 포함 호텔은 3일간 3만 4천 8백엔 → 조식 포함이 편함

④ 대만: 4일간 3만 6천엔, 식사 X/ 조식 포함 호텔은 4만 2천엔
여자 → 예산을 조금 넘지만 4일간 갈 수 있는 이쪽으로

질문이 여자가 여름휴가에 어디로 가는지 묻고 있으므로, 예산을 조금 넘지만 4일간 갈 수 있는 4 台湾(대만)이 정답이다.

어휘 旅行会社 りょこうがいしゃ 圀 여행 회사　カウンター 圀 카운터
係 かかり 圀 담당자　日本 にほん 圀 일본　迷う まよう 图 망설이다
夫 おっと 圀 남편　予定 よてい 圀 예정　案内 あんない 圀 안내
まず 甼 우선　シンガポール 圀 싱가포르　セット 圀 세트
市内 しない 圀 시내　観光 かんこう 圀 관광　ランチ 圀 런치, 점심
付く つく 图 포함되다, 붙다　以外 いがい 圀 이외
食事 しょくじ 圀 식사　用意 ようい 圀 준비　グアム 圀 괌
ショッピングモール 圀 쇼핑몰　超える こえる 图 넘다, 초과하다
予算 よさん 圀 예산　オーバー 圀 오버, 초과　サイパン 圀 사이판
プラン 圀 플랜　得だ とくだ 🈀형 이득이다　朝食 ちょうしょく 圀 조식
お勧め おすすめ 圀 추천　楽だ らくだ 🈀형 편하다
台湾 たいわん 圀 대만　ツアー 圀 투어　せっかく 甼 모처럼

2

[음성]

会社で三人が打ち合わせをしています。

F : 来月、アメリカからいらっしゃる取引先との接待、どうしましょうか。最終的な計画書をそろそろ提出しなくちゃいけませんよね。

M1 : そうなんだよ。朝の9時に羽田空港で先方の皆さんをお出迎えして、タクシーで移動。お昼はバイキング形式のレストランで食事をしてから浅草に案内するっていう予定でいいかな。

M2 : それなんですが、昼食後に直接浅草に行くと、少し時間が余りそうじゃないですか?ちょっとパンフレットを持ってきたので、レストランの後にどこかもう

一ヶ所、観光できるところを探しましょう。

M1 : おお、そうか。了解。もう一ヶ所行けるなら先方も喜ぶね。んー、どれもこれも魅力的で選び難いけど。お土産屋に寄るのはどうかな。

F : お土産屋は最後の日にしたほうがいいと思います。この美術館なんかはどうですかね。

M1 : んー、時間がとれるといっても、1時間くらいだから、美術館だとちょっと慌ただしくなりかねないんじゃないかな。

M2 : だったら、えーと。あっ。40分のバスツアーというのがありますよ。これはどうでしょう。

M1 : へー、バス乗り場が東京駅なら移動もスムーズで問題ないかも。

F : じゃあ、それで計画書、作り直してみます。

レストランの後にどこへ行くことにしましたか。

1 浅草
2 お土産屋
3 美術館
4 東京駅

해석 회사에서 세 명이 회의를 하고 있습니다.

F : 다음 달, 미국에서 오시는 거래처와의 접대, 어떻게 할까요? 최종적인 계획서를 슬슬 제출해야 되죠?

M1 : 맞아. 아침 9시에 하네다 공항에서 상대편 분들을 마중하고, 택시로 이동. 점심은 뷔페 형식의 레스토랑에서 식사를 하고 나서 아사쿠사로 안내한다는 예정으로 괜찮을까?

M2 : 그거 말인데요, 점심 식사 후에 바로 아사쿠사에 가면, 조금 시간이 남을 것 같지 않나요? 팸플릿을 조금 가지고 왔으니까, 레스토랑 다음에 어딘가 한군데 더, 관광할 수 있는 곳을 찾죠.

M1 : 오, 그래? 알겠어. 한군데 더 갈 수 있다면 상대방도 좋아하겠네. 음, 이것저것 모두 매력적이라 고르기 어려운데. 기념품 가게에 들르는 것은 어떨까?

F : 기념품 가게는 마지막 날로 하는 편이 좋다고 생각해요. 이 미술관은 어떨까요?

M1 : 음, 시간을 낼 수 있다고 해도, 한 시간 정도니까, 미술관이면 좀 분주해질 수도 있지 않을까?

M2 : 그럼, 음, 앗! 40분 버스 투어라는 게 있어요. 이건 어떨까요?

M1 : 와, 버스 승강장이 도쿄역이면 이동도 원활하고 문제 없을지도.

F : 그럼, 그걸로 계획서, 다시 만들어 보겠습니다.

레스토랑 다음에 어디에 가기로 했습니까?

1 아사쿠사
2 기념품 가게
3 미술관
4 도쿄역

해설 대화의 중후반에서 세 사람의 최종 합의 내용을 재빨리 메모하며 주의 깊게 듣는다.

〈메모〉거래처 접대, 점심 후 남는 시간에 어디 갈지?

　　- 아사쿠사: 최종 목적지

　　- 기념품 가게?: 마지막 날

　　- 미술관은?: 분주해질 수도

　　- 버스투어는?: 승강장이 도쿄역, 이동 원활 → 그럼, 그걸로

질문이 레스토랑 다음에 어디에 가기로 했는지 묻고 있으므로, 4 東京駅(도쿄역)가 정답이다.

어휘 アメリカ 圏 미국　いらっしゃる 圏 오시다 (来る의 존경어)
取引先 とりひきさき 圏 거래처　接待 せったい 圏 접대
最終的だ さいしゅうてきだ 恩 최종이다
計画書 けいかくしょ 圏 계획서　そろそろ 분 슬슬
提出 ていしゅつ 圏 제출　羽田空港 はねだくうこう 圏 하네다 공항
先方 せんぽう 圏 상대편, 상대방
出迎える でむかえる 圏 마중하다, 마중 나가다　移動 いどう 圏 이동
お昼 おひる 圏 점심, 점심 식사　バイキング 圏 뷔페
形式 けいしき 圏 형식　食事 しょくじ 圏 식사
浅草 あさくさ 圏 아사쿠사　案内 あんない 圏 안내
予定 よてい 圏 예정　直接 ちょくせつ 圏 직접　余る あまる 圏 남다
パンフレット 圏 팸플릿　観光 かんこう 圏 관광
探す さがす 圏 찾다, 구하다　了解 りょうかい 圏 이해, 양해
喜ぶ よろこぶ 圏 좋아하다, 기뻐하다　魅力 みりょく 圏 매력
選ぶ えらぶ 圏 고르다, 선택하다
お土産屋 おみやげや 圏 기념품 가게　寄る よる 圏 들르다
最後 さいご 圏 마지막, 최후　美術館 びじゅつかん 圏 미술관
時間を取る じかんをとる 시간을 내다
慌ただしい あわただしい い형 분주하다, 서두르다
バス乗り場 バスのりば 圏 버스 승강장
東京駅 とうきょうえき 圏 도쿄역　スムーズだ 恩 원활하다, 원만하다
作り直す つくりなおす 圏 다시 만들다, 고쳐 만들다

3번

우선 이야기를 들어주세요. 그리고 나서, 두 질문을 듣고, 각각 문제 용지의 1에서 4 중에, 가장 알맞은 것을 하나 골라주세요.

3

[음성]
桜の名所の情報を聞いて、男の人と女の人が話しています。

F1：いよいよ桜の開花も近づいてきましたので、人気の桜の名所を4か所、ご紹介します。まず、東京都内で最も大きい公園の桜が見下ろせるホテルのカフェです。満開の桜を見ながら、ピンク色のケーキとお茶で、ゆっくりお過ごしください。次に、親子で楽しめる遊園地でのお花見です。地上30メートルまで上がる乗り物から見える桜は、遊園地でしか見られません。次に、人気の川沿いの夜桜はいかがでしょうか。いろいろな居酒屋があって、デートにもおすす

めです。最後に、会社帰りに一人でも行ける散歩コースです。ここでは、ジョギングも楽しむことができます。桜の開花情報と天気も確認してくださいね。

F2：今年のお花見はどこがいいかしら。

M：いろいろあって迷うけど、春になったら、絶対に行きたいよね。

F2：彼氏と夜桜デートに行きたいんだけど、お互い忙しくてね。

M：僕も春は仕事が忙しいから、一人でふらっと行くのも気楽でいいなぁ。

F2：そうね。この散歩コース、会社からも近いしね。

M：遊園地の乗り物からの桜も見てみたいけど、休みが取れそうにないな。

F2：私は一日なら、お休み取れるから、たまには、平日のティータイムに母を誘ってみるわ。

M：そっか。親孝行だな。僕は、やっぱり、忙しいけど、同僚と人気の夜桜を見ながら、お酒を飲んで、盛り上がろうっと。デートじゃなくて、残念だけどね。

質問1 女の人は、どこでお花見をしますか。

質問2 男の人は、どこでお花見をしますか。

[문제지]
質問1

1 ホテルのカフェ
2 遊園地
3 川沿い
4 散歩コース

質問2

1 ホテルのカフェ
2 遊園地
3 川沿い
4 散歩コース

해석 벚꽃 명소의 정보를 듣고, 남자와 여자가 이야기하고 있습니다.

F1：드디어 벚꽃 개화도 가까워졌기 때문에, 인기 있는 벚꽃 명소를 4곳, 소개하겠습니다. 우선, 도쿄 도내에서 가장 큰 공원의 벚꽃을 내려다볼 수 있는 호텔의 카페입니다. 만개한 벚꽃을 보면서, 핑크색 케이크와 차로, 느긋하게 보내세요. 다음으로, 부모와 자식이 즐길 수 있는 유원지에서의 꽃구경입니다. 지상 30미터까지 올라가는 놀이기구에서 보이는 벚꽃은, 유원지에서밖에 볼 수 없습니다. 다음으로, 인기 있는 강가의 밤 벚꽃은 어떠신가요? 다양한 주점이 있어서, 데이트에도 추천합니다. 마지막으로, 퇴근길에 혼자서도 갈 수 있는 산책 코스입니다. 여기서는, 조깅도 즐길 수 있습니다. 벚꽃 개화 정보와 날씨도 확인해 주세요.

F2：올해 꽃놀이는 어디가 좋을까?

M : 다양하게 있어서 망설여지지만, 봄이 되면, 꼭 가고 싶네.

F2 : 남자친구와 밤 벚꽃 데이트를 가고 싶지만, 서로 바빠서.

M : 나도 봄은 일이 바쁘니까, 혼자서 훌쩍 가는 것도 홀가분하고 좋겠어.

F2 : 그렇네. 이 산책 코스, 회사에서도 가깝고 말이야.

M : 유원지 놀이기구에서의 벚꽃도 봐보고 싶지만, 휴가를 낼 수 있을 것 같지 않네.

F2 : 나는 하루라면, 휴가 낼 수 있으니까, **가끔씩은, 평일 티타임에 엄마를 불러 봐야지.**

M : 그래? 효도하네. 나는, 역시, 바쁘지만, **동료와 인기 있는 밤 벚꽃을 보면서, 술을 마시고, 즐겨야지.** 데이트가 아니라서, 유감이지만.

질문1 여자는, 어디서 꽃놀이를 합니까?

질문2 남자는, 어디서 꽃놀이를 합니까?

질문1

1 호텔 카페

2 유원지

3 강가

4 산책 코스

질문2

1 호텔 카페

2 유원지

3 강가

4 산책 코스

해설 각 선택지와 관련하여 언급되는 내용을 재빨리 메모하며 주의 깊게 듣고, 두 명의 대화자가 선택하는 것에 유의하며 대화를 듣는다.

〈메모〉 벚꽃 명소 4곳

① 호텔 카페: 가장 큰 공원 벚꽃, 케이크와 차

② 유원지: 부모자식 함께, 놀이기구

③ 강가: 인기, 밤 벚꽃, 주점, 데이트 추천

④ 산책 코스: 귀갓길, 혼자, 조깅

여자 → 티타임 엄마랑

남자 → 밤 벚꽃 보면서 술

질문 1은 여자가 선택한 꽃놀이 장소를 묻고 있다. 여자는 티타임에 엄마를 부르겠다고 했으므로, 차를 마시는 1 ホテルのカフェ(호텔 카페)가 정답이다.

질문 2는 남자가 선택한 꽃놀이 장소를 묻고 있다. 남자는 밤 벚꽃을 보며 술을 마시겠다고 했으므로, 3 川沿い(강가)가 정답이다.

어휘 桜 さくら 명 벚꽃　名所 めいしょ 명 명소　情報 じょうほう 명 정보
いよいよ 뷔 드디어, 점점　開花 かいか 명 개화
近づく ちかづく 동 가까워지다　人気 にんき 명 인기
紹介 しょうかい 명 소개　まず 뷔 우선
東京都内 とうきょうとない 명 도쿄 도내　最も もっとも 뷔 가장, 제일
見下ろす みおろす 동 내려다보다　カフェ 명 카페
満開 まんかい 명 만개　ピンク色 ピンクいろ 명 핑크색
ケーキ 명 케이크　過ごす すごす 동 보내다, 지내다
親子 おやこ 명 부모와 자식　楽しむ たのしむ 동 즐기다
遊園地 ゆうえんち 명 유원지　花見 はなみ 명 꽃구경, 꽃놀이
地上 ちじょう 명 지상　上がる あがる 동 올라가다
乗り物 のりもの 명 놀이기구, 탈것　見える みえる 동 보이다

川沿い かわぞい 명 강가, 냇가　夜桜 よざくら 명 밤 벚꽃
居酒屋 いざかや 명 주점, 이자카야　デート 명 데이트
おすすめ 명 추천　最後 さいご 명 마지막, 최후
会社帰り かいしゃがえり 명 퇴근길　コース 명 코스
ジョギング 명 조깅　確認 かくにん 명 확인
迷う まよう 동 망설이다, 헤매다　絶対 ぜったい 뷔 꼭, 절대
彼氏 かれし 명 남자친구　お互い おたがい 명 서로, 피차
ふらっと 뷔 훌쩍, 불쑥　気楽だ きらくだ 나형 홀가분하다, 마음이 편하다
休みを取る やすみをとる 휴가를 내다, 휴가를 쓰다
たまに 뷔 가끔, 때때로　平日 へいじつ 명 평일
ティータイム 명 티타임　誘う さそう 동 부르다, 꾀다
親孝行 おやこうこう 명 효도, 효행　やっぱり 뷔 역시
同僚 どうりょう 명 동료
盛り上がる もりあがる 동 즐기다, 분위기가 고조되다
残念だ ざんねんだ 나형 유감이다

실전 테스트 2　　　　　　　　　　　　　p.388

1 1	**2** 4	**3** 질문1 3, 질문2 4

문제5에서는, 긴 이야기를 듣습니다. 이 문제에는 연습은 없습니다. 문제 용지에 메모를 해도 상관없습니다.

1번, 2번

문제 용지에 아무것도 인쇄되어 있지 않습니다. 우선 이야기를 들어주세요. 그리고 나서, 질문과 선택지를 듣고, 1에서 4 중에, 가장 알맞은 것을 하나 골라주세요.

1

[음성]

電気店で男の店員と女の客が話しています。

F : すみません。リビングルームのエアコンを買い替えようと思ってるんですが。

M : いらっしゃいませ。リビングのエアコンでしたら、一番売れているのはこちらです。湿度の調節ができるのは、こちらのメーカーのみとなっております。

F : えっ、そうなんですか。知りませんでした。暖房のときにも調節できるんですか。

M : もちろんです。乾燥しやすい冬も快適ですよ。

F : 暖房をつけると、乾燥して困ってたんですが、これだとその心配もなさそうですね。でもこれ、結構高いですね。

M : そうですか。こちらはどうでしょうか。フィルターの汚れを自動的にお掃除してくれるので、人気があります。

F：わあ、それも助^{たす}かりますね。

M：あと、リビングルームはご家族^{かぞく}で過^すごす時間^{じかん}が長^{なが}いので、電気代^{でんきだい}が安^{やす}くなるこちらの製品^{せいひん}もよく売^うれていますよ。

F：なるほど。電気代^{でんきだい}は節約^{せつやく}したいと思^{おも}いますけど、うちは主人^{しゅじん}と二人^{ふたり}だけですから、使^{つか}うのが夜^{よる}と休^{やす}みの日^ひだけなんですよ。

M：それから、標準^{ひょうじゅん}的^{てき}な機能^{きのう}ですが、一番^{いちばん}手頃^{てごろ}なお値段^{ねだん}のこちらのタイプは残^{のこ}りがわずかとなっております。

F：うーん。値段^{ねだん}は安^{やす}いに越^こしたことはないんですけど、あんまり安^{やす}いのはちょっと。エアコンは長^{なが}く使^{つか}うものですから。それに、掃除^{そうじ}は主人^{しゅじん}がしてくれるので、冬^{ふゆ}のことも考^{かんが}えてこれにします。

女^{おんな}の人^{ひと}はどのエアコンを選^{えら}びますか。

1 湿度^{しつど}が調節^{ちょうせつ}できるもの
2 自動的^{じどうてき}にお掃除^{そうじ}をするもの
3 電気代^{でんきだい}が安^{やす}くなるもの
4 エアコンの価格^{かかく}が一番^{いちばん}安^{やす}いもの

해석 전자제품 매장에서 점원과 여자 손님이 이야기하고 있습니다.

F : 실례합니다. 거실 에어컨을 새로 사서 바꾸려고 하는데요.

M : 어서 오세요. 거실 에어컨이라면, 가장 잘 팔리는 것은 이쪽입니다. 습도 조절이 가능한 것은, 이 브랜드뿐입니다.

F : 아, 그런가요? 몰랐네요. 난방을 할 때도 조절이 가능한가요?

M : 물론입니다. 건조하기 쉬운 겨울도 쾌적합니다.

F : 난방을 틀면, 건조해서 곤란했었는데, 이거라면 그 걱정도 없겠네요. 하지만 이거, 꽤 비싸네요.

M : 그런가요. 이쪽은 어때세요? 필터의 오염을 자동적으로 청소해 줘서, 인기가 있습니다.

F : 와, 그것도 도움이 되네요.

M : 그리고, 거실은 가족끼리 보내는 시간이 길기 때문에, 전기세가 저렴해지는 이쪽의 제품도 잘 팔립니다.

F : 과연. 전기세는 절약하고 싶다고 생각하는데, 우리 집은 남편과 2명뿐이라서, 사용하는 것이 밤과 휴일뿐이에요.

M : 그리고, 표준적인 기능이지만, 가장 적당한 가격의 이쪽 타입은 재고가 조금 남아있습니다.

F : 음. 가격은 저렴해서 나쁠 건 없지만, 너무 저렴한 것은 좀. 에어컨은 오래 사용하는 것이니까. 게다가, 청소는 남편이 해주기 때문에, 겨울도 생각해서 이걸로 할게요.

여자는 어떤 에어컨을 고릅니까?

1 습도를 조절할 수 있는 것
2 자동적으로 청소를 하는 것
3 전기세가 저렴해지는 것
4 에어컨 가격이 가장 저렴한 것

해설 대화에서 언급되는 여러 선택사항과 여자의 최종 선택 내용을 재빨리 메모하며 주의 깊게 듣는다.

〈메모〉 여자 → 에어컨 살래

① 1: 습도 조절, 난방 조절, 겨울에도 쾌적 → 비쌈

② 2: 필터 자동 청소 → 도움이 됨

③ 3: 전기세 저렴 → 밤, 휴일에만 사용

④ 4: 표준적인 기능, 가격 적당, 재고 조금 → 너무 저렴한건 싫음

여자 → 오래 사용, 청소는 남편이 해줌, 겨울 생각해서 이걸로

질문이 여자가 어떤 에어컨을 선택하는지 묻고 있으므로, 겨울까지 오래 쾌적하게 사용할 수 있는 1 습도가 조절할 수 있는 것(습도를 조절할 수 있는 것)이 정답이다.

어휘 電気店 でんきてん 圀전자제품 매장　リビングルーム 圀거실
エアコン 圀에어컨　買い換える かいかえる 圄새로 사서 바꾸다
売れる うれる 圄팔리다　湿度 しつど 圀습도
調節 ちょうせつ 圀조절　メーカー 圀브랜드
暖房 だんぼう 圀난방　もちろん 图물론　乾燥 かんそう 圀건조
快適だ かいてきだ ナ형쾌적하다　心配 しんぱい 圀걱정
フィルター 圀필터　汚れ よごれ 圀오염
自動的だ じどうてきだ ナ형자동적이다　人気 にんき 圀인기
助かる たすかる 圄도움이 되다　過ごす すごす 圄보내다
電気代 でんきだい 圀전기세　製品 せいひん 圀제품
節約 せつやく 圀절약　主人 しゅじん 圀남편, 주인
標準的だ ひょうじゅんてきだ ナ형표준적이다　機能 きのう 圀기능
手頃だ てごろだ ナ형적당하다　値段 ねだん 圀가격　タイプ 圀타입
残り のこり 圀재고, 잔고　わずか 图조금　価格 かかく 圀가격

2

[음성]

大学^{だいがく}で学生^{がくせい}3人^{にん}が大学祭^{だいがくさい}について話^{はな}しています。

M1：コンテストや店^{みせ}、ステージの出^だし物^{もの}も決^きまったね。これからはどうやって人^{ひと}を集^{あつ}めるか考^{かんが}えないといけないな。去年^{きょねん}は大学^{だいがく}の近所^{きんじょ}の人^{ひと}の参加^{さんか}が少^{すく}なかったから、今年^{ことし}はそこに力^{ちから}を入^いれたいんだよ。

M2：そうなんですか。ここに来^きたら楽^{たの}しいイベントがあるというのがわかると、地域^{ちいき}の方^{かた}も大勢^{おおぜい}来^きてくれると思^{おも}うんですが。

F：子^こどもたちも楽^{たの}しめるものがあるといいですよね。

M1：そうなんだよ。せっかく近^{ちか}くに大学^{だいがく}があるんだから、遊^{あそ}びに来^きてほしいよね。

M2：子^こども用^{よう}の出^だし物^{もの}がないから、何^{なに}か子^こども向^むけのイベントをするのはどうですか。子^こども用^{よう}の演劇^{えんげき}とか。

F：それ、いいと思^{おも}う。演劇部^{えんげきぶ}の人^{ひと}にお願^{ねが}いできないかな。先輩^{せんぱい}、どうですか？

M1：ステージで何^{なに}をするかもう決^きまったって言^いってたから、今^{いま}から変^かえてもらうのはちょっと難^{むずか}しいかな。練習^{れんしゅう}もしてるみたいし。あ、そうだ。案内^{あんない}の紙^{かみ}なんだけど、近所^{きんじょ}に配^{くば}るといいよね。家^{いえ}のポストに入^いれたり、駅前^{えきまえ}で配^{くば}ったり。

M2：それは毎年やっていますよ。それに、地元の新聞に
も少し記事を載せてもらうことになってます。

M1：ああ、そういえば去年も載せてもらったね。

F：クラブやサークルの店で使える割引券を配るのはどう
ですか。

M1：そうだなあ…。でも、この地域の人だけに割引するっ
てわけにはいかないなあ。

F：じゃあ、ステージで子どもたちに何かやってもらったら
どうですか。演劇とか歌とか。そうすれば、その家族
の方も見に来るんじゃないですか。

M2：いいかもしれないね。でも先輩、ステージの時間、
ありますか。

M1：それぐらいなら、なんとかなると思うよ。そんなに長
い時間じゃないよね。

F：じゃあ、早速大学の事務の人と相談して、近くの幼稚
園の方と話ができるか聞いてみます。

地域の人の参加を増やすために、新しく何を提案しますか。
1 子ども用の演劇をする
2 近所に案内状を配る
3 店で使える割引券を配る
4 子どもたちにステージ発表をしてもらう

해석 대학교에서 학생 3명이 대학 축제에 대해 이야기하고 있습니다.

M1：콘테스트와 가게, 무대의 작품도 정해졌네. 이제부터는 어떻게
사람을 모을지 생각해야겠어. 작년은 대학교 근처에 사는 사람
의 참가가 적었으니까, 올해는 거기에 힘을 쓰고 싶어.

M2：그런가요. 여기에 오면 즐거운 이벤트가 있다는 것을 알면, 지
역 분들도 많이 와 줄 거라고 생각해요.

F：아이들도 즐길 수 있는 것이 있으면 좋겠네요.

M1：맞아. 모처럼 근처에 대학이 있으니까, 놀러 와주면 좋겠네.

M2：어린이용의 작품이 없으니까, 뭔가 어린이를 위한 이벤트를 하
면 어떨까요? 어린이용의 연극이라던가.

F：그거, 좋다고 생각해. 연극부의 사람에게 부탁할 수 없을까. 선
배, 어떠세요?

M1：무대에서 무엇을 할지 이미 정했다고 말했으니까, 지금부터 바
꾸는 것은 좀 어려울 거야. 연습도 하고 있는 것 같고. 아, 맞다.
안내지 말인데, 근처에 배부하면 좋겠지? 집의 우편함에 넣거
나, 역 앞에서 나눠주거나.

M2：그건 매년 하고 있어요. 게다가, 지역 신문에도 조금 기사를 싣
기로 되어 있어요.

M1：아, 그러고 보니 작년에도 실었었지.

F：클럽과 동아리의 가게에서 쓸 수 있는 할인권을 나눠주는 것은
어떨까요?

M1：그렇네…. 하지만, 이 지역 사람에게만 할인한다고 할 수는 없
지 않을까.

F：그럼, 무대에서 아이들에게 무언가 하게 해주면 어떨까요? 연극
이라던지 노래라던지. 그러면, 그 가족 분도 보러 오지 않을까요?

M2：좋을지도 모르겠다. 하지만 선배, 무대에 시간, 있나요?

M1：그 정도라면, 어떻게든 될 거라고 생각해. 그렇게 긴 시간이 아
니잖아?

F：그럼, 빨리 대학교의 사무원과 상담해서, 근처 유치원 분과 이야
기가 가능한지 물어볼게요.

지역 사람의 참가를 늘리기 위해서, 새롭게 무엇을 제안합니까?

1 어린이용의 연극을 한다
2 근처에 안내장을 배부한다
3 가게에서 사용할 수 있는 할인권을 배부한다
4 아이들에게 무대 발표를 하게 한다

해설 대화의 중후반에서 세 사람의 최종 합의 내용을 재빨리 메모하며 주
의 깊게 듣는다.

〈메모〉 대학 축제, 어떻게 사람 모을지?

　- 어린이용 연극: 무대에서 뭘 할지 이미 정함, 안 됨

　- 안내지 배부: 이미 하고 있음

　- 할인권 나눠주기: 이 지역 사람만 할인은 X

　- 아이들에게 먼가 하게 하기: 가족들도 보러 오고 좋을 듯, 무대
　　시간 가능 → 상담해 보겠음

질문이 지역 사람의 참가를 늘리기 위해 어떻게 하기로 했는지 묻고
있으므로, 4 子どもたちにステージ発表をしてもらう(아이들에게
무대 발표를 하게 한다)가 정답이다.

어휘 大学祭 だいがくさい 圓 대학 축제　コンテスト 圓 콘테스트
ステージ 圓 스테이지　出し物 だしもの 圓 (상연하는) 작품
決まる きまる 圄 정하다　集める あつめる 圄 모으다
考える かんがえる 圄 생각하다　近所 きんじょ 圓 근처
参加 さんか 圓 참가　力を入れる ちからをいれる 힘을 쓰다
イベント 圓 이벤트　地域 ちいき 圓 지역
楽しむ たのしむ 圄 즐기다　せっかく 囝 모처럼
演劇 えんげき 圓 연극　案内 あんない 圓 안내
配る くばる 圄 배부하다　ポスト 圓 우편함　地元 じもと 圓 지역
記事 きじ 圓 기사　載せる のせる 圄 싣다　クラブ 圓 클럽
サークル 圓 동아리, 서클　割引券 わりびきけん 圓 할인권
割引する わりびきする 圄 할인하다　早速 さっそく 囝 빨리
事務の人 じむのひと 圓 사무원　相談 そうだん 圓 상담
幼稚園 ようちえん 圓 유치원　増やす ふやす 圄 늘리다
提案 ていあん 圓 제안　案内状 あんないじょう 圓 안내장
発表 はっぴょう 圓 발표

3번

우선 이야기를 들어주세요. 그리고 나서, 두 질문을 듣고, 각각 문제
용지의 1에서 4 중에, 가장 알맞은 것을 하나 골라주세요.

3

[음성]
会社でボーリング大会の説明を聞いて、社員が話しています。

M1：今年のボーリング大会担当の皆様、今日はお集まり

いただきまして、ありがとうございます。今年も社員の皆さんが楽しめるように力を合わせて頑張りたいと思っています。では担当を決めたいと思います。お手元の資料をご覧ください。まず、メールで社員全員の人数の確認をしてくださる方。ちょっと人数が多いので大変ですが、よろしくお願いします。その方にはボーリング場と食事会の場所の予約もしていただきます。毎年決まった会場で行っていますので、連絡するだけです。ただ、毎年、当日急に参加ができなくなる人がいますので、当日もお店との連絡をお願いします。それから、司会をしてくださる方。ボーリング大会だけでなく、そのあとの食事会のときもお願いします。次に、参加者全員にプレゼントがありますので、こちらを買い物してくださる方。荷物が多いので車で行かれるといいですね。それから、人数が決まってからですが、チーム分けをしてくださる方。1チーム4人で、違う部の人と組んでいただくのが理想的です。では、担当のご希望を伺いますので、どれか一つお選びください。

F：どれにする？

M2：そうだなあ。実は当日参加できないかもしれないんだ。家族の用事で。だから、チーム分けにしようかな。

F：そうなんだ。でも、チーム分けって、当日も変更があるかもしれないから、できないんじゃない？プレゼントを買うってのもあるよ。

M2：それもそうだな。でも、運転ができないんだよな。

F：そんなの誰かに運転を頼むとか、軽い物をプレゼントにするとか、買ったところから送ってもらうとか、方法なんていくらでもあるじゃない。

M2：たしかにそうだね。じゃあ、そうするよ。高橋さんはどうするの？

F：そうねえ。メールのやり取り、大変そうだよね。

M2：高橋さんは話がおもしろいから、司会をしたら？絶対いいと思うよ。

F：実はみんなの前で話すのがとても苦手で。それ以外だったら何でもいいんだけど。

M2：あ、あそこで山田さんが参加者の人数確認をするって言ってるよ。

F：じゃあ、残りはこれとこれかあ。やっぱり苦手なのはやめて、こっちにする。

質問1　男の人はどの担当を希望しますか。

質問2　女の人はどの担当を希望しますか。

[問題紙]

質問1
1　参加者の人数を確認する
2　しかいをする
3　プレゼントを買う
4　チームを分ける

質問2
1　参加者の人数を確認する
2　しかいをする
3　プレゼントを買う
4　チームを分ける

해석 회사에서 볼링 대회의 설명을 듣고, 사원이 이야기하고 있습니다.

M1：올해 볼링 대회 담당인 여러분, 오늘은 모여주셔서, 감사합니다. 올해도 사원 여러분이 즐길 수 있도록 힘을 합쳐서 노력하고 싶습니다. 그럼 담당을 정하고 싶다고 생각합니다. 가지고 계신 자료를 봐 주십시오. 우선, 메일로 사원 전체 인원수의 확인을 해주실 분. 조금 인원수가 많아서 힘들겠지만, 잘 부탁 드립니다. 그 분에게는 볼링장과 식사 장소의 예약도 부탁 드리겠습니다. 매년 정해진 회장에서 시행하고 있으므로, 연락을 할 뿐입니다. 단, 매년, 당일 갑자기 참가가 불가능해진 사람이 있으므로, 당일도 가게와의 연락을 부탁 드립니다. 그리고, 사회를 해 주실 분. 볼링대회 뿐만 아니라, 그 후의 식사 때도 부탁 드립니다. 다음으로, 참가자 전원에게 선물이 있으므로, 이쪽을 쇼핑해 주실 분. 짐이 많아서 차로 갈 수 있으면 좋겠네요. 그리고, 인원이 정해지고 나서 입니다만, 팀 나누기를 해주실 분. 1팀 4인으로, 다른 부서의 사람과 짜는 것이 이상적입니다. 그럼, 담당 희망을 여쭤 보겠으니, 어느 것인가 하나 골라 주십시오.

F：어떤 걸로 할까?

M2：그러게. 실은 당일 참가할 수 없을지도 몰라. 가족 일로. 그래서, 팀 나누기로 할까.

F：그렇구나. 하지만, 팀 나누기는, 당일도 변경이 있을지도 모르니까, 할 수 없지 않아? 선물을 산다는 것도 있어.

M2：그것도 그렇네. 하지만, 운전을 못하는데.

F：그런 건 누군가에게 운전을 부탁하던지, 가벼운 것을 선물로 하던지, 산 곳으로부터 보내달라고 하던지, 방법은 얼마든지 있잖아.

M2：확실히 그렇네. 그럼, 그렇게 할래. 타카하시 씨는 어떻게 할거야?

F：그러게. 메일 교환, 힘들 것 같지?

M2：타카하시 씨는 이야기가 재미있으니까, 사회를 하면? 절대로 좋을 거라고 생각해.

F：실은 모두의 앞에서 말하는 것이 정말 서툴러서. 그 이외라면 뭐라도 좋은데 말이야.

M2：아, 저기서 야마다 씨가 참가자의 인원수 확인을 하겠다고 말하고 있어.

F：그럼, 남은 건 이것과 이건가. 역시 서투른 것은 그만두고, 이걸로 할래.

질문1 남자는 어떤 담당을 희망합니까?

질문2 여자는 어떤 담당을 희망합니까?

1 참가자의 인원수를 확인한다

2 사회를 한다

3 선물을 산다

4 팀을 나눈다

질문2

1 참가자의 인원수를 확인한다

2 사회를 한다

3 선물을 산다

4 팀을 나눈다

해설 각 선택지와 관련하여 언급되는 내용을 재빨리 메모하며 주의 깊게 듣고, 두 명의 대화자가 선택하는 것에 유의하며 대화를 듣는다.

〈메모〉 볼링대회, 담당 4개

　　① 인원수 확인: 메일로 인원 확인, 힘듦, 볼링장과 식사장소 예약, 당일도 가게로 연락

　　② 사회: 볼링대회랑 식사때에 사회

　　③ 선물 사기: 짐이 많음, 차로 가면 좋음

　　④ 팀 나누기: 인원 정해진 뒤, 1팀 4인

　　남자 → 당일 참가X, 팀 나누기X, 운전X, 선물 사기

　　여자 → 메일 어려움, 말하는 것 서툶

　　→ 인원 수 확인은 다른 사람이

질문 1은 남자가 선택한 담당을 묻고 있다. 남자는 운전을 할 수 없지만 가벼운 것을 사거나, 산 곳에서 보내달라고 하는 방법이 있다는 말을 듣고 그렇게 하겠다고 했으므로, 3 プレゼントを買う(선물을 산다)가 정답이다.

질문 2는 여자가 선택한 담당을 묻고 있다. 선물 사기는 남자가 하기로 했고, 인원수 확인은 야마다가 하기로 해서 남은 두 개의 담당 중, 말하기가 서투르니 다른 것을 하겠다고 했으므로, 4 チームを分ける(팀을 나눈다)가 정답이다.

어휘 ボーリング 圏볼링　大会 たいかい 圏대회　説明 せつめい 圏설명
　　社員 しゃいん 圏사원　担当 たんとう 圏담당
　　集まる あつまる 圏모이다　楽しむ たのしむ 圏즐기다
　　力を合わせる ちからをあわせる 圏힘을 합치다
　　頑張る がんばる 圏노력하다　手元 てもと 圏가지고 있음, 수중
　　資料 しりょう 圏자료　メール 圏메일　全員 ぜんいん 圏전체, 전원
　　人数 にんずう 圏인원수　確認 かくにん 圏확인
　　ボーリング場 ボーリングじょう 圏볼링장
　　食事会 しょくじかい 圏식사회　場所 ばしょ 圏장소
　　予約 よやく 圏예약　決まる きまる 圏정해지다
　　会場 かいじょう 圏회장　連絡 れんらく 圏연락
　　当日 とうじつ 圏당일　急に きゅうに 圏갑자기
　　参加 さんか 圏참가　司会 しかい 圏사회
　　参加者 さんかしゃ 圏참가자　プレゼント 圏선물
　　荷物 にもつ 圏짐　チーム分け チームわけ 圏팀 나누기
　　組む くむ 圏짜다　理想的だ りそうてきだ な형이상적이다
　　希望 きぼう 圏희망　伺う うかがう 圏여쭈다 (聞く의 겸양어)
　　選ぶ えらぶ 圏고르다　実は じつは 圏실은
　　だから 圏그래서　変更 へんこう 圏변경　運転 うんてん 圏운전

送る おくる 圏보내다　方法 ほうほう 圏방법　たしかに 圏확실히
やり取り やりとり 圏교환, 주고 받음　絶対 ぜったい 圏절대로
苦手だ にがてだ な형서투르다　以外 いがい 圏이외
残り のこり 圏남은 것　やっぱり 圏역시

실전 테스트 3

p.390

1 3　　　　**2** 2　　　　**3** 질문1 3, 질문2 1

문제5에서는, 긴 이야기를 듣습니다. 이 문제에는 연습은 없습니다. 문제 용지에 메모를 해도 상관없습니다.

1번, 2번

문제 용지에 아무것도 인쇄되어 있지 않습니다. 우선 이야기를 들어주세요. 그리고 나서, 질문과 선택지를 듣고, 1에서 4 중에, 가장 알맞은 것을 하나 골라주세요.

1

[음성]
音楽大学の学生課で、男の学生と職員が話しています。

M：すみません、来月の大学の音楽祭で演奏をする予定なんですが、練習できる場所って、借りることができますか。

F：ええ、予約すれば使えますよ。どんな部屋がご希望ですか。人数は？

M：えーと、4人なんで、あまり広くなくても大丈夫です。できれば夕方から、毎日使えるとこがいいんですが。

F：うーん、毎日だと使えるところが限られるんですが。まず1号館のピアノ練習室。ここは部屋にピアノがありますが、4人ならギリギリ入れると思います。少し狭いですけど、この隣の建物で、移動が楽ですよ。それから、3号館のピアノ練習室。ここもピアノがある部屋ですが、1号館より少し広いです。ああ、でも、使えるのは月曜から水曜と、土曜だけですね。

M：土曜日はみんなが集まらなくて、練習できないんですよ。バイトがあるとかで。週3日じゃ少ないですねえ。

F：そうですか。あとは7号館の練習室。ここは広くて使いやすいんですが、今月、何日かもう予約が入っていて、使えない日がありますね。えーと、全部で4日かな。あとは、ああ、こちらはどうでしょう。12号館。大学の端のほうなので、ちょっとここからは離れているんですが。

M：12号館は行ったことないかも。

F：ここは授業ではあまり使ってないんですが、きれいな部屋ですよ。個人練習で使う人が多いですね。毎週予約が入っていますが、1回ごとに部屋が変わってもいいのなら、静かで、お勧めです。

M：うーん、でも、授業の後にここまで行くのは大変かなあ。重い楽器の人もいるし、毎回部屋が違うのも、ちょっと…。じゃ、使えない日は、別の方法を考えることにして、この広い部屋で予約をお願いします。

男の学生はどの部屋を選びましたか。
1　1号館
2　3号館
3　7号館
4　12号館

해석 음악대학의 학생과에서, 남학생과 직원이 이야기하고 있습니다.

M : 실례합니다, 다음 달의 대학 음악제에서 연주할 예정인데요, 연습할 수 있는 장소를, 빌릴 수 있나요?

F : 네, 예약하면 쓸 수 있어요. 어떤 방을 희망하세요? 인원수는?

M : 음, 4명이니까, 그다지 넓지 않아도 괜찮아요. 가능하면 저녁부터, 매일 사용할 수 있는 곳이 좋겠는데요.

F : 음, 매일이라면 사용할 수 있는 곳이 한정되는데요. 우선 1호관의 피아노 연습실. 여기는 방에 피아노가 있는데, 4명이라면 아슬아슬하게 들어갈 수 있다고 생각해요. 조금 좁지만, 이 옆의 건물이어서, 이동이 편해요. 그리고, 3호관의 피아노 연습실. 여기도 피아노가 있는 방인데, 1호관보다 조금 넓어요. 아, 하지만, 사용할 수 있는 것은 월요일부터 수요일과, 토요일뿐이네요.

M : 토요일은 모두가 모이지 않아서, 연습할 수 없어요. 아르바이트가 있든가 해서. 주 3일이면 적네요.

F : 그런가요? 다음은 7호관의 연습실. 여기는 넓고 사용하기 편하지만, 이번 달, 몇 일정도 이미 예약이 들어와 있어서, 사용할 수 없는 날이 있네요. 음, 전부 4일인가. 다음은, 아, 여기는 어떨까요. 12호관. 대학의 끝 쪽이라서, 조금 여기서는 떨어져 있지만요.

M : 12호관은 간 적이 없을지도.

F : 여기는 수업에서는 그다지 사용하지 않지만, 깨끗한 방이에요. 개인 연습으로 사용하는 사람이 많아요. 매일 예약이 들어와 있지만, 1회마다 방이 바뀌어도 괜찮다면, 조용하고, 추천해요.

M : 음, 하지만, 수업 후에 여기까지 가는 것은 힘들려요. 무거운 악기를 가진 사람도 있고, 매일 방이 다른 것도, 좀…. 그럼, 사용할 수 없는 날은, 다른 방법을 생각하는 것으로 하고, 이 넓은 방으로 예약 부탁드려요.

남학생은 어떤 방을 골랐습니까?

1　1호관
2　3호관
3　7호관
4　12호관

해설 대화에서 언급되는 여러 선택사항과 남학생의 최종 선택 내용을 재빨리 메모하며 주의 깊게 듣는다.

〈메모〉 남학생 → 연습할 장소, 4명, 넓지 않아도 됨, 저녁부터 매일 사용
① 1호관: 방에 피아노, 조금 좁음, 옆 건물이라 이동이 편함
② 3호관: 방에 피아노, 1호관보다 넓음, 월~수랑 토만 사용 가능 → 토X, 주3일 적음
③ 7호관: 넓고 사용 편함, 이번 달에 4일 정도 사용 못함
④ 12호관: 멂, 1회마다 방 바뀜, 조용함, 추천 → 멀어서 힘듦
남학생 → 사용할 수 없는 날은 다른 방법, 넓은 방 예약

질문이 남학생이 어떤 방을 선택하는지 묻고 있으므로, 4일 정도 사용을 못 하지만 넓은 3 7호관(7호관)이 정답이다.

어휘　音楽大学 おんがくだいがく 圏 음악대학
学生課 がくせいか 圏 학생과　職員 しょくいん 圏 직원
音楽祭 おんがくさい 圏 음악제　演奏 えんそう 圏 연주
予定 よてい 圏 예정　練習 れんしゅう 圏 연습　場所 ばしょ 圏 장소
借りる かりる 图 빌리다　予約 よやく 圏 예약　希望 きぼう 圏 희망
人数 にんずう 圏 인원수　限る かぎる 图 한정하다　まず 團 우선
ピアノ 圏 피아노　練習室 れんしゅうしつ 圏 연습실
ギリギリ 團 아슬아슬함　移動 いどう 圏 이동
楽 らくだ な형 편하다　集まる あつまる 图 모이다
バイト 圏 아르바이트　端 はし 圏 끝　離れる はなれる 图 떨어지다
個人練習 こじんれんしゅう 圏 개인 연습　勧め すすめ 圏 추천
楽器 がっき 圏 악기　別 べつ 圏 다름, 별도　方法 ほうほう 圏 방법

2

[음성]
会社で社員3人が、新商品の問題点について話しています。

F：これ、今度の新商品のサンプルなんだけど、どう思う？一番の問題はやっぱりコストなんだ。ちょっと高くなっちゃって。

M1：お、なかなかいい感じに仕上がってるね。一回目のサンプルでこれだけイメージに近いものができることはなかなかないよね。

M2：コストかあ。あまりイメージは変えたくないし、質も下げたくないよねえ。

M1：そうだなあ。一番コストがかかっているのは性能面だよね。あまり使わない機能を思い切って一つ減らすのはどうかな。

F：そういうわけにはいかないんじゃない？全然使わないわけではないし、たくさん機能があることがセールスポイントでもあるんだし。

M1：なるほど。そうだよなあ。

M2：箱のデザインをもっとシンプルなものにしたらどうかな。使う色を少し減らしたら？

F：あ、そうだね。そうすればコストは抑えられるね。他にはない？

M1：それなら、商品の形も少しだけシンプルにしてもいいんじゃないかな。すごく個性的な形にしているか

らその分<ruby>コスト<rt></rt></ruby>もかかってるよね?それを少し<ruby>見直<rt>みなお</rt></ruby>したらどうかな。

F:なるほど。でもこれ、いい<ruby>形<rt>かたち</rt></ruby>なんだけどなあ。<ruby>素材<rt>そざい</rt></ruby>の<ruby>面<rt>めん</rt></ruby>はどう?もう少し<ruby>安<rt>やす</rt></ruby>い<ruby>材料<rt>ざいりょう</rt></ruby>を<ruby>使<rt>つか</rt></ruby>うという<ruby>方法<rt>ほうほう</rt></ruby>もあると<ruby>思<rt>おも</rt></ruby>うけど。

M2:でも、あまり<ruby>安<rt>やす</rt></ruby>いものを<ruby>使<rt>つか</rt></ruby>うと<ruby>壊<rt>こわ</rt></ruby>れやすくなるし、せっかく<ruby>性能<rt>せいのう</rt></ruby>が<ruby>良<rt>よ</rt></ruby>くてもそれじゃ<ruby>意味<rt>いみ</rt></ruby>がないんじゃない?

M1:そうだね。<ruby>僕<rt>ぼく</rt></ruby>もそう<ruby>思<rt>おも</rt></ruby>うよ。

F:じゃあ、<ruby>デザイン<rt></rt></ruby>の<ruby>見直<rt>みなお</rt></ruby>しをしてからもう<ruby>一度<rt>いちど</rt></ruby><ruby>コスト<rt></rt></ruby>を<ruby>計算<rt>けいさん</rt></ruby>してみようか。<ruby>形<rt>かたち</rt></ruby>についてはこのままでってことにしようよ。

<ruby>新商品<rt>しんしょうひん</rt></ruby>の<ruby>コスト<rt></rt></ruby>を<ruby>減<rt>へ</rt></ruby>らすためにどうすることにしましたか。

1 <ruby>機能<rt>きのう</rt></ruby>を<ruby>一<rt>ひと</rt></ruby>つ<ruby>減<rt>へ</rt></ruby>らす
2 <ruby>箱<rt>はこ</rt></ruby>の<ruby>色<rt>いろ</rt></ruby>を<ruby>減<rt>へ</rt></ruby>らす
3 <ruby>形<rt>かたち</rt></ruby>をシンプルにする
4 もう少し<ruby>安<rt>やす</rt></ruby>い<ruby>材料<rt>ざいりょう</rt></ruby>にする

해석 회사에서 사원 3명이, 신상품의 문제점에 대해 이야기하고 있습니다.

F : 이거, 이번 신상품의 샘플인데, 어떻게 생각해? 가장 큰 문제는 역시 비용이야. 조금 비싸져버려서.

M1 : 오, 꽤 좋은 느낌으로 완성되어 있네. 첫 번째 샘플로 이만큼 이미지에 가까운 것이 완성된 일은 좀처럼 없지.

M2 : 비용인가. 그다지 이미지는 바꾸고 싶지 않고, 품질도 낮추고 싶지 않네.

M1 : 그렇네. 가장 비용이 드는 것은 성능면이지? 그다지 사용하지 않는 기능을 과감하게 한 개 줄이는 것은 어떨까?

F : 그럴 수는 없지 않아? 전혀 사용하지 않는 것도 아니고, 많은 기능이 있는 것이 판매 포인트이기도 하고.

M1 : 과연. 그렇지.

M2 : 상자의 디자인을 좀 더 심플하게 하는 건 어떨까. 사용하는 색을 조금 줄이면?

F : 아, 맞아. 그렇게 하면 비용은 억제할 수 있네. 다른 건 없어?

M1 : 그렇다면, 상품의 형태도 조금만 심플하게 해도 좋지 않을까. 엄청 개성적인 형태로 되어있으니까 그만큼 비용도 들고 있지? 그걸 조금 재검토하면 어떨까?

F : 과연. 하지만 이거, 좋은 형태인데 말이야. 소재 면은 어때? 좀 더 저렴한 재료를 사용한다는 방법도 있다고 생각하는데.

M2 : 하지만, 지나치게 저렴한 것을 사용하면 망가지기 쉬워지고, 모처럼 성능이 좋아도 그러면 의미가 없지 않아?

M1 : 그렇네. 나도 그렇게 생각해.

F : 그럼, 디자인 재검토를 하고 나서 한 번 더 비용을 계산해볼까? 형태에 대해서는 이대로 하는 것으로 하자.

신상품의 비용을 줄이기 위해 어떻게 하기로 했습니까?

1 기능을 한 개 줄인다
2 상자의 색을 줄인다
3 형태를 심플하게 한다

---

4 좀 더 저렴한 재료를 쓴다

해설 대화의 중후반에서 세 사람의 최종 합의 내용을 재빨리 메모하며 주의 깊게 듣는다.

〈메모〉 신상품 비용 낮추기, 어떻게 할지?
- 기능 줄이자: 그럴 수X, 판매 포인트
- 디자인 심플하게 색 줄이자: 비용 억제 가능 → 디자인 재검토
- 형태 심플하게는?: 지금 좋은 형태임
- 저렴한 재료는?: 망가지기 쉬움, 성능 좋아도 의미X

질문이 신상품의 비용을 줄이기 위해 어떻게 하기로 했는지 묻고 있으므로, 2 箱の色を減らす(상자의 색을 줄인다)가 정답이다.

어휘 社員 しゃいん 📖사원　新商品 しんしょうひん 📖신상품
問題点 もんだいてん 📖문제점　サンプル 📖샘플　やっぱり 🔤역시
コスト 📖비용　なかなか 🔤꽤, 제법　感じ かんじ 📖느낌
仕上がる しあがる 🔵완성되다　これだけ 🔤이만큼, 이 정도로
イメージ 📖이미지　変える かえる 🔵바꾸다　質 しつ 📖품질
下げる さげる 🔵낮추다, 내리다　かかる 🔵(시간, 비용이) 들다
性能 せいのう 📖성능　機能 きのう 📖기능
思い切って おもいきって 과감하게　減らす へらす 🔵줄이다
全然 ぜんぜん 🔤전혀　機能 きのう 📖기능
セールスポイント 📖판매 포인트　デザイン 📖디자인
シンプルだ 🟡심플하다　抑える おさえる 🔵억제하다
それなら 🔗그렇다면　商品 しょうひん 📖상품
個性的だ こせいてきだ 🟡개성적이다
見直す みなおす 🔵재검토하다　素材 そざい 📖소재
材料 ざいりょう 📖재료　方法 ほうほう 📖방법
壊れやすい こわれやすい 망가지기 쉽다　せっかく 🔤모처럼
計算 けいさん 📖계산　このまま 📖이대로

3번

우선 이야기를 들어주세요. 그리고 나서, 두 질문을 듣고, 각각 문제 용지의 1에서 4 중에, 가장 알맞은 것을 하나 골라주세요.

3

[음성]

<ruby>市民<rt>しみん</rt></ruby><ruby>センター<rt></rt></ruby>で<ruby>女<rt>おんな</rt></ruby>の<ruby>人<rt>ひと</rt></ruby>が、<ruby>講座<rt>こうざ</rt></ruby>の<ruby>案内<rt>あんない</rt></ruby>をしています。

F1:<ruby>今月<rt>こんげつ</rt></ruby>から<ruby>始<rt>はじ</rt></ruby>まる<ruby>講座<rt>こうざ</rt></ruby>を<ruby>紹介<rt>しょうかい</rt></ruby>します。まず、<ruby>韓国語教室<rt>かんこくごきょうしつ</rt></ruby>。こちらは<ruby>今<rt>いま</rt></ruby>まで<ruby>勉強<rt>べんきょう</rt></ruby>したことがない<ruby>方<rt>かた</rt></ruby>を<ruby>対象<rt>たいしょう</rt></ruby>としています。<ruby>旅行<rt>りょこう</rt></ruby>したときに<ruby>簡単<rt>かんたん</rt></ruby>な<ruby>韓国語<rt>かんこくご</rt></ruby>を<ruby>使<rt>つか</rt></ruby>えるようになることが<ruby>目標<rt>もくひょう</rt></ruby>です。<ruby>次<rt>つぎ</rt></ruby>に、<ruby>家庭料理<rt>かていりょうり</rt></ruby>。<ruby>基本的<rt>きほんてき</rt></ruby>な<ruby>家庭料理<rt>かていりょうり</rt></ruby>を<ruby>作<rt>つく</rt></ruby>れるように、<ruby>料理<rt>りょうり</rt></ruby>の<ruby>基本<rt>きほん</rt></ruby>を<ruby>学<rt>まな</rt></ruby>びましょう。それから、<ruby>話<rt>はな</rt></ruby>し<ruby>方<rt>かた</rt></ruby><ruby>教室<rt>きょうしつ</rt></ruby>。これは<ruby>他<rt>ほか</rt></ruby>の<ruby>人<rt>ひと</rt></ruby>の<ruby>前<rt>まえ</rt></ruby>で<ruby>自信<rt>じしん</rt></ruby>を<ruby>持<rt>も</rt></ruby>って<ruby>話<rt>はな</rt></ruby>せるように、<ruby>自己紹介<rt>じこしょうかい</rt></ruby>や、<ruby>スピーチ<rt></rt></ruby>などの<ruby>練習<rt>れんしゅう</rt></ruby>をします。<ruby>講師<rt>こうし</rt></ruby>は<ruby>アナウンサー<rt></rt></ruby>をしている<ruby>方<rt>かた</rt></ruby>です。<ruby>四<rt>よっ</rt></ruby>つ<ruby>目<rt>め</rt></ruby>は<ruby>写真<rt>しゃしん</rt></ruby>です。<ruby>今<rt>いま</rt></ruby>、<ruby>ケータイ<rt></rt></ruby>で<ruby>写真<rt>しゃしん</rt></ruby>を<ruby>撮<rt>と</rt></ruby>ることが<ruby>増<rt>ふ</rt></ruby>えていますが、<ruby>上手<rt>じょうず</rt></ruby>な<ruby>撮<rt>と</rt></ruby>り<ruby>方<rt>かた</rt></ruby>の<ruby>コツ<rt></rt></ruby>をつかむことができる<ruby>講座<rt>こうざ</rt></ruby>です。

M：どれもおもしろそうだなあ。どれか受講してみようよ。

F2：そうだね、どれにしよう。料理って、得意なんだっけ。

M：ああ、ぼくは、料理はいいかな。これはどうかな。講師がアナウンサーだって。

F2：人の前で話すこと、多いよね。

M：うん、仕事でも使うしね。韓国語もおもしろそうだけど、やっぱりこっちにするよ。

F2：そっか。私は写真がいいかなって思ってたんだけど、今度の夏休みに旅行するから、写真はあとにして、こっちにする。

質問1 男の人はどれを選びましたか。

質問2 女の人はどれを選びましたか。

[問題紙]

質問1

1 かんこく語
2 料理
3 話し方
4 写真

質問2

1 かんこく語
2 料理
3 話し方
4 写真

질문1

1 한국어
2 요리
3 화법
4 사진

질문2

1 한국어
2 요리
3 화법
4 사진

해설 각 선택지와 관련하여 언급되는 내용을 재빨리 메모하며 주의 깊게 듣고, 두 명의 대화자가 선택하는 것에 유의하며 대화를 듣는다.

〈메모〉 시민센터 강좌 4개

① 한국어: 공부한 적 없는 사람, 여행할 때 간단한 한국어
② 요리: 가정 요리 만들 수 있게
③ 화법: 자신감 갖고 말할 수 있게, 자기소개, 스피치 연습, 강사는 아나운서
④ 사진: 능숙하게 찍는 요령

남자 → 강사 아나운서, 사람 앞에서 말하는 일 많음, 일에서 사용

여자 → 이번에 여행 감, 사진은 다음에

질문 1은 남자가 선택한 강좌를 묻고 있다. 남자는 강사가 아나운서라고 하며, 사람 앞에서 말하는 일이 많고 일에서도 사용한다고 했으므로, 3 話し方(화법)가 정답이다.

질문 2는 여자가 선택한 강좌를 묻고 있다. 여자는 이번 여름휴가에 여행을 간다고 했으므로, 1 かんこく語(한국어)가 정답이다.

어휘 市民センター しみんセンター 몡 시민센터 講座 こうざ 몡 강좌
案内 あんない 몡 안내
韓国語教室 かんこくごきょうしつ 몡 한국어 교실
対象 たいしょう 몡 대상 簡単だ かんたんだ 나형 간단하다
目標 もくひょう 몡 목표 家庭料理 かていりょうり 몡 가정 요리
基本的だ きほんてきだ 나형 기본적이다 学ぶ まなぶ 통 배우다
話し方教室 はなしかたきょうしつ 몡 화법 교실
自信を持つ じしんをもつ 자신감을 가지다
自己紹介 じこしょうかい 몡 자기소개 スピーチ 몡 스피치
練習 れんしゅう 몡 연습 講師 こうし 몡 강사
アナウンサー 몡 아나운서 ケータイ 몡 휴대폰
増える ふえる 통 늘다 コツをつかむ 요령을 파악하다
受講 じゅこう 몡 수강 得意だ とくいだ 나형 특기다
やっぱり 분 역시

해석 시민센터에서 여자가, 강좌의 안내를 하고 있습니다.

F1：이번 달부터 시작되는 강좌를 소개하겠습니다. 우선, 한국어 교실. 이쪽은 지금까지 공부한 적이 없는 분을 대상으로 하고 있습니다. 여행할 때 간단한 한국어를 사용할 수 있게 되는 것이 목표입니다. 다음으로, 가정 요리. 기본적인 가정 요리를 만들 수 있도록, 요리의 기본을 배웁시다. 그리고, 화법 교실. 이것은 다른 사람의 앞에서 자신감을 갖고 말할 수 있도록, 자기소개나, 스피치 등의 연습을 합니다. 강사는 아나운서를 하고 있는 분입니다. 네 번째는 사진입니다. 지금, 휴대폰으로 사진을 찍는 일이 늘고 있는데, 능숙하게 찍는 방법의 요령을 파악할 수 있는 강좌입니다.

M：어느 것이나 다 재미있어 보인다. 뭔가 수강해보자.

F2：그래, 어떤 걸로 할까. 요리는, 특기였었나?

M：아, 나는, 요리는 괜찮으려나. 이건 어떨까? 강사가 아나운서래.

F2：사람 앞에서 말하는 일, 많지?

M：응, 일에서도 사용하고. 한국어도 재미있어 보이지만, 역시 이걸로 할래.

F2：그렇구나. 나는 사진이 좋겠다고 생각했는데, 이번 여름 휴가에 여행가니까, 사진은 다음으로 하고, 이걸로 할래.

질문1 남자는 무엇을 골랐습니까?

질문2 여자는 무엇을 골랐습니까?

해커스일본어를 선택한 선배들의
일본어 실력 수직상승 비결!

해커스일본어와 함께라면
일본어 실력상승의 주인공은 바로 여러분입니다.

원어민 선생님과
함께하는 일본어 공부!
김정* 수강생

원어민 강의인 **오오기 선생님** 강의에서는 **한국인이
일본어 발음을 할 때 주의할 점**이나 도움이 되는
다양한 선생님만의 꿀팁을 얻을 수 있습니다.
또한 선생님 수업의 장점은 무엇보다도 **본토 발음**을
들으면서 **자신의 발음을 교정 받을** 수 있다는 점입니다!

일본어 한자,
그 벽을 넘다!
김민* 수강생

**최연지 선생님 수업은 한자의 소리와 뜻을 배우고
바로 문장으로 활용**하는데, 해커스일본어 학습자료와 함께
배운 한자, 중요단어, 문법을 다시 복기하고 마지막으로
단어장을 틈나는 대로 읽으니 학습 능률이 올라갔습니다!!
최연지 선생님 강의, JLPT 확실히 뽀개기 좋아요!

암기가 아닌,
이해하는 일본어 학습법!
이현* 수강생

최연지 선생님 강의의 장점은 **단어를 공부하고,
사진이랑 그 단어를 사용하는 예문까지** 알려주시는
점입니다! 단어만 외우는 것보다 문장까지 같이 보니까,
어떻게 쓰이는지 더 이해가 잘되는 것 같아요!

일본어도 역시,
1위 해커스에서 끝내자!

일본어 교육 1위 해커스의
체계적인 커리큘럼

왕초보 · 기초 · 중급 · 고급

히라가나부터 JLPT까지!
최단기 목표달성 가능

76배가 넘는
폭발적인 성장률!

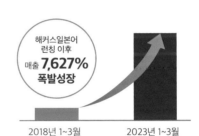

해커스일본어
런칭 이후
매출 **7,627%**
폭발성장

2018년 1~3월 · 2023년 1~3월

데일리
무료 학습자료

- ✓ 일본어 레벨테스트
- ✓ 매일 일본어 단어
- ✓ 매일 일본어 한자
- ✓ JLPT 필수어휘

다양하고 재미있는
단계별 학습시스템

학습 목표 — 오늘의 강의

핵심 정리 — 어휘 학습

[7,627%] 해커스일본어 인강 섹션 매출액 기준 성장률([2018년 1~3월]vs[2023년 1~3월])

해커스

JLPT 일본어능력시험

N2

한 권으로 합격

단 한 권으로 JLPT N2에 합격할 수 있는

기본서 + 실전모의고사 + 단어 · 문형 암기장 종합서!

본 교재 인강

교재 MP3

온라인
실전모의고사
1회분

JLPT N2 필수
단어 · 문형 암기장

어휘
암기 퀴즈

청해
받아쓰기

13730
ISBN 978-89-6542-339-3
9 788965 423393

해커스 JLPT N2

일본어능력시험

한 권으로 합격

실전모의고사

실전모의고사
4회분 제공
(교재 3회+온라인 1회)

베스트셀러
1위

추가 자료 | 해커스일본어 **japan.Hackers.com**

본 교재 인강(할인쿠폰 수록) · 교재 MP3 · 온라인 실전모의고사 1회분 ·
N2 필수 단어·문형 암기장 · 어휘 암기 퀴즈 · 청해 받아쓰기

교보문고 외국어 일본어능력시험/JPT 일본어능력시험 2급 분야 1위(2021.01.05. 온라인 주간 베스트셀러 기준)

해커스 어학연구소

200% 활용법!

온라인
실전모의고사
1회분

무료 교재 MP3
(학습용/문제별 복습용/
고사장 소음 버전)

JLPT N2 필수
단어·문형 암기장
(PDF+MP3)

무료 어휘
암기 퀴즈(PDF)

무료 청해
받아쓰기(PDF)

[이용 방법]

해커스일본어 사이트(japan.Hackers.com) 접속 후 로그인 ▶
페이지 상단 [교재/MP3 → MP3/자료] 클릭 후 이용하기

해커스일본어
사이트 바로 가기 ▶

해커스일본어 인강 **30%** 할인쿠폰

B35K-08EA-C7FD-2000 * 쿠폰 유효기간: 쿠폰 등록 후 30일

[이용 방법]

해커스일본어 사이트(japan.Hackers.com) 접속 후 로그인 ▶
메인 우측 하단 [쿠폰&수강권 등록]에서 쿠폰번호 등록 후 강의 결제 시 사용 가능

* 본 쿠폰은 1회에 한해 등록 가능합니다.
* 이 외 쿠폰과 관련된 문의는 해커스 고객센터(02-537-5000)로 연락 바랍니다.

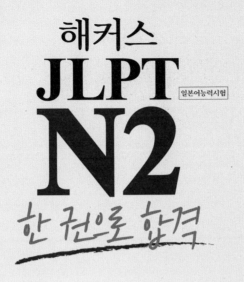

해커스
JLPT 일본어능력시험
N2
한 권으로 합격

실전모의고사

실전모의고사 1   2

실전모의고사 2   56

실전모의고사 3   108

정답 및 해설   161

답안지 작성법   3

해커스 어학연구소

실전모의고사 1

답안지 작성법

日本語能力試験解答用紙

N2

聴解

언어지식(문자 · 어휘 · 문법), 독해, 청해 답안지가
각각 별도로 준비되어있으니, 시험 시간 별로 해당
시험에 맞는 답안지인지 꼭 확인하세요.

あなたの名前をローマ字のかつじたいで書いてください。
Please print in block letters.

당신의 이름을 로마자로 써 주세요.

名前
Name   K I M J I I S U

수험표 상의 수험 번호와 답안지에 기재된 수험 번호가 일치하는지 확인하세요.

수험표 상의 영문 이름과 답안지에 기재된 영문 이름이 일치하는지 확인하세요.

〈ちゅうい Notes〉

1. くろいえんぴつ(HB、No.2)でかいて
ください。
(ペンやボールペンではかかないで
ください。)
Use a black medium soft (HB or No.2) pencil.
(Do not use any kind of pen.)

2. かきなおす ときは、けしゴムで
きれいにけしてください。
Erase any unintended marks completely.

3. きたなく したり、おったり しない
でください。
Do not soil or bend this sheet.

4. マークれい Marking Examples

よい れい Correct Example	わるい れい Incorrect Examples
●	⊘ ⊗ ◯ ◐ ◑

〈주의사항〉

1. 검정 연필(HB, No.2)로 써 주세요.
펜이나 볼펜으로는 쓰지 마세요.

2. 고쳐 쓸 때는 지우개로 깨끗이 지워주세요.

3. 답안지를 더럽히거나 접지 마세요.

4. 마킹 예시

올바른 예	잘못된 예
●	⊘ ⊗ ◯ ◐ ◑

受験番号
(Examinee Registration Number)

受験番号を書いて、その下のマーク欄に
マークしてください。
Fill in your examinee registration number
in this box, and then mark the circle for
each digit of the number.

수험번호를 쓰고, 그 아래의 마크란에
마크해 주세요.

20 A 1010123 – 301 23

せいねんがっぴ(Date of Birth)

せいねんがっぴを書いてください。
Fill in your date of birth in the box.

せいねん Year	つき Month	ひ Day
1 9 9 3	0 4	2 8

생년월일을 올바르게 작성하세요.
오늘 날짜를 작성하지 않도록 주의하세요.

問題 1

	1	2	3	4
例	①	②	●	④
1	①	②	③	④
2	①	②	③	④
3	①	②	③	④
4	①	②	③	④
5	①	②	③	④

問題 2

	1	2	3	4
例	①	●	③	④
1	①	②	③	④
2	①	②	③	④
3	①	②	③	④
4	①	②	③	④
5	①	②	③	④
6	①	②	③	④

問題 3

	1	2	3	4
例	①	②	●	④
1	①	②	③	④
2	①	②	③	④
3	①	②	③	④
4	①	②	③	④
5	①	②	③	④

답안 마킹 시 문항 번호에 주의하세요.

問題 4

	1	2	3	4
例	①	●	③	④
1	①	②	③	④
2	①	②	③	④
3	①	②	③	④
4	①	②	③	④
5	①	②	③	④
6	①	②	③	④
7	①	②	③	④
8	①	②	③	④
9	①	②	③	④
10	①	②	③	④
11	①	②	③	④
12	①	②	③	④

답안 마킹 시
문항 번호에
주의하세요

問題 5

	1	2	3	4
1	①	②	③	④
2	①	②	③	④
3 (1)	①	②	③	④
3 (2)	①	②	③	④

일본어도 역시,
1위 해커스

japan.Hackers.com

실전모의고사 1

N2

言語知識（文字・語彙・文法）・読解

あなたの名前をローマ字のかつじたいで書いてください。　Please print in block letters.

名前
Name

受験番号を書いて、その下のマーク欄に マークしてください。
Fill in your examinee registration number in this box, and then mark the circle for each digit of the number.

受験番号
(Examinee Registration Number)

20A1010123-30123

せいねんがっぴを書いてください。
Fill in your date of birth in the box.

せいねんがっぴ(Date of Birth)

ねん Year	つき Month	ひ Day

問題 1

1	① ② ③ ④
2	① ② ③ ④
3	① ② ③ ④
4	① ② ③ ④
5	① ② ③ ④

問題 2

6	① ② ③ ④
7	① ② ③ ④
8	① ② ③ ④
9	① ② ③ ④
10	① ② ③ ④

問題 3

11	① ② ③ ④
12	① ② ③ ④
13	① ② ③ ④
14	① ② ③ ④
15	① ② ③ ④

問題 4

16	① ② ③ ④
17	① ② ③ ④
18	① ② ③ ④
19	① ② ③ ④
20	① ② ③ ④
21	① ② ③ ④
22	① ② ③ ④

問題 5

23	① ② ③ ④
24	① ② ③ ④
25	① ② ③ ④
26	① ② ③ ④
27	① ② ③ ④

問題 6

28	① ② ③ ④
29	① ② ③ ④
30	① ② ③ ④
31	① ② ③ ④
32	① ② ③ ④

問題 7

33	① ② ③ ④
34	① ② ③ ④
35	① ② ③ ④
36	① ② ③ ④
37	① ② ③ ④
38	① ② ③ ④
39	① ② ③ ④
40	① ② ③ ④
41	① ② ③ ④
42	① ② ③ ④
43	① ② ③ ④
44	① ② ③ ④

問題 8

45	① ② ③ ④
46	① ② ③ ④
47	① ② ③ ④
48	① ② ③ ④
49	① ② ③ ④

問題 9

50	① ② ③ ④
51	① ② ③ ④
52	① ② ③ ④
53	① ② ③ ④
54	① ② ③ ④

問題 10

55	① ② ③ ④
56	① ② ③ ④
57	① ② ③ ④
58	① ② ③ ④
59	① ② ③ ④

問題 11

60	① ② ③ ④
61	① ② ③ ④
62	① ② ③ ④
63	① ② ③ ④
64	① ② ③ ④
65	① ② ③ ④
66	① ② ③ ④
67	① ② ③ ④
68	① ② ③ ④

問題 12

| 69 | ① ② ③ ④ |
| 70 | ① ② ③ ④ |

問題 13

71	① ② ③ ④
72	① ② ③ ④
73	① ② ③ ④

問題 14

| 74 | ① ② ③ ④ |
| 75 | ① ② ③ ④ |

受験番号を書いて、その下のマーク欄に
マークしてください。
Fill in your examinee registration number
in this box, and then mark the circle for
each digit of the number.

受験番号
(Examinee Registration Number)

20A1010123-30123

せいねんがっぴを書いてください。
Fill in your date of birth in the box.

せいねんがっぴ(Date of Birth)

ねん Year	つき Month	ひ Day

もんだい 問題 1

	①	②	③	④
例	①	②	●	④
1	①	②	③	④
2	①	②	③	④
3	①	②	③	④
4	①	②	③	④
5	①	②	③	④

もんだい 問題 2

	①	②	③	④
例	●	②	③	④
1	①	②	③	④
2	①	②	③	④
3	①	②	③	④
4	①	②	③	④
5	①	②	③	④
6	①	②	③	④

もんだい 問題 3

	①	②	③	④
例	①	●	③	④
1	①	②	③	④
2	①	②	③	④
3	①	②	③	④
4	①	②	③	④
5	①	②	③	④

もんだい 問題 4

	①	②	③
例	①	●	③
1	①	②	③
2	①	②	③
3	①	②	③
4	①	②	③
5	①	②	③
6	①	②	③
7	①	②	③
8	①	②	③
9	①	②	③
10	①	②	③
11	①	②	③
12	①	②	③

もんだい 問題 5

	①	②	③	④
1	①	②	③	④
2	①	②	③	④
3 (1)	①	②	③	④
(2)	①	②	③	④

N2

言語知識 (文字・語彙・文法)・読解

（105分）

注　意
Notes

１．試験が始まるまで、この問題用紙を開けないでください。
   Do not open this question booklet until the test begins.

２．この問題用紙を持って帰ることはできません。
   Do not take this question booklet with you after the test.

３．受験番号と名前を下の欄に、受験票と同じように書いて
   ください。
   Write your examinee registration number and name clearly in each box below as written
   on your test voucher.

４．この問題用紙は、全部で33ページあります。
   This question booklet has 33 pages.

５．問題には解答番号の　1　、　2　、　3　…が付いています。
   解答は、解答用紙にある同じ番号のところにマークして
   ください。
   One of the row numbers　1　、　2　、　3　… is given for each question. Mark your answer in
   the same row of the answer Sheet.

受験番号　Examinee Registration Number	

名　前　Name	

問題1 _____の言葉の読み方として最もよいものを、1・2・3・4から一つ選びなさい。

1 イヤホンの音質が素晴らしくて感激した。

    1 かんげき   2 がんげき   3 かんかく   4 がんかく

2 家が小さくて、小型の冷蔵庫を買った。

    1 こけい   2 こがた   3 しょうけい   4 しょうがた

3 今回の選挙は与党の圧勝で終わった。

    1 あつしょう   2 あつしょ   3 あっしょう   4 あっしょ

4 小説を読んで、その情景を心に描く。

    1 なげく   2 かたむく   3 いだく   4 えがく

5 飛行機の模型を集めることが好きです。

    1 もうさく   2 ぼうさく   3 もけい   4 ぼけい

問題2 _____の言葉を漢字で書くとき、最もよいものを1・2・3・4から一つ選びなさい。

6 あの団体は<u>そしき</u>が二つに分かれている。

    1 助織   2 組識   3 組織   4 助識

7 10年間履いてきた靴が<u>やぶれて</u>、新しいのを買った。

    1 壊れて   2 破れて   3 乱れて   4 荒れて

8 うちの店は<u>ていかどおり</u>に売っています。

    1 正貨   2 正価   3 定貨   4 定価

9 梅雨が続いて、家の中が<u>しめっぽい</u>。

    1 湿っぽい   2 汗っぽい   3 汚っぽい   4 泡っぽい

10 毎日保険会社から加入を<u>かんゆう</u>する電話が来る。

    1 勧秀   2 観秀   3 観誘   4 勧誘

問題3 （　　　）に入れるのに最もよいものを、1・2・3・4から一つ選びなさい。

11　手先が（　　　）器用だったが、練習に練習を重ねて、ついに外科医になった。

　　1　不　　　　　　2　未　　　　　　3　非　　　　　　4　分

12　社員（　　　）をなくし、その報告が遅れたことを上司にひどくしかられた。

　　1　書　　　　　　2　省　　　　　　3　証　　　　　　4　署

13　その俳優の（　　　）演技に、多くの観客は心を動かされた。

　　1　高　　　　　　2　超　　　　　　3　真　　　　　　4　名

14　かぎが見つからなくて、部屋中、探し（　　　）しまった。

　　1　合って　　　　2　切って　　　　3　回って　　　　4　込んで

15　大人を子ども（　　　）するのはやめてほしい。

　　1　づきあい　　　2　おしえ　　　　3　あつかい　　　4　そだて

問題 4 （　　　）に入れるのに最もよいものを、1・2・3・4から一つ選びなさい。

16　来週の土曜日、（　　　）の先輩と花見に行くことになったので、とても楽しみだ。
1　就職　　　　　　2　取引　　　　　　3　労働　　　　　　4　職場

17　このうどん屋は以前から人気があったが、テレビで紹介されて、（　　　）人が来るようになった。
1　ますます　　　2　いやいや　　　3　そろそろ　　　4　せいぜい

18　テレビで新商品のカップラーメンの（　　　）を見て、すぐコンビニに買いに行った。
1　コミュニケーション　　　　　　　2　ジャーナリスト
3　コマーシャル　　　　　　　　　　4　ショッピング

19　弟はあまり勉強が得意ではなかったが、（　　　）努力を続けた結果、大学院に進学することができた。
1　いきいきと　　　2　そわそわと　　　3　こつこつと　　　4　はきはきと

20　来週の水曜日の会議の時間が1時間（　　　）から、メールでみんなに伝えておいて。
1　早まった　　　2　遅れた　　　　3　上がった　　　4　延ばした

21　会社がつぶれて失業したときはいつも不安で、（　　　）ではいられなかった。
1　乱暴　　　　　2　冷静　　　　　3　器用　　　　　4　弱気

22　読書家の友人を（　　　）、私も毎日できるだけ本を読むことにした。
1　取り入れて　　2　持ち込んで　　3　引き受けて　　4　見習って

問題5 _____の言葉に意味が最も近いものを、1・2・3・4から一つ選びなさい。

23 そのうわさはたちまち会社内に広まった。

1 ふたたび 　　　 2 だんだん 　　　 3 すぐに 　　　 4 ゆっくりと

24 韓国では肉を野菜にくるんで食べます。

1 まぜて 　　　 2 のせて 　　　 3 はさんで 　　　 4 つつんで

25 弟は転職してから、はりきって働いている。

1 楽しそうに 　　　　　　　　　　 2 やる気を出して

3 とても忙しく 　　　　　　　　　 4 みんなと仲良く

26 両親は年中、忙しくしているから心配だ。

1 いつも 　　　 2 ときどき 　　　 3 しばらく 　　　 4 最近

27 彼女の成績は優れている。

1 思っていたよりいい 　　　　　　 2 他の人と同じだ

3 一番いい 　　　　　　　　　　　 4 他と比べていい

問題6 次の言葉の使い方として最もよいものを、1・2・3・4から一つ選びなさい。

28 くどい

1 友人にお金を貸してほしいと何度もくどく頼んだ。

2 あの人の話は、同じことの繰り返しが多くてくどく感じられる。

3 家の外で、大きな声で騒いでいる人がいて、とてもくどい。

4 彼はまじめで、難しい仕事でもくどくがんばっている。

29 凍える

1 野菜を何日も冷蔵庫に入れておいたので、凍えてしまった。

2 クーラーをつけたまま寝てしまい、お腹が凍えた。

3 気温が下がって雪が降ったので、今日は凍えるような寒さになった。

4 ジュースを凍えさせて、遠足に持って行った。

30 ぎっしり

1 仕事は、ぎっしりしなければならない。

2 昨日のパーティーで高校時代の友人にぎっしり会った。

3 新聞の社説が気になったので、ぎっしり読んだ。

4 たんすの中には、服がぎっしり入っている。

31 批評

1 日本映画を批評した記事を読んで、日本に興味を持った。

2 あの店の味は、海外でも高く批評されているらしい。

3 記者は、政府の方針を激しく批評した。

4 批評がいいレストランに行ってみたが、それほどでもなかった。

32 惜しむ

1 辛かった過去を思い出すと、胸が惜しまれる。

2 非常に優秀だった同僚の死をみんなで惜しんだ。

3 あの時、勇気を出して行動しなかったことを今でも惜しんでいる。

4 失敗したことは惜しんで、次の成功につなげたい。

해커스 JLPT N2 한 권으로 합격

問題7 次の文の（　　　）に入れるのに最もよいものを、1・2・3・4から一つ選びなさい。

33 知り合いからリンゴを山ほどもらったから、持てる（　　　）持って行っていいよ。

1　だけ　　　　　2　など　　　　　3　ほど　　　　　4　まで

34 彼はこの学校に入学して（　　　）、一度も休んでいない。

1　きり　　　　　2　こそ　　　　　3　まま　　　　　4　以来

35 新しいパソコンを買うか店で3時間迷った（　　　）、結局買わないで、来月のボーナスまでがまんすることにした。

1　以上　　　　　2　あげく　　　　3　一方　　　　　4　とたん

36 うちのチームでは、足の速さ（　　　）田中さんが一番だろう。

1　にかけては　　2　をめぐって　　3　に対して　　　4　に関して

37 山本「小林さんがまだ来ていませんね。休みでしょうか。」
鈴木「よく遅刻する小林さんの（　　　）、今日も遅れるんじゃないでしょうか。」

1　はずだから　　2　ことだから　　3　ものだから　　4　せいだから

38 （パーティーで）
田村「はじめまして。田村と申します。」
吉田「ああ、あなたが田村さんですか。（　　　）、うれしいです。」

1　おいでになって　　　　　　　　　2　お目にかかれて

3　お伺いできて　　　　　　　　　　4　お越しになって

39　雨の日にサッカーをしたときの服の汚れが、いくら洗っても（　　　）落ちない。

1　ようやく　　　　　2　かえって　　　　　3　とうとう　　　　　4　ちっとも

40　こちらのレポートによると、町の人口の（　　　）、商店の数も減ってきたとのことです。

1　減少にこたえて　　　　　　　　　　2　減少にともなって

3　減少にもとづいて　　　　　　　　　4　減少にかかわらず

41　私の弟は、音楽家になりたいと言って音楽大学に入ったかと思うと、自転車でアジア各国を旅行したいと言って、突然海外に行ってしまった。本当に弟には（　　　）。

1　びっくりさせた　　　　　　　　　　2　びっくりさせていた

3　びっくりさせられる　　　　　　　　4　びっくりされている

42　彼が入学試験に合格したのは、努力の（　　　）。

1　結果しかない　　　　　　　　　　　2　結果にほかならない

3　結果よりほかない　　　　　　　　　4　結果次第だ

43　夫は、ビールを一口でも（　　　）、具合が悪くなってしまう。

1　飲もうものなら必ず　　　　　　　　2　飲もうとなったらいずれ

3　飲むからにはきっと　　　　　　　　4　飲むとすれば思わず

44　社長から電話があったんですが、道が混んでいて30分ぐらい遅れ（　　　）。

1　るようだというものです　　　　　　2　てしまったというわけです

3　そうだとのことです　　　　　　　　4　るはずだといえます

問題8 次の文の＿★＿に入る最もよいものを、1・2・3・4から一つ選びなさい。

（問題例）

あそこで ＿＿＿ ＿＿＿ ＿★＿ ＿＿＿ は山田さんです。

   1　テレビ　　　　2　人　　　　　3　見ている　　　　4　を

（解答のしかた）

1．正しい文はこうです。

> あそこで ＿＿＿＿ ＿＿＿＿ ＿★＿＿ ＿＿＿＿ は山田さんです。
>
>   1　テレビ　4　を　3　見ている　2　人

2．＿★＿に入る番号を解答用紙にマークします。

（解答用紙）　| （例）| ① | ② | ● | ④ |

45　このすし屋は前からおいしいと聞いていたのですが、サービス ＿＿＿ ＿＿＿ ＿★＿ ＿＿＿ と思いませんか。

   1　店とは　　　　　2　からして　　　　3　ちがう　　　　4　他の

46　買ってすぐこわれた時計を ＿＿＿ ＿＿＿ ＿★＿ ＿＿＿ 、今日中には修理できないということだった。

   1　修理カウンターに　　　　　　　　2　ところ

   3　聞いてみた　　　　　　　　　　　4　持って行って

47 楽しみにしていた休暇だったが、＿＿＿ ＿＿＿ ＿★＿ ＿＿＿ なかった。

1　遊びにいく　　　2　どこかに　　　　3　病気になって　　4　どころでは

48 よく ＿＿＿ ＿＿＿ ＿★＿ ＿＿＿、どこかに無理なところがあったのか、予定
通りに過ごせた日は一日もなかった。

1　立てた　　　　　2　旅行の計画を　　3　考えて　　　　　4　ものの

49 今回、小さい ＿＿＿ ＿＿＿ ＿★＿ ＿＿＿ 夢がかなえられたのは、皆さん
の支えのおかげです。

1　店を持つ　　　　2　自分の　　　　　3　という　　　　　4　ながら

問題9 次の文章を読んで、文章全体の内容を考えて、 50 から 54 の中に入る最もよいものを、1・2・3・4から一つ選びなさい。

ペットの買い方

先日、日本に来て6年になるイギリス人に会う機会があった。彼は犬が大好きだ。そこで、私が犬を飼うことを検討しているという話をすると、彼は「犬はどこからもらうのですか。」と聞いてきた。「もらうのではなく、ペットショップで買うのです。」そう私は答えた。彼はさっきまで 50 、急にまじめな顔になってこう言った。「ペットショップで犬や猫を買うのはよくないですよ。できるだけブリーダーから買ってください。 51 買うのをやめないことには犬や猫への被害は止まりません。」そして彼は以下のことを教えてくれた。

19世紀、イギリスでは世界初と言われる動物を守るための法律が生まれた。 52 、イギリスでは、動物との接し方や販売、飼い方に関して法律が存在している。最近では、犬や猫を粗末に扱い、安く販売するという質の悪い販売者をなくすための運動が進んでいる。生まれて間もない幼い犬や猫を目の前にすれば、誰だってすぐに自分の家に連れて帰りたくなってしまう。彼らは、こうした人の心を上手く使って商売をする。悲しいことに、売れずに残った犬や猫は殺されてしまうらしい。そして、質の悪い販売者だけでなく、これに近いことをしているペットショップもあるというのだ。こういった情報が知られる 53 、欧米では、ペットショップではなくブリーダーから直接買おうという意識が強くなっていったそうだ。

彼は最後にもう一度、強く私に言った。「ペットショップで買うという考えを 54 。」

(注) ブリーダー：動物に出産をさせ、ペットとして売ることを職業とする人

50

1 笑っていた上に 　　　　　　 2 笑っていたばかりか

3 笑っていたあげく 　　　　　　 4 笑っていたかと思うと

51

1 ペットショップで 　　　　　　 2 ブリーダーから

3 日本で 　　　　　　　　　　　 4 イギリスから

52

1 これ以外 　　 2 このように 　　 3 それ以降 　　 4 そのうち

53

1 につれて 　　 2 につけて 　　 3 にしても 　　 4 にかかわらず

54

1 改めるに違いない 　　　　　　 2 改めるしかありません

3 改めるべきです 　　　　　　　 4 改めることだろう

問題10　次の(1)から(5)の文章を読んで、後の問いに対する答えとして最もよい
ものを、1・2・3・4から一つ選びなさい。

（1）

　昔から母の日には母親にカーネーションをあげるというのが一般的だ。最近ではブランドも
のの財布やバック、親子旅行など、少しお金をかけた贈り物をする人も多くなった。しかし、
街で母親たちに行ったインタビューの結果を見ると、多くの人がもらって一番うれしいものは
「ありがとう」という言葉だと答えていた。形があるプレゼントもよいが、母の日に「ありがと
う」という気持ちを表現することを、まずは大切にしたいと思った。

55　筆者の考えに合うのはどれか。
　1　母の日には、お金をかけてプレゼントをしたほうがいい。
　2　母の日には、感謝の言葉をきちんと伝えるのが大切だ。
　3　母の日には、「ありがとう」と言って、プレゼントも渡すのがいい。
　4　母親たちは、感謝の言葉より、形あるプレゼントを送るべきだ。

(2)

以下は、ある町の掲示板にあったお知らせである。

令和2年5月1日

町内会の皆様

東町内会　会長

ごみ捨てについて

　現在、ごみの回収日は月木金土となっています。月曜日と金曜日は生ごみ、木曜日は缶とビン、土曜日はプラスチックごみの回収日です。しかし、近ごろは、ごみ回収日の前日にごみを捨てる方がいるようで、翌日までに猫やカラスにより、ごみが食い散らかされてしまう場合があります。

　つきましては、再度ごみの回収日を確認のうえ、ごみは前日には捨てず、マナーを守っていただけますよう、お願いいたします。

56　この文章を書いた、一番の目的は何か。
1　ごみの回収場所を片付けることを求める。
2　ごみの回収場所を確認することを求める。
3　ごみ回収日の前日にごみを捨てることを求める。
4　ごみ回収日の前日にごみを捨てないことを求める。

（3）

　言葉の使い方一つで印象は変わる。語彙力（ごいりょく）を育て、ちょっと気（き）の利いた言葉を交ぜることで相手が抱く印象がポジティブになることがある。その一方で、間違えた敬語をそのまま使い続けていると、悪印象を与えてしまうこともある。

　特に新入社員や若手ビジネスマンは、大人の日本語、言葉遣いを身につけることで、仕事でのコミュニケーションもスムーズになるはずだ。敬語を上手く使えれば、言葉で損をするケースは一気に減るだろう。

57　筆者の考えに合うのはどれか。
1　新入社員や若手ビジネスマンは大人の日本語を使わなければならない。
2　悪印象を与えても、気（き）の利いた言葉で印象をポジティブに変えられる。
3　敬語を上手く使うことで、仕事でのトラブルも減らすことができる。
4　敬語をうまく使えなければ、言葉で損をするケースは減る一方だ。

（4）

　日本人の仕事を一時間あたりの金額で考えると、800円台から8万円まで100倍の差があります。そのなかでも今後AIに取って代わられるのは、およそ3,000〜5,000円のゾーンで、これはすなわち会社員や公務員の事務の仕事だと言われています。また、複雑な情報を処理する仕事も人の手から機械の手に渡るでしょう。そんな世界では、AIと争うことになる仕事は不利になります。これからは、自分にオリジナルの価値をつけて「貴重な存在」を目指す必要があります。

（注）AI：人工知能、英語でartificial intelligence

[58]　筆者の考えに合うのはどれか。
　1　AIと争う仕事は不利になるので選ぶべきではない。
　2　AIが使われる世界では、自分に価値を付ける必要がある。
　3　AIに取って代わる貴重な存在を目指す必要がある。
　4　AIの利用が進み、会社員や公務員の仕事は今後全てなくなる。

（5）

　以下は、ある会社の社内メールである。

あて先：営業担当の皆様

件　名：追加研修の件

お疲れ様です。

今回のプロジェクトでは、残念ながら今期の売り上げ目標を達成することができませんでした。

そのため、営業担当の皆様を対象に追加研修を行うことになりました。

６月28日（金）10:00-12:00　第一会議室

研修では、コーディネーターから今回のプロジェクトにおける営業成績を報告いたします。

チームリーダーには、各チームの抱える課題について、発表していただきますので、ご準備ください。

よろしくお願いします。

ラージ商事株式会社

営業部コーディネーター　山田

59　このメールの内容について正しいのはどれか。

　1　研修を受けるのは、売り上げ目標を達成できなかった営業担当者だけである。

　2　研修を受けるのは、課題を発表しなければならないチームリーダーである。

　3　研修を行うのは、今期の売り上げ目標を達成できなかったからである。

　4　研修を行うのは、チームの課題について報告してほしいからである。

問題11　次の(1)から(3)の文章を読んで、後の問いに対する答えとして最もよいものを、1・2・3・4から一つ選びなさい。

（1）

　『若いビジネスパーソンのための働き方』という本を開いたら、時間を守る、挨拶は省略しない、公私混同^(注2)はしないなどの基本的なことから、自己紹介のコツ、上司へのマナー、電話のマナー、断り方、謝り方など、大変細かく色々書いてあった。その通りだとは思うが、それは働く場所だけでなく、全ての人間関係や社会生活において必要なマナーであろう。そのマナーを会社でのみ、必死に守ろうとすると、むしろおかしなことになりかねない。友人や家族、全くの他人に対しても、同じように敬意をもって向き合うべきである。仕事も人生も行動には責任が伴うことを忘れてはならない。働く姿勢というより、<u>生きる姿勢</u>と考えた方がいい。

　また、キャリア形成のためには「will　何をしたいか」「can　何ができるか」「must　今、何をすべきか」を明確にすることが、自己の本来の価値発見につながるという教えも、そのまま人生に置き換えられる。良いビジネスパーソンを目指すのではなく、良い人間になろう、良い人生を送ろうと思うことが大切だ。きちんとした大人になれば、自然に立派なビジネスパーソンにもなるだろう。仕事は人生の一部であり、その逆はない。

（注１）ビジネスパーソン：ここでは会社員
（注２）公私混同：働いているときとそれ以外のときを区別しないこと

60 本の内容について、筆者はどのように述べているか。

1 本に書かれている内容は正しいので、職場では必死に守るべきである。

2 本に書かれている内容は正しいが、職場以外でも必要なことだ。

3 本に書かれている内容はおかしいので、職場以外でのみ必要なことだ。

4 本に書かれている内容は、職場で守ろうとすると笑われてしまう。

61 筆者によると、生きる姿勢とはどのようなことか。

1 働くときだけ、仕事のマナーを守ろうとすること

2 会社のマナーには責任が伴うことを忘れないこと

3 周りにいる人々に敬意を払うこと

4 敬意をもって仕事に向き合うこと

62 仕事と人生について、筆者の考えに合うのはどれか。

1 仕事は良い大人になるために必要なことの一部である。

2 良いビジネスパーソンを目指すことは、人生の一部である。

3 良い人生を送るためには、良いビジネスパーソンになることが必要だ。

4 良い人間になろうと思うことで、立派なビジネスパーソンにもなれる。

(2)

　動物園は入園料が安く、人気があります。例えば、東京の上野動物園や北海道の旭川動物園は、普段見ることができないパンダやシロクマなどのめずらしい動物を見ることができるので、特に人気です。そのため、休日にはたくさんの人が全国から集まり、とても混んでいます。

　一方、無料で入園できる動物園もあります。無料の動物園と聞くと大したことがないのではないかと思ってしまうかもしれませんが、そんなことはありません。めずらしい動物はいなくても、ライオンやゾウなどの大きな動物もいて、ウサギやモルモットなどの小さな動物と直接ふれあえる広場があったりもします。また、無料でも草花がきちんと管理されていて、春から夏にはさくらやバラ、秋には紅葉などを見ることができます。さらに、冬はイルミネーション（注）に力を入れる動物園も多く、一年を通して十分楽しめます。

　このような動物園はお金がかからないので、主に近所の親子連れや若い人たちに人気があり、遠くから来る人は少ないようです。動物の観察をしたり、散歩がてら訪れるなど、楽しみ方もいろいろあるので、おすすめです。次の休みの日は、家族や友人と無料の動物園を訪れてみてはいかがでしょうか。

（注）イルミネーション：電気のあかりで、建物や風景をかざること

63 動物園について、筆者はどのように述べているか。

1 入園料が安くて人気があり、無料の場合もある。

2 どの動物園でもめずらしい動物が見られる。

3 大きい動物が見られる動物園は人気がある。

4 無料の動物園にはたくさんの人が全国から集まる。

64 無料の動物園について、筆者はどのように述べているか。

1 めずらしい動物がいないので、お金がかからない。

2 無料でも、動物だけでなく、様々なものが楽しめる。

3 草花やイルミネーションが楽しめるので、とても混んでいる。

4 大きな動物園ではないので、小さな動物だけの広場がある。

65 筆者によると、なぜ無料の動物園がおすすめなのか。

1 すいていて、動物がよく見えるから

2 遠くから来る人が少ないので、散歩できるから

3 無料ではない動物園は人が多すぎるから

4 一年を通して楽しみ方がいろいろあるから

（3）

　産業化が進むにつれて、生活は少しずつ形を変えた。服や食べ物の製造過程は細かく分けられ、大量に生産されるようになった。先進国では余るほどたくさんの食べ物が手に入るようになり、また、安くて丈夫でおしゃれな商品が当たり前のように手に入るようになった。近年はさらに発展が進み、製造の場は外国にも広がり、世界レベルで商品の生産が行われるようになった。そのため、私たちの手に届く商品からは、作り手の「顔」が失われていった。自分たちの衣食住に関係するものが、どこで、誰の手で、どのように作られているのかがわからなくなってきたのである。

　毎日、消費しきれないほどの商品が作られる一方で、多くの物が捨てられていく。しかし、私たちは、どこでどのくらいのものが、どのように捨てられているかについて、ほとんど目にすることなく暮らしている。変わり続ける流行に合わせて、服を簡単に取りかえられる生活は私たちを豊かにしたのだろうか。

　さらに、大量に捨てられるものをどう処理し、コストをどう負担するかという大きな問題もある。こうしたことに目を向けずにいれば、そのまま、環境問題や健康問題として私たちに返ってくる可能性があるだろう。

66 産業化が進むことで、先進国ではどのように生活が変わったか。

1 少しずつ形を変えながら、服や食べ物をたくさん作るようになった。

2 たくさんの食べ物と、質の良い衣服が簡単に手に入るようになった。

3 どうやって捨てるかを気にしないで、どんどん物を捨てられるようになった。

4 余るほどの商品を作れるぐらい豊かになり、外国にも輸出するようになった。

67 産業化が進んだことでどのような問題が生まれたのか。

1 見えないところで多くの物が作られ、捨てられるようになった。

2 作り手の「顔」が失われたので、製造の場が外国に移った。

3 世界レベルでの工場がたくさん作られ、不便になった。

4 豊かになったが、たくさんのものを捨てなければならなくなった。

68 筆者が一番心配しているのは、どのようなことか。

1 簡単に服を捨てられるので豊かにならないこと

2 誰がどこで、どうやって作ったものかが分からなくなってしまうこと

3 捨てる時の費用がますますふえていくこと

4 自分たちの健康や環境に影響が出るかもしれないこと

問題12 次のＡとＢはそれぞれ、美術館の予約制度について書かれた文章である。二つの文章を読んで、後の問いに対する答えとして最もよいものを、1・2・3・4から一つ選びなさい。

A

　先日、美術館に行ったところ、入口に長い行列ができていた。大変な人気だと聞いてはいたが、2時間待ちだと言われ、あきらめた。なんと3時間待ちのこともあるらしい。平日の昼間のせいか若者より中高年の姿が多く、夏の暑い午後に長時間立っている人を見ると、他人の事ながら体調は大丈夫かと心配になった。今は、予約制の美術館もあると聞いた。料金は多少高くなっても、日時を指定してスムーズに見学できる方が、長時間待つよりもいいと思う。特に、お年寄りや、旅行で時間が限られている人には、そちらの方がありがたいだろう。だいたい3時間も待たされたら、どんな人でも疲れてしまう。お目当ての絵をやっと見ることができても、感動より疲労の方が記憶に残りそうだ。

B

　ぜひ行きたい絵画展があるのだが、大混雑が予想されるため、予約制となっている。美術館というのは、好きな時に好きなだけ滞在できる場所だと思っていたので、少し変な感じがする。絵を見るために予約し、日時を決めなければならないということが、今ひとつ納得できない。絵はいつでもそこにあって、私達を待っていると思うからだ。いつ見に行ってもいいというオープンな点が、美術館の良さではないだろうか。高齢者や旅行者など、予約制の方がいい人もいるということは分かる。しかし私は、長時間待つことになっても、自由に見せてくれる方が絵との出会いにはふさわしい気がする。

69 AとBのどちらの文章にも触れられている点は何か。

1 美術館の予約制は、高齢者や旅行者にはいい制度だ。

2 長時間待つことは、絵を見るためにふさわしくない。

3 予約制は、料金が少し高くなることが納得できない。

4 絵画はいつでも自由に見ることができるものであってほしい。

70 AとBの筆者は、美術館の予約制度についてどのように述べているか。

1 Aは中高年だけが長時間待つことになると述べ、Bは美術館は好きなだけいられるほうがいいと述べている。

2 Aはお年寄りや旅行者は短時間でも待ちたがらないと述べ、Bは美術館はいつもオープンであるべきだと述べている。

3 Aは長時間待つ必要がなくていいと述べ、Bは予約なしで自由に見られるほうがいいと述べている。

4 Aは料金が高くなるので見るのをあきらめる人がいると述べ、Bは待ち時間が短くなるのでいいと述べている。

問題13 次の文章を読んで、後の問いに対する答えとして最もよいものを、1・2・3・4から一つ選びなさい。

　能力、身体、経験、人種、身分など、人間にはあらゆる違いや差がある。様々な立場や格差を超えて友情が生まれる物語は、今も昔も広く世界中で愛され、あこがれる人も多いだろう。私もその一人であるが、いったい人と人の間に生まれる友情とは何だろうか。

　「上から目線」という言葉がある。他人を自分より下に見る態度のことであり、あまり良い意味では使われない。人間は本来、自分の方が上、優れている状態に安心するものだろうが、特に意識せず何かを言ったり教えたりしたことが、最近はすぐに「上から目線」だと言われることもあり、少々神経質にも思われる。しかし実際、上下関係でしか物事を見ない人はいる。収入、学歴、社会的立場、顔や身体、経験や知識の豊富さ、何かが得意であるなど、全てがその対象となるらしい。知り合いの中に、まさにそういう人がいる。その人は面倒見が良いところもあり、あれこれと仲間の世話をやいているが、本人が期待するほど、好かれても信頼されてもいないように思う。悪い人ではないが、正直言って私も距離を感じている。どれほどお世話になっても友情を抱けないのは、「上から目線」を感じるからだろう。

　ある港町を舞台にした映画に、忘れられない場面がある。貧しい老人が、不法入国してきた少年を助ける話である。老人は、貧しい生活の中から少年のためにお金を用意し、自分にとっても危険がおよぶ計画を迷わず進めていく。いよいよ少年を送り出す時、少年が「あなたのことは忘れません」と言ったのに対し、老人は「私もだ」と答えたのだ。「私も忘れない」と。その時まさに、二人は同じ地平に立っていた。少年は親切にしてくれた老人のことを忘れないだろう。そして、老人も少年のことを忘れないだろう。それだけのことだ。年齢も人種も立場も越えた、人間同士の好意と信頼がそこにあった。同じ目線に立つ、それが友情だと思う。世話をした人も受けた人も互いに忘れないというシンプルな会話は二人の間に流れる温かさを伝えるものだった。

　近い立場でも、様々な違いがあっても、誰であれ友人となる第一歩は、同じ地平に立つことだ。易しいようで難しいかもしれないが、できるだけ水平な目を持ち続けていたい。

（注）地平：ここでは、立場

71　そういう人とは、どのような人か。

1　他の人よりすばらしい経験や知識が多い人

2　他の人と自分を比べることで人間関係を作る人

3　他の人に何かを教えたり世話をしたりする人

4　他の人の細かいところが気になる神経質な人

72　友情について、筆者の考えに合うものはどれか。

1　お互いを比べて違いを認めることが友情である。

2　お互いの間に起きたことを忘れないことが友情である。

3　違いや差を超えて、同じ場所にいるのが友情である。

4　同じ目線に立ち、信頼し合うのが友情である。

73　この文章で筆者が最も言いたいことは何か。

1　友人を作るには、他人を自分より下に見てはいけない。

2　友人を作ることは簡単に思えるが、実はとても難しいことだ。

3　友情は年齢や社会的立場などの差にこだわらないことから生まれる。

4　お互いのしたことを忘れないことが友情を育てる一番簡単な方法だ。

問題14 右のページは、あるプールのホームページに載っている案内である。下の
問いに対する答えとして最もよいものを、1・2・3・4から一つ選びなさい。

74 チェさんは、今度の金曜日に弟とプールに行こうと考えている。チェさんは16歳の高校
生で弟は10歳の小学生である。2人が一緒に利用できるのは何時までか。

1　午後6時

2　午後8時

3　午後10時

4　午後10時半

75 ジーンさんは日曜日に家族でプールを利用した。ジーンさん夫婦と7歳の娘、65歳の
ジーンさんの母4人で行き、2時間半利用した。ジーンさんがプールで払った金額は家
族全部でいくらか。

1　300円

2　600円

3　1,200円

4　1,800円

中央市民プール利用案内

利用時間	9:00〜21:30（入場は21:00まで） ※ 金曜日は25mプールのみ9:00〜22:30まで（入場は22:00まで）
休館日	第2・4月曜日（祝日は開館します。）年末年始 ※ 7月20日〜8月31日までは無休で開館します。

利用料金について

利用料金（2時間まで）			超過料金（1時間ごと）		
大人	子ども	高齢者	大人	子ども	高齢者
400円	200円	200円	200円	100円	100円

※ 子ども料金は4歳以上中学生以下が対象となります。

※ 高齢者料金は65歳以上の方が対象となります。

※ 利用時間には着替えなどの時間を含みます。

※ 2時間以上利用した場合は、お帰りの際に入退場ゲートの横にある精算機で超過料金をお支払いください。

[ご利用方法]

・入場の際は入口の販売機で利用券を購入し、入退場ゲートのカード入れ口に入れて通過してください。その際、退場予定時刻が表示されますので必ずご確認ください。

・4歳未満のお子様は利用できません。

・小学校入学前の幼児は16歳以上の保護者と一緒にご利用ください。

・18:00以降の小学生だけでの利用はできかねます。16歳以上の保護者と一緒にご入場いただく必要があります。ただし、小学生の利用は20:00までです。

・持ち物はロッカーに入れて必ず鍵をかけてください。ロッカー使用の際は100円硬貨が1枚必要になります。使用後は硬貨が戻りますので忘れずにお持ち帰りください。

・場内は終日禁煙です。喫煙はプールの入口に設置された喫煙場所でお願いいたします。

・プール内及びプールサイド、更衣室での飲食は禁止です。ご飲食は休憩コーナーでお願いいたします。

・プールに入る際は、水着、水泳帽子を必ず着用してください。また、ピアス・ブレスレット・ネックレスなどのアクセサリー類は必ずはずしてください。

N2

聴解

（50分）

注　意
Notes

１．試験が始まるまで、この問題用紙を開けないでください。
　　Do not open this question booklet until the test begins.

２．この問題用紙を持って帰ることはできません。
　　Do not take this question booklet with you after the test.

３．受験番号と名前を下の欄に、受験票と同じように書いて
　ください。
　　Write your examinee registration number and name clearly in each box below as written
　　on your test voucher.

４．この問題用紙は、全部で13ページあります。
　　This question booklet has 13 pages.

５．この問題用紙にメモをとってもかまいません。
　　You may make notes in this question booklet.

受験番号　Examinee Registration Number	

名　前　Name	

🔊 실전모의고사1.mp3

もんだい
問題1

問題1では、まず質問を聞いてください。それから話を聞いて、問題用紙の1から4の中から、最もよいものを一つ選んでください。

れい
例

1 しゅうかつサイトでテストを受ける

2 どういう仕事がしたいか決める

3 希望の仕事をサイトに登録する

4 やりたい仕事の企業について調べる

1番

1　ホームページに案内をのせる

2　大学で案内の紙を配る

3　和室を予約する

4　予約をキャンセルする

2番

1　資料の文字数を減らす

2　グラフを大きくする

3　課長にメールを送る

4　プレゼンテーションの練習をする

3番

1 田中さんの代わりに発表する

2 他のグループに発表日を変えてもらう

3 先生の研究室に行く

4 データ送信をたのむ

4番

1 病院に鳥を連れて行く

2 インターネットに情報をのせる

3 けいさつに届けを出しに行く

4 鳥の写真をとる

5番

1　ア　ウ

2　ア　エ

3　イ　ウ

4　イ　エ

もんだい
問題2

問題2では、まず質問を聞いてください。そのあと、問題用紙のせんたくしを読んでください。読む時間があります。それから話を聞いて、問題用紙の1から4の中から、最もよいものを一つ選んでください。

例

1　長い時間、ゆっくりしたいから

2　集中して本を読みたいから

3　田舎の自然を思い出したいから

4　おいしいケーキが食べたいから

1番

1　レポートを書いていたから

2　友達と電話で話していたから

3　部屋のエアコンがこわれたから

4　友達とゲームをしていたから

2番

1　新商品の写真をさつえいする

2　ほうそうの色をへんこうする

3　今月の売り上げを知らせる

4　調査結果について知らせる

3番ばん

1 　観光地かんこうちを案内あんないすること

2 　ロビーをそうじすること

3 　部屋へやを案内あんないすること

4 　ホテルを予約よやくすること

4番ばん

1 　大学院だいがくいんの勉強べんきょうについていけるかということ

2 　子供こどもが一人ひとりで家いえにいる時間じかんが長ながくなること

3 　夫おっとが大学院だいがくいんに行いくのを反対はんたいしていること

4 　レストランの新あたらしいスタッフが仕事しごとに慣なれないこと

5番

1 かぜを引いたから

2 事故にあったから

3 けいさつに行くから

4 レポートがまだだから

6番

1 科学にはまだわからないことが多いこと

2 勉強会への参加者が減っていること

3 科学にきょうみがない子供が増えたこと

4 親が子供のために時間を使えないこと

問題3

問題3では、問題用紙に何もいんさつされていません。この問題は、全体としてどんな内容かを聞く問題です。話の前に質問はありません。まず話を聞いてください。それから、質問とせんたくしを聞いて、1から4の中から、最もよいものを一つ選んでください。

- メモ -

もんだい
問題4

　問題4では、問題用紙に何もいんさつされていません。まず文を聞いてください。それから、それに対する返事を聞いて、1から3の中から、最もよいものを一つ選んでください。

- メモ -

問題5

問題5では、長めの話を聞きます。この問題には練習はありません。
問題用紙にメモをとってもかまいません。

1番、2番

問題用紙に何もいんさつされていません。まず話を聞いてください。それから、質問と
せんたくしを聞いて、1から4の中から、最もよいものを一つ選んでください。

- メモ -

3番

まず話を聞いてください。それから、二つの質問を聞いて、それぞれの問題用紙の1から4の中から、最もよいものを一つ選んでください。

質問1

1　Aコース

2　Bコース

3　Cコース

4　Dコース

質問2

1　Aコース

2　Bコース

3　Cコース

4　Dコース

실전모의고사 2

실전모의고사 2

N2
言語知識 (文字・語彙・文法)・読解

受験番号を書いて、その下のマーク欄に マークしてください。
Fill in your examinee registration number in this box, and then mark the circle for each digit of the number.

受験番号
(Examinee Registration Number)

20A1010123-30123

あなたの名前をローマ字のかつじたいで書いてください。
Please print in block letters.

名前
Name

せいねんがっぴを書いてください。
Fill in your date of birth in the box.

せいねんがっぴ(Date of Birth)

ねん Year	つき Month	ひ Day

問題 1

1	① ② ③ ④
2	① ② ③ ④
3	① ② ③ ④
4	① ② ③ ④
5	① ② ③ ④

問題 2

6	① ② ③ ④
7	① ② ③ ④
8	① ② ③ ④
9	① ② ③ ④
10	① ② ③ ④

問題 3

11	① ② ③ ④
12	① ② ③ ④
13	① ② ③ ④
14	① ② ③ ④
15	① ② ③ ④

問題 4

16	① ② ③ ④
17	① ② ③ ④
18	① ② ③ ④
19	① ② ③ ④
20	① ② ③ ④
21	① ② ③ ④
22	① ② ③ ④

問題 5

23	① ② ③ ④
24	① ② ③ ④
25	① ② ③ ④
26	① ② ③ ④
27	① ② ③ ④

問題 6

28	① ② ③ ④
29	① ② ③ ④
30	① ② ③ ④
31	① ② ③ ④
32	① ② ③ ④

問題 7

33	① ② ③ ④
34	① ② ③ ④
35	① ② ③ ④
36	① ② ③ ④
37	① ② ③ ④
38	① ② ③ ④
39	① ② ③ ④
40	① ② ③ ④
41	① ② ③ ④
42	① ② ③ ④
43	① ② ③ ④
44	① ② ③ ④

問題 8

45	① ② ③ ④
46	① ② ③ ④
47	① ② ③ ④
48	① ② ③ ④
49	① ② ③ ④

問題 9

50	① ② ③ ④
51	① ② ③ ④
52	① ② ③ ④
53	① ② ③ ④
54	① ② ③ ④

問題 10

55	① ② ③ ④
56	① ② ③ ④
57	① ② ③ ④
58	① ② ③ ④
59	① ② ③ ④

問題 11

60	① ② ③ ④
61	① ② ③ ④
62	① ② ③ ④
63	① ② ③ ④
64	① ② ③ ④
65	① ② ③ ④
66	① ② ③ ④
67	① ② ③ ④
68	① ② ③ ④

問題 12

| 69 | ① ② ③ ④ |
| 70 | ① ② ③ ④ |

問題 13

71	① ② ③ ④
72	① ② ③ ④
73	① ② ③ ④

問題 14

| 74 | ① ② ③ ④ |
| 75 | ① ② ③ ④ |

N2
聴解

あなたの名前をローマ字のかつじたいで書いてください。

Please print in block letters.

名前
Name

受験番号を書いて、その下のマーク欄に
マークしてください。
Fill in your examinee registration number
in this box, and then mark the circle for
each digit of the number.

受験番号 (Examinee Registration Number)

20A1010123-30123

せいねんがっぴを書いてください。
Fill in your date of birth in the box.

せいねんがっぴ(Date of Birth)

ねん Year	つき Month	ひ Day

〈ちゅうい Notes〉
1. 〈くろいえんぴつ(HB、No.2)でかいて ください。
〈ペンやボールペンではかかないで ください。〉
Use a black medium soft (HB or No.2) pencil.
(Do not use any kind of pen.)
2. かきなおすときは、けしゴムで きれいにけしてください。
Erase any unintended marks completely.
3. きたなくしたり、おったり しないで ください。
Do not soil or bend this sheet.
4. マークれい Marking Examples

よい れい Correct Example	わるい れい Incorrect Examples
●	⊘ ⊙ ◯ ⊖ ●

問題 1

	①	②	③	④
例	①	②	③	●
1	①	②	③	④
2	①	②	③	④
3	①	②	③	④
4	①	②	③	④
5	①	②	③	④

問題 2

	①	②	③	④
例	①	●	③	④
1	①	②	③	④
2	①	②	③	④
3	①	②	③	④
4	①	②	③	④
5	①	②	③	④
6	①	②	③	④

問題 3

	①	②	③	④
例	①	●	③	④
1	①	②	③	④
2	①	②	③	④
3	①	②	③	④
4	①	②	③	④
5	①	②	③	④

問題 4

	①	②	③
例	①	●	③
1	①	②	③
2	①	②	③
3	①	②	③
4	①	②	③
5	①	②	③
6	①	②	③
7	①	②	③
8	①	②	③
9	①	②	③
10	①	②	③
11	①	②	③
12	①	②	③

問題 5

	①	②	③	④
1	①	②	③	④
2	①	②	③	④
3 (1)	①	②	③	④
3 (2)	①	②	③	④

N2

言語知識（文字・語彙・文法）・読解

（105分）

注　意
Notes

1．試験が始まるまで、この問題用紙を開けないでください。
Do not open this question booklet until the test begins.

2．この問題用紙を持って帰ることはできません。
Do not take this question booklet with you after the test.

3．受験番号と名前を下の欄に、受験票と同じように書いて
ください。
Write your examinee registration number and name clearly in each box below as written
on your test voucher.

4．この問題用紙は、全部で33ページあります。
This question booklet has 33 pages.

5．問題には解答番号の 1 、 2 、 3 …が付いています。
解答は、解答用紙にある同じ番号のところにマークして
ください。
One of the row numbers 1 、 2 、 3 … is given for each question. Mark your answer in
the same row of the answer Sheet.

受験番号　Examinee Registration Number	

名　前　Name	

問題1 _____の言葉の読み方として最もよいものを、1・2・3・4から一つ選びなさい。

1 地方では生産人口の<u>減少</u>が大きな問題だ。

   1　けんしょう　　　2　げんしょう　　　3　けんじょう　　　4　げんじょう

2 これで紙幣と硬貨の<u>表</u>と裏を区別します。

   1　うら　　　　　　2　すみ　　　　　　3　あな　　　　　　4　おもて

3 来週の精密^{せいみつ}検査で詳しい<u>症状</u>が分かる。

   1　しょうじょ　　　2　しょじょ　　　　3　しょうじょう　　4　しょじょう

4 <u>苦い</u>味が好きで、コーヒーやお茶を飲みます。

   1　うすい　　　　　2　にがい　　　　　3　しぶい　　　　　4　からい

5 両親が経営する会社で<u>経理</u>をしている。

   1　けいり　　　　　2　げり　　　　　　3　けいざい　　　　4　げざい

問題2 ＿＿＿の言葉を漢字で書くとき、最もよいものを1・2・3・4から一つ選びなさい。

6 最近売上が減少する<u>けいこう</u>にあって、全社員が心配している。

1 傾向 2 頃向 3 傾尚 4 頃尚

7 朝の<u>こころよい</u>空気が好きで、ジョギングをするようになった。

1 嬉い 2 楽い 3 爽い 4 快い

8 何があっても<u>げんそく</u>を守ることが重要です。

1 原側 2 源側 3 原則 4 源則

9 手紙を書くとき、<u>むすび</u>の言葉で何を書けばいいか分からない。

1 結び 2 包び 3 束び 4 絞び

10 友達の顔はこれといった<u>とくちょう</u>がない。

1 持徴 2 特徴 3 持微 4 特微

問題3 （　　　）に入れるのに最もよいものを、1・2・3・4から一つ選びなさい。

11　作家の死後、その自宅から（　　　）発表の作品が大量に見つかった。

1　否　　　　　　2　済　　　　　　3　未　　　　　　4　無

12　交通（　　　）を節約するために、学校まで自転車で通っている。

1　費　　　　　　2　代　　　　　　3　金　　　　　　4　料

13　財布を落としてしまったので、警察（　　　）に行って聞いてみようと思う。

1　所　　　　　　2　場　　　　　　3　署　　　　　　4　序

14　年（　　　）に、引っ越しするかどうか考えている。

1　過ぎ　　　　　2　明け　　　　　3　開き　　　　　4　迎え

15　買い物中に、急に子どもが泣き（　　　）ので、困ってしまった。

1　出した　　　　2　掛けた　　　　3　換えした　　　　4　込んだ

問題4 （　　　）に入れるのに最もよいものを、1・2・3・4から一つ選びなさい。

16 もう少し教え方が（　　　）したら、指導者になりたいと思う。

1　改善_{かいぜん}　　　　2　発達_{はったつ}　　　　3　進歩_{しんぽ}　　　　4　上達_{じょうたつ}

17 （　　　）小説だと思って読み始めたが、最後には夢中になっていた。

1　くだらない　　　2　やむをえない　　　3　しょうがない　　　4　かまわない

18 出張_{しゅっちょう}には子供を連れて行くことができないので、両親に（　　　）つもりだ。

1　預ける　　　　2　貸す　　　　3　借りる　　　　4　返す

19 姉は、世界で活躍_{かつやく}できる医者を（　　　）勉強している。

1　計画して　　　2　目指して　　　3　指差して　　　4　設計して

20 しばらく都会を離_{はな}れて、田舎_{いなか}でゆっくりとした時間を（　　　）つもりだ。

1　つぶす　　　　2　かける　　　　3　経つ　　　　4　過ごす

21 私は子供のときは、自然の中で（　　　）と絵を描_かくのが好きでした。

1　のろのろ　　　2　のびのび　　　3　すくすく　　　4　ひそひそ

22 この会社は、客の（　　　）を調査した上で、製品を作っている。

1　ニーズ　　　　2　データ　　　　3　タイミング　　　4　チャンス

問題5 ＿＿＿＿の言葉に意味が最も近いものを、1・2・3・4から一つ選びなさい。

23 やっと作品を<u>仕上げる</u>ことができた。

1 発売する 　　2 提出させる 　　3 送付する 　　4 完成させる

24 <u>あらゆる</u>方法を試してみる。

1 考えられる限りの 　　　　　2 今までにない

3 最もよい 　　　　　　　　　4 以前からあった

25 若い時、私は先輩に<u>しょっちゅう</u>注意されていた。

1 きびしく 　　2 こまかく 　　3 いつも 　　4 ときどき

26 バスは細い道を<u>のろのろ</u>進んだ。

1 安全に 　　2 ゆっくり 　　3 速く 　　4 まっすぐ

27 あそこは資源が<u>とぼしい</u>島国だ。

1 作られている 　　2 とても多い 　　3 不足している 　　4 まったくない

問題6 次の言葉の使い方として最もよいものを、1・2・3・4から一つ選びなさい。

28 わざと

1 その友達は、遠いところからわざと会いに来てくれた。

2 たくさんの食料をわざと入れすぎたため、袋が破れてしまった。

3 私は腹が立ったので、わざと音を立ててドアを閉めた。

4 その映画は退屈だったので、わざと寝てしまった。

29 深刻

1 彼女は、深刻な話があると言って私を呼び出した。

2 その会社の社員は、いつも深刻な時間まで仕事をしている。

3 彼はいつも深刻な態度で仕事に取り組んでいる。

4 その森には深刻な動物が多いので、注意した方がよい。

30 混乱

1 この道はいつも、駅に向かう人たちで混乱する。

2 その都市には、古い建物と新しい建物が美しく混乱している。

3 先生の研究室は本が出しっぱなしで混乱していた。

4 国が独立したことで、地域の経済が混乱した。

31 たまる

1 毎朝、家の前の道にたくさんの車がたまるため、困っている。

2 そのお祭りは、他の地域からも多くの人がたまることで有名だ。

3 10日も連続で仕事が続くと、とても疲れがたまる。

4 明日はとても寒くなり、雪がたまる予報だ。

32 大いに

1 その店員の説明は少し大いに聞こえた。

2 住民は、その高速道路が開通したことを、大いに喜んでいる。

3 私の母は、運動不足なのに大いに運動をしようとしない。

4 その授業は人気があるため、大いにたくさんの学生が出席する。

問題7 次の文の（　　　）に入れるのに最もよいものを、1・2・3・4から一つ
選びなさい。

33 新商品の名前は、（　　　）金曜日の会議で決定するでしょう。
1　さっぱり　　　　2　おそらく　　　　3　まさか　　　　4　どうも

34 （新しい先生からのあいさつ）
「私は20年前にこの高校を卒業しました。20年ぶりに、教師（　　　）ここに戻って
来ることができてとてもうれしいです。」
1　として　　　　2　にとって　　　　3　に対して　　　　4　にして

35 海外で生活して（　　　）、自分が、自分の国について知らないということを知った。
1　はじめて　　　2　はじめたら　　　3　はじめてこそ　　　4　はじめるうちに

36 この動物園の入場料金は、年齢（　　　）500円です。
1　によれば　　　2　につけて　　　3　にかかわらず　　　4　にしたがって

37 （会社で）
上司「来週の木曜日の会議は何時からですか。」
部下「すみません、まだ決まっていませんので、決まり（　　　）、ご連絡します。」
1　次第で　　　　2　次第に　　　　3　次第の　　　　4　次第

38 家族は今、海外旅行中です。私も行く予定でしたが、パスポートを（　　　）、飛行機
に乗れませんでした。
1　忘れていただけあって　　　　　　2　忘れただけにもかかわらず
3　忘れてきたばかりで　　　　　　　4　忘れてしまったばかりに

39 時間を間違えて会議に遅刻したのは、不注意だったと（　　　）。

1　言わざるを得ない　　　　　　　2　言いかねない

3　言っている最中だ　　　　　　　4　言いがたい

40 （ホテルで）

客「明日の10時に、タクシーを呼んでおいてくれますか。」

ホテルスタッフ「はい、10時でございますね。確かに（　　　）。」

1　お聞きしました　　　　　　　　2　参りました

3　承りました　　　　　　　　　　4　おいでになりました

41 うちの子は毎朝、（　　　）自分で起きて、学校に行くことができるんですよ。

1　起こさないと　　　　　　　　　2　起こされなくても

3　起こされても　　　　　　　　　4　起こさせないと

42 彼の足の調子は（　　　）、あと1週間もすれば走れるようになると言える。

1　回復しだしたところで　　　　　2　回復してきているうちに

3　回復しはじめようとして　　　　4　回復しつつあることから

43 家事は、妻一人に任せるのではなく、夫婦で協力して（　　　）。

1　行うことがある　　　　　　　　2　行うそうもない

3　行うばかりだ　　　　　　　　　4　行うべきだ

44 この本は、子供向けに書かれたそうだが、大人の私が読んでも（　　　）。

1　おもしろいはずだった　　　　　2　おもしろいわけがない

3　おもしろかった　　　　　　　　4　おもしろくなかった

問題8 次の文の___★___に入る最もよいものを、1・2・3・4から一つ選びなさい。

（問題例）

あそこで _____ _____ ___★___ _____ は山田さんです。

　　1　テレビ　　　　2　人　　　　3　見ている　　　　4　を

（解答のしかた）

1. 正しい文はこうです。

> あそこで _____ _____ ___★___ _____ は山田さんです。
> 　　1　テレビ　　4　を　　3　見ている　　2　人

2. ___★___に入る番号を解答用紙にマークします。

（解答用紙）　　| （例） | ① | ② | ● | ④ |

45　彼は医者にダイエットしろと言われているが、あんなに毎日 _____ _____
___★___ _____ だろう。

　　1　やせられる　　　　　　　　　2　アイスクリームを

　　3　わけがない　　　　　　　　　4　食べていたら

46　市民センターには2つのプールがありますが、こちらの _____ _____ ___★___
_____ お楽しみいただけます。

　　1　問わず　　　　　　　　　　　2　プールでは

　　3　年齢を　　　　　　　　　　　4　水中ウォーキングを

47 この日本語のテキストは、仕事で日本語を使えるようになりたい人のために ＿＿＿＿

＿＿＿＿ ＿★＿ ＿＿＿＿ います。

1 作られて 2 ビジネス会話に

3 実際の 4 基づいて

48 この俳優はまだ若いけれど、演技が ＿＿＿＿ ＿＿＿＿ ＿★＿ ＿＿＿＿ とても
人気がある。

1 上手で 2 すばらしい 3 歌も 4 のみならず

49 最近のコンビニエンスストアのスイーツはとてもおいしいので、 ＿＿＿＿ ＿＿＿＿

＿★＿ ＿＿＿＿ んです。

1 いられない 2 買わずには 3 見つけると 4 新商品を

問題9 次の文章を読んで、文章全体の内容を考えて、 50 から 54 の中に入る最もよいものを、1・2・3・4から一つ選びなさい。

「言葉の変化」

最近、若い人の日本語の使い方が変化してきているという。私は以前、20代から30代までの日本語の母語話者に調査を行ったことがある。

先生や年上の人などの自分より立場が上の人にたいして「ご苦労様」や「お疲れ様」と声をかけることを間違いだと思うかという質問 50 、「全く思わない」「あまり思わない」と答えた人が半分くらいだった。もともと、「ご苦労様」や「お疲れ様」という表現は自分より立場が下の人や同僚、友人などの関係で使われていたが、最近では、職場や学校などのいろいろな場面で使われているのをよく目に 51 。

敬語の間違った使い方や、「さかなが食べれる」のような「食べられる」から「ら」を抜いた「ら抜き言葉」にも同じことが言えるだろう。「さかなが食べれる」のような「ら抜き言葉」は、今では多くの年代で使われていて、「 52 」という人のほうが多いとも言われている。

「言葉は生きもの」と言うが、時代の流れや社会の変化とともに言葉も変わる。これは日本語だけでなく、ほかの言語でも同じだろう。新しい変化を学ぶことは大切だが、それと同時に使い方についてよく考えてみることも大切だろう。 53 、間違った使い方について深く考えすぎずに、言葉の変化を積極的に取り入れることも必要かもしれない。そうすれば、言葉にたいする考え方も広がり、奥が深い言葉の世界をもっと楽しむことができる 54 。

50

    1　にとって　　　　2　にたいして　　　3　によって　　　　4　にしては

51

    1　しそうになった　　　　　　　2　しきりになった
    3　することになった　　　　　　4　するようになった

52

    1　間違うおそれがある　　　　　2　間違っているので使わない
    3　間違うはずがない　　　　　　4　間違っていないと思う

53

    1　そして　　　　　2　したがって　　　3　そうすれば　　　4　つまり

54

    1　わけだろう　　　　　　　　　2　のではないだろうか
    3　はずがないだろう　　　　　　4　よりほかない

問題10　次の(1)から(5)の文章を読んで、後の問いに対する答えとして最もよい
　　　　　ものを、1・2・3・4から一つ選びなさい。

（1）
　プラスチックごみの海洋汚染によって、多くの生物が悪い影響を受けている。海のごみを減
らすために、コーヒーショップなどで、プラスチック製のストローの使用をやめる動きが広がっ
ているそうだ。

　しかし、ストローをやめるだけで本当に海洋汚染の解決になるのだろうか。何より大切なの
は、環境を守るために、私達一人一人が何ができるかを考え、実行することだ。ストローの使
用中止は、美しい海を取り戻すきっかけに過ぎないのである。

| 55 | 筆者の考えに合うのはどれか。 |

　1　プラスチック製のストローの使用をやめれば、海はきれいになる。

　2　プラスチック製のストローの使用をやめることは、海の環境のためにとてもいいことだ。

　3　海のごみを減らすきっかけは、プラスチック製のストローの使用をやめたことだった。

　4　海のごみを減らすために、みんなが各自できることを考え、実際に行動することが必
　　　要だ。

（2）

以下はある会社のお知らせである。

お客様各位

お知らせ

　昨今の天候不順や、深刻な災害等による原材料費・光熱費の価格上昇に伴い、４月１日よりお弁当商品の価格を50円ずつ値上げさせていただくことになりました。（おみそ汁は除きます。）

　コスト削減の努力をしてまいりましたが、経営が極めて厳しく、赤字になりかねないため、値上げせざるを得なくなりました。

　ご迷惑をお掛けしますが、ご理解をお願い申し上げます。

おいしいべんとう屋

56　　このお知らせで一番伝えたいことはどれか。

1　原材料が値上がりしていること

2　商品の値段を上げること

3　値上げしない商品もあるということ

4　コストを減らそうとしたこと

（3）

　SNSなどで意見を発信する人が多い。その中には、こんなすばらしい文章が書けたらと思う
ものも、子どもが書いたのかと思うような文章もある。どうすればいい文章が書けるのだろう
か。最近、文章がうまい人は読書家であることに気が付いた。本を読むことで教養が身に付く
のはもちろん、語彙力、思考力も身に付くからではないだろうか。何もないところからは何も生
まれない。自分の中に一度入れないと表現することもできないのである。

（注）SNS：ソーシャルネットワークサービス ＝ Social Network Service

57　　筆者の考えに合うのはどれか。

　　1　子どもが書いた文でもいい文章と言えるものがある。

　　2　いい文章を書くために、本を読むことが大切だ。

　　3　使える語彙を増やすと、上手な文章が書けるようになる。

　　4　自分のことをよく知った上で、意見を発信するといい。

（4）

以下は、ある航空会社が出したメールの内容である。

あて先：adams@mail.co.jp

件　名：ご予約いただきありがとうございます。

このたびはJJ航空６月１日（木）羽田発557便をご予約いただきありがとうございます。

航空券のお支払いが確認でき次第、ご予約を確定いたします。^(注1)

以下よりご予約の詳細^(注2)をご確認の上、５月25日（木）までにお支払いをお済ませください。

万一、期限日までにお支払いが確認できない場合は、自動的にキャンセルとなります。

あらかじめご了承ください。

ご予約のご確認・お支払いはこちら

→ https://jjsky.com

（注１）確定：しっかり決まること、決めること

（注２）詳細：くわしい内容

58　この航空会社からのメールに書いてある内容について、正しいものはどれか。

1　５月25日（木）までに航空券のお支払いができない場合、予約が取り消される。

2　５月25日（木）までに航空券の予約を確認しなければならない。

3　６月１日（木）までに航空券のお支払いが確認できると、予約が確定される。

4　６月１日（木）までに航空券のお支払い確認できないと、予約がキャンセルされる。

실전모의고사 2

해커스 JLPT N2 한 권으로 합격

실전모의고사 2　**77**

（5）

　「ゴミを捨てるな。まわりまわって口の中」と書かれた看板を登山中に見つけた。自分の捨てたゴミが動物や植物に害を与え、周りの環境<ruby>環境<rt>かんきょう</rt></ruby>を悪くし、最終的に自分の食卓に戻ってくるという意味だろう。人間関係でも、相手を嫌な気分にさせたり、手を抜いたりすると、結局自分も嫌な目にあうことがある。悪い行いは時間をかけ、形を変え、また自分に戻ってくるのだ。「自分の行動に責任を持つ」とは、これを意識することでもあると思う。

59　筆者の考えに合うのはどれか。

1　自分の言ったことで、最終的に相手を嫌な気分にさせることはない。

2　自分の悪い行いが、周りの環境<ruby>環境<rt>かんきょう</rt></ruby>を悪くし、最終的に自分が嫌な目にあう。

3　自分が悪い行いをしても、最終的には自分が嫌な目にあうことはない。

4　相手を悪い気分にしないか考えていると、自分の気分がよくなる。

해커스 JLPT N2 한 권으로 합격

問題11 次の（1）から(3)の文章を読んで、後の問いに対する答えとして最もよい
ものを、1・2・3・4から一つ選びなさい。

（1）

　今、人生で初めてのパン作りをしている。定年退職後、のんびり旅行などと考えていたら、
妻が思わぬケガで入院し、彼女が手伝っている「子ども食堂」ボランティアを私が代わりに
引き受けることになったのだ。子ども食堂とは、経済面など様々な困難を抱える家庭の子供達
が、安心して食事ができる場所を提供（ていきょう）しようという地域活動である。妻が手作りのパンを届け
ているのは知っていたが、私はそれまであまり積極的に参加する気になれなかった。社会のた
めにと張り切る（は・き）のは、少し苦手だったからだ。

　しかし、参加してみると「働く」ことがこんなにも気持ちいいものかと、この年齢になって新
鮮な驚き（おどろ）がある。食堂に来る人がパンを食べてくれることが心からうれしい。ボランティアは
本来、人のためであるが、何より<u>自分のための活動</u>だと、体験してよく分かる。自分の行動が
　　　　　　　　　　　　　　　　　　①
誰かに届く、その充実感（じゅうじつ）と喜びは、こちらの生命力が増すような思いだ。妻は、ボランティア
はしたいからするのだと笑いながら言っていた。

　また、職場だけでは出会わない様々な人々、ボランティア仲間や食堂に来る人達と知り合え
ることも良い意味での<u>カルチャーショック</u>である。「旅行もいいけど、ボランティアも文化との
　　　　　　　　　　　　②
出会いなのよ」と言う妻に、今、私はクリームパンの作り方を教わっている。

60　筆者はなぜパンを作り始めたのか。

1　旅行に行けなくなって、時間ができたから

2　ボランティアをしていた妻が作れなくなったから

3　妻がボランティアの代わりを探していたから

4　子ども食堂を筆者が提供することになったから

61　筆者がボランティアを①自分のための活動だと考えたのはなぜか。

1　ボランティアでしたことがほかの誰かの元に届くから

2　ボランティアで働くことがいいことだと感じられるから

3　ボランティアをして、自分が充実感と喜びを感じられるから

4　ボランティアをすると、子供たちがパンを食べてくれるから

62　筆者が②カルチャーショックだと感じている点は何か。

1　仕事では出会えないような人々と出会えること

2　ボランティアが新しい文化を作り出すということ

3　パンの作り方を家族から習うようになったこと

4　旅行もボランティアも文化との出会いだということ

（2）

　声には本心、つまり本当の気持ちが表れるものだと思う。あるロック歌手のライブを聴き、あらためてそう感じた。1960年代から70年代にかけて、世界的な大ヒット曲を作った彼は、天才的な音楽の才能を持ちながら、創作の苦しさや人間関係によって精神の病気となり、長く表舞台から姿を消していた。しかし、近年少しずつ回復してツアーを開始、生で聴いた彼の歌声に涙が出そうになった。音の高低は不安定で、少々心配になるような歌い方だったが、心に響くのだ。音楽のすばらしさがストレートに伝わってくる。音楽が好きだ、音楽は楽しいと彼が心からそう思い、伝えたい気持ちがあるからだと思う。もちろん曲の良さもあるが、同じ曲を別の歌手が上手に歌っても、その震えるような感動はない。彼の声には彼の真実があった。

　歌でなくとも、その人が本当に心から信じていることを語る言葉には説得力がある。心打たれるスピーチなどが良い例である。これは悪い方でも同じだと思う。つまり、たとえ悪い考えでも、それを心から信じている人の声には伝わる力がある。

　だからこそ、悪い方向に影響されることもあるのだということを忘れないでおきたい。そして、芸術家のような表現力がなくても、自分の声にも本心が出るものだと気を付けたほうがいい。

（注1）真実：本当のこと

（注2）説得力：他の人にその通りだと思わせる力

63 筆者は歌手の歌を聞いてどのように思ったか。

1　とても悲しくなった。

2　心配になって困った。

3　すばらしいと思った。

4　感動しなかった。

64 筆者によると、言葉に説得力があるのはどのような場合か。

1　本当のことだけを話しているとき

2　心から信じていることを話しているとき

3　上手なスピーチを聞いているとき

4　悪い考えを信じているとき

65 筆者によると、声を出すときに気を付けなければいけないことはどのようなことか。

1　表現力がないと、自分の気持ちが声に表れてしまうこと

2　よくない考えに心を動かされて、話すことを忘れること

3　話す声には、自分の本当の気持ちが表れるということ

4　心から信じていないことは伝わらないということ

（3）

　一般的に、日本人は昔から議論が苦手だとされてきた。島国であり、小さな共同体で協調性が求められる。問題が起こらないようにみんなと同じ意見を持つのがいいこととされるので、自分の意見はあまり言わない。それらが主な理由である。しかし、グローバル社会である現在、習慣も価値観も違う様々な相手と向き合うためには、話す力が必要だ。今、必要な議論とは、決して相手を負かすためのものではなく、より良い可能性を見つけるための「対話」である。

　対話とは、自分の考えを述べつつ、相手の話を聞き、普遍性を探し求めるものである。注意すべき点は、始めから結論を設定しないこと。お互い、自分の結論に向かって意見を押し通すだけでは議論にならない。相手の考えをどれだけ理解できるかが重要だ。

　対話のおかげで考えが変わることもあるだろう。対話とは自分の考えを変えるためにするものだという人もいる。必要なのは柔軟な姿勢であり、人の意見に流されるのではなく、考えを変えることができることだ。

　そして真の協調とは、ＡとＢの意見があって、Ａ一色、Ｂ一色になるのではなく、新しい色を探すことであろう。そう思えば、議論への苦手意識も、少しは軽減するのではないだろうか。

（注１）普遍性：広く行きわたること、例外なくすべてのものにあてはまること

（注２）柔軟：考え方や態度などを、その場に合うように変えられること

66 筆者によると、日本人が議論が苦手な理由は何か。

1 日本は島国なので、問題が起こることがあまりないから

2 小さい社会の中で、人と違う意見を言うと問題になると思うから

3 問題が起こったら、皆と同じ意見を言わなければならないから

4 習慣や価値観<ruby>価値観<rt>か ち かん</rt></ruby>が違う相手にも、同じ意見を持つように言うから

67 筆者の考える対話において、重要なことは何か。

1 相手の話を聞きながら、自分の意見を押し通すこと

2 どのような結論にするかを決めてから、話しはじめること

3 相手の話をよく理解し、自分の意見もわかってもらうこと

4 自分の考えを変えるために、相手の意見に従うこと

68 新しい色を探すこととはどのようなことか。

1 お互いの意見を聞いてから、それぞれの意見とは違う新しい結論を出すこと

2 お互いの意見を聞いてから、それぞれの意見の苦手な部分を探すこと

3 意見を出した後、問題が起こらないように別の意見を考えること

4 意見を出した後、いい可能性を見つけられたかもう一度考えること

問題12　次のＡとＢは同窓会について書かれた文章である。二つの文章を読んで、後の問いに対する答えとして最もよいものを、1・2・3・4から一つ選びなさい。

A

　高校の同窓会があり、大いに盛り上がった。ほとんどの人が卒業以来、初めての再会である。現在48歳の私達だが、会えばたちまち高校生の時の姿を思い出す。目の前にいるのは、中年のおじさん、おばさんなのだが、あっという間に30年の年月は消え、教室や先生や文化祭、体育祭、クラスメイトのことなど思い出話が次々に出てきて、とても楽しかった。40代ともなれば皆、仕事、結婚、子供のことなど様々な問題を抱えているはずである。同窓会に参加しているのだから、ある程度生活が安定しているのだろうと考える人もいるが、それは分からない。同級生の現在の状況を特別知りたいとも思わない。少しの間10代の若い気持ちに戻って、活力を取り戻したような気がした。

B

　「卒業して30年経ちました」という案内に心が動き、初めて同窓会に参加した。少し緊張しつつも、とても楽しみにしていた。本当に久しぶりに会う顔ばかりでなつかしく、盛り上がったのだが、高校時代の思い出話ばかりで、少々期待外れだったというのが正直なところだ。確かに、学校生活のいろいろなエピソードは、知っていることも知らないことも一緒に笑い合える。しかし、せっかく同級生に会ったのだから、昔の話ばかりでなく、皆の現在の話をもっと聞きたかった。40代後半、まさに人生の中間点である。それぞれ仕事、結婚、子供などいろいろあるだろう。10代の時とは違う今の生活、悩みや自慢だっていい、同じ年齢だからこそできる新しい話を期待していた。

69 AとBのどちらの文章にも触れられている点は何か。

1 40代ともなると、仕事や家庭のことなど様々な生活がある。

2 学生時代の友人に会うと、すぐに十代のころの気持ちが戻ってくる。

3 同窓会に参加した人が皆、安定した生活を送っているかどうかはわからない。

4 同窓会では、仕事や家庭のことなどたくさん話せてとても満足した。

70 AとBの筆者は、同窓会での話についてどのように考えているか。

1 AもBも今のいろいろな問題について話したかったと考えている。

2 AもBも高校の思い出話ができ、盛り上がってよかったと考えている。

3 Aは昔の思い出話を楽しかったと考え、Bはそれぞれの今の状況について話したかったと考えている。

4 Aは友人達の安定した生活のことを知りたかったと考え、Bは悩みや自慢話を聞きたかったと考えている。

問題13　次の文章を読んで、後の問いに対する答えとして最もよいものを、1・2・3・4から一つ選びなさい。

　今、世の中は「所有」から「利用」へ移行している時だという。高級車やブランド品、絵画など様々な分野で新しいレンタルサービス、つまり、モノを貸すサービスが次々に登場している。毎月定額で好きな品を選ぶことができ、取り換えも可能というビジネスモデルもあるそうだ。ますます便利に、合理的になっている。

　そんなニュースの中で、人をレンタルするという話題が出ていた。ある人が自分を「何もしないけれど、ただそこにいる人」として貸し出しているそうだ。その人は「一人で入りにくい店に行きたい時、ゲームで人が足りない時など、ただ一人分の人間の存在が欲しい時に利用して下さい」と言っている。とても興味深い思いつきと活動である。実際、若い人を中心に1千件以上の依頼があり、その活動の記録は本となり出版されている。ビジネスとしても成功したわけだが、それはさておき、本当に様々な依頼があり、おもしろい。コンサートの席を埋めてほしい、勉強をさぼらないよう見ていてほしい、好きなアイドルの話を聞いてほしいなど、様々な場面で「一人分の人間の存在」が必要とされ、利用されている。中でも引っ越しの時に見送ってほしいという依頼は印象的だった。誰かに見送ってほしいという気持ちは分かるが、それが全くの他人であってもいいというのはどういうことか。別れという、感情的な場面でのレンタル利用である。その人に歴史も人格も必要ないならば人型ロボットでもいいのではないかと考えたが、人でもモノでも対象に価値や意味を見出すのは自分の心なのかもしれないと気が付いた。

　物理的な「一人分の存在」は、ほぼモノと同じであろう。そして、たとえ自分が所有しているモノでも、大切に思う気持ちがなければ、「さよなら」に意味はない。見送りを依頼した人は、自分に「さよなら」を言ってくれる存在をレンタルしたことで、大切にされている自分を作り出したのだ。そして、貸し出された人には、一時的に「私にとって大切な誰か」になってもらったのかもしれない。一時的な利用であっても、そこに満足感や慰め（注）を感じることができるのだ。

　より便利に合理的に、人もモノも何でも利用できる世の中で、満足感や慰め（注）を得られるかどうかは自分の心次第なのだろう。

（注）慰め：悲しみ、苦しみ、さびしさなどから気をまぎらせる、心を楽しませること

71 筆者によると、レンタルされた人はどのような事をするのか。

1 依頼した人に、頼まれたいろいろなことを教える。

2 一人の人としているだけで、何もしない。

3 一人でいることが必要な人と一緒に頼まれたことをする。

4 自分という存在を大切に思ってくれる人とおもしろい活動をする。

72 引っ越しの見送りに人を借りることについて、筆者の考えに合うのはどれか。

1 全くの他人なので、人ではなくロボットでもかまわない。

2 感情的になる場面なので、価値や意味がある。

3 借りることに価値や意味をつけるのは、借りた人自身である。

4 全くの他人でモノと同じなので、見送ることに意味はない。

73 人をレンタルすることについて、筆者はどのように考えているか。

1 レンタルすることで満足できるかどうかは、利用する人の気持ちで変わる。

2 レンタルすることで自分が満足できるなら、所有しなくても大切なものになる。

3 所有しないことに満足できるかどうかは、利用する人に聞かないとわからない。

4 所有しないことは便利で合理的なので、ますます満足する人が増えていく。

問題14 右のページは、船のサービスをしている会社のサービス案内である。下の
問いに対する答えとして最もよいものを、1・2・3・4から一つ選びなさい。

74 マリアさんは、来週末に同僚2人と船で食事をしようと思っている。3人で全体の予算
は8千円である。個室にしなくてもいい。マリアさんの希望に合うクルーズコースはどれ
か。

1 周遊コースのランチタイム
2 周遊コースのティータイム
3 周遊コースのディナータイム
4 片道コース

75 チェさんは、来週末に孫と一緒に周遊コースのランチタイムを利用したい。チェさんは
67歳、孫は6歳で、特別個室を予約しようと思っている。チェさんたちの料金はどのよう
になるか。

1 チェさん 2,500円、孫は無料、個室追加料金1,000円
2 チェさん 2,000円、孫1,000円、個室追加料金1,000円
3 チェさん 2,200円、孫1,250円、個室追加料金1,000円
4 チェさん 2,500円、孫1,250円のみ

クルーズのご案内

よこはまクルーズ社

よこはまクルーズ社では、片道コースのほか、船内でのお食事やお飲み物がセットになったクルーズコースをご用意しております。観光の思い出にぜひご利用ください。

【周遊コース】

◎ランチタイム　11:00〜13:00（所要時間2時間）

	大人	子ども	シニア
平日	2,000円	1,000円	1,700円
土日・祝日	2,500円	1,250円	2,200円

◎ティータイム　15:00〜16:00（所要時間1時間）ケーキセットのみ

	大人	子ども	シニア
平日	1,500円	750円	1,200円
土日・祝日	2,000円	1,000円	1,700円

◎ディナータイム　18:00〜20:30（所要時間2.5時間）

	大人	子ども	シニア
平日	3,000円	1,500円	2,700円
土日・祝日	3,500円	1,750円	3,200円

★特別個室予約可能★

よこはまクルーズ社のクルーズコースでは、特別個室をご用意しております。仲のよいご友人やご家族と個室でゆっくりと海を眺めながらお食事をしてみてはいかがでしょうか。また、小さなお子様がいる場合も個室であれば周りを気にせずゆっくり過ごすことができるのでおすすめです。特別個室は一部屋（最大5名利用可能）1,000円の追加料金をいただきます。

【片道コース】　横浜駅東口〜みなとみらい21〜山下公園

運行時間　10:00〜18:00

出発時刻　毎時00分および30分発。食事、ドリンク無しの片道20分コースです。

料金（平日、土日祝日共通）大人800円、シニア600円、こども400円

※両コース共通

大人：中学生以上、シニア：65歳以上、子ども：4歳〜小学生以下（3歳以下は無料）

ご予約・お問い合わせ先

よこはまクルーズ社（代表）045-123-4455

N2

聴解

（50分）

注　意
Notes

１．試験が始まるまで、この問題用紙を開けないでください。
Do not open this question booklet until the test begins.

２．この問題用紙を持って帰ることはできません。
Do not take this question booklet with you after the test.

３．受験番号と名前を下の欄に、受験票と同じように書いて
ください。
Write your examinee registration number and name clearly in each box below as written on your test voucher.

４．この問題用紙は、全部で13ページあります。
This question booklet has 13 pages.

５．この問題用紙にメモをとってもかまいません。
You may make notes in this question booklet.

受験番号　Examinee Registration Number	

名　前　Name	

もんだい
問題1

問題1では、まず質問を聞いてください。それから話を聞いて、問題用紙の1から4の中から、最もよいものを一つ選んでください。

例

1　しゅうかつサイトでテストを受ける

2　どういう仕事がしたいか決める

3　希望の仕事をサイトに登録する

4　やりたい仕事の企業について調べる

1番

1 希望表を提出する

2 代わりの人を探す

3 電話をする

4 メールをする

2番

1 会議室へ行く

2 マイクを取りに行く

3 名前を書く

4 料金を払う

3番

1 店を予約する

2 集合場所を決める

3 部長に連絡する

4 参加者にメールをする

4番

1 2,000円

2 2,800円

3 3,600円

4 3,700円

5番
<ruby>番<rt>ばん</rt></ruby>

1 <ruby>免許証<rt>めんきょしょう</rt></ruby>を<ruby>探<rt>さが</rt></ruby>す

2 <ruby>妻<rt>つま</rt></ruby>に<ruby>連絡<rt>れんらく</rt></ruby>する

3 <ruby>家<rt>いえ</rt></ruby>に<ruby>帰<rt>かえ</rt></ruby>る

4 カードを<ruby>返<rt>かえ</rt></ruby>す

もんだい
問題2

問題2では、まず質問を聞いてください。そのあと、問題用紙のせんたくしを読んでください。読む時間があります。それから話を聞いて、問題用紙の1から4の中から、最もよいものを一つ選んでください。

れい
例

1　長い時間、ゆっくりしたいから

2　集中して本を読みたいから

3　田舎の自然を思い出したいから

4　おいしいケーキが食べたいから

1番

1　かっこいい俳優が出ていること

2　男が大企業をやめたこと

3　見ていて不安になること

4　自分たちの会社に似ていること

2番

1　英語が話せたこと

2　絵でコミュニケーションできたこと

3　とてもいいホテルで泊まったこと

4　ホテルが安かったこと

3番

1　サッカーの試合があるから

2　雨で延期になるから

3　車で行けないから

4　仕事があるから

4番

1　昨日、お酒を飲みすぎたから

2　昨日、夜中に目が覚めてしまったから

3　夜、水が止まらなくて、寝られなかったから

4　課長に残業を頼まれたから

5番

1 図書館に本を返すため

2 男の学生のレポートを手伝うため

3 おいしい店を探すため

4 レポートを提出するため

6番

1 新しい店が駅から遠いこと

2 朝から歯が痛いこと

3 歯医者の予約が取れないこと

4 仕事ができないこと

問題3

　問題３では、問題用紙に何もいんさつされていません。この問題は、全体として
どんな内容かを聞く問題です。話の前に質問はありません。まず話を聞いてください。
それから、質問とせんたくしを聞いて、１から４の中から、最もよいものを一つ選んで
ください。

- メモ -

問題4

<ruby>問<rt>もん</rt></ruby><ruby>題<rt>だい</rt></ruby>4では、<ruby>問<rt>もん</rt></ruby><ruby>題<rt>だい</rt></ruby><ruby>用<rt>よう</rt></ruby><ruby>紙<rt>し</rt></ruby>に<ruby>何<rt>なに</rt></ruby>もいんさつされていません。まず<ruby>文<rt>ぶん</rt></ruby>を<ruby>聞<rt>き</rt></ruby>いてください。それから、それに<ruby>対<rt>たい</rt></ruby>する<ruby>返<rt>へん</rt></ruby><ruby>事<rt>じ</rt></ruby>を<ruby>聞<rt>き</rt></ruby>いて、１から３の<ruby>中<rt>なか</rt></ruby>から、<ruby>最<rt>もっと</rt></ruby>もよいものを<ruby>一<rt>ひと</rt></ruby>つ<ruby>選<rt>えら</rt></ruby>んでください。

- メモ -

問題5

問題5では、長めの話を聞きます。この問題には練習はありません。
問題用紙にメモをとってもかまいません。

1番、2番

問題用紙に何もいんさつされていません。まず話を聞いてください。それから、質問と
せんたくしを聞いて、1から4の中から、最もよいものを一つ選んでください。

- メモ -

3番
<ruby>番<rt>ばん</rt></ruby>

まず<ruby>話<rt>はなし</rt></ruby>を<ruby>聞<rt>き</rt></ruby>いてください。それから、<ruby>二<rt>ふた</rt></ruby>つの<ruby>質問<rt>しつもん</rt></ruby>を<ruby>聞<rt>き</rt></ruby>いて、それぞれの<ruby>問題用紙<rt>もんだいようし</rt></ruby>の
1から4の<ruby>中<rt>なか</rt></ruby>から、<ruby>最<rt>もっと</rt></ruby>もよいものを<ruby>一<rt>ひと</rt></ruby>つ<ruby>選<rt>えら</rt></ruby>んでください。

質問1
<ruby>質問<rt>しつもん</rt></ruby>1

1 <ruby>英会話<rt>えいかいわ</rt></ruby>

2 スポーツ<ruby>体験<rt>たいけん</rt></ruby>

3 <ruby>盆踊<rt>ぼんおど</rt></ruby>り

4 <ruby>講演会<rt>こうえんかい</rt></ruby>

質問2
<ruby>質問<rt>しつもん</rt></ruby>2

1 <ruby>英会話<rt>えいかいわ</rt></ruby>

2 スポーツ<ruby>体験<rt>たいけん</rt></ruby>

3 <ruby>盆踊<rt>ぼんおど</rt></ruby>り

4 <ruby>講演会<rt>こうえんかい</rt></ruby>

실전모의고사 3

问题 1 (1-5), 问题 2 (6-10), 问题 3 (11-15), 问题 4 (16-22)

问题 5 (23-27), 问题 6 (28-32), 问题 7 (33-44)

问题 8 (45-49), 问题 9 (50-54), 问题 10 (55-59)

问题 11 (60-68), 问题 12 (69-70), 问题 13 (71-73), 问题 14 (74-75)

受験番号: 20A101010123-30123

受験番号
(Examinee Registration Number)

20A1010123-30123

せいねんがっぴ(Date of Birth)

ねん Year	つき Month	ひ Day

せいねんがっぴを書いてください。
Fill in your date of birth in the box.

問題 1

	①	②	③	④
例	①	②	●	④
1	①	②	③	④
2	①	②	③	④
3	①	②	③	④
4	①	②	③	④
5	①	②	③	④

問題 2

	①	②	③	④
例	●	②	③	④
1	①	②	③	④
2	①	②	③	④
3	①	②	③	④
4	①	②	③	④
5	①	②	③	④
6	①	②	③	④

問題 3

	①	②	③	④
例	①	●	③	④
1	①	②	③	④
2	①	②	③	④
3	①	②	③	④
4	①	②	③	④
5	①	②	③	④

問題 4

	①	②	③
例	①	●	③
1	①	②	③
2	①	②	③
3	①	②	③
4	①	②	③
5	①	②	③
6	①	②	③
7	①	②	③
8	①	②	③
9	①	②	③
10	①	②	③
11	①	②	③
12	①	②	③

問題 5

	①	②	③	④
1	①	②	③	④
2	①	②	③	④
3 (1)	①	②	③	④
3 (2)	①	②	③	④

問題用紙

N2

言語知識 (文字・語彙・文法)・読解

(105分)

注　意
Notes

1．試験が始まるまで、この問題用紙を開けないでください。
Do not open this question booklet until the test begins.

2．この問題用紙を持って帰ることはできません。
Do not take this question booklet with you after the test.

3．受験番号と名前を下の欄に、受験票と同じように書いて
ください。
Write your examinee registration number and name clearly in each box below as written on your test voucher.

4．この問題用紙は、全部で33ページあります。
This question booklet has 33 pages.

5．問題には解答番号の 1 、 2 、 3 …が付いています。
解答は、解答用紙にある同じ番号のところにマークして
ください。
One of the row numbers 1、 2、 3 … is given for each question. Mark your answer in the same row of the answer Sheet.

受験番号　Examinee Registration Number	

名　前　Name	

問題1 ＿＿＿＿の言葉の読み方として最もよいものを、1・2・3・4から一つ
選びなさい。

1　寿命が長くて丈夫な傘を探しています。

1　じゅめい　　　　2　しゅめい　　　　3　じゅみょう　　　　4　しゅみょう

2　仕事帰りに迷子の子供を見つけた。

1　まいご　　　　2　まいし　　　　3　めいご　　　　4　めいし

3　この事件は証拠も犯人も見つからない。

1　じょうこう　　　　2　しょうこ　　　　3　しょこ　　　　4　じょこう

4　最近車を汚す猫にずっと悩まされている。

1　もどす　　　　2　おこす　　　　3　よごす　　　　4　かくす

5　求人サイトに載っていた会社の面接を受けた。

1　しんじん　　　　2　しんにん　　　　3　きゅうにん　　　　4　きゅうじん

問題2 _____の言葉を漢字で書くとき、最もよいものを1・2・3・4から一つ選びなさい。

6 我がチームは優秀な選手でこうせいされている。

    1 講成　　　　2 講盛　　　　3 構盛　　　　4 構成

7 誤解をまねくことは言わない方がいいです。

    1 招く　　　　2 呼く　　　　3 送く　　　　4 迎く

8 彼のスピーチを聞いた人々はかんげきして涙を流した。

    1 恩激　　　　2 感極　　　　3 感激　　　　4 恩極

9 面接に行く時、こい化粧はよくないと思います。

    1 深い　　　　2 薄い　　　　3 厚い　　　　4 濃い

10 このケーキは冷蔵庫でほぞんしてください。

    1 保存　　　　2 補存　　　　3 保在　　　　4 補在

問題3 （　　　）に入れるのに最もよいものを、1・2・3・4から一つ選びなさい。

11　正月は、ホテルや旅館の宿泊（　　　）が高くなる。

　　1　額　　　　　　2　料　　　　　　3　値　　　　　　4　金

12　この図書館は、有名な建築（　　　）が設計した建物だ。

　　1　員　　　　　　2　家　　　　　　3　師　　　　　　4　者

13　ピアノが得意でおとなしい妹は、サッカーが得意で活発な姉とは（　　　）対照だ。

　　1　反　　　　　　2　正　　　　　　3　好　　　　　　4　逆

14　電車の時刻を調べたくて、かばんからスマートフォンを取り（　　　）。

　　1　向いた　　　　2　立てた　　　　3　止めた　　　　4　出した

15　コンサート会場内に食べ物を持ち（　　　）ことはできません。

　　1　込む　　　　　2　入れる　　　　3　出す　　　　　4　回る

問題4 （　　　）に入れるのに最もよいものを、1・2・3・4から一つ選びなさい。

16 世界には様々な資源があるが、その中でも（　　　）資源の一つは水である。
1　厳重な　　　　2　貴重な　　　　3　多大な　　　　4　重大な

17 この家は家族との思い出が（　　　）詰まっているので、とても離れがたい。
1　ぎっしり　　　　2　ばっちり　　　　3　はっきり　　　　4　ぴったり

18 夏休みが近いので、そろそろ旅行の（　　　）を立てなきゃいけないね。
1　デザイン　　　　2　モデル　　　　3　スタイル　　　　4　プラン

19 今までほとんど使ったことがないので、パソコンの（　　　）はあまり得意ではありません。
1　操作　　　　2　運転　　　　3　運用　　　　4　動作

20 昨年からの事業拡大にともない、さらに社員を（　　　）ことにした。
1　働く　　　　2　勤める　　　　3　雇う　　　　4　稼ぐ

21 将来の夢は（　　　）になることなので、今、学校に通っています。
1　翻訳　　　　2　直訳　　　　3　英訳　　　　4　通訳

22 運動会で（　　　）動く子供達を見て、楽しい気分になった。
1　順調に　　　　2　容易に　　　　3　気楽に　　　　4　活発に

問題5 _____の言葉に意味が最も近いものを、1・2・3・4から一つ選びなさい。

23 この表現には、相手を<u>うやまう</u>気持ちが含まれる。

1 なつかしいと思う　　　　　　　　2 よくないと思う

3 平等にあつかう　　　　　　　　　4 大切にあつかう

24 この道をまっすぐ行くと、<u>ひっそりした</u>公園がある。

1 有名な　　　　　2 古い　　　　　3 静かな　　　　4 美しい

25 計画の実行は<u>きわめて</u>難しいだろう。

1 非常に　　　　　2 やはり　　　　3 当然　　　　4 実際に

26 <u>近々</u>、駅の近くに引っ越します。

1 しばらく　　　　2 急に　　　　3 最近　　　　4 もうすぐ

27 彼の判断は<u>妥当</u>だったと思う。

1 間違っていた　　　　　　　　　　2 状況に合っていた

3 決めるのが早すぎた　　　　　　　4 しかたがなかった

問題6 次の言葉の使い方として最もよいものを、1・2・3・4から一つ選びなさい。

28　失望

1　あんなに<u>失望</u>していたのに、彼女はもう新しい恋人を見つけたようだ。

2　自分のミスを他の人のミスだと部長に報告するなんて、彼には<u>失望</u>した。

3　行きたい大学に合格できず、<u>失望</u>して何もしたくない。

4　いつも行っているレストランが休みで、ランチが食べられなくて<u>失望</u>した。

29　さからう

1　鍵を落としてしまったようなので、道を<u>さからって</u>探してみよう。

2　今回の計画について、誰か<u>さからって</u>意見がありますか。

3　お客様からいただいたメールにはすぐに<u>さからって</u>ください。

4　中学生の頃は、よく親に<u>さからって</u>いたものだ。

30　目下（めした）

1　彼は普段から後輩などの<u>目下</u>（めした）の人にも丁寧（ていねい）に接している。

2　私は彼より後に入社したので、彼の<u>目下</u>（めした）だ。

3　彼女は服装が若いせいか、よく<u>目下</u>（めした）に見られるそうだ。

4　私は兄より2歳<u>目下</u>（めした）です。

31　熱中

1　町の開発について、参加者全員で<u>熱中</u>して話し合った。

2　隣の夫婦は子供の教育にとても<u>熱中</u>する。

3　何かに<u>熱中</u>すると、時間が経つのも忘れてしまう。

4　大好きな歌手のコンサートのチケットが当たって、<u>熱中</u>した。

32　再三

1　鈴木さんとは小学校からの友達で、会社で働き始めた今でも<u>再三</u>会っている。

2　明日の会議の時間について先週連絡しておきましたが、<u>再三</u>連絡しておきます。

3　今週2度も遅刻してしまったので、<u>再三</u>遅刻するわけにはいかない。

4　出発前に<u>再三</u>説明したのに、弟はパスポートをかばんに入れ忘れたようだ。

해커스 JLPT N2 한 권으로 합격

問題7 次の文の （　　　） に入れるのに最もよいものを、1・2・3・4から一つ
選びなさい。

33 私がアルバイトをしているレストランでは、お客様の意見や感想 （　　　） 新しいメ
ニューを考えている。

1　に対して　　　　2　に基づいて　　　3　にとって　　　　4　につれて

34 給料が安いのに、借金 （　　　） して高級ブランドの洋服を買うなんて、信じられない。

1　まで　　　　　　2　ぐらい　　　　　3　さえ　　　　　　4　だけ

35 明日からのスキー旅行は、妻が1か月前に列車の切符を予約してくれた（　　　）、通
常料金の半額で行くことができる。

1　ばかりに　　　　2　おかげで　　　　3　わりに　　　　　4　せいで

36 会社を辞めてパン屋を始めることは、家族とよく話し合った （　　　）、決めた。

1　限りでは　　　　2　からには　　　　3　もので　　　　　4　上で

37 いい選手が、（　　　）いいコーチになれるわけではないように、人を育てるのは難
しいものだ。

1　おそらく　　　　2　かならずしも　　3　いったい　　　　4　なかなか

38 本日は、雨の中、わざわざ （　　　）、ありがとうございます。

1　いらっしゃり　　2　お越しになり　　3　おいでくださり　4　お伺いいただき

39 水泳の授業で先生に「準備運動を（　　　　　）、プールで泳いではいけませんよ」と注意された。

1　するからには
2　するとすれば
3　してはじめて
4　してからでなければ

40 40歳を過ぎたころから、（　　　　　）、小さい文字が見えにくくなってきた。

1　年を取るにわたって
2　年を取るによって
3　年を取るにしたがって
4　年を取るにあたって

41 仕事のやり方は野元さんが知っています。（　　　　　）から、やったほうがいいですよ。

1　教えさせて
2　教えてくれて
3　教えてもらって
4　教えさせられて

42 昼ご飯を食べようとオフィスを出たところ、雷の音が（　　　　　）。

1　聞こうともしなかった
2　聞こえそうだった
3　聞こうとしてきた
4　聞こえはじめてきた

43 インフルエンザになってしまったので、明日は大事な会議があるが、会社を（　　　　　）。

1　休むにすぎない
2　休むよりほかない
3　休むおそれがある
4　休むものではない

44 午後から降り出した雪で、電車もバスも止まってしまったので、学校から家まで歩いて（　　　　　）。

1　帰るしかなかった
2　帰るわけだ
3　帰るべきではなかった
4　帰ることもあった

問題8 次の文の＿★＿に入る最もよいものを、1・2・3・4から一つ選びなさい。

（問題例）

あそこで ＿＿＿＿ ＿＿＿＿ ＿★＿ ＿＿＿＿ は山田さんです。

　　1　テレビ　　　2　人　　　　3　見ている　　　4　を

（解答のしかた）

1. 正しい文はこうです。

> あそこで ＿＿＿＿＿ ＿＿＿＿＿ ＿★＿＿ ＿＿＿＿＿ は山田さんです。
>
> 　　1　テレビ　　4　を　　3　見ている　　2　人

2. ＿★＿に入る番号を解答用紙にマークします。

（解答用紙）　| （例） | ① | ② | ● | ④ |

45　この仕事は大変だけれど、誰が何を ＿＿＿＿ ＿＿＿＿ ＿★＿ ＿＿＿ 進むと思う。

　　1　決めておけば　　2　するか担当　　　3　さえ　　　　4　ちゃくちゃくと

46　学校のテストの点が悪かった ＿＿＿＿ ＿＿＿＿ ＿＿＿＿ ＿★＿ でしょう。

　　1　がっかりする　　2　くらいで　　　3　ことはない　　4　そんなに

47　今回のプロジェクトではエンジン部品の組み立てなど、通常では、＿＿＿＿ ＿＿＿＿ ＿★＿ ＿＿＿ させてもらった。

　　1　し得ない　　　2　体験を　　　　3　経験　　　　4　貴重な

48 山下さんの気持ちはわかるが、プレゼンが ＿＿＿ ＿＿＿ ★ ＿＿＿ ほかの仕事に影響が出かねない。

1　いつまでも

2　うまくいかなかった

3　落ち込んでいては

4　からといって

49 円高になるのは日本国内の輸入業者にとってはうれしいことだが、輸出業者 ＿＿＿ ＿＿＿ ★ ＿＿＿ といえるだろう。

1　売り上げの減少

2　にしてみれば

3　大問題だ

4　につながる

問題9 次の文章を読んで、文章全体の内容を考えて、　50　から　54　の中に入る最もよいものを、1・2・3・4から一つ選びなさい。

食のスタイル

　皆さん、「こしょく」という言葉を聞いたことがあるでしょうか。使われる漢字によって意味の違いがあるのですが、その中でも代表的な「孤食」と「個食」の二つをご紹介したいと思います。

　「孤食」は漢字の「孤」の意味が「ひとりぼっち、一人だけでいること」であることからわかるように、一人でご飯を食べることです。最近は両親が仕事をする家庭も多くなり、それ　50　、一人で晩ご飯を食べる子供も多くなっています。もう一つは「個食」です。「個人、個別」などの言葉からもわかるように、家族が一緒にテーブルを囲んでいても、同じものを　51　それぞれ好きなものを食べることです。

　この二つの「こしょく」は子供にとってどんな問題があるのでしょうか。「孤食」はご飯が用意されていても、その中の好きな物だけを食べて、きらいなものを残しがちになり、栄養のバランスが悪くなることが心配されています。　52　、食事の際の家族のコミュニケーションが不足することによって、子供の食べ物の好みだけでなく、普段の生活で起きる変化についても、家族が気がつくことが難しくなると言われています。「個食」も自分で好きなメニューが選べるので、「孤食」と同じように　53　が心配されています。また、せっかくの家族で過ごす時間でも、同じものを食べて「おいしいね」、「この魚は何かな」などと食べ物について話を共有できないさびしさもあるように思います。

　そのほかにも、「固食」や「粉食」、「小食」などもあるようです。漢字の意味から、どんな食のスタイルか想像してみるのもおもしろい　54　。

50

1　にそって　　　　2　にともなって　　　3　にたいして　　　4　にかけて

51

1　食べながら　　　2　食べつつ　　　　3　食べてから　　　4　食べずに

52

1　したがって　　　2　しかし　　　　　3　さらに　　　　　4　こうして

53

1　コミュニケーション不足　　　　　2　栄養のバランス
3　食べ物の好み　　　　　　　　　　4　生活の変化

54

1　のではないでしょうか　　　　　　2　というわけです
3　にこしたことはありません　　　　4　ものと思われます

問題10 次の(1)から(5)の文章を読んで、後の問いに対する答えとして最もよい ものを、1・2・3・4から一つ選びなさい。

（1）

　美術館が次々とリニューアルオープンしている。地震が起こったときへの対策や高齢者など が使いやすいようにする対策も考えられ、様々な人が行きやすくなった。特に、美術館内に子 供向けの図書室が新たに作られた美術館もあり、子供も楽しめる場所になったのはすばらしい ことだ。日本の美術館といえば、大人が鑑賞する所というイメージが強いが、欧米では美術館 で授業が行われるなど、子供たちも楽しめる所である。美術館はただ作品を飾るスペースでは なく、子供たちの心を豊かに育てる場所であってほしい。

（注）リニューアル：建物などを新しくすること

[55]　筆者の考えに合うのはどれか。
　　1　美術館は、地震や高齢者などへの対策をもっと進めてほしい。
　　2　全ての美術館に、子供向けの図書室を作ってほしい。
　　3　美術館は、大人だけでなく子供にも楽しめる場であってほしい。
　　4　日本の美術館も欧米の美術館のように、新しくしてほしい。

（2）

　インターネットの普及により、町から書店が消えてしまった。書店に行かなくても、本や雑誌が読めるようになったからだ。簡単にメールで連絡もできるので、手書きの手紙も減ってしまった。では、書店や手紙は本当にいらないのだろうか。

　ある書店は、好きな本を並べ、カフェを備えて、店と客の間にあたたかい関係を作っている。また、私は友人から手書きの手紙をもらうととてもうれしい。このような心のつながりはインターネットでは味わえないだろう。私ももう一度手紙を書いてみよう。

56　この文章で筆者が最も言いたいことは何か。

1　書店や手紙が減るのは、しかたのないことだ。

2　インターネットが便利だから、書店や手紙は必要ない。

3　書店や手紙には、インターネットにはない良さがある。

4　心のつながりを大事にするために、手紙を書きたい。

（3）

以下は、ある商品の説明の一部である。

△ ご注意 △

お風呂のフィルターについた湯あか、ゴミ、糸くずなどはこまめに歯ブラシなどで洗い落
（注）
としてください。これらのゴミがあると、詰まりが原因でお風呂の温度が設定したとおりに
ならないことがあるので、掃除は適切に行ってください。なお、フィルターのふたは左に回
すとはずれるので、再度閉める際は、ふたの印を合わせてはめ込み、右に回して固定して
ください。その他、故障時などは下記コールセンターまでご連絡ください。

お風呂マスター　コールセンター

営業時間　10:00-18:00（平日）、

10:00-17:00（土日祝）

（注）フィルター：ごみを取るための部品、英語でfilter

57 この文章で一番伝えたいことは何か。

1　お風呂の温度を設定とおりにするため、きちんと掃除すること

2　お風呂の掃除のときには必ず歯ブラシを使用すること

3　フィルターのフタをはずすときは右に回して、閉めるときは左に回すこと

4　フィルターにゴミがつまったらすぐに連絡すること

（4）

　ドラッグストアにはとても多くの商品が並んでいておもしろい。洗濯洗剤ひとつをとっても、液体または粉のもの、柔軟剤入りのものなど、違う種類のものがたくさんある。また、室内で干してもくさくならない、香りが長く続く、汚れをしっかり落とせるなど、強みもいろいろある。その分、商品選びには時間がかかるかもしれないが、これだけの数がそろっていれば、自分の好みのものを見つけられるだろう。

58　ドラッグストアについて、筆者の考えに合うのはどれか。

　1　とても多くの商品があるが、商品を選ぶのに時間がかかりすぎる。

　2　とても多くの商品があるが、自分の好きなものを見つけるのは難しい。

　3　いろいろな商品があるので、自分の好きなものを見つけられそうだ。

　4　いろいろな商品がありすぎるため、商品数を減らすべきだ。

（5）

以下は、ある会社の社内文書である。

20XX年2月28日

社員各位

総務部長

館内一斉清掃に関するお願い

この度、3月第四週目の週末にビル全体の清掃と防虫作業を行うことになりました。作業に伴い、事前にデスク周りや廊下等に置かれている荷物の整理をお願いいたします。

失くしたり壊れたりしては困るものは外に置かず、各自でしっかりと管理するようにしてください。また、重要な書類等は鍵のついたロッカーにしまうよう徹底をお願いいたします。

59 この文書の内容について、正しいものはどれか。

1 3月の末に掃除と防虫作業を行いながら、デスク周りや廊下にある荷物を整理しなければならない。

2 3月の末に掃除と防虫作業を行うので、デスク周りや廊下にある荷物は捨てておく必要がある。

3 3月の末に掃除と防虫作業を行うが、大切な書類などは、自分の机に鍵をかけて入れておく必要がある。

4 3月の末に掃除と防虫作業を行うが、大切な書類などは、鍵がかかるロッカーに入れておかなければならない。

해커스 JLPT N2 한 권으로 합격

問題11 次の(1)から(3)の文章を読んで、後の問いに対する答えとして最もよい ものを、1・2・3・4から一つ選びなさい。

（1）

スウェーデンでは、捨てられたゴミのうち、埋め立て処理されるのはたった1％。残りの半分はリサイクル、もう半分はゴミ処理場にて燃やす際に、電力に変えて再利用している。現在では、この電力で25万世帯分もの電力が作られている。さらには、国内から出るゴミの量だけでは足りなくなり、外国からゴミを輸入しているというのだ。

スウェーデンだけでなく、リサイクルを続けるための工夫や、ゴミを増やさないための努力をしている国は他にもある。

例えば、ドイツでは、スーパーに置いてあるリサイクル用の回収ボックスにペットボトルや瓶を入れると、30円ほどのお金が返ってくる。この「キャッシュバック制度」によってリサイクルが徹底された。

また、アイルランドでは、住宅にもともと家具や家電が備え付けられているため、引っ越しの際に大きなゴミが出なくて済む。よって、「仕方なく捨てる」という状況を自然と減らすことができている。

これらを聞くと、日本はまだまだ、リサイクルに対する意識が低いと言える。中古品の売買サービスや、中古品販売店は存在するものの、必要のない物はゴミとして捨てられていることの方が多い。国や企業をあげて、日本に合ったリサイクル方法の考案や、環境教育などに力を入れるべきだ。

（注1）埋め立て：ゴミなどを川や海などに積み上げて埋めること

（注2）キャッシュバック：お金を払い戻すこと

（注3）備え付ける：もともと設備としてそこに用意する

60 スウェーデンがゴミを輸入しているのは、なぜか。

1 外国で捨てられたゴミを使い、リサイクルや電力へ転換することが得意なため

2 よりたくさんのゴミを手に入れることで、国外でも使える電力を増やしたいため

3 国内のゴミだけでは、25万世帯分の電力が作れなくなったため

4 よりたくさんのゴミを手に入れることで、よりリサイクルが得意になるため

61 リサイクルを続けるための工夫や、ゴミを増やさないための努力について、正しいものはどれか。

1 ドイツでは、リサイクルした人への「キャッシュバック制度」を導入している。

2 ドイツでは、スーパーの回収ボックスで、リサイクルが体験できる。

3 アイルランドでは、家具のような大きいゴミを捨てることを禁止している。

4 アイルランドでは、中古品販売店の数をだんだん減らしている。

62 筆者によると、日本でリサイクルに対する意識が低い理由は何か。

1 日本の住宅には家具や電化製品が備え付けられていないから

2 日本では、必要のない物はゴミとして捨てられていることが多いから

3 日本には、中古品の売買サービスの利用者が減ってきているから

4 日本では、学校での環境教育を行っていないから

(2)

　日本の国土（注1）の面積は全世界のたった0.28％しかありません。しかし、全世界で起こったマグニチュード６以上の地震の20.5％が日本で起こり、全世界の活火山の7.0％が日本にあります。さらに日本は、地震だけでなく、台風、大雨、大雪、洪水、土砂による災害、津波、火山噴火などの自然災害が一年中起こりやすい国土です。日本に住む以上は、常に何らかの災害が起こることを意識しておく必要があります。

　そして大変なことに、洪水なら川から離れた場所へ、地震なら周りに高い建物のない場所へ、台風なら丈夫な建物の中へ、といった具合に、災害の種類や自分のいる場所に応じて避難する先を変えないといけません。また、地震によって津波が起こることもあれば、土砂災害が起こることもあります。災害が起こると、まず、自分がどんな場所にいるのかを考えて行動する必要があります。

　しかし、日本人は常に災害を恐れながら、毎日を過ごしているわけではありません。例えば、一般の住宅を建てる際には、その地域の地形に応じて、地震や水害（注2）に耐えられる（注3）ように設計されます。公共の施設（注4）は災害などがあれば、避難場所として使えるようになっています。常に災害について考え、できるだけの対策をしているのです。

（注１）国土：国の土地

（注２）水害：洪水による被害

（注３）耐える：ここでは、壊れない

（注４）施設：ある目的のために作った建物など

63 日本で、災害を意識しておかなければいけない理由は何か。

1 日本は一年中、自然災害が発生しやすい国だから

2 日本は一年中、絶えず地震が発生している国だから

3 全世界の地震の約2割が日本で起こっているから

4 全世界の活火山の7％が日本にあるから

64 大変なことにとあるが、何が大変なのか。

1 いつも災害が起こると意識しなければならないこと

2 洪水や地震など、いろいろな災害が起こること

3 災害の種類によって、避難場所を変えなければならないこと

4 避難する場所がどこにあるか考えて行動しなければならないこと

65 日本の災害について、筆者の考えに合うのはどれか。

1 日本では、何らかの自然災害の被害を受けることは多いが、常に災害について考え、対策をしている。

2 日本では、一年中何らかの自然災害が発生するため、災害ごとに避難の場所を作らなければならない。

3 自然災害が発生しても、自分がどういう場所にいるのかを考えることができれば、安心して暮らせる。

4 ある程度の地震や水害に強い家が建てられているので、いつ自然災害が起きても大丈夫だ。

（3）

　「場数を踏む」という言葉がある。あることについて、経験を積んで慣れるという意味だ。私が初めて経験を積むことの意義を知ったのは、20歳の時である。成人した私を、父が食事に誘ってくれたのだ。そこは家族でいつも行っていたような場所ではなく、決まったメニューがない和食のお店だった。何が出てくるのかワクワクし、出てきた料理は初めての味で、名前や食べ方のマナーなどを父からひとつひとつ教わった。本やテレビなどで知ってはいたが、実際に体験すると想像と違うことも多く、父に連れて行ってもらわなければ知らない世界だった。

　その後も父から、就職後は上司や先輩達から、同じような「大人の店」で食事のしかたやマナー、お店のスタッフとのやり取りなど、多くのことを教わった。今では初めての場所でも、ほとんどトラブルなく振舞うことができる。全てそのころの経験のおかげだ。

　しかしあのころ、何も考えずに料理だけを楽しんでいたら、何も身に付かなかっただろう。「あの時スタッフにはこう言っていたな」とか「支払い時はあのようにするとスマートだな」など、後から思い返すことで、次の機会につながる。仕事や人との付き合い方なども同じで、上手になりたかったら、何度も経験することだ。場数を踏むことは、できることを増やすチャンスなのである。

66 筆者が経験を積むことの大切さを知ったきっかけは何か。

1 家族で和食の店に行ったこと

2 父が食事に連れて行ってくれたこと

3 父に食事のマナーを注意されたこと

4 メニューがない店で緊張したこと

67 筆者は、いろいろな人と食事をしたことで何ができるようになったのか。

1 行ったことのないレストランでの食事

2 初めての場所で困ったときの対処（たいしょ）

3 大人が行くような食事の場所での振舞い（ふるま）

4 料理を楽しみながらのスタッフとの会話

68 仕事や人との付き合い方なども同じでとあるが、何が同じなのか。

1 後から思い返すことで、次の機会を探すこと

2 楽しむだけでなく、話し方なども学ぶこと

3 経験することで、次の機会により上手になること

4 できることを増やしながら、仕事を楽しむこと

問題12　次のAとBの文章を読んで、後の問いに対する答えとして最もよいものを、1・2・3・4から一つ選びなさい。

A

　　歯を磨くことについての研究はここ数年で進んだ。それにともなって人々の意識も変化してきている。かつて日本人の多くが歯を磨くのは、朝と夜の合計二回程度であった。しかし、最近ではテレビ番組の特集やコマーシャルでも歯磨きについて学ぶ機会が増え、その大切さがわかるようになった。そして、昼にも歯を磨く人が増え、食後には歯を磨くという習慣になってきたといえる。とはいえ、食後の歯磨きには注意も必要だ。なぜなら、食後すぐに歯を磨くと、歯が溶けてしまうこともあるというのだ。そのため、食後すぐに歯磨きをするのではなく、30分ほど経ってからの歯磨きをすすめる歯科医もいる。虫歯だけでなく、良い歯でいるためには、歯磨きの仕方に気をつけるべきである。

B

　　日本人へのアンケートによると、歯医者に行くタイミングは歯のトラブルを自覚した時だという。しかし、スウェーデンでは歯医者へいくのは習慣となっている。歯のトラブルを起こさないために事前に歯医者へ行くのだ。また、歯に付着した汚れは時間とともに取れにくくなるため、虫歯予防のために食後はできるだけ早くきちんと歯を磨くことが大切になる。最近では日本人の歯磨き習慣にも変化が見えていて、歯ブラシだけでなく、フロスや歯間ブラシ、液体歯磨きなどを使用する人や、定期的に歯医者へ行く人も増えた。やはり、こうした歯への意識を高めることで、良い歯でいることができるのだろう。

69 日本人の歯磨きについて、AとBはどのように述べているか。

1 　AもBも、日本人の歯磨きの習慣はよくなってきていると述べている。

2 　AもBも、日本人の歯磨きは昔から変わらないと述べている。

3 　Aは昼食後の歯磨きをする習慣がないと述べ、Bは歯に対する意識が高いと述べている。

4 　Aは昼食後に歯磨きをする人が増えたと述べ、Bは歯磨きをしても汚れが取れにくいと述べている。

70 よい歯でいるために大切なことについて、AとBはどのように述べているか。

1 　AもBも、定期的に歯医者へ行くことだと述べている。

2 　AもBも、歯への意識を変えることだと述べている。

3 　Aは歯磨きの仕方だと述べ、Bは歯への意識を高めることだと述べている。

4 　Aは食後すぐに歯を磨くことだと述べ、Bは歯への意識を高めることだと述べている。

問題13　次の文章を読んで、後の問いに対する答えとして最もよいものを、1・2・3・4から一つ選びなさい。

　はな子という名前のゾウが、東京に住んでいた。タイで生まれて、日本に来たのは1949年。戦争で傷ついた日本の子ども達を笑顔にしようというタイの実業家（じつぎょうか）の呼びかけがきっかけで、日本に贈られたそうだ。その後、69歳になるまで生きたはな子は、東京にいる間のほとんどを小さい動物園で人に囲まれて生活していた。

　そんなはな子のことがインターネットで世界中に広まったのは、2015年のことだ。ゾウはもともと1頭で暮らす動物ではない。狭い場所に入れられて、何十年も1頭でいるのはあまりに（注1）かわいそうではないか。そんな声が世界中から集まり、はな子の環境を変えてほしいという多くの意見が動物園に届いたと聞いている。しかし最後まで、環境は変えられることはなかった。

　最近、動物園の世界では「行動展示」というのがはやっているらしい。動物達をただ見せるのではなく、できるだけ自然に近い環境を作り、動物の持つ能力やその行動を見せる方法だそうだ。日本では、北海道にある動物園をはじめ、多くの動物園が行動展示をするようになってきた。それぞれの動物が走ったり、泳いだり、飛んだりする。そのような動く瞬間のすごさや美しさを見てもらおうというのだ。多くの人々に動物達に興味を持ってもらい、来園してもらうと、動物園の収入も増えるだろう。収入が増えれば、動物達にもっといい環境を作ることも可能になるかもしれない。そして何より、動物園の目的である「動物の調査研究」や「動物の多様性（たようせい）を守ること」（注2）に時間とお金を使うことができるようになる。

　動物園というところは不思議なところだ。多くの動物が檻（おり）の中にいて、人々がそれを見る。（注3）もちろん動物は、私達を楽しませるために存在しているわけではないが、動物園が人々への教育とレジャーの場所であることも確かだ。そこにいる動物達のために、せめてのびのびと走れる、泳げる、飛べる場所を作ってあげたい。

　はな子はおそらく日本に来てから走ったことなどなかったのではないだろうか。動物園には、多くの動物達がはな子とは違う生活ができるような場所作りが今、求められている。

（注1）あまりに：とても

（注2）多様性（たようせい）：いろいろな種類がいること

（注3）檻：動物を入れて、出ないようにしておくための囲いや部屋

71 筆者によると、2015年にゾウのはな子が世界中で有名になったのはなぜか。

1　はな子がとても長く生きているゾウだから

2　はな子がよくない環境で生活しているから

3　はな子の写真がインターネットに出たから

4　はな子の環境が最後まで変わらなかったから

72 筆者によると、動物園が「行動展示」をする目的は何か。

1　動物園の収入を増やして、多くの動物を動物園で育てるため

2　多くの人に動物に興味を持ってもらい、動物園に来てもらうため

3　動物達の環境を変えて、お客さんにすごいと思ってもらうため

4　自然に近い環境で、動物の能力や行動している様子を見せるため

73 筆者は、これからの動物園にどのようになってほしいと考えているか。

1　動物達のため、自然に近い環境を作ってほしい。

2　人々の教育のためにもっと力を入れてほしい。

3　動物達が走れるような場所を作ってほしい。

4　調査研究などにより多くのお金を使ってほしい。

問題14 右のページはある旅行会社の日本の地域別のホテル案内と、外国人旅行客用の新幹線の料金表である。下の問いに対する答えとして最もよいものを、1・2・3・4から一つ選びなさい。

74 リュウさんは来月、妻と子供2人を連れて日本旅行をすることになった。滞在期間は5日。北海道に3泊、大阪に2泊する予定だ。北海道では、夜、ホテルで日本食を食べたいが、大阪では外食するつもりだ。どのホテルを予約するといいか。

1 北海道では③、大阪では⑤を予約する。

2 北海道では④、大阪では⑥を予約する。

3 北海道では③、大阪では⑥を予約する。

4 北海道では④、大阪では⑤を予約する。

75 テイさんは来月、仕事で日本各地の企業を訪問することになった。大阪に7泊、東京に6泊する予定だ。出張中は新幹線で各地を訪問する。東京では洗濯室があるホテルを探している。また、ホテルや新幹線での移動中は仕事をしたいと考えている。どのホテルと新幹線チケットを予約するといいか。

1 ホテルは大阪では⑤、東京では②、新幹線チケットはⅢを予約する。

2 ホテルは大阪では⑤、東京では①、新幹線チケットはⅡを予約する。

3 ホテルは大阪では⑥、東京では②、新幹線チケットはⅥを予約する。

4 ホテルは大阪では⑥、東京では①、新幹線チケットはⅤを予約する。

◆ 地域別　ホテル案内 ◆

東京		
	ホテル①	ホテル②
宿泊タイプ	*シングル	シングル／*ファミリー両方
こんな方に	ビジネス	ビジネス・観光客
宿泊費	1泊お一人様 4,000円	1泊お一人様 6,000円
食事	朝食のみ（洋食）	朝食のみ（日本食・洋食）
オプション	FREE Wi-Fi	FREE Wi-Fi／洗濯室
北海道		
	ホテル③	ホテル④
宿泊タイプ	シングル／ファミリー両方	ファミリー
こんな方に	ビジネス・旅行	観光客
宿泊費	1泊お一人様 8,000円	1泊お一人様 12,000円
食事	朝食のみ（洋食）	朝食、夕食付き（ともに日本食）
オプション	FREE Wi-Fi／洗濯室	FREE Wi-Fi／温泉付き
大阪		
	ホテル⑤	ホテル⑥
宿泊タイプ	シングル／ファミリー両方	ファミリー
こんな方に	ビジネス・観光客	観光客
宿泊費	1泊お一人様 4,000円	1泊お一人様 10,000円
食事	食事なし	朝食、夕食付き（ともに日本食）
オプション	FREE Wi-Fi／洗濯室	FREE Wi-Fi／温泉付き

*シングル：単身での宿泊　　　*ファミリー：家族での宿泊

外国人旅行者用　新幹線料金表

種類	グリーン車用		普通車用	
こんな方に	座席が広い方がいい方 仕事をする方 静かに過ごしたい方		なるべく安く乗りたい方 家族で会話を楽しみたい方	
7日間	I	38,880	II	29,110
14日間	III	62,950	IV	46,390
21日間	V	81,870	VI	59,350

N2

聴解

（50分）

注　意
Notes

１．試験が始まるまで、この問題用紙を開けないでください。
Do not open this question booklet until the test begins.

２．この問題用紙を持って帰ることはできません。
Do not take this question booklet with you after the test.

３．受験番号と名前を下の欄に、受験票と同じように書いて
ください。
Write your examinee registration number and name clearly in each box below as written on your test voucher.

４．この問題用紙は、全部で13ページあります。
This question booklet has 13 pages.

５．この問題用紙にメモをとってもかまいません。
You may make notes in this question booklet.

受験番号　Examinee Registration Number	

名　前　Name	

(학습용)　　　(고사장용)

🔊 실전모의고사3.mp3

もんだい
問題1

問題1では、まず質問を聞いてください。それから話を聞いて、問題用紙の1から4の中から、最もよいものを一つ選んでください。

れい
例

1　しゅうかつサイトでテストを受ける

2　どういう仕事がしたいか決める

3　希望の仕事をサイトに登録する

4　やりたい仕事の企業について調べる

1番

1 パンフレットを社員全員に配る

2 パンフレットが届いたことを知らせる

3 パンフレットを取りに来るよう知らせる

4 課長にパンフレットを持って行く

2番

1 図書館に本が戻るのを待つ

2 大学の中の本屋で買う

3 金曜までにもう一度探す

4 他の大学から借りる

3番

1　係の人に使えるかどうか聞く

2　自転車置き場の利用料を払う

3　保険証を取りに家に帰る

4　申込書を事務所に出す

4番

1　カルチャーセンターで授業を見学する

2　インターネットでコースを申し込む

3　電話で着物の貸し出しを申し込む

4　着物の店を紹介してもらう

5番

1 直した発表用のデータを送る

2 発表用のデータを直す

3 発表のときに見せる写真を選ぶ

4 発表のたんとうしゃを決める

もんだい
問題2

問題2では、まず質問を聞いてください。そのあと、問題用紙のせんたくしを読んでください。読む時間があります。それから話を聞いて、問題用紙の1から4の中から、最もよいものを一つ選んでください。

れい
例

1　長い時間、ゆっくりしたいから

2　集中して本を読みたいから

3　田舎の自然を思い出したいから

4　おいしいケーキが食べたいから

1番

1 教室の予約ができなかったから

2 先生の都合が合わなかったから

3 準備が間に合わなかったから

4 学校で工事をするから

2番

1 人の数がたりないこと

2 仕事に時間がかかること

3 予算がたりなくなること

4 考えることが多いこと

3番

1 ホテルが4人分予約できなかったから

2 妻が行きたくないと言ったから

3 両親が旅行に反対したから

4 旅行のお金がたりなくなったから

4番

1 あまり待たなくていいこと

2 辛さが選べておいしいこと

3 スタッフが元気で多いこと

4 有名な人のお店だということ

5番

1 肩が痛いから

2 骨折したから

3 疲れているから

4 仕事に行けないから

6番

1 ロッカーでパスワードを設定する

2 注文の時にコンビニを登録する

3 持ち帰った荷物について連絡する

4 受け取りの前に配達の時間を指定する

실전모의고사 3

해커스 JLPT N2 한 권으로 합격

もんだい
問題3

　問題3では、問題用紙に何もいんさつされていません。この問題は、全体としてどんな内容かを聞く問題です。話の前に質問はありません。まず話を聞いてください。それから、質問とせんたくしを聞いて、1から4の中から、最もよいものを一つ選んでください。

- メモ -

問題4

問題4では、問題用紙に何もいんさつされていません。まず文を聞いてください。それから、それに対する返事を聞いて、1から3の中から、最もよいものを一つ選んでください。

- メモ -

問題5

問題5では、長めの話を聞きます。この問題には練習はありません。
問題用紙にメモをとってもかまいません。

1番、2番

問題用紙に何もいんさつされていません。まず話を聞いてください。それから、質問とせんたくしを聞いて、1から4の中から、最もよいものを一つ選んでください。

- メモ -

3番
<ruby>番<rt>ばん</rt></ruby>

まず<ruby>話<rt>はなし</rt></ruby>を<ruby>聞<rt>き</rt></ruby>いてください。それから、<ruby>二<rt>ふた</rt></ruby>つの<ruby>質問<rt>しつもん</rt></ruby>を<ruby>聞<rt>き</rt></ruby>いて、それぞれの<ruby>問題用紙<rt>もんだいようし</rt></ruby>の
<ruby>1<rt></rt></ruby>から4の<ruby>中<rt>なか</rt></ruby>から、<ruby>最<rt>もっと</rt></ruby>もよいものを<ruby>一<rt>ひと</rt></ruby>つ<ruby>選<rt>えら</rt></ruby>んでください。

質問1
<ruby>質問<rt>しつもん</rt></ruby>1

1　アニメーション

2　サスペンス

3　ドキュメンタリー

4　ラブストーリー

質問2
<ruby>質問<rt>しつもん</rt></ruby>2

1　アニメーション

2　サスペンス

3　ドキュメンタリー

4　ラブストーリー

정답 및 해설

실전모의고사 1   162

실전모의고사 2   202

실전모의고사 3   240

실전모의고사 1

언어지식 (문자 · 어휘)

문제 1	**1** 1	**2** 2	**3** 3	**4** 4	**5** 3		
문제 2	**6** 3	**7** 2	**8** 4	**9** 1	**10** 4		
문제 3	**11** 1	**12** 3	**13** 4	**14** 3	**15** 3		
문제 4	**16** 4	**17** 1	**18** 3	**19** 3	**20** 1	**21** 2	**22** 4
문제 5	**23** 3	**24** 4	**25** 2	**26** 1	**27** 4		
문제 6	**28** 2	**29** 3	**30** 4	**31** 1	**32** 2		

언어지식 (문법)

문제 7	**33** 1	**34** 4	**35** 2	**36** 1	**37** 2	**38** 2
	39 4	**40** 2	**41** 3	**42** 2	**43** 1	**44** 3
문제 8	**45** 1	**46** 3	**47** 1	**48** 1	**49** 1	
문제 9	**50** 4	**51** 1	**52** 3	**53** 1	**54** 3	

독해

문제 10	**55** 2	**56** 4	**57** 3	**58** 2	**59** 3	
문제 11	**60** 2	**61** 3	**62** 4	**63** 1	**64** 2	**65** 4
	66 2	**67** 1	**68** 4			
문제 12	**69** 1	**70** 3				
문제 13	**71** 2	**72** 4	**73** 3			
문제 14	**74** 2	**75** 4				

청해

문제 1	**1** 3	**2** 1	**3** 3	**4** 4	**5** 4		
문제 2	**1** 4	**2** 4	**3** 3	**4** 2	**5** 3	**6** 4	
문제 3	**1** 2	**2** 2	**3** 4	**4** 2	**5** 3		
문제 4	**1** 2	**2** 3	**3** 1	**4** 2	**5** 1	**6** 3	
	7 3	**8** 2	**9** 1	**10** 2	**11** 1	**12** 2	
문제 5	**1** 3	**2** 4	**3** 질문1 1	질문2 2			

언어지식 (문자·어휘)

1

이어폰의 음질이 훌륭해서 감격感激했다.

해설 感激는 1 かんげき로 발음한다. かん이 탁음이 아닌 것에 주의한다.

어휘 感激 かんげき 圆감격　イヤホン 圆이어폰　音質 おんしつ 圆음질
素晴らしい すばらしい い형훌륭하다

2

집이 작아서, 소형小型 냉장고를 샀다.

해설 小型는 2 こがた로 발음한다. 小型는 훈독 명사로 小(こ)와 型(がた) 모두 훈독인 것에 주의한다.

어휘 小型 こがた 圆소형　冷蔵庫 れいぞうこ 圆냉장고

3

이번 선거는 여당의 압승圧勝으로 끝났다.

해설 圧勝는 3 あっしょう로 발음한다. あっ은 촉음, しょう는 장음인 것에 주의한다.

어휘 圧勝 あっしょう 圆압승　今回 こんかい 圆이번
選挙 せんきょ 圆선거　与党 よとう 圆여당

4

소설을 읽고, 그 정경을 마음에 그린다描く.

해설 描く는 4 えがく로 발음한다.

어휘 描く えがく 圄그리다　小説 しょうせつ 圆소설
情景 じょうけい 圆정경　心 こころ 圆마음

5

비행기 모형模型을 모으는 것을 좋아합니다.

해설 模型는 3 もけい로 발음한다. 模型는 模의 두 가지 음독 も와 ぼ 중 も로 발음하는 것에 주의한다.

어휘 模型 もけい 圆모형　集める あつめる 圄모으다

6

저 단체는 조직そしき이 둘로 나누어져 있다.

해설 そしき는 3 組織로 표기한다. 組(そ, 짜다)를 선택지 1과 4의 助(じょ, 돕다)와 구별해서 알아두고, 織(しき, 짜다)를 선택지 2와 4의 識(しき, 알다)와 구별해서 알아둔다.

어휘 組織 そしき 圆조직　団体 だんたい 圆단체
分かれる わかれる 圄나뉘다, 갈라지다

7

10년 동안 신어왔던 신발이 찢어져서 やぶれて, 새로운 것을 샀다.

해설 やぶれて는 2 破れて로 표기한다.

어휘 破れる やぶれる 圄찢어지다, 망가지다　壊れる こわれる 圄파손되다
乱れる みだれる 圄흐트러지다　荒れる あれる 圄거칠어지다

8

우리 가게는 정가ていか대로 팔고 있습니다.

해설 ていか는 4 定価로 표기한다. 定(てい, 정하다)를 선택지 1과 2의 正(せい, 바르다)와 구별해서 알아두고, 価(か, 가격)를 선택지 1과 3의 貨(か, 재물)와 구별해서 알아둔다.

어휘 定価 ていか 圆정가　うち 圆우리

9

장마가 계속되어서, 집 안이 눅눅하다しめっぽい.

해설 しめっぽい는 1 湿っぽい로 표기한다. 2, 3, 4는 없는 단어이다.

어휘 湿っぽい しめっぽい い형눅눅하다, 축축하다　汗 あせ 圆땀
汚れる よごれる 圄더러워지다　泡 あわ 圆거품　梅雨 つゆ 圆장마
続く つづく 圄계속되다　家の中 いえのなか 圆집 안

10

매일 보험회사에서 가입을 권유かんゆう하는 전화가 온다.

해설 かんゆう는 4 勧誘로 표기한다. 勧(かん, 권하다)을 선택지 2와 3의 観(かん, 보다)과 구별해서 알아두고, 誘(ゆう, 권하다)를 선택지 1과 2의 秀(しゅう, 빼어나다)와 구별해서 알아둔다.

어휘 勧誘 かんゆう 圆권유　保険会社 ほけんがいしゃ 圆보험회사
加入 かにゅう 圆가입

11

손재주가 (　　) 었는데, 연습에 연습을 거듭해서, 드디어 외과의가 되었다.

해설 괄호 뒤의 어휘 器用だ(재주가 있다)와 함께 쓰여 不器用だ(재주가 없다)를 만드는 접두어 1 不가 정답이다.

어휘 不器用だ ぶきようだ な형(재주가) 없다, 서툴다
手先 てさき 圆손재주, 손끝　重ねる かさねる 圄거듭하다, 쌓다
ついに 圄드디어, 마침내　外科医 げかい 圆외과의

12

사원 (　　) 을 잃어버리고, 그 보고가 늦어진 것을 상사에게 심하게 혼났다.

해설 괄호 앞의 어휘 社員(사원)과 함께 쓰여 社員証(사원증)를 만드는 접미어 3 証가 정답이다.

어휘 社員証 しゃいんしょう 圆사원증　なくす 圄잃어버리다
報告 ほうこく 圆보고　遅れる おくれる 圄늦어지다

上司 じょうし 圏상사　ひどい い헁심하다, 가혹하다
しかる 툥혼내다, 꾸짖다

13

> 그 배우의 (　　　) 연기에, 많은 관객은 감동을 받았다.

해설 괄호 뒤의 어휘 演技(연기)와 함께 쓰여 名演技(명연기)를 만드는 접두어 4 名가 정답이다.

어휘 名演技 めいえんぎ 圏명연기　俳優 はいゆう 圏배우
観客 かんきゃく 圏관객　心を動かす こころをうごかす 감동을 주다

14

> 열쇠를 찾을 수 없어서, 방 전체, 찾아 (　　　) 버렸다.

해설 괄호 앞의 어휘 探す(찾다)와 함께 쓰여 探し回る(찾아 다니다)라는 복합어를 만드는 3 回って가 정답이다.

어휘 探し回る さがしまわる 툥찾아 다니다
見つかる みつかる 툥찾다, 발견하다　部屋中 へやじゅう 圏방 전체

15

> 어른을 아이 (　　　) 하는 것은 그만두었으면 좋겠다.

해설 괄호 앞의 어휘 子ども(아이)와 함께 쓰여 子どもあつかい(아이 취급)를 만드는 접미어 3 あつかい가 정답이다.

어휘 子どもあつかい こどもあつかい 圏아이 취급
やめる 툥그만두다, 멈추다

16

> 다음 주 토요일, (　　　) 의 선배와 꽃구경을 가게 되어, 매우 기대된다.
>
> 1 취직　　　　　　　　2 거래
> 3 노동　　　　　　　　**4 직장**

해설 선택지가 모두 명사이다. 괄호 뒤의 내용과 함께 쓸 때 職場の先輩(직장의 선배)라는 문맥이 가장 자연스러우므로 4 職場(직장)가 정답이다. 1은 就職のサポート(취직 지원), 2는 取り引きの持続(거래의 지속), 3은 労働の義務(노동의 의무)와 같이 쓰인다.

어휘 先輩 せんぱい 圏선배　花見 はなみ 圏꽃구경
楽しみ たのしみ 圏기대, 즐거움　就職 しゅうしょく 圏취직
取引 とりひき 圏거래　労働 ろうどう 圏노동　職場 しょくば 圏직장

17

> 이 우동가게는 이전부터 인기가 있었는데, 텔레비전에 소개되어서, (　　　) 사람이 오게 되었다.
>
> **1 점점**　　　　　　　2 마지못해
> 3 슬슬　　　　　　　　4 열심히

해설 선택지가 모두 부사이다. 괄호 앞뒤의 내용과 함께 쓸 때 テレビで紹介されて、ますます人が来るようになった(텔레비전에 소개되어서, 점점 사람이 오게 되었다)라는 문맥이 가장 자연스러우므로

1 ますます(점점)가 정답이다. 2는 いやいや出席する(마지못해 출석하다), 3은 そろそろ出発する(슬슬 출발하다), 4는 せいぜい努力する(열심히 노력하다)와 같이 쓰인다.

어휘 うどん屋 うどんや 圏우동가게　以前 いぜん 圏이전
人気 にんき 圏인기　紹介 しょうかい 圏소개　ますます 囲점점
いやいや 囲마지못해　そろそろ 囲슬슬　せいぜい 囲열심히, 힘껏

18

> 텔레비전에서 신상품인 컵라면의 (　　　) 을 보고, 바로 편의점에 사러 갔다.
>
> 1 커뮤니케이션　　　　2 저널리스트
> **3 커머셜**　　　　　　4 쇼핑

해설 선택지가 모두 명사이다. 괄호 앞의 내용과 함께 쓸 때 カップラーメンのコマーシャル(컵라면의 커머셜)라는 문맥이 가장 자연스러우므로 3 コマーシャル(커머셜)가 정답이다. 1은 社内のコミュニケーション(사내 커뮤니케이션), 2는 フリーのジャーナリスト(프리 저널리스트), 4는 ショッピングカート(쇼핑 카트)와 같이 쓰인다.

어휘 新商品 しんしょうひん 圏신상품　カップラーメン 圏컵라면
コンビニ 圏편의점　コミュニケーション 圏커뮤니케이션, 소통
ジャーナリスト 圏저널리스트, 기자　コマーシャル 圏커머셜, 광고
ショッピング 圏쇼핑

19

> 남동생은 그다지 공부를 잘하지 않았는데, (　　　) 노력을 계속한 결과, 대학원에 진학할 수 있었다.
>
> 1 생생하게　　　　　　2 불안하게
> **3 꾸준하게**　　　　　4 시원시원하게

해설 선택지가 모두 부사이다. 괄호 뒤의 내용과 함께 쓸 때 こつこつと努力を続けた結果(꾸준하게 노력을 계속한 결과)라는 문맥이 가장 자연스러우므로 3 こつこつと(꾸준하게)가 정답이다. 1은 生き生きした表情(생생한 표정), 2는 そわそわした態度(불안한 태도), 4는 はきはきとした話し方(시원시원한 화법)와 같이 쓰인다.

어휘 得意だ とくいだ 左헁잘 하다　努力 どりょく 圏노력
続ける つづける 툥계속하다　結果 けっか 圏결과
大学院 だいがくいん 圏대학원　進学 しんがく 圏진학
いきいき 囲생생하게　そわそわ 囲불안하게　こつこつ 囲꾸준하게
はきはき 囲시원시원하게

20

> 다음주 수요일 회의 시간이 1시간 (　　　) 으니까, 메일로 모두에게 전달해 둬.
>
> **1 빨라졌**　　　　　　2 늦었
> 3 올라갔　　　　　　　4 늘렸

해설 선택지가 모두 동사이다. 괄호 앞뒤의 내용과 함께 쓸 때 会議の時間が1時間早まったから(회의 시간이 1시간 빨라졌으니까)라는 문맥이 가장 자연스러우므로 1 早まった(빨라졌)가 정답이다. 2는 開

花が遅れた(개화가 늦었다), 3은 坂を上がった(언덕을 올라갔다), 4는 期間を延ばした(기간을 늘렸다)와 같이 쓰인다.

어휘 会議 かいぎ 團회의　メール 團메일
　　　伝える つたえる 動전달하다, 전하다
　　　早まる はやまる 動빨라지다, 서두르다
　　　遅れる おくれる 動늦다, 뒤쳐지다　上がる あがる 動오르다
　　　延ばす のばす 動늘리다

21

> 회사가 망해서 실업했을 때는 항상 불안해서, (　　　) 게는 있을 수 없었다.
>
> 1 난폭하　　　　　　　　2 냉정하
> 3 약삭빠르　　　　　　　4 무기력하

해설 선택지가 모두 な형용사이다. 괄호 뒤의 내용과 함께 쓸 때 冷静で
　　　はいられなかった(냉정하게는 있을 수 없었다)라는 문맥이 가장 자
　　　연스러우므로 2 冷静(냉정하)가 정답이다. 1은 乱暴に振舞う(난폭
　　　하게 행동하다), 3은 器用に生きる(약삭빠르게 살다), 4는 弱気に
　　　なる(무기력해 지다)와 같이 쓰인다.

어휘 つぶれる 動망하다, 찌그러지다　失業 しつぎょう 團실업, 직장을 잃음
　　　不安だ ふあんだ 丛형불안하다　乱暴だ らんぼうだ 丛형난폭하다
　　　冷静だ れいせいだ 丛형냉정하다
　　　器用だ きようだ 丛형약삭빠르다, 재주가 있다
　　　弱気だ よわきだ 丛형무기력하다

22

> 독서가인 친구를 (　　　), 나도 매일 가능한 한 책을 읽기로 했다.
>
> 1 거두어서　　　　　　　2 가지고 들어와서
> 3 맡아서　　　　　　　　4 본받아서

해설 선택지가 모두 동사이다. 괄호 앞의 내용과 함께 쓸 때 読書家の友
　　　人を見習って(독서가인 친구를 본받아서)라는 문맥이 가장 자연스
　　　러우므로 4 見習って(본받아서)가 정답이다. 1은 洗濯物を取り入
　　　れる(세탁물을 거두다), 2는 飲み物を持ち込む(음료를 가지고 들
　　　어오다), 3은 弁護を引き受ける(변호를 맡다)와 같이 쓰인다.

어휘 読書家 どくしょか 團독서가　友人 ゆうじん 團친구
　　　できるだけ 團가능한 한, 되도록
　　　取り入れる とりいれる 動거두다, 받아 들이다
　　　持ち込む もちこむ 動가지고 들어오(가)다
　　　引き受ける ひきうける 動맡다　見習う みならう 動본받다

23

> 그 소문은 금세 회사 내에 퍼졌다.
>
> 1 다시　　　　　　　　　2 점점
> 3 곧　　　　　　　　　　4 천천히

해설 たちまち가 '금세'라는 의미이므로, 의미가 가장 비슷한 3 すぐに
　　　(곧)가 정답이다.

어휘 うわさ 團소문　たちまち 團금세, 곧

会社内 かいしゃない 團회사 내　広まる ひろまる 動퍼지다
ふたたび 團다시, 재차　だんだん 團점점　すぐに 團곧, 즉시
ゆっくり 團천천히

24

> 한국에서는 고기를 야채에 감싸서 먹습니다.
>
> 1 섞어서　　　　　　　　2 얹어서
> 3 끼워서　　　　　　　　4 감싸서

해설 くるんで가 '감싸서'라는 의미이므로, 의미가 같은 4 つつんで(감싸
　　　서)가 정답이다.

어휘 韓国 かんこく 團한국　くるむ 動감싸다, 말다　まぜる 動섞다
　　　のせる 動얹다, 싣다　はさむ 動끼우다, 사이에 두다
　　　つつむ 動감싸다, 포장하다

25

> 남동생은 이직하고 나서, 힘을 내서 일하고 있다.
>
> 1 즐거운 듯이　　　　　　2 의욕을 내서
> 3 매우 바쁘게　　　　　　4 모두와 사이좋게

해설 はりきって가 '힘을 내서'라는 의미이므로, 이와 교체하여도 문장의
　　　의미가 바뀌지 않는 2 やる気を出して(의욕을 내서)가 정답이다.

어휘 転職 てんしょく 團이직, 전직　はりきる 動힘을 내다
　　　楽しい たのしい い형즐겁다　やる気を出す やるきをだす 의욕을 내다
　　　とても 團매우, 아주　みんな 團모두　仲良く なかよく 사이 좋게

26

> 부모님은 연중, 바쁘기 때문에 걱정이다.
>
> 1 언제나　　　　　　　　2 때때로
> 3 잠깐　　　　　　　　　4 최근

해설 年中가 '연중'이라는 의미이므로, 의미가 가장 비슷한 1 いつも(언
　　　제나)가 정답이다.

어휘 年中 ねんじゅう 團연중, 항상　心配 しんぱい 團걱정
　　　いつも 團언제나, 항상　ときどき 團때때로, 가끔　しばらく 團잠깐
　　　最近 さいきん 團최근

27

> 그녀의 성적은 우수하다.
>
> 1 생각했던 것보다 좋다　　2 다른 사람과 똑같다
> 3 제일 좋다　　　　　　　4 다른 것에 비해 좋다

해설 優れている가 '우수하다'라는 의미이므로, 이와 교체하여도 문장의
　　　의미가 바뀌지 않는 4 他と比べていい(다른 것에 비해 좋다)가 정답
　　　이다.

어휘 成績 せいせき 團성적　優れる すぐれる 動우수하다, 뛰어나다
　　　思う おもう 動생각하다　他の ほかの 다른
　　　同じだ おなじだ 丛형똑같다　一番 いちばん 團제일, 가장
　　　比べる くらべる 動비교하다

28

장황하다

1 친구에게 돈을 빌려주었으면 좋겠다고 몇 번이나 장황하게 부탁했다.

2 저 사람의 이야기는, 같은 말의 반복이 많아서 장황하게 느껴진다.

3 집 밖에서, 큰 소리로 떠들고 있는 사람이 있어서, 매우 장황하다.

4 그는 성실해서, 어려운 일이라도 장황하게 힘내고 있다.

해설 くどい(장황하다)는 말이나 글이 번거롭게 길 때 사용한다. 제시어가 형용사이므로 각 선택지에서 먼저 밑줄 뒷부분과 함께 읽어본다. 2의 同じことの繰り返しが多くてくどく感じられる(같은 말의 반복이 많아서 장황하게 느껴진다)에서 문맥상 올바르게 사용되었으므로 2가 정답이다. 참고로, 1은 しつこい(집요하다), 3은 うるさい(시끄럽다)를 사용하는 것이 올바른 문장이다.

어휘 くどい [い형] 장황하다, 끈질기다　友人 ゆうじん [명] 친구
貸す かす [동] 빌려주다　繰り返し くりかえし [명] 반복
感じる かんじる [동] 느끼다　騒ぐ さわぐ [동] 떠들다
まじめだ [な형] 성실하다　がんばる [동] 힘내다

29

(추위로) 얼다

1 야채를 며칠이나 냉장고에 넣어 두어서, 얼어버렸다.

2 에어컨을 켠 채로 자버려서, 배가 얼었다.

3 기온이 내려가서 눈이 내렸기 때문에, 오늘은 얼 것 같은 추위가 되었다.

4 주스를 얼게 해서, 소풍에 가지고 갔다.

해설 凍える(얼다)는 추워서 몸에 감각이 둔해지거나 없어질 때 사용한다. 제시어가 동사이므로 각 선택지에서 먼저 밑줄 앞부분과 함께 읽어본다. 3의 気温が下がって凍えるような(기온이 내려가서 얼 것 같은)에서 문맥상 올바르게 사용되었으므로 3이 정답이다. 참고로, 1은 凍る(こおる, 얼다), 2는 冷える(ひえる, 차가워지다), 4는 凍らせる(こおらせる, 얼리다)를 사용하는 것이 올바른 문장이다.

어휘 凍える こごえる [동] (추위로) 얼다　クーラー [명] 에어컨, 쿨러
つける [동] 켜다　気温 きおん [명] 기온　下がる さがる [동] 내려가다
寒さ さむさ [명] 추위　ジュース [명] 주스　遠足 えんそく [명] 소풍

30

가득, 잔뜩

1 일은, 가득하지 않으면 안 된다.

2 어제 파티에서 고교시절의 친구를 가득 만났다.

3 신문 사설이 궁금해서, 가득 읽었다.

4 서랍 속에는, 옷이 가득 들어있다.

해설 ぎっしり(가득, 잔뜩)는 어떤 것이 빈틈없이 가득 차 있는 모양을 나타낼 때 사용한다. 제시어가 부사이므로 문장 전체에 유의하여 각 선택지를 읽어본다. 4의 服がぎっしり入っている(옷이 가득 들어있

다)에서 문맥상 올바르게 사용되었으므로 4가 정답이다. 참고로, 1은 きちんと(제대로), 2는 ばったり(딱), 3은 じっくり(곰곰이)를 사용하는 것이 올바른 문장이다.

어휘 ぎっしり [부] 가득, 잔뜩　高校時代 こうこうじだい [명] 고교시절
社説 しゃせつ [명] 사설　気になる きになる 궁금하다, 신경쓰이다
たんす [명] 서랍

비평

1 일본영화를 비평한 기사를 읽고, 일본에 흥미를 가졌다.

2 저 가게의 맛은, 해외에서도 높이 비평되고 있다고 한다.

3 기자는, 정부의 방침을 격렬하게 비평했다.

4 비평이 좋은 레스토랑에 가봤는데, 그 정도는 아니었다.

해설 批評(비평)는 사물을 평가하고 논할 때 사용한다. 제시어가 명사이므로 각 선택지에서 먼저 밑줄 앞부분과 함께 읽어본다. 1의 日本映画を批評した(일본영화를 비평한)에서 문맥상 올바르게 사용되었으므로 1이 정답이다. 참고로, 2는 評価(ひょうか, 평가), 3은 批判(ひはん, 비판), 4는 評判(ひょうばん, 평판)을 사용하는 것이 올바른 문장이다.

어휘 批評 ひひょう [명] 비평　日本映画 にほんえいが [명] 일본 영화
記事 きじ [명] 기사　興味 きょうみ [명] 흥미　味 あじ [명] 맛
海外 かいがい [명] 해외　記者 きしゃ [명] 기자　政府 せいふ [명] 정부
方針 ほうしん [명] 방침　激しい はげしい [い형] 격렬하다

애석하다, 아끼다

1 괴로웠던 과거를 생각하면, 가슴이 애석해진다.

2 대단히 우수했던 동료의 죽음을 다 같이 애석해했다.

3 그때, 용기를 내서 행동하지 않았던 것을 지금도 애석해하고 있다.

4 실패한 것은 애석해서, 다음 성공에 연결하고 싶다.

해설 惜しむ(애석하다, 아끼다)는 고인에 대한 것이 슬프고 안타까울 때 사용한다. 제시어가 동사이므로 각 선택지에서 먼저 밑줄 앞부분과 함께 읽어본다. 2의 同僚の死をみんなで惜しんだ(동료의 죽음을 다 같이 애석해했다)에서 문맥상 올바르게 사용되었으므로 2가 정답이다. 참고로, 1은 痛む(いたむ, 아프다), 3은 悔やむ(くやむ, 후회하다)를 사용하는 것이 올바른 문장이다.

어휘 惜しむ おしむ [동] 애석하다, 아끼다　辛い つらい [い형] 괴롭다
思い出す おもいだす [동] 생각하다, 생각해내다　胸 むね [명] 가슴
非常に ひじょうに [부] 대단히, 매우
優秀だ ゆうしゅうだ [な형] 우수하다　同僚 どうりょう [명] 동료
死 し [명] 죽음　勇気 ゆうき [명] 용기　行動 こうどう [명] 행동
失敗 しっぱい [명] 실패　成功 せいこう [명] 성공
なげる [동] 연결하다, 잇다

언어지식 (문법)

33

아는 사람에게 사과를 산만큼 받았으니까, 들 수 있는 (　　　) 들고 가도 좋아.

1 만큼	2 등
3 정도	4 까지

해설 문맥에 맞는 조사를 고르는 문제이다. 괄호 뒤의 持って行っていい
　　よ(들고 가도 좋아)와 문맥상 어울리는 말은 '들 수 있는 만큼'이다.
　　따라서 1 だけ(만큼)가 정답이다.

어휘 知り合い しりあい 阌아는 사람　リンゴ 阌사과
　　～だけ 조～만큼, ～뿐　～など 조～등　～ほど 조～정도, 만큼
　　～まで 조～까지

34

그는 이 학교에 입학 (　　　), 한 번도 쉬지 않았다.

1 한 채	2 해야
3 한 채	**4 한 이래**

해설 문맥에 맞는 문형을 고르는 문제이다. 괄호 앞의 동사 て형 入学して
　　(입학한)에 접속할 수 있는 문형은 2 こそ와 4 以来이다. 1 きり와 3
　　まま는 동사 た형 뒤에 접속하므로 틀리다. 때문에 괄호 뒤 一度も
　　休んでいない(한 번도 쉬지 않았다)로 이어지는 문맥을 보면 '이 학
　　교에 입학한 이래, 한 번도 쉬지 않았다'가 가장 자연스럽다. 따라서
　　4 以来(한 이래)가 정답이다. 동사 て형에 접속하여 2 こそ는 '～해
　　야', 동사 た형에 접속하여 1 きり는 '～한 채', 3 まま는 '～한 채'라는
　　의미의 문형임을 알아둔다.

어휘 入学 にゅうがく 阌입학　～たきり …ない ～한 채 …않다
　　～てこそ ～해야　～たまま ～한 채　～て以来 ～ていらい ～한 이래

35

새로운 컴퓨터를 살까 가게에서 3시간 망설 (　　　), 결국 사지
않고, 다음 달의 보너스까지 참기로 했다.

1 인 이상	**2 인 끝에**
3 인 한편	4 이자마자

해설 문맥에 맞는 문형을 고르는 문제이다. 모든 선택지가 괄호 앞의 동사
　　た형 迷った(망설)에 접속할 수 있다. 때문에 괄호 뒤 結局買わな
　　いで(결국 사지 않고)로 이어지는 문맥을 보면 '3시간 망설인 끝에,
　　결국 사지 않고 참기로 했다'가 가장 자연스럽다. 따라서 2 あげく(인
　　끝에)가 정답이다. 동사 た형에 접속하여 1 以上는 '～한 이상', 3 一
　　方는 '～하는 한편', 4 とたん은 '～하자마자'라는 의미의 문형임을 알
　　아둔다.

어휘 パソコン 阌컴퓨터　迷う まよう 동망설이다, 헤매다
　　結局 けっきょく 阌결국　ボーナス 阌보너스　がまん 阌참음
　　～ことにする ～하기로 하다　～た以上 ～たいじょう ～한 이상
　　～たあげく ～한 끝에　～一方 ～いっぽう ～하는 한편
　　～たとたん ～하자마자

36

우리 팀에서는, 발의 빠르기 (　　　) 다나카 씨가 일등일 것이다.

1 에 있어서는	2 를 둘러싸고
3 에 대해서	4 에 관해

해설 문맥에 맞는 문형을 고르는 문제이다. 모든 선택지가 괄호 앞의 명사
　　速さ(빠르기)에 접속할 수 있다. 때문에 괄호 뒤 田中さんが一番だ
　　ろう(다나카 씨가 일등일 것이다)로 이어지는 문맥을 보면 '발의 빠
　　르기에 있어서는 일등일 것이다'가 가장 자연스럽다. 따라서 1 にか
　　けては(에 있어서는)가 정답이다. 2 をめぐっては '～를 둘러싸고',
　　3 に対しては '～에 대해서', 4 に関しては '～에 관해'라는 의미의
　　문형임을 알아둔다.

어휘 チーム 阌팀　速さ はやさ 阌빠르기　～にかけては ～에 있어서는
　　～をめぐって ～를 둘러싸고　～に対して ～にたいして ～에 대해서
　　～に関して ～にかんして ～에 관해

37

야마모토: 코바야시 씨가 아직 오지 않았네요. 쉬는 날인가요?

스즈키: 자주 지각하는 코바야시 씨 (　　　), 오늘도 늦는 거 아닐
　　까요?

1 일 테니까	**2 니까**
3 이기 때문에	4 탓이니까

해설 대화의 문맥에 맞는 문형을 고르는 문제이다. 괄호 앞의 명사의 小林
　　さんの(코바야시 씨)에 접속할 수 있는 문형은 1의 はずだ, 2 こと
　　だから, 4의 せいだ이다. 3 ものだから는 명사な에 접속하므로 틀
　　리다. 때문에 괄호 뒤 今日も遅れるんじゃないでしょうか(오늘도
　　늦는 거 아닐까요?)로 이어지는 문맥을 보면 '자주 지각하는 코바야
　　시 씨니까, 늦는 거 아닐까요?'가 가장 자연스럽다. 따라서 2 ことだ
　　から(니까)가 정답이다. 1의 はずだ는 '～임에 틀림없다', 3 ものだ
　　から는 '～이기 때문에', 4의 せいだ는 '～탓이다'라는 의미의 문형임
　　을 알아둔다.

어휘 遅刻 ちこく 阌지각　遅れる おくれる 동늦다
　　～はずだ ～임에 틀림없다　～のことだから ～니까, ～라면
　　～ものだから ～이기 때문에　～せいだ ～탓이다

38

(파티에서)

타무라 : 처음 뵙겠습니다. 타무라라고 합니다.

요시다 : 아, 당신이 타무라 씨인가요? (　　　), 기쁩니다.

1 오셔서	**2 뵐 수 있어서**
3 방문할 수 있어서	4 오셔서

해설 대화의 문맥에 맞는 경어를 고르는 문제이다. 처음 만나는 자리에서
　　'만나서 반갑습니다'라고 정중하게 인사하는 상황이므로 お目にか
　　かれて、うれしいです(뵐 수 있어서, 기쁩니다)가 가장 자연스럽
　　다. 따라서 2 お目にかかれて(뵐 수 있어서)가 정답이다. 여기서 お
　　目にかかれる(뵐 수 있다)는 会う(만나다)의 겸양어 お目にかか
　　る(뵙다)의 가능형이다. 1 おいでになって(오셔서)는 来る(오다)의

존경어, 3 お伺いできて(방문할 수 있어서)는 訪れる(방문하다)의 겸양어, 4 お越しになって(오셔서)는 来る(오다)의 존경어이다.

어휘 申す もうす 圖 말하다 (いう의 겸양어)　うれしい い형 기쁘다
　　おいでになる 圖 오시다 (来る의 존경어)
　　お目にかかる おめにかかる 뵙다 (会う의 겸양어)
　　伺う うかがう 圖 방문하다, 찾다 (訪れる의 겸양어)
　　お越しになる おこしになる 圖 오시다 (来る의 존경어)

39

비가 오는 날에 축구를 한 때의 옷의 얼룩이, 아무리 빨아도 (　　　) 지워지지 않는다.

1 간신히　　　　　　　2 오히려
3 드디어　　　　　　　**4 조금도**

해설 문맥에 맞는 부사를 고르는 문제이다. 괄호 뒤의 落ちない(지워지지 않는다)와 문맥상 어울리는 말은, '아무리 빨아도 조금도'이다. 따라서 4 ちっとも(조금도)가 정답이다.

어휘 雨の日 あめのひ 圖 비가 오는 날　サッカー 圖 축구
　　汚れ よごれ 圖 얼룩　落ちる おちる 圖 지워지다, 떨어지다
　　ようやく 團 간신히, 겨우　かえって 團 오히려, 도리어
　　とうとう 團 드디어, 결국　ちっとも 團 조금도, 전혀

40

이 리포트에 의하면, 마을 인구의 (　　　), 상점의 수도 줄어들었다는 것입니다.

1 감소에 부응하여　　　**2 감소에 따라**
3 감소에 기반하여　　　4 감소에 관계없이

해설 문맥에 맞는 구를 고르는 문제이다. 괄호 앞뒤 문맥을 보면, '마을 인구의 감소에 따라 상점의 수도 줄어들었다'가 가장 자연스럽다. 따라서 2 減少にともなって(감소에 따라)가 정답이다. 1의 にこたえて는 '~에 부응하여', 3의 にもとづいて는 '~에 기반하여', 4의 にかかわらず는 '~에 관계없이'라는 의미의 문형임을 알아둔다.

어휘 レポート 圖 리포트, 보고서　人口 じんこう 圖 인구
　　商店 しょうてん 圖 상점　数 かず 圖 수　減る へる 圖 줄다, 감소하다
　　減少 げんしょう 圖 감소　〜にこたえて ~에 부응하여
　　〜にともなって ~에 따라　〜にもとづいて ~에 기반하여
　　〜にかかわらず ~에 관계없이

41

나의 남동생은, 음악가가 되고 싶다고 말해서 음악 대학에 들어갔나 했더니, 자전거로 아시아 각국을 여행하고 싶다고 말하고, 갑자기 해외로 가 버렸다. 정말로 남동생에게는 (　　　).

1 깜짝 놀래켰다　　　　2 깜짝 놀래키고 있었다
3 깜짝 놀란다　　　　4 깜짝 놀래켜지고 있다

해설 문맥에 맞는 문말표현을 고르는 문제이다. '이거 했다가 저거 했다가 갑자기 해외로 가버린 남동생에게 깜짝 놀란다'라는 문맥이다. 따라서 びっくりする의 사역수동표현 3 びっくりさせられる(깜짝 놀란다)가 정답이다. 1 びっくりさせた(깜짝 놀래켰다)와 2 びっくり

させていた(깜짝 놀래키고 있었다)는 상대방을 놀라게 하는 사역, 4 びっくりされている(깜짝 놀래켜지고 있다)는 상대방이 놀라는 것에 대한 영향을 받는 수동 표현임을 알아둔다.

어휘 音楽家 おんがくか 圖 음악가
　　音楽大学 おんがくだいがく 圖 음악 대학　アジア 圖 아시아
　　各国 かっこく 圖 각국　突然 とつぜん 團 갑자기
　　海外 かいがい 圖 해외　〜てしまう ~해 버리다, ~하고 말다
　　びっくりする 圖 깜짝 놀라다

42

그가 입학시험에 합격한 것은, 노력의 (　　　).

1 결과밖에 없다　　　　**2 결과임에 틀림없다**
3 결과 말고는 없다　　　4 결과 나름이다

해설 문맥에 맞는 문말표현을 고르는 문제이다. '합격한 것은 노력의 결과이다'라는 문맥이다. 따라서 2 結果にほかならない(결과임에 틀림없다)가 정답이다. 1의 しかない는 '~밖에 없다', 3의 よりほかない는 '~말고는 없다', 4의 次第だ는 '~나름이다'라는 의미의 문형임을 알아둔다.

어휘 入学試験 にゅうがくしけん 圖 입학시험　合格 ごうかく 圖 합격
　　努力 どりょく 圖 노력　結果 けっか 圖 결과　〜しかない ~밖에 없다
　　〜にほかならない ~임에 틀림없다　〜よりほかない ~말고는 없다
　　〜次第だ 〜しだいだ ~나름이다, 따름이다

43

남편은, 맥주를 한입이라도 (　　　), 상태가 안 좋아져 버린다.

1 마셨다가는 반드시　　　2 마시려고 하게 되면 언젠가
3 마신 이상에는 반드시　　　4 마시려고 하면 무심코

해설 문맥에 맞는 구를 고르는 문제이다. 괄호 앞뒤 문맥을 보면, '남편이 맥주를 한입이라도 마시면 반드시 상태가 안 좋아진다'가 가장 자연스럽다. 따라서 1 飲もうものなら必ず(마셨다가는 반드시)가 정답이다. 2의 となったら는 '~하게 되면', 3의 からには는 '~한 이상에는', 4의 とすれば는 '~한다고 하면'이라는 의미의 문형임을 알아둔다.

어휘 夫 おっと 圖 남편　ビール 圖 맥주　一口 ひとくち 圖 한 입, 한모금
　　具合 ぐあい 圖 상태　〜ようものなら ~했다가는
　　必ず かならず 團 꼭, 반드시
　　〜となったら ~하게 되면, ~와 같은 상황이 일어난 경우에는
　　いずれ 언젠가, 조만간　〜からには ~한 이상에는
　　きっと 團 반드시, 꼭　〜とすれば ~한다고 하면
　　思わず おもわず 무심코

44

사장님으로부터 전화가 있었습니다만, 길이 붐벼서 30분 정도 늦(　　　).

1 을 거 같다는 것입니다　　　2 어 버린 셈입니다
3 을 것 같고 합니다　　　4 을 거라고 할 수 있습니다

해설 문맥에 맞는 문말표현을 고르는 문제이다. 사장님이 늦을 것 같다고 말한 것을 전달하는 문맥이다. 따라서 3 そうだとのことです(을 것

같다고 합니다)가 정답이다. 1의 というものだ는 '(바로) ~라는 것이다', 2의 というわけだ는 '(결과적으로) ~라는 셈이다', 4의 といえる는 '~라고 할 수 있다'라는 의미의 문형임을 알아둔다.

어휘 社長 しゃちょう 圏사장님, 사장　混む こむ 圄붐비다, 막히다
遅れる おくれる 圄늦다, 늦어지다
~というものだ (바로) ~라는 것이다　~てしまう ~해 버리다
~というわけだ (결과적으로) ~라는 셈이다, ~라는 얘기다
~とのことだ ~라고 한다　~はずだ ~일 것이다
~といえる ~라고 할 수 있다

45

이 초밥집은 전부터 맛있다고 들었습니다만, 서비스 부터가 다른 ★가게와는 다르다고 생각하지 않습니까?

1 가게와는　　　　　　　2 부터가
3 다르다　　　　　　　　4 다른

해설 2 からして는 명사 뒤에 접속하므로 먼저 빈칸 앞의 명사에 サービス 2 からして(서비스부터가)로 연결할 수 있다. 이것을 나머지 선택지와 함께 의미적으로 연결하면 2 からして 4 他の 1 店とは 3 ちがう(부터가 다른 가게와는 다르다)가 되면서 전체 문맥과도 어울린다. 따라서 1 店とは(가게와는)가 정답이다.

어휘 すし屋 すしや 圏초밥집　サービス 圏서비스
~と思う ~とおもう ~라고 생각하다　~からして ~부터가
他の ほかの 다른

46

사고 바로 망가진 시계를 수리 카운터에 가지고 가서 ★물어 봤더니 오늘 중에는 수리할 수 없다고 했다.

1 수리 카운터에　　　　2 더니
3 물어 봤다　　　　　　4 가지고 가서

해설 2 ところ는 동사 た형 뒤에 접속하므로 먼저 3 聞いてみた 2 ところ(물어 봤더니)로 연결할 수 있다. 이것을 나머지 선택지와 함께 의미적으로 연결하면 1 修理カウンターに 4 持って行って 3 聞いてみた 2 ところ(수리 카운터에 가지고 가서 물어 봤더니)가 되면서 전체 문맥과도 어울린다. 따라서 3 聞いてみた(물어 봤다)가 정답이다.

어휘 こわれる 圄망가지다　今日中 きょうじゅう 圏오늘 중
修理 しゅうり 圏수리　~ということだ ~라고 한다
カウンター 圏카운터　~たところ ~했더니　~てみる ~해 보다

47

기대하고 있던 휴가였는데, 병이 나서 어딘가로 ★놀러 갈 상황이 아니었다.

1 놀러 가다　　　　　　2 어딘가로
3 병이 나서　　　　　　4 상황이

해설 4 どころでは는 ない와 함께 쓰여 문형 どころではない(~할 상황이 아니다)가 되므로 먼저 빈칸 뒤와 4 どころでは なかった(상황이 아니었다)로 연결할 수 있다. 또한 どころではない는 동사 사전형 뒤에 접속하므로 1 遊びにいく 4 どころでは(놀러 갈 상황이)로

연결할 수 있고 이것을 나머지 선택지와 함께 의미적으로 연결하면 3 病気になって 2 どこかに 1 遊びにいく 4 どころでは(병이 나서 어딘가로 놀러 갈 상황이)가 되면서 전체 문맥과도 어울린다. 따라서 1 遊びにいく(놀러 가다)가 정답이다.

어휘 楽しみ たのしみ 圏기대, 즐거움　休暇 きゅうか 圏휴가
遊ぶ あそぶ 圄놀다　どこか 어딘가
病気になる びょうきになる 병이 나다, 병에 걸리다
~どころではない ~할 상황이 아니다, ~할 때가 아니다

48

잘 생각해서 여행 계획을 ★세웠 지만, 어딘가 무리한 곳이 있었는지, 예정대로 보낼 수 있었던 날은 하루도 없었다.

1 세웠다　　　　　　　　2 여행 계획을
3 생각해서　　　　　　　4 지만

해설 4 ものの는 동사 た형 뒤에 접속하므로 먼저 1 立てた 4 ものの(세웠지만)로 연결할 수 있다. 이것을 나머지 선택지와 함께 의미적으로 연결하면 3 考えて 2 旅行の計画を 1 立てた 4 ものの(생각해서 여행 계획을 세웠지만)가 되면서 전체 문맥과도 어울린다. 따라서 1 立てた(세웠다)가 정답이다.

어휘 どこか 어딘가　無理だ むりだ 左刻무리다　予定 よてい 圏예정
~通り ~どおり ~대로　過ごす すごす 圄보내다
立てる たてる 圄세우다　計画 けいかく 圏계획
考える かんがえる 圄생각하다　~ものの ~지만

49

이번에, 작 지만 자신의 ★가게를 가진다 라고 하는 꿈이 이루어진 것은, 모두의 지지 덕분입니다.

1 가게를 가진다　　　　2 자신의
3 라고 하는　　　　　　4 지만

해설 という는 동사의 보통형 뒤에 접속하므로 먼저 1 店を持つ 3 という(가게를 가진다 라고 하는)로 연결할 수 있다. 이것을 나머지 선택지와 함께 의미적으로 연결하면 4 ながら 2 自分の 1 店を持つ 3 という(지만 자신의 가게를 가진다 라고 하는)가 되면서 전체 문맥과도 어울린다. 따라서 1 店を持つ(가게를 가진다)기 정답이다.

어휘 今回 こんかい 圏이번, 금번　夢 ゆめ 圏꿈
かなえる 圄이루다, 이루어지다　支え ささえ 圏지지, 받침
おかげ 圏덕분, 덕택　~ながら 盃~지만, ~면서

50-54

애완동물 구입 법

　요전, 일본에 온 지 6년이 되는 영국인을 만날 기회가 있었다. 그는 개를 매우 좋아한다. 그래서, 내가 개를 키우는 것을 검토하고 있다는 이야기를 하자, 그는 '개는 어디서 받나요?'라고 물어왔다. '받는 것이 아니라, 애완동물 가게에서 사는 거예요.' 그렇게 나는 대답했다. 그는 아까까지 [50], 갑자기 진지한 얼굴이 되어 이렇게 말했다. '애완동물 가게에서 개나 고양이를 사는 것은 좋지 않아요. 가능한 한 브리더에게 사 주세요. [51] 사는 것을 그만두지 않는

한 개나 고양이에게의 피해는 멈추지 않아요.' 그리고 그는 아래의 내용을 가르쳐주었다.

19세기, 영국에서는 세계 최초라고 일컬어지는 동물을 지키기 위한 법률이 생겼다. ‾52‾, 영국에서는, 동물과의 접촉 방법이나 판매, 키우는 방법에 관해 법률이 존재하고 있다. 최근에는 개나 고양이를 함부로 다루어, 싸게 판매하는 질 나쁜 판매자를 없애기 위한 운동이 진행되고 있다. 태어난 지 얼마 안 된 어린 개나 고양이를 눈앞에 두면, 누구라도 바로 자신의 집으로 데리고 가고 싶어져 버린다. 그들은, 이런 사람의 마음을 능숙하게 이용해서 장사를 한다. 슬프게도, 팔리지 않고 남은 개나 고양이는 죽임을 당한다고 한다. 그리고, 질 나쁜 판매자뿐만 아니라, 이것에 가까운 짓을 하고 있는 애완동물 가게도 있다는 것이다. 이런 정보가 알려 ‾53‾, 유럽과 미국에서는, 애완동물 가게에서가 아니라 브리더로부터 직접 사자는 의식이 강해졌다고 한다.

그는 마지막에 다시 한번, 강하게 나에게 말했다. '애완동물 가게에서 산다는 생각을 ‾54‾.'

(주) 브리더: 동물에게 출산을 시켜, 애완동물로 파는 것을 직업으로 하는 사람

어휘 買い方 かいかた ⑲구입 법, 사는 법　先日 せんじつ ⑲요전, 전일
日本 にほん ⑲일본　イギリス人 イギリスじん ⑲영국인
機会 きかい ⑲기회　そこで ㉘그래서　飼う かう ⑤키우다, 기르다
検討 けんとう ⑲검토　ペットショップ ⑲애완동물 가게
さっき ㉘아까, 좀 전　急に きゅうに ㉘갑자기
まじめだ 〔な형〕진지하다　できるだけ ㉘가능한 한, 되도록
ブリーダー ⑲브리더 (가축이나 애완용 동물을 번식시키는 사람)
やめる ⑤그만두다　～ないことには ～하지 않으면
被害 ひがい ⑲피해　以下 いか ⑲아래, 이하　世紀 せいき ⑲세기
世界初 せかいはつ ⑲세계 최초
言われる いわれる ⑤일컬어지다, 불리다　守る まもる ⑤지키다
法律 ほうりつ ⑲법률　接し方 せっしかた ⑲접촉 방법, 대하는 법
販売 はんばい ⑲판매　飼い方 かいかた ⑲키우는 방법
存在 そんざい ⑲존재　最近 さいきん ⑲최근
粗末だ そまつだ 〔な형〕함부로, 허술하다
扱う あつかう ⑤다루다, 취급하다　質 しつ ⑲질
販売者 はんばいしゃ ⑲판매자　運動 うんどう ⑲운동
進む すすむ ⑤진행되다　幼い おさない 〔い형〕어리다
目の前 めのまえ ⑲눈앞, 목전　連れる つれる ⑤데리고 가(오)다
心 こころ ⑲마음　上手い うまい 〔い형〕능숙하다, 잘하다
商売 しょうばい ⑲장사　悲しい かなしい 〔い형〕슬프다, 쓸쓸하다
売れる うれる ⑤팔리다　残る のこる ⑤남다　殺す ころす ⑤죽이다
情報 じょうほう ⑲정보　知られる しられる ⑤알려지다
欧米 おうべい ⑲유럽과 미국　直接 ちょくせつ ⑲직접
意識 いしき ⑲의식　最後 さいご ⑲마지막
もう一度 もういちど 다시 한번　考え かんがえ ⑲생각

50

1 웃고 있던 데다가	2 웃고 있을 뿐만 아니라
3 웃던 끝에	**4 웃고 있는가 싶더니**

해설 문맥에 적절한 문형을 고르는 문제이다. 빈칸 뒤에서 急にまじめな顔になってこう言った(갑자기 진지한 얼굴이 되어 이렇게 말했다)라고 언급하였으므로 반대의 내용을 연결하는 문형이 포함된 4 笑っていたかと思うと(웃고 있는가 싶더니)가 정답이다.

어휘 笑う わらう ⑤웃다　～上に ～うえに ～한 데다가
～ばかりか ~뿐만 아니라　～あげく ~한 끝에
～かと思うと ～かとおもうと ~하는가 싶더니

51

1 애완동물 가게에서	2 브리더에게
3 일본에서	4 영국에서

해설 문맥에 알맞은 내용을 고르는 문제이다. 빈칸 앞뒤 문맥을 보면 ペットショップで犬や猫を買うのはよくないですよ。できるだけブリーダーから買ってください。ペットショップで買うのをやめないことには犬や猫への被害は止まりません(애완동물 가게에서 개나 고양이를 사는 것은 좋지 않아요. 가능한 한 브리더에게 사 주세요. 애완동물 가게에서 사는 것을 그만두지 않는 한 개나 고양이에게의 피해는 멈추지 않아요)가 가장 자연스러우므로 1 ペットショップで(애완동물 가게에서)가 정답이다.

어휘 イギリス ⑲영국

52

1 이 외	2 이렇게
3 그 이후	4 머지않아

해설 문맥에 맞는 연결어를 고르는 문제이다. 빈칸 앞에서 19世紀、イギリスでは世界初と言われる動物を守るための法律が生まれた(19세기, 영국에서는 세계 최초라고 일컬어지는 동물을 지키기 위한 법률이 생겼다)라고 하고, 빈칸 뒤에서 イギリスでは、動物との接し方や販売、飼い方に関して法律が存在している(영국에서는, 동물과의 접촉 방법이나 판매, 키우는 방법에 관해 법률이 존재하고 있다)라며 최초의 법률에 이어 현재까지 존재하고 있는 다양한 법률을 언급하였으므로, 시간의 경과를 나타내는 3 それ以降(그 이후)가 정답이다.

어휘 これ以外 これいがい 이 외　このように 이렇게
それ以降 それいこう 그 이후　そのうち 머지않아

53

1 짐에 따라	2 지는 것에 관련하여
3 진다고 해도	4 짐에 상관없이

해설 문맥에 적절한 문형을 고르는 문제이다. 빈칸 뒤에서 ペットショップではなくブリーダーから直接買おうという意識が強くなっていったそうだ(애완동물 가게에서가 아니라 브리더로부터 직접 사자는 의식이 강해졌다고 한다)라고 언급하였으므로 앞의 내용이 변화하며 뒤의 내용도 변화하는 내용을 연결하는 문형인 1 につれて(짐에 따라)가 정답이다.

어휘 ～につれて ~에 따라　～につけて ~에 관련하여
～にしても ~라고 해도　～にかかわらず ~에 상관없이

1 개선할 것임에 틀림없다　　2 개선할 수 밖에 없습니다

3 개선해야 합니다　　　　4 개선하는 것일 것이다

해설 문맥에 적절한 문말표현을 고르는 문제이다. 글 전반적으로 애완동물 가게에서 동물을 사는 것에 대한 비판을 하고 있기 때문에, 애완동물을 애완동물 가게에서 산다는 생각을 개선해야 한다는 주장으로 글 전체의 내용을 마무리 할 수 있는 문형이 필요하다. 따라서 3 改めるべきです(개선해야 합니다)가 정답이다.

어휘 改める あらためる 圖개선하다

　　～に違いない ～にちがいない ~임에 틀림없다

　　～しかない ~밖에 없다　　～べきだ ~해야 한다

독해

　　옛날부터 어머니 날에는 어머니께 카네이션을 드린다는 것이 일반적이다. 최근에서는 브랜드 상품의 지갑이나, 가방, 부모님과 함께 가는 여행 등, 조금 돈을 들인 선물을 하는 사람도 많아졌다. 하지만, 거리에서 어머니들께 실시한 인터뷰의 결과를 보면, 많은 사람들이 받아서 가장 기쁜 것은 '고마워'라는 말이라고 대답했다. 형태가 있는 선물도 좋지만, 어머니 날에 '고마워'라는 마음을 표현하는 것을, 우선은 중요하게 하고 싶다고 생각했다.

필자의 생각과 맞는 것은 어느 것인가?

1 어머니 날에는, 돈을 들여서 **선물**을 하는 편이 좋다.

2 어머니 날에는, 감사의 말을 제대로 전하는 것이 중요하다.

3 어머니 날에는, '고마워'라고 말하고, **선물**도 주는 것이 좋다.

4 엄마들은, 감사의 말보다, 형태가 있는 **선물**을 보내야 한다.

해설 에세이로 필자의 생각을 묻고 있다. 선택지에서 반복되는 母の日(어머니 날), プレゼント(선물), 感謝の言葉(감사의 말)를 지문에서 찾아 필자의 생각을 파악한다. 후반부에서 プレゼントもよいが、母の日に「ありがとう」という気持ちを表現することを、まずは大切にしたいと思った(선물도 좋지만, 어머니 날에 '고마워'라는 마음을 표현하는 것을, 우선은 중요하게 하고 싶다고 생각했다)라고 서술하고 있으므로, 2 母の日には、感謝の言葉をきちんと伝えるのが大切だ(어머니 날에는, 감사의 말을 제대로 전하는 것이 중요하다)가 정답이다.

어휘 昔 むかし 圖옛날　母の日 ははのひ 圖어머니 날

　　母親 ははおや 圖어머니　カーネーション 圖카네이션

　　一般的だ いっぱんてきだ な형일반적이다　最近 さいきん 圖최근

　　ブランドもの 圖브랜드 상품　バック 圖가방, 백

　　親子旅行 おやこりょこう 圖부모님과 함께 가는 여행, 부모 자식 여행

　　お金をかける おかねをかける 돈을 들이다

　　贈り物 おくりもの 圖선물　街 まち 圖거리

　　行う おこなう 圖실시하다, 행하다　インタビュー 圖인터뷰

　　結果 けっか 圖결과　うれしい い형기쁘다　形 かたち 圖형태

プレゼント 圖선물　気持ち きもち 圖마음, 기분

表現 ひょうげん 圖표현　まず 圖우선, 먼저

～と思う ～とおもう ~라고 생각하다

～たほうがいい ~하는 편이 좋다　きちんと 圖제대로, 잘

伝える つたえる 圖전하다, 전달하다　渡す わたす 圖주다, 건네주다

送る おくる 圖보내다　～べきだ ~해야 한다

이하는, 어느 마을의 게시판에 있던 공지이다.

레이와 2년 5월 1일

지역주민자치 조직 여러분

히가시 지역주민자치 조직 회장

<u>쓰레기 버리기에 대해</u>

　현재, 쓰레기 회수일은 월, 목, 금, 토로 되어있습니다. 월요일과 금요일은 음식물 쓰레기, 목요일은 캔과 병, 토요일은 플라스틱 쓰레기 회수일입니다. 하지만, 요즘은, 쓰레기 회수일의 전날에 쓰레기를 버리는 분이 있는 것 같고, 다음날까지 고양이나 까마귀에 의해, 쓰레기가 지저분하게 먹히는 경우가 있습니다.

　그런고로, **재차 쓰레기 회수일을 확인한 후, 쓰레기는 전날에 버리지 말고, 매너를 지켜주시도록, 부탁드립니다.**

이 글을 쓴, 가장 큰 목적은 무엇인가?

1 쓰레기 회수장소를 정리할 것을 요구한다.

2 쓰레기 회수장소를 확인할 것을 요구한다.

3 쓰레기 회수일의 전날에 쓰레기를 **버릴** 것을 요구한다.

4 쓰레기 회수일의 전날에 쓰레기를 버리지 말 것을 요구한다.

해설 공지 형식의 실용문으로, 이 글을 쓴 목적을 묻고 있다. 선택지에서 반복되는 ごみ(쓰레기), 回収場所(회수장소), 回収日(회수일), 捨てる(버리다)를 지문에서 찾는다. 후반부에서 再度ごみの回収日を確認のうえ、ごみは前日には捨てず、マナーを守っていただけますよう、お願いいたします(재차 쓰레기 회수일을 확인한 후, 쓰레기는 전날에 버리지 말고, 매너를 지켜주시도록, 부탁드립니다)라고 언급하고 있으므로, 4 ごみ回収日の前日にごみを捨てないことを求める(쓰레기 회수일의 전날에 쓰레기를 버리지 말 것을 요구한다)가 정답이다.

어휘 以下 いか 圖이하　掲示板 けいじばん 圖게시판

　　お知らせ おしらせ 圖공지, 알림　令和 れいわ 圖레이와 (일본의 연호)

　　町内会 ちょうないかい 圖지역주민자치 조직

　　皆様 みなさま 圖여러분　会長 かいちょう 圖회장, 회장님

　　ごみ捨て ごみすて 圖쓰레기 버리기　～について ~에 대해

　　現在 げんざい 圖현재　回収日 かいしゅうび 圖회수일

　　生ごみ なまごみ 圖음식물 쓰레기　缶 かん 圖캔, 깡통　ビン 圖병

　　プラスチック 圖플라스틱　近ごろ ちかごろ 圖요즘, 근래

　　前日 ぜんじつ 圖전날　捨てる すてる 圖버리다

　　翌日 よくじつ 圖다음날　カラス 圖까마귀

　　食い散らかす くいちらかす 圖지저분하게 먹어대다

　　場合 ばあい 圖경우, 상황　つきましては 圖그런고로

再度 さいど 图재차, 두 번　確認 かくにん 图확인

～のうえ ~한 후, ~한 뒤　マナー 图매너　守る まもる 图지키다

～ていただく (상대가) ~해 주시다 (~てもらう의 겸양어)

場所 ばしょ 图장소　片付ける かたづける 图정리하다

求める もとめる 图요구하다, 요청하다

57

　말솜씨 하나로 인상은 바뀐다. 어휘력을 키우고, 약간 재치 있는 말을 섞는 것으로 상대가 품는 인상이 긍정적으로 되는 경우가 있다. 한편으로, 틀린 경어를 그대로 계속 사용하고 있으면, 나쁜 인상을 줘 버리는 경우도 있다.

　특히 신입사원이나 젊은 비즈니스맨은, 어른의 일본어, 말투를 몸에 익히는 것으로, 업무에서의 커뮤니케이션도 원활해질 것이다. **경어를 능숙하게 사용할 수 있으면, 말로 손해를 보는 케이스는 단숨에 줄어들 것이다.**

필자의 생각과 맞는 것은 어느 것인가?

1 신입사원이나 젊은 비즈니스맨은 어른의 일본어를 **사용해야 한다.**

2 나쁜 인상을 줘도, 재치 있는 말로 인상을 긍정적으로 바꿀 수 있다.

3 **경어를 능숙하게 사용하는 것으로, 업무에서의 트러블도 줄일 수 있다.**

4 **경어를 능숙하게 사용할 수 없으면,** 말로 손해를 보는 케이스는 줄어들기만 한다.

해설 에세이로 필자의 생각을 묻고 있다. 선택지에서 반복되는 敬語(경어), 使う(사용하다)를 지문에서 찾아 필자의 생각을 파악한다. 후반부에서 敬語を上手く使えれば、言葉で損をするケースは一気に減るだろう(경어를 능숙하게 사용할 수 있으면, 말로 손해를 보는 케이스는 단숨에 줄어들 것이다)라고 서술하고 있으므로, 3 敬語を上手く使うことで、仕事でのトラブルも減らすことができる(경어를 능숙하게 사용하는 것으로, 업무에서의 트러블도 줄일 수 있다)가 정답이다.

어휘 言葉の使い方 ことばのつかいかた 图말솜씨
印象 いんしょう 图인상　変わる かわる 图바뀌다, 변하다
語彙力 ごいりょく 图어휘력　育てる そだてる 图키우다, 기르다
気が利く きがきく 재치 있다, 눈치가 빠르다　交ぜる まぜる 图섞다
相手 あいて 图상대　抱く だく 图품다, 안다
ポジティブ 图긍정적, 적극적　～ことがある ~하는 경우가 있다
一方 いっぽう 图한편　間違える まちがえる 图틀리다, 잘못하다
敬語 けいご 图경어　そのまま 그대로
使い続ける つかいつづける 图계속 사용하다
悪印象 あくいんしょう 图나쁜 인상　与える あたえる 图주다
～てしまう ~해 버리다, ~하고 말다　特に とくに 图특히
新入社員 しんにゅうしゃいん 图신입사원
若手ビジネスマン わかてビジネスマン 图젊은 비즈니스맨
日本語 にほんご 图일본어　言葉遣い ことばづかい 图말투, 말씨
身につける みにつける 몸에 익히다
コミュニケーション 图커뮤니케이션, 의사소통

スムーズだ [な형]원활하다　～はずだ ~일 것이다

上手い うまい [い형]능숙하다, 잘 하다

損をする そんをする 손해를 보다　ケース 图케이스, 경우

一気に いっきに 图단숨에　減る へる 图줄어들다

～なければならない ~해야 한다, ~하지 않으면 안 된다

トラブル 图트러블, 말썽　減らす へらす 图줄이다

～ことができる ~할 수 있다　～一方だ ～いっぽうだ ~하기만 하다

58

　일본인의 업무를 한 시간당의 금액으로 생각하면, 800엔 대에서 8만 엔까지 100배의 차이가 있습니다. 그중에서도, 앞으로 AI에 의해 대체되는 것은, 대략 3,000~5,000엔의 구역으로, 이것은 즉 회사원이나 공무원의 사무 업무라고 말해지고 있습니다. 또, 복잡한 정보를 처리하는 업무도 사람의 손에서 기계의 손으로 넘어갈 것입니다. 그런 세계에서는, **AI와 경쟁하게 되는 업무는 불리해집니다. 앞으로는, 자신에게 오리지널 가치를 더해 '귀중한 존재'를 지향할 필요가 있습니다.**

(주) AI: 인공지능, 영어로 artificial intelligence

필자의 생각과 맞는 것은 어느 것인가?

1 AI와 경쟁하는 업무는 불리해지므로 선택해서는 안 된다.

2 **AI가 사용되는 세계에서는, 자신에게 가치를 더할 필요가 있다.**

3 AI로 대체하는 귀중한 존재를 지향할 **필요**가 있다.

4 AI의 이용이 진행되고, 회사원이나 공무원의 업무는 앞으로 전부 없어진다.

해설 에세이로 필자의 생각을 묻고 있다. 선택지에서 반복되는 AI, 必要(필요)를 지문에서 찾아 필자의 생각을 파악한다. 후반부에서 AIと争うことになる仕事は不利になります。これからは、自分にオリジナルの価値をつけて「貴重な存在」を目指す必要があります(AI와 경쟁하게 되는 업무는 불리해집니다. 앞으로는, 자신에게 오리지널 가치를 더해 '귀중한 존재'를 지향할 필요가 있습니다)라고 서술하고 있으므로, 2 AIが使われる世界では、自分に価値を付ける必要がある(AI가 사용되는 세계에서는, 자신에게 가치를 더할 필요가 있다)가 정답이다.

어휘 日本人 にほんじん 图일본인
一時間あたり いちじかんあたり 한 시간 당　金額 きんがく 图금액
考える かんがえる 图생각하다　倍 ばい 图배　差 さ 图차이, 차
そのなか 그 중　今後 こんご 图앞으로, 이후
～に取って ～にとって ~에 의해
代わる かわる 图대체하다, 대신하다　およそ 图대략, 대강
ゾーン 图구역, 범위　すなわち 图즉, 바꿔 말하면
会社員 かいしゃいん 图회사원　公務員 こうむいん 图공무원
事務 じむ 图사무　複雑だ ふくざつだ [な형]복잡하다
情報 じょうほう 图정보　処理 しょり 图처리　機械 きかい 图기계
渡る わたる 图(다른 사람에게) 넘어가다　世界 せかい 图세계
争う あらそう 图경쟁하다, 다투다　不利だ ふりだ [な형]불리하다
これから 앞으로는　オリジナル 图오리지널, 원형
価値をつける かちをつける 가치를 더하다
貴重だ きちょうだ [な형]귀중하다　存在 そんざい 图존재

目指す めざす 图지향하다, 노리다　必要 ひつよう 圐필요

人工知能 じんこうちのう 圐인공지능　選ぶ えらぶ 图선택하다, 고르다

~べきではない ~해서는 안 된다　進む すすむ 图진행되다, 나아가다

59

이하는, 어느 회사의 사내 메일이다.

> 수신인: 영업 담당 여러분
>
> 건　명: 추가 연수 건
>
> 수고 많습니다.
> 이번 프로젝트에서는, 유감스럽게도 **당기의 매상 목표를 달성하지 못했습니다.**
>
> 그 때문에, 영업 담당 여러분을 대상으로 **추가 연수를 실시하게 되었습니다.**
>
> 　　　6월 28일 (금) 10:00~12:00 제 1회의실
>
> 연수에서는, 코디네이터에게 이번 프로젝트에서의 영업성적을 보고 합니다.
> 팀 리더는, 각 팀이 떠맡고 있는 과제에 대해, 발표하게 되므로, 준비해주십시오.
>
> 잘 부탁드립니다.
>
> ---------------------------------
> 라지상사 주식회사
> 영업부 코디네이터 야마다

이 메일의 내용에 대해 알맞은 것은 이느 것인가?

1 **연수**를 받는 것은, **매상 목표**를 달성하지 못한 영업 담당자만이다.
2 **연수**를 받는 것은, **과제**를 발표하지 않으면 안 되는 팀 리더이다.
3 **연수**를 실시하는 것은, 당기의 매상 목표를 달성하지 못했기 때문이다.
4 **연수**를 실시하는 것은, 팀의 **과제**에 대해 보고해주기를 바라기 때문이다.

해설 이메일 형식의 실용문으로, 이 메일의 내용으로 알맞은 것을 묻고 있다. 선택지에서 반복되는 研修(연수), 売り上げ目標(매상 목표), 達成(달성), 課題(과제)를 지문에서 찾는다. 초반부에서 今期の売り上げ目標を達成することができませんでした(당기의 매상 목표를 달성하지 못했습니다)라고 언급하고, 중반부에서 追加研修を行うことになりました(추가 연수를 실시하게 되었습니다)라고 언급하고 있으므로, 3 研修を行うのは、今期の売り上げ目標を達成できなかったからである(연수를 실시하는 것은, 당기의 매상 목표를 달성하지 못했기 때문이다)가 정답이다.

어휘 社内 しゃない 圐사내　メール 圐메일　あて先 あてさき 圐수신인
営業 えいぎょう 圐영업　担当 たんとう 圐담당
皆様 みなさま 圐여러분　件名 けんめい 圐건명, 제목
追加 ついか 圐추가　研修 けんしゅう 圐연수
今回 こんかい 圐이번　プロジェクト 圐프로젝트
残念だ ざんねんだ 歯유감스럽다　今期 こんき 圐당기, 이번 기
売上 うりあげ 圐매상　目標 もくひょう 圐목표
達成 たっせい 圐달성　~ことができる ~할 수 있다

そのため 그 때문에　対象 たいしょう 圐대상

行う おこなう 图실시하다, 행하다　会議室 かいぎしつ 圐회의실

コーディネーター 圐코디네이터　~における ~에서의, ~의

成績 せいせき 圐성적　報告 ほうこく 圐보고

いたす 图하다 (する의 겸양어)　チームリーダー 圐팀 리더

抱える かかえる 图떠맡다, 안다　課題 かだい 圐과제

~について ~에 대해　発表 はっぴょう 圐발표

~ていただく (상대가) ~해 주시다 (~てもらう의 겸양어)

準備 じゅんび 圐준비　商事 しょうじ 圐상사

株式会社 かぶしきがいしゃ 圐주식회사

営業部 えいぎょうぶ 圐영업부

60-62

[60]'젊은 비즈니스 퍼슨을 위한 근무 방식'이라는 책을 폈더니, 시간을 지킨다, 인사는 생략하지 않는다, 공사혼동은 하지 않는다 등의 기본적인 것부터, 자기소개 비결, 상사에의 매너, 전화 매너, 거절하는 법, 사과하는 법 등, 매우 자세하게 여러 가지가 적혀 있었다. [60]그렇다고 생각하지만, 그것은 일하는 장소뿐만 아니라, 모든 인간관계나 사회생활에서 필요한 매너일 것이다. 그 매너를 회사에서만, 필사적으로 지키려고 하면, 오히려 이상한 것이 될 수 있다. [61]친구나 가족, 완전한 타인에 대해서도, 마찬가지로 경의를 가지고 마주해야 한다. 일도 인생도 행동에는 책임이 따르는 것을 잊어서는 안 된다. 일하는 자세라기 보다, **살아가는 자세**라고 생각하는 편이 좋다.

또, 커리어 형성을 위해서는 'will 무엇을 하고 싶은가', 'can 무엇을 할 수 있는가', 'must 지금, 무엇을 해야 하는가'를 명확히 하는 것이, 자기 본래의 가치 발견으로 이어진다고 하는 가르침도, 그대로 인생에 옮겨 놓을 수 있다. 좋은 비즈니스 퍼슨을 지향하는 것이 아니라, [62]좋은 인간이 되자, 좋은 인생을 보내자고 생각하는 것이 중요하다. 제대로 된 어른이 되면, 자연히 훌륭한 비즈니스 퍼슨도 될 것이다. 일은 인생의 일부이고, 그 반대는 없다.

(주1) 비즈니스 퍼슨: 여기에서는 회사원

(주2) 공사혼동: 일하고 있을 때와 그 이외의 때를 구별하지 않는 것

어휘 若い わかい い형젊다　ビジネスパーソン 圐비즈니스 퍼슨
働き方 はたらきかた 圐근무 방식　開く ひらく 图펴다, 열다
守る まもる 图지키다　挨拶 あいさつ 圐인사
省略 しょうりゃく 圐생략　公私混同 こうしこんどう 圐공사혼동
基本的だ きほんてきだ 歯기본적이다
自己紹介 じこしょうかい 圐자기소개　コツ 圐비결
上司 じょうし 圐상사　マナー 圐매너　断る ことわる 图거절하다
謝る あやまる 图사과하다　大変 たいへん 里매우
細かい こまかい い형자세하다, 세세하다
その通りだ そのとおりだ 그렇다, 그러하다　場所 ばしょ 圐장소
全て すべて 里모두, 전부　人間関係 にんげんかんけい 圐인간관계
社会生活 しゃかいせいかつ 圐사회생활　~において ~에서
必要だ ひつようだ 歯필요하다　~のみ ~만
必死だ ひっしだ 歯필사적이다　むしろ 里오히려
おかしい い형이상하다　~かねない ~할 수 있다, ~하기 쉽다
友人 ゆうじん 圐친구　全く まったく 里완전히, 전혀

他人 たにん 図타인　～に対して ～にたいして ~에 대해

同じように おなじように 마찬가지로　敬意 けいい 図경의

向き合う むきあう 됭마주하다, 마주보다　～べきだ ~해야 한다

人生 じんせい 図인생　行動 こうどう 図행동

責任 せきにん 図책임　伴う ともなう 됭따르다, 동반하다

～てはならない ~해서는 안 된다　生きる いきる 됭살아가다

姿勢 しせい 図자세　考える かんがえる 됭생각하다

～方がいい ～ほうがいい ~하는 편이 좋다　キャリア 図커리어, 경력

形成 けいせい 図형성　明確だ めいかくだ な형명확하다

自己 じこ 図자기　本来 ほんらい 図본래

価値発見 かちはっけん 図가치 발견　つながる 됭이어지다, 연결되다

教え おしえ 図가르침　そのまま 그대로

置き換える おきかえる 됭옮겨 놓다, 바꿔 놓다

目指す めざす 됭지향하다, 노리다　人間 にんげん 図인간

送る おくる 됭보내다　大切だ たいせつだ な형중요하다, 소중하다

きちんと 뷘제대로, 정확히　自然だ しぜんだ な형자연스럽다

立派だ りっぱだ な형훌륭하다　一部 いちぶ 図일부

逆 ぎゃく 図반대　以外 いがい 図이외　区別 くべつ 図구별

60

책의 내용에 대해, 필자는 어떻게 말하고 있는가?

1 책에 적혀있는 내용은 옳기 때문에, 직장에서는 필사적으로 지켜야 한다.

2 책에 적혀있는 내용은 옳지만, 직장 이외에서도 필요한 것이다.

3 책에 적혀있는 내용은 이상하기 때문에, 직장 이외에서만 필요한 것이다.

4 책에 적혀있는 내용은, 직장에서 지키려고 하면 놀림 당해 버린다.

해설 질문의 本の内容(책의 내용)와 관련된 내용을 지문에서 찾는다. 첫 번째 단락에서 『若いビジネスパーソンのための働き方』という 本('젊은 비즈니스 퍼슨을 위한 근무 방식'이라는 책), 그리고 その通 りだとは思うが、それは働く場所だけでなく、全ての人間関係 や社会生活において必要なマナーであろう(그렇다고 생각하지 만, 그것은 일하는 장소뿐만 아니라, 모든 인간관계나 사회생활에서 필요한 매너일 것이다)라고 서술하고 있으므로, 2 本に書かれてい る内容は正しいが、職場以外でも必要なことだ(책에 적혀있는 내용은 옳지만, 직장 이외에서도 필요한 것이다)가 정답이다.

어휘 内容 ないよう 図내용　正しい ただしい い형옳다, 바르다

笑われる わらわれる 됭놀림 당하다

～てしまう ~해 버리다, ~하고 말다

61

필자에 의하면, **살아가는 자세**란 어떠한 것인가?

1 일 할때만, 일의 매너를 지키려고 하는 것

2 회사의 매너에는 책임이 따르는 것을 잊지 않는 것

3 주변에 있는 사람들에게 경의를 표하는 것

4 경의를 가지고 일에 마주하는 것

해설 지문의 生きる姿勢(살아가는 자세) 주변을 주의 깊게 읽고 살아가는

자세가 어떠한 것인지 찾는다. 앞부분에서 友人や家族、全くの他 人に対しても、同じように敬意をもって向き合うべきである(친 구나 가족, 완전한 타인에 대해서도, 마찬가지로 경의를 가지고 마주 해야 한다)라고 서술하고 있으므로, 3 주변에 있는 사람들에게 경의를 표하는 것(주변에 있는 사람들에게 경의를 표하는 것)이 정답이다.

어휘 周り まわり 図주변　敬意を払う けいいをはらう 경의를 표하다

62

일과 인생에 대해, 필자의 생각과 맞는 것은 어느 것인가?

1 일은 좋은 어른이 되기 위해 필요한 것의 일부이다.

2 좋은 비즈니스 퍼슨을 지향하는 것은, 인생의 일부이다.

3 좋은 인생을 보내기 위해서는, 좋은 비즈니스 퍼슨이 되는 것이 필요하다.

4 좋은 인간이 되자고 생각하는 것으로, 훌륭한 비즈니스 퍼슨도 될 수 있다.

해설 필자의 생각을 묻고 있으므로 仕事と人生(일과 인생)를 지문의 후반 부나 지문 전체에서 찾아 일과 인생에 대한 필자의 생각을 파악한다. 두 번째 단락에서 良い人間になろう、良い人生を送ろうと思うこ とが大切だ。きちんとした大人になれば、自然に立派なビジ ネスパーソンにもなるだろう(좋은 인간이 되자, 좋은 인생을 보내 자고 생각하는 것이 중요하다. 제대로 된 어른이 되면, 자연히 훌륭한 비즈니스 퍼슨도 될 것이다)라고 서술하고 있으므로, 4 良い人間に なろうと思うことで、立派なビジネスパーソンにもなれる(좋은 인간이 되자고 생각하는 것으로, 훌륭한 비즈니스 퍼슨도 될 수 있다) 가 정답이다.

63-65

[63]동물원은 입장료가 싸고, 인기가 있습니다. 예를 들면, 도쿄 의 우에노 동물원이나 홋카이도의 아사히카와 동물원은, 평소에 볼 수 없는 판다나 백곰 등의 희귀한 동물을 볼 수 있어서, 특히 인기 입니다. 그 때문에, 휴일에는 많은 사람이 전국에서 모여, 매우 붐빕 니다.

한편, [63]무료로 입장할 수 있는 동물원도 있습니다. 무료 동물원 이라고 들으면 대단한 것이 없는 게 아닐까라고 생각해버릴지도 모 르지만, 그렇지 않습니다. 희귀한 동물은 없어도, 사자나 코끼리 등 의 큰 동물도 있고, 토끼나 모르모트 등의 작은 동물과 직접 접촉할 수 있는 광장이 있기도 합니다. 또, [64]무료여도 화초가 깔끔히 관 리되고 있어, 봄에서 여름에는 벚꽃과 장미, 가을에는 단풍 등을 볼 수 있습니다. 게다가, 겨울은 일루미네이션에 힘을 주는 동물원 도 많아, [65]일년 내내 충분히 즐길 수 있습니다.

이러한 동물원은 돈이 들지 않아서, 주로 근처의 부모 자식 일행 이나 젊은 사람들에게 인기가 있고, 먼 곳에서 오는 사람은 적은 것 같습니다. [65]동물 관찰을 하거나, 산책 겸 방문하는 등, 즐기는 방 법도 여러 가지 있기 때문에, 추천합니다. 다음 휴일은, 가족이나 친구와 무료 동물원을 방문해보면 어떨까요?

(주) 일루미네이션: 전기의 빛으로, 건물이나 풍경을 장식하는 것

어휘 動物園 どうぶつえん 図동물원　入園料 にゅうえんりょう 図입장료

人気 にんき 図인기　例えば たとえば 뷘예를 들면

東京 とうきょう 圏도쿄　上野 うえの 圏우에노

北海道 ほっかいどう 圏홋카이도　旭川 あさひかわ 圏아사히카와

普段 ふだん 圏평소, 평상시　～ことができる ~할 수 있다

パンダ 圏팬더　シロクマ 圏백곰　めずらしい い형희귀하다, 신기하다

特に とくに 凰특히　そのため 그 때문에　休日 きゅうじつ 圏휴일

全国 ぜんこく 圏전국　集まる あつまる 圏모이다

混む こむ 圏붐비다　一方 いっぽう 圏한편　無料 むりょう 圏무료

大した たいした 대단한, 엄청난　～てしまう ~해 버리다, ~하고 말다

～かもしれない ~일지도 모른다　ライオン 圏사자　ゾウ 圏코끼리

ウサギ 圏토끼　モルモット 圏모르모트, 기니피그

直接 ちょくせつ 圏직접　ふれあう 圏접촉하다, 맞닿다

広場 ひろば 圏광장　草花 くさばな 圏화초

きちんと 凰깔끔히, 제대로　管理 かんり 圏관리　さくら 圏벚꽃

バラ 圏장미　紅葉 もみじ 圏단풍　さらに 凰게다가, 더욱더

イルミネーション 圏일루미네이션

力を入れる ちからをいれる 힘을 주다　通す とおす 圏통하다

十分 じゅうぶん 凰충분히　楽しむ たのしむ 圏즐기다

お金がかかる おかねがかかる 돈이 들다　主に おもに 凰주로

近所 きんじょ 圏근처　親子連れ おやこづれ 圏부모 자식 일행

若い わかい い형젊다　観察 かんさつ 圏관찰　～がてら ~겸, ~삼아

訪れる おとずれる 圏방문하다　おすすめ 圏추천

友人 ゆうじん 圏친구

63

동물원에 대해, 필자는 어떻게 말하고 있는가?

1 입장료가 싸서 인기가 있고, 무료인 경우도 있다.
2 어느 동물원에서도 희귀한 동물을 볼 수 있다.
3 큰 동물을 볼 수 있는 동물원은 인기가 있다.
4 무료 동물원에는 많은 사람이 전국에서 모인다.

해설 질문의 動物園(동물원)과 관련된 내용을 지문에서 찾는다. 첫 번째 단락에서 動物園は入園料が安く、人気があります(동물원은 입장료가 싸고, 인기가 있습니다)라고 서술하고, 두 번째 단락에서 無料で入園できる動物園もあります(무료로 입장할 수 있는 동물원도 있습니다)라고 서술하고 있으므로, 1 入園料が安くて人気があり、無料の場合もある(입장료가 싸서 인기가 있고, 무료인 경우도 있다)가 정답이다.

어휘 人気がある にんきがある 인기가 있다

64

무료 동물원에 대해, 필자는 어떻게 말하고 있는가?

1 희귀한 동물이 없어서, 돈이 들지 않는다.
2 무료여도, 동물뿐만 아니라, 다양한 것을 즐길 수 있다.
3 화초나 일루미네이션을 즐길 수 있어서, 매우 붐빈다.
4 큰 동물원이 아니기 때문에, 작은 동물만 있는 광장이 있다.

해설 질문의 無料の動物園(무료 동물원)과 관련된 내용을 지문에서 찾는다. 두 번째 단락에서 無料でも草花がきちんと管理されていて、春から夏にはさくらやバラ、秋には紅葉などを見ることができます。さらに、冬はイルミネーションに力を入れる動物園も多

く(무료여도 화초가 깔끔히 관리되고 있어, 봄에서 여름에는 벚꽃과 장미, 가을에는 단풍 등을 볼 수 있습니다. 게다가, 겨울은 일루미네이션에 힘을 주는 동물원도 많아)라고 서술하고 있으므로, 2 無料でも、動物だけでなく、様々なものが楽しめる(무료여도, 동물뿐만 아니라, 다양한 것을 즐길 수 있다)가 정답이다.

어휘 様々だ さまざまだ 찍형다양하다

65

필자에 의하면, 왜 무료 동물원을 추천하는가?

1 비어있어서, 동물이 잘 보이기 때문에
2 먼 곳에서 오는 사람이 적어서, 산책할 수 있기 때문에
3 무료가 아닌 동물원은 사람이 너무 많기 때문에
4 일년 내내 즐기는 방법이 여러 가지 있기 때문에

해설 질문의 なぜ無料の動物園がおすすめ(왜 무료 동물원을 추천)와 관련된 내용을 지문에서 찾는다. 두 번째 단락에서 一年を通して十分楽しめます(일년 내내 충분히 즐길 수 있습니다)라고 서술하고, 세 번째 단락에서 動物の観察をしたり、散歩がてら訪れるなど、楽しみ方もいろいろあるので、おすすめです(동물 관찰을 하거나, 산책 겸 방문하는 등, 즐기는 방법도 여러 가지 있기 때문에, 추천합니다)라고 서술하고 있으므로, 4 一年を通して楽しみ方がいろいろあるから(일년 내내 즐기는 방법이 여러 가지 있기 때문에)가 정답이다.

어휘 すく 圏비다　見える みえる 圏보이다

66-68

　산업화가 진행됨에 따라, 생활은 조금씩 형태를 바꾸었다. 옷이나 음식의 제조과정은 세세하게 나뉘어, 대량으로 생산되게 되었다. [66]선진국에서는 남을 정도로 많은 음식이 손에 들어오게 되고, 또, 싸고 튼튼하고 멋진 상품이 당연한 듯이 손에 들어오게 되었다. 근래에는 더욱더 발전이 진행되어, 제조장은 외국에도 퍼져, 세계 레벨로 상품의 생산이 이루어지게 되었다. 그 때문에, 우리들의 손에 도착하는 상품에서는, 만드는 사람의 '얼굴'이 상실되어 갔다. 자신의 의식주에 관계된 것이, [67]어디서, 누구의 손에서, 어떻게 만들어지고 있는지가 알 수 없게 된 것이다.

　[67]매일, 다 소비할 수 없을 정도의 상품이 만들어지는 한편으로, 많은 물건이 버려져 간다. 하지만, 우리들은, 어디서 어느 정도의 물건이, 어떻게 버려지고 있는지에 대해, 거의 실제로 본 적 없이 살고 있다. 계속 변화하는 유행에 맞춰, 옷을 간단하게 바꿀 수 있는 생활은 우리를 풍족하게 한 것일까?

　게다가, 대량으로 버려지는 것을 어떻게 처리하고, 비용을 어떻게 부담하는가 하는 큰 문제도 있다. 이러한 것에 시선을 향하지 않고 있으면, 그대로, [68]환경문제나 건강 문제로서 우리들에게 되돌아올 가능성이 있을 것이다.

어휘 産業化 さんぎょうか 圏산업화　進む すすむ 圏진행되다, 나아가다

　　～につれて ~에 따라　生活 せいかつ 圏생활

　　少しずつ すこしずつ 조금씩　形 かたち 圏형태

　　変える かえる 圏바꾸다, 변화시키다　製造 せいぞう 圏제조

　　過程 かてい 圏과정　細かい こまかい 찍형세세하다, 자세하다

分ける わける 图나누다　大量 たいりょう 图대량

生産 せいさん 图생산　先進国 せんしんこく 图선진국

余る あまる 图남다　手に入る てにはいる 손에 들어오다

おしゃれだ な形멋지다, 세련되다　商品 しょうひん 图상품

当たり前だ あたりまえだ な形당연하다　近年 きんねん 图근래, 근년

さらに 图더욱, 게다가　発展 はってん 图발전

製造の場 せいぞうのば 图제조장

広がる ひろがる 图퍼지다, 넓어지다　世界 せかい 图세계

レベル 图레벨　行う おこなう 图이루다, 실시하다

そのため 그 때문에　届く とどく 图도착하다, 닿다

作り手 つくりて 图만드는 사람, 제작자

失う うしなう 图상실하다, 잃다　衣食住 いしょくじゅう 图의식주

関係 かんけい 图관계　消費 しょうひ 图소비

〜きれない 다 〜할 수 없다　一方 いっぽう 图한편

捨てる すてる 图버리다　〜について 〜에 대해

ほとんど 图거의, 대부분　目にする めにする 실제로 보다

暮らす くらす 图살다, 생활하다

変わり続ける かわりつづける 图계속 변화하다

流行 りゅうこう 图유행　合わせる あわせる 图맞추다

簡単だ かんたんだ な形간단하다　取りかえる とりかえる 图바꾸다

豊かだ ゆたかだ な形풍족하다, 유복하다　処理 しょり 图처리

コスト 图비용　負担 ふたん 图부담

目を向ける めをむける 시선을 향하다, 관심을 돌리다

そのまま 그대로　環境問題 かんきょうもんだい 图환경문제

健康問題 けんこうもんだい 图건강 문제

返る かえる 图되돌아오다, 되돌아가다　可能性 かのうせい 图가능성

66

산업화가 진행되는 것으로, **선진국에서는 어떻게 생활이 변했는가?**

1 조금씩 형태를 바꾸면서, 옷이나 음식을 많이 만들게 되었다.

2 많은 음식과, 질 좋은 의복이 간단히 손에 들어오게 되었다.

3 어떻게 버리는가를 신경 쓰지 않고, 점점 물건을 버릴 수 있게 되었다.

4 남을 정도의 상품을 만들 수 있을 정도로 풍족해지고, 외국에도 수출하게 되었다.

해설 질문의 산업화가 진행되는 것으로 先進国ではどのように生活が変わったか(선진국에서는 어떻게 생활이 변했는가)와 관련된 내용을 지문에서 찾는다. 첫 번째 단락에서 先進国では余るほどたくさんの食べ物が手に入るようになり、また、安くて丈夫でおしゃれな商品が当たり前のように手に入るようになった(선진국에서는 남을 정도로 많은 음식이 손에 들어오게 되고, 또, 싸고 튼튼하고 멋진 상품이 당연한 듯이 손에 들어오게 되었다)라고 서술하고 있으므로, 2 たくさんの食べ物と、質の良い衣服が簡単に手に入るようになった(많은 음식과, 질 좋은 의복이 간단히 손에 들어오게 되었다)가 정답이다.

어휘 衣服 いふく 图의복　どうやって 어떻게

気にする きにする 신경 쓰다　どんどん 图점점, 척척

輸出 ゆしゅつ 图수출

67

산업화가 진행된 것으로 **어떤 문제가 생겼는가?**

1 보이지 않는 곳에서 많은 물건이 만들어지고, 버려지게 되었다.

2 만든 사람의 '얼굴'이 상실되었기 때문에, 제조장이 외국으로 옮겨졌다.

3 세계 레벨의 공장이 많이 만들어져, 불편해졌다.

4 풍족해졌지만, 많은 물건을 버리지 않으면 안 되게 되었다.

해설 질문의 산업화가 진행된 것으로 どのような問題が生まれたのか(어떤 문제가 생겼는가)와 관련된 내용을 지문에서 찾는다. 첫 번째 단락에서 どこで、誰の手で、どのように作られているのかがわからなくなってきたのである(어디서, 누구의 손에서, 어떻게 만들어지고 있는지가 알 수 없게 된 것이다)라고 서술하고, 두 번째 단락에서 毎日、消費しきれないほどの商品が作られる一方で、多くの物が捨てられていく(매일, 다 소비할 수 없을 정도의 상품이 만들어지는 한편으로, 많은 물건이 버려져 간다)라고 서술하고 있으므로, 1 見えないところで多くの物が作られ、捨てられるようになった(보이지 않는 곳에서 많은 물건이 만들어지고, 버려지게 되었다)가 정답이다.

어휘 移る うつる 图옮겨지다, 이동하다　不便だ ふべんだ な形불편하다

〜なければならない 〜하지 않으면 안 된다, 〜해야 한다

68

필자가 가장 **걱정하고 있는 것은, 어떤 것인가?**

1 간단하게 옷을 버릴 수 있어서 풍족해지지 않는 것

2 누가 어디서, 어떻게 만든 것인지 알 수 없게 되어버리는 것

3 버릴 때의 비용이 점점 늘어가는 것

4 자신들의 건강이나 환경에 영향을 줄지도 모르는 것

해설 필자의 걱정을 묻고 있으므로 지문의 후반부나 지문 전체에서 필자가 걱정하고 있는 것을 파악한다. 세 번째 단락에서 環境問題や健康問題として私たちに返ってくる可能性があるだろう(환경문제나 건강 문제로서 우리들에게 되돌아올 가능성이 있을 것이다)라고 서술하고 있으므로, 4 自分たちの健康や環境に影響が出るかもしれないこと(자신들의 건강이나 환경에 영향을 줄지도 모르는 것)가 정답이다.

어휘 費用 ひよう 图비용　ますます 图점점, 더욱더

影響が出る えいきょうがでる 영향을 주다

69-70

A

　요전, 미술관에 갔더니, 입구에 긴 행렬이 생겨 있었다. 엄청난 인기라고 듣기는 했지만, 2시간 기다려야 한다고 듣고, 포기했다. 무려 3시간 기다리는 일도 있다고 한다. 평일 낮이기 때문인지 젊은 사람보다 중장년층의 모습이 많고, 여름의 더운 오후에 장시간 서 있는 사람을 보자, 타인의 일이지만 몸 상태는 괜찮을까라고 걱정되었다. 지금은, [69]예약제인 미술관도 있다고 들었다. 요금은 다소 비싸져도, [70]일시를 지정해서 원활하게 견학할 수 있는 편이, 장시간 기다리기보다도 좋다고 생각한다. [69]특히, 노인이나, 여행으로 시간

이 한정되어있는 사람에게는, 그쪽이 고마울 것이다. 대략 3시간이나 기다리게 된다면, 어떤 사람이라도 지쳐버린다. 목적인 그림을 겨우 볼 수 있어도, 감동보다 피로 쪽이 기억에 남을 것 같다.

B

꼭 가고 싶은 그림 전시회가 있는데, 대혼잡이 예상되기 때문에, 예약제로 되어있다. 미술관이라는 것은, 원하는 때에 원하는 만큼 머물 수 있는 장소라고 생각하고 있었기 때문에, 약간 이상한 느낌이 든다. 그림을 보기 위해 예약하고, 일시를 정해야 한다는 것이, 왠지 납득할 수 없다. 그림은 언제라도 그곳에 있고, 우리들을 기다리고 있다고 생각하기 때문이다. 언제 보러 가도 좋다는 오픈된 점이, 미술관의 좋은 점이 아닐까? [69]고령자나 여행자 등, 예약제 쪽이 좋은 사람도 있다는 것은 안다. 하지만 나는, 장시간 기다리게 되어도, [70]자유롭게 보여주는 편이 그림과의 만남에는 어울리는 느낌이 든다.

어휘 先日 せんじつ 圓요전　美術館 びじゅつかん 圓미술관
入口 いりぐち 圓입구　行列 ぎょうれつ 圓행렬　人気 にんき 圓인기
待ち まち 圓기다림　あきらめる 圖포기하다
なんと 團무려　平日 へいじつ 圓평일　昼間 ひるま 圓낮
せい 圓때문, 탓　若者 わかもの 圓젊은 사람
中高年 ちゅうこうねん 圓중장년층　姿 すがた 圓모습, 모양
長時間 ちょうじかん 圓장시간　他人 たにん 圓타인
～ながら 图~이지만, ~면서도　体調 たいちょう 圓몸 상태
心配 しんぱい 圓걱정　予約制 よやくせい 圓예약제
料金 りょうきん 圓요금　多少 たしょう 團다소
日時 にちじ 圓일시, 날짜와 시간　指定 してい 圓지정
スムーズだ な図원활하다　見学 けんがく 圓견학
特に とくに 團특히　お年寄り おとしより 圓노인
限る かぎる 圖한정하다, 제한하다　ありがたい い図고맙다
だいたい 團대략, 대개　疲れる つかれる 圖지치다, 피곤하다
お目当て おめあて 圓목적, 목표　やっと 團겨우, 드디어
～ことができる ~할 수 있다　感動 かんどう 圓감동
疲労 ひろう 圓피로　記憶に残る きおくにのこる 기억에 남다
ぜひ 團꼭, 반드시　絵画展 かいがてん 圓그림 전시회
大混雑 だいこんざつ 圓대혼잡　予想 よそう 圓예상　ため 圓때문
滞在 たいざい 圓머무름, 체재　場所 ばしょ 圓장소
変だ へんだ な図이상하다　感じがする かんじがする 느낌이 들다
決める きめる 圖정하다, 결정하다
～なければならない ~해야 한다, ~하지 않으면 안된다
今ひとつ いまひとつ 團왠지, 뭔가　納得 なっとく 圓납득
オープン 오픈　良さ よさ 圓좋은 점
高齢者 こうれいしゃ 圓고령자　自由だ じゆうだ な図자유롭다
出会い であい 圓만남　ふさわしい い図어울리다, 알맞다
気がする きがする 느낌이 들다, 생각이 들다

69

A와 B 어느 쪽의 글에서도 다루어지고 있는 점은 무엇인가?
1 미술관의 예약제는, 고령자나 여행자에게는 좋은 제도이다.
2 장시간 기다리는 것은, 그림을 보기 위해 알맞지 않다.

---

3 예약제는, 요금이 약간 비싸지는 것을 납득할 수 없다.
4 그림은 언제라도 자유롭게 볼 수 있는 것이었으면 좋겠다.

해설 A와 B 양쪽 모두에서 공통적으로 서술되고 있는 내용을 묻고 있다. 선택지에서 반복되는 予約制(예약제), 絵(그림)를 각 지문에서 찾아 관련된 내용을 파악한다. A는 지문의 중반부에서 予約制の美術館もあると聞いた(예약제인 미술관도 있다고 들었다)라고 하며, 후반부에서 特に、お年寄りや、旅行で時間が限られている人には、そちらの方がありがたいだろう(특히, 노인이나, 여행으로 시간이 한정되어있는 사람에게는, 그쪽이 고마울 것이다)라고 서술하고 있고, B는 지문 후반부에서 高齢者や旅行者など、予約制の方がいい人もいるということは分かる(고령자나 여행자 등, 예약제 쪽이 좋은 사람도 있다는 것은 안다)라고 서술하고 있다. 두 지문 모두 미술관 예약제가 고령자와 여행자에게 좋은 제도라고 했으므로, 1 美術館の予約制は、高齢者や旅行者にはいい制度だ(미술관의 예약제는, 고령자나 여행자에게는 좋은 제도이다)가 정답이다. 2는 A에만 있고, 3은 어느 글에도 없으며, 4는 B에 있다.

어휘 制度 せいど 圓제도

70

A와 B의 필자는, 미술관의 예약제도에 대해 어떻게 서술하고 있는가?

1 A는 중장년층만이 장시간 기다리게 된다고 하고, B는 미술관은 원하는 만큼 있을 수 있는 편이 좋다고 하고 있다.
2 A는 노인이나 여행자는 단시간이라도 기다리고 싶어 하지 않는다고 하고, B는 미술관은 언제나 오픈되어 있어야 한다고 하고 있다.
3 A는 장시간 기다릴 필요가 없어서 좋다고 하고, B는 예약 없이 자유롭게 볼 수 있는 편이 좋다고 하고 있다.
4 A는 요금이 비싸지기 때문에 보는 것을 포기하는 사람이 있다고 하고, B는 기다리는 시간이 짧아지기 때문에 좋다고 하고 있다.

해설 질문의 美術館の予約制度(미술관의 예약제도)에 대한 A와 B의 견해를 각 지문에서 찾는다. A는 지문의 중반부에서 日時を指定してスムーズに見学できる方が、長時間待つよりもいいと思う(일시를 지정해서 원활하게 견학할 수 있는 편이, 장시간 기다리기보다도 좋다고 생각한다)라고 서술하고 있고, B는 지문 후반부에서 自由に見せてくれる方が絵との出会いにはふさわしい気がする(자유롭게 보여주는 편이 그림과의 만남에는 어울리는 느낌이 든다)라고 서술하고 있다. 따라서, 3 Aは長時間待つ必要がなくていいと述べ、Bは予約なしで自由に見られるほうがいいと述べている(A는 장시간 기다릴 필요가 없어서 좋다고 하고, B는 예약 없이 자유롭게 볼 수 있는 편이 좋다고 하고 있다)가 정답이다.

어휘 短時間 たんじかん 圓단시간　必要 ひつよう 圓필요

能力, 신체, 경험, 인종, 신분 등, 인간에게는 온갖 다름과 차이가 있다. 다양한 입장이나 격차를 넘어 우정이 생긴다는 이야기는, 지금도 옛날도 널리 온 세계에서 사랑받아, 동경하는 사람도 많을 것이다. 나도 그중 한 사람인데, 도대체 사람과 사람 사이에 생겨나는 우정이란 무엇일까?

'위에서 내려다보는 시선'이라는 말이 있다. 타인을 자신보다 아래로 보는 태도로, 별로 좋은 의미로는 사용되지 않는다. 인간은 본래, 자신 쪽이 위, 우세한 상태에 안심하는 존재이겠지만, 특별히 의식하지 않고 무언가를 말하거나 가르치거나 한 것이, 최근에는 바로 '위에서 내려다보는 시선'이라고 일컬어지는 경우도 있고, 약간 신경질로도 생각된다. 하지만 실제로, [71]상하관계로 밖에 매사를 보지 않는 사람은 있다. 수입, 학력, 사회적 지위, 얼굴이나 신체, 경험이나 지식의 풍부함, 무언가를 잘한다 등, 모든 것이 그 대상이 되는 것 같다. 지인 중에, 마침 그런 사람이 있다. 그 사람은 잘 돌봐주는 면도 있어서, 이것저것 동료를 보살펴주고 있지만, 본인이 기대하는 만큼 호감을 사고 있지도 신뢰를 받고 있지도 않는다는 듯이 생각한다. 나쁜 사람은 아니지만, 솔직히 말해서 나도 거리를 느끼고 있다. 어느 정도 신세를 졌어도 우정을 품을 수 없는 것은, '위에서 내려다 보는 시선'을 느끼기 때문일 것이다.

어느 항구도시를 무대로 한 영화에, 잊을 수 없는 장면이 있다. 가난한 노인이, 불법 입국해 온 소년을 돕는 이야기이다. 노인은, 가난한 생활 중에서 소년을 위해 돈을 마련하고, 자신에게도 위험이 미치는 계획을 망설이지 않고 진행해 간다. 드디어 소년을 배웅할 때, 소년이 '당신을 잊을 수 없을 겁니다'라고 말한 것에 대해, 노인은 '나도야'라고 대답한 것이다. '나도 잊지 않을게'라고. 그때 바로, 두 사람은 같은 지평에 서 있었다. 소년은 친절하게 해 준 노인을 잊지 않을 것이다. 그리고, 노인도 소년을 잊지 않을 것이다. 그뿐이다. [72]연령도 인종도 지위도 넘은, 인간끼리의 호의와 신뢰가 거기에 있었다. 같은 시선에 서는 것, 그것이 우정이라고 생각한다. 보살펴 준 사람도, 보살핌을 받은 사람도 서로 잊지 않는다는 심플한 회화는 두 사람 사이에 흐르는 따뜻함을 전하는 것이었다.

[73]가까운 지위라도, 다양한 차이가 있어도, 누구라도 친구가 되는 첫걸음은, 같은 지평에 서는 것이다. 쉬운 것 같으면서 어려울지도 모르지만, 가능한 한 수평적인 눈을 계속 가지고 있고 싶다.

(주) 지평 : 여기서는, 입장

어휘 能力 のうりょく 圓능력　身体 しんたい 圓신체
経験 けいけん 圓경험　人種 じんしゅ 圓인종　身分 みぶん 圓신분
人間 にんげん 圓인간　あらゆる 온갖, 모든
違い ちがい 圓다름, 틀림　差 さ 圓차이, 차
様々だ さまざまだ 囵다양하다　立場 たちば 圓입장, 지위
格差 かくさ 圓격차　超える こえる 圆넘다, 초월하다
友情 ゆうじょう 圓우정　物語 ものがたり 圓이야기
昔 むかし 圓옛날　世界中 せかいじゅう 圓온 세계　愛 あい 圓사랑
あこがれる 圆동경하다
上から目線 うえからめせん 위에서 내려다보는 시선
他人 たにん 圓타인　態度 たいど 圓태도　本来 ほんらい 圓본래

優れる すぐれる 圆우세하다, 뛰어나다　状態 じょうたい 圓상태
安心 あんしん 圓안심　特に とくに 囲특별히　意識 いしき 圓의식
最近 さいきん 圓최근　少々 しょうしょう 囲약간, 조금
神経質 しんけいしつ 圓신경질　実際 じっさい 圓실제로
上下関係 じょうげかんけい 圓상하관계　物事 ものごと 圓매사, 사물
収入 しゅうにゅう 圓수입　学歴 がくれき 圓학력
社会的 しゃかいてき 圓사회적　知識 ちしき 圓지식
豊富さ ほうふさ 圓풍부함　思う おもう 圆생각하다
得意だ とくいだ 囵잘 하다, 자신 있다　全て すべて 囲모두, 전부
対象 たいしょう 圓대상　知り合い しりあい 圓지인, 아는 사람
まさに 囲마침, 바로
面倒見が良い めんどうみがよい 잘 돌봐주다, 잘 보살펴주다
あれこれ 圓이것저것　仲間 なかま 圓동료, 친구
世話をやく せわをやく 보살펴주다　本人 ほんにん 圓본인
期待 きたい 圓기대　〜ほど 医~만큼, ~정도
好かれる すかれる 圆호감을 사다　信頼 しんらい 圓신뢰
正直言って しょうじきいって 솔직히 말해서　距離 きょり 圓거리
感じる かんじる 圆느끼다　世話になる せわになる 신세를 지다
抱く だく 圆품다, 안다　港町 みなとまち 圓항구도시
舞台 ぶたい 圓무대　場面 ばめん 圓장면
貧しい まずしい 囵가난하다　老人 ろうじん 圓노인
不法入国 ふほうにゅうこく 圓불법 입국　少年 しょうねん 圓소년
助ける たすける 圆돕다　生活 せいかつ 圓생활
用意 ようい 圓마련, 준비　〜にとっても ~에게도
危険 きけん 圓위험　およぶ 圆미치다, 달하다
計画 けいかく 圓계획　迷う まよう 圆망설이다, 헤매다
進める すすめる 圆진행하다　いよいよ 囲드디어, 결국
送り出す おくりだす 圆배웅하다, 보내다
〜に対し 〜にたいし ~에 대해　地平 ちへい 圓지평, 지평선
親切だ しんせつだ 囵친절하다　年齢 ねんれい 圓연령
同士 どうし 圓끼리　好意 こうい 圓호의　目線 めせん 圓시선
世話をする せわをする 보살펴 주다, 돌보아 주다
受ける うける 圆받다　お互いに おたがいに 서로
シンプルだ 囵심플하다　会話 かいわ 圓회화
流れる ながれる 圆흐르다　温かさ あたたかさ 圓따뜻함
伝える つたえる 圆전하다　友人 ゆうじん 圓친구
第一歩 だいいっぽ 圓첫걸음　〜かもしれない ~일지도 모른다
できるだけ 囲가능한 한, 될수 있는 한
水平だ すいへいだ 囵수평이다
持ち続ける もちつづける 圆계속 가지고 있다

71

그런 사람은, 어떤 사람인가?

1 다른 사람보다 훌륭한 경험이나 지식이 많은 사람
2 다른 사람과 자신을 비교하는 것으로 인간관계를 만드는 사람
3 다른 사람에게 뭔가를 가르치거나 돌봐주거나 하는 사람
4 다른 사람의 세세한 부분이 마음에 걸리는 신경질적인 사람

해설 지문의 そういう人(그런 사람) 주변을 주의 깊게 읽고 그런 사람이 어떤 사람인지 찾는다. 앞부분에서 上下関係でしか物事を見ない

人はいる。収入、学歴、社会的立場、顔や身体、経験や知識の豊富さ、何かが得意であるなど、全てがその対象となるらしい(상하관계로 밖에 매사를 보지 않는 사람은 있다. 수입, 학력, 사회적 지위, 얼굴이나 신체, 경험이나 지식의 풍부함, 무언가를 잘한다 등, 모든 것이 그 대상이 되는 것 같다)라고 서술하고 있으므로, 2 他の人と自分を比べることで人間関係を作る人(다른 사람과 자신을 비교하는 것으로 인간관계를 만드는 사람)가 정답이다.

어휘 すばらしい [い형] 훌륭하다, 대단하다   比べる くらべる [동] 비교하다
人間関係 にんげんかんけい [명] 인간관계
細かい こまかい [い형] 세세하다, 자세하다
気になる きになる 마음에 걸리다, 신경쓰이다

72

우정에 대해, 필자의 생각과 맞는 것은 어느 것인가?

1 서로 비교해서 다름을 인정하는 것이 우정이다.
2 서로의 사이에 일어난 일을 잊지 않는 것이 우정이다.
3 다름이나 차이를 넘어, 같은 장소에 있는 것이 우정이다.
4 같은 시선에 서서, 서로 신뢰하는 것이 우정이다.

해설 필자의 생각을 묻고 있으므로 友情(우정)를 지문의 중반부나 지문 전체에서 찾아 필자의 생각을 파악한다. 세 번째 단락에서 年齢も人種も立場も越えた、人間同士の好意と信頼がそこにあった。同じ目線に立つ、それが友情だと思う(연령도 인종도 지위도 넘은, 인간끼리의 호의와 신뢰가 거기에 있었다. 같은 시선에 서는 것, 그것이 우정이라고 생각한다)라고 서술하고 있으므로, 4 同じ目線に立ち、信頼し合うのが友情である(같은 시선에 서서, 서로 신뢰하는 것이 우정이다)가 정답이다.

어휘 認める みとめる [동] 인정하다   起きる おきる [동] 일어나다, 발생하다

73

이 글에서 필자가 가장 말하고 싶은 것은 무엇인가?

1 친구를 만들려면, 타인을 자신보다 아래로 보면 안 된다.
2 친구를 만드는 것은 간단하게 생각할 수 있지만, 실은 매우 어려운 것이다.
3 우정은 연령이나 사회적 지위 등의 차이에 구애되지 않는 것에서 생긴다.
4 서로 한 일을 잊지 않는 것이 우정을 키우는 가장 간단한 방법이다.

해설 지문의 주제를 묻고 있으므로 지문의 후반부나 지문 전체를 읽으며 정답의 단서를 찾는다. 네 번째 단락에서 近い立場でも、様々な違いがあっても、誰であれ友人となる第一歩は、同じ地平に立つことだ(가까운 지위라도, 다양한 차이가 있어도, 누구라도 친구가 되는 첫걸음은, 같은 지평에 서는 것이다)라고 서술하고 있으므로, 3 友情は年齢や社会的立場などの差にこだわらないことから生まれる(우정은 연령이나 사회적 지위 등의 차이에 구애되지 않는 것에서 생긴다)가 정답이다.

어휘 ～てはいけない ~해서는 안 된다   こだわる [동] 구애되다
育てる そだてる [동] 키우다   方法 ほうほう [명] 방법

74

최 씨는, 이번 금요일에 남동생과 수영장에 가려고 생각하고 있다. 최 씨는 16세의 고등학생이고 남동생은 10세의 초등학생이다. 두 사람이 함께 이용할 수 있는 것은 몇 시까지인가?

1 오후 6시
2 오후 8시
3 오후 10시
4 오후 10시 반

해설 최 씨와 남동생이 함께 몇 시까지 이용할 수 있는지를 파악한다. 질문에서 제시된 조건 (1) 金曜日(금요일), (2) チェさんは16歳の高校生(최 씨는 16세의 고등학생), (3) 弟は10歳の小学生(남동생은 10세의 초등학생)에 따라,
(1) 금요일: 22:30까지 이용 가능
(2) 최 씨는 16세의 고등학생: 최 씨는 남동생의 보호자로 함께 입장해야 함
(3) 남동생은 10세의 초등학생: 20:00까지 이용 가능
따라서 2 午後8時(오후 8시)가 정답이다.

어휘 今度 こんど [명] 이번   考える かんがえる [동] 생각하다
高校生 こうこうせい [명] 고등학생   小学生 しょうがくせい [명] 초등학생
利用 りよう [명] 이용

75

진 씨는 일요일에 가족과 수영장을 이용했다. 진 씨 부부와 8세의 딸, 65세의 진 씨의 엄마 4명이서 가서, 2시간 반 이용했다. 진 씨가 수영장에서 지불한 금액은 가족 전부에 얼마인가?

1 300엔
2 600엔
3 1,200엔
4 1,800엔

해설 진 씨가 지불한 금액을 파악한다. 질문에서 제시된 조건 (1) ジーンさん夫婦(진 씨 부부), (2) 8歳の娘(8세의 딸), (3) 65歳のジーンさんの母(65세의 진 씨의 엄마), (4) 2時間半利用(2시간 반 이용)에 따라,
(1) 진 씨 부부: 성인 이용 요금은 2시간까지 400엔
(2) 딸은 8세: 어린이 이용요금은 2시간까지 200엔
(3) 진 씨의 엄마는 65세: 고령자 이용요금은 2시간까지 200엔
(4) 2시간 반 이용: 추가금액은 성인 200엔, 어린이 100엔, 고령자 100엔
따라서 이용요금 1,200엔(400엔x2+400엔+400엔)에 600엔(200엔x2+100엔+100엔)을 더한 4 1,800円(1,800엔)이 정답이다.

어휘 夫婦 ふうふ [명] 부부   娘 むすめ [명] 딸   払う はらう [동] 지불하다, 내다
金額 きんがく [명] 금액

츄오 시민 수영장 이용안내

이용 시간	9:00~21:30 (입장은 21:00까지) ※ 금요일은 25m수영장만 9:00~22:30까지 (입장은 22:00까지)
휴관일	둘째 주, 넷째 주 월요일 (국경일은 개관합니다.) 연말 연시 ※ 7월20일~8월31일 까지는 무휴로 개관합니다.

이용요금에 대해

[75]이용요금 (2시간까지)			[75]초과요금 (1시간 마다)		
어른	어린이	고령자	어른	어린이	고령자
400엔	200엔	200엔	200엔	100엔	100엔

※ [75]어린이 요금은 4세 이상 중학생 이하가 대상이 됩니다.
※ [75]고령자 요금은 65세 이상인 분이 대상이 됩니다.
※ 이용시간에는 옷 갈아입기 등의 시간을 포함합니다.
※ 2시간 이상 이용한 경우는, 돌아가실 때 입퇴장 게이트의 옆에 있는 정산기에서 초과요금을 지불해 주십시오.

[이용방법]
- 입장할 때는 입구의 판매기에서 이용권을 구입하고, 입퇴장 게이트의 카드 투입구에 넣어 통과해 주십시오. 그때, 퇴장 예정시각이 표시되오니, 반드시 확인해 주십시오.
- 4세 미만의 어린이는 이용할 수 없습니다.
- 초등학교 입학 전의 유아는 16세 이상의 보호자와 함께 이용해 주십시오.
- [74]18:00 이후의 초등학생만의 이용은 할 수 없습니다. 16세 이상의 보호자와 함께 입장해 주실 필요가 있습니다. 단, 초등학생의 이용은 20:00까지입니다.
- 소지품은 로커에 넣고 반드시 열쇠를 잠가주십시오. 로커를 사용할 때는, 100엔 동전이 하나 필요합니다. 사용 후는 동전이 되돌아 나오니 잊지 말고 가지고 돌아가 주십시오.
- 장내는 종일 금연입니다. 흡연은 수영장의 입구에 설치된 흡연 장소에서 부탁드립니다.
- 수영장 내 및 수영장 사이드, 탈의실에서의 음식물 섭취는 금지입니다. 음식물 섭취는 휴게 코너에서 부탁드립니다.
- 수영장에 들어갈 때는, 수영복, 수영모를 반드시 착용해 주십시오. 또 피어싱, 팔찌, 목걸이 등의 액세서리류는 반드시 빼 주십시오.

어휘 市民 しみん 圆시민　利用案内 りようあんない 圆이용안내
利用時間 りようじかん 圆이용시간　入場 にゅうじょう 圆입장
休館日 きゅうかんび 圆휴관일　祝日 しゅくじつ 圆국경일, 축일
開館 かいかん 圆개관　年末年始 ねんまつねんし 圆연말연시
無休 むきゅう 圆무휴　利用料金 りようりょうきん 圆이용요금
~について ~에 대해　超過 ちょうか 圆초과　~ごと ~마다
高齢者 こうれいしゃ 圆고령자　以上 いじょう 圆이상
中学生 ちゅうがくせい 圆중학생　以下 いか 圆이하
対象 たいしょう 圆대상　着替え きがえ 圆옷 갈아입기

含む ふくむ 圄포함하다　場合 ばあい 圆경우
~際に ~さいに ~할 때
入退場ゲート にゅうたいじょうゲート 圆입퇴장 게이트　横 よこ 圆옆
清算機 せいさんき 圆정산기, 요금 징수기
支払う しはらう 圄지불하다　販売機 はんばいき 圆판매기
利用券 りようけん 圆이용권　購入 こうにゅう 圆구입
カード 圆카드　入れ口 いれぐち 圆투입구　通過 つうか 圆통과
退場 たいじょう 圆퇴장　予定 よてい 圆예정　時刻 じこく 圆시각
表示 ひょうじ 圆표시　必ず かならず 圉반드시, 꼭
確認 かくにん 圆확인　未満 みまん 圆미만
小学校 しょうがっこう 圆초등학교　入学前 にゅうがくまえ 圆입학 전
幼児 ようじ 圆유아　保護者 ほごしゃ 圆보호자　以降 いこう 圆이후
~かねる ~할 수 없다, ~하기 어렵다
いただく 圄(상대가) 주시다 (もらう의 겸양어)　必要 ひつよう 圆필요
ただし 圈다만, 단　持ち物 もちもの 圆소지품
ロッカー 圆로커　鍵をかける かぎをかける 열쇠를 잠그다
使用 しよう 圆사용　硬貨 こうか 圆동전, 금속화폐
戻る もどる 圄되돌아오(가)다　持ち帰る もちかえる 圄가지고 돌아가다
場内 じょうない 圆장내　終日 しゅうじつ 圆종일
禁煙 きんえん 圆금연　喫煙 きつえん 圆흡연　設置 せっち 圆설치
喫煙場所 きつえんばしょ 圆흡연장소　及び および 圈및
サイド 圆사이드　更衣室 こういしつ 圆탈의실
飲食 いんしょく 圆음식물 섭취, 음식　禁止 きんし 圆금지
休憩コーナー きゅうけいコーナー 圆휴게 코너
水着 みずぎ 圆수영복　水泳帽子 すいえいぼうし 圆수영모자
着用 ちゃくよう 圆착용　ピアス 圆피어싱　ブレスレット 圆팔찌
ネックレス 圆목걸이　アクセサリー類 アクセサリーるい 圆액세서리류
はずす 圄빼다, 벗다

청해

☞ 문제1의 디렉션과 예제를 들려줄 때 1번부터 5번까지의 선택지를 미리 읽고 내용을 재빨리 파악해둡니다. 음성에서 では、始めます(그러면, 시작합니다)가 들리면, 곧바로 문제 풀 준비를 합니다.

음성 디렉션과 예제

問題1では、まず質問を聞いてください。それから話を聞いて、問題用紙の1から4の中から、最もよいものを一つ選んでください。では練習しましょう。

大学で女の人と男の人が就職活動について話しています。女の人はこの後まず、何をしますか。

F：そろそろ就職活動しないといけないけど、何からすればいいのかわかんなくて。もう何かしてる？
M：もちろん。就活サイトに登録はした？ほら、大学生向けの就職の情報がたくさん載っているウェブサイト。

F：ああ、うん。それはもうした。でも、情報が多すぎて。どこから見ればいいかわかんなくてさ。

M：登録したなら、希望の仕事も登録したよね。

F：それが、まだなんだよね。そこで止まってしまって。

M：ああ、じゃ、まずそこからだよ。どんな仕事をしたいか登録しないと、情報が絞れないでしょ。

F：うん、でも、どんな仕事がいいかもよくわかんなくて。だいたい働いたことないから、仕事の内容なんてわかるわけがないじゃない？企業研究もしなきゃいけないんだよね。

M：でも、自分が何に向いているかも大切じゃない？ほら、サイトにあるテストとかで、どういうことが得意なのかわかるし。

F：そうか。企業研究はそのあとでいいかなあ。

女の人はこの後まず、何をしますか。

最もよいものは3番です。解答用紙の問題1の例のところを見てください。最もよいものは3番ですから、答えはこのように書きます。では、始めます。

해석 문제 1에서는 우선 질문을 들어주세요. 그리고 나서 이야기를 듣고, 문제 용지의 1에서 4 중에, 가장 알맞은 것을 하나 골라주세요. 그러면 연습해봅시다.

대학에서 여자와 남자가 취직 활동에 대해서 이야기하고 있습니다. **여자**는 이 다음에 **우선, 무엇을** 합니까?

F : 슬슬 취직 활동을 해야 하는데, 뭐부터 하면 좋을지 몰라서. 벌써 뭔가 하고 있어?

M : 물론. 취직 활동 사이트에 등록은 했어? 이것 봐, 대학생 대상의 취직 정보가 많이 실려있는 웹사이트.

F : 아, 응. 그건 벌써 했어. 하지만, 정보가 너무 많아서. 어디부터 보면 좋을지 모르겠어서 말이야.

M : 등록했으면, **희망 업무도** 등록했지?

F : **그게, 아직이야.** 거기서 멈춰버려서.

M : 아, 그럼, **우선 거기부터야.** 어떤 일을 하고 싶은지 등록하지 않으면, 정보를 좁힐 수 없잖아.

F : 응, 하지만, 어떤 일이 좋을지도 잘 몰라서. 도대체 일해본 적이 없으니, 업무 내용 따위 알 리가 없지 않아? 기업 연구도 해야 하고.

M : 하지만, 본인이 무엇에 적합한지도 중요하잖아. 이것 봐, 사이트에 있는 테스트 같은 것으로, 어떤 것을 잘하는지 알 수 있고.

F : 그런가. 기업 연구는 그 후에 해도 괜찮으려나.

여자는 이 다음에 우선, 무엇을 합니까?

가장 알맞은 것은 3번입니다. 답안 용지의 문제 1의 예시 부분을 봐주세요. 가장 알맞은 것은 3번이기 때문에, 정답은 이렇게 표시합니다. 그러면, 시작합니다.

1 취직 활동 사이트에서 테스트를 본다

2 어떤 일을 하고 싶은지 정한다

3 희망 업무를 사이트에 등록한다

4 하고 싶은 일의 기업에 관해 조사한다

1

[음성]

大学で茶道クラブの男の人と女の人が話しています。男の人はこれから何をしますか。

M：今度の体験イベントの参加者、何人ぐらいになった？

F：山田さんが2人って言ってたよ。

M：まだ2人なんだ。ホームページだけじゃなかなか集まらないんだなあ。大学内で案内の紙を配ろうか。

F：それは昨日から佐藤さんがやってくれてるよ。かわいい絵を入れたのを作ってくれたのよ。あれで来る人が増えると思うんだけどね。

M：早く人数が集まらないかなあ。そろそろ会場の予約をしないといけないんだよな。困ったなあ。

F：え？まだやってないの？

M：だってまだ人数が足りないんだよね。5人以上でないとしないんだろ？

F：それはそうなんだけど、市民センターの和室は人気があるから、早く予約しないと。

M：週末ならともかく、平日だから大丈夫だよ。人数が集まってからにしない？

F：でもね、1週間前までならキャンセル料がかからないから、もしもの場合はそうしたらいいのよ。

M：そうなんだ。じゃあ、早速やってみるよ。

男の人はこれから何をしますか。

[문제지]

1 ホームページに案内をのせる

2 大学で案内の紙を配る

3 和室を予約する

4 予約をキャンセルする

해석 대학교에서 다도 동아리의 남자와 여자가 이야기하고 있습니다. **남자**는 **이제부터 무엇을** 합니까?

M : 이번 체험 이벤트의 참가자, 몇 명 정도 되었어?

F : 야마다 씨가 2명이라고 말했어.

M : 아직 2명이구나. 홈페이지만으로는 좀처럼 모이지 않네. 대학교 내에서 안내 용지를 나누어 줄까?

F : 그건 어제부터 사토 씨가 해주고 있어. 귀여운 그림을 넣은 걸 만들어 줬어. 그걸로 오는 사람이 늘어날 거라고 생각하는데.

M : 빨리 인원수가 모이지 않으려나. 슬슬 모임 장소 예약을 해야 하는데. 곤란하네.

F : 어? 아직 안 한 거야?

M : 그것이 아직 인원수가 부족해. 5명 이상이 아니면 하지 않는 거잖아?

F : 그건 그렇지만, 시민센터의 다다미방은 인기가 있으니까, 빨리 예약해야 해.

M : 주말이라면 몰라도, 평일이니까 괜찮아. 인원수가 모이고 나서 하지 않을래?

F : 하지만, 1주일 전까지라면 취소 수수료가 들지 않으니까, 만약의 경우는 그렇게 하면 돼.

M : 그렇구나. 그럼, 즉시 해볼게.

남자는 이제부터 무엇을 합니까?

1 홈페이지에 안내를 올린다
2 대학교에서 안내 용지를 나누어 준다
3 다다미방을 예약한다
4 예약을 취소한다

해설 1 '홈페이지에 안내 올리기', 2 '안내 용지 나누어 주기', 3 '다다미 방 예약하기', 4 '예약 취소하기' 중 남자가 앞으로 해야 할 일을 묻는 문제이다. 대화에서, 여자가 和室は人気があるから、早く予約しないと(다다미 방은 인기가 있으니까, 빨리 예약해야 해)라고 하자, 남자가 早速やってみるよ(즉시 해볼게)라고 했으므로, 3 和室を予約する(다다미방을 예약한다)가 정답이다. 1은 이미 한 일이고, 2는 사토 씨가 하고 있으며, 3은 참가자가 5명 이상 모이지 않을 때 해야 할 일이므로 오답이다.

어휘 今度 こんど 圏이번　体験 たいけん 圏체험　イベント 圏이벤트
参加者 さんかしゃ 圏참가자　ホームページ 圏홈페이지
なかなか 悹좀처럼　集まる あつまる 屠모이다
案内 あんない 圏안내　配る くばる 屠나누어 주다
増える ふえる 屠늘어나다　早く はやく 悹빨리
人数 にんずう 圏인원수　そろそろ 悹슬슬
会場 かいじょう 圏모임 장소, 회장　予約 よやく 圏예약
だって 圙그것이, 하지만　足りない たりない 부족하다
以上 いじょう 圏이상　市民 しみん 圏시민　センター 圏센터
和室 わしつ 圏다다미방, 일본식 방
人気がある にんきがある 인기가 있다　週末 しゅうまつ 圏주말
平日 へいじつ 圏평일
キャンセル料 キャンセルりょう 圏취소 수수료
かかる 屠(시간, 비용이) 들다　もしも 悹만약　場合 ばあい 圏경우
早速 さっそく 悹즉시　のせる 屠올리다, 게재하다

2

[음성]

会社で課長と女の人が話しています。女の人はこのあとまず何をしますか。

F : 課長、プレゼンテーションの資料を読んでいただけましたか。おととい、お渡ししたものです。

M : ああ、あれね。読んだよ。

F : ちょっと自信がないところがありまして。何かアドバイスをいただけませんか。論文の引用をもっと詳しくしたほうがいいのかなと思ったのですが。

M : いや、あれでも文字が多くて読むのが大変だったよ。

内容はいいと思ったんだけどね。

F : そうですか。減らしてみます。

M : それから、新しいデータのグラフは見やすくてよかったよ。お客様に新製品の改善点がよく伝わると思ったよ。

F : あのグラフなんですが、少し拡大したほうがいいでしょうか。

M : あれでいいよ。

F : では、直したものをもう一度確認していただけますか。

M : もちろんだよ。メールに添付で送って。

F : ありがとうございます。

M : それから、お客様の前でプレゼンをやるのは初めてだろ?資料が完成したら練習しておくんだよ。

F : はい、分かりました。

女の人はこのあとまず何をしますか。

[문제지]

1 資料の文字数を減らす
2 グラフを大きくする
3 課長にメールを送る
4 プレゼンテーションの練習をする

해석 회사에서 과장과 여자가 이야기하고 있습니다. 여자는 이 다음에 우선 무엇을 합니까?

F : 과장님, 프레젠테이션 자료를 읽어 주셨나요? 그저께, 건네드린 거에요.

M : 아, 그것 말이지. 읽었어.

F : 조금 자신이 없는 곳이 있어서요. 뭔가 조언을 받을 수 없을까요? 논문 인용을 좀 더 자세하게 하는 편이 좋을까 하고 생각했는데요.

M : 아니, 그걸로도 글자가 많아서 읽는 것이 힘들었어. 내용은 좋다고 생각했는데.

F : 그래요? 줄여 볼게요.

M : 그리고, 새로운 데이터의 그래프는 보기 쉬워서 좋았어. 고객에게 신제품의 개선점이 잘 전달되겠다고 생각했어.

F : 그 그래프 말인데요, 조금 확대하는 편이 좋을까요?

M : 그걸로 괜찮아.

F : 그럼, 고친 것을 한 번 더 확인해 주시겠어요?

M : 물론이야. 메일로 첨부해서 보내.

F : 감사합니다.

M : 그리고, 고객 앞에서 프레젠테이션을 하는 것은 처음이지? 자료가 완성되면 연습해 둬.

F : 네, 알겠습니다.

여자는 이 다음에 우선 무엇을 합니까?

1 자료의 글자 수를 줄인다
2 그래프를 크게 한다
3 과장에게 메일을 보낸다

4 프레젠테이션의 연습을 한다

해설 1 '글자 수 줄이기', 2 '그래프 크게 하기', 3 '메일 보내기', 4 '프레젠테이션 연습하기' 중 여자가 가장 먼저 해야 할 일을 묻는 문제이다. 대화에서, 과장이 여자의 자료에 대해 文字が多くて読むのが大変だったよ(글자가 많아서 읽는 것이 힘들었어)라고 하자, 여자가 減らしてみます(줄여 볼게요)라고 했으므로, 1 資料の文字数を減らす(자료의 글자 수를 줄인다)가 정답이다. 2는 보기 쉽다고 했으므로 할 필요가 없고, 3과 4는 자료가 완성된 다음에 해야 할 일이므로 오답이다.

어휘 課長 かちょう 圏 과장님, 과장　プレゼンテーション 圏 프레젠테이션
資料 しりょう 圏 자료　自信 じしん 圏 자신　アドバイス 圏 조언
いただく 圏 받다 (もらう의 겸양어)　論文 ろんぶん 圏 논문
引用 いんよう 圏 인용　詳しい くわしい [い형] 자세하다
文字 もじ 圏 글자　内容 ないよう 圏 내용　減らす へらす 圏 줄이다
データ 圏 데이터　グラフ 圏 그래프　新製品 しんせいひん 圏 신제품
改善点 かいぜんてん 圏 개선점　伝わる つたわる 圏 전달되다
拡大 かくだい 圏 확대　直す なおす 圏 고치다
もう一度 もういちど 한 번 더　確認 かくにん 圏 확인
もちろん 圏 물론　メール 圏 메일　添付 てんぷ 圏 첨부
送る おくる 圏 보내다　お客様 おきゃくさま 圏 고객, 손님
プレゼン 圏 프레젠테이션 (プレゼンテーション의 줄임말)
完成 かんせい 圏 완성

3

[음성]
大学で男の学生と女の学生が話しています。女の学生はこのあとまず何をしますか。

M：鈴木さん、ゼミの明日のグループ発表、田中さんが来られないって聞いた?

F：え、どうして?じゃあ、田中さんが発表するところ、どうするの?

M：インフルエンザにかかったみたいでさ。どうしても無理なんだって。悪いけど、田中さんの代わりに発表できない?

F：えー?私、発表担当が嫌だからアンケートを作ったり、結果をまとめたりしたのよ。データを分析するのが結構大変だったんだから。

M：うん、わかるよ。でもね、僕は自分の発表担当があるからね。全部僕がやるのも変だろ?

F：そうねえ。あ、来週発表のBグループの人に先にやらないか聞いてみようか。

M：僕もそう思ったんだけど、今アンケートの分析をしてるって言ってたから、難しいんじゃない。

F：そうなんだ。じゃあ、だめだって言われると思うけど、先生に来週にしてもらえないか聞いてみない?

M：クラスの予定もあるからたぶん無理だろうけど。無理だったら、鈴木さん、がんばってね。

F：わかった。さっき研究室にいらっしゃったから、相談してみるよ。それより、まず田中さんにデータを送ってもらわないとね。

M：さっきメールを見たら来てたよ。鈴木さんにも送ったって。

女の学生はこのあとまず何をしますか。

[문제지]
1 田中さんの代わりに発表する
2 他のグループに発表日を変えてもらう
3 先生の研究室に行く
4 データ送信をたのむ

해석 대학교에서 남학생과 여학생이 이야기하고 있습니다. 여학생은 이 다음에 우선 무엇을 합니까?

M : 스즈키 씨, 세미나의 내일 그룹 발표, 다나카 씨가 올 수 없는데 들었어?

F : 응? 어째서? 그럼, 다나카 씨가 발표할 곳, 어떻게 해?

M : 독감에 걸린 것 같아. 아무래도 무리래. 미안한데, 다나카 씨 대신에 발표할 수 없을까?

F : 뭐? 나, 발표 담당이 싫어서 앙케트를 만들거나, 결과를 정리하거나 한 거야. 데이터를 분석하는 것이 꽤 힘들었다고.

M : 응, 알아. 하지만, 나는 내 발표 담당이 있으니까 말이야. 전부 내가 하는 것도 이상하잖아?

F : 그렇네. 아, 다음 주 발표인 B그룹 사람에게 먼저 하지 않겠냐고 물어볼까?

M : 나도 그렇게 생각했는데, 지금 앙케트 분석을 하고 있다고 말했으니까, 어렵지 않을까.

F : 그렇구나. 그럼, 안 된다는 말을 들을 거라고 생각하지만, 선생님에게 다음 주로 해 주실 수 없는지 물어보지 않을래?

M : 클래스 예정도 있기 때문에 아마 무리겠지만. 무리라면, 스즈키 씨, 힘내.

F : 알았어. 아까 연구실에 계셨으니까, 상담해 볼게. 그것보다, 우선 다나카 씨가 데이터를 보내 줘야 해.

M : 아까 메일을 봤더니 와 있었어. 스즈키 씨한테 보냈대.

여학생은 이 다음에 우선 무엇을 합니까?

1 다나카 씨 대신에 발표한다
2 다른 그룹에게 발표일을 바꿔 달라고 한다
3 선생님의 연구실에 간다
4 데이터 송신을 부탁한다

해설 1 '대신 발표하기', 2 '발표일을 바꿔 달라고 하기', 3 '연구실 가기', 4 '데이터 송신 부탁하기' 중 여학생이 가장 먼저 해야 할 일을 묻는 문제이다. 대화에서, 여학생이 선생님께 다음 주로 발표일을 바꿔달라고 물어보자고 하며 さっき研究室にいらっしゃったから、相談してみるよ(아까 연구실에 계셨으니까, 상담해 볼게)라고 했으므로, 3 先生の研究室に行く(선생님의 연구실에 간다)가 정답이다. 1은 발표 담당이 싫다고 했고, 2는 어렵다고 했으며, 4는 이미 데이터가 메일로 와 있어 할 필요가 없으므로 오답이다.

어휘 ゼミ 圏세미나　グループ 圏그룹　発表 はっぴょう 圏발표
インフルエンザにかかる 독감에 걸리다　どうしても 閅아무래도
無理 むり 閅무리　代わり かわり 圏대신, 대리
担当 たんとう 圏담당　嫌だ いやだ な閿싫다　アンケート 圏앙케트
結果 けっか 圏결과　まとめる 閼정리하다　データ 圏데이터
分析 ぶんせき 圏분석　変だ へんだ な閿이상하다
先に さきに 閅먼저　だめだ な閿안 된다　予定 よてい 圏예정
がんばる 閼힘내다　さっき 閅아까
研究室 けんきゅうしつ 圏연구실
いらっしゃる 閼계시다 (いる의 존경어)　相談 そうだん 圏상담
それより 그것보다　送る おくる 閼보내다
発表日 はっぴょうび 圏발표일　変える かえる 閼바꾸다
送信 そうしん 圏송신

4

［음성］

電話で男の人と女の人が話しています。男の人はこのあと
まず何をしますか。

M：もしもし、青井さん、ちょっと聞きたいんだけど。

F：どうしたの?

M：小さい鳥がベランダに飛んできたんで、保護したんだ。
黄色い鳥なんだけど、人に慣れているからペットかな。
どうしたらいい?

F：え?その鳥、元気なの?

M：うん、とても元気だよ。人が好きみたいで手に乗ってく
るんだよ。

F：それはよかった。でもね、今元気でも、もしかしたら
外にいるときに病気にかかったり、けがをしたりしてい
るかもしれないから、できれば病院に連れて行ってあ
げてね。小鳥も見てくれる病院が駅の近くにあるから。

M：うん、わかった。土日は休みだろうから、来週連れて
行くよ。それから、探している人がいるかもしれない
から、インターネットに情報を載せようと思っているん
だけど、いいかな。

F：それはいいね。けど、生き物でも落とし物と同じだか
ら、警察に届けるのが先だよ。

M：えっ、そうなんだ。そういう場合って、連れて行くの?

F：連れて行くのは大変でしょう?まず写真を撮って、それ
を見せて説明するといいよ。何か食べさせた?

M：それが、すぐにエサを買いに行って与えたんだけど、
まだ食べてないんだ。

F：環境が変わって緊張しているのかもしれないね。慣れ
たら食べると思うからちょっと様子を見て。

M：わかった。本当にありがとう。

男の人はこのあとまず何をしますか。

［문제지］

1 病院に鳥を連れて行く
2 インターネットに情報をのせる
3 けいさつに届けを出しに行く
4 鳥の写真をとる

해석 전화로 남자와 여자가 이야기하고 있습니다. 남자는 이 다음에 우선
무엇을 합니까?

M : 여보세요. 아오이 씨, 좀 묻고 싶은데.

F : 무슨 일이야?

M : 작은 새가 베란다에 날아와서, 보호했어. 노란 새인데. 사람에게
길들여져 있으니까 애완동물인 걸까. 어떻게 하면 좋아?

F : 어? 그 새, 건강해?

M : 응, 매우 건강해. 사람을 좋아하는 것 같고 손에 올라타.

F : 그건 잘 됐다. 하지만, 지금 건강해도, 어쩌면 밖에 있을 때 병에
걸렸거나, 다쳤거나 했을지도 모르니까, 가능하면 병원에 데려가
줘. 작은 새도 봐주는 병원이 역 근처에 있으니까.

M : 응, 알겠어. 토요일, 일요일은 휴일일 테니까, 다음 주에 데리고 갈
게. 그리고, 찾고 있는 사람이 있을지도 모르니까, 인터넷에 정보를
올리려고 생각하고 있는데, 괜찮을까.

F : 그거 좋네. 하지만, 생물이라도 분실물과 같으니까, 경찰에 신고
하는 것이 우선이야.

M : 앗, 그렇구나. 그런 경우는, 데려가?

F : 데려가는 것은 힘들잖아? **우선 사진을 찍어서, 그것을 보여주고
설명하면 돼.** 뭔가 먹었어?

M : 그게, 바로 먹이를 사러 가서 줬는데, 아직 먹지 않아.

F : 환경이 바뀌어서 긴장하고 있을지도 모르겠네. 익숙해지면 먹을
거라고 생각하니 좀 상태를 봐.

M : 알겠어. 정말 고마워.

남자는 이 다음에 우선 무엇을 합니까?

1 병원에 새를 데려간다
2 인터넷에 정보를 올린다
3 경찰에게 신고를 하러 간다
4 새의 사진을 찍는다

해설 1 '병원에 새 데려가기', 2 '정보 올리기', 3 '신고하러 가기', 4 '새의
사진 찍기' 중 남자가 가장 먼저 해야 할 일을 묻는 문제이다. 대화에
서, 남자가 새를 경찰서에 데려가려고 하자, 여자가 **먼저 사진을 찍어
서, 그것을 보여주고 설명하라**고(우선 사진을 찍어서, 그것을
보여주고 설명하면 돼)라고 했으므로, 4 鳥の写真をとる(새의 사진
을 찍는다)가 정답이다. 1은 다음 주에 해야 할 일이고, 2는 경찰서에
다녀온 다음에 해야 할 일이며, 3은 사진을 찍은 다음에 해야 할 일이
므로 오답이다.

어휘 ベランダ 圏베란다　保護 ほご 圏보호
慣れる なれる 閼길들다, 익숙해지다　元気だ げんきだ な閿건강하다
もしかしたら 閅어쩌면
病気にかかる びょうきにかかる 병에 걸리다　けがをする 다치다
連れて行く つれていく 데리고 가다　小鳥 ことり 圏작은 새
土日 どにち 圏토요일과 일요일　探す さがす 閼찾다
インターネット 圏인터넷　情報 じょうほう 圏정보

載せる のせる 图올리다　生き物 いきもの 图생물

落し物 おとしもの 图분실물　警察 けいさつ 图경찰

届ける とどける 图신고하다　場合 ばあい 图경우

説明 せつめい 图설명　エサ 图먹이　与える あたえる 图주다

環境 かんきょう 图환경　変わる かわる 图바뀌다

緊張 きんちょう 图긴장　様子 ようす 图상태

届けを出す とどけをだす 신고를 하다

5

[음성]

大学で男の学生と女の学生が話しています。女の学生はこのあと何をしますか。

M：明日の留学生の歓迎会の確認をしたいんだけど、今、大丈夫？

F：あ、はい、いいですよ。

M：昨日が申し込みの締め切り日だったから、人数は決まったよね。ピザとお寿司の注文、お願いできる？

F：それは、今朝、鈴木さんがされていましたよ。

M：あ、そう。それから、ゲームで勝った人へのプレゼント、買ってなかったよね。

F：そうですね。買わないといけないですね。

M：悪いんだけど、今から買いに行ける？僕はこれから明日の確認を田中さんとしなきゃいけなくて。

F：今からはちょっと。これから授業があるので。

M：じゃあ、授業のあとでいいからお願いできないかな？千円ぐらいのを三つで。

F：わかりました。あ、買ったら会計の北山さんにレシートを渡して、お金をもらうんでしたよね。

M：うん、そうしてね。

F：そういえば、今日の放課後に歓迎会の会場を飾りつけるはずだと思うんですけど、どこで待ち合わせか知ってますか？

M：そっか、今日は飾りつけがあったね。じゃあ、僕が買い物に行くから、そっちをお願いできる？

F：わかりました、ではそういうことで。

女の学生はこのあと何をしますか。

[문제지]

1 ア ウ

2 ア エ

3 イ ウ

4 イ エ

해석 대학교에서 남학생과 여학생이 이야기하고 있습니다. **여학생은 이 다음에 무엇을 합니까?**

　M：내일 유학생 환영회의 확인을 하고 싶은데, 지금, 괜찮아?

F : 아, 네, 괜찮아요.

M : 어제가 신청 마감일이었으니까, 인원수는 정해졌지? 피자랑 초밥 주문, 부탁할 수 있을까?

F : 그건, 오늘 아침, 스즈키 씨가 하셨어요.

M : 아, 그렇구나. 그리고, 게임에서 이긴 사람에게 주는 선물, 안 샀었지?

F : 그렇네요. 사야겠네요.

M : 미안한데, 지금부터 사러 갈 수 있어? 나는 이제부터 내일의 확인을 다나카 씨와 해야 해서.

F : 지금부터는 좀. 이제부터 수업이 있어서.

M : 그럼, 수업 후라도 괜찮으니까 부탁할 수 없을까? 천엔 정도인 것을 3개.

F : 알겠습니다. 아, 사면 회계인 키타야마 씨에게 영수증을 건네고, 돈을 받는 거였죠?

M : 응, 그렇게 해.

F : 그러고 보니, 오늘 방과후에 환영회 회장을 장식할거라고 생각하는데요, 어디서 만나는지 알고 계세요?

M : 그런가, 오늘 장식이 있었지. 그럼, 내가 사러 갈 테니까, 그쪽을 부탁할 수 있을까?

F : 알겠습니다, 그럼 그렇게 하는 것으로.

여학생은 이 다음에 무엇을 합니까?

1 ア ウ

2 ア エ

3 イ ウ

4 イ エ

해설 ア '초밥과 피자 주문', イ '수업', ウ '선물 구입', エ '환영회 준비' 중 여학생이 해야 할 일 두 가지를 묻는 문제이다. 대화에서, 남학생이 선물을 사러 가 줄 수 있냐고 부탁하자, 여학생이 今からはちょっと。これから授業があるので(지금부터는 좀. 이제부터 수업이 있어서)라고 했으므로, 우선 수업에 가야함을 알 수 있다. 또, 오늘 환영회 회장 장식이 있어, 남학생이 僕が買い物に行くから、そっちをお願いできる?(내가 사러 갈 테니까, 그쪽을 부탁할 수 있을까?)라고 했으므로, 여학생은 환영회 준비를 하러 가야함을 알 수 있다. 따라서, 수업을 듣고 있고, 환영회 회장을 장식하고 있는 4 イ エ가 정답이다.

어휘 歓迎会 かんげいかい 图환영회　確認 かくにん 图확인

　　申し込み もうしこみ 图신청　締め切り日 しめきりび 图마감일

　　人数 にんずう 图인원수　決まる きまる 图정해지다　ピザ 图피자

　　お寿司 おすし 图초밥　注文 ちゅうもん 图주문

　　ゲーム 图게임　勝つ かつ 图이기다　プレゼント 图선물

　　会計 かいけい 图회계　レシート 图영수증

　　放課後 ほうかご 图방과후　会場 かいじょう 图회장

　　飾りつける かざりつける 图장식하다

　　待ち合わせる まちあわせる 图만나다, 만날 약속을 하다

☞ 문제 2의 디렉션과 예제를 들려줄 때 1번부터 6번까지의 선택지를 미리 읽고 내용을 재빨리 파악해둡니다. 음성에서 では、始めます(그러면, 시작합니다)가 들리면, 곧바로 문제 풀 준비를 합니다.

음성 디렉션과 예제

問題2では、まず質問を聞いてください。そのあと、問題用紙のせんたくしを読んでください。読む時間があります。それから話を聞いて、問題用紙の1から4の中から、最もよいものを一つ選んでください。では練習しましょう。

喫茶店で店員と男の人が話しています。**男の人がこの店に通う一番の目的は何ですか。**

F：いつもお越しくださってありがとうございます。

M：こちらこそいつも長い時間すみません。ここにいるとつい時間を忘れてしまいますね。気づいたらこんな時間になっちゃってて、びっくりしました。すみません。

F：いえいえ。ここはお客様に普段の生活から離れて、のんびりしていただくことが目的ですのでごゆっくりどうぞ。ちょっと不便なところで申し訳ないんですが。

M：いやいや。**集中して読書がしたいときは、こんな環境がぴったりなんですよ。**今日は風の音を楽しみながら読書ができて、やっぱり私は自然が好きなんだなって思いました。自然がいっぱいの田舎で育ちましたので。

F：それはよかったです。ありがとうございます。

M：それに加えて、こちらのケーキはどれもおいしいですから。いつもどれにするか迷っちゃうんですよね。

F：ありがとうございます。来週からケーキの種類も増やす予定ですので、またぜひお越しください。

M：そうなんですか。それは楽しみです。

男の人がこの店に通う一番の目的は何ですか。

最もよいものは2番です。解答用紙の問題2の例のところを見てください。最もよいものは2番ですから、答えはこのように書きます。では、始めます。

해석 문제 2에서는 우선 질문을 들어주세요. 그 뒤, 문제 용지의 선택지를 읽어주세요. 읽는 시간이 있습니다. 그리고 나서 이야기를 듣고, 문제 용지의 1에서 4 중에, 가장 알맞은 것을 하나 골라주세요. 그러면 연습해봅시다.

찻집에서 점원과 남자가 이야기하고 있습니다. 남자가 이 가게에 다니는 가장 큰 목적은 무엇입니까?

F : 언제나 와 주셔서 감사합니다.

M : 저야말로 언제나 오랜 시간 죄송합니다. 여기에 있으면 그만 시간을 잊어버리네요. 알아차리면 이런 시간이 되어버려서, 깜짝 놀랐

어요. 죄송합니다.

F : 아뇨 아뇨. 여기는 손님이 평소의 생활로부터 떨어져서, 느긋하게 있어 주시는 것이 목적이니까 편안히 계세요. 조금 불편한 곳이라 죄송합니다만.

M : 아뇨 아뇨. 집중해서 독서를 하고 싶을 때는, 이런 환경이 딱이에요. 오늘은 바람 소리를 즐기면서 독서할 수 있어서, 역시 나는 자연을 좋아하는구나라고 생각했어요. 자연이 가득한 시골에서 자라서요.

F : 그건 다행이네요. 감사합니다.

M : 거기에다가, 여기 케이크는 어느 것이나 다 맛있으니까요. 항상 어느 것으로 할지 망설여버려요.

F : 감사합니다. 다음 주부터 케이크 종류도 늘릴 예정이니까, 다시 꼭 와주세요.

M : 그래요? 그거 기대되네요.

남자가 이 가게에 다니는 가장 큰 목적은 무엇입니까?

가장 알맞은 것은 2번입니다. 답안 용지의 문제 2의 예시 부분을 봐주세요. 가장 알맞은 것은 2번이기 때문에, 정답은 이렇게 표시합니다. 그러면, 시작합니다.

1 오랜 시간, 편안히 있고 싶기 때문에
2 집중해서 책을 읽고 싶기 때문에
3 시골의 자연을 회상하고 싶기 때문에
4 맛있는 케이크가 먹고 싶기 때문에

1

[음성]

男の学生と女の学生が話しています。**男の学生は、どうして寝られませんでしたか。**

M：おはよう…。

F：おはよう。なんか眠そうだね。

M：うん、昨日の夜、全然寝られなかったんだ。

F：もしかして、朝までレポート書いてた？昨日の帰り、まだできてないって言ってたよね。

M：いや、そうじゃないんだ。徹夜かなと思ったんだけど、12時くらいには終わったよ。でも、寝ようかと思ったら、友達から電話が掛かってきて…。

F：ずっと電話してたの？

M：ううん。部屋のエアコンが壊れたから、今から行ってもいいかって言われて。

F：ああ、たしかに、昨日はエアコンなしじゃ寝られないくらい暑かったよね。

M：それで、1時くらいに友達が来たんだけど、そこから一緒にゲームをやり始めちゃって。気がついたら、外が明るかったんだ。

F：そう…。授業で寝ないように頑張ってね。

男の学生は、どうして寝られませんでしたか。

[문제지]

1 レポートを書いていたから
2 友達と電話で話していたから
3 部屋のエアコンがこわれたから
4 友達とゲームをしていたから

해석 남학생과 여학생이 이야기하고 있습니다. 남학생은, 왜 잘 수 없었습니까?

M : 안녕….

F : 안녕. 왠지 졸린 것 같네.

M : 응, 어젯밤, 전혀 잘 수 없었어.

F : 혹시, 아침까지 리포트 쓴 거야? 어제 돌아갈 때, 아직 다 안됐다고 말했었지.

M : 아니, 그렇지 않아. 밤샘인가하고 생각했는데, 12시 정도에는 끝났어. 하지만, 자려고 했더니, 친구로부터 전화가 걸려 와서….

F : 계속 전화한 거야?

M : 아니. 방 에어컨이 고장 나서, 지금부터 가도 되냐고 물어봐서.

F : 아, 확실히, 어제는 에어컨 없이는 잘 수 없을 정도로 더웠지.

M : 그래서, 1시 정도에 친구가 오는데, 그때부터 같이 게임을 하기 시작해버려서. 정신을 차려보니, 밖이 밝았어.

F : 그래…. 수업에서 자지 않도록 힘내.

남학생은, 왜 잘 수 없었습니까?

1 리포트를 썼기 때문에
2 친구와 전화로 이야기했기 때문에
3 방 에어컨이 고장 났기 때문에
4 친구와 게임을 했기 때문에

해설 남학생이 잘 수 없었던 이유를 묻는 문제이다. 각 선택지의 핵심 내용은 1 '리포트', 2 '친구와 전화', 3 '방 에어컨 고장', 4 '친구와 게임'이다. 대화에서, 남학생이 1時くらいに友達が来たんだけど、そこから一緒にゲームをやり始めちゃって。気がついたら、外が明るかったんだ(1시 정도에 친구가 왔는데, 그때부터 같이 게임을 하기 시작해버려서. 정신을 차려보니, 밖이 밝았어)라고 했으므로, 4 友達とゲームをしていたから(친구와 게임을 했기 때문에)가 정답이다. 오답 선택지 1과 2는 잠을 잘 수 없었던 이유가 아니며, 3은 친구 방의 에어컨이 고장난 것이므로 오답이다.

어휘 眠い ねむい い형용사 졸리다　全然 ぜんぜん 閉 전혀　レポート 閉 리포트　帰り かえり 閉 돌아갈 때　徹夜 てつや 閉 밤샘, 철야　電話がかかる でんわがかかる 전화가 걸려오다　ずっと 閉 계속　エアコン 閉 에어컨　壊れる こわれる 图 고장 나다　やり始める やりはじめる 图 하기 시작하다　気がつく きがつく 정신 차리다　頑張る がんばる 图 힘내다

2

[음성]

会社で男の人と女の人が話しています。来週のミーティングの目的は何ですか。

M : 週明けのミーティングの資料がまとまったので、見ていただけますか。

F : ええ。5月に実施した市場調査の結果、先月の売り上げ、新商品のサンプル写真ね…。

M : どうでしょうか。

F : 売り上げのデータは大丈夫そうね。悪いけど、調査結果のところを、もう少し分かりやすくまとめてもらえる? グラフも入れるといいと思う。調査の結果を報告するのがメインだからね。

M : 分かりました。

F : あと、この写真だけど、新商品の包装の色は、たしか変更になったんじゃなかった?

M : はい。そうなんですが、変更後の写真がまだ届いていないんです。

F : そうなの。まあ、新商品の資料は参考として添付するだけだから、この写真のままでも問題ないでしょう。

M : はい。

来週のミーティングの目的はなんですか。

[문제지]

1 新商品の写真をさつえいする
2 ほうそうの色をへんこうする
3 今月の売り上げを知らせる
4 調査結果について知らせる

해석 회사에서 남자와 여자가 이야기하고 있습니다. 다음 주 미팅의 목적은 무엇입니까?

M : 다음 주 초의 미팅 자료가 정리되어서, 봐주실 수 있나요?

F : 그래. 5월에 실시한 시장조사 결과, 저번 달 매상, 신상품의 샘플 사진 말이지….

M : 어떤가요?

F : 매상 데이터는 괜찮은 것 같네. 미안한데, 조사 결과 부분을, 조금 더 알기 쉽게 정리해 줄 수 있어? 그래프도 넣으면 좋을 거라고 생각해. 조사 결과를 보고하는 것이 메인이니까.

M : 알겠습니다.

F : 그리고, 이 사진 말인데, 신상품의 포장색은, 분명 변경되지 않았나?

M : 네. 그렇지만, 변경 후의 사진이 아직 도착하지 않았어요.

F : 그래? 뭐, 신상품의 자료는 참고로서 첨부하는 것뿐이니까, 이 사진 그대로도 문제없겠지.

M : 네.

다음 주 미팅의 목적은 무엇입니까?

1 신상품의 사진을 촬영한다
2 포장 색을 변경한다
3 이번 달 매상을 알린다
4 조사 결과에 대해서 알린다

해설 다음 주 미팅의 목적을 묻는 문제이다. 각 선택지의 핵심 내용은 1 '사진 촬영', 2 '포장색 변경', 3 '매상 보고', 4 '조사 결과 보고'이다. 대화에서, 여자가 調査の結果を報告するのがメインだからね

(조사 결과를 보고하는 것이 메인이니까)라고 했으므로, 4 調査結果について知らせる(조사 결과에 대해서 알린다)가 정답이다. 오답 선택지 1은 언급되지 않았고, 2는 미팅 전의 일이며, 3은 이번 달이 아닌 저번 달 매상의 조사 결과를 알리는 것이므로 오답이다.

어휘 週明け しゅうあけ 圀다음 주 초　ミーティング 圀미팅
　　資料 しりょう 圀자료　まとまる 圄정리되다, 완성되다
　　実施 じっし 圀실시　市場 しじょう 圀시장　調査 ちょうさ 圀조사
　　結果 けっか 圀결과　売り上げ うりあげ 圀매상
　　新商品 しんしょうひん 圀신상품　サンプル 圀샘플
　　データ 圀데이터　グラフ 圀그래프　報告 ほうこく 圀보고
　　メイン 圀메인　包装 ほうそう 圀포장　たしか 圀분명
　　変更 へんこう 圀변경　届く とどく 圄도착하다
　　参考 さんこう 圀참고　添付 てんぷ 圀첨부　さつえい 圀촬영
　　知らせる しらせる 圄알리다

3

[음성]
男
おとこ
の人
ひと
と女
おんな
の人
ひと
が話
はな
しています。男
おとこ
の人
ひと
はホテルのロボットについて何
なに
ができると言
い
っていますか。

F：週末
しゅうまつ
の旅行
りょこう
、楽
たの
しかった？

M：うん。とても。まあ、旅行
りょこう
と言
い
っても、父
ちち
と一緒
いっしょ
だったから、ガイドみたいなもんだけどね。それより、泊
と
まったホテルにロボットがいて、びっくりしたよ。

F：ホテルにロボット？荷物
にもつ
を運
はこ
んだり、掃除
そうじ
したりするの？

M：そういうロボットじゃないんだ。ロビーでお客
きゃく
さんに部
へ
屋
や
を案内
あんない
するんだよ。

F：へえ。ロボットがそういうことするんだ。どうやって？

M：ロボットの前
まえ
で自分
じぶん
の名前
なまえ
と電話番号
でんわばんごう
を言
い
うと、部屋
へや
番号
ばんごう
を教
おし
えてくれるんだ。

F：すごいね。ホテルを予約
よやく
した人
ひと
の情報
じょうほう
が、全部
ぜんぶ
そのロボットに入
はい
ってるの？

M：そうみたい。英語
えいご
や中国語
ちゅうごくご
も話
はな
せるみたいで、海外
かいがい
のお客
きゃく
さんにも応対
おうたい
していたよ。

F：へえ。外国語
がいこくご
も話
はな
せるんだ。これからいろんな観光地
かんこうち
のホテルで活躍
かつやく
しそうなロボットだね。

男
おとこ
の人
ひと
はホテルのロボットについて何
なに
ができると言
い
っていますか。

[문제지]
1 観光地
かんこうち
を案内
あんない
すること
2 ロビーをそうじすること
3 部屋
へや
を案内
あんない
すること
4 ホテルを予約
よやく
すること

해석 남자와 여자가 이야기하고 있습니다. 남자는 호텔의 로봇에 대해 무엇이 가능하다고 말하고 있습니까?

　　F：주말여행, 즐거웠어?

M：응. 매우. 뭐, 여행이라고 해도, 아버지와 함께였기 때문에, 가이드 같은 거였지만. 그보다, 묵은 호텔에 로봇이 있어서, 깜짝 놀랐어.

F：호텔에 로봇? 짐을 옮기거나, 청소하거나 하는 거야?

M：그런 로봇이 아니야. 로비에서 손님에게 방을 안내하는 거야.

F：호오. 로봇이 그런 걸 하는구나. 어떻게?

M：로봇 앞에서 자신의 이름과 전화번호를 말하면, 방 번호를 알려줘.

F：굉장하네. 호텔을 예약한 사람의 정보가, 전부 그 로봇에 들어있는 거야?

M：그런 것 같아. 영어랑 중국어도 말할 수 있는 것 같아서, 해외 손님에게도 응대하고 있었어.

F：호오. 외국어도 말할 수 있구나. 이제부터 다양한 관광지의 호텔에서 활약할 것 같은 로봇이네.

남자는 호텔의 로봇에 대해 무엇이 가능하다고 말하고 있습니까?

1 관광지를 안내하는 일
2 로비를 청소하는 일
3 방을 안내하는 일
4 호텔을 예약하는 일

해설 호텔 로봇이 가능한 것이 무엇인지 묻는 문제이다. 각 선택지의 핵심 내용은 1 '관광지 안내', 2 '로비 청소', 3 '방 안내', 4 '호텔 예약'이다. 대화에서, 여자가 로봇이 짐을 옮기거나 청소를 해주는 거냐고 묻자, 남자가 ロビーでお客さんに部屋を案内するんだよ(로비에서 손님에게 방을 안내하는 거야)라고 했으므로, 3 部屋を案内すること(방을 안내하는 일)가 정답이다. 오답 선택지 1은 언급되지 않았고, 2는 아니라고 했으며, 4도 언급되지 않았으므로 오답이다.

어휘 ロボット 圀로봇　週末 しゅうまつ 圀주말　ガイド 圀가이드
　　泊まる とまる 圄묵다　びっくりする 圄깜짝 놀라다
　　荷物 にもつ 圀짐　運ぶ はこぶ 圄옮기다　ロビー 圀로비
　　案内 あんない 圀안내　電話番号 でんわばんごう 圀전화번호
　　部屋番号 へやばんごう 圀방 번호　すごい い형굉장하다
　　予約 よやく 圀예약　情報 じょうほう 圀정보
　　中国語 ちゅうごくご 圀중국어　海外 かいがい 圀해외
　　応対 おうたい 圀응대　外国語 がいこくご 圀외국어
　　観光地 かんこうち 圀관광지　活躍 かつやく 圀활약

4

[음성]
男
おとこ
の人
ひと
と女
おんな
の人
ひと
が話
はな
しています。女
おんな
の人
ひと
が心配
しんぱい
しているのは、どんなことですか。

M：吉田
よしだ
さん、聞
き
いたよ。今度
こんど
、大学院
だいがくいん
に入学
にゅうがく
するんだって？

F：ええ、子
こ
どもも大
おお
きくなったし、前
まえ
から勉強
べんきょう
してた都市
とし
計画
けいかく
のことをもっと深
ふか
く研究
けんきゅう
しようかと思
おも
って。でも、若
わか
い人
ひと
についていけるかなあ。

M：それは大丈夫
だいじょうぶ
だよ。お子
こ
さんは、なんて言
い
ってるの？

F：お母
かあ
さんが大学院
だいがくいん
に行
い
くなんて信
しん
じられないって、笑
わら
ってたわ。でも、これからあの子
こ
も一人
ひとり
で家
いえ
にいる時
じ
間
かん
が多
おお
くなるかも。それが今
いま
、心配
しんぱい
かなあ。

M：そうかあ。ご主人は?反対しなかった?

F：んー、実はすごく反対されたんだよね。ほら、うち、レストランをやってるじゃない?平日のお昼って、結構忙しくて。一人いなくなったら、とても困るって、夫が怒っちゃって。

M：ああ、吉田さんのとこ、おいしいから。

F：ありがとう。それでね、結局、人を1人、雇うことにしたんだけど、新しい人がなかなか仕事に慣れなくて、今、ちょっと大変かな。

M：それはしょうがないよね。仕事はゆっくり覚えていくものだから。

F：そうね。私が大学院に入るころには、大丈夫だと思ってるけどね。

女の人が心配しているのは、どんなことですか。

[問題지]

1 大学院の勉強についていけるかということ

2 子供が一人で家にいる時間が長くなること

3 夫が大学院に行くのを反対していること

4 レストランの新しいスタッフが仕事に慣れないこと

해석 남자와 여자가 이야기하고 있습니다. 여자가 걱정하고 있는 것은, 어떤 것입니까?

M : 요시다 씨, 들었어. 이번에, 대학원에 입학한다며?

F : 응, 아이도 컸고, 전부터 공부했던 도시 계획을 더 깊게 연구할까 생각해서. 하지만, 젊은 사람을 따라갈 수 있을까.

M : 그건 괜찮아. 아이는, 뭐라고 말해?

F : 엄마가 대학원에 간다니 믿을 수 없다고, 웃었어. 하지만, 이제부터 그 아이도 혼자서 집에 있는 시간이 많아질지도. 그게 지금, 걱정이야.

M : 그런가. 남편은? 반대하지 않았어?

F : 음, 실은 굉장히 반대당했어. 봐, 우리, 레스토랑을 하고 있잖아? 평일 낮이란, 꽤 바빠서. 한 명 없어지면, 매우 곤란하다고, 남편이 화내버려서.

M : 아, 요시다 씨 가게, 맛있으니까.

F : 고마워. 그래서, 결국, 사람을 한 명, 고용하기로 했는데, 새로운 사람이 좀처럼 일이 익숙해지지 않아서, 지금 좀 힘들어.

M : 그건 어쩔 수 없네. 일은 천천히 터득해가는 거니까.

F : 그래. 내가 대학원에 들어갈 쯤에는, 괜찮을 거라고 생각하고 있지만.

여자가 걱정하고 있는 것은, 어떤 것입니까?

1 대학원 공부를 따라갈 수 있을까 하는 것

2 아이가 혼자서 집에 있는 시간이 길어지는 것

3 남편이 대학원에 가는 것을 반대하고 있는 것

4 레스토랑의 새로운 스태프가 일에 익숙해지지 않는 것

해설 여자가 어떤 것을 걱정하고 있는지 묻는 문제이다. 각 선택지의 핵심 내용은 1 '대학원 공부를 따라가는 것', 2 '아이가 혼자 있는 시간이

길어지는 것', 3 '남편이 반대하는 것', 4 '레스토랑의 스태프가 일에 익숙해지지 않는 것'이다. 대화에서, 여자가 これからあの子も一人で家にいる時間が多くなるかも。それが今、心配かなあ(이제부터 그 아이도 혼자서 집에 있는 시간이 많아질지도. 그게 지금, 걱정이야)라고 했으므로, 2 子供が一人で家にいる時間が長くなること(아이가 혼자 집에 있는 시간이 길어지는 것)가 정답이다. 오답 선택지 1은 괜찮을 거라고 했고, 3은 예전 일이며, 4는 앞으로 괜찮아질 거라고 했으므로 오답이다.

어휘 心配 しんぱい 圏걱정　今度 こんど 圏이번
大学院 だいがくいん 圏대학원　入学 にゅうがく 圏입학
都市計画 としけいかく 圏도시계획　深い ふかい い형깊다
研究 けんきゅう 圏연구　若い わかい い형젊다
ついていく 따라가다　信じる しんじる 동믿다　笑う わらう 동웃다
主人 しゅじん 圏남편　反対 はんたい 圏반대　すごく 분굉장히
平日 へいじつ 圏평일　夫 おっと 圏남편　怒る おこる 동화내다
結局 けっきょく 분결국　雇う やとう 동고용하다
なかなか 분좀처럼　慣れる なれる 동익숙해지다
しょうがない 어쩔 수 없다　スタッフ 圏스태프

5

[음성]

電話で女の学生と男の学生が話しています。男の学生はどうして学校に行けないと言っていますか。

F：もしもし、石田君?おはよう。

M：ああ、おはよう。どうしたの?

F：どうしたって、今日、9時からの授業に出るって言ってたのに、いなかったから。風邪、ひどくなったの?

M：ああ、ごめん。風邪はもう大丈夫。熱もないし。実は、昨日の夜、近所で事故があってさ。これから警察に行くところなんだ。

F：え?警察?どうして?石田君が事故に遭ったんじゃないよね。

M：そうなんだけど、他に見ていた人がいなくて。車同士がぶつかったんだけど、運転手の言っていることがそれぞれ違っているとかで、それで、僕が警察に呼ばれたってわけ。今日はもう行けないかも。

F：へえ。ところで伊藤先生のレポート、まだだよね?

M：あっ!忘れてた。明日持って行ったら、怒られるよなあ。行きたくないなあ。

F：だめだめ。明日は学校に来てね。

男の学生はどうして学校に行けないと言っていますか。

[問題지]

1 かぜを引いたから

2 事故にあったから

3 けいさつに行くから

4 レポートがまだだから

해석 전화로 여학생과 남학생이 이야기하고 있습니다. **남학생은 왜 학교에 갈 수 없다고 말하고 있습니까?**

F : 여보세요, 이시다 군? 안녕.

M : 아, 안녕. 무슨 일이야?

F : 무슨 일이냐니, 오늘, 9시부터인 수업에 나온다고 말했는데, 없어서. 감기, 심해진 거야?

M : 아, 미안. 감기는 이제 괜찮아. 열도 없고. 실은, 어젯밤, 근처에서 사고가 있어서. **이제부터 경찰서에 가는 참이야.**

F : 뭐? 경찰서? 어째서? 이시다 군이 사고를 당한 건 아니지?

M : 그렇긴 한데, 달리 본 사람이 없어서. 차끼리 부딪쳤는데, 운전자가 말하고 있는 것이 각기 다르다며, 그래서, 내가 경찰서에 불린 거야. 오늘은 이제 갈 수 없을지도.

F : 흠. 그런데 이토 선생님의 리포트, 아직이지?

M : 앗! 잊고 있었어. 내일 가지고 가면, 혼나겠지. 가고 싶지 않네.

F : 안돼, 안돼. 내일은 학교에 와.

남학생은 왜 학교에 갈 수 없다고 말하고 있습니까?

1 감기에 걸렸기 때문에

2 사고를 당했기 때문에

3 경찰서에 가기 때문에

4 리포트가 아직이기 때문에

해설 남학생이 학교에 갈 수 없는 이유를 묻는 문제이다. 각 선택지의 핵심 내용은 1 '감기에 걸려서', 2 '사고를 당해서', 3 '경찰서에 가서', 4 '리포트가 아직이어서'이다. 대화에서, 남학생이 **これから警察に行くところなんだ**(이제부터 경찰서에 가는 참이야)라고 했으므로, 3 けいさつに行くから(경찰서에 가기 때문에)가 정답이다. 오답 선택지 1은 이제 괜찮다고 했고, 2는 남학생이 당한 것이 아니며, 4는 오늘 학교에 갈 수 없는 이유가 아니므로 오답이다.

어휘 ひどい [い형] 심하다　熱 ねつ [명] 열　実は じつは [부] 실은

事故 じこ [명] 사고　警察 けいさつ [명] 경찰서, 경찰

遭う あう [동] 당하다, 겪다　他に ほかに [부] 달리　同士 どうし [명] 끼리

ぶつかる [동] 부딪치다　運転手 うんてんしゅ [명] 운전자, 운전수

それぞれ [부] 각기　ところで [접] 그런데　レポート [명] 리포트

怒る おこる [동] 혼내다, 꾸짖다　だめだ [な형] 안되다

かぜを引く かぜをひく 감기에 걸리다

6

[음성]

テレビでアナウンサーと女の人が話しています。女の人は何が問題だと言っていますか。

M：今日は子ども宇宙科学館の館長の森田先生にお話を伺います。子ども宇宙科学館では今、どのようなことに取り組んでいらっしゃいますか。

F：はい、子ども宇宙科学館では、毎月第一土曜日に星の観察会を行っています。

M：星の観察会ですか。

F：はい。毎回、多くのお子さんたちがお父さんやお母さんと一緒に参加してくれています。それから、こちらは日曜ですが、大学などで月や星の研究をしている先生方に来ていただいて、現在の科学でわかっていること、まだわかっていないことについて勉強する会を開いています。

M：おもしろそうですね。そちらも参加者は多いですか。

F：それが、残念ながら、勉強会の参加者は年々、少なくなっています。月や星が好きなお子さんがいても、お父さんやお母さんのほうに興味がなかったり、時間がなかったりして、お子さんを連れて来ないようです。

M：科学に対する興味がないことが問題だということですね。

F：いえ、科学だけじゃないんです。とにかく親が忙しくて、子供の興味を伸ばすことに時間を使えないんですね。

女の人は何が問題だと言っていますか。

[문제지]

1 科学にはまだわからないことが多いこと

2 勉強会への参加者が減っていること

3 科学にきょうみがない子供が増えたこと

4 親が子供のために時間を使えないこと

해석 텔레비전에서 아나운서와 여자가 이야기하고 있습니다. **여자는 무엇이 문제라고 말하고 있습니까?**

M : 오늘은 어린이 우주과학관의 관장인 모리타 선생님에게 이야기를 듣겠습니다. 어린이 우주과학관에서는 지금, 어떤 일에 임하고 계시나요?

F : 네, 어린이 우주과학관에서는, 매월 첫 번째 토요일에 별 관찰회를 실시하고 있습니다.

M : 별 관찰회요?

F : 네. 매회, 많은 어린이가 아버지나 어머니와 함께 참가해주고 있습니다. 그리고, 이쪽은 일요일입니다만, 대학 등에서 달이나 별 연구를 하고 있는 선생님들이 와 주셔서, 현재의 과학에서 알고 있는 것, 아직 모르는 것에 대해서 공부하는 모임을 열고 있습니다.

M : 재미있을 것 같군요. 그쪽도 참가자는 많으요?

F : 그것이, 유감스럽게도, 공부 모임의 참가자는 해마다, 적어지고 있습니다. 달과 별을 좋아하는 어린이가 있어도, 아버지나 어머니 쪽이 흥미가 없거나, 시간이 없거나 해서, 어린이를 데리고 오지 않는 것 같습니다.

M : 과학에 대한 흥미가 없는 것이 문제라는 거군요.

F : 아뇨, 과학만이 아닙니다. **어쨌든 부모가 바빠서, 아이의 흥미를 늘리는 것에 시간을 쓸 수 없는 것이지요.**

여자는 무엇이 문제라고 말하고 있습니까?

1 과학에는 아직 모르는 것이 많은 것

2 공부 모임으로의 참가자가 줄고 있는 것

3 과학에 흥미가 없는 아이가 늘어난 것

4 부모가 아이를 위해 시간을 쓸 수 없는 것

해설 여자가 말하는 문제가 무엇인지 묻는 문제이다. 각 선택지의 핵심 내용은 1 '과학에는 모르는 것이 많은 것', 2 '공부 모임의 참가자가 줄고 있는 것', 3 '과학에 흥미 없는 아이가 늘어난 것', 4 '부모가 아이를 위해 시간을 쓸 수 없는 것'이다. 대화에서, 여자가 とにかく親が忙しくて、子供の興味を伸ばすことに時間を使えないんですね (어쨌든 부모가 바빠서, 아이의 흥미를 늘리는 것에 시간을 쓸 수 없는 것이지요)라고 했으므로, 4 親が子供のために時間を使えないこと(부모가 아이를 위해 시간을 쓸 수 없는 것)가 정답이다. 오답 선택지 1은 걱정이라고 언급되지 않았고, 2는 근본적인 문제가 아니며, 3은 언급되지 않았으므로 오답이다.

어휘 宇宙科学館 うちゅうかがくかん 圏 우주과학관
館長 かんちょう 圏 관장　取り組む とりくむ 圏 임하다, 몰두하다
第一 だいいち 圏 첫 번째　星 ほし 圏 별
観察会 かんさつかい 圏 관찰회　行う おこなう 圏 실시하다, 행하다
毎回 まいかい 圏 매회　多く おおく 圏 많음　参加 さんか 圏 참가
月 つき 圏 달　研究 けんきゅう 圏 연구　現在 げんざい 圏 현재
科学 かがく 圏 과학　開く ひらく 圏 열다
残念だ ざんねんだ [な형] 유감스럽다　参加者 さんかしゃ 圏 참가자
年々 ねんねん 圏 해마다, 매해　興味 きょうみ 圏 흥미
連れて来る つれてくる 데리고 오다　とにかく 圏 어쨌든
伸ばす のばす 圏 늘리다　減る へる 圏 줄다　増える ふえる 圏 늘다

☞ 문제 3은 문제지에 아무것도 인쇄되어 있지 않습니다. 따라서, 예제를 들려줄 때, 그 내용을 들으면서 개요 이해의 문제 풀이 전략을 떠올려 봅니다. 음성에서 では、始めます(그러면, 시작합니다)가 들리면, 곧바로 문제 풀 준비를 합니다.

음성 디렉션과 예제

問題3では、問題用紙に何もいんさつされていません。この問題は、全体としてどんな内容かを聞く問題です。話の前に質問はありません。まず話を聞いてください。それから、質問とせんたくしを聞いて、1から4の中から、最もよいものを一つ選んでください。では練習しましょう。

会社のパーティーで女性の社長が話しています。
F：皆さん、今年もこのように多くの若者が私達の会社のメンバーとして働いてくれることになりました。今年、入社した皆さんには、ぜひ積極的に仕事をしてほしいと思います。これから仕事を始める皆さんは、日本だけでなく世界中の人々がビジネスの相手となります。まず1年、ご自分の英語の力を伸ばし、仕事で使えるレベルにしてください。1年目は任される仕事もあまり多くないですが、2年、3年と仕事を続けていくと、どんどん忙しくなるでしょう。時間が使える今がチャンスなのです。どうかそれを忘れずに、時間を有効に活用してください。これからの皆さんに期待しています。

社長は何について話していますか。
1 積極的に働く社員の紹介
2 新入社員にしてほしいこと
3 社員の仕事の忙しさ
4 時間を上手に使う方法

最もよいものは2番です。解答用紙の問題3の例のところを見てください。最もよいものは2番ですから、答えはこのように書きます。では、始めます。

해석 문제 3에서는 문제 용지에 아무것도 인쇄되어 있지 않습니다. 이 문제는, 전체적으로 어떤 내용인지를 묻는 문제입니다. 이야기전에 질문은 없습니다. 우선 이야기를 들어주세요. 그리고 나서, 질문과 선택지를 듣고, 1에서 4 중에, 가장 알맞은 것을 하나 골라주세요. 그러면 연습해봅시다.

회사의 파티에서 여성 사장이 이야기하고 있습니다.
F : 여러분, 올해도 이렇게 많은 젊은이가 우리 회사의 멤버로서 일해 주게 되었습니다. 올해, 입사한 여러분에게는, 꼭 적극적으로 일을 해 주시기 바란다고 생각합니다. 앞으로 일을 시작하는 여러분은, 일본뿐만 아니라 전 세계 사람들이 비즈니스 상대가 됩니다. 우선 1년, 자신의 영어 능력을 키우고, 일에서 사용할 수 있는 레벨로 해 주세요. 1년째는 맡을 일도 그다지 많지 않습니다만, 2년, 3년 일을 계속해 가면, 점점 바빠질 것입니다. 시간을 쓸 수 있는 지금이 기회입니다. 부디 그것을 잊지 말고, 시간을 유효하게 활용해 주세요. 앞으로의 여러분에게 기대하고 있습니다.

사장은 무엇에 대해 이야기하고 있습니까?
1 적극적으로 일하는 사원 소개
2 신입사원에게 해 주길 바라는 점
3 사원의 일의 바쁨
4 시간을 잘 쓰는 방법

가장 알맞은 것은 2번입니다. 답안 용지의 문제 3의 예시 부분을 봐주세요. 가장 알맞은 것은 2번이기 때문에, 정답은 이렇게 표시합니다. 그러면, 시작합니다.

1

[음성]
ラジオで女の人が話しています。
F：ラジオをお聞きの皆さん、一人旅をされたことがありますか。この番組では先日、一人旅の経験がある20代から50代の方にアンケート調査を行いました。多くの方が一人で旅行されているんですね。なぜ一人旅をするかという質問に対しては、「人に気を使わなくていい」「その日の気分で予定を変更できる」「旅先で自分の趣味に時間を使える」などいろいろなご意見が集まりました。なるほど、自由に旅行したい人には、一人旅がおすすめなのかもしれません。

해석 라디오에서 여자가 이야기하고 있습니다.

F : 라디오를 들으시는 여러분, 혼자서 여행을 하신 적이 있으신가요? 이 프로그램에서는 일전에, 혼자서 여행을 한 경험이 있는 20대에서 50대 분에게 앙케트 조사를 실시하였습니다. 많은 분이 혼자서 여행을 하시고 있네요. 왜 혼자서 여행을 하는가라는 질문에 대해서는, '다른 사람을 신경 쓰지 않아도 된다', '그날의 기분으로 예정을 변경할 수 있다', '여행지에서 자신의 취미에 시간을 쓸 수 있다'등 여러 가지 의견이 모였습니다. 과연, 자유롭게 여행하고 싶은 사람에게는, 혼자서 여행하는 것이 추천일지도 모르겠습니다.

여자는 무엇에 대해 이야기하고 있습니까?

1 앙케트 조사 방법
2 혼자서 여행을 하는 이유
3 의견을 모으는 것의 좋은 점
4 자유로운 여행을 즐기는 방법

해설 상황 설명에서 언급된 화자가 여자 한 명이므로, 주제나 핵심 내용을 묻는 문제가 나올 것임을 예상한다. 여자가 なぜ一人旅をするかという質問に対しては、「人に気を使わなくていい」「その日の気分で予定を変更できる」「旅先で自分の趣味に時間を使える」などいろいろなご意見が集まりました(왜 혼자서 여행을 하는가라는 질문에 대해서는, '다른 사람을 신경 쓰지 않아도 된다', '그날의 기분으로 예정을 변경할 수 있다', '여행지에서 자신의 취미에 시간을 쓸 수 있다'등 여러 가지 의견이 모였습니다)라고 했다. 질문에서 여자가 무엇에 대해 이야기하고 있는지 묻고 있으므로, 2 一人旅をする理由(혼자서 여행을 하는 이유)가 정답이다.

어휘 一人旅 ひとりたび 圏혼자서 하는 여행　経験 けいけん 圏경험
アンケート 圏앙케트　調査 ちょうさ 圏조사
行う おこなう 圏실시하다　多く おおく 圏많음
気を使う きをつかう 신경을 쓰다　気分 きぶん 圏기분
予定 よてい 圏예정　変更 へんこう 圏변경
旅先 たびさき 圏여행지　趣味 しゅみ 圏취미　意見 いけん 圏의견
集まる あつまる 圏모이다　なるほど 圏과연
自由だ じゆうだ 図형자유롭다　おすすめ 圏추천
方法 ほうほう 圏방법　理由 りゆう 圏이유
集める あつめる 圏모으다　楽しみ方 たのしみかた 圏즐기는 방법

2

해석 대학교에서 선생님이 이야기하고 있습니다.

M : 음, 앞으로의 일본은, 저출산 고령화가 진행되고, 점점 노동인구가 감소해 갑니다. 일손 부족으로 고민하는 회사도, 더욱 많아지겠지요. 그래서, 이제부터 늘어날 고령자에게, 한 번 더 일하도록 하는 방법이 생각되고 있습니다. 그것은, 단순한 퇴직 연령의 연장이 아니라, 경험이 풍부한 고령자가 젊은 사원을 키우거나, 고객에게 안심감을 주는 등의 메리트도 기대되는 아이디어입니다. 즉, 건강하게 일하고 싶은 고령자의 활용은, 일손 부족에 대한 유효한 방법이 될 거라고 생각합니다.

이 선생님은 무엇에 대해 이야기하고 있습니까?

1 일하는 사람 수가 줄어드는 방법
2 일손 부족의 해결 방법
3 젊은 사원을 키우는 아이디어
4 사원이 건강하게 일할 수 있는 환경

해설 상황 설명에서 언급된 화자가 선생님 한 명이므로, 주제나 핵심 내용을 묻는 문제가 나올 것임을 예상한다. 선생님이 人手不足に悩んでいる会社(일손 부족으로 고민하는 회사), 健康で働きたい高齢者の活用は、人手不足に対する有効な方法になると思います(건강하고 일하고 싶은 고령자의 활용은, 일손 부족에 대한 유효한 방법이 될 거라고 생각합니다)라고 했다. 질문에서 선생님이 무엇에 대해 이야기하고 있는지 묻고 있으므로, 2 人手不足の解決方法(일손 부족의 해결 방법)가 정답이다.

어휘 日本 にほん 圏일본　少子高齢化 しょうしこうれいか 圏저출산 고령화
進む すすむ 圏진행되다　ますます 凰점점
労働人口 ろうどうじんこう 圏노동인구　減る へる 圏감소하다
人手不足 ひとでぶそく 圏일손 부족　悩む なやむ 圏고민하다
増える ふえる 圏늘다　高齢者 こうれいしゃ 圏고령자
もう一度 もういちど 한 번 더　方法 ほうほう 圏방법
考える かんがえる 圏생각하다　単なる たんなる 단순한
退職年齢 たいしょくねんれい 圏퇴직 연령
延長 えんちょう 圏연장　経験 けいけん 圏경험
豊かだ ゆたかだ 図형풍부하다　若い わかい い형젊다
社員 しゃいん 圏사원　育てる そだてる 圏키우다
お客様 おきゃくさま 圏고객, 손님　安心感 あんしんかん 圏안심감
与える あたえる 圏주다　メリット 圏메리트　期待 きたい 圏기대

アイディア 図 아이디어　つまり 図 즉

健康だ けんこうだ 図 건강하다　活用 かつよう 図 활용

有効だ ゆうこうだ 図 유효하다　数 かず 図 수

解決 かいけつ 図 해결　環境 かんきょう 図 환경

選ぶ えらぶ 图 뽑다, 고르다　売り上げ うりあげ 図 매상

伸びる のびる 图 늘다　文学賞 ぶんがくしょう 図 문학상

話題 わだい 図 화제　作家 さっか 図 작가

評論家 ひょうろんか 図 평론가　日本 にほん 図 일본

全国 ぜんこく 図 전국　本屋 ほんや 図 서점　店員 てんいん 図 점원

一般 いっぱん 図 일반　読者 どくしゃ 図 독자

気持ち きもち 図 마음　親しみ したしみ 図 친근감

感じる かんじる 图 느끼다　売れる うれる 图 팔리다

きっかけ 図 계기　行う おこなう 图 실시하다　変化 へんか 図 변화

3

[음성]

テレビで男の人が話しています。

M：本屋さんは本のことをよく知っています。その本屋さん達が投票をして、一番おもしろい本を決めるイベントがあります。このイベントで選ばれた本の売り上げが伸びています。ほかの文学賞も話題にはなりますが、作家や評論家が選ぶ本より、日本全国の本屋の店員が投票し、一般の読者の気持ちで選んでいるので、読者に親しみを感じさせるのでしょう。本が売れないと言われている今、このイベントがきっかけとなり、本が売れるようになりました。

男の人は何について話していますか。

1 本屋が行う投票のおもしろさ
2 最近の本の売り上げの変化
3 一般の人の本に対する気持ち
4 本が売れるようになったきっかけ

해석 텔레비전에서 남자가 이야기하고 있습니다.

M : 서점 직원은 책을 잘 알고 있습니다. 그 서점 직원들이 투표를 해서, 가장 재미있는 책을 정하는 이벤트가 있습니다. 이 이벤트에서 뽑힌 책의 매상이 늘고 있습니다. 다른 문학상도 화제는 되지만, 작가와 평론가가 고르는 책보다, 일본 전국의 서점 직원이 투표하고, 일반 독자의 마음으로 고르고 있기 때문에, 독자에게 친근감을 느끼게 하는 것이겠죠. 책이 팔리지 않는다고 말해지는 지금, 이 이벤트가 계기가 되어, 책이 팔리게 되었습니다.

남자는 무엇에 대해 이야기하고 있습니까?

1 서점이 실시하는 투표의 재미
2 최근 책의 매상 변화
3 일반 사람의 책에 대한 마음
4 책이 팔리게 된 계기

해설 상황 설명에서 언급된 화자가 남자 한 명이므로, 주제나 핵심 내용을 묻는 문제가 나올 것임을 예상한다. 남자가 本屋さん達が投票をして、一番おもしろい本を決めるイベントがあります(서점 직원들이 투표를 해서, 가장 재미있는 책을 정하는 이벤트가 있습니다), 本が売れないと言われている今、このイベントがきっかけとなり、本が売れるようになりました(책이 팔리지 않는다고 말해지는 지금, 이 이벤트가 계기가 되어, 책이 팔리게 되었습니다)라고 했다. 질문에서 남자가 무엇에 대해 이야기하고 있는지 묻고 있으므로, 4 本が売れるようになったきっかけ(책이 팔리게 된 계기)가 정답이다.

어휘 本屋さん ほんやさん 図 서점 직원, 서점　投票 とうひょう 図 투표
決める きめる 图 정하다　イベント 図 이벤트

4

[음성]

レポーターが女の人に、休みの過ごし方について聞いています。

M：こんにちは。先週の連休ですが、どちらかに行かれましたか。

F：ええ。子供達と一緒に海に行きました。あまり暑くなくて、ちょうどいい天気だったので。でも、こんなに日に焼けてしまったんですけどね。家から車で1時間半くらいのところだったんですが、人も多くなくて、いいところでした。子供達がさわぐので、ちょっと大変でしたけど。

M：そうですか。ご家族皆さんで？

F：いいえ、実は私と子供達だけで。夫は仕事だったんです。ホテルに勤めているので、なかなか休みが合わなくて。

M：一緒に休めるといいですね。

F：ええ、本当に。でも、1年に何回かは、休みを合わせて、出かけているので。それで満足です。

女の人は休みの過ごし方についてどう思っていますか。

1 いつも家族全員で一緒に休めないのは嫌だ
2 たまに家族全員で出かけられるので満足だ
3 家族で出かけるのは、にぎやかで楽しい
4 夫と休みが合わないので、いつも一人だ

해석 리포터가 여자에게, 휴일을 보내는 방법에 대해 묻고 있습니다.

M : 안녕하세요. 지난주 연휴입니다만, 어딘가에 가셨나요?

F : 네. 아이들과 함께 바다에 갔습니다. 그다지 덥지 않고, 딱 좋은 날씨여서. 하지만, 이렇게 햇볕에 타 버렸지만요. 집에서 자동차로 1시간 반 정도인 곳이었는데, 사람도 많지 않아서, 좋은 곳이었어요. 아이들이 시끄럽게 해서, 좀 힘들었지만.

M : 그렇습니까. 가족 모두와 함께요?

F : 아니요, 실은 저와 아이들만으로. 남편은 일이었어요. 호텔에 근무하고 있어서, 좀처럼 쉬는 날이 맞지 않아서.

M : 함께 쉴 수 있으면 좋겠네요.

F : 네, 정말로. 하지만, 1년에 몇 번인가는, 쉬는 날을 맞춰서, 외출하고 있으니까. 그걸로 만족입니다.

여자는 휴일을 보내는 방법에 대해 어떻게 생각하고 있습니까?

1 언제나 가족 전원이서 함께 쉴 수 없는 것은 싫다
2 가끔 가족 전원이서 외출할 수 있기 때문에 만족이다
3 가족이서 외출하는 것은, 왁자지껄해서 즐겁다
4 남편과 쉬는 날이 맞지 않기 때문에, 언제나 혼자다

해설 상황 설명에서 언급된 화자가 리포터와 여자 두 명이므로, 뒤에 언급된 화자, 즉 여자의 생각이나 행위의 목적을 묻는 문제가 나올 것을 예상한다. 대화에서, 여자가 でも、1年に何回かは、休みを合わせて、出かけているので。それで満足です(하지만, 1년에 몇 번인가는, 쉬는 날을 맞춰서, 외출하고 있으니까. 그걸로 만족입니다)라고 했다. 질문에서 여자가 휴일을 보내는 방법에 대해 어떻게 생각하는지 묻고 있으므로, 2 たまに家族全員で出かけられるので満足だ(가끔 가족 전원이서 외출할 수 있기 때문에 만족이다)가 정답이다.

어휘 過ごし方 すごしかた 圐 보내는 방법　連休 れんきゅう 圐 연휴
日に焼ける ひにやける 햇볕에 타다　さわぐ 图 시끄럽게 하다
実は じつは 囝 실은　夫 おっと 圐 남편　勤める つとめる 图 근무하다
なかなか 囝 좀처럼　合う あう 图 맞다　合わせる あわせる 图 맞추다
満足 まんぞく 圐 만족　全員 ぜんいん 圐 전원
嫌だ いやだ 图형 싫다　たまに 囝 가끔

5

[음성]
テレビで男の人が話しています。

M：えー、最近のペットブームで、小型のイヌはとても人気があります。室内で飼う人が多いんですね。また、体が小さいと、例えば病院に連れて行くときなども、女性一人で大丈夫です。大型のイヌでしたら、そうはいきませんから。えー、小さいイヌでも毎日、外に散歩に連れて行く必要がありますが、気になっているのは、散歩の時間帯です。今は夏ですから、昼間の気温はかなり高くなります。都市部では夕方になっても、暑いところも多いです。そんな中、散歩させられたら、イヌだって大変です。特に、昼間の気温で熱くなった道を散歩しているイヌを時々見かけますが、足をやけどすることもあります。この季節に、イヌを散歩させるときは、気温だけじゃなく、道の熱さにも気を付けてください。

男の人は、何の話をしていますか。
1 小さいイヌと病気の関係
2 夏の散歩の重要性
3 イヌを散歩させるときの注意
4 イヌがやけどをしたときの対応

해석 텔레비전에서 남자가 이야기하고 있습니다.
M：음, 최근의 애완동물 붐으로, 소형견은 매우 인기가 있습니다. 실내에서 키우는 사람이 많지요. 또, 몸이 작으면, 예를 들어 병원

에 데리고 갈 때 등에도, 여성 혼자서 괜찮습니다. 대형견이면, 그렇게는 되지 않으니까요. 음, 작은 개라도 매일, 밖으로 산책에 데려갈 필요가 있는데요, **신경이 쓰이는 것은, 산책 시간대입니다.** 지금은 여름이기 때문에, 낮 동안의 기온은 꽤 높아집니다. 도시부에서는 저녁이 되어도, 더운 곳도 많습니다. 그런 와중에, 산책을 억지로 하게 되면, 개 또한 힘듭니다. 특히, 낮의 기온으로 뜨거워진 길을 산책하고 있는 개도 때때로 눈에 들어옵니다만, 발에 화상을 입는 경우도 있습니다. **이 계절에, 개를 산책시킬 때는, 기온뿐만 아니라, 길의 뜨거움에도 주의해 주세요.**

남자는, 무슨 이야기를 하고 있습니까?

1 작은 개와 병의 관계
2 여름 산책의 중요성
3 개를 산책시킬 때의 주의
4 개가 화상을 입었을 때의 대응

해설 상황 설명에서 언급된 화자가 남자 한 명이므로, 주제나 핵심 내용을 묻는 문제가 나올 것임을 예상한다. 남자가 気になっているのは、散歩の時間帯です(신경이 쓰이는 것은, 산책 시간대입니다), この季節に、イヌを散歩させるときは、気温だけじゃなく、道の熱さにも気を付けてください(이 계절에, 개를 산책시킬 때는, 기온뿐만 아니라, 길의 뜨거움에도 주의해 주세요)라고 했다. 질문에서 남자가 무슨 이야기를 하고 있는지 묻고 있으므로, 3 イヌを散歩させるときの注意(개를 산책시킬 때의 주의)가 정답이다.

어휘 最近 さいきん 圐 최근　ブーム 圐 붐, 유행　小型 こがた 圐 소형
イヌ 圐 견, 개　人気 にんき 圐 인기　室内 しつない 圐 실내
飼う かう 图 기르다　例えば たとえば 囝 예를 들어
連れて行く つれていく 데리고 가다　女性 じょせい 圐 여성
大型 おおがた 圐 대형　必要 ひつよう 圐 필요
気になる きになる 신경이 쓰이다　時間帯 じかんたい 圐 시간대
昼間 ひるま 圐 낮　気温 きおん 圐 기온　かなり 囝 꽤
都市部 としぶ 圐 도시부　だって ~도 또한　特に とくに 囝 특히
見かける みかける 图 눈에 들어오다　やけどする 화상을 입다
季節 きせつ 圐 계절　気を付ける きをつける 주의하다, 조심하다
関係 かんけい 圐 관계　重要性 じゅうようせい 圐 중요성
注意 ちゅうい 圐 주의　対応 たいおう 圐 대응

☞ 문제 4는 문제지에 아무것도 인쇄되어 있지 않습니다. 따라서, 예제를 들려줄 때, 그 내용을 들으면서 즉시 응답의 문제 풀이 전략을 떠올려 봅니다. 음성에서 では、始めます(그러면, 시작합니다)가 들리면, 곧바로 문제 풀 준비를 합니다.

음성 디렉션과 예제

問題4では、問題用紙に何もいんさつされていません。まず文を聞いてください。それから、それに対する返事を聞いて、1から3の中から、最もよいものを一つ選んでください。では練習しましょう。

M：その日は子どもの運動会を見に行かなきゃいけないから、無理だよ。

F：1 え、昨日、運動会だったんですか。
　　2 じゃあ、日程を変えないといけないですね。
　　3 本当に見に行ってあげないんですか。

最もよいものは2番です。解答用紙の問題4の例のところを見てください。最もよいものは2番ですから、答えはこのように書きます。では、始めます。

해석 문제 4에서는, 문제 용지에 아무것도 인쇄되어 있지 않습니다. 우선 문장을 들어주세요. 그리고 나서, 그것에 대한 대답을 듣고, 1에서 3 중에, 가장 알맞은 것을 하나 골라주세요. 그러면 연습해봅시다.

　　M : 그날은 아이의 운동회를 보러 가야 하니까, 무리야.
　　F : 1 네? 어제, 운동회였나요?
　　　　2 그럼, 일정을 바꿔야겠네요.
　　　　3 정말 보러 가주지 않는 건가요?

가장 알맞은 것은 2번입니다. 답안 용지의 문제 4의 예시 부분을 봐주세요. 가장 알맞은 것은 2번이기 때문에, 정답은 이렇게 표시합니다. 그러면, 시작합니다.

1

[음성]

F：田中さん、あさってのパーティーの準備、手伝ってくれない？
M：1 いや、それはくれなきゃ困ります。
　　2 いいですよ。何しましょうか。
　　3 いえいえ、もう大丈夫です。

해석 F : 다나카 씨, 모레 파티 준비, 도와주지 않을래?
　　M : 1 아니, 그건 주지 않으면 곤란합니다.
　　　　2 좋아요. 뭘 할까요?
　　　　3 아뇨, 이제 괜찮습니다.

해설 여자가 파티 준비를 도와달라고 부탁하는 상황이다.
　　1 (X) くれない를 くれなきゃ로 반복 사용하여 혼동을 준 오답이다.
　　2 (O) '좋아요. 뭘 할까요?'는 도와달라는 여자의 말에 대한 적절한 응답이다.
　　3 (X) 도와달라는 상황과 맞지 않다.

어휘 準備 じゅんび 圏준비　手伝う てつだう 圏돕다

2

[음성]

M：最近忙しくて、全然映画を見に行く時間がないんだ。
F：1 私、映画はあまり見ないんです。
　　2 忙しくなる前に、見に行ったほうがいいですね。
　　3 それは残念ですね。見たい映画があるんですか？

해석 M : 최근 바빠서, 전혀 영화를 보러 갈 시간이 없어.
　　F : 1 저, 영화는 별로 안 봐요.
　　　　2 바빠지기 전에, 보러 가는 편이 좋아요.

3 그건 유감스럽네요. 보고 싶은 영화가 있어요?

해설 남자가 바빠서 전혀 영화를 보러 갈 수 없다고 유감을 나타내는 상황이다.
　　1 (X) 바빠서 영화를 보지 않는 건 남자이므로 주체가 맞지 않다.
　　2 (X) 최근 바쁘다고 한 상황과 맞지 않다.
　　3 (O) '그건 유감스럽네요'는 영화를 보러 갈 시간이 없다는 남자의 말에 대한 적절한 응답이다.

어휘 最近 さいきん 圏최근　全然 ぜんぜん 囝전혀
　　残念だ ざんねんだ 戊쥉유감스럽다

3

[음성]

F：どうして急いでいる時に限って、電車が遅れたりするんだろう。
M：1 そういうことってあるよね。
　　2 電車に乗り遅れたの？
　　3 急いだら間に合うよね。

해석 F : 왜 서두르고 있을 때만, 전철이 늦거나 하는 걸까.
　　M : 1 그런 경우 있지.
　　　　2 전철을 놓쳤어?
　　　　3 서두르면 시간에 맞을 거야.

해설 여자가 서두를 때만 전철이 늦는다며 불평하는 상황이다.
　　1 (O) '그런 경우 있지'는 서두를 때만 전철이 늦는다는 여자의 말에 대한 적절한 응답이다.
　　2 (X) 전철이 늦은 상황과 맞지 않다.
　　3 (X) 急いで(이소이데)를 急いだら(이소이다라)로 반복 사용하여 혼동을 준 오답이다.

어휘 急ぐ いそぐ 圏서두르다　遅れる おくれる 圏늦다
　　乗り遅れる のりおくれる 圏놓치다
　　間に合う まにあう 시간에 맞다, 시간에 대다

4

[음성]

M：あの新しくできたレストラン、おいしいって聞いたよ。今度、一緒に行ってみない？
F：1 まだ見たことないよ。
　　2 じゃあ、中野さんも誘ってみようよ。
　　3 おいしいかどうか、聞いたことがないなぁ。

해석 M : 저 새로 생긴 레스토랑, 맛있다고 들었어. 다음에, 함께 가보지 않을래?
　　F : 1 아직 본 적 없어.
　　　　2 그럼, 나카노 씨도 권해 보자.
　　　　3 맛있는지 어떤지, 들은 적이 없는데.

해설 남자가 레스토랑에 함께 가보자고 권유하는 상황이다.
　　1 (X) みない를 見たことない(미타코토나이)로 반복 사용하여 혼동을 준 오답이다.

2 (O) '나카노 씨도 권해 보자'는 레스토랑에 가보자는 남자의 말에 대한 적절한 응답이다.

3 (X) 남자가 레스토랑이 맛있다고 들은 상황과 맞지 않다.

어휘 今度 こんど 圓 다음, 이번　誘う さそう 图 권하다, 불러내다

5

[음성]

M : 課長、来週の出張ですが、お客様の都合で来月に延期になりました。

F : 1 そう。じゃあ、予定表を修正しておいてね。

　　2 じゃあ、お客様にも連絡しておいてね。

　　3 いや、まだ連絡は来ていないよ。

해석 M : 과장님, 다음 주 출장입니다만, 고객 사정으로 다음 달로 연기되었습니다.

　　F : 1 그래. 그럼, 예정표를 수정해 둬.

　　　　2 그럼, 고객에게도 연락해 둬.

　　　　3 아니, 아직 연락은 안 왔어.

해설 남자가 출장이 연기되었다고 보고하는 상황이다.

　　1 (O) '그럼 예정표를 수정해 둬'는 출장이 연기되었다는 남자의 말에 대한 적절한 응답이다.

　　2 (X) 고객 사정으로 연기되었다는 상황과 맞지 않다.

　　3 (X) 고객에게 연락을 받은 상황과 맞지 않다.

어휘 課長 かちょう 圓 과장님, 과장　出張 しゅっちょう 圓 출장

　　お客様 おきゃくさま 圓 고객　都合 つごう 圓 사정, 형편

　　延期 えんき 圓 연기　予定表 よていひょう 圓 예정표

　　修正 しゅうせい 圓 수정　連絡 れんらく 圓 연락

6

[음성]

M : 僕、まだ沖縄に行ったことがないんだけど、山崎さんは行ったことある?

F : 1 ううん、沖縄に友達はいないよ。

　　2 うん、台風が来ているから気をつけてね。

　　3 うん、去年、高木さんといってきたよ。

해석 M : 나, 아직 오키나와에 가 본 적이 없는데, 야마자키 씨는 가 본 적 있어?

　　F : 1 아니, 오키나와에 친구는 없어.

　　　　2 응, 태풍이 오고 있으니까 조심해.

　　　　3 응, 작년, 다카기 씨와 갔다 왔어.

해설 남자가 여자에게 오키나와에 가 본적이 있는지 경험을 묻는 상황이다.

　　1 (X) 沖縄(おきなわ)를 반복 사용하여 혼동을 준 오답이다.

　　2 (X) 行く(가다)와 관련된 来る(오다)를 사용하여 혼동을 준 오답이다.

　　3 (O) '작년에 다카기 씨와 갔다 왔어'는 오키나와에 가 본적이 있냐는 남자의 말에 대한 적절한 응답이다.

어휘 沖縄 おきなわ 圓 오키나와　台風 たいふう 圓 태풍

　　気をつける きをつける 조심하다

7

[음성]

F : 悪いんだけど、あとでこのサンプルをお客様に届けてほしいんだ。

M : 1 分かりました。すぐにもらっておきます。

　　2 お客様は何時にいらっしゃるんですか?

　　3 午後になってしまっても大丈夫ですか?

해석 F : 미안하지만, 나중에 이 샘플을 고객에게 배달해 줬으면 해.

　　M : 1 알겠습니다. 바로 받아 두겠습니다.

　　　　2 고객은 몇 시에 오십니까?

　　　　3 오후가 되어버려도 괜찮습니까?

해설 여자가 샘플을 고객에게 배달해달라고 부탁하는 상황이다.

　　1 (X) 배달을 해야 하는 상황과 맞지 않다.

　　2 (X) 고객에게 가서 배달해야 하는 상황과 맞지 않다.

　　3 (O) '오후가 되어버려도 괜찮습니까?'는 고객에게 배달해달라는 여자의 말에 대한 적절한 응답이다.

어휘 サンプル 圓 샘플　お客様 おきゃくさま 圓 고객

　　届ける とどける 图 배달하다　いらっしゃる 图 오시다 (くる의 존경어)

8

[음성]

M : 雨が降ってきたみたいだから、この傘どうぞ。

F : 1 うん、使っていいよ。

　　2 じゃあ、お借りします。

　　3 傘、持ってないの?

해석 M : 비가 내리는 것 같으니까, 이 우산 써.

　　F : 1 응, 써도 돼.

　　　　2 그럼, 빌리겠습니다.

　　　　3 우산, 안 가지고 있어?

해설 남자가 우산을 빌려주는 상황이다.

　　1 (X) 우산을 빌려주는 사람은 남자이므로 주체가 맞지 않다.

　　2 (O) '그럼, 빌리겠습니다'는 우산을 쓰라는 남자의 말에 대한 적절한 응답이다.

　　3 (X) 남자가 우산을 빌려주는 상황과 맞지 않다.

어휘 借りる かりる 图 빌리다

9

[음성]

F : 課長の説明は、いつも本当にわかりやすいよね。

M : 1 うん、あんな風に話せるようになりたいよね。

　　2 ええ、分からないところは聞いたほうがいいよ。

　　3 そう、説明をよく聞いていれば分かるよね。

해석 F : 과장님의 설명은, 언제나 정말로 알기 쉬워.

　　M : 1 응, 저런 식으로 말할 수 있게 되고 싶어.

　　　　2 응, 모르는 부분은 물어보는 편이 좋아.

3 그래, 설명을 잘 듣고 있으면 알 수 있어.

해설 여자가 과장님의 설명이 알기 쉽다고 의견을 말하는 상황이다.

1 (O) '저런 식으로 말할 수 있게 되고 싶어'는 과장님의 설명이 알기
쉽다는 여자의 말에 대한 적절한 응답이다.

2 (X) わかり를 分からない(わからない)로 반복 사용하여 혼동을
준 오답이다.

3 (X) 과장님의 설명이 언제나 알기 쉽다고 한 상황과 맞지 않다.

어휘 課長 かちょう 圏과장님, 과장　説明 せつめい 圏설명

10

[음성]
F：今年の夏休みは、どこにも行かないで家でのんびりし
ようかなあ。
M：1 行くなら温泉がいいんじゃない？
　　2 せっかく長い休みなのにもったいないよ。
　　3 どこにも行けないのは残念だね。

해석 F：올해 여름휴가는, 어디에도 가지 않고 집에서 느긋하게 있을까.

M：1 간다면 온천이 좋지 않아?

2 모처럼 긴 휴가인데 아까워.

3 어디에도 갈 수 없는 것은 유감스럽네.

해설 여자가 올해 여름 휴가는 집에 있자고 제안하는 상황이다.

1 (X) 휴가에 어디에도 가지 말자고 한 상황과 맞지 않다.

2 (O) '모처럼 긴 휴가인데 아까워'는 휴가 때 어디에도 가지 말자는
여자의 말에 대한 적절한 응답이다.

3 (X) 갈 수 없는 게 아니라 가지 않는 상황과 맞지 않다.

어휘 のんびり 图느긋하게　温泉 おんせん 圏온천　せっかく 图모처럼

もったいない い형아깝다　残念だ ざんねんだ な형유감스럽다

11

[음성]
M：部長はABC株式会社の小山さんをご存知ですか？
F：**1 ああ、何度かお会いしたことがあるよ。**
　　2 さあ、いつ会ったか覚えてないなあ。
　　3 ええ、小山さんはそんな人だよね。

해석 M：부장님은 ABC 주식회사의 고야마 씨를 알고 계십니까?

F：**1 아, 몇 번인가 만나 뵌 적이 있어.**

2 글쎄, 언제 만났는지 기억나지 않아.

3 응, 고야마 씨는 그런 사람이지.

해설 남자가 여자에게 고야마 씨를 알고 있는지 묻는 상황이다.

1 (O) '몇 번인가 만나 뵌 적이 있어'는 고야마 씨를 아느냐는 남자의
말에 대한 적절한 응답이다.

2 (X) 고야마 씨를 알고 있는지를 묻는 상황과 맞지 않다.

3 (X) 小山さん(こやまさん)을 반복 사용하여 혼동을 준 오답이다.

어휘 部長 ぶちょう 圏부장님, 부장

株式会社 かぶしきがいしゃ 圏주식회사

ご存知 ごぞんじ 알고 계심 (存じ의 존경어)

12

[음성]
M：このアンケート、いつまでに出さなきゃいけないんだ
っけ？
F：1 出さないと課長が怒るよ。
　　2 たしか20日までって言ってたよ。
　　3 5日までに教えてくれる？

해석 M：이 앙케트, 언제까지 내야 하는 거였지?

F：1 내지 않으면 과장님이 화낼 거야.

2 분명 20일까지라고 했었어.

3 5일까지 알려 줄래?

해설 남자가 앙케트의 제출 기한을 묻는 상황이다.

1 (X) 앙케트를 내려고 하는 상황과 맞지 않다.

2 (O) '20일까지라고 했었어'는 앙케트를 언제까지 내야 하냐는
남자의 말에 대한 적절한 응답이다.

3 (X) 제출 기한은 남자가 물어본 것이므로 주체가 맞지 않다.

어휘 アンケート 圏앙케트　課長 かちょう 圏과장님, 과장

怒る おこる 圏화내다　たしか 图분명

☞ 문제 5는 긴 이야기를 듣습니다. 예제가 없으므로 바로 문제를
풀 준비를 합니다. 문제지에 들리는 내용을 적극적으로 메모하며 문
제를 풀어봅시다.

음성 디렉션

問題5では、長めの話を聞きます。この問題には練習はあ
りません。問題用紙にメモをとってもかまいません。
1番、2番　問題用紙に何もいんさつされていません。ま
ず話を聞いてください。それから、質問と選択肢を聞いて、
1から4の中から、最もよいものを一つ選んでください。で
は、始めます。

해석 문제 5에서는, 긴 이야기를 듣습니다. 이 문제에는 연습은 없습니다.
문제 용지에 메모를 해도 상관없습니다.

1번, 2번 문제 용지에 아무것도 인쇄되어 있지 않습니다. 우선 이야
기를 들어주세요. 그리고 나서, 질문과 선택지를 듣고, 1에서 4중에,
가장 알맞은 것을 하나 골라주세요. 그럼 시작합니다.

1

[음성]
大学で女の学生と職員が話しています。
F：すみません、夏休みに4週間ぐらいの短期の語学研
修をしたいと思ってるんですが、確か、外国の大学の
コースを紹介していただけるとか。
M：はい、英語の語学研修ですよね。ええと、夏休みに行
けるところだと四か所ありますよ。まず、アメリカのこち

らの大学、学校の寮に泊まって、1日5時間の英語研修を受けるんです。ちょっと田舎ですが、勉強に集中できますよ。それから、こちらのオーストラリアの大学。こちらは1日6時間ですけど、泊まるのはホームステイだけになります。

F：ホームステイですか。楽しそうですけど、家族以外と暮らしたことがないから、ちょっと不安です。

M：それから、こちらはフィリピンのコースです。ここは、大学ではないんですが、いい先生が多い英語の学校で、学校内にある寮に泊まって、1日7時間授業があります。そして、授業以外でも、英語で話すようにと言われるはずです。

F：へえ、値段も手ごろですね。

M：もう一つはこちら。マレーシアの大学で、これも大学の寮に泊まることができます。都市部にある大学なので、生活も楽しめます。授業は1日4時間ですが。

F：4時間ですか。短いなあ。四つとも4週間のコースですよね。

M：ええと、あ、アメリカの大学は3週間ですね。

F：そうですか。じゃあ、**せっかく行くんだから**、しっかり**勉強できるここにします。**

女の学生はどこの国の学校を選びますか。

1 アメリカ
2 オーストラリア
3 **フィリピン**
4 マレーシア

해석 대학교에서 여학생과 직원이 이야기하고 있습니다.

F : 저기요, 여름방학에 4주간 정도 단기 어학연수를 하고 싶다고 생각하고 있는데요, 분명, 외국 대학의 코스를 소개해 주신다고.

M : 네, 영어 어학연수요? 음, 여름방학에 갈 수 있는 곳이라면 4군데 있습니다. 우선, 미국의 이쪽 대학, 학교 기숙사에 묵고, 1일 5시간의 영어연수를 받습니다. 조금 시골이지만, 공부에 집중할 수 있습니다. 그리고, 이쪽의 호주 대학. 이쪽은 1일 6시간인데, 묵는 것은 홈스테이뿐입니다.

F : 홈스테이인가요? 즐거울 것 같지만, 가족 이외하고 생활한 적이 없어서, 조금 불안합니다.

M : 그리고, 이쪽은 필리핀 코스입니다. 이곳은, 대학이 아니지만, 좋은 선생님이 많은 영어 학교로, 학교 내에 있는 기숙사에서 묵고, 1일 7시간 수업이 있습니다. 그리고, 수업 이외에도, 영어로 말하도록 할 것입니다.

F : 호오, 가격도 적절하네요.

M : 또 한 가지는 이쪽. 말레이시아 대학으로, 이것도 대학 기숙사에 묵을 수 있습니다. 도시부에 있는 대학이기 때문에, 생활도 즐길 수 있습니다. 수업은 1일 4시간이지만.

F : 4시간이요? 짧네요. 4개 모두 4주간 코스지요?

M : 으음, 아, 미국의 대학은 3주간이네요.

F : 그런가요? 그럼, **모처럼 가는 거니까, 확실히 공부할 수 있는 이곳으로 하겠습니다.**

여학생은 어느 나라의 학교를 고릅니까?

1 미국
2 호주
3 필리핀
4 말레이시아

해설 대화에서 언급되는 여러 선택사항과 여학생의 최종 선택 내용을 재빨리 메모하며 주의 깊게 듣는다.

〈메모〉 여학생 → 여름방학, 4주, 어학연수

① 미국: 기숙사, 1일 5시간, 시골, 집중
② 호주: 1일 6시간, 홈스테이→ 불안
③ 필리핀: 대학X, 좋은 선생님, 기숙사, 1일 7시간 → 가격 적절
④ 말레이시아: 기숙사, 도시에 있음, 1일 4시간 → 짧음

미국은 3주, 나머지는 4주

여학생 → 확실히 공부할 수 있는 곳

질문이 여학생이 어느 나라의 학교를 선택하는지 묻고 있으므로, 학습 시간이 4주간 7시간이어서 확실히 공부할 수 있는 3 フィリピン(필리핀)이 정답이다.

어휘 短期 たんき 圏단기　語学研修 ごがくけんしゅう 圏어학연수
確か たしか 則분명　コース 圏코스　紹介 しょうかい 圏소개
まず 則우선　アメリカ 圏미국　寮 りょう 圏기숙사
泊まる とまる 圏묵다　受ける うける 圏받다　田舎 いなか 圏시골
集中 しゅうちゅう 圏집중　オーストラリア 圏호주
ホームステイ 圏홈스테이　以外 いがい 圏이외
暮らす くらす 圏생활하다, 살다　不安だ ふあんだ な圏불안하다
フィリピン 圏필리핀　学校内 がっこうない 圏학교 내
値段 ねだん 圏가격　手ごろだ てごろだ な圏적절하다, 알맞다
マレーシア 圏말레이시아　都市部 としぶ 圏도시부
生活 せいかつ 圏생활　楽しむ たのしむ 圏즐기다
せっかく 則모처럼　しっかり 則확실히　選ぶ えらぶ 圏고르다

2

[음성]

会社で課長と社員2人が話しています。

M1：課長、すみません。今度の大学生のための会社説明会の件でちょっとお話が。参加者は多くても50人ぐらいかと思って駅前の貸会場を予約したのですが、それ以上の応募がありまして。それで、キャンセル待ちをしてもらっている学生さんが10数名いるんです。締め切りもあさってなので、まだ増えるかと思いますが、いかがいたしましょうか。

F：え？そんなにたくさん？去年はそんなに多くなかったよね。

M1：ええ。先日、大学生のための雑誌にわが社の記事が載って、興味を持ってくれた学生さんが増えたようなんです。あさってを待たずに、締め切りましょうか。

M2: でも、締め切りまでまだ時間があると思って、まだ申し込んでいない人もいると思いますよ。

M1: そうですね…。

F : その部屋の定員は何人なの？

M2: 定員は特に書いてなかったですね。ただ、椅子のレンタルはこちら側を含めて60しか、していなくて。

F : 椅子は増やせる？

M2: ええ、借りられますよ。ただ、借りる部屋は椅子を置いたら、60でもぎりぎりなんですよね。

F : そうなんだ。説明会は2時からよね？部屋は何時間借りてるの？

M1: 午後1時から5時までです。

M2: じゃあ2回できそうですね。あ、それか、もう一日違う日にするのはどうですか。

M1: でも、課長、私が就職活動の時、授業でなかなか説明会に行く時間が取れなかった経験があります。ですので、日にちを変えたら参加できない人が多く出てくるかと思います。時間を変更するほうがまだいいと思うのですが。

F : 確かにそうね。じゃあ、先に申し込んだ50名は予定どおりにして、そのあとに申し込んだ人には事情を説明して、それでも来てくださるか、メールで聞いてみて。

3人は会社説明会をどうすることにしましたか。

1 締め切りを早くする
2 椅子の数を増やす
3 別の日にもう一度説明会をする
4 別の時間にもう一度説明会をする

해석 회사에서 과장과 사원 2명이 이야기하고 있습니다.

M1 : 과장님, 실례하겠습니다. 이번 대학생을 위한 회사 설명회 건으로 잠시 이야기가. 참가자는 많아도 50명 정도일 거라고 생각하고 역 앞의 대여 회장을 예약했습니다만, 그 이상의 응모가 있어서요. 그래서, 취소 대기를 하고 있는 학생이 10 몇 명 있습니다. 미감도 모레이기 때문에, 아직 늘어날 거라고 생각합니다만, 어떻게 할까요？

F : 어? 그렇게 많이? 작년은 그렇게 많지 않았었지?

M1 : 네. 요전에, 대학생을 위한 잡지에 우리 회사의 기사가 실려서, 흥미를 가져 준 학생이 늘어난 것 같습니다. 모레를 기다리지 않고, 마감할까요？

M2 : 하지만, 마감까지는 아직 시간이 있다고 생각해서, 아직 신청하지 않은 사람도 있다고 생각합니다.

M1 : 그렇군요….

F : 그 방의 정원은 몇 명이야？

M2 : 정원은 특별히 쓰여있지 않았습니다. 다만, 의자의 대여는 이쪽을 포함해서 60개밖에, 하지 않아서.

F : 의자는 늘릴 수 있어？

M2 : 네, 빌릴 수 있습니다. 다만, 빌리는 방은 의자를 놓으면, 60개도 아슬아슬합니다.

F : 그렇군. 설명회는 2시부터지? 방은 몇 시간 빌렸어？

M1 : 오후 1시부터 5시까지입니다.

M2 : 그럼 2회 될 것 같네요. 아, 혹은, 하루 더 다른 날에 하는 것은 어떨까요？

M1 : 하지만, 과장님, 제가 취직 활동 때, 수업 때문에 좀처럼 설명회에 갈 시간을 낼 수 없었던 경험이 있습니다. 그렇기 때문에, 날짜를 바꾸면 참가할 수 없는 사람이 많이 나올 거라고 생각합니다. 시간을 변경하는 쪽이 아직 괜찮다고 생각합니다만.

F : 확실히 그렇네. 그럼, 먼저 신청한 50명은 예정대로 하고, 그 후에 신청한 사람에게는 사정을 설명하고, 그래도 와 주실지, 메일로 물어봐.

세 사람은 회사 설명회를 어떻게 하기로 했습니까？

1 마감을 빠르게 한다
2 의자 수를 늘린다
3 다른 날에 한 번 더 설명회를 한다
4 다른 시간에 한 번 더 설명회를 한다

해설 대화의 중후반에서 세 사람의 최종 합의 내용을 재빨리 메모하며 주의 깊게 듣는다.

〈메모〉 회사 설명회, 50명 예상, 대기 10명, 마감 모레, 더 늘어날 수 있음, 어떻게 할지？

　- 모레를 기다리지 않고 마감？ : 아직 신청 안 한 사람 있을 수도

　- 의자 늘리면？ : 60개도 아슬아슬

　- 다른 날은？ : 참가 못하는 사람이 많을 수 있음

　- 시간 변경 : 괜찮음

질문이 회사 설명회를 어떻게 하기로 했는지 묻고 있으므로, 4 別の 時間にもう一度説明会をする(다른 시간에 한 번 더 설명회를 한다)가 정답이다.

어휘 今度 こんど 명 이번, 다음　大学生 だいがくせい 명 대학생
　説明会 せつめいかい 명 설명회　件 けん 명 건
　参加者 さんかしゃ 명 참가자　駅前 えきまえ 명 역 앞
　貸し場 かしいじょう 명 대여 회장, 빌린 회장　予約 よやく 명 예약
　以上 いじょう 명 이상　応募 おうぼ 명 응모
　キャンセル待ち キャンセルまち 명 취소 대기
　締め切り しめきり 명 마감　増える ふえる 동 늘다
　いかが 부 어떻게, 어찌　いたす 동 하다 (する의 겸양어)
　先日 せんじつ 명 요전　雑誌 ざっし 명 잡지
　わが社 わがしゃ 명 우리 회사　記事 きじ 명 기사
　載る のる 동 실리다　興味 きょうみ 명 흥미
　申し込む もうしこむ 동 신청하다　定員 ていいん 명 정원
　特に とくに 부 특별히　ただ 부 다만　レンタル 명 대여, 렌털
　側 がわ 명 측　含める ふくめる 동 포함하다
　増やす ふやす 동 늘리다　借りる かりる 동 빌리다
　ぎりぎり 부 아슬아슬　就職活動 しゅうしょくかつどう 명 취직 활동
　なかなか 부 좀처럼　経験 けいけん 명 경험　日にち ひにち 명 날짜
　変える かえる 동 바꾸다　参加 さんか 명 참가
　変更 へんこう 명 변경　確かだ たしかだ な형 확실하다
　先に さきに 부 먼저　予定 よてい 명 예정　事情 じじょう 명 사정

メール 圏메일　数 かず 圏수　別 べつ 圏다름
もう一度 もういちど 한 번 더

3番　まず話を聞いてください。それから、二つの質問を聞いて、それぞれ問題用紙の1から4の中から、最もよいものを一つ選んでください。では、始めます。

해석 3번　우선 이야기를 들어주세요. 그리고 나서, 두 질문을 듣고, 각각 문제 용지의 1에서 4중에, 가장 알맞은 것을 하나 골라주세요. 그럼 시작합니다.

3

[음성]
学校で先生が話しています。

F1：来月の旅行ですが、現地に着いたあと、4つのコースに分かれます。Aコースは、登山をします。それほど険しい山ではないので、特別な登山用具は必要ありませんが、歩きやすい服装で来てください。今の季節は、緑がとてもきれいだそうです。Bコースは、名所めぐりをします。お寺や神社のほか、古い建物が残る地区や、町の歴史に関する資料館などを回ります。Cコースは、着物体験です。三百年続く着物のお店を見学したあとで、好きな着物を借りて、試着します。希望者は、そのまま町の中を散歩することもできます。Dコースは食べ歩きです。町の名物を食べたり飲んだりしながら、商店街を歩きます。地元で有名なラーメン店もコースに入っていて、コースの参加者に限り、行列に並ばずにお店に入ることができます。今から、申込用紙を配ります。参加を希望するコースに丸をつけて、今週末までに提出してください。

M：どのコースにする？

F2：どうしようかなあ。着物は、先月京都で着ちゃったし。悩むなあ。

M：ラーメン好きとしては、食べ歩きコースはかなり気になるな。でも、ラーメンはどこでも食べられるからね。普段なかなか自然に触れる機会がないから、僕はこっちのコースにするよ。一緒にどう？

F2：えー、旅行に履いて行こうと思って、新しいサンダル買っちゃったんだ。サンダルで山に登るわけにはいかないよね。

M：そっか。

F2：私は、これにする。初めて行く町だし、歴史を勉強してみたいな。

M：あとで申込用紙を出しに行くけど、一緒に出しておこうか。

F2：ありがとう。じゃ、よろしく。

質問1　男の人はどのコースに参加しますか。

質問2　女の人はどのコースに参加しますか。

[문제지]
質問1

1 Aコース
2 Bコース
3 Cコース
4 Dコース

質問2

1 Aコース
2 Bコース
3 Cコース
4 Dコース

해석 학교에서 선생님이 이야기하고 있습니다.

F1 : 다음 달의 여행입니다만, 현지에 도착한 후, 4개의 코스로 나뉩니다. A코스는, 등산을 합니다. 그다지 험한 산이 아니기 때문에, 특별한 등산 도구는 필요 없습니다만, 걷기 쉬운 복장으로 와 주세요. 지금의 계절은, 푸른빛이 매우 예쁘다고 합니다. B코스는, 명소 순례를 합니다. 절과 신사 외에, 오래된 건물이 남은 지역과, 마을의 역사에 관한 자료관 등을 돕니다. C코스는, 기모노 체험입니다. 300년 이어진 기모노 가게를 견학한 후에, 좋아하는 기모노를 빌려서, 시작합니다. 희망자는, 그대로 마을 안을 산책하는 것도 가능합니다. D코스는 먹으며 걷기입니다. 마을의 명물을 먹거나 마시면서, 상점가를 걷습니다. 그 고장에서 유명한 라면 가게도 코스에 들어 있어서, 코스 참가자에 한하여, 행렬에 줄을 서지 않고 가게에 들어갈 수 있습니다. 지금부터, 신청 용지를 나눠주겠습니다. 참가를 희망하는 코스에 동그라미를 쳐서, 이번 주말까지 제출해 주세요.

M : 어느 코스로 할래?

F2 : 어떻게 할까. 기모노는, 저번 달 교토에서 입어버렸고. 고민이네.

M : 라면을 좋아하는 사람으로서는, 먹으며 걷기 코스는 상당히 궁금하네. 하지만, 라면은 어디에서도 먹을 수 있으니까. 평소 좀처럼 자연을 접할 기회가 없으니까, 나는 이쪽 코스로 할래. 함께 어때?

F2 : 어, 여행에 신고 가려고 생각해서, 새로운 샌들 사버렸어. 샌들로 산에 올라갈 수는 없어.

M : 그렇구나.

F2 : 나는, 이걸로 할래. 처음으로 가는 마을이고, 역사를 공부해 보고 싶어.

M : 나중에 신청 용지를 내려 갈 건데, 함께 낼까?

F2 : 고마워. 그럼, 부탁해.

질문1 남자는 어느 코스에 참가합니까?

질문 2 여자는 어느 코스에 참가합니까?

질문 1

1 A코스

2 B코스

3 C코스

4 D코스

질문 2

1 A코스

2 B코스

3 C코스

4 D코스

해설 각 선택지와 관련하여 언급되는 내용을 재빨리 메모하며 주의 깊게
듣고, 두 명의 대화자가 선택하는 것에 유의하며 대화를 듣는다.

〈메모〉 여행 코스 4개

① A: 등산, 등산 도구 필요X, 푸른 빛이 예쁨

② B: 명소 순례, 절, 신사, 역사 자료관

③ C: 기모노 체험, 마을 산책

④ D: 먹으며 걷기, 상점가, 라면

남자 → 자연을 접할 기회가 없으니 이쪽 코스로

여자 → 처음 가는 마을, 역사 공부

질문 1은 남자가 선택한 코스를 묻고 있다. 남자는 자연을 접하고 싶
다고 했으므로, 1 Aコース(A코스)가 정답이다.

질문 2는 여자가 선택한 코스를 묻고 있다. 여자는 처음 가는 마을에
서 역사를 공부해 보고 싶다고 했으므로, 2 Bコース(B 코스)가 정답
이다.

어휘 現地 げんち 圏현지   コース 圏코스   分かれる わかれる 圄나뉘다
登山 とざん 圏등산   それほど 뷔그다지, 그토록
険しい けわしい 이형험하다   特別だ とくべつだ 나형특별하다
用具 ようぐ 圏도구   必要だ ひつようだ 나형필요하다
服装 ふくそう 圏복장   季節 きせつ 圏계절
緑 みどり 圏푸른빛, 초록   名所 めいしょ 圏명소
めぐる 圄순례하다, 돌다   お寺 おてら 圏절   神社 じんじゃ 圏신사
残る のこる 圄남다   地区 ちく 圏지역, 지구   歴史 れきし 圏역사
資料館 しりょうかん 圏자료관   回る まわる 圄돌다
着物 きもの 圏기모노   体験 たいけん 圏체험
続く つづく 圄이어지다, 계속되다   見学 けんがく 圏견학
借りる かりる 圄빌리다   試着 しちゃく 圏시착
希望者 きぼうしゃ 圏희망자   食べ歩き たべあるき 圏먹으며 걷기
名物 めいぶつ 圏명물   商店街 しょうてんがい 圏상점가
地元 じもと 圏그 고장   有名だ ゆうめいだ 나형유명하다
ラーメン店 ラーメンてん 圏라면 가게   参加者 さんかしゃ 圏참가자
限る かぎる 圄한하다   行列 ぎょうれつ 圏행렬
並ぶ ならぶ 圄줄 서다   申込用紙 もうしこみようし 圏신청 용지
配る くばる 圄나눠주다   丸をつける まるをつける 동그라미를 치다
今週末 こんしゅうまつ 圏이번 주말   提出 ていしゅつ 圏제출
京都 きょうと 圏교토   悩む なやむ 圄고민하다   かなり 뷔상당히
気になる きになる 궁금하다, 신경 쓰이다   普段 ふだん 뷔평소

なかなか 뷔좀처럼   自然 しぜん 圏자연   触れる ふれる 圄접하다
機会 きかい 圏기회   サンダル 圏샌들

실전모의고사 2

언어지식 (문자 · 어휘)

문제 1	**1** 2	**2** 4	**3** 3	**4** 2	**5** 1		
문제 2	**6** 1	**7** 4	**8** 3	**9** 1	**10** 2		
문제 3	**11** 3	**12** 1	**13** 3	**14** 2	**15** 1		
문제 4	**16** 4	**17** 1	**18** 1	**19** 2	**20** 4	**21** 2	**22** 1
문제 5	**23** 4	**24** 1	**25** 3	**26** 2	**27** 3		
문제 6	**28** 3	**29** 1	**30** 4	**31** 3	**32** 2		

언어지식 (문법)

문제 7	**33** 2	**34** 1	**35** 1	**36** 3	**37** 4	**38** 4
	39 1	**40** 3	**41** 2	**42** 4	**43** 4	**44** 3
문제 8	**45** 1	**46** 1	**47** 4	**48** 3	**49** 2	
문제 9	**50** 2	**51** 4	**52** 4	**53** 1	**54** 2	

독해

문제 10	**55** 4	**56** 2	**57** 2	**58** 1	**59** 2	
문제 11	**60** 2	**61** 3	**62** 1	**63** 3	**64** 2	**65** 3
	66 2	**67** 3	**68** 1			
문제 12	**69** 1	**70** 3				
문제 13	**71** 2	**72** 3	**73** 1			
문제 14	**74** 1	**75** 3				

청해

문제 1	**1** 3	**2** 3	**3** 1	**4** 2	**5** 2		
문제 2	**1** 4	**2** 4	**3** 1	**4** 3	**5** 1	**6** 2	
문제 3	**1** 3	**2** 3	**3** 2	**4** 4	**5** 1		
문제 4	**1** 2	**2** 1	**3** 1	**4** 2	**5** 3	**6** 1	
	7 3	**8** 1	**9** 3	**10** 2	**11** 1	**12** 2	
문제 5	**1** 3	**2** 2	**3** 질문1 3	질문2 2			

언어지식 (문자·어휘)

1

지방에서는 생산인구의 감소減少가 큰 문제이다.

해설 減少는 2 げんしょう로 발음한다. げん은 탁음, しょう는 탁음이 아닌 것에 주의한다.

어휘 減少 げんしょう 명감소　地方 ちほう 명지방
　　生産人口 せいさんじんこう 명생산인구

2

이것으로 지폐와 동전의 앞表과 뒤를 구별합니다.

해설 表는 4 おもて로 발음한다.

어휘 表 おもて 명앞, 겉　紙幣 しへい 명지폐　硬貨 こうか 명동전
　　裏 うら 명뒤, 안　区別 くべつ 명구별

3

다음 주 정밀검사에서 자세한 증상症状을 알 수 있다.

해설 症状는 3 しょうじょう로 발음한다. しょう와 じょう가 장음인 것에 주의한다.

어휘 症状 しょうじょう 명증상　精密検査 せいみつけんさ 명정밀검사
　　詳しい くわしい い형자세하다

4

쓴苦い 맛이 좋아서, 커피나 차를 마십니다.

해설 苦い는 2 にがい로 발음한다.

어휘 苦い にがい い형쓰다　味 あじ 명맛

5

부모님이 경영하는 회사에서 경리経理를 하고 있다.

해설 経理는 1 けいり로 발음한다. けい가 장음인 것에 주의한다.

어휘 経理 けいり 명경리　経営 けいえい 명경영

6

최근 매상이 감소하는 경향けいこう이 있어서, 전 사원이 걱정하고 있다.

해설 けいこう는 1 傾向로 표기한다. 傾(けい, 되어 가다)를 선택지 2와 4의 頃(ころ, 무렵)와 구별해서 알아두고, 向(こう, 향하다)를 선택지 3과 4의 尚(しょう, 오히려)와 구별해서 알아둔다.

어휘 傾向 けいこう 명경향　最近 さいきん 명최근
　　売上 うりあげ 명매상　減少 げんしょう 명감소
　　全社員 ぜんしゃいん 명전 사원　心配 しんぱい 명걱정

7

아침의 상쾌한こころよい 공기가 좋아서, 조깅을 하게 되었다.

해설 こころよい는 4 快い로 표기한다. 3은 없는 단어이다.

어휘 快い こころよい い형상쾌하다　嬉しい うれしい い형기쁘다
　　楽しい たのしい い형즐겁다　爽やかだ さわやかだ な형상쾌하다
　　空気 くうき 명공기　ジョギング 명조깅

8

무슨 일이 있어도 원칙げんそく을 지키는 것이 중요합니다.

해설 げんそく는 3 原則로 표기한다. 原(げん, 일의 시작)을 선택지 2와 4의 源(げん, 근원)과 구별해서 알아두고, 則(そく, 규칙)를 선택지 1과 2의 側(そく, 옆)와 구별해서 알아둔다.

어휘 原則 げんそく 명원칙　守る まもる 동지키다
　　重要だ じゅうようだ な형중요하다

9

편지를 쓸 때, 맺음むすび말로 무엇을 쓰면 좋을지 모르겠다.

해설 むすび는 1 結び로 표기한다. 2, 3, 4는 없는 단어이다.

어휘 結び むすび 명맺음　包む つつむ 동둘러싸다　束 たば 명다발
　　絞る しぼる 동짜다

10

친구의 얼굴은 이렇다 할 특징とくちょう이 없다.

해설 とくちょう는 2 特徴로 표기한다. 特(とく, 특별하다)를 선택지 1과 3의 持(じ, 가지다)와 구별해서 알아두고, 徴(ちょう, 표시)를 선택지 3과 4의 微(び, 미세하다)와 구별해서 알아둔다.

어휘 特徴 とくちょう 명특징　これといった 이렇다 할

11

작가의 사후, 그의 자택에서 (　　　) 발표의 작품이 대량으로 발견되었다.

해설 괄호 뒤의 어휘 発表(발표)와 함께 쓰여 未発表(미발표)를 만드는 접두어 3 未가 정답이다.

어휘 未発表 みはっぴょう 명미발표　作家 さっか 명작가
　　死後 しご 명사후, 죽은 뒤　自宅 じたく 명자택
　　作品 さくひん 명작품　大量 たいりょう 명대량
　　見つかる みつかる 동발견되다, 찾게 되다

12

교통 (　　　) 를 절약하기 위해서, 학교까지 자전거로 다니고 있다.

해설 괄호 앞의 어휘 交通(교통)와 함께 쓰여 交通費(교통비)를 만드는 접미어 1 費가 정답이다.

어휘 交通費 こうつうひ 명교통비　節約 せつやく 명절약
　　通う かよう 동다니다, 왕래하다

13

> 지갑을 잃어버렸기 때문에, 경찰 (　　　) 에 가서 물어보려고 한다.

해설 괄호 앞의 어휘 警察(경찰)와 함께 쓰여 警察署(경찰서)를 만드는 접미어 3 署가 정답이다.

어휘 警察署 けいさつしょ 圕경찰서
落とす おとす 圄잃어버리다, 떨어뜨리다

14

> 연 (　　　) 에, 이사를 할지 말지 생각하고 있다.

해설 괄호 앞의 어휘 年(연)와 함께 쓰여 年明け(연초)를 만드는 접미어 2 明け가 정답이다.

어휘 年明け としあけ 圕연초, 새해　引っ越し ひっこし 圕이사
考える かんがえる 圄생각하다

15

> 쇼핑 중에, 갑자기 아이가 울기 (　　　) 서, 곤란했다.

해설 괄호 앞의 어휘 泣く(울다)와 함께 쓰여 泣き出す(울기 시작하다)라는 복합어를 만드는 1 出した가 정답이다.

어휘 泣き出す なきだす 圄울기 시작하다
買い物中 かいものちゅう 圕쇼핑 중, 장보는 중
急に きゅうに 囝갑자기

16

> 조금 더 가르치는 법이 (　　　) 되면, 지도자가 되고 싶다고 생각한다.
>
> 1 개선　　　　　　　　　2 발달
> 3 진보　　　　　　　　　**4 향상**

해설 선택지가 모두 명사이다. 괄호 앞뒤의 내용과 함께 쓸 때 教え方が
上達したら(가르치는 법이 향상되면)라는 문맥이 가장 자연스러우
므로 4 上達(향상)가 정답이다. 1은 待遇が改善される(대우가 개
선되다), 2는 科学が発達する(과학이 발달하다), 3은 生活水準が
進歩する(생활 수준이 진보하다)와 같이 쓰인다.

어휘 もう少し もうすこし 囝조금 더　教え方 おしえかた 圕가르치는 법
指導者 しどうしゃ 圕지도자　思う おもう 圄생각하다
改善 かいぜん 圕개선　発達 はったつ 圕발달
進歩 しんぽ 圕진보　上達 じょうたつ 圕향상, 숙달

17

> (　　　) 소설이라고 생각하고 읽기 시작했는데, 마지막에는 열중해
> 있었다.
>
> **1 하찮은**　　　　　　　2 할 수 없는
> 3 어쩔 수 없는　　　　　4 상관없는

해설 선택지가 모두 い형용사이다. 괄호 뒤의 내용과 함께 쓸 때 くだらな
い小説(하찮은 소설)라는 문맥이 가장 자연스러우므로 1 くだらな

い(하찮은)가 정답이다. 2는 やむをえない場合(할 수 없는 경우),
3은 不安でしょうがない(불안해서 어쩔 수 없다), 4는 運動しても
かまわない(운동해도 상관없다)와 같이 쓰인다.

어휘 小説 しょうせつ 圕소설　思う おもう 圄생각하다
読み始める よみはじめる 圄읽기 시작하다
最後 さいご 圕마지막, 최후　夢中 むちゅう 圕열중, 몰두
くだらない 囸형하찮다, 시시하다
やむをえない 할 수 없다, 어쩔 수 없다　しょうがない 어쩔 수 없다
かまわない 상관없다

18

> 출장에는 아이를 데려갈 수 없어서, 부모님께 (　　　) 생각이다.
>
> **1 맡길**　　　　　　　　2 빌려줄
> 3 빌릴　　　　　　　　　4 돌려줄

해설 선택지가 모두 동사이다. 괄호 앞뒤의 내용과 함께 쓸 때 子供を連
れて行くことができないので、両親に預けるつもりだ(아이를 데
려갈 수 없어서, 부모님께 맡길 생각이다)라는 문맥이 가장 자연스러
우므로 1 預ける(맡길)가 정답이다. 2는 本を貸す(책을 빌려주다),
3은 お金を借りる(돈을 빌리다), 4는 本を返す(책을 돌려주다)와
같이 쓰인다.

어휘 出張 しゅっちょう 圕출장　連れて行く つれていく 데리고 가다
つもり 圕생각, 예정　預ける あずける 圄맡기다
貸す かす 圄빌려주다　借りる かりる 圄빌리다
返す かえす 圄돌려주다

19

> 누나는, 세계에서 활약할 수 있는 의사를 (　　　) 공부하고 있다.
>
> 1 계획해서　　　　　　　**2 목표로 해서**
> 3 가리켜서　　　　　　　4 설계해서

해설 선택지가 모두 동사이다. 괄호 앞의 내용과 함께 쓸 때 医者を目指
して(의사를 목표로 해서)라는 문맥이 가장 자연스러우므로 2 目指
して(목표로 해서)가 정답이다. 1은 事業を計画する(사업을 계획
하다), 3은 目的地を指差す(목적지를 가리키다), 4는 人生を設計
する(인생을 설계하다)와 같이 쓰인다.

어휘 世界 せかい 圕세계　活躍 かつやく 圕활약　計画 けいかく 圕계획
目指す めざす 圄목표로 하다, 노리다　指差す ゆびさす 圄가리키다
設計 せっけい 圕설계

20

> 잠시 도시에서 멀어져서, 시골에서 느긋한 시간을 (　　　) 생각
> 이다.
>
> 1 때울　　　　　　　　　2 걸릴
> 3 지날　　　　　　　　　**4 보낼**

해설 선택지가 모두 동사이다. 괄호 앞의 내용과 함께 쓸 때 ゆっくりとし
た時間を過ごす(느긋한 시간을 보내다)라는 문맥이 가장 자연스러
우므로 4 過ごす(보낼)가 정답이다. 1은 時間をつぶす(시간을 때

우다), 2는 電話をかける(전화를 걸다), 3은 時間がたつ(시간이 지나다)와 같이 쓰인다.

어휘 しばらく 휜 잠시, 당분간　都会 とかい 몡도시, 도회지
　　　離れる はなれる 통멀어지다, 떨어지다　田舎 いなか 몡시골, 지방
　　　つもり 몡생각, 예정　つぶす 통(시간을) 때우다, 찌부러뜨리다
　　　かける 통걸다　経つ たつ 통지나다, 경과하다
　　　過ごす すごす 통보내다, 경과하다

21

저는 아이 때는, 자연 속에서 (　　　) 하게 그림을 그리는 것이 좋았습니다.

1 느릿느릿　　　　　　　2 느긋
3 쑥쑥　　　　　　　　　4 소근소근

해설 선택지가 모두 부사이다. 괄호 뒤의 내용과 함께 쓸 때 のびのびと
　　　絵を描く(느긋하게 그림을 그리는)라는 문맥이 가장 자연스러우므
　　　로 2 のびのび(느긋)가 정답이다. 1은 のろのろと歩く(느릿느릿 걷
　　　다), 3은 すくすくと大きくなる(쑥쑥 커지다), 4는 ひそひそと話す
　　　(소근소근 이야기하다)와 같이 쓰인다.

어휘 自然 しぜん 몡자연　描く かく 통그리다
　　　のろのろ 휜느릿느릿, 꾸물꾸물　のびのび 휜느긋, 쭉쭉
　　　すくすく 휜쑥쑥, 무럭무럭　ひそひそ 휜소근소근

22

이 회사는, 고객의 (　　　) 를 조사한 뒤에, 제품을 만들고 있다.

1 니즈　　　　　　　　　2 데이터
3 타이밍　　　　　　　　4 찬스

해설 선택지가 모두 명사이다. 괄호 앞뒤의 내용과 함께 쓸 때 客のニー
　　　ズを調査(고객의 니즈를 조사)라는 문맥이 가장 자연스러우므로
　　　1 ニーズ(니즈)가 정답이다. 2는 データを転送する(데이터를 전송
　　　하다), 3은 タイミングをずらす(타이밍을 어긋나게 하다), 4는 チャ
　　　ンスをつかむ(찬스를 잡다)와 같이 쓰인다.

어휘 客 きゃく 몡고객, 손님　調査 ちょうさ 몡조사
　　　製品 せいひん 몡제품　ニーズ 몡니즈, 요구　データ 몡데이터
　　　タイミング 몡타이밍　チャンス 몡찬스, 기회

23

겨우 작품을 끝낼 수 있었다.

1 발매할　　　　　　　　2 제출시킬
3 송부할　　　　　　　　**4 완성시킬**

해설 仕上げる가 '끝낼'이라는 의미이므로, 의미가 가장 비슷한 4 完成さ
　　　せる(완성시킬)가 정답이다.

어휘 やっと 휜겨우, 가까스로　作品 さくひん 몡작품
　　　仕上げる しあげる 통끝내다, 마치다　発売 はつばい 몡발매
　　　提出 ていしゅつ 몡제출　送付 そうふ 몡송부
　　　完成 かんせい 몡완성

24

모든 방법을 시험해본다.

1 생각할 수 있는 한의　　　2 지금까지 없는
3 가장 좋은　　　　　　　　4 이전부터 있었던

해설 あらゆる가 '모든'이라는 의미이므로, 이와 교체하여도 문장의 의미가
　　　바뀌지 않는 1 考えられる限りの(생각할 수 있는 한의)가 정답이다.

어휘 あらゆる 모든, 온갖　方法 ほうほう 몡방법
　　　試す ためす 통시험하다　考える かんがえる 통생각하다
　　　最も もっとも 휜가장　以前 いぜん 몡이전

25

젊었을 때, 나는 선배에게 늘 주의를 받았다.

1 심하게　　　　　　　　　2 세세하게
3 항상　　　　　　　　　4 때때로

해설 しょっちゅう가 '늘'이라는 의미이므로, 의미가 가장 비슷한 3 いつも
　　　(항상)가 정답이다.

어휘 若い わかい い휑젊다, 어리다　先輩 せんぱい 몡선배
　　　しょっちゅう 휜늘, 언제나　注意 ちゅうい 몡주의
　　　きびしい い휑심하다, 엄하다　こまかい い휑세세하다, 미세하다
　　　いつも 휜항상, 언제나　ときどき 휜때때로, 가끔

26

버스는 좁은 길을 느릿느릿 나아갔다.

1 안전하게　　　　　　　　**2 천천히**
3 빨리　　　　　　　　　　4 곧장

해설 のろのろ가 '느릿느릿'이라는 의미이므로, 의미가 가장 비슷한 2 ゆ
　　　っくり(천천히)가 정답이다.

어휘 のろのろ 휜느릿느릿, 꾸물꾸물　進む すすむ 통나아가다
　　　安全だ あんぜんだ 나휑안전하다　ゆっくり 휜천천히, 느긋하게
　　　速い はやい い휑빠르다　まっすぐ 휜곧장, 바로

27

저기는 자원이 모자란 섬나라이다.

1 만들어지고 있는　　　　　2 매우 많은
3 부족한　　　　　　　　4 전혀 없는

해설 とぼしい가 '모자란'이라는 의미이므로, 의미가 가장 비슷한 3 不足
　　　している(부족한)가 정답이다.

어휘 資源 しげん 몡자원　とぼしい い휑모자라다, 부족하다
　　　島国 しまぐに 몡섬나라　作る つくる 통만들다　とても 휜매우, 아주
　　　多い おおい い휑많다　不足 ふそく 몡부족　まったく 휜전혀, 완전히

28

고의로, 일부러

1 그 친구는, 먼 곳에서부터 <u>고의로</u> 만나러 와 주었다.

2 많은 식재료를 <u>고의로</u> 너무 많이 넣어서, 봉투가 찢어져 버렸다.

3 나는 화가 나기 때문에, <u>고의로</u> 소리를 내서 문을 닫았다.

4 그 영화는 지루했기 때문에, <u>고의로</u> 자 버렸다.

해설 わざと(고의로, 일부러)는 나타날 결과를 알면서도 굳이 무언가를 할 때 사용한다. 제시어가 부사이므로 문장 전체에 유의하여 각 선택지를 읽어본다. 3의 腹が立ったので、わざと音を立ててドアを閉めた(화가 났기 때문에, 고의로 소리를 내서 문을 닫았다)에서 문맥상 올바르게 사용되었으므로 3이 정답이다. 참고로, 1은 わざわざ(일부러), 2는 つい(무심코), 4는 うっかり(깜빡)를 사용하는 것이 올바른 문장이다.

어휘 わざと 튀 고의로, 일부러   食材 しょくざい 명 식재료

袋 ふくろ 명 봉투   破れる やぶれる 통 찢어지다

腹が立つ はらがたつ 화가 나다

音を立てる おとをたてる 소리를 내다

退屈だ たいくつだ な형 지루하다, 재미없다

29

심각

1 그녀는, <u>심각한</u> 이야기가 있다고 말하고 나를 불러냈다.

2 그 회사의 사원은, 언제나 <u>심각한</u> 시간까지 일을 하고 있다.

3 그는 언제나 <u>심각한</u> 태도로 일에 몰두하고 있다.

4 그 숲에는 <u>심각한</u> 동물이 많기 때문에, 주의하는 편이 좋다.

해설 深刻(심각)는 어떤 일이나 현상이 매우 깊고 중대할 때 사용한다. 제시어가 형용사이므로 각 선택지에서 먼저 밑줄 뒷부분과 함께 읽어본다. 1의 深刻な話がある(심각한 이야기가 있다)에서 문맥상 올바르게 사용되었으므로 1이 정답이다. 참고로, 3은 真剣だ(しんけんだ, 진지하다), 4는 危険だ(きけんだ, 위험하다)를 사용하는 것이 올바른 문장이다.

어휘 深刻だ しんこくだ な형 심각하다

呼び出す よびだす 통 불러내다, 부르다   社員 しゃいん 명 사원

態度 たいど 명 태도   取り組む とりくむ 통 몰두하다, 열중하다

森 もり 명 숲   注意 ちゅうい 명 주의

30

혼란

1 이 길은 언제나, 역으로 향하는 사람들로 <u>혼란</u>하다.

2 그 도시에는, 오래된 건물과 새로운 건물이 아름답게 <u>혼란</u>해있다.

3 선생님의 연구실은 책이 내 놓은 채 그대로 <u>혼란</u>해있다.

4 나라가 독립한 일로, 지역 경제가 <u>혼란</u>했다.

해설 混乱(혼란)은 일, 활동 등이 뒤섞여 어지러울 때 사용한다. 제시어가 명사이므로 각 선택지에서 먼저 밑줄 앞부분과 함께 읽어본다. 4의 地域の経済が混乱した(지역 경제가 혼란했다)에서 문맥상 올바르게 사용되었으므로 4가 정답이다. 참고로, 1은 混雑する(こんざつす

る, 혼잡하다), 2는 混在する(こんざいする, 혼재하다), 3은 散乱する(さんらんする, 산란하다)를 사용하는 것이 올바른 문장이다.

어휘 混乱 こんらん 명 혼란   向かう むかう 통 향하다, 면하다

都市 とし 명 도시   美しい うつくしい い형 아름답다

研究室 けんきゅうしつ 명 연구실

出しっぱなし だしっぱなし 내 놓은 채 그대로 둠

独立 どくりつ 명 독립   地域 ちいき 명 지역   経済 けいざい 명 경제

31

쌓이다, 모이다

1 매일 아침, 집 앞 도로에 많은 자동차가 <u>쌓여서</u>, 곤란하다.

2 그 축제는, 다른 지역에서도 많은 사람들이 <u>쌓이는</u> 것으로 유명하다.

3 10일이나 연속해서 일이 계속되면, 매우 피로가 <u>쌓인다</u>.

4 내일은 매우 추워지고, 눈이 <u>쌓이는</u> 예보다.

해설 たまる(쌓이다, 모이다)는 일이나 감정, 느낌 등이 겹쳐지거나 몰릴 때 사용한다. 제시어가 동사이므로 각 선택지에서 먼저 밑줄 앞부분과 함께 읽어본다. 3의 疲れがたまる(피로가 쌓인다)에서 문맥상 올바르게 사용되었으므로 3이 정답이다. 참고로, 1은 止まる(とまる, 서다), 2는 集まる(あつまる, 모이다), 4는 積もる(つもる, 쌓이다)를 사용하는 것이 올바른 문장이다.

어휘 たまる 통 쌓이다, 모이다   祭り まつり 명 축제, 마쓰리

他の ほかの 다른   地域 ちいき 명 지역   多く おおく 명 많음

有名だ ゆうめいだ な형 유명하다   連続 れんぞく 명 연속

続く つづく 통 계속되다, 이어지다   疲れ つかれ 명 피로

予報 よほう 명 예보

32

크게, 대단히

1 그 점원의 설명은 조금 <u>크게</u> 들렸다.

2 주민은, 그 고속도로가 개통된 것을, <u>크게</u> 기뻐하고 있다.

3 나의 엄마는, 운동 부족인데 <u>크게</u> 운동을 하려고 하지 않는다.

4 그 수업은 인기가 있기 때문에, <u>크게</u> 많은 학생이 출석한다.

해설 大いに(크게, 대단히)는 보통보다 정도가 심하거나 더할 때 사용한다. 제시어가 부사이므로 문장 전체에 유의하여 각 선택지를 읽어본다. 2의 高速道路が開通したことを、大いに喜んでいる(고속도로가 개통된 것을, 크게 기뻐하고 있다)에서 문맥상 올바르게 사용되었으므로 2가 정답이다. 참고로, 1은 大げさだ(おおげさだ, 과장하다), 3은 少しも(すこしも, 조금도), 4는 すごく(엄청나게)를 사용하는 것이 올바른 문장이다.

어휘 大いに おおいに 튀 크게, 대단히   店員 てんいん 명 점원

説明 せつめい 명 설명   聞こえる きこえる 통 들리다

住民 じゅうみん 명 주민   高速道路 こうそくどうろ 명 고속도로

開通 かいつう 명 개통   喜ぶ よろこぶ 통 기뻐하다

運動不足 うんどうぶそく 명 운동 부족   人気 にんき 명 인기

出席 しゅっせき 명 출석

언어지식 (문법)

33

신상품의 이름은, (　　　) 금요일 회의에서 결정하겠죠.

1 산뜻하게　　　　　　　**2 아마도**

3 설마　　　　　　　　　4 어쩌지

해설 문맥에 맞는 부사를 고르는 문제이다. 괄호 뒤의 決定するでしょう (결정하겠죠)와 문맥상 어울리는 말은 '이름은 아마도 회의에서 결정하겠죠'이다. 따라서 2 おそらく(아마도)가 정답이다.

어휘 新商品 しんしょうひん 圓신상품　　会議 かいぎ 圓회의
決定 けってい 圓결정　　さっぱり 凰산뜻하게　　おそらく 凰아마도
まさか 凰설마　　どうも 凰어쩌지, 아무래도

34

(새로운 선생님으로부터의 인사)
'저는 20년 전에 이 고등학교를 졸업했습니다. 20년 만에, 교사
(　　　) 여기에 돌아올 수 있어서 매우 기쁩니다.'

1 로서　　　　　　　2 에게 있어서

3 에 대해서　　　　　　4 이면서

해설 문맥에 맞는 문형을 고르는 문제이다. 모든 선택지가 괄호 앞의 명사 教師(교사)에 접속할 수 있다. 때문에 괄호 뒤 ここに戻って来ることができて(여기에 돌아올 수 있어서)로 이어지는 문맥을 보면 '졸업한 후 20년 만에 교사로서 돌아올 수 있어서 기쁘다'가 가장 자연스럽다. 따라서 1 として(로서)가 정답이다. 2 にとっては '~에게 있어서', 3 に対しては '~에 대해서', 4 にしては '~이면서'라는 의미의 문형임을 알아둔다.

어휘 あいさつ 圓인사　　高校 こうこう 圓고등학교, 고교
卒業 そつぎょう 圓졸업　　~ぶり ~만에　　教師 きょうし 圓교사
戻って来る もどってくる 돌아오다　　うれしい い圓기쁘다
~として ~로서　　~にとって ~에게 있어서
~に対して ~にたいして ~에 대해서, ~에 관해서
~にして ~면서, ~이자

35

해외에서 생활하고 (　　　), 자신이, 자신의 나라에 대해 알지 못한다는 것을 알았다.

1 나서야 비로소　　　　2 시작하면

3 나서야 말로　　　　　　4 시작하는 동안

해설 문맥에 맞는 문형을 고르는 문제이다. 모든 선택지가 괄호 앞의 동사 て형 生活して(생활하고)에 접속할 수 있다. 때문에 괄호 뒤 自分の国について知らないということを知った(자신의 나라에 대해 알지 못한다는 것을 알았다)로 이어지는 문맥을 보면 '해외에서 생활하고 나서야 비로소 자신의 나라에 대해 알지 못한다는 것을 알았다'가 가장 자연스럽다. 따라서 1 はじめて(나서야 비로소)가 정답이다. 4 うちには '~동안'이라는 의미의 문형임을 알아둔다.

어휘 海外 かいがい 圓해외　　生活 せいかつ 圓생활
~について ~에 대해, ~에 관해　　~てはじめて ~하고 나서야 비로소
~たら 凪~하면　　~こそ 凪~야 말로　　~うちに ~동안

36

이 동물원의 입장요금은, 연령 (　　　) 500엔입니다.

1 에 의하면　　　　　　2 에 관련하여

3 에 관계없이　　　　　4 에 따라

해설 문맥에 맞는 문형을 고르는 문제이다. 모든 선택지가 괄호 앞의 명사 年齢(연령)에 접속할 수 있다. 때문에 괄호 뒤 500円です(500엔입니다)로 이어지는 문맥을 보면 '입장요금은 연령에 관계없이 500엔입니다'가 가장 자연스럽다. 따라서 3 にかかわらず(에 관계없이)가 정답이다. 1 によれば는 '~에 의하면', 2 につけては '~에 관련하여', 4 にしたがっては '~에 따라'라는 의미의 문형임을 알아둔다.

어휘 動物園 どうぶつえん 圓동물원
入場料金 にゅうじょうりょうきん 圓입장요금　　年齢 ねんれい 圓연령
~によれば ~에 의하면　　~につけて ~에 관련하여
~にかかわらず ~에 관계없이　　~にしたがって ~에 따라

37

(회사에서)
상사: 다음 주 목요일 회의는 몇 시부터예요?
부하: 죄송합니다. 아직 정해지지 않아서, 정해지는 (　　　), 연락
　　　드리겠습니다.

1 따라　　　　　　　　　2 차차

3 나름의　　　　　　　　**4 대로**

해설 대화의 문맥에 맞는 문형을 고르는 문제이다. 괄호 앞의 동사 ます형 決まり(정해지는)에 접속할 수 있는 문형은 4 次第이므로 4 次第(대로)가 정답이다. 1 次第で, 3 次第の는 명사에 접속하므로 틀리다. 1 次第では는 '~에 따라', 3 次第の는 '~나름의'라는 의미의 문형임을 알아둔다.

어휘 上司 じょうし 圓상사　　会議 かいぎ 圓회의　　部下 ぶか 圓부하
決まる きまる 圄정해지다, 결정되다　　連絡 れんらく 圓연락
~次第で ~しだいで ~에 띠리　　次第に しだいに 凰차차, 점점
~次第の ~しだいの ~나름의　　~次第 ~しだい ~(하는) 대로

38

가족은 지금, 해외여행 중입니다. 저도 갈 예정이었습니다만, 여권을
(　　　), 비행기에 타지 못했습니다.

1 잊어버리고 있었던 만큼

2 잊어버렸을 뿐인데도 불구하고

3 잊어버리고 온 지 얼마 안 돼

4 잊어버리고만 탓에

해설 문맥에 맞는 구를 고르는 문제이다. 괄호 앞뒤 문맥을 보면, '여권을 잊어버린 탓에 비행기를 타지 못했다'가 가장 자연스럽다. 따라서 4 忘れてしまったばかりに(잊어버리고만 탓에)가 정답이다. 1의 だけあって는 '~인 만큼', 2의 にもかかわらず는 '~에도 불구하고',

3의 たばかりで는 '~한 지 얼마 안 돼'라는 의미의 문형임을 알아둔다.

어휘 海外 かいがい 圏해외　旅行中 りょこうちゅう 圏여행 중
予定 よてい 圏예정　パスポート 圏여권　～だけあって ~인 만큼
～にもかかわらず ~에도 불구하고
～たばかりで ~한 지 얼마 안 돼, 막 ~해서
～てしまう ~하고 말다, ~해 버리다　～ばかりに ~탓에, ~때문에

39

시간을 착각해서 회의에 지각한 것은, 부주의했다고 (　　　).

1 말하지 않을 수 없다　　2 말할 수도 있다
3 (한창) 말하는 중이다　　4 말하기 어렵다

해설 문맥에 맞는 문말표현을 고르는 문제이다. '시간을 착각해서 지각한
것은 부주의한 것이다'라는 문맥이다. 따라서 1 言わざるを得ない
(말하지 않을 수 없다)가 정답이다. 2의 かねない는 '~할 것 같다',
3의 最中는 '(한창) ~하는 중이다', 4의 がたい는 '~하기 어렵다'라
는 의미의 문형임을 알아둔다.

어휘 間違える まちがえる 圏착각하다, 잘못하다　会議 かいぎ 圏회의
遅刻 ちこく 圏지각　不注意だ ふちゅういだ 초형부주의하다
～ざるを得ない ～ざるをえない ~하지 않을 수 없다
～かねない ~할 수도 있다, ~할지도 모른다
～最中だ ～さいちゅうだ (한창) ~하는 중이다
～がたい ~하기 어렵다

40

(호텔에서)
손님: 내일 10시에, 택시를 불러놔줄래요?
호텔 직원: 네, 10시 말씀이시죠? 확실히 (　　　).

1 들었습니다　　　　　　2 왔습니다
3 알아들었습니다　　　4 오셨습니다

해설 대화의 문맥에 맞는 경어를 고르는 문제이다. 손님이 택시를 불러놔
달라고 요청하자 직원이 알아들었다고 정중히 대답하는 문맥이다. 따
라서 3 承りました(알아들었습니다)가 정답이다. 여기서 承る(알아
듣다)는 引き受ける(받아 들이다)의 겸양어이다. 1 お聞きしました
(들었습니다)는 聞く(듣다)의 겸양표현, 2 参りました(왔습니다)는
来る(오다)의 겸양어, 4 おいでになりました(오셨습니다)는 来る
(오다)의 존경어를 활용한 것이다.

어휘 スタッフ 圏직원, 스태프　確かに たしかに 囝확실히, 분명히
参る まいる 圏오다 (来る의 겸양어)
承る うけたまわる 圏알아듣다 (引き受ける의 겸양어)
おいでになる 圏오시다 (来る의 존경어)

41

우리 아이는 매일 아침, (　　　) 스스로 일어나서, 학교에 갈 수
있어요.

1 깨우지 않으면　　　　**2 깨우지 않아도**
3 깨워도　　　　　　　　4 깨우게 하지 않으면

해설 문맥에 맞는 구를 고르는 문제이다. 괄호 앞뒤 문맥을 보면, '우리아

이는 깨우지 않아도 스스로 일어난다'가 가장 자연스럽다. 따라서
2 起こされなくても(깨우지 않아도)가 정답이다. 여기서 起こされ
る(깨워지다)는 起こす(깨우다)의 수동형이다. 4 起こさせないと
(깨우게 하지 않으면)는 起こす(깨우다)의 사역형을 활용한 것이다.

어휘 うちの子 うちのこ 圏우리 아이　自分で じぶんで 스스로
起きる おきる 圏일어나다　～ことができる ~할 수 있다
起こす おこす 圏깨우다, 일으키다

42

그의 발 상태는 (　　　), 앞으로 1주일 뒤면 달릴 수 있게 된다고
말할 수 있다.

1 회복하기 시작한 참에
2 회복하고 있는 중에
3 회복하기 시작하려고 해서
4 회복하고 있는 것으로 봐서

해설 문맥에 맞는 구를 고르는 문제이다. 괄호 앞뒤의 문맥을 보면, '그의
발 상태는 회복하고 있는 것으로 봐서 1주일 뒤면 달릴 수 있을 것이
다'가 가장 자연스럽다. 따라서 4 回復しつつあることから(회복하
고 있는 것으로 봐서)가 정답이다. 1의 たところだ는 '~한 참이다',
2의 うちには는 '~중에', 3의 ようとしては는 '~하려고 해서'라는 의미의
문형임을 알아둔다.

어휘 調子 ちょうし 圏상태　あと 囝앞으로, 아직
～ようになる ~하게 되다　回復 かいふく 圏회복
～たところだ ~한 참이다　～うちに ~중에, ~동안
～ようとして ~하려고 해서　～つつある ~하고 있다, ~하는 중이다

43

가사는, 아내 혼자에게 맡기는 것이 아니라, 부부가 협력해서
(　　　).

1 하는 경우가 있다　　　2 할 것 같지 않다
3 할 뿐이다　　　　　　**4 해야 한다**

해설 문맥에 맞는 문말표현을 고르는 문제이다. '가사는 부부가 협력해서
해야 한다'라는 문맥이다. 따라서 4 行うべきだ(해야 한다)가 정답이
다. 1의 ことがある는 '~하는 경우가 있다', 2의 そうもない는 '~
할 것 같지 않다', 3의 ばかりだ는 '~뿐이다'라는 의미의 문형임을 알
아둔다.

어휘 家事 かじ 圏가사, 집안일　妻 つま 圏아내, 부인
任せる まかせる 圏맡기다　夫婦 ふうふ 圏부부
協力 きょうりょく 圏협력　行う おこなう 圏하다, 실행하다
～ことがある ~하는 경우가 있다　～そうもない ~할 것 같지 않다
～ばかりだ ~뿐이다　～べきだ ~해야 한다

44

이 책은, 아이를 대상으로 쓰였다고 하는데, 어른인 내가 읽어도
(　　　).

1 재미있을 것이었다　　　2 재미있을 리가 없다
3 재미있었다　　　　　4 재미있지 않았다

해설 문맥에 맞는 문말표현을 고르는 문제이다. '아이를 대상으로 쓰인 책이
라지만, 어른인 내가 읽어도 재미있었다'라는 문맥이다. 따라서 3 おも
しろかった(재미있었다)가 정답이다. 1의 はずだ는 '~일 것이다',
2의 わけがない는 '~할 리가 없다'라는 의미의 문형임을 알아둔다.

어휘 ～向け ～むけ ～대상, ～용　　～はずだ ～일 것이다
　　　～わけがない ～할 리가 없다

45

그는 의사에게 다이어트 하라고 들었는데, 저렇게 매일 아이스크림
을 먹고 있으면 ★살이 빠질 수 있을 리가 없잖아.

| 1 살이 빠질 수 있다 | 2 아이스크림을 |
| 3 리가 없다 | 4 먹고 있으면 |

해설 3 わけがない는 동사 보통형 뒤에 접속하므로 먼저 1 やせられる
3 わけがない(살이 빠질 수 있을 리가 없다)로 연결할 수 있다. 이것
을 나머지 선택지와 함께 의미적으로 연결하면 2 アイスクリームを
4 食べていたら 1 やせられる 3 わけがない(아이스크림을 먹고
있으면 살이 빠질 수 있을 리가 없다)가 되면서 전체 문맥과도 어울
린다. 따라서 1 やせられる(살이 빠질 수 있다)가 정답이다.

어휘 ダイエット 圏 다이어트　　やせる 图 살이 빠지다, 여위다
　　　アイスクリーム 圏 아이스크림　　～わけがない ~일 리가 없다

46

시민센터에는 두 개의 수영장이 있습니다만, 이쪽 수영장에서는
연령을 ★불문하고 수중 워킹을 즐기실 수 있습니다.

| 1 불문하고 | 2 수영장에서는 |
| 3 연령을 | 4 수중 워킹을 |

해설 1 問わず는 3의 を와 함께 쓰여 문형 を問わず(~을 불문하고)가
되므로 먼저 3 年齢を 1 問わず(연령을 불문하고)로 연결할 수 있
다. 이것을 나머지 선택지와 함께 의미적으로 연결하면 2 プールで
は 3 年齢を 1 問わず 4 水中ウォーキングを(수영장에서는 연령
을 불문하고 수중 워킹을)가 되면서 전체 문맥과도 어울린다. 따라서
1 問わず(불문하고)가 정답이다.

어휘 市民センター しみんセンター 圏 시민센터
　　　楽しむ たのしむ 图 즐기다, 좋아하다
　　　～を問わず ～をとわず ~를 불문하고, ~에 관계없이
　　　年齢 ねんれい 圏 연령
　　　水中ウォーキング すいちゅうウォーキング 圏 수중 워킹

47

이 일본어 교재는, 업무에서 일본어를 쓸 수 있게 되고 싶은 사람을
위해서 실제 비즈니스 회화에 ★기반하여 만들어져 있습니다.

| 1 만들어져 | 2 비즈니스 회화에 |
| 3 실제 | 4 기반하여 |

해설 4 基づいて는 2의 に와 함께 쓰여 문형 に基づいて(~에 기반하여)
가 되므로 먼저 2 ビジネス会話に 4 基づいて(비즈니스 회화에 기
반하여)로 연결할 수 있다. 이것을 나머지 선택지와 함께 의미적으로
연결하면 3 実際の 2 ビジネス会話に 4 基づいて 1 作られて(실

제 비즈니스 회화에 기반하여 만들어져)가 되면서 전체 문맥과도 어
울린다. 따라서 4 基づいて(기반하여)가 정답이다.

어휘 日本語 にほんご 圏 일본어　　テキスト 圏 교재, 텍스트
　　　ビジネス 圏 비즈니스　　会話 かいわ 圏 회화　　実際 じっさい 圏 실제
　　　～に基づいて ~에 기반하여

48

이 배우는 아직 젊은데, 연기가 훌륭할 뿐만 아니라 ★노래도 능숙
해서 매우 인기가 있다.

| 1 능숙해서 | 2 훌륭한 |
| 3 노래도 | 4 뿐만 아니라 |

해설 4 のみならず는 い형용사 기본형 뒤에 접속하므로 먼저 2 すばらし
い 4 のみならず(훌륭할 뿐만 아니라)로 연결할 수 있다. 이것을 나
머지 선택지와 함께 의미적으로 연결하면 2 すばらしい 4 のみなら
ず 3 歌も 1 上手で(훌륭할 뿐만 아니라 노래도 능숙해서)가 되면서
전체 문맥과도 어울린다. 따라서 3 歌も(노래도)가 정답이다.

어휘 俳優 はいゆう 圏 배우　　若い わかい い혈 젊다　　演技 えんぎ 圏 연기
　　　人気 にんき 圏 인기　　すばらしい い혈 훌륭하다, 굉장하다
　　　～ばかりか ~뿐만 아니라

49

최근 편의점 디저트는 매우 맛있기 때문에, 신상품을 발견하면 ★사지
않 을 수 없습니다.

| 1 있을 수 없다 | 2 사지 않고는 |
| 3 발견하면 | 4 신상품을 |

해설 1 いられない는 2의 ずには와 함께 쓰여 문형 ずにはいられない
(~하지 않을 수 없다)가 되므로 먼저 2 買わずには 1 いられない
(사지 않을 수 없다)로 연결할 수 있다. 이것을 나머지 선택지와 함
께 의미적으로 연결하면 4 新商品を 3 見つけると 2 買わずには
1 いられない(신상품을 발견하면 사지 않을 수 없다)가 되면서 전체
문맥과도 어울린다. 따라서 2 買わずには(사지 않고는)가 정답이다.

어휘 最近 さいきん 圏 최근　　コンビニエンスストア 圏 편의점
　　　スイーツ 圏 디저트, 단것　　～ずにはいられない ~하지 않을 수 없다
　　　見つける みつける 图 발견하다　　新商品 しんしょうひん 圏 신상품

50-54

'말의 변화'

　최근, 젊은 사람의 일본어 사용법이 변화하고 있다고 한다. 나는
이전, 20대부터 30대까지의 일본어 모어 화자에게 조사를 실시한
적이 있다.
　선생님이나 연장자 등의 자신보다 위치가 높은 사람에 대해 '고생
하셨습니다'나 '수고하셨습니다'라고 말을 거는 것을 틀렸다고 생각
하는가라는 질문 [50] , '전혀 생각하지 않는다', '그다지 생각하지
않는다'라고 답한 사람이 절반 정도였다. 본래, '고생하셨습니다'나
'수고하셨습니다'라는 표현은 자신보다 위치가 아래인 사람이나 동
료, 친구 등의 관계에서 사용되었지만, 최근에는, 직장이나 학교 등
여러 장면에서 사용되고 있는 것을 자주 [51] .

경어의 잘못된 사용법이나, 'さかなが食べれる'와 같은 '食べられる'에서 'ら'를 뺀 '라누키 코토바'도 같은 것을 말할 수 있을 것이다. 'さかなが食べれる'와 같은 '라누키 코토바'는, 지금에는 많은 세대에서 사용되고 있어서, ' 52 '라고 하는 사람 쪽이 많다고도 일컬어지고 있다.

'말은 살아있는 것'이라고 하는데, 시대의 흐름이나 사회의 변화와 함께 말도 변화한다. 이것은 일본어뿐만 아니라 다른 언어에서도 같을 것이다. 새로운 변화를 배우는 것은 중요하지만, 그것과 동시에 사용법에 대해 잘 생각해보는 것도 중요할 것이다. 53 , 틀린 사용법에 대해 지나치게 깊이 생각하지 않고, 말의 변화를 적극적으로 받아들이는 것도 필요할지도 모른다. 그러면, 말에 대한 사고도 넓어지고, 속이 깊은 말의 세계를 좀 더 즐길 수 54 .

어휘 変化 へんか 圏변화 最近 さいきん 圏최근
若い人 わかいひと 圏젊은 사람, 젊은이 日本語 にほんご 圏일본어
使い方 つかいかた 圏사용법 以前 いぜん 圏이전
母語話者 ぼごわしゃ 圏모어 화자 調査 ちょうさ 圏조사
行う おこなう 圏실시하다, 하다 年上 としうえ 圏연장자, 연상
立場 たちば 圏위치, 입장 〜にたいして ~에 대해, ~에 관해서
声をかける こえをかける 말을 걸다 間違い まちがい 圏틀림, 잘못
思う おもう 圏생각하다 全く まったく 图전혀, 완전히
もともと 图본래, 원래 表現 ひょうげん 圏표현
同僚 どうりょう 圏동료 友人 ゆうじん 圏친구
関係 かんけい 圏관계 職場 しょくば 圏직장 場面 ばめん 圏장면
目にする めにする 눈에 보다, 실제로 보다 敬語 けいご 圏경어
さかな 圏물고기 〜のような ~와 같은 抜く ぬく 圏빼다, 뽑다
ら抜き言葉 らぬきことば 圏라누키 코토바 (동사의 가능형에서 ら를 뺀 것)
多く おおく 圏많음 年代 ねんだい 圏세대, 연대
生きもの いきもの 圏살아있는 것, 생물 時代 じだい 圏시대
流れ ながれ 圏흐름 社会 しゃかい 圏사회
変わる かわる 圏변화하다, 바뀌다 言語 げんご 圏언어
学ぶ まなぶ 圏배우다 大切だ たいせつだ 圏중요하다, 소중하다
同時 どうじ 圏동시 考える かんがえる 圏생각하다
深い ふかい ᴸ형깊다 〜すぎず (너무) ~않고
積極的だ せっきょくてきだ 圏적극적이다
取り入れる とりいれる 圏받아들이다
必要だ ひつようだ 圏필요하다 〜かもしれない ~일지도 모른다
考え方 かんがえかた 圏사고, 생각법
広がる ひろがる 圏넓어지다, 퍼지다 奥 おく 圏속, 안
世界 せかい 圏세계 楽しむ たのしむ 圏즐기다

50

1 에게 있어	2 에 대해
3 에 의해	4 치고는

해설 문맥에 적절한 문형을 고르는 문제이다. 빈칸 뒤의 「全く思わない」 「あまり思わない」('전혀 생각하지 않는다', '그다지 생각하지 않는다')라고 답한 사람은 빈칸 앞 質問(질문)에 대해 답한 것이므로 2 にたいして(에 대해)가 정답이다.

어휘 〜にとって ~에게 있어, ~에게는 〜にたいして ~에 대해, ~에 관해
〜によって ~에 의해 〜にしては ~치고는

51

1 볼 것 같아졌다	2 다 보게 되었다
3 보도록 되었다	**4 보게 되었다**

해설 문맥에 적절한 문말표현을 고르는 문제이다. 빈칸 앞의 職場や学校 などのいろいろな場面で使われているの(직장이나 학교 등 여러 장면에서 사용되고 있는 것)이 최근에 보게 된 현상이므로 4 するようになった(보게 되었다)가 정답이다

어휘 〜そうだ ~인 것 같다 〜きる 다 ~하다
〜ことになる ~하도록 되다, ~하는 것이 되다 〜ようになる ~하게 되다

52

1 틀릴 우려가 있다	2 틀렸으니까 사용하지 않는다
3 틀릴 리가 없다	**4 틀리지 않는다고 생각한다**

해설 문맥에 적절한 문형을 고르는 문제이다. 빈칸 앞에서 「ら抜き言葉」 は、今では多くの年代で使われていて('라누키 코토바'는, 지금에는 많은 세대에서 사용되고 있어서)라고 언급하였으므로 라누키 코토바가 틀리지 않는다고 생각하기 때문에 사용하는 사람이 많다는 것을 알 수 있다. 따라서 4 間違っていないと思う(틀리지 않는다고 생각한다)가 정답이다.

어휘 間違う まちがう 圏틀리다 〜おそれがある ~할 우려가 있다
〜はずがない ~할 리가 없다 〜と思う ~とおもう ~라고 생각하다

53

1 그리고	2 따라서
3 그러면	4 즉

해설 문맥에 맞는 접속사를 고르는 문제이다. 빈칸 앞에서 말의 사용법에 대해 잘 생각해보는 것도 중요하다고 하고, 빈칸이 있는 문장에서 間違った使い方について深く考えすぎずに、言葉の変化を積極的に取り入れることも必要かもしれない(틀린 사용법에 대해 지나치게 깊이 생각하지 않고, 말의 변화를 적극적으로 받아들이는 것도 필요할지도 모른다)라며 말에 대한 사고가 넓어지는 두 가지 방법을 나열하고 있으므로, 병렬의 접속사인 1 そして(그리고)가 정답이다.

어휘 そして 접그리고 したがって 접따라서, 그러므로
そうすれば 접그러면, 그리하면 つまり 图즉, 요컨대

54

1 있을 것이다	**2 있는 것은 아닐까**
3 있을 리가 없을 것이다	4 밖에 없다

해설 문맥에 적절한 문말표현을 고르는 문제이다. 빈칸이 포함된 문장을 보면 言葉にたいする考え方も広がり、奥が深い言葉の世界をもっと楽しむことができる(말에 대한 사고도 넓어지고, 속이 깊은 말의 세계를 좀 더 즐길 수 있다)라며 말의 변화를 적극적으로 받아들였을 때 생길 수 있는 긍정적인 효과를 추측하고 있으므로, 2 のでは

ないだろうか(있는 것은 아닐까)가 정답이다.

어휘 ～わけだ ~인 것이다 　～のではないだろうか ~인 것은 아닐까
～はずがない ~일리가 없다 　～よりほかない ~하는 수밖에 없다

독해

플라스틱 쓰레기의 해양오염에 의해, 많은 생물이 나쁜 영향을 받고 있다. 바다의 쓰레기를 줄이기 위해, 커피숍 등에서, **플라스틱제 빨대 사용을 중지**하는 움직임이 확산되고 있다고 한다.

하지만, 빨대를 중지하는 것만으로 정말 해양오염의 해결이 되는 것일까? 무엇보다 중요한 것은, 환경을 지키기 위해, 우리들 한 명 한 명이 무엇을 할 수 있는지 생각하고, 실행하는 것이다. 빨대의 사용 중지는, 아름다운 바다를 되찾는 계기에 불과한 것이다.

필자의 생각과 맞는 것은 어느 것인가?

1 플라스틱제 빨대의 사용을 중지하면, **바다**는 깨끗해진다.
2 플라스틱제 빨대의 사용을 중지하는 것은, **바다** 환경을 위해 매우 좋은 것이다.
3 바다의 쓰레기를 줄이는 계기는, 플라스틱제 빨대의 사용을 중지한 것이었다.
4 바다의 쓰레기를 줄이기 위해, 모두가 각자 할 수 있는 것을 생각하고, 실제로 행동하는 것이 필요하다.

해설 에세이로 필자의 생각을 묻고 있다. 선택지에서 반복되는 プラスチック製のストロー(플라스틱제 빨대), 海(바다), ごみ(쓰레기)를 지문에서 찾아 필자의 생각을 파악한다. 초반부에서 海のごみを減らすために(바다의 쓰레기를 줄이기 위해), プラスチック製のストローの使用をやめる(플라스틱제 빨대 사용을 중지)라고 서술하고, 후반부에서 何より大切なのは、環境を守るために、私達一人一人が何ができるかを考え、実行することだ(무엇보다 중요한 것은, 환경을 지키기 위해, 우리들 한 명 한 명이 무엇을 할 수 있는지 생각하고, 실행하는 것이다)라고 서술하고 있으므로, 4 海のごみを減らすために、みんなが各自できることを考え、実際に行動することが必要だ(바다의 쓰레기를 줄이기 위해, 모두가 각자 할 수 있는 것을 생각하고, 실제로 행동하는 것이 필요하다)가 정답이다.

어휘 プラスチックごみ 圏 플라스틱 쓰레기
海洋汚染 かいようおせん 圏 해양오염　～によって ~에 의해
生物 せいぶつ 圏 생물　影響 えいきょう 圏 영향
受ける うける 图 받다　減らす へらす 图 줄이다
～ために ~하기 위해　コーヒーショップ 圏 커피숍
プラスチック製 プラスチックせい 圏 플라스틱제
ストロー 圏 빨대, 스트로우　使用 しよう 圏 사용
やめる 图 중지하다, 그만두다　動き うごき 圏 움직임
広がる ひろがる 图 확산되다, 퍼지다　解決 かいけつ 圏 해결
～だろうか ~일까　大切だ たいせつだ 〔な형〕 중요하다, 소중하다
環境 かんきょう 圏 환경　守る まもる 图 지키다
私達 わたしたち 圏 우리들　考える かんがえる 图 생각하다
実行 じっこう 圏 실행　中止 ちゅうし 圏 중지

美しい うつくしい 〔い형〕 아름답다
取り戻す とりもどす 图 되찾다, 회복하다　きっかけ 圏 계기
～に過ぎない ～にすぎない ~에 불과하다, ~에 지나지 않는다
各自 かくじ 圏 각자　実際 じっさい 圏 실제　行動 こうどう 圏 행동
必要だ ひつようだ 〔な형〕 필요하다

이하는 어느 회사의 알림이다.

손님 여러분

알림

작금의 날씨 불순이나, 심각한 재해 등에 의한 원재료비·광열비 가격 상승에 따라, 4월 1일부터 **도시락 상품의 가격을 50엔씩 가격 인상**을 하게 되었습니다. (된장국은 제외합니다.)

비용 삭감 노력을 해 왔습니다만, 경영이 매우 어려워, 적자가 될 수 있기 때문에, 가격 인상을 하지 않을 수 없게 되었습니다.

폐를 끼치지만, 이해를 부탁드립니다.

오이시이 도시락 가게

이 알림에서 가장 전하고 싶은 것은 어느 것인가?

1 원재료가 **값**이 오르고 있는 것
2 **상품**의 가격을 올리는 것
3 가격 인상을 하지 않는 **상품**도 있다는 것
4 비용을 줄이려고 했던 것

해설 알림 형식의 실용문으로, 이 알림에서 가장 전하고 싶은 것을 묻고 있다. 선택지에서 반복되는 商品(상품), 値上げ(가격 인상)를 지문에서 찾는다. 초반부에서 お弁当商品の価格を50円ずつ値上げさせていただくことになりました(도시락 상품의 가격을 50엔씩 가격 인상을 하게 되었습니다)라고 언급하고 있으므로, 2 商品の値段を上げること(상품의 가격을 올리는 것)가 정답이다.

어휘 お知らせ おしらせ 圏 알림, 통지　お客様 おきゃくさま 圏 손님
各位 かくい 圏 여러분　昨今 さっこん 圏 작금, 요즘
天候不順 てんこうふじゅん 圏 날씨 불순
深刻だ しんこくだ 〔な형〕 심각하다　災害 さいがい 圏 재해
原材料費 げんざいりょうひ 圏 원재료비　光熱費 こうねつひ 圏 광열비
価格 かかく 圏 가격　上昇 じょうしょう 圏 상승
～に伴い ～にともない ~에 따라　～より 图 ~부터
商品 しょうひん 圏 상품　値上げ ねあげ 圏 가격 인상, 값을 올림
させていただく 图 하다 (する의 겸양어)
おみそ汁 おみそしる 된장국, 미소시루
除く のぞく 图 제외하다, 빼다　コスト 圏 비용　削減 さくげん 圏 삭감
努力 どりょく 圏 노력　経営 けいえい 圏 경영
極めて きわめて 屌 매우, 극히　厳しい きびしい 〔い형〕 어렵다, 엄하다
赤字 あかじ 圏 적자　～かねない ~할 수 있다, ~하기 쉽다
～ざるを得ない ～ざるをえない ~하지 않을 수 없다, ~해야 한다
迷惑を掛ける めいわくをかける 폐를 끼치다　理解 りかい 圏 이해

値上がり ねあがり 圏값이 오름　値段 ねだん 圏값, 가격

減らす へらす 個줄이다

57

　SNS 등에서 의견을 발신하는 사람이 많다. 그 중에는, 이런 훌륭한 글을 쓸 수 있다면 이라고 생각하는 것도, 어린이가 쓴 건가라고 생각할 것 같은 글도 있다. 어떻게 하면 좋은 글을 쓸 수 있는 것일까? 최근, 글을 잘 쓰는 사람은 독서가라는 것을 깨달았다. 책을 읽는 것으로 교양이 몸에 배는 것은 물론, 어휘력, 사고력도 몸에 배기 때문은 아닐까? 아무것도 없는 곳에서는 아무것도 생겨나지 않는다. 자기 안에 한 번 넣지 않으면 표현하는 것도 할 수 없는 것이다.

(주) SNS: 소셜 네트워크 서비스 = Social Network Service

필자의 생각과 맞는 것은 어느 것인가?

1 어린이가 쓴 글이라도 좋은 글이라고 말할 수 있는 것이 있다.

2 좋은 글을 쓰기 위해, 책을 읽는 것이 중요하다.

3 사용할 수 있는 어휘를 늘리면, 능숙한 글을 쓰게 된다.

4 자신을 잘 안 뒤에, 의견을 말하면 좋다.

해설 에세이로 필자의 생각을 묻고 있다. 선택지에서 반복되는 書く(쓰다), いい文章(좋은 글), 文章(글)를 지문에서 찾아 필자의 생각을 파악한다. 후반부에서 文章がうまい人は読書家であることに気が付いた。本を読むことで教養が身に付くのはもちろん、語彙力、思考力も身に付くからではないだろうか(글을 잘 쓰는 사람은 독서가라는 것을 깨달았다. 책을 읽는 것으로 교양이 몸에 배는 것은 물론, 어휘력, 사고력도 몸에 배기 때문은 아닐까?)라고 서술하고 있으므로, 2 いい文章を書くために、本を読むことが大切だ(좋은 글을 쓰기 위해, 책을 읽는 것이 중요하다)가 정답이다.

어휘 意見 いけん 圏의견　発信 はっしん 圏발신

すばらしい い형훌륭하다, 대단하다　文章 ぶんしょう 圏글, 문장

～と思う ～とおもう ~라고 생각하다　どうすれば 어떻게 하면

～だろうか ~일까　最近 さいきん 圏최근

うまい い형잘하다, 능숙하다　読書家 どくしょか 圏독서가

気が付く きがつく 깨닫다, 생각이 나다　教養 きょうよう 圏교양

身に付く みにつく 몸에 배다, 익숙해지다　もちろん 팀물론

語彙力 ごいりょく 圏어휘력　思考力 しこうりょく 圏사고력

一度 いちど 圏한 번　表現 ひょうげん 圏표현　文 ぶん 圏글, 문장

大切だ たいせつだ 立형중요하다, 소중하다　語彙 ごい 圏어휘

増やす ふやす 個늘리다

58

이하는, 어느 항공사가 보낸 메일의 내용이다.

수신인: adams@mail.co.jp

건　명: 예약해주셔서 감사합니다.

이번에 JJ항공 6월 1일 (목) 하네다발 557편을 예약해주셔서 감사합니다.

항공권 지불이 확인되는 대로, 예약을 확정하겠습니다.

아래에서 예약 상세를 확인하신 후, 5월 25일 (목) 까지 지불을 마쳐주십시오.

만일, 기한일까지 지불을 확인할 수 없는 경우는, 자동적으로 취소가 됩니다.

미리 양해 부탁드립니다.

예약 확인•지불은 여기

→ https://jjsky.com

(주1) 확정: 확실히 정해지는 것, 정하는 것

(주2) 상세: 자세한 내용

이 항공사로부터의 메일에 적혀있는 내용에 대해, 옳은 것은 어느 것인가?

1 5월 25일 (목)까지 항공권 지불이 되지 않는 경우, 예약이 취소된다.

2 5월 25일 (목)까지 항공권 예약을 확인해야 한다.

3 6월 1일 (목)까지 항공권 지불이 확인되면, 예약이 확정된다.

4 6월 1일 (목)까지 항공권 지불이 확인되지 않으면, 예약이 취소된다.

해설 이메일 형식의 실용문으로, 이 메일의 내용에 대해 옳은 것을 묻고 있다. 선택지에서 반복되는 航空券(항공권), お支払い(지불), 予約(예약)를 지문에서 찾는다. 후반부에서 5月25日(木)までにお支払いをお済ませください。万一、期限日までにお支払いが確認できない場合は、自動的にキャンセルとなります(5월 25일 (목)까지 지불을 마쳐주십시오. 만일, 기한일까지 지불을 확인할 수 없는 경우는, 자동적으로 취소가 됩니다)라고 언급하고 있으므로, 1 5月25日(木)までに航空券のお支払いができない場合、予約が取り消される(5월 25일(목)까지 항공권 지불이 되지 않는 경우, 예약이 취소된다)가 정답이다.

어휘 航空会社 こうくうがいしゃ 圏항공사　メール 圏메일

内容 ないよう 圏내용　このたび 圏이번　羽田 はねだ 圏하네다

便 びん 圏편　予約 よやく 圏예약　航空券 こうくうけん 圏항공권

支払い しはらい 圏지불　確認 かくにん 圏확인

～次第 ～しだい ~하는 대로　確定 かくてい 圏확정

～より 图~에서　詳細 しょうさい 圏상세

済ませる すませる 個마치다, 끝내다　万一 まんいち 圏만일

期限日 きげんび 圏기한일　場合 ばあい 圏경우

自動的だ じどうてきだ な형자동적이다　キャンセル 圏취소

あらかじめ 團미리, 사전에　了承 りょうしょう 圏양해, 승낙

しっかり 團확실히, 분명히　決まる きまる 個정해지다

くわしい い형자세하다, 상세하다　取り消す とりけす 個취소하다

～なければならない ~해야 한다, ~하지 않으면 안 된다

59

　'쓰레기를 버리지 마. 돌고 돌아서 입 안' 이라고 적힌 간판을 등산 중에 발견했다. 자신이 버린 쓰레기가 동물이나 식물에게 해를 입혀, 주변 환경을 나쁘게 하고, 최종적으로 자신의 식탁에 돌아온다는 의미일 것이다. 인간관계에서도, 상대방의 기분을 좋지 않게 하거나, 대충하거나 하면, 결국 자신도 싫은 일을 당하는 경우가 있다. 나쁜 행동은 시간을 들여서, 형태를 바꿔, 다시

자신에게 돌아오는 것이다. '자신의 행동에 책임을 가진다'는 것은, 이것을 의식하는 것이기도 하다고 생각한다.

필자의 생각과 맞는 것은 어느 것인가?

1 자신이 말한 것으로, 최종적으로 상대방을 **기분** 나쁘게 하는 경우는 없다.
2 **자신의 나쁜 행동이, 주변 환경을 나쁘게 하고, 최종적으로 자신이 좋지 않은 일을 당한다.**
3 자신이 **나쁜** 행동을 해도, 최종적으로 자신이 **좋지 않은 일을** 당하는 경우는 없다.
4 상대방을 **기분** 나쁘게 하지 않을까 생각하고 있으면, 자신의 **기분이 좋아진다.**

해설 에세이로 필자의 생각을 묻고 있다. 선택지에서 반복되는 気分(기분), 悪い行い(나쁜 행동), 嫌な目(좋지 않은 일)를 지문에서 찾아 필자의 생각을 파악한다. 후반부에서 悪い 행동은 時間을 들여서, 形을 変え, 또 자신에게 돌아오는 것이다(나쁜 행동은 시간을 들여서, 형태를 바꿔, 다시 자신에게 돌아오는 것이다)라고 서술하고 있으므로, 2 自分の悪い行いが, 周りの環境を悪くし, 最終的に自分が嫌な目にあう(자신의 나쁜 행동이, 주변 환경을 나쁘게 하고, 최종적으로 자신이 좋지 않은 일을 당한다)가 정답이다.

어휘 ゴミ 圓쓰레기　捨てる すてる 圄버리다　まわる 圄돌다
看板 かんばん 圓간판　登山 とざん 圓등산
見つける みつける 圄발견하다, 찾아내다　植物 しょくぶつ 圓식물
害を与える がいをあたえる 해를 입히다　周り まわり 圓주변, 주위
環境 かんきょう 圓환경　最終的だ さいしゅうてきだ 圄최종적이다
食卓 しょくたく 圓식탁　戻ってくる もどってくる 돌아오다
～だろう ~일 것이다, ~겠지　人間関係 にんげんかんけい 圓인간관계
相手 あいて 圓상대방　嫌だ いやだ 圄좋지 않다, 싫다
気分 きぶん 圓기분　手を抜く てをぬく 대충하다, 하는 척 하다
～たり～たりする ~하거나 ~하거나 하다　結局 けっきょく 圓결국
目にあう めにあう 일을 당하다　行い おこない 圓행동, 행실
時間をかける じかんをかける 시간을 들이다　形 かたち 圓형태
変える かえる 圄바꾸다, 변화시키다　行動 こうどう 圓행동
責任 せきにん 圓책임　意識 いしき 圓의식
～と思う ～とおもう ~라고 생각하다　考える かんがえる 圄생각하다

60-62

　지금, 인생에서 첫 빵 만들기를 하고 있다. 정년퇴직 후, 느긋하게 여행 등을 생각하고 있었더니, [60]아내가 생각지 못한 부상으로 입원해서, 그녀가 돕고 있는 '어린이 식당' 자원봉사를 내가 대신 떠맡게 된 것이다. 어린이 식당이란, 경제면 등 다양한 어려움을 안은 가정의 어린이들이, 안심하고 식사를 할 수 있는 장소를 제공하자는 지역 활동이다. 아내가 손수 만든 빵을 보내고 있는 것은 알고 있었지만, 나는 그때까지 별로 적극적으로 참가할 마음이 생기지 않았다. 사회를 위해서라며 힘을 내는 것은, 조금 거북했기 때문이다.

　하지만, 참가해보니 '일한다'는 것이 이렇게 기분 좋은 것인가 하고, 이 나이가 되어 신선한 놀라움이 있다. 식당에 오는 사람이 빵을 먹어 주는 것이 진심으로 기쁘다. 자원봉사는 본래, 남을 위한 것이

지만, 무엇보다 ①자신을 위한 활동이라고, 체험해서 잘 알고 있다. [61]자신의 행동이 누군가에게 닿는다, 그 충실감과 기쁨은, 이쪽의 생명력이 늘어나는 듯한 마음이다. 아내는, 자원봉사는 하고 싶으니까 하는 거라고 웃으면서 말했다.

　또, [62]직장만으로는 만나지 않는 다양한 사람들, 자원봉사 동료나 식당에 오는 사람들과 서로 알게 되는 것도 좋은 의미에서의 ②문화충격이다. '여행도 좋지만, 자원봉사도 문화와의 만남이야'라고 말하는 아내에게, 지금, 나는 크림빵 만드는 법을 배우고 있다.

어휘 人生 じんせい 圓인생　作り つくり 圓만들기
定年退職 ていねんたいしょく 圓정년퇴직
のんびり 圄느긋하게, 유유히　考える かんがえる 圄생각하다
妻 つま 圓아내　思わぬ おもわぬ 생각 못한, 뜻밖의
ケガ 圓부상, 상처　入院 にゅういん 圓입원
手伝う てつだう 圄돕다, 거들다　ボランティア 圓자원봉사
代わりに かわりに 圄대신　引き受ける ひきうける 圄떠맡다
～ことになる ~하게 되다　経済面 けいざいめん 圓경제면
様々だ さまざまだ 圄다양하다　困難 こんなん 圓어려움, 곤란
抱える かかえる 圄안다, 떠맡다　安心 あんしん 圓안심
食事 しょくじ 圓식사　場所 ばしょ 圓장소　提供 ていきょう 圓제공
地域活動 ちいきかつどう 圓지역 활동
手作り てづくり 圓손수 만듦, 핸드메이드
届ける とどける 圄보내다, 닿게 하다　それまで 그때까지
積極的だ せっきょくてきだ 圄적극적이다　参加 さんか 圓참가
気になる きになる 마음이 생기다, 생각이 들다　社会 しゃかい 圓사회
～ため ~위해　張り切る はりきる 圄힘을 내다, 긴장하다
苦手だ にがてだ 圄거북하다, 서투르다　～てみる ~해 보다
気持ち きもち 圓기분, 마음　年齢 ねんれい 圓나이, 연령
新鮮だ しんせんだ 圄신선하다　驚き おどろき 圓놀라움
心から こころから 圄진심으로　うれしい 圄기쁘다
本来 ほんらい 圓본래　体験 たいけん 圓체험
行動 こうどう 圓행동　届く とどく 圄닿다, 이르다
充実感 じゅうじつかん 圓충실함　喜び よろこび 圓기쁨
生命力 せいめいりょく 圓생명력　増す ます 圄늘어나다
思い おもい 圓마음, 생각　笑う わらう 圄웃다　～ながら ~하면서
職場 しょくば 圓직장　出会う であう 圄만나다
仲間 なかま 圓동료, 한패
知り合う しりあう 圄서로 알다, 아는 사이가 되다
カルチャーショック 圓문화충격　文化 ぶんか 圓문화
クリームパン 圓크림빵　作り方 つくりかた 圓만드는 법
教わる おそわる 圄배우다

60

필자는 왜 **빵을 만들기** 시작했는가?

1 여행을 갈 수 없게 되어서, 시간이 생겼기 때문에
2 **자원봉사를 하고 있던 아내가 만들 수 없게 되었기 때문에**
3 아내가 자원봉사의 교대자를 찾고 있었기 때문에
4 어린이 식당을 필자가 제공하게 되었기 때문에

해설 질문의 パンを作り始め(빵을 만들기 시작)의 이유와 관련된 내용을

지문에서 찾는다. 첫 번째 단락에서 妻が思わぬケガで入院し、彼女が手伝っている「子ども食堂」ボランティアを私が代わりに引き受けることになったのだ(아내가 생각지 못한 부상으로 입원해서, 그녀가 돕고 있는 '어린이 식당' 자원봉사를 내가 대신 떠맡게 된 것이다)라고 서술하고 있으므로, 2 ボランティアをしていた妻が作れなくなったから(자원봉사를 하고 있던 아내가 만들 수 없게 되었기 때문에)가 정답이다.

어휘 作り始める つくりはじめる 圖만들기 시작하다
代わり かわり 圓교대자, 대리　探す さがす 圖찾다
筆者 ひっしゃ 圓필자

61

필자가 자원봉사를 ①자신을 위한 활동이라고 생각한 것은 왜인가?

1 자원봉사로 한 일이 다른 누군가에게 전해지기 때문에
2 자원봉사로 일하는 것이 좋은 것이라고 느낄 수 있기 때문에
3 자원봉사를 해서, 자신이 충실감과 기쁨을 느낄 수 있기 때문에
4 자원봉사를 하면, 아이들이 빵을 먹어주기 때문에

해설 지문의 ①自分のための活動(자신을 위한 활동) 주변을 주의 깊게 읽고 필자가 자원봉사를 자신을 위한 활동이라고 생각한 이유를 찾는다. 뒷부분에서 自分の行動が誰かに届く、その充実感と喜びは、こちらの生命力が増すような思いだ(자신의 행동이 누군가에게 닿는다, 그 충실감과 기쁨은, 이쪽의 생명력이 늘어나는 듯한 마음이다)라고 서술하고 있으므로, 3 ボランティアをして、自分が充実感と喜びを感じられるから(자원봉사를 해서, 자신이 충실감과 기쁨을 느낄 수 있기 때문에)가 정답이다.

어휘 元に届く もとにとどく 전해지다, 닿다　感じる かんじる 圖느끼다

62

필자가 ②문화충격이라고 느끼고 있는 점은 무엇인가?

1 업무에서는 만날 수 없을 것 같은 사람들과 만날 수 있는 것
2 자원봉사가 새로운 문화를 만들어 내다는 것
3 빵 만드는 법을 가족에게 배우게 된 것
4 여행도 자원봉사도 문화와의 만남이라는 것

해설 지문의 ②カルチャーショック(문화충격) 주변을 주의 깊게 읽고 필자가 문화충격이라고 느끼고 있는 점을 찾는다. 밑줄을 포함한 문장에서 職場だけでは出会わない様々な人々、ボランティア仲間や食堂に来る人達と知り合えることも良い意味でのカルチャーショックである(직장만으로는 만나지 않는 다양한 사람들, 자원봉사 동료나 식당에 오는 사람들과 서로 알게 되는 것도 좋은 의미에서의 문화충격이다)라고 서술하고 있으므로, 1 仕事では出会えないような人々と出会えること(업무에서는 만날 수 없을 것 같은 사람들과 만날 수 있는 것)가 정답이다.

어휘 作り出す つくりだす 圖만들어 내다

63-65

　목소리에는 본심, 즉 진짜 마음이 드러나는 것이라고 생각한다. 어느 록 가수의 라이브를 듣고, 새삼 그렇게 느꼈다. 1960년대부터 70년대에 걸쳐, 세계적인 대히트 곡을 만든 그는, 천재적인 음악 재능을 가지면서도, 창작의 고통과 인간관계에 의해 정신병에 걸려, 오래 정식 무대에서 모습을 감추고 있었다. 하지만, 근래 조금씩 회복해서 투어를 개시, 생으로 들은 [63]그의 노랫소리에 눈물이 나올 것 같았다. 음의 높낮이는 불안정하여, 조금 걱정이 되는듯한 창법이었지만, 마음에 울려 퍼지는 것이다. 음악의 대단함이 정면으로 전해져온다. 음악이 좋다, 음악은 즐겁다고 그가 진심으로 그렇게 생각하고, 전하고 싶은 마음이 있기 때문이라고 생각한다. 물론 곡이 좋은 것도 있지만, 같은 곡을 다른 가수가 능숙하게 불러도, 그 떨리는듯한 감동은 없다. 그의 목소리에는 그의 진실이 있었다.

　노래가 아니어도, [64]그 사람이 정말로 진심으로 믿고 있는 것을 이야기하는 말에는 설득력이 있다. 마음을 울리는 스피치 등이 좋은 예이다. 이것은 나쁜 쪽에서도 같다고 생각한다. 즉, 설령 나쁜 생각이라도, 그것을 진심으로 믿고 있는 사람의 목소리에는 전해지는 힘이 있다.

　그렇기 때문에, 나쁜 방향으로 영향받는 경우도 있다고 하는 것을 잊지 않고 싶다. 그리고, 예술가 같은 표현력이 없어도, [65]본인의 목소리에도 본심이 나오는 법이라고 주의하는 편이 좋다.

(주1) 진실: 정말인 것
(주2) 설득력: 다른 사람에게 그렇다고 생각하게 하는 힘

어휘 本心 ほんしん 圓본심　つまり 圛즉, 결국
気持ち きもち 圓마음, 기분　表れる あらわれる 圖드러나다, 나타나다
～と思う ～とおもう ~라고 생각하다
ロック歌手 ロックかしゅ 圓록 가수　ライブ 圓라이브
聴く きく 圖듣다　あらためて 圛새삼, 새롭게
感じる かんじる 圖느끼다　年代 ねんだい 圓년대
～にかけて ~에 걸쳐　世界的だ せかいてきだ な형세계적이다
大ヒット曲 だいヒットきょく 圓대히트곡
天才的だ てんさいてきだ な형천재적이다　才能 さいのう 圓재능
～ながら ~면서도　創作 そうさく 圓창작
苦しさ くるしさ 圓고통, 괴로움
人間関係 にんげんかんけい 圓인간관계　～によって ~에 의해
精神 せいしん 圓정신　表舞台 おもてぶたい 圓정식 무대
姿 すがた 圓모습　消す けす 圖감추다, 지우다
近年 きんねん 圓근래, 근년　少しずつ すこしずつ 조금씩
回復 かいふく 圓회복　ツアー 圓투어　開始 かいし 圓개시
生 なま 圓생, 가공되지 않음　歌声 うたごえ 圓노랫소리
涙 なみだ 圓눈물　音 おと 圓음　高低 こうてい 圓높낮이, 고저
不安定 ふあんてい 圓불안정　少々 しょうしょう 圛조금, 약간
心配になる しんぱいになる 걱정이 되다　歌い方 うたいかた 圓창법
心 こころ 圓마음　響く ひびく 圖울려 퍼지다, 울리다
すばらしさ 圓대단함, 훌륭함　ストレート 圓정면, 스트레이트
伝わる つたわる 圖전해지다　思う おもう 圖생각하다
伝える つたえる 圖전하다　心から こころから 진심으로
もちろん 圛물론　良さ よさ 圓좋은 것, 좋은 점

上手い うまい [い형]능숙하다, 잘하다

震える ふるえる [동]떨리다, 흔들리다　感動 かんどう [명]감동

真実 しんじつ [명]진실　信じる しんじる [동]믿다

語る かたる [동]이야기하다　説得力 せっとくりょく [명]설득력

心を打つ こころをうつ 마음을 울리다, 감동시키다

スピーチ [명]스피치　例 れい [명]예　たとえ [명]설령, 설사

考え かんがえ [명]생각　だからこそ [접]그렇기 때문에

方向 ほうこう [명]방향　影響 えいきょう [명]영향

~こともある ~하는 경우도 있다　~ておく ~해 두다

芸術家 げいじゅつか [명]예술가　表現力 ひょうげんりょく [명]표현력

気を付ける きをつける 주의하다, 조심하다

~たほうがいい ~하는 편이 좋다

63

필자는 **가수의 노래**를 듣고 어떻게 생각했는가?

1 매우 슬퍼졌다.
2 걱정이 되어 곤란했다.
3 **대단하다고 생각했다.**
4 감동하지 않았다.

해설 필자의 생각을 묻고 있으므로 歌手の歌(가수의 노래)를 지문의 초반부나 지문 전체에서 찾아 가수의 노래에 대한 필자의 생각을 파악한다. 첫 번째 단락에서 彼の歌声に涙が出そうになった。音の高低は不安定で、少々心配になるような歌い方だったが、心に響くのだ。音楽のすばらしさがストレートに伝わってくる(그의 노랫소리에 눈물이 나올 것 같았다. 음의 높낮이는 불안정하여, 조금 걱정이 되는듯한 창법이었지만, 마음에 울려 퍼지는 것이다. 음악의 대단함이 정면으로 전해져온다)라고 서술하고 있으므로, 3 すばらしいと思った(대단하다고 생각했다)가 정답이다.

어휘 悲しい かなしい [い형]슬프다

64

필자에 의하면, **말에 설득력이 있는 것**은 어떠한 경우인가?

1 정말인 것만을 말하고 있을 때
2 **진심으로 믿고 있는 것을 말하고 있을 때**
3 능숙한 스피치를 듣고 있을 때
4 나쁜 생각을 믿고 있을 때

해설 질문의 言葉に説得力がある(말에 설득력이 있는)와 관련된 내용을 지문에서 찾는다. 두 번째 단락에서 その人が本当に心から信じていることを語る言葉には説得力がある(그 사람이 정말로 진심으로 믿고 있는 것을 이야기하는 말에는 설득력이 있다)라고 서술하고 있으므로, 2 心から信じていることを話しているとき(진심으로 믿고 있는 것을 말하고 있을 때)가 정답이다.

65

필자에 의하면, **목소리를 낼 때 주의해야 하는 것**은 어떤 것인가?

1 표현력이 없으면, 자신의 기분이 목소리에 드러나 버리는 것
2 좋지 않은 생각에 마음이 움직여서, 말하는 것을 잊는 것

3 이야기하는 목소리에는, 자신의 진짜 마음이 드러난다는 것
4 진심으로 믿고 있지 않은 것은 전해지지 않는다는 것

해설 질문의 声を出すときに気を付けなければいけないこと(목소리를 낼 때 주의해야 하는 것)와 관련된 내용을 지문에서 찾는다. 세 번째 단락에서 自分の声にも本心が出るものだと気を付けたほうがいい(본인의 목소리에도 본심이 나오는 법이라고 주의하는 편이 좋다)라고 서술하고 있으므로, 3 話す声には、自分の本当の気持ちが表れるということ(이야기하는 목소리에는, 자신의 진짜 마음이 드러난다는 것)가 정답이다.

66-68

일반적으로, 일본인은 옛날부터 의논이 서툴다고 여겨져왔다. [66]섬나라이고, 작은 공동체로 협조성이 요구된다. 문제가 발생하지 않도록 모두와 같은 의견을 가지는 것이 좋은 것으로 여겨지기 때문에, 자신의 의견은 별로 말하지 않는다. 그것들이 주된 이유이다. 하지만, 글로벌 사회인 현재, 습관도 가치관도 다른 다양한 상대와 마주하기 위해서는, 말하는 힘이 필요하다. 지금, 필요한 의논이란, 결코 상대를 이기기 위한 것이 아니라, 보다 좋은 가능성을 찾아내기 위한 '대화'이다.

[67]대화란, 자신의 생각을 말하면서, 상대의 말을 듣고, 보편성을 찾는 것이다. 주의해야 할 점은, 처음부터 결론을 설정하지 않는 것. 서로, 자신의 결론을 향해 의견을 밀고 나가는 것만으로는 의논이 되지 않는다. 상대의 생각을 어느 정도 이해할 수 있는지가 중요하다.

대화 덕분에 생각이 바뀌는 경우도 있을 것이다. 대화란 자신의 생각을 바꾸기 위해 하는 것이라고 하는 사람도 있다. 필요한 것은 유연한 자세이고, 남의 의견에 휩쓸리는 것이 아니라, 생각을 바꿀 수 있는 것이다.

그리고 [68]진짜 협조란, A와 B의 의견이 있어서, A일색, B일색이 되는 것이 아니라, 새로운 색을 찾는 것일 것이다. 그렇게 생각하면, 의논에 서툴다는 의식도, 조금은 경감되는 것이 아닐까?

(주1) 보편성: 넓게 골고루 미치는 것, 예외 없이 모든 것에 들어맞는 것

(주2) 유연: 사고방식이나 태도 등을, 그 상황에 맞도록 바꿀 수 있는 것

어휘 一般的だ いっぱんてきだ [な형]일반적이다

日本人 にほんじん [명]일본인　昔 むかし [명]옛날

議論 ぎろん [명]의논　苦手だ にがてだ [な형]서투르다, 거북하다

島国 しまぐに [명]섬나라　共同体 きょうどうたい [명]공동체

協調性 きょうちょうせい [명]협조성

求める もとめる [동]요구하다, 바라다

起こる おこる [동]발생하다, 일어나다　~ないように ~하지 않도록

意見 いけん [명]의견　主な おもな 주된　理由 りゆう [명]이유

グローバル社会 グローバルしゃかい [명]글로벌 사회

現在 げんざい [명]현재　習慣 しゅうかん [명]습관

価値観 かちかん [명]가치관　様々だ さまざまだ [な형]다양하다

相手 あいて [명]상대　向き合う むきあう [동]마주하다, 마주 보다

~ため ~하기 위해　話す力 はなすちから [명]말하는 힘

必要だ ひつようだ [な형]필요하다　決して けっして [부]결코

負かす まかす [동]이기다　可能性 かのうせい [명]가능성

見つける みつける [동]찾아내다, 발견하다　対話 たいわ [명]대화

考え かんがえ [명]생각　述べる のべる [동]말하다　～つつ ~하면서

普遍性 ふへんせい [명]보편성　探し求める さがしもとめる [동]찾다

注意 ちゅうい [명]주의　～べき ~해야 함　始め はじめ [명]처음, 시작

結論 けつろん [명]결론　設定 せってい [명]설정

お互いに おたがいに [부]서로　向かう むかう [동]향하다

押し通す おしとおす [동]밀고 나가다, 관철하다

どれだけ [부]어느 정도, 얼만큼　理解 りかい [명]이해

重要だ じゅうようだ [な형]중요하다　～おかげで ~덕분에

変わる かわる [동]바뀌다, 변하다　～だろう ~일 것이다, ~겠지

変える かえる [동]바꾸다, 변화시키다

柔軟だ じゅうなんだ [な형]유연하다　姿勢 しせい [명]자세

流される ながされる [동]휩쓸리다, 흐르다

～ことができる ~할 수 있다　真 しん [명]진짜, 정말

協調 きょうちょう [명]협조　一色 いっしょく [명]일색, 한 가지 경향

探す さがす [동]찾다　思う おもう [동]생각하다　意識 いしき [명]의식

軽減 けいげん [명]경감

行きわたる ゆきわたる [동]골고루 미치다, 널리 퍼지다

例外 れいがい [명]예외　すべて [명]모두, 전부

あてはまる [동]들어맞다, 적용되다　考え方 かんがえかた [명]사고방식

態度 たいど [명]태도　場 ば [명]상황, 장소　合う あう [동]맞다

～ように ~하도록

66

필자에 의하면, **일본인이 의논이 서툰** 이유는 무엇인가?

1 일본은 섬나라이기 때문에, 문제가 발생하는 경우가 별로 없기 때문에

2 작은 사회 안에서, 남과 다른 의견을 말하면 문제가 된다고 생각하기 때문에

3 문제가 발생하면, 모두와 같은 의견을 말해야 하기 때문에

4 습관이나 가치관이 다른 상대에게도, 같은 의견을 가지도록 말하기 때문에

해설 질문의 日本人が議論が苦手な(일본인이 의논이 서툰) 이유와 관련된 내용을 지문에서 찾는다. 첫 번째 단락에서 島国であり、小さな共同体で協調性が求められる。問題が起こらないようにみんなと同じ意見を持つのがいいこととされるので、自分の意見はあまり言わない(섬나라이고, 작은 공동체로 협조성이 요구된다. 문제가 발생하지 않도록 모두와 같은 의견을 가지는 것이 좋은 것으로 여겨지기 때문에, 자신의 의견은 별로 말하지 않는다)라고 서술하고 있으므로, 2 小さい社会の中で、人と違う意見を言うと問題になると思うから(작은 사회 안에서, 남과 다른 의견을 말하면 문제가 된다고 생각하기 때문에)가 정답이다.

어휘 ～と思う ～とおもう ~라고 생각하다

～なければならない ~해야 한다, ~하지 않으면 안 된다

67

필자가 생각하는 **대화에 있어서, 중요한 것**은 무엇인가?

1 상대의 말을 들으면서, 자신의 의견을 밀고 나가는 것

2 어떤 결론으로 할지를 정하고 나서, 말하기 시작하는 것

3 상대의 말을 잘 이해하고, 자신의 의견도 이해받는 것

4 자신의 생각을 바꾸기 위해, 상대의 의견에 따르는 것

해설 필자의 생각을 묻고 있으므로 対話において、重要なこと(대화에 있어서, 중요한 것)를 지문의 중반부나 지문 전체에서 찾아 대화에 있어서 중요한 것에 대한 필자의 생각을 파악한다. 두 번째 단락에서 対話とは、自分の考えを述べつつ、相手の話を聞き、普遍性を探し求めるものである(대화란, 자신의 생각을 말하면서, 상대의 말을 듣고, 보편성을 찾는 것이다)라고 서술하고 있으므로, 3 相手の話をよく理解し、自分の意見もわかってもらうこと(상대의 말을 잘 이해하고, 자신의 의견도 이해받는 것)가 정답이다.

어휘 決める きめる [동]정하다　従う したがう [동]따르다, 쫓다

68

새로운 색을 찾는 것이라는 건 어떤 것인가?

1 서로의 의견을 듣고 나서, 각각의 의견과는 다른 새로운 결론을 내는 것

2 서로의 의견을 듣고 나서, 각각의 의견의 서툰 부분을 찾는 것

3 의견을 낸 후, 문제가 발생하지 않도록 다른 의견을 생각하는 것

4 의견을 낸 후, 좋은 가능성을 찾아낼 수 있었는지 다시 한번 생각하는 것

해설 질문의 新しい色を探すこと(새로운 색을 찾는 것)와 관련된 내용을 지문에서 찾는다. 네 번째 단락에서 真の協調とは、AとBの意見があって、A一色、B一色になるのではなく、新しい色を探すことであろう(진짜 협조란, A와 B의 의견이 있어서, A일색, B일색이 되는 것이 아니라, 새로운 색을 찾는 것일 것이다)라고 서술하고 있으므로, 1 お互いの意見を聞いてから、それぞれの意見とは違う新しい結論を出すこと(서로의 의견을 듣고 나서, 각각의 의견과는 다른 새로운 결론을 내는 것)가 정답이다.

어휘 ～てから ~하고 나서　それぞれ [명]각각　部分 ぶぶん [명]부분

もう一度 もういちど 다시 한번

69-70

A

　고등학교 동창회가 있어, 대단히 흥이 올랐다. 대부분의 사람이 졸업 이래, 첫 재회이다. 현재 48세인 우리들이지만, 만나면 금세 고등학생 때의 모습을 떠올린다. 눈앞에 있는 것은, 중년의 아저씨, 아줌마이지만, 눈 깜짝할 새에 30년의 세월은 사라지고, [70]교실과 선생님과 축제, 체육대회, 동급생에 관한 것 등 추억 이야기가 차례로 나와서, 매우 즐거웠다. [69]40대 쯤 되면 모두, 일, 결혼, 아이 등 다양한 문제를 안고 있을 것이다. 동창회에 참가하고 있는 거니까, 어느 정도 생활이 안정되어 있을 것이라고 생각하는 사람도 있지만, 그건 알 수 없다. 동급생의 현재 상황을 특별히 알고 싶다고도 생각하지 않는다. 잠시 동안 10대의 젊은 마음으로 돌아

가서, 활력을 되찾은 것 같은 기분이 들었다.

B

　'졸업하고 30년이 지났습니다'라는 안내에 마음이 움직여, 처음 동창회에 참가했다. 조금 긴장하면서도, 매우 기대하고 있었다. 정말 오랜만에 만나는 얼굴뿐이라 반갑고, 흥이 올랐지만, 고교 시절 추억 이야기뿐이라, 조금 기대 밖이었다는 게 솔직한 심정이다. 확실히, 학교생활의 여러 에피소드는, 알고 있는 것도 모르는 것도 함께 웃을 수 있다. [70]하지만, 모처럼 동급생을 만난 거니까, 옛날 이야기뿐만 아니라, 모두의 현재 이야기를 더 듣고 싶었다.

　[69]40대 후반, 바야흐로 인생의 중간점이다. 각자 일, 결혼, 아이 등 여러 가지가 있을 것이다. 10대 때와는 다른 지금의 생활, 고민이나 자랑이라도 좋고, 같은 연령이기 때문에 할 수 있는 새로운 이야기를 기대하고 있었다.

어휘　高校 こうこう 圏고등학교　同窓会 どうそうかい 圏동창회

　　大いに おおいに 凰대단히, 매우

　　盛り上がる もりあがる 圄흥이 오르다, 무르익다

　　ほとんど 凰대부분, 거의　卒業 そつぎょう 圏졸업

　　以来 いらい 圏이래　再会 さいかい 圏재회　現在 げんざい 圏현재

　　私達 わたしたち 圏우리들　たちまち 凰금세, 곧

　　高校生 こうこうせい 圏고등학생　姿 すがた 圏모습, 자세

　　思い出す おもいだす 圄떠올리다, 회상하다　目の前 めのまえ 圏눈앞

　　中年 ちゅうねん 圏중년　あっという間 あっというま 눈 깜짝할 새

　　年月 ねんげつ 圏세월, 연월　文化祭 ぶんかさい 圏축제

　　体育祭 たいいくさい 圏체육대회　クラスメイト 圏동급생, 반 친구

　　思い出 おもいで 圏추억　次々に つぎつぎに 차례대로

　　楽しい たのしい イ형즐겁다　～ともなれば ~쯤 되면, ~이 되면

　　様々だ ナ형さまざまだ 다양하다　抱える かかえる 圄안다, 떠맡다

　　～はずだ ~일 것이다　参加 さんか 圏참가

　　ある程度 あるていど 圏어느 정도　生活 せいかつ 圏생활

　　安定 あんてい 圏안정　～だろう ~일 것이다, ~겠지

　　考える かんがえる 圄생각하다　同級生 どうきゅうせい 圏동급생

　　状況 じょうきょう 圏상황　特別 とくべつ 凰특별히, 별로

　　～と思う ～とおもう ~라고 생각하다

　　少しの間 すこしのあいだ 圏잠시 동안　若い わかい イ형젊다

　　気持ち きもち 圏마음, 기분　戻る もどる 圄돌아가(오)다

　　活力 かつりょく 圏활력　取り戻す とりもどす 圄되찾다, 회복하다

　　気がする きがする 기분이 들다, 느낌이 들다

　　経つ たつ 圄지나다, 경과하다　案内 あんない 圏안내

　　心 こころ 圏마음　動く うごく 圄움직이다　緊張 きんちょう 圏긴장

　　～つつも ~하면서도　楽しみにする たのしみにする 기대하다

　　久しぶり ひさしぶり 圏오랜만　～ばかり ~뿐, ~만

　　なつかしい イ형반갑다, 그립다　高校時代 こうこうじだい 圏고교 시절

　　少々 しょうしょう 凰조금, 약간

　　期待外れ きたいはずれ 圏기대 밖, 기대에 어긋남

　　正直だ しょうじきだ ナ형솔직하다, 정직하다

　　確かに たしかに 凰확실히, 분명히

　　学校生活 がっこうせいかつ 圏학교생활　エピソード 圏에피소드

　　笑い会う わらいあう 圄함께 웃다　せっかく 凰모처럼

昔 むかし 圏옛날　後半 こうはん 圏후반

まさに 凰바야흐로, 이제 막　人生 じんせい 圏인생

中間点 ちゅうかんてん 圏중간점　それぞれ 凰각자, 각각

悩み なやみ 圏고민　自慢 じまん 圏자랑

同じだ おなじだ ナ형같다　年齢 ねんれい 圏연령, 나이

だからこそ 때문에

69

A와 B 어느 쪽의 글에서도 다루어지고 있는 점은 무엇인가?

1　40대 쯤 되면, 일이나 가정에 관한 것 등 다양한 생활이 있다.
2　학창 시절 친구를 만나면, 바로 10대 때의 마음이 돌아온다.
3　동창회에 참가한 사람은 모두, 안정된 생활을 보내고 있는지 어떤지는 알 수 없다.
4　동창회에서는, 일이나 가정에 관한 것 등 많이 이야기할 수 있어서 매우 만족했다.

해설　A와 B 양쪽 모두에서 공통적으로 서술되고 있는 내용을 묻고 있다. 선택지에서 반복되는 仕事や家庭(일이나 가정), 生活(생활)를 각 지문에서 찾아 관련된 내용을 파악한다. A는 지문의 중반부에서 40代ともなれば皆、仕事、結婚、子供のことなど様々な問題を抱えているはずである(40대 쯤 되면 모두, 일, 결혼, 아이 등 다양한 문제를 안고 있을 것이다)라고 서술하고 있고, B는 지문의 후반부에서 40代後半、まさに人生の中間点である。それぞれ仕事、結婚、子供などいろいろあるだろう(40대 후반, 바야흐로 인생의 중간점이다. 각자 일, 결혼, 아이 등 여러 가지가 있을 것이다)라고 서술하고 있다. 두 지문 모두 40대 쯤 되면 일, 결혼, 아이 등에 관한 여러 가지 일이 있을 것이라고 했으므로, 1 40代ともなると、仕事や家庭のことなど様々な生活がある(40대 쯤 되면, 일이나 가정에 관한 것 등 다양한 생활이 있다)가 정답이다. 2와 3은 A에만 있고, 4는 어느 글에도 없다.

어휘　友人 ゆうじん 圏친구　十代 じゅうだい 圏10대

　　戻ってくる もどってくる 돌아오다　～かどうか ~인지 어떤지

　　満足 まんぞく 圏만족

70

A와 B의 필자는, 동창회에서의 이야기에 대해 이떻게 생각하고 있는가?

1　A도 B도 지금의 여러 문제에 대해 이야기하고 싶었다고 생각하고 있다.
2　A도 B도 고교 추억 이야기를 할 수 있어, 흥이 올라서 좋았다고 생각하고 있다.
3　A는 옛날 추억 이야기를 즐거웠다고 생각하고, B는 각자의 지금 상황에 대해 이야기하고 싶었다고 생각하고 있다.
4　A는 친구들의 안정된 생활에 관한 것을 알고 싶었다고 생각하고, B는 고민이나 자랑하는 이야기를 듣고 싶었다고 생각하고 있다.

해설　질문의 同窓会での話(동창회에서의 이야기)에 대한 A와 B의 견해를 각 지문에서 찾는다. A는 지문의 중반부에서 教室や先生や文化祭、体育祭、クラスメイトのことなど思い出話が次々に出てきて、とても楽しかった(교실과 선생님과 축제, 체육대회, 동급생에

관한 것 등 추억 이야기가 차례대로 나와서, 매우 즐거웠다)라고 서술하고 있고, B는 지문의 중반부에서 しかし、せっかく同級生に会ったのだから、昔の話ばかりでなく、皆の現在の話をもっと聞きたかった(하지만, 모처럼 동급생을 만난 거니까, 옛날 이야기뿐만 아니라, 모두의 현재 이야기를 더 듣고 싶었다)라고 서술하고 있다. 따라서, 3 A는 昔の思い出話を楽しかった고 생각하고, B는 각각의 今の状況について話したかった고 생각하고 있다(A는 옛날 추억 이야기를 즐거웠다고 생각하고, B는 각자의 지금 상황에 대해 이야기하고 싶었다고 생각하고 있다)가 정답이다.

어휘 ～について ~에 대해　自慢話 じまんばなし 圏 자랑하는 이야기

71-73

지금, 세상은 '소유'에서 '이용'으로 이행하고 있는 때라고 한다. 고급차나 브랜드 상품, 그림 등 다양한 분야에서 새로운 렌털 서비스, 즉, 물건을 빌려주는 서비스가 차례차례로 등장하고 있다. 매월 정액으로 좋아하는 물건을 고를 수 있고, 대체도 가능한 비즈니스 모델도 있다고 한다. 점점 편리하게, 합리적으로 되고 있다.

그런 뉴스 중에서, [71]사람을 렌털한다고 하는 화제가 나와 있었다. 어떤 사람이 자신을 '아무것도 하지 않지만, 단지 그곳에 있는 사람'으로 빌려주고 있다고 한다. 그 사람은 '혼자서 들어가기 어려운 가게에 들어가고 싶을 때, 게임에서 사람이 부족할 때 등, 단지 한 사람분의 인간의 존재를 원할 때 이용해 주십시오'라고 말하고 있다. 매우 흥미로운 생각과 활동이다. 실제, 젊은 사람을 중심으로 1천 건 이상의 의뢰가 있어, 그 활동의 기록은 책이 되어 출판되고 있다. 비즈니스로써도 성공한 셈이지만, 그것은 제쳐두고, 정말 다양한 의뢰가 있어, 재미있다. 콘서트 자리를 채워줬으면 한다, 공부를 게을리하지 않도록 보고 있어줬으면 한다, 좋아하는 아이돌의 이야기를 들어줬으면 한다 등, 다양한 장면에서 '한 사람분의 인간의 존재'가 필요 되어, 이용되고 있다. 그중에서도 이사할 때 배웅해줬으면 한다는 의뢰는 인상적이었다. 누군가에게 배웅해줬으면 한다는 기분은 알겠지만, 그것이 완전한 타인이어도 좋다는 것은 어떤 것일까? 헤어짐이라고 하는, 감정적인 장면에서의 렌털 이용. 그 사람에게 역사도 인격도 필요 없다면 인간형 로봇이라도 괜찮은 것은 아닐까라고 생각했지만, [72]사람이든 물건이든 대상에 가치나 의미를 찾아내는 것은 자신의 마음인 걸지도 모른다고 깨달았다.

물리적인 '한 사람분의 존재'는, 거의 물건과 같을 것이다. 그리고, 설령 자신이 소유하고 있는 물건이라도, 소중히 생각하는 마음이 없으면, '안녕'에 의미는 없다. 배웅을 의뢰한 사람은, 자신에게 '안녕'을 말해주는 존재를 렌털한 것으로, 소중히 여겨지고 있는 자신을 만들어 낸 것이다. 그리고, 빌려진 사람에게는, 일시적으로 '나에게 있어 소중한 누군가'가 되어주었을 지도 모른다. 일시적인 이용이라도, 거기에 만족감과 위로를 느낄 수 있는 것이다.

[73]보다 편리하고 합리적으로, 사람도 물건도 무엇이라도 이용할 수 있는 세상에서, 만족감과 위로를 얻을 수 있을지 어떨지는 자신의 마음 먹기에 달렸을 것이다.

(주) 위로: 슬픔, 괴로움, 외로움 등에서 기분을 달래고, 마음을 즐겁게 하는 것

어휘 世の中 よのなか 圏 세상　所有 しょゆう 圏 소유
利用 りよう 圏 이용　移行 いこう 圏 이행, 바뀜
高級車 こうきゅうしゃ 圏 고급차
ブランド品 ブランドひん 圏 브랜드 상품　絵画 かいが 圏 그림, 회화
様々だ さまざまだ 区형 다양하다　分野 ぶんや 圏 분야
レンタルサービス 圏 렌털 서비스　つまり 囲 즉, 결국　モノ 圏 물건
貸す かす 图 빌려주다　次々に つぎつぎに 차례차례로
登場 とうじょう 圏 등장　定額 ていがく 圏 정액　品 しな 圏 물건
選ぶ えらぶ 图 고르다, 선택하다　～ことができる ~할 수 있다
取り換え とりかえ 圏 대체, 교체　可能 かのう 圏 가능
ビジネスモデル 圏 비즈니스 모델　ますます 囲 점점, 더욱 더
便利だ べんりだ 区형 편리하다
合理的だ ごうりてきだ 区형 합리적이다　話題 わだい 圏 화제
ただ 囲 단지, 다만　貸し出す かしだす 图 빌려주다, 대출하다
～にくい ~하기 어렵다　ゲーム 圏 게임　足りない たりない 부족하다
一人分 ひとりぶん 圏 한 사람분　人間 にんげん 圏 인간
存在 そんざい 圏 존재　興味深い きょうみぶかい い형 흥미롭다
思いつき おもいつき 圏 생각, 아이디어　活動 かつどう 圏 활동
実際 じっさい 圏 실제　若い わかい い형 젊다
中心 ちゅうしん 圏 중심　件 けん 圏 건　以上 いじょう 圏 이상
依頼 いらい 圏 의뢰　記録 きろく 圏 기록　出版 しゅっぱん 圏 출판
成功 せいこう 圏 성공　～わけだ ~한 셈이다
～はさておき ~은 제쳐두고, ~은 그렇다 치고　コンサート 圏 콘서트
席を埋める せきをうめる 자리를 채우다
～てほしい ~해줬으면 한다, ~하면 좋겠다
さぼる 图 게을리하다, 땡땡이치다　アイドル 圏 아이돌
場面 ばめん 圏 장면　必要だ ひつようだ 区형 필요하다
引っ越し ひっこし 圏 이사　見送る みおくる 图 배웅하다, 보내주다
印象的だ いんしょうてきだ 区형 인상적이다
気持ち きもち 圏 기분, 마음　全く まったく 囲 완전히, 전혀
他人 たにん 圏 타인, 다른 사람　別れ わかれ 圏 헤어짐, 이별
感情的だ かんじょうてきだ 区형 감정적이다　歴史 れきし 圏 역사
人格 じんかく 圏 인격　人型 ひとがた 圏 인간형　ロボット 圏 로봇
考える かんがえる 图 생각하다　対象 たいしょう 圏 대상
価値 かち 圏 가치　見出す みいだす 图 찾아내다　心 こころ 圏 마음
～かもしれない ~일지도 모른다
気が付く きがつく 图 깨닫다, 알아차리다
物理的だ ぶつりてきだ 区형 물리적이다　ほぼ 囲 거의, 대부분
たとえ 囲 설령, 설사　大切だ たいせつだ 区형 소중하다, 중요하다
思う おもう 图 생각하다　作り出す つくりだす 图 만들어내다
一時的だ いちじてきだ 区형 일시적이다　～にとって ~에 있어, ~로서
満足感 まんぞくかん 圏 만족감　慰め なぐさめ 圏 위로
感じる かんじる 图 느끼다　より 囲 보다　得る える 图 얻다
心次第 こころしだい 圏 마음먹기에 달림, 마음대로
～だろう ~일 것이다, ~겠지　悲しみ かなしみ 圏 슬픔
苦しみ くるしみ 圏 괴로움　さびしさ 圏 외로움
気をまぎらせる きをまぎらせる 기분을 달래다
楽しませる たのしませる 图 즐겁게 하다

71

> 필자에 의하면, **렌털된 사람은 어떤 일**을 하는 것인가?
>
> 1 의뢰한 사람에게, 부탁 받은 여러 가지 일을 가르친다.
> **2 한 명의 사람으로서 있을 뿐으로, 아무것도 하지 않는다.**
> 3 혼자 있는 것이 필요한 사람과 함께 부탁 받은 일을 한다.
> 4 자신이라는 존재를 소중히 생각해주는 사람과 재미있는 활동을 한다.

해설 질문의 レンタルされた人はどのような事(렌털된 사람은 어떤 일)와 관련된 내용을 지문에서 찾는다. 두 번째 단락에서 人をレンタルするという話題が出ていた。ある人が自分を「何もしないけれど、ただそこにいる人」として貸し出しているそうだ(사람을 렌털한다고 하는 화제가 나와 있었다. 어떤 사람이 자신을 '아무것도 하지 않지만, 단지 그곳에 있는 사람'으로 빌려주고 있다고 한다)라고 서술하고 있으므로, 2 一人の人としているだけで、何もしない(한 명의 사람으로서 있을 뿐으로, 아무것도 하지 않는다)가 정답이다.

72

> **이사 배웅에 사람을 빌리는 것**에 대해, 필자의 생각과 맞는 것은 어느 것인가?
>
> 1 완전한 타인이기 때문에, 사람이 아니라 로봇이라도 상관없다.
> 2 감정적이게 되는 장면이기 때문에, 가치나 의미가 있다.
> **3 빌리는 것에 가치나 의미를 부여하는 것은, 빌린 사람 자신이다.**
> 4 완전한 타인이고 물건과 같기 때문에, 배웅하는 것에 의미는 없다.

해설 필자의 생각을 묻고 있으므로 引っ越しの見送りに人を借りること(이사 배웅에 사람을 빌리는 것)를 지문의 중반부나 지문 전체에서 찾아 이사 배웅에 사람을 빌리는 것에 대한 필자의 생각을 파악한다. 두 번째 단락에서 人でもモノでも対象に価値や意味を見出すのは自分の心なのかもしれないと気が付いた(사람이든 물건이든 대상에 가치나 의미를 찾아내는 것은 자신의 마음인 걸지도 모른다고 깨달았다)라고 서술하고 있으므로, 3 借りることに価値や意味をつけるのは、借りた人自身である(빌리는 것에 가치나 의미를 부여하는 것은, 빌린 사람 자신이다)가 정답이다.

어휘 かまわない 상관없다, 개의치 않다　感情 かんじょう 圐감정
つける 圄부여하다, 달다　借りる かりる 圄빌리다
自身 じしん 圐자신

73

> **사람을 렌털하는 것**에 대해, 필자는 어떻게 생각하고 있는가?
>
> **1 렌털하는 것으로 만족할 수 있을지 어떨지는, 이용하는 사람의 기분으로 바뀐다.**
> 2 렌털하는 것으로 자신이 만족할 수 있다면, 소유하지 않아도 소중한 것이 된다.
> 3 소유하지 않는 것에 만족할 수 있을지 어떨지는, 이용하는 사람에게 묻지 않으면 알 수 없다.
> 4 소유하지 않는 것은 편리하고 합리적이기 때문에, 점점 만족하는 사람이 늘어간다.

해설 필자의 생각을 묻고 있으므로 人をレンタルすること(사람을 렌털하는 것)를 지문의 후반부나 지문 전체에서 찾아 사람을 렌털하는 것에 대한 필자의 생각을 파악한다. 네 번째 단락에서 より便利に合理的に、人もモノも何でも利用できる世の中で、満足や慰めを得られるかどうかは自分の心次第なのだろう(보다 편리하고 합리적으로, 사람도 물건도 무엇이라도 이용할 수 있는 세상에서, 만족감과 위로를 얻을 수 있을지 어떨지는 자신의 마음 먹기에 달렸을 것이다)라고 서술하고 있으므로, 1 レンタルすることで満足できるかどうかは、利用する人の気持ちで変わる(렌털하는 것으로 만족할 수 있을지 어떨지는, 이용하는 사람의 기분으로 바뀐다)가 정답이다.

어휘 ~かどうか ~일지 어떨지　変わる かわる 圄바뀌다, 변화하다
増える ふえる 圄늘다, 증가하다

74

> 마리아 씨는, 다음 **주말**에 **동료 2명**과 **배에서 식사**를 하려고 하고 있다. 3명이고 **전체 예산은 8천엔**이다. **개인실로 하지 않아도 된다.**
> 마리아 씨의 희망에 맞는 크루즈 코스는 어느 것인가?
>
> **1 주유 코스의 런치 타임**
> 2 주유 코스의 티타임
> 3 주유 코스의 디너타임
> 4 편도코스

해설 마리아 씨의 희망에 맞는 크루즈 코스를 파악한다. 질문에서 제시된 조건 (1) 週末(주말), (2) 同僚2人と(동료 2명과), (3) 船で食事(배에서 식사), (4) 全体の予算は8千円(전체 예산은 8천엔), (5) 個室にしなくてもいい(개인실로 하지 않아도 된다)에 따라,

(1) 주말: 런치 타임이 어른 2,500엔, 티타임이 2,000엔, 디너타임이 3,500엔

(2) 배에서 식사: 티타임은 식사가 될 수 없으므로 런치타임과 디너타임만 가능

(3) 동료 2명과: 마리아 씨를 포함하여 모두 3명

(4) 전체 예산 8,000엔: 3명의 예산은 8,000엔, 런치타임 2,500엔 x3은 7,500엔이므로 가능

(5) 개인실로 안 해도 됨: 추가 비용 들지 않음

따라서 1 周遊コースのランチタイム(주유 코스의 런치 타임)가 정답이다.

어휘 来週末 らいしゅうまつ 圐다음 주말　同僚 どうりょう 圐동료
船 ふね 圐배　全体 ぜんたい 圐전체　予算 よさん 圐예산
希望 きぼう 圐희망　合う あう 圄맞다

75

> 최 씨는, 다음 **주말**에 손자와 함께 주유 코스의 런치 타임을 이용하고 싶다. **최 씨는 67세, 손자는 6살**로, **특별 개인실**을 예약하려고 하고 있다. 최 씨 일행의 요금은 어떻게 되는가?
>
> 1 최 씨 2,500엔, 손자는 무료, 개인실 추가 요금 1,000엔
> 2 최 씨 2,000엔, 손자 1,000엔, 개인실 추가 요금 1,000엔
> **3 최 씨 2,200엔, 손자 1,250엔, 개인실 추가 요금 1,000엔**
> 4 최 씨 2,500엔, 손자 1,250엔 만

해설 최 씨 일행의 요금을 파악한다. 질문에서 제시된 조건 (1) 週末に孫

と一緒に周遊コースのランチタイムを利用(주말에 손자와 주유 코스의 런치 타임 이용), (2) チェさんは67歳(최 씨는 67세), (3) 孫は6歳(손자는 6살), (4) 特別個室を予約(특별 개인실을 예약)에 따라,

(1) 주말에 손자와 주유코스의 런치타임 이용: 어른 2,500엔, 어린이 1,250엔, 연장자 2,200엔
(2) 최 씨는 67세: 65세 이상 연장자 요금 2,200엔
(3) 손자는 6살: 4세~초등학생 이하 어린이 요금 1,250엔
(4) 특별 개인실 예약: 한 방당 1,000엔 추가

따라서 3 チェさん 2,200円、孫1,250円、個室追加料金1,000円(최 씨 2,200엔, 손자 1,250엔, 개인실 추가 요금 1,000엔)이 정답이다.

어휘 孫 まご 몡손자　無料 むりょう 몡무료

74-75　　서비스 안내

크루즈 안내

요코하마 크루즈사

요코하마 크루즈사에서는, 편도 코스 외, 선내에서의 식사와 음료가 세트로 된 크루즈 코스를 마련하고 있습니다. 관광의 추억에 꼭 이용해 주십시오.

【주유 코스】
◎ [75]런치 타임　11:00~13:00 (소요시간 2시간)

	어른	어린이	연장자
평일	2,000엔	1,000엔	1,700엔
[74][75]토일·국경일	[74]2,500엔	[75]1,250엔	[75]2,200엔

◎ 티타임　15:00~16:00 (소요시간 1시간) 케이크 세트만

	어른	어린이	연장자
평일	1,500엔	750엔	1,200엔
토일·국경일	2,000엔	1,000엔	1,700엔

◎ 디너타임　18:00~20:30 (소요시간 2.5시간)

	어른	어린이	연장자
평일	3,000엔	1,500엔	2,700엔
토일·국경일	3,500엔	1,750엔	3,200엔

★특별 개인실 예약 가능★
요코하마 크루즈사의 크루즈 코스에서는, 특별 개인실을 마련하고 있습니다. 사이 좋은 친구나 가족과 개인실에서 느긋하게 바다를 바라보며 식사를 해 보는 건 어떠세요? 또, 어린 자녀분이 있는 경우도 개인실이면 주위를 신경 쓰지 않고 느긋하게 보낼 수 있으므로 추천합니다. [75]특별 개인실은 한 방당 (최대 5명 이용 가능) 1,000엔의 추가 요금을 받습니다.

【편도 코스】　요코하마역 동쪽 출구~미나토미라이 21~야마시타 공원

운행시간　10:00~18:00

출발시각　매시 00분 및 30분발. 식사, 음료가 없는 편도 20분 코스입니다.

요금 (평일, 토일 국경일 공통)　어른 800엔, 연장자 600엔, 어린이 400엔

※두 코스 공통:
[74]어른 : 중학생 이상, [75]연장자 : 65세 이상, [75]어린이 : 4세~초등학생 이하 (3세 이하는 무료)

예약·문의처
요코하마 크루즈사 (대표) 045- 123- 4455

어휘 クルーズ 몡크루즈　案内 あんない 몡안내
片道コース かたみちコース 몡편도 코스　船内 せんない 몡선내
食事 しょくじ 몡식사　セット 몡세트　用意 ようい 몡마련, 준비
観光 かんこう 몡관광　思い出 おもいで 몡추억　ぜひ 꼭, 반드시
利用 りよう 몡이용　周遊コース しゅうゆうコース 몡주유 코스
ランチタイム 몡런치 타임　所要 しょよう 몡소요
シニア 몡연장자, 노인　平日 へいじつ 몡평일
土日 どにち 몡토요일과 일요일　祝日 しゅくじつ 몡국경일, 축일
ティータイム 몡티타임　ケーキセット 몡케이크 세트
~のみ 조~만, ~뿐　ディナータイム 몡디너타임
特別 とくべつ 몡특별　個室 こしつ 몡개인실, 독방
予約 よやく 몡예약　可能 かのう 몡가능
仲がよい なかがよい 사이가 좋다　友人 ゆうじん 몡친구
眺める ながめる 동바라보다, 조망하다　~てみる ~해 보다
お子様 おこさま 몡자녀분, 어린이　場合 ばあい 몡경우, 상황
周り まわり 몡주위, 주변　気にする きにする 신경쓰다, 마음에 두다
過ごす すごす 동보내다　~ことができる ~할 수 있다
おすすめ 몡추천　最大 さいだい 몡최대　追加 ついか 몡추가
料金 りょうきん 몡요금　いただく 동받다 (もらう의 겸양어)
横浜駅 よこはまえき 몡요코하마역　東口 ひがしぐち 몡동쪽 출구
運行 うんこう 몡운행　出発 しゅっぱつ 몡출발　時刻 じこく 몡시각
毎時 まいじ 몡매시　および 접및　ドリンク 몡음료, 드링크
無し なし 몡없음　共通 きょうつう 몡공통
中学生 ちゅうがくせい 몡중학생　以上 いじょう 몡이상
小学生 しょうがくせい 몡초등학생　以下 いか 몡이하
問い合わせ先 といあわせさき 몡문의처　代表 だいひょう 몡대표

청해

☞ 문제1의 디렉션과 예제를 들려줄 때 1번부터 5번까지의 선택지를 미리 읽고 내용을 재빨리 파악해둡니다. 음성에서 では、始めます(그러면, 시작합니다)가 들리면, 곧바로 문제 풀 준비를 합니다.
음성 디렉션과 예제는 실전모의고사 1의 해설(p.180)에서 확인할 수 있습니다.

1

[음성]

事務所で、男の人と女の人が話しています。急にアルバイトに行けなくなったとき、何をしなければなりませんか。

M：えー、勤務の希望は前の月の20日までに、希望表にまるばつをつけて、提出してください。みなさんの希望を調整した上で、勤務スケジュールを作成します。

F：はい、わかりました。

M：もし、急な病気などで休む場合は、至急、私の携帯まで電話をください。

F：代わりに出勤できる人を探した方がいいんでしょうか。

M：いいえ、こちらで何とかしますので、心配いりません。それよりも、すぐに連絡をください。

F：わかりました。希望表なんですが、直接お渡ししたほうがいいですか。

M：メールで構いませんよ。

F：分かりました。

急にアルバイトに行けなくなったとき、何をしなければなりませんか。

[문제지]

1 希望表を提出する
2 代わりの人を探す
3 電話をする
4 メールをする

해석 사무실에서, 남자와 여자가 이야기하고 있습니다. 갑자기 아르바이트에 갈 수 없게 되었을 때, 무엇을 해야 합니까?

M : 음, 근무 희망은 전월 20일까지, 희망표에 동그라미 가위표를 쳐서, 제출해 주세요. 모두의 희망을 조정한 후에, 근무 스케줄을 작성합니다.

F : 네, 알겠습니다.

M : 혹시, 갑작스러운 병 등으로 쉴 경우에는, 급히, 제 휴대폰으로 전화를 주세요.

F : 대신에 출근할 수 있는 사람을 찾는 편이 좋을까요?

M : 아니요. 이쪽에서 어떻게든 할 테니, 걱정할 필요 없습니다. 그것보다도, 바로 연락을 주세요.

F : 알겠습니다. 희망표 말인데요, 직접 전달하는 편이 좋나요?

M : 메일로도 상관없습니다.

F : 알겠습니다.

갑자기 아르바이트에 갈 수 없게 되었을 때, 무엇을 해야 합니까?

1 희망표를 제출한다
2 대신할 사람을 찾는다
3 전화를 한다
4 메일을 한다

해설 1 '희망표 제출', 2 '대신할 사람 찾기', 3 '전화', 4 '메일' 중 갑자기

아르바이트에 갈 수 없게 되었을 때 무엇을 해야 하는지 묻는 문제이다. 대화에서, 남자가 急な病気などで休む場合は、至急、私の携帯まで電話をください(갑작스러운 병 등으로 쉴 경우에는, 급히, 제 휴대폰으로 전화를 주세요)라고 했으므로, 3 電話をする(전화를 한다)가 정답이다. 1은 근무 스케줄 작성을 위한 것이고, 2는 남자가 해야 할 일이며, 4는 희망표를 전달하는 방법이므로 오답이다.

어휘 勤務 きんむ 圏근무　前の月 まえのつき 圏전월, 지난 달
希望票 きぼうひょう 圏희망표
まるばつをつける 동그라미 가위 표를 치다　提出 ていしゅつ 圏제출
みなさん 圏모두, 여러분　調整 ちょうせい 圏조정
スケジュール 圏스케줄　作成 さくせい 圏작성
急だ きゅうだ な형갑작스럽다　場合 ばあい 圏경우, 상황
至急 しきゅう 圏급함, 지금　携帯 けいたい 圏휴대폰
代わりに かわりに 대신에　出勤 しゅっきん 圏출근
探す さがす 圏찾다　何とかする なんとかする 어떻게든 하다
心配 しんぱい 圏걱정　連絡 れんらく 圏연락
直接 ちょくせつ 圏직접　メール 圏메일
構わない かまわない 상관없다, 관계없다

2

[음성]

ビルの受付で、男の人と女の人が話しています。男の人は、このあとまず何をしますか。

M：10時からこちらの会議室を予約しているんですが…。

F：はい。お待ちしておりました。

M：追加でマイクをお借りできないかと思っているんですが、可能ですか。

F：はい、ご用意できます。あとで、お部屋までお持ちします。

M：ありがとうございます。

F：では、こちらにお名前をご記入の上、お部屋にお進みください。

M：ええっと、料金の支払いは…。

F：料金はお帰りの際にいただきます。

M：分かりました。

男の人は、このあとまず何をしますか。

[문제지]

1 会議室へ行く
2 マイクを取りに行く
3 名前を書く
4 料金を払う

해석 빌딩의 접수처에서, 남자와 여자가 이야기하고 있습니다. 남자는 이다음에 우선 무엇을 합니까?

M : 10시부터 여기 회의실을 예약했는데요….

F : 네, 기다리고 있었습니다.

M : 추가로 마이크를 빌릴 수 없을까 싶은데요, 가능한가요?

F : 네, 준비 가능합니다. 나중에, 방까지 가져가겠습니다.

M : 감사합니다.

F : 그럼, 여기에 이름을 기입한 뒤, 방으로 가 주십시오.

M : 저, 요금 지불은….

F : 요금은 돌아가실 때 받습니다.

M : 알겠습니다.

남자는 이 다음에 우선 무엇을 합니까?

1 회의실에 간다

2 마이크를 가지러 간다

3 이름을 적는다

4 요금을 낸다

해설 1 '회의실 가기', 2 '마이크 가지러 가기', 3 '이름 적기', 4 '요금 내기' 중 남자가 가장 먼저 해야 할 일을 묻는 문제이다. 대화에서, 여자가 こちらにお名前をご記入の上、お部屋にお進みください(여기에 이름을 기입한 뒤, 방으로 가 주십시오)라고 했으므로, 3 名前を書く(이름을 적는다)가 정답이다. 1은 이름을 기입한 다음에 해야 할 일이고, 2는 여자가 해야 할 일이며, 4는 돌아갈 때 해야 할 일이므로 오답이다.

어휘 会議室 かいぎしつ 圏회의실　予約 よやく 圏예약

追加 ついか 圏추가　マイク 마이크　借りる かりる 图빌리다

可能 かのう 圏가능　用意 ようい 圏준비, 마련

記入 きにゅう 圏기입　進む すすむ 图가다, 나아가다

料金 りょうきん 圏요금　支払い しはらい 圏지불

帰り かえり 圏돌아감, 돌아옴　際 さい 圏때

いただく 图받다 (もらう의 겸양어)　払う はらう 图내다, 지불하다

3

[음성]

大学で、女の人と男の人が話しています。女の人は、このあとまず何をしますか。

F : 新入生の歓迎会のお店だけど、駅前の新しい居酒屋でいいかな。昨日友達と行ってみたんだけど、料理もおいしかったし、とても清潔感があるお店だったよ。

M : 広さは問題なかった?

F : お店の人に確認したら、50人までは入れるって。

M : へえ。けっこう広いんだね。いいんじゃない?

F : じゃあ、予約しちゃうね。駅からすぐだし、集合は店の前でいいよね?

M : いいと思うけど、一応、部長に相談したほうが安心かも。

F : そうだね。

M : じゃあ、それは僕がやるから、店の方よろしく。

F : ありがとう。集合場所が決まったら、参加者へメールするね。

女の人は、このあとまず何をしますか。

[문제지]

1 店を予約する

2 集合場所を決める

3 部長に連絡する

4 参加者にメールをする

해석 대학에서, 여자와 남자가 이야기하고 있습니다. 여자는, 이 다음에 우선 무엇을 합니까?

F : 신입생 환영회 가게 말인데, 역 앞의 새로운 이자카야로 괜찮을까? 어제 친구랑 가봤는데, 요리도 맛있었고, 매우 청결감이 있는 가게였어.

M : 넓이는 문제없었어?

F : 가게 사람에게 확인했더니, 50명까지는 들어갈 수 있대.

M : 호오. 꽤 넓구나. 좋지 않아?

F : 그럼, 예약해 버릴게. 역에서 바로고, 집합은 가게 앞에서 괜찮지?

M : 괜찮다고 생각하는데, 일단, 부장님에게 상담하는 편이 안심일지도.

F : 그렇네.

M : 그럼, 그건 내가 할 테니까, 가게 쪽 잘 부탁해.

F : 고마워. 집합 장소가 정해지면, 참가자한테 메일 할게.

여자는, 이 다음에 우선 무엇을 합니까?

1 가게를 예약한다

2 집합 장소를 정한다

3 부장에게 연락한다

4 참가자에게 메일을 한다

해설 1 '가게 예약하기', 2 '집합 장소 정하기', 3 '부장에게 연락하기', 4 '참가자에게 메일 하기' 중 여자가 가장 먼저 해야 할 일을 묻는 문제이다. 대화에서, 남자가 새로운 이자카야가 넓어 괜찮지 않냐고 하자, 여자가 じゃあ、予約しちゃうね(그럼, 예약해 버릴게)라고 했으므로, 1 店を予約する(가게를 예약한다)가 정답이다. 2와 3은 남자가 해야 할 일이고, 4는 집합 장소가 정해진 다음에 해야 할 일이므로 오답이다.

어휘 新入生 しんにゅうせい 圏신입생　歓迎会 かんげいかい 圏환영회

駅前 えきまえ 圏역 앞　居酒屋 いざかや 圏이자카야

清潔感 せいけつかん 圏청결감　広さ ひろさ 圏넓이

確認 かくにん 圏확인　予約 よやく 圏예약　集合 しゅうごう 圏집합

一応 いちおう 圏일단　部長 ぶちょう 圏부장님, 부장

相談 そうだん 圏상담　安心 あんしん 圏안심　場所 ばしょ 圏장소

決まる きまる 图정해지다, 결정되다　参加者 さんかしゃ 圏참가자

メール 圏메일　決める きめる 图정하다, 결정하다

連絡 れんらく 圏연락

4

[음성]

美術館の窓口で、男の人と女の人が話しています。男の人は、全部でいくら支払いますか。

M : 大人2人と子ども2人、お願いします。

F : はい。入場料は、大人1枚1,000円、子ども1枚800円

ですが、本日は小学生以下のお子様は無料でございます。お子様はおいくつですか。

M：1人は中学生、もう1人は小学生だから、下の子は無料ですね。

F：はい。では、大人2枚、子ども1枚ですね。

M：あのう、ここに書いてあるお飲み物券って何ですか。

F：ああ、入場券1枚に付き300円追加で、施設内の喫茶店のお飲み物券が付くんです。いかがですか。

M：そうですか、うーん。今日は、入場券だけでいいです。

F：かしこまりました。

男の人は、全部でいくら支払いますか。

[問題紙]

1 2,000円
2 2,800円
3 3,600円
4 3,700円

해석 미술관 창구에서, 남자와 여자가 이야기하고 있습니다. **남자**는, 전부 얼마를 지불합니까?

M : 어른 2명과 어린이 2명, 부탁합니다.

F : 네, 입장료는, 어른 1장 1,000엔, 어린이 1장 800엔입니다만, 오늘은 초등학생 이하의 자녀분은 무료입니다. 자녀분은 몇 살입니까!

M : 1명은 중학생, 또 1명은 초등학생이니까, 밑에 아이는 무료네요.

F : 네, 그럼, 어른 2장, 어린이 1장이네요.

M : 저기, 여기 적혀있는 음료권은 뭐에요?

F : 아, 입장권 1장당 300엔 추가로, 시설 내 카페의 음료권이 포함됩니다. 어떠세요?

M : 그래요? 음. 오늘은, 입장권만으로 괜찮습니다.

F : 알겠습니다.

남자는, 전부 얼마를 지불합니까?

1 2,000엔

2 2,800엔

3 3,600엔

4 3,700엔

해설 1 '2,000엔', 2 '2,800엔', 3 '3,600엔', 4 '3,700엔' 중 남자가 지불할 금액을 묻는 문제이다. 대화에서, 남자가 어른 2명과 어린이 2명이라고 하자, 여자가 입장료가 무료인 초등학생이 1명인 것을 확인한 후 大人2枚、子ども1枚ですね(어른 2장, 어린이 1장이네요)라고 했고, 최종적으로 남자가 入場券だけでいいです(입장권만으로 괜찮습니다)라고 했으므로, 어른 2명 금액인 2,000엔과 어린이 1명 금액인 800엔을 더한 2 2,800円(2,800엔)이 정답이다.

어휘 入場料 にゅうじょうりょう 圓입장료　本日 ほんじつ 圓오늘
小学生 しょうがくせい 圓초등학생　以下 いか 圓이하
お子様 おこさま 圓자녀분　無料 むりょう 圓무료
中学生 ちゅうがくせい 圓중학생
お飲み物券 おのみものけん 圓음료권　追加 ついか 圓추가

施設内 しせつない 圓시설 내　付く つく 圖포함하다, 붙다
支払う しはらう 圖지불하다

5

[음성]

店で、女の人と男の人が話しています。男の人は、このあとまず何をしますか。

M：すみません。新しい携帯電話を買いたいんですが…。

F：では、こちらのカードを持って、お待ちください。番号順にご案内します。

M：どれくらい待ちますか。

F：今なら30分くらいですね。本日は免許証など、身分を証明できるものをお持ちですか。

M：免許証…。ああ、家に忘れてきてしまいました。ないと、契約できませんよね。

F：はい。申し訳ありませんが…。

M：妻が家にいると思うので、持ってきてくれるか聞いてみます。無理そうだったら、取りに帰ります。

F：お呼びした際にいらっしゃらない場合は、もう一度カードをとっていただくことになりますので、お気を付けください。

M：そうですか。じゃあ、家に戻ることになった時は、このカードは一度お返しします。

男の人は、このあとまず何をしますか。

[問題紙]

1 免許証を探す
2 妻に連絡する
3 家に帰る
4 カードを返す

해석 가게에서, 여자와 남자가 이야기하고 있습니다. 남자는, 이 다음에 우선 무엇을 합니까?

M : 실례합니다. 새 휴대전화를 사고 싶은데요….

F : 그럼, 이쪽의 카드를 가지고, 기다려 주십시오. 번호순으로 안내하겠습니다.

M : 얼마나 기다려요?

F : 지금이라면 30분 정도네요. 오늘은 **면허증 등, 신분을 증명할 수 있는 것**을 가지고 있으세요?

M : 면허증…. 아, 집에 깜빡하고 와 버렸어요. 없으면, 계약할 수 없죠?

F : 네, 죄송하지만….

M : 아내가 집에 있을 거라고 생각하니까, 가져와 줄지 물어볼게요. 무리일 거 같으면, 가지러 돌아갈게요.

F : 불렀을 때 계시지 않는 경우에는, 다시 한번 카드를 뽑으셔야 하니, 주의해주세요.

M : 그래요? 그럼, 집에 돌아가게 됐을 때는, 이 카드는 한 번 반납할게요.

男子는, 이 다음에 우선 무엇을 합니까?

1 면허증을 찾는다
2 아내에게 연락한다
3 집에 돌아간다
4 카드를 돌려준다

해설 1 '면허증 찾기', 2 '아내에게 연락하기', 3 '집에 돌아가기', 4 '카드 돌려주기' 중 남자가 가장 먼저 해야 할 일을 묻는 문제이다. 대화에서, 여자가 면허증 등 신분을 확인할 수 있는 것이 있냐고 하자, 남자가 妻が家にいると思うので、持ってきてくれるか聞いてみます (아내가 집에 있을 거라고 생각하니까, 가져다 줄지 물어볼게요)라고 했으므로, 2 妻に連絡する(아내에게 연락한다)가 정답이다. 1은 이미 한 일이고, 3은 아내가 신분증을 가지고 올 수 없을 때 해야 할 일이며, 4는 집에 돌아가게 될 때 해야 할 일이므로 오답이다.

어휘 携帯電話 けいたいでんわ 圏 휴대전화　カード 圏 카드
番号順 ばんごうじゅん 圏 번호순　案内 あんない 圏 안내
どれくらい 얼마나, 어느 정도　本日 ほんじつ 圏 오늘
免許証 めんきょしょう 圏 면허증　身分 みぶん 圏 신분
証明 しょうめい 圏 증명　契約 けいやく 圏 계약　妻 つま 圏 아내
無理 むり 圏 무리　際 さい 圏 때
いらっしゃる 圏 계시다 (いる의 존경어)　場合 ばあい 圏 경우, 상황
もう一度 もういちど 다시 한번
気を付ける きをつける 주의하다, 조심하다
戻る もどる 圏 돌아가(오)다　返す かえす 圏 반납하다, 돌려주다
探す さがす 圏 찾다　連絡 れんらく 圏 연락

☞ 문제 2의 디렉션과 예제를 들려줄 때 1번부터 6번까지의 선택지를 미리 읽고 내용을 재빨리 파악해둡니다. 음성에서 では、始めます(그러면, 시작합니다)가 들리면, 곧바로 문제 풀 준비를 합니다. 음성 디렉션과 예제는 실전모의고사 1의 해설(p.186)에서 확인할 수 있습니다.

1

[음성]

会社で女の人と男の人があるドラマについて話しています。
女の人はこのドラマの何がおもしろいと言っていますか。

F : ねえ、昨日のドラマ、見た？
M : いや、昨夜はテレビドラマ、見てないけど。何かおもしろいの、あった？
F : うん、ほら、小さい工場のドラマ、話題になってるじゃない。
M : ああ、かっこいい俳優が出てるドラマね。あれ、おもしろいの？仕事の話だよね。
F : うん、まあ、そうなんだけど、大企業を辞めた男がつぶれかけた工場を立て直す話なんだよね。それでさ、今までの話が今の私達の会社のことみたいで、ドキドキしちゃって。
M : え？もしかして、他の大企業と一緒になるっていう話？

F : そうそう。もちろんこの会社とはいろいろと違うんだけど、働いている人達の負けたような気持ちとか、新しい会社がどうなるのかっていう不安とか。まるで自分のことのように、すごく夢中になって見てしまったの。とてもおもしろいから、ぜひ見てみて。
M : へえ、来週は見てみようかなあ。

女の人はこのドラマの何がおもしろいと言っていますか。

[문제지]

1 かっこいい俳優が出ていること
2 男が大企業をやめたこと
3 見ていて不安になること
4 自分たちの会社に似ていること

해석 회사에서 여자와 남자가 어떤 드라마에 대해 이야기하고 있습니다. 여자는 이 드라마의 무엇이 재미있다고 말하고 있습니까?

F : 있잖아, 어제 드라마, 봤어?
M : 아니, 어젯밤은 텔레비전 드라마, 안 봤는데. 뭔가 재미있는 거, 있었어?
F : 응, 봐, 작은 공장의 드라마, 화제가 되고 있잖아.
M : 아, 멋진 배우가 나오는 드라마지. 그거, 재미있어? 일 이야기잖아.
F : 응, 뭐, 그렇지만, 대기업을 그만둔 남자가 무너질 뻔한 공장을 다시 일으키는 이야기지. 그래서, 지금까지의 이야기가 지금 우리 회사의 일 같아서, 두근두근 해버려서.
M : 어? 혹시, 다른 대기업과 하나로 합쳐진다는 이야기?
F : 그래 그래. 물론 이 회사와는 여러 가지 다르지만, 일하고 있는 사람들의 진 것 같은 기분이라든지, 새로운 회사가 어떻게 될까라는 불안이라든지. 마치 내 일 같아서, 매우 열중해서 봐 버렸어. 아주 재미있으니까, 꼭 봐봐.
M : 호오, 다음 주는 봐볼까.

여자는 이 드라마의 무엇이 재미있다고 말하고 있습니까?

1 멋진 배우가 나오는 것
2 남자가 대기업을 그만둔 것
3 보고 있으면 불안해지는 것
4 자신들의 회사와 닮은 것

해설 여자가 드라마의 무엇이 재미있다고 했는지 묻는 문제이다. 각 선택지의 핵심 내용은 1 '멋진 배우', 2 '대기업을 그만두는 내용', 3 '보고 있으면 불안해지는 것', 4 '자신들의 회사와 닮은 것'이다. 대화에서, 여자가 まるで自分のことのように、すごく夢中になって見てしまったの(마치 내 일 같아서, 매우 열중해서 봐 버렸어)라고 했으므로, 4 自分たちの会社に似ていること(자신들의 회사와 닮은 것)가 정답이다. 오답 선택지 1은 남자가 언급했고, 2와 3은 언급되지 않았으므로 오답이다.

어휘 ドラマ 圏 드라마　テレビドラマ 圏 텔레비전 드라마
工場 こうじょう 圏 공장　話題 わだい 圏 화제
かっこいい い 멋지다　俳優 はいゆう 圏 배우
大企業 だいきぎょう 圏 대기업　辞める やめる 圏 그만두다

つぶれる 图 무너지다, 찌부러지다

立て直す たてなおす 图 다시 일으키다, 고쳐 세우다

私達 わたしたち 图 우리, 우리들　ドキドキ 图 두근두근

もしかして 혹시, 어쩌면　他の ほかの 다른

一緒になる いっしょになる 하나로 합쳐지다　もちろん 图 물론

人達 ひとたち 图 사람들　負ける まける 图 지다

気持ち きもち 图 기분, 마음　不安 ふあん 图 불안　まるで 图 마치, 꼭

すごく 图 매우, 대단히　夢中になる むちゅうになる 열중하다

ぜひ 图 꼭, 반드시　不安だ ふあんだ な형 불안하다　似る にる 图 닮다

2

[음성]

男の人と女の人が話しています。**男の人は旅行について何がよかったと言っていますか。**

F：先週の旅行、どうだった？

M：ああ、楽しかったよ。初めてあの国を旅行したんだけど、僕の英語がうまく通じなくて、大変だったよ。まあ、絵を描いたりして、どうにかなったけどね。

F：へえ、食べ物は？ちゃんと食べられた？

M：うん、もちろん。とてもおいしくて、1日に何回もレストランやカフェに行っちゃったよ。本当にあそこの国の料理はおいしかったなあ。ぜひ行って食べるべきだよ。

F：それはよかったね。どんなホテルに泊まったんだっけ。

M：それがね、とてもいいホテルを日本から予約していったのに、なぜか予約できていなくてさ。しかたなく、駅のインフォメーションで探して、小さいホテルに泊まったんだ。そこ、家族でやってるホテルで、値段も安くて、部屋もよかったけど、そこのうちの子が小さくて。

F：へえ、じゃあ、かわいかったでしょ。

M：うーん、まあねえ、かわいいことはかわいいけど、お母さんが怒っている声とかも聞こえて。ちょっとね。

男の人は旅行について何がよかったと言っていますか。

[문제지]

1 英語が話せたこと
2 絵でコミュニケーションできたこと
3 とてもいいホテルで泊まったこと
4 ホテルが安かったこと

해석 남자와 여자가 이야기하고 있습니다. 남자는 여행에 대해 무엇이 좋았다고 말하고 있습니까?

F : 지난주 여행, 어땠어?

M : 아, 즐거웠어. 처음 그 나라를 여행했는데, 내 영어가 잘 통하지 않아서, 힘들었어. 뭐, 그림을 그리거나 해서, 어떻게든 됐지만.

F : 와, 음식은? 제대로 먹을 수 있었어?

M : 응, 물론. 정말 맛있어서, 하루에 몇 번이나 레스토랑이나 카페에 가버렸어. 정말 그 나라의 요리는 맛있었어. 꼭 가서 먹어봐야 해.

F : 그건 잘됐네. 어떤 호텔에 묵었다고 했지?

M : 그게 있잖아, 아주 좋은 호텔을 일본에서 예약해서 갔는데, 웬일인지 예약이 안 되어있어서. 할 수 없이, 역의 인포메이션에서 찾아서, 작은 호텔에 묵었어. 거기, 가족이 하고 있는 호텔인데, **가격도 싸고, 방도 좋았는데**, 거기 아이가 어려서.

F : 와, 그럼, 귀여웠겠네.

M : 음, 뭐, 귀엽기는 귀여운데, 엄마가 혼내는 목소리가 들려서. 좀.

남자는 여행에 대해 무엇이 좋았다고 말하고 있습니까?

1 영어를 말할 수 있었던 것
2 그림으로 커뮤니케이션 할 수 있었던 것
3 아주 좋은 호텔에 묵었던 것
4 호텔이 쌌던 것

해설 남자가 여행에서 좋았던 것이 무엇인지 묻는 문제이다. 각 선택지의 핵심 내용은 1 '영어를 말할 수 있던 것', 2 '그림으로 커뮤니케이션 할 수 있던 것', 3 '아주 좋은 호텔에 묵은 것', 4 '호텔이 쌌던 것'이다. 대화에서, 남자가 値段も安くて、部屋もよかったけど(가격도 싸고, 방도 좋았는데)라고 했으므로, 4 ホテルが安かったこと(호텔이 쌌던 것)가 정답이다. 오답 선택지 1은 영어가 잘 통하지 않았다고 했고, 2는 언급되지 않았으며, 3은 작은 호텔에 묵었다고 했으므로 오답이다.

어휘 うまい い형 잘하다, 능숙하다　通じる つうじる 图 통하다

絵を描く えをかく 그림을 그리다　どうにかなる 어떻게든 되다

ちゃんと 图 제대로, 충분히　もちろん 图 물론　カフェ 图 카페

ぜひ 图 꼭, 반드시　泊まる とまる 图 묵다　日本 にほん 图 일본

予約 よやく 图 예약　なぜか 웬일인지, 어쩐지

しかたない い형 할 수 없다, 어쩔 수 없다

インフォメーション 图 인포메이션, 안내소　探す さがす 图 찾다

値段 ねだん 图 가격, 값　子 こ 图 아이　怒る おこる 图 혼내다, 화내다

聞こえる きこえる 图 들리다

3

[음성]

女の人と男の人が話しています。**女の人はどうして会議に出席できないのですか。**

F：あ、木村さんですか。すみません、吉田ですけど。

M：ああ、吉田さん、どうしたんですか。

F：お祭りの準備委員会の会議なんですが、次は土曜日の午後でしたよね。私、出席できなくなってしまったんです。

M：えっ。そうなんですか。困ったなあ。

F：すみません、子供のサッカーの試合があって。

M：あれ？サッカーの試合って、この間の日曜じゃなかったんですか？

F：そうだったんですけど、雨で延期になってしまったんです。試合の場所まで車で行かなきゃいけなくて。夫が連れて行ってもいいんですが、あいにくその日は、仕事があって…。

M：そうですか。それはしょうがないですね。わかりました。

女の人はどうして会議に出席できないのですか。

[問題지]

1 サッカーの試合があるから
2 雨で延期になるから
3 車で行けないから
4 仕事があるから

해석 여자와 남자가 이야기하고 있습니다. **여자는 왜 회의에 출석할 수 없습니까?**

F : 아, 기무라 씨에요? 실례합니다, 요시다인데요.

M : 아, 요시다 씨, 무슨 일이에요?

F : 축제 준비위원회의 회의 말인데요, 다음은 토요일 오후였죠? 저, 출석할 수 없게 되어버렸어요.

M : 앗. 그래요? 곤란한데.

F : **죄송합니다, 아이의 축구 시합이 있어서.**

M : 어? 축구 시합은, 요전 일요일 아니었어요?

F : 그랬었는데, 비로 연기되어 버렸어요. 시합 장소까지 차로 가야 해서. 남편이 데리고 가도 되지만, 공교롭게도 그날은, 일이 있어서….

M : 그래요? 그건 어쩔 수 없네요. 알겠어요.

여자는 왜 회의에 출석할 수 없습니까?

1 축구 시합이 있기 때문에
2 비로 연기되기 때문에
3 차로 갈 수 없기 때문에
4 일이 있기 때문에

해설 여자가 회의에 출석할 수 없는 이유를 묻는 문제이다. 각 선택지의 핵심 내용은 1 '축구 시합이 있어서', 2 '비로 연기되어서', 3 '차로 갈 수 없어서', 4 '일이 있어서'이다. 대화에서, 여자가 すみません、子供のサッカーの試合があって(죄송합니다, 아이의 축구 시합이 있어서)라고 했으므로, 1 サッカーの試合があるから(축구 시합이 있으니까)가 정답이다. 오답 선택지 2는 요전 일요일의 일이고, 3은 언급되지 않았으며, 4는 남편이 일이 있는 것이므로 오답이다.

어휘 会議 かいぎ 図회의 出席 しゅっせき 図출석 祭り まつり 図축제
準備 じゅんび 図준비 委員会 いいんかい 図위원회
サッカー 図축구 試合 しあい 図시합
この間 このあいだ 図요전, 일전 延期 えんき 図연기
場所 ばしょ 図장소 夫 おっと 図남편
連れて行く つれていく 데리고 가다 あいにく 図공교롭게도, 마침
日 ひ 図날 しょうがない 어쩔 수 없다, 할 수 없다

4

[음성]

会社で同僚の男の人と女の人が話しています。**男の人はどうして疲れているのですか。**

F：おはよう。どうしたの?すごい顔してるけど、寝不足?

昨日の飲み会で飲みすぎたの?

M：いや、飲んだことは飲んだけど、昨日は割と早く帰って、すぐに寝たんだ。それで、夜中に目が覚めてトイレに行ったんだけど、そうしたらキッチンの水が出ていて、止まらなくなってたんだよ。

F：えー、どうして?

M：どうも水道のネジが緩んだみたいで。それで、自分では直せなかったから、インターネットで夜中でも来てくれる修理屋さんを探したり、周りの物を片づけたり。修理屋さんが来て何とか水は止まったけど、もう朝になっちゃって、寝るに寝れなくてさ。

F：それは大変だったね。

M：本当に参ったよ。今日はもう早く帰って、とにかく寝たいよ。

F：あっ、さっき課長が、今日は私たちに残業してほしいって言ってたよ。

M：えー!どうして今日に限って残業なんだよ。嫌になるなあ。

男の人はどうして疲れているのですか。

[問題지]

1 昨日、お酒を飲みすぎたから
2 昨日、夜中に目が覚めてしまったから
3 夜、水が止まらなくて、寝られなかったから
4 課長に残業を頼まれたから

해석 회사에서 동료인 남자와 여자가 이야기하고 있습니다. **남자는 왜 피곤합니까?**

F : 안녕. 무슨 일이야? 굉장한 얼굴을 하고 있는데, 잠 부족? 어제 회식에서 너무 마셨어?

M : 아니, 마시기는 마셨는데, 어제는 비교적 일찍 돌아가서, 바로 잤어. 그래서, 한밤중에 눈이 떠져서 화장실에 갔는데, 그랬더니 주방의 물이 나오고 있어서, 멈추지 않게 되어 있었어.

F : 뭐, 왜?

M : 아무래도 수도의 나사가 느슨해진 것 같아서. 그래서, 나로는 고칠 수 없었으니까, 인터넷에서 한밤중에도 와 주는 수리 기사를 찾거나, 주위 물건을 정리하거나 했어. 수리 기사가 와서 어떻게든 물은 멈췄는데, 벌써 아침이 되어버려서, 자고 싶어도 잘 수 없어서 말이야.

F : 그거 큰일이었네.

M : 정말 손 들었어. 오늘은 일찍 돌아가서, 어쨌든 자고 싶어.

F : 앗, 아까 과장님이, 오늘은 우리들이 잔업 해줬으면 한다고 했어.

M : 뭐? 어째서 오늘따라 잔업인 거야. 싫다.

남자는 왜 피곤합니까?

1 어제, 술을 너무 마셨기 때문에
2 어제, 한밤중에 눈이 떠져버렸기 때문에
3 밤에, 물이 멈추지 않아서, 잘 수 없었기 때문에
4 과장에게 잔업을 부탁받았기 때문에

해설 남자가 피곤한 이유를 묻는 문제이다. 각 선택지의 핵심 내용은 1 '술을 마셔서', 2 '한밤중에 눈이 떠져서', 3 '밤에 물이 멈추지 않아서', 4 '잔업을 부탁 받아서'이다. 대화에서, 남자가 修理屋さんが来て何とか水は止まったけど、もう朝になっちゃって、寝るに寝れなくてさ(수리 기사가 와서 어떻게든 물은 멈췄는데, 벌써 아침이 되어버려서, 자고 싶어도 잘 수 없어서 말이야)라고 했으므로, 3 夜、水が止まらなくて、寝られなかったから(밤에, 물이 멈추지 않아서, 잘 수 없었기 때문에)가 정답이다. 오답 선택지 1과 2는 잠을 못 잔 이유가 아니고, 4는 어제가 아니라 오늘 일이므로 오답이다.

어휘 同僚 どうりょう 圏동료　疲れる つかれる 图피곤하다

すごい 图굉장하다, 대단하다　寝不足 ねぶそく 圏잠 부족

飲み会 のみかい 圏회식　割と わりと 图비교적　それで 젭그래서

夜中 よなか 圏한밤중　目が覚める めがさめる 눈이 떠지다

キッチン 圏주방, 부엌　水道 すいどう 圏수도　ネジ 圏나사, 못

緩む ゆるむ 图느슨해지다, 풀어지다　直す なおす 图고치다

インターネット 圏인터넷

修理屋さん しゅうりやさん 수리 기사, 수리공　探す さがす 图찾다

周り まわり 圏주위, 주변　片づける かたづける 图정리하다

何とか なんとか 어떻게든　参る まいる 图손 들다, 질리다

とにかく 图어쨌든, 하여튼　さっき 图아까, 방금

課長 かちょう 圏과장님, 과장　残業 ざんぎょう 圏잔업

今日に限って きょうにかぎって 오늘따라　嫌だ いやだ 형싫다

5

[음성]

男の学生と女の学生が話しています。女の学生が図書館に来た目的は何ですか。

M : あれ?今日、学校、休みじゃなかったっけ?

F : うん。授業はないんだけど本を返さなきゃならなかったから。ついでに、図書館でレポートも仕上げちゃおうかと思って。

M : レポートって、なんの?

F : えっ、経済学の授業でレポートを出すように言われてるでしょう?あれ、明日までだよ。

M : うわっ!すっかり忘れてたよ。まずいなあ、何もやっていないや。僕も一緒に図書館でやるから、ちょっと助けてよ。頼む!

F : しょうがないなあ。でも、今日はあとでアルバイトに行かなきゃならないの。私はあと少しで終わるから、終わったらアルバイトの時間までなら手伝ってあげられるよ。

M : ありがとう!助かるなあ。今度ご飯でもおごるよ。

F : 本当?じゃあ、おいしいお店を探しておくから、よろしくね!

M : あ、うん。だけど、あまり高くないところにしてくれよ。

女の学生が図書館に来た目的は何ですか。

[문제지]

---

1 図書館に本を返すため

2 男の学生のレポートを手伝うため

3 おいしい店を探すため

4 レポートを提出するため

해석 남학생과 여학생이 이야기하고 있습니다. 여학생이 도서관에 온 목적은 무엇입니까?

M : 어? 오늘, 학교, 휴일 아니었어?

F : 응. 수업은 없지만 책을 반납해야 했어서. 온 김에, 도서관에서 리포트도 완성해 버릴까라고 생각해서.

M : 리포트라니, 무슨?

F : 뭐? 경제학 수업에서 리포트를 내도록 들었잖아? 그거, 내일까지야.

M : 으악! 까맣게 잊고 있었어. 난처하네, 아무것도 안 했는데. 나도 같이 도서관에서 할 거니까, 좀 도와줘. 부탁할게!

F : 어쩔 수 없네. 하지만, 오늘은 나중에 아르바이트 가야 해. 나는 앞으로 조금이면 끝나니까, 끝나면 아르바이트 시간까지라면 도와줄 수 있어.

M : 고마워! 살았어. 다음에 밥이라도 살게.

F : 정말? 그럼, 맛있는 가게 찾아 둘 테니까, 잘 부탁해!

M : 아, 응. 근데, 별로 비싸지 않은 곳으로 해줘.

여학생이 도서관에 온 목적은 무엇입니까?

1 도서관에 책을 반납하기 위해

2 남학생의 리포트를 돕기 위해

3 맛있는 가게를 찾기 위해

4 리포트를 제출하기 위해

해설 여자가 도서관에 온 목적을 묻는 문제이다. 각 선택지의 핵심 내용은 1 '책을 반납하기 위해', 2 '리포트를 돕기 위해', 3 '맛있는 가게를 찾기 위해', 4 '리포트를 제출하기 위해'이다. 대화에서, 남자가 오늘 휴일이 아니냐고 하자, 여자가 本を返さなきゃならなかったから(책을 반납해야 했어서)라고 했으므로, 1 図書館に本を返すため(도서관에 책을 반납하기 위해)가 정답이다. 오답 선택지 2는 도서관에서 우연히 결정된 것이고, 3은 남학생이 밥을 산다고 하자 찾기로 한 것이며, 4는 주 목적이 아니므로 오답이다.

이휘 目的 もくてき 圏목적　返す かえす 图반납하다, 돌려주다

レポート 圏리포트, 보고서　仕上げる しあげる 图완성하다, 끝내다

経済学 けいざいがく 圏경제학　すっかり 图까맣게, 완전히

助ける たすける 图돕다　しょうがない 어쩔 수 없다, 할 수 없다

アルバイト 圏아르바이트　あと少しで あとすこしで 앞으로 조금이면

手伝う てつだう 图돕다, 거들다

助かる たすかる 图살아나다, 도움이 되다　今度 こんど 圏다음, 이번

おごる 图사 주다, 한턱내다　探す さがす 图찾다

6

[음성]

会社で男の人と女の人が話しています。男の人が困っているのはどんなことですか。

F：どうしたんですか?大きなため息ですね。

M：うん、新しい店の候補地がなかなか見つからなくてね。場所が良くても狭かったり、広さもあってよさそうだけど家賃が高すぎたり、駅から遠すぎたりなんだ。来週までに決めないといけないんだけどね。

F：そうですか。それで、困ったような顔をしていたんですね。

M：いや、それより実は、今朝から歯が痛くてね。薬を飲んだけど全然効かないんだ。歯医者に行かなきゃならないかなあ。

F：それは早く歯医者に行ったほうがいいですよ。近くにいい歯医者がありますけど、予約しましょうか?

M：え?ああ、でもなあ。もう一度、薬を飲んで、もう少し様子を見てみるよ。

F：だめですよ、すぐに行かないと。放っておいたらどんどん痛くなって、大変なことになりますよ。

M：でも、仕事もあるからなぁ。

F：痛いままでは仕事もできませんよ。すぐに予約しますから、あとで行ってきてくださいね。

男の人が困っているのはどんなことですか。

[問題지]
1 新しい店が駅から遠いこと
2 朝から歯が痛いこと
3 歯医者の予約が取れないこと
4 仕事ができないこと

해석 회사에서 남자와 여자가 이야기하고 있습니다. **남자가 곤란해하고 있는 것은 어떤 것입니까?**

F : 무슨 일이에요? 큰 한숨이네요.

M : 응, 새 가게의 후보지가 좀처럼 발견되지 않아서. 장소가 좋아도 좁거나, 넓이도 있고 좋을 것 같은데 집세가 너무 비싸거나, 역에서 너무 멀거나 해. 다음 주까지 결정해야 하는데.

F : 그래요? 그래서, 곤란한 것 같은 얼굴을 하고 있었군요.

M : 아니, 그것보다 **실은, 오늘 아침부터 이가 아파서.** 약을 먹었는데 전혀 듣지 않아. 치과에 가야 할까.

F : 그건 빨리 치과에 가는 편이 좋아요. 근처에 좋은 치과가 있는데, 예약할까요?

M : 응? 아, 근데. 다시 한번, 약을 먹고, 조금 더 상태를 봐 볼게.

F : 안 돼요. 바로 가지 않으면. 방치해두면 점점 아파지고, 큰일이 돼요.

M : 그래도, 일도 있으니까.

F : 아픈 상태로는 일도 안 돼요. 바로 예약할 테니까, 나중에 다녀오세요.

남자가 곤란해하고 있는 것은 어떤 것입니까?

1 새 가게가 역에서 먼 것
2 아침부터 이가 아픈 것
3 치과 예약이 안 되는 것

4 일을 할 수 없는 것

해설 남자가 어떤 것을 곤란해하고 있는지 묻는 문제이다. 각 선택지의 핵심 내용은 1 '역에서 먼 것', 2 '이가 아픈 것', 3 '예약이 안 되는 것', 4 '일을 할 수 없는 것'이다. 대화에서, 남자가 実は、今朝から歯が痛くてね(실은, 오늘 아침부터 이가 아파서)라고 했으므로, 2 朝から歯が痛いこと(아침부터 이가 아픈 것)가 정답이다. 1은 곤란한 이유가 아니고, 3은 언급되지 않았으며, 4는 이가 아픈데 병원에 가지 않을 경우이므로 오답이다.

어휘 ため息 ためいき 圏한숨　候補地 こうほち 圏후보지
なかなか 튀좀처럼　見つかる みつかる 圏발견되다, 찾게 되다
場所 ばしょ 圏장소　広さ ひろさ 圏넓이　家賃 やちん 圏집세
決める きめる 圏결정하다, 정하다　それで 圀그래서
実は じつは 튀실은　歯 は 圏이, 이빨
薬を飲む くすりをのむ 약을 먹다　全然 ぜんぜん 튀전혀, 완전
効く きく (약이) 듣다, 효과가 있다
歯医者に行く はいしゃにいく 치과에 가다　予約 よやく 圏예약
もう一度 もういちど 다시 한 번　もう少し もうすこし 조금 더
様子 ようす 圏상태, 모습　だめだ 칭형안 되다
放る ほうる 圏방치하다, 내던지다　どんどん 튀점점
予約が取れる よやくがとれる 예약이 되다

☞ 문제 3은 문제지에 아무것도 인쇄되어 있지 않습니다. 따라서, 예제를 들려줄 때, 그 내용을 들으면서 개요 이해의 문제 풀이 전략을 떠올려 봅니다. 음성에서 では、始めます(그러면, 시작합니다)가 들리면, 곧바로 문제 풀 준비를 합니다.
음성 디렉션과 예제는 실전모의고사 1의 해설(p.191)에서 확인할 수 있습니다.

1

[음성]
大学の入学式で、先生が話しています。

M：グローバル化と情報化が進む現代は、社会に大きな改革が起きていると言えるでしょう。このような時代に必要な力は何でしょうか。大学では、専門教育の学習はもちろんのこと、興味のあるサークルに参加し、友人を作ることも大事です。しかしそれ以上に、皆さんには、難しい課題に取り組む時に、自分自身で方法を考え、結論を出せる力を身につけてほしいと思います。これからの社会では、自分で解決していく能力が何よりも求められているのです。この大学でぜひ、その力をつけてください。

この先生は何について話していますか。
1 専門分野の学習の重要性
2 友人との交流の方法
3 これからの社会で必要な能力
4 グローバル化の問題点

해석 대학교 입학식에서, 선생님이 이야기하고 있습니다.

M : 글로벌화와 정보화가 진행되는 현대는, 사회에 큰 개혁이 일어나고 있다고 말할 수 있겠지요. 이러한 시대에 필요한 힘은 무엇일까요? 대학에서는, 전문교육의 학습은 물론이고, 흥미 있는 동아리에 참가하여, 친구를 만드는 것도 중요합니다. 하지만 그것 이상으로, 여러분에게는, 어려운 과제와 싸울 때, 자기 스스로 방법을 생각하고, 결론을 낼 수 있는 힘을 몸에 익혔으면 좋겠다고 생각합니다. 앞으로의 사회에서는, 스스로 해결해 가는 능력이 무엇보다도 요구되고 있습니다. 이 대학에서 꼭, 그 힘을 길러주십시오.

이 선생님은 무엇에 대해 이야기하고 있습니까?

1 전문분야 학습의 중요성
2 친구와의 교류 방법
3 **앞으로의 사회에서 필요한 능력**
4 글로벌화의 문제점

해설 상황 설명에서 언급된 화자가 선생님 한 명이므로, 주제나 핵심 내용을 묻는 문제가 나올 것임을 예상한다. 선생님이 このような時代に必要な力は何でしょうか(이러한 시대에 필요한 힘은 무엇일까요?), これからの社会では、自分で解決していく能力が何よりも求められているのです(앞으로의 사회에서는, 스스로 해결해 가는 능력이 무엇보다도 요구되고 있습니다)라고 했다. 질문에서 선생님이 무엇에 대해 이야기하고 있는지 묻고 있으므로, 3 これからの社会で必要な能力(앞으로의 사회에서 필요한 능력)가 정답이다.

어휘 グローバル化 グローバルか 團 글로벌화
情報化 じょうほうか 團 정보화　進む すすむ 墅 진행되다, 나아가다
現代 げんだい 團 현대　社会 しゃかい 團 사회
改革 かいかく 團 개혁　起きる おきる 墅 일어나다, 발생하다
時代 じだい 團 시대　必要だ ひつようだ な형 필요하다
力 ちから 團 힘　専門教育 せんもんきょういく 團 전문교육
学習 がくしゅう 團 학습　もちろん 團 물론　興味 きょうみ 團 흥미
サークル 團 동아리, 서클　参加 さんか 團 참가
友人 ゆうじん 團 친구　大事だ だいじだ な형 중요하다, 소중하다
以上 いじょう 團 이상　課題 かだい 團 과제
取り組む とりくむ 墅 싸우다, 씨름하다
自分自身 じぶんじしん 團 자기 스스로, 자기 자신
方法 ほうほう 團 방법　考える かんがえる 墅 생각하다
結論 けつろん 團 결론　身につける みにつける 익히다, 몸에 배다
これから 앞으로, 이제부터　解決 かいけつ 團 해결
能力 のうりょく 團 능력　求める もとめる 墅 요구하다
力をつける ちからをつける 힘을 기르다
専門分野 せんもんぶんや 團 전문분야
重要性 じゅうようせい 團 중요성　交流 こうりゅう 團 교류
問題点 もんだいてん 團 문제점

2

[음성]
テレビで女の人が話しています。
　F : 皆さんは、困っている人を助けたことがありますか。

空港でお財布を失くして困っていた高校生に、名前も言わずに飛行機代を貸してくれた人がいたという心温まる実話がありました。その後、その貸してくれた人と高校生は再会して、お礼を伝えることができたそうです。困っている人を見かけたら、小さな事でもいいので勇気を出して手助けしたいものです。人に親切にすると、自分の気持ちが明るくなり、みんなが笑顔になりますから。都会ではなかなか難しいですが、みんなが小さい親切をするようになると、より明るい社会になるように思います。

女の人は何の話をしていますか。

1 お礼を伝える重要性
2 勇気を出すことの難しさ
3 **親切から生まれること**
4 都会で人を助けることの少なさ

해석 텔레비전에서 여자가 이야기하고 있습니다.

F : 여러분은, 난처해하고 있는 사람을 도와준 적이 있나요? 공항에서 지갑을 잃어버려 난처해하던 고등학생에게, 이름도 말하지 않고 비행기 값을 빌려준 사람이 있다는 마음이 따뜻해지는 실화가 있었습니다. 그 후, 그 빌려준 사람과 고등학생은 재회해서, 감사를 전할 수 있었다고 합니다. 난처해하고 있는 사람을 보게 되면, 작은 것이라도 좋으니, 용기를 내서 도와주고 싶은 것입니다. 남에게 친절하게 하면, 자신의 기분이 밝아지고, 모두가 웃는 얼굴이 되니까요. 도시에서는 좀처럼 어렵습니다만, 모두가 작은 친절을 베풀게 되면, 보다 밝은 사회가 될 거라고 생각합니다.

여자는 무슨 이야기를 하고 있습니까?

1 감사를 전하는 중요성
2 용기를 내는 것의 어려움
3 **친절에서 생겨나는 것**
4 도시에서 남을 돕는 일의 적음

해설 상황 설명에서 언급된 화자가 여자 한 명이므로, 주제나 핵심 내용을 묻는 문제가 나올 것임을 예상한다. 여자가 人に親切にすると、自分の気持ちが明るくなり、みんなが笑顔になりますから(남에게 친절하게 하면, 자신의 기분이 밝아지고, 모두가 웃는 얼굴이 되니까요), みんなが小さい親切をするようになると、より明るい社会になるように思います(모두가 작은 친절을 베풀게 되면, 보다 밝은 사회가 될 거라고 생각합니다)라고 했다. 질문에서 여자가 무슨 이야기를 하고 있는지 묻고 있으므로, 3 親切から生まれること(친절에서 생겨나는 것)가 정답이다.

어휘 助ける たすける 墅 돕다　空港 くうこう 團 공항
失くす なくす 墅 잃어버리다　高校生 こうこうせい 團 고등학생
飛行機代 ひこうきだい 團 비행기 값　貸す かす 墅 빌려주다
心温まる こころあたたまる 墅 마음이 따뜻해지다
実話 じつわ 團 실화　その後 そのご 그 후, 그 뒤
再会 さいかい 團 재회
お礼を伝える おれいをつたえる 감사를 전하다

見かける みかける 图보게 되다, 눈에 띄다

勇気を出す ゆうきをだす 용기를 내다

手助け てだすけ 图도움, 조력　親切だ しんせつだ 图현친절하다

気持ち きもち 图기분, 마음　笑顔 えがお 图웃는 얼굴

都会 とかい 图도시　なかなか 图좀처럼　より 图보다

重要性 じゅうようせい 图중요성　少なさ すくなさ 图적음

3

[음성]

ラジオで男の人が話しています。

M：東京のエスカレーターでは、歩かない人は左側、歩く人は右側というのが習慣になっていますが、昨年一年間で転んでけがをした事故が180回も起こっています。そのため、安全にエスカレーターを使っていただくために、「みんなでてすりにつかまろう」という呼びかけを、鉄道会社が行っています。急いでいるとつい、歩いてしまいますが、歩く場合は階段を使うべきですね。片側を開けるのが習慣になっているので、変えることは容易ではありませんが、改善していきたいことの一つです。

男の人は何について話していますか。

1 交通ルールを守ること

2 エスカレーターのルールを改善すること

3 健康のために階段を使うこと

4 安全のためにエレベーターを使うこと

해석 라디오에서 남자가 이야기하고 있습니다.

M : 도쿄의 에스컬레이터에서는, 걷지 않는 사람은 왼쪽, 걷는 사람은 오른쪽이라는 것이 습관이 되어 있습니다만, 작년 1년 동안에 넘어져서 부상을 당한 사고가 180번이나 일어났습니다. 그 때문에, 안전하게 에스컬레이터를 이용해 주시기 위해, '모두 손잡이를 잡자'라는 구호를, 철도회사가 실시하고 있습니다. 서두르고 있으면 무심코, 걸어가 버립니다만, 걷는 경우는 계단을 사용해야 하죠. 한쪽을 비우는 것이 습관이 되어있으므로, 바꾸는 것은 쉽지 않지만, 개선해 나가고 싶은 것 중 하나입니다.

남자는 무엇에 대해 이야기하고 있습니까?

1 교통 규칙을 지키는 것

2 에스컬레이터의 규칙을 개선하는 것

3 건강을 위해 계단을 사용하는 것

4 안전을 위해 엘리베이터를 사용하는 것

해설 상황 설명에서 언급된 화자가 남자 한 명이므로, 주제나 핵심 내용을 묻는 문제가 나올 것임을 예상한다. 남자가 エスカレーターでは、歩かない人は左側、歩く人は右側というのが習慣(에스컬레이터에서는 걷지 않는 사람은 왼쪽, 걷는 사람은 오른쪽이라는 것이 습관), 片側を開けるのが習慣になっているので、変えることは容易ではありませんが、改善していきたいことの一つ(한쪽을 비우는 것이 습관이 되어있으므로, 바꾸는 것은 쉽지 않지만, 개선해 나가

고 싶은 것 중 하나)라고 했다. 질문에서 남자가 무엇에 대해 이야기하고 있는지 묻고 있으므로, 2 エスカレーターのルールを改善すること(에스컬레이터의 규칙을 개선하는 것)가 정답이다.

어휘 東京 とうきょう 图도쿄　エスカレーター 에스컬레이터
左側 ひだりがわ 图왼쪽　右側 みぎがわ 图오른쪽
習慣 しゅうかん 图습관　昨年 さくねん 图작년
一年間 いちねんかん 图1년 동안　転ぶ ころぶ 图넘어지다, 구르다
けがをする 부상을 당하다　事故 じこ 图사고
起こる おこる 图일어나다, 발생하다　そのため 그 때문에
安全だ あんぜんだ 图현안전하다　てすりにつかまる 손잡이를 잡다
呼びかけ よびかけ 图구호, 부름
鉄道会社 てつどうがいしゃ 图철도회사
行う おこなう 图실시하다, 시행하다　急ぐ いそぐ 图서두르다
つい 图무심코, 그만　場合 ばあい 图경우
片側 かたがわ 图한 쪽, 한 편　変える かえる 图바꾸다
容易だ よういだ 图현쉽다, 용이하다　改善 かいぜん 图개선
交通ルール こうつうルール 图교통 규칙　守る まもる 图지키다
健康 けんこう 图건강

4

[음성]

ラジオで女の人が話しています。

F：私は旅行好きで国内外を問わず、様々な場所に行っています。旅の目的は人によって違うと思いますが、私の場合は、そこでしか食べられないおいしいものを食べることです。ありがたいことに、いつもいいお店に出会えます。以前はガイドブックやインターネットで調べてお店を探していました。そうやって行ったお店は確かにおいしくて、その土地の雰囲気を楽しめるお店なのです。でも、観光客ばかりでなんだかちょっと残念でした。それで、数年前から買い物をしたお店の方やホテルの方に、その方が普段よく行くお店を伺うことにしました。そうすることによって、その土地の安くておいしいお店で食事ができるようになりました。

女の人は何について話していますか。

1 インターネットの便利な使い方

2 旅行が好きになったきっかけ

3 いいお店に出会う難しさ

4 おいしい店を探す方法

해석 라디오에서 여자가 이야기하고 있습니다.

F : 저는 여행을 좋아해서 국내외를 불문하고, 다양한 장소에 가고 있습니다. 여행의 목적은 사람에 따라 다르다고 생각하지만, 저의 경우는, 그곳에서밖에 먹을 수 없는 맛있는 것을 먹는 것입니다. 감사하게도, 언제나 좋은 가게를 만납니다. 이전에는 가이드북이나 인터넷으로 조사해서 가게를 찾았습니다. 그렇게 해서 간 가게는 확실히 맛있고, 그 지방의 분위기를 즐길 수 있는 가게입니다.

하지만, 관광객뿐이어서 왠지 좀 유감이었습니다. 그래서, 몇 년 전부터 쇼핑을 한 가게 분이나 호텔 분에게, 그분이 평소에 자주 가는 가게를 묻기로 했습니다. 그렇게 하는 것에 따라, 그 지방의 싸고 맛있는 가게에서 식사할 수 있게 되었습니다.

여자는 무엇에 대해 이야기하고 있습니까?

1 인터넷의 편리한 사용법
2 여행을 좋아하게 된 계기
3 좋은 가게를 만나는 어려움
4 맛있는 가게를 찾는 방법

해설 상황 설명에서 언급된 화자가 여자 한 명이므로, 주제나 핵심 내용을 묻는 문제가 나올 것임을 예상한다. 여자가 買い物をしたお店の方やホテルの方に、その方が普段よく行くお店を伺うことにしました(쇼핑을 한 가게 분이나 호텔 분에게, 그분이 평소에 자주 가는 가게를 묻기로 했습니다), その土地の安くておいしいお店で食事ができるようになりました(그 지방의 싸고 맛있는 가게에서 식사할 수 있게 되었습니다)라고 했다. 질문에서 여자가 무엇에 대해 이야기하고 있는지 묻고 있으므로, 4 おいしい店を探す方法(맛있는 가게를 찾는 방법)가 정답이다.

어휘 国内外 こくないがい 圏국내외　様々だ さまざまだ 成圏다양하다
場所 ばしょ 圏장소　旅 たび 圏여행　目的 もくてき 圏목적
場合 ばあい 圏경우, 상황　ありがたい い圏감사하다
出会う であう 圏만나다　以前 いぜん 圏이전
ガイドブック 圏가이드북　インターネット 圏인터넷
調べる しらべる 圏조사하다, 찾아보다　探す さがす 圏찾다
確かに たしかに 児확실히, 분명히　土地 とち 圏지방, 땅
雰囲気 ふんいき 圏분위기　楽しむ たのしむ 圏즐기다
観光客 かんこうきゃく 圏관광객　なんだか 왠지, 어쩐지
残念だ ざんねんだ 成圏유감이다　それで 웹그래서
数年前 すうねんまえ 圏몇 년 전　普段 ふだん 圏평소, 평상시
伺う うかがう 圏묻다　食事 しょくじ 圏식사
便利だ べんりだ 成圏편리하다　使い方 つかいかた 圏사용법
きっかけ 圏계기　難しさ むずかしさ 圏어려움
方法 ほうほう 圏방법

5

[음성]

テレビで鳥の専門家が話しています。

M：最近、暖かくなってきましたね。ちょうどこの時期に鳥が子育てを始めるので、親鳥は巣を作ることや、食糧を運ぶことに大忙しです。みなさんも一生懸命、子育てをしている姿を見て、応援したくなることと思います。ところで今の時期、**道に小鳥が落ちているのを発見した人もいるのではないでしょうか。**落ちている小鳥がカラスのような大きい鳥に襲われそうになっていることもあります。そんな場面を見て、助けて自宅で育てたり、動物病院に連れて行ったりする人もいます。しかし、よく考えてみてください。**大きな鳥にとっては**

大切な食糧かもしれません。悲しい話かもしれませんが、そのままにしておくのがいいのです。それが自然というものなのです。

専門家は何について話していますか。
1 小鳥を助けてはいけない理由
2 小鳥を病院に連れて行く方法
3 鳥が子育てを始める時期
4 鳥と自然の関係

해석 텔레비전에서 새의 전문가가 이야기하고 있습니다.

M : 최근, 따뜻해졌죠. 딱 이 시기에 새가 육아를 시작하므로, 어미 새는 둥지를 만드는 일이나, 식량을 옮기는 일로 매우 바쁩니다. 여러분도 열심히, 육아를 하고 있는 모습을 보고, 응원하고 싶어질 거라고 생각합니다. 그런데 지금 시기, **길에 작은 새가 떨어져 있는 것을 발견**한 사람도 있는 것은 아닐까요? 떨어져 있는 작은 새가 까마귀 같은 큰 새에게 습격당할 것처럼 되어있는 경우도 있습니다. 그런 장면을 보고, 구해서 자택에서 키우거나, 동물병원에 데려가거나 하는 사람도 있습니다. 하지만, 잘 생각해 봐주십시오. **큰 새에게 있어서는 소중한 식량일지도 모릅니다.** 슬픈 이야기일지도 모르겠지만, 그대로 두는 게 좋은 겁니다. 그것이 자연이라는 것입니다.

전문가는 무엇에 대해 이야기하고 있습니까?

1 작은 새를 도와주면 안 되는 이유
2 작은 새를 병원에 데리고 가는 방법
3 새가 육아를 시작하는 시기
4 새와 자연의 관계

해설 상황 설명에서 언급된 화자가 전문가 한 명이므로, 주제나 핵심 내용을 묻는 문제가 나올 것임을 예상한다. 전문가는 道に小鳥が落ちているのを発見(길에 작은 새가 떨어져 있는 것을 발견), 大きな鳥にとっては大切な食糧かもしれません(큰 새에게 있어서는 소중한 식량일지도 모릅니다), そのままにしておくのがいいのです(그대로 두는 게 좋은 겁니다)라고 했다. 질문에서 전문가가 무엇에 대해 이야기하고 있는지 묻고 있으므로, 1 小鳥を助けてはいけない理由 (작은 새를 도와주면 안 되는 이유)가 정답이다.

어휘 最近 さいきん 圏최근　時期 じき 圏시기　子育て こそだて 圏육아
始める はじめる 圏시작하다　親鳥 おやどり 圏어미 새
巣 す 圏둥지　食糧 しょくりょう 圏식량
運ぶ はこぶ 圏옮기다, 운반하다　大忙し おおいそがし 圏매우 바쁨
一生懸命だ いっしょうけんめいだ 成圏열심이다
姿 すがた 圏모습, 모양　応援 おうえん 圏응원
ところで 웹그런데　小鳥 ことり 圏작은 새
落ちる おちる 圏떨어지다　発見 はっけん 圏발견　カラス 圏까마귀
襲う おそう 圏습격하다, 덮치다　場面 ばめん 圏장면
助ける たすける 圏구하다, 도와주다　自宅 じたく 圏자택
育てる そだてる 圏키우다, 기르다
動物病院 どうぶつびょういん 圏동물병원
連れて行く つれていく 데리고 가다　考える かんがえる 圏생각하다

大切だ たいせつだ [な형] 소중하다, 중요하다

悲しい かなしい [い형] 슬프다　そのまま 그대로　自然 しぜん [명] 자연

理由 りゆう [명] 이유　方法 ほうほう [명] 방법　関係 かんけい [명] 관계

☞ 문제 4는 문제지에 아무것도 인쇄되어 있지 않습니다. 따라서, 예제를 들려줄 때, 그 내용을 들으면서 즉시 응답의 문제 풀이 전략을 떠올려 봅니다. 음성에서 では、始めます(그러면, 시작합니다)가 들리면, 곧바로 문제 풀 준비를 합니다.
음성 디렉션과 예제는 실전모의고사 1의 해설(p.194)에서 확인할 수 있습니다.

1

[음성]

F：今日はごちそうさせてもらえない？

M：1 しょうがないなあ。今度はおごってね。

　　2 いいの？じゃあ、次回は僕が。

　　3 うん、少しだけならもらえるって。

해석 F : 오늘은 내가 한턱 내게 해 주지 않을래?

　　M : 1 어쩔 수 없네. 다음에는 한턱 내.

　　　　2 괜찮아? 그럼, 다음번은 내가.

　　　　3 응, 조금만이라면 받을 수 있다.

해설 여자가 오늘 한턱을 내려고 하는 상황이다.

　　1 (X) 여자가 오늘 한턱을 내겠다고 한 상황과 맞지 않다.

　　2 (O) '그럼, 다음번은 내가'는 한턱을 내겠다는 여자의 말에 대한 적절한 응답이다.

　　3 (X) もらえない를 もらえる로 반복 사용하여 혼동을 준 오답이다.

어휘 ごちそうする [동] 한턱내다, 대접하다

　　させてもらう [동] 하다 (する의 공손한 표현)

　　しょうがない [い형] 어쩔 수 없다, 할 수 없다　今度 こんど [명] 다음, 이번

　　おごる [동] 한턱 내다　次回 じかい [명] 다음번

2

[음성]

M：手が空いたら、こっちの作業をお願いできるかな。悪いんだけど。

F：1 1時間ぐらいあとでもいいですか。

　　2 私からもお願いしておきますね。

　　3 そうですね、ここがちょっと悪いですね。

해석 M : 손이 비면, 여기 작업을 부탁할 수 있을까. 미안하지만.

　　F : 1 1시간 정도 뒤라도 괜찮으세요?

　　　　2 저도 부탁해둘게요.

　　　　3 그렇네요, 여기가 좀 나쁘네요.

해설 남자가 작업을 부탁하는 상황이다.

　　1 (O) '1시간 정도 뒤라도 괜찮으세요?'는 작업을 부탁하는 남자의 말에 대한 적절한 응답이다.

　　2 (X) 부탁을 하는 것은 남자이므로 주체가 맞지 않다.

---

3 (X) 悪い(わるい)를 반복 사용하여 혼동을 준 오답이다.

어휘 手が空く てがあく 손이 비다, 짬이 나다　作業 さぎょう [명] 작업

　　悪い わるい [い형] 미안하다, 나쁘다

3

[음성]

F：鈴木さんの携帯がここにあるんだったら、連絡しようがないんじゃない？

M：1 すぐ気づいて戻って来るよ。

　　2 わかった。一度連絡してみよう。

　　3 じゃあ、かけてみたらどう？

해석 F : 스즈키 씨의 휴대폰이 여기 있다면, 연락할 방도가 없지 않아?

　　M : 1 바로 알아차리고 되돌아 올거야.

　　　　2 알았어. 한번 연락해 보자.

　　　　3 그럼, 걸어보면 어떨까?

해설 여자가 스즈키 씨가 휴대폰을 두고 가서 연락할 수 없지 않냐고 묻는 상황이다.

　　1 (O) '바로 알아차리고 되돌아 올거야'는 스즈키 씨가 휴대폰을 두고 갔다는 여자의 말에 대한 적절한 응답이다.

　　2 (X) 스즈키 씨가 휴대폰을 두고 가서 연락할 수 없는 상황과 맞지 않다.

　　3 (X) 携帯(휴대폰), 連絡(연락)와 관련된 かける(걸다)를 사용하여 혼동을 준 오답이다.

어휘 携帯 けいたい [명] 휴대폰　連絡 れんらく [명] 연락

　　気づく きづく [동] 알아차리다, 깨닫다

　　戻って来る もどってくる 되돌아오다　一度 いちど [명] 한 번

　　かける [동] 걸다

4

[음성]

M：家族が飼い始めた猫がかわいくてしかたがないんです。

F：1 他のやり方もありますよ。

　　2 わかります。その気持ち。

　　3 それは残念でしたね。

해석 M : 가족이 키우기 시작한 고양이가 귀여워 죽겠어요.

　　F : 1 다른 방법도 있어요.

　　　　2 알아요. 그 마음.

　　　　3 그건 유감이었네요.

해설 남자가 가족이 키우기 시작한 고양이가 너무 귀엽다고 말하는 상황이다.

　　1 (X) しかた(방법)와 동의어인 やり方(방법)를 사용하여 혼동을 준 오답이다.

　　2 (O) '알아요. 그 마음'이 고양이가 너무 귀엽다는 남자의 말에 대한 적절한 응답이다.

　　3 (X) 고양이가 너무 귀여워서 기뻐하는 상황과 맞지 않다.

어휘 飼い始める かいはじめる [동] 키우기 시작하다　他の ほかの 다른

　　やり方 やりかた [명] 방법　気持ち きもち [명] 마음, 기분

　　残念だ ざんねんだ [な형] 유감이다

5

[음성]

F：来週と再来週は予定がびっしりなの。

M：1 よかった。じゃあ、遊びに行けるね。

　　2 いいなあ。私はこの頃忙しくて。

　　3 大変だね、体調、崩さないようにね。

해석 F : 다음 주와 다다음 주는 예정이 빽빽해.

　　M : 1 잘됐다. 그럼, 놀러 갈 수 있네.

　　　　2 좋네. 나는 요즘 바빠서.

　　　　3 힘들겠네. 컨디션, 해치지 않도록 해.

해설 여자가 다음 주와 다다음 주 예정이 빽빽하다고 말하는 상황이다.

　　1 (X) 예정이 빽빽히 차 있는 상황과 맞지 않다.

　　2 (X) 바쁜 것은 여자이므로 주체가 맞지 않다.

　　3 (O) '컨디션, 해치지 않도록 해'는 예정이 빽빽하다는 여자의 말에 대한 적절한 응답이다.

어휘 再来週 さらいしゅう 圏다다음 주　予定 よてい 圏예정

　　びっしり 團빽빽이, 가득　遊ぶ あそぶ 周놀다

　　この頃 このごろ 圏요즘, 최근

　　体調を崩す たいちょうをくずす 컨디션을 해치다

6

[음성]

M：部長、先日オープンした駅前店ですが、絶えずお客さんが来ているとのことです。

F：1 あ、さっき報告を受けたよ。ひとまず安心だね。

　　2 そうなるんじゃないかと心配していたよ。

　　3 何が悪かったのかな。あれだけやったのに。

해석 M : 부장님, 요전날 오픈한 역 앞 가게 말인데요, 끊임없이 손님이 오고 있다고 합니다.

　　F : 1 아, 방금 보고를 받았어. 일단 안심이네.

　　　　2 그렇게 되지 않을까라고 걱정했어.

　　　　3 뭔가 나빴던 걸까. 그만큼 했는데.

해설 남자가 오픈한 가게에 손님이 많다고 보고하는 상황이다.

　　1 (O) '방금 보고를 받았어. 일단 안심이네'는 오픈한 가게에 손님이 많다는 남자의 말에 대한 적절한 응답이다.

　　2 (X) 손님이 많아서 안심하는 상황과 맞지 않다.

　　3 (X) 손님이 많아서 좋은 상황과 맞지 않다.

어휘 部長 ぶちょう 圏부장님, 부장　先日 せんじつ 圏요전날

　　オープン 圏오픈　駅前店 えきまえてん 圏역 앞 가게

　　絶える たえる 周끊기다, 끝나다　お客さん おきゃくさん 圏손님

　　さっき 圏방금, 아까　報告 ほうこく 圏보고　受ける うける 周받다

　　ひとまず 圏일단, 우선　安心 あんしん 圏안심

　　心配 しんぱい 圏걱정

7

[음성]

F：今週末、ハイキングに行く予定なんだけど、天気、大丈夫かな？

M：1 予定はないから大丈夫だよ。

　　2 行くことになって、よかったですね。

　　3 天気予報では晴れになってるよ。

해석 F : 이번 주말, 하이킹하러 갈 예정인데, 날씨 괜찮을까?

　　M : 1 예정은 없으니까 괜찮아.

　　　　2 가게 되어서, 다행이네요.

　　　　3 일기예보에서는 맑음으로 되어있어.

해설 여자가 이번 주말에 날씨가 괜찮을지 묻는 상황이다.

　　1 (X) 予定(よてい)를 반복 사용하여 혼동을 준 오답이다.

　　2 (X) 하이킹을 하러 갈 예정이라고 한 상황과 맞지 않다.

　　3 (O) '일기예보에서는 맑음으로 되어있어'는 날씨가 괜찮을까라는 여자의 말에 대한 적절한 응답이다.

어휘 今週末 こんしゅうまつ 圏이번 주말　ハイキング 圏하이킹

　　予定 よてい 圏예정　天気予報 てんきよほう 圏일기예보

8

[음성]

M：来週、新しいプロジェクトが始まり次第、会議を開きますのでよろしくお願いします。

F：1 はい、必要な資料を準備しておきます。

　　2 はい、会議の初めからですね。

　　3 はい、来週は新しいプロジェクトが始まります。

해석 M : 다음 주, 새로운 프로젝트가 시작되는 대로, 회의를 열 테니 잘 부탁 드립니다.

　　F : 1 네, 필요한 자료를 준비해 두겠습니다.

　　　　2 네, 회의 시작부터군요.

　　　　3 네, 다음 주는 새로운 프로젝트가 시작됩니다.

해설 남자가 다음 주에 새 프로젝트가 시작되는 대로 회의를 연다고 알리는 상황이다.

　　1 (O) '필요한 자료를 준비해 두겠습니다'는 회의를 연다는 남자의 말에 대한 적절한 응답이다.

　　2 (X) 会議(かいぎ)를 반복 사용하여 혼동을 준 오답이다.

　　3 (X) 남자가 먼저 다음 주에 새 프로젝트가 시작된다고 알린 상황과 맞지 않다.

어휘 プロジェクト 圏프로젝트　始まる はじまる 周시작되다

　　会議 かいぎ 圏회의　開く ひらく 周열다

　　必要だ ひつようだ 4형필요하다　資料 しりょう 圏자료

　　準備 じゅんび 圏준비　始め はじめ 圏시작

9

[음성]

F：部長、山中さんの報告書、間違いだらけで困ってるんです。

M：1 山中さんも困っているだろうね。

　　2 それじゃあ、すぐに直すね。

　　3 じゃあ、僕から注意しておくよ。

해석 F : 부장님, 야마나카 씨의 보고서, 오류투성이라 난처해요.

　　M : 1 야마나카 씨도 난처할 거야.

　　　 2 그럼, 바로 고칠게.

　　　 3 그럼, 내가 주의시켜 둘게.

해설 여자가 야마나카 씨의 보고서가 오류투성이라고 불평하는 상황이다.

　　1 (X) 야마나카 씨의 보고서 때문에 여자가 난처한 상황과 맞지 않다.

　　2 (X) 보고서를 쓴 사람은 야마나카 씨이므로 주체가 맞지 않다.

　　3 (O) '내가 주의시켜 둘게'는 야마나카 씨의 보고서가 오류투성이라는 여자의 말에 대한 적절한 응답이다.

어휘 部長 ぶちょう 圏 부장님, 부장　報告書 ほうこくしょ 圏 보고서

　　間違いだらけ まちがいだらけ 오류투성이　直す なおす 圏 고치다

　　注意 ちゅうい 圏 주의

10

[음성]

M：前に見た映画をまた見たくてたまらないんだけど、どうしてもタイトルが思い出せないんだ。

F：1 そんなにがまんできないの？

　　2 そんなに面白かったの？

　　3 なんていう映画なの？

해석 M : 전에 본 영화를 또 보고 싶어서 참을 수가 없는데, 아무리 해도 제목이 생각 안 나.

　　F : 1 그렇게 참을 수 없어?

　　　 2 그렇게 재미있었어?

　　　 3 무슨 영화야?

해설 남자가 다시 보고 싶은 영화의 제목이 생각 안 난다고 말하는 상황이다.

　　1 (X) たまらない (참을 수 없다)와 동의어인 がまんできない (참을 수 없다)를 사용하여 혼동을 준 오답이다.

　　2 (O) '그렇게 재미있었어?'는 전에 본 영화를 다시 보고 싶어서 참을 수 없다는 남자의 말에 대한 적절한 응답이다.

　　3 (X) 영화 제목이 생각 안 난다고 말한 상황과 맞지 않다.

어휘 どうしても 아무리 해도　タイトル 圏 제목, 타이틀

　　思い出す おもいだす 圏 생각나다, 회상하다　そんなに 凰 그렇게

　　がまんできない 참을 수 없다

11

[음성]

F：新しくできたカフェ、雨の日は女性に限り2割引なんだって。

M：1 へえ、それはうれしいサービスだね。

　　2 じゃあ、雨の日はみんな行きたくないね。

　　3 いつ行っても得ってことだね。

해석 F : 새로 생긴 카페, 비 오는 날은 여성에 한해서 20% 할인이래.

　　M : 1 와, 그건 기쁜 서비스네.

　　　 2 그럼, 비 오는 날은 모두 가고 싶지 않네.

　　　 3 언제 가도 이득이란 거네.

해설 여자가 카페가 비 오는 날 여성에 한해서 20% 할인한다고 알려주는 상황이다.

　　1 (O) '그건 기쁜 서비스네'는 카페가 할인한다는 여자의 말에 대한 적절한 응답이다.

　　2 (X) 비 오는 날에 20%를 할인해주기 때문에 좋은 상황과 맞지 않다.

　　3 (X) 비 오는 날에만 20%를 할인해준다는 상황과 맞지 않다.

어휘 カフェ 圏 카페　雨の日 あめのひ 圏 비 오는 날

　　女性 じょせい 圏 여성　割引 わりびき 圏 할인　うれしい い형 기쁘다

　　サービス 圏 서비스　得 とく 圏 이득

[음성]

M：木村様にぜひ一度お目にかかりたいのですが、来週のご都合はいかがでしょうか？

F：1 お目にかかるのは来週になります。

　　2 火曜日以外ならいつでも構いませんよ。

　　3 都合のいい日に限りますね。

해석 M : 기무라 씨를 꼭 한번 뵙고 싶은데, 다음 주 시간 어떠십니까?

　　F : 1 뵙는 것은 다음 주입니다.

　　　 2 화요일 이외라면 언제라도 상관없어요.

　　　 3 시간이 되는 날에 한하네요.

해설 남자가 기무라 씨에게 만나고 싶은데 다음 주에 시간이 되는지 묻는 상황이다.

　　1 (X) 다음주에 뵐 수 있는지 묻고 있는 상황과 맞지 않다.

　　2 (O) '화요일 이외라면 언제라도 상관없어요'는 다음 주 시간이 어떠냐는 남자의 말에 대한 적절한 응답이다.

　　3 (X) 都合(つごう)를 반복 사용하여 혼동을 준 오답이다.

어휘 ぜひ 凰 꼭, 반드시　一度 いちど 圏 한 번

　　お目にかかる おめにかかる 圏 뵙다 (会う의 겸양어)

　　都合 つごう 圏 시간, 사정　以外 いがい 圏 이외

　　構わない かまわない 상관없다, 관계없다　日 ひ 圏 날

　　限る かぎる 圏 한하다, 제한하다

☞ 문제 5는 긴 이야기를 듣습니다. 예제가 없으므로 바로 문제를 풀 준비를 합니다. 문제지에 들리는 내용을 적극적으로 메모하며 문제를 풀어봅시다.

음성 디렉션은 실전모의고사 1의 해설(p.197)에서 확인할 수 있습니다.

1

[음성]

語学学校の受付で、男の人とスタッフが話しています。

M : すみません、今、火曜日のクラスを受けているんですが、他の曜日に変えることができますか。

F : はい、できますが、来週だけじゃなく、これからずっとということですか。

M : ええ、仕事が忙しくて、今の時間だと間に合いそうもないんです。今日も、仕事が残っていたんですが、やらずに来ているくらいで。

F : そうですか、わかりました。ええと、同じレベルのクラスですと、月曜と水曜が同じ時間の夜7時からありますよ。それから、木曜日の8時半からですね。

M : 7時ですか。火曜と同じ時間だと、来るのが大変で。でも、月曜ならぎりぎりで間に合うかな。うーん、やっぱり難しいかな。木曜日は遅いんですね。他の時間帯はありますか。

F : 平日の夜だと、これだけですね。あとは、土曜日の午前中、10時からのクラスもあります。

M : 土曜日はいろいろと予定が入ることがあるから、毎週来るのはちょっと。来られないときは他の曜日に変えることができますか。

F : できますが、他の曜日のクラスの参加できる回数は決まっています。それでもいいでしょうか。

M : そうですか。うーん、じゃあやっぱり、確実に来られるこの曜日でお願いできますか。

F : わかりました。

男の人は何曜日のクラスに変えますか。
1 月曜日
2 水曜日
3 木曜日
4 土曜日

해석 어학 학교의 접수처에서, 남자와 직원이 이야기하고 있습니다.

M : 실례합니다, 지금, 화요일 수업을 듣고 있는데요, 다른 요일로 변경할 수 있나요?

F : 네, 가능한데요, 다음 주만이 아니라, 앞으로 계속이라는 건가요?

M : 네, 일이 바빠서, 지금 시간이면 제시간에 맞출 수 없을 것 같아요. 오늘도, 일이 남아있지만, 하지 않고 와있을 정도로.

F : 그래요? 알겠습니다. 음, 같은 레벨의 수업이라면, 월요일과 수요일이 같은 시간인 밤 7시부터 있어요. 그리고, 목요일 8시 반부터네요.

M : 7시요? 화요일과 같은 시간이라면, 오는 게 힘들어서. 그래도, 월요일이라면 아슬아슬 시간에 맞추려나. 음, 역시 어려울까. 목요일은 늦네요. 다른 시간대는 있나요?

F : 평일 밤이라면, 이것뿐이네요. 또, 토요일 오전 중, 10시 부터인 수업도 있어요.

M : 토요일은 여러 가지로 예정이 들어오는 경우가 있으니까, 매주 오는 건 좀. 올 수 없을 때는 다른 요일로 바꿀 수 있나요?

F : 가능한데요, 다른 요일의 수업에 참가할 수 있는 횟수가 정해져 있어요. 그래도 괜찮으세요?

M : 그래요? 음, 그럼 역시, 확실히 올 수 있는 이 요일로 부탁할 수 있을까요?

F : 알겠습니다.

남자는 무슨 요일의 수업으로 변경합니까?

1 월요일
2 수요일
3 목요일
4 토요일

해설 대화에서 언급되는 여러 선택사항과 남자의 최종 선택 내용을 재빨리 메모하며 주의 깊게 듣는다.

〈메모〉 남자 → 화요일 수업 변경, 지금 시간은 제시간에 오기 힘듦 (밤 7시)

① 월요일: 같은 레벨, 밤 7시부터 → 아슬아슬? → 제시간 힘듦
② 수요일: 같은 레벨, 밤 7시부터 → 제시간 힘듦
③ 목요일: 밤 8시 반부터 → 늦음
④ 토요일: 오전 10시부터 → 예정 있음
남자 → 확실히 올 수 있는 요일로

질문이 남자가 무슨 요일의 수업으로 변경하는지 묻고 있으므로, 시간은 늦지만 확실히 올 수 있는 요일인 3 木曜日(목요일)가 정답이다.

어휘 語学学校 ごがくがっこう 평 어학 학교 스タッフ 평 직원, 스태프 クラスを受ける クラスをうける 수업을 듣다 他の ほかの 다른 曜日 ようび 평 요일 変える かえる 통 변경하다, 바꾸다 これから 부 앞으로, 이제부터 ずっと 부 계속, 쭉 間に合う まにあう 제시간에 맞추다 残る のこる 통 남다 レベル 평 레벨 ぎりぎり 부 아슬아슬, 빠듯빠듯 やっぱり 부 역시 遅い おそい い형 늦다, 느리다 時間帯 じかんたい 평 시간대 平日 へいじつ 평 평일 午前中 ごぜんちゅう 평 오전 중 予定 よてい 평 예정 参加 さんか 평 참가 回数 かいすう 평 횟수 決まる きまる 통 정해지다 やっぱり 부 역시 確実だ かくじつだ な형 확실하다

2

[음성]

家族三人が話しています。

M1 : お父さん、お母さん、今度のおじさんの結婚式、何で行くの?

F：まだ決めてないけど、新幹線でいいでしょう？

M1：僕、飛行機がいい！

F：飛行機は高いから、だめ。

M1：えー。

M2：そんなに飛行機に乗りたいの？最近は安いチケットもあるみたいだし、早く着くっていう点ではいいよね。

F：空港までの移動や待ち時間を考えたら、飛行機も新幹線もたいして変わらないって。空港から結婚式場まで遠いよ。新幹線なら、そこの駅から一回の乗り換えで乗れるんだから、**新幹線の方が絶対に楽**。新幹線にしましょうよ。

M2：たしかに、そうだね。あっ、それとも車で行く？それが一番お金はかからないよ。

M1：えー。

F：車？いいけど、運転大変じゃない？

M2：交代で運転すれば大丈夫じゃない？

F：え？私も運転するってこと？それはちょっと…。だったら、夜行バスにする？最近のバスはきれいで快適だっていうし。

M1：やだ。バスは酔うもん。到着した時には、ぐったりだよ。

F：じゃ、決まり。あっちに着いたあと結婚式に参加するわけだから、なるべく疲れない方法で行きましょう。

M2：チケットはインターネットで買えばいいよね。何時に出発すれば間に合うか、調べておいてくれる？

F：うん、調べとく。

家族は、どうすることにしましたか。
1 飛行機で行く
2 新幹線で行く
3 車で行く
4 夜行バスで行く

해석 가족 세 명이 이야기하고 있습니다.

M1 : 아빠, 엄마, 이번 삼촌 결혼식, 뭐로 가?

F : 아직 정하지 않았는데, 신칸센으로 괜찮겠지?

M1 : 나, 비행기가 좋아!

F : 비행기는 비싸니까, 안 돼.

M1 : 에이.

M2 : 그렇게 비행기가 타고 싶어? 최근엔 싼 티켓도 있는 것 같고, 빨리 도착한다는 점에서는 좋지.

F : 공항까지 이동과 기다리는 시간을 생각하면, 비행기도 신칸센도 별로 다르지 않다니까. 공항에서 결혼식장까지 멀어. 신칸센이라면, 거기 역에서 한 번 환승으로 탈 수 있으니까, **신칸센 쪽이 절대로 편해**. 신칸센으로 해요.

M2 : 확실히, 그렇네. 아, 아니면 자동차로 갈래? 그게 가장 돈은 안 들어.

M1 : 에이.

F : 자동차? 괜찮은데, 운전 힘들지 않아?

M2 : 교대로 운전하면 괜찮지 않아?

F : 어? 나도 운전한다는 거야? 그건 좀…. 그럼, 야간버스로 할래? 최근 버스는 깨끗하고 쾌적하다고 하고.

M1 : 싫어. 버스는 멀미하는걸. 도착했을 때에는 녹초가 될 거야.

F : 그럼, 결정. 저쪽에 도착한 후 결혼식에 참가하는 거니까, 가능한 한 피곤하지 않은 방법으로 가요.

M2 : 티켓은 인터넷으로 사면 되는 거지. 몇 시에 출발하면 시간에 맞출지, 알아봐 놔줄래?

F : 응, 알아봐 둘게.

가족은, 어떻게 하기로 했습니까?

1 비행기로 간다
2 신칸센으로 간다
3 자동차로 간다
4 야간버스로 간다

해설 대화의 중후반에서 세 사람의 최종 합의 내용을 재빨리 메모하며 주의 깊게 듣는다.

〈메모〉결혼식 어떻게 갈지?

- 신칸센? : 비행기가 좋은데
- 비행기? : 비쌈, 싼 티켓도 있음, 빨리 도착
- 비행기랑 신칸센 비슷 → 신칸센이 편함
- 자동차는? : 돈 안 듦 → 운전 싫어
- 버스는? : 깨끗, 쾌적 → 멀미, 피곤
- 안 피곤한 걸로 하자

질문이 가족은 어떻게 하기로 했는지 묻고 있으므로, 2 新幹線で行く(신칸센으로 간다)가 정답이다.

어휘 今度 こんど 圏이번 結婚式 けっこんしき 圏결혼식
決める きめる 圏정하다 新幹線 しんかんせん 圏신칸센
最近 さいきん 圏최근 チケット 圏티켓 早く はやく 囲빨리
空港 くうこう 圏공항 移動 いどう 圏이동
待ち時間 まちじかん 圏기다리는 시간 考える かんがえる 圏생각하다
たいして 囲별로 変わる かわる 圏다르다
結婚式場 けっこんしきじょう 圏결혼식장 乗り換え のりかえ 圏환승
絶対に ぜったいに 囲절대로 楽だ らくだ な圏편하다
たしかだ な圏확실하다 お金がかかる おかねがかかる 돈이 들다
運転 うんてん 圏운전 交代 こうたい 圏교대
夜行バス やこうバス 圏야간버스 快適だ かいてきだ な圏쾌적하다
酔う よう 圏멀미하다 到着 とうちゃく 圏도착
ぐったり 囲녹초가 되다 決まり きまり 圏결정 参加 さんか 圏참가
なるべく 囲가능한 한 疲れる つかれる 圏피곤하다
方法 ほうほう 圏방법 インターネット 圏인터넷
出発 しゅっぱつ 圏출발 間に合う まにあう 시간에 맞추다
調べる しらべる 圏알아보다, 조사하다

3

[음성]
ボランティア活動のイベントのお知らせを聞いて、男の人と女の人が話しています。

M1：オリンピックのボランティア活動に興味を持っていただくための４つのイベントの紹介をします。まず、初級英会話教室のイベントです。外国人観光客に簡単な英会話で声をかけ、手助けができるようになる教室です。次は、新しい競技場のグラウンドでのスポーツ体験です。新しく作られた設備を実際に使うことで、選手の気持ちになってみましょう。次は、盆踊り体験です。日本の有名な踊りを学び、教えられるように覚えてください。最後は、金メダル受賞者の講演会です。オリンピックに参加した選手の生の声を聞くことで、ボランティアに何が必要かを考えましょう。どのイベントも参加者が集まり次第、締め切らせていただきます。

M2：どのイベントにする？

F：有名な金メダリストの話、面白そうだね。早めに申し込んで一緒に行く？

M2：うーん。でも、混雑して大変かもしれないよ。人が多いところ、嫌いでしょ。

F：ああ、そうかか。じゃ、この英会話教室はどうかな。

M2：でも、僕たち、英会話は学校で習ってるから。これだと簡単すぎない？

F：あ、初級レベルだっけ。じゃあ、これ。日本の文化が伝えられるようになるって、いいんじゃない。決めた。これがいいよ。

M2：えー、僕は踊りよりこっちがいいなあ。体を動かすならこっちがいいよ。

F：わかった。じゃあ、あとでお互いに感想を話し合いましょう。

質問１　女の人は、どのイベントに参加しますか。

質問２　男の人は、どのイベントに参加しますか。

[問題紙]

質問１

1 英会話
2 スポーツ体験
3 盆踊り
4 講演会

質問２

1 英会話
2 スポーツ体験
3 盆踊り
4 講演会

해석 자원봉사 활동 이벤트의 안내를 듣고, 남자와 여자가 이야기하고 있습니다.

M1 : 올림픽 자원봉사 활동에 흥미를 가져주시기 위한 4개의 이벤트 소개를 하겠습니다. 우선, 초급 영어 회화 교실 이벤트입니다. 외국인 관광객에게 간단한 영어 회화로 말을 걸어, 도움이 될 수 있게 되는 교실입니다. 다음은, 새 경기장 그라운드에서의 스포츠 체험입니다. 새롭게 만들어진 설비를 실제로 사용하는 것으로, 선수의 기분이 되어 봅시다. 다음은, 본오도리 체험입니다. 일본의 유명한 춤을 배우고, 가르칠 수 있도록 기억해 주세요. 마지막은, 금메달 수상자의 강연회입니다. 올림픽에 참가한 선수의 생생한 목소리를 듣고, 자원봉사에 뭐가 필요한지를 생각해 봅시다. 어느 이벤트도 참가자가 모이는 대로, 마감하겠습니다.

M2 : 어느 이벤트로 할래?

F : 유명한 금메달리스트의 이야기, 재미있을 것 같네. 빨리 신청해서 같이 갈래?

M2 : 음. 하지만, 혼잡해서 힘들지도 몰라. 사람이 많은 곳은, 싫잖아.

F : 아, 그런가. 그럼, 이 영어 회화 교실은 어떨까나.

M2 : 근데, 우리들, 영어 회화는 학교에서 배우고 있으니까. 이거라면 너무 간단하지 않아?

F : 아, 초급 레벨이지. 그럼, 이거. 일본의 문화를 전할 수 있게 된다니, 좋잖아. 정했어. 이게 좋아.

M2 : 음, 나는 춤보다 이쪽이 좋아. 몸을 움직인다면 이쪽이 좋아.

F : 알았어. 그럼 나중에 서로 감상을 나누자.

질문 1 여자는, 어느 이벤트에 참가합니까?

질문 2 남자는, 어느 이벤트에 참가합니까?

질문1

1 영어 회화
2 스포츠 체험
3 본오도리
4 강연회

질문2

1 영어 회화
2 스포츠 체험
3 본오도리
4 강연회

해설 각 선택지와 관련하여 언급되는 내용을 재빨리 메모하며 주의 깊게 듣고, 두 명의 대화자가 선택하는 것에 유의하며 대화를 듣는다.

〈메모〉 자원봉사 활동 이벤트 4개
　　　① 영어회화: 외국인에게 간단 영어 회화, 도움이 되게
　　　② 스포츠 체험: 새로운 설비 실제 사용, 선수 기분되기
　　　③ 본오도리: 일본 유명 춤, 가르칠 수 있게
　　　④ 강연회: 올림픽 선수의 생생한 목소리
　　　여자 → 일본 문화 전하는 거 좋아
　　　남자 → 몸 움직이는 거 좋아

질문 1은 여자가 선택한 이벤트를 묻고 있다. 여자는 일본 문화를 전할 수 있는 것이 좋다고 했으므로, 일본의 춤을 배우고 가르칠 수 있게 되는 3 盆踊り(본오도리)가 정답이다.

질문 2는 남자가 선택한 이벤트를 묻고 있다. 남자는 몸을 움직인다

면 춤보다 이쪽이 좋다고 했으므로, 새롭게 만들어진 설비를 실제로 사용하고 선수의 기분이 되어보는 2 スポーツ体験(스포츠 체험)이 정답이다.

어휘 ボランティア活動 ボランティアかつどう 圏 자원봉사 활동
    イベント 圏 이벤트   お知らせ おしらせ 圏 안내, 공지
    オリンピック 圏 올림픽   興味 きょうみ 圏 흥미   紹介 しょうかい 圏
    소개   まず 團 우선, 먼저   初級 しょきゅう 圏 초급
    英会話 えいかいわ 圏 영어 회화   観光客 かんこうきゃく 圏 관광객
    簡単だ かんたんだ な형 간단하다
    声をかける こえをかける 말을 걸다   手助け てだすけ 圏 도움, 거듦
    競技場 きょうぎじょう 圏 경기장   グラウンド 圏 그라운드, 운동장
    体験 たいけん 圏 체험   設備 せつび 圏 설비
    実際に じっさいに 團 실제로   選手 せんしゅ 圏 선수
    気持ち きもち 圏 기분, 마음
    盆踊り ぼんおどり 圏 본오도리 (일본의 전통 춤)   日本 にほん 圏 일본
    有名だ ゆうめいだ な형 유명하다   踊り おどり 圏 춤
    学ぶ まなぶ 图 배우다   最後 さいご 圏 마지막, 최후
    金メダル きんメダル 圏 금메달   受賞者 じゅしょうしゃ 圏 수상자
    講演会 こうえんかい 圏 강연회   参加 さんか 圏 참가
    生の声 なまのこえ 圏 생생한 목소리
    必要だ ひつようだ な형 필요하다   考える かんがえる 图 생각하다
    参加者 さんかしゃ 圏 참가자   集まる あつまる 图 모이다
    締め切る しめきる 图 마감하다
    金メダリスト きんメダリスト 圏 금메달리스트
    早めに はやめに 團 빨리   申し込む もうしこむ 图 신청하다
    混雑 こんざつ 圏 혼잡   初級レベル しょきゅうレベル 圏 초급 레벨
    文化 ぶんか 圏 문화   伝える つたえる 图 전하다
    決める きめる 图 정하다   動かす うごかす 图 움직이다
    お互いに おたがいに 團 서로   感想 かんそう 圏 감상
    話し合う はなしあう 图 서로 이야기하다

일본어도 역시,
1위 해커스

japan.Hackers.com

실전모의고사 3

언어지식 (문자 · 어휘)

문제 1	**1** 3	**2** 1	**3** 2	**4** 3	**5** 4		
문제 2	**6** 4	**7** 1	**8** 3	**9** 4	**10** 1		
문제 3	**11** 2	**12** 2	**13** 3	**14** 4	**15** 1		
문제 4	**16** 2	**17** 1	**18** 4	**19** 1	**20** 3	**21** 4	**22** 4
문제 5	**23** 4	**24** 3	**25** 1	**26** 4	**27** 2		
문제 6	**28** 2	**29** 4	**30** 1	**31** 3	**32** 4		

언어지식 (문법)

문제 7	**33** 2	**34** 1	**35** 2	**36** 4	**37** 2	**38** 3
	39 4	**40** 3	**41** 3	**42** 4	**43** 2	**44** 1
문제 8	**45** 1	**46** 3	**47** 4	**48** 1	**49** 4	
문제 9	**50** 2	**51** 4	**52** 3	**53** 2	**54** 1	

독해

문제 10	**55** 3	**56** 3	**57** 1	**58** 3	**59** 4	
문제 11	**60** 3	**61** 1	**62** 2	**63** 1	**64** 3	**65** 1
	66 2	**67** 3	**68** 3			
문제 12	**69** 1	**70** 3				
문제 13	**71** 2	**72** 4	**73** 1			
문제 14	**74** 4	**75** 1				

청해

문제 1	**1** 3	**2** 2	**3** 3	**4** 2	**5** 3		
문제 2	**1** 4	**2** 3	**3** 1	**4** 4	**5** 1	**6** 2	
문제 3	**1** 2	**2** 3	**3** 2	**4** 4	**5** 2		
문제 4	**1** 3	**2** 3	**3** 1	**4** 2	**5** 3	**6** 1	
	7 2	**8** 1	**9** 3	**10** 1	**11** 2	**12** 2	
문제 5	**1** 2	**2** 3	**3** 질문1 4	질문2 3			

언어지식 (문자·어휘)

1

수명寿命이 길고 튼튼한 우산을 찾고 있습니다.

해설 寿命는 3 じゅみょう로 발음한다. じゅ가 탁음인 것에 주의한다.

어휘 寿命 じゅみょう 몡수명　探す さがす 동찾다

2

퇴근길에 미아迷子인 아이를 발견했다.

해설 迷子는 1 まいご로 발음한다. 迷子는 훈독 명사로 迷(まい)와 子(ご) 모두 훈독인 것에 주의한다.

어휘 迷子 まいご 몡미아　仕事帰り しごとがえり 몡퇴근길　見つける みつける 동발견하다

3

이 사건은 증거証拠도 범인도 발견되지 않는다.

해설 証拠는 2 しょうこ로 발음한다. しょう는 장음, こ는 장음이 아닌 것에 주의한다.

어휘 証拠 しょうこ 몡증거　事件 じけん 몡사건　犯人 はんにん 몡범인　見つかる みつかる 동발견되다

4

최근 차를 더럽히는汚す 고양이로 계속 고민하고 있다.

해설 汚す는 3 よごす로 발음한다.

어휘 汚す よごす 동더럽히다　最近 さいきん 몡최근　ずっと 뷔계속　悩む なやむ 동고민하다

5

구인求人사이트에 실려 있던 회사의 면접을 봤다.

해설 求人은 4 きゅうじん으로 발음한다. 求人은 人의 두 가지 음독 じん과 にん 중 じん으로 발음하는 것에 주의한다.

어휘 求人 きゅうじん 몡구인　サイト 몡사이트　載る のる 동실리다, 놓이다　面接を受ける めんせつをうける 면접을 보다

6

우리 팀은 우수한 선수로 구성こうせい되어 있다.

해설 こうせい는 4 構成로 표기한다. 構(こう, 구조)를 선택지 1과 2의 講(こう, 말하다)와 구별해서 알아두고, 成(せい, 이루다)를 선택지 2와 3의 盛(せい, 번성하다)와 구별해서 알아둔다.

어휘 構成 こうせい 몡구성　我がチーム わがチーム 몡우리 팀　優秀だ ゆうしゅうだ 나형우수하다　選手 せんしゅ 몡선수

7

오해를 부르는まねく 것은 말하지 않는 편이 좋아요.

해설 まねく는 1 招く로 표기한다.

어휘 招く まねく 동부르다　呼ぶ よぶ 동부르다　送る おくる 동보내다　迎える むかえる 동맞이하다　誤解 ごかい 몡오해

8

그의 스피치를 들은 사람들은 감격かんげき해서 눈물을 흘렸다.

해설 かんげき는 3 感激로 표기한다. 感(かん, 느끼다)을 선택지 1과 4의 恩(おん, 은혜)과 구별해서 알아두고, 激(げき, 세차다)를 선택지 2와 4의 極(きょく, 끝까지 가다)와 구별해서 알아둔다.

어휘 感激 かんげき 몡감격　スピーチ 몡스피치　人々 ひとびと 몡사람들　涙 なみだ 몡눈물　流す ながす 동흘리다

9

면접에 갈 때, 진한こい 화장은 좋지 않다고 생각해요.

해설 こい는 4 濃い로 표기한다.

어휘 濃い こい 이형진하다　深い ふかい 이형깊다　薄い うすい 이형얇다　厚い あつい 이형두껍다　面接 めんせつ 몡면접　化粧 けしょう 몡화장

10

이 케이크는 냉장고에 보존ほぞん 해 주세요.

해설 ほぞん은 1 保存으로 표기한다. 保(ほ, 지속하다)를 선택지 2와 4의 補(ほ, 보충하다)와 구별해서 알아두고, 存(ぞん, 간직하다)을 선택지 3과 4의 在(ざい, 있다)와 구별해서 알아둔다.

어휘 保存 ほぞん 몡보존　ケーキ 몡케이크

11

정월은, 호텔이나 여관의 숙박 (　　　) 가 비싸진다.

해설 괄호 앞의 어휘 宿泊(숙박)와 함께 쓰여 宿泊料(숙박료)를 만드는 섭미어 2 料가 정답이다.

어휘 宿泊料 しゅくはくりょう 몡숙박료　正月 しょうがつ 몡정월, 설　旅館 りょかん 몡여관

12

이 도서관은, 유명한 건축 (　　　) 가 설계한 건물이다.

해설 괄호 앞의 어휘 建築(건축)와 함께 쓰여 建築家(건축가)를 만드는 접미어 2 家가 정답이다.

어휘 建築家 けんちくか 몡건축가　設計 せっけい 몡설계

13

피아노가 특기이고 얌전한 여동생은, 축구가 특기이고 활발한

언니와는 (　　　) 대조이다.

해설 괄호 뒤의 어휘 対照(대조)와 함께 쓰여 好対照(좋은 대조)를 만드
는 접두어 3 好가 정답이다.

어휘 好対照 こうたいしょう 圓좋은 대조　ピアノ 圓피아노
得意だ とくいだ な형특기이다, 잘하다　おとなしい 이형암전하다
サッカー 圓축구　活発だ かっぱつだ な형활발하다

14

전철 시각을 알아보고 싶어서, 가방에서 스마트폰을 꺼 (　　　).

해설 괄호 앞의 어휘 取る(잡다)와 함께 쓰여 取り出す(꺼내다)라는 복합
어를 만드는 4 出した가 정답이다.

어휘 取り出す とりだす 屬꺼내다　時刻 じこく 圓시각
調べる しらべる 屬알아보다, 조사하다　スマートフォン 圓스마트폰

15

콘서트 회장 내에 음식물을 가지고 (　　　) 수 없습니다.

해설 괄호 앞의 어휘 持つ(가지다)와 함께 쓰여 持ち込む(가지고 들어가
다)라는 복합어를 만드는 1 込む가 정답이다.

어휘 持ち込む もちこむ 屬가지고 들어가다　コンサート 圓콘서트
会場 かいじょう 圓회장

16

세계에는 다양한 자원이 있지만, 그 중에서도 (　　　) 자원의
하나는 물이다.

| 1 엄중한 | **2 귀중한** |
| 3 다대한 | 4 중대한 |

해설 선택지가 모두 な형용사이다. 괄호 뒤의 내용과 함께 쓸 때 貴重な
資源の一つ(귀중한 자원의 하나)라는 문맥이 가장 자연스러우므로
2 貴重な(귀중한)가 정답이다. 1은 厳重な警戒(엄중한 경계), 3은
多大な損害(다대한 손해), 4는 重大な仕事(중대한 일)와 같이 쓰
인다.

어휘 世界 せかい 圓세계　様々だ さまざまだ な형다양하다
資源 しげん 圓자원　厳重だ げんじゅうだ な형엄중하다
貴重だ きちょうだ な형귀중하다　多大だ ただいだ な형다대하다, 많다
重大だ じゅうだいだ な형중대하다

17

이 집은 가족과의 추억이 (　　　) 차 있어서, 너무 떠나기 힘들다.

| **1 가득** | 2 딱딱 |
| 3 분명하게 | 4 꼭 맞게 |

해설 선택지가 모두 부사이다. 괄호 앞뒤의 내용과 함께 쓸 때 思い出が
ぎっしり詰まっていて(추억이 가득 차 있어서)라는 문맥이 가장 자
연스러우므로 1 ぎっしり(가득)가 정답이다. 2는 予想がばっちり当
たる(예상이 딱딱 맞는다), 3은 顔がはっきり見える(얼굴이 분명하
게 보인다), 4는 サイズがぴったり合う(사이즈가 꼭 맞는다)와 같

이 쓰인다.

어휘 思い出 おもいで 圓추억　詰まる つまる 屬차다, 쌓이다
離れる はなれる 屬떠나다, 멀어지다　ぎっしり 圖가득
ばっちり 딱딱, 듬뿍　はっきり 圖분명하게, 확실히
ぴったり 圖꼭 맞게

18

여름 휴가가 가깝기 때문에, 슬슬 여행 (　　　) 을 세우지 않으면
안 되네.

| 1 디자인 | 2 모델 |
| 3 스타일 | **4 계획** |

해설 선택지가 모두 명사이다. 괄호 앞뒤의 내용과 함께 쓸 때 旅行のプラ
ンを立てなきゃいけない(여행 계획을 세우지 않으면 안 된다)라
는 문맥이 가장 자연스러우므로 4 プラン(계획)이 정답이다. 1은 昔
のデザイン(옛날 디자인), 2는 雑誌のモデル(잡지 모델), 3은 流
行のスタイル(유행하는 스타일)와 같이 쓰인다.

어휘 そろそろ 圖슬슬　立てる たてる 屬세우다　デザイン 圓디자인
モデル 圓모델　スタイル 圓스타일　プラン 圓계획, 플랜

19

지금까지 거의 사용한 적이 없기 때문에, 컴퓨터 (　　　) 은 그다
지 잘하지 않습니다.

| **1 조작** | 2 운전 |
| 3 운용 | 4 동작 |

해설 선택지가 모두 명사이다. 괄호 앞뒤의 내용과 함께 쓸 때 パソコン
の操作はあまり得意ではありません(컴퓨터 조작은 그다지 잘하
지 않습니다)이라는 문맥이 가장 자연스러우므로 1 操作(조작)가 정
답이다. 2는 車の運転(자동차 운전), 3은 資金の運用(자금의 운
용), 4는 すばやい動作(재빠른 동작)와 같이 쓰인다.

어휘 パソコン 圓컴퓨터　得意だ とくいだ な형잘하다
操作 そうさ 圓조작　運転 うんてん 圓운전　運用 うんよう 圓운용
動作 どうさ 圓동작

20

작년부터의 사업 확대에 따라, 더욱 사원을 (　　　) 기로 했다.

| 1 일하 | 2 근무하 |
| **3 고용하** | 4 벌 |

해설 선택지가 모두 동사이다. 괄호 앞뒤의 내용과 함께 쓸 때 社員を雇う
ことに(사원을 고용하기로)라는 문맥이 가장 자연스러우므로 3 雇う
(고용하)가 정답이다. 1은 地元で働く(지방에서 일하다), 2는 会社
に勤める(회사에 근무하다), 4는 お金を稼ぐ(돈을 벌다)와 같이 쓰
인다.

어휘 事業 じぎょう 圓사업　拡大 かくだい 圓확대　さらに 圖더욱
社員 しゃいん 圓사원　働く はたらく 屬일하다
勤める つとめる 屬근무하다　雇う やとう 屬고용하다
稼ぐ かせぐ 屬벌다

21

장래의 꿈은 (   ) 이 되는 것이기 때문에, 지금, 학교에 다니고 있습니다.

1 번역　　　　　　　　　　2 직역

3 영역　　　　　　　　　**4 통역**

해설 선택지가 모두 명사이다. 괄호 뒤의 내용과 함께 쓸 때 通訳이 되는 (통역이 되다)라는 문맥이 가장 자연스러우므로 4 通訳(통역)가 정답이다. 1은 日本語に翻訳する(일본어로 번역하다), 2는 文章を直訳する(문장을 직역하다), 3은 英訳で読む(영역으로 읽다)와 같이 쓰인다.

어휘 将来 しょうらい 뎽장래, 미래　夢 ゆめ 뎽꿈　通う かよう 뎽다니다
翻訳 ほんやく 뎽번역　直訳 ちょくやく 뎽직역
英訳 えいやく 뎽영역　通訳 つうやく 뎽통역, 통역가

22

운동회에서 (   ) 움직이는 아이들을 보고, 즐거운 기분이 되었다.

1 순조롭게　　　　　　　2 쉽게

3 마음 편하게　　　　　**4 활발하게**

해설 선택지가 모두 な형용사이다. 괄호 앞뒤의 내용과 함께 쓸 때 運動会で活発に動く子供達(운동회에서 활발하게 움직이는 아이들)라는 문맥이 가장 자연스러우므로 4 活発に(활발하게)가 정답이다. 1은 順調に進む会議(순조롭게 진행되는 회의), 2는 容易にできる仕事(쉽게 할 수 있는 일), 3은 気楽に暮らす生活(마음 편하게 사는 생활)와 같이 쓰인다.

어휘 運動会 うんどうかい 뎽운동회　動く うごく 뎽움직이다
子供達 こどもたち 뎽아이들, 어린이들　気分 きぶん 뎽기분
順調だ じゅんちょうだ な형순조롭다
容易だ よういだ な형쉽다, 용이하다
気楽だ きらくだ な형마음 편하다　活発だ かっぱつだ な형활발하다

23

이 표현에는, 상대를 존경하는 마음이 포함된다.

1 그립다고 생각하는　　　2 좋지 않다고 생각하는
3 평등하게 대하는　　　　**4 소중하게 대하는**

해설 うやまう가 '존경하는'이라는 의미이므로, 이와 교체하여도 문장의 의미가 바뀌지 않는 4 大切にあつかう(소중하게 대하는)가 정답이다.

어휘 表現 ひょうげん 뎽표현　相手 あいて 뎽상대, 적수
うやまう 뎽존경하다, 공경하다　気持ち きもち 뎽마음, 기분
含まれる ふくまれる 뎽포함되다, 그 속에 있다
なつかしい い형그립다, 반갑다　思う おもう 뎽생각하다
平等だ びょうどうだ な형평등하다　あつかう 뎽대하다, 취급하다
大切だ たいせつだ な형소중하다, 중요하다

24

이 길을 곧장 가면, <u>고요한</u> 공원이 있다.

1 유명한　　　　　　　　2 오래된

3 조용한　　　　　　　4 아름다운

해설 ひっそりした가 '고요한'이라는 의미이므로, 의미가 가장 비슷한 3 静かな(조용한)가 정답이다.

어휘 ひっそり 囝고요히, 조용히　有名だ ゆうめいだ な형유명하다
古い ふるい い형오래되다, 낡다　静かだ しずかだ な형조용하다
美しい うつくしい い형아름답다, 훌륭하다

25

계획의 실행은 <u>극히</u> 어려울 것이다.

1 매우　　　　　　　　2 역시
3 당연　　　　　　　　　4 실제로

해설 きわめて가 '극히'라는 의미이므로, 의미가 가장 비슷한 1 非常に(매우)가 정답이다.

어휘 計画 けいかく 뎽계획　実行 じっこう 뎽실행
きわめて 囝극히, 더없이　非常に ひじょうに 囝매우, 상당히
やはり 囝역시, 결국　当然 とうぜん 囝당연
実際に じっさいに 囝실제로

26

곧, 역 근처로 이사합니다.

1 잠깐　　　　　　　　　2 갑자기
3 최근　　　　　　　　**4 이제 곧**

해설 近々가 '곧'이라는 의미이므로, 의미가 가장 비슷한 4 もうすぐ(이제 곧)가 정답이다.

어휘 近々 ちかぢか 囝곧, 머지않아　引っ越す ひっこす 뎽이사하다
しばらく 囝잠깐, 당분간　急に きゅうに 囝갑자기
最近 さいきん 뎽최근　もうすぐ 囝이제 곧, 머지 않아

27

그의 판단은 <u>타당했다</u>고 생각한다.

1 틀렸다
2 상황에 맞았다
3 결정하는 것이 너무 빨랐다
4 어쩔 수 없었다

해설 妥当だった가 '타당했다'라는 의미이므로, 이와 교체하여도 문장의 의미가 바뀌지 않는 2 状況に合っていた(상황에 맞았다)가 정답이다.

어휘 判断 はんだん 뎽판단　妥当だ だとうだ な형타당하다
間違う まちがう 뎽틀리다, 잘못되다　状況 じょうきょう 뎽상황
早い はやい い형빠르다　合う あう 뎽맞다, 일치하다
決める きめる 뎽결정하다　しかたがない 어쩔 수 없다, 할 수 없다

28

> 실망
>
> 1 그렇게 <u>실망</u>해 있었는데, 그녀는 벌써 새로운 연인을 찾은 것 같다.
> 2 자신의 실수를 다른 사람의 실수라고 부장님께 보고하다니, 그에게는 <u>실망</u>했다.
> 3 가고 싶은 대학에 합격하지 못하고, <u>실망</u>해서 아무것도 하고 싶지 않다.
> 4 언제나 가던 레스토랑이 휴일이어서, 런치를 먹을 수 없어 <u>실망</u>했다.

해설 失望(실망)는 어떤 상대가 기대에 어긋나서 마음이 상할 때 사용한다. 제시어가 명사이므로 각 선택지에서 먼저 밑줄 앞부분과 함께 읽어본다. 2의 彼には失望した(그에게는 실망했다)에서 문맥상 올바르게 사용되었으므로 2가 정답이다. 참고로, 1은 悲観(ひかん, 비관), 3은 絶望(ぜつぼう, 절망), 4는 がっかり(낙담)를 사용하는 것이 올바른 문장이다.

어휘 失望 しつぼう 圆실망   恋人 こいびと 圆연인
　　 見つける みつける 동찾다   ミス 圆실수
　　 部長 ぶちょう 圆부장님, 부장   報告 ほうこく 圆보고
　　 合格 ごうかく 圆합격   ランチ 圆런치

29

> 거역하다
>
> 1 열쇠를 잃어버린 것 같으니, 길을 <u>거역해서</u> 찾아보자.
> 2 이번 계획에 대해, 누군가 <u>거역해서</u> 의견이 있습니까?
> 3 손님에게 받은 메일에는 즉시 <u>거역해</u> 주세요.
> 4 중학생 시절은, 자주 부모에게 <u>거역하곤</u> 했다.

해설 さからう(거역하다)는 윗사람의 뜻이나 지시 등을 따르지 않고 거스를 때 사용한다. 제시어가 동사이므로 각 선택지에서 먼저 밑줄 앞부분과 함께 읽어본다. 4의 親にさからっていたものだ(부모에게 거역하곤 했다)에서 문맥상 올바르게 사용되었으므로 4가 정답이다. 참고로, 1은 引き返す(ひきかえす, 되돌아가다), 2는 反対する(はんたいする, 반대하다), 3은 返信する(へんしんする, 회신하다)를 사용하는 것이 올바른 문장이다.

어휘 さからう 동거역하다, 거스르다
　　 落とす おとす 동잃어버리다, 떨어트리다   探す さがす 동찾다
　　 今回 こんかい 圆이번, 금번   計画 けいかく 圆계획
　　 意見 いけん 圆의견   お客様 おきゃくさま 圆손님
　　 いただく 동받다 (もらう의 겸양어)   メール 圆메일
　　 中学生 ちゅうがくせい 圆중학생   親 おや 圆부모

30

> 손아래, 아랫사람
>
> 1 그는 평소에도 후배 등의 <u>손아래</u> 사람에게도 정중하게 대하고 있다.
> 2 나는 그보다 후에 입사했기 때문에, 그의 <u>손아래</u>다.
> 3 그녀는 복장이 젊은 탓인지, 자주 <u>손아래</u>로 보인다고 한다.

> 4 나는 형보다 2살 <u>손아래</u>입니다.

해설 目下(손아래)는 자기보다 나이나 지위 등이 아래인 관계를 나타낼 때 사용한다. 제시어가 명사이므로 각 선택지에서 먼저 밑줄 앞부분과 함께 읽어본다. 1의 後輩などの目下の人にも(후배 등의 손아래 사람에게도)에서 문맥상 올바르게 사용되었으므로 1이 정답이다. 참고로, 2는 後輩(こうはい, 후배), 3은 未成年(みせいねん, 미성년), 4는 年下(としした, 나이가 아래)를 사용하는 것이 올바른 문장이다.

어휘 目下 めした 圆손아래, 아랫사람   普段 ふだん 圆평소
　　 後輩 こうはい 圆후배   丁寧だ ていねいだ 헝정중하다
　　 接する せっする 동대하다, 접하다   ～より 조~보다
　　 入社 にゅうしゃ 圆입사   服装 ふくそう 圆복장
　　 若い わかい い헝젊다   見られる みられる 동(남에게) 보이다
　　 歳 さい 圆살, 세

31

> 열중
>
> 1 마을의 개발에 대해, 참가자 전원이 <u>열중</u>해서 의논했다.
> 2 이웃의 부부는 아이 교육에 매우 <u>열중</u>한다.
> 3 무언가에 <u>열중</u>하면, 시간이 지나는 것도 잊어버린다.
> 4 매우 좋아하는 가수의 콘서트 티켓에 당첨되어, <u>열중</u>했다.

해설 熱中(열중)는 좋아하거나 흥미가 있어서 시작한 한 가지 일에 정신을 쏟을 때 사용한다. 제시어가 명사이므로 각 선택지에서 먼저 밑줄 앞부분과 함께 읽어본다. 3의 何かに熱中すると、時間が経つのも忘れてしまう(무언가에 열중하면, 시간이 지나는 것도 잊어버린다)에서 문맥상 올바르게 사용되었으므로 3이 정답이다. 참고로, 1은 集中(しゅうちゅう, 집중), 4는 歓喜(かんき, 환희)를 사용하는 것이 올바른 문장이다.

어휘 熱中 ねっちゅう 圆열중   開発 かいはつ 圆개발
　　 参加者 さんかしゃ 圆참가자   全員 ぜんいん 圆전원
　　 話し合う はなしあう 동의논하다, 논의하다   夫婦 ふうふ 圆부부
　　 教育 きょういく 圆교육   経つ たつ 동경과하다, 지내다
　　 歌手 かしゅ 圆가수   コンサート 圆콘서트   チケット 圆티켓
　　 当たる あたる 동당첨되다, 맞다

32

> 두세 번, 여러 번
>
> 1 스즈키 씨와는 초등학교부터 친구로, 회사에서 일하기 시작한 지금에도 <u>두세 번</u> 만나고 있다.
> 2 내일 회의 시간에 대해 지난주에 연락해 두었습니다만, <u>두세 번</u> 연락해 두겠습니다.
> 3 이번 주에 2번이나 지각해 버려서, <u>두세 번</u> 지각할 수는 없다.
> 4 출발 전에 <u>두세 번</u> 설명했는데, 남동생은 여권을 가방에 넣는 것을 잊어버린 것 같다.

해설 再三(두세 번, 여러 번)은 어떤 일을 다시 반복하거나 되풀이할 때 사용한다. 제시어가 부사이므로 각 선택지에서 먼저 밑줄 뒷부분과 함께 읽어본다. 4의 再三説明したのに(두세 번 설명했는데)에서 문맥

상 올바르게 사용되었으므로 4가 정답이다. 참고로, 1은 度々(たび
たび, 자주), 2는 再度(さいど, 재차), 3은 再び(ふたたび, 다시)를
사용하는 것이 올바른 문장이다.

어휘 再三 さいさん 📖 두세 번, 여러 번　小学校 しょうがっこう 📖 초등학교
　始める はじめる 🅑 시작하다　会議 かいぎ 📖 회의
　連絡 れんらく 📖 연락　遅刻 ちこく 📖 지각　出発 しゅっぱつ 📖 출발
　説明 せつめい 📖 설명　パスポート 📖 여권

언어지식 (문법)

33

내가 아르바이트를 하고 있는 레스토랑에서는, 손님의 의견이나
감상 (　　　) 새로운 메뉴를 생각하고 있다.

1 에 대해	2 을 토대로
3 에 있어	4 에 따라

해설 문맥에 맞는 문형을 고르는 문제이다. 모든 선택지가 괄호 앞의 명사
感想(감상)에 접속할 수 있다. 때문에 괄호 뒤 新しいメニューを考
えている(새로운 메뉴를 생각하고 있다)로 이어지는 문맥을 보면 '손
님의 의견이나 감상을 토대로 새로운 메뉴를 생각하고 있다'가 가장
자연스럽다. 따라서 2 に基づいて(을 토대로)가 정답이다. 1 に対
しては '~에 대해', 3 にとっては '~에 있어', 4 につれては '~에 따
라'라는 의미의 문형임을 알아둔다.

어휘 アルバイト 📖 아르바이트　お客様 おきゃくさま 📖 손님
　意見 いけん 📖 의견　感想 かんそう 📖 감상　メニュー 📖 메뉴
　考える かんがえる 🅑 생각하다　~に対して ~にたいして ~에 대해
　~に基づいて ~にもとづいて ~을 토대로
　~にとって ~에 있어, ~에게　~につれて ~에 따라

34

급료가 적은데, 빚 (　　　) 내서 고급 브랜드의 양복을 사다니,
믿을 수 없다.

1 까지	2 정도	3 조차	4 만큼

해설 문맥에 맞는 조사를 고르는 문제이다. 괄호 뒤의 して高級ブランド
の洋服を買うなんて(내서 고급 브랜드의 양복을 사다니)와 문맥상
어울리는 말은 '빚까지'이다. 따라서 1 まで(까지)가 정답이다.

어휘 給料が安い きゅうりょうがやすい 급료가 적다
　借金 しゃっきん 📖 빚　高級 こうきゅう 📖 고급　ブランド 📖 브랜드
　信じる しんじる 🅑 믿다　~まで 🅐 ~까지　~ぐらい 🅐 ~정도
　~さえ 🅐 ~조차　~だけ 🅐 ~만큼, ~뿐

35

내일부터인 스키 여행은, 아내가 1개월 전에 열차 표를 예약해 준
(　　　), 통상요금의 반액으로 갈 수 있다.

1 탓에	2 덕분에
3 데 비해	4 탓에

해설 문맥에 맞는 문형을 고르는 문제이다. 모든 선택지가 괄호 앞의 동사
た형 くれた(준)에 접속할 수 있다. 때문에 괄호 뒤 通常料金の半
額で行くことができる(통상요금의 반액으로 갈 수 있다)로 이어지
는 문맥을 보면 '아내가 예약해 준 덕분에 통상요금의 반액으로 갈 수
있다'가 가장 자연스럽다. 따라서 2 おかげで(덕분에)가 정답이다.
1 ばかりには '~한 탓에', 3 わりは '~에 비해', 4 せいでは '~탓
에'라는 의미의 문형임을 알아둔다.

어휘 スキー 📖 스키　妻 つま 📖 아내　予約 よやく 📖 예약
　通常料金 つうじょうりょうきん 📖 통상요금　半額 はんがく 📖 반액
　~ことができる ~할 수 있다　~たばかりに ~한 탓에, ~했다가
　~たおかげで ~한 덕분에, ~덕택에　~わりに ~에 비해, ~치고는
　~せいで ~탓에

36

회사를 그만두고 빵집을 시작하는 것은, 가족과 잘 의논 (　　　),
결정했다.

1 한 바로는	2 한 이상에는
3 하곤 하여	4 한 뒤에

해설 문맥에 맞는 문형을 고르는 문제이다. 모든 선택지가 괄호 앞의 동사
た형 話し合った(의논한)에 접속할 수 있다. 때문에 괄호 뒤 決めた
(결정했다)로 이어지는 문맥을 보면 '가족과 잘 의논한 뒤에 결정했
다' 가 가장 자연스럽다. 따라서 4 上で(한 뒤에)가 정답이다. 1 限り
では는 '~한 바로는', 2 からには는 '~한 이상에는', 3 たものだ는
'~하곤 했다'라는 의미의 문형임을 알아둔다.

어휘 辞める やめる 🅑 그만두다, 사직하다　パン屋 パンや 📖 빵집
　始める はじめる 🅑 시작하다
　話し合う はなしあう 🅑 의논하다, 논의하다
　決める きめる 🅑 결정하다, 정하다
　~た限りでは ~たかぎりでは ~한 바로는　~からには ~한 이상에는
　~たものだ ~하곤 했다　~た上で ~たうえで ~한 뒤에

37

좋은 선수가, (　　　) 좋은 코치가 될 수 있는 것은 아닌 것처럼,
사람을 육성하는 것은 어려운 법이다.

1 아마	2 반드시
3 도대체	4 좀처럼

해설 문맥에 맞는 부사를 고르는 문제이다. 괄호 뒤의 いいコーチになれ
るわけではないように(좋은 코치가 될 수 있는 것은 아닌 것처럼)
와 문맥상 어울리는 말은 '좋은 선수가 반드시'이다. 따라서 2 かなら
ずしも(반드시)가 정답이다.

어휘 選手 せんしゅ 📖 선수　コーチ 📖 코치
　~わけではない ~인 것은 아니다　育てる そだてる 🅑 육성하다, 기르다
　おそらく 🗣 아마, 어쩌면　かならずしも 🗣 반드시, 꼭
　いったい 🗣 도대체　なかなか 🗣 좀처럼

38

오늘은, 빗속에, 일부러 (　　　), 감사합니다.

1 오셔서	2 오셔서
3 와 주셔서	4 찾아주셔서

해설 문맥에 맞는 경어를 고르는 문제이다. 비가 내려도 와 주신 것에 대한 감사함을 전하는 상황이므로 おいでくださり、ありがとうございます(와 주셔서, 감사합니다)가 가장 자연스럽다. 따라서 3 おいでくださり(와 주셔서)가 정답이다. 여기서 おいでくださる(와 주시다)는 来てくれる(와 주다)의 존경어이다. 1 いらっしゃり(오셔서)와 2 お越しになり(오셔서)는 来る(오다)의 존경어를, 4 お伺いいただき(찾아주셔서)는 訪れる(방문하다)의 겸양어를 활용한 것이다.

어휘 本日 ほんじつ 圏오늘   雨の中 あめのなか 圏빗속, 우중
わざわざ 凰일부러, 고의로   いらっしゃる 圏오시다 (来る의 존경어)
お越しになる おこしになる 圏오시다 (来る의 존경어)
おいでくださる 圏와 주시다 (来てくれる의 존경어)
伺う うかがう 圏찾아 뵙다, 방문하다 (訪れる의 겸양어)

39

수영 수업에서 선생님에게 '준비 운동을 (   ), 수영장에서 수영하면 안 돼요'라고 주의 받았다.

1 한 이상에는	2 한다고 하면
3 하고 나서야 비로소	**4 하고 나서가 아니면**

해설 문맥에 맞는 구를 고르는 문제이다. 괄호 앞뒤 문맥을 보면, '준비 운동을 하고 나서가 아니면 수영해서는 안 된다'가 가장 자연스럽다. 따라서 4 してからでなければ(하고 나서가 아니면)가 정답이다. 1의 からには는 '~한 이상에는', 2의 とすれば는 '~라고 하면', 3의 てはじめて는 '~하고 나서야 비로소'라는 의미의 문형임을 알아둔다.

어휘 水泳 すいえい 圏수영   準備運動 じゅんびうんどう 圏준비 운동
～てはいけない ~해서는 안 된다   注意 ちゅうい 圏주의
～からには ~한 이상에는   とすれば ~라고 하면
～てはじめて ~하고 나서야 비로소
～てからでなければ ~하고 나서가 아니면

40

40세를 지난 무렵부터, (   ), 작은 글자가 잘 보이지 않게 되었다.

1 나이를 먹음에 걸쳐	2 나이를 먹음에 의해
3 나이를 먹음에 따라	4 나이를 먹을 즈음하여

해설 문맥에 맞는 구를 고르는 문제이다. 괄호 앞뒤 문맥을 보면, '40세를 지난 무렵부터 나이를 먹음에 따라 작은 글자가 잘 보이지 않게 되었다'가 가장 자연스럽다. 따라서 3 年を取るにしたがって(나이를 먹음에 따라)가 정답이다. 1의 にわたって는 '~에 걸쳐', 2의 によっては '~에 의해', 4의 にあたっては '~즈음하여'라는 의미의 문형임을 알아둔다.

어휘 歳 さい 圏세, 나이   過ぎる すぎる 圏지나다, 통과하다
文字 もじ 圏글자, 문자   見える みえる 圏보이다
～にくい 잘 ~않다, ~하기 어렵다   ～になってくる ~하게 되다
年を取る としをとる 나이를 먹다   ～にわたって ~에 걸쳐
～によって ~에 의해   ～にしたがって ~에 따라
～にあたって ~에 즈음하여, ~를 맞아

41

업무 방법은 노모토 씨가 알고 있어요. (   ) 나서, 하는 편이 좋아요.

1 가르치게 해서	2 가르쳐 주고
3 배우고	4 가르쳐서

해설 문맥에 맞는 구를 고르는 문제이다. 괄호 앞뒤 문맥을 보면, '업무 방법은 노모토 씨가 알고 있으니 배우고 나서 하는 편이 좋다'가 가장 자연스럽다. 따라서 3 教えてもらって(배우고)가 정답이다. 여기서 もらう(받다)는 2인칭이 3인칭에게 받는 수수표현이다. 1 教えさせて(가르치게 하고)는 教える(가르치다)의 사역형, 2 教えてくれて(가르쳐 주고)는 '~해 주다'라는 의미의 수수표현, 4 教えさせられて(가르쳐서)는 教える(가르치다)의 사역수동형을 활용한 것이다.

어휘 やり方 やりかた 圏방법, 하는 법   ～たほうがいい ~하는 편이 좋다
～てくれる ~해 주다   ～てもらう (상대가) ~해 주다

42

점심을 먹으려고 사무실을 나왔더니, 천둥소리가 (   ).

1 들으려고도 하지 않았다	2 들릴 것 같았다
3 들으려고 해 왔다	**4 들려오기 시작했다**

해설 문맥에 맞는 문말표현을 고르는 문제이다. '사무실을 나왔더니, 천둥 소리가 들려오기 시작했다'라는 문맥이다. 따라서 4 聞こえはじめてきた(들려오기 시작했다)가 정답이다. 1의 (よ)うとする는 '~하려고 하다', 2의 そうだ는 '~할 것 같다', 3의 てくる는 '~해 오다'라는 의미의 문형임을 알아둔다.

어휘 昼ご飯 ひるごはん 圏점심   オフィス 圏사무실, 오피스
～たところ ~했더니   雷 かみなり 圏천둥   音 おと 圏소리
聞こえる きこえる 圏들리다   ～(よ)うとする ~하려고 하다
～そうだ ~할 것 같다   ～てくる ~해 오다
～はじめる ~하기 시작하다

43

인플루엔자에 걸려버려서, 내일은 중요한 회의가 있지만, 회사를 (   ).

1 쉬는 데 불과하다	**2 쉴 수 밖에 없다**
3 쉴 우려가 있다	4 쉬어서는 안 된다

해설 문맥에 맞는 문말표현을 고르는 문제이다. '인플루엔자에 걸려버려서 회사를 쉴 수 밖에 없다'라는 문맥이다. 따라서 2 休むよりほかない(쉴 수 밖에 없다)가 정답이다. 1의 にすぎない는 '~에 불과하다', 3의 おそれがある는 '~할 우려가 있다', 4의 ものではない는 '~해서는 안 된다'라는 의미의 문형임을 알아둔다.

어휘 インフルエンザ 圏인플루엔자, 감기
大事だ だいじだ 녀형중요하다, 소중하다   会議 かいぎ 圏회의
～にすぎない ~에 불과하다, ~에 지나지 않다
～よりほかない ~하는 수 밖에 없다   ～おそれがある ~할 우려가 있다
～ものではない ~해서는 안 된다

44

> 오후부터 내리기 시작한 눈으로, 전철도 버스도 멈춰버려서, 학교에서 집까지 걸어서 (　　).
>
> **1 돌아올 수밖에 없었다**　　2 돌아올 것이다
> 3 돌아와서는 안됐다　　4 돌아오는 경우도 있었다

해설 문맥에 맞는 문말표현을 고르는 문제이다. '전철도 버스도 멈춰서 집까지 걸어서 돌아올 수밖에 없었다'라는 문맥이다. 따라서 1 帰るしかなかった(돌아올 수밖에 없었다)가 정답이다. 2의 わけだ는 '~일 것이다', 3의 べきではない는 '~해서는 안 된다', 4의 こともある는 '~하는 경우도 있다'라는 의미의 문형임을 알아둔다.

어휘 降り出す ふりだす 图내리기 시작하다　～しかない ~할 수밖에 없다
～わけだ ~일 것이다　～べきではない ~해서는 안 된다
～こともある ~하는 경우도 있다

45

> 이 일은 힘들지만, 누가 무엇을, 할지 담당 만 ★정해두면 척척 진행될 거라고 생각한다.
>
> 1 정해두면　　2 할지 담당
> 3 만　　4 척척

해설 3 さえ는 1의 ば와 함께 쓰여 문형 さえ…ば(~만 …하면)가 되므로 먼저 3 さえ 1 決めておけば(만 정해두면)로 연결할 수 있다. 또한 さえ…ば는 명사에 접속하므로 2 するか担当 3 さえ 1 決めておけば(할지 담당만 정해두면)로 연결할 수 있고 이것을 나머지 선택지와 함께 의미적으로 연결하면 2 するか担当 3 さえ 1 決めておけば 4 ちゃくちゃくと(할지 담당만 정해두면 척척)가 되면서 전체 문맥과도 어울린다. 따라서 1 決めておけば(정해두면)가 정답이다.

어휘 ～けれど 图~지만　進む すすむ 图진행되다
決める きめる 图정하다, 결정하다　～ておく ~해 두다
担当 たんとう 图담당　～さえ…ば ~만 …하면
ちゃくちゃく 图척척, 착착

46

> 학교 테스트의 점수가 안 좋았던 정도로 그렇게 실망할 ★필요는 없을 것입니다.
>
> 1 실망하다　　2 정도로
> **3 필요는 없다**　　4 그렇게

해설 3 ことはない는 동사 사전형 뒤에 접속하므로 먼저 1 がっかりする 3 ことはない(실망할 필요는 없다)로 연결할 수 있다. 이것을 나머지 선택지와 함께 의미적으로 연결하면 2 くらいで 4 そんなに 1 がっかりする 3 ことはない(정도로 그렇게 실망할 필요는 없을)가 되면서 전체 문맥과도 어울린다. 따라서 ★이 있는 네 번째 빈칸에 위치한 3 ことはない(필요는 없다)가 정답이다.

어휘 点 てん 图점수, 점　がっかり 图실망한
～ことはない ~할 필요는 없다

47

> 이번 프로젝트에서는 엔진 부품의 조립 등, 통상적으로는, 경험 할 수 없는 ★귀중한 체험을 했다.
>
> 1 할 수 없다　　2 체험을
> 3 경험　　**4 귀중한**

해설 연결되는 문형이 없으므로 전체 선택지를 의미적으로 연결하면 3 経験 1 し得ない 4 貴重な 2 体験を(경험할 수 없는 귀중한 체험을)가 되면서 전체 문맥과도 어울린다. 따라서 4 貴重な(귀중한)가 정답이다.

어휘 今回 こんかい 图이번　プロジェクト 图프로젝트　エンジン 图엔진
部品 ぶひん 图부품　組み立て くみたて 图조립, 구조
通常 つうじょう 图통상, 보통　～得ない ～えない ~할 수 없다
体験 たいけん 图체험　経験 けいけん 图경험
貴重だ きちょうだ な형귀중하다

48

> 야마시타 씨의 기분은 알지만, 프레젠테이션이 잘 되지 않았 다고 해서 ★언제까지나 침울해 있어서는 다른 일에 영향을 줄 수 있다.
>
> **1 언제까지나**　　2 잘 되지 않았다
> 3 침울해 있어서는　　4 라고 해서

해설 4 からといって는 동사 보통형 뒤에 접속하므로 먼저 2 うまくいかなかった 4 からといって(잘 되지 않았다고 해서)로 연결할 수 있다. 이것을 나머지 선택지와 함께 의미적으로 연결하면 2 うまくいかなかった 4 からといって 1 いつまでも 3 落ち込んでいては(잘 되지 않았다고 해서 언제까지나 침울해 있어서는)가 되면서 전체 문맥과도 어울린다. 따라서 1 いつまでも(언제까지나)가 정답이다.

어휘 気持ち きもち 图기분, 마음
プレゼン 图프레젠테이션 (프레젠테이션의 줄임말)
影響が出る えいきょうがでる 영향을 주다
～かねない ~할 수 있다, ~하기 쉽다　いつまでも 图언제까지나
うまくいく 잘 되다　落ち込む おちこむ 图침울해지다, 풀죽다
～からといって ~라고 해서, ~라고 해도

49

> 엔고가 되는 것은 일본 국내 수입업자에게 있어서는 기쁜 일이지만, 수출업자 입장에서는 매상의 감소 ★로 이어지는 큰 문제라고 할 수 있다.
>
> 1 매상의 감소　　2 입장에서는
> 3 큰 문제이다　　**4 로 이어지다**

해설 연결되는 문형이 없으므로 전체 선택지를 의미적으로 연결하면 2 にしてみれば 1 売り上げの減少 4 につながる 3 大問題だ(입장에서는 매상의 감소로 이어지는 큰 문제)가 되면서 전체 문맥과도 어울린다. 따라서 4 につながる(로 이어지다)가 정답이다.

어휘 円高 えんだか 图엔고　日本 にほん 图일본　国内 こくない 图국내
輸入 ゆにゅう 图수입　業者 ぎょうしゃ 图업자
～にとっては ~에 있어서는　うれしい い형기쁘다, 즐겁다

輸出 ゆしゅつ 명수출　売り上げ うりあげ 명매상, 매출
減少 げんしょう 명감소　〜にしてみれば ~입장에서는, ~에게는
大問題 だいもんだい 명큰 문제　つながる 동이어지다, 연결되다

50-54

식사 스타일

여러분, 'こしょく'라는 말을 들어본 적이 있습니까? 사용되는 한자에 따라 의미의 차이가 있습니다만, 그중에서도 대표적인 '孤食'와 '個食' 두 가지를 소개하려고 합니다.

'孤食'는 한자의 '孤'의 의미가 '외톨이, 혼자만 있는 것'인 것에서 알 수 있듯이, 혼자서 밥을 먹는 것입니다. 최근에는 부모가 일을 하는 가정도 많아지고, 그 [50], 혼자서 저녁을 먹는 아이들도 많아지고 있습니다. 또 하나는 '個食'입니다. '개인, 개별' 등의 말에서도 알 수 있듯이, 가족이 함께 테이블을 둘러싸고 있어도, 같은 것을 [51] 각자 좋아하는 것을 먹는 것입니다.

이 두 'こしょく'는 아이들에게 있어서 어떤 문제가 있을까요? '孤食'는 밥이 준비되어 있어도, 그중에 좋아하는 것만 먹고, 싫어하는 것을 남기기 쉬워져, 영양 밸런스가 나빠지는 것이 걱정되고 있습니다. [52], 식사 때의 가족의 커뮤니케이션이 부족한 것에 의해, 아이들의 음식 취향뿐만 아니라, 평소 생활에서 일어나는 변화에 대해서도, 가족이 알아차리는 것이 어려워진다고 말해지고 있습니다. '個食'도 스스로 좋아하는 메뉴를 고를 수 있기 때문에, '孤食'와 마찬가지로 [53] 가 걱정되고 있습니다. 또, 모처럼 가족이 보내는 시간에도, 같은 것을 먹고 '맛있네', '이 생선은 뭐지' 등의 음식에 대해 이야기를 공유할 수 없는 쓸쓸함도 있다고 생각합니다.

그 외에도, '固食'와 '粉食', '小食' 등도 있는듯합니다. 한자의 의미에서 어떤 식사 스타일인지를 상상해보는 것도 재미있 [54].

어휘 食 しょく 명식사, 음식　スタイル 명스타일
〜によって ~에 따라, ~에 의해　違い ちがい 명차이, 다름
代表的だ だいひょうてきだ な형대표적이다
孤食 こしょく 혼자서 밥을 먹는 것
個食 こしょく 각자 밥을 먹는 것　紹介 しょうかい 명소개
〜したいと思う 〜したいとおもう ~하려고 하다
ひとりぼっち 명외톨이　最近 さいきん 명최근
晩ご飯 ばんごはん 명저녁, 저녁식사　個人 こじん 명개인
個別 こべつ 명개별　囲む かこむ 동둘러싸다
それぞれ 부각자, 각기, 각각　〜にとって ~에게 있어, ~한테
用意 ようい 명준비　残す のこす 동남기다　栄養 えいよう 명영양
バランス 명밸런스, 균형　心配 しんぱい 명걱정
食事 しょくじ 명식사　際 さい 명때, 기회
コミュニケーション 명커뮤니케이션　不足 ふそく 명부족
〜だけでなく…も ~뿐만 아니라 …도　普段 ふだん 명평소, 항상
生活 せいかつ 명생활　起きる おきる 동일어나다, 발생하다
変化 へんか 명변화　気がつく きがつく 알아차리다, 깨닫다
メニュー 명메뉴　選ぶ えらぶ 동고르다, 선택하다
せっかく 부모처럼　過ごす すごす 동보내다, 지내다　〜など 조~등
共有 きょうゆう 명공유　さびしさ 명쓸쓸함　そのほか 그 외
固食 こしょく 명자기가 좋아하는 것만 먹는 것

粉食 こしょく 명빵이나 면 등 밀가루로 된 것만 먹는 것
小食 こしょく 명조금만 먹는 것　想像 そうぞう 명상상

50

1 대로	2 에 따라
3 에 대해	4 에 있어서

해설 문맥에 적절한 문형을 고르는 문제이다. 빈칸 앞에서 最近は両親が 仕事をする家庭も多くなり(최근에는 부모가 일을 하는 가정도 많아지고)라고 하고, 빈칸 뒤에서 一人で晩ご飯を食べる子供も多く なっています(혼자서 저녁을 먹는 아이들도 많아지고 있습니다)라 며 부모가 일을 하는 가정이 늘어남에 따라 생긴 변화에 대해 말하고 있으므로, それにともなって(그에 따라)라는 문맥이 가장 자연스럽 다. 따라서 2 にともなって(에 따라)가 정답이다.

어휘 〜にそって ~대로, ~에 따라　〜にともなって ~에 따라, ~에 동반하여
〜にたいして ~에 대해　〜にかけて ~에 있어서

51

1 먹으면서	2 먹으면서
3 먹고 나서	4 먹지 않고

해설 문맥에 적절한 문형을 고르는 문제이다. 빈칸 뒤에서 それぞれ好き なものを食べることです(각자 좋아하는 것을 먹는 것입니다)라고 언급하였으므로 같은 것을 먹지 않고 각자 좋아하는 것을 먹는 것을 알 수 있다. 따라서 4 食べずに(먹지 않고)가 정답이다.

어휘 〜ながら 조~하면서, ~이면서　〜つつ 조(계속) ~하면서
〜てから ~하고 나서　〜ずに ~하지 않고, ~하지 않은 채

52

1 따라서	2 그러나
3 게다가	4 이렇게 해서

해설 문맥에 맞는 접속사를 고르는 문제이다. 빈칸 앞에서 栄養のバラン スが悪くなることが心配されています(영양 밸런스가 나빠지는 것 이 걱정되고 있습니다)라며 孤食에 대한 부정적인 영향을 언급하고, 빈칸 뒤에서도 食事の際の家族のコミュニケーションが不足する ことによって(식사 때의 가족의 커뮤니케이션이 부족한 것에 의해) 라며 또 다른 부정적인 영향을 언급하였으므로 첨가, 병렬의 접속사가 들어가야 함을 알 수 있다. 따라서 3 さらに(게다가)가 정답이다.

어휘 したがって 접따라서　しかし 접그러나, 하지만　さらに 접게다가
こうして 접이렇게 해서

53

1 커뮤니케이션 부족	2 영양 밸런스
3 음식의 취향	4 생활의 변화

해설 문맥에 알맞은 내용을 고르는 문제이다. 빈칸 앞에서 '孤食'는 영양 밸런스가 나빠질 우려가 있다고 했고, 빈칸이 포함된 문장을 보면 「個食」も自分で好きなメニューが選べるので、「孤食」と同じよ うに('個食'도 스스로 좋아하는 메뉴를 고를 수 있기 때문에 '孤食'와

마찬가지로)라는 내용으로 미루어보아 「孤食」와 같은 문제인 영양 밸런스를 걱정하고 있는 것을 알 수 있다. 따라서 2 栄養のバランス(영양 밸런스)가 정답이다.

54

1 지 않을까요?	2 다는 것입니다
3 는 것이 좋습니다	4 는 것이라고 생각됩니다

해설 문맥에 적절한 문말표현을 고르는 문제이다. 빈칸 앞 문장에서 그 외에도, 「固食」이나 「粉食」, 「小食」 등도 있는 듯합니다(그 외에도, '固食'와 '粉食', '小食' 등도 있는듯합니다)라고 서술하고, 글 전체적으로도 같은 발음이라도 한자의 의미에 따라 다른 뜻을 가지는 어휘에 대해 설명을 했으므로, 漢字の意味から、どんな食のスタイルかを想像してみるのもおもしろいのではないでしょうか(한자의 의미에서 어떤 식사 스타일인지를 상상해보는 것도 재미있지 않을까요?)라는 문맥이 가장 자연스럽다. 따라서 1 のではないでしょうか(지 않을까요?)가 정답이다.

어휘 ～ではないか ～인 것이 아닐까
　～というわけだ ～라는 것이다, (결과적으로) ～라는 얘기다
　～にこしたことはない ～하는 것이 좋다, ～해서 나쁠 건 없다
　～と思われる ～とおもわれる ～라고 생각되다

독해

55

미술관이 연이어 리뉴얼 오픈하고 있다. 지진이 일어났을 때의 대책과 고령자 등이 사용하기 쉽도록 하는 대책도 고민되어, 다양한 사람이 가기 쉬워졌다. 특히, 미술관 내에 어린이용 도서실이 새롭게 만들어진 미술관도 있어, 어린이도 즐길 수 있는 장소가 된 것은 훌륭한 일이다. 일본의 미술관이라고 하면, 어른이 감상하는 곳이라는 이미지가 강한데, 유럽과 미국에서는 미술관에서 수업이 행해지는 등, 어린이들도 즐길 수 있는 곳이다. **미술관은 단지 작품을 장식하는 공간이 아니라, 어린이들의 마음을 풍부하게 키우는 장소였으면 한다.**

(주) 리뉴얼: 건물 등을 새롭게 하는 것

필자의 생각과 맞는 것은 어느 것인가?

1 **미술관**은, 지진과 고령자 등으로의 대책을 더욱 진행하길 바란다.
2 모든 **미술관**에, **어린이용** 도서실을 만들기를 바란다.
3 **미술관은, 어른뿐만 아니라 어린이에게도 즐길 수 있는 장소 였으면 한다.**
4 일본의 **미술관**도 유럽과 미국의 **미술관**처럼, 새롭게 했으면 한다.

해설 에세이로 필자의 생각을 묻고 있다. 선택지에서 반복되는 美術館(미술관), 子供(어린이)를 지문에서 찾아 필자의 생각을 파악한다. 후반부에서 美術館はただ作品を飾るスペースではなく、子供たちの心を豊かに育てる場所であってほしい(미술관은 단지 작품을 장식하는 공간이 아니라, 어린이들의 마음을 풍부하게 키우는 장소였

으면 한다)라고 서술하고 있으므로, 3 美術館は、大人だけでなく子供にも楽しめる場であってほしい(미술관은, 어른뿐만 아니라 어린이에게도 즐길 수 있는 장소였으면 한다)가 정답이다.

어휘 美術館 びじゅつかん 圏 미술관　次々と つぎつぎと 연이어
オープン 圏 오픈　地震 じしん 圏 지진　起こる おこる 튐 일어나다
対策 たいさく 圏 대책　高齢者 こうれいしゃ 圏 고령자
考える かんがえる 튐 고민하다, 생각하다
様々だ さまざまだ な형 다양하다　特に とくに 튐 특히
子供向け こどもむけ 圏 어린이용　図書室 としょしつ 圏 도서실
新ただ あらただ な형 새롭다　楽しむ たのしむ 튐 즐기다
場所 ばしょ 圏 장소　すばらしい い형 훌륭하다　日本 にほん 圏 일본
鑑賞 かんしょう 圏 감상　イメージ 圏 이미지
欧米 おうべい 圏 유럽과 미국, 구미　行う おこなう 튐 행하다, 실시하다
ただ 튐 단지　作品 さくひん 圏 작품　飾る かざる 튐 장식하다
スペース 圏 공간　心 こころ 圏 마음　豊かだ ゆたかだ な형 풍부하다
育てる そだてる 튐 키우다　進める すすめる 튐 진행하다, 나아가다
全て すべて 圏 모든 것, 전체

56

인터넷의 보급에 의해, 거리에서 서점이 사라져버렸다. 서점에 가지 않아도, 책과 잡지를 읽을 수 있게 되었기 때문이다. 간단하게 메일로 연락도 가능하기 때문에, 손으로 쓴 편지도 줄어 버렸다. 그러면, 서점과 편지는 정말로 필요 없는 것일까?

어느 서점은, 좋아하는 책을 진열하고, 카페를 갖추고, 가게와 손님 사이에 따뜻한 관계를 만들고 있다. 또, 나는 친구로부터 손으로 쓴 편지를 받으면 굉장히 기쁘다. 이러한 마음의 유대는 인터넷으로는 맛볼 수 없을 것이다. 나도 한 번 더 편지를 써봐야겠다.

이 글에서 필자가 가장 말하고 싶은 것은 무엇인가?

1 서점과 편지가 줄어드는 것은, 어쩔 수 없는 일이다.
2 인터넷이 편리하기 때문에, 서점과 편지는 필요 없다.
3 **서점과 편지에는, 인터넷에는 없는 장점이 있다.**
4 마음의 유대를 소중하게 하기 위해, 편지를 쓰고 싶다.

해설 에세이로 필자가 가장 말하고 싶은 것이 무엇인지 묻고 있다. 선택지에서 반복되는 書店(서점), 手紙(편지), インターネット(인터넷)를 지문에서 찾아 필자가 말하고 싶은 것을 파악한다. 중반부에서 ある書店は、好きな本を並べ、カフェを備えて、店と客の間にあたたかい関係を作っている。また、私は友人から手書きの手紙をもらうととてもうれしい(어느 서점은, 좋아하는 책을 진열하고, 카페를 갖추고, 가게와 손님 사이에 따뜻한 관계를 만들고 있다. 또, 나는 친구로부터 손으로 쓴 편지를 받으면 굉장히 기쁘다)라고 서술하고, 후반부에서 このような心のつながりはインターネットでは味わえないだろう(이러한 마음의 유대는 인터넷으로는 맛볼 수 없을 것이다)라고 서술하고 있으므로, 3 書店や手紙には、インターネットにはない良さがある(서점과 편지에는, 인터넷에는 없는 장점이 있다)가 정답이다.

어휘 インターネット 圏 인터넷　普及 ふきゅう 圏 보급
書店 しょてん 圏 서점　雑誌 ざっし 圏 잡지

簡単だ かんたんだ [な형]간단하다	メール [명]메일		印 しるし [명]표시	合わせる あわせる [동]맞추다
連絡 れんらく [명]연락	手書き てがき [명]손으로 씀		はめ込む はめこむ [동]끼워 넣다	固定 こてい [명]고정
減る へる [동]줄다	カフェ [명]카페	備える そなえる [동]갖추다	故障時 こしょうじ [명]고장 시	下記 かき [명]하기
客 きゃく [명]손님	間 あいだ [명]사이	関係 かんけい [명]관계	コールセンター [명]콜센터	連絡 れんらく [명]연락
友人 ゆうじん [명]친구	うれしい [い형]기쁘다	心 こころ [명]마음	営業 えいぎょう [명]영업	平日 へいじつ [명]평일
つながり [명]유대, 연결	味わう あじわう [동]맛보다		土日祝 どにちしゅく [명]토・일・국경일	伝える つたえる [동]전달하다
最も もっとも [부]가장	しかたがない 어쩔 수 없다		きちんと [부]깔끔히, 정확히	必ず かならず [부]반드시, 꼭
便利だ べんりだ [な형]편리하다	必要 ひつよう [명]필요		使用 しよう [명]사용	はずす [동]빼다
良さ よさ [명]장점	大事だ だいじだ [な형]소중하다			

57

이하는, 어느 상품 설명의 일부이다.

> △ 주의 △
>
> 욕조 필터에 붙은 물때, 쓰레기, 실밥 등은 바지런히 칫솔 등으로 씻어 내어 주세요. **이 쓰레기들이 있으면, 막힘이 원인으로 욕조의 온도가 설정한 대로 되지 않는 경우가 있기 때문에, 청소는 적절하게 해 주세요.** 또한, 필터의 뚜껑은 왼쪽으로 돌리면 빠지기 때문에, 다시 닫을 때는, 뚜껑의 표시를 맞춰서 끼워 넣고, 오른쪽으로 돌려서 고정해 주세요. 그 외, 고장 시 등에는 하기 콜센터로 연락해 주세요.
>
> 욕조 마스터 콜센터
> 영업시간 10:00-18:00(평일),
> 10:00-17:00(토・일・국경일)

(주) 필터: 쓰레기를 제거하기 위한 부품, 영어로 filter

이 글에서 가장 전달하고 싶은 것은 무엇인가?

1 욕조 온도를 설정대로 하기 위해서, 깔끔히 청소할 것
2 욕조 청소 시에는 반드시 칫솔을 사용할 것
3 필터 뚜껑을 뺄 때는 오른쪽으로 돌리고, 닫을 때는 왼쪽으로 돌릴 것
4 필터에 쓰레기가 꼭 차면 바로 연락할 것

해설 설명문 형식의 실용문으로 이 글이 전달하고 싶은 것을 묻고 있다. 선택지에서 반복되는 お風呂(욕조), 掃除(청소), フィルター(필터)를 지문에서 찾는다. 중반부에서 これらのゴミがあると、詰まりが原因でお風呂の温度が設定したとおりにならないことがあるので、掃除は適切に行ってください(이 쓰레기들이 있으면, 막힘이 원인으로 욕조의 온도가 설정한 대로 되지 않는 경우가 있기 때문에, 청소는 적절하게 해 주세요)라고 언급하고 있으므로, 1 お風呂の温度を設定通りにするため、きちんと掃除すること(욕조 온도를 설정대로 하기 위해서, 깔끔히 청소할 것)가 정답이다.

어휘 フィルター [명]필터　つく [동]붙다, 끼다　湯あか ゆあか [명]물때
　　　ゴミ [명]쓰레기　糸くず いとくず [명]실밥　こまめだ [な형]바지런하다
　　　歯ブラシ はブラシ [명]칫솔　洗い落とす あらいおとす [동]씻어 내다
　　　詰まる つまる [동]막히다, 꽉 차다　原因 げんいん [명]원인
　　　温度 おんど [명]온도　設定 せってい [명]설정
　　　適切だ てきせつだ [な형]적절하다　行う おこなう [동]하다, 시행하다
　　　なお [부]또한　ふた [명]뚜껑　回す まわす [동]돌리다
　　　はずれる [동]빠지다　再度 さいど [부]다시　際 さい [명]때

58

드러그 스토어에는 매우 많은 상품이 진열되어 있어서 재미있다. 세탁 세제 하나를 들어도, 액체 혹은 가루인 것, 유연제가 들어간 것 등, 다른 종류인 것이 많이 있다. 또, 실내에서 말려도 냄새가 나지 않는다, 향기가 오래 지속된다, 때를 확실히 제거할 수 있다 등, 강점도 여러 가지 있다. 그만큼, **상품 선택에는 시간이 걸릴지도 모르지만, 이만큼의 수가 갖추어져 있으면, 자신의 취향인 것을 발견할 수 있을 것이다.**

드러그 스토어에 대해, 필자의 생각과 맞는 것은 어느 것인가?

1 매우 많은 **상품**이 있지만, **상품**을 고르는데 시간이 너무 많이 걸린다.
2 매우 많은 **상품**이 있지만, **자신이 좋아하는 것**을 **찾는** 것은 어렵다.
3 여러 가지 상품이 있기 때문에, 자신이 좋아하는 것을 찾을 수 있을 것 같다.
4 여러 가지 **상품**이 너무 많기 때문에, **상품** 수를 줄여야 한다.

해설 에세이로 필자의 생각을 묻고 있다. 선택지에서 반복되는 商品(상품), 自分が好きなもの(자신이 좋아하는 것), 見つける(찾다)를 지문에서 찾아 드러그 스토어에 대한 필자의 생각을 파악한다. 후반부에서 商品選びには時間がかかるかもしれないが、これだけの数がそろっていれば、自分の好みのものを見つけられるだろう(상품 선택에는 시간이 걸릴지도 모르지만, 이만큼의 수가 갖추어져 있으면, 자신의 취향인 것을 발견할 수 있을 것이다)라고 서술하고 있으므로, 3 いろいろな商品があるので、自分の好きなものを見つけられそうだ(여러 가지 상품이 있기 때문에, 자신이 좋아하는 것을 찾을 수 있을 것 같다)가 정답이다.

어휘 ドラッグストア [명]드러그 스토어　多く おおく [명]많음, 대부분
　　　商品 しょうひん [명]상품　洗濯洗剤 せんたくせんざい [명]세탁 세제
　　　液体 えきたい [명]액체　または [접]혹은　粉 こな [명]가루
　　　柔軟剤入り じゅうなんざいいり [명]유연제가 들어감
　　　種類 しゅるい [명]종류　室内 しつない [명]실내　干す ほす [동]말리다
　　　くさい [い형]냄새가 나다　香り かおり [명]향기
　　　続く つづく [동]지속되다　汚れ よごれ [명]때　しっかり [부]확실히
　　　落とす おとす [동]제거하다　強み つよみ [명]강점
　　　商品選び しょうひんえらび [명]상품 선택
　　　かかる [동](시간, 비용이)걸리다　～かもしれない ~일지도 모른다
　　　数 かず [명]수　そろう [동]갖추어지다, 모이다　好み このみ [명]취향
　　　見つける みつける [동]발견하다, 찾다　減らす へらす [동]줄이다
　　　べきだ ~해야 한다

59

이하는, 어느 회사의 사내 문서이다.

20XX년 2월 28일

사원 여러분

총무부장

관내 일제 청소에 관한 부탁

이번, 3월 넷째 주의 주말에 빌딩 전체 청소와 방충 작업을 실시하게 되었습니다. 작업에 따라, 사전에 데스크 주변과 복도 등에 놓여 있는 짐의 정리를 부탁드리겠습니다.

분실하거나 부서지거나 하면 곤란한 물건은 밖에 두지 말고, 각자 확실히 관리하도록 해주세요. 또, **중요한 서류 등은 열쇠가 붙은 로커에 넣도록** 철저히 부탁드리겠습니다.

이 문서의 내용에 대해, 올바른 것은 어느 것인가?

1 3월 말에 **청소와 방충 작업을 실시**하면서, 데스크 주변이나 복도에 있는 짐을 정리해야 한다.

2 3월 말에 **청소와 방충 작업을 실시**하니, 데스크 주변과 복도의 짐을 버릴 필요가 있다.

3 3월 말에 **청소와 방충 작업을 실시**하는데, 중요한 서류 등은, 자신의 책상에 열쇠를 잠가 넣어 둘 필요가 있다.

4 3월 말에 **청소와 방충 작업을 실시**하는데, 중요한 서류 등은, 열쇠가 잠기는 로커에 넣어둬야 한다.

해설 문서 형식의 실용문으로, 이 문서의 내용에 대해 올바른 것을 묻고 있다. 선택지에서 반복되는 掃除と防虫作業(청소와 방충 작업), 行う(실시하다)를 지문에서 찾는다. 초반부에서 3月第四週目の週末にビル全体の清掃と防虫作業を行うことになりました(3월 넷째 주의 주말에 빌딩 전체 청소와 방충 작업을 실시하게 되었습니다)라고 언급하고, 후반부에서 重要な書類等は鍵のついたロッカーにしまうよう徹底をお願いいたします(중요한 서류 등은 열쇠가 붙은 로커에 넣도록 철저히 부탁 드리겠습니다)라고 언급하고 있으므로, 4 3月の末に掃除と防虫作業を行うが、大切な書類などは、鍵がかかるロッカーに入れておかなければならない(3월 말에 청소와 방충 작업을 실시하는데, 중요한 서류 등은, 열쇠가 잠기는 로커에 넣어둬야 한다)가 정답이다.

어휘 社内文書 しゃないぶんしょ 圕 사내 문서
社員各位 しゃいんかくい 圕 사원 여러분
総務部長 そうむぶちょう 圕 총무부장, 총무부장님
館内 かんない 圕 관내 一斉掃除 いっせいそうじ 圕 일제 청소
〜に関する 〜にかんする ~에 관한 週末 しゅうまつ 圕 주말
ビル 圕 빌딩 全体 ぜんたい 圕 전체
防虫作業 ぼうちゅうさぎょう 圕 방충 작업 行う おこなう 圄 실시하다
〜に伴い 〜にともない ~에 따라 デスク 圕 데스크
周り まわり 圕 주변 荷物 にもつ 圕 짐 整理 せいり 圕 정리
失くす なくす 圄 분실하다 壊れる こわれる 圄 부서지다
各自 かくじ 圕 각자 しっかり 圉 확실히 管理 かんり 圕 관리
重要だ じゅうようだ 傁圄 중요하다 書類 しょるい 圕 서류
つく 圄 붙다 ロッカー 圕 로커 しまう 圄 넣다

徹底 てってい 圕 철저 捨てる すてる 圄 버리다
鍵をかける かぎをかける 열쇠를 잠그다

스웨덴에서는, 버려진 쓰레기 중, 매립 처리되는 것은 단 1%. 남은 것의 절반은 재활용, 절반은 쓰레기 처리장에서 태울 때에, 전력으로 바꾸어 재이용하고 있다. 현재에는, [60]이 전력으로 25만 세대 분이나 되는 전력이 만들어지고 있다. 게다가, 국내에서 나오는 쓰레기의 양만으로는 부족하게 되어, 외국에서 쓰레기를 수입하고 있다는 것이다.

스웨덴뿐만 아니라, 재활용을 계속하기 위한 궁리나, 쓰레기를 늘리지 않기 위한 노력을 하고 있는 나라는 그 외에도 있다.

예를 들면, [61]독일에서는, 슈퍼에 놓여 있는 재활용용 회수 박스에 페트병과 병을 넣으면, 30엔 정도의 돈이 돌아온다. 이 '캐시백 제도'에 의해 재활용이 철저하게 되었다.

또, 아일랜드에서는, 주택에 원래 가구와 가전이 갖춰져 있기 때문에, 이사할 때에 큰 쓰레기가 나오지 않고 끝난다. 따라서, '어쩔 수 없이 버린다'라는 상황을 자연스럽게 줄일 수 있다.

이것들을 들으면, 일본은 아직도, 재활용에 대한 의식이 낮다고 말할 수 있다. [62]중고품의 매매 서비스나, 중고품 판매점은 존재하지만, 필요 없는 것은 쓰레기로써 버려지고 있는 경우 쪽이 많다. 나라나 기업을 통틀어, 일본에 맞는 재활용 방법의 고안과, 환경 교육 등에 힘을 쏟아야만 한다.

(주1) 매립: 쓰레기 등을 강이나 바다 등에 쌓아서 묻는 것
(주2) 캐시백: 돈을 되돌려 주는 것
(주3) 갖추다: 원래 설비로써 그곳에 준비하다

어휘 スウェーデン 圕 스웨덴 捨てる すてる 圄 버리다 ゴミ 圕 쓰레기
埋め立て うめたて 圕 매립 処理 しょり 圕 처리 たった 圉 단
残り のこり 圕 나머지 処理場 しょりじょう 圕 처리장
燃やす もやす 圄 태우다 際 さい 圕 때 電力 でんりょく 圕 전력
変える かえる 圄 바꾸다 再利用 さいりよう 圕 재이용
現在 げんざい 圕 현재 世帯分 せたいぶん 圕 세대 분
さらには 게다가 国内 こくない 圕 국내 量 りょう 圕 양
足りない たりない 부족하다 輸入 ゆにゅう 圕 수입
〜だけでなく ~뿐만 아니라 続ける つづける 圄 계속하다
工夫 くふう 圕 궁리 増やす ふやす 圄 늘리다 努力 どりょく 圕 노력
他に ほかに 그 외에 例えば たとえば 圉 예를 들면 ドイツ 圕 독일
スーパー 圕 슈퍼 回収 かいしゅう 圕 회수 ボックス 圕 박스, 상자
ペットボトル 圕 페트병 瓶 びん 圕 병 ほど 圕 정도
返る かえる 圄 돌아가다 制度 せいど 圕 제도 〜によって ~에 의해
徹底 てってい 圕 철저 アイルランド 圕 아일랜드
住宅 じゅうたく 圕 주택 もともと 圉 원래 家具 かぐ 圕 가구
家電 かでん 圕 가전 備え付ける そなえつける 圄 갖추다
引っ越し ひっこし 圕 이사 済む すむ 圄 끝나다, 해결되다
よって 國 따라서 仕方ない しかたない 傁圄 어쩔 수 없다
状況 じょうきょう 圕 상황 自然だ しぜんだ 傁圄 자연스럽다
減らす へらす 圄 줄이다 〜ことができる ~할 수 있다
まだまだ 圉 아직도 意識 いしき 圕 의식
中古品 ちゅうこひん 圕 중고품 売買 ばいばい 圕 매매

サービス 名 서비스
中古品販売店 ちゅうこひんはんばいてん 名 중고품 판매점
存在 そんざい 名 존재　もの の ~だが 필요 ひつよう 名 필요
企業 きぎょう 名 기업　合う あう 動 맞다　方法 ほうほう 名 방법
考案 こうあん 名 고안　環境教育 かんきょうきょういく 名 환경 교육
力 ちから 名 힘　～べきだ ~해야 한다
積み上げる つみあげる 動 쌓아 올리다
払い戻す はらいもどす 動 되돌려주다

60

스웨덴이 쓰레기를 수입하고 있는 것은, 왜인가?

1　외국에서 버려진 쓰레기를 사용해, 재활용과 전력으로 전환하는
　것을 잘하기 때문에
2　보다 많은 쓰레기를 손에 넣는 것으로, 국외에서도 쓸 수 있는
　전력을 늘리고 싶기 때문에
3　국내의 쓰레기만으로는, 25만 세대 분의 전력을 만들 수 없게
　되었기 때문에
4　보다 많은 쓰레기를 손에 넣는 것으로, 보다 재활용을 잘 하게
　되기 때문에

해설 질문의 スウェーデンがゴミを輸入しているの(스웨덴이 쓰레기를
수입하고 있는 것)의 이유와 관련된 내용을 지문에서 찾는다. 첫 번
째 단락에서 この電力で25万世帯分もの電力が作られている。
さらには、国内から出るゴミの量だけでは足りなくなり、外国
からゴミを輸入しているというのだ(이 전력으로 25만 세대 분이
나 되는 전력이 만들어지고 있다. 게다가, 국내에서 나오는 쓰레기의
양만으로는 부족하게 되어, 외국에서 쓰레기를 수입하고 있다는 것이
다)라고 서술하고 있으므로, 3 国内のゴミだけでは、25万世帯分
の電力が作れなくなったため(국내의 쓰레기만으로는, 25만 세대
분의 전력을 만들 수 없게 되었기 때문에)가 정답이다.

어휘 転換 てんかん 名 전환　得意だ とくいだ な형 잘하다
国外 こくがい 名 국외

61

재활용을 계속하기 위한 궁리나, 쓰레기를 늘리지 않기 위한
노력에 대해, 옳은 것은 어느 것인가?

1　독일에서는, 재활용한 사람에게의 '캐시백 제도'를 도입하고
　있다.
2　독일에서는, 슈퍼의 회수 박스에서, 재활용을 체험할 수 있다.
3　아일랜드에서는, 가구와 같은 큰 쓰레기를 버리는 것을 금지하고
　있다.
4　아일랜드에서는, 중고품 판매점의 수를 점점 줄이고 있다.

해설 지문의 リサイクルを続けるための工夫や、ゴミを増やさないた
めの努力(재활용을 계속하기 위한 궁리나, 쓰레기를 늘리지 않기 위
한 노력) 주변을 주의 깊게 읽는다. 뒷부분에서 ドイツでは、スーパ
ーに置いてあるリサイクル用の回収ボックスにペットボトルや
瓶を入れると、30円ほどのお金が返ってくる(독일에서는, 슈퍼에
놓여 있는 재활용 회수 박스에 페트병과 병을 넣으면, 30엔 정도의
돈이 돌아온다)라고 서술하고 있으므로, 1 ドイツでは、リサイクル

した人への「キャッシュバック制度」を導入している(독일에서는,
재활용한 사람에게의 '캐시백 제도'를 도입하고 있다)가 정답이다.

어휘 導入 どうにゅう 名 도입　体験 たいけん 名 체험
禁止 きんし 名 금지

62

필자에 의하면, **일본에서 재활용에 대한 의식이 낮은 이유**는 무엇
인가?

1　일본의 주택에는 가구와 전자제품이 갖추어져 있지 않기 때문에
2　일본에서는, 필요 없는 것은 쓰레기로 버려지는 경우가 많기
　때문에
3　일본에는, 중고품 판매 서비스 이용자가 줄고 있기 때문에
4　일본에서는, 학교에서의 환경 교육을 시행하고 있지 않기 때문에

해설 질문의 日本でリサイクルに対する意識が低い理由(일본에서 재
활용에 대한 의식이 낮은 이유)와 관련된 내용을 지문에서 찾는다.
다섯 번째 단락에서 中古品の売買サービスや、中古品販売店は
存在するものの、必要のない物はゴミとして捨てられているこ
との方が多い(중고품의 매매 서비스나, 중고품 판매점은 존재하지
만, 필요 없는 것은 쓰레기로 버려지고 있는 경우 쪽이 많다)라고 서
술하고 있으므로, 2 日本では、必要のない物はゴミとして捨てら
れていることが多いから(일본에서는, 필요 없는 것은 쓰레기로 버
려지는 경우가 많기 때문에)가 정답이다.

어휘 電化製品 でんかせいひん 名 전자제품　利用者 りようしゃ 名 이용자
減る へる 動 줄다

63-65

일본 국토의 면적은 전 세계의 단 0.28%밖에 안됩니다. 그러나,
전 세계에서 일어난 매그니튜드 6 이상의 지진 20.5%가 일본에서
일어나고, 전 세계 활화산의 7.0%가 일본에 있습니다. 게다가
[63]**일본은, 지진뿐만 아니라, 태풍, 호우, 대설, 홍수, 토사에 의한**
재해, 해일, 화산 분화 등의 자연재해가 일 년 내내 일어나기 쉬운
국토입니다. 일본에 사는 이상은, 항상 무언가의 재해가 일어날 것을
의식해 둘 필요가 있습니다.

그리고 **힘들게도**, 홍수라면 강에서 떨어진 장소로, 지진이라면
주위에 높은 건물이 없는 장소로, 태풍이라면 튼튼한 건물 안으로,
라는 방법으로, [64]**재해의 종류와 자신이 있는 장소에 따라서**
피난할 곳을 바꾸지 않으면 안 됩니다. 또, 지진에 의해서 해일이
일어나는 경우도 있는가 하면, 토사 재해가 일어나는 경우도
있습니다. 재해가 일어나면, 우선, 자신이 어떤 장소에 있는가를
생각해서 행동할 필요가 있습니다.

그러나, [65]**일본인은 항상 재해를 두려워하면서, 매일을 보내고**
있는 것은 아닙니다. 예를 들면, 일반 주택을 지을 때에는, 그 지역
의 지형에 따라, 지진과 수해를 견딜 수 있도록 설계됩니다. 공공 시
설은 재해 등이 있으면, 피난 장소로써 쓸 수 있도록 되어 있습니다.
[65]**항상 재해에 대해 생각하고, 가능한 한 대책을 세우고 있는 것**
입니다.

(주1) 국토: 나라의 토지
(주2) 수해: 홍수에 의한 재해

(주3) 견디다: 여기서는, 부서지지 않는다

(주4) 시설: 어느 목적을 위해 만든 건물 등

어휘 日本 にほん 圓일본　面積 めんせき 圓면적
　　全世界 ぜんせかい 圓전 세계　たった 뛰단
　　起こる おこる 圄일어나다　マグニチュード 圓매그니튜드, 진도
　　以上 いじょう 圓이상　地震 じしん 圓지진
　　活火山 かっかざん 圓활화산　さらに 뛰게다가
　　台風 たいふう 圓태풍　大雨 おおあめ 圓호우
　　大雪 おおゆき 圓대설　洪水 こうずい 圓홍수　土砂 どしゃ 圓토사
　　災害 さいがい 圓재해　津波 つなみ 圓해일　火山 かざん 圓화산
　　噴火 ふんか 圓분화　自然 しぜん 圓자연　常に つねに 뛰항상
　　何らか なんらか 무언가　意識 いしき 圓의식
　　必要 ひつよう 圓필요　離れる はなれる 圄떨어지다
　　場所 ばしょ 圓장소　周り まわり 圓주변　具合 ぐあい 圓방법
　　種類 しゅるい 圓종류　～に応じて ～におうじて ~에 따라, ~에 맞춰
　　避難 ひなん 圓피난　変える かえる 圄바꾸다　まず 뛰우선
　　考える かんがえる 圄생각하다　行動 こうどう 圓행동
　　恐れる おそれる 圄두려워하다　過ごす すごす 圄보내다
　　～わけではない ~인 것은 아니다　例えば たとえば 뛰예를 들면
　　一般 いっぱん 圓일반　住宅 じゅうたく 圓주택
　　建てる たてる 圄세우다　際 さい 圓때　地域 ちいき 圓지역
　　地形 ちけい 圓지형　水害 すいがい 圓수해
　　耐える たえる 圄견디다　設計 せっけい 圓설계
　　公共施設 こうきょうしせつ 圓공공시설　対策 たいさく 圓대책

63

일본에서, 재해를 의식해 두지 않으면 안 되는 이유는 무엇인가?

1 일본은 일 년 내내, 자연재해가 발생하기 쉬운 나라이기 때문에
2 일본은 일 년 내내, 끊임없이 지진이 발생하고 있는 나라이기 때문에
3 전 세계 지진의 약 20%가 일본에서 일어나고 있기 때문에
4 전 세계 활화산의 7%가 일본에 있기 때문에

해설 질문의 日本で、災害を意識しておかなければいけない理由(일본에서, 재해를 의식해 두지 않으면 안 되는 이유)와 관련된 내용을 지문에서 찾는다. 첫 번째 단락에서 日本は、地震だけでなく、台風、大雨、大雪、洪水、土砂による災害、津波、火山噴火などの自然災害が一年中起こりやすい国土です(일본은, 지진뿐 아니라, 태풍, 호우, 대설, 홍수, 토사에 의한 재해, 해일, 화산 분화 등의 자연재해가 일 년 내내 일어나기 쉬운 국토입니다)라고 서술하고 있으므로, 1 日本は一年中、自然災害が発生しやすい国だから(일본은 일 년 내내, 자연재해가 발생하기 쉬운 나라이기 때문에)가 정답이다.

어휘 発生 はっせい 圓발생　絶える たえる 圄끊어지다　約 やく 뛰약
　　割 わり 圓%, 할

64

힘들게도라고 하는데, 무엇이 힘든 것인가?

1 언제나 재해가 일어난다고 의식하지 않으면 안 되는 것
2 홍수와 지진 등, 다양한 재해가 일어나는 것
3 재해의 종류에 따라서, 피난 장소를 바꾸지 않으면 안 되는 것
4 피난할 장소가 어디에 있는지 생각하고 행동하지 않으면 안 되는 것

해설 지문의 大変なことに(힘들게도) 주변을 주의 깊게 읽고 무엇이 힘든 것인지 찾는다. 뒷부분에서 災害の種類や自分のいる場所に応じて避難する先を変えないといけません(재해의 종류와 자신이 있는 장소에 따라서 피난할 곳을 바꾸지 않으면 안 됩니다)이라고 서술하고 있으므로, 3 災害の種類によって、避難場所を変えなければならないこと(재해의 종류에 따라서, 피난 장소를 바꾸지 않으면 안 되는 것)가 정답이다.

65

일본의 재해에 대해, 필자의 생각과 맞는 것은 어느 것인가?

1 일본에서는, 무언가의 자연재해의 피해를 입는 경우는 많지만, 항상 재해에 대해 생각하고, 대책을 세우고 있다.
2 일본에서는, 일 년 내내 무언가의 자연재해가 발생하기 때문에, 재해마다 피난 장소를 만들지 않으면 안 된다.
3 자연재해가 발생해도, 자신이 어떤 장소에 있는지를 생각할 수 있으면, 안심하고 살 수 있다.
4 어느 정도 지진과 수해에 강한 집이 지어져 있기 때문에, 언제 자연재해가 일어나도 괜찮다.

해설 필자의 생각을 묻고 있으므로 日本の災害(일본의 재해)를 지문의 후반부나 지문 전체에서 찾아 일본의 재해에 대한 필자의 생각을 파악한다. 세 번째 단락에서 日本人は常に災害を恐れながら、毎日を過ごしているわけではありません(일본인은 항상 재해를 두려워하면서, 매일을 보내고 있는 것은 아닙니다), 그리고 常に災害について考え、できるだけの対策をしているのです(항상 재해에 대해 생각하고, 가능한 한 대책을 세우고 있는 것입니다)라고 서술하고 있으므로, 1 日本では、何らかの自然災害の被害を受けることは多いが、常に災害について考え、対策をしている(일본에서는, 무언가의 자연재해의 피해를 입는 경우는 많지만, 항상 재해에 대해 생각하고, 대책을 세우고 있다)가 정답이다.

어휘 被害を受ける ひがいをうける 피해를 입다　～ごと ~마다
　　安心 あんしん 圓안심　暮らす くらす 圄살다　ある 어느
　　程度 ていど 圓정도

66-68

'많은 경험을 쌓다'라는 말이 있다. 어떤 것에 대해서, 경험을 쌓고 익숙해진다는 의미이다. [66]내가 처음으로 경험을 쌓는 것의 의의를 안 것은, 20세 때이다. 성인이 된 나를, 아버지가 식사에 초대해 주었던 것이다. 그곳은 가족끼리 언제나 갔었던 것 같은 장소가 아니라, 정해진 메뉴가 없는 일식 가게였다. 무엇이 나올지 두근두근하고, 나온 요리는 처음인 맛이고, 이름이나 먹는 법의 매너 등을 아버지로부터 하나하나 배웠다. 책이나 텔레비전 등으로 알고는 있었지만, 실제로 체험하니 상상과 다른 것도 많고, 아버지가 데려가 주지 않으면 모를 세계였다.

그 후에도 아버지로부터, 취직 후에는 상사와 선배들로부터, [67]비슷한 '어른의 가게'에서 식사하는 방법과 매너, 가게 스태프와의 교류 등, 많은 것을 배웠다. 지금은 처음인 장소라도, 거의 트러블 없이 행동할 수 있다. 모두 그때의 경험 덕분이다.

그러나 그 때, 아무것도 생각하지 않고 요리만을 즐기고 있었다면, 아무것도 몸에 익지 않았을 것이다. '그 때 스태프에게는 이렇게 말했지'라든가 '지불할 때는 저렇게 하면 멋지구나' 등, 후에 돌이켜 생각하는 것으로, 다음 기회로 연결된다. [68]일이나 사람과의 교제법 등도 같아서, 능숙해지고 싶다면, 몇 번이고 경험하는 것이 최고다. 많은 경험을 쌓는 일은, 가능한 것을 늘릴 찬스인 것이다.

어휘 場数を踏む ばかずをふむ 많은 경험을 쌓다 経験 けいけん 圏경험
積む つむ 圄쌓다 慣れる なれる 圄익숙해지다 意義 いぎ 圏의의
成人 せいじん 圏성인 食事 しょくじ 圏식사
誘う さそう 圄초대하다, 권유하다 場所 ばしょ 圏장소
決まる きまる 圄정해지다 メニュー 圏메뉴 和食 わしょく 圏일식
お店 おみせ 圏가게 ワクワク 囝두근두근 味 あじ 圏맛
食べ方 たべかた 圏먹는 방법 マナー 圏매너
教わる おそわる 圄배우다 実際 じっさい 圏실제
体験 たいけん 圏체험 想像 そうぞう 圏상상
連れて行く つれていく 데리고 가다 世界 せかい 圏세계
就職後 しゅうしょくご 圏취직 후 上司 じょうし 圏상사
先輩達 せんぱいたち 圏선배들 スタッフ 圏스태프
やり取り やりとり 圏교류, 교환 多く おおく 圏많음
ほとんど 囝거의, 대부분 トラブル 圏트러블
振舞う ふるまう 圄행동하다 全て すべて 囝전부 おかげ 圏덕분
楽しむ たのしむ 圄즐기다 身に付く みにつく 몸에 익히다
支払う しはらう 圄지불하다 スマートだ 녆멋지다, 세련되다
思い返す おもいかえす 圄돌이켜 생각하다 機会 きかい 圏기회
つながる 圄연결되다, 이어지다 付き合い つきあい 圏교제
〜ことだ ~하는 것이 최고다, ~해야 한다 増やす ふやす 圄늘리다
チャンス 圏찬스, 기회

66

필자가 **경험을 쌓는 것의 소중함을 안 계기**는 무엇인가?

1 가족끼리 일식집에 간 일
2 아버지가 식사에 데리고 가 준 일
3 아버지에게 식사 매너를 주의당한 일
4 메뉴가 없는 가게에서 긴장한 일

해설 질문의 経験を積むことの大切さを知ったきっかけ(경험을 쌓는 것의 소중함을 안 계기)와 관련된 내용을 지문에서 찾는다. 첫 번째 단락에서 私が初めて経験を積むことの意義を知ったのは、20歳の時である。成人した私を、父が食事に誘ってくれたのだ(내가 처음으로 경험을 쌓는 것의 의의를 안 것은, 20세 때이다. 성인이 된 나를, 아버지가 식사에 초대해 주었던 것이다)라고 서술하고 있으므로, 2 父が食事に連れて行ってくれたこと(아버지가 식사에 데리고 가 준 일)가 정답이다.

어휘 大切さ たいせつさ 圏소중함 きっかけ 圏계기
注意 ちゅうい 圏주의 緊張 きんちょう 圏긴장

67

필자는, 다양한 사람과 식사를 한 것으로 **무엇이 가능하게 된 것**인가?

1 간 적이 없는 레스토랑에서의 식사
2 처음인 장소에서 곤란할 때의 대처
3 어른이 갈 것 같은 식사 장소에서의 행동
4 요리를 즐기면서 스태프와의 대화

해설 질문의 다양한 사람과 식사를 한 것으로 何ができるようになった(무엇이 가능하게 된)와 관련된 내용을 지문에서 찾는다. 두 번째 단락에서 同じような「大人の店」で食事のしかたやマナー、お店のスタッフとのやり取りなど、多くのことを教わった。今では初めての場所でも、ほとんどトラブルなく振舞うことができる(비슷한 '어른의 가게'에서 식사하는 방법과 매너, 가게 스태프와의 교류 등, 많은 것을 배웠다. 지금은 처음인 장소라도, 거의 트러블 없이 행동할 수 있다)라고 서술하고 있으므로, 3 大人が行くような食事の場所での振舞い(어른이 갈 것 같은 식사 장소에서의 행동)가 정답이다.

어휘 対処 たいしょ 圏대처 会話 かいわ 圏대화, 회화

68

일이나 사람과의 교제법 등도 같아서라고 하는데, 무엇이 같은 것인가?

1 후에 돌이켜 생각하는 것으로, 다음 기회를 찾는 것
2 즐기는 것뿐만 아니라, 말하는 방법 등도 배우는 것
3 경험하는 것으로, 다음 기회에 보다 잘하게 되는 것
4 할 수 있는 것을 늘리면서, 일을 즐기는 것

해설 지문의 仕事や人との付き合い方なども同じで(일이나 사람과의 교제법 등도 같아서) 주변을 주의 깊게 읽고 무엇이 같은 것인지 찾는다. 밑줄을 포함한 문장에서 仕事や人との付き合い方なども同じで、上手になりたかったら、何度も経験することだ(일이나 사람과의 교제법 등도 같아서, 능숙해지고 싶다면, 몇 번이고 경험하는 것이 최고다)라고 서술하고 있으므로, 3 経験することで、次の機会により上手になること(경험하는 것으로, 다음 기회에 보다 잘하게 되는 것)가 정답이다.

어휘 探す さがす 圄찾다 学ぶ まなぶ 圄배우다

69-70

A

이를 닦는 것에 대한 연구는 요 몇 년간 진보되었다. 그것에 따라 사람들의 의식도 변화해 오고 있다. 일찍이 일본인의 대부분이 이를 닦는 것은, 아침과 저녁의 합계 2회 정도였다. 그러나, 최근에는 텔레비전 프로그램의 특집이나 광고에서도 양치질에 대해서 배울 기회가 늘어, 그 소중함을 알게 되었다. 그리고, [69]낮에도 이를 닦는 사람이 늘어, 식후에는 이를 닦는다는 습관이 되어 왔다고 말할 수 있다. 그렇다고는 하나, 식후의 양치질에는 주의도 필요하다. 왜냐면, 식후 바로 이를 닦으면, 이가 녹아버리는 경우도 있다는 것이다. 그 때문에, 식후 바로 양치질을 하는 것이 아니라, 30분 정도

지나고 나서의 양치질을 권하는 치과의도 있다. 충치뿐만 아니라, [70]좋은 치아로 있기 위해서는, 양치질 방법에 주의해야만 한다.

B

일본인에게의 앙케트에 의하면, 치과에 가는 타이밍은 치아의 트러블을 자각했을 때라고 한다. 그러나, 스웨덴에서는 치과에 가는 것은 습관으로 되어 있다. 치아 트러블을 일으키지 않기 위해서 사전에 치과에 가는 것이다. 또, 치아에 부착된 더러움은 시간에 따라 떨어지기 어려워지기 때문에, 충치 예방을 위해서 식후에는 가능한 한 빨리 확실하게 이를 닦는 것이 중요하다. [69]최근에는 일본인의 양치질 습관에도 변화가 보이고 있어, 칫솔뿐만이 아니라, 치실이나 치간 칫솔, 액체 치약 등을 사용하는 사람이나, 정기적으로 치과에 가는 사람도 늘었다. 역시, [70]이러한 치아에 대한 의식을 높이는 것으로써, 좋은 치아로 있을 수 있을 것이다.

어휘 歯 は ⑱이, 치아　〜について ~에 대해서　研究 けんきゅう ⑱연구
進む すすむ ⑧진보되다, 진척되다　〜にともなって ~에 따라
意識 いしき ⑱의식　変化 へんか ⑱변화　かつて ⑨일찍이
日本人 にほんじん ⑱일본인　多く おおく ⑱대부분, 많음
合計 ごうけい ⑱합계　程度 ていど ⑱정도　最近 さいきん ⑱최근
番組 ばんぐみ ⑱프로그램　特集 とくしゅう ⑱특집
コマーシャル ⑱광고　歯磨き はみがき ⑱양치질
学ぶ まなぶ ⑧배우다　機会 きかい ⑱기회　増える ふえる ⑧늘다
食後 しょくご ⑱식후　習慣 しゅうかん ⑱습관
とはいえ ⑳그렇다고는 하나　注意 ちゅうい ⑱주의
必要だ ひつようだ ⒩필요하다　溶ける とける ⑧녹다
ほど ⑰정도　経つ たつ ⑧(시간이)지나다　すすめる ⑧권하다
歯科医 しかい ⑱치과의　虫歯 むしば ⑱충치　仕方 しかた ⑱방법
気をつける きをつける 주의하다　〜べきだ ~해야 한다
アンケート ⑱앙케트　〜によると ~에 의하면
歯医者 はいしゃ ⑱치과, 치과의사　タイミング ⑱타이밍
トラブル ⑱트러블　自覚 じかく ⑱자각　スウェーデン ⑱스웨덴
起こす おこす ⑧일으키다　事前 じぜん ⑱사전
付着 ふちゃく ⑱부착　汚れ よごれ ⑱더러움　〜とともに ~와 함께
とれる ⑧떨어지다　〜にくい ~하기 어렵다　予防 よぼう ⑱예방
早く はやく ⑨빨리　きちんと ⑨확실하게　ブラシ ⑱솔, 브러쉬
〜だけでなく ~뿐만 아니라　フロス ⑱치실 (덴탈 플로스)
歯間 しかん ⑱치간, 치아 사이　液体 えきたい ⑱액체
使用 しよう ⑱사용　定期的だ ていきてきだ ⒩정기적이다
やはり ⑨역시　高める たかめる ⑧높이다

69

일본인의 양치질에 대해, A와 B는 어떻게 서술하고 있는가?

1 A도 B도, 일본인의 양치질 습관은 좋아지고 있다고 하고 있다.
2 A도 B도, 일본인의 양치질은 옛날부터 변하지 않는다고 하고 있다.
3 A는 점심 식후의 양치질을 하는 습관이 없다고 하고, B는 치아에 대한 의식이 높다고 하고 있다.
4 A는 점심 식후의 양치질을 하는 사람이 늘었다고 하고, B는 양치질을 해도 더러움을 제거하기 어렵다고 하고 있다.

해설 질문의 日本人の歯磨き(일본인의 양치질)에 대한 A와 B의 견해를 각 지문에서 찾는다. A는 지문의 중반부에서 昼にも歯を磨く人が増え、食後には歯を磨くという習慣になってきたといえる(낮에도 이를 닦는 사람이 늘어, 식후에는 이를 닦는다는 습관이 되어 왔다고 말할 수 있다)라고 서술하고 있고, B는 지문의 후반부에서 最近では日本人の歯磨き習慣にも変化が見えていて、歯ブラシだけでなく、フロスや歯間ブラシ、液体歯磨きなども使用する人や、定期的に歯医者へ行く人も増えた(최근에는 일본인의 양치질 습관에도 변화가 보이고 있어, 칫솔뿐만이 아니라, 치실이나 치간 칫솔, 액체 치약 등을 사용하는 사람이나, 정기적으로 치과에 가는 사람도 늘었다)라고 서술하고 있다. 따라서, 1 A도B도, 日本人の歯磨きの習慣はよくなってきていると述べている(A도 B도, 일본인의 양치질 습관은 좋아지고 있다고 하고 있다)가 정답이다.

어휘 述べる のべる ⑧말하다　昔 むかし ⑱옛날
変わる かわる ⑧바뀌다　昼食 ちゅうしょく ⑱점심

70

좋은 치아로 있기 위해서 중요한 것에 대해, A와 B는 어떻게 서술하고 있는가?

1 A도 B도, 정기적으로 치과에 가는 것이라고 하고 있다.
2 A도 B도, 치아에 대한 의식을 바꾸는 것이라고 하고 있다.
3 A는 양치질 방법이라고 하고, B는 치아에 대한 의식을 높이는 것이라고 하고 있다.
4 A는 식후 바로 이를 닦는 것이라고 하고, B는 치아에 대한 의식을 높이는 것이라고 하고 있다.

해설 질문의 よい歯でいるために大切なこと(좋은 치아로 있기 위해서 중요한 것)에 대한 A와 B의 견해를 각 지문에서 찾는다. A는 지문의 후반부에서 良い歯でいるためには、歯磨きの仕方に気をつけるべきである(좋은 치아로 있기 위해서는, 양치질 방법에 주의해야만 한다)라고 서술하고 있고, B는 지문의 후반부에서 こうした歯への意識を高めることで、良い歯でいることができるのだろう(이러한 치아에 대한 의식을 높이는 것으로써, 좋은 치아로 있을 수 있을 것이다)라고 서술하고 있다. 따라서, 3 A는 歯磨きの仕方だと述べ、Bは歯への意識を高めることだと述べている(A는 양치질 방법이라고 하고, B는 치아에 대한 의식을 높이는 것이라고 하고 있다)가 정답이다.

71-73

하나코라는 이름의 코끼리가, 도쿄에 살고 있었다. 태국에서 태어나서, 일본에 온 것은 1949년. 전쟁으로 상처 입은 일본의 아이들을 웃는 얼굴로 만들자는 태국 실업가의 호소가 계기로, 일본에 보내졌다고 한다. 그 후, 69살이 될 때까지 산 하나코는, 도쿄에 있는 동안의 대부분을 작은 동물원에서 사람에게 둘러싸여 생활하고 있었다.

그런 하나코의 일이 인터넷에서 전 세계로 퍼진 것은, 2015년의 일이다. 코끼리는 원래 혼자서 사는 동물이 아니다. [71]좁은 장소에 넣어져, 몇 십 년이나 혼자서 있는 것은 너무 불쌍하지 않은가. 그런 목소리가 전 세계에서 모여, 하나코의 환경을 바꾸길 바란다는

많은 의견이 동물원에 닿았다고 들었다. 그러나 마지막까지, 환경이 바뀌는 일은 없었다.

　최근, 동물원 세계에서는 '행동 전시'라는 것이 유행하고 있다는듯 하다. 동물들을 단지 보여주는 것이 아니라, [72]가능한 한 자연에 가까운 환경을 만들어, 동물이 가진 능력이나 그 행동을 보여주는 방법이라고 한다. 일본에서는, 홋카이도에 있는 동물원을 시작으로, 많은 동물원이 행동 전시를 하게 되었다. 각각의 동물이 달리거나, 헤엄치거나, 날거나 한다. 그러한 움직이는 순간의 굉장함이나 아름 다움을 보여주려고 하는 것이다. 많은 사람들이 동물들에게 흥미를 가져 주고, 내원해 주면, 동물원의 수입도 늘 것이다. 수입이 늘면, 동물들에게 더 좋은 환경을 만드는 것도 가능하게 될지도 모른다. 그리고 무엇보다, 동물원의 목적인 '동물의 조사연구'나 '동물의 다 양성을 지키는 것'에 시간과 돈을 쓸 수 있게 된다.

　동물원이라는 곳은 신기한 곳이다. 많은 동물이 우리 안에 있고, 사람들이 그것을 본다. 물론 동물은, 우리들을 즐겁게 하기 위해서 존재하고 있는 것은 아니지만, 동물원이 사람들의 교육과 레저의 장소인 것도 분명하다. [73]그곳에 있는 동물들을 위해서, 적어도 쭉쭉 달릴 수 있는, 헤엄칠 수 있는, 날 수 있는 장소를 만들어 주고 싶다.

　하나코는 아마도 일본에 오고 나서 달린 적이 없었던 것은 아닐까. 동물원에는, 많은 동물들이 하나코와는 다른 생활이 가능한 장소 만들기가 지금, 요구되고 있다.

(주1) 너무나: 매우
(주2) 다양성: 다양한 종류가 있는 것
(주3) 우리: 동물을 넣어서, 나오지 않도록 해 두기 위한 울타리나 방

어휘 ゾウ 圐 코끼리　東京 とうきょう 圐 도쿄　タイ 圐 태국
　　日本 にほん 圐 일본　戦争 せんそう 圐 전쟁
　　傷つく きずつく 图 상처 입다　子ども達 こどもたち 圐 아이들
　　笑顔 えがお 圐 웃는 얼굴　実業家 じつぎょうか 圐 실업가
　　呼びかけ よびかけ 圐 호소　きっかけ 圐 계기
　　贈る おくる 图 보내다　生きる いきる 图 살다　間 あいだ 圐 동안
　　ほとんど 图 거의　動物園 どうぶつえん 圐 동물원
　　囲む かこむ 图 둘러싸다　生活 せいかつ 圐 생활
　　インターネット 圐 인터넷　世界 せかい 圐 세계
　　広まる ひろまる 图 퍼지다　もともと 图 원래　暮らす くらす 图 살다
　　場所 ばしょ 圐 장소　あまりに 图 너무나　かわいそうだ ［な형］ 불쌍하다
　　集まる あつまる 图 모이다　環境 かんきょう 圐 환경
　　変える かえる 图 바꾸다　多く おおく 圐 많음　意見 いけん 圐 의견
　　届く とどく 图 닿다　最後 さいご 圐 마지막, 최후
　　最近 さいきん 圐 최근　行動展示 こうどうてんじ 圐 행동 전시
　　はやる 图 유행하다　ただ 图 단지　自然 しぜん 圐 자연
　　能力 のうりょく 圐 능력　方法 ほうほう 圐 방법
　　北海道 ほっかいどう 圐 홋카이도　それぞれ 图 각각, 각기
　　動く うごく 图 움직이다　瞬間 しゅんかん 圐 순간
　　すごい ［い형］ 굉장하다　美しい うつくしい ［い형］ 아름답다
　　人々 ひとびと 圐 사람들　興味 きょうみ 圐 흥미
　　来園 らいえん 圐 동물원에 옴, 내원　収入 しゅうにゅう 圐 수입
　　増える ふえる 图 늘다　可能 かのう 圐 가능
　　～かもしれない ~일지도 모른다　目的 もくてき 圐 목적

調査研究 ちょうさけんきゅう 圐 조사 연구
多様性 たようせい 圐 다양성　守る まもる 图 지키다
不思議だ ふしぎだ ［な형］ 신기하다　檻 おり 圐 우리　もちろん 图 물론
楽しむ たのしむ 图 즐기다　存在 そんざい 圐 존재
～わけではない ~인 것은 아니다　教育 きょういく 圐 교육
レジャー 圐 여가, 레저　確かだ たしかだ ［な형］ 확실하다
せめて 图 적어도　のびのび 쭉쭉　おそらく 图 아마도
求める もとめる 图 요구하다

71

필자에 의하면, 2015년에 코끼리 하나코가 전 세계에서 유명해진 것은 왜인가?

1 하나코가 매우 오래 살아 있는 코끼리이기 때문에
2 하나코가 좋지 않은 환경에서 생활하고 있기 때문에
3 하나코의 사진이 인터넷에 나왔기 때문에
4 하나코의 환경이 최후까지 바뀌지 않았기 때문에

해설 질문의 2015年にゾウのはな子が世界中で有名になったの(2015
년에 코끼리 하나코가 전 세계에서 유명해진 것)의 이유와 관련된 내
용을 지문에서 찾는다. 두 번째 단락에서 狭い場所に入れられて、
何十年も1頭でいるのはあまりにかわいそうではないか。そん
な声が世界中から集まり、はな子の環境を変えてほしいという
多くの意見が動物園に届いたと聞いている(좁은 장소에 넣어져,
몇 십 년이나 혼자서 있는 것은 너무나 불쌍하지 않은가. 그런 목소리
가 전 세계에서 모여, 하나코의 환경을 바꾸길 바란다는 많은 의견이
동물원에 닿았다고 들었다)라고 서술하고 있으므로, 2 はな子がよく
ない環境で生活しているから(하나코가 좋지 않은 환경에서 생활
하고 있기 때문에)가 정답이다.

72

필자에 의하면, 동물원이 '행동 전시'를 하는 목적은 무엇인가?

1 동물원의 수입을 늘려서, 많은 동물을 동물원에서 키우기 위해
2 많은 사람이 동물에게 흥미를 가지고, 동물원에 오게 하기 위해
3 동물들의 환경을 바꾸어, 고객들이 굉장하다고 생각하게 하기 위해
4 자연에 가까운 환경에서, 동물의 능력이나 행동하고 있는 모습을 보여주기 위해

해설 질문의 行動展示(행동 전시)를 하는 목적과 관련된 내용을 지문에
서 찾는다. 세 번째 단락에서 できるだけ自然に近い環境を作り、
動物の持つ能力やその行動を見せる方法だそうだ(가능한 한
자연에 가까운 환경을 만들어, 동물이 가진 능력이나 그 행동을 보여
주는 방법이라고 한다)라고 서술하고 있으므로, 4 自然に近い環境
で、動物の能力や行動している様子を見せるため(자연에 가까
운 환경에서, 동물의 능력이나 행동하고 있는 모습을 보여주기 위해)
가 정답이다.

어휘 増やす ふやす 图 늘리다　育てる そだてる 图 키우다
　　お客さん おきゃくさん 圐 손님　様子 ようす 圐 모습

73

> 필자는, **앞으로의 동물원**이 어떻게 되길 바란다고 생각하고 있는가?
>
> 1 동물들을 위해, 자연에 가까운 환경을 만들길 바란다.
> 2 사람들의 교육을 위해 좀 더 힘을 쏟길 바란다.
> 3 동물들이 달릴 수 있는 장소를 만들길 바란다.
> 4 조사연구 등에 보다 많은 돈을 쓰길 바란다.

해설 필자의 생각을 묻고 있으므로 これからの動物園(앞으로의 동물원)
을 지문의 후반부나 지문 전체에서 찾아 어떻게 되길 바라는지에 대
한 필자의 생각을 파악한다. 네 번째 단락에서 そこにいる動物達の
ために、せめてのびのびと走れる、泳げる、飛べる場所を作っ
てあげたい(그곳에 있는 동물들을 위해서, 적어도 쭉쭉 달릴 수 있
는, 헤엄칠 수 있, 날 수 있는 장소를 만들어 주고 싶다)라고 서술하
고 있으므로, 1 動物達のため、自然に近い環境を作ってほしい
(동물들을 위해, 자연에 가까운 환경을 바란다)가 정답이다.

74

> 류 씨는 다음 달, **아내와 아이 2명을 데리고** 일본 여행을 하게 되었
> 다. 체재 기간은 5일. 홋카이도에 3박, 오사카에 2박 할 예정이다.
> **홋카이도에서는, 저녁, 호텔에서 일식을 먹고 싶지만, 오사카에서
> 는 외식**할 생각이다. 어느 호텔을 예약하면 좋은가?
>
> 1 홋카이도에서는 ③, 오사카에서는 ⑤를 예약한다.
> 2 홋카이도에서는 ④, 오사카에서는 ⑥을 예약한다.
> 3 홋카이도에서는 ③, 오사카에서는 ⑥을 예약한다.
> 4 홋카이도에서는 ④, 오사카에서는 ⑤를 예약한다.

해설 류 씨가 어느 호텔을 예약하면 좋은지 파악한다. 질문에서 제시된 조
건 (1) 妻と子供2人を連れて(아내와 아이 2명을 데리고), (2) 北
海道に3泊(홋카이도에 3박), 大阪に2泊(오사카에 2박), (3) 北海
道では、夜、ホテルで日本食(홋카이도에서는, 저녁, 호텔에서 일
식) (4) 大阪では外食(오사카에서는 외식)에 따라,
(1) 아내와 아이 2명: 숙박 타입이 패밀리가 있는 호텔은 ②, ③, ④,
⑤, ⑥
(2) 홋카이도에서 3박, 오사카에서 2박: 홋카이도에 있는 호텔은 ③
과 ④, 오사카에 있는 호텔은 ⑤와 ⑥
(3) 홋카이도에서는 저녁을 호텔에서 일식: 저녁이 일식인 호텔은 ④
(4) 오사카에서는 외식: 식사가 없는 호텔은 ⑤
따라서 4 北海道では④、大阪では⑤を予約する(홋카이도에서
는 ④, 오사카에서는 ⑤를 예약한다)가 정답이다.

어휘 妻 つま 圏아내 連れる つれる 圏데리고 가(오)다
日本 にほん 圏일본 滞在 たいざい 圏체재 期間 きかん 圏기간
北海道 ほっかいどう 圏홋카이도 大阪 おおさか 圏오사카
予定 よてい 圏예정 日本食 にほんしょく 圏일식, 일본 음식
外食 がいしょく 圏외식 つもり 圏생각 予約 よやく 圏예약

75

> 테이 씨는 다음 달, **업무로 일본 각지의 기업을 방문**하게 되었다. 오
> 사카에 7박, 도쿄에 6박 할 예정이다. 출장 중에는 신칸센으로 각지
> 를 방문한다. 도쿄에서는 세탁실이 있는 호텔을 찾고 있다. 또, 호텔

과 신칸센에서의 **이동 중에는 업무**를 하고 싶다고 생각하고 있다. 어
느 호텔과 신칸센 티켓을 예약하면 좋은가?

> 1 호텔은 오사카에서는 ⑤, 도쿄에서는 ②, 신칸센 티켓은 Ⅲ을
> 예약한다.
> 2 호텔은 오사카에서는 ⑤, 도쿄에서는 ①, 신칸센 티켓은 Ⅱ를
> 예약한다.
> 3 호텔은 오사카에서는 ⑥, 도쿄에서는 ②, 신칸센 티켓은 Ⅵ을
> 예약한다.
> 4 호텔은 오사카에서는 ⑥, 도쿄에서는 ①, 신칸센 티켓은 Ⅴ를
> 예약한다.

해설 테이 씨가 어느 호텔과 신칸센 티켓을 예약하면 좋은지 파악한다. 질
문에서 제시된 조건 (1) 仕事で日本各地の企業を訪問(업무로 일
본 각지의 기업을 방문), (2) 大阪に7泊、東京に6泊(오사카에 7
박, 도쿄에 6박), (3) 出張中は新幹線で(출장 중에는 신칸센으로),
(4) 東京では洗濯室があるホテル(도쿄에서는 세탁실이 있는 호
텔), (5) 移動中は仕事(이동 중에는 업무)에 따라,
(1) 업무로 일본 방문: 비즈니스로 온 분에게 추천하는 호텔은 ①,
②, ③, ⑤
(2) 오사카에 7박, 도쿄에 6박: 총 13일 숙박, 오사카에 있는 호텔은
⑤와 ⑥, 도쿄에 있는 호텔은 ①과 ②
(3) 출장 중에는 신칸센 이용: 일본에 있는 14일간 이용 가능한 신칸
센은 Ⅲ과 Ⅳ
(4) 도쿄에서는 세탁실이 있는 호텔: 옵션에 세탁실이 있는 호텔은
②
(5) 이동 중에는 업무: 업무를 보는 분에게 추천하는 신칸센은 그린
차 용 Ⅰ, Ⅲ, Ⅴ
따라서 1 ホテルは大阪では⑤、東京では②、新幹線チケット
はⅢを予約する(호텔은 오사카에서는 ⑤, 도쿄에서는 ②, 신칸센
티켓은 Ⅲ을 예약한다)가 정답이다.

어휘 各地 かくち 圏각지 企業 きぎょう 圏기업 訪問 ほうもん 圏방문
東京 とうきょう 圏도쿄 出張 しゅっちょう 圏출장
新幹線 しんかんせん 圏신칸센 洗濯室 せんたくしつ 圏세탁실
探す さがす 圏찾다 移動 いどう 圏이동 チケット 圏티켓

74-75   호텔 안내, 신킨센 요금표

◆ 지역별 호텔 안내 ◆

도쿄		
	호텔 ①	호텔 ②
숙박 타입	*싱글	싱글/*패밀리 양쪽 모두
이런 분에게	비즈니스	[75]비즈니스・관광객
숙박비	1박 1명 4,000엔	1박 1명 6,000엔
식사	조식만 (양식)	조식만 (일식・양식)
옵션	FREE Wi-Fi	FREE Wi-Fi/ [75]세탁실

홋카이도		
	호텔 ③	호텔 ④
숙박 타입	싱글/패밀리 양쪽 모두	[74]**패밀리**
이런 분에게	비즈니스·여행	관광객
숙박비	1박 1명 8,000엔	1박 1명 12,000엔
식사	조식만 (양식)	조식, [74]**저녁 식사 포함** (모두 [74]**일식**)
옵션	FREE Wi-Fi/세탁실	FREE Wi-Fi/온천 포함

오사카		
	호텔 ⑤	호텔 ⑥
숙박 타입	싱글/[74]**패밀리** 양쪽 모두	패밀리
이런 분에게	[75]**비즈니스·관광객**	관광객
숙박비	1박 1명 4,000엔	1박 1명 10,000엔
식사	[74]**식사 없음**	조식, 저녁 식사 포함 (모두 일식)
옵션	FREE Wi-Fi/세탁실	FREE Wi-Fi/온천 포함

* 싱글 : 단독으로 숙박　　*패밀리 : 가족으로 숙박

외국인 여행자용　신칸센 요금표

종류	그린차 용		보통차 용	
이런 분에게	좌석이 넓은 편이 좋은 분 [75]**업무를 보는 분** 조용하게 보내고 싶은 분		되도록 싸게 타고 싶은 분 가족이서 대화를 즐기고 싶은 분	
7일간	I	38,880	II	29,110
[75]**14일간**	[75]**III**	**62,950**	IV	46,390
21일간	V	81,870	VI	59,350

어휘　地域別 ちいきべつ 圀지역별　案内 あんない 圀안내
　　　宿泊費 しゅくはくひ 圀숙박비　タイプ 圀타입　シングル 圀싱글
　　　ファミリー 圀패밀리　両方 りょうほう 圀양쪽 모두
　　　ビジネス 圀비즈니스　観光客 かんこうきゃく 圀관광객
　　　食事 しょくじ 圀식사　朝食 ちょうしょく 圀조식
　　　洋食 ようしょく 圀양식　オプション 圀옵션
　　　夕食 ゆうしょく 圀저녁 식사　ともに 囝모두, 다 같이
　　　温泉 おんせん 圀온천　付き つき 圀포함, 붙음　なし 圀없음
　　　単身 たんしん 圀단독　旅行者用 りょこうしゃよう 圀여행자용
　　　料金 りょうきん 圀요금　表 ひょう 圀표　種類 しゅるい 圀종류
　　　グリーン車 グリーンしゃ 圀그린차 (특실)
　　　普通車 ふつうしゃ 圀보통차　座席 ざせき 圀좌석
　　　過ごす すごす 图보내다　なるべく 囝되도록　会話 かいわ 圀대화
　　　楽しむ たのしむ 图즐기다

청해

☞ 문제1의 디렉션과 예제를 들려줄 때 1번부터 5번까지의 선택지를 미리 읽고 내용을 재빨리 파악해둡니다. 음성에서 では、始めます(그러면, 시작합니다)가 들리면, 곧바로 문제 풀 준비를 합니다. 음성 디렉션과 예제는 실전모의고사 1의 해설(p.180)에서 확인할 수 있습니다.

1

[음성]
会社(かいしゃ)で男(おとこ)の人(ひと)と女(おんな)の人(ひと)が話(はな)しています。男(おとこ)の人(ひと)はこのあと何(なに)をしますか。
M：佐藤(さとう)さん、新(あたら)しいパンフレットが届(とど)いたよ。
F：あ、届(とど)いたんだ。これ、社員全員(しゃいんぜんいん)に配(くば)らなきゃいけないんだよね。時間(じかん)かかるなあ。
M：手伝(てつだ)おうか。このまま配(くば)ればいいの？
F：うん、特(とく)に何(なに)もすることないと思(おも)う。あ、その前(まえ)に、メールでみんなに知(し)らせておいた方(ほう)がいいかな。
M：そっか、それなら、それぞれが取(と)りに来(く)るようにしたほうが、簡単(かんたん)だよね。どう？
F：そうだね。じゃあ、取(と)りに来(き)てほしいって、メールで連絡(れんらく)しよう。でも、課長(かちょう)には直接渡(ちょくせつわた)しておいたほうがいいよね。今(いま)から私(わたし)が渡(わた)しに行(い)くね。
M：じゃあ、僕(ぼく)は全員(ぜんいん)に知(し)らせるよ。
F：お願(ねが)いしていい？ありがとう。

男(おとこ)の人(ひと)はこのあと何(なに)をしますか。

[문제지]
1 パンフレットを社員全員(しゃいんぜんいん)に配(くば)る
2 パンフレットが届(とど)いたことを知(し)らせる
3 **パンフレットを取(と)りに来(く)るよう知(し)らせる**
4 課長(かちょう)にパンフレットを持(も)って行(い)く

해석 회사에서 남자와 여자가 이야기하고 있습니다. 남자는 이 다음에 무엇을 합니까?
　M : 사토 씨, 새로운 팸플릿이 도착했어.
　F : 아, 도착했구나. 이거, 사원 전원에게 나눠줘야 하지? 시간이 걸리겠네.
　M : 도와줄까? 이대로 나눠주면 돼?
　F : 응, 특별히 아무것도 할 필요는 없다고 생각해. 아, 그 전에, 메일로 모두에게 알려두는 편이 좋을까?
　M : 그런가, 그거라면, 각자가 가지러 오게 하는 편이, 간단하지. 어때?
　F : 그렇네. 그러면, 가지러 와주면 좋겠다고, 메일로 연락하자. 하지만, 과장님께는 직접 드리는 편이 좋겠지. 지금부터 내가 드리러 갈게.

M : 그럼, 나는 **전원에게 알릴게.**

F : 부탁해도 돼? 고마워.

남자는 이 다음에 무엇을 합니까?

1 팸플릿을 사원 전원에게 나누어준다
2 팸플릿이 도착한 것을 알린다
3 팸플릿을 가지러 오도록 알린다
4 과장님에게 팸플릿을 가지고 간다

해설 1 '팸플릿 나눠주기', 2 '팸플릿이 도착한 것을 알리기', 3 '팸플릿을 가지러 오도록 알리기', 4 '과장님에게 팸플릿 가지고 가기' 중 남자가 해야 할 일을 묻는 문제이다. 대화에서, 여자가 **取りに来てほしい**いって、メールで**連絡しよう**(가지러 와주면 좋겠다고, 메일로 연락하자)라고 하자, 남자가 **全員に知らせるよ**(전원에게 알릴게)라고 했으므로, 3 팬플릿을 취리러 오도록 알리다 정답이다. 1은 시간이 걸린다고 했고, 2는 대신 각자 가지러 오도록 알리자고 했으며, 4는 여자가 해야 할 일이므로 오답이다.

어휘 パンフレット 圏팸플릿　届く とどく 圏도착하다, 닿다
社員全員 しゃいんぜんいん 圏사원 전원
配る くばる 圏나누어주다, 배부하다　かかる 圏(시간이) 걸리다
手伝う てつだう 圏돕다, 거들다　このまま 囝이대로
特に とくに 囝특별히　メール 圏메일
知らせる しらせる 圏알리다, 통지하다　それなら 圙그러면, 그렇다면
それぞれ 각자, 각각　取りに来る とりにくる 가지러 오다
簡単だ かんたんだ な형간단하다　じゃあ 圙그러면
連絡 れんらく 圏연락　課長 かちょう 圏과장님, 과장
直接 ちょくせつ 圏직접

2

[음성]
大学の図書館で男の学生と職員が話しています。男の学生はこのあとどうしますか。

M：すみません、本を探しているんですが、どこを探せばいいのかわからなくて、手伝っていただきたいんですが。

F：はい、何という本ですか。

M：この表の中の、経済学入門という本が見つけられなくて。

F：ああ、それですね。お調べします。ええと、今、貸出中ですね。

M：貸出中かか。誰かが借りてるんですね。

F：ええ、返却予定は来週の土曜日です。待つんでしたら、戻ってきたときにお知らせしますが、待ちますか。

M：土曜日だと間に合わないんです。金曜の授業までに読んでおかなきゃいけなくて。買ったほうがいいかなあ。

F：ほかの大学から取り寄せもできますが、5日くらいかかってしまいますねえ。

M：5日ですか。来週の火曜だと、ちょっと読むのが大変かも。どうしよう。

F：大学の中の本屋なら、あると思いますよ。

M：じゃあ、そちらに行きます。ありがとうございました。

男の学生はこのあとどうしますか。

[문제지]
1 図書館に本が戻るのを待つ
2 大学の中の本屋で買う
3 金曜までにもう一度探す
4 他の大学から借りる

해석 대학의 도서관에서 남학생과 직원이 이야기하고 있습니다. **남학생은 이 다음에 어떻게 합니까?**

M : 실례합니다. 책을 찾고 있는데요, 어디를 찾으면 좋을지 모르겠어서, 도와주셨으면 합니다.

F : 네, 어떤 책인가요?

M : 이 표 속의, 경제학 입문이라는 책을 찾을 수가 없어서.

F : 아, 그거요. 알아볼게요. 저어, 지금, 대출 중이네요.

M : 대출 중이구나. 누군가 빌리고 있는 거군요.

F : 네, 반납 예정은 다음 주 토요일이에요. 기다리신다면, 돌아왔을 때 알려드립니다만, 기다리시겠어요?

M : 토요일이라면 늦어요. 금요일 수업까지 읽어둬야 해서. 사는 편이 좋으려나.

F : 다른 대학에서 가지고 오는 것도 가능합니다만, 5일 정도 걸려버려요.

M : 5일이요? 다음 주 화요일이라면, 조금 읽는 게 힘들지도. 어떻게 하지.

F : 대학 안의 서점이라면, 있을 거라고 생각해요.

M : 그럼, 그쪽으로 가겠습니다. 감사했습니다.

남학생은 이 다음에 어떻게 합니까?

1 도서관에 책이 돌아오는 것을 기다린다
2 대학 안의 서점에서 산다
3 금요일까지 한 번 더 찾는다
4 다른 내학에서 빌린다

해설 1 '책이 돌아오는 것을 기다리기', 2 '서점에서 사기', 3 '금요일까지 한 번 더 찾기', 4 '다른 대학에서 빌리기' 중 남학생이 해야 할 일을 묻는 문제이다. 대화에서, 남학생이 책을 사려고 하자, 여자가 **大学の中の本屋なら、あると思いますよ**(대학 안의 서점이라면, 있을 거라고 생각해요)라고 하고, 남자가 **じゃあ、そちらに行きます**(그럼, 그쪽으로 가겠습니다)라고 했으므로, 2 **大学の中の本屋で買う**(대학 안의 서점에서 산다)가 정답이다. 1은 토요일은 늦다고 했고, 3은 언급되지 않았으며, 4는 5일이나 걸리면 읽기 힘들다고 했으므로 오답이다.

어휘 探す さがす 圏찾다　手伝う てつだう 圏돕다　表 ひょう 圏표
経済学入門 けいざいがくにゅうもん 圏경제학 입문
見つける みつける 圏찾다, 발견하다　借りる かりる 圏빌리다
調べる しらべる 圏알아보다, 조사하다

貸し出し中 かしだしちゅう 團 대출중
返却予定 へんきゃくよてい 團 반납 예정
戻ってくる もどってくる 돌아오다
知らせる しらせる 匽 알리다, 통지하다
間に合う まにあう 匽 시간에 맞추다
取り寄せる とりよせる 匽 가져오다　かかる 匽 (시간이)걸리다
本屋 ほんや 團 서점, 책방　戻る もどる 匽 돌아오다
もう一度 もういちど 囸 한 번 더

3

[음성]

女の人と男の人が話しています。女の人はこのあとまず何をしますか。

F：前田さん、私、新しい自転車を買ったんだけど、駅前の自転車置き場って、どうしたら使えるんだっけ。

M：自転車?あそこ今、置くところ、あるかなあ。係の人に聞かないと使えるかどうか、わからないけど。でも、申し込むなら、あそこは毎月お金を払えば使えるよ。

F：ああ、毎月払うのね。1か月2,000円だよね。もう10日だけど、それでも1か月分なの?

M：確か、そうだったはず。安くならないんだよね。あ、申し込むときは保険証とか、免許証とか、何か名前と住所がわかるものが必要だよ。

F：え?そうなの?じゃあ、一度家に帰って、保険証を持って来なきゃ。あそこの事務所って、何時までだっけ。

M：事務所は夕方6時までだから、それまでに行って、申込書を出せば大丈夫だよ。

F：わかった、そうする。6時までね。

女の人はこのあとまず何をしますか。

[문제지]

1 係の人に使えるかどうか聞く
2 自転車置き場の利用料を払う
3 保険証を取りに家に帰る
4 申込書を事務所に出す

해석 여자와 남자가 이야기하고 있습니다. 여자는 이 다음에 우선 무엇을 합니까?

F : 마에다 씨, 나, 새로운 자전거를 샀는데, 역 앞의 자전거 보관소, 어떻게 하면 쓸 수 있는 거였지?

M : 자전거? 거기 지금, 둘 곳, 있으려나. 관리인에게 물어보지 않으면 사용할 수 있는지 없는지, 모르는데. 하지만, 신청한다면, 거기는 매월 돈을 지불하면 사용할 수 있어.

F : 아, 매월 지불하는 거네. 1개월 2,000엔이지? 벌써 10일인데, 그래도 1개월 분이야?

M : 분명, 그랬을 거야. 싸지지 않아. 아, 신청할 때는 보험증이나, 면허증이나, 무언가 이름과 주소를 알 수 있는 것이 필요해.

F : 뭐? 그래? 그럼, 한 번 집에 돌아가서, 보험증을 가지고 와야겠네. 거기 사무소는, 몇 시까지지?

M : 사무소는 저녁 6시까지니까, 그 때까지 가서, 신청서를 내면 괜찮아.

F : 알겠어, 그렇게 할게. 6시까지 말이지.

여자는 이 다음에 우선 무엇을 합니까?

1 관리인에게 사용할 수 있는지 어떤지 묻는다
2 자전거 보관소의 이용료를 지불한다
3 보험증을 가지러 집으로 돌아간다
4 신청서를 사무소에 낸다

해설 1 '관리인에게 묻기', 2 '이용료 지불하기', 3 '집으로 돌아가기', 4 '신청서 내기' 중 여자가 가장 먼저 해야 할 일을 묻는 문제이다. 대화에서, 남자가 신청할 때는 보험증이나 면허증이나 무언가 이름과 주소를 알 수 있는 것이 필요하다고 하자, 여자가 一度家に帰って、保険証を持って来なきゃ(한 번 집에 돌아가서, 보험증을 가지고 와야겠네)라고 했으므로, 3 保険証を取りに家に帰る(보험증을 가지러 집으로 돌아간다)가 정답이다. 1은 언급되지 않았고, 2는 신청한 다음에 해야 할 일이며, 4는 집에서 보험증을 가지고 온 다음에 해야 할 일이므로 오답이다.

어휘 駅前 えきまえ 團 역 앞, 역전
自転車置き場 じてんしゃおきば 團 자전거 보관소, 자전거 두는 곳
係りの人 かかりのひと 團 관리인, 관계자
申し込む もうしこむ 匽 신청하다　払う はらう 匽 지불하다, 내다
それでも 쩝 그래도, 그런데도　分 ぶん 團 분, 몫
確かだ たしかだ 噸 확실하다　保険証 ほけんしょう 團 보험증
免許証 めんきょしょう 團 면허증　住所 じゅうしょ 團 주소
必要だ ひつようだ 噸 필요하다　事務所 じむしょ 團 사무소
申込書 もうしこみしょ 團 신청서　利用料 りようりょう 團 이용료

4

[음성]

電話で男の人と女の人が話しています。女の人は最初の授業の日までに何をしますか。

M：はい、カルチャーセンターです。

F：すみません、着物の着方の初心者コースに申し込みたいんですが。

M：ありがとうございます。では、ぜひ一度、見学にお越しください。見学日は次の日曜日が最後になるんですが、ご都合いかがですか。

F：次の日曜日ですか…。ちょっとその日は用事がありまして。

M：では、授業の初日に見学をしていただいて、そのときに受講をお決めになってもかまいませんよ。クラスの様子がわかってからのほうがいいと思いますので。

F：実は、友人がそちらの初心者コースで習っていて、勧められたんです。それで、申し込もうかなと思っていまして。見学しないとだめですか。

M：見学が必ずというわけではございませんので、大丈夫ですよ。では、お申し込みですね。このお電話でお申し込みもできますが、インターネットからのお申し込みですと、授業料から1,000円引かせていただいています。

F：そうなんですか。じゃあ、あとでやっておきます。

M：ありがとうございます。授業開始日までにお願いいたします。それから、お着物などはお持ちですか。

F：いえ、それが何もないんです。

M：でしたら、無料で貸し出しをしていますので、ご利用ください。そちらのお申し込みもご一緒にインターネットでお願いします。着物などを買いたい場合はお店を紹介することもできますので、授業のときに講師にお聞きください。

F：わかりました。ありがとうございました。

女の人は最初の授業の日までに何をしますか。

[問題紙]

1 カルチャーセンターで授業を見学する
2 インターネットでコースを申し込む
3 電話で着物の貸し出しを申し込む
4 着物の店を紹介してもらう

해석 전화로 남자와 여자가 이야기하고 있습니다. 여자는 첫 수업일까지 무엇을 합니까?

M : 네, 문화센터입니다.

F : 실례합니다, 기모노 입는 법 초심자 코스를 신청하고 싶은데요.

M : 감사합니다. 그러면, 꼭 한번, 견학을 와 주세요. 견학일은 다음 일요일이 마지막입니다만, 사정 어떠세요?

F : 다음 일요일인가요…. 조금 그 날은 용무가 있어서.

M : 그러면, 수업 첫날에 견학을 하시고, 그 때 수강을 정하셔도 상관없습니다. 교실 모습을 먼저 아는 편이 좋다고 생각해서.

F : 실은, 친구가 그쪽 초심자 코스에서 배우고 있어서, 추천받은 거예요. 그래서, 신청하려고 생각하고 있어서. 견학하지 않으면 안 되나요?

M : 견학이 필수인 것은 아니기 때문에, 괜찮습니다. 그러면, 신청이네요. 이 전화로 신청할 수도 있습니다만, 인터넷으로 신청하시면, 수업료에서 1,000엔 할인해 드리고 있습니다.

F : 그런가요. 그럼 나중에 해 두겠습니다.

M : 감사합니다. 수업 개시일까지 부탁 드립니다. 그리고, 기모노는 가지고 계신가요?

F : 아니요, 그게 아무것도 없어요.

M : 그러시면, 무료로 빌려드리고 있으니, 이용해 주세요. 그쪽 신청도 함께 인터넷으로 부탁 드립니다. 기모노 등을 사고 싶은 경우는 가게를 소개할 수도 있으니, 수업 때 강사에게 물어보세요.

F : 알겠습니다. 감사합니다.

여자는 첫 수업일까지 무엇을 합니까?

---

1 문화센터에서 수업을 견학한다
2 인터넷으로 코스를 신청한다
3 전화로 기모노 대여를 신청한다
4 기모노 가게를 소개받는다

해설 1 '수업 견학', 2 '인터넷으로 신청', 3 '전화로 기모노 대여 신청', 4 '가게 소개 받기' 중 여자가 첫 수업일까지 해야 할 일을 묻는 문제이다. 대화에서, 남자가 インターネットからのお申し込みですと、授業料から1,000円引かせていただいています(인터넷으로 신청하시면, 수업료에서 1,000엔 할인해 드리고 있습니다), 授業開始日までにお願いいたします(수업 개시일까지 부탁 드립니다)라고 했으므로, 2 インターネットでコースを申し込む(인터넷으로 코스를 신청한다)가 정답이다. 1은 필수가 아니고, 3은 접수할 때 인터넷으로 해야 할 일이며, 4는 수업이 시작된 다음에 해야 할 일이므로 오답이다.

어휘 カルチャーセンター 圏 문화센터
着物 きもの 圏 기모노 (일본 전통 의복)　着方 きかた 圏 입는 법
初心者 しょしんしゃ 圏 초심자　コース 圏 코스
申し込む もうしこむ 图 신청하다　では 젭 그러면, 그렇다면
ぜひ 児 꼭, 아무쪼록　見学 けんがく 圏 견학
お越しになる おこしになる 图 오시다 (来る의 존경어)
見学日 けんがくび 圏 견학일　最後 さいご 圏 마지막, 최후
都合 つごう 圏 사정, 형편　用事 ようじ 圏 용무, 볼일
初日 しょにち 圏 첫날　いただく 图 받다 (もらう의 겸양어)
受講 じゅこう 圏 수강　決める きめる 图 정하다, 결정하다
様子 ようす 圏 모습, 모양　実は じつは 児 실은
勧める すすめる 图 추천하다, 권하다　それで 젭 그래서
だめ 圏 안됨　必ず かならず 児 반드시, 꼭　インターネット 圏 인터넷
授業料 じゅぎょうりょう 圏 수업료
授業開始日 じゅぎょうかいしび 圏 수업 개시일
無料 むりょう 圏 무료　貸し出す かしだす 图 빌려주다, 대출하다
利用 りよう 圏 이용　場合 ばあい 圏 경우　紹介 しょうかい 圏 소개
講師 こうし 圏 강사

5

[음성]

電話で男の学生と女の学生が話しています。女の学生はこのあとまず何をしますか。

M：もしもし。

F：ああ、どうしたの。

M：来週の発表用のデータ、メンバーのみんなに送ってくれたよね。あれ、直す前のデータだったよ。

F：え、ほんとに？ごめん。うっかりしてた。すぐ送るね。今、大学のパソコンルームにいるから、すぐ送れるよ。

M：まだ直せてないんだったら、僕がやるよ。どこを直すかメモがあるから。

F：ううん、間違えて直す前のを送ってしまっただけで、もう直してあるの。だから、大丈夫。

M：じゃあさ、発表のときに見せる写真のファイルも一緒に送ってくれる？

F：あ、それは今、ちょうど選んでいるところだから。

M：そうなんだ。じゃあ、送るの、一緒でいいよ。

F：わかった。そんなに時間かからないはずだから、お昼までには。

M：ありがとう。それからさ、みんなで集まって発表の準備、しないといけないよね。だれがどこを発表するかも、まだ決めてなかったよね。

F：そう言えば、そうね。

M：いつ時間があるかみんなに聞いておくよ。

F：わかった。

女の学生はこのあとまず何をしますか。

[問題지]
1 直した発表用のデータを送る
2 発表用のデータを直す
3 発表のときに見せる写真を選ぶ
4 発表のたんとうしゃを決める

해석 전화로 남학생과 여학생이 이야기하고 있습니다. **여학생은** 이 다음에 우선 무엇을 합니까?

M : 여보세요.

F : 아, 무슨 일이야?

M : 다음 주 발표용 데이터, 멤버 모두에게 보내줬지? 그거, 고치기 전의 데이터였어.

F : 뭐? 정말? 미안. 깜빡했어. 바로 보낼게. 지금, 대학 컴퓨터실에 있으니까, 바로 보낼 수 있어.

M : 아직 고치지 않았으면, 내가 할게. 어디를 고쳐야 할지 메모가 있으니까.

F : 아니야, 착각해서 고치기 전의 것을 보내버린 것 뿐이라, 이미 고쳐져 있어. 그러니까, 괜찮아.

M : 그럼, 발표 때 보여줄 사진 파일도 함께 보내줄래?

F : 아, 그건 지금, 마침 고르고 있는 중이니까.

M : 그렇구나. 그럼, 보내는 거, 같이 해도 돼.

F : 알았어. 그렇게 시간이 걸리지 않을 테니까, 점심까지는.

M : 고마워. 그리고 말이야, 모두가 모여서 발표 준비, 해야 하는데. 누가 어디를 발표할지도, 아직 정하지 않았지?

F : 그러고 보니, 그렇네.

M : 언제 시간이 있는지 모두에게 물어봐 둘게.

F : 알겠어.

여학생은 이 다음에 우선 무엇을 합니까?

1 고친 발표용 데이터를 보낸다
2 발표용 데이터를 고친다
3 발표 때 보여줄 사진을 고른다
4 발표 담당자를 정한다

해설 1 '데이터 보내기', 2 '데이터 고치기', 3 '사진 고르기', 4 '담당자 정

하기' 중 여학생이 가장 먼저 해야 할 일을 묻는 문제이다. 대화에서, 남자가 발표의 때에 보여줄 사진의 파일도 일긴 보내 줘(発表 때 보여줄 사진 파일도 함께 보내줄래?)라고 하자, 여자가 ちょうど選んでいるところだから(마침 고르고 있는 중이니까)라고 했으므로, 3 発表のときに見せる写真を選ぶ(발표 때 보여줄 사진을 고른다)가 정답이다. 1은 사진을 고른 다음에 해야 할 일이고, 2는 이미 고쳐져 있어 할 필요가 없으며, 4는 언제 시간이 있는지 모두에 게 물어본 다음에 해야 할 일이므로 오답이다.

어휘 発表用 はっぴょうよう 图발표용　データ 图데이터　メンバー 图멤버

送る おくる 图보내다　直す なおす 图고치다, 정정하다

うっかり 園깜빡, 멍청히　パソコンルーム 图컴퓨터실　メモ 图메모

間違う まちがう 图착각하다, 잘못하다　発表 はっぴょう 图발표

ファイル 图파일　選ぶ えらぶ 图고르다, 선별하다

そんなに 園그렇게(까지)

時間がかかる じかんがかかる 시간이 걸리다

集まる あつまる 图모이다　準備 じゅんび 图준비

決める きめる 图정하다, 결정하다　担当者 たんとうしゃ 图담당자

☞ 문제 2의 디렉션과 예제를 들려줄 때 1번부터 6번까지의 선택지를 미리 읽고 내용을 재빨리 파악해둡니다. 음성에서 では、始めます(그러면, 시작합니다)가 들리면, 곧바로 문제 풀 준비를 합니다. 음성 디렉션과 예제는 실전모의고사 1의 해설(p.186)에서 확인할 수 있습니다.

1

[음성]

男の学生と女の学生が話しています。発表会の日にちが変更になった理由は何ですか。

M：今度の研究発表会、来週の17日だったっけ？

F：ああ、そうだったんだけど、あれ、27日に変更になったんだよね。

M：え、そうなんだ。でも、教室も予約してあったんじゃなかった？

F：うん、先生も私達も予定を合わせて準備を進めていたんだけどね。

M：準備が間に合わなかったの？

F：ううん、そういう人もいたかもしれないけど、そうじゃなくて、学校側の都合みたい。何でもその日に急に工事をすることになったらしくて。

M：工事って、教室を直すわけじゃないんでしょう？

F：うん、ちょうど予約していた教室の外でするみたいで、音がうるさいからって。

M：そうなんだ。

F：ほかの教室じゃ狭いでしょう？だから工事の後の27日になったの。

発表会の日にちが変更になった理由は何ですか。

[문제지]

1 教室の予約ができなかったから
2 先生の都合が合わなかったから
3 準備が間に合わなかったから
4 学校で工事をするから

해석 남학생과 여학생이 이야기하고 있습니다. 발표회 날짜가 변경된 이유는 무엇입니까?

M : 이번 연구 발표회, 다음 주 17일이었나?

F : 아, 그랬었는데, 그거, 27일로 변경되었어.

M : 어, 그렇구나. 하지만, 교실도 예약되어 있지 않았어?

F : 응, 선생님도 우리들도 예정을 맞추어서 준비를 진행하고 있었는데.

M : 준비가 시간에 맞지 않았어?

F : 아니, 그런 사람도 있었을지도 모르지만, 그게 아니라, 학교 측 사정같아. 듣자 하니 그 날에 갑자기 공사를 하게 된 것 같아서.

M : 공사라니, 교실을 고치는 건 아니잖아?

F : 응, 딱 예약한 교실 밖에서 하는 것 같아서, 소리가 시끄럽다고.

M : 그렇구나.

F : 다른 교실이면 좁잖아? 그래서 공사 뒤인 27일이 된거야.

발표회 날짜가 변경된 이유는 무엇입니까?

1 교실 예약을 할 수 없기 때문에

2 선생님의 사정이 맞지 않았기 때문에

3 준비가 시간에 맞지 않았기 때문에

4 학교에서 공사를 하기 때문에

해설 발표회 날짜가 변경된 이유를 묻는 문제이다. 각 선택지의 핵심 내용은 1 '교실 예약을 할 수 없어서', 2 '선생님의 사정이 맞지 않아서', 3 '준비가 시간에 맞지 않아서', 4 '학교에서 공사를 해서'이다. 대화에서, 여학생이 그 날에 急に工事をすることになったらしくて(그 날에 갑자기 공사를 하게 된 것 같아서)라고 했으므로, 4 学校で工事をするから(학교에서 공사를 하기 때문에)가 정답이다. 오답 선택지 1은 이미 예약을 해놓았다고 했고, 2는 선생님도 예정을 맞추어 준비를 하고 있다고 했으며, 3은 아니라고 했으므로 오답이다.

어휘 発表会 はっぴょうかい 圏발표회　変更 へんこう 圏변경
今度 こんど 圏이번, 금번
研究発表会 けんきゅうはっぴょうかい 圏연구 발표회
予約 よやく 圏예약　私達 わたしたち 圏우리들　予定 よてい 圏예정
合わせる あわせる 圏맞추다　準備 じゅんび 圏준비
進める すすめる 圏진행하다, 나아가다
間に合う まにあう 圏시간에 맞다　そういう 그런　側 かわ 圏측, 쪽
都合 つごう 圏사정, 형편　日 ひ 圏날　急に きゅうに 圉갑자기
工事 こうじ 圏공사　直す なおす 圏고치다　音 おと 圏소리

2

[음성]

会社で女の人と男の人が話しています。**女の人が心配しているのはどんなことですか。**

M : 最近、すごく忙しそうだけど、大丈夫?

F : うん、実は新しい仕事が始まったんだけど、することがたくさんありすぎて。

M : へえ、今の人数じゃ、足りないんじゃない?

F : ああ、人数はまあ、大丈夫なんだけど。新しく私のグループに来た人達は、仕事の流れがわからないでしょう?だから、ちょっと時間がかかってるんだよね。

M : ああ、それはしょうがないね。

F : 時間がかかるのは今だけだと思うから、そんなに心配はしていないんだけど。それより、予算のほうがね。

M : 足りなさそうなの?

F : 思ったより支払う金額が多くて、間に合うかどうか。課長にもう一度、相談してみようかなあ。

M : リーダーは考えなきゃいけないことがたくさんあるから、大変だよね。

女の人が心配しているのはどんなことですか。

[문제지]

1 人の数がたりないこと
2 仕事に時間がかかること
3 予算がたりなくなること
4 考えることが多いこと

해석 회사에서 여자와 남자가 이야기하고 있습니다. 여자가 걱정하고 있는 것은 어떤 것입니까?

M : 최근, 굉장히 바빠 보이는데, 괜찮아?

F : 응, 실은 새로운 일이 시작됐는데, 할게 너무 많아서.

M : 호호, 지금 인원수로는, 부족한 거 아니야?

F : 아아, 인원수는 뭐, 괜찮은데. 새롭게 내 그룹에 온 사람들은, 일의 흐름을 모르잖아? 그래서, 조금 시간이 걸리고 있어.

M : 아아, 그건 어쩔 수 없네.

F : 시간이 걸리는 것은 지금뿐이라고 생각하니까, 그렇게 걱정은 하지 않고 있는데. 그것보다, 예산 쪽이 말이야.

M : 부족할거 같아?

F : 생각한 것보다 지불할 금액이 많아서, 맞출 수 있을지 없을지. 과장님께 다시 한번, 상담해볼까.

M : 리더는 생각해야 할 게 많이 있어서, 힘들겠네.

여자가 걱정하고 있는 것은 어떤 것입니까?

1 사람 수가 부족한 것

2 일에 시간이 걸리는 것

3 예산이 부족해지는 것

4 생각할 것이 많은 것

해설 여자가 어떤 것을 걱정하고 있는지 묻는 문제이다. 각 선택지의 핵심 내용은 1 '사람 수 부족', 2 '시간이 걸리는 것', 3 '예산 부족', 4 '생각할 것이 많은 것'이다. 대화에서, 여자가 예산 쪽이 문제라며 思ったより支払う金額が多くて、間に合うかどうか(생각한 것보다 지불할 금액이 많아서, 맞출 수 있을지 없을지)라고 했으므로, 3 予算がたりなくなること(예산이 부족해지는 것)가 정답이다. 오답 선택지

1은 괜찮다고 했고, 2는 어쩔 수 없다고 했으며, 4는 여자가 아니라 남자가 언급했으므로 오답이다.

어휘 心配 しんぱい ⑲ 걱정　最近 さいきん ⑲ 최근

すごく ⑮ 굉장히, 몹시　実は じつは 실은

人数 にんずう ⑲ 인원수　足りない たりない 부족하다

グループ ⑲ 그룹　人達 ひとたち ⑲ 사람들　流れ ながれ ⑲ 흐름

だから ⑳ 그래서, 그러니까

時間がかかる じかんがかかる 시간이 걸리다

しょうがない 어쩔 수 없다　そんなに ⑮ 그렇게(까지)

予算 よさん ⑲ 예산　支払う しはらう ⑤ 지불하다

金額 きんがく ⑲ 금액　間に合う まにあう 시간에 맞추다

課長 かちょう ⑲ 과장님, 과장　もう一度 もういちど ⑮ 다시 한 번

相談 そうだん ⑲ 상담　リーダー ⑲ 리더

考える かんがえる ⑤ 생각하다　数 かず ⑲ 수

3

[음성]

男の人と女の人が話しています。**男の人はどうして旅行を やめることにしましたか。**

M : ねえ、聞いてよ。来週から旅行することにしてたんだけ どさ。

F : ああ、奥さんと二人で旅行するって言ってたよね。どう したの?

M : 旅行、行かないことにしたんだ。

F : え?どうして?楽しみにしてたんじゃなかったっけ。

M : うん、せっかくいいホテルに泊まろうと思ってたんだけ ど、実は、うちの両親が、自分達も連れてけって言い だして。

F : 一緒に行けばいいじゃない。

M : それもいいかなと思ったんだけど、ホテル、追加で予 約できなくて。だから、今回は妻と二人で行くって言っ たら、父が怒っちゃってさ。それで、また別の機会にし ようってことになって、僕たちの旅行もやめることに したんだ。

F : じゃあ、今回の旅行のお金は、次の機会に取っておか なきゃね。

男の人はどうして旅行をやめることにしましたか。

[문제지]

1 ホテルが4人分予約できなかったから
2 妻が行きたくないと言ったから
3 両親が旅行に反対したから
4 旅行のお金がたりなくなったから

해석 남자와 여자가 이야기하고 있습니다. 남자는 왜 여행을 그만두기로 했습니까?

M : 저기, 들어봐. 다음 주부터 여행 가기로 했는데 말이야.

F : 아아, 부인이랑 둘이서 여행 간다고 말했었지. 무슨 일이야?

M : 여행, 가지 않기로 했어.

F : 뭐? 어째서? 기대하고 있지 않았던가?

M : 응, 모처럼 좋은 호텔에 묵으려고 생각했는데, 실은, 우리 부모님 이, 자신들도 데리고 가라고 해서.

F : 같이 가면 되잖아.

M : 그것도 좋겠다고 생각했는데, 호텔, 추가로 예약 못해서. 그래서 이번에는 아내랑 둘이서 간다고 말하니까, 아버지가 화를 내서 말이야. 그래서, 또 다른 기회에 하기로 되어서, 우리 여행도 그 만두기로 했어.

F : 그럼, 이번 여행 돈은, 다음 기회로 보관해야겠네.

남자는 왜 여행을 그만두기로 했습니까?

1 호텔을 4명분 예약하지 못했기 때문에

2 아내가 가고 싶지 않다고 말했기 때문에

3 부모님이 여행에 반대했기 때문에

4 여행 돈이 부족했기 때문에

해설 남자가 여행을 그만둔 이유를 묻는 문제이다. 각 선택지의 핵심 내용 은 1 '호텔을 4명분 예약 못해서', 2 '아내가 가고 싶지 않다고 해서', 3 '부모님이 반대해서', 4 '돈이 부족해서' 이다. 대화에서, 남자가 부 모님이 여행을 같이 가자고 했는데, ホテル、追加で予約できなく て。だから、今回は妻と二人で行くって言ったら、父が怒っち ゃってさ(호텔, 추가로 예약 못해서. 그래서 이번에는 아내랑 둘이서 간다고 말하니까, 아버지가 화를 내서 말이야)라고 했으므로, 1 ホテ ルが4人分予約できなかったから(호텔을 4명분 예약하지 못해 서)가 정답이다. 오답 선택지 2는 언급되지 않았고, 3은 부모님이 같 이 가자고 했으며, 4도 언급되지 않았으므로 오답이다.

어휘 やめる ⑤ 그만두다　楽しみ たのしみ ⑲ 기대, 즐거움

せっかく ⑮ 모처럼　泊まる とまる ⑤ 묵다　実は じつは ⑮ 실은

うち ⑲ 우리　自分達 じぶんたち ⑲ 자신들, 자기들

連れる つれる ⑤ 데리고 가(오)다, 동반하다

言い出す いいだす ⑤ 말하다　追加 ついか ⑲ 추가

予約 よやく ⑲ 예약　だから ⑳ 그래서, 그러니까

今回 こんかい ⑲ 이번　妻 つま ⑲ 아내　怒る おこる ⑤ 화내다

それで ⑳ 그래서　別 べつ ⑲ 다른　機会 きかい ⑲ 기회

じゃあ ⑳ 그럼　取っておく とっておく 보관하다, 간직하다

反対 はんたい ⑲ 반대　たりない 부족하다

4

[음성]

女の人と男の人が話しています。女の人はこの店の何がい いと言っていますか。

F : 昨日、新しいラーメン屋に行ったんですよ。ほら、駅 の近くに先月できた店。

M : ああ、あそこ。混んでますよね。

F : 昼休みの時間に行ったんですけど、やっぱり人が並ん でて、10分くらい待っちゃいました。

M : へえ、人が並んで待つくらい、おいしいんでしょうか。 味はどうでした?

F：あそこ、辛いラーメンしかないんですが、辛さを選べるんです。私は、普通を選んだんですが、友達は辛くしてもらって、そちらもおいしそうでした。

M：そうですか。辛いのはちょっと苦手なんですよね。

F：ああ、辛さなしというのもありましたよ。ラーメンがおいしいのはもちろんですが、店もきれいだし、スタッフも元気で明るいし、おすすめです。そしてなにより、有名な俳優がやってるお店なんです。ほら、朝のドラマで主役だった…。

M：えっ！あの人のお店なんですか？

F：そうなんですよ。まさか、あの人がラーメン作ってくれるなんて、びっくりしました。私、明日も行こうと思っています。

女の人はこの店の何がいいと言っていますか。

[문제지]

1 あまり待たなくていいこと
2 辛さが選べておいしいこと
3 スタッフが元気で多いこと
4 有名な人のお店だということ

해석 여자와 남자가 이야기하고 있습니다. 여자는 이 가게의 무엇이 좋다고 말하고 있습니까?

F : 어제, 새로운 라면 가게에 갔어요. 왜, 역 근처에 지난달에 생긴 가게.

M : 아아, 거기. 붐비죠?

F : 점심 시간에 갔는데, 역시 사람이 줄 서있어서, 10분 정도 기다렸어요.

M : 와, 사람이 줄 서서 기다릴 만큼, 맛있는 걸까요. 맛은 어땠어요?

F : 거기, 매운 라면밖에 없는데, 맵기를 고를 수 있어요. 저는, 보통을 골랐는데, 친구는 맵게 해서, 그것도 맛있어 보였어요.

M : 그런가요. 매운 건 좀 싫은데요.

F : 아아, 맵지 않은 것도 있었어요. 라면이 맛있는 것은 물론이지만, 가게도 깨끗하고, 스탭도 활기차고 밝고, 추천해요 그리고 무엇보다, 유명한 배우가 하고 있는 가게예요. 왜, 아침 드라마 주연이었던….

M : 어! 그 사람의 가게에요?

F : 그래요. 설마, 그 사람이 라면을 만들어주다니, 놀랐어요. 저, 내일도 갈 생각이에요.

여자는 이 가게의 무엇이 좋다고 말하고 있습니까?

1 그다지 기다리지 않아도 되는 것
2 맵기를 고를 수 있고 맛있는 것
3 스탭이 활기차고 많은 것
4 유명한 사람의 가게라는 것

해설 여자가 이 가게의 무엇이 좋다고 하는지 묻는 문제이다. 각 선택지의 핵심 내용은 1 '기다리지 않는 것', 2 '맵기를 고를 수 있고 맛있는 것', 3 '스탭이 활기차고 많은 것', 4 '유명한 사람의 가게인 것'이

다. 대화에서, 여자가 そしてなにより、有名な俳優がやってるお店なんです(그리고 무엇보다, 유명한 배우가 하고 있는 가게예요)라고 했으므로, 4 有名な人のお店だということ(유명한 사람의 가게라는 것)가 정답이다. 오답 선택지 1은 줄을 서서 기다렸다고 했고, 2와 3은 언급은 되었으나 가게가 좋은 가장 큰 이유는 아니므로 오답이다.

어휘 ラーメン屋 ラーメンや 圏 라면 가게 混む こむ 圏 붐비다, 혼잡하다
昼休み ひるやすみ 圏 점심 시간 やっぱり 图 역시, 결국
味 あじ 圏 맛 選ぶ えらぶ 圏 고르다, 선택하다 普通 ふつう 圏 보통
苦手だ にがてだ な형 싫다, 거북하다 もちろん 图 물론
スタッフ 圏 스탭, 직원 元気だ げんきだ な형 활발하다, 건강하다
おすすめ 圏 추천, 권유 なにより 图 무엇보다
俳優 はいゆう 圏 배우 ドラマ 圏 드라마
主役 しゅやく 圏 주연, 주역 まさか 图 설마 びっくり 圏 깜짝 놀람

5

[음성]
男の人と女の人が話しています。男の人はどうして病院に通っているのですか。

M：最近、病院に通ってるんだ。

F：へえ、どこか悪いの？

M：うん、なんか肩が痛くて。仕事のしすぎかなあ。パソコンをずっと使っているからだって言われたんだけど。

F：座ってばかりいると、体によくないもんね。なにかスポーツはしてる？

M：前はバスケットボールをしてたんだけど、ここ数年は全然してないな。一回、骨折しちゃって。スポーツをしたら、肩は楽になるの？

F：うん、動かさないことがよくないんだって。仕事中でも1時間に1回、簡単に体を動かしてみたら？

M：仕事に夢中になってると、時間を忘れちゃうんだよね。肩だけじゃなくて、疲れも取れないんだ。朝、起きたときも疲れたと思っちゃうくらいで、気になってるんだ。そっちも病院に行くべきかなあ。

F：それはよくないねえ。ちょっと仕事、休んだほうがいいんじゃない？

男の人はどうして病院に通っているのですか。

[문제지]

1 肩が痛いから
2 骨折したから
3 疲れているから
4 仕事に行けないから

해석 남자와 여자가 이야기하고 있습니다. 남자는 왜 병원에 다니고 있습니까?

M : 최근, 병원에 다니고 있어.

F : 아, 어디가 안 좋아?

M : 응, 왠지 어깨가 아파서. 일을 너무 많이 했나. 컴퓨터를 계속 사용하고 있어서라고 들었는데.

F : 계속 앉아만 있으면, 몸에 좋지 않지. 뭔가 스포츠는 하고 있어?

M : 전에는 농구를 했었는데, 요 몇 년은 전혀 하고 있지 않아. 한 번, 골절 해버려서. 스포츠를 하면, 어깨도 편해져?

F : 응, 움직이지 않는 것이 좋지 않대. 일하는 중에도 1시간에 1회, 간단하게 몸을 움직여보면 어때?

M : 일에 몰두하게 되면, 시간을 잊어버려. 어깨뿐만 아니라, 피로도 풀리지 않아. 아침, 일어날 때도 피곤하다고 생각할 정도라, 걱정 돼. 그쪽도 병원에 가야 하나.

F : 그건 좋지 않네. 잠깐 일, 쉬는 편이 좋지 않아?

남자는 왜 병원에 다니고 있습니까?

1 **어깨가 아프기 때문에**

2 골절했기 때문에

3 피곤하기 때문에

4 일을 나갈 수 없기 때문에

해설 남자가 병원에 다니는 이유를 묻는 문제이다. 각 선택지의 핵심 내용은 1 '어깨가 아파서', 2 '골절해서', 3 '피곤해서', 4 '일을 나갈 수 없어서'이다. 대화에서, 남자가 病院に通ってるんだ(병원에 다니고 있어), なんか肩が痛くて(왠지 어깨가 아파서)라고 했으므로, 1 肩が痛いから(어깨가 아프기 때문에)가 정답이다. 오답 선택지 2는 예전 일이고, 3은 병원에 가야 하나 고민하고 있다고 했으며, 4는 언급되지 않았으므로 오답이다.

어휘 通う かよう 图다니다, 왕래하다　最近 さいきん 圀최근
なんか 囝왠지, 뭔가　肩 かた 圀어깨　パソコン 圀컴퓨터
ずっと 囝계속, 쭉　バスケットボール 圀농구
数年 すうねん 圀몇 년　全然 ぜんぜん 囝전혀
骨折 こっせつ 圀골절　楽になる らくになる 편해지다
動く うごく 图움직이다　夢中 むちゅう 圀몰두함, 열중함
疲れが取れる つかれがとれる 피로가 풀리다
起きる おきる 图일어나다　気になる きになる 걱정되다, 마음에 걸리다

6

[음성]

テレビで女の人が新しいサービスについて話しています。
このサービスはどのように使いますか。

F : 最近、インターネットを使ったネットショッピングの利用が急激に増えていますが、今日、ご紹介するコンビニ受け取りサービスは、ご自宅での荷物の受け取りが難しい人向けに作られました。まず、注文のときに近くのコンビニを登録してもらい、配達の人はコンビニにあるロッカーに荷物を入れておきます。受け取る人は配達の人が指定したパスワードを入れて、ロッカーから荷物を取り出します。普通、荷物の配達は朝8時から夜9時までですが、その時間帯に家にいない方も多いです。人がいない家に配達に行って、その荷物を持

ち帰ることでコストもかかります。受け取る人にとって便利なだけではなく、配達する人にとってもいいサービスですね。

このサービスはどのように使いますか。

[문제지]

1 ロッカーでパスワードを設定する
2 注文の時にコンビニを登録する
3 持ち帰った荷物について連絡する
4 受け取りの前に配達の時間を指定する

해석 텔레비전에서 여자가 새로운 서비스에 대해 이야기하고 있습니다. 이 서비스는 어떻게 사용합니까?

F : 최근, 인터넷을 사용한 인터넷 쇼핑 이용이 급격히 늘고 있습니다만, 오늘, 소개 드리는 편의점 수취 서비스는, 자택에서의 물건 수취가 어려운 사람을 위해 만들어 졌습니다. 우선, **주문할 때 근처 편의점을 등록받고**, 배달원은 편의점에 있는 사물함에 물건을 넣어둡니다. 수취인은 배달원이 지정한 비밀번호를 넣어, 사물함에서 물건을 꺼냅니다. 보통, 물건의 배달은 아침 8시에서 밤 9시까지입니다만, 그 시간대에 집에 없는 분도 많습니다. 사람이 없는 집에 배달을 가서, 그 물건을 가지고 돌아오는 것으로 비용도 듭니다. 수취인에게 있어서 편리할 뿐만 아니라, 배달하는 사람에게 있어서도 좋은 서비스네요.

이 서비스는 어떻게 사용합니까?

1 사물함에서 비밀번호를 설정한다

2 **주문할 때 편의점을 등록한다**

3 가지고 돌아온 물건에 대해 연락한다

4 수취 전에 배달 시간을 지정한다

해설 서비스 사용 방법을 묻는 문제이다. 각 선택지의 핵심 내용은 1 '사물함 비밀번호 설정', 2 '편의점 등록', 3 '가지고 돌아온 물건에 대해 연락', 4 '배달 시간 지정'이다. 여자가 먼저、注文のときに近くのコンビニを登録してもらい(우선, 주문할 때 근처 편의점을 등록받고)라고 했으므로, 2 注文の時にコンビニを登録する(주문할 때 편의점을 등록한다)가 정답이다. 오답 선택지 1은 배달원이 하는 일이고, 3과 4는 언급되지 않았으므로 오답이다.

어휘 サービス 圀서비스　最近 さいきん 圀최근　インターネット 圀인터넷
ネットショッピング 圀인터넷 쇼핑　利用 りよう 圀이용
急激だ きゅうげきだ 녕형급격하다　増える ふえる 图늘다, 증가하다
紹介 しょうかい 圀소개　コンビニ 圀편의점
受け取る うけとる 图수취하다, 받다　自宅 じたく 圀자택
荷物 にもつ 圀물건, 짐　まず 囝우선, 먼저　注文 ちゅうもん 圀주문
登録 とうろく 圀등록　配達の人 はいたつのひと 圀배달원
ロッカー 圀사물함, 로커　指定 してい 圀지정
パスワード 圀비밀번호　取り出す とりだす 图꺼내다
普通 ふつう 囝보통, 대게　時間帯 じかんたい 圀시간대
持ち帰る もちかえる 图가지고 돌아가다　コスト 圀비용, 코스트
かかる 图(비용이) 들다　設定 せってい 圀설정
連絡 れんらく 圀연락

☞ 문제 3은 문제지에 아무것도 인쇄되어 있지 않습니다. 따라서, 예제를 들려줄 때, 그 내용을 들으면서 개요 이해의 문제 풀이 전략을 떠올려 봅니다. 음성에서 では、始めます(그러면, 시작합니다)가 들리면, 곧바로 문제 풀 준비를 합니다.
음성 디렉션과 예제는 실전모의고사 1의 해설(p.191)에서 확인할 수 있습니다.

1

[음성]
ラジオで男の人が話しています。

M：えー、野菜を作っている農家として話をしていますが、聞いてくださっている皆さんにひとつ、お願いがあります。最近、インターネット上でご自分の撮った写真を共有することが非常にはやっています。私の畑にも時々写真を撮りに来ている人がいるみたいで、車や人が通った跡が残っていることがあるんですが、勝手に畑に入るのはやめてください。外部から来た人の靴の裏や車のタイヤについた土から、野菜によくない病気が広がることがあります。そうするとその土地での野菜作りはその後何年もできなくなるのです。その地域全体が借金をして失業することもありえます。どうか、このことを覚えておいてください。

男の人は何について話していますか。
1 写真の共有のよくない点
2 畑に入ってはいけない理由
3 野菜の病気の広がり方
4 野菜の病気と失業の関係

해석 라디오에서 남자가 이야기하고 있습니다.

M : 음, 야채를 재배하고 있는 농가로서 이야기를 하고 있습니다만, 들어 주시고 있는 여러분에게 하나, 부탁이 있습니다. 최근, 인터넷상에서 자신이 찍은 사진을 공유하는 일이 대단히 유행하고 있습니다. 저의 밭에도 때때로 사진을 씩으러 오고 있는 사람이 있는 것 같아서, 차나 사람이 다닌 흔적이 남아 있는 경우가 있습니다만, 마음대로 밭에 들어오는 것은 멈춰 주세요. 외부에서 온 사람의 구두 바닥이나 자동차의 바퀴에 붙은 흙에서, 야채에 좋지 않은 병이 퍼지는 경우가 있습니다. 그러면 그 토지에서의 야채 키우기는 그 후 몇 년이나 할 수 없게 되는 것입니다. 그 지역 전체가 빚을 지고 실업하는 경우도 있을 수 있습니다. 부디, 이것을 기억해 주세요.

남자는 무엇에 대해 이야기하고 있습니까?

1 사진 공유의 좋지 않은 점
2 밭에 들어가서는 안 되는 이유
3 야채의 병이 퍼지는 법
4 야채의 병과 실업의 관계

해설 상황 설명에서 언급된 화자가 남자 한 명이므로, 주제나 핵심 내용을 묻는 문제가 나올 것임을 예상한다. 남자가 人の靴の裏や車のタイヤについた土から、野菜によくない病気が広がること(사람의 구두 바닥이나 자동차의 바퀴에 붙은 흙에서, 야채에 좋지 않은 병이 퍼지는 경우), 野菜作りはその後何年もできなくなるの(야채 키우기는 그 후 몇 년이나 할 수 없게 되는 것), その地域全体が借金をして失業(그 지역 전체가 빚을 지고 실업)라고 했다. 질문에서 남자가 무엇에 대해 이야기하고 있는지 묻고 있으므로, 2 畑に入ってはいけない理由(밭에 들어가서는 안 되는 이유)가 정답이다.

어휘 野菜を作る やさいをつくる 야채를 재배하다　農家 のうか 몡농가
最近 さいきん 몡최근　インターネット 몡인터넷
共有 きょうゆう 몡공유　非常に ひじょうに 囝대단히
はやる 통유행하다　畑 はたけ 몡밭　通る とおる 통다니다
跡 あと 몡흔적　残る のこる 통남다
勝手だ かってだ 다형마음대로이다　やめる 통멈추다
外部 がいぶ 몡외부　靴の裏 くつのうら 몡구두 바닥
タイヤ 몡바퀴, 타이어　つく 통붙다　土 つち 몡흙
広がる ひろがる 통퍼지다　土地 とち 몡토지
野菜作り やさいづくり 몡야채 키우기
地域全体 ちいきぜんたい 몡지역 전체　借金 しゃっきん 몡빚
失業 しつぎょう 몡실업　どうか 囝부디　理由 りゆう 몡이유
関係 かんけい 몡관계

2

[음성]
会社で女の人が話しています。

F：こちらが今度、新しく開発したお弁当です。どうぞ、召し上がってみてください。ポイントはカロリーが控えめなのに、たくさん食べたと思ってもらえるようなボリュームです。健康への意識の高まりとともに、どこのコンビニでも野菜が多くて、カロリーが低いお弁当に力を入れています。当社でも今までの低カロリーのお弁当は、どうしても野菜中心になっていました。しかし、この商品は肉や魚も入っています。油を使わず、料理のしかたを工夫して、カロリーが低くても、肉も魚もしっかり食べられます。こちらの商品で、お弁当の売り上げを昨年の1.5倍にできればと考えております。

女の人は何について話していますか。
1 売れているお弁当のカロリー
2 お弁当のおかずの作り方
3 新しいお弁当の特徴
4 去年のお弁当の売り上げ

해석 회사에서 여자가 이야기하고 있습니다.

F : 이쪽이 이번에, 새롭게 개발한 도시락입니다. 부디, 드셔봐주세요. 포인트는 칼로리가 약간 적은데, 많이 먹었다고 생각할 수 있을 것 같은 양입니다. 건강에의 의식 고조와 함께, 어느 편의점에

서도 야채가 많고, 칼로리가 낮은 도시락에 힘을 쏟고 있습니다. 당사에서도 지금까지 저칼로리 도시락은, 아무래도 야채 중심이 되어 있었습니다. 하지만, 이 상품은 고기나 생선도 들어 있습니다. 기름을 사용하지 않고, 요리 방법을 궁리해서, 칼로리가 낮아도, 고기도 생선도 확실히 먹을 수 있습니다. 이 상품으로, 도시락 매상을 작년의 1.5배로 할 수 있다면 하고 생각하고 있습니다.

여자는 무엇에 대해 이야기하고 있습니까?

1 팔리고 있는 도시락의 칼로리
2 도시락의 반찬을 만드는 법
3 새로운 도시락의 특징
4 작년 도시락 매상

해설 상황 설명에서 언급된 화자가 여자 한 명이므로, 주제나 핵심 내용을 묻는 문제가 나올 것임을 예상한다. 여자가 新しく開発したお弁当(새롭게 개발한 도시락), ポイントはカロリーが控えめなのに、たくさん食べたと思ってもらえるようなボリューム(포인트는 칼로리가 약간 적은데, 많이 먹었다고 생각할 수 있을 것 같은 양), この商品は肉や魚も入っています(이 상품은 고기나 생선도 들어 있습니다)라고 했다. 질문에서 여자가 무엇에 대해 이야기하고 있는지 묻고 있으므로, 3 新しいお弁当の特徴(새로운 도시락의 특징)가 정답이다.

어휘 今度 こんど 몡이번　開発 かいはつ 몡개발
　　召し上がる めしあがる 동드시다 (食べる의 존경어)
　　ポイント 몡포인트　カロリー 몡칼로리
　　控えめ ひかえめ 몡약간 적음　ボリューム 몡양
　　健康 けんこう 몡건강　意識 いしき 몡의식
　　高まる たかまる 동고조되다　コンビニ 몡편의점　力 ちから 몡힘
　　当社 とうしゃ 몡당사　商品 しょうひん 몡상품　油 あぶら 몡기름
　　しかた 몡방법　工夫 くふう 몡궁리　しっかり 閈확실히
　　売り上げ うりあげ 몡매상　昨年 さくねん 몡작년　倍 ばい 몡배
　　考える かんがえる 동생각하다　売れる うれる 동팔리다
　　おかず 몡반찬　特徴 とくちょう 몡특징

3

[음성]
レポーターが男の人にインタビューをしています。
F：最近、仕事を休むときや遅刻する時に、会社にケータイのメッセージアプリで連絡する人がいるようですが、どう思いますか。
M：えー、悪くないと思いますよ。電車の中にいる時なんか、電話できないですから、便利ですよね。でも、私は使えないですね。やっぱり、電話で話したほうが確実に伝わりますから、そのほうがいいですよ。それに、うちの会社では、会社の中で個人のケータイの使用は禁止されているんです。会社の情報を守るためなんですけどね。

男の人はケータイの使用についてどう思っていますか。

1 便利だから使いたい
2 電話を使ったほうがいい
3 禁止したほうがいい
4 情報を守るために使わない

해석 리포터가 남자에게 인터뷰를 하고 있습니다.
F：최근, 일을 쉴 때나 지각할 때, 회사에 휴대폰 메시지 어플로 연락하는 사람이 있는 것 같은데요, 어떻게 생각하시나요?
M：음, 나쁘지 않다고 생각해요. 전철 안에 있을 때 라든지, 전화할 수 없으니까, 편리하지요. 하지만, 저는 사용할 수 없어요. 역시, 전화로 이야기하는 편이 확실하게 전달되니까, 그쪽이 좋아요. 게다가, 저희 회사에서는, 회사 안에서 개인 휴대폰의 사용이 금지되어 있어요. 회사 정보를 지키기 위해서이지만요.

남자는 휴대폰 사용에 대해 어떻게 생각하고 있습니까?

1 편리하니까 사용하고 싶다
2 전화를 사용하는 편이 좋다
3 금지하는 편이 좋다
4 정보를 지키기 위해서 사용하지 않는다

해설 상황 설명에서 언급된 화자가 리포터와 남자 두 명이므로, 뒤에 언급된 화자, 즉 남자의 생각이나 행위의 목적을 묻는 문제가 나올 것임을 예상한다. 대화에서, 리포터가 쉴 때나 지각할 때 메시지 어플로 연락을 하는 것에 대해 어떻게 생각하냐고 하자, 남자는 やっぱり、電話で話したほうが確実に伝わりますから、そのほうがいいですよ(역시, 전화로 이야기하는 편이 확실하게 전달되니까, 그쪽이 좋아요)라고 했다. 질문에서 남자가 휴대폰 메시지 어플의 사용에 대해 어떻게 생각하고 있는지 묻고 있으므로, 2 電話を使ったほうがいい(전화를 사용하는 편이 좋다)가 정답이다.

어휘 最近 さいきん 몡최근　遅刻 ちこく 몡지각　ケータイ 몡휴대폰
　　メッセージ 몡메시지　アプリ 몡어플　連絡 れんらく 몡연락
　　思う おもう 동생각하다　～なんか 조~라든지
　　便利だ べんりだ 나형편리하다　やっぱり 閈역시
　　確実だ かくじつだ 나형확실하다　伝わる つたわる 동전달되다
　　それに 젭게다가　個人 こじん 몡개인　使用 しよう 몡사용
　　禁止 きんし 몡금지　情報 じょうほう 몡정보　守る まもる 동지키다

4

[음성]
ラジオで女の人が話しています。
F：外国から日本に来た観光客に、抹茶が大人気だそうです。空港のお土産品売り場では、抹茶の入ったクッキーやチョコレートなど、いろいろな種類のお菓子をよく見かけます。外国の皆さんに抹茶が受け入れられている反面、私達日本人がお茶のお店でお茶の葉を買うことは少なくなっているそうです。行ったことがない人もいるんじゃないでしょうか。お茶屋さんはお茶の葉だけでなく、お茶を飲むための道具なども置いてあります。お勧めしたいのは、お茶の葉を保管してお

く缶、茶葉缶というんですが、湿気が入らない缶ですので、いろいろなものを入れるのに便利です。ぜひ一度、町のお茶屋さんに行って、商品を見てみてください。

女の人は何の話をしていますか。
1 人気がある抹茶の種類
2 お茶の葉を買う回数の減少
3 お茶の葉と湿気の関係
4 お茶の店で売っているもの

해석 라디오에서 여자가 이야기하고 있습니다.

F : 외국에서 일본에 온 관광객에게, 말차가 대인기라고 합니다. 공항의 토산품 매장에서는, 말차가 들어간 쿠키나 초콜릿 등, 여러 가지 종류의 과자를 자주 봅니다. 외국의 여러분에게 말차가 받아들여지고 있는 반면, 우리 일본인들이 찻집에서 찻잎을 사는 일은 적어지고 있다고 합니다. 간 적이 없는 사람도 있는 것은 아닐까요? 찻집은 찻잎뿐만 아니라, 차를 마시기 위한 도구 등도 두고 있습니다. 추천하고 싶은 것은, 찻잎을 보관해 두는 통, 찻잎통이라고 합니다만, 습기가 들어가지 않는 통이기 때문에, 다양한 것을 넣는 데에 편리합니다. 꼭 한 번, 마을의 찻집에 가서, 상품을 봐 주십시오.

여자는 무슨 이야기를 하고 있습니까?

1 인기가 있는 말차의 종류
2 찻잎을 사는 횟수의 감소
3 찻잎과 습기의 관계
4 찻집에서 팔고 있는 것

해설 상황 설명에서 언급된 화자가 여자 한 명이므로, 주제나 핵심 내용을 묻는 문제가 나올 것임을 예상한다. 여자가 お茶屋さんはお茶の葉だけでなく、お茶を飲むための道具なども置いてあります(찻집은 찻잎뿐만 아니라, 차를 마시기 위한 도구 등도 두고 있습니다)라고 했다. 질문에서 여자가 무슨 이야기를 하고 있는지 묻고 있으므로, 4 お茶の店で売っているもの(찻집에서 팔고 있는 것)가 정답이다.

어휘 日本 にほん 명일본　観光客 かんこうきゃく 명관광객
抹茶 まっちゃ 명말차　大人気 だいにんき 명대인기
空港 くうこう 명공항
お土産品売り場 おみやげひんうりば 명토산품 매장
クッキー 명쿠키　チョコレート 명초콜릿　種類 しゅるい 명종류
見かける みかける 동보다, 눈에 들어오다
受け入れる うけいれる 동받아들이다　反面 はんめん 명반면
私達 わたしたち 명우리들　日本人 にほんじん 명일본인
お茶の葉 おちゃのは 찻잎　お茶屋さん おちゃやさん 명찻집
道具 どうぐ 명도구　お勧め おすすめ 명추천　保管 ほかん 명보관
缶 かん 명통　茶葉缶 ちゃばかん 찻잎통　湿気 しっけ 명습기
便利だ べんりだ な형편리하다　ぜひ 부꼭　商品 しょうひん 명상품
人気 にんき 명인기　回数 かいすう 명횟수　減少 げんしょう 명감소
関係 かんけい 명관계

5

[음성]
町の市民講座で、男の人が話しています。

M : えー、自分の価値観を見つけるというのは、それほど難しいことではありません。まず、あなたの人生で死ぬまでにしたいことを考えてください。今、したいことではなく、死ぬまでにしたいことです。欲しいものや、仕事、家族のこと、勉強したいこと、行きたいところ、なんでも構いません。次に、なぜ、それがしたいのか、どうしたら実現できるのかを考えてみましょう。たくさんある人は、やりたい順番をつけてください。このような作業から、あなたの大切にしたいものが見えてくるはずです。自分探しをすると言いながら、旅行したり、仕事を離れたりする人がいますが、あなたの大切なものは、日常の中から見つかるはずです。

男の人は何の話をしていますか。
1 価値観を見つけることの難しさ
2 自分の大切なものを見つける方法
3 死ぬまでにしたいことの選び方
4 したいことに順番をつける意味

해석 마을의 시민 강좌에서, 남자가 이야기하고 있습니다.

M : 음, 자신의 가치관을 발견한다는 것은, 그렇게 어려운 일이 아닙니다. 우선, 당신의 인생에서 죽을 때까지 하고 싶은 것을 생각해 주세요. 지금, 하고 싶은 것이 아니라, 죽을 때까지 하고 싶은 일입니다. 갖고 싶은 것이나, 일, 가족, 공부하고 싶은 것, 가고 싶은 곳, 뭐라도 상관없습니다. 다음으로, 왜, 그것이 하고 싶은 것인지, 어떻게 하면 실현 가능한지를 생각해 봅시다. 많이 있는 사람은, 하고 싶은 순서를 부여해 주세요. 이러한 작업에서, 당신이 소중하게 하고 싶은 것이 보여 올 것입니다. 자아 찾기를 한다고 말하면서, 여행하거나, 일을 떠나거나 하는 사람이 있습니다만, 당신의 소중한 것은, 일상 안에서 발견되는 것입니다.

남자는 무슨 이야기를 하고 있습니까?

1 가치관을 발견하는 것의 어려움
2 자신의 소중한 것을 발견하는 방법
3 죽을 때까지 하고 싶은 일을 고르는 법
4 하고 싶은 일에 순서를 부여하는 의미

해설 상황 설명에서 언급된 화자가 남자 한 명이므로, 주제나 핵심 내용을 묻는 문제가 나올 것임을 예상한다. 남자가 あなたの人生で死ぬまでにしたいことを考えてください(당신의 인생에서 죽을 때까지 하고 싶은 것을 생각해 주세요), このような作業から、あなたの大切にしたいものが見えてくるはずです(이러한 작업에서, 당신이 소중하게 하고 싶은 것이 보여 올 것입니다)라고 했다. 질문에서 남자가 무슨 이야기를 하고 있는지 묻고 있으므로, 2 自分の大切なものを見つける方法(자신의 소중한 것을 발견하는 방법)가 정답이다.

어휘 価値観 かちかん 명가치관　見つける みつける 동발견하다

それほど ① 그렇게　まず ① 우선　人生 じんせい ⑬인생
考える かんがえる ⑤생각하다　構う かまう ⑤상관하다
実現 じつげん ⑬실현
順番をつける じゅんばんをつける 순서를 부여하다
作業 さぎょう ⑬작업　見える みえる ⑤보이다
自分探し じぶんさがし ⑬자아 찾기　離れる はなれる ⑤떨어지다
日常 にちじょう ⑬일상　見つかる みつかる ⑤발견되다
方法 ほうほう ⑬방법　選ぶ えらぶ ⑤고르다

☞ 문제 4는 문제지에 아무것도 인쇄되어 있지 않습니다. 따라서,
예제를 들려줄 때, 그 내용을 들으면서 즉시 응답의 문제 풀이 전략
을 떠올려 봅니다. 음성에서 では、始めます(그러면, 시작합니다)
가 들리면, 곧바로 문제 풀 준비를 합니다.
음성 디렉션과 예제는 실전모의고사 1의 해설(p.194)에서 확인할
수 있습니다.

1

[음성]
F：田中さん、昨日メールで送った資料をプリントアウトし
て、佐々木さんに届けてくれる？
M：1 あ、すみません。まだ届けていません。
　　2 はい。プリントアウトしてありますよ。
　　3 はい、分かりました。後で届けておきます。

해석 F : 다나카 씨, 어제 메일로 보낸 자료를 출력해서, 사사키 씨에게 전달
　　　해 줄래?
　　M : 1 아, 죄송합니다. 아직 전달하지 않았습니다.
　　　　2 네. 출력해 두었습니다.
　　　　3 네, 알겠습니다. 나중에 전달해 두겠습니다.
해설 여자가 다나카 씨, 즉 남자에게 자료를 출력해서 사사키 씨에게 전달
　　해 달라고 부탁하는 상황이다.
　　1 (X) 전달해 달라고 부탁하고 있는 상황과 맞지 않다.
　　2 (X) 아직 출력을 하지 않은 상황과 맞지 않다.
　　3 (O) '나중에 전달해 두겠습니다'는 전달해 달라는 여자의 말에 대
　　　　한 적절한 응답이다.
어휘 メール ⑬메일　送る おくる ⑤보내다　資料 しりょう ⑬자료
　　プリントアウト ⑬출력　届ける とどける ⑤전달하다

2

[음성]
F：いらっしゃいませ。本日はどのようなご用でしょうか。
M：1 ちょっと私にもわかりませんねえ。
　　2 天気が良くて、気持ちいい日ですね。
　　3 営業の吉田様にお会いしたいのですが。

해석 F : 어서오세요. 오늘은 어떤 용무이신가요?
　　M : 1 좀 저로서도 모르겠네요.
　　　　2 날씨가 좋아서, 기분 좋은 날이네요.

---

3 영업의 요시다 님을 만나 뵙고 싶습니다만.
해설 여자가 접수처에서 손님을 맞이하는 상황이다.
　　1 (X) 용무가 있어서 찾아 온 상황과 맞지 않다.
　　2 (X) 어떤 용무인지를 묻는 상황과 맞지 않다.
　　3 (O) '요시다 님을 만나 뵙고 싶습니다만'이 어떤 용무인지 묻는
　　　　여자의 말에 대한 적절한 응답이다.
어휘 本日 ほんじつ ⑬오늘　ご用 ごよう ⑬용무　気持ち きもち ⑬기분
　　日 ひ ⑬날　営業 えいぎょう ⑬영업

3

[음성]
M：ここ、図書館なんで、静かにしてくれません？
F：1 あ、すみません。
　　2 困ったもんですね。
　　3 え？図書館なのに？

해석 M : 여기, 도서관이니까, 조용히 해주지 않겠습니까?
　　F : 1 아, 죄송합니다.
　　　　2 곤란한 일이네요.
　　　　3 뭐? 도서관인데?
해설 남자가 도서관에서 조용히 해달라고 부탁하는 상황이다.
　　1 (O) '아, 죄송합니다'는 조용히 해달라는 남자의 말에 대한 적절한
　　　　응답이다.
　　2 (X) 곤란한 것은 남자이므로 주체가 맞지 않다.
　　3 (X) 図書館(としょかん)을 반복 사용하여 혼동을 준 오답이다.

4

[음성]
F：昨日の映画、おもしろかったよ。一緒に来ればよかっ
たのに。
M：1 来たからよかったよね。
　　2 そうかあ、行けばよかったな。
　　3 一緒ならおもしろいよね。

해석 F : 어제 영화, 재밌었어. 함께 오면 좋았을 텐데.
　　M : 1 왔으니까 좋았어.
　　　　2 그렇구나, 갔으면 좋았는데.
　　　　3 함께라면 재밌지.
해설 여자가 어제 영화가 재미있었는데 함께 왔으면 좋았을 거라고 말하는
　　상황이다.
　　1 (X) 남자가 어제 오지 않은 상황과 맞지 않다.
　　2 (O) '갔으면 좋았는데'는 어제 함께 오면 좋았을 거라는 여자의 말
　　　　에 대한 적절한 응답이다.
　　3 (X) 一緒(いっしょ)를 반복 사용하여 혼동을 준 오답이다.

5

[음성]
M：来週、試合でしょ。今度こそ勝てるといいね。

F：1 なかなか試合に行けないからね。

2 いつも勝ってるからね。

3 そうだね、見に来てくれる？

해석 M : 다음 주, 시합이지. 이번에야말로 이길 수 있으면 좋겠네.

F : 1 좀처럼 시합에 갈 수 없으니까.

2 언제나 이기고 있으니까.

3 그렇네, 보러 와 줄래?

해설 남자가 다음 주 시합에서 이기면 좋겠다고 말하는 상황이다.

1 (X) 試合(しあい)를 반복 사용하여 혼동을 준 오답이다.

2 (X) 지난 시합까지 계속 졌을 거라고 추측되는 상황과 맞지 않다.

3 (O) '그렇네, 보러 와 줄래?'는 다음 주에 시합에서 이기면 좋겠다는 남자의 말에 대한 적절한 응답이다.

어휘 試合 しあい 圏시합　今度 こんど 圏이번　勝つ かつ 圄이기다
なかなか 凰좀처럼

6

[음성]

F：あのう、昨日の授業で、何か配ったものありましたか。

M：1 ああ、特になかったよ。

2 昨日も授業、あったよ。

3 うん、ばったり会ったよ。

해석 F : 저, 이제 수업에서, 뭔가 나눠준 것 있었나요?

M : 1 아, 특별히 없었어.

2 어제도 수업, 있었어.

3 응, 딱 만났어.

해설 여자가 어제 수업에서 뭔가 나눠준 것이 있었는지 묻는 상황이다.

1 (O) '특별히 없었어'는 수업에서 나눠준 게 있었냐는 여자의 말에 대한 적절한 응답이다.

2 (X) 수업이 있었는지 묻는 게 아니라 나눠준 것이 있었는지를 묻는 상황과 맞지 않다.

3 (X) ある와 발음이 비슷한 会う(あう)를 사용하여 혼동을 준 오답이다.

어휘 配る くばる 圄나눠주다　特に とくに 凰특별히　ばったり 凰딱

7

[음성]

M：悪いけど、この書類、あっちに置いといてほしいんだけど。

F：1 あれを全部、持ってきますね。

2 ここにあるの、全部ですか。

3 これから、謝りに行きます。

해석 M : 미안한데, 이 서류, 저쪽에 두었으면 하는데.

F : 1 저것을 전부, 가지고 올게요.

2 여기에 있는 것, 전부인가요?

3 이제부터, 사과하러 갑니다.

해설 남자가 서류를 저쪽에 둬 달라고 부탁하는 상황이다.

1 (X) 서류를 저쪽으로 옮겨달라는 상황과 맞지 않다.

2 (O) '여기에 있는 것 전부인가요?'는 서류를 저쪽으로 옮겨달라는 남자의 말에 대한 적절한 응답이다.

3 (X) 悪い(미안하다)와 관련된 謝る(사과하다)를 사용하여 혼동을 준 오답이다.

어휘 悪い わるい い형미안하다　書類 しょるい 圏서류
謝る あやまる 圄사과하다

8

[음성]

F：すみませんが、これ、プレゼント用に包んでもらえますか。

M：1 はい、かしこまりました。

2 いいえ、大丈夫です。

3 ええと、ちょっと困るんですが。

해석 F : 죄송합니다만, 이거, 선물용으로 포장해 주실 수 있나요?

M : 1 네, 알겠습니다.

2 아니요, 괜찮습니다.

3 으음, 좀 곤란한데요.

해설 여자가 선물용으로 포장해달라고 부탁하는 상황이다.

1 (O) '네, 알겠습니다'는 포장해달라는 여자의 말에 대한 적절한 응답이다.

2 (X) 남자는 포장을 해주는 사람이므로 주체가 맞지 않다.

3 (X) 포장해달라고 한 상황과 맞지 않다.

어휘 プレゼント用 プレゼントよう 圏선물용　包む つつむ 圄포장하다
かしこまる 圄알다 (わかる의 겸양어)

9

[음성]

M：待ち合わせは、駅の前でどう？

F：1 いいえ、どうにもなりません。

2 ええと、それって駅の前だっけ？

3 うん、それでいいんじゃない？

해석 M : 만나는 것은, 역 앞에서 어때?

F : 1 아니오, 어떻게도 되지 않습니다.

2 으음, 그거 역 앞이었던가?

3 응, 그걸로 괜찮지 않아?

해설 남자가 역 앞에서 만나자고 제안하는 상황이다.

1 (X) どう를 반복 사용하여 혼동을 준 오답이다.

2 (X) 역 앞에서 만나자고 제안하는 상황과 맞지 않다.

3 (O) '응, 그걸로 괜찮지 않아?'는 역 앞에서 만나자는 남자의 말에 대한 적절한 응답이다.

어휘 待ち合わせ まちあわせ 圏만나는 것, 만나기로 함
駅の前 えきのまえ 圏역 앞

10

[음성]

F：うちの会社、給料には文句ないんだけどねえ。

M：1 じゃあ、何が不満なの？

　　2 注文があるときはどうするの？

　　3 それはなによりですね。

해석 F：우리 회사, 급료에는 불만이 없는데.

　　M：1 그럼, 뭐가 불만이야？

　　　　2 주문이 있을 때는 어떻게 해？

　　　　3 그건 가장 좋네요.

해설 여자가 회사 급료에는 불만이 없다고 말하는 상황이다.

1 (O) '그럼, 뭐가 불만이야?'는 회사 급료에는 불만이 없다는 여자의 말에 대한 적절한 응답이다.

2 (X) ない(없다)와 관련된 ある(있다)를 사용하여 혼동을 준 오답이다.

3 (X) 급료에는 불만이 없지만 다른 불만이 있을 걸로 추측되는 상황과 맞지 않다.

어휘 給料 きゅうりょう 圏급료　文句 もんく 圏불만　不満 ふまん 圏불만
注文 ちゅうもん 圏주문　なにより 圏가장 좋음

11

[음성]

M：佐藤さん、今いないけど、何か言っとこうか？

F：1 何も言わないほうがいいと思うよ。

　　2 じゃあ、伝言お願いできる？

　　3 どこにも行かないらしいけどね。

해석 M：사토 씨, 지금 없는데, 뭔가 말해 둘까？

　　F：1 아무것도 말하지 않는 편이 좋다고 생각해.

　　　　2 그럼, 전언 부탁할 수 있을까？

　　　　3 어디에도 가지 않는다는 것 같은데.

해설 남자가 사토 씨는 지금 없는데 뭔가 말해둘 게 있는지 묻는 상황이다.

1 (X) 말해 둘게 있는지 묻는 상황과 맞지 않다.

2 (O) '전언 부탁할 수 있을까?'는 말해둘 게 있냐는 남자의 말에 대한 적절한 응답이다.

3 (X) 사토 씨가 이미 어딘가 가서 자리를 비운 상황과 맞지 않다.

어휘 伝言 でんごん 圏전언

12

[음성]

F：よろしかったら、ボランティアに参加なさいませんか。

M：1 それはよくないかもしれません。

　　2 ちょっと考えてみます。

　　3 ええ、なると思います。

해석 F：괜찮으시다면, 봉사활동에 참가하시지 않겠습니까？

　　M：1 그건 좋지 않을지도 모릅니다.

2 좀 생각해 보겠습니다.

3 네, 된다고 생각합니다.

해설 여자가 같이 봉사활동에 참가하자고 권유하는 상황이다.

1 (X) よろしい(괜찮다, 좋다)와 동의어인 よい(좋다)를 사용하여 혼동을 준 오답이다.

2 (O) '생각해 보겠습니다'는 봉사활동에 같이 참가하자는 여자의 말에 대한 적절한 응답이다.

3 (X) なさる와 발음이 비슷한 なる를 사용하여 혼동을 준 오답이다.

어휘 よろしい い형 괜찮다　ボランティア 圏봉사활동
参加 さんか 圏참가　考える かんがえる 圏생각하다

> ☞ 문제 5는 긴 이야기를 듣습니다. 예제가 없으므로 바로 문제를 풀 준비를 합니다. 문제지에 들리는 내용을 적극적으로 메모하며 문제를 풀어봅시다.
> 음성 디렉션은 실전모의고사 1의 해설(p.197)에서 확인할 수 있습니다.

1

[음성]

不動産屋で、店員と男の学生が話しています。

F：どんなお部屋をお探しですか。

M：えーと、駅から歩ける距離で、家賃6万円ぐらいまでの部屋を探しています。今住んでいる寮は周りに買い物するところがなくて不便なので、近くにコンビニがあるところが希望です。

F：はい、少々お待ちください。えー、条件に近いお部屋が4つございます。一つ目は、こちらです。駅から徒歩3分。駅の近くですから、お店はたくさんありますよ。家賃は7万円で少し高めですが、この環境の割には大変お得だと思います。二つ目はこちら。家賃は6万2千円です。通りを挟んだところにコンビニがあります。駅からは歩いて10分ですね。

M：どちらも、6万円は超えてしまうんですね。

F：三つ目のお部屋は、5万7千円です。駅からは徒歩15分で…、あー、残念ながら近くのコンビニは、去年クリーニング店になってしまっていますね。

M：コンビニの条件は捨てがたいんですよね。

F：では、この四つ目のお部屋はいかがでしょう。建物の裏がコンビニで、家賃は5万円です。

M：へえ、安いですね。

F：ただ駅から歩いて25分の距離なので、自転車がないと厳しいかもしれません。

M：うーん。やっぱりできるだけ駅から歩けるところにしたいので、この部屋について詳しく聞かせてください。2千円くらいなら、アルバイトを少し増やせば大丈夫だと思うんで。

> 男の学生は、どの部屋について詳しく話を聞くことにしまし
> たか。
> 1 一つ目の部屋
> **2 二つ目の部屋**
> 3 三つ目の部屋
> 4 四つ目の部屋

해석 부동산에서, 점원과 남학생이 이야기하고 있습니다.

F : 어떤 방을 찾으십니까?

M : 음, 역에서 걸을 수 있는 거리이고, 집세 6만엔 정도까지의 방을 찾고 있어요. 지금 살고 있는 기숙사는 주위에 장을 볼 곳이 없어서 불편하기 때문에, 근처에 편의점이 있는 곳이 희망이에요.

F : 네, 잠시 기다려 주세요. 음, 조건에 가까운 방이 4개 있습니다. 첫 번째는, 이쪽입니다. 역에서 도보 3분. 역 근처이기 때문에, 가게는 많이 있어요. 집세는 7만 엔으로 조금 비싸지만, 이 환경에 비해서는 매우 이득이라고 생각합니다. 두 번째는 이쪽. 집세는 6만 2천 엔입니다. 길을 낀 곳에 편의점이 있습니다. 역에서는 걸어서 10분이네요.

M : 어느 쪽도, 6만 엔은 넘어 버리네요.

F : 세 번째 방은, 5만 7천 엔입니다. 역에서는 도보 15분으로…, 아, 유감스럽지만 근처 편의점은, 작년에 세탁소가 되어 버렸네요.

M : 편의점 조건은 버리기 어려워요.

F : 그럼, 이 네 번째 방은 어떨까요. 건물 뒤가 편의점이고, 집세는 5만 엔입니다.

M : 오, 싸네요.

F : 다만 역에서 걸어서 25분 거리이기 때문에, 자전거가 없으면 힘들지도 모릅니다.

M : 음. 역시 가능한 한 역에서 걸을 수 있는 곳으로 하고 싶기 때문에, 이 방에 대해서 자세히 들려주세요. 2천엔 정도라면, 아르바이트를 조금 늘리면 괜찮다고 생각하니까.

남학생은, 어느 방에 대해 자세히 이야기를 들어보기로 했습니까?

1 첫 번째 방
2 두 번째 방
3 세 번째 방
4 네 번째 방

해설 대화에서 언급되는 여러 선택사항과 남학생의 최종 선택 내용을 재빨리 메모하며 주의 깊게 듣는다.

〈메모〉 남학생 → 역에서 걸을 수 있고, 집세 6만 엔까지, 근처 편의점

　① 첫 번째: 역에서 3분, 가게 많음, 7만 엔 → 비쌈
　② 두 번째: 6만 2천엔, 편의점, 역에서 10분 → 비쌈
　③ 세 번째: 5만 7천엔, 역에서 15분, 편의점 없음 → 편의점 포기X
　④ 네 번째: 편의점, 5만엔, 역에서 25분 → 멂
　남학생 → 가능한 역에서 걸을 수 있는 곳, 2,000엔 넘는 건 OK

질문이 남학생이 어느 방을 선택하는지 묻고 있으므로, 역에서 걸을 수 있고 집세가 6만 2천 엔인 2 二つ目の部屋(두 번째 방)가 정답이다.

어휘 不動産屋 ふどうさんや ⑱부동산　探す さがす ⑧찾다

距離 きょり ⑱거리　家賃 やちん ⑱집세　寮 りょう ⑱기숙사
周り まわり ⑱주변　不便だ ふべんだ なᄒ불편하다
コンビニ ⑱편의점　希望 きぼう ⑱희망　少々 しょうしょう ᄝ잠시
条件 じょうけん ⑱조건　徒歩 とほ ⑱도보　高め たかめ ⑱조금 비쌈
環境 かんきょう ⑱환경　大変 たいへん ᄝ매우
得 とく ⑱이득　通り とおり ⑱길　挟む はさむ ⑧끼다
超える こえる ⑧넘다　残念だ ざんねんだ なᄒ유감스럽다
クリーニング店 クリーニングてん ⑱세탁소
捨てる すてる ⑧버리다　裏 うら ⑱뒤　厳しい きびしい いᄒ힘들다
やっぱり ᄝ역시　詳しい くわしい いᄒ자세하다
聞かせる きかせる ⑧들려주다　アルバイト ⑱아르바이트
増やす ふやす ⑧늘리다

2

[음성]

> 学生3人が、新入生の歓迎会について話しています。
>
> F1：ごめん、今度の歓迎会の場所なんだけどさ、みんながいいって言ってた駅前のレストラン、予約ができなかったの。
>
> M：えっ、あそこ、だめだったの？
>
> F1：うん、次の週にするのはどう？
>
> M：次の週は、新入生はなんか予定があるんじゃなかったっけ。
>
> F2：ああ、そうだ。バスで1年生だけ旅行だった。日にちは変えられないね。
>
> F1：他のレストランを探そうか。
>
> F2：駅のそばで大勢入るレストランって、ないんじゃないかな。レストランじゃなくて、学校の集会室を借りるというのは？料理はどこかに注文して、届けてもらえば。
>
> M：えっ？料理を配達してもらうことができるの？
>
> F1：うん、今、いろんなレストランが料理を配達してくれるから、おいしそうなところを探せばいいよ。
>
> M：うーん、でも、やっぱりレストランのほうがいいんじゃない？場所の準備もいらないし。金曜じゃなくて土曜の夜なら予約できるでしょう？
>
> F2：土曜日だと、授業がないから学校の近くに集まるのは大変じゃないかな。
>
> M：そうかあ。じゃあ、おいしい料理を配達してくれるレストランを探しておいてね。駅前のレストランはしてる？
>
> F1：あー、あそこはしてないかも。
>
> 3人は歓迎会をどうすることにしましたか。
> 1 土曜日に駅前のレストランでする
> 2 同じ日に他のレストランでする
> **3 同じ日に学校の集会室でする**
> 4 次の週に学校の集会室でする

해석 학생 3명이, 신입생 환영회에 대해 이야기하고 있습니다.

F1 : 미안, 이번 환영회 장소 말인데, 모두가 좋다고 말한 역 앞의 레스토랑, 예약을 할 수 없었어.

M : 뭐, 거기, 안 됐어?

F1 : 응, 다음 주에 하는 건 어때?

M : 다음 주는, 신입생이 뭔가 예정이 있지 않았어?

F2 : 아, 맞아. 버스로 1학년만 여행이었어. 날짜는 바꿀 수 없네.

F1 : 다른 레스토랑을 찾을까?

F2 : 역 옆에 많은 사람이 들어가는 레스토랑은, 없지 않을까? 레스토랑이 아니라, 학교의 집회실을 빌리는 건? 요리는 어딘가에 주문해서, 배달받으면.

M : 응? 요리를 배달받을 수 있어?

F1 : 응, 지금 다양한 레스토랑이 요리를 배달해 주니까, 맛있을 것 같은 곳을 찾으면 돼.

M : 음, 근데, 역시 레스토랑 쪽이 좋지 않아? 장소 준비도 필요 없고. 금요일이 아니라 토요일 밤이면 예약할 수 있지?

F2 : 토요일이면, 수업이 없으니까 학교 근처에서 모이는 건 힘들지 않을까?

M : 그런가? 그럼, 맛있는 요리를 배달 주는 레스토랑을 찾아둬. 역 앞의 레스토랑은 하고 있어?

F1 : 아. 거기는 안 하고 있을지도.

3명은 환영회를 어떻게 하기로 했습니까?

1 토요일에 역 앞의 레스토랑에서 한다
2 같은 날에 다른 레스토랑에서 한다
3 같은 날에 학교 집회실에서 한다
4 다음 주에 학교 집회실에서 한다

해설 대화의 중후반에서 세 사람의 최종 합의 내용을 재빨리 메모하며 주의 깊게 듣는다.

〈메모〉 환영회 장소, 역 앞 레스토랑 예약 X

– 다음 주에 하는 건? : 신입생이 안 됨

– 다른 레스토랑은? : 없을 듯

– 학교 집회실 빌리는 건? : 요리는 배달하면 됨

– 토요일 레스토랑 : 모이기 힘들 듯

– 맛있는 요리 배달해주는 레스토랑 찾자

질문이 환영회를 어떻게 하기로 했는지 묻고 있으므로, 3 同じ日に 学校の集会室でする(같은 날에 학교 집회실에서 한다)가 정답이다.

어휘 新入生 しんにゅうせい 圏신입생　歓迎会 かんげいかい 圏환영회
今度 こんど 圏이번, 다음　場所 ばしょ 圏장소
駅前 えきまえ 圏역 앞　予約 よやく 圏예약　だめだ [な형]안 된다
次の週 つぎのしゅう 圏다음 주　予定 よてい 圏예정
日にち ひにち 圏날짜　変える かえる 圄바꾸다, 변경하다
他の ほかの 다른　探す さがす 圄찾다
集会室 しゅうかいしつ 圏집회실　借りる かりる 圄빌리다
注文 ちゅうもん 圏주문　届ける とどける 圄배달하다, 보내 주다
配達 はいたつ 圏배달　やっぱり 団역시　準備 じゅんび 圏준비
集まる あつまる 圄모이다

3

[음성]
映画のおすすめ情報を聞いて、父と娘が話しています。

M1：今月、公開予定のおすすめの映画作品を4本、ご紹介します。1本目は、家族の愛がテーマのアニメーションです。両親と幼い2人の子供の4人家族が、過去と未来を旅しながら家族の大切さを知る映画です。2本目は、人気作家のサスペンス小説を映画化したミステリーです。ホテルで起きる事件を解決していくストーリーです。ホテルを訪れる人々を演じる俳優がとても豪華です。3本目は、めったにコンサートを開かない人気歌手の今までのライブを基にしたドキュメンタリー映画です。貴重なコンサートを再現しているのが見どころです。最後は、2人の人気アイドルのラブストーリーです。パティシエになる夢に向かって頑張る女性と、思いを寄せながら彼女を励ます青年の恋愛物語です。

M2：今月は、お父さんと映画を見に行かないか。

F1：えー。どうしようかなあ。

M2：このアニメーションは、優しい家族のお話だから、感動するぞ。

F1：うーん。私はアニメを映画館で見るのはちょっとね。

M2：そうなんだ。じゃ、サスペンスはどうだ。

F1：怖い映画はドキドキしちゃうんだよね。

M2：この歌手はお父さんたちと同じ年代の人だからなあ。

F1：やっぱり、私は友達とロマンチックな映画が見たいわ。お父さん、ごめんね。

M2：なんだ。残念だな。しょうがないなあ。じゃ、お母さんは音楽ならなんでも好きだから、この映画に誘ってみるか。実は、お父さんはこの歌手の大ファンなんだよ。

質問1 娘は、どの映画に行きますか。

質問2 父は、どの映画に行きますか。

[문제지]
質問1

1 アニメーション

2 サスペンス

3 ドキュメンタリー

4 ラブストーリー

質問2

1 アニメーション

2 サスペンス

---

3 ドキュメンタリー
4 ラブストーリー

해석 영화 추천 정보를 듣고, 아빠와 딸이 이야기하고 있습니다.

M1 : 이번 달, 공개 예정인 추천 영화 작품을 4편, 소개합니다. 첫 번째 편은, 가족의 사랑이 테마인 애니메이션입니다. 부모님과 어린 두 명의 아이의 4인 가족이, 과거와 미래를 여행하면서 가족의 소중함을 아는 영화입니다. 두 번째 편은, 인기 작가의 서스펜스 소설을 영화화한 미스터리입니다. 호텔에서 일어나는 사건을 해결해 가는 스토리입니다. 호텔을 방문하는 사람들을 연기하는 배우가 매우 호화롭습니다. 세 번째 편은, 좀처럼 콘서트를 열지 않는 인기 가수의 지금까지의 라이브를 토대로 한 다큐멘터리 영화입니다. 귀중한 콘서트를 재현하고 있는 것이 볼만한 점입니다. 마지막은, 두 명의 인기 아이돌의 러브스토리입니다. 파티시에가 되는 꿈을 향해 노력하는 여성과, 사랑하면서 그녀를 격려하는 청년의 연애 이야기입니다.

M2 : 이번 달은, 아빠와 영화를 보러 가지 않을래?

F1 : 음, 어떻게 할까.

M2 : 이 애니메이션은, 다정한 가족의 이야기니까, 감동할 거야.

F1 : 음. 나는 애니메이션을 영화관에서 보는 것은 좀.

M2 : 그렇구나. 그럼, 서스펜스는 어때.

F1 : 무서운 영화는 두근두근해버려.

M2 : 이 가수는 아빠들과 같은 연대의 사람이니까.

F1 : 역시, 나는 친구와 로맨틱한 영화를 보고 싶어. 아빠, 미안해.

M2 : 뭐야. 유감이네. 어쩔 수 없구나. 그럼, 엄마는 음악이라면 뭐든 좋아하니까, 이 영화를 권해 볼까. 실은, 아빠는 이 가수의 굉장한 팬이야.

질문1 딸은, 어느 영화를 보러 갑니까?

질문2 아빠는, 어느 영화를 보러 갑니까?

질문1

1 애니메이션
2 서스펜스
3 다큐멘터리
4 러브스토리

질문2

1 애니메이션
2 서스펜스
3 다큐멘터리
4 러브스토리

해설 각 선택지와 관련하여 언급되는 내용을 재빨리 메모하며 주의 깊게 듣고, 두 명의 대화자가 선택하는 것에 유의하며 대화를 듣는다.

〈메모〉 영화 4편

① 애니메이션: 과거와 미래 여행, 가족의 소중함

② 미스터리: 인기 소설 영화화, 호텔 사건, 배우가 호화

③ 다큐멘터리: 인기 가수 라이브, 콘서트 재현

④ 러브스토리: 인기 아이돌, 파티시에, 연애

딸 → 로맨틱한 영화 보고 싶음

아빠 → 엄마가 음악을 좋아함, 이 가수의 팬

질문 1은 딸이 선택한 영화를 묻고 있다. 딸은 로맨틱한 영화를 보고 싶다고 했으므로, 4 라브스토리(러브스토리)가 정답이다.

질문 2는 아빠가 선택한 영화를 묻고 있다. 아빠는 엄마가 음악을 좋아하고 본인이 이 가수의 팬이라고 했으므로, 3 ドキュメンタリー(다큐멘터리)가 정답이다.

어휘 おすすめ 圏 추천　情報 じょうほう 圏 정보　娘 むすめ 圏 딸
公開 こうかい 圏 공개　予定 よてい 圏 예정　作品 さくひん 圏 작품
紹介 しょうかい 圏 소개　愛 あい 圏 사랑　テーマ 圏 테마
アニメーション 圏 애니메이션　幼い おさない い형 어리다
過去 かこ 圏 과거　未来 みらい 圏 미래　旅 たび 圏 여행
人気 にんき 圏 인기　作家 さっか 圏 작가　サスペンス 圏 서스펜스
小説 しょうせつ 圏 소설　映画化 えいがか 圏 영화화
ミステリー 圏 미스터리　起きる おきる 동 일어나다
事件 じけん 圏 사건　解決 かいけつ 圏 해결　ストーリー 圏 스토리
訪れる おとずれる 동 방문하다　人々 ひとびと 圏 사람들
演じる えんじる 동 연기하다　俳優 はいゆう 圏 배우
豪華だ ごうかだ な형 호화롭다　めったに 閂 좀처럼
コンサート 圏 콘서트　歌手 かしゅ 圏 가수　ライブ 圏 라이브
ドキュメンタリー 圏 다큐멘터리　貴重だ きちょうだ な형 귀중하다
再現 さいげん 圏 재현　見どころ みどころ 圏 볼만한 점
最後 さいご 圏 최후　アイドル 圏 아이돌
ラブストーリー 圏 러브스토리　パティシエ 圏 파티시에
夢 ゆめ 圏 꿈　向かう むかう 동 향하다
頑張る がんばる 동 노력하다　女性 じょせい 圏 여성
思いを寄せる おもいをよせる 사랑하다
励ます はげます 동 격려하다　青年 せいねん 圏 청년
恋愛 れんあい 圏 연애　物語 ものがたり 圏 이야기
優しい やさしい い형 다정하다　感動 かんどう 圏 감동
怖い こわい い형 무섭다　ドキドキ 閂 두근두근
年代 ねんだい 圏 연대　やっぱり 閂 역시
ロマンチックだ な형 로맨틱하다　残念だ ざんねんだ な형 유감이다
しょうがない 어쩔 수 없다　誘う さそう 동 권하다
実は じつは 閂 실은　ファン 圏 팬

해커스
JLPT 일본어능력시험
N2
한 권으로 합격

실전모의고사

초판 11쇄 발행 2024년 12월 23일
초판 1쇄 발행　2020년 4월 28일

지은이	해커스 JLPT연구소
펴낸곳	㈜해커스 어학연구소
펴낸이	해커스 어학연구소 출판팀

주소	서울특별시 서초구 강남대로61길 23 ㈜해커스 어학연구소
고객센터	02-537-5000
교재 관련 문의	publishing@hackers.com
	해커스일본어 사이트(japan.Hackers.com) 교재 Q&A 게시판
동영상강의	japan.Hackers.com

ISBN	978-89-6542-339-3 (13730)
Serial Number	01-11-01

일본어 교육 1위
해커스일본어(japan.Hackers.com)

해커스 일본어

- 해커스 스타강사의 **본 교재 인강**(교재 내 할인쿠폰 수록)
- 언제 어디서나 편리하게 보는 **JLPT N2 필수 단어·문형 암기장**
- 청해 문제풀이와 단어 학습을 돕는 **다양한 무료 교재 MP3**
- **어휘 암기 퀴즈, 청해 받아쓰기, 실전모의고사** 등 다양한 JLPT 학습 콘텐츠

쉽고 재미있는 일본어 학습을 위한
체계적 학습자료

무료 일본어 레벨테스트

5분 만에 일본어 실력 확인
& 본인의 실력에 맞는 학습법 추천!

선생님과의 1:1 Q&A

학습 내용과 관련된 질문사항을
Q&A를 통해 직접 답변!

해커스일본어 무료 강의

실시간 가장 핫한 해커스일본어
과목별 무료 강의 제공!

데일리 무료 학습 콘텐츠

일본어 단어부터 한자, 회화 콘텐츠까지
매일매일 확인하는 데일리 무료 콘텐츠!

해커스
JLPT
N2 일본어능력시험

한 권으로 합격

(JLPT N2)

필수 단어·문형 암기장

해커스 어학연구소

◀)) 단어문형암기장_01일.mp3

☑ 잘 외워지지 않는 단어는 박스에 체크하여 복습하세요.

한자 읽기

[탁음·반탁음에 주의해야 하는 단어]

☐	かんかく 間隔	명	간격
☐	かんげき 感激	명	감격
☐	がんぼう 願望 '16	명	소원
☐	そんがい 損害 '15	명	손해
☐	きかく 企画 '18	명	기획
☐	きょうそう 競争	명	경쟁
☐	へんきゃく 返却 '12	명	반환, 반납
☐	ぎょうじ 行事 '15	명	행사
☐	けいぞく 継続 '14	명	계속
☐	けんしょう 検証	명	검증
☐	げんしょ 原書	명	원서
☐	げんしょう 減少	명	감소
☐	そうこ 倉庫	명	창고
☐	れいぞうこ 冷蔵庫	명	냉장고
☐	そうご 相互 '10	명	상호
☐	れんごう 連合	명	연합
☐	さいど 再度 '18	명	두 번, 재차
☐	こんざつ 混雑	명	혼잡
☐	げんしょう 現象 '15	명	현상
☐	しかく 資格	명	자격
☐	しせい 姿勢 '13	명	자세
☐	しゅんかん 瞬間	명	순간
☐	しょうがい 障害	명	장애, 장해

☐	しょうりゃく 省略 '15	명	생략
☐	ちゅうしょう 抽象 '12	명	추상
☐	いじょう 異状	명	이상
☐	かくじゅう 拡充 '13	명	확충
☐	げんじょう 現状	명	현상
☐	じゅみょう 寿命	명	수명
☐	じょがい 除外	명	제외
☐	ほじゅう 補充	명	보충
☐	ようじん 用心 '14'18	명	주의, 조심
☐	こうすい 香水	명	향수
☐	こうずい 洪水	명	홍수
☐	とうせん 当選	명	당선
☐	すいせん 推薦	명	추천
☐	せいさん 精算 '18	명	정산
☐	とうぜん 当然	명	당연
☐	くうそう 空想	명	공상
☐	げんそう 幻想	명	환상
☐	げんぞう 現像	명	현상
☐	ぞうき 臓器	명	장기
☐	きょくたん 極端 '14	명	극단
☐	こうたい 交代 '12	명	교대
☐	こたい 個体	명	개체
☐	じたい 辞退 '12	명	사퇴
☐	かくだい 拡大	명	확대
☐	こうだい 広大	명	광대

☐ 盛大だ <small>せいだい</small>	〔な형〕 성대하다		☐ 距離 <small>きょり</small> '15	〔명〕 거리
☐ 脱落 <small>だつらく</small>	〔명〕 탈락		☐ 免許 <small>めんきょ</small>	〔명〕 면허
☐ 相当 <small>そうとう</small> '12	〔부〕 상당히		☐ 協力 <small>きょうりょく</small>	〔명〕 협력
☐ 対等 <small>たいとう</small>	〔명〕 대등		☐ 故障 <small>こしょう</small>	〔명〕 고장
☐ 鈍感 <small>どんかん</small>	〔명〕 둔감		☐ 誇張 <small>こちょう</small>	〔명〕 과장
☐ 領土 <small>りょうど</small>	〔명〕 영토		☐ 証拠 <small>しょうこ</small>	〔명〕 증거
☐ 破片 <small>はへん</small> '12'18	〔명〕 파편		☐ 交渉 <small>こうしょう</small>	〔명〕 교섭
☐ 判断 <small>はんだん</small>	〔명〕 판단		☐ 好調 <small>こうちょう</small> '17	〔명〕 호조
☐ 現場 <small>げんば</small>	〔명〕 현장		☐ 事項 <small>じこう</small>	〔명〕 사항
☐ 裁判 <small>さいばん</small>	〔명〕 재판		☐ 特殊 <small>とくしゅ</small> '19	〔명〕 특수
☐ 批評 <small>ひひょう</small> '16	〔명〕 비평		☐ 柔軟だ <small>じゅうなん</small> '15'17	〔な형〕 유연하다
☐ 比例 <small>ひれい</small> '13	〔명〕 비례		☐ 処理 <small>しょり</small> '18	〔명〕 처리
☐ 警備 <small>けいび</small> '18	〔명〕 경비		☐ 軽傷 <small>けいしょう</small> '19	〔명〕 경상
☐ 平等 <small>びょうどう</small>	〔명〕 평등		☐ 症状 <small>しょうじょう</small> '16	〔명〕 증상
☐ 奉仕 <small>ほうし</small>	〔명〕 봉사		☐ 焦点 <small>しょうてん</small> '12	〔명〕 초점
☐ 貿易 <small>ぼうえき</small> '14	〔명〕 무역		☐ 援助 <small>えんじょ</small> '14	〔명〕 원조
☐ 防災 <small>ぼうさい</small> '10	〔명〕 방재		☐ 削除 <small>さくじょ</small> '12	〔명〕 삭제
☐ 防止 <small>ぼうし</small>	〔명〕 방지		☐ 徐行 <small>じょこう</small>	〔명〕 서행
☐ 運搬 <small>うんぱん</small>	〔명〕 운반		☐ 秩序 <small>ちつじょ</small>	〔명〕 질서
☐ 反復 <small>はんぷく</small>	〔명〕 반복		☐ 補助 <small>ほじょ</small>	〔명〕 보조
			☐ 実情 <small>じつじょう</small>	〔명〕 실정

[장음·촉음에 주의해야 하는 단어]

☐ 永久 <small>えいきゅう</small> '17	〔명〕 영구		☐ 出場 <small>しゅつじょう</small>	〔명〕 출장
☐ 至急 <small>しきゅう</small> '11	〔명〕 지급		☐ 心情 <small>しんじょう</small>	〔명〕 심정
☐ 拒否 <small>きょひ</small> '15	〔명〕 거부		☐ 相違 <small>そうい</small> '15	〔명〕 상이
			☐ 装置 <small>そうち</small> '12	〔명〕 장치

✔️ 잘 외워지지 않는 단어는 박스에 체크하여 복습하세요.

☐ 中継 ^{ちゅうけい} '13	명 중계	☐ 幼稚 ^{ようち} '14	명 유치
☐ 夢中 ^{むちゅう} '12	명 열중	☐ 圧勝 ^{あっしょう} '14	명 압승
☐ 著者 ^{ちょしゃ}	명 저자	☐ 圧倒 ^{あっとう} '19	명 압도
☐ 挑戦 ^{ちょうせん}	명 도전	☐ 活気 ^{かっき} '11	명 활기
☐ 戸棚 ^{とだな}	명 선반	☐ 格好 ^{かっこう} '13	명 모습
☐ 見当 ^{けんとう} '13	명 예상	☐ 勝手だ ^{かって} '10'17	な형 제멋대로다
☐ 逃亡 ^{とうぼう} '13	명 도망	☐ 学館 ^{がっかん}	명 학관
☐ 病棟 ^{びょうとう}	명 병동	☐ 吉兆 ^{きっちょう}	명 길조
☐ 負担 ^{ふたん} '19	명 부담	☐ 早速 ^{さっそく}	부 즉시
☐ 豊富 ^{ほうふ} '11'17	명 풍부	☐ 実行 ^{じっこう}	명 실행
☐ 開封 ^{かいふう}	명 개봉	☐ 撤退 ^{てったい}	명 철수, 철퇴
☐ 工夫 ^{くふう}	명 궁리	☐ 徹底 ^{てってい}	명 철저
☐ 保護 ^{ほご}	명 보호	☐ 発揮 ^{はっき} '10'18	명 발휘
☐ 情報 ^{じょうほう}	명 정보	☐ 密接 ^{みっせつ} '11	명 밀접
☐ 模様 ^{もよう}	명 모양	☐ 密閉 ^{みっぺい} '17	명 밀폐
☐ 消耗 ^{しょうもう}	명 소모		
☐ 快癒 ^{かいゆ}	명 쾌유	**[발음이 두 개인 한자를 포함하는 단어]**	
☐ 経由 ^{けいゆ}	명 경유	☐ 下線 ^{かせん}	명 밑줄
☐ 油断 ^{ゆだん} '15'19	명 방심	☐ 下旬 ^{げじゅん} '19	명 하순
☐ 勧誘 ^{かんゆう} '13	명 권유	☐ 勉強 ^{べんきょう}	명 공부
☐ 有益 ^{ゆうえき}	명 유익	☐ 強引だ ^{ごういん}	な형 억지로 하다
☐ 有名 ^{ゆうめい}	명 유명	☐ 言動 ^{げんどう}	명 언동
☐ 有力 ^{ゆうりょく}	명 유력	☐ 遺言 ^{ゆいごん}	명 유언
☐ 誘惑 ^{ゆうわく}	명 유혹	☐ 作用 ^{さよう}	명 작용
☐ 歌謡 ^{かよう}	명 가요	☐ 制作 ^{せいさく}	명 제작

☐ 示唆 <small>し さ</small>	명 시사	☐ 解消 <small>かいしょう</small> '11	명 해소
☐ 提示 <small>てい じ</small>	명 제시	☐ 災害 <small>さいがい</small>	명 재해
☐ 正直 <small>しょうじき</small>	부 사실은	☐ 損害 <small>そんがい</small> '15	명 손해
☐ 垂直 <small>すいちょく</small> '17	명 수직	☐ 被害 <small>ひ がい</small>	명 피해
☐ 率直だ <small>そっちょく</small> '11	な형 솔직하다	☐ 妨害 <small>ぼうがい</small>	명 방해
☐ 直接 <small>ちょくせつ</small> '16	명 직접	☐ 要求 <small>ようきゅう</small> '11	명 요구
☐ 執筆 <small>しっぴつ</small>	명 집필	☐ 欲求 <small>よっきゅう</small>	명 욕구
☐ 執着 <small>しゅうちゃく</small>	명 집착	☐ 経費 <small>けい ひ</small>	명 경비
☐ 厳重だ <small>げんじゅう</small>	な형 엄중하다	☐ 経理 <small>けい り</small>	명 경리
☐ 重量 <small>じゅうりょう</small>	명 중량	☐ 過激だ <small>か げき</small>	な형 과격하다
☐ 貴重だ <small>き ちょう</small> '16	な형 귀중하다	☐ 刺激 <small>し げき</small> '19	명 자극
☐ 尊重 <small>そんちょう</small> '10	명 존중	☐ 簡潔だ <small>かんけつ</small> '16	な형 간결하다
☐ 求人 <small>きゅうじん</small> '17	명 구인	☐ 清潔 <small>せいけつ</small> '13	명 청결
☐ 役人 <small>やくにん</small>	명 공무원	☐ 構想 <small>こうそう</small>	명 구상
☐ 治療 <small>ち りょう</small> '10 '16	명 치료	☐ 構造 <small>こうぞう</small>	명 구조
☐ 政治 <small>せい じ</small>	명 정치	☐ 偶然 <small>ぐうぜん</small> '14 '19	부 우연히
☐ 推定 <small>すいてい</small>	명 추정	☐ 突然 <small>とつぜん</small> '11	부 돌연, 갑자기
☐ 勘定 <small>かんじょう</small>	명 계산	☐ 調整 <small>ちょうせい</small>	명 조정
☐ 模型 <small>も けい</small>	명 모형	☐ 調節 <small>ちょうせつ</small> '11	명 조절
☐ 模索 <small>も さく</small>	명 모색	☐ 優秀だ <small>ゆうしゅう</small> '11	な형 우수하다
☐ 模範 <small>も はん</small> '13	명 모범	☐ 優勝 <small>ゆうしょう</small>	명 우승
☐ 規模 <small>き ぼ</small> '10	명 규모	☐ 容器 <small>よう き</small>	명 용기
		☐ 容姿 <small>よう し</small> '16	명 용모와 자태

[같은 한자를 포함하는 단어]

☐ 解散 <small>かいさん</small> '13	명 해산	☐ 利益 <small>り えき</small> '11	명 이익
		☐ 利口 <small>り こう</small> '18	명 머리가 좋음

☑️ 잘 외워지지 않는 단어는 박스에 체크하여 복습하세요.

[한자 읽기에 자주 출제되는 훈독 명사]

☐ 脚 (あし)	명 다리	☐ 砂 (すな)	명 모래
☐ 頭 (あたま)	명 머리	☐ 空 (そら)	명 하늘
☐ 息 (いき)	명 숨	☐ 種 (たね)	명 씨, 종자
☐ 顔 (かお)	명 얼굴	☐ 田畑 (たはた)	명 논밭
☐ 肩 (かた) '12	명 어깨	☐ 泥 (どろ)	명 진흙
☐ 毛色 (けいろ)	명 털색, 머리색	☐ 波 (なみ)	명 파도
☐ 腰 (こし)	명 허리	☐ 蓮 (はす)	명 연꽃
☐ 咳 (せき)	명 기침	☐ 世の中 (よのなか) '13	명 세상
☐ 肌 (はだ)	명 피부	☐ 合図 (あいず) '14	명 신호
☐ 羽 (はね)	명 날개	☐ 香り (かおり)	명 향기
☐ 膝 (ひざ)	명 무릎	☐ 境 (さかい)	명 경계
☐ 肘 (ひじ)	명 팔꿈치	☐ 旅 (たび)	명 여행
☐ 骨 (ほね)	명 뼈	☐ 旗 (はた)	명 깃발
☐ 胸 (むね)	명 가슴	☐ 迷子 (まいご)	명 미아
☐ 穴 (あな)	명 구멍	☐ 都 (みやこ)	명 수도
☐ 裏 (うら)	명 뒤	☐ 昔 (むかし)	명 옛날
☐ 表 (おもて)	명 겉	☐ 丸 (まる)	명 동그라미
☐ 隅 (すみ)	명 구석	☐ 大幅 (おおはば) '14	명 큰 폭
☐ 隣 (となり) '10	명 옆	☐ 小型 (こがた)	명 소형
☐ 幅 (はば)	명 폭	☐ 半ば (なかば)	명 절반
☐ 岩 (いわ)	명 바위	☐ 当たり前 (あたりまえ)	명 당연함
☐ 海 (うみ)	명 바다	☐ 勢い (いきおい) '12	명 기세
☐ 景色 (けしき) '10	명 경치	☐ 今更 (いまさら)	부 이제 와서, 새삼
☐ 坂 (さか)	명 비탈길, 언덕	☐ 癖 (くせ)	명 버릇
		☐ 罪 (つみ)	명 죄

☐ <ruby>恥<rt>はじ</rt></ruby>	명 부끄러움, 수치
☐ <ruby>噂<rt>うわさ</rt></ruby>	명 소문
☐ <ruby>煙<rt>けむり</rt></ruby>	명 연기
☐ <ruby>粉<rt>こな</rt></ruby>	명 가루
☐ <ruby>汁<rt>しる</rt></ruby>	명 즙
☐ <ruby>束<rt>たば</rt></ruby>	명 뭉치, 다발, 묶음
☐ <ruby>強火<rt>つよび</rt></ruby> '17	명 센 불
☐ <ruby>中身<rt>なかみ</rt></ruby>	명 내용물
☐ <ruby>箸<rt>はし</rt></ruby>	명 젓가락
☐ <ruby>蓋<rt>ふた</rt></ruby>	명 뚜껑
☐ <ruby>湯気<rt>ゆげ</rt></ruby>	명 김, 수증기
☐ <ruby>地元<rt>じもと</rt></ruby> '11 '18	명 그 고장, 연고지
☐ <ruby>本場<rt>ほんば</rt></ruby>	명 본고장
☐ <ruby>合間<rt>あいま</rt></ruby>	명 틈, 짬
☐ <ruby>大家<rt>おおや</rt></ruby>	명 집주인
☐ <ruby>鍵<rt>かぎ</rt></ruby>	명 열쇠
☐ <ruby>坂道<rt>さかみち</rt></ruby>	명 언덕길
☐ <ruby>残高<rt>ざんだか</rt></ruby>	명 잔고
☐ <ruby>針<rt>はり</rt></ruby> '12	명 바늘

[한자 읽기에 자주 출제되는 동사 ①]

☐ <ruby>扱う<rt>あつか</rt></ruby> '12	동 다루다, 취급하다
☐ <ruby>争う<rt>あらそ</rt></ruby> '15	동 다투다
☐ <ruby>祝う<rt>いわ</rt></ruby> '11	동 축하하다
☐ <ruby>失う<rt>うしな</rt></ruby>	동 잃다

☐ <ruby>敬う<rt>うやま</rt></ruby>	동 존경하다
☐ <ruby>占う<rt>うらな</rt></ruby> '11	동 점치다
☐ <ruby>覆う<rt>おお</rt></ruby> '17	동 덮다
☐ <ruby>補う<rt>おぎな</rt></ruby> '11	동 보충하다
☐ <ruby>叶う<rt>かな</rt></ruby> '11	동 이루어지다
☐ <ruby>競う<rt>きそ</rt></ruby> '16	동 겨루다, 경쟁하다
☐ <ruby>従う<rt>したが</rt></ruby> '17	동 따르다
☐ <ruby>救う<rt>すく</rt></ruby> '17	동 구하다
☐ <ruby>戦う<rt>たたか</rt></ruby>	동 싸우다
☐ <ruby>整う<rt>ととの</rt></ruby>	동 정돈되다
☐ <ruby>伴う<rt>ともな</rt></ruby> '16	동 동반하다
☐ <ruby>担う<rt>にな</rt></ruby>	동 짊어지다
☐ <ruby>願う<rt>ねが</rt></ruby>	동 원하다, 바라다
☐ <ruby>払う<rt>はら</rt></ruby>	동 지불하다
☐ <ruby>養う<rt>やしな</rt></ruby> '18	동 기르다, 양육하다
☐ <ruby>雇う<rt>やと</rt></ruby>	동 고용하다
☐ <ruby>与える<rt>あた</rt></ruby> '11	동 주다
☐ <ruby>教える<rt>おし</rt></ruby>	동 가르치다
☐ <ruby>抱える<rt>かか</rt></ruby> '12 '17	동 떠안다, 책임지다
☐ <ruby>数える<rt>かぞ</rt></ruby>	동 세다, 셈하다
☐ <ruby>考える<rt>かんが</rt></ruby>	동 생각하다
☐ <ruby>支える<rt>ささ</rt></ruby>	동 지탱하다
☐ <ruby>備える<rt>そな</rt></ruby> '10	동 대비하다, 비치하다
☐ <ruby>蓄える<rt>たくわ</rt></ruby> '14	동 저축하다
☐ <ruby>整える<rt>ととの</rt></ruby>	동 정돈하다

문자·어휘 해커스 JLPT **N2** 한 권으로 합격

🔊 단어문형암기장_04일.mp3

☑ 잘 외워지지 않는 단어는 박스에 체크하여 복습하세요.

☐ 震える ふる	동 떨리다		☐ 催す もよお '16	동 개최하다
☐ 吼える ほ	동 짖다		☐ 汚す よご	동 더럽히다
☐ 迎える むか '18	동 맞이하다		☐ 止す よ	동 그만두다
☐ 焦げる こ '16	동 타다		☐ 略す りゃく '12'17	동 생략하다
☐ 下げる さ	동 내리다		☐ 転ぶ ころ	동 넘어지다
☐ 妨げる さまた	동 방해하다		☐ 叫ぶ さけ	동 외치다
☐ 仕上げる しあ '12	동 완성하다		☐ 学ぶ まな	동 배우다
☐ 抱く いだ	동 안다		☐ 結ぶ むす	동 잇다
☐ 描く えが	동 그리다			
☐ 驚く おどろ '15	동 놀라다		**[한자 읽기에 자주 출제되는 동사 ②]**	
☐ 輝く かがや	동 빛나다		☐ 傷む いた '14	동 아프다, 상하다
☐ 傾く かたむ '13	동 기울다		☐ 恨む うら	동 원망하다
☐ 乾く かわ	동 마르다		☐ 囲む かこ '15	동 둘러싸다
☐ 効く き	동 효과가 있다		☐ 噛む か	동 깨물다, 씹다
☐ 叩く たた	동 두드리다		☐ 絡む から	동 얽히다
☐ 嘆く なげ	동 한탄하다		☐ 悔む くや	동 후회하다
☐ 除く のぞ '14	동 제거하다		☐ 頼む たの	동 부탁하다
☐ 省く はぶ '18	동 생략하다, 줄이다		☐ 積む つ '13	동 (물건, 경험을) 쌓다
☐ 開く ひら	동 열리다		☐ 憎む にく '15'19	동 미워하다
☐ 隠す かく '13	동 감추다, 숨기다		☐ 恵む めぐ '15	동 베풀다
☐ 越す こ	동 넘다		☐ 暖める あたた	동 따뜻하게 하다
☐ 耕す たがや	동 (밭을) 갈다		☐ 薄める うす	동 묽게 하다
☐ 浸す ひた	동 담그다		☐ 納める おさ '16	동 넣다, 납입하다
☐ 見逃す みのが '19	동 놓치다		☐ 固める かた	동 굳히다
☐ 戻す もど '14	동 되돌리다		☐ 極める きわ	동 다다르다

□ <ruby>定<rt>さだ</rt></ruby>める '19	동	정하다
□ <ruby>覚<rt>さ</rt></ruby>める	동	깨다
□ <ruby>占<rt>し</rt></ruby>める '12	동	차지하다
□ <ruby>攻<rt>せ</rt></ruby>める	동	공격하다
□ <ruby>責<rt>せ</rt></ruby>める '13	동	나무라다
□ <ruby>染<rt>そ</rt></ruby>める	동	염색하다
□ <ruby>努<rt>つと</rt></ruby>める '13	동	힘쓰다
□ <ruby>眺<rt>なが</rt></ruby>める	동	바라보다
□ <ruby>含<rt>ふく</rt></ruby>める '10 '15	동	포함하다
□ <ruby>褒<rt>ほ</rt></ruby>める	동	칭찬하다
□ <ruby>認<rt>みと</rt></ruby>める	동	인정하다
□ <ruby>焦<rt>あせ</rt></ruby>る '10	동	조급하게 굴다
□ <ruby>怒<rt>いか</rt></ruby>る '17	동	노하다
□ <ruby>祈<rt>いの</rt></ruby>る	동	빌다, 기도하다
□ <ruby>映<rt>うつ</rt></ruby>る '19	동	비치다
□ <ruby>劣<rt>おと</rt></ruby>る '14 '16	동	뒤떨어지다
□ <ruby>削<rt>けず</rt></ruby>る '13	동	깎다, 삭감하다
□ <ruby>凍<rt>こお</rt></ruby>る '17	동	얼다
□ <ruby>探<rt>さぐ</rt></ruby>る	동	더듬어 찾다, 탐지하다
□ <ruby>縛<rt>しば</rt></ruby>る	동	묶다
□ <ruby>絞<rt>しぼ</rt></ruby>る '17	동	조이다, (쥐어) 짜다
□ <ruby>湿<rt>しめ</rt></ruby>る '18	동	눅눅해지다
□ <ruby>迫<rt>せま</rt></ruby>る '11	동	다가오다
□ <ruby>頼<rt>たよ</rt></ruby>る '10	동	의지하다
□ <ruby>握<rt>にぎ</rt></ruby>る '17	동	쥐다, 잡다

□ <ruby>光<rt>ひか</rt></ruby>る	동	빛나다
□ <ruby>破<rt>やぶ</rt></ruby>る '17	동	찢다, 깨다
□ <ruby>憧<rt>あこが</rt></ruby>れる '19	동	동경하다
□ <ruby>溢<rt>あふ</rt></ruby>れる	동	넘치다
□ <ruby>荒<rt>あ</rt></ruby>れる	동	거칠어지다
□ <ruby>恐<rt>おそ</rt></ruby>れる	동	두려워하다
□ <ruby>訪<rt>おとず</rt></ruby>れる '12	동	방문하다
□ <ruby>隠<rt>かく</rt></ruby>れる	동	숨다
□ <ruby>枯<rt>か</rt></ruby>れる	동	마르다, 시들다
□ <ruby>崩<rt>くず</rt></ruby>れる	동	무너지다
□ <ruby>壊<rt>こわ</rt></ruby>れる	동	부서지다
□ <ruby>優<rt>すぐ</rt></ruby>れる	동	뛰어나다
□ <ruby>倒<rt>たお</rt></ruby>れる	동	쓰러지다, 넘어지다
□ <ruby>潰<rt>つぶ</rt></ruby>れる	동	찌그러지다, 찌부러지다
□ <ruby>外<rt>はず</rt></ruby>れる	동	어긋나다, 빗나가다
□ <ruby>離<rt>はな</rt></ruby>れる '18	동	떨어지다, 멀어지다
□ <ruby>触<rt>ふ</rt></ruby>れる '10	동	접촉하다, 닿다
□ <ruby>乱<rt>みだ</rt></ruby>れる '10 '17	동	흐트러지다, 혼란해지다
□ <ruby>破<rt>やぶ</rt></ruby>れる '14	동	찢어지다
□ <ruby>敗<rt>やぶ</rt></ruby>れる '11	동	지다, 패배하다
□ <ruby>汚<rt>よご</rt></ruby>れる	동	더러워지다
□ <ruby>別<rt>わか</rt></ruby>れる	동	헤어지다

[한자 읽기에 자주 출제되는 い·な형용사]

□ <ruby>粗<rt>あら</rt></ruby>い	い형	조잡하다

☑️ 잘 외워지지 않는 단어는 박스에 체크하여 복습하세요.

☐	^{あわ}淡い	い형 옅다		☐	^{おか}可笑しい	い형 이상하다
☐	^{えら}偉い	い형 위대하다		☐	^{おそ}恐ろしい	い형 두렵다
☐	^{おさな}幼い '17	い형 어리다		☐	^{おとな}大人しい	い형 얌전하다
☐	^{から}辛い '10	い형 맵다		☐	^{おもおも}重々しい	い형 무게 있다
☐	^{かわい}可愛い	い형 귀엽다		☐	^{かな}悲しい	い형 슬프다
☐	^{きよ}清い	い형 깨끗하다		☐	^{きび}厳しい	い형 엄하다
☐	^{こわ}怖い '18	い형 무섭다		☐	^{くや}悔しい '14	い형 분하다
☐	^{しぶ}渋い	い형 떫다		☐	^{くわ}詳しい '14	い형 상세하다
☐	^{ずる}狡い	い형 교활하다, 능글맞다		☐	^{けわ}険しい	い형 험하다
☐	^{するど}鋭い '15	い형 날카롭다		☐	^{さび}寂しい	い형 외롭다
☐	^{たか}高い	い형 높다		☐	^{した}親しい	い형 친하다
☐	^{なだか}名高い	い형 유명하다		☐	^{ずうずう}図々しい	い형 뻔뻔하다
☐	^{にが}苦い	い형 쓰다		☐	^{そうぞう}騒々しい '14	い형 시끄럽다
☐	^{にく}憎い '15	い형 밉다		☐	^{たくま}逞しい '15	い형 늠름하다
☐	^{にぶ}鈍い '18	い형 무디다		☐	^{とぼ}乏しい '12 '15	い형 (경험, 물자가) 부족하다
☐	^{ひど}酷い	い형 심하다		☐	^{ばかばか}馬鹿馬鹿しい	い형 어처구니 없다
☐	^{ふか}深い	い형 깊다		☐	^{はげ}激しい '11	い형 격하다
☐	^{ふる}古い	い형 오래다		☐	^{まず}貧しい	い형 가난하다, 빈약하다
☐	^{ぶあつ}分厚い	い형 두툼하다		☐	^{まぶ}眩しい	い형 눈부시다
☐	^{みにく}醜い	い형 보기 흉하다		☐	^{むな}空しい	い형 공허하다
☐	^{よわ}弱い	い형 약하다		☐	^{めざま}目覚しい	い형 눈부시다
☐	^{わか}若い	い형 젊다		☐	^{めづら}珍しい	い형 드물다
☐	^{わる}悪い	い형 나쁘다		☐	^{やかま}喧しい '14	い형 까다롭다
☐	^{あや}怪しい '16	い형 수상하다		☐	^{やさ}優しい	い형 다정하다
☐	^{うれ}嬉しい	い형 기쁘다		☐	^{よわよわ}弱弱しい	い형 허약하다

□ 若々しい (わかわか)	い형 젊디젊다	□ 助手 (じょしゅ)	명 조수
□ 厚かましい (あつ)	い형 뻔뻔스럽다	□ 組合 (くみあい)	명 조합
□ 勇ましい '19 (いさ)	い형 용감하다	□ 組織 '12 (そしき)	명 조직
□ 羨ましい (うらや)	い형 부럽다	□ 先祖 (せんぞ)	명 선조
□ 望ましい (のぞ)	い형 바람직하다	□ 祖父 (そふ)	명 조부
□ 鮮やかだ '15 (あざ)	な형 선명하다	□ 視察 (しさつ)	명 시찰
□ 穏やかだ '17 (おだ)	な형 평온하다	□ 視野 '11 (しや)	명 시야
□ 細やかだ (ささ)	な형 조촐하다	□ 傾き (かたむ)	명 경사
□ 爽やかだ (さわ)	な형 상쾌하다	□ 傾向 (けいこう)	명 경향
□ 和やかだ '18 (なご)	な형 온화하다	□ 項目 (こうもく)	명 항목
□ 賑やかだ (にぎ)	な형 번화하다	□ 事項 (じこう)	명 사항

표기

[모양이 비슷한 한자를 포함한 단어 ①]

		□ 手頃 (てごろ)	명 알맞음
		□ 年頃 (としごろ)	명 나이
□ 運賃 '10 (うんちん)	명 운임	□ 暮らす '10 (く)	동 살다
□ 家賃 (やちん)	명 집세	□ 暮れ (く)	명 해 질 녘
□ 貸間 (かしま)	명 셋방	□ 慕う (した)	동 그리워하다
□ 貸家 (かしや)	명 셋집	□ 追慕 (ついぼ)	명 추모
□ 援助 '14 (えんじょ)	명 원조	□ 応募 (おうぼ)	명 응모
□ 救援 (きゅうえん)	명 구원	□ 公募 (こうぼ)	명 공모
□ 暖かい (あたた)	い형 따뜻하다	□ 義務 (ぎむ)	명 의무
□ 暖房 (だんぼう)	명 난방	□ 主義 (しゅぎ)	명 주의
□ 緩い (ゆる)	い형 느슨하다	□ 儀式 (ぎしき)	명 의식
□ 緩和 (かんわ)	명 완화	□ 礼儀 '10 (れいぎ)	명 예의
□ 助言 (じょげん)	명 조언	□ 異議 (いぎ)	명 이의
		□ 議決 (ぎけつ)	명 의결

🔊 단어문형암기장_06일.mp3

☑ 잘 외워지지 않는 단어는 박스에 체크하여 복습하세요.

☐ 気象 きしょう	명 기상	☐ 訂正 ていせい '14	명 정정
☐ 対象 たいしょう	명 대상	☐ 招く まねく '16	동 초대하다
☐ 映像 えいぞう	명 영상	☐ 招待 しょうたい '13	명 초대
☐ 仏像 ぶつぞう	명 불상	☐ 召し上がる めしあがる	동 드시다
☐ 象徴 しょうちょう '11	명 상징	☐ 召す めす	동 드시다
☐ 特徴 とくちょう	명 특징	☐ 催し もよおし '16	명 행사
☐ 微妙だ びみょうだ	な형 미묘하다	☐ 催促 さいそく '13	명 재촉
☐ 微笑む ほほえむ	동 미소짓다	☐ 推薦 すいせん	명 추천
☐ 作製 さくせい	명 제작	☐ 推定 すいてい	명 추정
☐ 製造 せいぞう '16	명 제조		
☐ 制限 せいげん	명 제한	**[모양이 비슷한 한자를 포함한 단어 ②]**	
☐ 制度 せいど	명 제도	☐ 腕 うで '15	명 팔
☐ 登校 とうこう	명 등교	☐ 腕前 うでまえ	명 수완
☐ 登録 とうろく '11	명 등록	☐ 腹 はら	명 배
☐ 回答 かいとう	명 회답	☐ 空腹 くうふく	명 공복
☐ 答案 とうあん	명 답안	☐ 胸 むね	명 가슴
☐ 豊富 ほうふ '11 '17	명 풍부	☐ 胸部 きょうぶ	명 흉부
☐ 豊かだ ゆたかだ '18	な형 풍부하다	☐ 寄付 きふ '13	명 기부
☐ 付録 ふろく	명 부록	☐ 年寄り としより	명 노인
☐ 録音 ろくおん	명 녹음	☐ 奇数 きすう	명 홀수
☐ 緑陰 りょくいん	명 녹음	☐ 奇妙だ きみょうだ '12	な형 기묘하다
☐ 緑地 りょくち	명 녹지	☐ 距離 きょり '15	명 거리
☐ 証明 しょうめい	명 증명	☐ 遠距離 えんきょり	명 원거리
☐ 保証 ほしょう '16	명 보증	☐ 拒絶 きょぜつ	명 거절
☐ 正解 せいかい	명 정답	☐ 拒否 きょひ '15	명 거부

☐ <ruby>休講<rt>きゅうこう</rt></ruby>	몡 휴강	☐ <ruby>払<rt>はら</rt></ruby>い<ruby>込<rt>こ</rt></ruby>む	동 납입하다
☐ <ruby>講義<rt>こうぎ</rt></ruby> '13	몡 강의	☐ <ruby>原爆<rt>げんばく</rt></ruby>	몡 원폭
☐ <ruby>結構<rt>けっこう</rt></ruby>だ	な형 훌륭하다	☐ <ruby>爆弾<rt>ばくだん</rt></ruby>	몡 폭탄
☐ <ruby>構成<rt>こうせい</rt></ruby>	몡 구성	☐ <ruby>暴<rt>あば</rt></ruby>れる	동 날뛰다
☐ <ruby>快晴<rt>かいせい</rt></ruby>	몡 쾌청	☐ <ruby>乱暴<rt>らんぼう</rt></ruby>	몡 난폭
☐ <ruby>快<rt>こころよ</rt></ruby>い '13'16	い형 상쾌하다	☐ <ruby>比較<rt>ひかく</rt></ruby>	몡 비교
☐ <ruby>決意<rt>けつい</rt></ruby>	몡 결의	☐ <ruby>比率<rt>ひりつ</rt></ruby>	몡 비율
☐ <ruby>決行<rt>けっこう</rt></ruby>	몡 결행	☐ <ruby>批判<rt>ひはん</rt></ruby> '14	몡 비판
☐ <ruby>順位<rt>じゅんい</rt></ruby>	몡 순위	☐ <ruby>批評<rt>ひひょう</rt></ruby> '16	몡 비평
☐ <ruby>順調<rt>じゅんちょう</rt></ruby> '15'16	몡 순조	☐ <ruby>評判<rt>ひょうばん</rt></ruby> '10	몡 평판
☐ <ruby>家訓<rt>かくん</rt></ruby>	몡 가훈	☐ <ruby>評論<rt>ひょうろん</rt></ruby>	몡 평론
☐ <ruby>訓練<rt>くんれん</rt></ruby>	몡 훈련	☐ <ruby>平等<rt>びょうどう</rt></ruby>	몡 평등
☐ <ruby>抗議<rt>こうぎ</rt></ruby>	몡 항의	☐ <ruby>不平<rt>ふへい</rt></ruby> '17	몡 불평
☐ <ruby>抵抗<rt>ていこう</rt></ruby> '12	몡 저항	☐ <ruby>幸福<rt>こうふく</rt></ruby>	몡 행복
☐ <ruby>航海<rt>こうかい</rt></ruby>	몡 항해	☐ <ruby>福祉<rt>ふくし</rt></ruby>	몡 복지
☐ <ruby>航空<rt>こうくう</rt></ruby>	몡 항공	☐ <ruby>副業<rt>ふくぎょう</rt></ruby>	몡 부업
☐ <ruby>討議<rt>とうぎ</rt></ruby>	몡 토의	☐ <ruby>副詞<rt>ふくし</rt></ruby>	몡 부사
☐ <ruby>討論<rt>とうろん</rt></ruby> '11'17	몡 토론	☐ <ruby>対面<rt>たいめん</rt></ruby>	몡 대면
☐ <ruby>会計<rt>かいけい</rt></ruby>	몡 회계	☐ <ruby>面積<rt>めんせき</rt></ruby>	몡 면적
☐ <ruby>設計<rt>せっけい</rt></ruby>	몡 설계	☐ <ruby>企画<rt>きかく</rt></ruby> '18	몡 기획
☐ <ruby>拾<rt>ひろ</rt></ruby>う '14	동 줍다	☐ <ruby>区画<rt>くかく</rt></ruby>	몡 구획
☐ <ruby>拾得<rt>しゅうとく</rt></ruby>	몡 습득	☐ <ruby>倒産<rt>とうさん</rt></ruby>	몡 도산
☐ <ruby>拡散<rt>かくさん</rt></ruby>	몡 확산	☐ <ruby>面倒<rt>めんどう</rt></ruby>だ '14'19	な형 귀찮다
☐ <ruby>拡充<rt>かくじゅう</rt></ruby> '13	몡 확충	☐ <ruby>到達<rt>とうたつ</rt></ruby>	몡 도달
☐ <ruby>支払<rt>しはら</rt></ruby>う	동 지불하다	☐ <ruby>到着<rt>とうちゃく</rt></ruby>	몡 도착

☑ 잘 외워지지 않는 단어는 박스에 체크하여 복습하세요.

☐ たいよう 太陽	명 태양	☐ きゃっかん 客観	명 객관
☐ ようき 陽気だ '19	な형 쾌활하다	☐ きけん 棄権	명 기권
☐ あ 揚げる	동 높이 올리다	☐ とっけん 特権	명 특권
☐ ふよう 浮揚	명 부양	☐ かんこく 勧告	명 권고
		☐ かんゆう 勧誘 '13	명 권유

[모양이 비슷한 한자를 포함한 단어 ③]

☐ あいつ 相次ぐ '10	동 잇따르다	☐ くず 崩れる	동 무너지다
☐ もくじ 目次	명 목차	☐ ほうかい 崩壊	명 붕괴
☐ けつじょ 欠如	명 결여	☐ えんがん 沿岸	명 연안
☐ けつぼう 欠乏	명 결핍	☐ かいがん 海岸	명 해안
☐ かいてき 快適だ	な형 쾌적하다	☐ けんさ 検査	명 검사
☐ てきど 適度 '12	명 적당한 정도	☐ けんじ 検事	명 검사
☐ つま 摘む	동 집다	☐ ぼうけん 冒険	명 모험
☐ してき 指摘 '15	명 지적	☐ ほけん 保険	명 보험
☐ しずく 滴	명 물방울	☐ ざいせき 在籍 '17	명 재적
☐ すいてき 水滴	명 물방울	☐ たいざい 滞在	명 체재
☐ すてき 素敵だ	な형 멋지다	☐ いぞん 依存	명 의존
☐ ひってき 匹敵	명 필적	☐ ほぞん 保存 '18	명 보존
☐ かんそく 観測	명 관측	☐ しょうひ 消費	명 소비
☐ すいそく 推測	명 추측	☐ しょうぼう 消防	명 소방
☐ きそく 規則	명 규칙	☐ さくげん 削減	명 삭감
☐ げんそく 原則	명 원칙	☐ さくじょ 削除 '12	명 삭제
☐ そくめん 側面	명 측면	☐ おさな 幼い '17	い형 어리다
☐ りょうがわ 両側	명 양측	☐ ようじ 幼児	명 유아
☐ がいかん 外観	명 외관	☐ ぞうか 増加	명 증가
		☐ ついか 追加 '12	명 추가

□ こうせき 功績	명 공적	□ て がる 手軽だ '14	な형 손쉽다
□ せいこう 成功	명 성공		
□ そうぞう 想像	명 상상	**[발음이 같거나 비슷한 한자를 포함한 단어]**	
□ り そう 理想	명 이상	□ えん ぎ 演技 '19	명 연기
□ がいしょう 外相	명 외무장관	□ えんしゅつ 演出	명 연출
□ す もう 相撲	명 스모	□ えんげい 園芸	명 원예
□ たい ほ 逮捕	명 체포	□ でんえん 田園	명 전원
□ ほかく 捕獲	명 포획	□ こう し 講師 '15	명 강사
□ ほ きゅう 補給	명 보급	□ ぼくし 牧師	명 목사
□ ほ じゅう 補充	명 보충	□ しん し 紳士	명 신사
□ きんこう 近郊	명 근교	□ ぶ し 武士	명 무사
□ こうがい 郊外	명 교외	□ こんなん 困難	명 곤란
□ こうりつ 効率	명 효율	□ ひんこん 貧困	명 빈곤
□ ゆうこう 有効 '10	명 유효	□ こんけつ 混血	명 혼혈
□ はんだん 判断	명 판단	□ こんらん 混乱 '15	명 혼란
□ ゆ だん 油断 '15 '19	명 방심	□ いんえい 陰影	명 음영
□ あと つ 跡継ぎ	명 대를 이음	□ さつえい 撮影 '10 '12	명 촬영
□ う つ 受け継ぐ	동 이어받다	□ えい が 映画	명 영화
□ ゆ しゅつ 輸出	명 수출	□ えいしゃ 映写	명 영사
□ ゆ にゅう 輸入	명 수입	□ えいぎょう 営業	명 영업
□ ゆ えつ 愉悦	명 기쁨	□ けいえい 経営	명 경영
□ ゆ かい 愉快 '16	명 유쾌	□ えいよう 栄養	명 영양
□ ころ 転ぶ	동 넘어지다	□ はんえい 繁栄	명 번영
□ てんきん 転勤 '19	명 전근	□ しゅっ せ 出世 '10	명 출세
□ けいしょう 軽傷 '19	명 경상	□ せい き 世紀	명 세기

문자·어휘 해커스 JLPT N2 한 권으로 합격

단어문형암기장_08일.mp3

☑ 잘 외워지지 않는 단어는 박스에 체크하여 복습하세요.

☐ せいせき 成績	명	성적
☐ せいちょう 成長 '12	명	성장
☐ けんどう 剣道	명	검도
☐ しんけん 真剣だ '13	な형	진지하다
☐ けんこう 健康	명	건강
☐ ほけん 保健	명	보건
☐ けんとう 検討	명	검토
☐ てんけん 点検 '18	명	점검
☐ けんじん 賢人	명	현인
☐ けんめい 賢明だ	な형	현명하다
☐ かいぞう 改造	명	개조
☐ せいぞう 製造 '16	명	제조
☐ ぞうげん 増減	명	증감
☐ ぞうだい 増大	명	증대
☐ せつぞく 接続 '14	명	접속
☐ れんぞく 連続	명	연속
☐ きんぞく 金属	명	금속
☐ しょぞく 所属	명	소속
☐ おんせつ 音節	명	음절
☐ せつやく 節約 '17	명	절약
☐ せっかい 切開	명	절개
☐ てきせつ 適切だ	な형	적절하다
☐ そくい 即位	명	즉위
☐ そくざ 即座に '13 '19	부	즉각
☐ そくたつ 速達	명	속달

☐ そくりょく 速力	명	속력
☐ さんしょう 参照 '16	명	참조
☐ たいしょう 対照	명	대조
☐ いんしょう 印象	명	인상
☐ たいしょう 対象	명	대상
☐ たいしょう 対称	명	대칭
☐ めいしょう 名称	명	명칭
☐ ちあん 治安	명	치안
☐ ちりょう 治療 '10 '16	명	치료
☐ ちせい 知性	명	지성
☐ みち 未知	명	미지
☐ ほしょう 保証 '16	명	보증
☐ ほしょう 保障	명	보장
☐ ほきょう 補強	명	보강
☐ ほじょ 補助	명	보조
☐ かいしゅう 回収	명	회수
☐ りょうしゅうしょ 領収書 '17	명	영수증
☐ しゅうぎょう 就業	명	취업
☐ しゅうにん 就任	명	취임
☐ かんじょう 感情	명	감정
☐ くじょう 苦情 '17	명	고충
☐ じょうし 上司	명	상사
☐ じょうしょう 上昇 '10	명	상승

[의미가 비슷하거나 반대되는 한자를 포함한 단어 ①]

☐ 汗 _{あせ}	명	땀
☐ 汗かき _{あせ}	명	땀이 많은 사람
☐ 泡 _{あわ}	명	거품
☐ 気泡 _{きほう}	명	기포
☐ 湿っぽい '14 _{しめ}	い형	축축하다
☐ 湿気 _{しっけ}	명	습기
☐ 暴れる _{あば}	동	날뛰다
☐ 暴露 _{ばくろ}	명	폭로
☐ 騒ぐ _{さわ}	동	떠들다
☐ 騒音 _{そうおん}	명	소음
☐ 荒い '17 _{あら}	い형	거칠다
☐ 荒れる _あ	동	거칠어지다
☐ 乱れる '10 '17 _{みだ}	동	흐트러지다
☐ 内乱 _{ないらん}	명	내란
☐ 破れる '14 _{やぶ}	동	찢어지다
☐ 破壊 _{はかい}	명	파괴
☐ 薄い _{うす}	い형	얇다, 연하다
☐ 薄弱だ _{はくじゃく}	な형	박약하다
☐ 濃い '19 _こ	い형	진하다, 짙다
☐ 濃度 _{のうど}	명	농도
☐ 演技 '19 _{えんぎ}	명	연기
☐ 技術 '18 _{ぎじゅつ}	명	기술
☐ 演劇 _{えんげき}	명	연극
☐ 喜劇 _{きげき}	명	희극

☐ 開演 _{かいえん}	명	개연
☐ 主演 _{しゅえん}	명	주연
☐ 開講 _{かいこう}	명	개강
☐ 講堂 _{こうどう}	명	강당
☐ 開催 '10 _{かいさい}	명	개최
☐ 催促 '13 _{さいそく}	명	재촉
☐ 開場 _{かいじょう}	명	개장
☐ 式場 _{しきじょう}	명	식장
☐ 勝利 _{しょうり}	명	승리
☐ 有利だ '17 _{ゆうり}	な형	유리하다
☐ 得る '12 _え	동	얻다
☐ 損得 _{そんとく}	명	손익
☐ 害する '19 _{がい}	동	해롭게 하다
☐ 迫害 _{はくがい}	명	박해
☐ 損する _{そん}	동	손해 보다
☐ 損失 _{そんしつ}	명	손실
☐ 罪する _{つみ}	동	처벌하다
☐ 犯罪 _{はんざい}	명	범죄
☐ 毒する _{どく}	동	해치다
☐ 消毒 _{しょうどく}	명	소독
☐ 現役 _{げんえき}	명	현역
☐ 役目 '18 _{やくめ}	명	임무
☐ 性格 _{せいかく}	명	성격
☐ 体格 '14 _{たいかく}	명	체격
☐ 演説 '18 _{えんぜつ}	명	연설

☑ 잘 외워지지 않는 단어는 박스에 체크하여 복습하세요.

☐	せつめいしょ 説明書	명 설명서		☐	やわ 軟らかい	い형 부드럽다
☐	みちび 導く '12	동 안내하다		☐	じゅうなん 柔軟だ '15'17	な형 유연하다
☐	し どう 指導	명 지도		☐	きょう み 興味	명 흥미
☐	そううりあげ 総売上 '11	명 총매상		☐	ふっこう 復興	명 부흥
☐	そうがく 総額 '18	명 총액		☐	しゅ し 趣旨	명 취지
☐	けいとう 系統 '18	명 계통		☐	しゅ み 趣味 '19	명 취미
☐	でんとう 伝統 '10	명 전통		☐	けわ 険しい	い형 험하다
☐	へ 減らす	동 줄이다		☐	き けん 危険	명 위험
☐	けいげん 軽減	명 경감		☐	はげ 激しい '11	い형 격렬하다
☐	ちぢ 縮む '11'14	동 줄다		☐	かんげき 感激	명 감격
☐	しゅくしょう 縮小	명 축소		☐	きわ 極み	명 끝
☐	げんこう 原稿	명 원고		☐	きょくたん 極端 '14	명 극단
☐	げんぱつ 原発	명 원자력 발전소		☐	こ 請う	동 청하다
☐	ほんじつ 本日	명 금일		☐	しんせい 申請	명 신청
☐	ほんもの 本物 '19	명 진짜		☐	さそ 誘う '11	동 권유하다
				☐	ゆうどう 誘導	명 유도

[의미가 비슷하거나 반대되는 한자를 포함한 단어 ②]

☐	かい ご 介護 '18	명 개호, 간호		☐	すす 勧める	동 권하다
☐	しょうかい 紹介	명 소개		☐	かんこく 勧告	명 권고
☐	かん ご 看護	명 간호		☐	まね 招く '16	동 초대하다
☐	かんばん 看板	명 간판		☐	しょうらい 招来	명 초래
☐	かた 硬い	い형 딱딱하다		☐	か もつ 貨物	명 화물
☐	きょうこう 強硬だ	な형 강경하다		☐	こう か 硬貨 '16	명 동전
☐	かた 固める	동 굳히다		☐	こう か 高価	명 고가
☐	がん こ 頑固だ	な형 완고하다		☐	てい か 定価	명 정가
				☐	たば 束ねる '18	동 묶다

☐ けっそく 結束	명 결속	☐ かくさん 拡散	명 확산
☐ つつ 包む	동 포장하다	☐ かくちょう 拡張 '19	명 확장
☐ ほうそう 包装	명 포장	☐ つう 通じる '10	동 통하다
☐ むす 結ぶ	동 맺다	☐ つうろ 通路	명 통로
☐ けつろん 結論	명 결론	☐ かいやく 解約 '18	명 해약
☐ こうしん 更新	명 갱신	☐ よやくせい 予約制 '10	명 예약제
☐ へんこう 変更 '11	명 변경	☐ こうたく 光沢	명 광택
☐ あらた 改める '13	동 고치다	☐ ぜいたく 贅沢 '13	명 사치
☐ かいせい 改正 '12	명 개정		
☐ か 換える	동 교환하다	**단어형성**	
☐ かんき 換気	명 환기	[단어형성에 자주 출제되는 접두어와 파생어]	
☐ か 替える	동 바꾸다	☐ そううりあげ 総売上 '11	명 총매상
☐ きが 着替える	동 갈아입다	☐ そうじんこう 総人口	명 총인구
☐ たっ 達する '18	동 도달하다	☐ しょがいこく 諸外国 '12'17	명 여러 외국
☐ たっせい 達成	명 달성	☐ しょじじょう 諸事情	명 여러 사정
☐ いた 至る '12	동 다다르다	☐ しょじょうけん 諸条件	명 여러 조건
☐ しきゅう 至急 '11	명 지급	☐ しょもんだい 諸問題 '10'14	명 여러 문제
☐ きのう 機能 '11	명 기능	☐ しゅげんいん 主原因	명 주원인
☐ こうせいのう 高性能 '14	명 고성능	☐ しゅせいぶん 主成分 '16	명 주성분
☐ じっけん 実験	명 실험	☐ ふくしゃちょう 副社長 '10'15	명 부사장
☐ じゅけんせい 受験生	명 수험생	☐ ふくだいじん 副大臣 '18	명 부대신
☐ かんせい 完成 '12	명 완성	☐ じゅんけっしょう 準決勝 '13	명 준결승
☐ かんりょう 完了 '15	명 완료	☐ じゅんゆうしょう 準優勝 '11	명 준우승
☐ きょっけい 極刑	명 극형	☐ はんせいき 半世紀	명 반세기
☐ せっきょくてき 積極的だ '12	な형 적극적이다	☐ はんとうめい 半透明 '12	명 반투명

☑️ 잘 외워지지 않는 단어는 박스에 체크하여 복습하세요.

☐	かりさいよう 仮採用 '12	명 임시채용	☐	た しゅ み 多趣味	명 취미가 많음
☐	かりとうろく 仮登録	명 가등록	☐	てい か かく 低価格 '12	명 저가격
☐	ひ こうしき 非公式 '11	명 비공식	☐	てい 低カロリー '17	명 저칼로리
☐	ひ じょうしき 非常識	명 비상식	☐	うすあじ 薄味	명 담백한 맛
☐	ふ せいかく 不正確 '17	명 부정확	☐	うすぐら 薄暗い '13	い형 침침하다
☐	ぶ きよう 不器用	명 재주가 없음	☐	ぜんしゃちょう 前社長 '17	명 전 사장
☐	み けいけん 未経験 '14	명 미경험	☐	ぜんちょうちょう 前町長 '19	명 전 동장
☐	み しよう 未使用 '16	명 미사용	☐	しょたいめん 初対面	명 첫 대면
☐	み ていきょう 未提供	명 미제공	☐	しょねん ど 初年度 '17	명 초년도
☐	み はっぴょう 未発表	명 미발표	☐	らいがっき 来学期 '18	명 다음 학기
☐	む きょ か 無許可	명 무허가	☐	らい 来シーズン '10'11	명 다음 시즌
☐	む けいかく 無計画 '18	명 무계획	☐	げん じ てん 現時点	명 현시점
☐	む せきにん 無責任 '15	명 무책임	☐	げんだんかい 現段階 '11	명 현단계
☐	む ひょうじょう 無表情	명 무표정	☐	ま あたら 真新しい '15	い형 아주 새롭다
☐	あくえいきょう 悪影響 '15'19	명 악영향	☐	ま うし 真後ろ '17	명 바로 뒤
☐	あくじょうけん 悪条件 '11	명 악조건	☐	ま ふゆ 真冬	명 한겨울
☐	こうたいしょう 好対照	명 좋은 대조	☐	ま よ なか 真夜中 '12	명 한밤중
☐	こう つ ごう 好都合	명 안성맞춤	☐	さいかいはつ 再開発 '16	명 재개발
☐	こうがくれき 高学歴	명 고학력	☐	さいていしゅつ 再提出 '13	명 재제출
☐	こうしゅうにゅう 高収入 '10	명 고수입	☐	さいひょう か 再評価	명 재평가
☐	こうすいじゅん 高水準 '16	명 고수준	☐	さいほうそう 再放送 '10	명 재방송
☐	こうせいのう 高性能 '14	명 고성능	☐	い けいたい 異形態	명 이형태
☐	さいせんたん 最先端	명 최첨단	☐	い ぶん か 異文化 '16	명 이문화
☐	さいゆうりょく 最有力 '13	명 가장 유력	☐	きゅうこうしゃ 旧校舎	명 구 교사
☐	た きのう 多機能	명 다기능	☐	きゅうせい ど 旧制度 '10	명 구 제도

名演技 めいえんぎ	명	명연기
名場面 めいばめん	명	명장면

[단어형성에 자주 출제되는 접미어와 파생어 ①]

医学界 いがくかい '11	명	의학계
自然界 しぜんかい	명	자연계
結婚観 けっこんかん '16	명	결혼관
人生観 じんせいかん	명	인생관
就職率 しゅうしょくりつ '10	명	취직률
進学率 しんがくりつ '18	명	진학률
成功率 せいこうりつ '15	명	성공률
投票率 とうひょうりつ '12	명	투표율
記憶力 きおくりょく	명	기억력
集中力 しゅうちゅうりょく '10	명	집중력
組み立て式 くみたてしき	명	조립식
日本式 にほんしき '16	명	일본식
会社員風 かいしゃいんふう '17	명	회사원풍
ビジネスマン風 ふう '12	명	비즈니스맨풍
ヨーロッパ風 ふう	명	유럽풍
和風 わふう '15	명	일본풍, 일본식
アメリカ流 りゅう '19	명	아메리카류
日本流 にほんりゅう '12	명	일본류, 일본식
国際色 こくさいしょく '12	명	국제색
政治色 せいじしょく '19	명	정치색
演技派 えんぎは	명	연기파

慎重派 しんちょうは	명	신중파
会員制 かいいんせい '17	명	회원제
予約制 よやくせい '10	명	예약제
管理下 かんりか '16	명	관리하
制度下 せいどか	명	제도하
送信元 そうしんもと '18	명	송신원
発行元 はっこうもと	명	발행원
住宅街 じゅうたくがい '17	명	주택가
商店街 しょうてんがい '10	명	상점가
スキー場 じょう '18	명	스키장
野球場 やきゅうじょう	명	야구장
作品賞 さくひんしょう	명	작품상
文学賞 ぶんがくしょう '11	명	문학상
緊張感 きんちょうかん	명	긴장감
責任感 せきにんかん	명	책임감
危険性 きけんせい '14	명	위험성
柔軟性 じゅうなんせい	명	유연성
液体状 えきたいじょう	명	액체 상태
クリーム状 じょう '11	명	크림 상태
招待状 しょうたいじょう '15	명	초대장
年賀状 ねんがじょう	명	연하장
アルファベット順 じゅん '12	명	알파벳순
年代順 ねんだいじゅん '16	명	연대순
雑誌類 ざっしるい	명	잡지류
食器類 しょっきるい '13	명	식기류

☑ 잘 외워지지 않는 단어는 박스에 체크하여 복습하세요.

☐ 学年別'18 がくねんべつ	명	학년별
☐ 専門別 せんもんべつ	명	전문별
☐ 修理代 しゅうりだい	명	수리비
☐ 電気代 でんきだい	명	전기세
☐ 手間賃 てまちん	명	품삯
☐ 電車賃'14 でんしゃちん	명	전철비
☐ 交通費 こうつうひ	명	교통비
☐ 制作費 せいさくひ	명	제작비
☐ 奨学金 しょうがくきん	명	장학금
☐ 保証金 ほしょうきん	명	보증금
☐ 原稿料 げんこうりょう	명	원고료
☐ 宿泊料 しゅくはくりょう	명	숙박료
☐ 加速度 かそくど	명	가속도
☐ 優先度 ゆうせんど	명	우선도
☐ 降水量 こうすいりょう	명	강수량
☐ 収穫量 しゅうかくりょう	명	수확량
☐ 消費量 しょうひりょう	명	소비량
☐ 生産量 せいさんりょう	명	생산량

[단어형성에 자주 출제되는 접미어와 파생어 ②]

☐ 作品集'14 さくひんしゅう	명	작품집
☐ 写真集 しゃしんしゅう	명	사진집
☐ 応援団'15 おうえんだん	명	응원단
☐ バレエ団 だん	명	발레단
☐ カリフォルニア産 さん	명	캘리포니아산

☐ 国内産 こくないさん	명	국내산
☐ 出身地 しゅっしんち	명	출신지
☐ 生産地 せいさんち	명	생산지
☐ 警察署 けいさつしょ	명	경찰서
☐ 税務署 ぜいむしょ	명	세무서
☐ 限定版 げんていばん	명	한정판
☐ 日本語版 にほんごばん	명	일본어판
☐ 東京駅発'13 とうきょうえきはつ	명	도쿄역발
☐ 成田発 なりたはつ	명	나리타발
☐ 具体的だ ぐたいてき	な형	구체적이다
☐ 政治的だ せいじてき	な형	정치적이다
☐ 建築家 けんちくか	명	건축가
☐ 福祉家 ふくしか	명	복지가
☐ 社員証 しゃいんしょう	명	사원증
☐ 領収証 りょうしゅうしょう	명	영수증
☐ 一日おき'11'14 いちにち		하루걸러
☐ 二メートルおき に		2미터 간격
☐ 遅刻がち ちこく		지각이 잦음
☐ 病気がち びょうき		병이 잦음
☐ 皮ごと かわ		껍질째로
☐ 丸ごと まる	부	통째로
☐ 20年ぶり ねん		20년 만임
☐ 久しぶり ひさ		오랜만임
☐ 親子連れ'13 おやこづれ		부모자식 동반
☐ 家族連れ'17 かぞくづれ		가족 동반

□ 期限切れ ^{'14}	きげんぎれ	기한이 끝남
□ 在庫切れ	ざいこぎれ	재고 없음
□ 現実離れ ^{'15}	げんじつばなれ	현실에서 동떨어짐
□ 政治離れ	せいじばなれ	정치에서 동떨어짐
□ 出来立て	できたて	갓 완성함
□ 焼き立て	やきたて	갓 구움
□ 一戸建て	いっこだて	독채
□ 三階建て	さんがいだて	3층 건물
□ 川沿い	かわぞい	강가, 냇가
□ 線路沿い ^{'14}	せんろぞい	철로 변
□ 子供扱い	こどもあつかい	어린애 취급
□ 犯人扱い	はんにんあつかい	범인 취급
□ 頼みづらい ^{'19}	たのみづらい	부탁하기 어렵다
□ 話しづらい	はなしづらい	말하기 어렵다
□ 条件付き	じょうけんつき	조건이 붙음
□ 朝食付き	ちょうしょくつき	조식 포함
□ 醤油漬け	しょうゆづけ	간장에 절임
□ 勉強漬け ^{'16}	べんきょうづけ	공부에 씨늚
□ 支払い済み	しはらいずみ	지불이 끝남
□ 使用済み	しようずみ	사용이 끝남
□ 音楽全般 ^{'13}	おんがくぜんぱん	음악 전반
□ 教育全般	きょういくぜんぱん	교육 전반
□ 風邪気味 ^{'13}	かぜぎみ	감기 기운
□ 疲れ気味	つかれぎみ	피곤한 기색
□ 反対派一色	はんたいはいっしょく	반대파 일색

□ ムード一色 ^{'14}	いっしょく	무드 일색
□ 原因不明	げんいんふめい	원인불명
□ 行方不明	ゆくえふめい	행방불명
□ 死に際	しにぎわ	임종
□ 別れ際 ^{'19}	わかれぎわ	헤어질 때
□ 年明け	としあけ	연초
□ 夏休み明け ^{'13}	なつやすみあけ	여름방학 직후

[단어형성에 자주 출제되는 복합어 ①]

□ 取り上げる	とりあげる	동 집어 들다
□ 取り扱う	とりあつかう	동 취급하다
□ 取り入れる	とりいれる	동 거둬들이다
□ 取り換える	とりかえる	동 교체하다
□ 取り掛かる	とりかかる	동 착수하다
□ 取り組む	とりくむ	동 몰두하다
□ 取り消す	とりけす	동 삭제하다
□ 取り出す	とりだす	동 꺼내다
□ 取り付ける	とりつける	동 달다
□ 取り留める	とりとめる	동 말리다
□ 書き上がる	かきあがる	동 다 쓰다
□ 書き入れる	かきいれる	동 써 넣다, 작성하다
□ 書き込む	かきこむ	동 기입하다
□ 書き出す	かきだす	동 써 내다
□ 書き直す	かきなおす	동 고쳐 쓰다
□ 持ち上げる	もちあげる	동 들어 올리다

🔊 단어문형암기장_12일.mp3

☑ 잘 외워지지 않는 단어는 박스에 체크하여 복습하세요.

☐ 持ち帰る も かえ	동	가지고 가다
☐ 持ち切る も き	동	(사건, 소문 등으로) 떠들썩하다
☐ 持ち込む も こ	동	가지고 들어 오(가)다
☐ 持ち出す も だ	동	가지고 나가다
☐ 打ち明ける う あ	동	털어놓다
☐ 打ち上げる う あ	동	쏘아 올리다
☐ 打ち合わせる う あ	동	협의하다
☐ 打ち切る う き	동	중단하다
☐ 追いかける お	동	뒤쫓아 가다
☐ 追い越す お こ	동	추월하다
☐ 追い出す お だ	동	내쫓다
☐ 追いつく お	동	(뒤쫓아) 따라 붙다
☐ 乗り遅れる の おく	동	(탈것을) 놓치다
☐ 乗り換える の か	동	환승하다
☐ 乗り越える の こ	동	뛰어넘다
☐ 乗り継ぐ'18 の つ	동	갈아타고 가다
☐ 見上げる み あ	동	우러러보다
☐ 見直す み なお	동	다시 보다
☐ 見慣れる み な	동	눈에 익다
☐ 見逃す'19 み のが	동	놓치다
☐ 買い上げ か あ	명	구매, 구입
☐ 買い出し か だ	명	직접 사러 감
☐ 買い忘れ か わす	명	사는 것을 잊음
☐ 心強い'12 こころづよ	い형	든든하다
☐ 心細い こころぼそ	い형	불안하다

☐ 心弱い こころよわ	い형	심약하다

[단어형성에 자주 출제되는 복합어 ②]

☐ 飛び上がる と あ	동	날아오르다
☐ 飛び下がる と さ	동	하늘에서 내려오다
☐ 飛び立つ と た	동	날아오르다
☐ 呼びかける よ	동	호소하다
☐ 呼び込む よ こ	동	불러들이다
☐ 呼び出す よ だ	동	불러내다
☐ 落ち込む'19 お こ	동	의기소침하다
☐ 落ち着く お つ	동	침착하다
☐ 思い込む おも こ	동	생각하다, 믿다
☐ 思い切る'14 おも き	동	결심하다
☐ 建て付ける た つ	동	(문 등을) 맞춰 달다
☐ 建て直す た なお	동	다시 세우다
☐ 使いこなす つか	동	잘 다루다
☐ 使い込む つか こ	동	(예상 이상으로) 돈을 쓰다
☐ 詰め合わせる つ あ	동	한데 넣다
☐ 詰め込む つ こ	동	가득 채우다
☐ 引き受ける ひ う	동	받아들이다
☐ 引き返す'19 ひ かえ	동	되풀이하다, 되돌리다
☐ 当てはまる あ	동	꼭 들어맞다
☐ 入れ込む い こ	동	열중하다
☐ 色違い いろちが	명	색이 다름
☐ 裏切る うらぎ	동	배신하다

☐ おもくる **重苦しい**	い형 답답하다	☐ かいぜん **改善**'11	명 개선
☐ おく こ **送り込む**	동 보내다, 파견하다	☐ かく ご **覚悟**	명 각오
☐ き か **切り換える**	동 새로 바꾸다	☐ かく ほ **確保**'17	명 확보
☐ く た **組み立てる**	동 조립하다	☐ かつやく **活躍**	명 활약
☐ さが まわ **探し回る**	동 찾아다니다	☐ く ぶん **区分**	명 구분
☐ さ つか **差し支える**'14	동 지장이 있다	☐ く べつ **区別**	명 구별
☐ ずるがしこ **狡賢い**	い형 약아빠지다	☐ けい き **契機**'17	명 계기
☐ つ あ **付き合う**	동 사귀다	☐ けんしん **検診**	명 검진
☐ つ くわ **付け加える**	동 덧붙이다	☐ さいばい **栽培**'19	명 재배
☐ と はじ **解き始める**	동 풀기 시작하다	☐ さんかん **参観**	명 참관
☐ な だ **泣き出す**	동 울기 시작하다	☐ し じ **指示**	명 지시
☐ はし まわ **走り回る**	동 돌아 다니다	☐ じ ぞく **持続**	명 지속
☐ はたら て **働き手**'18	명 일손	☐ じ もと **地元**'11 '18	명 고향
☐ はな **話しかける**	동 말을 걸다	☐ じゃ ま **邪魔**'16	명 방해
☐ ふ こ **振り込む**	동 송금하다	☐ じょうたつ **上達**	명 숙달
☐ まよ いぬ **迷い犬**	명 길 잃은 개	☐ しょく ば **職場**	명 직장
☐ む あつ **蒸し暑い**	い형 무덥다	☐ そう さ **操作**	명 조작
☐ もう こ **申し込む**	동 신청하다	☐ ぞくしゅつ **続出**'10 '18	명 속출
☐ よ そ **寄り添う**	동 다가붙다	☐ ぞっこう **続行**	명 속행
☐ わ こ **割り込む**'16	동 끼어들다	☐ つうやく **通訳**	명 통역
		☐ つよ **強み**'11	명 강점

문맥규정

[문맥규정에 자주 출제되는 명사]

☐ い よく **意欲**'13	명 의욕	☐ てんけん **点検**'18	명 점검
		☐ どうにゅう **導入**'14	명 도입
☐ いんよう **引用**	명 인용	☐ とくしょく **特色**'15	명 특색
		☐ なっとく **納得**	명 납득

🔊 단어문형암기장_13일.mp3

☑️ 잘 외워지지 않는 단어는 박스에 체크하여 복습하세요.

□ 根元 ねもと	명 뿌리	□ タイミング	명 타이밍
□ 反映'11 はんえい	명 반영	□ ダイレクトだ	な형 다이렉트이다
□ 普及'10'16 ふきゅう	명 보급	□ ダウン	명 다운, 하락
□ 分析'11'17 ぶんせき	명 분석	□ ダメージ	명 대미지, 피해
□ 分担'19 ぶんたん	명 분담	□ デザイン'15	명 디자인
□ 本物'19 ほんもの	명 진짜	□ トータル	명 전체적인, 토털
□ 名所'17 めいしょ	명 명소	□ ニーズ	명 니즈, 요구
□ 予測'15 よそく	명 예측	□ バランス'15'17	명 밸런스
		□ パンク'14	명 펑크

[문맥규정에 자주 출제되는 가타카나어]

□ アウト	명 아웃	□ フォーマルだ	な형 포멀하다
□ アピール'17	명 어필	□ プラン'13	명 계획
□ アレンジ'18	명 어레인지, 배치	□ プレッシャー'19	명 심리적 압박
□ ウイルス	명 바이러스	□ フロア	명 마루
□ エラー	명 에러	□ フロント	명 프론트
□ クレーム	명 클레임, 불만	□ ベーシックだ	な형 기초적이다
□ コマーシャル	명 선전	□ マイペース'10	명 마이페이스
□ コレクション	명 콜렉션	□ モダンだ	な형 현대적이다
□ コンプレックス	명 콤플렉스	□ ルール	명 룰, 규칙
□ サンプル	명 샘플	□ リーダー'16	명 리더
□ シーズン'10	명 시즌	□ リラックス'14	명 릴랙스
□ ショック'16	명 쇼크, 충격		

□ ステージ	명 무대		

[문맥규정에 자주 출제되는 동사]

□ スペース'18	명 공간	□ 預ける あず	동 맡기다
□ スムーズだ'13	な형 스무스하다	□ 当てはまる あ	동 적합하다
		□ 言い張る い は	동 우기다

□ 行き着く	동	다다르다
□ 打ち消す '17	동	부정하다
□ うなずく '19	동	끄덕이다
□ 埋まる	동	가득 차다
□ 衰える '19	동	쇠약해지다
□ 欠かす '18	동	빠뜨리다
□ 稼ぐ	동	벌다
□ 偏る '12	동	치우치다
□ 枯れる	동	시들다
□ 悔やむ '17	동	후회하다
□ こぼれる	동	넘치다
□ 冷める	동	식다
□ 沈む	동	가라앉다
□ 過ごす	동	보내다
□ 蓄える '14	동	저장하다
□ つぶす '15	동	(시간을) 때우다
□ つまずく '13	동	걸려 넘어지다
□ 詰める	동	좁이나
□ 飛び散る '18	동	흩날리다
□ 濁る '15	동	탁해지다
□ 乗り継ぐ '18	동	갈아타고 가다
□ 早まる	동	빨라지다
□ 払い込む	동	납입하다
□ 腹立つ '14	동	화가 나다
□ 引き止める '16	동	말리다

□ 塞がる	동	막히다, 차다
□ 見習う	동	본받다
□ 目指す '14	동	목표로 하다
□ 面する '15	동	면하다
□ 潜る	동	잠수하다
□ 雇う	동	고용하다
□ 割り込む '16	동	끼어들다

[문맥규정에 자주 출제되는 い·な형용사]

□ 危うい	い형	위태롭다
□ くだらない	い형	하찮다
□ 悔しい '14	い형	분하다
□ すっぱい	い형	시다
□ 鋭い '15	い형	날카롭다
□ そそっかしい '17	い형	경솔하다
□ 頼もしい '16	い형	믿음직하다
□ 辛い '13	い형	괴롭다
□ 甚だしい	い형	심하다
□ もったいない	い형	아깝다
□ やかましい '14	い형	시끄럽다
□ 緩い	い형	느슨하다
□ あいまいだ '10 '13 '19	な형	애매하다
□ 安易だ '16	な형	손쉽다
□ 大げさだ '10 '16	な형	과장되다
□ 温厚だ '10	な형	온화하다

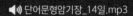

☑ 잘 외워지지 않는 단어는 박스에 체크하여 복습하세요.

☐ 活発だ'16 かっぱつ	な형 활발하다	☐ うっすら	부 희미하게
☐ 質素だ'11 しっそ	な형 검소하다	☐ うとうと'14	부 꾸벅꾸벅
☐ 人工的だ じんこうてき	な형 인공적이다	☐ がらがら'11	부 텅텅
☐ 盛大だ せいだい	な형 성대하다	☐ ぎりぎり'17	부 아슬아슬
☐ そっくりだ	な형 꼭 닮다	☐ ぐったり'16	부 축 늘어짐
☐ 的確だ てきかく	な형 정확하다	☐ くよくよ	부 끙끙
☐ 適度だ'12 てきど	な형 적당하다	☐ ぐらぐら	부 흔들흔들
☐ 適当だ てきとう	な형 적당하다	☐ ごちゃごちゃ'19	부 엉망진창
☐ でたらめだ'18	な형 엉터리다	☐ こつこつ'14	부 꾸준히
☐ 独特だ'18 どくとく	な형 독특하다	☐ さっぱり'11	부 담백하게
☐ なだらかだ'16	な형 완만하다	☐ しっかり	부 확실히
☐ ばらばらだ	な형 제각각이다	☐ しっとり	부 촉촉히
☐ 敏感だ'18 びんかん	な형 민감하다	☐ 徐々に'10 じょじょ	부 서서히
☐ 不安定だ'19 ふ あんてい	な형 불안정하다	☐ すっかり	부 완전히
☐ 膨大だ ぼうだい	な형 방대하다	☐ すっきり'13	부 후련히
☐ 惨めだ みじ	な형 비참하다	☐ たっぷり'15	부 듬뿍
☐ 有望だ ゆうぼう	な형 유망하다	☐ 着々と'12'18 ちゃくちゃく	부 착착
☐ 冷静だ'12 れいせい	な형 냉정하다	☐ にっこり'18	부 방긋
☐ わがままだ	な형 제멋대로다	☐ のびのび	부 쭉쭉
		☐ のんびり'10'16	부 느긋하게, 태평하게

[문맥규정에 자주 출제되는 부사]

☐ あいにく'13	부 공교롭게도	☐ はっきり	부 확실히
☐ 予め'14 あらかじ	부 미리	☐ ぴかぴか	부 반짝반짝
☐ 一気に'14 いっ き	부 단숨에	☐ ひそひそ'17	부 소곤소곤
☐ うっかり	부 깜빡	☐ びっしょり'15	부 흠뻑
		☐ ぶらぶら'11	부 어슬렁어슬렁

☐	ふんわり	부 폭신폭신
☐	ほかほか	부 따끈따끈
☐	ぼんやり'11	부 멍하니
☐	ますます	부 점점
☐	めっきり	부 부쩍
☐	割^{わり}と'11	부 비교적

유의 표현

[유의 표현에 자주 출제되는 명사]

	あいさつ	명 인사
☐	会釈^{えしゃく}	명 가벼운 인사
☐	誤^{あやま}り'17	명 잘못, 실수
	間違^{まちが}っているところ'17	잘못된 부분
☐	言^いいつけ	명 지시, 명령
	命令^{めいれい}	명 명령
☐	息抜^{いきぬ}き'16	명 한숨 돌림
	休^{やす}み'16	명 휴식
☐	以前^{いぜん}'15	명 이전
	かつて'15	부 일찍이, 예전에
☐	改装^{かいそう}	명 개장
	リニューアル	명 리뉴얼
☐	借^かり'10	명 빌림
	レンタル'10	명 렌털, 임대
☐	記憶^{きおく}'17	명 기억
	覚^{おぼ}え'17	명 기억

☐	訓練^{くんれん}	명 훈련
	トレーニング	명 트레이닝
☐	見解^{けんかい}'10	명 견해
	考^{かんが}え方^{かた}'10	명 사고방식
☐	効果^{こうか}	명 효과
	インパクト	명 임팩트
☐	差^さし支^{つか}え	명 지장, 지장 있는 일
	問題^{もんだい}	명 문제
☐	雑談^{ざつだん}'10	명 잡담
	おしゃべり'10	명 수다
☐	仕^し上^あげ'12	명 마무리, 완성
	完成^{かんせい}'12	명 완성
☐	仕組^{しく}み	명 짜임새, 구조
	構造^{こうぞう}	명 구조
☐	試験^{しけん}	명 시험
	テスト	명 테스트
☐	システム	명 시스템
	制度^{せいと}	명 제도
☐	焦点^{しょうてん}	명 초점
	フォーカス	명 포커스
☐	所有^{しょゆう}'15	명 소유
	持^もち'15	명 가짐
☐	資料^{しりょう}	명 자료
	データ	명 데이터

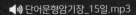
☑ 잘 외워지지 않는 단어는 박스에 체크하여 복습하세요.

☐	そろ 揃い'13	명 갖추어짐, 모임	
	あつ 集まり'13	명 모임	
☐	テーマ	명 테마	
	しゅだい 主題	명 주제	
☐	テクニック'18	명 테크닉, 기술	
	ぎじゅつ 技術'18	명 기술	
☐	テンポ'15	명 템포	
	はや 速さ'15	명 속도, 빠르기	
☐	どくしん 独身	명 독신	
	シングル	명 싱글	
☐	にっちゅう 日中'12	명 주간, 낮	
	ひるま 昼間'12	명 주간, 낮	
☐	ブーム'11	명 붐, 유행	
	りゅうこう 流行'11	명 유행	
☐	ふへい 不平'17	명 불평	
	もんく 文句'17	명 불평, 불만	
☐	プラン'13	명 플랜, 계획	
	けいかく 計画'13	명 계획	
☐	まぎわ 間際'14	명 직전	
	ちょくぜん 直前'14	명 직전	
☐	ユニフォーム	명 유니폼	
	せいふく 制服	명 제복	
☐	リサイクル	명 리사이클, 재활용	
	さいりよう 再利用	명 재이용	

☐	レギュラー	명 레귤러, 정규	
	いちぐん 一軍	명 1군	
☐	レベルアップ	명 레벨업	
	じょうたつ 上達	명 숙달	

[유의 표현에 자주 출제되는 동사]

☐	あなどる	동 얕보다, 깔보다	
	けいし 軽視する	동 경시하다	
☐	あわ 慌てる'18	동 허둥지둥하다	
	じたばたする'18	동 허둥지둥하다	
☐	い 生かす	동 살리다, 활용하다	
	かつよう 活用する	동 활용하다	
☐	うつむく'11'18	동 고개를 숙이다	
	した む 下を向く'11'18	아래를 향하다	
☐	うやま 敬う	동 공경하다	
	たいせつ 大切にあつかう	소중히 대하다	
☐	えんりょ 遠慮する	동 삼가다, 지양하다	
	やめる	동 그만하다, 관두다	
☐	おぎな 補う	동 보충하다, 보상하다	
	カバーする	동 커버하다	
☐	おさ 抑える	동 억누르다	
	がまん 我慢する	동 참다	
☐	お こ 落ち込む'19	동 침울해지다, 떨어지다	
	がっかりする'19	동 낙담하다, 실망하다	

□	回復する'11	동 회복하다
	よくなる'11	좋아지다
□	くみ取る	동 헤아리다
	理解する	동 이해하다
□	くるむ	동 감싸다
	つつむ	동 감싸다
□	削る	동 줄이다, 삭감하다
	減らす	동 줄이다
□	異なる'14	동 다르다
	違う'14	동 다르다
□	怖がる'17	동 무서워하다
	臆病になる'17	겁이 많게 되다
□	定める'19	동 정하다, 결정하다
	決める'19	동 결정하다
□	収納する'15	동 수납하다
	仕舞う'15	동 정리하다, 치우다
□	済ます'13	동 끝내다, 마치다
	終える'13	동 끝내다
□	揃える'14	동 (사이즈를) 맞추다
	同じにする'14	같게 하다
□	縮む'11	동 줄어들다, 작아지다
	小さくなる'11	작아지다
□	追加する'12	동 추가하다
	足す'12	동 더하다

□	同情する'19	동 동정하다
	かわいそうだと思う'19	불쌍하다고 생각하다
□	張り切る	동 힘을 내다
	やる気を出す	의욕을 내다
□	引き返す'19	동 되돌아가다
	戻る'19	동 되돌아가다
□	ひどく疲れる'11	동 몹시 지치다
	くたくただ'11	な형 녹초가 되다
□	ぶつかる'16	동 부딪히다
	衝突する'16	동 충돌하다
□	ぶつける'18	동 맞추다, 던져 맞추다
	当てる'18	동 맞추다
□	見下ろす	동 굽어보다
	見渡す	동 둘러보다
□	むかつく'17	동 화가 치밀다, 울컥하다
	怒る'17	동 화나다
□	譲る'17	동 물려주다, 양보하다
	あげる'17	동 주다
□	許す	동 용서하다, 허락하다
	勘弁する	동 용서하다
□	用心する'14'18	동 조심하다
□	注意する'14	동 주의하다
	気をつける'18	조심하다, 정신 차리다
□	笑う	동 웃다
	微笑む	동 미소짓다

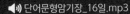

🔊 단어문형암기장_16일.mp3

☑️ 잘 외워지지 않는 단어는 박스에 체크하여 복습하세요.

[유의 표현에 자주 출제되는 い·な형용사]

☐	浅い <small>あさ</small>	い형 얕다, 정도가 낮다
	不十分だ <small>ふ じゅうぶん</small>	な형 불충분하다
☐	厚かましい <small>あつ</small>	い형 염치없다
	ずうずうしい	い형 뻔뻔스럽다
☐	思いがけない'13 <small>おも</small>	い형 의외다, 뜻밖이다
	意外だ'13 <small>い がい</small>	な형 의외다
☐	利口だ'18 <small>り こう</small>	な형 영리하다, 똑똑하다
	賢い'10 <small>かしこ</small>	い형 똑똑하다, 현명하다
	優秀だ'11 <small>ゆうしゅう</small>	な형 우수하다
	頭がいい'10'11'18 <small>あたま</small>	머리가 좋다
☐	くどい'18	い형 끈덕지다
	しつこい'18	い형 끈질기다, 집요하다
☐	細かい <small>こま</small>	い형 자세하다, 세심하다
	いちいち	부 하나하나, 일일이
☐	騒々しい'14 <small>そうぞう</small>	い형 시끄럽다
	うるさい'14	い형 시끄럽다, 떠들썩하다
☐	そそっかしい	い형 경솔하다
	注意が足りない <small>ちゅう い　た</small>	주의가 부족하다
☐	正しくない'12 <small>ただ</small>	い형 옳지 않은
	過ちの'12 <small>あやま</small>	잘못된
☐	乏しい <small>とぼ</small>	い형 부족하다
	不足している <small>ふ そく</small>	부족하다
☐	相応しい <small>ふさわ</small>	い형 어울리다
	適切だ <small>てきせつ</small>	な형 적절하다

☐	やかましい	い형 떠들썩하다
	うるさい	い형 시끄럽다
☐	あいまいだ'13	な형 애매하다
	はっきりしない'13	분명하지 않다
☐	明らかだ'14 <small>あき</small>	な형 명백하다, 확실하다
	明確だ <small>めいかく</small>	な형 명확하다
	はっきりした'14	확실한
☐	大げさだ'10 <small>おお</small>	な형 과장되다
	オーバーだ'10	な형 오버다, 과장되다
☐	かわいそうだ'18	な형 불쌍하다
	哀れだ'18 <small>あわ</small>	な형 불쌍하다, 가엾다
☐	静かだ <small>しず</small>	な형 조용하다
	ひっそりする	쥐 죽은 듯 하다
☐	大変だ'19 <small>たいへん</small>	な형 힘들다
	きつい	い형 고되다
	ハードだ'19	な형 고되다
☐	妥当だ <small>だ とう</small>	な형 타당하다
	状況に合う <small>じょうきょう　あ</small>	상황에 맞다
☐	でたらめだ	な형 엉터리다
	本当ではない <small>ほんとう</small>	사실이 아니다
☐	独特だ <small>どくとく</small>	な형 독특하다
	ユニークだ	な형 유니크 하다
☐	にこやかだ	な형 생글거리다, 상냥하다
	笑顔だ <small>え がお</small>	な형 웃는 얼굴이다

□	卑怯だ'16	な형	비겁하다
	ずるい'16	い형	치사하다, 교활하다
□	ぶかぶかだ'10	な형	헐렁헐렁하다
	とても大きい'10		무척 크다
□	変だ'12'15	な형	이상하다
	奇妙だ'12	な형	기묘하다
	妙だ'15	な형	묘하다, 이상하다
□	稀だ'17	な형	드물다
	ほとんどない'17		거의 없다, 드물다
□	見事だ	な형	훌륭하다
	すばらしい	い형	훌륭하다
□	厄介だ	な형	성가시다
	面倒だ	な형	귀찮다
□	愉快だ'16	な형	유쾌하다
	面白い'16	い형	재미있다
□	わがままだ'10'17	な형	제멋대로다
	自分勝手だ'10	な형	제멋대로다
	勝手だ'17	な형	제멋대로다

[유의 표현에 자주 출제되는 부사]

□	相変わらず'13	부	변함없이
	依然として'13		여전히
	前と同じで		전과 같이
□	あいにく	부	공교롭게도
	残念ながら		유감스럽게도

□	あたかも	부	마치, 꼭
	まるで	부	마치, 꼭
□	いきなり'11	부	갑자기
	突然'11	부	돌연, 갑자기
□	一生懸命'13'19	부	열심히, 목숨 걸고
	必死に'13		필사적으로
	精一杯'19	부	힘껏
□	いっせいに	부	일제히
	どっと	부	한꺼번에
□	一層'19	부	한 층
	もっと'19	부	더욱
□	いつも'16	부	항상
	常に'16	부	늘, 항상
	しょっちゅう	부	언제나, 늘
	年中	부	연중
□	おそらく'15	부	아마도
	たぶん'15	부	아마도
□	きわめて	부	극히
	非常に		몹시
□	強いて	부	억지로
	無理やりに		무리하게
□	じかに'16	부	직접
	直接'16	부	직접
□	徐々に	부	서서히
	次第に		서서히, 차츰

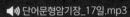

단어문형암기장_17일.mp3

☑ 잘 외워지지 않는 단어는 박스에 체크하여 복습하세요.

すぐに'14	부 곧, 바로	とっくに'17	부 훨씬 이전에
たちまち'14	부 금세	ずっと前に'17	훨씬 전에
少し'11'15	부 조금	とりあえず'10	부 우선, 일단
わずかに'11	약간	一応'10	부 일단, 우선
やや'15	부 약간	のろのろ	부 느릿느릿
せいぜい	부 가능한 한, 힘껏	ゆっくり	부 천천히
精一杯	부 힘껏, 최대한	はっきり	부 확실히
相当'12	부 상당히	きっぱり	부 딱 잘라
かなり'12	부 상당히, 꽤	自ら'13	부 스스로
続々と	부 속속	自分で'13	스스로
相次いで	부 잇따라	やたらに	부 함부로, 멋대로, 마구
大体'11'13	부 대체로, 대강	何も考えず	아무것도 생각하지 않고
ほぼ'11	부 거의, 대체로		
およそ'13	부 대략, 약		

すぐに'14 부 곧, 바로
たちまち'14 부 금세

少し'11'15 부 조금
□ **わずかに**'11 약간
やや'15 부 약간

□ **せいぜい** 부 가능한 한, 힘껏
精一杯 부 힘껏, 최대한

□ **相当**'12 부 상당히
かなり'12 부 상당히, 꽤

□ **続々と** 부 속속
相次いで 부 잇따라

大体'11'13 부 대체로, 대강
□ **ほぼ**'11 부 거의, 대체로
およそ'13 부 대략, 약

□ **直ちに**'12 부 곧장, 즉시
直ぐに'12 부 곧, 바로

□ **たびたび**'10'16 부 여러 번, 자주
何度も'10'16 몇 번이나

□ **たまたま**'14 부 때마침, 우연히, 가끔
偶然'14 부 우연히

□ **近々** 부 머지않아
もうすぐ 이제 곧

□ **当分**'18 부 당분간
しばらく'18 부 잠시

□ **とっくに**'17 부 훨씬 이전에
ずっと前に'17 훨씬 전에

□ **とりあえず**'10 부 우선, 일단
一応'10 부 일단, 우선

□ **のろのろ** 부 느릿느릿
ゆっくり 부 천천히

□ **はっきり** 부 확실히
きっぱり 부 딱 잘라

□ **自ら**'13 부 스스로
自分で'13 스스로

□ **やたらに** 부 함부로, 멋대로, 마구
何も考えず 아무것도 생각하지 않고

[유의 표현에 자주 출제되는 구]

□ **あまり話さない**'15 그다지 말하지 않는다
無口だ'15 な형 말이 없다

□ **お勘定は済ませました**'14 계산은 마쳤습니다
お金は払いました'14 돈을 지불했습니다

□ **かかりつけの**'19 (병원, 의사에 대해) 단골의, 단골인
いつも行く'19 항상 가는

□ **かさかさしている**'12 꺼칠꺼칠하다
乾燥している'12 건조하다

□ **過剰である**'17 과잉이다
多すぎる'17 너무 많다

☐	体が小さい'15	체격이 작다
	小柄だ'15	な형 몸집이 작다
☐	考えられる限りの	생각할 수 있는 한
	あらゆる	온갖, 모든
☐	関心が薄い	관심이 옅다
	関心が少ない	관심이 적다
☐	関心を持つ'16	관심을 갖다
	注目する'16	동 주목하다
☐	ささやくような'15	속삭이는 듯한
	小声で歌うような'15	작은 소리로 노래 부르는 듯한
☐	ざっと見る	대략 보다
	目を通す	훑어 보다
☐	じっとする'12	가만히 있다
	動かない'12	움직이지 않는다
☐	品揃えがよい	상품이 잘 구비되어 있다
	物の種類がたくさんある	물건의 종류가 많이 있다
☐	湿っている'12	젖어 있다
	まだ乾いていない'12	아직 마르지 않았다
☐	十分注意する'11	충분히 주의하다
	慎重だ'11	な형 신중하다
☐	優れている	우수하다
	他と比べていい	다른 것과 비교해 좋다
☐	すっかり変わる'18	완전히 바뀌다
	一転する'18	동 완전히 바뀌다

☐	全部買う'14	전부 사다
	買い占める'14	동 매점하다
☐	そわそわする	안절부절 못하다
	落ちつかない	진정이 되지 않는다
☐	ただの	그냥
	普通の	보통의
☐	ついている'16	(운이) 따르다
	運がよい'16	운이 좋다
☐	照らし合わせる	동 대조하다
	比較する	동 비교하다
☐	不安になる'19	불안해지다
	動揺する'19	동 동요하다
☐	物騒になる'19	위험해지다, 뒤숭숭해지다
	安全ではない'19	안전하지 않다
☐	プラスになる	플러스가 되다
	役に立つ	도움이 되다
☐	ボリュームがある	볼륨이 있다
	量が多い	양이 많다
☐	役目を果たす	직무를 다하다
	仕事を終える	일을 끝내다
☐	安くゆずる'10	싸게 넘기다
	安く売る'10	싸게 팔다
☐	山のふもと'13	산기슭
	山の下の方'13	산의 아래쪽

🔊 단어문형암기장_18일.mp3

☑️ 잘 외워지지 않는 단어는 박스에 체크하여 복습하세요.

☐	やむを得<small>え</small>ない '16	부득이하다
	仕方<small>しかた</small>ない '16	하는 수 없다
☐	夢<small>ゆめ</small>が膨<small>ふく</small>らむ	꿈이 부풀다
	夢<small>ゆめ</small>が大<small>おお</small>きくなる	꿈이 커지다
☐	予想<small>よそう</small>していない	예상하지 않았던
	思<small>おも</small>いがけない	생각지 못한

용법

[용법에 자주 출제되는 명사 ①]

☐	合図<small>あいず</small> '14	명 (눈짓, 몸짓, 소리) 신호
☐	言<small>い</small>い訳<small>わけ</small> '14	명 변명
☐	維持<small>いじ</small>	명 유지
☐	違反<small>いはん</small> '11'19	명 위반
☐	引退<small>いんたい</small> '16	명 은퇴
☐	延長<small>えんちょう</small> '16	명 연장
☐	温暖<small>おんだん</small> '15	명 온난
☐	会見<small>かいけん</small> '14	명 회견
☐	外見<small>がいけん</small> '10	명 (사람의) 겉모습
☐	回収<small>かいしゅう</small>	명 회수
☐	機嫌<small>きげん</small>	명 기분, 비위
☐	きっかけ '10'16	명 계기
☐	愚痴<small>ぐち</small> '12	명 푸념
☐	掲示<small>けいじ</small> '13	명 게시
☐	傑作<small>けっさく</small>	명 걸작
☐	限定<small>げんてい</small> '17	명 한정

☐	交代<small>こうたい</small> '12	명 교대
☐	合同<small>ごうどう</small> '12	명 합동
☐	混乱<small>こんらん</small> '15	명 혼란
☐	催促<small>さいそく</small> '13	명 재촉
☐	採用<small>さいよう</small>	명 채용
☐	作成<small>さくせい</small> '15	명 작성
☐	視察<small>しさつ</small>	명 시찰
☐	支持<small>しじ</small> '14	명 지지
☐	失望<small>しつぼう</small>	명 실망
☐	充満<small>じゅうまん</small> '19	명 충만
☐	取材<small>しゅざい</small> '10	명 취재
☐	初歩<small>しょほ</small> '19	명 초보
☐	真相<small>しんそう</small>	명 진상
☐	世間<small>せけん</small> '11	명 세상, 세간
☐	節約<small>せつやく</small> '17	명 절약
☐	先端<small>せんたん</small>	명 첨단, 선단
☐	宣伝<small>せんでん</small>	명 선전
☐	専念<small>せんねん</small> '13	명 전념
☐	続出<small>ぞくしゅつ</small> '10'18	명 속출

[용법에 자주 출제되는 명사 ②]

☐	素材<small>そざい</small> '19	명 소재
☐	立場<small>たちば</small>	명 입장
☐	中断<small>ちゅうだん</small> '15	명 중단
☐	注目<small>ちゅうもく</small> '10'16	명 주목

□ 頂上 '17 ちょうじょう	명 정상	□ 門限 もんげん	명 통금시간
□ テキスト	명 교과서, 텍스트	□ 行方 '15 ゆくえ	명 행방
□ 手間 てま	명 노력, 수고	□ 油断 '15'19 ゆだん	명 방심, 부주의
□ 土台 どだい	명 토대, 기초	□ 用途 '15 ようと	명 용도
□ 日課 '18 にっか	명 일과	□ 利益 '11 りえき	명 이익
□ 熱中 ねっちゅう	명 열중	□ 論争 '17 ろんそう	명 논쟁
□ 廃止 '12'19 はいし	명 폐지		
□ 発達 '16 はったつ	명 발달	**[용법에 자주 출제되는 동사]**	
□ 発明 はつめい	명 발명	□ 飽きる あ	동 싫증나다
□ 範囲 '11 はんい	명 범위	□ 甘やかす '15 あま	동 응석을 받아주다
□ 反省 '16 はんせい	명 반성	□ 抱く いだ	동 품다, 안다
□ 被害 ひがい	명 피해	□ 受け入れる '11 う い	동 받아들이다
□ 表示 ひょうじ	명 표시	□ 覆う '17 おお	동 가리다, 덮다
□ 普及 '10'16 ふきゅう	명 보급	□ 納める '16 おさ	동 납부하다
□ 分解 ぶんかい	명 분해	□ 惜しむ お	동 아끼다
□ 分野 '13 ぶんや	명 분야, 활동 범위	□ 思いつく '15 おも	동 생각이 떠오르다
□ 返信 へんしん	명 답장, 회신	□ 叶う '11 かな	동 이루어지다
□ 放映 ほうえい	명 방영	□ 築く きず	동 구축하다, 쌓다
□ 方針 '11 ほうしん	명 방침	□ 崩す くず	동 무너뜨리다, 흩뜨리다
□ 補足 '13 ほそく	명 보충	□ 凍える こご	동 얼다
□ 保存 '18 ほぞん	명 보존	□ 逆らう '14 さか	동 거역하다
□ 味方 みかた	명 자기 편, 아군	□ さびる '16	동 녹슬다
□ 矛盾 '12 むじゅん	명 모순	□ しみる '19	동 스며들다
□ 目上 '16 めうえ	명 (나이, 지위가) 위임	□ 生じる '16 しょう	동 생기다, 발생하다
□ 最寄 '18 もより	명 가장 가까움	□ 属する '11 ぞく	동 (단체에) 속하다

☑ 잘 외워지지 않는 단어는 박스에 체크하여 복습하세요.

☐ 畳む^{'14}	동	(이불, 옷 등을) 개다
☐ たまる	동	쌓이다
☐ 保つ^{'10}	동	유지하다
☐ 散らかす^{'12'17}	동	어지르다
☐ 尽きる^{'19}	동	끝나다, 다하다
☐ 詰まる^{'11}	동	막히다
☐ 積もる	동	쌓이다
☐ 問い合わせる^{'12}	동	문의하다
☐ どける	동	치우다, 물리치다
☐ 外す^{'10}	동	벗다, 벗기다, 떼다
☐ 果たす^{'13}	동	완수하다
☐ 塞ぐ^{'12}	동	막다, 메우다
☐ 振り向く^{'15}	동	돌아보다
☐ 隔てる^{'13}	동	사이를 떼다, 멀리하다
☐ 混じる^{'19}	동	섞이다
☐ めくる^{'19}	동	(책장을) 넘기다
☐ 呼び止める^{'13}	동	불러 세우다
☐ 略す^{'12'17}	동	생략하다, 줄이다

[용법에 자주 출제되는 い·な형용사]

☐ あわただしい^{'13}	い형	분주하다, 어수선하다
☐ 輝かしい^{'15}	い형	빛나다, 훌륭하다
☐ くどい^{'18}	い형	장황하다, 끈질기다
☐ 心強い^{'12}	い형	마음 든든하다, 믿음직스럽다
☐ 快い^{'13'16}	い형	상쾌하다, 기분 좋다

☐ 騒がしい^{'19}	い형	시끄럽다, 떠들썩하다
☐ たくましい^{'15}	い형	씩씩하다, 늠름하다
☐ だらしない^{'19}	い형	칠칠치 못하다, 깔끔하지 못하다
☐ 鈍い^{'18}	い형	둔하다, 무디다
☐ のろい	い형	느리다, 둔하다
☐ 等しい^{'19}	い형	같다, 동일하다
☐ 相応しい^{'10'19}	い형	어울리다
☐ 物足りない^{'13}	い형	부족하다, 어딘지 아쉽다
☐ 円満だ	な형	원만하다
☐ 大幅だ^{'14}	な형	대폭이다
☐ 大まかだ	な형	대략적이다, 대충이다
☐ 穏やかだ^{'17}	な형	온화하다, 평온하다
☐ かすかだ^{'13}	な형	희미하다, 어렴풋하다
☐ 頑丈だ^{'14}	な형	튼튼하다
☐ 機敏だ	な형	기민하다
☐ 質素だ^{'11}	な형	검소하다
☐ 柔軟だ^{'15'17}	な형	유연하다
☐ 順調だ^{'15'16}	な형	순조롭다
☐ 深刻だ^{'10}	な형	심각하다
☐ 率直だ^{'11}	な형	솔직하다
☐ 多彩だ^{'18}	な형	다채롭다
☐ 妥当だ^{'14}	な형	타당하다
☐ 手ごろだ	な형	적당하다, 알맞다
☐ 鈍感だ	な형	둔감하다
☐ 濃厚だ	な형	농후하다

☐	惨めだ _{みじ}	な형 비참하다, 참혹하다	☐	せめて'11	부 적어도, 하다못해
☐	無駄だ _{む だ}	な형 쓸데없다, 헛되다	☐	即座に'13 '19 _{そく ざ}	부 즉시, 그 자리에서
☐	幼稚だ'14 _{よう ち}	な형 유치하다	☐	たびたび'10 '16	부 자주, 여러 번
☐	冷静だ'12 _{れいせい}	な형 냉정하다	☐	当然 _{とうぜん}	부 당연히

[용법에 자주 출제되는 부사]

☐	あたかも	부 마치, 꼭	☐	とうとう	부 마침내, 결국
☐	案外 _{あんがい}	부 의외로	☐	特に _{とく}	부 특히
☐	生き生き'13 _{い い}	부 생생한	☐	とっくに'11 '17	부 훨씬 전에
☐	いっせいに'17	부 일제히	☐	何回も _{なんかい}	부 몇 번이나
☐	一旦'15 _{いったん}	부 일단	☐	はきはき	부 시원시원
☐	いらいら'12	부 초조	☐	ぺらぺら	부 술술
☐	いろいろ	부 여러 가지	☐	ぼろぼろ	부 너덜너덜, 주르륵
☐	うろうろ	부 어슬렁어슬렁, 허둥지둥	☐	やっと	부 겨우, 간신히, 가까스로
☐	大いに _{おお}	부 크게	☐	ようやく	부 겨우
☐	がっかり'19	부 실망	☐	よほど	부 상당히, 꽤
☐	ぎっしり	부 가득, 잔뜩	☐	わざと	부 일부러
☐	きっぱり'18	부 딱 잘리, 단호히	☐	わりに	부 비교적
☐	決して _{けっ}	부 결코			
☐	再三 _{さいさん}	부 두세 번, 재삼			
☐	さっさと'12	부 빨리빨리			
☐	すべて	부 모두, 전부			
☐	ずらっと	부 죽, 주르륵			
☐	精一杯'19 _{せいいっぱい}	부 힘껏, 최대한, 고작			
☐	せっかく	부 모처럼			

☑️ 잘 외워지지 않는 단어는 박스에 체크하여 복습하세요.

내용이해(단문)

[공부·업무]

☐ 打ち込む _{うこ}	동	몰두하다
☐ 学習 _{がくしゅう}	명	학습
☐ 学問 _{がくもん}	명	학문
☐ 教育 _{きょういく}	명	교육
☐ コミュニケーション	명	커뮤니케이션, 의사소통
☐ 参考書 _{さんこうしょ}	명	참고서
☐ 社会人 _{しゃかいじん}	명	사회인
☐ 専門性 _{せんもんせい}	명	전문성
☐ 相談 _{そうだん}	명	상담
☐ 通学 _{つうがく}	명	통학
☐ 部下 _{ぶか}	명	부하
☐ 報告 _{ほうこく}	명	보고
☐ ミス	명	실수, 미스
☐ 理解 _{りかい}	명	이해
☐ 連絡 _{れんらく}	명	연락

☐ 通い始める _{かよ はじ}	동	다니기 시작하다
☐ 観覧 _{かんらん}	명	관람
☐ 携帯電話 _{けいたいでんわ}	명	휴대전화
☐ ごほうび	명	보상, 상
☐ しつけ	명	예의범절 교육
☐ 宿泊 _{しゅくはく}	명	숙박
☐ 少子化 _{しょうしか}	명	저출산, 소자화
☐ 成犬 _{せいけん}	명	성견
☐ 銭湯 _{せんとう}	명	목욕탕
☐ 育つ _{そだ}	동	자라다, 성장하다
☐ 中高年 _{ちゅうこうねん}	명	중년과 노년
☐ 日常 _{にちじょう}	명	일상
☐ 年配の人 _{ねんぱい ひと}	명	나이든 사람
☐ マッサージ	명	마사지
☐ 水着 _{みずぎ}	명	수영복
☐ 遊園地 _{ゆうえんち}	명	유원지
☐ 優先席 _{ゆうせんせき}	명	노약자석, 우선석

[가정·여가]

☐ 演奏 _{えんそう}	명	연주
☐ 応援 _{おうえん}	명	응원
☐ 音楽教室 _{おんがくきょうしつ}	명	음악교실
☐ 温泉 _{おんせん}	명	온천
☐ 会社帰り _{かいしゃがえ}	명	회사 퇴근길
☐ 楽器 _{がっき}	명	악기

[공지·안내]

☐ 有無 _{うむ}	명	유무
☐ お知らせ _し	명	알림
☐ 限り _{かぎ}	명	끝, 기한
☐ 共用 _{きょうよう}	명	공용
☐ 決定 _{けってい}	명	결정
☐ 参加 _{さんか}	명	참가

☐ しっこう 失効	명 실효	☐ ね さ しょうひん 値下げ商品	명 가격 인하 상품
☐ じっし 実施	명 실시	☐ ね だん 値段	명 가격
☐ せっち 設置	명 설치	☐ はんばいてん 販売店	명 판매점
☐ ぜんいん 全員	명 전원	☐ む りょう 無料	명 무료
☐ てっきょ 撤去	명 철거	☐ もと 求める	동 구입하다, 구하다
☐ とくてん 特典	명 특전		
☐ にゅうじょう 入場	명 입장		
☐ はつばい 発売	명 발매		
☐ ふ よ 付与	명 부여		
☐ ほんねん 本年	명 올해		
☐ ゆうたい 優待	명 우대		

내용이해(중문)

[건강·질병]

[제품·판매]

☐ オンラインショップ	명 온라인 상점	☐ いのち 命	명 목숨, 생명, 수명
☐ きんがく 金額	명 금액	☐ びょう うつ病	명 우울증, 우울병
☐ こうにゅう 購入	명 구입	☐ か ろう し 過労死	명 과로사
☐ コーヒーマシン	명 커피머신	☐ きょう ふ しょう 恐怖症	명 공포증
☐ さ あ 差し上げる	동 드리다	☐ きんにく 筋肉	명 근육
☐ ざっか 雑貨	명 잡화	☐ けっぺきしょう 潔癖症	명 결벽증
☐ しんしょうひん 新商品	명 신상품	☐ じょうたい 状態	명 상태
☐ スマートフォン	명 스마트폰	☐ しんしん 心身	명 심신
☐ せいひん 製品	명 제품	☐ すいみん じ かん 睡眠時間	명 수면시간
☐ せんこう よ やく 先行予約	명 선행 예약, 사전 예약	☐ ストレス	명 스트레스
☐ そう じ き 掃除機	명 청소기	☐ ストレッチ	명 스트레칭
☐ ていきょう 提供	명 제공	☐ はっしょう 発症	명 발병, 발증
		☐ びょうてき 病的だ	な형 병적이다
		☐ ふ けつ 不潔だ	な형 불결하다

[서적·시험]

☐ がいこく ご 外国語	명 외국어

🔊 단어문형암기장_21일.mp3

☑ 잘 외워지지 않는 단어는 박스에 체크하여 복습하세요.

☐ かいわ 会話	명	회화
☐ かんれん 関連	명	관련
☐ きんちょう 緊張	명	긴장
☐ けっか 結果	명	결과
☐ ごうかくしゃ 合格者	명	합격자
☐ こうきしん 好奇心	명	호기심
☐ しけん 試験	명	시험
☐ じゅんび 準備	명	준비
☐ じゅんびじかん 準備時間	명	준비시간
☐ じんるい 人類	명	인류
☐ すいじゅん 水準	명	수준
☐ ぜったいひょうか 絶対評価	명	절대평가
☐ ため 試す	동	시험해 보다
☐ ながつづき 長続き	동	길게 지속함
☐ なんいど 難易度	명	난이도
☐ ひょうか 評価	명	평가
☐ ほんや 本屋	명	서점
☐ まちが 間違う	동	틀리다

[날씨·여행]

☐ おおあめ 大雨	명	폭우
☐ がいしゅつ 外出	명	외출
☐ がいぶかつどう 外部活動	명	외부활동
☐ きおん 気温	명	기온
☐ きこく 帰国	명	귀국

☐ きょくちてき 局地的	명	국지적
☐ ゲリラ豪雨	명	게릴라 호우
☐ だいとし 大都市	명	대도시
☐ たいりく 大陸	명	대륙
☐ ちいき 地域	명	지역
☐ ちほうぶんか 地方文化	명	지방문화
☐ てんきよほう 天気予報	명	일기예보
☐ とち 土地	명	토지, 고장
☐ にほんれっとう 日本列島	명	일본 열도
☐ ぬ 濡れる	동	젖다
☐ はなび 花火	명	불꽃놀이
☐ ひと 人ごみ	명	북적임
☐ ふうけい 風景	명	풍경, 경치
☐ ふくそう 服装	명	복장
☐ ゆうだち 夕立	명	소나기

[소통·인생]

☐ うと 受け取る	동	받아들이다
☐ かんがかた 考え方	명	사고방식
☐ かんしん 感心	명	감동
☐ じぶんじしん 自分自身	명	자기 자신
☐ じまん 自慢する	동	자랑하다
☐ しゃかいせい 社会性	명	사회성
☐ だいがくじだい 大学時代	명	대학시절
☐ たず 尋ねる	동	묻다

☐ 誕生 (たんじょう)	명 탄생	☐ 動画 (どうが)	명 동영상
☐ 知恵 (ちえ)	명 지혜	☐ 発生 (はっせい)	명 발생
☐ 伝わり方 (つたわりかた)	명 전달되는 방법	☐ 費用 (ひよう)	명 비용
☐ 手伝う (てつだう)	동 돕다	☐ 役割 (やくわり)	명 역할
☐ 努力 (どりょく)	명 노력	☐ 有効性 (ゆうこうせい)	명 유효성
☐ 人間関係 (にんげんかんけい)	명 인간관계	☐ 予想 (よそう)	명 예상
☐ 否定 (ひてい)	명 부정	☐ 労働 (ろうどう)	명 노동
☐ 一言 (ひとこと)	명 한마디		
☐ 響き方 (ひびきかた)	명 전해지는 방법		
☐ ほめ言葉 (ことば)	명 칭찬하는 말		

통합이해

[과학·기술]

☐ 育成 (いくせい)	명 육성		
☐ インターネット	명 인터넷		
☐ 価値観 (かちかん)	명 가치관		
☐ クローン	명 클론, 복제		
☐ 現在 (げんざい)	명 현재		
☐ 現代社会 (げんだいしゃかい)	명 현대사회		
☐ 好転 (こうてん)	명 좋은 방향으로 바뀜, 호전		
☐ 産業 (さんぎょう)	명 산업		
☐ 収益 (しゅうえき)	명 수익		
☐ 初期 (しょき)	명 초기		
☐ 大量 (たいりょう)	명 대량		
☐ 長所 (ちょうしょ)	명 장점		

[가사·휴식]

☐ 安定 (あんてい)	명 안정
☐ 買物 (かいもの)	명 쇼핑, 장보기
☐ 片付ける (かたづける)	동 정리하다
☐ 考え事 (かんがえごと)	명 이런저런 생각
☐ 休憩 (きゅうけい)	명 휴게
☐ 食器 (しょっき)	명 식기
☐ 洗浄力 (せんじょうりょく)	명 세정력
☐ 出し入れ (だしいれ)	명 꺼내고 넣음
☐ タテ型洗濯機 (がたせんたくき)	명 세로형 세탁기
☐ ドラム式洗濯機 (しきせんたくき)	명 드럼식 세탁기
☐ 能率 (のうりつ)	명 능률
☐ ひと休み (やすみ)	명 잠깐 쉼
☐ 不要だ (ふよう)	な형 불필요하다
☐ プライベートだ	な형 개인적이다
☐ 干す (ほす)	동 말리다
☐ 満足感 (まんぞくかん)	명 만족감

☑️ 잘 외워지지 않는 단어는 박스에 체크하여 복습하세요.

☐ リフレッシュ	명	리프레시

주장이해(장문)

[대중문화]

☐ アニメ映画 <small>えい が</small>	명	애니메이션 영화
☐ エキストラ	명	엑스트라, 단역
☐ 踊り手 <small>おど て</small>	명	무용수
☐ キャラクター	명	캐릭터
☐ クラシックバレエ	명	클래식 발레
☐ 芸能人 <small>げいのうじん</small>	명	연예인, 예능인
☐ 好む <small>この</small>	동	선호하다, 좋아하다
☐ シナリオ	명	시나리오
☐ 出演 <small>しゅつえん</small>	명	출연
☐ 小説家 <small>しょうせつ か</small>	명	소설가
☐ 好き嫌い <small>す きら</small>	명	호불호, 좋아함과 싫어함
☐ 大ヒット <small>だい</small>	명	대히트
☐ ダンサー	명	댄서
☐ 登場人物 <small>とうじょうじんぶつ</small>	명	등장인물
☐ 場面 <small>ば めん</small>	명	장면
☐ ミュージカル	명	뮤지컬
☐ ランキング	명	랭킹
☐ ランクイン	명	랭크인

[감정·심리]

☐ 愛情 <small>あいじょう</small>	명	애정
☐ 笑顔 <small>え がお</small>	명	웃는 얼굴
☐ かわいがる	동	귀여워하다
☐ かわいそうだ	な형	불쌍하다
☐ 興味深い <small>きょうみ ぶか</small>	い형	흥미롭다
☐ 奇しくも <small>く</small>	부	신기하게도, 기이하게도
☐ 好意 <small>こう い</small>	명	호의
☐ 孤独 <small>こ どく</small>	명	고독
☐ 親切だ <small>しんせつ</small>	な형	친절하다
☐ 心配 <small>しんぱい</small>	명	걱정
☐ 善意 <small>ぜん い</small>	명	선의
☐ 尊敬 <small>そんけい</small>	명	존경
☐ 尊い <small>とうと</small>	い형	귀중하다, 소중하다
☐ 懐かしい <small>なつ</small>	い형	그립다
☐ 不快さ <small>ふ かい</small>	명	불쾌함
☐ 迷惑 <small>めいわく</small>	명	폐, 방해
☐ 余裕 <small>よ ゆう</small>	명	여유

정보검색

[시간표·요금표]

☐ 共通 <small>きょうつう</small>	명	공통
☐ 授業時間 <small>じゅぎょう じ かん</small>	명	수업 시간
☐ 授業料 <small>じゅぎょうりょう</small>	명	수업료
☐ 受講料 <small>じゅこうりょう</small>	명	수강료
☐ 使用 <small>し よう</small>	명	사용
☐ 体験 <small>たいけん</small>	명	체험

☐ 短期教室	명	단기교실
☐ 手続	명	수속
☐ 入会	명	입회
☐ 半額	명	반액
☐ 平日	명	평일
☐ 別途	명	별도
☐ 料金	명	요금
☐ 利用登録	명	이용 등록
☐ 両方	명	둘 다, 양쪽
☐ レッスン	명	레슨
☐ レベル	명	레벨

[이용 안내]

☐ 一回	명	1회, 한 번
☐ 回数	명	횟수
☐ 可能	명	가능
☐ 期間	명	기간
☐ 最大	명	최대
☐ 持参	명	지참
☐ 事前	명	사전
☐ 当日	명	당일
☐ 窓口	명	창구
☐ 身分証	명	신분증
☐ 名簿	명	명부
☐ 予約	명	예약

☐ 利用時間	명	이용 시간

[공고·모집]

☐ 案内状	명	안내장
☐ 応相談	명	상담 가능, 상담에 응함
☐ 開始日	명	개시일
☐ 給与	명	급여
☐ 勤務地	명	근무지
☐ 軽作業	명	가벼운 작업
☐ 時間交代制	명	시간교대제
☐ 時間固定制	명	시간고정제
☐ 式典	명	식전
☐ 時給	명	시급
☐ 主催	명	주최
☐ 条件	명	조건
☐ 深夜	명	심야
☐ 即日払い	명	당일 지급
☐ 短期	명	단기
☐ 中旬	명	중순
☐ 長期	명	장기
☐ 直通	명	직통
☐ 土日祝	명	토, 일, 축일(경축일)
☐ 徒歩	명	도보

☑️ 잘 외워지지 않는 단어는 박스에 체크하여 복습하세요.

과제 이해

[회사]

☐ アンケート	명	앙케트
☐ 営業部 (えいぎょうぶ)	명	영업부
☐ 大手メーカー (おおて)	명	대기업
☐ 企画書 (きかくしょ)	명	기획서
☐ クライアント	명	클라이언트, 고객
☐ 広告 (こうこく)	명	광고
☐ 顧客 (こきゃく)	명	고객
☐ 支店 (してん)	명	지점
☐ 就職説明会 (しゅうしょくせつめいかい)	명	취직설명회
☐ セミナー	명	세미나
☐ 担当 (たんとう)	명	담당
☐ 地方出張 (ちほうしゅっちょう)	명	지방 출장
☐ 手配 (てはい)	명	준비, 수배
☐ 部長 (ぶちょう)	명	부장님, 부장
☐ フリー	명	프리랜서, 자유로움
☐ 名刺 (めいし)	명	명함

[교육·대학]

☐ 印刷 (いんさつ)	명	인쇄
☐ 学生課 (がくせいか)	명	학생과
☐ 休校 (きゅうこう)	명	휴교
☐ クラブ	명	동아리, 클럽
☐ 研修 (けんしゅう)	명	연수

☐ 交流会 (こうりゅうかい)	명	교류회
☐ サークル	명	동아리, 서클
☐ 質問し合う (しつもん あ)	동	서로 질문하다
☐ 新入生歓迎会 (しんにゅうせいかんげいかい)	명	신입생 환영회
☐ スピーチ	명	스피치
☐ 中央図書館 (ちゅうおうとしょかん)	명	중앙도서관
☐ 提出 (ていしゅつ)	명	제출
☐ 文化交流 (ぶんかこうりゅう)	명	문화교류
☐ ボランティア	명	자원 봉사
☐ メンバー	명	멤버

[계산·접수]

☐ 一般席 (いっぱんせき)	명	일반석
☐ カード払い (ばら)	명	카드 지불
☐ クレジットカード	명	신용카드
☐ 現金 (げんきん)	명	현금
☐ 材料費 (ざいりょうひ)	명	재료비
☐ 支払い (しはら)	명	지불
☐ 締め切り日 (し き び)	명	마감일
☐ 診察 (しんさつ)	명	진찰
☐ セール中 (ちゅう)	명	세일중
☐ 対象外 (たいしょうがい)	명	대상외
☐ 対象品 (たいしょうひん)	명	대상품
☐ 得 (とく)	명	이득
☐ 特別席 (とくべつせき)	명	특별석

□ 入会金 <small>にゅうかいきん</small>	명 입회금, 가입비
□ 入場料 <small>にゅうじょうりょう</small>	명 입장료
□ 洋食 <small>ようしょく</small>	명 양식
□ 割引 <small>わりびき</small>	명 할인

포인트 이해

[배움·비즈니스]

□ 悪化 <small>あっか</small>	명 악화
□ 開発 <small>かいはつ</small>	명 개발
□ 課題 <small>かだい</small>	명 과제
□ キャリア	명 커리어
□ 研究発表 <small>けんきゅうはっぴょう</small>	명 연구발표
□ 講座 <small>こうざ</small>	명 강좌
□ コミュニティーセンター	명 커뮤니티 센터, 문화센터
□ 集中 <small>しゅうちゅう</small>	명 집중
□ 出張 <small>しゅっちょう</small>	명 출장
□ 商品説明 <small>しょうひんせつめい</small>	명 상품설명
□ 接待 <small>せったい</small>	명 접대
□ 段階 <small>だんかい</small>	명 단계
□ 転職 <small>てんしょく</small>	명 이직
□ 飲み会 <small>のみかい</small>	명 회식
□ プロジェクト	명 프로젝트
□ ミーティング	명 미팅, 회의

[상품·점포]

□ イベント	명 이벤트
□ 売り上げ <small>うあ</small>	명 매상
□ 開店 <small>かいてん</small>	명 개점
□ 買い求める <small>かもと</small>	동 구매하다
□ 配る <small>くば</small>	동 배부하다, 나누어주다
□ サービス	명 서비스
□ 最新型 <small>さいしんがた</small>	명 최신형
□ 周年 <small>しゅうねん</small>	명 주년
□ 種類 <small>しゅるい</small>	명 종류
□ スマホ	명 스마트폰
□ 全品 <small>ぜんぴん</small>	명 전 품목, 모든 상품
□ タッチペン	명 터치 펜
□ 電気店 <small>でんきてん</small>	명 전자제품 매장
□ パジャマ	명 파자마
□ ブランド物 <small>もの</small>	명 브랜드 상품
□ ペア	명 페어
□ 来店 <small>らいてん</small>	명 내점, 가게에 옴
□ ロビー	명 로비

[요리·집]

□ 甘み <small>あまみ</small>	명 단맛
□ アレルギー	명 알레르기
□ おかわり	명 한 그릇 더 먹음
□ 飼い始める <small>かはじ</small>	동 기르기 시작하다

◀)) 단어문형암기장_24일.mp3

☑ 잘 외워지지 않는 단어는 박스에 체크하여 복습하세요.

☐ 管理人 かんりにん	명 관리인	☐ ビニール傘 がさ	명 비닐 우산
☐ スイカ	명 수박	☐ 不安 ふあん	명 불안
☐ 朝食 ちょうしょく	명 아침 식사		
☐ 鍋 なべ	명 전골		
☐ 庭いじり にわ	명 정원 손질	**개요 이해**	
☐ ネギ	명 파	[가게·시설]	
☐ 早起き はやお	명 일찍 일어남	☐ お客様 きゃくさま	명 손님, 고객
☐ 引っ越し会社 ひ こ がいしゃ	명 이삿짐센터	☐ おしゃれだ	な형 화려하다, 멋쟁이다
☐ 一人暮らし ひとり ぐ	명 혼자 삶, 자취	☐ 管理 かんり	명 관리
☐ 深み ふか	명 깊이, 깊은 맛	☐ 車椅子 くるまいす	명 휠체어
☐ ベランダ	명 베란다	☐ 劇場 げきじょう	명 극장
☐ マンション	명 아파트, 맨션	☐ 資金 しきん	명 자금
☐ 桃 もも	명 복숭아	☐ 照明 しょうめい	명 조명
☐ レシピ	명 레시피	☐ シンプルだ	な형 심플하다
		☐ 整備 せいび	명 정비
		☐ 底 そこ	명 바닥
[재난·환경]		☐ 美容 びよう	명 미용
☐ 慌てる あわ	동 당황하다	☐ 町中 まちなか	명 시내, 거리, 번화가
☐ 環境 かんきょう	명 환경	☐ 流行 りゅうこう	명 유행
☐ 禁止 きんし	명 금지	☐ 和食の店 わしょく みせ	명 일식집
☐ 行動 こうどう	명 행동		
☐ ゴミ	명 쓰레기	[양육·음식]	
☐ 災害用バッグ さいがいよう	명 재해용 가방	☐ アサイー	명 아사이
☐ 地球 ちきゅう	명 지구	☐ 育児休暇 いく じ きゅう か	명 육아휴가
☐ ハザードマップ	명 긴급대피 경로 지도	☐ 好み この	명 취향, 좋아함, 기호
☐ 避難経路 ひなんけいろ	명 피난경로	☐ 三食 さんしょく	명 세끼, 삼식

□ 新鮮だ _{しんせん}	な형 신선하다	□ ラグビー	명 럭비
□ 生活習慣 _{せいかつしゅうかん}	명 생활습관	□ ワールドカップ	명 월드컵
□ たたむ	동 접다, 개다, 꺾다		
□ 抱っこ _だ	명 안음, 안김	**[자연]**	
□ タピオカ	명 타피오카	□ 影響 _{えいきょう}	명 영향
□ チーズドック	명 치즈 핫도그	□ 過疎化 _{か そ か}	명 과소화
□ 昼食 _{ちゅうしょく}	명 점심식사, 점심	□ 近年 _{きんねん}	명 근래, 근년
□ 定食 _{ていしょく}	명 정식	□ クマ	명 곰
□ 煮魚 _{に ざかな}	명 생선조림	□ 重要性 _{じゅうようせい}	명 중요성
□ ベビーカー	명 유모차	□ 農家 _{のうか}	명 농가
		□ 農業 _{のうぎょう}	명 농업
[취미·흥미]		□ プラスチック	명 플라스틱
□ イルカツアー	명 돌고래 투어	□ 減る _へ	동 줄다, 감소하다
□ 描く _か	동 그리다	□ 変化 _{へん か}	명 변화
□ 観客 _{かんきゃく}	명 관객	□ 実 _み	명 열매
□ 観光客 _{かんこうきゃく}	명 관광객	□ 野生 _{や せい}	명 야생
□ 作品 _{さくひん}	명 작품	□ 有害 _{ゆうがい}	명 유해
□ シーン	명 장면, 신		
□ 主役 _{しゅやく}	명 주연, 주역	**[직장·학교]**	
□ スタジアム	명 스타디움	□ オリエンテーション	명 오리엔테이션
□ 大会 _{たいかい}	명 대회	□ 会社員 _{かいしゃいん}	명 회사원
□ ダンス	명 댄스, 춤	□ 関係者 _{かんけいしゃ}	명 관계자
□ テレビドラマ	명 텔레비전 드라마	□ 企業 _{きぎょう}	명 기업
□ ブログ	명 블로그	□ 時間管理 _{じ かんかん り}	명 시간관리
□ 文章化 _{ぶんしょう か}	명 문장화	□ 社員 _{しゃいん}	명 사원

☑ 잘 외워지지 않는 단어는 박스에 체크하여 복습하세요.

☐ 社内 (しゃない)	명 사내	☐ めったに	부 거의, 좀처럼
☐ 就活 (しゅうかつ)	명 취직 활동	☐ わざわざ	부 일부러, 고의로
☐ 就職 (しゅうしょく)	명 취직		
☐ 出版社 (しゅっぱんしゃ)	명 출판사	**[수업·일]**	
☐ スケジュール	명 스케줄	☐ 打ち合わせ (うあわせ)	명 논의
☐ 全力 (ぜんりょく)	명 전력	☐ 確認 (かくにん)	명 확인
☐ 当社 (とうしゃ)	명 당사	☐ 超える (こえる)	동 넘다
☐ 取引先 (とりひきさき)	명 거래처	☐ 作業 (さぎょう)	명 작업
		☐ 時間内 (じかんない)	명 시간내

즉시 응답

[일상생활]

		☐ 事務室 (じむしつ)	명 사무실
		☐ 修正 (しゅうせい)	명 수정
☐ 以降 (いこう)	명 이후	☐ 遅刻 (ちこく)	명 지각
☐ いずれ	부 언젠가	☐ 当番 (とうばん)	명 당번
☐ 今さら (いまさら)	부 이제 와서	☐ 解く (とく)	동 풀다
☐ いらいらする	동 짜증내다, 초조해하다	☐ バイト	명 아르바이트
☐ 送る (おくる)	동 보내다	☐ 物理 (ぶつり)	명 물리
☐ 怒られる (おこられる)	동 혼나다, 야단맞다	☐ 報告書 (ほうこくしょ)	명 보고서
☐ 思わず (おもわず)	부 무의식 중에	☐ まとめる	동 정리하다, 모으다
☐ 先ほど (さきほど)	부 방금, 아까	☐ 満足 (まんぞく)	명 만족
☐ 自信作 (じしんさく)	명 자신작	☐ メール	명 메일
☐ たしかに	부 확실히	☐ 文字 (もじ)	명 글자
☐ 助かる (たすかる)	동 살다, 도움이 되다		
☐ 引っ張る (ひっぱる)	동 당기다		
☐ 雰囲気 (ふんいき)	명 분위기	**통합 이해**	
☐ 忘年会 (ぼうねんかい)	명 망년회	**[관광·쇼핑]**	
		☐ 移動 (いどう)	명 이동

☐ おすすめ	몡 추천	☐ 使い方_{つか かた}	몡 사용법
☐ おもちゃ屋_や	몡 장난감 가게	☐ 得意だ_{とく い}	나형 특기다
☐ 価格_{か かく}	몡 가격	☐ 速い_{はや}	이형 빠르다
☐ 観光_{かんこう}	몡 관광	☐ 秘訣_{ひ けつ}	몡 비결
☐ コスト	몡 비용	☐ 方法_{ほうほう}	몡 방법
☐ 質_{しつ}	몡 질	☐ 目標_{もくひょう}	몡 목표
☐ 市内_{し ない}	몡 시내	☐ 楽だ_{らく}	나형 편하다
☐ 新製品_{しんせいひん}	몡 신제품		
☐ 性能面_{せいのうめん}	몡 성능면	**[논의·의견]**	
☐ 手頃だ_{て ごろ}	나형 적당하다	☐ 解決_{かいけつ}	몡 해결
☐ 泊まる_と	동 묵다, 머무르다	☐ ギリギリだ	나형 아슬아슬하다
☐ 博物館_{はくぶつかん}	몡 박물관	☐ 組む_く	동 짜다
☐ 文化遺産_{ぶん か い さん}	몡 문화유산	☐ 効果_{こう か}	몡 효과
☐ 予算_{よ さん}	몡 예산	☐ 賛成_{さんせい}	몡 찬성
☐ 旅行会社_{りょこうがいしゃ}	몡 여행회사	☐ 絶対_{ぜったい}	부 꼭, 반드시, 절대
		☐ それなら	접 그렇다면
[설명·소개]		☐ ただ	부 단지, 그저
☐ 書き方_{か かた}	몡 쓰는 법	☐ 提案_{ていあん}	몡 제안
☐ 限る_{かぎ}	동 한정하다	☐ 発表_{はっぴょう}	몡 발표
☐ 可能性_{か のうせい}	몡 가능성	☐ 標準的だ_{ひょうじゅんてき}	나형 표준적이다
☐ 機能指導_{き のうし どう}	몡 기능지도	☐ 不自由だ_{ふ じ ゆう}	나형 부자유스럽다
☐ 希望_{き ぼう}	몡 희망	☐ 増やす_ふ	동 늘리다
☐ 基本的だ_{き ほんてき}	나형 기본적이다	☐ 方式_{ほうしき}	몡 방식
☐ 資料_{し りょう}	몡 자료	☐ 迷う_{まよ}	동 망설이다, 헤매다
☐ 楽しめる_{たの}	동 즐길 수 있다	☐ 問題点_{もんだいてん}	몡 문제점

🔊 단어문형암기장_26일.mp3

☑ 잘 외워지지 않는 문형은 박스에 체크하여 복습하세요.

명사 뒤에 접속하는 문형

☐ **〜からして**
~부터

この映画はタイトル**からして**面白そうなので公開が楽しみだ。
이 영화는 제목부터 재미있을 것 같아서 개봉이 기대된다.

☐ **〜からすると/**
〜からすれば
~으로 보아,
~의 입장에서 본다면

部長の性格**からすると**、許可してくれるはずがない。
부장님의 성격으로 보아, 허가해줄 리가 없다.

☐ **〜さえ…ば**
~만 …하면

あなた**さえ**よけれ**ば**日程を変更してもかまいません。
당신만 괜찮다면 일정을 변경해도 상관없어요.

☐ **〜次第で**
~에 따라

私の努力**次第で**、人生が決まると思ってるよ。
나의 노력에 따라, 인생이 결정된다고 생각해.

☐ **〜だって**
~라도, ~도

そんな難しいことは教授**だって**知らないだろう。
그런 어려운 것은 교수라도 모를 것이다.

☐ **〜だらけ**
~투성이

戦争から帰ってきた彼の体は傷**だらけ**だった。
전쟁에서 돌아온 그의 몸은 상처투성이였다.

☐ **〜でしかない**
~에 불과하다

彼女は有名な俳優だが、引退したら一人の人間**でしかない**。
그녀는 유명한 배우지만, 은퇴하면 한 명의 인간에 불과하다.

☐ **〜といえば**
~라고 하면

青森**といえば**、リンゴが思い浮かびます。
아오모리라고 하면, 사과가 떠오릅니다.

☐ **〜といった**
~와 같은

この大学はアメリカ、中国、ロシア**といった**外国の学校と交流している。
이 대학은 미국, 중국, 러시아와 같은 외국 학교와 교류하고 있다.

☐ **〜といっても**
~라고 해도

昔のゲーム**といっても**、今でも人気のゲームがたくさんある。
옛날 게임이라고 해도, 지금도 인기 있는 게임이 많이 있다.

□	**〜として/ 〜としては/ 〜としても** ~로서/~로서는/~라고 해도	<ruby>彼<rt>かれ</rt></ruby>はリーダー**として**<ruby>何<rt>なに</rt></ruby>か<ruby>物足<rt>ものた</rt></ruby>りないと<ruby>思<rt>おも</rt></ruby>います。 그는 리더로서 뭔가 부족하다고 생각합니다.
□	**〜とともに** ~와 함께	<ruby>時代<rt>じだい</rt></ruby>の<ruby>変化<rt>へんか</rt></ruby>**とともに**<ruby>言語<rt>げんご</rt></ruby>も<ruby>人々<rt>ひとびと</rt></ruby>の<ruby>考<rt>かんが</rt></ruby>え<ruby>方<rt>かた</rt></ruby>も<ruby>変<rt>か</rt></ruby>わってきた。 시대의 변화와 함께 언어도 사람들의 사고방식도 변해왔다.
□	**〜において** ~에 있어서	<ruby>生物学<rt>せいぶつがく</rt></ruby>**において**<ruby>彼女<rt>かのじょ</rt></ruby>より<ruby>詳<rt>くわ</rt></ruby>しい<ruby>人<rt>ひと</rt></ruby>はいません。 생물학에 있어서 그녀보다 정통한 사람은 없습니다.
□	**〜に<ruby>限<rt>かぎ</rt></ruby>って** ~에 한해서	いつも<ruby>忙<rt>いそが</rt></ruby>しい<ruby>時<rt>とき</rt></ruby>**に<ruby>限<rt>かぎ</rt></ruby>って**<ruby>電話<rt>でんわ</rt></ruby>がかかってくる。 항상 바쁠 때에 한해서 전화가 걸려온다.
□	**〜にかけては/ 〜にかけても** ~에 관해서는/~에 관해서도	<ruby>足<rt>あし</rt></ruby>の<ruby>速<rt>はや</rt></ruby>さ**にかけては**<ruby>誰<rt>だれ</rt></ruby>にも<ruby>負<rt>ま</rt></ruby>けない<ruby>自信<rt>じしん</rt></ruby>があります。 발 빠르기에 관해서는 누구에게도 지지 않을 자신이 있습니다.
□	**〜に<ruby>関<rt>かん</rt></ruby>して** ~에 관해서	<ruby>授業内容<rt>じゅぎょうないよう</rt></ruby>**に<ruby>関<rt>かん</rt></ruby>して**<ruby>質問<rt>しつもん</rt></ruby>がある<ruby>人<rt>ひと</rt></ruby>は<ruby>研究室<rt>けんきゅうしつ</rt></ruby>に<ruby>来<rt>き</rt></ruby>てください。 수업내용에 관해서 질문이 있는 사람은 연구실로 와 주세요.
□	**〜に<ruby>加<rt>くわ</rt></ruby>えて** ~에다, ~에 더하여	<ruby>連日<rt>れんじつ</rt></ruby>にわたる<ruby>大雨<rt>おおあめ</rt></ruby>**に<ruby>加<rt>くわ</rt></ruby>えて**<ruby>台風<rt>たいふう</rt></ruby>まで<ruby>近<rt>ちか</rt></ruby>づいてきた。 연일에 걸친 큰비에다 태풍까지 다가왔다.
□	**〜にこたえて** ~에 부응하여	<ruby>妹<rt>いもうと</rt></ruby>は<ruby>家族<rt>かぞく</rt></ruby>の<ruby>期待<rt>きたい</rt></ruby>**にこたえて**、<ruby>大企業<rt>だいきぎょう</rt></ruby>に<ruby>就職<rt>しゅうしょく</rt></ruby>した。 여동생은 가족의 기대에 부응하여, 대기업에 취직했다.
□	**〜にしたら** ~의 입장에서 보면	<ruby>彼<rt>かれ</rt></ruby>**にしたら**その<ruby>提案<rt>ていあん</rt></ruby>はかえって<ruby>迷惑<rt>めいわく</rt></ruby>だったかもしれません。 그의 입장에서 보면 그 제안은 오히려 민폐였을지도 모릅니다.

☐ **〜に備えて**
そな
〜에 대비하여

地震に備えて避難訓練を実施する必要がある。
じしん そな ひなんくんれん じっし ひつよう
지진에 대비하여 피난훈련을 실시할 필요가 있다.

☐ **〜にそって/〜にそい**
〜에 따라, ~을 따라

説明書に書いてある順番にそって設置してください。
せつめいしょ か じゅんばん せっち
설명서에 적혀있는 순서에 따라 설치해 주세요.

☐ **〜に対する**
たい
〜에 대한

物価上昇に対する国民の不満が高まっている。
ぶっかじょうしょう たい こくみん ふまん たか
물가 상승에 대한 국민의 불만이 높아지고 있다.

☐ **〜にとって**
〜에게 있어, ~에게는

政治家にとってこの機会は成功への近道である。
せいじか きかい せいこう ちかみち
정치인에게 있어 이 기회는 성공으로의 지름길이다.

☐ **〜に反して**
はん
~와 반대로, ~와 달리

専門家の予想に反して、今年の輸出はさらに減少した。
せんもんか よそう はん ことし ゆしゅつ げんしょう
전문가의 예상과 반대로, 올해 수출은 더욱 감소했다.

☐ **〜にほかならない**
~임에 틀림없다, 바로 ~때문이다

夫婦にとって最も大事なのは、信頼と尊敬にほかならない。
ふうふ もっと だいじ しんらい そんけい
부부에게 있어 가장 중요한 것은, 신뢰와 존경임에 틀림없다.

☐ **〜に基づいて**
もと
〜에 기반하여, ~를 토대로

交通カードの利用情報に基づいて、バス路線を調整した。
こうつう りようじょうほう もと ろせん ちょうせい
교통카드의 이용정보에 기반하여, 버스 노선을 조정했다.

☐ **〜によって**
~때문에(원인), ~에 의해(수동),
~로(수단), ~마다(경우)

最近気温の変化によって風邪を引く人が増えている。
さいきんきおん へんか かぜ ひ ひと ふ
최근 기온 변화 때문에 감기에 걸리는 사람이 늘고 있다.

☐ **〜にわたって**
〜에 걸쳐

花火大会が9月22日、23日の二日間にわたって開催される。
はなびたいかい がつ にち にち ふつかかん かいさい
불꽃축제가 9월 22일, 23일의 이틀간에 걸쳐 개최된다.

☐ **〜のことだから**
~니까, ~라면

いつも遅刻する彼女のことだから、きっと遅れてくるだろう。
ちこく かのじょ おく
항상 지각하는 그녀니까, 반드시 늦게 올 거야.

□	**～のもとで/ ～のもとに** ~하에, ~아래서	この動物は国の管理**のもとで**保護されています。 이 동물은 국가의 관리하에 보호받고 있습니다.
□	**～はさておき** ~은 제쳐두고	費用の問題**はさておき**、まずは場所を決めましょう。 비용 문제는 제쳐두고, 우선은 장소를 정합시다.
□	**～はともかく** ~는 어쨌든	その人の性格**はともかく**、この仕事に合うかが重要だ。 그 사람의 성격은 어쨌든, 이 일에 맞는지가 중요하다.
□	**～を通して** ~을 통해	二人はサークル活動**を通して**知り合ったそうです。 두 사람은 서클 활동을 통해 서로 알게 되었다고 합니다.
□	**～をとわず** ~을 불문하고	我が社は学歴**をとわず**、人柄と能力をもとに採用します。 우리 회사는 학력을 불문하고, 인품과 능력을 토대로 채용합니다.
□	**～を抜きにして(は)** ~을 빼고(는), ~을 제외하고(는)	この優勝は彼**を抜きにしては**語れません。 이 우승은 그를 빼고는 말할 수 없습니다.
□	**～を除いて(は)** ~을 빼고(는), ~을 제외하고(는)	クラスの学生は私**を除いて**みんな日本人だった。 학급의 학생은 나를 제외하고 모두 일본인이었다.
□	**～をはじめ** ~을 비롯하여	この本は、茶道**をはじめ**、色々な日本文化について書いてある。 이 책은, 다도를 비롯하여, 다양한 일본 문화에 관해서 적혀 있다.
□	**～をめぐって** ~을 둘러싸고	失敗の責任**をめぐって**、委員会が開かれた。 실패의 책임을 둘러싸고, 위원회가 열렸다.

N2 필수 문형 해커스 JLPT [N2] 한 권으로 합격

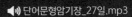

☑️ 잘 외워지지 않는 문형은 박스에 체크하여 복습하세요.

동사 뒤에 접속하는 문형

☐ **~たあげく**
~한 끝에

一週間も悩んだ**あげく**、しばらく引越さないことにした。
일주일이나 고민한 끝에, 당분간 이사하지 않기로 했다.

☐ **~た以上**
~한 이상

進学すると決め**た以上**、きちんと準備しなければならない。
진학하겠다고 결정한 이상, 제대로 준비해야 한다.

☐ **~たかと思うと/**
~たかと思ったら
~했나 했더니

落ち込んで泣いてい**たかと思ったら**、今度は笑い始めた。
풀이 죽어서 울고있나 했더니, 이번에는 웃기 시작했다.

☐ **~たすえに**
~한 끝에

色々考え**たすえに**私たちは離婚することにした。
여러 가지 생각한 끝에 우리는 이혼하기로 했다.

☐ **~たところ**
~했더니

配送が可能か問い合わせ**たところ**、できないと言われた。
배송이 가능한지 물어봤더니, 안 된다고 했다.

☐ **~たところだ**
막 ~한 참이다

さっき夕食を食べ**たところ**で、お腹がいっぱいです。
방금 막 저녁을 먹은 참이라, 배가 불러요.

☐ **~たとたん**
~한 순간

泥棒は警察を見**たとたん**、びっくりして逃げ出した。
도둑은 경찰을 본 순간, 깜짝 놀라 도망쳤다.

☐ **~ている**
~하고 있다(계속), ~해 있다(결과),
~하고 있다(반복), ~했다(경험),
~해 있다(완료), ~해 있다(상태)

政府は今、少子高齢化の対策を考え**ている**。
정부는 지금, 저출산 고령화 대책을 생각하고 있다.

☐ **~てから**
~하고 나서

集合時間を決め**てから**自由行動をしましょう。
집합 시간을 정하고 나서 자유행동을 합시다.

☐ **~てからでないと**
~한 후가 아니면, ~하지 않으면

身分を確認し**てからでないと**入場できません。
신분을 확인한 후가 아니면 입장할 수 없습니다.

	文型	例文
☐	**～てからにする** ~하고 나서 하다	<ruby>出発<rt>しゅっぱつ</rt></ruby>は<ruby>全員<rt>ぜんいん</rt></ruby><ruby>揃<rt>そろ</rt></ruby>っ**てからにします**ので、もうしばらく<ruby>待機<rt>たいき</rt></ruby>しましょう。 출발은 전원 모이고 나서 하겠으니, 잠시 대기합시다.
☐	**～てしまう** ~해 버리다, ~하고 말다	<ruby>彼<rt>かれ</rt></ruby>は<ruby>長時間<rt>ちょうじかん</rt></ruby>の<ruby>労働<rt>ろうどう</rt></ruby>による<ruby>過労<rt>かろう</rt></ruby>のせいか<ruby>急<rt>きゅう</rt></ruby>に<ruby>倒<rt>たお</rt></ruby>れ**てしまった**。 그는 장시간 노동에 의한 과로 탓인지 갑자기 쓰러져 버렸다.
☐	**～てほしい** ~했으면 한다, ~하면 좋겠다	これは<ruby>重要<rt>じゅうよう</rt></ruby><ruby>事項<rt>じこう</rt></ruby>なので<ruby>何回<rt>なんかい</rt></ruby>もチェックし**てほしい**です。 이건 중요사항이니까 몇 번이고 체크했으면 합니다.
☐	**～てみる** ~해 보다	たとえ<ruby>失敗<rt>しっぱい</rt></ruby>するとしても<ruby>一度<rt>いちど</rt></ruby><ruby>挑戦<rt>ちょうせん</rt></ruby>し**てみた**<ruby>方<rt>ほう</rt></ruby>がいい。 설령 실패한다고 해도 한번 도전해보는 편이 좋아.
☐	**～ても～なくても** ~해도 ~하지 않아도	<ruby>今更<rt>いまさら</rt></ruby><ruby>準備<rt>じゅんび</rt></ruby>し**てもしなくても**たぶん<ruby>結果<rt>けっか</rt></ruby>は<ruby>同<rt>おな</rt></ruby>じだと<ruby>思<rt>おも</rt></ruby>う。 이제 와서 준비해도 하지 않아도 아마 결과는 같다고 생각한다.
☐	**～てもいい** ~해도 괜찮다, ~해도 좋다, ~해도 된다	すみません、この<ruby>本<rt>ほん</rt></ruby>をちょっと<ruby>借<rt>か</rt></ruby>り**てもいい**でしょうか。 실례합니다, 이 책을 잠깐 빌려도 괜찮을까요?
☐	**～てはじめて** ~하고 나서야 비로소	<ruby>実家<rt>じっか</rt></ruby>を<ruby>離<rt>はな</rt></ruby>れ**てはじめて**<ruby>親<rt>おや</rt></ruby>のありがたさが<ruby>分<rt>わ</rt></ruby>かった。 집을 떠나고 나서야 비로소 부모님의 고마움을 알았다.
☐	**～あまり** ~한 나머지	<ruby>時間<rt>じかん</rt></ruby>がなくて<ruby>急<rt>いそ</rt></ruby>いだ**あまり**、<ruby>財布<rt>さいふ</rt></ruby>を<ruby>忘<rt>わす</rt></ruby>れてしまった。 시간이 없어서 서두른 나머지, 지갑을 잊고 말았다.
☐	**～一方だ** ~하기만 하다, ~할 뿐이다	アプリ<ruby>業界<rt>ぎょうかい</rt></ruby>の<ruby>技術<rt>ぎじゅつ</rt></ruby><ruby>競争<rt>きょうそう</rt></ruby>が<ruby>激<rt>はげ</rt></ruby>しくなる**一方だ**。 어플리케이션 업계의 기술 경쟁이 격해지기만 한다.
☐	**～上は** ~하는 이상에는, ~한 바에는	<ruby>会社<rt>かいしゃ</rt></ruby>を<ruby>立<rt>た</rt></ruby>ち<ruby>上<rt>あ</rt></ruby>げる**上は**、<ruby>相当<rt>そうとう</rt></ruby>な<ruby>準備<rt>じゅんび</rt></ruby>が<ruby>必要<rt>ひつよう</rt></ruby>だ。 회사를 세우는 이상에는, 상당한 준비가 필요하다.

☑ 잘 외워지지 않는 문형은 박스에 체크하여 복습하세요.

☐ **~ことはない/ ~こともない**
~할 필요는 없다

それほど<ruby>怖<rt>こわ</rt></ruby>い<ruby>人<rt>ひと</rt></ruby>ではないから<ruby>緊張<rt>きんちょう</rt></ruby>する**ことはない**よ。
그렇게 무서운 사람이 아니니까 긴장할 필요는 없어.

☐ **~ことなく**
~하지 않고

お<ruby>父<rt>とう</rt></ruby>さんは<ruby>家族<rt>かぞく</rt></ruby>のために、<ruby>週末<rt>しゅうまつ</rt></ruby>も<ruby>休<rt>やす</rt></ruby>む**ことなく**<ruby>働<rt>はたら</rt></ruby>いている。
아빠는 가족을 위해서, 주말도 쉬지 않고 일하고 있다.

☐ **~しかない/ ~しかあるまい**
~하는 수밖에 없다

<ruby>電車<rt>でんしゃ</rt></ruby>が<ruby>延着<rt>えんちゃく</rt></ruby>したので、<ruby>家<rt>いえ</rt></ruby>まで<ruby>歩<rt>ある</rt></ruby>いて<ruby>帰<rt>かえ</rt></ruby>る**しかない**。
전철이 연착되었기 때문에, 집까지 걸어서 돌아갈 수밖에 없다.

☐ **~よりほかない**
~할 수밖에 없다

<ruby>正<rt>ただ</rt></ruby>しくない<ruby>規則<rt>きそく</rt></ruby>でも<ruby>従<rt>したが</rt></ruby>う**よりほかない**です。
옳지 않은 규칙이라도 따를 수밖에 없습니다.

☐ **~までもない**
~할 것도 없다

<ruby>彼女<rt>かのじょ</rt></ruby>が<ruby>世界一<rt>せかいいち</rt></ruby>の<ruby>選手<rt>せんしゅ</rt></ruby>であることは<ruby>言<rt>い</rt></ruby>う**までもない**。
그녀가 세계 제일의 선수인 건 말할 것도 없다.

☐ **~まま(に)**
~하는 대로

<ruby>旅行中<rt>りょこうちゅう</rt></ruby>は<ruby>足<rt>あし</rt></ruby>の<ruby>向<rt>む</rt></ruby>く**まま**<ruby>気<rt>き</rt></ruby>の<ruby>向<rt>む</rt></ruby>く**まま**<ruby>歩<rt>ある</rt></ruby>き<ruby>回<rt>まわ</rt></ruby>った。
여행 동안은 발길 닿는 대로 마음 가는 대로 걸어 다녔다.

☐ **~わけにはいかない**
~할 수 없다

<ruby>決勝進出<rt>けっしょうしんしゅつ</rt></ruby>のため、この<ruby>試合<rt>しあい</rt></ruby>は<ruby>負<rt>ま</rt></ruby>ける**わけにはいかない**。
결승 진출을 위해, 이 시합은 질 수 없다.

☐ **~か~ないかのうちに**
~하자마자

<ruby>演劇<rt>えんげき</rt></ruby>が<ruby>終<rt>お</rt></ruby>わる**か**<ruby>終<rt>お</rt></ruby>わら**ないかのうちに**<ruby>立<rt>た</rt></ruby>ち<ruby>上<rt>あ</rt></ruby>がって<ruby>拍手<rt>はくしゅ</rt></ruby>をした。
연극이 끝나자마자 일어서서 박수를 쳤다.

☐ **~かのようだ**
~인 것 같다

<ruby>彼<rt>かれ</rt></ruby>は<ruby>靴<rt>くつ</rt></ruby>の<ruby>紐<rt>ひも</rt></ruby>を<ruby>結<rt>むす</rt></ruby>ぶ**かのように**その<ruby>場<rt>ば</rt></ruby>にしゃがみこんだ。
그는 신발 끈을 묶는 것 같이 그 자리에 웅크리고 앉았다.

☐ **~からには/ ~からは**
~하는 이상에는, ~한 바에는

<ruby>留学<rt>りゅうがく</rt></ruby>する**からには**、その<ruby>国<rt>くに</rt></ruby>の<ruby>文化<rt>ぶんか</rt></ruby>を<ruby>体験<rt>たいけん</rt></ruby>したほうがいい。
유학하는 이상은, 그 나라의 문화를 체험하는 편이 좋다.

〜ことがある
□ 1. ~하는 경우가 있다
2. ~한 적이 있다

たまに顔も洗わないで寝る**ことがあります**。
가끔 얼굴도 씻지 않고 자는 경우가 있습니다.

〜ことにする
□ ~하기로 하다

外国人の友達を作るため、交流会に参加する**ことにした**。
외국인 친구를 만들기 위해, 교류회에 참가하기로 했다.

〜とおりに
□ ~하는 대로

今は親の言う**とおりに**することにした。
지금은 부모님이 말하는 대로 하기로 했다.

〜べきだ
□ ~해야 한다

親に物を拾ったら持ち主に返す**べきだ**と言われた。
부모님은 물건을 주우면 주인에게 돌려줘야 한다고 했다.

〜ほうがよかった
□ ~하는 편이 좋았다

彼女にとっては今の仕事を続けるよりも転職する**ほうがよかった**。
그녀에게 있어서는 지금의 일을 계속하는 것보다도 이직하는 편이 좋았다.

〜ようにする
□ ~하도록 하다

課題を明日までには提出する**ようにして**ください。
과제를 내일까지는 제출하도록 해주세요.

〜得る/得る
□ ~할 수 있다

どんなに気を付けていたとしても事故は起こり**得る**。
아무리 조심하고 있었다고 해도 사고는 일어날 수 있다.

〜かけの
□ ~하다 만

食べ**かけの**パンを置いたまま出かけて、母に怒られた。
먹다 만 빵을 둔 채로 외출해서, 엄마에게 혼났다.

〜がたい
□ ~하기 어렵다

彼はいつも怒ったような顔をしていて、近寄り**がたい**。
그는 언제나 화난 것 같은 얼굴을 하고 있어서, 다가가기 어려워.

〜かねる
□ ~하기 어렵다

課長の意見ですが、私としては賛成し**かねます**。
과장님의 의견 말인데요, 저로서는 찬성하기 어렵습니다.

☑ 잘 외워지지 않는 문형은 박스에 체크하여 복습하세요.

☐ **〜かねない**
~할 수도 있다, ~할지도 모른다

彼女のあいまいな言い方は誤解を招きかねない。
그녀의 애매한 말투는 오해를 부를 수도 있다.

☐ **〜そうもない/〜そうにない**
~할 것 같지 않다

こんな給料では、20年働いても自分の家を買えそうもない。
이런 급료로는, 20년 일해도 내 집을 살 수 있을 것 같지 않다.

☐ **〜つつ**
~하면서

彼女はダイエットするといいつつ、運動は絶対しない。
그녀는 다이어트 하겠다고 말하면서, 운동은 절대 하지 않는다.

☐ **〜つつある**
~하는 중이다

手術が成功した後、おじいさんの病気は回復しつつある。
수술이 성공한 후, 할아버지의 병은 회복되는 중이다.

☐ **〜っこない**
~할 리 없다

一人で10人前を食べるなんて、できっこないよ。
혼자서 10인분을 먹는다니, 가능할 리 없어.

☐ **〜次第**
~대로

連絡が入り次第、すぐにお伝えします。
연락이 들어오는 대로, 바로 전달하겠습니다.

☐ **〜ようがない/〜ようもない**
~할 방도가 없다

いくら考えてみても顧客を納得させようがない。
아무리 생각해봐도 고객을 납득시킬 방도가 없다.

☐ **〜ざるを得ない**
~하지 않을 수 없다

論理的な彼の話を聞いて、私が間違っていたと認めざるを得なかった。
논리적인 그의 말을 듣고, 내가 틀렸다고 인정하지 않을 수 없었다.

☐ **〜ないかぎり**
~하지 않는 한

努力しないかぎり、志望大学には合格できない。
노력하지 않는 한, 지망 대학에는 합격할 수 없다.

☐ **〜ないかな**
~하지 않으려나, ~하지 않을까?

今年の誕生日にはお兄さんがカバンを買ってくれないかな。
올해 생일에는 형이 가방을 사주지 않으려나.

☐	**〜ないことには** ~하지 않고서는	自分で体験してみ**ないことには**何も身につかない。 스스로 체험해보지 않고서는 아무것도 몸에 익지 않는다.
☐	**〜ないではいられない/** **〜ずにはいられない** ~하지 않을 수 없다	すごく寒くて、暖房をつけ**ないではいられなかった**。 매우 추워서, 난방을 켜지 않을 수 없었다.
☐	**〜ないでもない** ~않는 것도 아니다	気持は理解でき**ないでもない**が、さっきは君が悪かったと思う。 마음은 이해할 수 없는 것도 아니지만, 아까는 네가 나빴다고 생각해.
☐	**〜ないように** ~하지 않도록	公共の場では人に迷惑をかけ**ないように**注意しなさい。 공공장소에서는 다른 사람에게 민폐를 끼치지 않도록 주의하세요.
☐	**〜ずに** ~하지 않고	医者は何も食べ**ずに**薬を飲んではいけないと言った。 의사는 아무것도 먹지 않고 약을 먹으면 안 된다고 했다.
☐	**〜も…ば** ~만…이면	この本の厚さなら1日**も**あれ**ば**余裕で読み終える。 이 책의 두께라면 하루만 있으면 여유롭게 다 읽는다.
☐	**〜(よ)うとする** (곧) ~하려고 하다	寝**ようとしたら**友達が遊びに来て全然眠れなかった。 자려고 했는데 친구가 놀러 와서 전혀 잘 수 없었다.
☐	**〜(よ)うものなら** ~했다가는	また失敗をし**ようものなら**、首になってしまうよ。 또 실수를 했다가는, 해고당해 버릴 거야.

N2 필수 문형　해커스 JLPT N2 한 권으로 합격

명사와 동사 모두에 접속하는 문형

☐ **～以来**
～이래로

1 事故**以来**、車に乗ることが怖くなってしまった。
사고 이래로, 차에 타는 것이 무서워져버렸다.

2 東京に来**て以来**、地元には一度も帰っていません。
도쿄에 온 이래로, 고향에는 한 번도 돌아가지 않고 있습니다.

☐ **～うえで**
1. ～로
2. ～하는 데 있어서
3. ～한 뒤에

1 夫婦は同じ姓を使用することが法律の**うえで**決められている。
부부는 같은 성을 사용하는 것이 법률로 정해져 있다.

2 学校生活を送る**うえで**友達と喧嘩しないことは重要である。
학교생활을 보내는 데 있어서 친구와 싸우지 않는 것은 중요하다.

3 安全だと判断し**たうえで**許可を出しています。
안전하다고 판단한 뒤에 허가를 내어주고 있습니다.

☐ **～おそれがある**
～할 우려가 있다

1 そのビルは崩壊の**おそれがある**ので、ただいま立ち入り禁止です。
그 빌딩은 붕괴의 우려가 있으므로, 현재 출입 금지입니다.

2 売上の減少が続くと、倒産する**おそれがある**。
매상의 감소가 계속되면, 도산할 우려가 있다.

☐ **～がちだ**
～하기 일쑤이다, 자주 ～하다

1 幼い頃から野菜嫌いで偏食ばかりしているので便秘**がちだ**。
어릴 적부터 야채가 싫어서 편식만 하고 있으니 변비에 걸리기 일쑤이다.

2 ストレスを受けたときは辛いものを食べ**がちになる**。
스트레스를 받았을 때는 매운 것을 자주 먹게 된다.

☐ **～きり**
1. ～뿐, ～밖에
2. 계속
3. ～한 채

1 一度**きり**しかない人生、後悔はしたくありません。
한 번밖에 없는 인생, 후회는 하고 싶지 않습니다.

2 発表の準備を友達に任せ**きり**になって申し訳なく思う。
발표 준비를 계속 친구에게 맡기게 되어서 미안하게 생각한다.

3 友達は、「着いたら連絡する」と言っ**たきり**、まだ連絡がない。
친구는, '도착하면 연락할게'라고 말한 채, 아직 연락이 없다.

☐ **～ことになる**
～하게 되다

1 今日も来ないとすると三日連続で欠席という**ことになります**ね。
오늘도 오지 않는다고 하면 3일 연속으로 결석하게 되네요.

2 インフルエンザが流行していて始業日を延期する**ことになった**。
인플루엔자가 유행하고 있어서 개학일을 연기하게 되었다.

～最中

한창 ~중

1 試験の**最中**に地震が起こって、急いで机の下に避難した。

한창 시험 중에 지진이 일어나서, 서둘러 책상 밑으로 피난했다.

2 社長が話している**最中**に携帯を見て怒られた。

사장님이 한창 말하고 있는 중에 휴대폰을 봐서 혼났다.

～ついでに

~하는 김에

1 アルバイトの**ついでに**ショッピングをして帰ってきた。

아르바이트를 하는 김에 쇼핑을 하고 돌아왔다.

2 図書館に本を借りに行く**ついでに**、読み終わった本を返した。

도서관에 책을 빌리러 가는 김에, 다 읽은 책을 반납했다.

3 旅行先を決め**たついでに**ホテルの予約もその場で終わらせた。

여행지를 정한 김에 호텔 예약도 그 자리에서 끝냈다.

**～にあたって/
～にあたり**

~때에, ~함에 있어서

1 海外移住**にあたって**、ビザの取得などすべきことが山積みです。

해외이주를 할 때에, 비자 취득 등 해야 할 것이 산더미입니다.

2 事業を始める**にあたり**、皆さんにお願いがあります。

사업을 시작함에 있어서, 여러분에게 부탁이 있습니다.

～にしたがって

~에 따라

1 コーチの指示**にしたがって**、チームのスケジュールを組む。

코치의 지시에 따라, 팀 스케줄을 짠다.

2 社会が発展する**にしたがって**、社会問題も発生している。

사회가 발전함에 따라, 사회 문제도 발생하고 있다.

～につれて

~함에 따라

1 物価の上昇**につれて**、人々はより消費を控えるようになった。

물가가 상승함에 따라, 사람들은 보다 소비를 피하게 되었다.

2 親子の対話は年齢が上がる**につれて**減少する傾向がある。

부모와 자식의 대화는 연령이 높아짐에 따라 감소하는 경향이 있다.

～にともなって

~에 따라, ~와 함께

1 地球温暖化**にともなって**、世界各地で火災が増えている。

지구온난화에 따라, 세계 각지에서 화재가 증가하고 있다.

2 オリンピックを開催する**にともなって**競技場を改修した。

올림픽을 개최함에 따라 경기장을 수리했다.

☑️ 잘 외워지지 않는 문형은 박스에 체크하여 복습하세요.

여러 품사 뒤에 접속하는 문형

~うえに
~인 데다가

1 そのデータは誤りである**うえに**測定方法も間違っていた。

그 데이터는 잘못된 데다가 측정 방법도 틀렸다.

2 彼はハンサムな**うえに**成績も優秀である。

그는 잘생긴 데다가 성적도 우수하다.

3 低気圧のせいで頭が痛い**うえに**吐き気までする。

저기압 탓에 머리가 아픈 데다가 속까지 울렁거린다.

4 ネットで調べた**うえに**、関連書籍も数冊読んでおきました。

인터넷에서 조사한 데다가, 관련 서적도 몇 권 읽어뒀습니다.

~うちに
~하는 동안에, ~사이에,
~내에, ~전에

1 世界の平均気温が21世紀の**うちに**5度も上昇するそうだ。

세계 평균 기온이 21세기 동안에 5도나 상승한다고 한다.

2 状況がこちらに有利な**うちに**少しでも多く得点を獲得しよう。

상황이 이쪽에 유리한 사이에 조금이라도 많이 득점을 획득하자.

3 早い**うちに**問題を解決するためにみんなで意見を出しましょう。

빠른 시일 내에 문제를 해결하기 위해 모두 함께 의견을 냅시다.

4 普段からパスワードは忘れない**うちに**メモに書いています。

평소에 비밀번호는 잊기 전에 메모에 적어 둡니다.

~おかげで
~덕분에

1 不登校だった私は、いい先生の**おかげで**無事卒業できた。

등교거부하던 나는, 좋은 선생님 덕분에 무사히 졸업할 수 있었다.

2 部屋が静かだった**おかげで**よい睡眠がとれて疲れが吹き飛んだ。

방이 조용했던 덕분에 좋은 수면을 취할 수 있어서 피로가 날아갔다.

3 校長の話が短かった**おかげで**早く集会が終わった。

교장의 말이 짧았던 덕분에 일찍 집회가 끝났다.

4 虫歯を抜いた**おかげで**痛みがなくなり快適な生活を手に入れた。

충치를 뽑은 덕분에 아픔이 사라져 쾌적한 생활을 손에 넣었다.

☐ **〜かぎり** 〜하는 한	1 あの性格の**かぎり**秘密を隠しておくことはできなさそうだ。 저 성격인 한 비밀을 숨겨두는 건 못 할 것 같다. 2 実現可能である**かぎり**、私は夢を追いかけ続ける。 실현 가능한 한, 나는 꿈을 계속 좇을 것이다. 3 確実な証拠がない**かぎり**犯人として逮捕することは難しい。 확실한 증거가 없는 한 범인으로서 체포하는 것은 어렵다. 4 交通規制をする**かぎり**違反者の数は今後も増えないだろう。 교통규제를 하는 한 위반자의 수는 앞으로도 늘지 않을 것이다.

☐ **〜かというと/** **〜かといえば** 〜인가 하면, 〜이냐 하면	1 深刻な悩み**かというと**そうでもないので、心配しないでください。 심각한 고민인가 하면 그렇지도 않기 때문에, 걱정하지 말아주세요. 2 家事が得意**かといえば**正直得意な方ではありません。 집안일을 잘 하는가 하면 솔직히 잘하는 편은 아니에요. 3 暇だから見ているだけで面白い**かといえば**特別面白くはない。 한가하니까 보고 있는 것뿐으로 재미있냐 하면 특별히 재미있지는 않다. 4 なんで約束に遅刻した**かというと**30分寝坊したからです。 왜 약속에 지각했는가 하면 30분 늦잠 잤기 때문입니다.

☐ **〜かどうか** 〜인지 아닌지	1 ここに落ちているハンカチが彼の物**かどうか**確認してくれる? 여기에 떨어져있는 손수건이 그의 것인지 아닌지 확인해 줄래? 2 本気**かどうか**なんてその人の目を見ればすぐにわかります。 진심인지 아닌지는 그 사람의 눈을 보면 바로 알아요. 3 結婚がいい**かどうか**実際にしてみるまで想像もできません。 결혼이 좋은지 아닌지 실제로 해보기 전까지 상상도 할 수 없어요. 4 明日、部長が会議に参加する**かどうか**ご存じですか。 내일, 부장님이 회의에 참석하는지 안하는지 알고 계십니까?

～かもしれない
~일지도 모른다

1 この状況では、これが唯一の解決法**かもしれない**。
이런 상황에는, 이것이 유일한 해결법일지도 모른다.

2 ウイルスは流行しており、事態は想像以上に深刻**かもしれない**。
바이러스는 유행하고 있고, 사태는 상상이상으로 심각할지도 모른다.

3 自分は大丈夫だという思い込みは危ない**かもしれない**。
자신은 괜찮다라는 확신은 위험할지도 모른다.

4 まだ悩んではいますが、次の面接は受ける**かもしれない**です。
아직 고민하고 있지만, 다음 면접은 볼지도 몰라요.

～からこそ
~이기에, ~하기에

1 一生に一度のイベントだ**からこそ**一番きれいな姿でいたい。
일생에 한 번의 이벤트이기에 가장 예쁜 모습으로 있고 싶다.

2 携帯電話は実用的だ**からこそ**、世間一般に普及した。
휴대전화는 실용적이기에, 세상 일반에 보급되었다.

3 人柄が素晴らしい**からこそ**、大勢のファンに愛されている。
인품이 훌륭하기에, 많은 팬에게 사랑받고 있다.

4 国籍が違う**からこそ**、多様な考え方が可能なわけである。
국적이 다르기에, 다양한 사고가 가능한 것이다.

～からといって
~라고 해서

1 祝日だ**からといって**受験勉強をしない理由にはなりません。
국경일이라고 해서 수험 공부를 하지 않는 이유는 되지 않습니다.

2 満員電車が嫌だ**からといって**電車に乗らないわけにはいかない。
만원 전철이 싫다고 해서 전철에 타지 않을 수는 없다.

3 芸能人に詳しい**からといって**誰でも知っているわけではない。
연예인에 정통하다고 해서 누구라도 알고 있는 것은 아니다.

4 社員が増えた**からといって**すぐに業務の負担は減らない。
사원이 늘었다고 해서 바로 업무의 부담은 줄지 않는다.

～ことか
~인지, ~던가

1 雲の隙間から見える月はなんときれいなことか。
구름 틈으로 보이는 달은 얼마나 아름다운지.

2 あなたがそばにいてくれるだけでどれほど頼もしいことか。
당신이 곁에 있어주는 것 만으로 얼마나 믿음직스러운지.

3 辛くて苦しいとき、この歌の歌詞に私は何度救われたことか。
괴롭고 힘들 때, 이 노래의 가사에 나는 몇 번이나 구원받았던가.

～ことだし
~니까

1 いい天気であることだし、お弁当を持ってピクニックに行こう。
좋은 날씨니까, 도시락을 가지고 피크닉 가자.

2 怪我の回復も順調なことだし、今日は訓練に参加しようかな。
부상의 회복도 순조로우니까, 오늘은 훈련에 참가할까나.

3 肌寒いことだし風邪を引かないように今日は暖房を入れませんか。
쌀쌀하니까 감기에 걸리지 않도록 오늘은 난방을 켜지 않을래요?

4 試験も終わったことだしよかったらみんなでカラオケでもどう?
시험도 끝났으니까 괜찮으면 다같이 노래방이라도 어때?

～すぎず
너무 ~하지 말고

1 慎重すぎず、時には大胆になってみることも大切だ。
너무 신중하지 말고, 때로는 대담해져 보는 것도 중요하다.

2 単調すぎず適度に刺激のある毎日を過ごしたいと思う。
너무 단조롭지 않고 적당히 자극이 있는 매일을 보내고 싶다고 생각한다.

3 大きすぎずちょうどいい大きさの加湿器を探しているところだ。
너무 크지 않고 딱 좋은 크기의 가습기를 찾고 있는 중이다.

4 油断しすぎず緊張感を持って本番のテストに挑もう。
너무 방심하지 말고 긴장감을 가지고 실제 시험에 도전하자.

～せいか
~탓인지

1 熱の**せいか**頭が回らなくて思ったように宿題が進まない。
열 탓인지 머리가 돌아가지 않아서 생각만큼 숙제가 진행되지 않는다.

2 夕食が豪華な**せいか**普段よりもたくさん食べてしまった。
저녁이 호화로운 탓인지 평소보다 많이 먹어버렸다.

3 教室が薄暗い**せいか**、いつもと雰囲気が違って怖い。
교실이 어둑어둑한 탓인지, 평소와 분위기가 달라서 무섭다.

4 壁の色を変えた**せいか**、部屋が明るくなった気がする。
벽 색을 바꾼 탓인지, 방이 밝아진 느낌이 든다.

～だけでなく
~뿐 아니라

1 このレストランは味**だけでなく**サービスも一流である。
이 레스토랑은 맛뿐 아니라 서비스도 일류이다.

2 最新のイヤホンは小型な**だけでなく**高品質なところがポイントだ。
최신 이어폰은 소형일 뿐 아니라 고품질인 점이 포인트다.

3 歴史の教科書は厚い**だけでなく**重くて持ち運びが大変だ。
역사 교과서는 두꺼울 뿐 아니라 무거워서 가지고 다니는 것이 힘들다.

4 見る**だけでなく**実際に体験してみたほうが理解が深まる。
볼 뿐 아니라 실제로 체험해보는 편이 이해가 깊어진다.

～だけに
~인 만큼

1 成人式の会場が地元である**だけに**たくさん知り合いに会えた。
성인식 회장이 고향인 만큼 많은 지인을 만날 수 있었다.

2 娘が一生懸命な**だけに**私もできる限りのサポートをするつもりだ。
딸이 열심인 만큼 나도 가능한 한 서포트를 할 생각이다.

3 道が狭い**だけに**車で通るときは注意して運転しなければいけない。
길이 좁은 만큼 차로 지나갈 때는 주의해서 운전하지 않으면 안 된다.

4 私が気を使ってあげた**だけに**、責任をもって働いてほしい。
내가 신경 써준 만큼, 책임을 가지고 일했으면 한다.

～だけのことはある
~한 만큼의 가치가 있다

1 あの人は表現力が豊かだ。さすが小説家な**だけのことはある**。
저 사람은 표현력이 풍부하다. 역시 소설가인 만큼의 가치는 있다.

2 夫は何の臭いでも当てる。臭いに敏感な**だけのことはある**。
남편은 무슨 냄새라도 맞춘다. 냄새에 민감한 만큼의 가치는 있다.

3 ここのおかずはいつも売り切れる。他より安い**だけのことはある**。
이곳의 반찬은 항상 매진된다. 다른 곳 보다 싼 만큼의 가치는 있다.

4 彼女の通訳を見ると、留学した**だけのことはある**。
그녀의 통역을 보면, 유학한 만큼의 가치는 있다.

～てしょうがない
매우 ~하다,
~해서 어쩔 수가 없다

1 手続きに必要な書類が複雑すぎて厄介**でしょうがない**。
수속에 필요한 서류가 너무 복잡해서 매우 번거롭다.

2 おばあさんが亡くなったことが悲しく**てしょうがない**。
할머니가 돌아가시게 된 것이 매우 슬프다.

3 テレビ番組のクイズの正解が気になっ**てしょうがない**。
텔레비전 프로그램 퀴즈의 정답이 궁금해서 어쩔 수가 없다.

～てたまらない
~해서 견딜 수 없다, 너무 ~하다

1 来月行われる大会の予選のことを考えると不安で**たまらない**。
다음 달에 실시되는 대회 예선을 생각하면 너무 불안해서 견딜 수 없다.

2 私の手をぎゅっと握る赤ちゃんがかわいく**てたまらない**。
나의 손을 꼭 쥐는 아기가 너무 귀엽다.

3 人の悪口ばかり言う彼を見ていると、腹が立っ**てたまらない**。
다른 사람의 흉만 보는 그를 보고 있으면, 화가 나서 견딜 수 없다.

〜てならない
너무 ~하다

1 息子がちゃんと一人暮らしできるかどうか心配でならない。
아들이 제대로 혼자 살 수 있을지 너무 걱정이다.

2 大学のサークル勧誘があまりにもしつこくてならない。
대학의 동아리 권유가 너무 집요하다.

3 うちの犬は注射が苦手で、動物病院に行くのを嫌がってならない。
우리 개는 주사를 싫어해서, 동물 병원에 가는 것을 너무 싫어한다.

〜というから
~라고 하니까

1 何事も初めが肝心というから、さっそく元旦に新年の計画を立てた。
어떤 일도 처음이 중요하다고 하니까, 즉시 설날에 신년의 계획을 세웠다.

2 彼女は甘いものが好きだというから、ケーキを作ってプロポーズした。
그녀는 단 것을 좋아한다고 하니까, 케이크를 만들어 프러포즈 했다.

3 お弁当だけでは物足りないというからおにぎりも持たせた。
도시락만으로는 뭔가 부족하다고 하니까 주먹밥도 가지고 가게 했다.

4 いつかは機会が訪れるというから気長に待つことにしました。
언젠가는 기회가 찾아온다고 하니까 찬찬히 기다리기로 했습니다.

〜というのは
~라는 것은

1 パソコンというのはパーソナルコンピューターのことである。
PC라는 것은 퍼스널 컴퓨터를 말한다.

2 彼がたいくつだったというのはその表情からすぐにわかりました。
그가 지루해 했다는 것은 그 표정에서 바로 알았습니다.

3 騒がしいというのはまさにあの人のことを指す言葉だ。
소란스럽다는 것은 정말로 저 사람을 가리키는 말이다.

4 自分の過ちを認めるというのはそう簡単にできることではない。
자신의 과오를 인정한다는 것은 그렇게 간단하게 할 수 있는 것은 아니다.

☐ **~というものだ**
~라는 것이다, ~인 법이다

1 何があっても子供を一番に考えるのが親**というものだ**。
무슨 일이 있어도 아이를 제일로 생각하는 것이 부모라는 것이다.

2 困っている人がいれば助けるのが人として当たり前**というものだ**。
곤란해하고 있는 사람이 있으면 돕는 것이 사람으로서 당연한 것이다.

3 気持ちを正直に話すことは大人でも難しい**というものだ**。
기분을 정직하게 말하는 것은 어른이라도 어려운 법이다.

4 経験したことも時間が経てばやがては忘れる**というものだ**。
경험한 것도 시간이 지나면 얼마 안 있어 잊어버리는 법이다.

☐ **~というように**
~라는 식으로, ~라는 것처럼

1 一つ仕上げるのに5時間**というように**時間を定めて仕事をしている。
하나를 완성하는 데 5시간이라는 식으로 시간을 정해서 일을 하고 있다.

2 友達は何かが心配だ**というように**ため息ばかりついている。
친구는 뭔가가 걱정인 것처럼 한숨만 쉬고 있다.

3 女の子は嬉しい**というように**にっこりと微笑んでいた。
여자아이는 기쁜 것처럼 방긋 미소 짓고 있었다.

4 部下は納得いかない**というように**不満そうな表情をしていた。
부하는 납득이 되지 않는다는 것처럼 불만인듯한 표정을 하고 있었다.

☑ 잘 외워지지 않는 문형은 박스에 체크하여 복습하세요.

□ **~というより**
~라기 보다

1 彼の人生話を聞いて、共感**というより**憧れを抱いた。

그의 인생 이야기를 듣고, 공감이라기보단 동경을 품었다.

2 文字を読むのが面倒だ**というより**興味がないので本は読まない。

글을 읽는 것이 귀찮다기보다 흥미가 없어서 책은 읽지 않는다.

3 この味噌汁は塩辛い**というより**むしろ水っぽい。

이 된장국은 짜다기보다 오히려 싱겁다.

4 先週の議会は話し合う**というより**もはや喧嘩に近かった。

지난주 의회는 의논한다기보다 어느새 싸움에 가까웠다.

□ **~というわけだ**
~인 셈이다

1 その単語がなぞを解くキーワードだ**というわけだ**。

그 단어가 수수께끼를 풀 키워드인 셈이다.

2 首相が大阪を訪問中だから警備が厳重だ**というわけだ**。

수상이 오사카를 방문 중이니까 경비가 엄중한 셈이다.

3 この品質とサービスから見ると安い**というわけだ**。

이 품질과 서비스로 보면 저렴한 셈이다.

4 実家が近いから他支店に転勤を希望していた**というわけだ**。

집이 가깝기 때문에 타 지점으로 전근을 희망하고 있었던 셈이다.

□ **~どころか**
~는커녕

1 私はゲームの操作**どころか**電源のつけ方すら分からない。

나는 게임의 조작은커녕 전원을 켜는 방법조차 모른다.

2 あの日の記憶は曖昧な**どころか**何ひとつ覚えていません。

그 날의 기억은 모호하기는커녕 아무것도 기억나지 않아요.

3 彼は足が遅い**どころか**、学年で一番速いことで有名です。

그는 다리가 느리기는커녕, 학년에서 가장 빠르기로 유명합니다.

4 彼は手伝う**どころか**、妨害しようとだけしている。

그는 돕기는커녕, 방해하려고만 하고 있다.

□ **~としたら**
~ 한다면

1 もしこの気持ちが恋だ**としたら**、どきどきするのも説明がつく。

만약 이 마음이 사랑이라고 한다면, 두근두근 하는 것도 설명이 된다.

2 この犬が利口だ**としたら**、飼い主が倒れたら助けを呼ぶだろう。

이 개가 영리하다고 한다면, 주인이 쓰러지면 도움을 요청할 것이다.

3 その仮説が正しい**としたら**、日本の経済は今後さらに低迷する。

그 가설이 옳다고 한다면, 일본의 경제는 앞으로 더 침체된다.

4 一年に20パーセントずつ成長する**としたら**、5年で2倍になる。

1년에 20퍼센트씩 성장한다고 한다면, 5년이면 2배가 된다.

～とする
~라고 하다

1 財布を落としたのが駅だとして駅に届いているかはわからない。
지갑을 잃어버린 것이 역이라고 해서 역에 있을지는 모른다.

2 その記事が本当だとすると人類はもうすぐ月に行けるようになる。
그 기사가 진짜라고 하면 인류는 이제 곧 달에 갈 수 있게 된다.

3 目的地までの道のりが遠いとすると、ここで一度休んでおくべきだ。
목적지까지 길이 멀다고 하면, 여기서 한번 쉬어둬야 한다.

4 息子のお小遣いを増やすとすると、家計を見直す必要がある。
아들의 용돈을 늘린다고 하면, 가계를 다시 볼 필요가 있다.

～とは言うものの
~라고는 하지만

1 週末とは言うものの、仕事がたくさんあって休めなかった。
주말이라고는 하지만, 일이 많이 있어서 쉴 수 없었다.

2 気の毒とは言うものの、誰もその青年に手を差し伸べはしない。
안쓰럽다고는 하지만, 아무도 그 청년에게 손을 내밀지는 않는다.

3 怖いとは言うものの、同時に興味があるというのも事実だ。
무섭다고는 하지만, 동시에 흥미가 있다는 것도 사실이다.

4 予算を増やすとは言うものの、どこから資金を補うかは不明だ。
예산을 늘린다고는 하지만, 어디에서 자금을 보충할지는 분명치 않다.

～とは限らない
(꼭) ~하다고는 할 수 없다

1 誰も進まない道だとしても、それが間違いだとは限らない。
아무도 가지 않는 길이라고 해도, 그것이 틀렸다고 할 수 없다.

2 国民の総所得が高いからといって全国民が豊かだとは限らない。
국민의 종합소득이 높다고 해서 전 국민이 풍족하다고는 할 수 없다.

3 一人でいることが必ずしも寂しいとは限らない。
혼자서 있는 것이 반드시 외롭다고는 할 수 없다.

4 医者とは言え、すべての病気が分かるとは限らない。
의사라고는 해도, 모든 병을 안다고는 할 수 없다.

～ながらも
~이지만

1 私の宿題ながらも、友人がほとんどの問題を解いてくれた。
나의 숙제지만, 친구가 대부분의 문제를 풀어주었다.

2 不器用ながらも心の優しい兄は私の自慢です。
서투르지만 마음씨가 상냥한 오빠는 나의 자랑이다.

3 苦しいながらも1キロを泳ぎきったことは彼の自信になった。
힘들지만 1킬로미터를 다 헤엄친 것은 그의 자신감이 되었다.

4 あのサッカー選手は怪我しながらも最後まで走った。
저 축구 선수는 부상당했지만 마지막까지 뛰었다.

～なければいけない/ ～なければならない ~해야 한다, ~하지 않으면 안 된다	1	気持ちを伝えるにはメールじゃなく手紙で**なければいけない**。 마음을 전달할 때는 메일이 아니라 편지로 해야 한다.
	2	教師になりたければ教育に対して熱心じゃ**なければいけない**。 교사가 되고 싶으면 교육에 대해 열심이지 않으면 안 된다.
	3	地元で一番の進学校に行くためには賢く**なければならない**。 이 지역에서 제일인 학교에 가기 위해서는 똑똑해야 한다.
	4	どうにかしてみんなで彼女を慰める方法を考え**なければならない**。 어떻게 해서라도 다 같이 그녀를 위로할 방법을 생각해야 한다.

～なりに ~나름대로, ~대로	1	結果はついてこなかったけど、彼**なりに**頑張ったと思う。 결과는 따라주지 않았지만, 그 나름대로 열심히 했다고 생각한다.
	2	テニスは下手だが下手**なりに**人一倍練習を積み重ねてきた。 테니스는 서투르지만 서투른 대로 남보다 배로 연습을 거듭해왔다.
	3	所得が低い**なりに**節約をしながら生活をしている。 소득이 낮은 대로 절약하면서 생활을 하고 있다.
	4	検定試験を受けるなら受ける**なりに**対策をしないといけない。 검정시험을 친다면 치는 나름대로 대책을 세우지 않으면 안 된다.

～に決まっている ~임에 틀림없다, ~인 것이 당연하다	1	初めての給料で買うものといえば、両親へのプレゼント**に決まっている**。 첫 월급으로 사는 거라고 하면, 부모님 선물임에 틀림없다.
	2	昨夜から何も口にしていないのだからぺこぺこ**に決まっている**。 어제 밤부터 아무것도 먹지 않고 있으니 배고픈 것이 당연하다.
	3	10キロもあるお米を持っているんだから重い**に決まっている**。 10킬로그램이나 되는 쌀을 들고 있으니까 무거운 것이 당연하다.
	4	夫は動物が大嫌いで、犬を飼いたいと言ったら反対する**に決まっている**。 남편은 동물을 매우 싫어해서, 개를 키우고 싶다고 하면 반대할 것임이 틀림없다.

～に越したことはない 더 좋은 것은 없다, 나쁠 건 없다	1	絶対ではないが、依頼するのが専門家である**に越したことはない**。 절대는 아니지만, 의뢰하는 것이 전문가여서 나쁠 건 없다.
	2	手術後の経過が順調であるの**に越したことはない**。 수술 후의 경과가 순조로운 것보다 더 좋은 것은 없다.
	3	参考資料が足りないのは困るが、多い**に越したことはない**。 참고 자료가 부족한 것은 곤란하지만, 많은 건 나쁠 게 없다.
	4	健康になるためには運動する**に越したことはない**。 건강해지기 위해서는 운동하는 것보다 더 좋은 것은 없다.

73

~にしては
~치고는

1 アメリカ人にしては日本語の発音がいい。
미국인 치고는 일본어 발음이 좋다.

2 でたらめにしてはあまりにも話に真実味があるように思う。
엉터리 치고는 너무나 이야기에 진실성이 있는 것처럼 생각된다.

3 遅くまでコーヒーを飲んでいたにしてはすぐに眠りについた。
늦게까지 커피를 마신 거 치고는 바로 잠이 들었다.

~にしても
(가령) ~라고 해도

1 彼にしてもこんなに難しいとは思わなかったはずだ。
그라고 해도 이렇게 어려울 거라고는 생각하지 않았을 것이다.

2 いくらかばんが邪魔にしても、手ぶらで行くわけにはいかない。
아무리 가방이 방해라고 해도, 맨손으로 갈 수는 없다.

3 眠いのは仕方ないにしてもやるべきことは先に終わらせないと。
졸린 것은 어쩔 수 없다고 해도 해야 할 것은 먼저 끝내야 한다.

4 仮にデータが消えてしまっていたにしても、保存してあるので問題ありません。
만약 데이터가 사라져버렸다고 해도, 보존되어 있으니까 문제없어요.

~にすぎない
~에 불과하다, ~에 지나지 않는다

1 19世紀に10億にすぎなかった人口は今や60億を超えた。
19세기에 10억에 불과했던 인구는 이제는 60억을 넘었다.

2 信号無視による事故でないことのみが明らかであるにすぎない。
신호 무시에 의한 사고가 아닌 것만이 분명함에 지나지 않는다.

3 実力不足というより、ただ相手が私たちより上手かったにすぎない。
실력 부족이라기보다, 그냥 상대가 우리보다 잘했던 것에 불과하다.

4 企業の戦略の一環として、一部人員を削減したにすぎない。
기업 전략의 일환으로써, 일부 인원을 삭감한 것에 지나지 않는다.

~にせよ/
~にもせよ
~라고 해도

1 たとえ嘘にせよ、人を傷つけるような発言は控えるべきだ。
설령 거짓말이라고 해도, 사람을 상처 주는 듯한 발언은 삼가 해야 한다.

2 どれほど心配にせよ、われわれにできることは残されていません。
아무리 걱정이라 해도, 우리가 할 수 있는 일은 남아있지 않아요.

3 どれほど若々しいにせよ、実際の年齢をあざむくことはできない。
아무리 풋풋하다고 해도, 실제 나이를 속일 수는 없다.

4 手術は終わったにせよ、しばらく安静が必要です。
수술이 끝났다고 해도, 당분간 안정이 필요합니다.

~にちがいない
~임에 틀림없다

□

1 あの人は筋肉がすごい。きっと運動選手**にちがいない**。
저 사람은 근육이 엄청나다. 분명 운동선수임에 틀림없다.

2 臭いも受け付けないのをみると、彼女は納豆が苦手**にちがいない**。
냄새도 받아들이지 않는 것을 보면, 그녀는 낫토를 꺼려함에 틀림없다.

3 あの人はいつも何かを心配しているので、用心深い**にちがいない**。
저 사람은 항상 뭔가를 걱정하고 있으니까, 조심성이 많음에 틀림없다.

4 上司は朝から顔色が悪かったから、早退する**にちがいない**。
상사는 아침부터 얼굴색이 나빴기 때문에, 조퇴할 것임에 틀림없다.

~にとどまらず
~에 그치지 않고

□

1 火事の被害は火元の１階**にとどまらず**、建物全体に及んでいる。
화재 피해는 발화지점인 1층에 그치지 않고, 건물 전체에 미쳤다.

2 情報源が不確かなだけ**にとどまらず**、真実かどうかすらも不明だ。
정보원이 불확실함에 그치지 않고, 진실인지 어떤지조차 불명하다.

3 後輩はそそっかしいだけ**にとどまらず**、やかましいところもある。
후배는 경솔한 것에 그치지 않고, 요란한 구석도 있다.

4 問題点を追求する**にとどまらず**、解決へと導く姿勢が必要だ。
문제점을 추구하는 것에 그치지 않고, 해결로 이끄는 자세가 필요하다.

~にもかかわらず
~에도 불구하고

□

1 多数の反対**にもかかわらず**、法案は通過してしまった。
다수의 반대에도 불구하고, 법안은 통과되어 버렸다.

2 定期券はまだ有効**にもかかわらず**、改札を通れなかった。
정기권은 아직 유효함에도 불구하고, 개찰구를 통과할 수 없었다.

3 締め切り間近で忙しい**にもかかわらず**余裕そうに見える。
마감 직전에 바쁨에도 불구하고 여유로워 보인다.

4 独特な髪色で目立っている**にもかかわらず**一切気に留めない。
독특한 머리 색으로 눈에 띄고 있음에도 불구하고 일절 개의치 않는다.

~のみならず
뿐만 아니라

1 コンサート会場**のみならず**周辺までもファンで覆いつくされた。
콘서트 회장 뿐만 아니라 주변까지도 팬으로 덮였다.

2 実用的**のみならず**経済的な製品は主婦に好まれる傾向がある。
실용적일 뿐만 아니라 경제적인 제품은 주부에게 선호 받는 경향이 있다.

3 その大学は入試が難しい**のみならず**学費が高いことで有名だ。
그 대학은 입시가 어려울 뿐만 아니라 학비도 비싼 걸로 유명하다.

4 犯人を取り逃がす**のみならず**、証拠資料も紛失してしまった。
범인을 놓쳤을 뿐만 아니라, 증거 자료도 분실해 버렸다.

☐ **～ばかりに** ~탓에, ~바람에	1 想像以上に快適な入院生活である**ばかりに**退院する気がなくなった。 상상이상으로 쾌적한 입원생활인 바람에 퇴원할 마음이 없어졌다. 2 便利な**ばかりに**現代人はスマートフォンに依存しがちである。 편리한 탓에 현대인은 스마트폰에 의존하기 십상이다. 3 彼は言葉が足りない**ばかりに**人に誤解されやすい。 그는 말이 부족한 탓에 다른 사람에게 오해받기 쉽다. 4 彼を信じてしまった**ばかりに**裏切られて悲しい思いをした。 그를 믿어버린 탓에 배신당해서 슬픔을 느꼈다.
☐ **～はずだ** (당연히) ~일 것이다	1 あんなにしっかりした性格だから、彼はきっと長男の**はずだ**。 저렇게 똑 부러지는 성격이니까, 그는 반드시 장남일 것이다. 2 ご褒美があるとすればもっと一生懸命な**はずだ**。 보상이 있다고 하면 더 열심일 것이다. 3 もし排水溝に生ごみが溜まっていたらたぶん生臭い**はずだ**。 만약 배수구에 음식물 쓰레기가 남아 있으면 아마 비린내가 날 것이다. 4 彼は意地でもその株式を売ろうとはしない**はずだ**。 그는 오기로라도 그 주식을 팔려고 하지 않을 것이다.
☐ **～はずがない/ ～はずもない** ~리가 없다	1 昼間から遊んでいるところからして彼が会社員の**はずがない**。 낮부터 놀고 있는 점으로 봐서 그는 회사원일 리가 없다. 2 いつも部屋が汚いのをみると親友は片づけが得意な**はずがない**。 항상 방이 더러운 것을 보면 친구는 정리를 잘할 리가 없다. 3 焼いてから1日経ってしまったおもちが柔らかい**はずもない**。 굽고 나서 하루 지나버린 떡이 부드러울 리가 없다. 4 まじめな山田さんにそんなことができる**はずもない**。 성실한 야마다 씨에게 그런 일이 가능할 리 없어.
☐ **～ままで** ~인 채로, ~한 채로	1 大人になんかならずに、いつまでも子供の**ままで**いたいと願う。 어른이 되지 않고, 언제까지나 어린아이인 채로 있고 싶다고 바란다. 2 公衆トイレを常に清潔な**ままで**保つのは容易ではありません。 공중 화장실을 항상 청결한 채로 유지하는 것은 쉽지 않습니다. 3 あの子は昔から可愛い**ままで**何ひとつ変わっていない。 저 아이는 옛날부터 귀여운 채로 하나도 변하지 않았다. 4 クーラーをつけた**ままで**出かけて、お母さんに怒られた。 에어컨을 켠 채로 나가서, 엄마에게 혼났다.

☐ 〜もかまわず
~도 개의치 않고

1 お母さんは人目**もかまわず**、スーパーで子供をしかっている。
엄마는 사람 눈도 개의치 않고, 슈퍼에서 아이를 야단치고 있다.

2 若者は親が反対なの**もかまわず**アメリカへの留学を決めた。
젊은이는 부모가 반대하는 것도 개의치 않고 미국으로의 유학을 결정했다.

3 周りがうるさいの**もかまわず**必死に試験範囲を復習していた。
주위가 시끄러운 것도 개의치 않고 필사적으로 시험 범위를 복습하고 있었다.

4 服に汚れがつくの**もかまわず**、一生懸命に掃除を手伝っている。
옷에 때가 묻는 것도 개의치 않고, 열심히 청소를 돕고 있다.

☐ 〜ものだ
~인 법이다

1 人の記憶というものは時間とともに変化するので不確かな**ものだ**。
사람의 기억이라는 것은 시간과 함께 변화하기 때문에 불확실한 법이다.

2 失敗したとしても前向きに頑張る人の姿はかっこいい**ものだ**。
실패했다고 해도 긍정적으로 노력하는 사람의 모습은 멋있는 법이다.

3 人は成長にともなって徐々に性格が変わる**ものだ**。
사람은 성장과 함께 서서히 성격이 변하는 법이다.

☐ 〜ものがある
~이기도 하다, ~하는 데가 있다

1 あれほど努力していたのに不合格なのはかわいそうな**ものがある**。
저만큼 노력했는데 불합격인 것은 불쌍하기도 하다.

2 この寒い中、一時間も外で待たされるのは辛い**ものがある**。
이 추위에, 한 시간이나 밖에서 기다리는 것은 괴롭기도 하다.

3 このドラマは面白いわけではないが、何か人を引き付ける**ものがある**。
이 드라마는 재미있는 것은 아니지만, 무언가 사람을 잡아당기는 데가 있다.

☐ 〜ものだから
~이기 때문에

1 ギターは初心者な**ものだから**、ゆっくり教えていただきたいです。
기타는 초심자이기 때문에, 천천히 가르쳐 주셨으면 합니다.

2 このネックレスがあまりに素敵な**ものだから**、思わず買ってしまった。
이 목걸이가 너무나 멋지기 때문에, 엉겁결에 사고 말았어.

3 彼の作るご飯は本当においしい**ものだから**、毎回食べ過ぎる。
그가 만드는 밥은 정말 맛있기 때문에, 매번 과식한다.

4 今度の事故は不注意で起こった**ものだから**、責任が重大だ。
이번 사고는 부주의로 일어났기 때문에, 책임이 중대하다.

제공 japan.Hackers.com

～わけがない
~할 리가 없다

1 昨日まで元気だったのに食中毒なわけがないよ。

어제까지 건강했는데 식중독일 리가 없어.

2 皆に優しくて親切な彼がまさか意地悪なわけがない。

모두에게 상냥하고 친절한 그가 설마 심술궂을 리가 없어.

3 あの川はにごってなくても底がよく見えないので浅いわけがない。

저 강은 탁하지 않은데도 바닥이 잘 보이지 않기 때문에 얕을 리가 없다.

4 こんなに景気がいいのに、赤字になるわけがない。

이렇게 경기가 좋은데, 적자가 날 리가 없다.

～わけだ
~인 것이다

1 父は10年間運動を欠かしていない。それだから健康なわけだ。

아빠는 10년 동안 운동을 빠트리지 않고 있다. 그래서 건강한 것이다.

2 彼女はアナウンサーらしい。なるほど。それで発音が綺麗なわけだ。

그녀는 아나운서라고 한다. 과연. 그래서 발음이 예쁜 것이다.

3 今日はお祭りがあるらしく、どうりで人が多いわけだと思った。

오늘은 축제가 있는 것 같아서, 그 때문에 사람이 많은 것이라고 생각했다.

4 彼はああやって毎日朝から晩まで練習していたから優勝したわけだ。

그는 저렇게 매일 아침부터 밤까지 연습했기 때문에 우승한 것이다.

～わりに
~에 비해서

1 今日は日曜日のわりに市場に人が少なくて快適に買い物できた。

오늘은 일요일인 것에 비해서 시장에 사람이 적어 쾌적하게 쇼핑할 수 있었다.

2 この仕事は簡単なわりにお給料がいいのでとても人気だ。

이 일은 간단한 것에 비해서 급료가 좋기 때문에 아주 인기다.

3 平日は忙しいわりに売り上げが伸びないでいるので悩んでいる。

평일은 바쁜 것에 비해서 매상이 안 오르고 있기 때문에 고민이다.

4 幼いころから習っていたわりに、上手ではない。

어렸을 때부터 배운 것에 비해서, 잘 하는 것은 아니다.